Die Welthandelsorganisation und die Regulierung
internationaler Wirtschaftsdynamik

Die Deutsche Bibliothek verzeichnet diese Publikation in der Deutschen Nationalbibliografie: detaillierte bibliografische Daten sind im Internet über http://dnb.ddb.de abrufbar.

Ausgabe in 4 Bänden: Bd. 1 (Abschnitte 'A', 'B', 'C', 'D", E'); Bd. 2 (Abschnitte 'F', 'G', 'H', 'I'); Bd. 3 (Abschnitte 'J', 'K'); Bd. 4 (Abschnitte 'L', 'M', 'N').
<u>Dies ist Bd. 3 (Abschnitte 'J', 'K').</u>

Druck: DIP-Digital-Print, 58453 Witten.

© 2008 Trade Focus Verlag, Zedernweg 45, 53757 St. Augustin

http://www.tradefocus.de

ISBN 978-3-9810240-4-3

Inhaltsverzeichnis   Bd. 3 (Abschnitte 'J', 'K')

Teil III

| J | Die Regeln der WTO aus dynamischer Perspektive bewertet | 923 |

Teil A Streitbeilegung der WTO — **926**
1. Grundlagen — 929
2. Exklusive und breite Zuständigkeit — 930
3. Entscheidungsmaßstab — 931

Teil B Schutzmöglichkeiten — **941**
4. Zollneuverhandlungen — 942
5. Staatliche Förderung wirtschaftlicher Entwicklung — 943

6. Schutzklausel — 944
6.1 Einleitung — 944
6.2 Vergleich nationaler Schädigungsformulierungen — 949
6.3 Irritation über die Auslegung der Schutzklausel — 950
6.4 Die Interpretation der Schutzklausel — 952
6.4.1 Drei Grundsatzentscheidungen — 952
6.4.2 Die Regeln des Schutzklauselabkommen — 961
6.4.3 SG Fallübersicht — 969
6.4.4 Parallelismus — 984
6.5 Die China Schutzklausel — 991
6.6 Drei Beispiele für nicht in der WTO angegriffene Schutzklauselnutzungen — 991
6.7 Fazit Schutzklausel — 993
6.8 Von der Schutzklausel zu Antidumping — 999

7. Antidumping — 1000
7.1 Einleitung — 1000
7.2 Informationen über die Antidumpingnutzung nach der WTO Gründung — 1000
7.3 Die neuen Antidumpingnutzer — 1003
7.4 Länderbeispiele zur Antidumpingnutzung — 1003
7.5 Bestimmungsfaktoren — 1008
7.6 Die Verhandlungen der Uruguay-Runde — 1011
7.7 Das WTO Antidumpingabkommen — 1015
7.7.1 Regelübersicht — 1015
7.8 Einleitung Fallübersicht — 1024
7.8.1 AD Fallübersicht — 1025
7.8.2 Sunset Review — 1078
7.8.3 Die 'Zeroing' Fälle — 1087
7.8.4 Der Antidumping Entscheidungsmaßstab — 1089
7.9 Fazit — 1099

i

7.10	Entwicklungsländer und das WTO Antidumpingabkommen	1108
7.11	Fahrräder: Ein in der WTO nicht angegriffener Antidumpingzoll	1110
8.	Subventionen und Ausgleichsmaßnahmen	1114
8.1	Einleitung	1114
8.2	SCM Teil I Definition von Subventionen	1117
8.3	SCM Teil II Exportsubventionen	1123
8.3.1	SCM Teil II Fallübersicht	1123
8.3.1.1	Luftfahrt: Brasilien und Kanada	1123
8.3.1.2	Australien: Leder für Automobile	1132
8.3.1.3	Vereinigte Staaten: Foreign Sales Corporation	1135
8.3.1.4	Kanada: Milch	1138
8.3.1.5	Vereinigte Staaten: Baumwolle	1139
8.3.1.6	EU: Zucker	1141
8.3.1.7	Korea: Schiffe	1142
8.3.2	SCM Teil II Sonderbehandlung für Entwicklungsländer	1142
8.3.3	SCM Teil II Fazit	1145
8.4	SCM Teil III Anfechtbare Subventionen	1147
8.4.1	SCM Teil III Fallübersicht	1148
8.4.1.1	Indonesia: Automobile	1148
8.4.1.2	Vereinigte Staaten: Baumwolle	1152
8.4.1.3	Korea: Schiffe	1158
8.4.2	SCM Teil III Sonderbehandlung für Entwicklungsländer	1160
8.5	SCM Teil V Ausgleichsmaßnahmen	1165
8.5.1	SCM Teil V Fallübersicht	1166
8.5.2	SCM Teil V Sonderbehandlung für Entwicklungsländer	1185
8.5.3	SCM Teil V Fazit	1186
8.6	Gesamtfazit SCM	1190

Teil C Streitbeilegung der GATT Artikel und die Grundlagenentscheidungen		**1198**
9.	Art. XI Allgemeine Beseitigung der mengenmäßigen Beschränkungen	1199
10.	Art. I Meistbegünstigung	1201
11.	Art. III Inländerbehandlung	1204
12.	Art. XX Allgemeine Ausnahmen	1221
13.	SPS Übereinkommen über gesundheitspolizeiliche und pflanzengesundheitliche Maßnahmen	1226
14.	TBT Übereinkommen über technische Handelshemmnisse	1230
15.	TRIMS Übereinkommen über handelsbezogene Investitionsmaßnahmen	1233
16.	Nichtverletzungsbeschwerden	1242
17.	Art. XVIII Zahlungsbilanzausnahme für Entwicklungsländer	1246
18.	Präferenzsysteme	1255
19.	Art. XVII Staatliche Unternehmen	1260
20.	Art. XIII Nichtdiskriminierende Anwendung mengenmäßiger Beschränkungen	1263
21.	Landwirtschaft	1269
22.	Flexible Zölle	1270
23.	Zollverwaltung	1273
24.	Ursprungsregeln	1274

25.		Art. XXIV Regionale Integrationsprojekte, Zollunionen, Freihandelsabkommen	1284

Teil D TRIPS   **1286**

26.		Einleitung	1286
26.1		Patentschutzindikatoren	1288
26.2		Wie geistige Eigentumsrechte in die WTO gelangten	1288
26.3		Überblick über die TRIPS Regeln	1290
26.4		Neuausrichtung des TRIPS durch die AIDS Pandemie	1293
26.5		Die TRIPS Regeln	1299
26.5.1		Art. 27 Normalfall	1299
26.5.2		Die Debatte über Patentqualität	1300
26.5.3		Höhere Schutzniveaus in Industrieländern als TRIPS Verstoß	1301
26.5.4		Nationale Unterschiede im Normalfall der Patentvergabe	1302
26.5.5		Inlandsausübungszwang	1305
26.6		Ausnahmen von der Patentierbarkeit: Art. 27.2 und Art. 27.3	1306
26.7		Zwangslizenzen	1313
26.8		Wettbewerbspolitische Ausnahmen	1317
26.8.1		Abhilfe durch Zwanglizenzen	1317
26.8.2		Wettbewerbsbeschränkende Klauseln in Lizenzverträgen	1318
26.9		Preiskontrollen	1320
26.10		TRIPS Wirkungen auf die weltweite Wohlfahrt	1321
26.10.1		Die dynamisch ordoliberale Theorie des Patentschutzes	1321
26.10.2		Die empirischen Auswirkungen des TRIPS	1327
26.10.3		Forderung nach kürzerer Patentlaufzeit	1337

K		<u>Fazit: Fünf Prinzipien zur Balancierung multipler Ziele</u>	1341
1.		Einleitung	1342
2.		Übersicht über die Abschnitte	1348
3.		Fünf dynamisch ordoliberale Prinzipien zur Bewertung der WTO Regeln	1356
4.		Wirtschaftspolitik in Entwicklungsländern	1370
5.		Dynamisch liberale und extrem liberale Theorie angesichts der Gefahr der Heterodoxie	1375
6.		Globalisierung als Prozess der Ermöglichung von Dynamik	1380
7.		Die Zukunft der Weltwirtschaft	1381
8.		Warum die realistische Theorie internationaler Beziehungen die WTO Regeln nicht erklären kann	1382
9.		Ausblick	1384
10.		Kommentar zur Doha-Runde	1385

J Die Regeln der WTO aus dynamischer Perspektive bewertet

Inhalt

Teil A Streitbeilegung der WTO		926
1.	Grundlagen	929
2.	Exklusive und breite Zuständigkeit	930
3.	Entscheidungsmaßstab	931
Teil B Schutzmöglichkeiten		941
4.	Zollneuverhandlungen	942
5.	Staatliche Förderung wirtschaftlicher Entwicklung	943
6.	Schutzklausel	944
6.1	Einleitung	944
6.2	Vergleich nationaler Schädigungsformulierungen	949
6.3	Irritation über die Auslegung der Schutzklausel	950
6.4	Die Interpretation der Schutzklausel	952
6.4.1	Drei Grundsatzentscheidungen	952
6.4.2	Die Regeln des Schutzklauselabkommen	961
6.4.3	SG Fallübersicht	969
6.4.4	Parallelismus	984
6.5	Die China Schutzklausel	991
6.6	Drei Beispiele für nicht in der WTO angegriffene Schutzklauselnutzungen	991
6.7	Fazit Schutzklausel	993
6.8	Von der Schutzklausel zu Antidumping	999
7.	Antidumping	1000
7.1	Einleitung	1000
7.2	Informationen über die Antidumpingnutzung nach der WTO Gründung	1000
7.3	Die neuen Antidumpingnutzer	1003
7.4	Länderbeispiele zur Antidumpingnutzung	1003
7.5	Bestimmungsfaktoren	1008
7.6	Die Verhandlungen der Uruguay Runde	1011
7.7	Das WTO Antidumpingabkommen	1015
7.7.1	Regelübersicht	1015
7.8	Einleitung Fallübersicht	1024

7.8.1	AD Fallübersicht	1025
7.8.2	Sunset Review	1078
7.8.3	Die 'Zeroing' Fälle	1087
7.8.4	Der Antidumping Entscheidungsmaßstab	1089
7.8.4.1	Grundlagen	1090
7.8.4.2	Nicht-zulässige und zulässige Auslegungen	1095
7.8.4.3	Even-handedness gegen Einschätzungsprärogativen	1097
7.8.4.4	Die USA und der AD Entscheidungsmaßstab	1098
7.9	Fazit	1099
7.10	Entwicklungsländer und das WTO Antidumpingabkommen	1108
7.11	Fahrräder: Ein in der WTO nicht angegriffener Antidumpingzoll	1110
8.	Subventionen und Ausgleichsmaßnahmen	1114
8.1	Einleitung	1114
8.2	SCM Teil I Definition von Subventionen	1117
8.3	SCM Teil II Exportsubventionen	1123
8.3.1	SCM Teil II Fallübersicht	1123
8.3.1.1	Luftfahrt: Brasilien und Kanada	1123
8.3.1.2	Australien: Leder für Automobile	1132
8.3.1.3	Vereinigte Staaten: Foreign Sales Corporation	1135
8.3.1.4	Kanada: Milch	1138
8.3.1.5	Vereinigte Staaten: Baumwolle	1139
8.3.1.6	EU: Zucker	1141
8.3.1.7	Korea: Schiffe	1142
8.3.2	SCM Teil II Sonderbehandlung für Entwicklungsländer	1142
8.3.3	SCM Teil II Fazit	1145
8.4	SCM Teil III Anfechtbare Subventionen	1147
8.4.1	SCM Teil III Fallübersicht	1148
8.4.1.1	Indonesia: Automobile	1148
8.4.1.2	Vereinigte Staaten: Baumwolle	1152
8.4.1.3	Korea: Schiffe	1158
8.4.2	SCM Teil III Sonderbehandlung für Entwicklungsländer	1160
8.5	SCM Teil V Ausgleichsmaßnahmen	1165
8.5.1	SCM Teil V Fallübersicht	1166
8.5.2	SCM Teil V Sonderbehandlung für Entwicklungsländer	1185
8.5.3	SCM Teil V Fazit	1186
8.6	Gesamtfazit SCM	1190

Teil C Streitbeilegung der GATT Artikel und die Grundlagenentscheidungen 1198

9.	Art. XI Allgemeine Beseitigung der mengenmäßigen Beschränkungen	1199
10.	Art. I Meistbegünstigung	1201

11.	Art. III Inländerbehandlung	1204
12.	Art. XX Allgemeine Ausnahmen	1221
13.	SPS Übereinkommen über gesundheitspolizeiliche und pflanzengesundheitliche Maßnahmen	1226
14.	TBT Übereinkommen über technische Handelshemmnisse	1230
15.	TRIMS Übereinkommen über handelsbezogene Investitionsmaßnahmen	1233
16.	Nichtverletzungsbeschwerden	1242
17.	Art. XVIII Zahlungsbilanzausnahme für Entwicklungsländer	1246
18.	Präferenzsysteme	1255
19.	Art. XVII Staatliche Unternehmen	1260
20.	Art. XIII Nichtdiskriminierende Anwendung mengenmäßiger Beschränkungen	1263
21.	Landwirtschaft	1269
22.	Flexible Zölle	1270
23.	Zollverwaltung	1273
24.	Ursprungsregeln	1274
25.	Art. XXIV Regionale Integrationsprojekte	1284

Teil D TRIPS 1286

26.	Einleitung	1286
26.1	Patentschutzindikatoren	1288
26.2	Wie geistige Eigentumsrechte in die WTO gelangten	1288
26.3	Überblick über die TRIPS Regeln	1290
26.4	Neuausrichtung des TRIPS durch die AIDS Pandemie	1293
26.5	Die TRIPS Regeln	1299
26.5.1	Art. 27 Normalfall	1299
26.5.2	Die Debatte über Patentqualität	1300
26.5.3	Höhere Schutzniveaus in Industrieländern als TRIPS Verstoß	1301
26.5.4	Nationale Unterschiede im Normalfall der Patentvergabe	1302
26.5.5	Inlandsausübungszwang	1305
26.6	Ausnahmen von der Patentierbarkeit: Art. 27.2 und Art. 27.3	1306
26.7	Zwangslizenzen	1313
26.8	Wettbewerbspolitische Ausnahmen	1317
26.8.1	Abhilfe durch Zwangslizenzen	1317
26.8.2	Wettbewerbsbeschränkende Klauseln in Lizenzverträgen	1318
26.9	Preiskontrollen	1320
26.10	TRIPS Wirkungen auf die weltweite Wohlfahrt	1321
26.10.1	Die dynamisch ordoliberale Theorie des Patentschutzes	1321
26.10.2	Die empirischen Auswirkungen des TRIPS	1327
26.10.3	Forderung nach kürzerer Patentlaufzeit	1337

J   Die Regeln der WTO aus dynamischer Perspektive bewertet

In Abschnitt 'A' wurde die Fragestellung vorgegeben: Eine Bewertung der WTO Regeln anhand ihrer Funktion eine optimale weltweite Wohlfahrtssteigerung zu erzielen vorzunehmen. Welche Dynamiken die Wirtschaft prägen, dazu siehe Abschnitte 'D' zum internationalen Handel und die Abschnitt 'C' und 'E' zur Kritik der Neoklassik. Welche Wirtschaftspolitiken in bezug auf die Entwicklungsländer sinnvoll sein können, wurde in den Abschnitten 'F' und 'G' geklärt. Nachdem in den Abschnitten 'H' und 'I' eine Nacherzählung der Wirtschaftspolitik der Industrieländer in der Nachkriegszeit erfolgte, zusammen mit einer Präsentation der Grundregeln des GATT, können nun die WTO Regeln rekonstruiert und vor diesem Hintergrund bewertet werden.

Aus der Diskussion folgte bislang, daß der internationale Handel potentiell und in vielen Fällen wohlfahrtssteigernd ist, aber nicht in allen, und es wurde ebenso gezeigt, daß eine Wirtschaftsordnung, die dynamisch ordoliberalen Prinzipien folgt kombiniert mit einer Politik der Exportorientierung die besten Möglichkeiten bietet wohlfahrtssteigernd zu wirken, mit der Ergänzung, daß der Staat einen gewissen Spielraum haben sollte die Politik der Exportorientierung zu moderieren und daß er zusätzliche Aktivitäten zur Wohlfahrtssteigerung ausführen kann, wobei der Staat trotzdem einen merklichen Grad an Regelbindung vertragen kann.

Daraus folgt, daß hier die Schutzmöglichkeiten und Ausnahmen der WTO zuerst thematisiert werden, um die bestehenden Flexibilitäten - und den Grad der Regelbindung - für staatliche Aktivitäten einschätzen zu können. Danach geht es um weitere relevante Regeln und Grundsatzentscheidungen der WTO, welche - mal mehr und mal weniger - die Liberalisierung vorantreiben (sehr konsequent wirken in diese Richtung die GATT Regeln Art. I und Art. III) und schließlich geht es um den Schutz geistigen Eigentums. Im Unterschied zur sonst verfügbaren Literatur werden hier, wenn möglich, die wirtschaftlichen Hintergründe der Regeln und Fälle präsentiert. Dies ergibt das Gesamtbild der WTO.

Ausgeklammert wird das Dienstleistungsabkommen (GATS)[5805] und damit die beiden Fälle: United States vs. Mexico - Telecoms (2004)[5806] und Antigua and Barbuda vs. United States - Gambling (2004-2005)[5807] sowie - weitgehend - das Übereinkommen über die Landwirtschaft (AOA).[5808] Einige der Fälle zu letzterem Übereinkommen werden nur insofern zur Kenntnis genommen, solange es um

---

[5805] General Agreement on Trade in Services. WTO 1995: 325-364.
[5806] Nur Panel. United States vs. Mexico - Measures Affecting Telecommunication Services, WT/DS204/R, 2 April 2004.
[5807] Panel, AB, Arbitration. Antigua and Barbuda vs. United States - Measure Affecting the Cross-Border Supply of Gambling and Betting Services, WT/DS285/R, 10 November 2004. Antigua and Barbuda vs. United States - Measure Affecting the Cross-Border Supply of Gambling and Betting Services, WT/DS285/AB/R, 7 April 2005. Antigua and Barbuda vs. United States - Measure Affecting the Cross-Border Supply of Gambling and Betting Services, WT/DS285/13, 19 August 2005.
[5808] Agreement on Agriculture. WTO 1995: 39-84.

andere Abkommensbereiche geht, siehe dazu das SCM.[5809] Dasselbe gilt für das mittlerweile ausgelaufene Abkommen über Textilien und Bekleidung, über dessen Hintergründe in Abschnitt 'D' und 'I' informiert wurde.[5810] Ausgeklammert werden auch die plurilateralen Abkommen u.a. das Übereinkommen über das öffentliche Beschaffungswesen, mit dem Fall United States vs. Korea - Procurement (2000).[5811] Davon abgesehen werden sämtliche Fälle der WTO Streitbeilegung erwähnt, in ihrer Relevanz abgeschätzt und mindestens kurz kommentiert.[5812] Schließlich wird sich bezüglich der Streitbeilegung auf den Punkt Entscheidungsmaßstab näher konzentriert. Deshalb kann reklamiert werden, die entwicklungsrelevanten Aspekte der WTO, zumal im Bereich des klassischen Güterhandels, darstellen und bewerten zu können.

Mit der Streitbeilegung und der Frage nach dem Entscheidungsmaßstab wird begonnen

Teil A Streitbeilegung der WTO (in dieser Ausgabe Abschnitt 'J 1')

- 1. Streitbeilegung DSU
- 2. Exklusive und breite Zuständigkeit
- 3. Entscheidungsmaßstab bzw. 'standard of review'

Schwerpunkt liegt im folgenden auf den sog. Schutzmöglichkeiten (aufgeteilt auf 'J 1' und 'J 2')

Teil B Schutzmöglichkeiten

- 4. Zollneuverhandlungen
- 5. Staatliche Förderung wirtschaftlicher Entwicklung
- 6. Schutzklausel, die Artikel werden mit SG näher bezeichnet.
- 7. Antidumping, hier wird das Kürzel AD den Artikeln vorangestellt.
- 8. Subventionen und Ausgleichsmaßnahmen, als Abkürzung wird SCM verwandt.

Eine - mehr oder weniger intensive - liberalisierende Wirkung haben u.a. die Auslegungen der folgenden GATT Artikel und die sonstigen Grundlagenentscheidungen:

[5809] Ausgeklammert wird beispielsweise der AOA Teil des Fallpakets: United States vs. Canada - Measures Affecting the Importation of Milk and the Exportation of Diary Products, WT/DS103/R, WT/DS113/R, 17 May 1999. United States vs. Canada - Measures Affecting the Importation of Milk and the Exportation of Diary Products, WT/DS103/AB/R, WT/DS113/AB/R, 13 October 1999; United States vs. Canada - Measures Affecting the Importation of Milk and the Exportation of Diary Products, WT/DS103/RW, WT/DS113/RW, 11 July 2001; United States vs. Canada - Measures Affecting the Importation of Milk and the Exportation of Diary Products, WT/DS103/AB/RW, WT/DS113/AB/RW, 3 December 2001. United States vs. Canada - Measures Affecting the Importation of Milk and the Exportation of Diary Products, WT/DS103/RW2, WT/DS113/RW2, 16 July 2002; United States vs. Canada - Measures Affecting the Importation of Milk and the Exportation of Diary Products, WT/DS103/AB/RW2, WT/DS113/AB/RW2, 20 December 2002.

[5810] Siehe zu frühen Streitfällen in bezug auf das ATC den Punkt Schutzklausel.

[5811] Agreement on Government Procurement. WTO 1995: 438. Nicht erwähnt wird das Panel: United States vs. Korea - Measures Affecting Government Procurement, WT/DS163/R, 1 May 2000. Das weitere, relevante plurilaterale Abkommen ist das Agreement on Trade in Civil Aircraft. WTO 1995: 438.

[5812] Stand ist der 7. April 2008.

Teil C Streitbeilegung des GATT und die Grundlagenentscheidungen (hier Abschnitt 'J 3')

- 9. Art. XI Allgemeine Beseitigung der mengenmäßigen Beschränkungen
- 10. Art. I Meistbegünstigung
- 11. Art. III Inländerbehandlung
- 12. Art. XX Allgemeine Ausnahme
- 13. SPS Übereinkommen über gesundheitspolizeiliche und pflanzengesundheitliche Maßnahmen
- 14. TBT Übereinkommen über technische Handelshemmnisse
- 15. Übereinkommen über handelsbezogene Investitionsmaßnahmen, als TRIMS benannt.

- 16. Nichtverletzungsbeschwerden
- 17. Art. XVIII Zahlungsbilanzausnahme für Entwicklungsländer
- 18. Präferenzsysteme
- 19. Staatliche Unternehmen
- 20. Art. XIII Nichtdiskriminierende Anwendung mengenmäßiger Beschränkungen
- 21. Landwirtschaft
- 22. Flexible Zölle
- 23. Zollverwaltung
- 24. Übereinkommen über Ursprungsregeln, hier wird RO benutzt
- 25. Art. XXIV Regionale Integrationsprojekte, Zollunionen, Freihandelsabkommen

Schließlich geht es um Patentschutz und damit verbundene Fragen: (hier ebenso Abschnitt 'J 3')

Teil D

- 26. Übereinkommen über handelsbezogene Aspekte der Rechte des geistigen Eigentums, das TRIPS

Um die in dieser Arbeit erarbeiteten Schlußfolgerungen zu reflektieren, wird zu den Punkten jeweils ein wirtschaftspolitisch normativer Kommentar aus ordoliberal dynamischer Sicht gegeben.

Der Leser wird um Verzeihung darum geben, daß eine ganze Reihe aktueller Streitfälle zur Kenntnis genommen werden. Ohne dies und der teilweise möglichen Rekonstruktion der wirtschaftlichen Hintergründe der Fälle (welche in der juristischen Literatur nicht erfolgt) ist es nicht möglich, einen konkreten Eindruck von der Relevanz der WTO Regeln zu geben, der wichtig ist, um die hier aufgeworfenen Fragen angehen zu können. Für die in Teil B rekonstruierten Bereiche gibt es zudem erst seit kurzer Zeit aussagekräftige Rechtskommentare, die viele der hier betonten Aspekte weglassen müssen.[5813] Es ist dem Leser möglich, die Streitfälle zu überschlagen, nur die Schlußfolgerungen zu lesen und von dort aus über Rückverweise in die konkreten Fälle zurückzuspringen.

[5813] Siehe etwa aus der deutschen Literatur Hahn (1998), der bei SCM die Entwicklungsländersonderbehandlung nicht diskutiert. Prieß/Berrisch (2003) legen einen umfassenden WTO Kommentar auf deutscher Sprache vor. Es werden aber nur bis 2003

Aus Gründen der thematisch bedingten Schwerpunktsetzung, werden u.a. prozedurale Fragen der Streitbeilegung, die Organisationsstruktur der WTO und spezielle Fragen der Verhältnisse der Abkommen untereinander nicht dargestellt, hier der Verweis auf die Literatur über die WTO Regeln.[5814]

Teil A Streitbeilegung der WTO

1. Grundlagen

Schon in Abschnitt 'A' und 'H' wurde erwähnt, daß die WTO Streitbeilegung[5815] nicht mehr, wie eine Panelentscheidung im GATT, durch die Mitgliedsländer mit einem Veto blockiert werden kann. Die Streitbeilegungsberichte werden automatisch angenommen, es sei denn, ein Konsens der Staaten dagegen liegt vor. Die WTO erlaubt weiterhin zwar auch Kompensationen bei Regelnichteinhaltung, vorrangiges Ziel ist aber, daß die Staaten die Empfehlungen umsetzen und ihre Gesetze und Regulierungen in einen WTO konformen Zustand versetzen.[5816] Verweigert oder verzögert ein Staat die Umsetzung, wird die obsiegende Partei automatisch zu Vergeltungsmaßnahmen in Höhe des

---

Streibeilegungsfälle einbezogen und es werden keine empirischen Hintergrundinformationen der Fälle geliefert. Einzelne Abkommen und Themenbereich werden nur knapp abgehandelt, u.a. die Schutzklausel auf 13 Seiten. Prieß/Berrisch 2003: 479-493. Auf der internationalen Ebene ist Vermulst (2005), der einzige Antidumpingkommentar, ohne Verweis auf die Empirie. In bezug auf die Schutzklausel weist der Kommentar von Lee (2005) schon in bezug auf die Rechtslage gravierende Lücken aus. Der zweite Schutzklauselkommentar, Sykes (2006), bezieht etwas Empirie mit ein, konkrete Daten zu den Fällen, die eine Einschätzung für Außenstehende erlauben, fehlen aber dennoch weitgehend. Mavroidis (2005) legt einen breit angelegten und aktuellen Kommentar bezüglich der GATT Aspekte der WTO Rechtsprechung vor. Hier werden die aktuellen WTO Fälle einbezogen, allerdings ist dieser Kommentar für die GATT Aspekte der WTO begrenzt: Schutzklausel, Antidumping, Subventionen und Ausgleichsmaßnahmen werden in 3 Seiten abgehandelt. Mavroidis 2005: 181-184. Für das SCM bzw. die wichtige Frage nach den Subventionen stammt ein wichtiger Beitrag von Clarke et al. (2004). Der 223 Seiten lange Bericht der WTO (2006) über Subventionen im internationalen Handels erwähnt das SCM dagegen nur auf 15 Seiten, welche, mit ihrem Schwerpunkt auf Agrar- und Exportsubventionen keine aussagekräftige Auskunft über die SCM Regeln, u.a. die Sonderbehandlung für Entwicklungsländer, gibt und sogar die Streitfälle werden nur am Rande erwähnt. WTO 2006: 191-206. Das Standardwerk von Trebilcock/Howse (2005) ist ausführlicher, besonders hinsichtlich der Referenzen zur GATT Geschichte. Die Verweise auf die WTO Fälle sind aber oft nicht aussagekräftig genug. Dies gilt besonders für Antidumping und die Schutzklausel, mit je 8 Seiten für Fälle und Regeln. Der gesamte SCM Bereich wird auf immerhin 16 Seiten beschrieben. Dazu kommt, daß aufgrund des Erscheinungsdatums wichtige Fälle fehlen. Letzteres gilt auch für van den Bossche 2005. Seit kurzem verfügbar ist der umfassende und präzise WTO Kommentar von Matsushita et al. (2006), welcher die einzelnen Abkommensbereiche aber oftmals knapp und mit unterschiedlichen Schwerpunkten wiedergibt und ebenfalls keine empirischen Hintergründe präsentiert. Eine Schwäche liegt im sehr kurzen SCM Bereich: Matsushita et al. 2006: 369-375. Siehe die Kommentare und Verweise im weiteren Verlauf. Somit kann auch letzterer Kommentar kaum einen Eindruck hinsichtlich empirischer Hintergründe und Schwellenwerte bieten, auf die sich die WTO Regeln und Streitbeilegungsentscheidungen beziehen. Dies wird in dieser Arbeit versucht.

[5814] Siehe für den deutschen Sprachraum: Stoll/Schorkopf (2002), Neumann (2002) und Prieß/Berrisch (2003). Weiterhin führt in die WTO Regeln ein die Artikelsammlung von Ortino/Petersmann (2004). Der erfahrene Praktiker des Zoll- und Außenhandelsrechts beschreibt die WTO: Kareseit (1998, 1998a). Nicht mehr ganz aktuell sind: Hoekman/Kostecki (1995, 2001) und Jackson (1997). Umfassend, auch hinsichtlich der behandelten Themen, ist Trebilcock/Howse (2005). Autoritativ und aktuell sind Mavroidis (2005) und Matsushita et al. (2006). Dazu kommen die beiden WTO Publikationen: WTO Analytical Index (2003) und zur Streitbeilegung: WTO (2004).

[5815] Zur Streitbeilegungsinstanz liegen seit langem überzeugende deutsche Beiträge vor, vor allem Gabler (1997) und Letzel (1999). Für die internationale Ebene siehe zuletzt Palmeter/Mavroidis (2004) und WTO (2004); sowie Trebilcock/Howse 2005: 112-154.

[5816] "The last resort ... is the possibility of suspending the application of concessions or other obligations under the covered agreements on a discriminatory basis vis-à-vis the other member ... " DSU Art. 3.7, "However, neither compensation nur the suspension of concessions or other obligations is preferred to full implementation of a recommendation to bring a measure into conformity with the covered agreements." Art. 22.1 WTO 2004: 80; Letzel 1999: 333. Dies stimmt, selbst wenn es in Palmeter/Mavroidis (2004) nicht erwähnt wird.

Streitwerts autorisiert. Eine weitere zentrale Neuerung gegenüber dem GATT ist, daß es eine Berufungsinstanz gibt, welche die Panelberichte überprüft. Die Berufung wird oft genutzt und hat in einer Reihe von Fällen zu Änderungen der Schlußfolgerungen der Panels geführt. Auch dann, wenn Vergeltung stattfindet, hat die Streitbeilegung die Aufgabe, den Umsetzungsprozess weiter zu beobachten. Dieser wird solange überwacht, bis eine WTO konforme Lösung gefunden wurde.[5817] Erfolgt eine Umsetzung, kann diese wieder durch ein WTO Panel überprüft werden, wobei eine erneute Berufung möglich ist. Diese Vorgänge werden anhand der Fallbeispiele sichtbar.[5818]

2. Exklusive und breite Zuständigkeit

Die WTO beansprucht für sich die exklusive Zuständigkeit zur Streitbeilegung (als "exclusive dispute resolution clause" wird DSU Art. 23.1 angesehen[5819]), und sie nimmt damit den einzelnen Staaten die Möglichkeit zu unilateralen Aktivitäten bzw. eigenständigen Feststellungen und darauf beruhenden Gegenmaßnahmen, bei mutmaßlich WTO inkonsistenten Politiken anderer Staaten. Die WTO Streitbeilegung wird damit zum Kern dieses multilateralen, regelbasierten Ordnungsrahmens für den internationalen Handel. Mittlerweile wurde nicht nur das unilaterale Druckinstrument der USA, Sec. 301, mit der WTO als inkompatibel erklärt (mit dem weisen, aber klaren Urteil, daß die U.S. Umsetzungsgesetzgebung keine WTO inkompatiblen Handlungen zwingend vorsieht, sodaß keine Gesetzesänderung nötig wurde[5820]). Ebenso war es WTO-inkompatibel, daß die USA unilaterale Gegenmaßnahmen einsetzte, einen Monat bevor sie durch die WTO im Kontext des Bananenstreits dazu autorisiert wurden.[5821] Auch ein Instrument der EU mit dem gegen mutmaßliche Subventionen in der koreanischen Schiffbauindustrie vorgegangen werden sollte, wurde als inkompatibel mit dem multilateralen Ansatz der WTO eingestuft.[5822] Bei der Begründung wurde dem völkerrechtlichen Prinzip von Treu und Glaube eine wichtige Stellung eingeräumt.[5823]

Auch der Fall U.S. Byrd Amendment kann als Beispiel dafür dienen, daß sich die Streitbeilegung die Kompetenz einräumt, Entscheidungen über viele denkbare Maßnahmen zu treffen. Dort wird festgehalten, daß alle sonstigen, denkbaren Gesetze, die sich gegen Dumping oder Subventionen

---

[5817] Letzel 1999: 333.
[5818] Und systematisiert in: Palmeter/Mavroidis 2004.
[5819] EC vs. United States - Sections 301–310 of the Trade Act 1974, WT/DS152/R, 22 December 1999, S. 313, Para. 7.43.
[5820] EC vs. United States - Sections 301–310 of the Trade Act 1974, WT/DS152/R, 22 December 1999, S. 344-345, Paras. 7.166-7.168.
[5821] EC vs. United States - Import Measures on Certain Products from the European Communities, WT/DS165/R, 17. Juli 2000, S. 44, Para. 6.107. Vom AB wird diese Argumentation bestätigt. Weil die USA das Urteil der Streitbeilegung nicht abgewartet hat, liegt ein Verstoß gegen DSU Art. 21.5 vor, der ebenso einen Bezug auf Art. 23 bzw. Art. 23.2 (a) aufweist. Daß hier keine direkte Referenz auf Art. 23.2 (a) erfolgte, lag im Kontext dieses AB-Reports an der ungeschickten Argumentation der EU. WT/DS165/AB/R, 11. Dezember 2000, S. 34-36, Paras. 122-127.
[5822] Hier geht es um den Trade Defense Mechanism der EU, der gegen Korea gerichtet, an europäische Werften Subventionen vorsah, wenn koreanische Schiffbauer auf mutmaßlich unfaire Weise Preise unterboten haben. Obwohl dieser Mechanismus defensiv ausgerichtet war, insofern heimische Werfen subventioniert wurden und nicht etwa gegenüber Korea gemachte Handelskonzessionen ausgesetzt wurde, wird dieser Mechanismus als WTO inkompatibel eingestuft, weil er auf unilaterale Weise Resultate versuchte zu erzielen, für die die WTO Streitbeilegung vorgesehen ist. Korea vs. European Communities - Measures Affecting Trade in Commercial Vessels, WT/DS301/R, 22. April 2005, S. 127-131, Para. 7.209-7.222. Die Frage der Subventionierung wird aufgrund 'judical economy' Erwägungen nicht weiterverfolgt. S. 133, Para. 7.230.
[5823] Korea vs. European Communities - Measures Affecting Trade in Commercial Vessels, WT/DS301/R, 22. April 2005, S. 117, Para. 7.186.

richten, WTO inkonform sind, wenn die dort vorgesehenen Reaktionen auf Dumping und Subventionen über das von den WTO für Antidumping und Ausgleichsmaßnahmen festgelegten Set von Optionen hinausgeht.[5824]

Zur Empirie der Nutzung der Streitbeilegung nur folgender Hinweis: Problem ist u.a. die mangelnde Präsenz Afrikas in der Streitbeilegung.[5825] Insgesamt gesehen ist auffällig, daß asiatische Staaten ihre Zurückhaltung aufgegeben haben, Indien zu einem regelmäßigen Nutzer der Streitbeilegung gehört und die weiteren Entwicklungsländer in einer Reihe von Fällen präsent sind und auch bei Streitigkeiten untereinander die Streitbeilegung nutzen.[5826] Dies korrigiert nicht die in Abschnitt 'A' erwähnten Asymmetrien zwischen wirtschaftlich stärkeren und schwächeren Staaten bezüglich der Möglichkeiten Vergeltung zu nehmen.

3. Entscheidungsmaßstab

Von zentraler Wichtigkeit für die Streitbeilegung ist der Entscheidungsmaßstab. Die Frage nach dem Entscheidungsmaßstab stellt sich, wenn ein Panel die Aktivitäten der nationalen Autoritäten und Behörden sowie die Gesetze und deren Auslegung durch die nationalen Autoritäten und Behörden, eingeschlossen Faktendarlegungen und Bewertungen, untersucht. Dabei stellt sich die Frage, wie die politische Willensbekundung eines WTO Mitgliedsstaates überprüft und bewertet werden soll und wie weit die WTO Streitbeilegung dabei gehen soll.[5827]

Im GATT gab es erste Versuche den Entscheidungsmaßstab zu definieren, darunter im Norway - Salmon Fall, in denen zwar eine Analyse vorgenommen wurde, aber die Gewichtung der Fakten durch die nationalen Behörden nicht bezweifelt wurde. Ebenso gab es schon in der Zeit des GATT eine Diskussion des Terminus 'deference', ein Begriff, der sich nicht in den GATT oder WTO Regeln befindet, mit dem Respekt vor oder Akzeptanz von nationalstaatlichen behördlichen Entscheidungen gemeint ist.[5828] Der Entscheidungsmaßstab ist zu einem kontroversen Thema in der Literatur geworden. So wird von Oesch (2003) behauptet, daß es schon weitgehend dazu gekommen ist, daß eine de novo Überprüfung sämtlicher Aspekte nationalstaatlicher Entscheidungen praktiziert wird, ohne daß dabei zur Kenntnis genommen wird, wie der AB diesen Terminus eigentlich definiert.[5829]

[5824] Australia, Brazil, Chile, European Communities, India, Indonesia, Japan, Korea, Thailand vs. United States - Continued Dumping and Subsidy Offset Act of 2000, WT/DS217AB/R, WT/DS234/AB/R, 16 January 2003. S. 103, Para. 318 (a). So auch Movesian 2004: 152; ausführlich zum Panel und AB: Horn/Mavroidis 2005; kritisiert wird der AB von Bhagwati/Mavroidis 2004: 121.
[5825] In Streitfällen ist allein Ägypten und Südafrika präsent. Mosoti 2006: 435.
[5826] Leitner/Lester 2006: 221; siehe WTO Fallübersicht, Abschnitt 'L', siehe weiterhin: **Tabelle 297**.
[5827] Ähnlich, nicht genauso Oesch 2003: 45.
[5828] Dazu kann hier kein Überblick gegeben werden, siehe zum Stand der Dinge Entscheidungsmaßstab direkt nach der WTO Gründung Croley/Jackson (1996), die mit Fokus auf Antidumping diskutieren, ohne daß es bereits WTO Beispielfälle gab. In Abschnitt 'H' wird dies am Beispiel Norway - Salmon und anderen Antidumpingfälle exemplifiziert. Zu 'deference' wird werden in diesem Artikel Verweise auf GATT Panels gegeben, in denen dieser Begriff thematisiert wird. Croley/Jackson 1996: 197.
[5829] Mit 'de novo' Prüfung ist eine vollständige Neuuntersuchung gemeint. Wenn Oesch (2003) formuliert, daß "the step from concluding that an alternative explanation is plausible to a de novo examination it tiny in theory" dann versteht der Verfasser was damit gemeint ist, nämlich daß mit einer solchen Vorgehensweise auch sehr nahe an eine 'objektive' Prüfung von Sachverhalten herangereicht werden kann. Falsch bleibt aber, daß der Begriff de novo Prüfung in diese Nähe gerückt wird. Oesch 2003: 52. An anderer Stelle sagt Oesch (2003) treffender, daß die

Spamann (2004) beklagt dagegen, daß eine de novo Prüfung nicht stattfinde, daß dies aber, um 'objektiv' vorzugehen, von den Panels zukünftig so durchgeführt werden sollte.[5830]

Beide Argumentationsrichtungen suggerieren ein massives Problem der Streitbeilegung mit der objektiven Beurteilung der einem Streit zugrundeliegenden tatsächlichen Situation. Dies wird hier zuerst einmal überprüft und gezeigt, daß dies so nicht vorliegt. Es ist möglich, daß die Streitbeilegung zwar keine de novo Überprüfung vornimmt, aber trotzdem objektiv vorgeht - oder, je nach Maßgabe der Fähigkeiten des Panels, dies zumindest versucht. Gäbe es Gründe, ein objektives Vorgehen grundlegend zu bezweifeln, müßten die Funktionen, die der WTO in dieser Arbeit zugeschrieben werden in Frage gestellt werden.[5831] Dennoch lohnt sich diese Klärung, weil im Laufe dieses Abschnitts, etwa im Bereich Antidumping und bei den Ausgleichszöllen, immer wieder merkliche Irritationen seitens der Panels über den Entscheidungsmaßstab auftraten. Die Frage nach dem Entscheidungsmaßstab ist vor allem aus diesen Gründen bis heute in der Streitbeilegung aktuell.

Der AB bezieht sich zur Klärung dieser Frage auf DSU Art. 11, der den Standard des "objective assessment" vorgibt und formuliert, daß das Panel eine solche objektive Beurteilung der vor ihm liegenden Angelegenheit in bezug auf Sachverhalt und Rechtslage durchzuführen hat.[5832] Grundlage dafür sind die WTO Abkommen und nach Bedarf auch sonstige völkerrechtliche Prinzipien, die nach den Regeln der Wiener Vertragsrechtskonvention ausgelegt werden, mit einer Präferenz für eine textuelle Auslegung.[5833]

Basierend darauf liegt der Entscheidungsmaßstab als 'konstanter' Standard vor, die objektive Beurteilung nimmt aber, je nach den speziellen Verpflichtungen der einzelnen WTO Abkommen und von Fall-zu-Fall einen unterschiedlichen Charakter an. Ebenso haben diese unterschiedlichen Ansätze

---

Aktivitäten der Panels, wenn sie denn aktiv Fakten suchen, "quite close to de novo review" ist. Oesch 2003: 51. Daß dies Nahe dran ist stimmt, bis zu einer vollständigen Neuuntersuchung ist es dennoch noch ein weiter Weg, siehe die Argumentation weiter unten.

[5830] Diese Klage ist aber darauf basiert, daß es angeblich so schwer sei, die vielen unterschiedlichen Gewichtungen der Streitbeilegung nachzuvollziehen, speziell im Schutzklauselbereich. Dadurch, daß kein de novo review stattfinden würde, wäre es doppelt schwer für die nationalen Behörden mit den Anforderungen der WTO klarzukommen. Eine de novo review i. S. einer Evaluation der von den Behörden vorgelegten Fakten z.B. zu Importzunahmen oder Schädigung durch das Panel wäre machbar und würde es für die Behörden sogar einfacher machen, den WTO Anforderungen zu genügen. Dieses Argument ist nicht uninteressant, hier wird dem trotzdem nicht gefolgt, weil die nationalstaatlichen Behörden nicht so irritiert sind, wie Spamann (2004) glaubt und durchaus in der Lage sind solche Berichte zu schreiben. Weiterhin vermittelt er kein Vorstellung davon, daß schwierige politische Entscheidungen nötig wären, um de novo Prüfungen in diesen Bereichen einzuführen, weil dies viele bisherige behördliche Spielräume in Frage stellen würde, etwa die wichtige Entscheidung, welcher Untersuchungszeitraum zugrunde liegt. Spamann 2004: 533, 535, 545.

[5831] Siehe nur Abschnitt 'H', Antidumping, daß es sich hierbei um ein ernstzunehmendes Problem handelt. Im GATT wurde teils ein Entscheidungsmaßstab verwendet, der sich einer 'objektive Überprüfung' im common sense Sinn bewußt verweigerte.

[5832] Ehlermann/Lockhart 2004: 501. Kein Zitat, es wird aber die deutsche Formulierung übernommen aus Ruffert 2001: 314.

[5833] "The Appellate Body has embraced the essentially textual approach, and it has also recognized the 'holistic' nature of the interpretative task - acknowledging that even the question of what is the 'ordinary meaning' of a term needs to be informed by the context in which that term is used ..." Lennard 2002: 22-23. Die WTO Abkommen hat sich zudem geöffnet für das allgemeine Völkerrecht u.a. i.S. der Beachtung völkergewohnheitsrechtlicher Prinzipien wie Treu und Glaube ('good faith') und teils auch sonstiger völkerrechtlicher Verträge. Neumann 2002: 357-365.

etwas mit den unterschiedlichen Rollen zu tun, die den Panels und den nationalen Autoritäten in den einzelnen WTO Abkommen zugemessen werden.[5834]

Die Grundlagen des Entscheidungsmaßstabs wurden in United States vs. EU - Hormones (1998) erarbeitet. Explizit wird benannt, daß der Entscheidungsmaßstab die Balance in den speziellen WTO Abkommen widerspiegeln muß, zwischen den rechtlichen Kompetenzen, welche die Mitgliedsstaaten an die WTO abgegeben haben und denen, die bei den Mitgliedsstaaten verblieben sind.[5835] Der Entscheidungsmaßstab der WTO wird sodann negativ definiert, es wird gesagt, was nicht unter den Entscheidungsmaßstab fällt[5836]:

Auf der einen Seite liegt das *de novo review*, die von Grund auf angelegte Verifizierung bzw. neue Faktenrecherche mitsamt prozeduraler Entscheidungsfindung, wobei das Panel völlige Freiheit hätte eine ganz andere Entscheidung zu treffen als die Behörden oder nationalen Institutionen, auf der anderen Seite findet sich *deference*, die allein prozedurale Überprüfung einer behördlichen bzw. nationalstaatlichen Entscheidung. Im Zwischenraum liegt der spezielle WTO Entscheidungsmaßstab *objective assessment of the facts*.[5837]

Mit dieser negativen Definition liegt ein grundlegender Anhaltspunkt vor, der anhand der Regeln der Abkommen konkretisiert wird. So unterscheidet sich der Entscheidungsmaßstab für die Schutzklausel vom Entscheidungsmaßstab für das SPS-Abkommen.[5838] Dies spiegelt sich im DSU wieder. Der einheitlichen Formulierung des Entscheidungsmaßstabs zum Trotz wird in DSU Appendix 2 auf zusätzliche Regeln oder prozedurale Besonderheiten in den WTO Abkommen hingewiesen, darunter auf das einzige WTO Abkommen mit einem eigenständig formulierten Entscheidungsmaßstab, das

---

[5834] "There is not escaping standard of review in WTO dispute settlement. While the contested national measure and the claims made change from case to case, standard of review is a constant feature." "The case-law indicates that the character of review changes with the nature of the determination at issue and also with the obligations in the covered agreements in consideration. The article suggests that the differing approaches to review reflect differences in the covered agreements themselves regarding the respective roles of panels and national authorities." Ehlermann/Lockhart 2004: 491.

[5835] "must reflect the balance established in that Agreement between the jurisdictional competences conceded by the Member of the WTO and the jurisdictional competences retained by the members for themselves." United States vs. EU - Measures Concerning Meat and Meat Products (Hormones), WT/DS26/AB/R, WT/DS48/AB/R, 16 January 1998. S. 42, Para. 115. Ehlermann/Lockhart 2004: 501. Siehe auch: "Panels and the Appellate Body have taken a middle-of-the-road approach." Matsushita et al. 2006: 130.

[5836] "In defining the appropriate standard, the Appellate Body has generally expressed what is *not* the WTO standard of review." Herv. im Original. Nur daß es nicht "de novo review" oder "total deference" sein darf, wird positiv formuliert. Ehlermann/Lockhart 2004: 501.

[5837] "111. In the view of the European Communities, the principal alternative approaches to the problem of formulating the 'proper standard of review' as far as panels are concerned are two-fold. The first is designated as 'de novo review'. This standard of review would allow a panel complete freedom to come to a different view than a competent authority of the Member whose act or determination is being reviewed. A panel would have to 'verify whether the determination by the national authority was 'correct both factually and procedurally'. The second is described as 'deference'. Under a 'deference' standard, a panel, in the submission of the European Communities, should not seek to redo the investigation conducted by the national authority but instead examine whether the 'procedure' required by the relevant WTO rules had been followed." Wiedergabe ohne Fußnoten. United States vs. EU - Measures Concerning Meat and Meat Products (Hormones), WT/DS26/AB/R, WT/DS48/AB/R, 16 January 1998, S. 41, Para. 111. Beide Termini: 'de novo review' und 'deference' kommt nicht als Begriff in den WTO Abkommen vor. Somit ist es keinesfalls in den WTO Abkommen vorgegeben, daß deference i. S. von Respekt, Achtung oder Pietät gegenüber nationalstaatlichen Autoritäten gewahrt werden müssen.

[5838] "the nature of review also appears to change with the subject-matter of the dispute. For instance, a public health measure examined under the Agreement on the Application of Sanitary or Phytosanitary Measures ('SPS Agreement') appears to be subject to a different kind of review from that applied to a measure taken under the Agreement on Safeguards." Ehlermann/Lockhart 2004: 496.

Antidumpingabkommen. Ob es einen Konflikt gibt zwischen den speziellen Regeln in den Abkommen und dem DSU wird von der Streitbeilegung festgestellt. Die speziellen Regeln sind nicht dazu gedacht, das DSU System als übergreifendes und kohärentes System zu ersetzen. Schließlich enthält das DSU Regeln bzw. Entscheidungsmaßstäbe für die sog. Nichtverletzungsbeschwerden, ebenso für Klagen in 'other situations' sowie eine Schlichtungsprozedur.[5839]

Wie dem auch sei, einige wenige positive Bedeutungselemente können dem Begriff der objektiven Beurteilung ('objective assessment of the facts') zugeschrieben werden. Der AB hält fest, daß die Panels durchaus den faktischen Beweisen ("factual evidence") eine andere Bedeutung und ein anderes Gewicht geben dürfen, als dies die nationalstaatlichen Behörden vorgegeben haben.[5840]

Bei der Wahl dieses Entscheidungsmaßstabs, für den schon erste Ansatzpunkte im GATT entwickelt wurden, spielt weiterhin eine Rolle, daß der AB diese Entscheidung mit Gründen für weise hält. Und zwar nicht in der Hinsicht, weil damit nationalen Behörden Spielräume für nationalstaatliche Einschätzungsprärogativen gegeben werden konnten oder es gar darum ging, pauschal souveränitätsschonend vorzugehen. Nein, es ging darum, daß der AB erkannte, daß die WTO Streitbeilegung mit ihren institutionellen Ressourcen kaum in der Lage ist, eine solche *de novo* Beurteilung durchzuführen ("in any case poorly suited to engage in such a review").[5841]

Diese weise Erkenntnis des AB hat ihr Komplement darin, daß die WTO in ihren Abkommen vielfach die Existenz von nationalstaatlichen Behörden voraussetzt und somit Ehlermann/Lockhart (2004) in einem gewissen Sinne von "separation and balance of powers" sprechen können.[5842] Ein zentrale Folge dieser Erkenntnis ist, daß der AB den Untersuchungsbehörden die Verpflichtung auferlegt eine objektive Faktenanalyse zu betreiben, wobei er, beispielsweise im Antidumpingabkommen, den

---

[5839] Palmeter/Mavroidis 2004: 171. "In our view, it is only where the provisions of the DSU and the special or additional rules and procedures of a covered agreement *cannot* be read as *complementing* each other that the special or additional provisions are to *prevail*. A special or additional provision should only be found to prevail over a provision of the DSU in a situation where adherence to the one provision will lead to a violation of the other provision, that is, in a case of *conflict* with them. An interpreter must, therefore, identify any *inconsistency* or a *difference* between a provision of the DSU and a special or additional provision of a covered agreement *before* concluding that the latter prevails and that the provision of the DSU does not apply." Und: "Clearly, the consultation and dispute settlement provision of a covered agreement are not meant to *replace*, as a coherent system of dispute settlement for that agreement, the rules and procedures of the DSU." Herv. im Original. Mexico vs. Guatemala - Anti-Dumping Investigation Regarding Portland Cement from Mexico. WT/DS69/AB/R, 2 November 1998, S. 22-23, Paras. 65, 67. Siehe auch DSU Appendix 2, WTO 1995: 430.
[5840] "We are therefore sasifsied that the Panel adopted a plausible view of the facts in connection with the expected prices and planting decisions, even though it attributed to these factors a different weight or meaning than did the United States. As the Appellate Body has said, it is not necessary for panels to 'accord to factual evidence of the parties the same meaning and weight as do parties.'" Brazil vs. United States - Subsidies on Upland Cotton, WT/DS267/AB/R, 3 March 2005, S. 167, Para. 445.
[5841] "117. So far as fact-finding by Panels is concerned, their activities are always constrained by the mandate of Article 11 of the DSU: the applicable standard is neither de novo review as such, nor 'total deference', but rather the 'objective assessment of the facts'. Many panels have in the past refused to undertake de novo review, wisely, since under current practices and systems, they are in any case poorly suited to engage in such a review. On the other hand, 'total deference to the findings of national authorities', it has been well said, 'could not ensure an 'objective assessment' as foreseen by Article 11 of the DSU." United States vs. EU - Measures Concerning Meat and Meat Products (Hormones), WT/DS26/AB/R, WT/DS48/AB/R, 16 January 1998. S. 43, Para. 117. Siehe auch: "In practical terms, it would be almost impossible for the panel to conduct a wholly new inquiry as it does not have the resources or technical expertise to do so. In WTO context, the panel is also likely to be operating in a different country, or even continent, and to be working in a different language from that of the national authority". Ehlermann/Lockhart 2004: 502. Den GATT Hintergrund beleutet Abschnitt 'H', Punkt 14.3, Ausgleichszölle.
[5842] Ehlermann/Lockhart 2004: 492.

Begriff 'objektiv' so auslegt, daß er es als Pflicht der nationalen Behörde ansieht, daß diese unparteiisch, gleichgewichtig, ausgewogen, auf fundamentale Art und Weise fair und im Einklang mit dem Prinzip von Treu und Glauben stehend ihre Untersuchungen durchführen. Dieser spezielle AD Entscheidungsmaßstab wirkt somit klar erkennbar in Richtung einer Verteilung der Pflichtenlast i.S. einer Verpflichtung nationaler Behörden, das zu tun, was die Panels nicht oder nur im Ausnahmefall, s.u., selbst durchführen dürfen, eben eine neue, objektive Untersuchung mit selbst ausgesuchten objektiven Fakten.[5843]

Eine Ausnahme vom *de novo* 'Verbot' könnten, so Ehlermann/Lockhart (2004), Fälle darstellen, in denen nationalstaatliche Behörden keine Untersuchung durchgeführt haben und das Panel sich dazu entscheiden könnte, ein Originaluntersuchung durchzuführen. Oder es liegt eine beschränkte Untersuchung vor, sodaß sich Fragestellungen ergeben, die eine originäre Faktenrecherche des Panels erfordern würden.[5844]

Eine solche Ausnahme ist aber nicht durch die Streitbeilegung bestätigt und wird vielleicht nie eintreffen. Aus folgendem Grund: Egal um welche Streitfrage es geht, ist es unwahrscheinlich, daß die WTO Mitgliedstaaten ohne jede Fakten- und Argumentationsbasis agieren, denn spätestens in den mündlichen Anhörungen bzw. bei ihren schriftlichen Eingaben vor den Panels liegt eine solche vor.[5845] Ergänzend hat der Panel weite Möglichkeiten sich Informationen zugänglich zu machen[5846], wobei er eine Einschätzungsprärogative ("discretion") hat, sodaß er nicht gezwungen ist, bestimmte Informationen zur Kenntnis zu nehmen.[5847] Wenn eine Streitpartei nach der ersten Konsultation vor dem Panel nicht davon überzeugt ist, daß alle für die Klage wichtigen Fakten vorliegen, kann sie den Panel auffordern, "additional fact-finding" durchzuführen.[5848] Gleichzeitig wird aber zugestanden, daß es dafür keine standardisierten prozeduralen Abläufe gibt, sodaß sowohl die Konsultationen als auch das Panelverfahren dazu führen müßten, daß: "Claims must be stated clearly. Facts must be disclosed

---

[5843] Siehe Punkt Antidumping, Entscheidungsmaßstab. Japan vs. United States - Anti-Dumping Measures on Certain Hot-Rolled Steel Products from Japan, WT/DS184/AB/R, 24 July 2001, S. 65, Paras. 192-193.
[5844] Ehlermann/Lockhart 2004: 502.
[5845] Die WTO Streitbeilegung ist nicht inquisitorisch, sondern adversial ausgerichtet. Die Panels haben das Recht Informationen heranzuziehen und Experten zu konsultieren, aber als generelle Regel gilt, daß die Parteien ihre Beweise dem Panel vorlegen müssen. Spamann 2004: 551. Daß eine schriftliche Eingabe erfolgen muß, ist umstritten, aufgrund möglicher Fehler oder Auslassungen, die diese enthalten kann, wodurch eine Klage verloren werden kann. In US - Steel Safeguards (2003), siehe weiter unten unter Punkt Schutzklausel, insistiert die EU auf der Vorlage einer solchen und die USA sorgt sich aus den obengenannten Gründen. Spamann 2004: 545.
[5846] Art. 13 DSU. WTO 1995: 416. "The thrust of Articles 12 and 13, taken together, is that the DSU accords to a panel established by the DSB, and engaged in a dispute settlement proceeding, ample and extensive authority to undertake and to control the process by which it informs itself both of the relevant facts of the facts and of the legal norms and principles applicable to such facts." India, Malaysia, Pakistan, Thailand vs. United States - Import Prohibition on Certain Shrimp and Shrimp Products, WT/DS58/AB/R, 12 October 1998, S. 38, Para. 106. Siehe auch: "It is equally important to stress that this discretionary authority to seek and obtain information is *not* made conditional by this, or any other provision, of the DSU upon the other party to the dispute having previously established, on a *prima facie* basis, such other party's claim or defence. Indeed, Article 13.1 imposes *no conditions* on the exercise of this discretionary authority." Herv. im Original. Brazil vs. Canada - Measures Affecting the Export of Civilian Aircraft, WT/DS70/AB/R, 2 August 1999, S. 50, Para. 185.
[5847] Mit Verweis auf einen weiteren AB Bericht. India vs. European Communities - Anti-Dumping Duties on Imports of Cotton-Type Bed Linen from India, WT/DS141/AB/RW, 8 April 2003, S. 66, Para. 167.
[5848] Eine Veränderung der 'terms of reference' ist aber nicht mehr möglich. United States vs. India - Patent Protection for Pharmaceutical and Agricultural Chemical Products, WT/DS50/AB/R, 19 December 1997, S. 33, Para. 94.

freely."[5849] Hinzu kommt, daß, im Schutzklauselzusammenhang formuliert wurde, daß der Standard der *de novo* Beurteilung nicht ausufernd ("loosely") angewandt werden sollte.[5850] In den common sense übersetzt: Die Panels können ruhig partiell Informationen sammeln, solange sie nicht, dies würde der AB dann feststellen, den Schwellenwert zur *de novo* Beurteilung dann doch überschreiten.[5851] Eine originäre Faktenrecherche anhand von Quellen außerhalb der WTO (i.S. der Anforderung von Statistiken etwa) hat der Panel aus diesen Gründen in den meisten Fällen entweder garnicht oder nur ergänzend nötig, sodaß in den meisten Fällen die Schwelle zu einer *de novo* review im Sinne einer neuartigen vollständigen Untersuchung nicht überschritten werden wird.

Wie weit gehen diese Möglichkeiten des Panels und wie sieht die Praxis aus? Der Panel wird gemäß seiner diskretionären Autorität Informationen zu suchen beispielsweise von den Streitparteien gebeten, um Informationen von der anderen Partei nachzusuchen und zudem stellt der Panel während der mündlichen Anhörungen Fragen. Dabei ist es die Pflicht der WTO Mitglieder, die in einen Streitfall involviert werden, "prompt and fully" Informationen bereitzustellen, die nötig sind, den Streitfall beizulegen.[5852] Dies ist der Alltag der Panels: So forderte das Panel, auf Antrag von Korea, von den USA bestimmte als vertraulich eingestufte Informationen an. Die USA übergab einige Informationen (nicht alle) dem Panel, darunter vertrauliche Informationen nur in indexierter Form, wobei das Panel nach einigem hin und her schließt, daß es nun in der Lage ist, eine objektive Beurteilung durchzuführen.[5853] In anderen Fällen verweigerten sich die Mitgliedsstaaten und der AB formulierte in Reaktion darauf, daß ohne die Bereitstellung von Informationen das gesamte System gefährdet wäre. So weigerte sich Kanada sehr viele vom Panel erwünschte Informationen über sein Exportsubventionsprogramm für Flugzeuge bereitzustellen. Der AB folgerte, daß die Streitbeilegung aus einem solchen Verhalten für diese Streitpartei ungünstig ausfallende Rückschlüsse ("inferences") ziehen dürfe.[5854] Offenkundig war dieser Druck wirksam, denn in einem weiteren Streitfall zu diesem Thema entschloß sich Kanada nötige Informationen bereitzustellen.[5855] Dabei gab das Panel aber nicht allen Wünschen der Gegnerpartei statt, sondern nur solchen, bei denen spezielle Informationen oder

---

[5849] United States vs. India - Patent Protection for Pharmaceutical and Agricultural Chemical Products, WT/DS50/AB/R, 19 December 1997, S. 33, Para. 94. Hinweis in Trebilcock/Howse 2005: 130-131.

[5850] "107. In this respect, the phrase 'de novo review' should not be used loosely. (...) " Herv. im Original. New Zealand vs. United States - Safeguard Measure on Imports of Fresh, Chilled or Frozen Lamb from New Zealand. WT/DS177/AB/R, W/DS178/AB/R, 1. Mai 2001, S. 38-39, Para. 107.

[5851] Hinweis darauf in Ehlermann/Lockhart 2004: 501.

[5852] "This is made crystal clear by the third sentence of [DSU] Art. 13.1, which states: 'A member should respond promptly and fully to any request by a panel for such information as the panel considers necessary and appropriate." Hinzufügung durch den Verfasser. Diese Autorität des Panels ist keinen Bedingungen unterworfen, etwa daß ein 'prima facie'-Beweis erbracht wurde. Brazil vs. Canada - Measures Affecting the Export of Civilian Aircraft, WT/DS70/AB/R, 2 August 1999. S. 50, Para. 185.

[5853] Ergebnisse eines Computermodells, welches Kumulationsfragen untersucht, werden letztendlich nicht bereitgestellt, eine Reihe von weiteren Informationen schon. Als Korea in einer zweiten Eingabe weitere Informationen anfordert, geht der Panel nicht mehr darauf ein. Korea vs. United States - Definitive Safeguard Measures on Imports of Circular Welded Carbon Quality Line Pipe from Korea, WT/DS202/R, 29 October 2001, S. 55-59, Para. 7.1-7.11.

[5854] Zu dieser gesamten Passage Brazil vs. Canada - Measures Affecting the Export of Civilian Aircraft, WT/DS70/AB/R, 2 August 1999. S. 57-58, Paras. 203-205. Aus der Perspektive Kanadas wird dagegen beklagt, daß Brasilien ohne Beweise vorgelegt zu haben, zuviele Informationen wollte. Behboodi 2001.

[5855] Brazil vs. Canada - Export Credits and Loan Guarantees for Region Aircraft, WT/DS222/R, 28 January 2002. Siehe dort Annex B-7, Responses of Canada to Questions from the Panel following the First Meeting of the Panel, 6 July 2001. S. B-56-B-70.

Argumente vorlagen.⁵⁸⁵⁶ Im SCM Abkommen ist sogar eine spezielle Regel zum Informationsaustausch geschaffen worden, wobei es in Folge zur Bereitstellung von Informationen gekommen ist. Heftig umstritten ist in den konkreten Fällen die Begrenzung der Informationsanforderungen, wobei sich die betroffenen Parteien darüber beschweren, daß diese zu einer "fishing expedition" genutzt werden kann, die ggf. zu einer Erweiterung der Vorwürfe genutzt werden könnte.⁵⁸⁵⁷ Der Panel bemerkt in diesem Fall, daß er Informationsmaterial vorliegen hat, es aber den Streitparteien überlassen würde, diese dem Panel zu präsentieren, um nicht i.S. einer *de novo* Überprüfung zu verfahren.⁵⁸⁵⁸

Besonders bei Fällen zum Thema außenhandelspolitischer Schutzinstrumente hängt viel vom Engagement der Panels und der Streitparteien ab, wie weit in Richtung 'objektiver' Suche nach der Wahrheit die Rede sein darf. Dazu weiter unten mehr, denn es gibt, das wird anhand der Fallbeispiele herausgearbeitet, das Phänomen 'schwacher' Panels. Dies liegt nicht am Entscheidungsmaßstab und seiner Formulierung. Dazu kommt, daß die Berufungsinstanz die Panels auffordert, aktiver vorzugehen. Sichtbar wird allerdings, daß auf der Panelebene teil Irritation darüber vorgelegen haben, wie der Entscheidungsmaßstab ausgelegt werden soll. Trotz dieser Unvollkommenheiten des Streitbeilegungsalltags ist aber nicht sichtbar, daß die Streitbeilegung durch einen verfehlten Entscheidungsmaßstab keine objektive Beurteilung der Fälle im Sinne eines common sense Begriffs von 'objektiver Beurteilung' durchführen kann.

Eng mit dieser Entscheidung verbunden, nur in Ausnahmefällen eine *de novo* Überprüfung als denkbar anzusehen, ist eine weitere Grundsatzentscheidung zum Verständnis der Streitbeilegung bedeutsam. Eine vollständige neuartige Untersuchung, würde nämlich zwangläufig - zumal, wenn auf sonstige Formulierungstricks verzichtet würde - eine letztendliche Bewertung bzw. Schlußfolgerung enthalten müssen. Kurz: Im Bereich Antidumping würde das Panel feststellen, daß kein Dumping vorliegt, bei Ausgleichszöllen keine Subventionen, bei der Schutzklausel keine Schädigung etc. Mit der Konstruktion der nicht erwünschten *de novo* Beurteilung im Hintergrund wird die weitere Grundsatzentscheidung verständlicher, daß die Panels zwar Empfehlungen geben, aber speziell für den Schutzklausel, Antidumping, Ausgleichs- und Subventionsbereich diese die Feststellungen der

---

[5856] "Since we are not a commission of enquiry, we did not consider it appropriate to seek additional information and / or documentation on the basis auf Brazil's general request of 21 May 2001. We only considered it appropriate to seek additional information / documentation from Canada on the basis of specific information and / or arguments submitted by Brazil." Brazil vs. Canada - Export Credits and Loan Guarantees for Region Aircraft, WT/DS222/R, 28 January 2002, S. 35, Para. 7.136.

[5857] Für den Fall EU vs. Korea - Commercial Vessels (2005) in dem erstmals für die Öffentlichkeit besser dokumentiert als in Fällen zuvor SCM Annex V genutzt wurde. Kang 2005: 190. Letztendlich verliert Korea diesen Fall in bezug auf einige Aspekte, für die es Informationen bereitgestellt hatte, nämlich einige Exportkredite. EU vs. Korea - Measures Affecting Trade in Commercial Vessels, WT/DS273/R, 7 March 2005, S. 82, Para. 7.330. Für weitere Exportkredite kann die EU aber nicht beweisen, daß es überhaupt solche gab. Hier weigert sich der Panel daraus 'adverse inferences' zu ziehen, wenngleich Korea ebenso keine weitere Informationen in dieser Hinsicht bereitgestellt hat. Vgl. Kang 2005: 191-192.

[5858] "We have relied on the parties to bring to our attention such of that material as each considers relevant to its case. In other words, we have run the very considerable risk of making one or the other party's case for it, which of course we must not do." EU vs. Korea - Measures Affecting Trade in Commercial Vessels, WT/DS273/R, 7 March 2005, S. 118, Para. 7.516.

nationalen Behörden nicht ersetzen dürfen ("substitute").[5859] Im Urteil findet sich, oft mit dem Verweis auf diesen Standard, eine Feststellung, daß eine Maßnahmen regelinkonform ist, ohne daß aber die Formulierung gewählt wird, daß 'objektiv' keine Schädigung vorliegt. Der common sense würde nun trotzdem daraus schließen, daß die festgestellte Regelinkonformität vier Monate nach einem Fall noch genauso vorliegt. Dies trifft nicht zu: Weil die Feststellung der Behörden durch die Empfehlung der Streitbeilegung nicht ersetzt wird, ergibt sich daraus eine durchaus genutzte Möglichkeit zum partiellen Nachbessern (d.h. vier Monate nach einem verlorenen Streitfall behaupten die Behörden also wieder das Vorliegen von Schädigung mit einer partiell veränderten Argumentation).[5860] Am Rande: In der NAFTA Streitbeilegung, die ähnlich verfährt, ging einem dortigen Panel dabei die Geduld aus.[5861] Das ist in der WTO nicht zu erwarten.

Dieser Ansatz steht im Einklang damit, daß die Art und Weise der Umsetzung der Empfehlungen ("recommendations") in den Händen der Mitgliedstaaten liegt. Nach der Annahme des Panel oder AB Berichts wird diese Umsetzung allerdings weiter von der Streitbeilegung überwacht.[5862] Eine wichtige Rolle kommt dabei den Art. 21.5 Streitfällen zu, welche die Umsetzung überprüfen können.[5863] Von dieser hier beschriebenen Praxis gibt es nur wenige Abweichungen. Im Prinzip dürfen Panels nämlich durchaus Umsetzungsempfehlungen machen, dies wird aber nur in wenigen Fällen genutzt[5864]: Im Antidumpingbereich wurde, wenn sehr viele Punkte WTO inkonform waren, vorgeschlagen, daß die Maßnahme zurückgenommen werden sollte, so verfuhr das Panel bezüglich des Byrd Amendments[5865] oder bei einer AD Maßnahme Guatemalas, Argentiniens und Mexikos[5866], somit hat sich diesbezüglich eine auch Zukunft zu erwartende Praxis ausgebildet. Eine spezielle Regel gibt es in SCM, Art. 4.7, welcher für verbotene Subventionen eine Rücknahme ohne Verzögerung vorsieht - dies im Kontrast zu DSU Art. 21.3, der generell bei Streitigkeiten einer angemessene Zeitperiode "reasonable period of

---

[5859] New Zealand vs. United States - Safeguard Measure on Imports of Fresh, Chilled or Frozen Lamb from New Zealand. WT/DS177/AB/R, W/DS178/AB/R, 1 May 2001, S. 38-39, Para. 106. Mehr dazu unter dem Punkt Schutzklausel.
[5860] Spamann 2004: 564. "In contrast to NAFTA, no WTO panel has specifically ordered a WTO member to make a negative finding on injury, dumping, or subsidy." Pauwelyn 2006: 205.
[5861] Nachdem die ITC dreimal die Zeit zur Umsetzung verstreichen ließ und immer wieder eine Neudetermination vorlegte, welche die Panelbewertung ignorierte, weigerte sich das NAFTA Panel eine weitere Analyse vorzunehmen und instruierte die ITC die Feststellung zu machen, daß die ihr vorliegenden Beweise keine Feststellung von drohender Schädigung zulassen. Dies stellt einen Kontrast zur WTO Praxis dar. Pauwelyn 2006: 204-205.
[5862] Gabler 1997: 58.
[5863] Aus einem Überblick über den bisherigen Umgang der Streitbeilegung mit der Überwachung der Umsetzung der Empfehlungen wird gschlossen, daß auch solche Maßnahmen unter die Überprüfung fallen, die "a particularly close relationship" zu den Umsetzungsmaßnahmen haben. Dies eröffnet der Streitbeilegung einen Spielraum, um Umgehungsversuche einbeziehen zu können. Canada vs. United States - Final Countervailing Duty Determination with Respect to Certain Softwood Lumber from Canada, WT/DS257/AB/RW, 5 December 2005, S. 32, Para. 77.
[5864] "In addition to its recommendations, the panel or Appellate Body may suggest ways in which the member concerned could implement the recommendations." DSU Art. 19.1. WTO 1995: 420.
[5865] Australia, Brazil, Chile, European Communities, India, Indonesia, Japan, Korea, Thailand vs. United States - Continued Dumping and Subsidy Offset Act of 2000, WT/DS217/R, WT/DS234/R, 16 September 2002, S. 337-338, Para. 8.6. Im AB Bericht findet sich dieser Vorschlag nicht mehr.
[5866] Mexico vs. Guatemala - Anti-Dumping Investigation Regarding Portland Cement from Mexico. WT/DS60/R, 19 June 1998, S. 169, Para. 8.6. Weiterhin: "In light of the nature and extent of the violations in this case, we do not percieve how Argentina could properly implement our recommendation without revoking the anti-dumping measure at issue in this dispute." Brazil vs. Argentina - Definitive Anti-Dumping Duties on Poultry from Brazil, WT/DS241/R, 22 April 2003, S. 101, Para. 8.7. Siehe kürzlich: Guatemala vs. Mexico - Anti-Dumping Duties on Steel Pipes and Tubes from Guatemala, WT/DS331/R, 8 June 2007, S. 140, Para. 8.12.

time" für die Umsetzung der Empfehlungen vorgibt.[5867] Somit besteht, bei aller Geduld der WTO, in allzu lang andauernden Fällen, immerhin die Option, daß die Panels einen Umsetzungsvorschlag machen.[5868]

Wie sieht das bei Gesetzen aus? GATT traditionell wird die Unterscheidung zwischen zwingender ('mandatory') und diskretionärer ('discretionary') Gesetzgebung genutzt. Ist eine Gesetzgebung zwingend, darf sie als solche vor der Streitbeilegung in Frage gestellt werden. Diejenige Gesetzgebung, die den Entscheidungen der Exekutive einen Rahmen vorgibt, ist aber oft schwer als zwingend zu charakterisieren, weil Entscheidungsspielräume bleiben und selbst dann, wenn eine WTO Inkonformität nicht ausgeschlossen ist, eine inkonforme Handlung nicht zwingend zu erwarten ist. Als Entscheidungsmaßstab werden hier mehrere Kriterien herangezogen, wenn es darum geht zu zeigen, daß eine einheitliche Praxis ("consistent practice") vorliegt, von der aus auf die Bedeutung des Rechts zurückgeschlossen werden kann.[5869] Gelingt dies, kann auch 'discretionary legislation' WTO inkonform sein. Abschließend sei erwähnt, daß der Begriff "measures" breit ausgelegt wird, sodaß auch die Aktivitäten privater Parteien unter die WTO Regeln fallen, wenn gezeigt werden kann, daß diese von der Regierung durch Anreize, Maßnahmen etc. beeinflußt werden.[5870]

Schließlich ist für das Verständnis des Entscheidungsmaßstab wichtig, daß es eine Arbeitsteilung zwischen Panel und AB gibt. Der Panel hat in seiner Rolle als "initial trier of facts"[5871] eine Einschätzungsprärogative ('discretion') in bezug auf die Untersuchung und Einschätzung von Fakten und die Gewichtung von Beweisen, was der AB nicht immer nachvollziehen muß ("second guess").[5872] Der AB soll sich gemäß DSU Art. 17.6 auf Rechtsfragen beschränken, somit ist eine Faktenrecherche nicht erlaubt, welche Aufgabe des Panel ist. Dies führt soweit, daß in der Berufung Argumente, wenn diese auf neuen Fakten basieren, nicht akzeptiert werden, falls um diese Fakten erst ersucht werden und diese erst neu geprüft werden müßten.[5873]

[5867] Diese Zeit kann vereinbart werden oder innerhalb von 90 Tage über ein Schlichtungsverfahren festgestellt werden. Art. 21.3. WTO 1995: 421. Siehe zu SCM Art. 4.7, der sich auf verbotene Subventionen, dies sich Exportsubventionen und Importsubstitutionssubventionen bezieht. Canada vs. Brazil - Export Financing Programme for Aircraft, WT/DS46/AB/R, 2 August 1999, S. 56-57, Para. 188-194. Für sonstige Subventionen gilt diese Regel nicht.
[5868] Von Pauwelyn (2006) wird, angesichts des NAFTA Falls sogar darüber spekuliert, ob die Streitbeilegung in einem Antidumping- oder Ausgleichsfall, bei dem sich die Mitgliedstaaten einer Umsetzung widersetzen, direkt feststellen darf, daß keine Schädigung vorliegt. Dies sollte aber in Form einer Reform umgesetzt werden. Pauwelyn 2006: 205.
[5869] Dies gelingt hier nicht: "We are not persuaded that the conduct of a single sunset review can serve as conclusive evidence of USDOC practice, and, thereby, of the meaning of United States law." EU vs. United States - Countervailing Duties on Certain Corrosion-Resistant Carbon Steel Flat Products from Germany, WT/DS213/AB/R, 28 November 2002. S. 49, Para. 148.
[5870] European Communities vs. Japan - Trade in Semiconductors, BISD 35S/116, 153-158, Paras. 106-117, 1989. Mavroidis 2005: 33-37.
[5871] EU, United States vs. Korea - Taxes on Alcoholic Beverages, WT/DS75/AB/R, WT/DS84/AB/R, 18 January 1999. S. 47, Para. 160-161. Der Begriff 'initial trier of facts' wird oft nur in diesem Zusammenhang benutzt und ist nicht dazu gedacht, das Verhältnis der Panels zur Frage der Faktenanalyse zu klären. Dafür sind u.a. die obengenannten Artikel wichtiger.
[5872] Der AB hat damit entschieden, nicht jeden Einschätzungsvorgang auf der Panelebene nachvollziehen zu müssen, zum Beispiel hinsichtlich der Einbeziehung bzw. eben auch Aussortierung von einzelnen Beweisen, etwa Studien, als nicht relevant. EU, United States vs. Korea - Taxes on Alcoholic Beverages, WT/DS75/AB/R, WT/DS84/AB/R, 18 January 1999. S. 47, Para. 160-161. United States vs. EU - Measures Concerning Meat and Meat Products (Hormones), WT/DS26/AB/R, WT/DS48/AB/R, 16 January 1998. S. 49 Para. 132. Von Trebilcock/Howse (2005) wird die Meinung vertreten, daß der AB dabei teils zu viel 'Verständnis' für Fehler der Panels gezeigt hat.
[5873] Voon/Yanovich 2006: 241.

Dennoch bezieht die Berufungsinstanz insofern Fakten ein, wenn es um Fragen geht, in denen es um die rechtliche Vereinbarkeit oder Unvereinbarkeit von Fakten oder Faktenbündeln mit den rechtlichen Vorgaben der WTO Abkommen geht.[5874] Etabliert wird somit eine Arbeitsteilung zwischen AB und Panel, wobei der AB das *objective assessment of the facts* des Panel nicht leichtfertig bezweifelt, solange dieser die Grenzen seiner Einschätzungsprärogativen nicht durchbricht.[5875] Dies könnte passieren, wenn er willentlich Beweise ignoriert oder verzerrt oder Schlußfolgerungen zieht, die nicht auf Beweisen beruhen.[5876] Dieser anspruchsvolle begriffliche Schwellenwert wird aber durchaus erreicht und der AB hat in einigen Fällen Panels vorgeworfen, kein *objective assessment of the facts* durchgeführt zu haben.

Insgesamt ergibt sich daraus eine abgestufte Lage. Bei Gesetzen widmet sich der AB oft ausführlich der Frage, ob diese mit der WTO übereinstimmen, ob es nun Gesetze, administrative Regeln sind etc. Wenn es um den gemixten Bereich von Fakten mit rechtlichen Vorgaben geht, über den der AB ebenso entscheiden darf, kommt es dazu, daß der AB teils bestimmte Fakten zu dieser Kategorie zählt, andere aber ausklammert, etwa Detailfragen, die bestimmten Regulierungen zugrundeliegen.[5877]

Einige Male war es so, daß der AB, der eben keine eigene Fähigkeit hat sich Informationen zu verschaffen, gerade in den Fällen, in denen er die Schlußfolgerungen der Panels bezweifelte, den Eindruck hatte, daß die Informationen, die der Panel vorlegt, nicht ausreichen, sodaß er sich entschloß, die Analyse nicht zuende führen zu müssen ('to complete the analysis').[5878] Speziell dann, wenn die Deutung der Informationen stark umstritten ist - und oft umso dringlicher eine Entscheidung gewünscht wird - kann sich AB auf diese Weise leicht rausreden.[5879]

[5874] "Determination of the credibility and weight properly ascribed to (that is, the appreciation of) a given piece of evidence is part and parce of the fact finding process and is, in principle, left to the dicretion of a panel as the trier of facts. The consistency or inconsistency of a given fact or set of facts with the requirements of a given treaty provision is, however, a legal characterization issue. It is a legal question. Whether or not a panel has made an objective asessment of the facts before it, as required by Article 11 of the DSU, is also a legal question, if properly raised on appeal, would fall within the scope of appellate review." United States vs. EU - Measures Concerning Meat and Meat Products (Hormones), WT/DS26/AB/R, WT/DS48/AB/R, 16 January 1998. S. 49, Para. 132.

[5875] "In assessing the panel's appreciation of the evidence, we cannot base a finding of inconsistency under Article 11 simply on the conclusion that we might have reached a different factual finding from the one the panel reached. Rather, we must be satisfied that the panel has exceeded the bounds of its discretion, as trier of facts, in its appreciation of the evidence. As is clear from previous appeals, we will not interfere lightly with the panel's exercise of its discretion." Mit vielen Verweisen. EC vs. United States - Definitive Safeguard Measures on Imports of Wheat Gluten from the European Communities, WT/DS166/AB/R, 22 December 2000. S. 46, Para. 151. Siehe auch : Canada vs. United States - Final Dumping Determination on Softwood Lumber from Canada, WT/DS264/AB/R, 11 August 2004. S. 58, Para. 174.

[5876] "As we have observed previously, Article 11 requires panels to take account of the evidence put before them and forbids them to wilfully disregard or distort such evidence." EU vs. United States - Countervailing Duties on Certain Corrosion-Resistant Carbon Steel Flat Products from Germany, WT/DS213/AB/R, 28 November 2002. Davor ist es noch ausführlicher: "The deliberate disregard of, or refusal to consider, the evidence submitted to a panel is incompatible with a panel's duty to make an objective assessment of the facts. The wilful distortion or misrepresentation of the evidence put before the panel is similarly inconsistent with an objective assessment of the facts. 'Disregard' and 'distortion' and 'misrepresentation' of the evidence, in their ordinary signification in judical or quasi-judical processes, imply not simply an error of judgment in the appreciation of evidence but rather an egregious error that calls into question the good faith of the panel." United States vs. EU - Measures Concerning Meat and Meat Products (Hormones), WT/DS26/AB/R, WT/DS48/AB/R, 16 January 1998. S. 49-50, Para. 133.

[5877] Übersicht in Voon/Yanovich 2006: 251-258.

[5878] EC vs. Korea - Definitive Safeguard Measure on Imports of Certain Dairy Products, WT/DS121/AB/R, 14 December 1999. S. 28, Para. 92.

[5879] Z.B. im Antidumpingfall Softwood Lumber VI. "Canada, as the complaining party, must persuade us that there are sufficient uncontested facts on the record to enable us to complete the analysis by stepping into the shoes of the Panel". In diesem Fall liegen aber kaum

Dieser Zustand ist nicht zufriedenstellend, weil deshalb manchmal keine Lösung des Streits erfolgt und als einzige Möglichkeit verbleibt, daß ein neuer Fall auf der Panelebene eröffnet werden müßte. Eine Lösung wäre, dem AB ein Zurückverweisungsrecht hin zum Panel einzuräumen ('remand authority').[5880] In einer Reihe von Fällen wurde dieses Problem sichtbar, in denen dann ein neuer Fall[5881] oder kein neuer Fall etabliert wurde.[5882] In anderen Fällen, etwa im Bereich einer Art. XX Analyse im Asbestfall AB Canada vs. EC - Asbestos (2000-2001), wandte sich der AB gegen die Empfehlungen der Panels und führte die Analyse anhand der Faktenschlußfolgerungen ("factual findings") der Panels zuende.[5883] Zuletzt sei darauf hingewiesen, daß der Entscheidungsmaßstab in einem erweiterten Sinne sich in vielen Äußerungen der AB widerspiegelt, welche grundlegenden Charakter haben. So hat der AB früh im Zusammenhang des SPS Abkommen festgehalten, daß Ausnahmeregeln im WTO Regelwerk nicht generell besonders eng ('narrow') ausgelegt werden sollten.[5884]

Teil B Schutzmöglichkeiten

Oft wird die WTO aufgrund ihrer liberalisierenden Wirkung kritisiert. Dabei wird vergessen, daß es weiter möglich bleibt, Schutzinstrumente zu nutzen. In Abschnitt 'H' wurde beschrieben, inwiefern in den USA und der EU private Akteure die Möglichkeit haben Antidumping- und Schutzklauselmaßnahmen zu beantragen. Generell gilt, daß die nationalen Regierungen keiner normativen, zweck- oder sachbezogenen Hierarchie bei der Nutzung der Schutzmechanismen folgen, sodaß Antidumpingmaßnahmen tendenziell austauschbar mit der Schutzklausel benutzt werden.[5885] Die WTO Abkommen lassen aber einen Unterschied erkennen, indem sie die Schutzklausel strenger als die Antidumpingmaßnahmen regulieren. Erstere bekommt einen Sicherheitsgurt angelegt, in letzterem Bereich müssen die nationalen Behörden erst einmal gemäß der AD Regeln fahren lernen, so das Fazit weiter unten. Die allgemeine Tendenz, daß die WTO Regeln Ausnahmen enger fassen, wird

---

unumstrittene Fakten vor, sodaß dem AB die Ablehnung leicht fällt. Canada vs. United States - Investigation of the International Trade Commission in Softwood Lumber from Canada, WT/DS277AB/RW, 13 April 2006. S. 65, Para. 157.

[5880] Palmeter/Mavroidis 2004: 227

[5881] Zuerst wird in New Zealand, United States vs. Canada - Measures Affecting the Importation of Milk and the Exportation of Diary Products, WT/DS103, vom AB festgestellt, daß der Panel 'payment' falsch definiert hat. Dann wird gemerkt, daß der Panel nicht die nötigen Faktenschlußfolgerungen vorliegen hat, sodaß der AB kein Urteil treffen kann. Daraufhin kommt es zu zwei neuen Fällen: Palmeter/Mavroidis 2004: 232-233.

[5882] Beispielweise EC vs. Korea - Definitive Safeguard Measure on Imports of Certain Dairy Products, WT/DS121/AB/R, 14 December 1999, S. 28, Para. 92. Und in: Canada - Certain Measures Affecting the Automobile Industry, WT/DS139/AB/R, WT/DS142/AB/R, Para. 134. Palmeter/Mavroidis 2004: 232-233.

[5883] Canada vs. EC - Measures Affecting Asbestos and Asbestos-Containing Products. WT/DS135/AB/R, 12 March 2001, S. 50, Para. 133.

[5884] Für das SPS Abkommen. "In much the same way, merely characterizing a treaty provision as an 'exception' does not itself justify a 'stricter' or 'narrower' interpretation of that provision than would be warranted by examination of the ordinary meaning of the actual treaty words, viewed in context and in the light of the treaty's object and purpose, or, in other words, by applying the normal rules of treaty interpretation." USA, Canada vs. EC - Measures Concerning Meat and Meat Products (Hormones), WT/DS26/AB/R, WT/DS48/AB/R, 16. Januar 1998, S. 38, Para. 104.

[5885] "GATT/WTO rules are fungible. At different times, members have used different instruments to handle safeguard issues." Finger 1998: 1.

aber auch hier deutlich. Und zwar zuerst einmal daran, daß Zollneuverhandlungen nicht mehr allzu häufig stattfinden und die 'infant industry'-Ausnahme nicht funktionsfähig ist:

4. Zollneuverhandlungen

In der frühen Zeit des GATT wurden Zollneuverhandlungen dazu genutzt, um 'Probleme' durch die Liberalisierung anzugehen. Später wurden die VERs benutzt. Deren klar erkennbare GATT Regelwidrigkeit hat dazu beigetragen, daß sie in der WTO nicht mehr verfügbar sind. Seit den achtziger Jahren hat sich eine weitere Schutzalternative etabliert: Antidumping.[5886] Die Prozeduren unter Art. XXVIII zu Zollneuverhandlungen wurden in Abschnitt 'H' dargestellt, mit einem Verweis auf die mit der WTO Gründung eingeführten Verhandlungsrechte für Länder mit relativ gesehen, großem Anteil an Exporten dieser Ware.[5887] Auch in der WTO finden Zollneuverhandlungen statt, bis zu Jahr 2000 wurden neun Verhandlungen initiiert, aber nur eine abgeschlossen.[5888] Abgeschlossen wurden die Verhandlungen offenbar mit Indien: Weiter unten wird noch beschrieben, warum Indien seine über Jahrzehnte benutzten Zahlungsbilanzmaßnahmen abschaffen mußte und sein Außenhandelsregime von mengenmäßigen Beschränkungen auf ein zollbasiertes System umstellte. Dies führte für Indien u.a. im Agrarbereich zu Problemen: In frühen Verhandlungsrunden hatte es seine Zölle für u.a. Reis, Milchprodukte und Getreide auf 0 % festgelegt, ein unüblicher Wert für Agrarprodukte, der keinerlei Möglichkeiten für Schutz, etwa vor Weltmarktpreisschwankungen, mehr offenläßt. Daraufhin initiierte Indien Zollneuverhandlungen: Die neuen verbindlichen Zölle für Milchprodukte betragen nun 60 %, für Getreide liegen sie zwischen 70 % und 80 %. Bei Äpfeln stiegen die verbindlichen Zölle von 40 % auf 50 %, Rapsöl etc. stieg von 45 % auf 75 % und Kindernahrung von 17,5 % auf 50 %. Dagegen erklärte Indien sich bereit, hohe verbindliche Zölle auf Gemüse, Früchte (bsp. Zitronen und Organen von 100 % auf 40 $ und Grapefruit 100 % auf 25 %), Orangensaft (von 85 % auf 35 %), Kaugummi (150 % auf 45 %) und Industriealkohol (150 % auf 50 %) wahrnehmbar zu senken. Weiterhin etablierte Indien Zollkontingente für Milchpulver, Mais, Rapsöl etc. und Sonnenblumenöl und -saat.[5889] Insgesamt gesehen, nicht ein großzügiges, aber fair erscheinendes Verhandlungsergebnis. Dies ist aber nicht alles. Indien war in dieser Zeit in umfassende Verhandlungen eingebunden, die hier nicht vollständig rekonstruiert werden können. Eine große Zahl von verbindlichen Zölle wurden auch im Textil- und Bekleidungsbereich ausgehandelt (es geht um

---

[5886] Finger et al. 2001: 4. "By the 1990s antidumping had become the developed countries' major safeguard instrument. Since the WTO Agreements went into effect in 1995, it has gained increasing popularity among developing countries." Finger et al. 2001: 4.
[5887] Bislang nicht genutzt. Mavroidis 2005: 90. Siehe den Review dieser Klausel: G/MA/M/26, 21 December 2000: 16.
[5888] Gemeint ist oben, bis zu diesem Datum abgeschlossen. G/C/M/42, 29 February 2000: 11. In Hoda (2002) etwas ausführlichere Informationen, aber ebenso ohne Länderangabe und konkreten Informationen über die betroffenen Waren etc.. Dort wird geschlossen, daß unter der WTO die Zahl der Zollneuverhandlungen im Vergleich zum GATT gesunken ist: "The frequency of recourse to Article XXVIII to modify or withdraw tariff concessions for protective purposes considerably decreased as compared to the period under GATT 1947." Hoda 2002: 107-108. Eine andere Informationsquelle besagt, daß für die Zeit zwischen 1997 und 2000 hatten 43 Mitglieder ein Interesse an Neuverhandlungen notifiziert hatten. Article XXVIII, Background Note, Renegotiation of Concessions, WTO January 1997. Wenn es insgesamt nur zu neun Verhandlungen gekommen ist und nur eine abgeschlossen wurde, deutet dies darauf hin, daß diese Option derzeit in der WTO schwer zu benutzen ist.
[5889] FAO 2003a: 1-5.

Textil- und Bekleidung, welche die EU und die USA nach Indien ausführen wollen).[5890] Ebenso ist es Grenada in Neuverhandlungen gelungen, nun Enten, Hühner und Bier mit 100 % Zöllen schützen zu dürfen.[5891] Insgesamt deuten die Informationen von wenigen, oft unabgeschlossenen Verhandlungen, trotz dem Indienbeispiel, darauf hin, daß Zollneuverhandlungen in der WTO schwerer zu benutzen sind als in der Zeit des GATT. Die EU wird es aufgrund der seit längerem bestehenden Streitigkeiten besonders schwer haben, ihren Bananenzoll neu zu verhandeln, welches u.a. im Juli 2004 und Januar 2005 notifiziert wurde.[5892]

5. Staatliche Förderung wirtschaftlicher Entwicklung

Durch GATT Art. XVIII.C erlaubt die WTO Erziehungszölle bzw. einen Schutz von 'infant industries', macht dies aber abhängig von einer Autorisierung durch die Mitgliedsländer.[5893] Die Entwicklungsländer benutzen diesen Artikel derzeit nicht, mit einer Ausnahme: Bangladesch, welches den 'Schutz' dieser Ausnahme beantragte, für Huhn, Ei, Karton und die Salzproduktion.[5894] Diese Notifizierung steht im Zusammenhang mit Zahlungsbilanzmaßnahmen Bangladeschs, es wurde dort u.a. der Schutz für ähnliche Produkte notifiziert.[5895] Dies führte im zugeordneten Ausschuß zu Diskussionen u.a. wird die Begründung von weiteren Mitgliedsstaaten nicht für ausreichend erachtet.[5896] Für Salz ist die Hintergrundinformation verfügbar, warum Bangladesh hier weiter Schutz durchführen möchte: Die Abschaffung einer mengenmäßigen Beschränkung für Salz würde 40.000 Arbeiter ungünstig betreffen.[5897] In Abschnitt 'H' wurde bereits gezeigt, daß diese Option Erziehungszölle zu beantragen, bislang nur in den 1960ziger Jahren kurzfristig genutzt wurde. Auch wenn für weniger entwickelte Länder weitere Spielräume später in der Tokio-Runde eingeführt wurden, bleibt als Schranke für die Benutzung dieser Ausnahme, daß die Mitgliedsländer im Ausschuß - im Konsens - zustimmen müssen.[5898] Somit hängt diese Schutzausnahme davon ab, ob es

---

[5890] Siehe: G/MA/TAR/RS/63/Rev.1G/MA/TAR/RS/67/Rev.1, 17 October 2000.
[5891] G/MA/TAR/RS/9, 17 February 2003.
[5892] Siehe: Ecuador vs. European Communities - Regime for the Importation, Sale and Distribution of Bananas, WT/DS27/RW2/ECU, 7 April 2008. S. 220, Para. 7.484.
[5893] Entweder erfolgt die Autorisierung im diesbezüglichen Ausschuß oder durch den Allgemeinen Rat. Matsushita et al. 2006: 771; siehe auch Hudec 1987: 174, 179. Ob dieser 'Schutz', seit der Decision on Safeguard Action for Development Purposes 1979, siehe Abschnitt 'H', Punkt 14, auch mit mengenmäßigen Beschränkungen durchgeführt werden darf, wie Keck/Low (2006: 162) schreiben, kann nicht geklärt werden.
[5894] Siehe: G/C/7, 16 January 2002. Mavroidis 2005: 184.
[5895] Siehe: WT/BOP/G/13, 23 November 2004. Angesichts der teils prekären Zahlungsbilanzsituation von Bangladesch (Reserven für weniger als 2 Monate Importe) bestanden allerdings keine Vorbehalte gegen die Nutzung von Importbeschränkungen, auch selektiver Art für genau dieselben Produkte, wie sie gemäß des 'infant industry' Art. XVIII (c) notifiziert wurden, zur Verbesserung der Zahlungsbilanzsituation, bis 2009. WT/BOP/R/64, 21 November 2002.
[5896] "Members noted Bangladesh's willingness to seek justification for some of its banned or restricted items under Article XVIII:C. Many questioned the procedures for claiming this justification, including the additional information that would be required and to what extent the Committee could discuss justification of import protection under Article XVIII:C. Some Members proposed that Bangladesh should maintain its Article XVIII:B cover until the procedures for a measure that was already in place and the validity of claiming Article XVIII:C had been explored through consultation and technical assistance." WT/BOP/R/57, 23 January 2001.
[5897] UNCTAD 2005a: 16.
[5898] Siehe: Abschnitt 'H', Schutzmöglichkeiten im GATT. Die Nutzung von Art. XVIII.C könnte, wenn diese in Zukunft wieder Bedeutung gewinnen würden, von der Streitbeilegung überprüft werden, dies würde aus United States vs. India - Quantitative Restrictions (1999) folgen. Wie dies aus diesem Bericht folgt, wird nicht erklärt. Es ist aber durchaus wahrscheinlich daß sich die Streitbeilegung diese

eine politische Akzeptanz solcher Maßnahmen gibt. Ist diese nicht vorhanden, ist diese Ausnahme weitgehend unbrauchbar. Selbst wenn es Konsens gäbe, könnte dieser einige Jahre später widerrufen werden. Dies gibt kaum Sicherheit für eine Entwicklungspolitik. Dies bedeutet nicht, daß es heute keine Gedanken mehr an 'infant industries' in Handelsabkommen gibt. So wurden in den Euro-Mediterranean Association Agreements (EMAs) für Marokko und Tunesien eine Regel eingefügt, die zum Schutz von 'infant industries' eine Zollerhöhung von 25 % gegenüber der EU ermöglicht, ohne daß die EU ein damit korrespondierendes Recht zur Rücknahme von Zugeständnissen hat.[5899] Daran wird deutlich, daß es noch heute möglich wäre, sachlich angemessene Regeln für eine solche Frage zu entwickeln, siehe zur wirtschaftspolitischen Bewertung einer solchen Schutzoption das Fazit zur Schutzklausel:

6. Die Schutzklausel

6.1 Einleitung

Die Schutzklausel sticht insofern innerhalb der Systematik der WTO Regeln heraus, weil sie zu Schutzzwecken eingesetzt werden kann, wenn die Liberalisierung ungünstige Effekte auf den Zustand der heimischen Industrie hat, ohne daß eine darüberhinausgehende Begründung erforderlich ist.

Die Existenz dieser Regeln wird damit gerechtfertigt, daß ohne die Möglichkeit auf eine Schutzklausel zurückgreifen zu können eine Liberalisierung des weltweiten Handels zwischen den Staaten weitaus schwieriger aushandelbar wäre.[5900] Obwohl es bereits im GATT Schutzklauselregeln gab, wurden diese kaum in der Streitbeilegung thematisiert. In der Tokio-Runde gelang es nicht die Regeln dazu zu klären und Schutzklauseln wurden oft als Einstieg in die VERs benutzt, siehe Abschnitt 'H' und 'I'.[5901]

Überprüfung zutrauen wird. Mavroidis 2005: 184. Sie hat es schon einmal: Unknown vs. Ceylon - Economic Development, Releases under Article XVIII, BISD 6S/112-131, 1957.

[5899] Siehe Art. 14. Ähnliche Klauseln finden sich im Interim Abkommen mit der Palästinensischen Regierungen und der der vorläufigen Version eines EU-Jordanien EMAs. UNCTAD 1998: 3.

[5900] "The main intention of GATT's general safeguard clause is to facilitate trade liberalization." Hoekman 1995: 16. "Safeguard provisions are often critical to the existance and operations of trade-liberalization agreements, as they function as both insurance mechanisms and safety-valves. They provide governments with the means to renege on specific liberalization commitments - subject to certain conditions - should the need for this arise (safety-valve). Without them governments may refrain from signing an agreement that reduces protection substantially (insurance motive)." Hoekman/Kostecki 1995: 161; Jackson 1997: 179; Stoll/Schorkopf 2002: 56-57. "United States participation in GATT was not a 'free-trade' move but merely a 'freer trade' move. Legislative history of the 1945 congressional debate on the law that authorized the United States to join the GATT is replete with congressional complaints of injury to domestic industry through concessions granted in trade treaties. These complaints were answered by pointing to the United Statespractice of including an 'escape clause' in each of its agreements." Jackson 1969: 553.

[5901] Hier liegt die folgende Literatur zugrunde: Hilpold 1995; Rydelski 1999; Lee 1999, 2000, 2001, 2002, 2004, 2005, 2006; Mueller 2003; Sykes 2003, 2004, 2006; Irwin 2003a; Horn/Mavroidis 2003; Bown 2004a; Stevenson 2004; Vermulst et al. 2004; Driscoll 2005; Pöhland 2005; Martin Rodriguez 2007.

Mit der WTO Gründung wurde die Schutzklauselnutzung bestimmten Bedingungen unterworfen, die im Kern schon aus der kurzen Schutzklauselregeln in GATT Art. XIX[5902] bekannt waren:

Zusammenfassend formuliert müssen für eine Schutzklauselnutzung zunehmende Importe, absolut oder relativ zur heimischen Produktion, festgestellt werden, durch die eine ernsthafte Schädigung der heimischen Industrie ausgelöst wird oder droht.[5903] Die WTO Regeln schränken den Gebrauch der Schutzklausel ein, indem von der Streitbeilegung darauf bestanden wird, daß diese Tatbestände tatsächlich vorliegen und erst dann hat ein WTO Mitglied das Recht die Schutzklausel anzuwenden.[5904]

Seit der Gründung der WTO 1995 bis November 2005 wurde in 78 Fällen die Schutzklausel benutzt, d.h. definitive Zölle, Zollkontingente oder mengenmäßige Beschränkungen eingeführt. In 45 Fällen sind es Entwicklungsländer, die sie benutzen, in 17 Fällen Transformationsländer. Dies spricht für eine allgemein moderate Anwendungsintensität und eine ebensolche moderate Nutzung durch die Industrieländer.[5905] Diese Zahlen spiegeln nicht die begonnenen und wieder abgebrochenen Untersuchungen wieder, die auch einen Effekt auf die Märkte haben können. So sind etwa am 3 November 2005 immerhin 47 Schutzklauselmaßnahmen umgesetzt oder als Untersuchung aktiv.[5906] Man kann weiterhin sagen, daß die WTO die Schutzklauselgesetzgebung weltweit populär gemacht hat, im November 2005 verfügten 93 Länder darüber.[5907]

Für die USA und besonders für die EU gilt, daß die Schutzklausel der Tendenz nach politisch geprägt ist, d.h. sie unterscheidet sich in den Augen der Industrie von Antidumpinguntersuchungen, denn es muß seitens der Industrie mehr Überzeugungsarbeit geleistet werden, um ihre Verwendung zu erreichen. Die USA nutzt die Schutzklausel häufiger, wobei auch private Akteure Anträge stellen können. In der EU herrscht der Eindruck vor, daß die Kommission die Industrie, die nur über den Umweg der EU Mitgliedsländer Anträge stellen kann, nicht gerade ermutigt die Schutzklausel zu

---

[5902] Hier kommt es darauf an zu zeigen, daß auch schon der GATT Artikel Importe und ernsthafte oder drohende ernsthafte Schädigung vorraussetzte: GATT Art. XIX "1. (a) If , as a result of unforeseen developments and of the effect of the obligations incurred by a contracting party under this Agreement, including tariff concessions, any product is being imported into the territory of that contracting party in such increased quantities and under such conditions as to cause or threaten serious injury to domestic producers in that territory of like or directly competitive products, the contracting party shall be free, in respect of such product, to supend the obligation in whole or in part or to withdrwa or modify the concession. (b) If any product, which is the subject of a concession with respect to a preference, is being imported into the territory of a contracting party in the circumstances set forth in subparagraph (a) of this paragraph, so as to cause or threaten serious injury to domestic producers of like or directly competitive products ..." WTO 1995: 518.
[5903] Ähnlich ist dies formuliert in SG Art. 2.1. "A Member may apply a Safeguard measure to a product only if a Member has determined, pursuant to the provisions set out below, that such product is being imported into its territory in such increased quantities absolute or relativ to domestic production, and under such conditions as to cause or threaten serious injury to the domestic industry that produces like or directly competitive products." WTO 1995: 315. Die Unterschiede zum Antidumpingbereich sind auffällig. Im Antidumpingbereich ist es beispielsweise nicht nötig, eine Feststellung in bezug auf Importe zu treffen. Hier reicht es aus, wenn die Behörden diese 'im Kontext beachten' bzw. der Terminus 'consider' wird verwandt. Siehe den Punkt Antidumping.
[5904] Matsushita et al. 2006: 441.
[5905] Siehe: **Tabelle 281**. Zahlen bis 3. November 2005. Einen Überblick, der sich auf die Untersuchungen, nicht auf die definitiven Maßnahmen ausrichtet, auch in Stevenson (2004), wobei hier nicht die Meinung geteilt wird, daß es sich um eine "explosion" hinsichtlich der Schutzklauselnutzung handelt. Stevenson 2004: 309.
[5906] Report (2005) of the Committee on Safeguards, G/L/761, S. 10-14, Annex 3.
[5907] Report (2005) of the Committee on Safeguards, G/L/761, S. 1, Para. 7.

nutzen.[5908] Zwischen 1995 und 2004 hat die USA 10 Fälle initiiert, davon gab es in 3 Fällen definitive Maßnahmen. Die EU begann erst 2002 mit der Nutzung. Von den dortigen 3 Schutzklauseluntersuchungen führten 2 zu definitiven Maßnahmen.[5909]

Eines der wichtigsten Ergebnisse der Uruguay-Runde war eine Entscheidung, die mit der Schutzklausel im engen Sinne nichts zu tun hatte. Im Schutzklauselabkommen wird ausdrücklich erklärt, daß die freiwilligen Exportbeschränkungsabkommen (voluntary export restraints, 'VERs') nicht mit den WTO Regeln vereinbar sind.[5910] Dies wurde in SG Art. 11.1 (a), (b) des Schutzklauselabkommens festgelegt. Schon der Versuch ein VER auszuhandeln geschweige denn aufrechtzuerhalten, stellt fortan eine Regelverstoß dar. Um einer Umgehung durch die Umbenennung solcher Maßnahmen entgegenzuwirken werden VERs und ähnliche denkbare Abkommen in einer breit angelegten, offenen Liste, aufgezählt. Obwohl es hierzu bislang keinen Streitfall gab, wird dies den Panels in Zukunft ermöglichen auch neuartige Maßnahmen mit ähnlicher Wirkung zu untersuchen und festzustellen, daß auch diese unter das VER Verbot fallen.[5911]

Trotz des Verbots werden weiter einige Maßnahmen genutzt, die als VERs einzustufen sind. Nicht mit diesen Regeln vereinbar sind das neulich geschlossene U.S. Mexico Agreement on Cement[5912] und die beiden U.S. Kanada Softwood Lumber Abkommen.[5913] Hier finden sich nur keine Kläger.[5914]

Die Abschaffung der VERs führte zu einem bemerkenswerten Kompromiß bezüglich der WTO Schutzklauselregeln, der eine relativ weitgehende Veränderung im Vergleich zu den GATT Schutzklauselregeln nach sich zog. Bei diesem Kompromiß wurde die größere Regeldisziplin im

---

[5908] Das Zitat lautet: "the use of safeguards is not encouraged". Evaluation of EC TDI 2005: Annex 6, S. 30. Zur EU Schutzklauselverordnung Rydelski 1999.
[5909] Evaluation of EC TDI 2005: Annex 7, S. 33-35. Diese neue Entwicklung thematisieren Vermulst et al. 2004: 955.
[5910] Siehe Hilpold 1995: 123. Eben in dem Sinne, daß VERs verboten sind, die ohne Rekurs auf WTO Regeln etabliert wurden. VER-ähnliche Maßnahmen, die im Rahmen von Antidumping- und Schutzklauselmaßnahmen genutzt werden, sind weiterhin erlaubt. SG Art. 11.1 (b) Fußnote 3. WTO 1995: 321.
[5911] SG Art. 11.1 (b): "Furthermore, a Member shall not seek, take or maintain any voluntary export restraints, orderly marketing arrangement or any other similar measures on the export or import side." Dieser Satz hat zwei Fußnoten. Hier SG Art. 11, Fußnote 3: "An import quota applied as a safeguard measure in conformity with the relevant provisions of GATT 1994 and this Agreement may, by mutual agreement, be administered by the exporting member." Nicht mehr erlaubt sind, siehe SG Art. 11.1 (b), Fußnote 4: "Examples of similar measures include export moderation, export-price or import-price monetoring systems, export or import surveillance, compulsory import cartels and discretionary export or import licensing schemes, any of which afford protection." WTO 1995: 321.
[5912] Das erstere Abkommen verstößt gegen die WTO Regeln, weil es quantitative Beschränkungen und Gebietsaufteilungen enthält. U.S. Mexico Agreement on Cement 2006: 15-16.
[5913] Über das zweite Thema gab es einen WTO Antidumping Streitfall, der mit dieser WTO inkompatiblen Einigung abgebrochen wurde. Inkompatibel ist es wahrscheinlich deshalb, weil es gemäß des AD Abkommen entweder Zölle auferlegt werden dürfen oder preisliche Abmachungen (sog. 'undertakings') erlaubt sind. WT/DS281/6, 17 January 2006. Lee (2002a) hat wahrscheinlich Recht, daß dieses Abkommen unter das VER Verbot fällt, weil es z.B. Exportgebühren ab einer gewissen Exportmenge einführt. D.h. es gibt eine Regel, die mengenregulierend wirken soll. Leider ist aber nicht nur die Analyse des Abkommen in diesem Artikel oberflächlich, sondern Lee (2002a) diskutiert nicht die Frage, ob dieses Abkommen nicht unter den 'undertakings' im Antidumping oder Ausgleichszollbereich fallen könnte. Somit könnte es möglicherweise doch WTO legal sind. Er geht davon aus, daß das Abkommen eine Schutzklausel sein muß, obwohl die USA in bezug auf Softwood Lumber AD- und Ausgleichszölle verwandt hat und in diesem Bereich ein preisbezogenes 'undertaking' benutzt werden kann, um Preise gemäß der Dumpingmarge zu erhöhen oder um Schädigung durch Subventionen rückgängig zu machen. Lee 2002a: 155-165.
[5914] Siehe Lee 2002a: 155-165.

Bereich VERs mit vergrößerter Flexibilität in Bereich der Schutzklausel kompensiert, die fortan 3 Jahre ohne die Furcht vor Vergeltungsmaßnahmen anderer Staaten genutzt werden darf.[5915] Dagegen hatte das GATT vorgesehen, daß von der Schutzklauselnutzung betroffene Staaten sofort Zollzugeständnisse aussetzen dürfen, entsprechend dem Wert des betroffenen Handels.[5916] Die SG Regeln der WTO sehen vor, daß erst 1 Jahr vor dem Ablauf der zuerst einmal für 4 Jahre gültigen Schutzklauselmaßnahme, Zollzugeständnisse ausgesetzt werden dürfen bzw. Vergeltung geübt werden darf (welche weltweit alle von der Schutzklauselmaßnahme betroffenen Staaten ausüben dürfen).[5917] Dadurch wird eine temporäre Schutzklauselbenutzung erleichtert, etwas das der Liberalisierungstendenz, die durch die Abschaffung der VERs ausgelöst wurde, entgegensteht. Dies findet sich folgendermaßen in den Artikeln des Schutzklauselabkommens wieder:

In SG Art. 8.2 wird das Recht der von der Schutzklauselnutzung betroffenen WTO Mitgliedstaaten festgeschrieben, Zugeständnisse derselben Höhe auszusetzen. Dies muß innerhalb von 90 Tagen erfolgen, wenn innerhalb von 30 Tagen keine Einigung erreicht wurde.[5918] Im darauffolgenden SG Art. 8.3 wird dann bestimmt, daß die WTO Mitgliedsländer für 3 Jahre lang auf das Recht verzichten Zugeständnisse zurückzunehmen. Allerdings nur unter zwei Bedingungen: Wenn die Schutzklauselmaßnahme erstens mit einer absolute Zunahme der Importe begründet wurde und wenn die Schutzklauselmaßnahme zweitens den WTO Regeln entspricht.[5919] Zu diesen zwei Bedingungen:

Erstens dürfen somit von der Schutzklausel betroffene WTO Mitglieder sofort Zugeständnisse zurücknehmen, wenn nur eine relative Zunahme der Importe vorliegt, d.h. wenn beispielsweise ein interner Nachfragerückgang ausgelöst hat, daß der Marktanteil der Importe ansteigt und damit die Schutzklausel begründet wird. Liegen dagegen absolute Importsteigerungen vor, muß 3 Jahre lang auf die Aussetzung von Zugeständnissen gewartet werden.[5920] Zweitens müßte eigentlich hinsichtlich des Kriterium der Entsprechung mit den WTO Regeln auf die Feststellung der WTO Streitbeilegung gewartet werden. In einzelnen - weniger wichtigen - Fällen haben WTO Mitglieder aber einfach

---

[5915] SG Art. 8.3. WTO 1995: 320. Siehe Preeg 1995: 1999; zu dieser dahinterstehenden Motivation auch Hilpold 1995: 121. Hier besteht das Problem, daß GATT Art. XIX bei vorläufigen Maßnahmen eine sofortige Vergeltung erlaubt. Viel spricht dafür, daß diese Klausel nicht mehr wirksam sein dürfte. Hinweis in Lee 2005: 49.
[5916] Siehe Preeg 1995: 1999; Hilpold 1995: 121. Siehe Abschnitt 'H' und 'I'.
[5917] Diese Dreijahresfrist sei für Umstrukturierungsmaßnahmen lange genug, aber zu kurz, um Protektionsgewinne einzufahren. Auch die obige Beobachtung ist entnommen aus: Hilpold 1995: 121.
[5918] SG Art. 8.2. WTO 1995: 320. Weil dies eine kurze Zeit ist, finden sich viele Notifizierungen, bei denen die Länder untereinander ausmachen, daß diese Zeitperiode verlängert wird, wenn mehr Zeit zu haben, über die Lage zu verhandeln. Siehe etwa die Abmachung zwischen Korea und den USA: G/C/12G/SG/N/12/USA/7, G/SG/N/12/KOR/1, 16 May 2002.
[5919] SG Art. 8.3. WTO 1995: 320. Dies führt etwa zu Notifizierungen beim Committee on Safeguards, die schon 3 Jahre vorher ankündigen, Konzessionen auszusetzen, falls die Maßnahmen über diesen Termin hinaus aufrechterhalten werden. So etwa die Türkei gegenüber Jordanien, welches eine Schutzklausel gegen Pastaimporte benutzt. G/L/625, G/SG/N/12/TUR/2, 28 April 2003.
[5920] Siehe United States - Steel Safeguards (2003) in der Fallübersicht. Weil die USA in bezug auf bestimmte Produkte keine absoluten Steigerungen zeigen können, wandte Japan sofort Vergeltungsmaßnahmen an. Die EU, China, Norwegen und die Schweiz warteten das Ergebnis der Streitbeilegung ab. Die EU entschied sich allerdings zu einer weiteren Maßnahme, die im Zusammenhang dazu steht, nämlich ihrerseits eine Schutzklauselmaßnahme im Stahlbereich durchzuführen. Es kann auch diesen Maßnahmen zugeschrieben werden, daß die USA wenig später 25 % der Tonnage von der Schutzklausel ausnahm. Letztere These in Lee 2004: 10.

behauptet, daß ein Regelverstoß vorliegt und Zugeständnisse sofort zurückgezogen.[5921] Diese bislang nicht geklärte Grauzone ist aber den WTO Regeln nicht ganz entzogen, weil vor der Streitbeilegung geklagt werden kann, wenn ein Staat den Eindruck hat, daß die Zurücknahme der Zugeständnisse nicht wertbezogen äquivalent war. Eine Pflicht zu vorherigen Konsultationen gibt es bezüglich der Zurücknahme der Zugeständnisse nicht.[5922]

Ein weiterer wichtiger Aspekt des WTO Schutzklauselabkommens ist die zeitliche Beschränkung der Schutzklauselnutzung: Sie darf 4 Jahre lang angewandt werden und um weitere 4 Jahre verlängert werden. Danach läuft sie aus und unterliegt 2 Jahre lang einem Anwendungsstop. Entwicklungsländern dürfen die Schutzklausel 2 Jahre länger anwenden als Industrieländer, also insgesamt 10 Jahre. Wird die Schutzklausel als verkürzte Schutzklausel nur 180 Tage angewandt, darf sie bereits nach 1 Jahr Pause wieder angewandt werden (solange dies nicht mehr als zweimal innerhalb von 5 Jahren vorkommt). Im Gegensatz zu Antidumping- und Ausgleichsuntersuchungen muß - das ist fast noch wichtiger als die zeitliche Beschränkung - bei einer Verlängerung eine vollständig neue Untersuchung durchgeführt werden, bei der die nationalen Behörden das Vorliegen von Schädigung wieder zeigen müssen (und eine weitere Gelegenheit besteht, die Maßnahme vor der WTO anzuzweifeln).[5923] Weiterhin gibt es die Möglichkeit vorläufige Schutzmaßnahmen nicht länger als 200 Tage einzusetzen.[5924]

Entwicklungsländer, deren Importe unter 3 % der Gesamtimporte liegen, siehe SG Art. 9.1[5925], müssen von der Anwendung der Schutzklausel ausgenommen werden, wenn diese nicht kollektiv auf mehr als 9 % der Gesamtimporte kommen. Dies muß sofort, auch bei vorläufigen Maßnahmen, im Schutzklauselausschuß notifiziert werden, eine Regel von der Gebrauch gemacht wird.[5926]

[5921] Siehe: Polen reagiert auf eine mengenmäßige Beschränkung für Zucker durch die Slovakei durch ebensolche Beschränkungen für Margarine, pflanzliche Fette und Butter. Es ist der Auffassung, daß SG Art. 8.3 hier keine Anwendung findet, weil die Maßnahme der Slovakei den WTO-Regeln widerspricht. Stimmen die Informationen von Polen hat die Slovakei diverse Regeln des Schutzklauselabkommen tatsächlich nicht beachtet. G/L/453, G/SG/35, 2 July 2001.
[5922] Bislang gab es keinen GATT oder WTO Fall zu diesen speziellen Fragestellungen in diesem Textabschnitt. Es gab darüber allerdings Diskussionen, so bezweifelt unter dem GATT Australien nicht das Recht der EC Rekurs auf Gegenmaßnahmen zu nehmen, es wird sich über deren Ausmaß beschwert. Siehe zu diesen Fragen: GATT Analytical Index 1995: 524-528; wenig relevant sind neue Aussagen der Streitbeilegung in dieser Hinsicht WTO Analytical Index 2003: 1064-1065.
[5923] SG Art. 7.1, SG Art. 7.2., SG Art. 7.3, SG Art. 7.5, SG Art. 7.6. WTO 1995: 318-319.
[5924] Dies aber nur in "critical circumstances where delay would cause damage which would be difficult to repair." SG Art. 6. WTO 1995: 318.
[5925] SG Art. 9.1. WTO 1995: 320.
[5926] Diese Regel wird, so weit ersichtlich, von den Industrieländern regelmäßig in ihren Schutzklauselfestlegungen beachtet und wird als 'Notification under Art. 9 Footnote 2' bezeichnet. Siehe beispielsweise die vorläufigen EU Stahlschutzklauselmaßnahmen, hier werden allerdings bei einigen Produkten bezüglich einigen Ländern wiederum Ausnahmen gemacht, diese liegen offenbar in bestimmten Produktgruppen über 3 % oder kollektiv über 9 %: G/SG/N/8/EEC/1/Suppl.1, G/SG/N/10/EEC/1/Suppl.1, G/SG/N/11/EEC/1/Suppl.12, 3 October 2002. S. 5, 10-12. Oder die EU Mandarinenschutzmaßnahmen mit einer langen Liste davon ausgenommener Entwicklungsländer: G/SG/N/8/EEC/2, G/SG/N/10/EEC/2, G/SG/N/11/EEC/2/Suppl.1, 16 March 2004. S. 15. In der Diskussion dieser Regel wird angemerkt, daß es nicht akzeptabel wäre, wenn diese Zulieferländer die Zeit der Schutzklausel dazu nutzen würden, über diese 3 % Grenze hinaus zu gelangen, um die Marktanteile früherer Firmen zu erhalten. Die Ausführungen des U.S. Vertreters in Committee on Safeguards, Minutes of Meeting, G/SG/M/27, 12 September 2005, S. 14-15, Para. 99-100.

Am Meistbegünstigungsprinzip für die Schutzklausel wird, wie schon im GATT, festgehalten, abgesehen von einer Abweichung. Das Meistbegünstigungsprinzip impliziert, daß die Schutzklausel nicht speziell auf einen einzigen Staat angewandt werden darf. Dies ist entscheidend für die Disziplinierungswirkung der Vergeltung. Weil alle Staaten betroffen sind, haben alle Staaten einen Grund Vergeltung zu üben. Wird die Schutzklausel in Form einer mengenmäßigen Beschränkung benutzt, muß diese als globale Quote vergeben werden, die auf einer Vereinbarung beruht, die mit allen Ländern abgeschlossen wird, die ein Lieferinteressen haben oder die globale Quote wird auf die historisch bestehenden einführenden Länder zugeschnitten. Davon ist eine Abweichung vorgesehen: Wenn in der Untersuchungsperiode aus einem Land eine überproportionale Importzunahme erfolgt, darf, nach Konsultationen im WTO Schutzklauselausschuß (wobei es durchaus sein kann, daß hier ein Konsens erforderlich ist), eine Schutzklauselmaßnahme verwendet werden, die dem Meistbegünstigungsprinzip widerspricht, wobei dies höchstens 4 Jahre dauern darf. Bei 'nur' drohender ernsthafter Schädigung ist ein Rekurs auf diese Ausnahme nicht möglich[5927] Damit war die EU, die, wie bereits in der Tokio-Runde, in den Verhandlungen der Uruguay-Runde auf eine solche Ausnahme gedrängt hatte, nur partiell erfolgreich.[5928]

6.2 Vergleich nationaler Schädigungsformulierungen

An dieser Stelle ein Vergleich der Formulierungen für Schädigung, um deutlich zu machen, daß die nationalen Behörden diesen Standard für die Schutzklausel anspruchsvoller eingrenzen als im Bereich Antidumping und Ausgleichzölle.

USA: Antidumping/Ausgleichsmaßnahmen: "(A) In general the terms 'material injury' means harm which is not inconsequential, immaterial, or unimportant."[5929]
USA: Schutzklausel: "(1) (A) ... is being imported into the United States in such increased quantities as to be a substantial cause of serious injury, or threat thereof, to the domestic industry ... (B) For purposes of this section, the term 'substantial cause' means a cause which is important and not less than any other cause."[5930]
EU: Antidumping/Ausgleichsmaßnahmen: "that the dumped imports are causing injury within the meaning of this Regulation."[5931]
EU: Schutzklausel: "Article 5 (...) 3. The following definitions apply: (a) 'serious injury' means a significant overall impairment in the position of Community producers, (b) 'threat of serious injury'

[5927] SG 5 (b). WTO 1995: 318; Hilpold 1995: 118-119. Hier bleibt die prekäre Frage nach den Entscheidungen im zugehörigen Ausschuß, ob dort mit Mehrheit oder einem allgemeinen Einvernehmen oder gemäß Konsens abgestimmt wird. In den meisten Fällen erfolgt eine Konsensentscheidung und hier würde ein Mitgliedsstaat ausreichen, um eine solche Autorisierung blockieren zu können.
[5928] Die EU konnte dies aber nicht so weitgehend durchsetzen, wie sie es wollte, denn sie war unter den Länder mit dieser Position vollständig isoliert. Hilpold 1995: 118-119.
[5929] Chapt. 4, Tariff Act of 1930, Subtitle IV Countervailing and Antidumping Duties, Part. IV General Provisions, 19 USC 1677. Siehe auch USITC 2005b: II-28.
[5930] Chap. 12, Trade Act of 1974, Subchapert II Relief from Injury caused by Import Competition. Part 1 Positive Adjustment by Industries Injured by Imports. Sec. 2251, 19 USC 2251. Seit 1974 nicht geändert, Williams 1978: 30.
[5931] EU Antidumping Consolidated Version 20 04: Art. 3 Abs. 6.

means serious injury that is clearly imminent." Und: "Art. 16.1 Where a product is imported into the Community in such greatly increased quantities and/or on such terms or conditions as to cause, or threaten to cause, serious injury to Community producers ..."[5932]

6.3 Irritation über die Auslegung der Schutzklausel

Durch die Gründung der WTO wurde nicht nur ein detailliertes Schutzklauselabkommen, ergänzend zum GATT Schutzklauselartikel Art. XIX, vorlegt, sondern es wurde das Risiko eingegangen, für die Anwendung auf keine Auslegungspraxis zurückgreifen zu können, weil das Schutzklauselabkommen im GATT nicht ausführlich interpretiert wurde, einmal abgesehen von damals nicht einmal in BISD veröffentlichten Bericht der Arbeitsgruppe in US - Fur Felt Hats (1951).[5933] Damit kam der Streitbeilegung die Aufgabe zu, eine zentrale Komponente des Welthandelssystem neu auszurichten. Eine besondere Erwartung, wie im Fall Antidumping, wobei die USA kurz vor Verhandlungsabschluß noch AD Art. 17.6 mit der Absicht einfügen konnten, den Entscheidungsmaßstab eingeschränkter auszugestalten, gab es im Bereich der Schutzklausel nicht.

Weil es hier um die Einschätzung der Wirksamkeit der SG Regeln geht, ist es sinnvoll Eingangs auf die Reaktion in Teilen der Literatur auf die Schutzklauselfälle hinzuweisen. Der Verfasser dieser Arbeit hat, im Gegensatz zur dortigen Darstellung, nicht den Eindruck, daß die WTO Streitbeilegung undurchsichtig agierte oder allzu strenge, von den nationalen Behörden kaum erfüllbare Kriterien benutzt[5934] und damit eine chaotische Situation geschaffen hat, kurz eine "safeguards mess", das Sykes (2003) diagnostiziert, eine Meinung, die sich auch in Experteninterviews für eine Studie für den U.S. Kongreß widerspiegelte, siehe GAO (2003).[5935]

[5932] Council Regulation (EC) No. 3285/94, 22 December 1994. OJ L349, 31.12.1994, S. 53-70.
[5933] Siehe auch Abschnitt 'H'. Dieser GATT Fall ist der Arbeitsgruppenbericht über die Rücknahme einer Zollkonzession durch die USA aufgrund einer ernsthaften Schädigung durch Fellmützen aus der Tschechoslowakei, Report on the Withdrawal by the United States of a Tariff Concession under Article XIX of the General Agreement on Tariffs and Trade, GATT/CP/106. Nicht abgedruckt, aber erwähnt in BISD Vol.II/226, 1952. In diesem Bericht wird festgehalten, daß Art. XIX in der Streitbeilegung analysiert werden darf und es wird, angesichts der nicht vollständig überzeugenden Daten der USA vorsichtig formuliert, daß diese zeigen "that increased imports had caused or threatened some adverse effects to United States producers." Report on the withdrawal by the United States of a tariff concession under Article XIX of the General Agreemetnt of Tariffs and Trade. CP/106, 27 March 1951: Paras. 24-30; ebenso wird dort sozialen Faktoren wie Arbeitslosigkeit ein hohes Gewicht zugemessen. Zugestanderweise wird aber auch formuliert: "action under Art. XIX is essentially of an emergency character and should be of limited duration." Para. 50. Weiterhin wird klar abgelehnt, Art. XIX dazu zu benutzen, eine heimische Industrie unter Schutz neu aufzubauen. Para. 28. Siehe auch GATT Analytical Index 1995: 518. Ebenso gibt es in der Verhandlungsgeschichte keine weiteren Anhaltspunkte. Zu dieser Diskussion siehe den AB in: Korea vs. United States - Definitive Safeguard Measures on Imports of Circular Welded Carbon Quality Line Pipe from Korea, WT/DS202/AB/R, 15. Februar 2002, S. 56, Para. 174. Dort erfolgt der Rekurs auf diesen Fall nur kurz: Siehe für mehr Details. GATT Analytical Index 1995: 518-523.
[5934] Es wird sich darüber beschwert, daß die Behörden in ihren Berichten auch alternative Szenarien diskutieren müssen. Diese Anforderungsei zu weitgehend und kaum zu erfüllen. "In sum, and using hyperbole, one can say that in order to win a case before a WTO Panel, the national authorities have to establish a written report containing 'adequate explanation' free of logical errors of how a yet undefined set of factors supports determinations of a yet undefined set of conditions. From this perspective, it is hardly surprising that defending parties have generally lost in the trade remedy cases brought under the WTO system so far." Spamann 2004: 545; siehe auch Lee 2002: 664. In seiner Diskussion von Sykes (2004) argumentiert Lee (2006) später, daß es stimmt, daß es keinen Sinn machen würde, wenn die Schutzklauselnutzung so erschwert würde, daß "unsurmountable barriers" entstünden. Dies sei insgesamt gesehen aber nicht der Fall: Lee 2006: 403.
[5935] Zitiert ist oben der Titel des Artikels von Sykes 2003: 261. Sykes (2003) schließt: "neither Art. XIX nor the Safeguards Agreement offer a coherent foundation for safeguard measures." Sykes 2003: 282. Nachdem aus liberaler Perspektive eine Reihe von Argumenten abgelehnt

Dagegen besteht hier der Eindruck, daß die Streitbeilegung Schritt für Schritt die SG Regeln geklärt hat.[5936] Dies gilt z.B. für einen in der Literatur beklagten Unsicherheitsmoment, der Schutzklauselnutzung innerhalb von regionalen Integrationsprojekten. Hier gelang es schon früh, in EU vs. Argentina - Footwear (1999), die Haltung der Streitbeilegung zu verdeutlichen. Speziell die Kritik von Sykes (2004) wird verständlicher, wenn er anhand der konkreten Diskussion eines Falls feststellt, daß er nicht nur die Ansätze der SG Streitbeilegung, sondern auch die Ansätze der U.S. Behörden ablehnt, weil beide in das Land des wirtschaftswissenschaftlichen Kokolores führen würden.[5937] Von einem solchen Ausgangspunkt aus eine chaotische Situation zu behaupten ist einfach und stößt schließlich in der Literatur auf Kritik, die dann bezweifelt, daß es ein 'safeguards mess' überhaupt gibt, siehe Lee (2006).[5938] Zugestandenermaßen gibt es eine Ausnahme, die als Unsicherheitsmoment bis heute erhalten bleibt, die Einbeziehung des Kriteriums der unvorhergesehenen Entwicklungen ('unforeseen developments').[5939] Zwei weitere Hintergründe sind für diese Diskussion relevant:

In den zeitlich frühen Fällen konnte die Streitbeilegung die Schutzklausel nicht in ihrer Gesamtheit überprüfen: In der unmittelbaren Zeit nach der WTO Gründung wurde die Streitbeilegung nur mit der Schutzklausel des (Übergangs-)Abkommen über Textilien und Bekleidung befaßt. Die dort erfolgte Entscheidung, daß alle in diesem Abkommen genannten Schädigungsfaktoren untersucht werden müssen, wurde später im Schutzklauselbereich akzeptiert.[5940] Die Beweisführung der U.S. amerikanischen Behörden in diesen frühen Fällen war qualitativ so fragwürdig, daß die Kläger sämtlich Recht bekamen.[5941] Auch die frühen eigentlichen SG Streitfälle wirkten ggf. deshalb

---

werden, wird u.a. eine grundlegende Analyse, wann Schutzklauseln eigentlich notwendig sind, vorgeschlagen. Sykes 2003: 294. Von Sykes (2004) wird später etwas moderater von einem "persistent puzzle" gesprochen. Sykes 2004. In den Experteninterviews für eine Studie für den U.S. Kongreß werden die Schutzklauselurteile als "confusing and difficult to follow" beschrieben. In dieser Studie ging es vor allem um den Entscheidungsmaßstab bei den Antidumpinguntersuchungen. GAO 2003: 32.

[5936] Der Artikel von Lee (2002) schließt beispielsweise zeitlich früh: "Can a safeguard be applied consistently with the rules despite the history of disputes that has demonstrated continued failures to comply with them? The answer is yes provided that the need for emergeny import restrictions is well examined and that careful review of the proposed safeguard measure is made with respect to all provisions of the rules as well as the relevant Panel and Appellate body decisions." Lee 2002: 672.

[5937] Von Sykes (2004) wird in seiner Kritik der US - Steel Streitfalls sowohl die 'coincidence'- als auch die 'conditions of competition'- Analyse abgelehnt. Das Panel wäre dem AB und dem ITC in das 'land of economic gibberish' gefolgt. Sykes 2004: 557.

[5938] Nach US - Steel formuliert Sykes (2004): "In the absence of any coherent standards as to when safeguard measures are permissible, it is unrealistic to expect WTO Members to produce a 'reasoned and adequate explanation' as to how their measures are in compliance with the law." Sykes 2004: 563. Explizit gegen diese Thesen wendet sich Lee (2006), der erklärt: "Although not perfect, Appellate Body guidance cannot be summarily dismissed as being devoid of 'any coherent standard'". Lee 2006: 403; dazu wiederum Sykes 2006a.

[5939] Kritisch dazu anhand der ersten beiden Panelberichte: Lee 2001: 1239. Ein politische Klärung dieses Terminus fordert Lee 2002: 663. Sykes (2003) stellt in seiner Argumentation dagegen fest, daß er dieses Kriterium für sinnvoll erachtet. Sykes 2003: 290.

[5940] Siehe den Panel: "obligation to examine, at the time of its determination, at least all of the factors listed in the paragraph". India vs. United States - Measures Affecting Imports of Woven Wool Shirts and Blouses from India, WT/DS33/R, 6 January 1997, Para. 7.26. Später wird dies im ersten Schutzklauselfall Korea - Diary zitiert: Panel: EC vs. Korea - Definitive Safeguard Measure on Imports of Certain Dairy Products, WT/DS121/R, 21 June 1999, S. 172, Para. 7.56.

[5941] In diesen drei Fällen war die Argumentation der U.S. Behörden von der Qualität klar erkennbar nicht akzeptabel. In US - Underwear wird etwa der Rückgang von Verkäufen nur für eine einzige Firma als überzeugender Beweis angesehen, der Anstieg der Baumwollpreise nicht analysiert und eine Kausalitätsdiskussion fand überhaupt nicht statt. Costa Rica vs. United States - Restrictions on Imports of Cotton and Man-Made Fibre Underwear, WT/DS24/R, 8 November 1996, Paras. 7.39-7.46. US - Wool Shirts and Blouses nimmt der Panelbericht erstmals zu Fragen ernsthafter Schädigung und Kausalitätsanalyse Stellung, aber im Rahmen von ATC Art. 6, nimmt und sehr klar und selbstbewußt die Ausführungen der Behörden untersucht und kritisiert. In diesem Fall untersucht die USA von 11 Faktoren 8 ungenügend.

irritierend, weil sie ebenso aufgrund von offenkundigen argumentativen oder prozeduralen Mängeln der Untersuchungen der nationalen Behörden, etwa einer fehlenden oder zu späten[5942] Notifizierung, fehlender Konsultation oder unzureichender Information betroffener Länder, verloren wurden.[5943] Daraus resultierte nicht unbedingt Unsicherheit, wie die Regeln der Streitbeilegung ausgelegt werden, allerdings ließen diese Fälle nicht im positiven Sinne erkennen, wie eine gerechtfertigte Schutzklauseluntersuchung aussehen könnte. Dazu kam, daß die U.S. Behörden die neuen Regeln ignorierten, siehe dazu die Fallübersicht, sodaß der Eindruck entstand, daß die Schutzklauselbedingungen kaum zu erfüllen waren.[5944] Jahre später, als die grundlegenden Anforderungen durch den AB formuliert waren, hielten sich die U.S. Behörden immer noch nicht daran. In der spektakulären SG Untersuchung US - Steel Safeguards (2003), bei der EC, Brasilien, China, Japan, Korea, Neuseeland, Norwegen und die Schweiz gegen die USA klagten, gelang es den U.S. Behörden nur in einer von neun Produktkategorien überzeugend zu argumentieren. Zwei Sätze lang gibt das Panel sogar Tips, wie die ITC hätte besser argumentieren können.[5945] Schon vor den diesbezüglichen WTO Urteilen wurde anhand dieser ITC Untersuchungen aus dem Jahre 2001 bereits in der Literatur festgestellt, daß offenkundig Verstöße gegen die SG Regeln vorliegen.[5946]

6.4 Die Interpretation der Schutzklausel

6.4.1 Drei Grundsatzentscheidungen

Drei Grundsatzentscheidungen sind für das Schutzklauselabkommen relevant:

India vs. United States - Measures Affecting Imports of Woven Wool Shirts and Blouses from India, WT/DS33/R, 6 January 1997. Der Bericht der Berufungsinstanz widmet sich nur noch einer speziellen Frage Indiens. India vs. United States - Measures Affecting Imports of Woven Wool Shirts and Blouses from India, WT/DS33/AB/R, 25 April 1997. Ebenso verstößt US - Cotton Yarn eine weitere ATC Schutzklausel gegen die ATC Abkommenskriterien, hier hatten die U.S. Behörden u.a. Mexico bei ihrer Untersuchung ausgeklammert: Siehe: Panel: Pakistan vs. United States - Transitional Safeguard Measure on Combed Cotton Yarn from Pakistan, WT/DS192/R, 31 May 2001. AB: Pakistan vs. United States - Transitional Safeguard Measure on Combed Cotton Yarn from Pakistan, WT/DS192/AB/R, 8 October 2001. In allen drei Fällen wurden die Schutzklauselmaßnahmen von den U.S. Behörden umgehend zurückgenommen.

[5942] Z.B. 40 Tage zu spät in Panel: EC vs. Korea - Definitive Safeguard Measure on Imports of Certain Dairy Products, WT/DS121/R, 21 June 1999, S. 192, Para. 7.137. Überblick in WTO Analytical Index 2003: 1070-1071.

[5943] Eine Notifizierung muß soviel Information enthalten, daß der betroffene Staat nicht nur Informationen über die Begründung bekommt, sondern auch zu erwartenden Schutzmaßnahmen einschätzen kann, sodaß eine Konsultation möglich ist, die diesen Anspruch gerecht wird. Im Fall US - Wheat Gluten fand z.B. gar keine Konsultation statt und die EU wurde nur informiert, daß sie stärker als andere Länder von den Schutzmaßnahmen betroffen sein wird. Dies wird nicht als ausreichend von der WTO Streitbeilegung akzeptiert. WTO Analytical Index 2003: 1074-1078.

[5944] Siehe dazu den Punkt Parallelismus und Zollunionen, hier treten, nachdem die Bedingungen geklärt waren, in zwei weiten Streitfälle dieselben Regelverletzungen auf: Korea vs. United States - Line Pipe (2001-2002). Div. Länder vs. United States - Steel Safeguards (2003). Auch in Lee (2006) findet sich diese Beobachtung, als Beispiel wird hier der Parallelismus Frage genannt. Lee 2006: 387.

[5945] Offenbar auch aus Verzweiflung darüber, daß der USITC nur in 1 von 9 Produktgruppen sowohl eine überzeugende 'coincidence' als auch eine 'non-attribution'-Analyse gelingt (dazu weiter unten) und dies ausgerechnet in einer Produktgruppe, in der die USA viele Daten zurückgehalten hatten, gibt der Panel sogar zwei Sätze lang Tips, wie die USITC stattdessen hätte argumentieren können: "While the Panel is reluctant to prescribe what may amount to a reasoned and adequate explanation, the Panel considers that the USITC could have, for example, demonstrated that there was no linkage between demand declines during the period of investigation and injury suffered in this particular case. More particularly, the USITC could have explained that operating margin, perhaps the most relevant injury factor in this regard, declined irrespective of demand trends. This analysis could have been bolstered by an explanation that declines in operating margin coincided with increases in imports rather than declines in demand." Brazil, EC, Japan, Korea, China, Switzerland, Norway, New Zealand vs. United States - Definitive Safeguard Measures on Imports of Certain Steel Products, WT/DS259/R, 11. Juli 2003, S. 886, Para. 10.558.

[5946] Lee 2002: 668-669.

(1) Erstens wurde der Entscheidungsmaßstab ('standard of review') an die Anforderungen des SG angepaßt: In der Einleitung wurde schon festgehalten, daß die Streitbeilegung gemäß WTO Entscheidungsmaßstab[5947] nicht dazu befugt ist, eine eigenständige, neue Faktenrecherche ('de novo review') durchzuführen.[5948] Im Schutzklauselzusammenhang wurde dazu im New Zealand, Australia vs. United States - Lamb (2000-2001) ausgeführt, daß das Kriterium der de novo Beurteilung nicht leichtfertig benutzt werden sollte. Für den common sense formuliert: Die Panels sollten bei der Beurteilung selbstbewußt vorgehen, da der AB nicht leichtfertig auf ein de novo Beurteilung befinden wird, eben ein Verfehlen des Entscheidungsmaßstab.[5949] In New Zealand, Australia vs. United States - Lamb (2000-2001) wird der Entscheidungsmaßstab so formuliert, daß überprüft werden solle, ob es der Behörde gelingt eine vernünftige und adäquate Erklärung vorzulegen ("a panel must review whether those authorities have, as a *substantive* matter, provided a *reasoned and adequate explanation* of how the facts support their determination"[5950]), wenn es darum geht ernsthafte oder drohende ernsthafte Schädigung aufzuzeigen. Der AB betont, daß der Panel dabei die Plausibilität zweier alternativer Standpunkte gegenüber einander abwägen und sich dabei auf eine Diskussion zugrundeliegender Daten einlassen soll, bei der auch eine alternative Erklärung für plausibel befunden werden kann, die ggf. von der anderen Streitpartei angeboten wird. Eine Grenze wird dort gesehen, wo der Panel seine Bewertung anstelle ("substitute") der Bewertung der Behörden setzt. Ausdrücklich wird formuliert, daß die Bewertungen der nationalen Behörden nicht akzeptiert werden müssen ("this does *not* mean that panels simply must accept the conclusions of the competent authorities...").[5951]

[5947] Dies basiert auf den Ausführungen des AB zu DSU Art. 11 im United States vs. EU - Hormones (1998), welcher den Einscheidungsmaßstab zwischen zwei Extremen ansiedelt und damit negativ definiert: Auf der einen Seite liegt das *de novo review*, die von Grund auf neu angelegte Faktenrecherche und auf der andere Seite *deference*, die Überprüfung einer behördlichen bzw. nationalstaatlichen Entscheidung allein anhand von proceduralen Kriterien. Im Zwischenraum liegt der spezielle WTO Entscheidungsmaßstab *objective assessment of the facts*. United States vs. EU - Measures Concerning Meat and Meat Products (Hormones), WT/DS26/AB/R, WT/DS48/AB/R, 16 January 1998. S. 43, Para. 117. Siehe Abschnitt 'J', Punkt 3, Entscheidungsmaßstab.
[5948] New Zealand vs. United States - Safeguard Measure on Imports of Fresh, Chilled or Frozen Lamb from New Zealand. WT/DS177/AB/R, W/DS178/AB/R, 1. Mai 2001, S. 38-39, Para. 106. Betont auch vom Panel in Korea vs. United States - Definitive Safeguard Measures on Imports of Circular Welded Carbon Quality Line Pipe from Korea, WT/DS202/AB/R, 15. Februar 2002, S. 112, Para. 7.216. Daß keine 'de novo review' angestrebt wird, wird, ohne Diskussion allerdings, so schon angenommen in GATT Fall Norway vs. USA Imposition of Anti-Dumping Duties on Imports of Fresh and Chilled Athlantic Salmon from Norway, ADP/87, 27. April 1994, S. 403, Para. 494.
[5949] "107. In this respect, the phrase 'de novo review' should not be used loosely. (...) " Herv. im Original. New Zealand vs. United States - Safeguard Measure on Imports of Fresh, Chilled or Frozen Lamb from New Zealand. WT/DS177/AB/R, W/DS178/AB/R, 1. Mai 2001, S. 38-39, Para. 107. Hinweis darauf in Ehlermann/Lockhart 2004: 501.
[5950] Herv. im Original. Das gesamte Zitat, welches auf SG Art. 4.2 insgesamt bezogen wird: "First a panel must review whether the competent authorities have, as a *formal* matter, evaluated *all relevant factors* and, second, a panel must review whether those authorities have, as a *substantive* matter, provided a *reasoned and adequate explanation* of how the facts support their determinations." Herv. im Original. New Zealand vs. United States - Safeguard Measure on Imports of Fresh, Chilled or Frozen Lamb from New Zealand. WT/DS177/AB/R, W/DS178/AB/R, 1. Mai 2001, S. 50, Para. 141.
[5951] "We wish to emphasize that, although panels are not entitled to conduct a *de novo* review of the evidence, nor to *substitute* their own conclusions for those of the competent authorities, this does *not* mean that panels simply must *accept* the conclusions of the competent authorities. To the contrary, in our view, in examining a claim under Art. 4.2 (a), a panel can assess whether the competent authorities' explanation for its determination is reasoned and adequate *only* if the panel critically examines that explanation, in depth, and in the light of the facts before the panel. Panels must, therefore, review whether the competent authorities' explanation fully addresses the nature, and, especially, the complexities, of the data, and responds to other plausible interpretations of the data. A panel must find, in particular, that an explanation is not reasoned, or is not adequate, if some *alternative explanation* of the facts is plausible, and if the competent authorities' explanation does not seem adequate in the light of that alternative explanation. Thus, in making an 'objective assessment' of a claim under Article 4.2 (a), panels must be open to the possibility that the explanation given by the competent authorities is not reasoned and adequate." Herv. im Original. New Zealand vs. United States - Safeguard Measure on Imports of Fresh, Chilled or Frozen Lamb from New Zealand.

Darüber hinaus gibt es eine Reihe relevanter Entscheidungen über die Datenqualität und Datenverwendung: Nicht akzeptiert werden vom Panel Vorwürfe basierend auf 'neuen' Daten, die den Behörden zum Zeitpunkt der Untersuchung noch nicht hätten bekannt sein können.[5952] Ein Beschränkung der Panels auf die Argumente der Behörden gibt es aber nicht.[5953] Somit werden neue Argumente zugelassen und - dies ist bisher nicht letztendlich geklärt - auch neue Beweise, in Form von Expertenstatements oder vielleicht statistische Untersuchungen, die auf 'alten Daten' basieren, welche die Behörden während ihrer Untersuchung hätten zur Kenntnis nehmen können.[5954] Zu Beginn der Anhörungen ist es möglich, daß zusätzliche Daten herangezogen werden. So forderte der Panel, auf Antrag von Korea, von den USA bestimmte als vertraulich eingestufte Informationen an. Die USA übergab einige Informationen (nicht alle) dem Panel, darunter vertrauliche Informationen in indexierter Form. Das Panel beschloß, trotz weiterer Datenwünsche von Korea, daß er in der Lage sei, eine objektive Beurteilung durchzuführen.[5955] Angesichts entgegenwirkender Regeln in DSU 13.1 und SG Art. 3.2 in dieser Hinsicht muß diese Frage immer wieder neu von den Panels entschieden werden und nicht immer gelingt es dem Panel (und den Staaten mit ihren Vertraulichkeitswünschen) hier einen Kompromiß zu finden.[5956] Ein solcher Kompromiß kann etwa darin bestehen, die Daten ganz wegzulassen und eine verbale Beschreibung vorzunehmen.[5957] Beachtet man diesen Hintergrund, trifft es zu, daß die EU im Jahre 2004 in einer Stellungnahme während eines Falls die Meinung vertritt, daß gemäß des Entscheidungsmaßstab des SG die Panels aktiv Fakten recherchieren dürften, über die

---

WT/DS177/AB/R, W/DS178/AB/R, 1 May 2001, S. 38-39, Para. 106. Betont auch vom Panel in Korea vs. United States - Definitive Safeguard Measures on Imports of Circular Welded Carbon Quality Line Pipe from Korea, WT/DS202/AB/R, 15. Februar 2002, S. 112, Para. 7.216.

[5952] "A member cannot, of course, be faulted for not having taken into account what it could not have known when making its determination. If a panel were to examine such evidence, the panel would, in effect, be conducting a de novo review and it would be doing so without having had the benefit of the interested parties." Pakistan vs. United States - Transitional Safeguard Measure on Combed Cotton Yarn from Pakistan, WT/DS192/AB/R, 8 October 2001. S. 24, Para. 78. Ehlermann/Lockhard 2004: 506.

[5953] "As competent authorities themselves are obliged, in some circumstances, to go beyond the arguments of the interested parties in reaching their own determinations, so too, we believe, panels are not limited to the arguments submitted by the interested parties to the competent authorities in reviewing those determinations in WTO dispute settlement." New Zealand vs. United States - Safeguard Measure on Imports of Fresh, Chilled or Frozen Lamb from New Zealand. WT/DS177/AB/R, W/DS178/AB/R, 1 May 2001. S. 41, Para. 114. Ehlermann/Lockhard 2004: 509.

[5954] In diesem Fall wird es abgelehnt Argumente ("econometric arguments"), die auf einer ökonometrische Berechnung basierten, zur Kenntnis zu nehmen, begründet allerdings auch damit, daß dies angesichts der weiteren Untersuchungsergebnisse nicht nötig ist. New Zealand vs. United States - Safeguard Measure on Imports of Fresh, Chilled or Frozen Lamb from New Zealand. WT/DS177/AB/R, W/DS178/AB/R, 1 May 2001. S. 41, Para. 116. Ehlermann/Lockhard 2004: 509.

[5955] Ergebnisse eines Computermodells, welches Kumulationsfragen untersucht, werden letztendlich nicht bereitgestellt, eine Reihe von weiteren Informationen schon. Als Korea in einer zweiten Eingabe weitere Informationen anfordert, geht der Panel nicht mehr darauf ein. Korea vs. United States - Definitive Safeguard Measures on Imports of Circular Welded Carbon Quality Line Pipe from Korea, WT/DS202/R, 29 October 2001, S. 55-59, Para. 7.1-7.11.

[5956] In einem weiteren Fall verweigert die USA die Herausgabe von vertraulichen Informationen, ohne daß dies vom Panel als Regelverstoß geahndet wurde. Der Panel hält dies u.a. für angemessen, weil es um eine geringe Zahl von Produzenten geht. Letztendlich werden dann doch in Exhibit US-10 einige dieser vertraulichen Informationen bereitgestellt. Diese Haltung wird in der Berufung nicht überprüft und scheint nicht sonderlich überzeugend zu sein. EC vs. United States - Definitive Safeguard Measures on Imports of Wheat Gluten from the European Communities, WT/DS166/R, 31 July 2000, S. 8-11, Paras. 8.7-8.12, S. 13-14, Para. 8.20-8.26. Siehe hierzu auch Lee 2002: 659-660. Siehe zu DSU Art. 13.1, Punkt 3, Entscheidungsmaßstab.

[5957] Hier ist das Panel mit *** konfrontiert und formuliert tapfer, daß SG Art. 3.1 und Art. 3.2 gemäß dem Prinzip eine harmonische Interpretation zu suchen (siehe u.a. AB Korea - Diary Safeguards), interpretiert werden kann und schlägt eine Indexierung oder wenigstens Beschreibung vor, am Beispiel einer weiteren ITC Passage. Brazil, EC, Japan, Korea, China, Switzerland, Norway, New Zealand vs. United States - Definitive Safeguard Measures on Imports of Certain Steel Products, WT/DS259/R, 11. Juli 2003, S. 776-777, Para. 10.271-10.275.

Fakten hinaus, die von den Parteien präsentiert werden.[5958] Hinsichtlich der Datenqualität wird erwähnt, daß nicht immer für alle heimischen Produzenten Daten vorhanden sein müssen, es müßten aber Daten sein, die: "sufficiently representativ of the 'domestic industry'" seien und ein wahres Bild ("true picture") vermitteln.[5959] Hundert Prozent Perfektion wird nicht erwartet und zudem wird erwähnt, daß die Behörden bei der Wahl ihrer Methoden nicht eingeschränkt seien.[5960]

Diese Anforderungen führen, zusammen mit der Regeln in SG Art. 3.1 ("competent authorities shall publish a report setting forth their findings and reasoned conclusions reached in all pertinent issues of law and fact"[5961]) und SG Art. 4.2 (c) ("shall publish (...) a detailed analysis of the case"[5962]) dazu, daß die nationalen Behörden eine detaillierte Analyse ihres Fall vorlegen müssen - die auch auf alternative Argumente und relevante weitere Faktoren eingeht - um eine vernünftige und adäquate Erklärung geben zu können[5963]: Schon während der behördlichen Untersuchung (die ein 'public hearing' oder ähnliches einschließen muß) sollte auf Argumente der von den Maßnahmen potentiell betroffenen Parteien eingegangen werden. Die Behörden sind darüberhinaus verpflichtet, die Relevanz von denkbaren weiteren Schädigungsfaktoren ("other factors" in SG Art. 4.2 (a)) zu untersuchen, wobei diese Verpflichtung nicht unlimitiert ist.[5964] Es wird weiterhin nicht akzeptiert, wenn später vor der Streitbeilegung Argumente zur Bewertung der eigenen Daten nachgereicht werden.[5965] Gemäß dieses

---

[5958] Während der Stellungnahme als Dritte Partei Canada vs. United States - Investigation of the International Trade Commission in Softwood Lumber from Canada, WT/DS277/R, 22 March 2004, S. 63, Para. 5.8.

[5959] Wie diese Daten aussehen müssen, hängt auch an den "particularities of the 'domestic industry' at issue" ab. New Zealand vs. United States - Safeguard Measure on Imports of Fresh, Chilled or Frozen Lamb from New Zealand. WT/DS177/AB/R, W/DS178/AB/R, 1 May 2001. S. 47, Para. 131-132.

[5960] Hundert Prozent Perfektion wird von den Daten nicht erwartet. Im Fall Korea - Diary hatten die koreanischen Behörden ganz darauf verzichtet Preise für Rohmilch einzubeziehen, mit der Begründung, daß diese aufgrund der großen Zahl von Produzenten nicht verfügbar waren. Das Panel erwähnt, daß die Behörden bei der Auswahl der Methoden nicht eingeschränkt seien und schlägt mehrere Methoden vor. So hätte Korea Preise anhand von Produktionskosten berechnen können, dafür lagen Daten vor. Oder es hätte eine representative Auswahl untersucht werden können. EC vs. Korea - Definitive Safeguard Measure on Imports of Certain Dairy Products, WT/DS121/R, 21 June 1999, S. 179, Para. 7.82. Siehe auch Lee 2002: 645.

[5961] SG Art. 3.1. WTO 1995: 316.

[5962] SG Art. 4.2. (c). WTO 1995: 317.

[5963] Brazil, EC, Japan, Korea, China, Switzerland, Norway, New Zealand vs. United States — Definitive Safeguard Measures on Imports of Certain Steel Products, WT/DS259/AB/R, 19. November 2003, S. 93, Para. 299. Siehe dort auch das Zitat: "A panel must not be left to *wonder* why a safeguard measure has been applied." Herv. im Original. S. 93, Para. 298.

[5964] "55. However, in our view, that does *not* mean that the competent authorities may limit their evaluation of "all relevant factors", under Article 4.2 (a) of the *Agreement on Safeguards*, to the factors which the interested parties have raised as relevant. (...) If the competent authorities consider that a particular "other factor" may be relevant to the situation of the domestic industry, under Article 4.2 (a), their duties of investigation and evaluation preclude them from remaining passive in the face of possible short-comings in the evidence submitted, and views expressed, by the interested parties. In such cases, where the competent authorities do not have sufficient information before them to evaluate the possible relevance of such an "other factor", they must investigate fully that "other factor", so that they can fulfill their obligations of evaluation under Article 4.2 (a). In that respect, we note that the competent authorities' "investigation" under Article 3.1 is *not limited* to the investigative steps mentioned in that provision, but must simply "*include*" these steps. Therefore, the competent authorities must undertake additional investigative steps, when the circumstances so require, in order to fulfill their obligation to evaluate all relevant factors." "56. (...) However, as is clear from the preceding paragraph of this Report, we also reject the European Communities' argument that the competent authorities have an open-ended and unlimited duty to investigate all available facts that might possibly be relevant." Herv. im Original. EC vs. United States - Definitive Safeguard Measures on Imports of Wheat Gluten from the European Communities, WT/DS166/AB/R, 22 December 2000. S. 19-20, Para. 55-56. Siehe auch Matsushita et al. 2006: 448.

[5965] Es wird nicht akzeptiert, wenn Gründe erst in einer zweiten Eingabe dargelegt werden. Der Bericht muß die Begründungen enthalten: "the OAI Report did not contain any reasoning, analysis or evidence in support of its findings and sometimes it limited its analysis to only one segment of the relevant domestic industry" Panel: EC vs. Korea - Definitive Safeguard Measure on Imports of Certain Dairy Products, WT/DS98/R, 21 June 1999, S. 180, Para. 7.87; zur zweiten Eingabe: S. 178, Para. 7.78.

Entscheidungsmaßstabs besteht die Verpflichtung, daß die nationalen Behörden ihre Maßnahme bereits in ihrem Bericht vernünftig und adäquat begründen müssen. Dem Panel muß hingegen das Vertrauen entgegengebracht werden, daß es nicht allein deshalb gegen eine Streitpartei entscheidet, weil diese nicht alle nur denkbaren alternativen, gegen die Rechtfertigung sprechenden Argumente entkräften konnte.[5966] Insgesamt verfügt die Streitbeilegung, auch vor dem Hintergrund dieser realistischen Beschreibung des Panelalltags, damit über die Möglichkeit einer objektive Überprüfung im common sense Sinn sehr nahe zu kommen.

(2) Zweitens wurde entschieden, daß das im GATT Schutzklauselartikel Art. XIX verwendete Begriffspaar unvorhergesehener Entwicklungen ("unforeseen developments") weiter relevant ist, mit der Begründung, daß nicht nur das WTO Schutzklauselabkommen, sondern auch dieser GATT Artikel zum relevanten Regelkorpus zählt und mit seinen Formulierungen einbezogen werden muß.

Diese Entscheidung erfolgte in EU vs. Korea - Diary (1999), und, teils mit identischen Formulierungen, in EC vs. Argentina - Footwear (EC) (1999).[5967] Beidesmal wird eine rein theoretische Klärung dieser Frage durchgeführt, ohne konkrete Anwendung anhand von Daten. Die EC setzt sich für die Verwendung diese Terminus ein, die USA wenden sich dagegen.[5968] Die USA akzeptiert diese Einbeziehung dann in einer mündlichen Anhörung in New Zealand, Australia vs. United States - Lamb (2001).[5969] In Div. Länder vs. United States - Steel (2003) stellte die U.S. ITC, zusätzlich zum Bericht vom Dezember 2001, im Februar 2002 zu diesem Kriterium zusätzliche Informationen bereit.[5970]

In EU vs. Korea - Diary (1999) formuliert der AB, daß mit "unforeseen development" gemeint ist, daß es um Entwicklungen geht, die nicht erwartbar seien ("unexpected") und daß simplerweise zusätzlich

---

[5966] Es ist schwer zu verstehen, warum Lee (1999, 2002, 2005) gegen dieses Erfordernis argumentiert. Warum sollte es "onerous" sein, wenn Behörden Entscheidungen schriftlich begründen müssen, die weitgehende weltweite Auswirkungen haben. Ebenso geht es nicht darum, alle alternativen Argumente diskutieren zu müssen, sondern einige und die wichtigsten. Lee 2005: 53. Den Panels muß sodann vertraut werden, daß sie das beurteilen können.
[5967] EC vs. Korea - Definitive Safeguard Measure on Imports of Certain Dairy Products, WT/DS98/AB/R, 14. Dezember 1999, S. 28, Paras. 89, FN 51. Dort befindet sich der Verweis auf den GATT-Bericht: Report on the withdrawal by the United States of a tariff concession under Article XIX of the General Agreement of Tariffs and Trade. CP/106, 27 March 1951: Para. 9. Dort wird 'unforeseen developments' als Entwicklung, die während der Zollverhandlung nicht vorhersehbar war, definiert. Pikanterweise wehrten sich die USA - schon - 1951 in diesem GATT Bericht dagegen. Siehe die weiteren Ausführungen: EC vs. Korea - Definitive Safeguard Measure on Imports of Certain Dairy Products, WT/DS98/AB/R, 14. Dezember 1999, S. 27-28, Paras. 88-89, FN 51. Aus diesem Bericht sind die Ausführungen in S. 25-26, Paras. 84-85, identisch mit AB: EC vs. Argentina - Safeguard Measures on Imports of Footwear, WT/DS121/AB/R, 14 December 1999, S. 31-32, Paras. 91-92. Siehe kritisch zu der Aufnahme dieses Kriteriums durch den AB: Lee 2001: 1239; die Kontroverse besteht nicht mehr in Matsushita et al. 2006: 444-446.
[5968] Die EU hatte eine Reaktion auf diesen Punkt in der Berufung gewünscht. EC vs. Argentina - Safeguard Measures on Imports of Footwear, WT/DS121/AB/R, 14. Dezember 1999, S. 31-32, Para. 92. Die USA, als Dritte Partei involiert, wehrt sich dagegen, Art. XIX bei der Interpretation der Schutzklausel hinzuzuziehen. S. 19-20, Paras. 60-63.
[5969] New Zealand/Australia vs. United States - Safeguard Measure on Imports of Fresh, Chilled or Frozen Lamb from New Zealand, WT/DS177/AB/R, WT/DS178/AB/R, 1. Mai 2001, S. 28, Para. 74, FN 40.
[5970] Brazil, EC, Japan, Korea, China, Switzerland, Norway, New Zealand vs. United States - Definitive Safeguard Measures on Imports of Certain Steel Products, WT/DS259/R, 11. Juli 2003, S. 728, Para. 10.109.

gezeigt werden muß, daß Zollkonzessionen eingegangen worden sind.[5971] Der AB spricht davon, daß es sich nicht um eine zusätzliche Bedingung ("condition"), sondern um bestimmte Umstände ("set of circumstances") handelt, die demonstriert werden müssen. Diese Umstände müssen fortan eigens von den nationalen Behörden aufgezeigt und festgestellt werden, wobei in der ersten Satzteil in Art. XIX.1 (a) eine logische Verbindung zwischen den nicht erwarteten Entwicklungen und den Importsteigerungen formuliert ist. Im zweiten Satzteil wird dann, fast deckungsgleich mit SG Art. 2.1, formuliert, daß zusätzlich gezeigt werden müsse, daß "(1) a product is being imported 'in such quantities and under such conditions"; (2) 'as to cause'; (3) serious injury or the threat of serious injury to domestic producers."[5972] Generell legt dieses Kriterium für die Behörden die Latte höher, wobei die Relevanz dieses Kriteriums schwer einschätzbar ist.[5973]

Obwohl es der Normalfall ist, wenn die GATT und WTO Regeln zusammen gelesen werden und nur im Konfliktfall spezielle Abkommen vorzuziehen sind[5974], hat die Einführung dieses Kriterium einen Disput in der Literatur ausgelöst.[5975] Im GATT Fallrecht bezieht sich 'unforeseen' auf den Zeitpunkt der Aushandlung der Zollkonzessionen und fragt nach den vernünftigerweise zu diesem Zeitpunkt bestehenden Erwartungen an Importsteigerungen.[5976] Die Kritiker haben Recht, wenn sie anmerken, daß es kaum möglich ist nach vielen Jahren diese Erwartungen zu rekonstruieren.[5977] Wie dieses Kriterium interpretiert wird, ist nicht geklärt. Es gibt aber konkrete Fälle, siehe gleich unten, an denen erkennbar ist, daß es nicht unmöglich ist, unvorgesehene Entwicklungen zu zeigen. Viel spricht für eine Fall-zu-Fall Entscheidung anhand von mehreren Kriterien.[5978]

[5971] AB: EC vs. Korea - Definitive Safeguard Measure on Imports of Certain Dairy Products, WT/DS121/AB/R, 14 December 1999, S. 25, Para. 84.
[5972] EC vs. Argentina - Safeguard Measures on Imports of Footwear, WT/DS121/AB/R, 14 December 1999, S. 32, Para. 92, S. 32-33, Paras. 93- 94. Siehe dort auch das Zitat: "In this sense we believe there is a logical connection between the circumstances described in the first clause - 'as a result of unforeseen developments and of the effect of the obligations incurred by a Member under this Agreement, including tariff concessions ... ' - and the conditions set forth in the second clause of Art. XIX.1 (a) for the imposition of a safeguard measure." S. 32, Para. 92.
[5973] Schon in Jackson (1969) formuliert: "but the definition of 'unforeseen developments' is hazy". Jackson 1969: 560.
[5974] General interpretative not to Annex 1A: "In the event of conflict between a provision of the General Agreement on Tariffs and Trade 1994 and a provision of another agreement in Annex 1A to the Agreement Establishing the World Trade Organization (...) the provisions of the other agreement shall prevail to the extent of the conflict." WTO 1995: 252. Driscoll 2005: 252. Ebenso folgt der AB dem Prinzip: "to read all applicable provisions of a treaty in a way that gives meaning to all of them harmoniously'. Driscoll 2005: 254.
[5975] Von Lee (2001) wird argumentiert, daß dies gegen die Verhandlungsgeschichte der Uruguay-Runde verstößt, weil damals 1990 'unforeseen developments' schon einmal im Text des Schutzklauselabkommen eingefügt wurde, aber - mutmaßlich - bewußt, wieder herausgenommen wurde. Lee 2001: 1241; in Lee (2005) erscheint dies aber weniger überzeugend weil hier deutlich wird, daß es hierbei um einen viel weitgehenderen Vorschlag ging, der diese Formulierung nur enthielt, sodaß die Herausnahme dem weitergehenden Vorschlag als Ganzes galt. Lee 2005: 43. Gegen die Thesen von Lee (2001) argumentiert Mueller 2003: 1119-1141. Ebenso wird die Frage aufgeworfen, ob Art. 1 (b) von Art. XIX noch gilt, eine komplexe Regelung bei Präferenzregimen Schutzklauseln auf Wunsch eines dritten Staates zu nutzen. Dazu hier kein Kommentar. Lee 2001: 1243. Für die Antwort auf Mueller (2003), ohne neue Argumente, siehe Lee 2003. Später zu diesem Thema Driscoll 2005.
[5976] Siehe das Zitat: "the term 'unforeseen developments' should be interpreted to mean developments occuring after the negotiation of the relevant tariff concession which would not be reasonable to expect that the negotiators of the country making the concession could and should have foreseen at the time when the concession was negotiated." Report on the withdrawal by the United States of a tariff concession under Article XIX of the General Agremement of Tariffs and Trade. CP/106, 27 March 1951: Para. 9. Zitiert und bestätigt, aber nicht weiter untersucht, mangels Faktenrecherche im Panelbericht: EC vs. Korea - Definitive Safeguard Measure on Imports of Certain Dairy Products, WT/DS98/AB/R, 14. Dezember 1999, S. 28, Paras. 89, FN 51.
[5977] "Consider an imports surge 30 or 40 years after the agreement was drafted". Sykes 2003: 265.
[5978] Mueller 2003: 1142, siehe allgemeiner zur 'unforeseen' Frage: Jackson 1997: 186-187. Die Ausführungen im Kommentar von Lee (2005) geben einen ähnlichen Stand der Dinge wieder. Lee 2005: 48. Ähnlich wie oben äußern sich Matsushita et al. 2006: 446.

Konkret wurde das Kriterium folgendermaßen ausgelegt: So akzeptierte der Panel es nicht, daß eine mehrere Jahre später wieder stattfindende Pfirsich-Rekordernte nicht vorhersehbar sei.[5979] Weil seit Jahren ein Schutzsystem zu diesem Zwecke bestand, wurde vom Panel das rechtfertigende Argument unerwartet kontinuierlich sinkender Weltmarktpreise nicht akzeptiert.[5980] In einem weiteren Panelfall ist die Rede von der Mexiko-Krise.[5981] Vom Panel und AB wurde zudem akzeptiert, daß die Asienkrise, die Rußlandkrise, die Währungsabwertungen in Asien und Lateinamerika und der steigende, starke Dollar (der zur Attraktivität des U.S. Marktes beitrug) "unforeseen developments" im Sinne von Art. XIX:1 (a) waren, die zusammen ("confluence") zu steigenden Importen von Stahl geführt haben.[5982] Allein wird nicht akzeptiert, daß die USA dies nicht anhand von Daten auf Produktebene beweisen.[5983] Bemerkenswert ist, daß Wechselkursschwankungen, ein alltägliches Phänomen als schwere Wirtschaftskrisen, auf der Liste der akzeptierten Faktoren zu finden ist.[5984]

(3) Drittens hat der AB ein neuartiges Verständnis der Schutzklausel entwickelt, welche diese als außergewöhnliches Rechtsmittels ('extraordinary remedy') versteht, welches nur in Notfallsituationen ('emergency situations') verwendet werden darf: Entnehmbar ist den Ausführungen des AB, daß er beispielsweise nicht bereit ist, der Schutzklausel begrifflich einen entwicklungspolitischen oder rein protektionistischen Zweck zuzuschreiben. Ebenso wird sich nicht auf einen graduellen 'trade off' eingelassen, der von einer generöser definierten Schutzklausel eine mutigere Liberalisierung erwarten

---

[5979] Im Jahre 1992/1993, zum Zeitpunkt des Abschlusses der Uruguay-Runde und deren Zollzugeständnisse gab es wohl schon eine Rekordernte auf den Weltpfirsichmärkten. Diese Rekordernte wiederholte sich 1999/2000. Das Panel fragt daraufhin frech, ob Argentinien nicht solche Fluktuationen erwarten müsse. Argentinien antwortet schlau, daß es nicht erwartet hätte, daß solche Rekordernten in der Zeit danach zur Regel und nicht zur Ausnahme gehören würden. Die Argumentation im Schutzklausel-Bericht von Argentinien weist sonstige Schwächen auf, es wird aber vom Panel geschlossen, daß auch dieser Faktenhintergrund dazu führt, daß dieses Land gegen Art. XIX: 1(a) verstößt. Chile vs. Argentina - Definitive Safeguard Measure on Imports of Preserved Peaches, WT/DS238/R, 14 February 2003, S. 69-70, Para. 7.30-7.33. Weiterer Hintergrund ist hier offenbar eine schlechte Ernte in Griechenland, die von den argentinischen Interessengruppen dazu genutzt wurde, um den Ausgangspunkt zu definieren, ab dem Importe anstiegen, um wieder auf das vorherige Normalmaß zu gelangen. Dies ist tatsächlich nicht sehr überzeugend. S. 73, Para. 7.44, S. 87, Para. 7.112.
[5980] Argentina vs. Chile - Price Band System and Safeguard Measures Relating to Certain Agricultural Products, WT/DS207/R, 3 May 2002. S. 158, Para. 7.141.
[5981] EC vs. Argentina - Safeguard Measures on Imports of Footwear, WT/DS121/R, 25 June 1999, S. 199-200, Para. 8.269.
[5982] Brazil, EC, Japan, Korea, China, Switzerland, Norway, New Zealand vs. United States - Definitive Safeguard Measures on Imports of Certain Steel Products, WT/DS259/AB/R, 10. November 2003, S. 83, Paras. 269, S. 100, Para. 321. Das Panel spricht davon, daß dieses Kriterium sowohl subjektive als auch objektive Aspekte umfaßt und zudem müßten, angesichts zeitlich weit zurückliegender Zollzugeständnisse, auch der Kontext ("context") und die Umstände ("cirumstances") beachtet werden. Siehe: Brazil, EC, Japan, Korea, China, Switzerland, Norway, New Zealand vs. United States - Definitive Safeguard Measures on Imports of Certain Steel Products, WT/DS259/R, 11. Juli 2003, S. 710, Paras. 10.41-10.43.
[5983] Brazil, EC, Japan, Korea, China, Switzerland, Norway, New Zealand vs. United States - Definitive Safeguard Measures on Imports of Certain Steel Products, WT/DS259/AB/R, 10. November 2003, S. 83, Paras. 319. Der Terminus "confluence" wird akzeptiert. S. 83, Para. 269.
[5984] Die EU Behörden vertreten in einem ihrer Berichte die Meinung, daß auch Schutzklausel- und Antidumping- und Ausgleichsuntersuchungen in anderen Ländern als unvorhersehbare Entwicklungen angesehen werden können. Europäische Kommission Stahl Schutzmaßnahmen 2002: 24-25. In anderen Berichten kumuliert sie viele verschiedene unerwartete Entwicklungen: Im Mandarinenfall, siehe unten, Punkt nicht angegriffene Schutzmaßnahmen, argumentiert sie, daß ein bislang so nicht vorgekommener Kapazitätsanstieg in China erfolgte, der auch damit zusammenhängen würde, daß die Möglichkeit von Vergeltungsmaßnahmen der USA im Zusammenhang mit einem anderen Streitfall bestünde, der die EU Mandarinen vom U.S. Markt ausschließen könnten. Dazu wird ein Wechsel von Konsumentenpräferenzen und die Wechselkurspolitik Chinas sowie der unerwartet schwache Dollar erwähnt. Eine Referenz auf Zollkonzession erfolgte in den EU Berichten nicht. Vermulst et al. 2004: 960.

würde. Damit wird die Schutzklausel enger definiert als in einem großen Teil der Literatur.[5985] Dabei wird sich sogar auf die Arbeit der International Law Commission zur Staatenverantwortung rückbezogen.[5986]

Der AB hebt hervor, daß die Schutzklausel gegenüber fair gehandelten Produkten ('fair trade') anderer WTO Mitglieder angewandt werden kann, um den außerordentlichen Charakter der Schutzklausel zu betonen. Es wird argumentiert, daß es nicht um Antidumping- oder Ausgleichszölle gegen Subventionen ginge, die in Reaktion auf "unfair or illegal trade practices" erhoben werden. Stattdessen gehe es, dies impliziert die Argumentation des AB, um den besonders schützenswerten, weil unter normalen Umständen ablaufenden, 'fairen' Handel. Daraus folge, daß die Schutzklausel als außergewöhnliche Abhilfemaßnahme ('exceptional remedy') in einer restriktiveren, handelsbeschränkenderen Art und Weise angewandt wird, im Vergleich zu den Antidumping- oder Ausgleichszöllen.[5987] Wenn ein WTO Mitglied beschlösse, den 'fair' erfolgenden Handel einzuschränken, könne eine Ausnahme, die dies ermöglicht, so die Ansicht des AB, nur im Sinne eines außergewöhnlichen Rechtsmittels ('extraordinary remedy') verstanden werden, welches nur in Notfallsituationen ('emergency situations') benutzt werden darf.[5988] Weiterhin wird auf die Frage nach

---

[5985] In vielen Beiträge ist neutral von einer Maßnahme die Rede, die dazu benutzt werden kann, Zollzugeständnisse zurückzunehmen. Als "safety valve" wird sie charakterisiert von Lawrence/Litan (1986), hier nicht in der Literaturliste, aber reproduziert in Jackson et al. 1995: 601, 604. Siehe auch "The 'escape clause', as we currently think of it (a provision to allow temporary border barriers to imports when imports are increasing and can be shown to 'injure' domestic competing industry) was first introduced ..." Jackson 1997: 179. Vor Senti (1986a) wird formuliert: "handelt es sich um eine Korrektur oder Rücknahme der selbst eingegangenen Verpflichtungen, wenn diese sich zum Nachteil der eigenen Wirtschaft auswirken beziehungsweise auszuwirken drohen." Senti 1986a: 240. In Hoekman (1995) wird der Schutzzweck betont: "The general safeguard clause of the GATT (Art. XIX) permits governments to impose trade barriers, on a non-discriminatory basis, subject to specific conditions, in order to protect producers seriously injured by the liberalization of trade. The main intention of the GATT's general safeguard clause is to facilitate trade liberalization." Hoekman 1995: 16. In Hoekman/Kostecki (1995) wird die Schutzklausel in den Kontext der Anpassung ('adjustment') gestellt und allgemein in bezug auf Schutzklauseln formuliert: "Virtually all existing international trade agreements or arrangements contain safeguard provisions. The WTO is not exception. Broadly defined, the term 'safeguard protection' refers to a provision in a trade agreement permitting governments under specified circumstances to withdraw - or cease to apply - their normal obligations under the agreement in order to protect (safeguard) certain overriding interests." Hoekman/Kostecki 1995: 161. Entwicklungsländer sind meist auf andere GATT Schutzoptionen ausgewichen. Hoekman/Kostecki 1995: 163. In Stoll/Schorkopf (2002) findet sich das folgende Zitat: "Der Schutz einheimischer Industriezweige vor einem zu hohen Importwettbewerb dient der Ausnahmetatbestand des Art. XIX GATT 1994." Stoll/Schorkopf 2002: 56. Zu den Instrumenten, die in den USA als 'trade adjustment assistance' zählten, wurde beispielsweise in den siebziger Jahren die Schutzklausel gezählt, aber kritisch dazu formuliert: "Escape clause protection if used frequently and in cases that are questionable not only slows down trade liberalization but may start and/or hasten a worldwide movement in the direction of greater protection." Williams 1978: 34. Als 'protection' beschreiben die Schutzklausel: Finger et al. 1982: 465. Siehe das Zitat zum Bedingung der 'unforeseen developments': "The need for the requirement in question is highly doubtful. (...) It is in the interest of free trade to encourage Members to provide more concessions and, in fact, they will be encouraged to do so when they consider a safeguards measure an available last resort." Lee 2001: 1241-1242. Als u.a. "breathing space' to firms and policymakers" um die Wettbewerbsfähigkeit wieder zu erlangen, wird die Schutzklausel charakterisiert von Matsushita et al. 2006: 439. Dagegen ist im Jahre 1946, während der London Konferenz zur Vorbereitung der ITO, vom "emergency character" der Maßnahme die Rede. Jackson 1969: 554-555. Die spätere Haltung des AB wird bereits ähnlich formuliert in Jackson 1997: 190. Die neuartige Herangehensweise des AB an die Schutzklausel wird nicht thematisiert in Pries/Berrisch 2003: 480-482.
[5986] Und zwar das Zitat der ILC: "countermeasures must be commensurate with the injury suffered, taking into account the gravity of the internationally wrongful act and the rights in question". Korea vs. United States - Definitive Safeguard Measures on Imports of Circular Welded Carbon Quality Line Pipe from Korea, WT/DS202/AB/R, 15. Februar 2002, S. 54, Para. 169.
[5987] Oben werden zwei Paragraphen zusammengefaßt. Korea vs. United States - Definitive Safeguard Measures on Imports of Circular Welded Carbon Quality Line Pipe from Korea, WT/DS202/AB/R, 15. Februar 2002, S. 27, Para. 80, S. 81, Para. 257.
[5988] Korea vs. United States - Definitive Safeguard Measures on Imports of Circular Welded Carbon Quality Line Pipe from Korea, WT/DS202/AB/R, 15. Februar 2002, S. 27, Para. 80. Siehe auch die weiteren Ausführungen: S. 27-30, Paras. 80-85. Damit befindet sich der AB partiell im Einklang mit dem dennoch etwas vorsichtiger formulierendem Arbeitsgruppenbericht US -Fur Felt Hat aus dem Jahr 1951: "action under Article XIX is essentially of an emergency character and should be of limited duration. A government taking action under that

Liberalisierung eingegangen. Als eine Funktion der Schutzklausel wird die Ermöglichung weiterer Liberalisierung angesehen, denn diese erlaube eine temporäre Ausnahme davon. Dieser Ausnahme stünden allerdings die Rechte der anderen WTO Mitglieder entgegen, die von der multilateralen Regelbindung der Schutzklausel erhoffen, daß die Zollzugeständnisse erhalten bleiben.[5989] Als eine Konsequenz, die aus dieser Deutung folgt, wird festgehalten, daß der Standard, der ernsthafter Schädigung zugrundegelegt werden muß, deutlich anspruchsvoller ist, als wenn es um bedeutende Schädigung im Antidumpingbereich geht.[5990] Wiewohl es vor allem um die Auslegung der Artikel der Schutzklauselabkommen ankommt, um die von der WTO ausgehende Disziplin letztendlich charakterisieren zu können, wird damit der Kontext vorgegeben, in dem die Schutzklausel fortan interpretiert wird.

Diese Argumentation kann in Frage gestellt werden, weil genauso argumentiert werden kann, daß 'fairer' Handel im Sinne realer wirtschaftlicher Abläufe zwar schützenswert, aber nicht herausgehoben schützenswert ist. Alternativ könnte 'fairer' Handel als Handel im Einklang mit den als 'fair' angesehenen Regeln einer Welthandelsorganisation definiert werden, die nicht so stringent beschränkte Schutzmaßnahmen ermöglicht. Dies könnte ebensogut mit einer liberalen Zielvorstellung im Einklang gesehen werden, denn genausogut kann argumentiert werden, daß Liberalisierung in einem graduellen Sinn mutiger umarmt wird, wenn diese Ausnahme leichter nutzbar ist. Zudem ist die Schutzklausel weiter mit der Bremse der Zurücknahme der Konzessionen bzw. der globalen Vergeltung im Einklang mit dem Meistbegünstigungsprinzips ausgestattet. Jedenfalls wäre es denkbar gewesen, die Schutzklausel mit einem anderen materialen Schwerpunkt zu interpretieren.

So war in US - Fur Felt Hat Bericht (1951) immerhin material davon die Rede, daß ein Importschutz das Ziel hätte, daß die heimische Industrie wieder mit den ausländischen Anbietern konkurrieren könne.[5991] Auch der Panel in Korea - Diary war noch dieser Meinung, wurde aber vom AB

Article should keep the position under review and be prepared to reconsider the matter as soon as this action is not longer to prevent and remedy a serious injury." GATT Analytical Index 1995: 522. Kurz und knapp reproduziert die Haltung des AB Matsushita et al. 2006: 446.

[5989] Para. 83 lautet vollständig: "There is, therefore, a natural tension between, on the one hand, defining the appropriate and legitimate scope of the *right* to apply safeguard measures and, on the other hand, ensuring that safeguard measures are not applied against "fair trade" beyond what is necessary to provide extraordinary and temporary relief. A WTO Member seeking to apply a safeguard measure will argue, correctly, that the right to apply such measures must be respected in order to maintain the *domestic* momentum and motivation for ongoing trade liberalization. In turn, a WTO Member whose trade is affected by a safeguard measure will argue, correctly, that the *application* of such measures must be limited in order to maintain the *multilateral* integrity of ongoing trade concessions. The balance struck by the WTO Members in reconciling this natural tension relating to safeguard measures is found in the provisions of the *Agreement on Safeguards*." Herv. im Original. Korea vs. United States - Definitive Safeguard Measures on Imports of Circular Welded Carbon Quality Line Pipe from Korea, WT/DS202/AB/R, 15. Februar 2002, S. 29, Para. 83.

[5990] "We are fortified in our view that the standard of 'serious injury' in the *Agreement on Safeguards* is a very high one when we constrast this standards with the standard of 'material injury' envisage under the *Anti-Dumping Agreement*." Herv. im Original. New Zealand vs. United States - Safeguard Measure on Imports of Fresh, Chilled or Frozen Lamb from New Zealand. WT/DS177/AB/R, W/DS178/AB/R, 1. Mai 2001, S. 44, Para. 124.

[5991] Siehe das folgende Zitat aus dem Bericht der Arbeitsgruppe US - Fur Felt Hat 1951: "The other member of the Working Party considered that it is impossible to determine in advance with any degree of precision the level of import duty necessary to enable the United States industry to compete with overseas suppliers in the current competitive conditions of the United States market, and it would be desirable that the position be reviewed by the United States from time to time in light of the experience of the actual effect of higher import duties now in force on the economic position of the United States industry." GATT Analytical Index 1995: 521.

überstimmt.[5992] Wie dem auch sei, auf der anderen Seite ist es überzeugend, wenn argumentiert wird, daß "safety valves are to remain safety valves and not become walls", sodaß hier eine multilaterale Regelbindung der Schutzklauselnutzung nicht generell abgelehnt wird, weil auch hier eine internationale Arbeitsteilung durch den weltweiten Handel zu einem gewissen Grad angestrebt wird.[5993] Wie so oft, geht es um das wie und eine industriepolitische Nutzung der Schutzklausel wird m.E. auch weiterhin nicht ihrem Zweck widersprechen. Mehr dazu im Fazit.

6.4.2 Die Regeln des Schutzklauselabkommens

Die zentralen Bedingungen für die Schutzklauselnutzung sind neben dem schon erwähnten Kriterium unvorhergesehener Entwicklungen nach SG Art. 2.1 erstens (1) steigende Importe, die, zweitens (2) kausal nachvollziehbar, drittens (3) zu einer ernsthaften Schädigung oder einer Drohung ernsthafter Schädigung führen, was am Zustand der heimischen Industrie gezeigt werden muß.[5994] Ein Überblick über die Regelauslegung:

(1) Steigende Importe. Gemäß SG Art. 2.1 müssen zunehmende Importen vorgewiesen werden ("is being imported ... in such increased quantities").[5995] Die Rede ist von zunehmenden absoluten Importen oder zunehmenden Importen relativ zur heimischen Produktion.[5996] Panel und AB führen dazu in Argentina - Footwear (EC) (1999) aus, daß es nicht ausreicht, einfach einen Anfangs- und Endpunkt zu setzen und davon ausgehend zu behaupteten, daß Importe zugenommen hätten. Dies hatte Argentinien getan und konnte zeigen, daß die Importe 1991 absolut und relativ höher lagen als 1996. Beachtet wurde aber nicht, daß diese in der Mitte der Periode ansteigen und danach stark abfielen.[5997] Der AB führt aus: "it is not enough for an investigation to show simply that imports of the product this year were more than last year - or five years ago. Again, and it bears repeating, not just any increased quantifies of imports will suffice. There must be 'such increased quantities' as to cause or threaten to cause serious injury to the domestic industry in order to fulfil this requirement for

---

[5992] "For us, the object of this section of the first sentence of paragraph 1 of Article XIX cannot be anything else but a statement (of what we would consider to be obvious) that because of the binding nature of the GATT obligations and concessions, tariffs and other obligations negotiated on the basis of trade expectations may need to be changed temporarily in the light of actual unforeseen developments. Thus, the phrase 'unforeseen developments' does not specify anything additional as to the conditions under which measures pursuant to Article XIX may be applied." Panel: EC vs. Korea - Definitive Safeguard Measure on Imports of Certain Dairy Products, WT/DS98/R, 21 June 1999, S. 169, Para. 7.45. Auch aus dem simplen, aber plausiblen Grund, daß das GATT 1994 zur Verhandlungspaket der Uruguay-Runde dazugehört, legt der AB Art. XIX aus: "this clause must have meaning": EC vs. Korea - Definitive Safeguard Measure on Imports of Certain Dairy Products, WT/DS98/AB/R, 14 December 1999, 25-28, Paras. 83-90.
[5993] So argumentiert mit einer Paraphrase eines Zitats von Andreas F. Lowenfelds: Mueller 2003: 1151.
[5994] "(1) a product is being imported 'in such quantities and under such conditions'; (2) 'as to cause'; (3) serious injury or the threat of serious injury to domestic producers." EC vs. Argentina - Safeguard Measures on Imports of Footwear, WT/DS121/AB/R, 14. Dezember 1999, S. 32, Para. 92. Siehe auch Matsushita et al. 2006: 440.
[5995] Agreement on Safeguards Art. 2.1. Ausführliche Diskussion in Brazil, EC, Japan, Korea, China, Switzerland, Norway, New Zealand vs. United States - Definitive Safeguard Measures on Imports of Certain Steel Products, WT/DS259/AB/R, 19. November 2003, S. 83, Paras. 269.
[5996] EC vs. United States - Definitive Safeguard Measures on Imports of Wheat Gluten from the European Communities, WT/DS166/AB/R, 22 December 2000, S. 26, Para. 76.
[5997] EC vs. Argentina - Safeguard Measures on Imports of Footwear, WT/DS121/R, 25 June 1999, S. 168, Para. 8.144.

applying a safeguard measure."⁵⁹⁹⁸ Mit Referenz dazu, daß diese Importe zudem unerwartet sein müssen, wird weiter geschlossen, daß sowohl GATT Art. XIX: 1 (a) und SG 2.1 verlangen: "that the increase in imports must have been recent enough, sudden enough, sharp enough, and significant enough, both quantitatively and qualitatively, to cause or threaten to cause 'serious injury'."⁵⁹⁹⁹ Die Art und Weise, wie Importe ansteigen und Anteil der Importe am heimischen Markt, nimmt weiterhin zwei der acht Faktoren in SG Art. 4.2, die weiter unten bei der Faktoranalyse beachtet werden müssen, in Anspruch.⁶⁰⁰⁰ Weitere, ebenfalls schon in SG Art. 2.1 enthaltenden Bedeutungselemente, werden in den SG Art. 4 konkretisiert.⁶⁰⁰¹ Soweit zu den begrifflichen Grundlagen, konkrete Beispiele, die weitgehend einer common sense Vorstellung von diesem Kriterium entsprechen, in der Fallübersicht.

(2) Faktoranalyse. Um kausal nachvollziehbar ernsthafte Schädigung ('serious injury') der Industrie eines Landes durch Importe zu zeigen, muß unter Rekurs auf SG Art. 4.2 (a) eine Analyse der dort erwähnten Einflußfaktoren stattfinden:

Von SG Art. 4.2 (a) wird eine Liste von Schädigungsfaktoren präsentiert, die diskutiert werden müssen, um die Feststellung ernsthafter Schädigung zu treffen und plausibel abzusichern.

(2.1) Zuerst geht es um sechs Schädigungsfaktoren: Veränderungen bei den Verkaufskanälen, bei Produktion, Produktivität, Kapazitätsauslastung, Profiten oder Verlusten und Beschäftigung. Der AB hält fest, daß alle diese Faktoren untersucht werden müssen, die teils einen bezug zu Importen, teils einen bezug zu der allgemeinen Situation der heimischen Industrie haben. Sie sind relevant, wenn es um die Feststellung ernsthafter Schädigung geht.⁶⁰⁰² Dabei muß darauf geachtet werden, daß die Daten für die heimischen Industrie repräsentativ sind.⁶⁰⁰³

(2.2) Obwohl dies in diesem Artikel nicht als Faktor erwähnt ist und eine Preisanalyse somit nicht zwingend erforderlich ist, spielt die Analyse der Preisbewegungen bei der Schädigungsfeststellung eine erhebliche Rolle. Die Preise der Importe können im Vergleich zu internen Preisniveaus zu hoch sein, um ihre Relevanz bezüglich Schädigung behaupten zu können oder sie können, wenn sie zu niedrig sind, je nach Marktkontext, einen direkten Effekt auf die Profitabilität haben.⁶⁰⁰⁴ Zu hohe

---

[5998] EC vs. Argentina - Safeguard Measures on Imports of Footwear, WT/DS121/AB/R, 14 December 1999, S. 47, Para. 131.
[5999] EC vs. Argentina - Safeguard Measures on Imports of Footwear, WT/DS121/AB/R, 14 December 1999, S. 47, Para. 131. Lee 2005: 56-57. Siehe auch Lee 2000: 137; sowie Matsushita et al. 2006: 443.
[6000] SG Art. 4.2 (a). WTO 1995: 317. Lee 2005: 56.
[6001] EC vs. United States - Definitive Safeguard Measures on Imports of Wheat Gluten from the European Communities, WT/DS166/AB/R, 22 December 2000, S. 26-27, Para. 76-78.
[6002] SG Art. 4.2 (a) "... in particular, the rate and amount of the increase in imports of the product concerned in absolute and relative terms, the share of the domestic market taken by increased imports, change in the level of sales, production, productivity, capacity utilization, profits and losses, and employment." WTO 1995: 317. Siehe auch: EC vs. United States - Definitive Safeguard Measures on Imports of Wheat Gluten from the European Communities, WT/DS166/AB/R, 22 December 2000, S. 25, Para. 72. Siehe auch Prieß/Berrisch 2003: 485; Matsushita et al. 2006: 448.
[6003] Nicht representativ waren die Daten in US - Lamb New Zealand, Australia vs. United States - Safeguard Measure on Imports of Fresh, Chilled or Frozen Lamb from New Zealand and Australia, WT/DS177/AB/R, W/DS178/AB/R, 1 May 2001, S. 47, Para. 133.
[6004] Das US - Steel Panel: "A consideration of the various factors that haven been mentioned provides context for the consideration of *price*, which, in the Panel's view, is an important, if not the most important, factor in analysing the conditions of competition in a particular market,

Preisniveaus der Importe führten beispielsweise in New Zealand, Australia vs. United States - Lamb (2000-2001) zu einem eindeutig erkennbaren Verstoß gegen SG Art. 4.2 (a) [6005] und in Div. Länder vs. United States - Steel führten Preisdaten teils ebenso dazu, daß die U.S. gegen SG Art. 4.2 (b) verstieß.[6006] Aus dieser Erkenntnis heraus wurde eine Wettbewerbsbedingungen-Analyse ('conditions of competition analysis') entwickelt, die sich speziell Preis- und Marktanteilsentwicklungen widmet und dann, ergänzt durch eine Zusammentreffen-Anlayse, siehe unten, überprüft ob Importe Schädigung im Sinne einer kausalen Verbindung auslösen.[6007]

(2.3) Weitere Faktoren ('other factors'). Der AB führt aus, daß sowohl in SG Art. 4.2 (a) "all relevant factors" als auch in SG Art. 4.2 (b) "other factors" darauf hingewiesen werden, daß nicht nur die auf aufgezählten Schädigungsfaktoren eine Einfluß auf den Zustand der Industrie haben. Es werde in der Formulierung noch nicht einmal eine Präferenz für die dort erwähnten Faktoren ausgesprochen. Somit müssen die nationalen Behörden jedweden Faktor ("the effects of *any* factor may be relevant to the competent authorities' determination") untersuchen, wenn dieser als relevant einschätzbar sei, hinsichtlich eines "'bearing' or effect on the situation of the domestic industry."[6008]

(2.4) Analyse der Importe als Faktoren. In SG Art. 4.2 (a) wird ergänzend zu den Ausführungen zu Importen in SG Art. 2.1, festgehalten, daß zwei Aspekte der Importe, Importe in bezug auf die Steigerungsrate und die steigende Menge und der Marktanteil der Importe am heimischen Markt relevant sind, wenn es um die Feststellung ernsthafter Schädigung durch Importe geht.[6009]

(2.5) Zusammentreffen-Analyse ('coincidence analysis'). Dieser Unterpunkt der Analyse der Importe als Faktoren hat insofern Relevanz bei der Kausalitätsanalyse, weil das Zusammentreffen der Importbewegungen (Preis, Menge und Marktanteile) in bezug zur Bewegung der Schädigungsfaktoren

---

although consideration is not necessarily mandatory. (…) Indeed, we consider that relative price trends as between imports and domestic products will often be a good indicator of whether injury is being transmitted to the domestic industry (provided that the market context for such trends are borne in mind") given that price changes have an immediate effect on profitability, all other things equal. In turn, profitability is a useful measure of the state of the domestic industry." Herv. im Original. Brazil, EC, Japan, Korea, China, Switzerland, Norway, New Zealand vs. United States - Definitive Safeguard Measures on Imports of Certain Steel Products, WT/DS259/R, 11. Juli 2003, S. 788, Para. 10.320.

[6005] Daß die Preise von 1993 bis 1999 tendenziell eher anstiegen als absanken, wird als unvereinbar mit der Feststellung angesehen, daß die Industrie drohender ernsthafter Schädigung ausgesetzt ist. Der ITC hat hier keine adäquate Erklärung vorgelegt und verstößt gegen SG Art. 4.2 (a) und deshalb auch gegen SG Art. 2.1. New Zealand, Australia vs. United States - Safeguard Measure on Imports of Fresh, Chilled or Frozen Lamb from New Zealand and Australia, WT/DS177/AB/R, W/DS178/AB/R, 1 May 2001, S. 56-57, Para. 156-161.

[6006] Zum Beispiel wird in US - Steel durchgehend mit Importpreisen pro Einheit argumentiert und Preiseffekte werden ausführlich diskutiert. Das Panel wendet sich z.B. direkt gegen die Charakterisierung des ITC, indem nicht akzeptiert wird, daß auf bestimmte Importe die Beurteilung 'aggressive pricing' zutrifft. Brazil, EC, Japan, Korea, China, Switzerland, Norway, New Zealand vs. United States - Definitive Safeguard Measures on Imports of Certain Steel Products, WT/DS259/R, 11. Juli 2003, S. 839, Para. 10.452-10.453. Es trifft zu, wenn Lee (2005) bemerkt, daß die Preisanalyse nicht obligatorisch ist, es ist aber nicht überzeugend, wenn er deren faktische Bedeutung ganz ausklammert. Lee 2005: 73; ebenso wird diese nicht erwähnt in Prieß/Berrisch 2003; Matsushita et. al. 2006.

[6007] Für die FFTJ Produktgruppen hilft die Wettbewerbsanalyse, die Defizite in der Argumentation bei der Zusammentreffenanalyse abzubauen und der ITC handelt, soweit, WTO konform. Brazil, EC, Japan, Korea, China, Switzerland, Norway, New Zealand vs. United States - Definitive Safeguard Measures on Imports of Certain Steel Products, WT/DS259/R, 11. Juli 2003, S. 860-867, Para. 10.504-10.516.

[6008] Beide Zitate in: EC vs. United States - Definitive Safeguard Measures on Imports of Wheat Gluten from the European Communities, WT/DS166/AB/R, 22 December 2000, S. 25, Para. 72.

[6009] EC vs. United States - Definitive Safeguard Measures on Imports of Wheat Gluten from the European Communities, WT/DS166/AB/R, 22 December 2000, S. 25-26, Para. 77-78.

als bedeutsamer Hinweis auf die kausale Schädigungswirkung der Importe angesehen wird.[6010] Dabei könne auch ein Verzögerungseffekt auftreten ('lag effect'). Dies hänge von Industriecharakteristika ab. Zudem würden einige Faktoren schneller als andere auf problematische Entwicklungen reagieren. Kann das Zusammentreffen nicht demonstriert werden, dann muß dies vollständig anhand objektiver Daten erklärt werden.[6011]

(3) Kausalanalyse. Die Feststellung ernsthafter Schädigung kann nur dann getroffen werden, wenn anhand von objektiven Beweisen ("objective evidence") eine kausale Verbindung ("causal link") zwischen Importen und der ernsthaften Schädigung vor dem Hintergrund des Zustand der heimischen Industrie, der anhand der Schädigungsfaktoren näher beschreiben wurde, gezeigt werden kann, dies hält SG Art. 4.2 (b) des Schutzklauselabkommens fest.[6012] Bei der Strukturierung der Kausalanalyse spielen, so der AB, die beiden folgenden Konzepte eine Rolle:

(3.1) Nicht-Zuschreibungsanalyse. Eine Nicht-Zuschreibungsanalyse ('non-attribution')[6013] muß deshalb erfolgen, weil ernsthafte Schädigung nicht aus anderen Faktoren resultieren und dann dennoch den Importen zugeschrieben werden dürfe. Dies folgt aus SG Art. 4.2 (b) letzter Satz.[6014] In anderen Worten: Es muß unterschieden werden, welche Effekte von den Importen und welche von anderen Faktoren ("factors other than increased imports") ausgehen.[6015] Der AB formuliert: "a final determination about injurious effects caused by increased imports can only be made if the injurous effects caused by all the different causal factors are distinguished and separated."[6016] Wurde diese Anforderung erfüllt, wird von Fall-zu-Fall entschieden, ob - darüberhinaus - noch der kollektive Effekt

---

[6010] "it is the relationship between the movements in imports (volume and market share) and the movements in injury factors that must be central to causation analysis and determination." EC vs. Argentina - Safeguard Measures on Imports of Footwear, WT/DS121/AB/R, 14 December 1999, S. 51, Para. 144. Problematisch wird es, wenn kein solches Zusammentreffen erfolgt und trotzdem ein Zusammenhang behauptet wird. "In the present dispute, the question arises as to how a causal link must be established for the purposes of Article 4.2 (b) in cases where there is an *absence of coincidence*." Herv. im Original. Brazil, EC, Japan, Korea, China, Switzerland, Norway, New Zealand vs. United States - Definitive Safeguard Measures on Imports of Certain Steel Products, WT/DS259/R, 11. Juli 2003, S. 784, Para. 10.301, S. 785, Para. 10.303.

[6011] Es wird vom Panel geprüft, ob "a genuine and substantial relationship of cause and effect exists between increased imports and serious injury." "If the competent authority does rely upon a lag as between the increased imports and the injury factors, we consider that such a lag must be fully explained by the competent authority on the basis of objective data." Brazil, EC, Japan, Korea, China, Switzerland, Norway, New Zealand vs. United States - Definitive Safeguard Measures on Imports of Certain Steel Products, WT/DS259/R, 11. Juli 2003, S. 788, Para. 10.307, S. 787 Para. 10.312.

[6012] SG Art. 2 (b) "The determination referred to in subparagraph (a) shall not be made unless this investigation demonstrates, on the basis of objective evidence, the existance of the causal link beteween increased imports of the product concerned and serious injury or threat thereof." WTO 1995: 317.

[6013] Erstmals als "non-attribution language" Art. 4.2 (b) bezeichnet in: New Zealand, Australia vs. United States - Safeguard Measure on Imports of Fresh, Chilled or Frozen Lamb from New Zealand and Australia, WT/DS177/AB/R, W/DS178/AB/R, 1 May 2001, S. 63, Para. 179. Als "non-attribution requirement" bezeichnet in: Brazil, EC, Japan, Korea, China, Switzerland, Norway, New Zealand vs. United States - Definitive Safeguard Measures on Imports of Certain Steel Products, WT/DS259/AB/R, 19. November 2003, S. 147, Paras. 449.

[6014] SG Art. 2 (b) "When factors other than increased imports are causing injury to the domestic industry at the same time, such injury shall not be attributed to increased imports." WTO 1995: 317.

[6015] "the language in the first sentence of Art. 4.2 (b) does *not* suggest that increased imports be *the sole* cause of the serious injury." (Herv. im Original) EC vs. United States - Definitive Safeguard Measures on Imports of Wheat Gluten from the European Communities, WT/DS166/AB/R, 22 December 2000, S. 24, Para. 67.

[6016] New Zealand, Australia vs. United States - Safeguard Measure on Imports of Fresh, Chilled or Frozen Lamb from New Zealand and Australia, WT/DS177/AB/R, W/DS178/AB/R, 1 May 2001, S. 63, 179.

der insgesamten Schädigungsfaktoren in Relation zu den Importen festgestellt werden muß.[6017] Die Nicht-Zuschreibungsanalyse ist auch deshalb erforderlich, damit die Schutzklauselmaßnahmen proportional ("proportionate") zu der durch Importe ausgelösten Schädigung angelegt werden kann. Würde nicht zwischen der Schädigung durch Importe und anderen Schädigungsfaktoren differenziert, könnte die Schutzklausel i.S. einer über den Effekt hinausgehenden Bestrafung für etwas angewendet werden, was durch die Importe nicht ausgelöst wurde. Diese letztere, wichtige Dimension der Nicht-Zuschreibung wird gestützt von DSU 22.4 und führt potentiell zu einen Verstoß gegen SG Art. 5.1.[6018]

Interessant ist, daß ein heimischer Preisanstieg für einen Rohstoff z.B. Baumwolle oder eine allgemeine Rezession kein Grund sein darf, um Schädigung anzunehmen. Die Effekte der Importe müssen davon losgelöst analysiert werden.[6019] Wird weiter so entschieden, wirkt dies in Richtung einer Verschärfung der Bedingungen für die Schutzklauselnutzung.

Schließlich gehört zur Nicht-Zuschreibungsanalyse die Frage, wie Staaten, die einem regionalen Integrationsprojekt oder einer Zollunion angehören, ihre Schutzklauseluntersuchung durchführen müssen, wenn sie bei der Anwendung der Schutzklausel Mitglieder der Zollunion von dieser ausschließen wollen. Dazu mehr im gesonderten Punkt Parallelismus nach der Fallübersicht. Die Feststellungen zu dieser Frage sind in der Fallübersicht ausgeklammert.

(3.2) Das Kriterium kausaler Verbindung ('causal link') wird so interpretiert, daß Importe nicht die einzige Rolle bei der ernsthaften Schädigung spielen müssen[6020], die kausale Verbindung zwischen

---

[6017] Abschwächend wirkt hier aber, daß von Fall zu Fall wird entschieden, ob bezüglich 'other causal factors' in SG Art. 4.2 (b) immer eine Beurteilung des kollektiven Effekts dieser, zusätzlich zu einer Beurteilung des individuellen Effekt, erforderlich ist. Diese Folgerungen stammt aus dem Antidumpingbereich, aus dem Bericht Brazil vs. EC - Tube or Pipe Fittings (2003), wird aber für den Schutzklauselbereich vom AB als relevant angesehen. Brazil, EC, Japan, Korea, China, Switzerland, Norway, New Zealand vs. United States - Definitive Safeguard Measures on Imports of Certain Steel Products, WT/DS259/AB/R, 19. November 2003, S. 162, Para. 490.

[6018] Das Prinzip der Proportionalität in bezug auf Vergeltungsmaßnahmen wird auch festgehalten in Art. 51 der International Law Commission in ihren Draft Articles on Responsibility of States for Internationally Wrongful Acts. Ein Verstoß gegen SG 5.1 liegt aber nicht automatisch vor, denn es spricht nichts dagegen, daß die Schutzklausel proportional angewandt werden kann, wenn das Nicht-Zusschreibungserfordernis erfüllt ist. Korea vs. United States - Definitive Safeguard Measures on Imports of Circular Welded Carbon Quality Line Pipe from Korea, WT/DS202/AB/R, 15 February 2002, S. 81-83, Paras. 254-262. Verweis auf diesen Aspekt in Stevenson 2004: 313.

[6019] Baumwolle: Costa Rica vs. United States - Restrictions on Imports of Cotton and Man-Made Fibre Underwear, 8. November 1996, WT/DS24/R, Para. 7.44. Rezession in Argentinien Mitte der neunziger Jahre: EC vs. Argentina - Safeguard Measures on Imports of Footwear, 25. Juni 1999, WT/DS121/R, S. 199-200, Para. 8.169. Der AB stimmt dem Panel in vielen seiner Einschätzungen zu. Eine explizite Bestätigung bezüglich der Rezession, die vom Panel als ein Faktor angesehen wird, der von der Wirkung der Importe unterschieden werden muß, findet sich dort nicht. EC vs. Argentina - Safeguard Measures on Imports of Footwear, 14 December 1999, WT/DS121/AB/R, S. 43-52, Paras. 123-147. Hintergrund ist, daß die U.S. ITC im Jahre 1980 einmal in ihrer Schutzklauseluntersuchung in bezug auf Autos aus Japan festgestellt hatten, daß die Effekte der Rezession in den USA ein größeres Gewicht bei der Schädigung der Automobilindustrie hatten, als die Importe aus Japan. Die Schutzklauselnutzung wurde damit abgelehnt. Im Omnibus Trade and Competitiveness Act von 1988 wird daraufhin verboten, daß die ITC die Schädigungsfaktoren (Nachfrage, Beschäftigung etc.) in einen Faktor, Rezession, aggregiert. Lee 2006: 399. Dieser Hinweis ist interessant genug, um einen Versuch zur Verifikation zu machen. Eine solche Passage des Act kann der Verfasser aber nicht finden in: 28 I.L.M. 15, 1989.

[6020] "Although that contribution must be sufficiently clear as to establish the existence of "the causal link" required, the language in the first sentence of Article 4.2(b) does *not* suggest that increased imports are *the sole* cause of the serious injury, or that "*other* factors" causing injury must be excluded from the determination of serious injury. To the contrary, the language of Article 4.2(b), as a whole, suggests that "the causal link" between increased imports and serious injury may exist, *even though other factors are also contributing,* "at the same time",

Importen und ernsthafter Schädigung muß nichtsdestotrotz genuin und substantiell ("genuin and substantial") sein.[6021] Dahinter steht die wichtige grundsätzliche Interpretationsentscheidung des AB, nicht zu fordern, daß Importe 'per se' kausal ernsthafte Schädigung auslösen müssen.[6022]

Mit dieser begrifflichen Formulierung des materialen Gehalts der kausalen Verbindung beginnt der AB einen Streit mit den USA und deutet gleichzeitig einen möglichen Kompromiß an, indem für die kausale Wirkung der Importe eben nicht ein 'per se' Erfordernis formuliert wurde. Die tolerantere Herangehensweise der U.S. Sec. 201 akzeptiert der AB nicht. Diese sieht vor, daß Importe als "substantial cause" bei der Schädigung herangezogen werden, mit folgender Definition: "the term 'substantial cause' means a cause which is important and not less than any other cause."[6023] Dies macht es zwar nötig, zwischen kausalen Einflußfaktoren zu unterscheiden und zu separieren, im Sinne der WTO Streitbeilegung[6024], fraglich ist aber, ob damit den Anforderungen des Schutzklauselabkommens genüge getan ist. Denn diese Formulierung ermöglicht es den U.S. Behörden Importe bereits dann als schädigend anzusehen, wenn sie auf dem Wirkungsniveau jedweder anderen ebenso als schädigend angesehenen Faktoren liegen. U.a. in Reaktion auf diese Möglichkeit folgert der AB, daß es nicht ausreichend ist, wenn die ITC diesbezüglich bei ihren Feststellungen in Rätseln spricht und etwa schließt, daß von 6 relevanten Faktoren jeder, relativ gesehen, ein weniger relevanter Grund für Schädigung war, als die Importe.[6025] In der Sekundärliteratur wird zugestanden: "Unfortunately for the ITC, the Commission has been very loose in its interpretation of 'substantial cause' in the past, and it is being challenged in the WTO on the non-attribution issue."[6026]

Insgesamt gesehen läuft es darauf hinaus, daß die WTO Streitbeilegung die 'causality' (dazu gehört auch 'coincidence' und 'conditions of competition') und 'non-attribution'-Analyse dann akzeptiert, wenn genauere Informationen über das Ausmaß der Einflüsse anderer Faktoren ("nature and extent")

---

to the situation of the domestic industry." Herv. im Original. EC vs. United States - Definitive Safeguard Measures on Imports of Wheat Gluten from the European Communities, WT/DS166/AB/R, 22 December 2000, S. 24, Para. 67.

[6021] Das gesamte Zitat: "69. Article 4.2(b) presupposes, therefore, as a first step in the competent authorities' examination of causation, that the injurious effects caused to the domestic industry by increased imports are *distinguished from* the injurious effects caused by other factors. The competent authorities can then, as a second step in their examination, attribute to increased imports, on the one hand, and, by implication, to other relevant factors, on the other hand, "injury" caused by all of these different factors, including increased imports. Through this two stage process, the competent authorities comply with Article 4.2(b) by ensuring that any injury to the domestic industry that was *actually* caused by factors other than increased imports is not "attributed" to increased imports and is, therefore, not treated as if it were injury caused by increased imports. In this way, the competent authorities determine, as a final step, whether "the causal link" exists between increased imports and serious injury, and whether this causal link involves a genuine and substantial relationship of cause and effect between these two elements, as required by the *Agreement on Safeguards*." Herv. im Original. EC vs. United States - Definitive Safeguard Measures on Imports of Wheat Gluten from the European Communities, WT/DS166/AB/R, 22 December 2000, S. 24, Para. 69. Siehe auch Matsushita et al. 2006: 450.

[6022] Mit dieser Interpretation hatte der AB der Argumentation des Panels widersprochen, welcher Art. 4.2 (a) und (b) so ausgelegt hatte, daß Importe "in and of themselves" oder "per se" zu ernsthafter Schädigung führen. EC vs. United States - Definitive Safeguard Measures on Imports of Wheat Gluten from the European Communities, WT/DS166/R, 31 July 2000, S. 40-41, Para. 8.138, Para. 8.143.

[6023] Chap. 12, Trade Act of 1974, Subchapert II Relief from Injury caused by Import Competition, Part 1 Positive Adjustment by Industries Injured by Imports. Sec. 2251, 19 USC 2251. Seit 1974 nicht geändert, Williams 1978: 30. Irwin 2003: 7.

[6024] Irwin 2003: 7. Zugestanden wird dort, daß die USITC sehr lax ("very loose") in bezug auf die Anwendung selbst dieses Standards gewesen ist. Irwin 2003: 7.

[6025] New Zealand, Australia vs. United States - Safeguard Measure on Imports of Fresh, Chilled or Frozen Lamb from New Zealand and Australia, WT/DS177/AB/R, W/DS178/AB/R, 1 May 2001, S. 65, Para. 185.

[6026] Irwin 2003: 7.

im Vergleich zum Einfluß der Importe vorgelegt werden und zudem plausibel gemacht werden kann, daß die Schädigung durch Importe erkennbar eine eigene, genuine und substantielle Rolle darüberhinaus gespielt haben.[6027]

(4) Schädigung. Der AB weist darauf hin, daß die Definition in SG 4.1 (a) für ernsthafte Schädigung ('serious injury') eine umfassende Verschlechterung des Zustands der Industrie formuliert: "a significant overall impairment in the position of a domestic industry."[6028] Gezeigt werden kann dies nur: "when the *overall* position of the domestic industry is evaluated, in light of all the relevant factors having a bearing on the situation of that industry". Obwohl in SG Art. 4.2 (a) gefordert wird, daß alle dort erwähnten Faktoren und jedweder relevanter Schädigungsfaktor analysiert werden müßte, sei es klar, daß es diesbezüglich in unterschiedlichen Industrien in unterschiedlichen Fällen zu einer unterschiedlichen Bewertung kommen müsse. Ebenso müßten nicht in bezug auf alle Faktoren Rückgänge aufgezeigt werden.[6029] Der AB differenziert zudem das Kriterium der Drohung von ernsthafter Schädigung ('threat of serious injury') gegenüber ernsthafter Schädigung ('serious injury'), definiert in SG 4.1 (b) als "serious injury that is clearly imminent".[6030] Festgestellt wird, daß für drohende ernsthafte Schädigung ein niedrigerer Schwellenwert ('lower threshold') für die Nutzung der Schutzklausel etabliert wurde.[6031] Diese Aussage relativiert sich allerdings vor dem Hintergrund der Feststellung, daß ernsthafte Schädigung, die als umfassende Verschlechterung des Zustands der Industrie beschrieben wird, ein sehr hoher Standard angelegt wird, der als "exacting"[6032] also anspruchvoll, hoch, drückend beschrieben wird. Im Vergleich zum Standard der bedeutenden Schädigung ("material injury") bezeichne "'serious' (...) a much higher standard of injury ...".[6033]

Fazit: Dies sind anspruchsvolle Vorgaben, die von der Streitbeilegung sicherlich nicht ohne einen gewissen subjektiven Einschätzungsspielraum überprüft werden müssen.[6034] Ebenso behalten die Behörden einen bestimmten, nicht leicht vorab zu definierenden Interpretationsspielraum. Die Streitbeilegung enthält sich vorzuschlagen, welche Methode die Staaten dazu verwenden müssen. Die ITC möchte beispielsweise keine mathematischen Methoden zur Differenzierung der Einflußgrößen

---

[6027] Zitat "nature and extent" aus. New Zealand, Australia vs. United States - Safeguard Measure on Imports of Fresh, Chilled or Frozen Lamb from New Zealand and Australia, WT/DS177/AB/R, W/DS178/AB/R, 1 May 2001, S. 66, Para. 186.
[6028] WTO 1995: 316; Matsushita et al. 2006: 447.
[6029] Herv. im Original. EC vs. Argentina - Safeguard Measures on Imports of Footwear, WT/DS121/AB/R, 14 December 1999, S. 49, Para. 139. Lee 2006: 396.
[6030] WTO 1995: 316. Ausformuliert wird das Kriterium vom AB als "a high degree of likelyhood that the anticipated serious injury will materialize in the future." Zitat aus: New Zealand, Australia vs. United States - Safeguard Measure on Imports of Fresh, Chilled or Frozen Lamb from New Zealand and Australia, WT/DS177/AB/R, W/DS178/AB/R, 1 May 2001, S. 48, Para. 136.
[6031] Korea vs. United States - Definitive Safeguard Measures on Imports of Circular Welded Carbon Quality Line Pipe from Korea, WT/DS202/AB/R, 15. Februar 2002, S. 54, Para. 169.
[6032] EC vs. United States - Definitive Safeguard Measures on Imports of Wheat Gluten from the European Communities, WT/DS166/AB/R, 22 December 2000, S. 44, Para 124.
[6033] EC vs. United States - Definitive Safeguard Measures on Imports of Wheat Gluten from the European Communities, WT/DS166/AB/R, 22 December 2000, S. 44, Para. 124.
[6034] Lee 2006: 396. Bezweifelt wird aber, ob genauere Vorgaben zu führen, die Qualität der Entscheidungen verbessern können. Lee 2006: 396.

anwenden, sodaß spannend bleibt, wie dieses Erfordernis in Zukunft umgesetzt werden wird.[6035] Den Anforderungen dieses Abkommens kann durch die Einbeziehung von mehr Daten, etwa in bezug auf Einflußeffekte und den Versuch plausibler zu argumentieren und abzuschätzen nachgekommen werden. Ein Spielraum für Schutzklauselabkommen wird dadurch eröffnet, daß der Zeitraum bezüglich dessen eine Untersuchung erfolgt, nicht vorgegeben ist. Meist werden relativ lange Zeiträume gewählt, die über den Zeitraum in Antidumpinguntersuchungen von 3 Jahren hinausgehen. Allerdings können schon wenige Jahre zunehmender Importe, bei plausibel dargestellter, ernsthafter Schädigung und einem kausalem Zusammenhang, eine Schutzklausel begründen.[6036] Auch wenn nicht alle Spielräume genommen sind, wirken die Anforderungen in Richtung einer 'objektiven' Feststellung, denn in vielen Untersuchungen war oft nicht einmal zu erkennen, welche Rolle Importe bei der Schädigung überhaupt gespielt haben. Ein weiterer Aspekt:

Grenzen für die Intensität der Schutzklauselnutzung werden u.a. in SG Art. 5.1 gezogen. Dort wird eine Entsprechung der Schutzklauselmaßnahmen, mit dem Ziel ernsthafte Schädigung zu verhindern oder zurückzunehmen und eine Anpassung zu ermöglichen, gefordert. Die Streitbeilegung entscheidet darüber, ob die nationalen Behörden eine Begründung dafür geben konnten, daß die Schutzklausel nötig ist, um ernsthafte Schädigung rückgängig zu machen.[6037] In bezug auf den zweiten Satz von SG Art. 5.1 wurde vom AB entschieden, daß eine zusätzliche Rechtfertigung bezüglich der Intensität der gewählten Maßnahme nicht notwendig ist, wenn die Importe durch eine mengenmäßige Beschränkung auf einen Durchschnittswert der letzten drei Jahre begrenzt werden. Nur dann, wenn eine Maßnahme restriktiver angelegt wird, ist eine zusätzliche Begründung nötig.[6038] In der Anwendung der Schutzklausel ist GATT Art. XIII relevant, welcher die Verwaltung von mengenmäßigen

---

[6035] Die ablehnende Haltung gegenüber der Nutzung ökonomischer Modelle durch die USITC führt dazu, daß eine solches Modell vorgeschlagen wird von Irwin 2003: 10-12; siehe weitere Beiträge zur Methodendiskussion: Irwin 2003a; Horn/Mavroidis 2003.

[6036] EC vs. Argentina - Safeguard Measures on Imports of Footwear, 25. Juni 1999, WT/DS121/R, S. 173-174, Para. 8.166. Verlangt wird, daß die Importe zeitnah zur Untersuchung erfolgt sind: "the increase in imports must be recent enough, sudden enough, sharp enough, and significant enough, both quantitatively and qualitatively, to cause or threaten to cause 'serious injury'." Siehe den AB: WT/DS121/AB/R, S. 47, Para. 130. Die EU untersucht in ihren aktuellen Untersuchungen meisten einen Fünfjahreszeitraum, wobei die Untersuchungen zwischen drei und sechs Monate nach dem definierten Untersuchungszeitraum begonnen wurden. In einem Fall werden vier Jahre untersucht und die Untersuchung beginnt zwei Monate nach dem definierten Untersuchungszeitraum. Vermulst et al. 2004: 958.

[6037] Allerdings wurden in beiden relevanten Fällen keine konkreten Überprüfungen vorgenommen. Im ersten Fall formuliert der AB die Grundlage: "We agree with the Panel that the wording of this provision leaves not room for doubt that it imposes an *obligation* on a Member applying a safeguard measure to ensure that the measure applied is commensurate with the goals of preventing or remedying serious injury and of facilitating adjustment." Herv. im Original. Korea hatte in seinem Bericht simplerweise keine Erklärung abgeben, inwiefern seine Maßnahmen dazu nötig sind. Dies führt zu einem SG Art. 5.1 Verstoß. EC vs. Korea - Definitive Safeguard Measure on Imports of Certain Dairy Products, WT/DS121/AB/R, 14 December 1999, S. 30, Para. 98. In zweiten Fall argumentiert der Panel, daß SG Art. 5.1 schon deshalb nicht erfüllt sei, weil die Schutzklausel in komplexer Weise das Preisbandsystem ergänzte und die darin gewählten Schutzschwellen, die sich an Weltmarktpreisniveau ausrichten, schwerlich mit ernsthafter Schädigung der heimischen Industrie in Verbindung zu bringen seien. Argentina vs. Chile - Price Band System and Safeguard Measures Relating to Certain Agricultural Products, WT/DS207/R, 3 May 2002. S. 170, Para. 7.184.

[6038] "In particular, a Member is not obliged to justify in its recommendations or determinations a measure in form of a quantitative restriction which is consistent with "the average of imports in the last three representative years for which statistics are available." EC vs. Korea - Definitive Safeguard Measure on Imports of Certain Dairy Products, WT/DS121/AB/R, 14 December 1999, S. 31, Para. 99. Siehe Lee 2000: 143. Genauso übernommen von Panel in Korea vs. United States - Definitive Safeguard Measures on Imports of Circular Welded Carbon Quality Line Pipe from Korea, WT/DS202/R, 29 October 2001, S 77, Para. 7.81. Bestätigt vom AB: Korea vs. United States - Definitive Safeguard Measures on Imports of Circular Welded Carbon Quality Line Pipe from Korea, WT/DS202/AB/R, 15 February 2002, S. 75, Para. 233.

Beschränkungen regelt und in Art. XIII.2 fordert, daß die Quotenmengen, die einem Land zugeteilt werden, einer Verteilung entsprechen müssen, die ohne Beschränkungen zu erwarten gewesen wäre.[6039] Als Korea, der größte Zulieferer von Röhren, durch die U.S. Schutzklausel innerhalb eines Zollkontingents die Quote von 9000 t zugewiesen bekam, die auf dem Niveau der kleinsten Zulieferer angesiedelt war, wurde ein Verstoß gegen diese Regeln festgestellt.[6040] Bei der Feststellung des Schutzniveaus dürften die heimischen Behörden aber weiter Spielräume haben. Beispiel: So legt die EU einen Zielpreis fest, der nicht schädigend wirken soll. Dieser Zielpreis beruht auf den Produktionskosten eingeschlossen Profite. Speziell in Märkten in denen Firmen heterogene Produkte herstellen (billige und teure Premiumprodukte gleichzeitig), sind die Produktionskosten aber keine genaue Beschreibung für einen Importpreis der Schädigung zurücknimmt, wenn die Importe etwa nur das Billigsegment fokussieren.[6041]

6.4.3 SG Fallübersicht

(1) Am ersten Schutzklauselfall EU vs. Korea - Diary (1999)[6042] ließen sich Schwellenwerte für die Schädigungsanalyse nicht bestimmen, weil die koreanischen Behörden für bestimmte Faktoren nur unzureichend Daten zugrundeliegen hatten und mal den Sektor Frischmilch und mal den Bereich Milchpulver anführen, sodaß ihre Ausführungen klar erkennbar nicht SG Art. 4.2 entsprachen.[6043] Dazu kam, daß der AB nur feststellt, daß Korea das Kriterium unvorhergesehener Entwicklungen nicht untersucht hat und die Schädigungsfaktoren nicht weiter untersucht.[6044] Deutlich wird an diesem Fall ein Aspekt der WTO Streitbeilegung, nämlich daß der AB kein Mandat hat eine Faktenrecherche durchzuführen, sodaß er die Analyse nicht zuende führen kann, wenn ein Panel keine Fakten zu einer

---

[6039] GATT Art. XIII.2. "as closely as possible that shares which the various contracting parties might be expected to obtain in the absence of such restrictions" WTO 1995: 504.
[6040] Korea vs. United States - Definitive Safeguard Measures on Imports of Circular Welded Carbon Quality Line Pipe from Korea, WT/DS202/R, 29 October 2001, S. 70, Para. 7.55. Weiterhin hatten die USA keine insgesamtes Limit für die Maßnahme angegeben. Damit lag ein Verstoß gegen Art. XIII.2 (a) vor. S. 71-72, Para. 7.61. Siehe auch das Zitat: "We are of the view that the non-application of Article XIII in the context of safeguards would result in tariff rates quota safeguard measures partially escaping the control of multilateral disciplines. This result would be contrary to the objectives set out in the preamble of the Safeguards Agreement." S. 69, Para. 7.49. Diese Schlußfolgerungen wurden in der Berufung nicht bezweifelt. Korea vs. United States - Definitive Safeguard Measures on Imports of Circular Welded Carbon Quality Line Pipe from Korea, WT/DS202/AB/R, 15 Februar 2002, S. 27, Para. 79.
[6041] Dies bemerkt Stevenson 2004: 328.
[6042] Panel und AB: EC vs. Korea - Definitive Safeguard Measure on Imports of Certain Dairy Products, WT/DS98/R, 21 June 1999. EC vs. Korea - Definitive Safeguard Measure on Imports of Certain Dairy Products, WT/DS98/AB/R, 14 December 1999.
[6043] Immerhin wird vom Panel festgestellt, daß ein Anstieg der Importe und ein Rückgang des Konsums und der Beschäftigung adäquat erklärt werden. Nicht mehr adäquat erklärt werden können die Schädigungsfaktoren und die Kausalität, u.a. nimmt der Konsum ab und die Produktion zu. In Kooperativen gibt es sinkende Profite, es werden aber nur wenige dieser untersucht und es finden sich keinen Hinweise darauf, ob diese Werte als representativ angesehen werden können. Hinsichtlich Preise wird nur Milchpulver, nicht aber Frischmilch untersucht. Bei der Kausalitätsanalyse gelingt es Korea überhaupt nicht mehr die Vorgänge auf dem Markt zu erklären. Die stark steigenden Importe von Milch aus Milchpulver lagen nämlich klar daran, daß Milchpulver einem 220 % Zoll unterlag und Milch aus Milchpulver nur 39 % bis 40 % Zöllen ausgesetzt war. Als die Nachfrage nach Milch anstieg, konnten heimische Produzenten dem nicht nachkommen und allein aus diesem Grund stieg der Import von Milch aus Milchpulver an, ohne daß eine Schädigung heimischer Produzenten erkennbar war die simplerweise nicht so schnell die Zahl ihrer Kühe erhöhen konnten. Panel: EC vs. Korea - Definitive Safeguard Measure on Imports of Certain Dairy Products, WT/DS98/R, 21 June 1999, S. 171-182, Para. 7.54-7.96. Publiziert ist zu diesem Fall der Artikel von Lee (1999) welcher, da er Korea in diesem Fall verteten hat, die Position Koreas verteidigt und z.B. die Probleme mit Koreas Kausalitätsanalyse einfach verschweigt. Lee 1999: 40.
[6044] Siehe das Urteil des AB: EC vs. Korea - Definitive Safeguard Measure on Imports of Certain Dairy Products, WT/DS98/AB/R, 14 December 1999, S. 48-49, Para. 151.

bestimmten Frage recherchiert hatte.[6045] Die Maßnahme reichte vom 1. März 1997 bis zum 20. Mai 2000 (AB Report 14. Dezember 1999).[6046]

(2) Im zeitlich nachfolgenden Fall EU vs. Argentina - Footwear (EC) (1999)[6047] erfolgte erstmals eine detailreiche Diskussion der Daten, wobei es Argentinien nicht gelang, seine Schutzklausel vor der WTO zu verteidigen. Der Grund war u.a., daß das Kriterium zunehmender Importe nicht erfüllt war. Hätte man statt 1991 das Jahr 1992 als Basisjahr für diese für den Zeitraum 1991-1996 geltende Untersuchung genommen, dann wären die Importe absolut gesehen abgesunken (zwischen 1993 und 1996 gingen die absoluten Importvolumina um 38 % zurück). Relativ zur heimischen Produktion gesehen sank der Anteil der Importe an der heimischen Produktion von 33 % auf 19 %. Es wurde nicht akzeptiert, daß dies als temporär gegenläufiger Trend angesehen werden kann.[6048] Immerhin finden sich im Bericht Argentiniens Passagen, in denen gezeigt wird, daß es negative Profittrends gab. Die Daten dieses 10.000 Seiten Reports waren aber teils so uneinheitlich, daß die darauf basierende Argumentation nicht akzeptiert und ein Verstoß gegen SG Art. 2.1, Art. 4.2 (a) und (b) festgestellt wurde.[6049] Aufgrund der detailreichen Analyse des Panel, die vom AB in sämtlichen Punkten bestätigt wurde, lag schon am 14. Dezember 1999 eine hinsichtlich der grundlegenden Anforderungen des Schutzklauselabkommens nachvollziehbare Vorlage vor, wie Behörden in einer Schutzklauseluntersuchung vorgehen sollten: Es wurde darauf beharrt, daß alle in SG Art. 4.2 (a) genannten Faktoren bewertet werden müssen, wobei der AB dies aufweitet zu "all the listed factors and any other relevant factors".[6050] Gemäß SG Art. 4.2 (a) muß ebenso Kausalität aufgezeigt werden. Ein Hinweis darauf ist ein zeitliches Zusammentreffen von steigenden Importen und Schädigung.[6051] Danach stellt das Panel klar, daß Schädigung durch andere Faktoren gemäß SG Art. 4.2 (b) nicht den Importen zugeschrieben werden darf.[6052] Ein Teil der damals negativ anführbaren Tendenzen anderer Faktoren war die damalige Ansteckung von der Mexiko-Krise bzw. die Rezession in Argentinien. Die argentinischen Behörden erkennen dies an, sie führten aber keine Analyse durch, die explizit diese Effekte der Mexiko-Krise von den schädigenden Auswirkungen der Importe versuchte zu unterscheiden. Dies wird als Verstoß gegen SG Art. 4.2 angesehen und vom AB so bestätigt.[6053] Somit

---

[6045] EC vs. Korea - Definitive Safeguard Measure on Imports of Certain Dairy Products, WT/DS98/AB/R, 14 December 1999, S. 28, Para. 92. Der Panel hatte dieses Kriterium nicht als wichtig angesehen. S. 19, Para. 68.
[6046] Siehe: **Tabelle 281**.
[6047] Panel und AB. EC vs. Argentina - Safeguard Measures on Imports of Footwear, WT/DS121/R, 25 June 1999. EC vs. Argentina - Safeguard Measures on Imports of Footwear, WT/DS121/AB/R, 14 December 1999.
[6048] Panel: EC vs. Argentina - Safeguard Measures on Imports of Footwear, WT/DS121/R, 25 June 1999, S. 172, Para. 8.160.
[6049] EC vs. Argentina - Safeguard Measures on Imports of Footwear, WT/DS121/R, 25 June 1999, S. 164-188, Para. 8.125-8.227.
[6050] EC vs. Argentina - Safeguard Measures on Imports of Footwear, WT/DS121/R, 25 June 1999, S. 163, Para. 8.123. EC vs. Argentina - Safeguard Measures on Imports of Footwear, WT/DS121/AB/R, 14 December 1999, S. 49, Para. 136, "any other relevant factors": S. 50, Para. 139.
[6051] EC vs. Argentina - Safeguard Measures on Imports of Footwear, WT/DS121/R, 25 June 1999, S. 201, Para. 8.275-8.280. EC vs. Argentina - Safeguard Measures on Imports of Footwear, WT/DS121/AB/R, 14 December 1999, S. 51-52., Para. 144-145.
[6052] "Thus, as part of causation analysis, a sufficient consideration of 'other factors' operating in the market at the same time must be conducted, so that any injury caused by such other factors can bei identified and properly attributed." EC vs. Argentina - Safeguard Measures on Imports of Footwear, WT/DS121/R, 25 June 1999, Para. 8.267, S. 199, Para. 8.264-8.267.
[6053] EC vs. Argentina - Safeguard Measures on Imports of Footwear, WT/DS121/R, 25 June 1999, S. 200, Para. 8.269. Wie schon oben bemerkt, geht der AB in seinem Bericht nicht explizit auf das Thema Rezession ein, und klar nicht, ob dies als einzelner Faktor angesehen

wurden, ohne daß bereits die Label 'coincidence' und 'non-attribution' verwendet wurden, grundlegende Aspekte der Auslegung der Schutzklausel geklärt. Dasselbe leistete dieser Bericht für die Frage Parallelismus und Zollunionen, siehe den gesonderten Punkt. Deutlich wurde weiterhin, daß es durch unzureichende Datenerhebung erschwert wird, Schutzklauseln zu nutzen. Die Maßnahme wurde eingesetzt am 25. Februar 1997, Argentinien nahm die Schutzklausel am 25. Februar 2000 partiell zurück, für Sportschuhe blieb sie bestehen (AB Report 14. Dezember 1999).[6054]

(3) Im Fall EU vs. United States - What Gluten (2000)[6055] wurde eine womöglich 'getarnt' industriepolitische Nutzung der Schutzklausel verunmöglicht. Auf dem amerikanischen Markt für Weizeneiweiß kam es zu einem Markteintritt eines zusätzlichen Herstellers und Kapazitätserweiterungen der bestehenden Hersteller. Weil dies kurz vor einer Zunahme der Importe erfolgte, führte dies zu einem merklichen Rückgang der Kapazitätsauslastung und dadurch wurde es erschwert, eine profitable Produktion durchzuführen, sodaß zuerst einmal ernsthafte Schädigung unstreitig vorlag.[6056] Der AB führte diese Diskussion zugespitzt zuende und stellte fest, daß es selbst dann, wenn die Importe auf demselben Niveau geblieben wären, Probleme mit der Kapazitätsauslastung gegeben hätte. Dies führt zu dem Vorwurf, daß die ITC in ihrer Feststellung ernsthafter Schädigung, dem Aspekt des Kapazitätsausbaus nicht genügend Aufmerksamkeit hat zukommen lassen. Die kausale Verbindung Importe und ernsthafte Schädigung wird im Sinne der 'non-attribution'-Analyse von SG Art. 4.2 (b) nicht akzeptiert, weil "the overall situation of the domestic industry was far more complete than suggested by the text of the USITC Report", speziell hinsichtlich der Frage der Kapazitätsauslastung.[6057] Die USITC schrieb daraufhin einen neuen Bericht und behauptete explizit, daß der Preisrückgang nicht im Zusammenhang mit zu großer Kapazität stand und daß die Importe den Preisrückgang kausal ausgelöst hätten.[6058] Die Schutzmaßnahme wurde von

---

werden muß oder ob Rezession in viele Faktoren aufgetrennt werden kann. EC vs. Argentina - Safeguard Measures on Imports of Footwear, WT/DS121/AB/R, 14 December 1999, S. 51-52, Para. 144-145.

[6054] Anfangsdatum im Panelbericht, Enddatum und Informationen auf der EU Internetseite: EU Footwear 2006.

[6055] Panel und AB. EC vs. United States - Definitive Safeguard Measures on Imports of Wheat Gluten from the European Communities, WT/DS166/R, 31 July 2000. EC vs. United States - Definitive Safeguard Measures on Imports of Wheat Gluten from the European Communities, WT/DS166/AB/R, 22 December 2000.

[6056] EC vs. United States - Definitive Safeguard Measures on Imports of Wheat Gluten from the European Communities, WT/DS166/R, 31 July 2000, S. 27, Para. 8.88. Dazu beigetragen haben folgende Zahlen: "Capacity utilization fell significantly, from 78.3 percent in 1993 to as low as 42.0 percent in 1996 before rising slightly to 44.5 percent in 1997." "Industry production of wheat gluten, which increased early in the investigative period from 128 million pounds in 1993 to 143 million pounds in 1995, fell sharply to 112 million pounds in 1996 and then increased to 122 million pounds in 1997, a decrease of 4.5 percent over the five-year period of investigation." "The industry's wheat gluten operations were profitable early in the investigative period, but operated at a loss in 1996 and 1997." USITC Wheat Gluten 1998: I-12 bis 1-13. Diese Tendenzen überzeugen das Panel S. 27, Paras. 8.86-8.87.

[6057] AB: EC vs. United States - Definitive Safeguard Measures on Imports of Wheat Gluten from the European Communities, WT/DS166/AB/R, 22 December 2000, S. 31, Para. 90; siehe S. 28-32, Paras. 82-92. Ähnlich schon der Panel. EC vs. United States - Definitive Safeguard Measures on Imports of Wheat Gluten from the European Communities, WT/DS166/R, 31 July 2000, S. 43-44, Paras. 8.151-8.153. Diese Darstellung dieser Auslassung des ITC Berichts ist plausibel: Siehe etwa USITC Wheat Gluten 1998: I-17.

[6058] Direkt geht auf dieses Thema ein, der danach aufgrund der WTO Streitbeilegung modifizierte USITC Bericht: " This decline in unit sales values is not attributable to the increased capacity." Und: "While a significant increase in domestic supply as a result of added capacity might have a downward effect on prices, in fact, production and shipments declined in 1996 and 1997 to their lowest levels during the period examined. Thus, it was the surge in imports, and not the capacity expansion, that caused the decline in unit sales values in 1996 and 1997. Accordingly, we conclude that increased domestic capacity was not a more important cause of serious injury than increased imports. Nor does it detract from our finding that increased imports were an important cause of injury. In making this finding, we do not attribute to increased imports any injury caused by increased domestic capacity." USITC Wheat Gluten 2001 14-15. Dazu auch Irwin 2003: 14.

der USA am 1. Juni 2001 abgeschafft, nachdem sie drei Jahre aufrechterhalten wurde (AB Report 22. Dezember 2000).[6059] Interessant ist an diesem Fall, daß die Streitbeilegung nicht akzeptiert, daß ein heimischer Kapazitätsausbau (der auch aus industrie- oder entwicklungspolitischen Gründen stattfinden könnte), durch die Schutzklausel abgesichert wird.

(4) Zu New Zealand, Australia vs. United States - Lamb (2000-2001).[6060] Der Panel präsentiert die konkreten Daten, schätzt diese oberflächlich ein, verfehlt den Entscheidungsmaßstab und wendet die Kausalitätsanalyse unsicher an.[6061] Der AB führte die Analyse in seinem Bericht vom 1. Mai 2001 zuende.[6062] Dabei ließ sich der AB auf ein Diskussion der Lammfleischpreise ein und stellte fest, daß die Preise zwischen 1993 und 1998 insgesamt gesehen angestiegen waren. Die ITC hatte dagegen eine kurzfristige Preissteigerung zwischen 1996 und 1997 als Ausgangspunkt genommen und als Grund dafür angeführt, daß der Preisrückgang 1998 zu einer im nächsten Moment zu erwartenden ernsthaften Schädigung führen ('imminent') würde. Schon Ende 1998 stiegen die Preise aber wieder deutlich an. Diese für den längeren Zeitraum vorliegenden Preisdaten wurden in der Feststellung der USITC zwar dokumentiert, aber in der Diskussion nur selektiv präsentiert. Schließlich war es offenkundig widersprüchlich von einer unmittelbar drohenden Schädigung zu sprechen, obwohl gerade in diesem Zeitraum die Preise angestiegen waren. Dies führte zur Schlußfolgerung, daß aufgrund der inadäquaten Erklärung, ein Verstoß gegen SG Art. 4.2 (a) und deshalb auch gegen SG Art. 2.1 vorlag.[6063] In bezug auf die Kausalitätsanalyse gemäß SG Art. 4.2 (a) und (b) wird dem U.S. Ansatz widersprochen, der es für die Schädigungsfeststellung als ausreichend ansah, daß vier (von sechs) untersuchten Faktoren einzeln gesehen und relativ als ein weniger wichtiger Grund für Schädigung angesehen wurden, als die zunehmenden Importe. Diese Feststellung wurde zudem ohne jede weitere Erklärung getroffen (bzw. eigentlich nur angedeutet) und es wurde zwischen diesen Faktoren nicht weiter unterschieden und separiert. Dies wurde vom AB nicht akzeptiert.[6064] Aufgrund von 'judical

---

[6059] Die U.S. Maßnahme wurde am 1. Juni 1998 umgesetzt, siehe die Informationen im Panelbericht. Am 1. Juni 2001 wird sie ausgesetzt, dies impliziert die Presseerklärung am 2. Juni 2001 der EU. Siehe: EU Wheat Gluten 2001.

[6060] Panel und AB: New Zealand, Australia vs. United States - Safeguard Measure on Imports of Fresh, Chilled or Frozen Lamb from New Zealand and Australia, WT/DS177/R, W/DS178/R, 21 December 2000. New Zealand, Australia vs. United States - Safeguard Measure on Imports of Fresh, Chilled or Frozen Lamb from New Zealand and Australia, WT/DS177/AB/R, W/DS178/AB/R, 1 May 2001.

[6061] Siehe die Analyse in: New Zealand, Australia vs. United States - Safeguard Measure on Imports of Fresh, Chilled or Frozen Lamb from New Zealand and Australia, WT/DS177/R, W/DS178/R, 21 December 2000, S. 59-68, Paras. 7.142-7.204; siehe zur Kausalitätsanalyse, die mit später nicht mehr benutzen Begriffen durchgeführt wird: S. 74-84, Para. 7.232-7.280. Den Entscheidungsmaßstab verfehlt das Panel aufgrund seiner oberflächlichen Analyse und seinem letztendlichem Eindruck vom Entscheidungsmaßstab, daß er alternative Argumente von Australien nicht zu Kenntnis nehmen muß, sondern daß es ausreiche, daß die Argumente zur Kenntnis zu nehmen, die vor den U.S. Behörden während den Anhörungen in den USA zu ihrer Entscheidung vorgebracht worden sind: "7.207 As confirmed in Argentina - Footwear, the standard of review applicable in safeguard cases limits panels to reviewing whether the competent national authorities have examined all the relevant facts and have provided a reasoned explanation of how the facts supported their determinations. Thus, to the extent that any of the alternative explanations put forward by Australia and New Zealand are in effect new analyses of the record evidence, they are not relevant to our review." New Zealand, Australia vs. United States - Safeguard Measure on Imports of Fresh, Chilled or Frozen Lamb from New Zealand and Australia, WT/DS177/R, W/DS178/R, 21 December 2000, S. 69, Para. 7.207.

[6062] New Zealand, Australia vs. United States - Safeguard Measure on Imports of Fresh, Chilled or Frozen Lamb from New Zealand and Australia, WT/DS177/AB/R, W/DS178/AB/R, 1 May 2001, S. 53, Para. 147-149.

[6063] Diese Argumention bezieht sich auf drohende ernsthafte Schädigung, siehe zu ernsthafter Schädigung am Ende des Absatzes. New Zealand, Australia vs. United States - Safeguard Measure on Imports of Fresh, Chilled or Frozen Lamb from New Zealand and Australia, WT/DS177/AB/R, W/DS178/AB/R, 1 May 2001, S. 56-57, Para. 156-161.

[6064] New Zealand, Australia vs. United States - Safeguard Measure on Imports of Fresh, Chilled or Frozen Lamb from New Zealand and Australia, WT/DS177/AB/R, W/DS178/AB/R, 1 May 2001, S. 65-66, Para. 185-186. Dort werden auch wieder die ausgelaufenen Wool Act

economy' untersuchte der AB nicht, ob das Panel, bei seiner ebenso oberflächlichen Einschätzung, daß die Lammindustrie ernsthafter Schädigung unterlag, überzeugend war.[6065] Neuseeland und Australien behaupteten in der Berufung, daß der Panel den Entscheidungsmaßstab verfehlt hat, nicht nur hinsichtlich der Interpretation, sondern ebenso bezüglich der Anwendung. Obwohl sich der AB dem nicht explizit anschließt, wird dies mittelbar daran deutlich, daß der AB die Daten neu aufarbeitet und deutet.[6066] Bevor diese Analyse erfolgt, formuliert der AB die folgenden, ausführlichen Vorgaben zum Entscheidungsmaßstab, die sich explizit gegen eine zu oberfläche Panelanalyse richten:

"106. We wish to emphasize that, although panels are not entitled to conduct a *de novo* review of the evidence, nor to *substitute* their own conclusions for those of the competent authorities, this does *not* mean that panels simply must *accept* the conclusions of the competent authorities."[6067] Ebenso wird darauf hingewiesen, daß anhand alternativer Szenarien geschlossen werden kann, daß die Feststellungen der Behörden nicht adäquat sind: "106. (...) A panel must find, in particular, that an explanation is not reasoned, or is not adequate, if some *alternative explanation* of the facts is plausible, and if the competent authorities' explanation does not seem adequate in light of that alternative explanation."[6068] Und es wird ausgeführt, daß der Standard der 'de novo' Beurteilung nicht großzügig benutzt werden sollte[6069], übersetzt in eine common sense Formulierung: Die Panels können sich ruhig was zutrauen: "107. In this respect, the phrase '*de novo* review' should not be used loosely. If a panel concludes that the competent authorities, in a particular case, have not provided a reasoned or adequate explanation for their determination, that panel has not, thereby, engaged in a de novo review. Nor has that panel substituted its own conclusions with the obligations under the DSU, simply reached a conclusion that the determination made by the competent authorities is inconsistent with the specific requirements of Article 4.2 of the *Agreement of Safeguards*."[6070] Die Maßnahme wurde am 22. Juli 1999 etabliert und am 14. November 2001, 8 Monate vor dem Erreichen der 3 Jahresfrist abgeschafft (AB Report 1. Mai 2001).[6071]

Payments erwähnt. Hier hatte bereits der Panel kritisiert, warum die Auswirkungen dieses Punktes nicht mit Daten genauer aufgezeigt werden. New Zealand, Australia vs. United States - Safeguard Measure on Imports of Fresh, Chilled or Frozen Lamb from New Zealand and Australia, WT/DS177/R, W/DS178/R, 21 December 2000, S. 80, 7.265.

[6065] New Zealand, Australia vs. United States - Safeguard Measure on Imports of Fresh, Chilled or Frozen Lamb from New Zealand and Australia, WT/DS177/AB/R, W/DS178/AB/R, 1 May 2001, S. 67-70, Paras. 189-196. Siehe die Ausführungen des Panels: New Zealand, Australia vs. United States - Safeguard Measure on Imports of Fresh, Chilled or Frozen Lamb from New Zealand and Australia, WT/DS177/R, W/DS178/R, 21 December 2000, S. 64-68, Para. 7.179-7.204.

[6066] New Zealand, Australia vs. United States - Safeguard Measure on Imports of Fresh, Chilled or Frozen Lamb from New Zealand and Australia, WT/DS177/AB/R, W/DS178/AB/R, 1 May 2001, S. 36-39, Paras. 97-109.

[6067] Herv. im Original. New Zealand vs. United States - Safeguard Measure on Imports of Fresh, Chilled or Frozen Lamb from New Zealand. WT/DS177/AB/R, W/DS178/AB/R, 1. Mai 2001, S. 38-39, Para. 106.

[6068] Herv. im Original. New Zealand vs. United States - Safeguard Measure on Imports of Fresh, Chilled or Frozen Lamb from New Zealand. WT/DS177/AB/R, W/DS178/AB/R, 1. Mai 2001, S. 38-39, Para. 106.

[6069] Hinweis darauf, dann muß es wichtig sein, in Ehlermann/Lockhart 2004: 501.

[6070] Herv. im Original. New Zealand vs. United States - Safeguard Measure on Imports of Fresh, Chilled or Frozen Lamb from New Zealand. WT/DS177/AB/R, W/DS178/AB/R, 1. Mai 2001, S. 38-39, Para. 107.

[6071] Siehe: **Tabelle 281**.

(5) Im Fall Korea vs. United States - Line Pipe (2001-2002)[6072] wurde vom Panel die ITC Feststellung ernsthafter Schädigung sehr glatt akzeptiert, obwohl die Fakten zumindest eine komplexere Diskussion angeraten ließen, weil die Schädigung nach einer guten Entwicklung zwischen 1994 und 1997 erst am Ende der Zeitperiode (Rückgang von 35,4 % innerhalb 1998) erfolgte.[6073] Die U.S.-Behörden scheitern dennoch, so der Panel, bestätigt vom AB, an der 'non-attribution'-Analyse, denn es wird in der ITC Untersuchung beschrieben, daß ein Großteil des Rückgangs heimischer Nachfrage auf den heimischem Rückgang der industriellen Aktivität im Öl- und Gasexplorations- und Produktionsgeschäft zurückgeführt werden könne. Inwieweit Importe zur ernsthaften Schädigung beigetragen haben, wurde von den Behörden nicht separat diskutiert. Der ITC stellte in Form einer Vermutung fest: "For several reasons, however, we are not persuaded that the decline in oil and natural gas activities was a greater contributing factor to the industry's serious injury than the imports". Mit dieser Vermutung wurde einerseits das Ausmaß ('nature and extent') des heimischen Nachfragerückgangs nicht explizit benannt, andererseits wurde an keiner Stelle bezweifelt, daß die Importe zur ernsthaften Schädigung beigetragen haben, indem zuvorderst eine Abschätzung der relativen kausalen Wirkung der Importe auf die heimischen Faktoren erfolgt.[6074] Der AB bestätigt die Kritik an der 'non-attribution'-Analyse, äußert sich aber nicht zur Schädigungsfeststellung.[6075] Und er hält weiter fest, daß SG Art. 5.1 der Art und Weise der Anwendung der Schutzklausel Grenzen setzt ("only to the permissible extent") und es die Verpflichtung gibt, bei der Nutzung mengenmäßiger Beschränkung, deren Einschränkungsgrad über den Importdurchschnitt der letzten 3 Jahre hinausgeht, dies ausdrücklich zu begründen sei.[6076] Allgemein gelte, daß die Schutzklausel nur in dem Ausmaß eingesetzt werden kann, daß sie den ernsthaften Schaden korrigiert, den die Industrie durch die gestiegenen Importe erlitten hat. Sie darf nicht den gesamten Schaden korrigieren, der auch aus

---

[6072] Panel und AB. Korea vs. United States - Definitive Safeguard Measures on Imports of Circular Welded Carbon Quality Line Pipe from Korea, WT/DS202/R, 29 October 2001. Korea vs. United States - Definitive Safeguard Measures on Imports of Circular Welded Carbon Quality Line Pipe from Korea, WT/DS202/AB/R, 15 February 2002.

[6073] Zwischen 1998 und 1997 stiegen die heimischen Verkäufe von 611,883 'short tons' auf 752,824 'short tons' und sanken dann auf 640,061 'short tons' zwischen 1997 und 1998 ab. Also zwar ein substantieller Rückgang, der aber immerhin noch über dem Wert des Ausgangsjahres lag. USITC Line Pipe 1999: I-39. Davon scheint das Panel beeindruckt gewesen zu sein, und zwar so sehr, daß es sehr kurze Argumentationen benutzte, die sämtliche U.S. Argumente als überzeugend erachteten. Beispiel: Panel: Korea vs. United States - Definitive Safeguard Measures on Imports of Circular Welded Carbon Quality Line Pipe from Korea, WT/DS202/R, 29 October 2001, S. 120, Para. 7.250. Siehe S. 111-121, Paras. 7.215-7.255. Siehe zum dem ihrer Ansicht nach gutem Zustand der U.S. Industrie das Dissenting Statement von Carol T. Crawford. USITC Line Pipe 1999: I-55 bis I-67.

[6074] "We further note that the ITC immediately determines whether there is a link between the increased imports and the serious injury, without first attempting to separate out injury that is being caused by other factors. (...) We do not consider that such analysis allows an investigating authority to determine whether there is a 'genuin and substantial relationship of cause and effect' between serious injury and the increased imports." Korea vs. United States - Definitive Safeguard Measures on Imports of Circular Welded Carbon Quality Line Pipe from Korea, WT/DS202/R, 29 October 2001, S. 129, Para. 7.289. Auch der AB findet: "A mere assertion such as this does not *establish explicitly*, with a *reasoned and and adequate explanation*, that injury caused by factors other than increased imports was not attributed to increased imports". Herv. im Original. Korea vs. United States - Definitive Safeguard Measures on Imports of Circular Welded Carbon Quality Line Pipe from Korea, WT/DS202/AB/R, 15 February 2002, S. 71-72, Para. 220.

[6075] Korea vs. United States - Definitive Safeguard Measures on Imports of Circular Welded Carbon Quality Line Pipe from Korea, WT/DS202/AB/R, 15 February 2002, S. 71, Para. 220.

[6076] Korea vs. United States - Definitive Safeguard Measures on Imports of Circular Welded Carbon Quality Line Pipe from Korea, WT/DS202/AB/R, 15 February 2002, S. 75, Para. 234. Festgehalten wird, daß ein Art. 5.1 Verstoß hier nicht angenommen wird: S. 83, Para. 262.

heimischen Ursachen resultieren kann.[6077] Für Korea hatte dies aber keine Konsequenzen, weil es nur die Frage der Berufung vorlegte, ob schon beim Zeitpunkt der Umsetzung der Maßnahme eine solche Analyse erfolgt sein müsse. Dies wird verneint.[6078] Korea erreicht immerhin, daß in einer bilateralen Abmachung mit den USA seine Quoten erhöht wurden.[6079] Die Maßnahme lief am 1. März 2003 aus, exakt drei Jahre nach der Etablierung (AB Report 15. Februar 2002).[6080]

(6) In Argentina vs. Chile - Price Band System (2002-2003)[6081] ist nur der Panel mit der Schutzklausel befaßt, in Berufung geht Chile allein in bezug auf Fragen der variablen Zölle des Preisbandsystems.[6082] Die Schutzklauselnutzung Chiles ist dabei eng mit dem Preisbandsystem verbunden: Immer dann, wenn das Preisbandsystem zu einem Zoll führte, der höher ist als die verbindlich in der WTO festgelegten Zölle von 31,5 % für Weizen, Weizenmehl und Pflanzenöle (zum menschlichen Verzehr), wurde dieser, per Definition, der Schutzklausel zugeordnet.[6083] Der Panel stellt zuerst einmal dazu fest, daß diese, immer wieder eingesetzten und wieder aufgehobenen Schutzklauselmaßnahmen, zu einer einzigen Maßnahme zählten, die immer mal wieder verlängert wurde.[6084] Chile kann nicht zeigen, daß der Anstieg der Importe den Kriterien von SG Art. 2.1 und Art. 4.2 (a) entspricht: Für Weizen gab es einen Anstieg der Importe von 1993 bis 1996, einen Abfall bis 1997 und ein Anstieg um 6 % 1998 und einen Anstieg der Importvolumen um 281 % 1999, wobei die Importvolumina in diesem Jahr unter dem Niveau von 1995 und 1996 lagen. Für Weizenmehl fluktuierten die Importe. Pflanzenölimporte sanken um 24 % in den ersten 10 Monaten des Jahres 1999, in der Zeit kurz vor dem Beginn der Schutzklauseluntersuchung. Zwischen 1993 und 1997 blieb der Import auf dem gleichen Niveau, 1998 gab es einen Anstieg um 23 %. Das Panel diskutiert nicht, daß Chile darauf hingewiesen hatte, daß den absinkenden Importe in den ersten 10 Monaten im Jahre 1999 ein interner Streit um die Zollklassifikation von Pflanzenöl zugrunde lag. Wenn der Panel dies im Sinne Chiles ausgelegt hätte, hätte er entscheiden müssen, ob ein 23 % Anstieg 1 Jahr vor der Untersuchung den Kriterien entspricht.[6085] In einem weiteren Dokument Chiles zeigen sich sogar in allen Bereichen sinkende Importe.[6086] Für den Importanstieg werden zudem keine relativen Importdaten in Relation zur

---

[6077] Korea vs. United States - Definitive Safeguard Measures on Imports of Circular Welded Carbon Quality Line Pipe from Korea, WT/DS202/AB/R, 15 February 2002, S. 83, Para. 260.
[6078] Korea vs. United States - Definitive Safeguard Measures on Imports of Circular Welded Carbon Quality Line Pipe from Korea, WT/DS202/AB/R, 15 February 2002, S. 75, Para. 234.
[6079] WT/DS202/18, 31July 2002.
[6080] Siehe: **Tabelle 281.**
[6081] Panel und AB. Argentina vs. Chile - Price Band System and Safeguard Measures Relating to Certain Agricultural Products, WT/DS207/R, 3 May 2002. Argentina vs. Chile - Price Band System and Safeguard Measures Relating to Certain Agricultural Products, WT/DS207/AB/R, 23 September 2003.
[6082] Siehe Abschnitt 'J', Punkt 22, Flexible Zölle.
[6083] Argentina vs. Chile - Price Band System and Safeguard Measures Relating to Certain Agricultural Products, WT/DS207/R, 3 May 2002. S. 151, Para. 7.109. Chile nutzte seine Schutzklauselmaßnahmen waren teilweise nur zwischen 3 und 12 Monate lang. Unklar ist, ob es hier um die Maßnahmen geht, die in diesem Fall diskutiert werden. Siehe zu chilenischen Schutzklauselmaßnahmen jedenfalls: Saez 2005: 24.
[6084] Argentina vs. Chile - Price Band System and Safeguard Measures Relating to Certain Agricultural Products, WT/DS207/R, 3 May 2002. S. 153, Para. 7.119.
[6085] Argentina vs. Chile - Price Band System and Safeguard Measures Relating to Certain Agricultural Products, WT/DS207/R, 3 May 2002. S. 162, Para. 7.154-7.157.
[6086] Argentina vs. Chile - Price Band System and Safeguard Measures Relating to Certain Agricultural Products, WT/DS207/R, 3 May 2002. S. 163, Para. 7.158.

heimischen Produktion vorgewiesen.[6087] Drohende ernsthafte Schädigung kann Chile ebenso nicht zeigen, weil es versuchte diese anhand eines Szenarios vollständigen Abbaus der Zölle darzulegen, welches nicht vorlag.[6088]

(7) In Chile vs. Argentina - Preserved Peaches (2003)[6089] wurde zuerst einmal vom Panel nicht akzeptiert, daß eine Pfirsich-Weltrekordernte im Wirtschaftsjahr 1999/2000 unvorhersehbar sei, da 1992/1993, zum Zeitpunkt der Endphase der Verhandlungen zur WTO Gründung, eine ebenso große Ernte vorlag.[6090] Die Analyse zunehmender Pfirsichimporte stellt folgendes Problem: Die Importe fielen zu Beginn der Untersuchungsperiode stark ab, genau in der Mitte stiegen sie wieder schnell an bis sie fast das Ausgangsniveau erreichten. Die Mitte, das Jahr 1998, wurde, dies gesteht Argentinien zu, markiert durch eine schlechte Ernte in Griechenland, dem Land aus dem die hauptsächlichen Importe kommen. Das Panel wirft daraufhin Argentinien vor, keine absolut zunehmenden Importe vorweisen zu können, weil nicht ausgeschlossen werden kann, daß es sich nur um eine Erholung der Importe auf ein vorheriges Niveau handelt. Die führt zum Verstoß gegen SG. 2.1 und Art. 4.2 (a).[6091] Die argentinischen Behörden stellten drohende ernsthafte Schädigung fest und argumentieren, daß die Industrie sensibel auf die aktuelle Importzunahmen reagierte. Die Faktoren zeigen zwischen 1999 und 2000 negative Trends, einmal abgesehen davon, daß der Konsum anstieg und die Verkaufsmenge stabil blieb.[6092] Sodann stellt das Panel fest, daß Argentinien eine Faktor, Kapazitätsauslastung, nicht bewertet hatte, somit lag ein Verstoß gegen Art. 4.2 (a) vor.[6093] Die weitere Analyse der Schädigungsdaten stellte sich als schwierig heraus: Aufgrund der negativen Trends 1999 und 2000 und der Stellungnahmen der argentinischen Behörden, daß die Industrie sensibel reagiert, waren einerseits gewisse, nicht zuletzt zeitlich aktuelle Hinweise vorhanden, die auf drohende ernsthafte Schädigung hindeuteten. Andererseits lagen Daten vor, daß sich die Situation der Industrie in den Jahren zuvor verbessert hat. Eine Steigerung der Produktion 1998 um 39 % und 1999 um 20 % stand

---

[6087] Ein Verstoß gegen SG Art. 4.2 (a) lag dadurch vor. Argentina vs. Chile - Price Band System and Safeguard Measures Relating to Certain Agricultural Products, WT/DS207/R, 3 May 2002. S. 163, Para. 7.160. Es hätte auch SG Art. 2.1 erwähnt werden können.
[6088] Ein Verstoß gegen Art. XIX.1 (a), SG Art. 4.1 (a), Art. 4.1 (b) und 4.2 (a) lag dadurch vor. Argentina vs. Chile - Price Band System and Safeguard Measures Relating to Certain Agricultural Products, WT/DS207/R, 3 May 2002. S. 167, Para. 7.172. S. 168, Para. 7.174. Alles in allem kann somit auch keine kausale Verbindung zwischen Importen und drohender ernsthafter Schädigung aufgezeigt werden. S. 168, Para. 7.176.
[6089] Nur Panel: Chile vs. Argentina - Definitive Safeguard Measure on Imports of Preserved Peaches, WT/DS238/R, 14 February 2003.
[6090] Im Jahre 1992/1993, zum Zeitpunkt des Abschlusses der Uruguay-Runde und deren Zollzugeständnisse gab es wohl schon eine Rekordernte auf den Weltpfirsichmärkten. Diese Rekordernte wiederholte sich 1999/2000, auf einen Niveau, welches um 0,64 % darunterlag. Chile vs. Argentina - Definitive Safeguard Measure on Imports of Preserved Peaches, WT/DS238/R, 14 February 2003, S. 69-70, Para. 7.30-7.33. Weiterer Hintergrund ist hier offenbar eine schlechte Ernte in Griechenland, die von den argentinischen Interessengruppen dazu genutzt wurde, um den Ausgangspunkt zu definieren, ab dem Importe anstiegen, um wieder auf das vorherige Normalmaß zu gelangen. Dies ist tatsächlich nicht sehr überzeugend. S. 73, Para. 7.44. S. 87, Para. 7.112.
[6091] "This decrease and the reason for it affected the significance of the later increase, so that it was qualitatively different from an increase of the same quality under other circumstances. Its significance may have been that of a recovery and not an increase that was significantly enough for the purposes of Article 2.1 and Article XIX.1 (a)." Chile vs. Argentina - Definitive Safeguard Measure on Imports of Preserved Peaches, WT/DS238/R, 14 February 2003, S. 76, Para. 7.60. S. 78, Para. 7.69. Relativ ansteigende Importe können von Argentinien aus etwas anderen Gründen, darunter eine fehlende Erklärung, ebenso nicht adäquat erklärt werden. S. 79-80, Paras. 7.75-7.79.
[6092] Chile vs. Argentina - Definitive Safeguard Measure on Imports of Preserved Peaches, WT/DS238/R, 14 February 2003, S. 82-83, Para. 7.91-7.92.
[6093] Chile vs. Argentina - Definitive Safeguard Measure on Imports of Preserved Peaches, WT/DS238/R, 14 February 2003, S. 83-84, Para. 7.95-7.101.

gegen einen Rückgang von 12 % im Jahre 2000. Der Einfluß dieser Verbesserungen oder eine Erklärung, warum auf den Zeitraum 1999 und 2000 fokussiert wird, wird in der behördlichen Feststellung nicht näher ausgeführt.[6094] Letztendlich verweist das Panel darauf, daß: "An alternative explanation was (...) open on the facts."[6095] Und schließt, daß eine vernünftige und adäquate Erklärung gemäß SG Art. 4.2 (a) nicht gelang.[6096] Chile und Argentinien einigen sich darauf, daß die Schutzklausel am 31. Dezember 2003 zurückgenommen wird.[6097]

(8) Schließlich zu Brazil, EC, Japan, Korea, China, Switzerland, Norway, New Zealand vs. United States - Steel Safeguards (2003).[6098] Nicht nur aufgrund der Vielzahl der Kläger (es war zudem Chinas erste WTO Klage[6099]), sondern auch aufgrund der Relevanz dieser Industrie, war dies der bisher spektakulärste Schutzklauselfall, der auch in bezug auf die Frage der Gegenmaßnahmen hervorhebbar ist. Insgesamt waren Einfuhren von US$ 17 Mrd. betroffen.[6100] Zum Schutz wurden von der USA gestaffelte Zölle benutzt, 30 %, 15 %, 13 %, 8 % und ein Zollkontingent. Folge war ein Absinken der Importe und eine Erhöhung der U.S. Preisniveaus, die im Juni 2002 beispielsweise für 'hot rolled band' mit US$ 121 höher lagen als die Weltmarktpreise. Die U.S. Preise lagen zwischen US$ 15 und US$ 146 höher als die EU Preise.[6101] Im Vergleich zu 1992-1993 als eine Reihe von Antidumping- und Ausgleichszölle auferlegt wurden und die Importe um 45,3 % absanken, führte diese Maßnahme zu 18,9 % weniger Importen.[6102]

Da bei 'bestimmten Flachstahlprodukten' keine absoluten Zunahmen von den U.S. Behörden zugrundegelegt wurden, spielte der EU 133 Ausschuß mit dem Gedanken, sofort, gemäß SG Art. 8.2 und SG Art. 8.3 Zollzugeständnisse auszusetzen (für Euro 379 Mill.), dies wird aber nicht umgesetzt

---

[6094] Chile vs. Argentina - Definitive Safeguard Measure on Imports of Preserved Peaches, WT/DS238/R, 14 February 2003, S. 86, Para. 7.107, Para. 7.109. Die weiteren Trends werden hier nicht reproduziert. S. 86-87, Para. 7.110.
[6095] Chile vs. Argentina - Definitive Safeguard Measure on Imports of Preserved Peaches, WT/DS238/R, 14 February 2003, S. 87, Para. 7.112.
[6096] Die inhaltliche Schlußfolgerung lautet: "7.116 The directors who voted in favour of the preserved peaches measure viewed the data for the most recent period in isolation and did not acknowledge the alternative plausible explanation. The considerable increase in imports in 2000 and deterioration in certain injury factors - viewed in isolation – led them to a potentially very different conclusion from an evaluation in the light of all data before the competent authorities. They explained their finding on the basis of the most recent period and did not offer any explanation of that data in light of the longer term data which was before them. They did not seek to deal with the alternative plausible explanation, even though it was disclosed in the technical report." Chile vs. Argentina - Definitive Safeguard Measure on Imports of Preserved Peaches, WT/DS238/R, 14 February 2003, S. 88, Para. 7.116. Die weiteren Ausführungen werden hier ausgeklammert, u.a. legt Argentinien keine Erklärung zur kausalen Verbindung vor: S. 88-92, Paras. 7.118-7.139.
[6097] Siehe: WT/DS238/7, 4 July 2003.
[6098] Panel und AB: Brazil, EC, Japan, Korea, China, Switzerland, Norway, New Zealand vs. United States - Definitive Safeguard Measures on Imports of Certain Steel Products, WT/DS259/R, 11. Juli 2003. Brazil, EC, Japan, Korea, China, Switzerland, Norway, New Zealand vs. United States - Definitive Safeguard Measures on Imports of Certain Steel Products, WT/DS259/AB/R, 19. November 2003.
[6099] Jung 2002: 1042.
[6100] Europäische Kommission Stahl Schutzmaßnahmen 2002: 6, Para. 33; Informationen über die Vorgeschichte und die politischen Umstände dieses Falls finden sich in Deveraux et al. 2006b: 193-233; ein präziser Überblick über die wirtschaftlichen Umstände und Folgen der Schutzklausel Pöland 2005; die Wirkung auf die betroffenen Länder untersucht genauer Bown 2004a; einen Überblick zu den Urteilen der Streibeilegung bietet Lee 2004; zu den rechtlichen Aspekten und zur Diskussion der Methoden kritisch zur WTO Streitbeilegung Sykes 2004; eine Verteidigung der Streitbeilegung und Kritik der Thesen von Sykes (2004) erfolgt überzeugend in Lee 2006.
[6101] Zu dieser Passage Pöland 2005: 240, 244.
[6102] Importe aus ausgeklammerten Ländern stiegen um 26,5 % bis 60,6 %. Siehe zu den Details Bown 2004a: 18. Im Jahre 2001 lag die Konsumption bei ca. 122 Mill. t (davon 24 % Importe), im Jahre 2002 bei ca. 126 Mill. t (davon 26 % Importe). Leider keine Zahlen für 2003. Cooney 2003: CRS-3.

(einzig Japan nutzt diese Option[6103]). Gemäß SG Art. 8.3 wird aber angedroht kurz[6104] nach der Dreijahresfrist oder einem verlorenen WTO Streitfall die Zugeständnisse auszusetzen, wobei es um die Aussetzung von Zollzugeständnissen von US$ 626 Mill. im Jahr ging und um eine signifikante Anzahl von U.S. Produkten, die dann seitens der EU von höheren Zöllen betroffen gewesen wären.[6105] Weil dazu aber nicht nur die EU, sondern auch Japan, Brasilien, Norwegen, China etc. berechtigt gewesen wären, hätte dies schon zu Problemen für diverse U.S.- Produzenten bzw. Exporteure führen können, zumal sich auf der Liste der EU beispielsweise ein 100 % Zoll für Kopiergeräte befand.[6106] Letztendlich übten dann EU, China und Ungarn insofern doch eine zeitnahe Vergeltung aus, indem sie ihrerseits eine Stahlschutzklausel aktivieren.[6107] Letztendlich wurde dadurch Druck ausgeübt, der zu einer Modifikation der Schutzklausel durch die USA einige Monate nach der Einsetzung der Maßnahmen führte. Die Zahl der Produkte auf der Schutzklauselliste wurden reduziert, dies betraf immerhin 25 % der Tonnage.[6108]

Daten und Informationen: Über den Beginn der Untersuchung wurden am 9. Juli 2001 die WTO Mitglieder informiert[6109], die Umsetzung der U.S. Schutzklausel wurde am 5. März 2002 angekündigt und ab dem 20. März 2002 angewandt, am 27. März initiierte die EU Kommission eine Schutzklauseluntersuchung und wandte am selben Tag bereits vorläufige Maßnahmen an, am 17. September stimmte die USA eine Reduzierung der Produkte auf der Liste zu[6110], die endgültige EU Schutzklausel wurde am 27. September 2002 etabliert[6111], Präsident Bush nahm die U.S. Schutzklausel am 4. Dezember 2003 zurück (insgesamt also eine Laufzeit von 21 Monaten)[6112], die EU Maßnahmen wurden bis zum 7. Dezember 2003 aufrechterhalten[6113], der AB Bericht zu diesem Thema wurde am 10. November 2003 fertiggestellt, am 12. November 2003 an die Mitgliedstaaten verteilt und am 10. Dezember 2003 angenommen.[6114] Fünf Tage nach der Entscheidung der Streitbeilegungsinstanz (oder spätestens am 20. März 2005, also drei Jahre später, gemäß SG Art. 8.3) hätte die EU Vergeltungsmaßnahmen in Form von erhöhten Zölle mit einem Wert von Euro 626 Mill. pro Jahr

---

[6103] Dies betrifft U.S. Güter im Wert von US$ 4,8 Mill. G/C/15G/SG/44, 21 May 2002, S. 3. China, Norwegen, Schweiz wollen das Ergebniss der Streitbeilegung abwarten. China: G/C/17G/SG/4621 May 2002; Norwegen: G/C/16G/SG/4521 May 2002; Schweiz: G/C/18G/SG/4722 May 2002.
[6104] Bislang ist nicht entschieden worden, ob 30 Tage Konsultationsfrist nach einem Streitfall eingehalten werden müssen oder ob der Streitfall selbst zur Konsultation zählt und damit direkt nach einem verlorenen Streitfall eine Rücknahme der Konzessionen erfolgen darf.
[6105] Verordnung (EG) Nr. 1031/2002 des Rates, 13. Juni 2001. In: ABl. L 157, 15.6.2002. S. 8-24. Siehe auch: G/C/10/Suppl.1, G/SG/43/Suppl.1, 20 June 2002, S. 3, Para. 8; sowie G/C/10G/SG/43, 15 May 2002, S. 24, Annex III.
[6106] Neben Zitrusfrüchten, Obst- und Gemüse, Stahlprodukte, Reis, Papier, Zigaretten, Bekleidung, Schuhe, Kücheneinrichtung. Die zusätzliche erhobenen Zölle betragen 100 % oder lagen zwischen 30 % und 15 %. G/C/10/Suppl.1, G/SG/43/Suppl.1, 20 June 2002, S. 8.
[6107] Lee 2004: 11.
[6108] Siehe: G/SG/N/10/USA/6/Suppl.7, G/SG/N/11/USA/5/Suppl.71, 7 September 2002. Die Washington Post schreibt dazu am 23. August 2002: "Despite the position of the U.S. Government that the exclusion was based on the U.S. consumer need and on the determination that the exclusion would not undermine the effectiveness of the safeguard measure, it was widely considered that the purpose of the exclusion is to avoid serious trade conflict with the major trading partners of the United States." Zitiert aus Lee 2004: 10.
[6109] WT/DS248/R, 11 July 2003, S. 1.
[6110] Lee 2004: 3-4, 10; Vermulst et al. 2004a: 955.
[6111] Vermulst et al. 2004a: 956.
[6112] Steel Proclamation 2003: 1.
[6113] Vermulst et al. 2004a: 956.
[6114] Siehe: WT/DS248/20, 16 December 2003.

etablieren können.[6115] In der diesbezüglich EU Verordnung wurde offengelassen, ob der Panel oder AB Bericht als Entscheidung der Streitbeilegungsinstanz angesehen wurde, letztendlich wartete die EU die Entscheidung der Berufungsinstanz ab.

An der routinierten Analyse des Panels zeigt sich die zunehmende Erfahrung der WTO Streitbeilegung mit Schutzklauseluntersuchungen, sichtbar an den Analyseschritten: (1) zunehmende Importe, (2) Kausalitätsanalyse (2.1) Feststellung einer kausalen Verbindung Importe Schädigung (2.1) Zusammentreffen-Analyse, (2.2) Wettbewerbsbedingungen-Analye, (2.3) Nicht-Zuschreibungsanalyse (2.4) andere Faktoren, Parallelismus-Frage. Diese Abfolge wird diskutiert und dann so abgearbeitet.[6116] Die Analyse aller zehn Produktgruppen kann hier nicht wiedergegeben werden, es sollen aber genügend Informationen präsentiert werden, um die Berichtsqualität von Panel und AB einschätzen zu können:

(a) Unvorhersehbare Entwicklungen. Schon oben wurde erwähnt, daß das Kriterium der 'unforeseen developments' von den USA beinahe erfüllt wurde, durch die Verbindung der Importsteigerungen mit der Asienkrise, der Krise in Rußland und den starken Dollar. SG Art. 3.1 erfordert allerdings eine mit Gründen versehene Erklärung ('reasoned explanation') im Bericht der Behörden. Ein zentraler Satz der Feststellung der Regelverletzung im Panel US - Steel Safeguards (bestätigt vom AB) hört sich so an:

"In our view, the weakness of the USITC Report is that, although it describes a plausible set of unforeseen developments that may have resulted in increased imports to the United States from various sources, it falls short of demonstrating that such developments actually resulted in increased imports into the United States causing serious injury to the relevant domestic producers."[6117]

Die ITC hatte zwar zunehmende[6118] Importe, auch in unterschiedlichen Produktgruppen, dokumentieren können, aber nicht die Importquellen bzw. Länder genau spezifiziert, aus denen die Importen kamen, wodurch ein Zusammenhang zwischen unvorhersehbaren Entwicklungen und den Importen, die zu ernsthafter Schädigung führen, nicht im Sinne einer "reasoned conclusion" (die hier aus Art. 3.1 gefolgert wird) aufgezeigt wurde.[6119]

[6115] Verordnung (EG) Nr. 1031/2002 des Rates, 13. Juni 2001. In: ABl. L 157, 15.6.2002. S. 8-24.
[6116] Die Diskussion erfolgt mit Referenz auf die bisherigen Fälle. Brazil, EC, Japan, Korea, China, Switzerland, Norway, New Zealand vs. United States - Definitive Safeguard Measures on Imports of Certain Steel Products, WT/DS259/R, 11. Juli 2003, S. 780-769, Para. 10. 286-10.349.
[6117] Brazil, EC, Japan, Korea, China, Switzerland, Norway, New Zealand vs. United States - Definitive Safeguard Measures on Imports of Certain Steel Products, WT/DS259/R, 11. Juli 2003, S. 734, Para. 10.122. Der AB-Bericht zitiert zustimmend den Panel WT/DS259/AB/R, 19. November 2003, S. 96, Para. 308.
[6118] Siehe dazu USITC (2001), die teils ansteigende Importe dokumentiert: Z.B. 'hot rolled bar' 1,66 Mill. t (1996), 2,34 Mill. t (1998). Siehe USITC 2001: 92.
[6119] Brazil, EC, Japan, Korea, China, Switzerland, Norway, New Zealand vs. United States - Definitive Safeguard Measures on Imports of Certain Steel Products, WT/DS259/R, 11. Juli 2003, S. 736, Para. 10.133. Siehe dazu bestätigend der AB: WT/DS259/AB/R, 19. November 2003, S. 99-103, Paras. 318-329.

(b) Zunehmende Importe. Die Auslegung zunehmender Importe SG Art. 2.1 entspricht weitgehend dem common sense. Umstritten ist u.a. in der Literatur die Frage, ob absinkende Importe kurz vor dem Ende der Untersuchungsperiode es verunmöglichen von, insgesamt gesehen, zunehmenden Importen zu sprechen.[6120]

Letztendlich akzeptierte der Panel die Erklärung zunehmender Importe in 5 Kategorien (cold -finished bar, rebar, welded pipe, FFTJ: 'fittings, flanges and tools joints', stainless steel bar) als vernünftig und adäquat.[6121] Weitere 2 Kategorien, 'tin mill' und 'stainless steel wire', fallen aus sonstigen Gründen heraus.[6122] Bezüglich 3 Kategorien: (CCFRS: 'certain carbon flat rolled steel', hot rolled bar, stainless steel rod) wird die Erklärung als unzureichend empfunden. Dazu mehr:

Die CCFRS ist die breiteste Produktkategorie, die kalt- und heißgerollten Karbonstahl umfaßt, in Form von Stäben, Platten und beschichtetem Stahl. Im Jahre 1996 lagen Importe von 18,4 Mill. short tons vor, dann kam es bis 1998 zu einer Steigerung auf 25,0 Mill. short tons und bis 2000 sanken die Importe wieder auf 20,4 Mill. short tons ab. Insgesamt lag von 1996 bis 2000 ein Anstieg von 13,7 %. Im Halbjahr 2000 bis Halbjahr 2001 sanken die Importe von 11,5 Mill. short tons auf 6,9 Mill. short tons ab. Der Anteil der Importe an der heimischen Produktion lag bei 10 % (1996), stieg auf 13 % (1998) an und sankt danach wieder auf 10 % (2000) ab (Januar bis Juli 2001 auf 8 %).[6123] An den Daten wird sichtbar, daß die Importe schon seit 1998 wieder zurückgingen und schließlich wieder fast oder ganz auf dem Niveau von 1996 lagen. Die ITC schließt dennoch, daß die Importe "still significantly higher ... than at the beginning of the period" lagen. Auch in bezug auf die relativen

---

[6120] Sykes 2004: 551-555.

[6121] Dies ist sämtlich nachvollziebar: Brazil, EC, Japan, Korea, China, Switzerland, Norway, New Zealand vs. United States - Definitive Safeguard Measures on Imports of Certain Steel Products, WT/DS259/R, 11. Juli 2003. Für 'cold finished bar' steigen die Importe relativ zur U.S. Produktion von 17,6 % 1996 auf 23,7 % 2000. S. 756, Para. 10.211. In 'rebar' steigen den die Importe relativ zur U.S. Produktion von 11,7 % 1996 auf 25,2 % 2000. S. 759, Para. 10.221. Für 'welded pipe' liegen die Importe relativ zur U.S. Produktion bei 33,8 % 1996 und bei 55 % 2000. S. 762, Para. 10.229. Bezüglich 'FFTJ' liegen die Importe relativ zur U.S. Produktion bei 50,5 % 1996 und bei 69,7 % 2000. S. 766, Para. 10.240. Für 'stainless steel bar' liegen die Importe relativ zur U.S. Produktion bei 51,8 % 1996 und bei 84,1 % 2000. S. 769, Para. 10.250.

[6122] Für 'tin mill' und 'stainless steel wire' lagen unterschiedliche Meinungen der ITC Kommissionsmitglieder in bezug auf die Abgrenzung der Produktkategorie vor, die zur Folge hatten, daß bei einer engen Abgrenzung der Produktgruppe zunehmende Importe aufzuzeigen waren, bei einer breiten Abgrenzung dagegen weniger leicht bzw. garnicht. Der Panel hält dies für einen Verstoß gegen die Anforderung eine vernünftige und adäquate Analyse vorzulegen gemäß DSU Art. 11 sowie SG Art 2.1 und Art. 3.1. Brazil, EC, Japan, Korea, China, Switzerland, Norway, New Zealand vs. United States - Definitive Safeguard Measures on Imports of Certain Steel Products, WT/DS259/R, 11. Juli 2003. Siehe 'tin mill': S. 773-774, Paras. 10.261-10.263, 'stainless steel wire', S. 773-774, Paras. 10.261-10.263. Genauso entscheidet der Panel in diesen Produktkategorien bei der Kausalitätsfrage. Brazil, EC, Japan, Korea, China, Switzerland, Norway, New Zealand vs. United States - Definitive Safeguard Measures on Imports of Certain Steel Products, WT/DS259/R, 11. Juli 2003. Siehe 'tin mill': S. 823-824, Paras. 10.420-10.422, 'stainless steel wire', S. 888-889, Paras. 10.570-10.573. Der AB entscheidet sich gegen das Panel und sieht es für möglich an, daß die WTO Streitbeilegung einen gemeinsamen Nenner der teils unterschiedlichen Meinungen des Kommissionsmitglieder des ITC finden kann, beendet die Analyse aber nicht (genauso bezüglich Schädigung). Brazil, EC, Japan, Korea, China, Switzerland, Norway, New Zealand vs. United States - Definitive Safeguard Measures on Imports of Certain Steel Products, WT/DS259/AB/R, 19. November 2003. Siehe 'tin mill': S. 129-135, Para. 401-420; siehe 'stainless steel wire', S. 136-138, Paras. 422-429; der AB führt die Analyse nicht weiter aus. S. 139, Para. 430-431; für die Kausalitätsentscheidung bzgl. 'tin mill' und 'stainless steel wire': S. 158, Paras. 477-478; und S. 163-164, Para. 492-493.

[6123] Die Steigerung auf 25,0 Mill. short tons bis 1998 ist aus der Tabelle abgelesen und somit nicht als offizielle ITC Angabe anzusehen. Brazil, EC, Japan, Korea, China, Switzerland, Norway, New Zealand vs. United States - Definitive Safeguard Measures on Imports of Certain Steel Products, WT/DS259/R, 11. Juli 2003, S. 745-747, Paras. 10.178- 10.180.

Importanteile standen die Formulierungen des ITC nicht im Einklang mit den Daten.[6124] Der Panel schließt: "Given the sharpness and significance of this most recent decrease the Panel does not find that the USITC explanation (...) contains an adequate and reasoned explanation of how the facts support the determination CCRFS 'is being imported in ... increased quantities'."[6125] Der AB stimmt zwar zu, redet sich aber ein bißchen raus, indem er sagt, daß der Panel allein eine vernünftige und adäquate Erklärung gewünscht hätte. Er stimmt der USA zu, daß es nicht unbedingt nötig ist, daß die Importe zum Zeitpunkt der Feststellung ansteigen müssen. Ebenso könne aber das Absinken vor der Feststellung zu den Daten gehören, welche die größte Relevanz haben.[6126]

Der AB korrigiert den Panel bei 'hot rolled bar': Ein Anstieg der absoluten Importe an der heimischen Produktion von 20 % (1996) auf 27,5 % (2000), müsse, trotz eines leichten Rückgangs bis 2001 und einem kontinuierlichem Anstieg, als Importzunahme angesehen werden.[6127] Auch der eher schwache Anstieg der Importe relativ zur heimischen Produktion von 17,6 % (1996) auf 23,7 % (2000), wird als konform zum SG Art. 2.1 Kriterium ("recent enough, sudden enough, sharp enough, and significant enough, both qantitatively and qualitatively, to cause or threaten to cause 'serious injury'"[6128]) angesehen, obwohl es sich hier 'nur' um eine Anstieg von 6,1 % handelt.[6129]

Bei 'stainless steel rod' stiegen die Importe von 60,5 Tausend short tons 1996 auf 82,2 Tausend short tons 2000, um 36,1 %. Von Halbjahr 2000 bis zum Halbjahr 2001 sanken sie allerdings von 45,6 Tausend short tons auf 31,4 Tausend short tons ab, wobei der Marktanteil in diesem Zeitraum gleichblieb. Die ITC gibt hierzu keine vernünftige und adäquate Erklärung: Sie behauptet einen absoluten Importanstieg, obwohl der Rückgang von 31,3 % stärker ausfiel als die Steigerung von 25 % zwischen 1999 und 2000. Dazu kommt, daß die relativen Importmarktanteile sämtlich mit *** gelöscht worden waren. Der Panel schließt: "In the light of the decrease in the most recent period and the overall developments between 1996 and interim 2001 which can be best described as a double up-and-down movement, the Panel does not believe that the facts support a finding that, at the moment of the determination, stainless steel rod 'is being importet in (such) increased quantities."[6130]

[6124] Brazil, EC, Japan, Korea, China, Switzerland, Norway, New Zealand vs. United States - Definitive Safeguard Measures on Imports of Certain Steel Products, WT/DS259/R, 11. Juli 2003, S. 747-748, Paras. 10.181-10.185.
[6125] Brazil, EC, Japan, Korea, China, Switzerland, Norway, New Zealand vs. United States - Definitive Safeguard Measures on Imports of Certain Steel Products, WT/DS259/R, 11. Juli 2003, S.747, Paras. 10.181. Von Sykes (2004) wird kritisiert, daß das Panel viel Gewicht auf die Zeit kurz vor der Nutzung der Schutzklausel legte und somit die WTO Kompatibilität bezweifelte, wenn kurz zuvor ein Rückgang der Importe erfolgte. Immerhin sei aber in der Zeit davor die Asienkrise gewesen und das Panel hätte akzeptiert, daß dies ein Grund für die höheren Importe gewesen sei. So Sykes 2004: 554.
[6126] Brazil, EC, Japan, Korea, China, Switzerland, Norway, New Zealand vs. United States - Definitive Safeguard Measures on Imports of Certain Steel Products, WT/DS259/AB/R, 19. November 2003, S. 117-119, Paras. 365-370.
[6127] Brazil, EC, Japan, Korea, China, Switzerland, Norway, New Zealand vs. United States - Definitive Safeguard Measures on Imports of Certain Steel Products, WT/DS259/AB/R, 19. November 2003, S. 127, Para. 395. Siehe die Ausführungen des Panels: WT/DS259/R, 11. Juli 2003, S. 753-756, Paras. 10.201-10.209.
[6128] EC vs. Argentina - Safeguard Measures on Imports of Footwear, WT/DS121/AB/R, 14. Dezember 1999, S. 47, Para. 131. Lee 2005: 56-57. Siehe auch Lee 2000: 137.
[6129] Brazil, EC, Japan, Korea, China, Switzerland, Norway, New Zealand vs. United States - Definitive Safeguard Measures on Imports of Certain Steel Products, WT/DS259/R, 11. Juli 2003, S. 756-759, Para. 10.211-10.220.
[6130] Brazil, EC, Japan, Korea, China, Switzerland, Norway, New Zealand vs. United States - Definitive Safeguard Measures on Imports of Certain Steel Products, WT/DS259/R, 11. Juli 2003. Das Zitat aus: S. 776, Para. 10.268; die Daten etc. S. 774-776, Para. 10.264-10.270.

Zusammenfassend ist das Kriterium zunehmender Importe in SG Art. 2.1 dann erfüllt, wenn die Importe zugenommen haben, auch bei einem schwachen Anstieg relativ zur heimischen Produktion, insofern es auch dort Marktanteilsgewinne gegeben hat. Bei einer uneinheitlichen Importentwicklung ist es für die Begründung der Schutzklausel ungünstig, wenn zum Ende der Untersuchungsperiode die Importe wieder absinken und nicht viel höhere Importniveaus als zu Beginn erreicht werden.

(c) Kausalitätsanalyse mit den Unterpunkten Zusammentreffen-Analyse, Wettbewerbsbedingungen-Analyse und Nicht-Zuschreibungsanalyse. In bezug auf diesen Analyseschritt gelang es dem ITC in sieben Produktgruppen nicht eine adäquate Erklärung vorzulegen.[6131] Weil der AB dazu keine Ausführungen mehr machte[6132], wird hier das Vorgehen des Panel beispielhaft anhand von zwei Produktgruppen beschrieben:

CCFRS. Diskutiert werden im Unterpunkt Zusammentreffen-Analyse die in SG Art. 4.2 (a) genannten Faktoren, einschließlich der (schon oben analysierten) Importtrends, die hier wieder neu in ihrer Relevanz untersucht werden. Trotz zwischendurch ansteigender Importe verbessern sich die Faktorindikatoren oder bleiben stabil: Dies gilt für Produktion, Verkäufe, Profite, Produktivität und Kapazitätsauslastung. Eine Verschlechterung trat erst zum Schluß des Untersuchungszeitraums ein, als die Importe bereits deutlich absanken. So sank die Kapazitätsauslastung parallel zu den sinkenden Importen. Geschlossen wird daraus, daß kein Zusammentreffen zwischen den Importtrends und den Faktortrends vorlagt, einmal abgesehen von Beschäftigung.[6133] In der Wettbewerbs-Analyse wird sichtbar, daß der Entscheidungsmaßstab eines Verbots einer *de novo* Prüfung nicht so umgesetzt wird, daß den Daten, die von den nationalen Autoritäten vorgelegt werden, unkritisch gefolgt wird. Der Panel akzeptiert hier nicht, daß von der ITC innerhalb der breiten Produktkategorie einerseits durchschnittliche Preise pro Einheit und andererseits Preise für vereinzelte Warenkategorien herausgehoben und dies als Beweis für eine Preisunterbietung in bezug auf die gesamte Kategorie angesehen wurde.[6134] Bezüglich der Nicht-Zuschreibungsanalyse geht es um die Einschätzung des Ausmaßes der Wirkungen der dort relevanten Faktoren, um die Wirkungen heimischer Faktoren von

---

[6131] Dies sind: CCFRS, hot-rolled bar, cold-finished bar, rebar, welded pipe, FFTJ, stainless steel bar. Für 'tin mill' und stainless steel wire' hatte der Panel die Unvereinbarkeit der Meinungen der Kommissonsmitglieder behauptet und analysiert auch hier nicht weiter. Brazil, EC, Japan, Korea, China, Switzerland, Norway, New Zealand vs. United States - Definitive Safeguard Measures on Imports of Certain Steel Products, WT/DS259/AB/R, 19. November 2003, S. 158, Para. 476-477.

[6132] Brazil, EC, Japan, Korea, China, Switzerland, Norway, New Zealand vs. United States - Definitive Safeguard Measures on Imports of Certain Steel Products, WT/DS259/AB/R, 19. November 2003, S. 158-164, Paras. 475-493.

[6133] Die Beschäftigung wird von der ITC nicht erwähnt wird. Der Panel argumentiert, daß die ITC in diesem Fall einen zwingenden Grund hätte nennen müssen, um dieses fehlende Zusammentreffen zu erklären: "Given the lack of coincidence between import trends and the injury factors, it was for the ITC to provide a compelling explanation as to why a causal link was considered, nevertheless, to exist." Brazil, EC, Japan, Korea, China, Switzerland, Norway, New Zealand vs. United States - Definitive Safeguard Measures on Imports of Certain Steel Products, WT/DS259/R, 11. Juli 2003, S. 798-810, Para. 10.360-10.376. Ähnlich Sykes 2004: 556.

[6134] Der ITC schließt trotz dieser Probleme daraus: "the increased volume of imports, at prices that undercut and depressed and suppressed domestic prices. " Brazil, EC, Japan, Korea, China, Switzerland, Norway, New Zealand vs. United States - Definitive Safeguard Measures on Imports of Certain Steel Products, WT/DS259/R, 11. Juli 2003, S. 811, Para. 10.380, S. 810-812, Para. 10.377-10.381. Der Panel bezweifelt grundlegend, daß diese Produktdefinition geeignet ist, eine SG Art. 4.2 (b) Kausalitätsanalyse durchzuführen, z.B. gibt der ITC zu, daß diese Produktdefinition Doppelzählungen einschließen mag: S. 822-823, Para. 10.413-10.417.

denen der Importe zu unterscheiden. Grundlegend wird beobachtet, daß die heimische Nachfrage zwischen 1996 und 2000 um 7,8 % anstiegt, von 203,2 Mill. short tons auf 219 Mill. short tons. Im Halbjahr 2000 bis Halbjahr 2001 fiel diese dann um 14,9 %. Die ITC analysiert nun diesen Nachfragerückgang in der letze Zeitperiode nicht weiter, sondern betont, daß Schädigung schon vor 2000 klar erkennbar gewesen sei. Der Panel bemängelte an dieser Argumentation, daß damit der Faktor der heimischen Nachfrage unzureichend beachtet wurde und somit die Gefahr bestünde, daß Schädigung, die durch diesen Faktor ausgelöst wurde, den Importen zugeschrieben ('attributed') würde.[6135] Danach wurde das Problem heimischer Überkapazität, der internen Konkurrenzintensivierung durch die Minimills und die Ausgaben für Betriebsrenten etc. diskutiert. In allen Fällen wurden diese Faktoren von der ITC als nicht relevant für Schädigung eingestuft. Der Panel akzeptiert dies nicht. Zwischen 1996 und 2000 nahm beispielsweise die Kapazität um 15,9 % zu. Die ITC bemerkt dazu, daß Überkapazität kein Grund für Preisverfall und Schädigung sein kann, denn sonst hätte die heimische Industrie den Preisverfall angeführt. Ebenso gesteht sie aber ein, daß die Überkapazität zu einer geringeren Kapazitätsauslastung geführt hatte, einen der Schädigungsfaktoren. Diese Ausklammerung der Überkapazität bei der Nicht-Zuschreibungsanalyse wird nicht akzeptiert.[6136] In keinem der Punkte kann der ITC hier letztendlich überzeugen und ein Verstoß gegen das Schutzklauselabkommen gemäß SG Art. 2.1, 2.3 und 4.2 (b) wird festgestellt.[6137]

FFTJ. Für eine weitere Produktgruppe, FFTJ ('fittings, flanges and tool joints') ist ein Zusammentreffen der Importe mit einer negativen Entwicklung der Schädigungsindikatoren (bis auf Produktivität) erkennbar und die Zusammentreffen- bzw. 'coincidence'-Analyse wird vom Panel akzeptiert.[6138] Auch mit der Wettbewerbsbedingungen-Analyse gelingt es dem ITC zu überzeugen, weil u.a. Preisunterbietung durch die Importe und eine Ausweitung des Marktanteils derer gezeigt werden kann und zum Schluß das Zusammentreffen der unter diesen Bedingungen erfolgten Importe mit der Bewegung der Schädigungsfaktoren bestätigt werden kann.[6139] In bezug auf die Nicht-Zuschreibungsanalyse kann der ITC in seinen eigenen Ausführungen die heimische Nachfragesituation und die Effekte der Importe scheinbar überzeugend trennen: Sie argumentiert, daß gerade zu dem Zeitpunkt, als die Importe stark anstiegen, auch eine starke Zunahme der Nachfrage aus dem Öl- und Gassektor bestand, sodaß eigentlich eine positive Entwicklung im relevanten

---

[6135] Brazil, EC, Japan, Korea, China, Switzerland, Norway, New Zealand vs. United States - Definitive Safeguard Measures on Imports of Certain Steel Products, WT/DS259/R, 11. Juli 2003, S. 812-817, Paras. 10.382-10.388.
[6136] Brazil, EC, Japan, Korea, China, Switzerland, Norway, New Zealand vs. United States - Definitive Safeguard Measures on Imports of Certain Steel Products, WT/DS259/R, 11. Juli 2003, S. 818-819, Paras. 10.391-10.396. Nicht ausreichend diskutiert wird die Wirkung der Minimills, die kostengünstiger produzieren können, siehe S. 819-820, Paras. 10.398-10.401. Ebensolches gilt für die 'legacy costs'. S. 820-821, Paras. 10.403-10.407.
[6137] Brazil, EC, Japan, Korea, China, Switzerland, Norway, New Zealand vs. United States - Definitive Safeguard Measures on Imports of Certain Steel Products, WT/DS259/R, 11. Juli 2003, S. 823, Para. 10.418-10.419.
[6138] Brazil, EC, Japan, Korea, China, Switzerland, Norway, New Zealand vs. United States - Definitive Safeguard Measures on Imports of Certain Steel Products, WT/DS259/R, 11. Juli 2003, S. 860-867, Para. 10.504-10.516.
[6139] Für die FFTJ Produktgruppen hilft die Wettbewerbsanalyse, die Defizite in der Argumentation bei der Zusammentreffenanalyse abzubauen und der ITC handelt, soweit, WTO konform. Brazil, EC, Japan, Korea, China, Switzerland, Norway, New Zealand vs. United States - Definitive Safeguard Measures on Imports of Certain Steel Products, WT/DS259/R, 11. Juli 2003, S. 860-867, Para. 10.504-10.516. Ähnlich Sykes 2004: 556. Von Sykes (2004) wird sowohl die 'coincidence'- als auch die 'conditions of competition'-Analyse abgelehnt. Das Panel wäre dem AB und dem ITC in das "land of economic gibberish" gefolgt. Sykes 2004: 557.

Industriebereich zu erwarten gewesen wäre. Weil aber die Importe angestiegen seien, sei es zu einer negativen Entwicklung gekommen. Ebenso lag u.a. eine Kapazitätserweiterung von 7,4 % vor, wobei der ITC erwähnt, daß diese unterhalb der Nachfragesteigerung lag.[6140] Der Panel wirft dem ITC vor, diese zusätzlichen Aspekte, die bei der Schädigung eine Rolle spielen können, zwar zu erwähnen, aber nicht explizit in Form einer Nicht-Zuschreibungsanalyse: In dieser müßten die Faktoren aufgezählt, hinsichtlich in ihrer Wirkung unterschieden und separiert werden. Erst dann könne festgestellt werden, daß Importe nichtsdestotrotz eine genuine und substantielle Rolle bei der Schädigung gespielt haben. Der ITC gehe so vor, daß er die Faktoren erwähnt und dann (immerhin erfolgt dies mit Argumenten) als irrelevant qualifiziert ('dismissed'). Ebenso wird von der ITC bemerkt, daß die Preissenkungen auch durch Firmenzusammenschlüsse im Bereich der Aufkäufer dieser Produkte ausgelöst worden sind. Auch hier versucht die ITC nicht, zwischen den Importen und dieser zweiten Wirkung auf die Preise zu unterscheiden und das Ausmaß dieser Wirkung einzuschätzen.[6141] Aufgrund dessen liegt dann ein Verstoß die SG Art. 2.1, 2.3 und 4.2 (b) vor.[6142]

Der AB überprüft die Ausführungen des Panels zur Kausalitäts- und Schädigungsanalyse nicht, weil er bereits Verstöße gegen Art. XIX.1 (a), SG Art. 3.1 und in bezug auf 'parallelism' einen Verstoß gegen SG Art. 2.1 und Art. 4.2 gefunden hatte.[6143] Beim Parallelismus geht es darum, daß die USA Kanada, Mexiko, Israel und Jordanien von der Schutzklauselanwendung ausgeklammert hatten, u.a. weil die NAFTA Regeln dies so vorsehen, wobei dies Fragen der Vereinbarkeit mit den Regeln der Schutzklausel aufwirft. Dazu im folgenden Punkt:

6.4.4 Parallelismus

Als Problem erweist sich, daß einige Länder andere Länder von der Anwendung ihrer Schutzklauselmaßnahmen ausklammern wollen. Beispielsweise hat die USA im NAFTA Abkommen Sec 311 (a) die Verpflichtung übernommen, die Schutzklausel auf Kanada und Mexiko nur dann anzuwenden, wenn diese Länder jeweils für einen substantiellen Teil der Importe aufkommen und wenn die Länder, individuell oder im Ausnahmefall beide Länder gemeinsam, in wichtiger Weise zur ernsthaften oder drohenden Schädigung beitragen. Nur wenn beide Kriterien erfüllt sind, dürfen die beiden Länder auch in die U.S. Schutzklauselmaßnahmen einbezogen werden.[6144] Bezüglich dieser

---

[6140] Brazil, EC, Japan, Korea, China, Switzerland, Norway, New Zealand vs. United States - Definitive Safeguard Measures on Imports of Certain Steel Products, WT/DS259/R, 11. Juli 2003, S. 870-871, Para. 10.522.
[6141] Es erfolgt das ITC Argument, daß Produktion, Verkäufe, Beschäftigung und andere Nicht-Preis Indikatoren von dieser Konsolidierung der Industrie nicht berührt worden seien. Dieses Argument der ITC geht nicht auf die vorliegende Kausalitätsfragestellung ein und versucht zwischen Importeffekte und den Konsolidierungseffekten auf die Preise zu unterscheiden. Somit wird ein Verstoß gegen SG Art. 4.2 (b) festgestellt. Brazil, EC, Japan, Korea, China, Switzerland, Norway, New Zealand vs. United States - Definitive Safeguard Measures on Imports of Certain Steel Products, WT/DS259/R, 11. Juli 2003, S. 873-874, Para. 10.533.
[6142] Brazil, EC, Japan, Korea, China, Switzerland, Norway, New Zealand vs. United States - Definitive Safeguard Measures on Imports of Certain Steel Products, WT/DS259/R, 11. Juli 2003, S. 873-874, Paras. 10.531-10.536.
[6143] "... we neither reverse nor uphold those findings." Brazil, EC, Japan, Korea, China, Switzerland, Norway, New Zealand vs. United States - Definitive Safeguard Measures on Imports of Certain Steel Products, WT/DS259/AB/R, 19. November 2003, S. 160, Paras. 483.
[6144] Lee 2005: 63 FN 265. Ausführlich Pauwelyn 2004: 115-124; u.a. die Relevanz für Antidumping erwähnen: Estrella/Horlick 2006.

Fragestellung war für eine Zeitlang umstritten, welche GATT bzw. WTO Artikel zur Anwendung kommen:

Diese Thema wurde in EU vs. Argentina - Footwear (EC) (1999) erstmals aktuell, als Argentinien Schuhimporte aus allen Ländern untersucht, aber später Brasilien, Paraguay und Uruguay von der Schutzklauselmaßnahme ausklammerte. Die EU argumentiert vor dem Panel, daß es nicht ausreiche, Importe, Schädigung und Kausalität in bezug auf die Situation in Argentinien zu untersuchen, sondern daß es einen sog. Parallelismus geben müsse: Importe aus den Ländern, die später von der Schutzklausel ausgeschlossen werden, dürften in die Import-, Schädigungs- und Kausalitätsanalyse nicht einbezogen werden. Der Panel geht auf SG Art. 2.1 und dessen Fußnote 1[6145] ein, in der Bedingungen für die Anwendung der Schutzklausel in Zollunionen beschrieben werden und gibt letztendlich der EU mit einer Argumentation Recht, die nicht so recht überzeugt: Es könne nicht sein, daß eine Schutzklausel in zwei unterschiedlichen Art und Weisen umgesetzt werden kann.[6146] Der AB reagiert darauf nüchtern und stellt fest, daß der Panel irrt, wenn er davon ausging, daß die Regeln für Zollunionen im Sinne von GATT Art. XXIV oder SG Art. 2.1 FN 1 relevant für diese Fragestellung sind.

In bezug auf die Fußnote argumentiert der AB, daß es in SG Art. 2.1 um den Anwendungsbereich der Untersuchung ("scope of a safeguard *investigation*, these provisions do not resolve the matter of the scope of *application*") gehe.[6147] Die Anwendungsfrage würde in SG Art. 2.2 geregelt.[6148] In diesem Fall gehe es zudem um eine nationale Untersuchung Argentiniens[6149], wobei Argentinien gemäß SG Art. 2.1 und Art. 2.2 (der besagt: "Safeguard measures shall be applied to a product being imported irrespective of its source"[6150]), verpflichtet ist, die Schutzklausel auf alle anderen Ländern anzuwenden, also auch auf Brasilien, Paraguay und Uruguay. Weiter formuliert der AB, daß ein Charakteristikum der argentinischen Untersuchung darin bestand, die Wirkungen der Importe aller Importquellen auf sein Territorium und deren Effekte auf die heimische Industrie untersucht zu haben, sodaß daraus nur eines Folgen kann, nämlich eine Anwendung der Maßnahme "on imports from *all*

[6145] SG Art. 2.1 FN 1. "A customs union may apply a safeguard measure as a single unit or on behalf of a member State. When a customs union applies a safeguard measure as a single unit, all the requirements for the determination of serious injury or threat thereof under this Agreement shall be based on the conditions existing in the customs union as a whole. When a safeguard measure is applied on behalf of a member State, all the requirements for the determination of serious injury or threat thereof shall be based on the conditions existing in that member State and the measure shall be limited to that member State. Nothing in this Agreement prejudges the interpretation of the relationship between Article XIX and paragraph 8 of Article XXIV of GATT 1994". WTO 1995: 315. Pauwelyn 2004b: 116.
[6146] "In other words, in the EC's view, there should be a *parallelism* between, on the one hand, the *investigation* leading to and, on the other hand, the *application* of safeguard measures." Herv. im Original. EC vs. Argentina - Safeguard Measures on Imports of Footwear, WT/DS121/R, 25 June 1999, S. 154, Para. 8.80. Das Panel verwendet das simple Argument, daß es nicht sein könne, daß dieselbe Schutzklauseluntersuchung zu zwei verschiedenen Maßnahmen führen könne. S. 155, Para. 8.89.
[6147] Herv. im Original. EC vs. Argentina - Safeguard Measures on Imports of Footwear, WT/DS121/AB/R, 14 December 1999, S. 39, Para. 112.
[6148] EC vs. Argentina - Safeguard Measures on Imports of Footwear, WT/DS121/AB/R, 14 December 1999, S. 39-40, Para. 112-114. Zu Art. XXIV: S. 38, Para. 109.
[6149] EC vs. Argentina - Safeguard Measures on Imports of Footwear, WT/DS121/AB/R, 14 December 1999, S. 37-38, Para. 107-108. Pauwelyn (2004b) sieht dieses aus unerfindlichen Gründen anders. Pauwelyn 2004b: 116, FN 17.
[6150] SG Art. 2.2. WTO 1995: 316.

sources".⁶¹⁵¹ Damit hat AB schon relativ unmißverständlich Schwerpunkte gesetzt, auch dadurch, daß er die Relevanz bestimmter Artikel, nämlich SG Art. 2.1 FN 1 für diese Frage ausgeklammerte.

In EU vs. United States - Wheat Gluten (2000) führten die U.S. Behörden zuerst eine Untersuchung durch, bei der sie Importe aus allen Ländern untersuchten und stellten ernsthafte Schädigung fest. Danach wurde eine weitere (NAFTA-)Untersuchung durchgeführt, die zum Ergebnis kam, daß Kanada keinen substantiellen Anteil der Importe erreichte und nicht in wichtiger Weise zur Schädigung beitrug. Sodann wurden Kanada und Mexiko von der Schutzklauselanwendung ausgeschlossen. Dies wurde in dieser weiteren Untersuchung sachlich damit begründet, daß aus Mexiko keinerlei Importe erfolgten und Kanada, als wichtiger Importeur, absinkende Marktanteile vorzuweisen hatte, die von 10,2 % (3 Jahres Durchschnitt) auf 1997 8,9 % absanken. Die ITC folgerte, daß sodann Kanada damit nicht auf wichtige Weise zu Schädigung beigetragen haben kann.⁶¹⁵² Der Panel stellt diesbezüglich fest, daß in SG Art. 2.1 bereits im ersten Satz differenziert wird zwischen den Produkten, auf das die Schutzklausel angewandt wird und den importierten Produkte, die untersucht werden und daß es dadurch eine Symmetrie gebe, sodaß davon ausgegangen werden kann, daß es sich um dasselbe Ding handelt: "Both terms must refer to the *same* thing".⁶¹⁵³ Die USA hatte nun argumentiert, daß sie in einer zusätzlichen Untersuchung festgestellt hätte, daß Kanada nicht zu Schädigung beitrug. Der Panel setzt dagegen, daß die USA nicht gezeigt hätten, daß Kanada, immerhin der drittgrößte Lieferant, nicht zur Schädigung beigetragen hat, obwohl sein Marktanteil abgesunken ist. Der Panel spitzt das Szenario zu: Wenn viele kleine Zulieferer von der Schädigungsanalyse ausgeschlossen werden, weil für alle festgestellt wird, daß sie nicht substantiell zur Schädigung beitragen, obwohl sie dies kollektiv sehr wohl tun, dann sei nicht mehr klar, ob die übriggebliebene Schädigung noch dem Kriterium einer ernsthaften Schädigung genügen können.⁶¹⁵⁴ Wie reagiert der AB? Er bestätigt implizit das Symmetrieargument, diesmal anhand von SG Art. 2.1 und Art. 2.2. Er weist auf SG Art. 2.1 hin, in dem es um die Bedingungen der Anwendung der Schutzklausel geht und auf SG Art. 2.2, der die Anwendung dieser ungeachtet der Quelle der Importe vorschreibt und stellt fest, daß beidesmal "product ... being importet" verwendet wird. Aufgrund dieser identischen Wortverwendung und deshalb, weil gegenteilige Verweise im Kontext des Abkommen nicht vorliegen würden, wird weiterhin argumentiert: "To include imports from all sources in the determination that increased imports are causing serious injury, and then to exclude imports from one source from the application of the measure, would be to give the phrase 'product being imported' a *different* meaning in Articles 2.1 and 2.2 of the *Agreement on Safeguards*. In Article 2.1, the phrase would embrace imports from *all*

---

⁶¹⁵¹ Herv. im Original. EC vs. Argentina - Safeguard Measures on Imports of Footwear, WT/DS121/AB/R, 14 December 1999, S. 39-40, Para. 112-113. Der AB weigert sich auf die generelle Frage einzugehen, inwiefern eine Zollunion eine Schutzklauseluntersuchung auf Antrag eines Mitgliedstaates zu initiieren. S. 40, Para. 114. Lee (2005) stellt fest, daß der AB hier bereits das Parallelismus Argument des Panel bestätigt hat. Lee 2005: 64. Dies geht angesichts der Kritik des AB an der Panelargumentation und deshalb, weil der AB weder diesen Begriff verwendet noch genauer diskutiert etwas zu weit.
⁶¹⁵² EC vs. United States - Definitive Safeguard Measures on Imports of Wheat Gluten from the European Communities, WT/DS166/R, 31 July 2000, S. 46, Para. 8.161-8.162.
⁶¹⁵³ EC vs. United States - Definitive Safeguard Measures on Imports of Wheat Gluten from the European Communities, WT/DS166/R, 31 July 2000, S. 48, Para. 8.167.
⁶¹⁵⁴ EC vs. United States - Definitive Safeguard Measures on Imports of Wheat Gluten from the European Communities, WT/DS166/R, 31 July 2000, S. 50, Para. 8.175-8.176.

sources whereas, in Article 2.2, it would exclude imports from certain sources. This would be incongruous and unwarranted. In the usual course, therefore, the imports included in the determinations made under Articles 2.1 and 4.2 should correspond to the imports included in the application of the measure, under Article 2.2."[6155] Weil die USA keine solche Feststellung gemacht hatte, bei der die Importe aus Kanada ausgeklammert wurden, liegt ein Verstoß gegen SG Art. 2.1 und Art. 4.2 vor.[6156] Damit hatte sich das Parallelismus-Argument letztendlich beim AB durchgesetzt.[6157]

In Korea vs. United States - Line Pipe (2001-2002) wurden von den USA wiederum Kanada und Mexiko ausgeklammert. Dieser Panel zeigte sich rebellisch gegen den AB mit einer langen Argumentation über GATT Art. XXIV, regionale Integrationsprojekte, wobei er der Meinung ist, daß dieser Artikel ein Pauschalverteidigung gegen Klagepunkte, die aus Art. XIX folgen, ermöglicht, in dem Sinne, daß Mitglieder regionaler Integrationsprojekte aus Schutzklauseluntersuchungen ausgenommen werden können und nicht in die Schädigungsanalyse einbezogen werden müssen.[6158] Vom Panel wird weiterhin erst sehr spät auf die Ausführungen des AB in EU vs. United States - Wheat Gluten (2000) eingegangen und wenig später die separate Feststellung der U.S. Behörden in bezug auf Kanada und Mexiko aus prozeduralen Gründen akzeptiert, weil Korea dazu kein entkräftendes Gegenargument hätte vorlegen können.[6159] Der AB urteilt wie folgt: Unter Bezug auf EU vs. United States - Wheat Gluten (2000) verwendet er erstmals den Begriff "parallelism" für die Parallelität von SG Art. 2.1 und Art. 2.2.[6160] Davon ausgehend wird festgestellt, daß die Importe, die in den Feststellungen der Behörden einbezogen werden, mit den Importen, die unter die Schutzklausel fallen, korrespondieren müssen. Mit dieser nun auf diese Weise konsolidierten Auslegung, reicht es für einen Verstoß gegen SG Art. 2 und Art. 4 aus, wenn Eingangs einer behördlichen Untersuchung definiert wird, daß alle Importe der Feststellung zugrundeliegen, später aber zwei Länder von der Maßnahme ausgeschlossen werden. Die hier wieder vorliegende, zusätzliche Feststellung hätte zwar, so der AB, als Basis für eine vernünftige und adäquate Erklärung dienen können, sie sei aber nicht explizit[6161] genug gewesen. Im Gegensatz zum Panel schließt der AB, daß Korea hätte damit sowohl

---

[6155] Herv. im Original. EC vs. United States - Definitive Safeguard Measures on Imports of Wheat Gluten from the European Communities, WT/DS166/AB/R, 22 December 2000. S. 33, Para. 96.

[6156] "In our view, however, although the USITC examined the importance of imports from Canada separately, it did not make any explicit determination relating to increased imports, *excluding imports from Canada*. In other words, although the safeguard measure was applied to imports from all sources, *excluding* Canada, the USITC did not establish explicitly that imports from these *same* sources, excluding Canada, satisfied the conditions for the application of a safeguard measure, as set out in Article 2.1 and elaborated in Article 4.2 of the *Agreement on Safeguards*. ..." Herv. im Original. EC vs. United States - Definitive Safeguard Measures on Imports of Wheat Gluten from the European Communities, WT/DS166/AB/R, 22 December 2000. S. 34, Para. 98.

[6157] Pauwelyn 2004b: 116-118.

[6158] Korea vs. United States - Definitive Safeguard Measures on Imports of Circular Welded Carbon Quality Line Pipe from Korea, WT/DS202/R, 29 October 2001, S. 95, Para. 7.153.

[6159] Korea vs. United States - Definitive Safeguard Measures on Imports of Circular Welded Carbon Quality Line Pipe from Korea, WT/DS202/R, 29 October 2001, S. 99, Para. 7.171.

[6160] "The concept of parallelism is derived from the parallel language used in the first and second paragraphs of Article 2 of the *Agreement on Safeguards*." Herv. im Original. Korea vs. United States - Definitive Safeguard Measures on Imports of Circular Welded Carbon Quality Line Pipe from Korea, WT/DS202/AB/R, 15 February 2002, S. 58-59, Para. 178-181.

[6161] Der ITC bedient sich gerne eines nachlässigen Sprachstils, so formuliert er hier "we not that we would have reached the same result had we excluded imports from Canada and Mexico". Dies wird nicht akzeptiert. "To be explicit, a statement must express distinctly all that is meant; it must leave nothing merely implied or suggested; it must be clear and unambiguous." Korea vs. United States - Definitive Safeguard

ein prima facie Argument gegen die USA vorgelegt als auch gezeigt hätte, daß die U.S. Behörden mit dieser separaten Untersuchung gegen SG Art. 2 und Art. 4 verstoßen haben.[6162] In bezug auf die auf GATT Art. XXIV bezogenen Argumente bleibt der AB bei seiner Haltung, darüber nicht direkt ein Urteil zu fällen. Schlau weicht er aus, indem er zutreffend feststellt, daß sich diese Frage im Kontext dieses Falls nicht stellt.[6163] Wenn schließlich die gesamten Ausführungen des Panels zu Art. XXIV für "moot and having no legal effect" erklärt werden, läßt dies jedoch an Deutlichkeit nichts zu wünschen übrig (schließlich wurde dies bereits im Dezember 1999 in EU vs. Argentina - Footwear (EC) so gesagt und nun war Februar 2002).[6164]

Die bisherigen Streitfälle ignorierend hatte die USA auch im letzten hier relevanten Fall Länder von der Anwendung der Schutzklausel ausgeschlossen, diesmal Kanada, Mexiko, Jordanien und Israel, es geht um Div. Länder vs. United States - Steel Safeguards (2003).[6165] Aus den empirischen Untersuchungen von Bown (2004a) dazu folgt, daß diese ausklammerten Länder deutlich davon profitieren konnten, wodurch der insgesamte Effekt der Schutzklausel geschwächt wurde.[6166] Das Panel untersucht hier die Parallelismus Frage anhand von neun der zehn Stahlproduktkategorien und findet in allen Fällen eine unzureichende Kausalitätsanalyse.[6167] Ein Beispiel: Für die Produktkategorie CCFRS wurde vom ITC festgestellt, daß alle Importe mit ihren Preisen unter denen der heimischen Produkte lagen und argumentiert, daß man diese Feststellung für Nicht-NAFTA Importe und auch dann machen könne, wenn Kanada und Mexiko ausgeklammert würden. Dabei ignorierte die ITC die Menge der Importe. Denn wenn Kanada und Mexiko ausgeklammert würden, ging es um eine kleinere Menge und von der müßte angenommen werden, daß diese einen anderen Effekt hat. Zuvor hatte die

---

Measures on Imports of Circular Welded Carbon Quality Line Pipe from Korea, WT/DS202/AB/R, 15 February 2002, S. 61-63, Para. 189-194.

[6162] Korea vs. United States - Definitive Safeguard Measures on Imports of Circular Welded Carbon Quality Line Pipe from Korea, WT/DS202/AB/R, 15 February 2002, S. 60-64, Para. 185-197.

[6163] Das AB Zitat in voller Länge: "The question of whether Article XXIV of the GATT 1994 serves as an exception to Article 2.2 of the *Agreement on Safeguards* becomes relevant in only two possible circumstances. One is when, in the investigation by the competent authorities of a WTO Member, the imports that are exempted from the safeguard measure *are not considered* in the determination of serious injury. The other is when, in such an investigation, the imports that are exempted from the safeguard measure *are considered* in the determination of serious injury, *and* the competent authorities have *also* established explicitly, through a reasoned and adequate explanation, that imports from sources outside the free-trade area, alone, satisfied the conditions for the application of a safeguard measure, as set out in Article 2.1 and elaborated in Article 4.2. The first of these two possible circumstances does not apply in this case; it is *not* the case here that the imports that were exempted from the line pipe measure - those from Canada and Mexico - were *not* considered in the determination of serious injury. It is undisputed that they were so considered. The second of these two possible circumstances also does not apply in this case. The competent authority - in this case, the USITC - has not provided in its determination a *reasoned and adequate* explanation that "establish[es] explicitly" that imports from non-NAFTA sources satisfied the conditions for the application of a safeguard measure, as set out in Article 2.1 and elaborated in Article 4.2 of the *Agreement on Safeguards*." Herv. im Original. Korea vs. United States - Definitive Safeguard Measures on Imports of Circular Welded Carbon Quality Line Pipe from Korea, WT/DS202/AB/R, 15 February 2002, S. 64, Para. 198.

[6164] Korea vs. United States - Definitive Safeguard Measures on Imports of Circular Welded Carbon Quality Line Pipe from Korea, WT/DS202/AB/R, 15 February 2002, S. 65, Para. 199.

[6165] Panel und AB: Brazil, EC, Japan, Korea, China, Switzerland, Norway, New Zealand vs. United States - Definitive Safeguard Measures on Imports of Certain Steel Products, WT/DS259/R, 11. Juli 2003. Brazil, EC, Japan, Korea, China, Switzerland, Norway, New Zealand vs. United States - Definitive Safeguard Measures on Imports of Certain Steel Products, WT/DS259/AB/R, 19. November 2003.

[6166] Importe aus ausgeklammerten Länder steigen um 26,5 % bis 60,6 %. Entwicklungsländer reagieren später auf ihre Ausklammerung, sind aber hartnäckiger. Siehe zu den Details Bown 2004a: 18.

[6167] Brazil, EC, Japan, Korea, China, Switzerland, Norway, New Zealand vs. United States - Definitive Safeguard Measures on Imports of Certain Steel Products, WT/DS259/R, 11. Juli 2003, S. 897-930, Paras. 10.584-10.699.

ITC festgestellt, daß sowohl Kanada als auch Mexiko einen substantiellen Anteil an den Importen in die USA haben und daß Mexiko auch zur ernsthaften Schädigung beigetragen habe. Somit wurde die Frage nicht direkt angegangen, inwiefern Nicht-NAFTA Importe überhaupt ein Auslöser für ernsthafte Schädigung gewesen sind, im Sinne des erforderlichen genuinen und substantiellen Ursache-Wirkungs-Zusammenhangs.[6168] Ebenso wird in diesem Zusammenhang von der ITC bemerkt, daß die Effekte aller anderen Faktoren gleichgeblieben seien. Der Panel stellt dennoch einen Verstoß gegen die 'non-attribution' Anforderung fest, weil in diesem neuen Zusammenhang noch einmal explizit neu festgestellt werden müssen, ob alle anderen Faktoren gleichgeblieben seien, schließlich gehe es einmal um Importe aus allen Importquellen und ein anderes mal um Importe aus einer eingeschränkten Mengen von Importquellen, wobei substantielle Zulieferer ausgeklammert wurden.[6169] Eine Feststellung in bezug auf Jordanien und Israel fehlte in allen zehn Produktkategorien.[6170] Die USA gab zu, daß sie diese Anforderungen nicht erfüllt, bezweifelte aber, daß es diese Anforderungen gibt und wird sodann vom AB auf eine Tour durch die bisherigen Entscheidungen mitgenommen.[6171] Anhand der Produktkategorie Stainless Steel Rod, bei der nur 0,08 % der Importe aus Kanada, Mexiko, Jordanien und Israel stammten, stellte der AB fest, daß es nicht möglich ist, die Anforderungen des Schutzklauselabkommens zu erfüllen, wenn die nationalen Behörden den nötigen Differenzierungen anhand von separaten Berichten nachkommen wollen. Ein gesamter Bericht, der sich allein auf Importe aus allen Ländern (außer Kanada, Mexiko, Jordanien und Israel) bezieht, sei nötig, um den Anforderungen des Schutzklauselabkommen zu genügen.[6172]

Schlußendlich ist es damit unzweifelhaft: Die WTO Schutzklauselregeln erlauben es bei der Anwendung der Schutzklausel Staaten herauszunehmen, wobei dazu Staaten gehören können, die zu Zollunionen oder regionalen Integrationsabkommen gehören, solange dies bei der Analyse beachtet wird.[6173]

Könnte dies den Effekt haben, daß dadurch faktisch gegen das Meistbegünstigungsprinzip verstoßen wird? Zwei Szenarien: (1) Wenn innerhalb dieser Ländergruppe ein intensiver Handel in einer Produktgruppe vorliegt, muß dieser bei Importzunahme und Schädigung ausgeklammert werden. Dadurch wird das Feststellen von zunehmenden Importen und Schädigung schwieriger, weil als Bedingung für die Schutzklauselnutzung allein Quellen außerhalb dieser Ländergruppe Schädigung

---

[6168] Brazil, EC, Japan, Korea, China, Switzerland, Norway, New Zealand vs. United States - Definitive Safeguard Measures on Imports of Certain Steel Products, WT/DS259/R, 11. Juli 2003, S. 902, Para. 10.603.
[6169] Brazil, EC, Japan, Korea, China, Switzerland, Norway, New Zealand vs. United States - Definitive Safeguard Measures on Imports of Certain Steel Products, WT/DS259/R, 11. Juli 2003, S. 903, Para. 10.605.
[6170] Brazil, EC, Japan, Korea, China, Switzerland, Norway, New Zealand vs. United States - Definitive Safeguard Measures on Imports of Certain Steel Products, WT/DS259/R, 11. Juli 2003, S. 903, Para. 10.608.
[6171] Brazil, EC, Japan, Korea, China, Switzerland, Norway, New Zealand vs. United States - Definitive Safeguard Measures on Imports of Certain Steel Products, WT/DS259/AB/R, 10 November 2003, S. 143-145, Para. 438-445.
[6172] "the USITC should have, as the Panel found, provided one *single joint* determination, supported explicitly by a reasoned and adequate explanation" Herv. im Original, Fußnote nicht reproduziert. Brazil, EC, Japan, Korea, China, Switzerland, Norway, New Zealand vs. United States - Definitive Safeguard Measures on Imports of Certain Steel Products, WT/DS259/AB/R, 10 November 2003, S. 150-154, Para. 457-468.
[6173] So auch der Schluß in Lee 2005: 66; Matsushita et al. 2006: 454. Ebenso auch Pauwelyn 2004b: 140. In Pauwelyn (2004b) erfolgt eine ausführliche Diskussion.

kausal auslösen müssen. (2) Ist dagegen in einem Staat eine größere Industrie vorhanden und besteht in der vom Schutz ausgenommenen Ländergruppe nur eine kleinere Industrie, die sich etwa noch in Entwicklung befindet, dann kann der Staat mit der größeren Industrie, wenn für diese Schädigung aufgezeigt werden kann, eine Schutzklausel etablieren, wovon die Ländergruppe mit der weniger starken Industrie profitieren kann. Auch dies ist aber nicht unbedingt einfach, denn die Schädigung muß erst einmal vorliegen.

Problematisch ist somit am 'Parallelismus' daß, über die Interessengruppen in einem Staat hinausgehend, weitere Interessengruppen in anderen Ländern entstehen, die an der Schutzklauselnnutzung interessiert sind. Angesichts der derzeitigen Proliferation von regionalen Integrationsabkommen und Zollunionen stellt sich dadurch die Frage, ob es dadurch zu einer faktischen Verletzung des Meistbegünstigungsprinzip der Schutzklausel kommt. Für die Ausklammerung von Staaten ist keine Rechtfertigung anhand von GATT Art. XXIV nötig, der Zollunionen und regionale Integrationsprojekte ermöglicht.[6174]

Dagegen kann angeführt werden, daß der 'Parallelismus' einen gravierenden de facto Verstoß gegen das Meistbegünstigungsprinzip unwahrscheinlich macht. Ganz undenkbar ist dies aber nicht. Es äußert sich nur in anderer Form als unter dem GATT: Damals wollte die EU die Schutzklauselnnutzung auf ein Land beschränken (und damit u.a. die Vergeltung minimieren). Heute wird durch den 'Parallelismus' erzwungen, daß immerhin viele wichtige, produzierende Länder (die auch Vergeltung ausüben können) von der Schutzklausel betroffen sein müssen, denn nur so ist eine Erhöhung der Importe und Schädigung nachzuweisen. Erst wenn diese Bedingung der Schutzklauselnnutzung erfüllt ist, eröffnet sich die Möglichkeit über die Ausklammerung von Ländern nachzudenken. Aus der Perspektive der WTO Streitbeilegung tritt damit Beruhigung ein, denn das 'Parallelismus'-Konzept garantiert immerhin eines: Die Schutzklausel wird weiter durch Vergeltung diszipliniert. Dazu ein fiktives Beispiel, welches nicht die USA involviert: Geht man davon aus, daß die EU Schädigung durch Importe aus einer Reihe von Ländern bei Stahl zeigen kann und nimmt sie die AKP-Staaten, Südafrika, die Türkei und möglicherweise in Zukunft Indien (mit dem eine Zollunion in Planung ist) von der Anwendung der Schutzklausel aus, dann sind Stahlwerke in Südafrika, Simbabwe, Kenya, Trinidad & Tobago, der Türkei und in Indien die temporären Gewinner und u.a. Ägypten, Pakistan, Brasilien, die USA und China die Verlierer, die aber Vergeltung üben können. Der 'Parallelismus' stellt innerhalb dieser variablen Geometrie die Bedingung auf, daß die EU anhand der Importe aus diesen späteren Verliererländer Schädigung aufzeigen kann.

[6174] Siehe Lee (2005). Er kritisiert, daß für die selektiven Nutzung keine Rechtfertigung gemäß GATT Art. XXIV nötig ist. Lee 2005: 68.

6.5 Die China Schutzklausel

Die spezielle China Schutzklausel, die beim Beitritt Chinas zur WTO ausgehandelt wurde, läßt sich vereinfacht benutzten, weggelassen ist etwa das Kriterium 'unforeseen developments' und es ist der Tatbestand der Handelsumlenkung aufgenommen, wenn etwa die USA die Schutzklausel angewendet und nun in Europa die Importe ansteigen.[6175] Die Anwendung diese speziellen Regeln läuft am 10. November 2013 aus.[6176] Eine ganze Reihe von Quoten der EU China Schutzklausel sind 2005 ausgelaufen, für Schuhe und Geschirr.[6177] Im Januar 2003 wurde von der EU ein Textil- und Bekleidungs-China Schutzklausel etabliert, die bis zum 31. Dezember 2008 läuft.[6178]

6.6 Drei Beispiele für nicht in der WTO angegriffene Schutzklauselnutzungen

Genauso wie für Antidumping auch hier Beispiele für unter der WTO nicht angegriffene Schutzklauseln, um das Bild zu komplettieren. Zuerst einmal zu den kurz nach der Einführung der U.S. Stahl Schutzklausel eingeführten Stahlschutzklauseln der EU und Chinas.

EU Schutzklausel Stahl: Die rechtfertigende Argumentation der EU ist zwar hinsichtlich der WTO Kriterien auf dem neuesten Stand und sie thematisiert unvorhersehbare Entwicklungen und versucht zwischen Schädigungsfaktoren zu unterscheiden. In allen Warenkategorien bewegt sie sich bezüglich der Auswirkungen der Importe aber in einem Grenzbereich, bei dem man streiten kann, ob dies ernsthafte Schädigung ist. Auch die angebliche Preisunterbietung durch ausländische Produzenten ist kaum wahrnehmbar. Plausibilität gewinnt die Argumentation nur dadurch, daß immer wieder darauf hingewiesen wird, daß durch die U.S. Maßnahmen unvorhersehbare Umlenkungseffekte zu befürchten sind, zumal 2001 tatsächlich oft höhere Importe zu verzeichnen sind.[6179] Umgesetzt wurden die EU Maßnahmen durch global angelegte Zollkontingente, verwaltet auf einer 'first come, first served'-

---

[6175] Ebenso ist das Schädigungskriterium weniger ausgeprägt. Die Umsetzungsgesetzgebung hat dieses Verfahren so kompliziert wie bei einer Schutzklausel umgesetzt, ohne eine schnelle Untersuchung von Handelsumlenkung etwa, und es ist eine qualifizierte Mehrheit im Ministerrat zur Anwendung nötig. Bronckers/Goyette 2003: 123-131.
[6176] China wurde am 10. November 2001 während der Ministerkonferenz in Doha, Katar, in die WTO aufgenommen. WTO 2001b: 1. Siehe für die 12 Jahresfrist: WT/L/432, 23 November 2001, S. 10, Para. 16.9.
[6177] Vermulst et al. 2004a: 975.
[6178] Vermulst et al. 2004a: 978.
[6179] So sank in den 7 untersuchten Warenkategorien in keinem Fall die Kapazitätsauslastung um mehr als 6 % (warmgewalzte Coils: 5,8 %; warmgewalzte Bleche aus nicht legiertem Stahl 2 %, warmgewalztes Schmalband aus nicht legiertem Stahl 5 %, warmgewalzte Erzeugnisse aus legiertem Stahl 5,4 %, kaltgewalzte Bleche 2,7 %, Rohre etc. plus 2 %, Flansche 6 %.). Siehe auch das spannungsreiche Fazit: "Die Gemeinschaftshersteller aller sieben Waren sind unter normalen Marktbedingungen lebens- und wettbewerbsfähig. Im Untersuchungszeitraum führten viele Gemeinschaftshersteller umfangreiche Rationalisierungs- und Umstrukturierungsmaßnahmen durch, um angesichts der Globalisierung des Weltstahlmarkts und ihrer Kundenmärkte ihre Wettbewerbsfähigkeit zu erhalten. Diese weltweiten Maßnahmen der Gemeinschaftshersteller zeigen ihre Anpassungs- und Leistungsfähigkeit. Die erreichten Fortschritte würden eindeutig aufs Spiel gesetzt, wenn der weitere Anstieg der Billigeinfuhren nicht durch endgültige Schutzmaßnahmen verhindert wird, was sogar dazu führen könnte, dass eine Reihe von ihnen die Geschäftstätigkeit aufgibt." Europäische Kommission Stahl Schutzmaßnahmen 2002: 20. Siehe zu einer Kritik der Argumentation aus der Preisperspektive Vermulst et al. 2004a: 964-965; siehe auch Messerlin/Fridh 2006.

Basis, wobei beim Erreichen einer bestimmten Mengen Zölle zwischen 14,9 % und 26 % erhoben wurden.[6180]

China Schutzklausel Stahl: Im Schutzklauselbericht Chinas (vorläufige Maßnahme seit 21. Mai 2002, angelegt bis 23. Mai 2005) bleibt vollends unklar, wie mit den vorgelegten Daten ernsthafte Schädigung gezeigt werden kann. Sicher nicht durch die in 4 von 5 Fällen gestiegenen Produktionszahlen.[6181] China hatte Kasachstan, die Ukraine und Belarus von der Schutzklauselanwendung ausgenommen.[6182]

Warum die USA nicht gegen die EU oder China geklagt haben, bleibt das Geheimnis der U.S. Behörden, vielleicht auch aus dem Grund, daß die Streitbeilegung die drohende Schädigung auf dem geringen EU Niveau hätte akzeptieren müssen und dadurch ein zweifelhafter Präzedenzfall entstanden wäre. Auch die Türkei klagt nicht gegen die EU Stahl Schutzklauselnutzung, aber notifiziert schon mal, daß sie drei Jahre (und 2 Tage) später, am 29. September 2005 Zollzugeständnisse aussetzen wird.[6183]

EU Schutzklausel Mandarinen. Schließlich ein Beispiel, welches klarstellt, welche Art von Schutzklausel wohl kaum unter der WTO angreifbar sein wird. Die EU Mandarinen Schutzklausel (vom 11. April 2004 bis 8. November 2007 angelegt) beruht auf der Datenlage, daß die Einfuhren von 1998/99 16.347 t auf 2002/03 44.813 t gestiegen sind und die Produktion im selben Zeitraum von 81.869 t auf 39.600 t gefallen ist. Der Prozentsatz der Einfuhren an der heimischen Produktion stieg dementsprechend von 20 % auf 113 %. Es sind klar absinkende Preise der Importe und der heimischen Produkte zu erkennen. Das für China, den Haupteinführer dieser Mandarinen, im Rahmen der Schutzklausel eingeräumte Zollkontingent wurde im ersten Jahr von 30.843 t zudem offenbar relativ groß bemessen (bei Überschreitung der Menge Euro 301 Zoll pro Tonne).[6184] Mittlerweile spielt sich ein Konsolidierungsprozess ab, mit Firmenübernahmen und Stillegung von ineffizienten Anlagen und dem Aufbau skaleintensiver neue Produktionsanlagen. Dabei fand ein Kapazitätsabbau von 33.000 t statt, auf nun 96.000 t. Die Importe sanken auf 46.600 t ab (und lagen dabei über dem Zollkontingent, d.h. die Überschreitungszölle wurden teils bezahlt) und die Kapazitätsauslastung stiegt aufgrund dieser Faktoren von 20 % 2003/04 auf 40 % 2004/05. Geschlossen wird von der EU, daß die Maßnahme trotz positiver Entwicklungen weiter aufrechterhalten werden muß.[6185]

[6180] Entwicklungsländer, die unter 3 % der Importe lagen, wurden, gemäß SG Art. 9.1 Regeln, siehe zu Beginn dieses Punktes, von der Schutzklausel ausgenommen. Vermulst et al. 2004a: 970-971.
[6181] G/SG/N/8/CHN1, G/SG/N/10/CHN/1, 5 November 2002, S. 5-16. Ohne die hier zitierten ausführlicheren WTO Dokumenten vorliegen zu haben, beschreibt diese chinesischen Schutzklausel, ebenso skeptisch hinsichtlich der Begründung, Jung 2002: 1053-1054.
[6182] Jung 2002: 1054.
[6183] G/SG/N/12/TUR/1, 12 December 2002; G/L/624G/S,G/N/12/TUR/1/Corr.1, 30 April 2003.
[6184] Europäische Kommission Mandarinen Schutzmaßnahmen 2004: 67-93.
[6185] Europäische Kommission Mandarinen Schutzmaßnahmen 2004a: 11.

6.7 Fazit Schutzklausel

Die Schutzklausel steht durch die SG Regeln unter multilaterale Kontrolle und die Anwendung dieser Regeln ermöglicht die Schutzklauselnutzung nur noch unter bestimmten Bedingungen. Dies schränkt ihre Nutzbarkeit zu einem merklichen Grad ein. Auch die 'Parallelismus' Entscheidung ändert nicht viel an dieser Disziplinierung durch Regeln. Die Möglichkeit, 3 Jahre lang die Schutzklausel zu nutzen, ohne daß Vergeltung befürchtet werden muß, mit der die Abschaffung der VERs politisch erleichtert wurde, eröffnet zwar protektionistische oder industrie- und entwicklungspolitische Spielräume. Diese Option ändert die Regelbindung aber nicht grundlegend, zumal aus der GATT Zeit die Erfahrung vorliegt, daß viele Staaten in weniger dringlichen Situationen auf Vergeltung verzichtet haben und es besteht noch die Möglichkeit, mit einer (Gegen-) Schutzklausel Vergeltung zu nehmen, siehe Div. Länder vs. United States - Steel Safeguards (2003), wenn es um Schutzklauselnutzungen mit gravierenden Auswirkungen geht.

Die Streitbeilegung hat die SG Regeln in überzeugender Art und Weise ausgelegt. Die Vorgaben des AB zur Einstufung der Schutzklausel als Ausnahme, zum Entscheidungsmaßstab, zum Standard der ernsthaften Schädigung und der sonstigen Aspekten der Regelauslegung eröffnen eine Vielzahl von Möglichkeiten, die Argumentation der Behörden zu beurteilen und u.a. anhand alternativer Szenarien, nicht zu akzeptieren. Obwohl es im Schutzklauselbereich 'schwache' Panels gab, führt der AB hier in einzelnen Fällen die Analyse zuende und ließ sich auf eine detaillierte Datendiskussion ein. Dies ist ein Unterschied zu Antidumping, wo der AB dies öfter vermieden hat, dies mag auch an den stark umstrittenen Fällen gelegen haben. Ebenso gab es im Antidumpingbereich deutlich mehr 'schwache' Panels, die nicht selbstbewußt genug die Faktenlage analysierten. Deutlich wird daran, daß es auf die Aktivität der Panels ankommt, ein möglichst objektives, sachgerechtes Bild eines Streitfalls zu etablieren.

Als Unsicherheit bleibt im Schutzklauselbereich einzig die Auslegung von 'unforeseen developments'. Selbst hier gibt es aber keinen Grund zu erwarten, daß die Behörden nicht mit etwas Mühe Erklärungen finden können. Eine Kumulation von vielen unvorhergesehenen Erklärungsfaktoren, siehe wie in U.S. - Steel und im EU - Mandarinen Beispiel, mag einen Ausweg darstellen. Ebenso ist es akzeptiert, Wechselkursschwankungen als unvorhergesehen anzusehen.

Die WTO toleriert Schutzklauseln nur dann, wenn eine ganze Reihe von Bedingungen erfüllt sind, die für den common sense und hinsichtlich der Schwellenwerte nachvollziehbar beurteilt werden. Denkbar ist die Schutzklauselnutzung bei einem unvorhergesehene, nicht allzu extremen Anstieg von Importen, der die heimische Industrie in ihren Profiten und in ihrer Kapazitätsauslastung geschmälert hat und auf dem Heimatmarkt bezüglich der Marktanteile zurückgedrängt hat. Nicht vereinbar mit der Schutzklausel wäre es, wenn zuerst einmal Kapazität aufgebaut würde und danach Schutz gesucht wird. Ebenso würde es nicht akzeptiert werden, wenn die heimische Industrie der Ware gleichzeitig über Exporte ihre Erfolgsbilanz aufbessert, auch dies wird von den Behörden untersucht. Importe müssen nicht der einzige, aber ein genuiner und substantieller Grund für die Schädigung sein und dies muß anhand einer Unterscheidung und Separierung der sonstigen Einflußfaktoren gezeigt werden. Insgesamt gesehen wird es durch die Diskussion unwahrscheinlicher, daß den Firmen mit der strategischen Manipulation dieser Variablen überzeugen können.[6186]

Die Schutzklausel hat deshalb einen mit bestehenden wirtschaftswissenschaftlichen Modelle schwer in Einklang zu bringenden Effekt: In Warenkategorien, in denen Firmen (der Industrieländer) signifikante Exportüberschüsse vorliegen haben, ist es schwer eine Schutzklausel anzustrengen. Im Umkehrschluß besteht in diesen Bereichen ein - relativ - sicherer Marktzugang für Importwaren bzw. eine Konstanz der Wirtschaftspolitik i.S. Walter Euckens. Ausgerechnet in den Sektoren, in denen die Industrieländer wettbewerbsfähig sind, haben die Entwicklungsländer somit einen - relativ - sicheren Marktzugang. Somit mag es einerseits schwierig sein, diese Chance zu nutzen, andererseits bieten sich Chancen, daß die Entwicklungsländer u.a. mit qualitativ hochwertigen Produkten, hier einen - relativ - sicheren Platz in der differenzierten internationalen Arbeitsteilung finden, beispielsweise indem Firmen als Zulieferer innerhalb der Austauschnetzwerke der internationalen Unternehmen eine Platz erobern. Diese Wirkung kann treffend als Globalisierungslösung für Schutzklausel- und auch Antidumping- und Ausgleichsuntersuchungen bezeichnet werden, denn Firmen, die einen signifikanten Anteil ihrer Wertschöpfung international erwirtschaften, können weniger leicht einen Schutzantrag stellen, weil Schädigung durch diese Einkünfte gemildert wird. In einer perfekt globalisierten Welt, in der alle Firmen relativ erfolgreich international agieren und so Schädigung abfedern können, würden sich alle drei Schutzmaßnahmen selbst abschaffen.

In einer nicht perfekt globalisierten Welt können die Industrieländer mit der Schutzklausel (und den Antidumpingzöllen) die Industrien schützen, die mit Importen um Marktanteile konkurrieren d.h in denen die Industrie, die in den heimischen Markt zurückgedrängt wurden. Damit kann ein wohlfahrtssteigernder Strukturwandel i.S. einer weltwirtschaftlichen Arbeitsteilung aufgehalten werden, etwa in arbeitsintensiven Produktionsbereichen. Selbst wenn akzeptiert wird, daß ein Rest politischer Eingriffsmöglichkeiten in die Märkte vorhanden bleiben soll, stellt sich die Frage, inwiefern dadurch dynamische Entwicklungsmöglichkeiten verunmöglicht werden, die im Interesse aller Staaten und deren Bewohner liegen.

Diese Szenarien müssen weiterhin schon deshalb modifiziert werden, da noch einbezogen werden muß, wie leicht sich die Schutzklauselnutzung im Einzelfall begründen läßt: Denn die Schutzklausel wird, genauso wie Antidumpingzölle, letztendlich auf Waren angewandt, wodurch sich weitere Schutzspielräume ergeben. Auch eine erfolgreich exportierende Firma kann diese Maßnahmen beantragen, solange es um eine Ware geht, die sie zwar produziert aber nicht erfolgreich exportiert. Naheliegendes Beispiel ist ein Chemiefirma, die eine 'import competing' Substanz über Schutzmaßnahmen schützt und parallel dazu als erfolgreicher Exporteur tätig ist. Die ermöglich ggf.

[6186] "Moreover, while all of these indicators may to some extent be correllated with 'injury', many can be manipulated by firms." Hoeckman/Leidy 1990: 39.

sogar eine Quersubventionierung innerhalb der Firma, mit der Marktanteile aufrechterhalten werden können. Dies ist möglich, denn Schädigung muß nicht für die Firma, sondern für die Geschäftsbereiche der Firma, die die Ware herstellt, gezeigt werden. Dadurch kann vertikale Arbeitteilung erschwert werden, bei der Firmen aus Industrieländern die Produktion weniger hochwertiger Produkte aufgeben und den Firmen in den Entwicklungsländern überlassen.

Eine Schutzklausel, die den Anforderungen des SG genügt, bei der die Firmen mit Importen um Marktanteile konkurrieren, beispielsweise die Mandarinenschutzklausel der EU, läuft keine Gefahr in der WTO angegriffen zu werden. Dies zeigt, daß die WTO eine solche Schutzklauselnutzung nicht durch übermäßige Anforderungen an die Qualität der vernünftigen und adäquaten Argumentationsführung verunmöglicht bzw. über Gebühr einschränkt.

Somit bleiben diverse Möglichkeiten bestehen, die Schutzklausel zu nutzen. Vor diesem Hintergrund ist es zu begrüßen, daß die EU einen Europäischen Fonds für die Anpassung an die Globalisierung (EGF) beschlossen hat, mit dem Arbeitnehmer unterstützt werden können, die vom Strukturwandel durch den Welthandel betroffen sind.[6187] Dies könnte es erleichtern, bestimmten Sektoren aufzugeben, um im Gegenzug eine dynamische Entwicklung in anderen Staaten zu fördern, von der ebenso profitiert werden kann.

Somit ist das Fazit zu ziehen, daß die SG Regeln zuerst einmal die begrüßenswerte Wirkung haben eine unbegründete Nutzung der Schutzklausel, durch eine Industrie, die gar keine Schädigung aufweist, zurückzudrängen. Eine industriepolitische Nutzung, durch die Entwicklungsländer etwa, wird aber dadurch ebenfalls erschwert. Beispielsweise deshalb, weil Kapazitätsauslastung als ein im Binnenmarkt wirksamer Faktor angesehen wird, durch den sich die Firmen bei Überkapazitäten selbst schädigen können. Ein industrie- oder entwicklungspolitisch initiierter Kapazitätsausbau, bei dem Firmen wenig später versuchen sich durch die Schutzklauselbenutzung größere heimische Marktanteile und höhere Preisniveaus einzuräumen, wird, dies zeigt die Fallübersicht an EC vs. United States - Wheat Gluten (2000), nicht akzeptiert.

Einige der mit großem behördlichen Aufwand recherchierte Schutzklauselfälle waren offen erkennbar unbegründet, weil simplerweise die Preise der Importe über denen im Land lagen. Und zwar EU vs. United States - Wheat Gluten (2000), New Zealand, Australia vs. United States - Lamb (2000-2001), Korea vs. United States - Line Pipe (2001-2002) und, teilweise, Div. Länder vs. United States - Steel Safeguards (2003).[6188]

An EU vs. Korea - Diary (1999), EU vs. Argentina - Footwear (EC) (1999) ist sichtbar, daß besonders Untersuchungen aus Schwellen- bzw. Entwicklungsländern von der Qualität her unzureichend sein

---

[6187] Deutscher Bundestag 2007: 3.
[6188] So stellen etwa Horn/Mavroidis (2003) fest, daß das Urteil in US - Lamb, aus ihrer wirtschaftswissenschaflichen Perspektive heraus, richtig war. Horn/Mavroidis 2003: 429.

können. Dies wird in einer Durchsicht weiterer Schutzklauseluntersuchungen, die nicht vor die Streitbeilegung gelangt waren, von Stevenson (2004) bestätigt.[6189] U.a. wurde das Kriterium unvorhergesehener Entwicklungen noch nicht von den Behörden akzeptiert.[6190] Dies deutet, trotz gewisser Flexibilitäten bei der Datenqualität, die von der Streitbeilegung formuliert wurden, darauf hin, daß Entwicklungsländer ohne statistische Datenerhebung und ausgebildete 'case handlers' klar erkennbare Nachteile bei der Schutzklauselnutzung haben.

Eindeutig ist auch eine weiteres Ergebnis: Mit der Ausnahme von Argentinien, welches seine Schutzklausel weiter auf Sportschuhe anwandte, wurden alle Schutzklauseln innerhalb eines 3 Jahreszeitraums abgeschafft, d.h. bevor es zu einer Vergeltung kommen darf, einmal abgesehen vom Spezialfall Stahl. Die drohende Vergeltung bzw. ggf. die Befürchtung schwieriger Zollneuverhandlungen stellt somit - klar erkennbar - einen starken Anreiz dar, Schutzklauseln nur als temporäre Maßnahme innerhalb dieses Zeitraums zu nutzen.

Vergeltung ist weiterhin erlaubt, wenn die WTO Inkompatibilität der Schutzklausel bewiesen ist bzw. der Fall vor der Streitbeilegung gewonnen wurde: Dies führte in Australia vs. United States - Lamb (2000-2001) zu einer früheren und in Div. Länder vs. United States - Steel Safeguards (2003) zu einer zeitnahen Abschaffung der Schutzklausel nach der Veröffentlichung der Berichts der Berufungsinstanz.[6191] In diesem Zusammenhang darf ebenso gefragt werden, ob die WTO Streitbeilegung überhaupt Wirkung zeigt. Denn trotz Streitbeilegung wurden die weiteren WTO inkompatiblen Maßnahmen (Korea - Diary, Argentina - Footwear, United States - Wheat Gluten, United States - Line Pipe) nach der Vorlage des AB Berichts etwas länger aufrechterhalten und erreichten, trotz Streitbeilegung, die Frist einer 3jährigen Wirksamkeit.

In bezug auf die wirtschaftswissenschaftliche Begründung der Schutzklausel ist bemerkenswert, daß dazu überhaupt eine Debatte geführt wird. In dieser Debatte geht es nicht um die oben erwähnte, spezielle, aber immerhin konkrete Beobachtung, daß für exportintensive Waren kein Schutz möglich ist, sondern um die allgemeinere Frage nach Schutz und Anpassung. Aus liberale Perspektive müßte die Schutzklausel nämlich pauschal abgelehnt werden, denn selbst dann, wenn eine eigentlich anpassungsfähige Firmen zurückgedrängt wird und sie eine gewisse Zeit braucht, um wieder wettbewerbsfähig zu werden, braucht es dazu keinen Schutz, weil angenommen wird, daß funktionierende Kapitalmärkte den Anpassungsprozess finanzieren und die Geschäfte aufrechterhalten.[6192] Von Sykes (2003) wird aus liberaler Perspektive argumentiert, daß das einzige überzeugende Argument, welches für die Schutzklausel spricht, politisch-ökonomisch ist, nämlich daß

[6189] In den dort präsentierten Fällen, u.a. aus Indien, Jordanien, Litauen, Philippinen und China werden aber z.B. immerhin stark steigende Importe dokumentiert. Trotzdem das obengenannten Fazit in Stevenson 2004: 327.
[6190] Chile und Polen benutzen das Kriterium, nicht aber Indien, Jordanien, Litauen, Philippinen, China und die Tschechei. Stevenson 2004: 324-326.
[6191] Die EU hatte auf die Entscheidung der Berufungsinstanz gewartet. Grund war vor allen, daß soviele EU Produkte in den nachträglichen Ausnahmen enthalten waren. Devereaux et al. 2006b: 228. Die EU hatte offen gelassen, ob sie den Panel oder den AB meint, bei ihrer Drohung Vergeltung zu üben. Verordnung (EG) Nr. 1031/2002 des Rates, 13. Juni 2001. In: ABl. L 157, 15.6.2002. S. 8-24.
[6192] Sykes 2003: 287.

sie es Politikern erleichtert, Liberalisierungszugeständnisse zu geben.[6193] Das Argument, daß die Schutzklausel Pareto-Effizienz befördert, indem die Gewinner die Verlierer der Liberalisierung kompensieren, wird abgelehnt, weil dieses Instrument sehr ungenau wirken würde, denn hauptsächlich kämen die Zusatzgewinne den Firmeninhabern zugute.[6194] In Horn/Mavroidis (2003) wird eine effizienzsteigende Funktion der Schutzklausel dahingehend ausgemacht, daß sie die Geschwindigkeit, mit der Anpassung erfolgt, dosieren hilft, sodaß Arbeitslosigkeit erst dann auftritt, wenn in anderen Industriebereich die Aufnahmefähigkeit ansteigt, sodaß sich Sozialausgaben sparen lassen.[6195] Die Literatur wird somit von vereinfachten, neoklassisch liberalen Diskussionen beherrscht.

Wie dem auch sei, aus dynamisch ordoliberaler Perspektive folgt, daß eine Schutzklausel, so wie alle Schutzinstrumente multiple, positive und negative, Effekte haben kann. Sie kann industrie- und entwicklungspolitisch positiv wirken, sie kann aber auch den Anpassungsdruck zu stark zurücknehmen, sodaß Modernisierung nicht erfolgt. Ebenso kann sie einen wohlfahrtserhöhenden Strukturwandel verunmöglichen. Sie kann von rentensuchenden Interessengruppen benutzt werden, die Zusatzgewinne durch temporär höhere Preise wünschen. Diesen Interessengruppen bleibt, bei unbegründeten Schutzklauselnutzungen, nun de facto ein 3 Jahreszeitraum für die Rentensuche (außer dies wird gestört durch Vergeltungsschutzklauseln, siehe den Stahlfall). Daß diese Renten immer noch attraktiv sein können, wurde anhand einiger der diskutierten Fälle erkennbar.

Für einen entwicklungspolitisch wirksamen Schutz ist dieser 3 Jahreszeitraum etwas zu kurz. In diesem Zeitraum kann gerade eine Fabrik aufgebaut und in Betrieb genommen werden. Weiterhin sind die Bedingungen relativ streng: Obwohl dies zur Zeit nicht auf der Agenda steht, wäre es deshalb durchaus denkbar, eine spezielle, entwicklungspolitische begründete Schutzklausel zu entwickeln, die mit dem Ziel dynamischer Wohlfahrtssteigerung begründet wird. Diese könnte, gemäß der Schutzklauseleinstufung des AB ebenso als exzeptionelle Ausnahme angelegt werden, angesichts der nicht funktionsfähigen Erziehungszollausnahme. Gemäß der WTO Regelsystematik wäre eine solche im Bereich Schutzklausel am besten aufgehoben.[6196] Eine solche Schutzklausel könnte, auf klar definierte Investitionsprojekte ausgerichtet sein, beispielsweise auf die Modernisierung der indischen Stahlindustrie. Hier müßte der Zeitrahmen und die Industrie, die neu aufgebaut oder modernisiert werden soll, genau definiert werden, eingeschlossen genau spezifizierter Schritte der Liberalisierung. Auch könnten die Länder aufzeigen, inwiefern andere Länder und deren Industrien von diesem Aufbau profitieren. Eine solche Schutzklausel könnte dynamische Entwicklungsmöglichkeiten eröffnen, indem für einen bestimmten Zeitrahmen Renten ermöglicht werden. Wenn dieser Zeitrahmen abgelaufen ist, der sich vielleicht auf 6 Jahr erstrecken kann, wird globale Vergeltung ermöglicht, denn

---

[6193] Sykes 2003: 291.
[6194] Sykes 2003: 285.
[6195] Aus wirtschaftswissenschaftlicher Perspektive gehe es um den Übergang von einer Gleichgewichtssituation zu einer anderen, wenn es um Anpassung geht i.S. daß eine Industrie aufgrund ausländischer Konkurrenz die Preise permanent absinken lassen muß. Die dadurch entstehende Arbeitslosigkeit oder die Beschäftigung der Arbeiter in einem neuen Industriebereich, zu niedrigeren Löhnen, wird als soziale Anpassungskosten bezeichnet. Horn/Mavroidis 2003: 400.
[6196] Eine weitere Zuordnungsoption wäre Punkt Erziehungszölle bzw. 'infant industry'-Schutz. Art. XVIII.C. WTO 1995: 515-517.

nur so ist beides, eine Disziplin in der Entwicklungsschutzklauselnutzung und bezüglich der Erreichung der Entwicklungsziele denkbar.

Darüberhinaus ist es denkbar für sehr schwache Länder eine permanent angelegte, besonders auf schwache und arbeitsintensive Sektoren ausgerichtete sektorale Schutzklausel einzuräumen, die mit passiven, wohlfahrtserhaltenden Effekten vor der Liberalisierung schützt, etwa für die traditionelle Bekleidungs- und Möbelherstellung und die grundlegenden metallverarbeitenden Industrien, siehe dazu die empirischen Recherche unter Punkt Afrika, in Abschnitt 'G'. Als Bedingung könnte gestellt werden, daß mindestens 60 % der Wertschöpfung einer exportorientierten Wirtschaftspolitik, also einer Konkurrenz durch Importe, ausgesetzt wird, siehe Fazit in Abschnitt 'K'.

Im Rahmen der ordoliberalen dynamischen Theorie kann die 'normale' Schutzklausel, selbst wenn sie nicht angewandt wird, als eine Versicherung interpretiert werden, die das Risiko für Investitionen zu einem gewissen Grad - aber nicht gänzlich - mindert, sodaß weiter Anreize für unternehmerische Anstrengungen bestehen, je nach interner Wettbewerbsintensität und Marktgröße. Im Notfall kann verhindert werden, daß investiertes Kapital wertlos wird und der Staat kann durch eine Modernisierung und Restrukturierung versuchen, eine zweite Chance zu ermöglichen. Dabei muß die Vergeltung nicht unbedingt negativ bewertet werden, denn diese gibt immerhin einen Anreiz, hierbei mit der nötigen Ernsthaftigkeit zu verfahren. Im Idealfall kann eine solche Risikomoderation, die aufgrund ihrer Regelbindung Risiken nicht ganz abschafft, wohlfahrtssteigernd wirken.

Eine solche wohlfahrtssteigernde Nutzung der Schutzklausel hängt allerdings von bestimmten Bedingungen ab. Es ist nicht zu erwarten, daß die Schutzklausel wohlfahrtssteigernd genutzt wird, wenn ein Staat die Ankündigung macht, seine außenhandelspolitischen Instrumente aggressiver nutzen zu wollen und darauf besteht, daß neben Schutzklauseln auch Antidumpingzölle gerechtfertigt sind, weil diese Schutz vor 'wettbewerbswidrigen' Einfuhren bieten. Dies ist Protektionismus. Ebenso ist nicht zu erwarten, daß der Terminus Anpassung weiterhilft. Der Terminus war oft nur ein Deckmantel für Modernisierung und die Ausweitung der Kapazitäten.

Aus diesen Gründen müßten schon die Schutzklauseluntersuchungen nationaler Behörden reformiert werden. Wenn es um Risikomilderung, aber nicht Minimierung geht, darf es nicht von vornherein klar sein, daß die Schutzklausel durchgesetzt werden kann. Es bedarf einer unabhängigen, technokratisch arbeitenden Institution, welche die Anträge bearbeitet. Weil Indikatoren wie Profite und Kapazitätsauslastung manipuliert werden können, sollte u.a. Importpenetration aber auch das Preisverhalten als Kriterium ausschlaggebend sein (siehe gleich Antidumping: Dort wird in einem Fall Importpenetration von den Firmen manipuliert, indem die Preise einfach hoch belassen werden und zunehmende Importe provoziert werden). Eine unabhängige Kosten-Nutzen Abschätzung sollte erfolgen und veröffentlich werden, dazu eine Marktstrukturanalyse mit Informationen über die Position der Industrie (und nicht nur der Ware) auf den Weltmärkten. Ebenso sollte die Mehrheit der Firmen Schwierigkeiten im Sinne von Schädigung haben. Schließlich sollte das nationale Interesse geprüft werden. Dieser Prüfung müßte aber im Zeitalter der Globalisierung ein ungefähres Szenario zugrundeliegen, in welcher Industrie oder bei welchen Waren eine Kontraktion akzeptabel ist. Der aus den siebziger Jahren bekannte Wunsch, daß alles gleichzeitig wächst ist ein und für allemal überholt, weil er ein weiteres mal dafür sorgen könnte, daß weltweite dynamische Wachstumschancen nicht erreicht werden können.[6197]

Zuletzt: In Abschnitten 'B', 'F' und 'E' wurde verdeutlicht, daß die Firmen in den Industrieländern in einem Umfeld, welches ihre Anpassungsfähigkeit fördert, situiert sind, sodaß auch dieses bei der Rechtfertigung von Schutzklauseln einbezogen werden müßte. Dieses Argument wird in der Literatur nicht diskutiert. Dort wird angenommen, daß Industrieländer und Entwicklungsländer das gleiche Recht haben, die Schutzklausel zu nutzen.

6.8 Von der Schutzklausel zu Antidumping

Diese doch recht übersichtliche Welt wird nun verlassen. Hinsichtlich diverser Aspekte des Antidumping zeigt sich ein ausgeprägter Kontrast zur Schutzklausel. Auffällig ist zuerst einmal, daß die Streitbeilegung weitaus unsicherer agierte. Bei den Antidumpingmaßnahmen haben weiterhin die Behörden größere Spielräume und die Maßnahmen werden länger aufrechterhalten, auch weil hier das Antidumpingabkommen keine erneute, vollständige Feststellung bei einer Verlängerung erforderlich macht. Tatsächlich gibt es für Antidumpingzölle überhaupt kein Zeitlimit, solange das Vorliegen der Tatbestände behauptet wird. Ebenso gibt es keine Regel, wie SG Art. 5.1, die für den Normalfall der Schutzklauselnutzung besagt, daß die bisher erreichten Marktanteile wenigstens auf einem durchschnittlichen Niveau der letzten 3 Jahre aufrechterhalten werden müssen. Die größeren Spielräume für Antidumping korrespondieren somit ungünstigerweise damit, daß ein größerer Einfluß auf den Handel genommen werden kann. Der Untersuchungszeitraum ist kürzer, meistens 3 Jahre für die Untersuchung bedeutender Schädigung, für die Dumpingfeststellung oft noch weniger. Auch dies eröffnet Spielräume für strategisches Verhalten der Firmen diese Tatbestände zu behaupten, obwohl es ihnen in Wirklichkeit nicht schlecht geht. Nach verlorenen WTO Streitfällen wurden die Maßnahmen oft nicht zurückgenommen, sondern es wurde versucht mit neuerlichen Feststellungen nachzubessern. Antidumping wird weiterhin wie die Schutzklausel benutzt, hat aber aus der Sicht der Staaten den

---

[6197] Diese Aufzählung ist inspiriert von Hoekman/Leidy 1990: 39-40. "Three conclusions emerge concerning the design of an efficient system of emergency protection. First, there need to be 'hard' requirements (rules), in the sense that they must be met. This is required to minimize the scope for rent-seeking in general, and for directly unproductive lobbying (DUP) activities in particular. (...) What criteria should be imposed as part of a system of emergency protection? We believe that import penetration is the only relevant criterion in that it is the least susceptible to strategic behavior and is directly tied to the presumed source of difficulty. Additionally, a national interest criterion should be incorporated, where this is defined in such a way that it requires a cost-benefit analysis by an independent agency of the economic-wide effects of imposing protection. The results of this analysis should be published. (...) In doing the required cost/benefit analysis, it is important that the market structure of the industry be taken into account. The majority of firms making up the import-competing industry should be experiencing difficulties. For example, if an industry is competitive and only a subset of the firms involved are in difficulty there should be no intervention. If there are only a few firms in the industry, intervention may simply strengthen monopolistic tendencies. Contingent protection always has this danger and it should be recognized. Thus, a competition aspect should be incorporated into the cost-benefit analysis. In those cases where protection is likely to lead to a noncompetitive situation it should be rejected." Hoekman/Leidy 1990: 39-40.

Vorteil hat, keine Vergeltung nach sich zu ziehen, weil es mutmaßlich gegen 'unfairen' Handel geht. Diese Spielräume korrespondieren ausgerechnet damit, daß die Antidumpinguntersuchungen deutlich 'unfairer' durchgeführt werden, als dies im Schutzklauselbereich erfolgt. Es geht um ein außenhandelspolitisches Instrument, welches bislang ohne Limits zu protektionistischen und interessengruppenbezogenen Zwecken genutzt werden konnte. Und umso spannender ist, wie dort das Fazit aussehen wird:

7. Antidumping

"The Antidumping Agreement (...) could be a revolution in world antidumping law. The Agreement's absolute requirement of a fair comparison, the improvement in language on causation of injury and the requirement of a sunset review mechanism, along with numerous other improvements, marks (...) a reversal of a tendency to make the imposition of antidumping duties easier ...".[6198]

7.1 Einleitung

Dem GATT gelang es nur eingeschränkt, klare Überprüfungskriterien für die Antidumpingnutzung zu entwickeln, siehe Abschnitt 'H'. Deshalb wird es hier darum gehen, ob der Optimismus im Eingangszitat gerechtfertigt ist. Geklärt wird ebenso, ob das sog. Byrd Amendment mit den WTO Regeln kompatibel ist. Dieses U.S. Gesetz war so angelegt, daß es Rentensuche durch Antidumpingzölle noch subventionierte, etwas, daß man gemäß Neoklassik einfach nicht macht.[6199] Gelöst werden kann auch die Frage, ob die USA Grund hatte sich über die Nicht-Umsetzung des speziellen Entscheidungsmaßstabs in AD Art. 17.6 zu beschweren, auf dem sie in den Verhandlungen der Uruguay-Runde bestand, wobei dies Thema eines Berichts für den U.S. Kongreß im Jahre 2003 war.[6200] Letztendlich stellt sich die folgende Hauptfrage: Kann das WTO Antidumpingabkommen die Dumping Berechnungsmethoden disziplinieren und die Schädigungsanalyse überprüfen, um dadurch der weltweit steigenden Antidumpingnutzung entgegenzuwirken?

7.2 Informationen über die Antidumpingnutzung seit der WTO Gründung

In Abschnitt 'H' wurde gezeigt, daß die Nutzung von Antidumpingzöllen bis Ende der achtziger Jahre von den traditionellen Nutzern USA, EU, Australien, Kanada und Neuseeland dominiert wurde. Ende der achtziger Jahre erfolgte der Aufstieg der sogenannten nicht-traditionellen Nutzer.[6201]

[6198] Die Autoren sind nicht naiv, hinzugeführt wird: "That said, one must emphasize the word 'could'." Horlick/Shea 1995: 5.
[6199] So der treffende Titel von Olson 2005.
[6200] "This disparity and the failure of panels and the Appellate Body to follow prior rules of construction and the special dispute settlement provisions in the Anti Dumping Agreement have underminded the perception of objectivity and fairness of the WTO dispute settlement process". So 2005 in einem Hearing vor dem Ways and Means Kommitee des U.S. Kongreß. Stewart 2005: 7. Der Bericht für den Kongreß ist GAO 2003. Siehe weiter unten den Punkt 7.8.4, Antidumping Entscheidungsmaßstab.
[6201] Wie in Abschnitt 'H' schon gezeigt, finden sich die besten Daten dazu in Zanardi 2005: 22-23, 28. Der Aufstieg der neuen Nutzer wird auch thematisiert von Miranda et al. 1998; Prusa 1999, 2001; Vandenbussche/Zanardi 2006.

Die Antidumpingnutzung stieg seit Gründung der WTO an: Zwischen 1981 bis 1987 erfolgten 1305 Antidumpinguntersuchungen (723 definitive AD-Maßnahmen), zwischen 1988 und 1994 waren es 1508 (688 definitive AD-Maßnahmen) und zwischen 1995 und 2001 lagen 1784 Antidumpinguntersuchungen (und 1157 definitive AD-Maßnahmen) vor, dies ist ungefähr eine Verdopplung.[6202] Nimmt man hier Anfang der neunziger Jahre gemachte Schätzungen zum Ausgangspunkt, daß die Handelsströme, die von Antidumpingmaßnahmen beeinflußt wurden, bei 2-5 % des Welthandels liegen[6203], dann könnten sich diese Werte bis heute auf 4-10 % verdoppelt haben. Dies würde Werte von ca. US$ 290 Mrd. bis US$ 700 Mrd. betreffen.[6204]

Indien stieg im Zeitraum 1995 bis 2004 mit 400 Untersuchungen und 302 Antidumpingmaßnahmen an die Spitze der Antidumpingnutzer (Bown 2006). Auf dem zweiten Platz folgte die USA mit 354 Untersuchungen und 219 Maßnahmen, auf dem dritten Platz befand sich die EU mit 303 Untersuchungen und 193 Maßnahmen. Argentinien mit 192 Untersuchungen und 139 Maßnahmen und Südafrika mit 173 Untersuchungen und 113 Maßnahmen nahmen die nachfolgenden Tabellenplätze ein. Diese 5 Länder kamen auf 58 % der Maßnahmen auf.[6205]

Es ergibt sich weiterhin eine Kategorie neuer Betroffener: Daten diesmal aus Zanardi (2005), es geht um definitive Antidumpingzollmaßnahmen, der Zeitraum ist 1995 bis 2001, also ein etwas kürzerer Zeitraum als oben: Zuerst einmal spielte China, welches von 177 Maßnahmen betroffen war, in einer anderen Liga. Bei den Industrieländern wird die Betroffenheitstabelle von den USA mit 66 Maßnahmen angeführt, dicht gefolgt von Japan, 64 Maßnahmen. Die EU Länder Deutschland und Frankreich stellten das Mittelfeld dar, gefolgt von Italien, Spanien und England. Die sonstigen Länder lagen sämtlich unter 10 Maßnahmen.[6206] Bemerkenswert ist, daß einige Schwellen- und Entwicklungsländer eine noch höhere Betroffenheit aufwiesen als die Industrieländer: Südkorea mit 74, Taiwan mit 52, Brasilien mit 52, Indien mit 43, Thailand mit 32 und Indonesien mit 31 Maßnahmen.[6207] Zwar war beispielsweise Südkorea schon in den achtziger Jahren im Fokus von Antidumpingmaßnahmen, siehe Abschnitt 'H', wurde aber damals nicht einer so hohen Anzahl ausgesetzt. Malaysia (20), Südafrika (18), Mexiko (17), Türkei (14) und Venezuela (13) liegen im unteren Bereich des Mittelfelds. Die übrigen Länder, also auch sämtliche am wenigsten entwickelten

---

[6202] Zanardi 2005: 22, 28.

[6203] Zu diesen Ergebnissen kommen zwei Untersuchungen von Hindley/Messerlin (1996) und Anderson (1993), die beide nicht in der Literaturliste dokumentiert sind, Verweis darauf in Vandenbussche/Zanardi 2006: 1. Untersuchungen zu Antidumpingeffekten sind aufwendig und liegen, soweit ersichtlich, für die aktuelle Situation nicht vor. Dazu kommt, daß Antidumpinguntersuchungen selbst dann, wenn es nicht zu definitiven Zöllen kommt, einen abschreckenden Effekt haben, der schwer zu messen ist. Dazu folgendes Zitat aus Finger (1993): "It is difficult to determine just how much world trade has been affected by these cases. The number of people who died in 2,000 airline crashes would be a low estimate of the effect of these crashes on air traffic. The number of unfair trade cases that end with formal antidumping orders and the like provide an even less accurate gauge of their effect on world trade since the exporter is often offered the opportunity to negotiate a voluntary restraint settlement." Finger 1993: 6.

[6204] Der Welthandel hat 2003 eine Höhe von US$ 7294 Mrd. WTO 2004a: 5.

[6205] Brasilien folgt erst auf Platz 8 mit 116 Untersuchungen und 62 Maßnahmen. Die ersten 10 Nutzer kommen für 77 % der Maßnahmen auf. Bown 2006: 7; siehe: **Tabelle 282**.

[6206] Deutschland ist von 33, Frankreich von 26 Maßnahmen betroffen, Italien liegt bei 21, Spanien bei 18, England bei 16. Zanardi 2005: 30.

[6207] Zahlen aus Zanardi 2005: 30-31.

Länder werden bei unter 10 Maßnahmen eingestuft.[6208] Unter den Transformationsländern ist Rußland von 62 Maßnahmen betroffen.[6209]

Obwohl nicht immer Sektoren mit hoher Wertschöpfung von den Maßnahmen betroffen sind und manchmal alternative Märkte vorliegen dürften, auf welche die betroffenen Länder und Firmen ausweichen können, spricht viel dafür, daß eine weltweit stark ansteigende Antidumpingnutzung eine Gefahr für die Wohlfahrt besonders betroffener Länder darstellen kann.

Dieser Schluß ist wichtig, weil sich aus der Perspektive der einzelnen Nutzerländer eine Verharmlosung anbietet. Aus dem Blick der USA beispielsweise sind Entwicklungsländer nur selektiv von AD Maßnahmen berührt. Am Stichtag 1. Januar 2000, war die folgende Anzahl von Maßnahmen in Kraft: Argentinien (6), Indien (6), Mexiko (8) und Brasilien (13), Südkorea (17), Taiwan (21) und China (40). Alle andere Länder lagen unter gleich/unter 5 Maßnahmen.[6210]

Die Analyse von Zanardi (2005) zeigt, daß sich die Nutzung des Antidumpingschutzes sich seit Anfang der neunziger Jahre weltweit ausweitete (1988-1994). Im zweiten Teil dieser Epoche (1995-2001) ließ sich bei den Industrieländern eine leichte Steigerung erkennen, bei Entwicklungsländern eine deutliche. Die Maßnahmen der Entwicklungsländer gegen die Industrieländer stiegen absolut gesehen an. Bemerkenswert ist auch, daß viele Antidumpingmaßnahmen von Entwicklungsländern gegen Entwicklungsländer verhängt wurden. Diese Zahlen stiegen relativ und absolut gesehen an.[6211] Hinsichtlich der Intensität der von Antidumpingmaßnahmen betroffenen Ländern liegen die Entwicklungsländer, relativ zum Wert der Exporte gesehen, weit vorne, einmal abgesehen von Transformationsländern, die die Spitzenplätze einnehmen.[6212] Somit ist die Kritik in UNDP (2003) sachlich richtig, wobei hinter dieser Feststellung nicht nur die Aktivitäten der Industrieländer stehen:

"Although developing countries have dramatically increased their use of anti-dumping measures, they nevertheless remain the main victims of such measures."[6213]

Um eine realistische Einschätzung vornehmen zu können, ist weiterhin zur Kenntnis zu nehmen, daß die Industrieländer relativ zu ihrer Importmenge wenige Antidumpingmaßnahmen nutzen. Wird die Anzahl der Untersuchungen relativ zu den Importmengen gesehen liegen USA, EU und auch China auf den Plätzen weit hinten, sogar mit absinkender Tendenz. Länder wie Südafrika, Argentinien, Indien, Trinidad Tobago, Neuseeland, Peru, Nicaragua, Ägypten, Australien, Venezuela und Brasilien

---

[6208] Zanardi 2005: 31.
[6209] Unter den Transformationsländern folgt die Ukraine mit 40, Polen mit 24 und der Rest mit unter 15 Maßnahmen. Zanardi 2005: 31.
[6210] Stichtag 1. Januar 2000 bietet ein realistischeres Bild, weil die USA am Tag zuvor viele Maßnahmen hat auslaufen lassen. Dies war der letzte mit den WTO Antidumpingregeln kompatible Termin, erstmals Sunset Überprüfungen durchzuführen. CBO AD Study 2001: 33-34; ein Überblick über die U.S. AD Maßnahmen auch in prozeduraler Hinsicht, unter besonderer Berücksichtigung der Maßnahmen gegen Entwicklungsländer: Bown et al. 2003.
[6211] Zanardi 2005: 13-15, 19, siehe: **Tabelle 283**.
[6212] Zanardi 2005: 13-15, 33, siehe: **Tabelle 284**.
[6213] UNDP 2003: 185.

sind dagegen auf den vorderen Plätzen zu finden.[6214] Dies bedeutet aber nicht, daß die Industrieländer nicht Sektoren in Entwicklungsländern treffen können, die für die Entwicklung eines Landes eine wichtige Rolle spielen können, siehe etwa das Beispiel Fahrräder zum Schluß.

7.3 Die neuen Antidumpingnutzer

In der Untersuchung von Vandenbussche/Zanardi (2006) liegt der Focus auf den neuen, intensiven Nutzern. These dieser Autoren ist, daß die Zunahme der Importe durch Liberalisierung teils in erheblichem Ausmaß durch Antidumpingzölle eingeschränkt wurde. Für Indien wird die These aufgestellt, daß ein großer Teil der Importzunahme von 11,9 % durch einen - 7,8 % Importrückgang, der im Zusammenhang mit Antidumpingzöllen steht, konterkariert wurde. Wenngleich für Mexiko die Hälfte und für Argentinien, Brasilien und China etwa ein Drittel der Importzunahmen, die durch die Liberalisierung ermöglicht wurden, durch AD betroffen sind, liegt für Südkorea und Südafrika die Importabnahme durch die AD Zölle sogar über der Importzunahme durch die Liberalisierung.[6215] Trifft dies zu, wird Antidumping für viele Entwicklungsländer zu einem Instrument, um selektiv Liberalisierung rückgängig zu machen, wobei protektionistische[6216] aber auch entwicklungspolitische Motive dahinterstehen können.

7.4 Länderbeispiele zur Antidumpingnutzung

In Indien liegt ein klarer sektoraler Fokus vor. Von den 375 Antidumpinguntersuchungen in der Datenbank von Bown (2006), sind 29 Fälle dem Stahlbereich zuordenbar, 16 dem Textilbereich, 39 sonstigen Produkten, darunter Industrieprodukte wie Magnetringe, Röntgenanlagen für die Flugsicherheit, Zeitungspapier, Batterien und Kompressoren. Den Hauptteil (291 Fälle) bestreiten allerdings Chemieprodukte, darunter Chemierohstoffe und Pharmaprodukte.[6217]

In China wurden zwischen dem 1. Januar 2002 bis zum 31. Dezember 2004 79 Untersuchungen durchgeführt und 52 endgültige Maßnahmen beschlossen. Dort liegt eine ähnlicher sektoraler Fokus wie in Indien vor, 55,7 % der Antidumpinguntersuchungen beziehen sich auf den Chemiebereich,

---

[6214] Zanardi 2005: 13-15, 32; siehe **Tabelle 285**.
[6215] Für Taiwan und Venezuela kommt es fast zu einem gleichen Niveau der Abnahme und Zunahme. Ägypten verliert durch AD Maßnahmen nur ca. 1/4 der Importzunahme. Vandenbussche/Zanardi 2006: 28.
[6216] "Second, antidumping enforcement in the large developing countries does not seem to be driven by adjustment to trade liberalization. Antidumping use by six developing countries is mostly a backdoor way to traditional protection under the form of a new trade policy instrument." Messerlin 2002: 8.
[6217] So wurden etwa Antidumpingzölle gegen Paracetamol aus China und Taiwan erhoben. Bown 1996; von 285 Untersuchungen wird nur in einem Fall kein Dumping und nur in zwei Fällen keine Schädigung gefunden. Der durchschnittliche Zoll beträgt 77,41 %, der höchste Zoll 693 % (in bezug auf eine Ware aus China). Obwohl es Handelsumlenkung gibt, sanken die Importe insgesamt gesehen ab. Die indischen AD Maßnahmen werden als effektiv angesehen. Zum Zeitpunkt der Untersuchung sanken Importe sehr stark ab (um 91 %) und stiegen 1 Jahre später wieder an (um 53 %). Die Importe erreichten nicht mehr den Wert vor der Untersuchung. Hinsichtlich der Preise hoben die Importeure die Preise an, auch um das Zahlen von AD Zöllen zu umgehen. Im Jahr 3 nach der Erhebung von Zöllen sanken die Preise pro Einheit fast wieder auf Werte vor der Untersuchung ab. Dies wird so interpretiert, daß in Fällen mit geringeren Zöllen die ausländischen Produkte nun im Sinne eines Stackelberg Preisführer auf dem indischen Markt agierten und einen etwas höheren Preis als die indischen Firmen vorgaben. Ganguli 2005: 5-9.

weitere 17,7 % auf Plastikprodukte, dazu kommen 10,1 % im Bereich Zellstoff und Papier und 6,3 % bezüglich Metallen.[6218]

Mexiko schützt sich mit seiner Antidumping 'China package' seit 1994 gegen Konsumprodukte aus China (Stifte, Fahrräder, Spielzeug, Werkzeuge, Ventile, Chemikalien, Taschen, Schuhe, Textil, Bekleidung).[6219] Ebenso wird im Stahlbereich ein 'Multi Country/Multi Product'-Paket gegen viele Länder durchgeführt, interessanterweise richtet sich der Schutz vor allem gegen Brasilien und Venezuela und nicht gegen bestimmte Produkte aus Deutschland, Korea und den USA.[6220] Im Jahre 2002 sind in Mexiko 79 Antidumpingmaßnahmen in Kraft, darunter 36 gegen China und 13 gegen die USA.[6221] Interessant ist in bezug auf Mexiko, daß neuerdings eine 'lesser duty' Regeln benutzt wird, die einen niedrigeren Zoll nutzt, wenn befürchtet wird, daß u.a. durch monopolistische Praktiken der freie Wettbewerb im Land selbst gefährdet wird.[6222] Insgesamt gesehen sind aber nur 0,8 % der Importe von Antidumpingzöllen und der Schutzklausel betroffen.[6223]

Chile nutzt wenige Antidumpingmaßnahmen, im Stahlbereich, bei Schuhen, einer Chemikalie sowie Weizenmehl. Seine wenigen, temporär angelegten Agrar-Schutzklauselmaßnahmen führten zu WTO Streitfällen.[6224]

Für Kolumbien wurden zwischen 1990 und 2004 37 Antidumpinguntersuchungen durchgeführt, davon haben 14 zu Zöllen geführt. Agrar-, Chemie-, Reifen-, Stahl-, Textilien führen die Statistik an.[6225] Die Nutzung in Kolumbien wird insgesamt als moderat charakterisiert.[6226]

Peru nutzte zwischen 1999 und 2004 21 definitive Antidumpingzölle (von 70 Untersuchungen), 2 Ausgleichsmaßnahmen (von 7 Untersuchungen) und keine Schutzklausel (von 4 Untersuchungen).[6227]

[6218] Trade Policy Review China 2006 (Revised Version): 84-85.
[6219] Mit sehr hohen Zöllen ausgestattet, weil China noch nicht WTO Mitglied und somit nicht an diese Regeln gebunden war. De la Torre/Gonzales 2005: 26; seit 1986 besteht in Mexiko ein Antidumping Gesetz. De la Torre/Gonzales 2005: 3.
[6220] De la Torre/Gonzales 2005: 27. Damit wurde Rücksicht auf die Importbedürfnisse der ausländisch investierten Automobilhersteller genommen. De la Torre/Gonzales 2005: 35.
[6221] De la Torre/Gonzales 2005: 21.
[6222] Im der 'Di-Iodohydroxy-Quinoline'-Fall Entscheidung wird ausgeführt: "the dumping margin is excessive to be taken as a reference, since it would encourage the prohibition of importing goods under investigation, market concentration and monopoly practices, to the detriment of free competition." Der Fall wurde durch ein Unternehmen initiiert, welches mit einer deutschen Firma verbunden ist. Ziel dieser Firma war es den im mexikanischen Markt einzigen Konkurrenten, eine indische Firma, vom Markt zu verdrängen. De la Torre/Gonzales 2005: 30.
[6223] Hauptbetroffener ist China: von US$ 6,2 Mrd. sind US$ 600 Mill. betroffen. Die USA hat US$ 106,7 Mrd. Exporte nach Mexiko zu verzeichnen, von Antidumpingzöllen betroffen sind US$ 890 Mill. Die Schutzklausel wird kaum genutzt. De la Torre/Gonzales 2005: 43.
[6224] Zwischen 1993 und 1997 sind es 6 Antidumpingmaßnahmen. Zwischen 1998 und 2003 keine. Die Agrarschutzklauseln werden in den Bereich Weizen, Weizenmehl, Zucker, Pflanzenmöl, Milch und Fruktosesyrup angewandt. Saez 2005: 10, 24. Chile hat in seinem Freihandelsabkommen mit Kanada (und offenbar auch mit der EFTA) sich darauf geeinigt, Antidumpingmaßnahmen ganz auszusetzen. Saez 2005: 19-20; seit 1992 besteht in Chile ein Antidumping Gesetz. Saez 2005: 6.
[6225] Reina/Zuluaga 2005: 25; seit 1990 besteht in Kolumbien ein Antidumping Gesetz. Reina/Zuluaga 2005: 10.
[6226] Reina/Zuluaga 2005: 41; Bemerkenswert ist weiterhin, daß Kolumbien einige Schutzmaßnahmen auf regionaler Ebene einsetzt, gemäß der Schutzklausel des Andean Paktes. Dies hat speziell für Reis zu Konflikten mit dem Nachbar Ecuador geführt. Reina/Zuluaga 2005: 28.
[6227] Im Jahre 1999 gelingt es einer kleinen peruanischen Firma Antidumpingzölle (120 % und 734 %) auf Surfbretter erheben zu lassen, gegen Unternehmen aus China und Taiwan. Webb et al. 2005: 18, 20; seit 1991 besteht in Peru ein Antidumping Kommission. Webb et al. 2005: 10.

Auch hier ist eine ähnliche Industriestruktur betroffen: Der Stahl-, Chemie-, Textil- und Agrarbereich.[6228] Im Juni 2004, als ein spezielle China-Schutzklausel bezüglich Textil- und Bekleidung auslief, gab es eine öffentliche Debatte darüber, ob der Schutz so fortgesetzt werden sollte.[6229] Anhand von Peru zeigt ein Beispiel die Relevanz staatenübergreifender Firmenstrategien, die segmentierte Märkte etablieren wollen: Zwei Partnerunternehmen, die sich gegenseitig bereits versichert hatten, nicht in das Nachbarland zu exportieren, versuchten in Chile und Peru gleichzeitig Antidumpingzölle zu beantragen, um ihre Position auf den lokalen Märkten zu stärken und ein bilaterales Liberalisierungsabkommen zu unterlaufen. Nur in Peru gelang diese Strategie, weil dort ein Antidumpingzoll von 11 % gegen Importe aus Chile auferlegt wurde. Chiles Behörden verweigerten den Schutz.[6230]

Costa Rica zeigt die Relevanz bilateraler Freihandelsabkommen, denn es hat sich gegenüber Chile verpflichtet, es von einer global angewandten Schutzklausel auszunehmen, siehe die Parallelismus Diskussion, Punkt 6.4.4, Schutzklausel, auch dann wenn Chile substantiell durch seine Exporte zur Schädigung beiträgt.[6231] Bislang hat Costa Rica zwar 6 Untersuchungen vorgenommen, aber nur einmal einen Antidumpingzoll auferlegt, wobei dieser auf 0 % gesetzt wurde, weil die Importe ausblieben.[6232]

Argentinien ist einer der Hauptnutzer von Antidumpingmaßnahmen. Hauptfazit der Studie von Nogues/Baracat (2005) ist, daß die institutionelle Schranke, die einen protektionistischen Gebrauch dieser verhindern sollte, geschwächt wurde, als sich eine krisenhafte Entwicklung abzeichnete, ein überbewerteter Wechselkurs vorlag und die meisten Industrien ernsthafte Schädigung aufzeigen konnten.[6233] Die institutionelle Struktur, die der U.S. Trennung zwischen Dumping- und Schädigungsfeststellung nachempfunden wurde, konnte dies nicht verhindern.[6234] Von 111 Untersuchungen zwischen 1995 und 2004 gab es in 76,6 % der Fälle eine positive Schädigungsfeststellung.[6235] Geschätzt wird, daß 6 % des Outputs im verarbeitenden Sektors von den Maßnahmen 2003 abgedeckt wurde.[6236] Als es der Wirtschaft später besser ging, sank die Zahl der Anträge ab.[6237] Beinahe wurde ein neues, protektionistischer ausgerichtetes Antidumpinggesetz etabliert, als es 2001 zu einer Antidumpinguntersuchung der USA gegen Honig aus Argentinien kam.

[6228] Als Anomalie Gas- und Stromabzählgeräte. Auch Reifen tauchen hier wieder auf. Webb et al. 2005: 23. Klar: Skalenökonomien in den lokalen, ausländisch investierten Reifenwerken sollen aufrechterhalten werden.
[6229] Eine Debatte mit Demonstrationen der Textil- und Bekleidungsindustrie Perus, aber auch Interventionen der Importeure und der chinesischen Botschaft sowie eine Debatte darüber, welches handelspolitische Instrument benutzt werden sollte. Die Schutzklausel wird gefordert, würde aber Vergeltung nach sich ziehen. Webb et al. 2005: 27-28.
[6230] Webb et al. 2005: 26.
[6231] Monge-Gonzales/Monge-Arino 2005: 23; seit 1994 besteht in Costa Rica ein Antidumping Gesetz. Monge-Gonzales/Monge-Arino 2005: 14.
[6232] Die Untersuchungen richteten sich gegen USA, Nicaragua und Guatemala (frische Zwiebeln), Kühlschränke (Mexiko), Akrylplatten (Mexiko), Faserzementplatten (Mexiko), Nudeln (Chile), Sanitärgüter (Venezuela). Monge-Gonzales/Monge-Arino 2005: 23.
[6233] Nogues/Baracat 2005: 1, 11-12; Argentinien verfügt seit 1992 über ein modernes Antidumpingrecht. Nogues/Baracat 2005: 7.
[6234] Nogues/Baracat 2005: 8-10.
[6235] Nogues/Baracat 2005: 13.
[6236] Nogues/Baracat 2005: 14.
[6237] Nach der Abwertung 2002 und starke Wachstum 2003: Nogues/Baracat 2005: 25.

Damals fanden öffentliche Proteste statt (hier wurden 36,59 % Zölle durch die USA erhoben[6238]).[6239]
Für 5 argentinische Honigproduzenten brachte immerhin die spätere administrative Überprüfung
('administrative review') der U.S. Behörden 2004 eine klare Senkung der Zölle, die nun zwischen 0,0
% und 0,87 % liegen.[6240] Als weiterer Auslöser für die Zahl der argentinischen
Antidumpinguntersuchungen wird angesehen, daß es innerhalb der MERCOSUR keine Schutzklausel
gibt, sodaß gegen die mutmaßlich übermächtigen brasilianischen Produzenten
Antidumpingmaßnahmen eingesetzt wurden.[6241]

Brasilien gehört ebenso zu den großzügigen, nicht-traditionellen Nutzern. Von 1988 bis 2002 kam es
zu 193 Antidumpinguntersuchungen, von denen 107 zu Maßnahmen führten (davon 102 Zölle, 5
'undertakings').[6242] Im Fokus der Untersuchungen standen Rohmaterialien, speziell Chemikalien, Stahl,
Metallprodukte und Plastik. Von Kume/Piani (2005) wird die These vertreten, daß in den USA und
Europa unter Nutzung von Skalenökonomien produziert wird, wobei ein Teil der Produktion, der nicht
über Langzeitverträge zu höheren Preisen verkauft werden kann, billiger auf den Weltmärkten
angeboten wird, womit die brasilianischen AD Maßnahmen gerechtfertigt werden. Dazu hier kein
Kommentar. Bei dauerhaften Konsumgütern richten sich die Maßnahmen meistens gegen China, bei
nicht-dauerhaften Gütern geht es in 10 Untersuchungen um Milch aus Europa.[6243] Auch im
Chemiebereich wird gegen China vorgegangen.[6244] Durchschnittlich werden Antidumpingzölle von
61,3 % erhoben.[6245] Interessant ist, daß in Brasilien 48,2 % der Untersuchungen von Monopolen, 35,8
% von Oligopolen (zwischen 2 und 5 Firmen) und nur 16,1 % der Untersuchungen von Firmen mit
mehr als 5 Anbietern angestrengt wurden.[6246] Bei Monopolen ist allerdings auch die Ablehnungsrate
durch die brasilianischen Behörden größer.[6247] Dies ist ein Hinweis darauf, daß Firmen
Antidumpingzölle zur Stützung oligopolistischen Preispraktiken anstreben.[6248]

Zwischenfazit: (1) Diese Informationen lassen den Schluß zu, daß Antidumpingmaßnahmen auch
entwicklungspolitisch motiviert seien können oder zur Anlockung von Direktinvestitionen (durch das
Versprechen geschützter Heimatmärkte plus höherer Preisniveaus) benutzt werden. Hinweis auf diese

---

[6238] Siehe: Department of Commerce, International Trade Administration, Notice of Final Determination of Sales at Less Than Fair Value; Honey From Argentina. In: 66 FR 50611, October 4, 2001.
[6239] Über tausend Imker in verschiedenen Provinzen Argentiniens hatten Schwierigkeiten mit den Informationsanforderungen und Zeitvorgaben der U.S. Behörden zurechtzukommen. Es kommt zu Protesten und politischen Interventionen bei den USA. Nogues/Baracat 2005: 19.
[6240] Für die Zeitperiode vom 11. Mai 2001 bis 30. November 2002. Department of Commerce, International Trade Administration, Honey From Argentina: Final Results of Antidumping Duty Administrative Review, 69 FR 30283, May 27, 2004.
[6241] Nogues/Baracat 2005: 26.
[6242] Schon vor der Liberalisierung ab 1988 wurde 1987 Antidumping- und Ausgleichszollgesetzgebung eingeführt. Kume/Piani 2005: 2.
[6243] Kume/Piani 2005: 25-26.
[6244] Catetano 2005: 88.
[6245] Kume/Piani 2005: 25-26.
[6246] Kume/Piani 2005: 28.
[6247] Ablehnungsraten sind 57,0 % bei Monopolen und bei 2 bis 5 Firmen 31,4 %. Bei über 5 Firmen werden nur 10 % der Fälle abgelehnt. Kume/Piani 2005: 28. Dieser Relevanz der Monopole kann gemäß dynamischer Theorie zweierlei zugrundeliegen: In konzentrierten Strukturen ist der Anreiz größer Preiserhöhungen durchzusetzen, ebenso gilt dies oft Strukturen, in denen Skalenökonomien zum tragen kommen, sodaß diese von Importsteigerungen besonders hart betroffen sind, wenn sie nicht über Exportmärkte verfügen.
[6248] Siehe Abschnitt 'H'. Dort wird gezeigt, daß Antidumpingzölle auch zur Etablierung internationaler Kartelle benutzt wurden.

beiden Gründe ist die selektive Ausrichtung auf die Chemieindustrie in Indien und China, wobei hier nur für China Informationen vorliegen, die diese Erklärung nahelegen.[6249] (2) Diese an den Länderbeispielen erkennbare sektorale Struktur bestätigt sich auf der weltweiten Ebene, siehe Messerlin (2004): Bei AD sind die Sektoren Metall (33,5 %) und Chemie (21,6 %) führend. Danach folgen Maßnahmen im Bereich Maschinen, elektrischer Ausrüstung (9,2 %) und Textilien (6,4 %). Erstere Sektoren sind Schlüsselsektoren für das Wachstum von (größeren) Entwicklungsländern in der ersten Wachstumsphase und diese Bereiche sind von standardisierten Produkten und oligopolistischen Firmenstrukturen geprägt. Antidumpingmaßnahmen werden in diesem Bereich zu einer Segmentierung der Märkte genutzt, um oligopolistische Strategien bzw. Preisabsprachen zu ermöglichen.[6250]

Die sektorale Struktur gibt einen Hinweis darauf, daß u.a. skalenintensive Industriebereiche wie die Stahl- und Chemieindustrie versuchen, trotz oder wegen der Liberalisierung, auf weltweiter Ebene versuchen segmentierte Märkte aufrechtzuerhalten. Die im Rahmen einer dynamischen Theorie dadurch aufgeworfenen Fragen bleiben in einer ambivalenten Schwebe: Einerseits können Unternehmen damit das Erreichen von Skalenökonomien verteidigen und dies könnte - unter Umständen - aus einer dynamischen Perspektive als wohlfahrtssteigernd angesehen werden. Andererseits geht es sicher ebenso oft oder sogar öfter darum, oligopolistisch etablierte Preisniveaus aufrechtzuerhalten oder sogar Kartelle zu stützen, wobei im Hintergrund stehen kann, daß Produktionsbetriebe, die optimale Fertigungsmengen nicht erreichen, sich weiter als profitabel erweisen sollen. Fokussiert man diese Perspektive, verhindern Antidumpingzölle einen effizienzsteigernden Strukturwandel und führen zu unnötig hohen Preisen.[6251] Letztendlich gilt dieser Einwand auch für die Entwicklungsländer, die Industrien neu aufbauen. Wenn der Aufbau, aller Probleme zum Trotz, gelungen ist, spricht wenig dafür, daß ein AD Schutz längerfristig aufrechterhalten werden sollte, weil es sich um moderne Firmen auf dem neuesten Stand der Technik handeln müßte. Diese Argumente reichen, um zu zeigen, daß aus einer dynamischen Sicht der Wirtschaft nicht notwendig eine Pauschalrechtfertigung für Antidumpingmaßnahmen folgt.

An den Länderbeispielen ist weiterhin erkennbar, daß Textil- und Bekleidungs- sowie Agrarprodukte einbezogen werden und Antidumping in Lateinamerika in bezug auf diese Waren auf regionaler Ebene eingesetzt wird, wobei als Schutzmotiv Furcht vor sozialen Folgen der Liberalisierung erwähnt wird.[6252] Auch die Industrieländern benutzen Antidumpingmaßnahmen im Agrarbereich: Die USA verordnet seit 1978/79 Antidumping- und Ausgleichzölle auf Zucker aus Europa. Beispiele für weitere erfolgreiche U.S. AD Anträge sind Apfelsaft (gegen China) und, s.o., Honig aus China und

---

[6249] Siehe zur weitgehenden Liberalisierung der Zölle bezüglich der chinesischen Chemieindustrie und den Umstruktuierungsbemühungen Hermanns 2001: 286; sowie zu den Investitionen ausländischer Hersteller Abschnitt 'D', Punkt 6.3, Exkurs China.
[6250] Auch im Maschinen und elektrischen Ausrüstungsbereich werden Antidumpingzölle oft bei solchen Produkten verwandt, die dieser o.g. Industriestruktur entsprechen. Messerlin 2004: 111-113. Die Aussage bezüglich standardisierter Produkte und oligopolistischer Strukturen sollte als Tendenzaussage verstanden werden, also empirisch bewiesene Aussage. Eine überzeugende Beweisführung für eine solche These würde mehr Aufwand erfordern, als im vorliegenden Artikel.
[6251] Abschnitt 'E', Punkt 4.4.6.2; siehe auch Abschnitt 'H', Punkt 14.2 und Abschnitt 'I', Punkt 7.3, mit Studien zu Antidumping und Kartellen.
[6252] Diese Feststellung kann hier nicht durch Studien untermauert werden, sondern gibt den Eindruck des Verfassers wieder.

Argentinien. Viele Fälle sind dies nicht.[6253] Auch wurden von den USA einige Antidumpingzölle abgeschafft, die bis dato nicht wieder neu eingeführt wurden: Auf Kiwis aus Neuseeland, Schnittblumen aus Ecuador, Mexico und Kolumbien, Erdbeeren und lebendige Schweine aus Kanada, Orangensaft aus Brasilien (im Jahr 1999 erfolgte diese Abschaffung).[6254] Orangensaft aus Brasilien war nur temporär deaktiviert: Seit Jahrzehnten sind Plantagenbesitzer aus Florida gegen ihre, mittlerweile auch amerikanischen, Kollegen in Brasilien aktiv, sodaß seit dem 9.3.2006 wieder eine neue, mit 15,42 % 'all others' Zöllen, unüblich intensive, AD Maßnahme besteht.[6255]

7.5 Bestimmungsfaktoren

Bezüglich der Untersuchung der Bestimmungsfaktoren für Antidumping wurde von Finger (1993) Anfang der neunziger Jahre die These vertreten, daß es sich um einen Club handelt, dessen Mitglieder AD gegenseitig anwenden. Später wird der Aspekt der bilateralen Vergeltung in den Mittelpunkt der Forschung gestellt. Beide Thesen lassen sich bis heute als Motive für den Rekurs auf Antidumping empirisch bestätigen.[6256]

Von Prusa/Skeath (2001) wird bilaterale Vergeltung als Motiv im realistischen 3 Jahres Kurzzeit Szenario für insgesamt 42 % der Fälle unterstellt, davon 70 % durch die traditionellen Benutzer und 27 % durch die neuen Nutzer.[6257] Ebenso betonen Feinberg/Reynolds (2006) Vergeltung als Motiv, allerdings nicht auf der Industrie-, sondern der Länderebene. Einen Abschreckungseffekt, den häufige Nutzer für sich reklamieren könnten, findet sich nicht. Ein weiterer Effekt ist, daß Antidumpingzölle

---

[6253] Beispiele seit Ende der achtziger Jahre, die Ende 2001 noch wirksam sind: Gefrorener, konzentrierter Orangensaft aus Brasilien, Knoblauch-, Pilze und Crawfish-Filet aus China, Pasta aus Italien und der Türkei, Ananas aus Thailand, Pistanzien aus dem Iran, Lacks aus Chile und Norwegen und Harnstoff(dünger) aus diversen Transformationsländern. Tomaten aus Mexiko wurde ausgesetzt. Becker/Hanrahan 2002: 11-12. Antidumping wird auch gegen die USA angewandt. Die 11 Untersuchungen erfolgen aber 'nur' von seiten Kanadas, Mexikos und Südafrikas. Mexiko versucht damit teils NAFTA Abmachungen nachzubessern. Die USA hat 27 Untersuchungen vorzuweisen, 6 gegen Kanada, 4 gegen China und Chile, 3 gegen Mexiko und 2 gegen die Türkei. Vietnam, Italien, Indonesien, Indien, Dänemark und Argentinien sind von jeweils 1 Untersuchung betroffen. Reynolds 2005: 9, 27-28. Als etwa die U.S. Tomatenproduzenten 2001 eine AD Untersuchung gegen kanadische Züchter initiierten, wurde Tage vor der Veröffentlichung vorläufiger Zölle, ebenso von Kanada eine Untersuchung initiiert. Die zwei Untersuchungen liefen parallel, bis die USA in der endgültigen Festlegung keine Zölle auferlegte. Daraufhin ließen auch die Kanadier ihren Fall ruhen. Reynolds 2005: 12. Weiterhin werden keine Hinweise dafür gefunden, daß ausländische Untersuchungen speziell Produkte aus den USA unfair ('biased') behandeln. Reynolds 2005: 25.
[6254] Dies sind Daten für AD und CV Zölle. ITC 2006: 3-4.
[6255] Fischer S/A - Agroindustria 9,73 %; Montecitrus Trading S.A. 60,29 %; Sucocitrico Cutrale, S.A. 19,19 %. USITC 2006c: 177. Siehe auch Länderdatenblatt in USITC 2006b. In der Vergangenheit wurden nicht sehr hohe AD Zölle veranschlagt (1,96 % 'all other). In einer SCM Untersuchung wurden 2,65 % Zölle auferlegt, sodaß die Effekte zu vernachlässigen sind und den Aufstieg Brasiliens zum weltgrößten Orangensaftproduzenten nicht verhindert haben. Weiterhin haben sich die U.S. Importeure und Getränkehersteller zusammen mit ihren brasilianischen Zulieferern klar gegen die Antidumpingmaßnahmen gestellt. Dies ist auch deshalb nicht sonderlich verwunderlich, weil mit Cargill Citrus, Ltda., in Brasilien ein U.S. Konzern substantielle Produktion aufweist. Kurz: Hier sind Ländergrenzen nicht mehr aussagekräftig. Weiterhin hat Brasilien in bezug auf die Orangenpreise, die um die Hälfte niedriger liegen, komparative Vorteile. Primo Braga/Davi Silber 1993: 88, 90-91, 97-100.
[6256] Die Clubthese stammt von Finger 1993: 6-7. In der Untersuchung von Prusa/Skeath (2001), die diese Clubthese untersuchen und bestätigen, liegen Daten von 1980 bis 1998 zugrunde. Fälle bezüglich der Transformationsländer werden ausgeklammert. Prusa/Skeath 2001: 10, 14-15.
[6257] Prusa/Skeath 2001: 30.

durch handelsumlenkende Effekte in Dritte Länder motiviert sein können.[6258] Die Diskussion über Vergeltung wurde nicht zuletzt dadurch ausgelöst, daß die USA zwischen 1995 und 2003 in 138 Fällen Antidumpinguntersuchungen (nicht endgültigen Maßnahmen) ausgesetzt war (bei 230 eigenen Untersuchungen, davon 163 definitive Maßnahmen[6259]).[6260]

Interessanterweise scheint die Vergeltungsstruktur nicht nur hinsichtlich einer Eskalation der AD Nutzung zu wirken: Empirische Untersuchungen anhand den U.S. Aktivitäten von Blonigen/Bown (2001) zeigen, daß dann, wenn in ein Land signifikante Exporte der U.S. Industrie fließen, die AD Aktivität der USA niedriger liegt, weil Vergeltung durch Antidumpingmaßnahmen dieser Länder möglich ist. Geschlossen wird daraus, daß eine Verbreitung der Antidumpinggesetze in der Welt (und eine zunehmende wirtschaftliche Integration und Öffnung der Märkte) zu weniger AD führen wird. Auch die WTO wird in die Untersuchung einbezogen: Sind die Länder dort als Kläger aktiv und liegen in diese Länder U.S. Exporte vor, sinkt die Wahrscheinlichkeit, daß die U.S. Behörden zu einer positiven Feststellung kommen. Die Kehrseite der Medaille ist, daß bei schwachen Ländern die Fähigkeit zur Vergeltung weniger ausgeprägt ist und die Wahrscheinlichkeit ansteigt, daß durch die U.S. Behörden eine positive Feststellung von Dumping und eine AD Maßnahme erfolgt.[5261]

In bezug auf die WTO wird von Bown (2004) die These vertreten, daß die Disziplinierungswirkung des WTO Antidumpingabkommens eingeschränkt ist, weil - relativ zur Anzahl der AD Maßnahmen - nur wenige von der WTO Streitbeilegung überprüft wurden.[6262] Wie wird dies begründet? Empirisch könne gezeigt werden, daß die betroffenen Länder bzw. Industrien zuerst einmal eigene Antidumpinguntersuchungen initiieren, im Sinne von Vergeltungsmaßnahmen. Die WTO wird - der statistischen Tendenz nach - erst aktiviert, wenn es um höhere Werte geht. Durchschnittlich geht es bei den AD Streitbeilegungsfällen um US$ 49,9 Mill. verlorener Exporte, bei nicht der Streitbeilegung vorgelegten Fällen liegt der Durchschnitt bei US$ 3,2 Mill.[6263] Bei steigender Betroffenheit von Antidumpingzöllen sinke die Wahrscheinlichkeit ab, daß ein Land sich an die WTO wendet, hier würden zusätzlich eigene Antidumpinguntersuchungen als Vergeltung initiiert. Hinter diesen Ergebnissen stünden aber auch spezielle Industriecharakteristika, siehe die Stahlindustrie. Erst als zweite Option würde in dieser Kategorie die WTO Streitbeilegung genutzt.[6264] Als weiteres Ergebnis liegt vor, daß ausgerechnet Länder, die nicht sehr diversifiziert sind, sich weniger häufig trauen einen WTO Streitfall anzustrengen, obwohl sie besonders von solchen Untersuchungen betroffen sein können.[6265]

[6258] Ebenso habe überbewertete Wechselkurse und hohe Importvolumina einen erklärenden Effekt. Zugrunde liegen Fälle 1996 bis 2003, Antidumpinguntersuchungen (nicht Maßnahmen) aus der WTO Datenbank. Feinberg/Reynolds 2006a: 12-13. Siehe nur in bezug auf die USA Feinberg/Reynolds 2006.
[6259] Von 1995 bis 2001. Zanardi 2005: 28.
[6260] Feinberg/Reynolds 2006: 1.
[6261] Blonigen/Bown 2001: 4, 18-19.
[6262] Von 178 Antidumpinguntersuchungen, die zu Zöllen führten, werden 29 vor der WTO in Frage gestellt. Von 55 Ausgleichsuntersuchungen sind dies 22. Zeitraum 1992 bis 2003. Bown 2004: 1-6.
[6263] Bown 2004: 4.
[6264] Bown 2004: 19.
[6265] Bown 2004: 18.

Diese These der eingeschränkten Disziplinierungswirkung der WTO Antidumpingregeln von Bown (2004) geht auf den ersten Blick in die richtige Richtung: Nicht alle der 1157 definitiven Maßnahmen zwischen 1995 und 2001[6266] sind von der Streitbeilegung untersucht worden, bis heute sind in 23 Fallpaketen 54 Berichte veröffentlicht worden.[6267] In 15 dieser Fallpakete ging es um Maßnahmen der USA, die zwischen 1995 und 2001 163 neue definitive AD Maßnahmen eingeführt hatten.[6268] Im Gegensatz zu der obigen These in der Literatur, gibt dies einen Hinweis darauf, daß die WTO die Wirksamkeitsgrenze durchaus erreichen kann. Der Vergleich zur EU erstaunt dabei: Trotz der hohen Zahl von 208 neuen Maßnahmen der EU in dieser Zeitperiode, führten diese nur zweimal zu Streitfällen, in denen sich die EU verteidigen mußte. Die EU klagte in 4 Fällen, dreimal gegen die USA einmal gegen Argentinien.[6269] Dieser geringe Exponiertheitsgrad liegt nicht allein daran, daß das EU System, wie die offizielle Darstellung von Wenig (2005) behauptet, nur besonders gut begründete Fälle akzeptiert[6270], sondern ist auch aus der Intransparenz des EU AD Systems herleitbar, welches potentielle WTO Kläger abschreckt.[6271] Die USA verteidigt dagegen ungern die Interessen eigener Exporteure, weil sie unter dem Interessengruppendruck steht, möglichst nicht zu strengeren AD Regeln (oder Auslegungen) beizutragen. Die Literatur nennt dies als Grund dafür, daß die USA im hier zugrundeliegenden Zeitraum nur zweimal als Kläger auftrat, in Mexiko - High Fructose Corn Syrup und Mexiko - Rice.[6272]

Weitere Einflußfaktoren, die auf die AD Nutzung einwirken, sind: Steigt der Wechselkurs an, steigt die Wahrscheinlichkeit von AD Untersuchungen.[6273] Geht in den USA das Wachstum zurück, steigt die Wahrscheinlichkeit der Untersuchungen an, dagegen ist in der EU der Index der industriellen Produktion erklärungsrelevant.[6274] Je höher die Beschäftigung in einem Industriebereich, desto weniger wahrscheinlich ist Antidumping. Dies wird so erklärt, daß solche Industrien stärker sind und

---

[6266] Zanardi 2005: 22, 28.
[6267] Stichtag: 20. Oktober 2006.
[6268] Zanardi 2005: 28. Siehe **WTO Fallübersicht**.
[6269] Zanardi 2005: 28. Siehe **WTO Fallübersicht**.
[6270] Von Wenig (2005) wird dies auf das Kontrollsystem der EU zurückgeführt, durch welches nur begründete Fälle zu endgültigen Antidumpingzöllen führen. Dies ist die Darstellung des Leiters des EU Trade Defense Service der EU Kommission. Wenig 2005: 790.
[6271] Würde die EU ein System wie in der USA einführen, in dem Anwälte Zugang zu vertraulichen Informationen bekommen, wären viel mehr Gerichtsverhandlungen zu erwarten: "It can be expected that there would be much more litigation against EC TDI decisions." Evaluation of EC TDI 2005: Section 2, Page 12. Siehe für eine kritische Perspektive Vermulst (2005a), welcher die Intransparenz (viele wichtigen Informationen bleiben vertraulich), die Willkür der Entscheidungen der Kommission, den allzu häufigen Rekurs auf den konstruierten Exportpreis und verschiedene andere Praktiken aufzählt. Die Intransparenz der EU Praxis erschwert es teilweise einen WTO Fall vorzubreiten, weil der EU die Beweislast aufgebürdet werden muß, damit diese ihre sonst nicht dokumentierbare Praxis darlegen muß. Der Autor schließt, daß ein Rekurs auf die WTO Streitbeilegung bezüglich einiger Themen möglich wäre. Gleichzeitig wird klar, daß dieses System schwer angreifbar ist, sodaß eine Reform des WTO Antidumpingabkommens und des EU Systems nötig wäre, um hier eine Veränderung zu bewirken. Vermulst 2005a: 107-110.
[6272] Horlick 2005: 172; "The United States, however, cannot challenge these third-country measures as strongly as prejudiced U.S. industries would like, because it does not wish to undermine its own antidumping and import relief procedures." Shaffer 2003a: 61.
[6273] Die anderen Ergebnisse sind schwerer zu interpretieren. Daß in den USA der Index der Industrieproduktion nicht signifikant ist, ist schwer zu verstehen. In der EU sinkt die Wahrscheinlichkeit von AD ab, wenn die Industrieproduktion steigt. Sadni-Jallab et al. 2005: 7-8. So war der Wechselkursanstieg in den achtziger Jahren ein Erklärungsfaktor Kelly/Morkre 1994: 12. Weil die Firmen aber normalerweise Wechselkursveränderung erst zeitlich verzögert an die Konsumenten weitergeben, ist auch dies ein willkommener Anlaß Untersuchungen zu beantragen. Raafat/Salehizadeh 1994: 186.
[6274] Sadni-Jallab et al. 2005: 7-8.

den Schutz nicht benötigen. Ebenso ist denkbar, daß solche Fälle eher eine politische Dimension haben und den Schutzklauselfällen zuordenbar sind.[6275] In den USA ist es wahrscheinlicher, daß eine Industrie geschützt wird, wenn ihre Produktivität hoch ist. Dies ist ein Hinweis auf ggf. bestehende renten- oder industriepolitische Motive. Schließlich wurde in Abschnitt 'H' bereits beschrieben, daß mit Antidumpingzöllen Anreize etabliert wurden, daß japanische Unternehmer in den USA investieren.[6276]

Spezialfall China. Sowohl die Industrieländer als die Entwicklungsländer wie Mexiko, Indien und Argentinien wenden viele AD Maßnahmen gegenüber China an. Dies liegt auch daran, daß durch die Abkommensbestandteile des WTO Beitritt Chinas Antidumping leichter behauptet werden kann, weil die Möglichkeit eröffnet wurde, die 'non market economy'-Methode anzuwenden. Diese Option läuft am 10. November 2016 aus.[6277] Bemerkenswert für die EU und die USA ist, daß sich in bezug auf China eine Echo-Struktur ('echoing') ausgebildet, sodaß Untersuchungen der EU in den USA später in ähnlichen Industriebereichen beantragt werden und umgekehrt. Nicht immer führte dies in beiden Ländern zur Einführung von AD Zöllen: Bei Feuerzeugen in der EU, nicht in der USA, bei Fahrrädern erst in den USA, denn in der EU und nicht mehr in den USA.[6278]

7.6 Die Verhandlungen der Uruguay-Runde

Zum Verständnis der Wirkungen des Antidumping-Abkommen ist es wichtig zur Kenntnis zu nehmen, daß die Verhandlungen der Uruguay-Runde durch die führenden Industrieländer in diesem Bereich nicht von liberalen, anti-protektionistischen Intentionen getragen wurden. Anfangs wollten USA und EU das Thema überhaupt nicht behandeln. Danach wurde zwischen den USA und der EU der sog. '1989 Non-Aggression Pact' geschlossen, der vorsah, die Positionen der jeweils anderen Partei zu unterstützen, um umfassende Veränderungen zu verhindern.[6279] Die Verhandlungen über Antidumping während der Uruguay-Runde gestalteten sich "exeptionally difficult", weil auf Vorschläge anderer Staaten kaum eingegangen wurde.[6280] Zum Beispiel wurde der Versuch Japans, Hongkongs und der nordischen Länder nicht akzeptiert, nur 'neutrale Methoden' des Preisvergleichs zuzulassen und den

---

[6275] Sadni-Jallab et al. 2005: 11.
[6276] Sadni-Jallab et al. 2005: 7-8. Siehe zur industriepolitischen Anwendbarkeit Abschnitt 'I', wo deutlich wird, daß eine Kumulation von Maßnahmen hierzu eingesetzt wurde, darunter auch AD. In Abschnitt 'H' wird die Rolle von AD als Anreiz für 'tariff jumping' beschrieben. AD war somit industriepolitisch sicher partiell erfolgreich. Diese Erwägungen waren vielleicht nicht sosehr auf der Firmenebene vertreten, sondern auf der politischen Ebene, sofern diese DOC und ITC beinflußt hat.
[6277] China wurde am 10. November 2001 während der Ministerkonferenz in Doha, Katar, in die WTO aufgenommen. WTO 2001b: 1. Siehe für die speziellen Abmachungen und die 15 Jahresfrist für Antidumping (und Ausgleichszahlungen): WT/L/432, 23 November 2001, S. 8-9, Para. 15. Im weltumspannenden Überblick von Horlick/Vermulst (2005) wird festgestellt, daß besonders bezüglich dieser Methode die nationalen Behörden sich viele Spielräume einräumen: Horlick/Vermulst 2005: 110-111.
[6278] Im Chemie- und Stahlbereich ergeben sich aber öfter Fälle, die beide Seiten positiv entschieden haben. Messerlin 2004: 116-117.
[6279] Cumby/Moran 1997: 165; eine detaillierte Aufzählung dieses Paktes gibt Horlick 1993: 5; ein klares Statement für strengere Regeln im AD Bereich, um einen protektionistischen Mißbrauch zu verhindern, gibt Petersmann 1990; eine Übersicht über die Verhandlungsgeschichte bis zum Draft Final Act vom 20 December 1991 findet sich in Steward 1993: 1383-1691. Die wichtigen Änderungen danach sind damit in keiner Publikation im Detail erklärt. Eher allgemein äußert sich zur Endphase im September bis November 1993 Croome 1995: 374; etwas genauer sind Horlick/Shea 1995.
[6280] Croome 1995: 304. Der Brüssel Text, der den vorläufigen Verhandlungstand 1990 wiedergab, enthielt unter dem Punkt Antidumping überhaupt keinen Text, sondern nur Verweise auf die strittigen Punkte. Siehe MTN.TNC/W/35/Rev.1, S. 43.

Vergleich zwischen Normalwert und Exportpreis "as a rule" nur in Form gewichteter Durchschnittspreis zuzulassen. Beibehalten wurde bis zum Ende die Version des Dunkel Draft aus dem Jahre 1991.[6281] Für die USA wurde es in der Schlußphase der Verhandlungen zur Priorität den Entscheidungsmaßstab zu schwächen, um zu verhindern, daß die WTO "dismantle our trade laws bit-by-bit".[6282] Ebenso versuchte die EU Änderungen unterzubringen.[6283] Auf das Antidumping Übereinkommen wurde sich in der Uruguay-Runde ganz zum Schluß geeinigt.

Der USA gelang es in der Endphase der Verhandlungen[6284] mehrere Veränderung, teils weniger wichtig als in der Öffentlichkeit präsentiert, im Text unterzubringen.[6285] Wenig kontrovers war beispielsweise die Passage, die es klarstellt, daß U.S. Gewerkschaften[6286] Antidumping Untersuchungen initiieren können.[6287] Dagegen führt es bis heute zu Diskussionen, daß auf U.S. Vorschlag - einzig im Antidumpingabkommen unter den Abkommen der Uruguay Runde - in AD Art. 17.6 ein spezieller Entscheidungsmaßstab ('standard of review') zu finden ist, mit dem erreicht werden sollte, daß die WTO Streitbeilegung mehrere Auslegungen des Antidumpingabkommens akzeptiert, um nationalen Behörden größere Spielräume einzuräumen. In den letzten Momenten der Verhandlungen wurde in AD Art. 17.6 (ii) im Begriffspaar "reasonable interpretation" der Terminus "reasonable" durch "permissible" ersetzt. Im Satz davor findet sich ein Verweis darauf, daß die Auslegung gemäß der Wiener Konvention über das Recht der Verträge erfolgen solle.[6288] Mit dieser "compromise language"[6289] wurde ein neuer, eigenständiger WTO Standard definiert, obwohl im Hintergrund die Chevron Doctrin des U.S. Rechts stand.[6290] Für einige Zeit sah es so aus, daß dieser besondere Entscheidungsmaßstab sogar für alle WTO Abkommen gelten solle: Den diesbezüglichen

---

[6281] Ein Hinweis, ob 'Zeroing' für akzeptabel gehalten wurde, finden sich in dieserm Artikel nicht. Kim 2002: 42-45.
[6282] Cumby/Moran 1997: 169; die GATT Überprüfung zu limitieren, war aber auch die Position der EU. Horlick 1993: 5, FN 1.
[6283] Horlick/Shea 2005: 18.
[6284] Genauer am 12. Dezember 1993. Croome 1995: 374.
[6285] Die 'Priorität' Antidumping wurde nach außen so kommuniziert, aber wohl intern weniger hoch angesiedelt als beispielsweise das TRIPS Abkommen: Von 6 Änderungsvorschlägen waren nur 2 weniger moderat formuliert. Horlick/Shea 1995: 22.
[6286] Die United Steelworkers of America haben mit 102 Fällen zwischen 1982 bis 2000 den ersten Platz als gewerkschaftliche Antragsteller inne. Die Oil, Chemical and Atomic Workers erreichten 12 Fälle. Blonigen 2004: 28; siehe auch die Datenbank von Bown 2006.
[6287] Siehe AD Art. 5.4, FN 14: "Members are aware that in the territory of certain Members employees of domestic producers or the like product or representatives of those employees may make or support an application for an investigation under paragraph 1. Siehe auch Cumby/Moran 1997: 169-170. Obwohl damals nicht explizit so erwähnt, war dieser Punkt aber bereits davor geklärt, siehe den Draft Final Act vom 20 December 1991: F.13, Art. 6.11. Horlick 1993: 15.
[6288] Croley/Jackson 1996: 1999. Schon damals bezweifelten weitere Autoren, ob es gemäß der Wiener Vertragsrechtskonvention mehrere zulässige Interpretationen geben kann. Horlick/Shea 1995: 30-31. Unklar bleibt dahingehend das Zitat von Croome (1995): "The United States had asked for eleven changes. It won several, but not all. Most important was probably an agreement on 'standards of review', which provided that dispute settlement proceedings could look at how dumping cases had been handled by national authorities, but not at the facts of the case." Croome 1995: 374.
[6289] Croley/Jackson 1996: 200.
[6290] Die Chevron Doctrin beruht u.a. auf den Begriffen 'necessary' und 'permissible' und meint damit Behördenentscheidungen, die nicht mehr von Gerichten für nichtig erklärt werden können, wenn sie diesen Standards entsprechen. Dies führte zu einer Verschiebung der Interpretationsmacht zugunstend der Behörden, auf Kosten der Gerichte, weil die Behörden 'nur' "rational und consistent" agieren müssen. Auf der anderen Seite haben die Gerichte die Möglichkeit ihre Interpretation durchzusetzen, wenn sie die Feststellung treffen, daß die Gesetze ambivalent formuliert wurden, in dem Fall, wenn keine präzise Willensäußerung durch den Kongreß vorliegt. Insgesamt gesehen ist damit die Wirkung von Chevron ambivalent. Croley/Jackson 1996: 204-206. Auf die WTO angewandt, für deren Regeln es keine gesicherte Formulierungen der Intentionen des Kongreß gibt - und eine komplexe Verhandlungsgeschichte voller Kompromisse - hätte sich somit selbst eine eins zu eins Umsetzung von Chevron keinesfalls so ausgewirkt, wie es sich einige U.S. Unterhändler vorgestellt hatten, denn die Streitbeilegung hätte sehr wohl oft eingreifen und entscheiden müssen.

Kompromiß reflektiert die Ministerentscheidung, daß nach drei Jahren überprüft werden solle, ob der Entscheidungsmaßstab des Antidumpingabkommens für die gesamten WTO Abkommen gelten solle.[6291] Diese Überprüfung hat nicht stattgefunden und somit gab es keine Entscheidung für eine solche Ausweitung des AD Entscheidungsmaßstabs.[6292] Durchaus nicht alle[6293], aber einige Kommentatoren[6294] und die USA hatten erwartet, daß die in Art. 17.6 verwendeten Formulierungen, so der Bericht des Kongreß GAO (2003), "more specific and deferential" wirksam werden, also die Feststellungen von nationalen Behörden relativ weitgehend akzeptiert werden.[6295] Erwartet wurde, daß dadurch der allgemeine Entscheidungsmaßstab des Art. 11 des DSU übertrumpft werden kann. Ebenso sei es vorgesehen gewesen, daß dieser spezielle Antidumping-Entscheidungsmaßstab auch für den Ausgleichszollbereich gilt. Letzteres sei an einer Passage der Ministerdeklaration erkennbar, die eine "consistent resolution of disputes arising from anti-dumping and countervailing duty measures" fordere, so ebenso der Bericht für den U.S. Kongress.[6296] Dies wird von der Streitbeilegung nicht akzeptiert, siehe Abschnitt 'J', Punkt 8.5, Ausgleichsmaßnahmen.

Die liberale Fraktion innerhalb der U.S. Verhandlungsdelegation konnte immerhin durchsetzen, daß es eine Sunset Review Klausel gab, sodaß AD Zölle nach 5 Jahren beendet oder neu überprüft werden müssen.[6297]

Bemerkenswert ist weiterhin bezüglich der Uruguay Runde, daß der 'anti circumvention' Text ganz herausfiel, mit dem versucht wurde, Regeln für die AD Umgehungsregeln aufzustellen.[6298] Worum es dabei geht, zeigt das Fahrrad Beispiel am Ende dieses Punktes. Am Rande: Kurz nach WTO Gründung verabschiedete die EU diesbezüglich eine weniger günstige Verordnung, die den Widerstand der Entwicklungsländer während der Verhandlungen gegen eine 'third country assembly' Klausel ignorierte.[6299]

[6291] Croley/Jackson 1996: 198. Siehe die zwei Ministerentscheidungen, die in der Abschlußkonferenz in Marrakesh, Marokko, im April 1994 abgefaßt worden sind. In: WTO 1995: 453.
[6292] Spamann 2004: 513.
[6293] U.a. die folgenden Autoren bezweifeln, ob es gemäß der Wiener Vertragsrechtskonvention mehrere zulässige Interpretationen geben kann. Horlick/Shea 1995: 30-31.
[6294] Referenzen in Spamann 2004: 513.
[6295] Dieser Erwartung wird in diesem speziellen Report der United States General Accounting Office nachgegangen und die Frage verfolgt, ob die USA hier nachteilig behandelt wird. GAO 2003: 22-23.
[6296] GAO 2003: 22-23; vorsichtiger sind Horlick/Shea (1995), die dazu sagen: "And, possibly, to a vaguely defined degree, countervailing duties." Horlick/Shea 1995: 31, FN 81.
[6297] Cumby/Moran 1997: 170; siehe die Studie über die neuen GATT Regeln des Congressional Budget Office: CBO AD/CV Study 1994.
[6298] Im Draft Final Act vom 20 December 1991 waren relativ faire 'anti circumvention' Regeln enthalten, die es u.a. erlauben, Inputgüter in Antidumpingzölle einzubeziehen, wenn nicht weniger als 70 % der insgesamten Kosten aus importierten Komponenten resultieren. Andersherum: Wenn 30 % 'local content' hinsichtlich Inputgütern vorliegt, dann dürfen die Inputgüter nicht in die Maßnahme einbezogen werden. Letzteres war auch vorgesehen, wenn die Inputgüter mehr als 25 % Wertsteigerung durch die Weiterbearbeitung im Heimatland erfahren. Draft Final Act Embodying the Results of the Uruguay Round Negotiations, MTN.TNC,W/FA, 20 December 1991: F.22, Art. 12 (v). Die USA hatten in den Verhandlungen an einem bestimmten Punkt vorschlagen, daß Antidumpingzölle auch auf "third country parts" erhoben werden können, ohne weitere Schädigungsuntersuchung etc. Dies wurde von den Entwicklungsländern entschieden abgelegt, weil diese um ihre Firmen fürchteten, die Produktionsinputs in die Industrieländer liefern und dies wurde nicht in den Text übernommen. Horlick/Shea 1995: 18. Dokumentiert wird das Scheitern der Verhandlungen in der Decision on Anti-Circumvention, die die Verhandlung auf später verschiebt. WTO 1995: 453.
[6299] Weniger günstig war diese Verordnung im Vergleich zu den 'anti circumvention' Regeln der Uruguay-Runde, auch weil 60 % als Schwelle für die Inputteile aus dem Ausland angenommen wird, sodaß ab diesem Wert Antidumpingzölle auf Teile ausgedehnt werden

Ein Grund dafür, warum nicht allzu strenge Regeln beschlossen wurden, waren gut organisierte U.S. Interessengruppen, darunter aus der Stahl- und Halbleiterindustrie, die sich für die Stärkung protektionistischer Möglichkeiten einsetzten, so Cumby/Moran (1997).[6300] Speziell Industrien wie Stahl und Halbleiter waren aktiv beim Lobbying, weil sie erhebliche Zusatzgewinne durch AD Untersuchungen machen können.[6301] Andere U.S. Interessengruppen, etwa große Exporteure und internationale Firmen, deren Marktzugangsinteressen durch Antidumpinguntersuchungen in Drittländern gefährdet werden, setzten ihre Lobbyressourcen in der Uruguay Runde in bezug auf anderen Themen ein, etwa geistiger Eigentumsschutz, Zollsenkungen oder öffentliche Auftragsvergabe. Auch seitens dieser Firmen bestand und besteht aber immer noch eine fundamental ambivalente Haltung gegenüber Antidumpinguntersuchungen: Auch für diese exportorientierten Firmen bleibt der amerikanische Markt weiter wichtig und die Möglichkeit auf Antidumpingzölle zurückgreifen zu können bleibt deshalb auch für diese Firmen attraktiv. Ebenso können Antidumpingzölle dazu benutzt werden, um in ausländische Märkten, wo diese Firmen teils investiert haben, Preise zu erhöhen und Kartelle oder wenigstens kartellähnliches Verhalten durchzusetzen.[6302]

Diese Politik gegen strenge Antidumpingregeln setzt sich in der derzeitigen Doha-Runde fort.[6303] Gestützt wird dies beispielsweise von der - internationalen - Chemieindustrie: So fordert etwa der International Council of Chemical Associations (2005), eine internationale u.a. auch die mexikanische, brasilianische, argentinische und uruguayische Industrie umfassende (!) Vereinigung von Verbänden der chemischen Industrie, das Antidumpingabkommen in seinen Grundzügen nicht neu zu definieren.[6304] Sichtbar wird daran, daß es in Zukunft - aller Wahrscheinlichkeit - nur wenige Interessenten geben wird, die dieses Instrument disziplinieren und einschränken wollen. In der Uruguay-Runde waren dies vor allem die asiatischen Exporteure und bestimmte Gruppen in den Regierungen der Industrieländern, die von der Notwendigkeit einer Reform überzeugt waren.

---

können. Dieser Schwellenwert gilt zudem für die Montage in Dritten Ländern. Vermulst/Driessen 1997: 145-146; EU Antidumping Consolidated Version 2004: Art. 13 Abs. 1-Abs. 2.
[6300] Im Detail Cumby/Moran 1997: 177-178.
[6301] Zu diesem Abschnitt Cumby/Moran 1997: 172.
[6302] Cumby/Moran 1997: 183.
[6303] Für die USA Moore 2005 21; für die EU Didier 2001. Im 'trade promotion authority' Gesetz des Kongress vom August 2002, wird der Präsident aufgefordert: "to 'preserve the ability of teh United States to enforce rigorously its trade laws, including the antidumping, countervailing duty, and safeguard laws, and avoid agreements which lessen the effectiveness of domestic and international disciplines on unfair trade, especially dumping and subsidies and trade." Ikenson/Lindsey 2002: 2. In der Doha Ministererklärung: "we agree to negotiations aimed at clarifying and improving disciplines under the [Antidumping Agreement], while preserving the basice concepts, principles and effectiveness of the [Agreement] and [its] instruments and objectives." Ikenson/Lindsey 2002: 2. Siehe auch die U.S. Eingabe TN/RL/W/130, 20 June 2003.
[6304] Weitere Mitglieder sind: Japan Chemical Industry Association, Canadian Chemical Producers Association, American Chemistry Council, New Zealand Chemical Industry Council, Plastics and Chemical Industry Association (Australia). "ICCA feels that the core provisions of the existing WTO Agreement on Implementation of Article VI of the General Agreement on Tariffs and Trade 1994 ('WTO Anti-Dumping Agreement') do not need to be refined." Ohne Herv. des 'do not' durch den Autor. ICCA 2005: 1.

7.7 Das WTO Antidumpingabkommen

Zuerst erfolgt eine Regelübersicht, dann eine Fallübersicht über die Antidumpingstreitfälle. Sodann wird die Sunset Review Rechtslage, die 'Zeroing' Entscheidungen und der Entscheidungsmaßstab erläutert. Schließlich folgt ein Fazit. Die Regeln können hier nicht in volle Länge reproduziert sind, weil sie lang und detailliert sind. Dem Leser wird geraten, den Text des Antidumpingabkommen vorliegen zu haben, um ggf. die Artikel im Original vergleichen zu können.

7.7.1 Regelübersicht

Eine Darstellung aller Regeln ist aus Platzgründen nicht leistbar, deshalb werden hier die prozeduralen Aspekte ausgeklammert, also etwa Informations-, Veröffentlichungs- , Verhaltens- und Konsultationspflichten welche detailliert in Vermulst (2005) präsentiert werden.[6305] Zunächst ein Überblick über die aus der Perspektive dieser Arbeit wichtigen Regeln, die in den Fällen wiederkehren.[6306]

(1) Vorbedingung jeder AD Untersuchung ist, daß die nationale Behörde zeigen kann, daß die antragstellende Industrie, gemäß AD Art. 5.4, für 25 % und mehr das Outputs im definierten Warenbereich aufkommt. Erst dann gilt, daß der Antrag "on behalf of the domestic industry" gestellt wurde und weiterverfolgt werden darf.[6307]

(2) AD Art. 2.1 widmet sich der Feststellung des Dumping:

"Article 2, Determination of Dumping

2.1 For the purpose of this Agreement, a product is to be considered as being dumping, i.e. introduced into the commerce of another country at less than its normal value, if the export price of the product exported from one country to another is less than the comparable price, in the ordinary course of trade, for the like product when destined for the consumption in the exporting country."[6308]

Dieser Artikel umfaßt die Dumpingdefinition. Der Exportpreis muß unterhalb des Normalwertes liegen, bei gewöhnlichen Handelsbedingungen, für eine gleichartige Ware, auf die sich in der

---

[6305] Detailliert zu den Verfahrensregeln siehe Vermulst 2005: 102-232. In der Fallübersicht weiter unten werden ab und zu auch prozedurale Schlußfolgerungen erwähnt. Eine kurz Übersicht bietet auch: Stoll/Schorkopf 2002: 117-128.
[6306] Hier wird sich gehalten an die eigene Durchsicht der Fälle und die Ausführungen im AD Regelkommentar von Vermulst 2005. Weitere Literatur, die einbezogen wird, ist: Anderson 2004b; Broude 2003; Bown et al. 2003; Fukunawa 2004; Graafsma 2001; Moore 2002a; Spamann 2004; Wenig 2005; Kim 2005; Howse/Staiger 2005; Steward/Dwyer 1998; Steward/Dwyer 1998a; Vermulst/Graafsma 2001.
[6307] Die ebenfalls in Art. 5.4 genannten 50 % sind nicht relevant, sondern nur die 25 % untere Grenze. Vermulst 2005: 65-68. Kurz dazu, daß nicht nur die Industrie, sondern auch einem anderen Land eingeräumt werden könnte, Antidumpingzölle zu beantragen. Dies wird nicht häufig gemacht, ist aber nach AD Art. 14 erlaubt. Neuseeland hat etwa, auf Antrag von Australien, seinen Flachglasmarkt untersucht und ebenso Importe aus China, Indonesien und Thailand, mit dem Ziel, den neuseeländischen Markt für australische Flachglashersteller zu reservieren. Erwähnt in Broude 2003: 317.
[6308] AD Art. 2.1. Vollständig oben reproduziert. WTO 1995: 168. Vermulst 2005: 8-9.

Untersuchung bezogen wird. Vier Begriffe werden hier eingeführt, nämlich 'export price', 'normal value', 'in the ordinary course of trade' und 'like product', die in der Streitbeilegung näher bestimmt werden.[6309]

(3) AD Art. 2.2 ermöglicht es, die Dumpingmargen, in Rekurs auf den Preis in einem Drittlandmarkt oder durch einen konstruierten Herstellungspreis zu bestimmen, wenn nicht genügend Verkäufe zu gewöhnlichen Handelsbedingungen ("ordinary course of trade") erfolgen oder zu geringe Verkäufe vorliegen.[6310] Das Konzept gewöhnlicher Handelsbedingungen wird im AD Abkommen nicht definiert. Somit ermöglicht AD Art. 2.2.1 bei der Normalwertfeststellung (Normalwert = Verkäufe der Firma in ihrem Heimatmarkt, im Unterschied zu den Exportpreisen, denen 'Dumping' unterstellt wird) auf Produktionskostenanalysen zurückzugreifen und - wenn festgestellt wird, daß Preise unterhalb der Gestehungskosten verlangt werden - dürfen diese bei der Normalwertfeststellung ausgeklammert werden.[6311] Dies erhöht potentiell den Normalwert bzw. die Preise der Heimatmarktverkäufe. Im Vergleich dazu erscheinen dann die Preise im Exportmarkt eher als 'Dumping'. Dies stellt einen wichtigen Spielraum der Behörden dar, der sich zur Feststellung von Dumping mit besonders hohen Dumpingmargen eignet, siehe schon Abschnitt 'H' mit empirischen Studien dazu.

Die weiter unten diskutierten WTO Fälle haben diesen speziellen Spielraum wenig verändert.[6312] Es bleibt bei der Möglichkeit Verkäufe an verbundene Unternehmen bei der Normalwertfeststellung einbeziehen zu dürfen, solange Anpassungen vorgenommen werden, die eine "fair comparison" im Sinne von AD Art. 2.4 ermöglichen[6313], siehe für beides Japan vs. United States - Hot Rolled Steel. Einmal wurde AD Art. 2.2.1.1 nennenswert involviert, der nähere Ausführungen zur Berechnung konstruierter Kosten enthält. Der AB in Canada vs. United States - Softwood Lumber V fordert im Kontext dieses Falls, daß die Behörden bei der Kostenallokation Methoden vergleichen müssen, wenn Exporteure zwingende Beweise vorlegen.[6314] Bezüglich AD Art. 2.2.2 (ii), der sich einem Unterpunkt des Themas konstruierter Herstellungspreise widmet, nämlich der Berechnung durchschnittlicher Werte für die Berechnung von administrativen, verkaufsbezogenen und sonstigen Kosten (SG&A), wird in India vs. EC - Bed Linen gegen die EU geurteilt, daß es nicht ausreiche, wenn die Behörden nur Daten eines Exporteurs vorweisen können.[6315] Nicht in der Streitbeilegung vorgekommen ist AD

[6309] Vermulst 2005: 9. Für Exportpreis wird auch der Begriff Ausfuhrpreis verwendet. Gewöhnliche Handelsbedingungen wird als normaler Handelsverkehr übersetzt. Berrisch/Prieß 2003: 347. Hier wird die o.g. Begrifflichkeit verwendet, aufgrund ihrer Nähe zum Englischen, da hier viele Zitate verwandt werden.
[6310] AD Art. 2.2. "When there are no sales of the like product in the ordinary course of trade in the domestic market of the exporting country or when, because of the particular market situation or the low volume of the sales in the domestic market of the exporting country , such sales do not permit a proper comparison, the margin of dumping shall be determined by comparison with a comparable price of the like product when exported to an appropriate third country, provided that this price is representative, or with the cost of production in the country of origin plus a reasonable amount for administrative, selling and general costs and for profits." Ohne Fußnote im Original. WTO 1995: 168.
[6311] Vermulst 2005: 169.
[6312] So werden immer noch Verkäufe an verbundene Unternehmen von einigen Behörden automatisch als außerhalb des 'ordinary course of trade' angesehen: "Thus far, this extreme interpretation has not been challenged in the WTO." Vermulst 2005: 23.
[6313] Obwohl der 99.5 % 'arms length test' der U.S. Behörden abgelehnt wird. Vermulst 2005: 24-30.
[6314] Einige Beispiele, aber nicht von weitgehendem Charakter, mehr in Vermulst 2005: 36, 37-39.
[6315] Vermulst 2005: 42.

Art. 2.7, der ohne weitere Bedingungen den Behörden die gesonderte Berechnungsmethode für nichtmarktwirtschaftliche Länder eröffnet.[6316]

(4) In AD Art. 2.4 findet sich die wichtige Formulierung, daß ein fairer Vergleich zwischen Normalwert und Exportwert vollzogen werden soll ("A fair comparison shall be made between the export and the normal value"[6317]), wobei eine ganze Liste von Vergleichskriterien aufgeführt sind, die einen solchen fairen Vergleich näher beschreiben.

Dabei geht es zuerst einmal darum, daß nicht Waren miteinander verglichen werden sollten, die nicht gleich sind, so wird gefordert, daß die Behörden Unterschiede bewerten und dies in ihre Feststellung einbeziehen müssen, siehe EC vs. Argentina - Floor Tiles.[6318] Oder die U.S. Behörden dürfen es nicht gemäß der Liste in AD Art. 2.4 als "difference in conditions and terms of sale" ansehen, wenn ein koreanisches Unternehmen an ein später insolventes amerikanisches Unternehmen verkauft und dann sein Geld nicht zurückbekam, siehe Korea vs. United States - Stainless Steel (2000).[6319] Den untersuchenden Behörden wird die Verpflichtung auferlegt, solche Anpassungen im Sinne einer "fair comparison" durchzuführen.[6320] Es gibt wenige weitere relevante Folgerungen der WTO Streitbelegung speziell zu dieser letzteren Frage.[6321]

Bislang nicht vom AB geklärt ist, ob der Begriff gleichartigen Waren (AD Art. 2.1 und Art. 2.6: 'like products', 'product under consideration') oder Produzenten (AD Art. 4.1 'producers' oder in AD Art. 3 Terminologie 'domestic industry') zu eigenständigen Verpflichtungen Anlaß gibt.

So geht es in einer Stellungnahme des AB zuerst einmal nur darum, daß eine Ware ("product as a whole") gleichbleibend definiert sein muß. Hintergrund ist zudem, daß, s.o., EC vs. Argentina - Floor Tiles akzeptiert ist, daß eine gleichartige Ware in multiple Gruppen etc. aufgeteilt wird, wenn es bestimmte Unterschiede zwischen ihnen gibt.[6322] Eine aktuelle Stellungnahme, bisher nicht vom AB

[6316] Ohne Fallpraxis. Vermulst 2005: 44-45.

[6317] AD Art. 2.4 "A fair comparison shall be made between the export price and the normal value. This comparison shall be made at the same level of trade, normally at the ex factory level, and in respect of sales made at as nearly as possible the same time. Due allowance shall be made in each case, on its merits, for differences which affect price comparability, including differences in conditions and terms of sale, taxation, levels of trade, quantities, physical characteristics, and any other differences which are also demonstrated to affect price comparability. ..." Dies ist der erste Abschnitt dieses Artikels. WTO 1995: 170.

[6318] Vermulst 2005: 47.

[6319] Vermulst 2005: 47.

[6320] Vermulst 2005: 47-48.

[6321] Vermulst 2005: 46-51.

[6322] "99. Our view that "dumping" and "margins of dumping" can only be established for the product under investigation as a whole is in consonance with the need for consistent treatment of a product in an anti-dumping investigation. Thus, having defined the product under investigation, the investigating authority must treat that product as a whole for, inter alia, the following purposes: determination of the volume of dumped imports, injury determination, causal link between dumped imports and injury to domestic industry, and calculation of the margin of dumping. Moreover, according to Article VI:2 of the GATT 1994 and Article 9.2 of the Anti-Dumping Agreement, an anti-dumping duty can be levied only on a dumped product. For all these purposes, the product under investigation is treated as a whole, and export transactions in the so-called "non-dumped" sub-groups (that is, those sub-groups in which the weighted average normal value is less than the weighted average export price) are not excluded." Siehe auch : Canada vs. United States - Final Dumping Determination on Softwood Lumber from Canada, WT/DS264/AB/R, 11 August 2004. S. 58, Para. 174.

bestätigt, zum Thema gleichartiger Waren und auch zu Produzenten erfolgt durch den Panel in Norway vs. EC - Farmed Salmon (2007), siehe dazu weiter unten in der Fallübersicht.

Die hauptsächliche, disziplinierende Wirkung auf die Antidumpingnutzung bewirkt AD Art. 2.4.2, weil dieser Artikel der 'Zeroing' Vergleichsmethode entgegensteht. Diese Vergleichsmethode, welche die Dumpingmargen erhöht, wurde bis vor kurzem noch von vielen Ländern benutzt. In AD Art. 2.4.2 wird eine Präferenz für Vergleichsmethoden formuliert, auf denen die Dumpingberechnung beruhen sollte:

"2.4.2 Subject to the provisions governing fair comparison in paragraph 4, the existence of margins of dumping during the investigation phase shall normally be established on the basis of a comparison of a weighted average normal value with a weighted average of prices of all comparable export transactions or by a comparison of normal value and export prices on a transaction-to-transaction basis. A normal value established on a weighted average basis may be compared to prices of individual export transactions if the authorities find a pattern of export prices which differ significantly among different purchasers, regions or time periods, and if an explanation is provided as to why such differences cannot be taken into account appropriately by the use of a weighted average-to-weighted average or transaction-to-transaction comparison."[6323]

Die 'Zeroing'-Methode widerspricht der AD Art. 2.4 Anforderung, einen 'fairen Vergleich' durchzuführen. In den Fällen zu dieser Frage werden die Spannungen deutlich, welche die Berufungsinstanz mit ihrem klaren Auslegungsansatz ausgelöst hat. Siehe dazu die Fälle India vs. EU - Bed Linen (2000-2003) und Canada vs. United States - Softwood Lumber V (2004-2006) sowie den gesonderten Punkt 7.8.3: Die 'Zeroing' Fälle.[6324]

(5) In AD 4.1 wird die der Untersuchung zugrundeliegende heimische Industrie definiert. Dies ist ein sensibler Aspekt, denn in diesem Artikel wird formuliert, daß die ganze Industrie untersucht werden solle ("domestic producers as whole of the like product"), wenn es darum geht Schädigung festzustellen. Dies ist eigentlich selbstverständlich, denn sonst könnte dieser Artikel mit einer Konzentration auf Firmen, die Probleme haben, umgangen werden. Mit einem 'oder' eingeleitet findet sich aber zusätzlich die Unsicherheit auslösende Formulierung, daß es ausreiche, daß ein großer Teil der heimischen Industrie untersucht würde ("or to those of them whose collective output of the products constitutes a major proportion of the total domestic production of those products").[6325] Am

---

[6323] AD Art. 2.4.2. WTO 1995: 171.
[6324] Vermulst 2005: 62.
[6325] "4.1 For the purposes of this Agreement, the term "domestic industry" shall be interpreted as referring to the domestic producers as a whole of the like products or to those of them whose collective output of the products constitutes a major proportion of the total domestic production of those products, except that: ... " WTO 1995: 174.

Rande: AD Art. 4.1 überdeckt sich nicht mit AD Art. 5.4, der sich nur auf die Initiation von Untersuchungen bezieht.[6326]

Bezüglich dieses Artikel gab es bisher nur eine nachsichtige Panelreaktionen, die im Lichte des Zwecks des Antidumpingabkommens nicht angemessen war. Eine Klärung durch den AB fehlt bislang. In India vs. EC - Bed Linen (2000-2003) wurde in bezug auf AD Art. 3.4 argumentiert, daß es selbst dann, wenn die EU Sampling Technik nur einen Teil der Industrie untersucht, Informationen über den Zustand der restlichen Industrie herangezogen werden müssen. Die EU hatte Daten für die gesamte Industrie mit Daten kombiniert, die u.a. aus einem Sample bestanden, welches 61,6 % der Produktion abdeckte. Das oben erwähnte nachsichtige, nicht dem Zweck des Antidumpingabkommens angemessen argumentierende Panel akzeptierte dagegen, daß eine AD Untersuchung 'nur' auf 46 % der heimischen Produktion basieren dürfe, siehe Brazil vs. Argentina - Poultry AD Duties (2003). Leichtfertig führte dieser Panel weiter aus, daß dieser Punkt mehrere zulässige Interpretationen zulasse, siehe den Punkt 7.8.4: Antidumping Entscheidungsmaßstab.

(6) Nur wenn bedeutende Schädigung festgestellt werden kann, dürfen Antidumpingzölle eingeführt werden (in der Schutzklausel wird ernsthafte Schädigung gefordert, dies ist ein anspruchvollerer Standard). Mit dieser Bedingung wird der Kreis der antragstellenden Industrien bzw. der Spielraum der Behörden eingeschränkt, denn wenn in einer Industrie (bzw. in einem bestimmten Warenbereich) keine problematischen Entwicklungen vorliegen und bedeutende Schädigung in den Daten nicht gezeigt werden kann, darf kein Antidumpingschutz ermöglicht werden. Wie die Behörden bei der Schädigungsfeststellung vorgehen müssen, wird in den AD Regeln in Art. 3, speziell in Art. 3.1 'Übergreifender Artikel', Art. 3.2 'Importbeachtung', Art. 3.3 'Kumulation', Art. 3.4 'Faktoranalyse', Art. 3.5 'Kausalanalyse und Nicht-Zuschreibungserfordernis ('non-attribution')' und Art. 3.7 'Drohende bedeutende Schädigung' vorgegeben. Vier Punkte sind hier hervorzuheben, die von den Behörden beachtet werden müssen, um Schädigung aufzuzeigen: Die Definition der Ware, um die es geht, die Definition der Industrie, die Feststellung bedeutender Schädigung, die Feststellung einer kausalen Verbindung zwischen den gedumpten Importen und der bedeutenden Schädigung. Schließlich geht es um drohende bedeutende Schädigung.[6327] Zu diesen Punkten gibt es eine Reihe von Unterpunkten und Anforderungen, die von den Behörden beachtet werden müssen, siehe dazu auch die Fallübersicht mit den empirischen Hintergründen. Zu allen diesen Artikeln hier ein kurzer Kommentar, mit Verweisen

---

[6326] AD Art. 4.1 hat nichts mit AD Art. 5.4 zu tun. Bei letzterem geht es um einen Schwellenwert bei der Initiation einer Untersuchung. Nur in letzterem Artikel werden die Zahlen 50 % und minimal 25 % genannt: AD Art. 5.4: "An investigation shall not be initiated pursuant to paragraph 1 unless the authorities have determined, on the basis of an examination of the degree of support for, or opposition to, the application expressed by domestic producers of the like product, that the application has been made by or on behalf of the domestic industry. The application shall be considered to have been made 'by or on behalf of the domestic industry' if it is supported by those domestic producers whose collective output constitutes more than 50 per cent of the total production of the like product produced by that portion of the domestic industry expressing either support for or opposition to the application. However, no investigation shall be initiated when domestic producers expressly supporting the application account for less than 25 per cent of total production of the like product produced by the domestic industry." WTO 1995: 177.
[6327] Vermulst 2005: 63-64.

zu den später diskutierten Fällen. Zunächst einmal wird AD Art. 3 'Determination of Injury' reproduziert:

(6.1) Übergreifender Artikel: "Article 3, Determination of Injury[6328] 3.1 A determination of injury for purposes of Article VI of GATT 1994 shall be based on positive evidence and involve an objective examination of both (a) the volume of the dumped imports and the effect of the dumped imports on prices in the domestic market for like products, and (b) the consequent impact of these imports on domestic producers of such products."[6329]

Ergänzend zum Entscheidungsmaßstab in AD Art. 17.6, der weiter unten gesondert beschrieben wird, wird AD Art. 3.1 als übergreifender Artikel, als "overarching provision" angesehen, der mit den Begriffspaaren 'positive evidence' und 'objective examination' wichtige Hinweise enthält, wie die Streitbeilegung und die Behörden verfahren müssen, siehe den Fall Poland vs. Thailand - H Beams (2000-2001). In India vs. EU - Bed Linen (2000-2003) stellt dieser Artikel den Einstieg für die Feststellung dar, daß nicht alle Importe, sondern nur die gedumpten Importe zur Schädigungsfeststellung herangezogen werden dürfen. In Japan vs. United States - Hot Rolled Steel (2001) erfolgt, neben Ausführungen zu AD Art. 17.6 Entscheidungsmaßstab, eine weitere Klärung des Bedeutungsumfangs der Begriffspaare 'positive evidence' und 'objective examination', u.a. wird der Streitbeilegung die Verpflichtung auferlegt, die Qualität der Faktenniederlegung durch die Behörden zu überprüfen ('positive evidence') und die Behörden werden verpflichtet, eine objektive, faire, unparteiische Durchführung ihrer Untersuchung zu garantieren, im Einklang mit den grundlegenden völkerrechtlichen Prinzipien von Treu und Glaube und Fairness.

(6.2) Importbeachtung, Preisanalyse: AD Art. 3.2 "With regard to the volume of the dumped imports, the investigating authorities shall consider whether there has been a significant increase in dumped imports, either in absolute terms or relative to production or consumption in the importing Member. With regard to the effect of the dumped imports on prices, the investigating authorities shall consider whether there has been a significant price undercutting by the dumped imports as compared with the price of a like product of the importing Member, or whether the effect of such imports is otherwise to depress prices to a significant degree or prevent price increases, which otherwise would have occurred, to a significant degree. No one or several of these factors can necessarily give decisive guidance."[6330]

In AD Art. 3.2 wird 'nur' die Anforderung an die Behörden gestellt, steigende Importe vorweisen zu können. Die Art und Weise wie 'consider' von der Streitbeilegung gedeutet wird, schwächt den

---

[6328] Wie im Originaltext wird hier auch die Fußnote zu 'Injury' reproduziert, die eine Definition, wenn auch keine nähere Erklärung enthält, was mit 'injury' gemeint ist: "Under this Agreement the term "injury" shall, unless otherwise specified, be taken to mean material injury to a domestic industry, threat of material injury to a domestic industry or material retardation of the establishment of such an industry and shall be interpreted in accordance with the provisions of this Article." WTO 1995: 172. Das Schädigungskriterium 'material retardation' wurde, so diese Publikation, in der EU bisher niemals gebraucht. Evaluation of EC TDI 2005: Annex 1, Page. 24, 26.
[6329] WTO 1995: 172.
[6330] WTO 1995: 172.

disziplinierenden Charakter dieses Artikels. Der Begriff 'consider' erfordere, soweit der Panel in Poland vs. Thailand - H Beams (2000-2001), daß die Behörden diesen Zahlen 'im Kontext Beachtung schenken'. Eine ausdrückliche Bewertung ist nicht erforderlich, wobei dies in diesem Bericht in der Schwebe bleibt. Weiterhin sei es den Behörden überlassen, ob der Importanstieg absolut oder relativ zu Produktion oder Konsumption erfolgt. Im ersten Panel Kanada vs. USA - Softwood Lumber VI (2004-2006) wird 'consider' so verwendet, daß 'Beachtung schenken im Kontext' ausreicht. Ein weiterer Aspekt dieses Artikels wird daran deutlich, daß die nationalen Behörden hinsichtlich Preisunterbietung, Preisdepression und der Verhinderung von Preiserhöhungen mit einem Auswahl-'oder' ausgestattet sind. Sie müssen nur einen dieser Tatbestände mit Daten beweisen. Sichtbar wird an diesem Fall, daß dies einerseits Interpretationsspielräume bei den Behörden eröffnet und andererseits Bewertungsunsicherheiten bei den Panels auslöst. In einem weiteren Fall, Softwood Lumber V (2004-2006), wird 'consider', im speziellen Zusammenhang mit AD Art. 2.2.1.1, so gedeutet, daß dieser den Vergleich zwischen zwei Kostenallokationsmethoden erfordert.

(6.3) Kumulation AD Art. 3.3: "Where imports of a product from more than one country are simultaneously subject to anti-dumping investigations, the investigating authorities may cumulatively assess the effects of such imports only if they determine that (a) the margin of dumping established in relation to the imports from each country is more than de minimis as defined in paragraph 8 of Article 5 and the volume of imports from each country is not negligible and (b) a cumulative assessment of the effects of the imports is appropriate in light of the conditions of competition between the imported products and the conditions of competition between the imported products and the like domestic product."[6331]

In diesem Artikel, AD Art. 3.3, wird die Kumulation geregelt, d.h. wie bei der Schädigungsfeststellung verfahren wird, wenn aus mehreren Ländern gedumpte Importe kommen. In Brazil vs. EC - Tube or Pipe Fittings (2003) wird klargestellt, daß hier eine Differenzierung nach Wirkungsintensitäten nicht erforderlich ist, sodaß bei Untersuchungen, die sich gegen mehrere Länder richten, auch Länder, die für geringe oder sogar zurückgehende Importmengen verantwortlich sind, Schädigung auslösen können, also Dumpingzöllen ausgesetzt werden dürfen, solange festgestellt wird, daß solche Importe 'non negligible' sind, siehe diesen Begriff oben im Artikel. Es liegt auf der Hand, welche Effekte dies haben kann, nämlich daß Länder mit geringen Importmengen, die - einzeln - kaum für Schädigung verantwortlich gemacht werden können, von Antidumpingzöllen betroffen sein können.[6332]

(6.4) Faktoranalyse AD Art. 3.4: "The examination of the impact of the dumped imports on the domestic industry concerned shall include an evaluation of all relevant economic factors and indices having a bearing on the state of the industry, including actual and potential decline in sales, profits, output, market share, productivity, return on investments, or utilization of capacity; factors affecting

---

[6331] WTO 1995: 172-173.
[6332] Im WTO Schutzklauselabkommen ist diese Problematik in SG Art. 9.1 gelöst. Siehe Abschnitt 'J', Schutzklausel.

domestic prices; the magnitude of the margin of dumping; actual and potential negative effects on cash flow, inventories, employment, wages, growth, ability to raise capital or investments. This list is not exhaustive, nor can one or several of these factors necessarily give decisive guidance."[6333]

Schon in Poland vs. Thailand - H Beams (2000-2001) wird klargestellt, daß alle dieser in AD Art. 3.4 genannten 15 Faktoren bei der Schädigungsanalyse beachtet werden müssen. In India vs. EC - Bed Linen (2000-2003) wird in bezug auf diesen Artikel gefordert, daß Informationen über die gesamte Industrie vorgelegt werden sollen, auch wenn dabei teilweise ein Sample benutzt werden kann. In United States vs. Mexiko - Corn Syrup (2001) wird die Feststellung drohender bedeutender Schädigung, siehe AD Art. 3.7, aufgrund des guten Zustands der Industrie, nicht akzeptiert. Es ist aber nicht so, daß ein positiver Faktor aus der Liste der Faktoren in diesem Artikels ausreicht, um die Panels dazu zu bringen, einen guten Zustand der Industrie anzunehmen. Es müssen eine ganze Reihe positiver Faktoren zusammenkommen, damit die WTO Streitbeilegung diese Schlußfolgerung trifft. Im Umkehrschluß versuchen die Behörden die Spielräume der Faktoranalyse zu nutzen, um den Zustand der heimischen Industrie 'schlechtzureden'. Die Faktoranalyse ist brisant, weil sie, zusammen mit der gleich folgenden Kausalanalyse, angesichts des oben erwähnten, 'schwach' ausgelegten, AD Art. 3.2, die einzigen beiden Schritte im Bereich der Schädigungsfeststellung darstellen, welche substantielle Anforderungen an die Behörden stellen. Diesen beiden Artikel kommt eine herausragende Bedeutung dabei zu, eine Einschränkung der Antidumpingnutzung auf Fälle bewirken können, in der eine Schädigung der heimischen Industrie vorliegt. In der Fallübersicht wird gezeigt, welches Schwierigkeiten hierbei in den Streitfällen zu beobachten sind und wie schwer es den Panels gefallen ist, den Argumentationen der Behörden eine eigene, kritische Position entgegenzusetzen.

(6.5) Kausalanalyse und Nicht-Zuschreibungserfordernis ('non-attribution'), AD Art. 3.5: "It must be demonstrated that the dumped imports are, through the effects of dumping, as set forth in paragraphs 2 and 4, causing injury within the meaning of this Agreement. The demonstration of a causal relationship between the dumped imports and the injury to the domestic industry shall be based on an examination of all relevant evidence before the authorities. The authorities shall also examine any known factors other than the dumped imports which at the same time are injuring the domestic industry, and the injuries caused by these other factors must not be attributed to the dumped imports. Factors which may be relevant in this respect include, inter alia, the volume and prices of imports not sold at dumping prices, contraction in demand or changes in the patterns of consumption, trade restrictive practices of and competition between the foreign and domestic producers, developments in technology and the export performance and productivity of the domestic industry."[6334]

Die kausale Verbindung zwischen Dumping und Schädigung aufzuzeigen, wird in AD Art. 3.5 von den Behörden gefordert. Auferlegt wird den Behörden zu diesem Zwecke erstens zwar nicht alle hier erwähnten Faktoren zu untersuchen, aber alle bekannten und für diese Frage relevanten (sodaß auch

---

[6333] WTO 1995: 173.
[6334] WTO 1995: 173

neue, spezielle Faktoren hinzukommen können, die hier nicht genannt werden, die auch von betroffenen Unternehmen in der Kommunikation mit den Behörden mit Gründen genannt werden können). Ebenso können Behörden aber mit Gründen eine Beschäftigung mit solchen Faktoren ablehnen, siehe hierzu Brazil vs. EU - Tube or Pipe Fittings (2003). Weiterhin muß das Nicht-Zuschreibungserfordernis ('non attribution') erfüllt werden, d.h. die Effekte der gedumpten Importe hinsichtlich Schädigung müssen von weiteren schädigenden Faktoren separiert und unterschieden werden, beispielsweise von einem internen Nachfragerückgang, siehe dazu etwa Japan vs. United States - Hot Rolled Steel (2001). Die prekäre Frage, welche Rolle die gedumpten Importe bei der Schädigung im Bereich Antidumping spielen müssen im Sinne einer materialen Bewertung, die sich in einem bestimmten Begriff widerspiegelt, wurde bislang nicht angegangen. Dies erfolgte bislang nur für die Schutzklausel.[6335] In einer Passage eines Schutzklauselberichts hat der AB zudem formuliert, daß der Standard für bedeutende Schädigung nicht so anspruchsvoll angelegt ist, wie ernsthafte Schädigung ('material injury vs. serious injury').[6336]

(6.6) AD Art. 3.6 wurde bislang nicht genutzt.[6337]

(6.7) Drohende, bedeutende Schädigung: "3.7 A determination of a threat of material injury shall be based on facts and not merely on allegation, conjecture or remote possibility. The change in circumstances which would create a situation in which the dumping would cause injury must be clearly foreseen and imminent. In making a determination regarding the existence of a threat of material injury, the authorities should consider, inter alia, such factors as:
(i) a significant rate of increase of dumped imports into the domestic market indicating the likelihood of substantially increased importation;
(ii) sufficient freely disposable, or an imminent, substantial increase in, capacity of the exporter indicating the likelihood of substantially increased dumped exports to the importing Member's market, taking into account the availability of other export markets to absorb any additional exports;
(iii) whether imports are entering at prices that will have a significant depressing or suppressing effect on domestic prices, and would likely increase demand for further imports; and

---

[6335] Das Kriterium kausale Verbindung wird im Schutzklauselbereich so interpretiert, daß Importe nicht die einzige Rolle bei der ernsthaften Schädigung spielen müssen, daß aber nichtsdestotrotz die kausale Verbindung genuin und substantiell ("genuin and substantial") sein muß. EC vs. United States - Definitive Safeguard Measures on Imports of Wheat Gluten from the European Communities, WT/DS166/AB/R, 22 December 2000, S. 24, Para. 69.

[6336] "We are fortified in our view that the standard of 'serious injury' in the *Agreement on Safeguards* is a very high one when we contrast this standards with the standard of 'material injury' envisage under the *Anti-Dumping Agreement*." Herv. im Original. New Zealand vs. United States - Safeguard Measure on Imports of Fresh, Chilled or Frozen Lamb from New Zealand. WT/DS177/AB/R, W/DS178/AB/R, 1. Mai 2001, S. 44, Para. 124.

[6337] AD Art. 3.6 "The effect of the dumped imports shall be assessed in relation to the domestic production of the like product when available data permit the separate identification of that production on the basis of such criteria as the production process, producers' sales and profits. If such separate identification of that production is not possible, the effects of the dumped imports shall be assessed by the examination of the production of the narrowest group or range of products, which includes the like product, for which the necessary information can be provided." WTO 1995: 173. Dieser Artikel wurde zwar erwähnt, aber nur in Form eines Arguments, bei dem er als Beispiel angesehen wird, welches in diesem Fall keine Entscheidungsrelevanz hatte. Dieser Artikel wurde als weiteres unterstützendes Argument hinzugezogen, um zu belegen, daß gemäß AD die gesamte Industrie untersucht werden müsse, wenn es um Schädigung geht. United States vs. Mexico - Anti-Dumping Investigation of High Fructose Corn Syrup (HFCS) from the United States, WT/DS132/R, 28 January 2000, S. 219, Para. 7.157. WTO Analytical Index 2003: 694.

(iv) inventories of the product being investigated.
No one of these factors by itself can necessarily give decisive guidance but the totality of the factors considered must lead to the conclusion that further dumped exports are imminent and that, unless protective action is taken, material injury would occur.
3.8 With respect to cases where injury is threatened by dumped imports, the application of anti-dumping measures shall be considered and decided with special care."[6338]

Diese beiden Artikel, AD Art. 3.7 und Art. 3.8, beschäftigen sich mit dem eigenständigen Tatbestand drohender, bedeutender Schädigung, der zusätzlich zum Tatbestand bedeutender Schädigung als Begründung für eine Antidumpingmaßnahme von den Behörden angeführt werden kann. Insofern ist die Auslegung dieses Artikels wichtig, weil es auch hier darum geht, ob eine Disziplinierung von Antidumping über das Schädigungskriterium gelingen kann (diesmal eben - drohende - bedeutende Schädigung). In United States vs. Mexiko - Corn Syrup (2001), als Mexiko drohende, bedeutende Schädigung feststellt, wenden sich Panel und AB gegen Mexiko und stellen zuerst einmal klar, daß auch bezüglich dieser Feststellung eine Diskussion sämtlicher AD Art. 3.4 Faktoren nötig ist. Der AB legte dort die Bedeutung von 'clearly foreseen and imminent' nicht näher aus, vielleicht weil er kurz davor in Japan vs. United States - Hot Rolled Steel (2001) bereits den Entscheidungsmaßstab in Art. 17.6 detailliert vorgegeben hatte. Dies führte dazu, daß der Art. 21.5 Panel in Canada vs. United States - Softwood Lumber VI (2004-2006) den falschen Eindruck hatte, daß drohende, bedeutende Schädigung einen schwächeren Standard impliziert als bedeutende Schädigung. Der Art. 21.5 AB korrigiert dies umgehend in demselben Fallpaket und erläutert 'clearly foreseen and imminent' so, daß die Behörden Beweise vorlegen müssen, daß Importzunahmen sehr wahrscheinlich stattfinden würden. Damit gelang es der Streitbeilegung zu verhindern, daß sich hier ein Lücke etablieren kann. Die Überprüfung behördlicher Feststellungen drohender, bedeutender Schädigung bleibt aber ein schwieriges Unterfangen.

7.8 Einleitung Fallübersicht

Aus dem eben erfolgten Überblick über die Regeln wird deutlich, daß angesichts der Fragestellungen dieser Arbeit nicht viel gewonnen wäre, wenn auf die wirtschaftlichen Hintergründe verzichtet und die Rechtslage i.S. eines Kommentars zusammengefaßt würde. Ein rechtlicher Kommentar läßt ebensowenig eine Einschätzung darüber zu, in welchem Ausmaß durch die Regelauslegung in die Entscheidungsspielräume der nationalen Behörden eingriffen wurde. Auch Informationen über die Umsetzung der Entscheidungen sind dort schwer zu integrieren. Schließlich läßt ein weiterer Aspekt eine Fallübersicht sinnvoll erscheinen: Nur so kann das Problem 'schwacher' Panels in den Antidumpingfällen verdeutlicht werden. Der rechtliche Kommentar würde deren rechtliche Auffassung wiedergeben und ausklammern müssen, warum die Panels teils erhebliche Probleme hatten den Entscheidungsmaßstab umzusetzen.[6339] Aus diesen Gründen wurde sich auch hier

---
[6338] WTO 1995: 173-174.
[6339] Dieses Problem wird nicht erwähnt in Vermulst 2005.

entschieden, in dieser Form zu verfahren, um zu einem überzeugenderen Fazit hinsichtlich der Wirkung dieses Abkommens kommen zu können. Der Leser kann zum Fazit vorblättern und durch die im Fazit erfolgenden Verweise selektiv zu den Fällen zurückspringen.

7.8.1 AD Fallübersicht

(1) In Mexico vs. Guatemala - Cement I (1998) gelangt es nicht zu definieren, welche behördliche Maßnahme dem Streitbeilegungsfall zugrundeliegt. Dies wird nachgeholt in Mexico vs. Guatemala - Cement II (2000).[6340] Vom diesbezüglichen Panel wird es nicht akzeptiert, daß der Normalwert so festgestellt wird, daß von den Behörden aus Guatemala zwei Rechnungen für je ein Sack Zement erhalten in einem Baumarkt in Mexiko vorgelegt werden, die von Behördenmitarbeitern dort gekauft wurden. Dieser Normalwert sei, so das Panel, entgegen AD Art. 2.4, nicht auf Unterschiede des Handelsniveaus ('level of trade') überprüft worden. Dazu kommt, daß er mit Exportpreisen verglichen wurde, die an wenigen Transaktionen festgemacht wurden. Als Exportpreis- und Importmengenbeweis wurde folgendes Ereignis zugrundegelegt: Am 15. August 1995 fuhren am Zollposten Tecun Uman, zwei Lkw mit 7035 und 4221 Säcken Zement von Mexico nach Guatemala. Dies reiche, so das Panel, nicht aus, um gemäß AD Art. 3 drohende Schädigung festzustellen. Insgesamt lägen nicht genügend Beweise vor, um eine Untersuchung überhaupt beginnen zu dürfen, gemäß AD Art. 5.2 und Art. 5.3.[6341] Guatemala nahm daraufhin die AD-Zölle zurück.[6342] Diese gelungene Parodie Guatemalas auf Antidumping stellt, einmal abgesehen von der Schädigungsanalyse, den vielleicht realistischsten Normalwert/Exportpreisvergleich in der AD Geschichte dar. Für die Fragestellung hier wenig aussagekräftig.

(2) Dem Fall Poland vs. Thailand - H Beams (2000-2001)[6343] lag eine von Thailand, gemäß Panel, mit AD Art. 2 vereinbare Dumpingfeststellung zugrunde, bei der die Warendefinition korrekt gemäß AD Art. 2.2.2 (i) durchgeführt und ein Normalwert konstruiert wurde, wobei auch die Profitanpassung akzeptiert wird.[6344] Das Panel kam sodann zu dem Eindruck, daß es Dokumente nicht beachten darf, die Polen zum Zeitpunkt der endgültigen Festlegung der Antidumpingmaßnahme nicht zur Verfügung standen und bezog somit die gesamten thailändischen Daten und Argumentationen der Schädigungsanalyse nicht mit ein, sodaß diese überhaupt keine Aussagekraft hatte.[6345] Ein solches

---

[6340] Panel und AB. Mexico vs. Guatemala - Anti-Dumping Investigation Regarding Portland Cement from Mexico. WT/DS60/R, 19 June 1998. Mexico vs. Guatemala - Anti-Dumping Investigation Regarding Portland Cement from Mexico. WT/DS60/AB/R, 2 November 1998.
[6341] Panel: Mexico vs. Guatemala - Definitive Anti-Dumping Measures on Grey Portland Cement from Mexico, WT/DS156/R, 24 October 2000. S. 320-327, Paras. 8.33-8.58.
[6342] WTO Fälle.
[6343] Panel und AB. Poland vs. Thailand - Anti-Dumping Duties on Angles, Shapes and Sections of Iron or Non-Alloy Steel and H-Beams from Poland, WT/DS122//R, 28 September 2000. Poland vs. Thailand - Anti-Dumping Duties on Angles, Shapes and Sections of Iron or Non-Alloy Steel and H-Beams from Poland, WT/DS122/AB/R, 12 March 2001
[6344] Poland vs. Thailand - Anti-Dumping Duties on Angles, Shapes and Sections of Iron or Non-Alloy Steel and H-Beams from Poland, WT/DS122//R, 28 September 2000: S. 30-37, Paras. 7.95-7.129.
[6345] Poland vs. Thailand - Anti-Dumping Duties on Angles, Shapes and Sections of Iron or Non-Alloy Steel and H-Beams from Poland, WT/DS122//R, 28 September 2000. S. 41-43, Paras. 7.144-7.152.

Vorgehen akzeptiert der AB plausiblerweise nicht[6346] argumentiert aber, daß er die Analyse nicht zuende führen kann. In bezug auf AD Art. 3 sind Panel und AB einig, daß AD Art. 3.1 eine "overarching provision that sets forth a Member's fundamental, substantive obligation" bezüglich Schädigung festhält, welche dadurch konkretisiert wird, daß "positiv evidence" vorgelegt werden muß und eine "objektive examination" erfolgen soll.[6347] Der AB ist weiterhin nicht nur einig mit dem Panel, daß dieser darauf besteht, daß Thailand alle 15 in AD 3.4 aufgelisteten Faktoren untersuchen muß (und womöglich sogar mehr Faktoren), sondern auch damit, daß der Panel ausführt, daß dabei ein reiner "checklist approach" nicht akzeptabel ist: "[r]ather, we are of the view that Article 3.4 requires the authorities properly to establish whether a factual basis exists to support a well-reasoned and meaningful analysis of the state of the industry and a finding of injury."[6348] Weil Thailand nicht alle Faktoren untersucht hatte, verstößt es sowohl gegen AD Art. 3.4 als auch gegen AD Art. 3.1.[6349] Aufgrund dieser Einigkeit zwischen Panel und AB wird hier auch die folgende Panel Passage erwähnt, um das Verständnis von 'consider' in AD Art. 3.2 zu beleuchten, wodurch ein relativ schwacher Anspruch an die Importbeschreibung etabliert wird:

"We examine the nature of the obligation in Article 3.2. We note that the text of Article 3.2 requires that the investigating authorities "consider whether there has been a significant increase in dumped imports". The Concise Oxford Dictionary defines 'consider' as, inter alia: 'contemplate mentally, especially in order to reach a conclusion'; 'give attention to'; and 'reckon with; take into account'. We therefore do not read the textual term 'consider in Article 3.2 to require an explicit 'finding' or 'determination' by the investigating authorities as to whether the increase in dumped imports is 'significant'. (...) Nevertheless, we consider that it must be apparent in the relevant documents in the record that the investigating authorities have given attention to and taken into account whether there has been a significant increase in dumped imports, in absolute or relative terms."[6350] Etwas später wird ausgeführt: "We note in particular in this regard that the authorities went beyond a mere recitation of trends in the abstract and put the figures into context. For example, the statement that 'imports from Poland increased continuously' indicates that the increase had persisted over some period. In addition, the statements that the imports from Poland increased at a time when all other imports were decreasing, and that Poland's share of total Thai imports had therefore increased, also speak to the

---

[6346] Poland vs. Thailand - Anti-Dumping Duties on Angles, Shapes and Sections of Iron or Non-Alloy Steel and H-Beams from Poland, WT/DS122/AB/R, 12 March 2001. S. 35, Para. 112.
[6347] Poland vs. Thailand - Anti-Dumping Duties on Angles, Shapes and Sections of Iron or Non-Alloy Steel and H-Beams from Poland, WT/DS122/AB/R, 12 March 2001. S. 33, Para. 106-107. Der Panel spricht von "general requirement". Poland vs. Thailand - Anti-Dumping Duties on Angles, Shapes and Sections of Iron or Non-Alloy Steel and H-Beams from Poland, WT/DS122//R, 28 September 2000. S. 39, Paras. 7.137-7.139.
[6348] Poland vs. Thailand - Anti-Dumping Duties on Angles, Shapes and Sections of Iron or Non-Alloy Steel and H-Beams from Poland, WT/DS122//R, 28 September 2000. S. 63, Paras. 7.236. Der AB: "We agree with the Panel's analysis in its entirety ..." Poland vs. Thailand - Anti-Dumping Duties on Angles, Shapes and Sections of Iron or Non-Alloy Steel and H-Beams from Poland, WT/DS122/AB/R, 12 March 2001. S. 39, Para. 125.
[6349] Poland vs. Thailand - Anti-Dumping Duties on Angles, Shapes and Sections of Iron or Non-Alloy Steel and H-Beams from Poland, WT/DS122/AB/R, 12 March 2001. S. 39-40, Para. 125, 128.
[6350] Poland vs. Thailand - Anti-Dumping Duties on Angles, Shapes and Sections of Iron or Non-Alloy Steel and H Beams from Poland, WT/DS122/R, 28 September 2000, S. 46, Para. 7.161.

'significance' or importance of the increase."[6351] Kurz: 'consider' wird als 'Beachtung schenken im Kontext' definiert und es wird erwartet, daß in einer Argumentation immerhin plausible Beschreibungen und Trendaussagen geliefert werden.

Wichtig für das Verständnis von AD Art. 3.2 ist weiterhin, daß es ausreicht, wenn einer (und nicht alle) der dort formulierten Tatbestände gezeigt werden kann: "We consider that it is sufficient for the purposes of this provision for the investigating authorities to consider whether there has been a significant absolute increase ... (....) We note as a matter of fact that Thailand also found that there had been an increase (albeit a small one) in Poland's share of the Thai H-beam market."[6352] Dies eröffnet den Behörden Spielräume bei der Auswahl der Daten.

Thailand hält die Antidumpingzölle aufrecht, nachdem es eine neue Untersuchung gemacht hatte, die offenbar nun alle Faktoren einbezieht.[6353] Neben einer klaren Haltung zu AD Art. 3.1, zur AD Art. 3.4 Faktorfrage bietet dieser Fall wichtige Auslegungen zu AD Art. 3.2, aber wenig verwertbare Informationen zu den konkreten wirtschaftlichen Hintergründen dieses Falls.

(3) India vs. EU - Bed Linen (2000-2003).[6354] Hier werden Schwierigkeiten mit der Anwendung des Entscheidungsmaßstabs deutlich. Allein im Art. 21.5 Panelbericht werden die Daten der Schädigungsfeststellung der EU erwähnt, dort aber unkritisch akzeptiert. Angesichts alternativer Szenarien, die von Indien vorgebracht wurden, geriet das Panel unter Druck und verweigerte sich daraufhin gänzlich, eine vermittelnde Position auf Basis seiner Einschätzungen der Verpflichtungen, die aus dem AD resultieren, einzunehmen, mit dem Argument, daß es nicht seine Aufgabe sei, eine alternative Sicht der Dinge zu entwickeln.[6355]

[6351] Poland vs. Thailand - Anti-Dumping Duties on Angles, Shapes and Sections of Iron or Non-Alloy Steel and H Beams from Poland, WT/DS122/R, 28 September 2000, S. 48, Para. 7.170.

[6352] Poland vs. Thailand - Anti-Dumping Duties on Angles, Shapes and Sections of Iron or Non-Alloy Steel and H Beams from Poland, WT/DS122/R, 28 September 2000, S. 48, Para. 7.171.

[6353] Siehe: WT/DS122/9, 6 December 2001.

[6354] Panel, AB, Art. 21.5 Panel, Art. 21.5 AB. India vs. European Communities - Anti-Dumping Duties on Imports of Cotton-Type Bed Linen from India, WT/DS141/R, 30 October 2000. India vs. European Communities - Anti-Dumping Duties on Imports of Cotton-Type Bed Linen from India, WT/DS141/AB/R, 1 March 2001. India vs. European Communities - Anti-Dumping Duties on Imports of Cotton-Type Bed Linen from India, WT/DS141/RW, 29 November 2002. India vs. European Communities - Anti-Dumping Duties on Imports of Cotton-Type Bed Linen from India, WT/DS141/AB/RW, 8 April 2003. Speziell zu letzterem Bericht: Grossman/Sykes 2006.

[6355] "6.214 In this case, the EC found that the volume of imports was high, and that the market share of dumped imports increased, while prices of dumped imports declined and there was significant price undercutting. The EC specifically addressed the information relevant to each of the Article 3.4 factors, concluding that some of them (inventories, production capacity and capacity utilisation) were not relevant to its analysis. The EC concluded that although the domestic industry managed to increase production and to slightly increase its sales volume and market share by concentrating on sales of higher value niche products, it nevertheless suffered declining and inadequate profitability, which was basically the result of price suppression - the inability, due to the presence of low priced dumped imports, to pass along increases in costs. The EC found that information regarding cash flow, return on investments and employment also showed declining trends. The EC thus confirmed the conclusion in the original determination that the domestic industry had suffered material injury 'On this basis, and in particular because of the declining and inadequate profitability and price suppression suffered by the Community industry'." Sowie: "6.21 In our view, India has essentially presented alternative interpretations of the facts. However, as noted above, pursuant to the standard of review in anti-dumping disputes, our role is not to assess whether there is an alternative view of the facts that might be supported, but to determine whether an objective and unbiased investigating authority could have reached the conclusions that were reached by the EC." India vs. EC - Anti-Dumping Duties on Imports of Cotton-type Bed Linen from India, WT/DS141/RW, 29. November 2002, S. 57-58, Paras. 6.214-6.216.

Diese Argumentation des Panel ist insofern nachvollziehbar, weil damals der Entscheidungsmaßstab gerade neu etabliert wurde. Der Panel versuchte diese Neuerungen zu beachten, verstand aber deren Bedeutung nicht. Deshalb passen die Ausführungen des 21.5 Panels nicht mit dem damals vom AB neu ausgelegten Entscheidungsmaßstab zusammen, aus dem hervorgeht, daß die Panels auf aktive Weise die einschlägigen Fakten noch einmal durchdenken ('review') oder überprüfen ('examination') müssen.[6356] Deutlich wird dieses Mißverständnis daran, daß das 21.5 Panel, welches am 25. Juni 2001 seine Arbeit aufnahm, den neuen Entscheidungsmaßstab aus dem am 23. Juli 2001 veröffentlichten Japan vs. United States - Hot Rolled Steel (2001) Bericht nur knapp und ungenügend rezipierte.[6357] Später, siehe Softwood Lumber VI (2004-2006), wählte ein Art. 21.5 Panel einen ähnlich falschen Entscheidungsmaßstab.

Zum wirtschaftlichen Hintergrund dieses Falls: Mutmaßlich gedumpte Importe aus drei Ländern (Indien, Pakistan, Ägypten) stiegen zwischen 1992 von 33.825 t auf 1995 46.656 t, wobei sich der EU-Marktanteil dieser Länder von 16,9 % auf 25,1 % erhöhte. Insgesamt gingen in dieser Zeit der Output (1992: 138,400 t auf 1995: 125,100 t) und der Marktanteil (von 1992: 62,2 % auf 1995: 55,6 %) der europäischen Bettwäscheindustrie zurück. Abgemildert wurde dieser Outputrückgang dadurch, daß die Exporte der EU Bettwäscheindustrie von 1992 14.027 t auf 1995 21.756 t anstiegen. Die antragstellenden 35 Bettwäscheproduzenten konnten ihre Produktion im Untersuchungszeitraum erhöhen, argumentiert wird von der EU Kommission aber, daß dies auch auf das Ausscheiden weiterer europäischer Unternehmen in dieser Zeit zurückführbar sei, wodurch mindestens 10.000 t Produktionskapazität wegfiel. Die Investitionen innerhalb der Gruppe der untersuchten Unternehmen lagen bei hohen 20 % pro Jahr.[6358] Dazu knapp und kritisch: Somit übernahmen Indien, Pakistan und Ägypten eigentlich nur die Marktanteile der, vor der Untersuchungsperiode im Jahre 1995, aus dem Markt ausgeschiedener europäischen Unternehmen, während ein Kern effizienter EU Produzenten weiter erfolgreich agierte und dies sogar erfolgreich auf dem Weltmarkt. Indien fragt vor der WTO Streitbeilegung plausiblerweise, wo denn der Grenzwert bei Profitraten liegt, wenn es um bedeutende Schädigung geht. Die EU sagt, daß die untersuchten Hersteller von Leinenbettwäsche als Minimum 5 % Gewinn machen müßten und ein Rückgang der Profitraten von 3,6 % auf 1,6 % zeige, daß eine

---

[6356] "the text of both provisions requires panels to 'assess' the facts and this, in our view, clearly necessitates an active review or examination of the pertinent facts." Japan vs. United States - Anti-Dumping Measures on Certain Hot-Rolled Steel Products from Japan, WT/DS184/AB/R, 24 July 2001: S. 25, Para. 55. Davor hat es zudem schon ein mindestens ein Beispiel gegeben, welches eine eigenständige Diskussion durchführt. United States vs. Mexico - Anti-Dumping Investigation of High Fructose Corn Syrup (HFCS) from the United States, WT/DS132/R, 28 January 2000, S. 223-224. Para. 7.173-7.177.

[6357] Aus dem AB Bericht wird nur auf Paragraph 54 hingewiesen, obwohl die Ausführungen sich von Paragraph 54 bis 56 erstreckten. Die Kenntnis darüber wird so zusammengefaßt: "We must find that a measure taken to comply with the recommentations of the DSB is consistent with the AD Agreement if we find that the EC investigating authorities properly established the facts and evaluated them in an unbiased and objective manner, and that the measure rests upon a 'permissible' interpretation of the relevant provisions. Our task is not to perform a de novo review of the information and evidence on the record of the underlying anti-dumping investigation, nor to substitute our judgement for that of the EC investigating authority, even though we may have arrived at a different determination were we examining the record ourselves." India vs. EC - Anti-Dumping Duties on Imports of Cotton-type Bed Linen from India, WT/DS141/RW, 29. November 2002, S. 6, Paras. 6.6. Siehe als Hintergrund die Ausführungen des AB in Japan vs. United States - Anti-Dumping Measures on Certain Hot-Rolled Steel Products from Japan, WT/DS184/AB/R, 24 July 2001: S. 25, Para. 54-56.

[6358] Die Reproduktion der EU Untersuchung in: India vs. EC - Anti-Dumping Duties on Imports of Cotton-type Bed Linen from India, WT/DS141/R, 30 October 2000, Annex 1-1, S. 145-153. Die 'nicht-Diskussion' dieser Daten in: India vs. EC - Anti-Dumping Duties on Imports of Cotton-type Bed Linen from India, WT/DS141/RW, 29. November 2002, S. 50-58, Paras. 6.175-6.217.

bedeutende Schädigung vorliegt. Aufgrund der ungeschickten Argumentation Indiens in der 21.5 Berufung kann der AB eine Diskussion der Faktoren der Schädigungsfeststellung umgehen. Deshalb findet sich kein Kommentar zur Frage nach einer alternativen Sicht im Vergleich zum EU Szenario.[6359]

Weiter mit Auslegungsaspekten: Nur der Panel äußert sich zur der Frage, wie der Begriff heimische Industrie ("domestic industry"), bezug ist AD Art. 3.4, ausgelegt werden soll. Er schließt, daß wenn die EU ein Sample von 35 Produzenten verwendet, weitere Informationen einbezogen werden müssen.[6360] Im Hintergrund steht hier eine komplizierte Abstufung dessen, was in der EU-Untersuchung als heimische Industrie angesehen wurde, die von Indien nicht in Gänze in Frage gestellt wurde: Für alle EU Produzenten wurden Trends für Produktion, Konsumption, Importe, Exporte und Marktanteile aufgezeigt. Der Sample (32 Produzenten) wurde für Produktion, Wert der Verkäufe und Beschäftigung benutzt. Ein Ausschnitt aus dem Sample (17 Produzenten, 61,6 % der heimischen Produktion) lag wiederum den Daten hinsichtlich Preisen und Profitabilität zugrunde. In der AD Art. 3.4 Schädigungs- bzw. Faktoranalyse wurden alle diese Daten zusammen angewandt.[6361] Weitere weniger wichtige Aspekte des Panel und AB Berichts werden hier ausgeklammert.[6362]

Von Panel und AB wird weiter die Bedeutung von AD Art. 15 ausgelegt, welcher eine besondere Behandlung für Entwicklungsländer vorsieht. Diese erweist sich als nicht besonders weitgehend: Industrieländer müssen aktiv konstruktive Abhilfen in Betracht ziehen ('constructive remedies'). Dies bedeutet, daß wenn 'undertakings' möglich sind, diese immerhin mit dem von der Antidumpingmaßnahme betroffenen Entwicklungsland diskutiert werden müssen. Ebenso sei es denkbar, niedrigere Antidumpingzölle zu nutzen. Dazu gibt es aber keine Verpflichtung und ebenso besteht kein Zwang für das Industrieland ein angebotenes 'undertaking' anzunehmen.[6363]

[6359] India vs. EC - Anti-Dumping Duties on Imports of Cotton-type Bed Linen from India, WT/DS141/RW, 29. November 2002, S. 51-57, Paras. 6.179-6.214. Der AB interveniert diesbezüglich nicht. Indien hatte ungeschickterweise die Frage in der Berufung so ausgerichtet, daß es nach der Relevanz weiterer Faktoren fragte. Diese Frage hatte es im Originalpanel schon gestellt. Dieser hatte geurteilt daß Indien kein prima facie Argument hätte vorbringen können. Indien hatte dies im Art. 21.5 Panel nicht weiter in Frage gestellt. Der AB geht darauf nicht mehr ein und begründet dies so, daß die WTO eine prompte Streitbeilegung zum Ziel hat. WT/DS141/AB/RW, 8. April 2003, S. 36, Para. 98.

[6360] Hier wird nicht von AD Art. 4.1 ausgegangen, der 'domestic industry' nicht nur im Sinne von 'whole', sondern auch 'major proportion' definiert, sondern auf AD Art. 3.4 rekurriert, welche in Bezug auf die Schädigungsanalyse klarstellt, daß es um "the state of the industry" im Allgemeinen geht. Nur im speziellen Kontext dieses Falls ist verstehbar, warum dabei Informationen über bereits vom Markt ausgeschiedene Firmen weggelassen werden dürfen. India vs. European Communities - Anti-Dumping Duties on Imports of Cotton-Type Bed Linen from India, WT/DS141/R, 30 October 2000. S. 53-54, Para. 6.181-6.182. Insofern ist es nicht verständlich, warum Vermulst (2005) hier zwei entgegenstehende, inkohärente Positionen sieht. Vermulst 2005: 68-69.

[6361] India vs. European Communities - Anti-Dumping Duties on Imports of Cotton-Type Bed Linen from India, WT/DS141/R, 30 October 2000. S. 53, Para. 6.177-6.178.

[6362] Dabei geht es u.a. um Aspekte der konstruierten Normalwertfeststellung, wobei es nicht ausreicht, daß nur ein Unternehmen untersucht wird. India vs. European Communities - Anti-Dumping Duties on Imports of Cotton-Type Bed Linen from India, WT/DS141/AB/R, 1 March 2001. S. 24, Para. 76. Zum zweiten Aspekt, der die Berechnung des konstruierten Normalwerts betrifft, siehe Vermulst 1995: 40-41.

[6363] Im ersten Fall hatte der EU Interessenverband Teprocil angeboten, sich auf ein 'undertaking' mit den indischen Produzenten einzulassen, die EU Kommission geht darauf aber nicht ein, sondern verlautbart nur, daß dieses Produkt für 'undertakings' zu kompliziert sei. Die EU verstieß damit gegen AD Art. 15. India vs. European Communities - Anti-Dumping Duties on Imports of Cotton-Type Bed Linen from India, WT/DS141/R, 30 October 2000. S. 66-69, Paras. 6.227-6.238. Ein Treffen bei USDOC zum Zwecke der Diskussion eines 'undertakings' reicht aus, um Art. 15 zu genügen. Niedrigere Zölle zu veranschlagen ist kein Zwang der aus Art. 15 herzuleiten ist. India vs. United States - Anti-Dumping and Countervailing Measures on Steel Plate from India. WT/DS206/R, 28 June 2002. S. 39-40, Para. 7.115, 7.116. .

Ebenso angegangen wurde von Panel und AB das Thema 'Zeroing': Argumentiert wird, daß AD Art. 2.4.2 im Antidumpingabkommen dazu gedacht ist, einen fairen Vergleich ("fair comparison") zu garantieren und daß dieser Artikel bestimmte Methoden der Berechnung von Dumping-Margen bevorzugt: Entweder ein Vergleich des Normalwerts und der Exportpreise als gewichtete Durchschnittspreisen oder ein Vergleich auf der Basis individueller Transaktionspreise. Nur bei einem gezielten Dumping, welches sich auf Käufer, Region oder Zeit bezieht, dürfen gewichtete Durchschnittpreise mit Transaktionspreisen verglichen werden.[6364]

Typischerweise werden bei der 'Zeroing'-Methode zur Berechnung der Exportdurchschnittspreise alle Transaktionen, die einen höheren Preis als den Normalwert aufweisen, auf Null gesetzt, mit dem Effekt, daß die höheren Preise nicht mehr die niedrigen Preise zu einem gewissen Grad ausbalancieren konnten. Dadurch erhöht sich die Dumping-Marge.[6365] Diese Streitfall hat zur Folge, daß eine Untergruppe dieser Methode, die in diesem Fall von der EU angewandt wurde, nicht mehr angewandt werden darf. Dabei geht es um das sog. 'inter-model zeroing'. Die EU hatte innerhalb der Ware Bettwäsche zwischen sog. Produktmodellen unterschieden, wobei hier jeweils Normalwert und Exportpreis gewichtet durchschnittlich berechnet wurden. Lag bei einem der Modelle der Exportpreis höher als der Normalwert (kein Dumping), wurde dieser Wert auf Null gesetzt, sodaß er nicht ausbalancierend wirken konnte. Sobald bei einem der Modelle Dumping gefunden wird, wurde davon ausgegangen, daß Dumping vorliegt.[6366] Zwar sei es, so das Panel und der AB, erlaubt, multiple Vergleiche anzustellen, denn es gehe darum, vergleichbare Produkte zu vergleichen. AD Art. 2.4.2 sehe aber vor, daß die Exportpreise von *allen* vergleichbaren Transaktionen beachtet werden müssen und genau dem stehe die EU Methode entgegen, weil sie einige Exportpreise nicht beachte. Zudem gehe es um eine einzige Ware, die Anfangs definiert wird, und nicht um Modelle, für die Dumping festgelegt wird.[6367] Auch die USA, welche zu dieser Zeit Produkttypen statt Modelle verwenden, verhält sich bezüglich dieses Aspekts WTO inkonform.[6368] Zu diesem Thema siehe den Punkt 7.8.3: Die 'Zeroing' Fälle.

[6364] AD Art. 2.4.2. In WTO 1995: 171. Vermulst 1995: 56.
[6365] Evaluation of EC TDI 2005: Annex 1, Page 18-21.
[6366] Vermulst 2005: 57.
[6367] 'Zeroing' wurde noch 1995 gemäß dem Tokio Runden Kodex nicht für GATT inkompatibel erklärt. Siehe: Brazil vs. EC - Imposition of Anti-Dumping Duties on Imports of Cotton Yarn from Brazil, ADP/137, 4 July 1995, Para. 498-501. Nicht mehr akzeptiert wird dies nun in: India vs. EC - Anti-Dumping Duties on Imports of Cotton-type Bed Linen from India, WT/DS141/R, 30 October 2000, S. 32-38, Paras. 6.102-6.119. Bestätigt vom AB: India vs. EC - Anti-Dumping Duties on Imports of Cotton-type Bed Linen from India, WT/DS141/AB/R, 1 March 2001, S. 16, Para. 55. Argumentiert wird, daß wenn einmal das Produkt ausgewählt worden ist, nicht später wieder zwischen Produkten differenziert werden darf, wenn es um eine "fair comparison" geht. Dies erschwert es etwa Dumping festzustellen. S. 19-20, Para. 62. Ausdrücklich sei diese Methode "impermissible" und nicht gemäß dem Entscheidungsmaßstab in Art. 17.6 (ii) 'permissible'. S. 20, Para. 65. Siehe auch Kim 2002: 52-53. Auch den folgenden Fall verliert die EU wegen 'Zeroing' mit Modellen. Auch dies wird mit einer neuen Berechnung korrigiert. Brazil vs. European Communities - Anti-Dumping Duties on Malleable Cast Iron Tube or Pipe Fittings from Brazil, WT/DS219/R, 7 March 2003. S. 62-64, Para. 7.209-7.219.
[6368] Canada vs. United States. Final Dumping Determination on Softwood Lumber from Canada, WT/DS264/R, 13 April 2004. S. 128, Para. 7.226; bestätigt vom AB: Canada vs. United States. Final Dumping Determination on Softwood Lumber from Canada, WT/DS264/ AB/R, 11 August 2004. S. 40, Para. 117.

Aufgrund dieses Panel- und AB-Berichts senkte die EU, nach einer erneuten Berechnung ohne die Nutzung der 'Zeroing'-Methode, die Dumpingzölle (die vorher bei 24,7 % für nicht kooperierende Unternehmen und 11,6 % kooperierende Unternehmen lagen[6369]) auf 5,7 % (kooperierende Unternehmen) und höchstens 9,8 % (nicht kooperierende Unternehmen) ab. Für die individuell untersuchten Unternehmen wurde daraufhin zweimal kein Dumping mehr gefunden.[6370] Die Zölle wurden zudem, weil die EU in bezug auf einige Aspekte den Fall verloren hatte, am 7. August 2001 ausgesetzt.[6371]

Diese neue EU Verordnung mit diesen gesenkten Antidumpingzölle wurde von der EU als Umsetzung der WTO Empfehlungen angesehen, wurde aber Anlaß für eine erneute Klage Indiens, die zum Art. 21.5 Panel und den Art. 21.5 AB Bericht führte.[6372] Hier gelang es Indien nur[6373] die Frage vorzulegen, ob die EU in ihrer Schädigungsanalyse fälschlicherweise nicht gedumpte Importe einbezogen hat: In der ersten Antidumpinguntersuchung hatte die EU noch für alle fünf indischen Unternehmen, für die individuelle Dumpingmargen berechnet wurden, Dumping festgestellt (von 13,8 % bis 40,8 %)[6374], nun ergaben sich für zwei Unternehmen keine Dumpingmargen mehr. Diese beiden Unternehmen kamen für 53 % der Exporte der individuell untersuchten Firmen auf. In der EU Berechnung wurde aber für alle anderen, nicht individuell untersuchten indischen Unternehmen unterstellt, daß diese gedumpt haben.[6375] Hierzu hält der AB fest, daß die in AD Art. 3.1, Art 3.2 und Art 3.5 niedergelegten Standards bedeuten, daß die Behörden zwischen gedumpten und nicht-gedumpten Importen und den Mengen und Effekten dieser unterscheiden müssen. Speziell in AD Art. 3.5 würde festgehalten, daß der Faktor "volume and prices of imports not sold at dumping prices" in der Kausalitätsanalyse beachtet werden muß.[6376] Der AB hält fest: "Thus, injury caused by 'volume and prices of imports not sold at dumping prices' must be separated and distinguished from injury caused by the 'dumped imports'."[6377]

[6369] Verordnung (EG) Nr. 2398/97 des Rates vom 28. November 1997. In: ABl. L 332/1, 4.12.1997. S. 7.

[6370] Zugrunde liegt 'Zeroing' welches so angewandt wurde, daß die Dumpingzölle für die kooperierenden Unternehmen aus eine Stichprobe die Dumpingspanne für die gesamte Menge der kooperierenden Unternehmen errechnet wurde. Nun wird diese Praxis von der EU verändert, dies hört sich folgendermaßen an: "Der gewogene durchschnittliche rechnerisch ermittelte Normalwert wurde auf Typengrundlage mit dem gewogenen durchschnittlichen Ausfuhrpreis verglichen. Im Einklang mit den Empfehlungen in den Berichten wurde bei der Berechnung der Gesamtdumpingspanne für die einzelnen Unternehmen die Methode des so genannten 'Zeroing' nicht angewandt." Verordnung (EG) Nr. 1644/2001 des Rates vom 7. August 2001. In: ABl. L 219/1, 14.8.2001. S. 2, 9-10.

[6371] Verordnung (EG) Nr. 1644/2001 des Rates vom 7. August 2001. In: ABl. L 219/1, 14.8.2001. S. 2, 9-10.

[6372] Art. 21.5 Panel, Art. 21.5 AB. India vs. European Communities - Anti-Dumping Duties on Imports of Cotton-Type Bed Linen from India, WT/DS141/RW, 29 November 2002. India vs. European Communities - Anti-Dumping Duties on Imports of Cotton-Type Bed Linen from India, WT/DS141/AB/RW, 8 April 2003. Der AB lehnt ab mit dem Argument, daß Indien genau dieselbe Behauptung vorbringt wie vor dem Original Panel. India vs. European Communities - Anti-Dumping Duties on Imports of Cotton-Type Bed Linen from India, WT/DS141/AB/RW, 8 April 2003. S. 28, Para. 80.

[6373] Den Wunsch erneut gegen die EU einen Verstoß gegen AD Art. 3.5 festzumachen, lehnt der Panel, nach Diskussion der eher schwachen Argumente Indiens, ebenso wie der AB ab. India vs. European Communities - Anti-Dumping Duties on Imports of Cotton-Type Bed Linen from India, WT/DS141/RW, 29 November 2002, S. 65, Para. 6.246.

[6374] India vs. European Communities - Anti-Dumping Duties on Imports of Cotton-Type Bed Linen from India, WT/DS141/R, 30 October 2000. Annex 1-1, S. 150.

[6375] India vs. European Communities - Anti-Dumping Duties on Imports of Cotton-Type Bed Linen from India, WT/DS141/AB/RW, 8 April 2003. S. 38-39, Para. 103-106.

[6376] AD Art. 3.5. WTO 1995: 173.

[6377] India vs. European Communities - Anti-Dumping Duties on Imports of Cotton-Type Bed Linen from India, WT/DS141/AB/RW, 8 April 2003. S. 42, Para. 112. Siehe hierzu auch Grossman/Sykes 2006: 136-138; Vermulst/Graafsma 2001: 220.

Für diese Separierung und Unterscheidung ist keine Methode im AD vorgegeben. Auch stellt sich in diesem Zusammenhang die Frage, ob das AD Abkommen dazu zwingt, jeden Produzenten zu untersuchen. Da dies nicht praktikabel ist, sei ein bestimmtes Maß an Pauschalisierung bzw. Unterstellung, daß Firmen dumpen unausweichlich. Indien schlägt deshalb vor, daß proportional zum Ergebnis der individuellen Firmenuntersuchung angenommen werden sollte, daß eben 47 % der indischen Firmen nicht gedumpt haben.[6378]

In seiner Reaktion auf dieses Problem bezieht sich AB nun auf die in US - Hot Rolled Steel verwendete Argumentation, daß in einer objektiven Untersuchung gemäß AD Art. 3.1 keine Methode angewendet werden darf, egal ob es um Faktenniederlegung oder Bewertung geht, die es wahrscheinlicher macht, daß die Feststellung getroffen werden kann, daß die heimische Industrie geschädigt wurde. Positiv gewendet wird von AB der Anspruch formuliert, daß die Methoden "even-handed" sein müssen, eben objektive, unparteiische, ausgeglichene, unvoreingenommene Methoden, bei der die Resultate nicht durch die Methode prädeterminiert sind. In der EU Untersuchung würde dagegen angenommen, daß in jedem Fall alle anderen Unternehmen dumpen würden, wenn einmal einer kleinen Zahl von Unternehmen Dumping nachgewiesen wurde. Das AD Abkommen sieht aber vor, daß möglichst alle Unternehmen untersucht werden und nur im Ausnahmefall eine geringe Anzahl. Die EU konnte damit das Erfordernis eine objektiven Analyse gemäß AD Art. 3.1 und AD 3.2 nicht erfüllen.[6379]

Somit urteilte der AB im April 2003, daß die EU Maßnahmen in einer ganzen Reihe von Punkten weiter gegen das AD Abkommen verstießen. In einer von den Streitfällen nicht berührten EU Interimsüberprüfung auf Antrag von EUROCOTON wurde derweil im April 2002 bestätigt, daß die Einfuhren aus Indien Schädigung auslösen.[6380] In einer weiteren EU Interim Dumping Untersuchung vom Dezember 2003 wurde nur noch partiell Dumping gefunden (aber immerhin ein Dumpingzoll von 31,4% für nicht kooperierende Unternehmen 'angedroht') und aus diesem Grund keine Schädigung mehr festgestellt.[6381]

Kann dies Indien als Erfolg verbuchen? Für Textilien und Bekleidung wurde den Entwicklungsländern, dazu gehört Indien, während der Uruguay Runde ein besserer Marktzugang versprochen. Diesem Versprechen widerspricht diese Nutzung von Antidumpinguntersuchungen,

---

[6378] India vs. European Communities - Anti-Dumping Duties on Imports of Cotton-Type Bed Linen from India, WT/DS141/AB/RW, 8 April 2003. S. 43, Para. 113, S. 44, Para. 116, 118, S. 45, Para. 119.
[6379] India vs. European Communities - Anti-Dumping Duties on Imports of Cotton-Type Bed Linen from India, WT/DS141/AB/RW, 8 April 2003. S. 52-53, Para. 132-133. Diese Anforderungen lassen keine Zweideutigkeiten zu, sodaß hier mehrere zulässige Interpretationen nicht akzeptiert werden, dies ergibt die Prüfung von Art. 17.6. India vs. European Communities - Anti-Dumping Duties on Imports of Cotton-Type Bed Linen from India, WT/DS141/AB/RW, 8 April 2003. S. 45, Para. 118.
[6380] Die Interimsüberprüfung war auf den Dumpingaspekt beschränkt, enthält aber ebenso Schädigungsargumente. Verordnung (EG) Nr. 696/2002 des Rates vom 22. April 2002. In: ABl. L 109/3, 25.4.2002. S. 4-7, 12.
[6381] Der Schluß wird gezogen, daß 90 % der Importe aus Indien nicht gedumpt sind. Diese geringen Mengen könnten keine Schädigung auslösen. Siehe: Verordnung (EG) Nr. 2239/2003 des Rates vom 17. Dezember 2003. In: ABl. L 333/3, 20.12.2003. S. 7. Ausdrücklich wird darauf hingewiesen, daß dies nicht im Zusammenhang mit der Streitbeilegung der WTO stand. European Commission 2004b: 63.

welche selbst dann als Druckmittel wirken, wenn sie ausgesetzt sind. Länder, wie das seit dem 1. Januar 2002 von den Antidumpingzöllen nicht mehr betroffene Ägypten (mit einem auf 3 % gestiegener EU Bettwäschemarktanteil) und Pakistan (mit einem bei 11 % bleibendem EU Bettwäschemarktanteil), haben aus Angst vor einer erneuten Antidumping-Untersuchung ihre Preise deutlich angehoben und ihre Ausfuhr in die EU stieg dadurch wenig stark (Ägypten) bzw. garnicht mehr an (Pakistan).[6382] Daß die WTO diesen Effekt schwer verhindern kann, wird auch daran deutlich, daß die EU gegen Pakistan im Bettwäschebereich seit 2004 wieder Antidumpingzölle einsetzte, bestätigt 2006 bei 8,5 % und niedriger.[6383] Und Indien? Daß die Antidumpingzölle gegenüber Indiens Produzenten derzeit ausgesetzt sind, liegt sicher auch daran, daß nun Anti-Subventionszölle bzw. Ausgleichszölle von 10,4 % und niedriger erhoben werden.[6384] Neben dem Fakt, daß es fragwürdig ist, in diesem Bereich weiter Schutz einzusetzen, stimmt nachdenklich, daß die EU Behörden nichts dagegen hatten, in diesem Fall eine offenkundig wenig überzeugende Schädigungsanalyse zu akzeptieren.

(4) Korea vs. United States - Stainless Steel (2000).[6385] Zugrunde lagen hier zwei U.S. Antidumpinguntersuchungen, 'Sheet' und 'Plate', gegen das koreanische Stahlunternehmen POSCO.[6386] Erstens ging es in diesem Fall um eine abkommensinkonforme Einstufung von Preisdaten. In 'Sheet' wurden zur Normalwertfeststellung Verkäufe herangezogen, die in Korea in US$ erfolgten, wobei dies vom DOC ungerechtfertigterweise nicht auf diese Weise in die Untersuchung einbezogen wurde.[6387] Ausgehend von diesen somit vom DOC fälschlich in Won nominierten Verkäufen wurde eine Wechselkursumrechnung vorgenommen, die dementsprechend ebenso unbegründet war. Dies führte zu einem Verstoß gegen AD Art. 2.4.1.[6388] Zweitens hatte das DOC bei der Konstruktion des Exportpreises einbezogen, daß ein U.S. Unternehmen Insolvenz anmelden mußte und daß POSAM, der von POSCO abhängige Distributeur in den USA, diese Verluste tragen mußte. Diese Verluste wurden vom Exportpreis abgezogen (wodurch sich die Dumpingmarge erhöhte).[6389] Frage ist nun, ob dieser Abzug gemäß AD Art. 2.4 erlaubt ist, einem Artikel, der eine ganze Reihe von Anpassungen ('allowances') am Exportpreis erlaubt (unterschiedliche Konditionen und Zahlungsbedingungen für den Verkauf, Steuern, Handelsstufe, Menge, physikalische Charakteristika und weiterhin jede andere Anpassung, für die gezeigt werden kann, daß sie den Exportpreis beeinflußt. Wird der Exportpreis konstruiert, kommen weiter Möglichkeiten dazu ...[6390]). Anhand einer Abgrenzung dieser

---

[6382] Verordnung (EG) Nr. 696/2002 des Rates vom 22. April 2002. In: ABl. L 109/3, 25.4.2002. S. 10.
[6383] Verordnung (EC) Nr. 695/2006 des Rates vom 5. Mai 2006. In: ABl. L 121/4, 6.5.2006. S. 22.
[6384] Verordnung (EG) Nr. 74/2004 des Rates vom 13. Januar 2004. In: ABl. L 12/1, 17.1.2004. S. 28.
[6385] Nur Panel. Korea vs. United States - Anti-Dumping Measures on Stainless Steel Plate in Coils and Stainless Steel Sheet and Strip from Korea, WT/DS179/R, 22 December 2000.
[6386] Korea vs. United States - Anti-Dumping Measures on Stainless Steel Plate in Coils and Stainless Steel Sheet and Strip from Korea, WT/DS179/R, 22 December 2000. S. 1. Para. 1.2.
[6387] Korea vs. United States - Anti-Dumping Measures on Stainless Steel Plate in Coils and Stainless Steel Sheet and Strip from Korea, WT/DS179/R, 22 December 2000. S. 20, Para. 6.38-6.39.
[6388] Korea vs. United States - Anti-Dumping Measures on Stainless Steel Plate in Coils and Stainless Steel Sheet and Strip from Korea, WT/DS179/R, 22 December 2000. S. 20-21, Para. 6.40-6.41.
[6389] Korea vs. United States - Anti-Dumping Measures on Stainless Steel Plate in Coils and Stainless Steel Sheet and Strip from Korea, WT/DS179/R, 22 December 2000. S. 26-27 , Paras. 6.62-6.66.
[6390] AD Art. 2.4. WTO 1995: 170-171.

Begrifflichkeit verneint der Panel aber, daß das Vorgehen des DOC akzeptabel war.[6391] Zwar dürfen weitere Anpassungen vorgenommen werden (für Kosten, eingeschlossen Zölle und Steuern, die zwischen Import und Wiederverkauf auftreten und für Profite[6392]). Und der Panel gesteht zu, daß Anpassung den Grund hat, zu einem Exportpreis zu gelangen, bei dem alle diese Aspekte beachtet werden. Es sei aber nicht so, daß diese Spielraum so gedehnt werden kann, daß Kosten einbezogen werden dürfen, "which are entirely unforessen at that time."[6393] Die Firma POSCO hätte zum Zeitpunkt der Verkäufe nicht wissen können, daß die Firma zahlungsunfähig werden würde, sodaß dies auch gegen den vierten Satz in AD Art. 2.4 verstoße.[6394]

Schließlich ging es um die Methode, die das DOC zur Dumpingberechnung verwandt hatte. Das DOC hatte eine Variante des 'Zeroing' vorgenommen: Bei der Dumpingberechnung wurden zwei Zeitperioden getrennt, vor der Abwertung der koreanischen Währung und nach dieser. Als der Durchschnitt dieser beiden Zeitperioden berechnet wurde, wurden die Zeitperioden, in denen der durchschnittliche Exportpreis höher als der Normalwert lag, auf Null gesetzt.[6395] Kurz: Vor dem Hintergrund der Abwertung des 'Won' während der Asienkrise war es, aller Wahrscheinlichkeit nach, für das DOC nur für die Zeitperiode vor der Abwertung überhaupt möglich Dumping zu zeigen, denn, im Rahmen dieser Untersuchung lagen die Normalwerte für die Zeit nach der Abwertung niedriger als der Exportpreis, sodaß kein Dumping vorlag. Entspricht dies der in AD Art. 2.4 niedergelegten Verpflichtung, einen fairen Vergleich zwischen Exportpreis und Normalwert durchzuführen, konkretisiert in Art. 2.4.2?[6396] Zuerst einmal schließt das Panel, daß es nicht grundsätzlich verboten ist, eine solche Aufteilung in Zeitperioden vorzunehmen. Um einen fairen Vergleich vergleichbarer ('comparable') Transaktionen vorzunehmen, könne es nötig sein, multiple Durchschnittswerte zu berechnen.[6397] Der Panel verneint aber die AD Kompatibilität der DOC Methode, weil sie nur mit der Wechselkursdifferenz gerechtfertigt wurde, nicht aber mit Unterschieden in der Gewichtung von importierten Mengen.[6398] Die Frage, ob mit der Nullsetzung ('Zeroing') ein fairer Vergleich möglich

---

[6391] Korea vs. United States - Anti-Dumping Measures on Stainless Steel Plate in Coils and Stainless Steel Sheet and Strip from Korea, WT/DS179/R, 22 December 2000. S. 28-31, Para. 6.71-6.79. Ähnlich: Graafsma 2001: 348.
[6392] AD Art. 2.4. WTO 1995: 170-171.
[6393] Korea vs. United States - Anti-Dumping Measures on Stainless Steel Plate in Coils and Stainless Steel Sheet and Strip from Korea, WT/DS179/R, 22 December 2000. S. 36, Para. 6.100.
[6394] Korea vs. United States - Anti-Dumping Measures on Stainless Steel Plate in Coils and Stainless Steel Sheet and Strip from Korea, WT/DS179/R, 22 December 2000. S. 36, Para. 6.101.
[6395] Korea vs. United States - Anti-Dumping Measures on Stainless Steel Plate in Coils and Stainless Steel Sheet and Strip from Korea, WT/DS179/R, 22 December 2000. S. 37, Para. 6.105.
[6396] "A fair comparison shall be made between the export price and the normal value" AD Art. 2.4; "Subject to the provisions governing fair comparison in paragraph 4, the existence of margins of dumping during the investigation phase shall normally be established on the basis of a comparison of a weighted average normal value with a weighted average of prices of all comparable export transactions or by a comparison of normal value and export prices on a transaction-to-transaction basis. A normal value established on a weighted average basis may be compared to prices of individual export transactions if the authorities find a pattern of export prices which differ significantly among different purchasers, regions and time periods, and if an explanation is provided as to why such differences cannot be taken into account appropriately by the use of a weighted average-to-weighted average or transaction-to-transaction comparison." AD Art. 2.4.2. WTO 1995: 170-171.
[6397] Korea vs. United States - Anti-Dumping Measures on Stainless Steel Plate in Coils and Stainless Steel Sheet and Strip from Korea, WT/DS179/R, 22 December 2000. S. 39, Para. 6.112.
[6398] Korea vs. United States - Anti-Dumping Measures on Stainless Steel Plate in Coils and Stainless Steel Sheet and Strip from Korea, WT/DS179/R, 22 December 2000. S. 42, Para. 6.123-6.124.

gewesen wäre, wurde von Korea nicht aufgegriffen.[6399] Die USA implementierte am 1. September 2001 durch Änderungen an der Untersuchung die Schlußfolgerungen und Empfehlungen des Panel, d.h. die Maßnahme bestand danach weiter.[6400]

(5) Der Fall United States vs. Mexico - Corn Syrup (2001)[6401] beginnt spannend, weil Mexiko seine Antidumpingmaßnahme gegenüber der USA mit dem Argument verteidigte, daß die USA während der Verhandlungen der Uruguay-Runde auf dem Entscheidungsmaßstab in AD Art. 17.6 (i) und (ii) bestanden hätten. Die dort gewählten Formulierungen würden besagen, daß es im AD Abkommen keinen Qualitätsstandard gibt, von dem aus eine graduelle Abstufung von Zulässigkeit abzuleiten sein, sondern vielmehr sei jede Auslegung des AD, die zulässig sei, gleichermaßen gültig.[6402] Vorsichtig reagiert die USA darauf: Sie wendet sich gegen das Argument von Mexiko und verteidigt, abgeschwächt formuliert, ihre Meinung eines speziellen Entscheidungsmaßstabs ('standard of review') des AD: "The United States if of the view that, since Mexico violated certain provisions of the AD Agreement by improperly interpreting those provisions, Mexico's interpretations are not permissible. None of Mexico's interpretations might be considered as constituting the 'one-of-more-than-one' permissible interpretations allowed by Article 17.6 (ii) of the AD Agreement."[6403] Siehe dazu ein weiteres Mal den Punkt 7.8.3, Antdumping Entscheidungsmaßstab.

In diesem Fall benutzt das Panel als Entscheidungsmaßstab immer wieder eine Formulierung, die sich an AD Art. 17.6 (i) anlehnt. Geprüft müsse werden, ob "an unbiased and objective investigating authority could reach the conclusions by SECOFI on the evidence before it."[6404] Diese Formulierung wird u.a. so angewandt, daß gefordert wird, daß eine "reasoned explanation" vorgelegt wird und nicht

---

[6399] Korea äußerte, daß diese Frage nicht untersucht werden müsse, wenn eine AD Inkompatibilität der Aufteilung der Untersuchungsperioden gefunden wurde. Korea vs. United States - Anti-Dumping Measures on Stainless Steel Plate in Coils and Stainless Steel Sheet and Strip from Korea, WT/DS179/R, 22 December 2000. S. 44, Para. 6.125 FN 128; vom Panel wird weiter das Argument Koreas zurückgewiesen, daß es der USA nur darum ginge, nach der Abwertung des Won sich vor Importen zu schützen. Dieses Argument stünde nicht im Zusammenhang mit den AD Regeln. S. 45-46, Para. 6.132-6.136.
[6400] WTO Fälle.
[6401] Panel, Panel Rekurs auf Article 21.5, AB Rekurs auf Article 21.5. United States vs. Mexico - Anti-Dumping Investigation of High Fructose Corn Syrup (HFCS) from the United States, WT/DS132/R, 28 January 2000. United States vs. Mexico - Anti-Dumping Investigation of High Fructose Corn Syrup (HFCS) from the United States, WT/DS132/RW, 22 June 2001. United States vs. Mexico - Anti-Dumping Investigation of High Fructose Corn Syrup (HFCS) from the United States, WT/DS132/AB/RW, 22 October 2001.
[6402] Dies ist natürlich nur am Rande erwähnenswert und nicht etwa als zusätzliche Information über Vorgänge während der Uruguay-Runde gedacht, denn diese Formulierung ist geprägt durch die Auseinandersetzung zwischen USA und Mexico vor der Streitbeilegung der WTO: "Mexico argues that, in taking this position, the United States forgets that is was the United States itself which proposed, during the corresponding round of negotiations, the inclusion of Art. 17.6 of the AD Agreement with the intention of recognising the discretionary power of the investigating authority when the AD Agreement itself does not establish a single interpretation with respect to one or more provisions of the Agreement. Consequently, any interpretation of the AD Agreement which is permissible is equally valid; there is no "quality standard" that determines varying "degrees of permissibility". United States vs. Mexico - Anti-Dumping Investigation of High Fructose Corn Syrup (HFCS) from the United States, WT/DS132/R, 28 January 2000. S. 5, Para. 5.3.
[6403] United States vs. Mexico - Anti-Dumping Investigation of High Fructose Corn Syrup (HFCS) from the United States, WT/DS132/R, 28 January 2000. S. 6, Para. 5.10.
[6404] United States vs. Mexico - Anti-Dumping Investigation of High Fructose Corn Syrup (HFCS) from the United States, WT/DS132/RW, 22 June 2001, S. 52, Paras. 6.27.

etwa "a mere recitation of facts."[6405] Dieser Fall lag zeitlich so früh, daß der AB bis dato noch keine Klärung des Entscheidungsmaßstabs vorgenommen hatte.[6406]

Die USA bezweifelte in diesem Fall, daß Mexico zum Zeitpunkt der Initiierung der Untersuchung ausreichende Beweise (darum geht es speziell in: AD Art. 5.3: "examine the accuracy and adequacy of the evidence", "sufficient evidence") vorlegte, um die vorläufige Auferlegung von Zöllen und den Untersuchungsbeginn zu rechtfertigen.[6407] Um dies zu bewerten, rekurrierte das Panel auf einen GATT SCM Fall unter dem Tokio Runden Subventionskodex.[6408] Nicht ganz nachvollziehbar wurde zugunsten Mexikos entschieden, daß es ausreichend Informationen vorgelegt hätte und es wird formuliert: "In our view, Art. 3.5 cannot be interpreted to require the investigating authority to issue an explanation of how it has resolved all underlying questions of fact at initiations."[6409]

Schwerpunkt dieses Falls ist die Schädigungsanalyse. Mexiko stellt gemäß AD Art. 3.7 fest, daß von U.S. Fruktosesirupimporten drohende bedeutende Schädigung ausgeht ('threat of material injury') und seine Zuckerindustrie drohender bedeutender Schädigung ausgesetzt ist. Sodann wird von Mexiko gezeigt, daß die U.S. Importe (von 3 % 1994 auf 9 % 1996) anstiegen, diese Feststellung bezog sich allerdings allein auf den Markt für Industriezucker, sodaß der gesamte Haushaltszuckerbereich (der 47 % der Zuckerkonsumption ausmacht) nicht beachtet wurde. Damit lag ein Verstoß gegen AD Art. Art. 3.1, Art. 3.2 and Art. 3.7 vor, welche vorsehen, daß die heimische Industrie in ihrer Gesamtheit bei der Untersuchung zugrundeliegender Produkte Beachtung finden muß.[6410] Der Panel stellt dazu fest, daß Mexiko damit für die AD Art. 3.4 erwähnten Faktoren unzureichende Daten und Erklärungen vorgelegt hatte. Insgesamt verstößt Mexiko mit seiner Untersuchung klar erkennbar gegen AD Art.

[6405] United States vs. Mexico - Anti-Dumping Investigation of High Fructose Corn Syrup (HFCS) from the United States, WT/DS132/RW, 22 June 2001, S. 52, Paras. 6.25; 'reasoned explanation' auch in S. 55, Para. 6.35,

[6406] Der AB äußerte sich einen Monat später nach der Veröffentlichung dieses Art. 21.5 Panels zum Thema Entscheidungsmaßstab. Japan vs. United States - Anti-Dumping Measures on Certain Hot-Rolled Steel Products from Japan, WT/DS184/AB/R, 24 July 2001. S. 24-27, Paras. 53-62.

[6407] United States vs. Mexico - Anti-Dumping Investigation of High Fructose Corn Syrup (HFCS) from the United States, WT/DS132/R, 28 January 2000. S. 200, Para. 7.91.

[6408] United States vs. Mexico - Anti-Dumping Investigation of High Fructose Corn Syrup (HFCS) from the United States, WT/DS132/R, 28 January 2000. S. 201-203, Para. 7.94. "'sufficient evidence' clearly had to mean more than mere allegation or conjecture, and could not be taken to mean just 'any evidence'. In particular, there had to be a factual basis to the decision of the national investigative authorities and this factual basis had to be susceptible to review under the Agreement. Whereas the quantum and quality of evidence required at the time of initiations was less than that required to establish, pursuant to investigation, the required Agreement elements of subsidy, subsidized imports, injury and causal linkage between subsidiezed imports and injury, the Panel was of the view that the evidence required at the time of initiation nonetheless had to be relevant to establishing these same treaty obligations." eine Formulierung aus Canada vs. United States - Softwood Lumber (1993). Canada vs. United States - Measures Affecting Imports of Softwood Lumber from Canada, BISD 40S/358, 488-489, Para. 332, 1995.

[6409] Ohne Herv. des 'all' im Original. Die USA beklagt sich, nicht ohne Grund, darüber, daß die heimische Produktion von HFCS unzureichend dargestellt wurde. United States vs. Mexico - Anti-Dumping Investigation of High Fructose Corn Syrup (HFCS) from the United States, WT/DS132/R, 28 January 2000. S. 207, Para. 7.110.

[6410] United States vs. Mexico - Anti-Dumping Investigation of High Fructose Corn Syrup (HFCS) from the United States, WT/DS132/R, 28 January 2000, S. 217, Para. 7.153; Mexiko gibt zu, daß der Haushaltbereich ebenso eine Auswirkung auf den Zustand der Industrie hat. S. 220, 7.159. Ebenso erfolgt dort eine Diskussion von AD Art. 3.6 und Art. 4.1, welche ebenso dafür sprechen würden, daß die gesamte Industrie untersucht werden müsse. S. 215-221, Paras. 7.143-7.162.

Art. 3.1, Art. 3.2, Art. 3.4 und Art. 3.7.[6411] Festgehalten wird dabei, daß auch bei der Analyse drohender bedeutender Schädigung AD Art. 3.4 mit seiner Faktoranalyseliste beachtet werden muß, dies wurde implizit später vom AB bestätigt.[6412] Hinsichtlich der wirtschaftlichen Hintergründe wurde von Mexiko weiterhin berichtet, daß 68 % des Fruktosesirups im Soft-Drink Bereich (13 % Getränke, 19 % sonstige industrielle Nutzung) konsumiert wird. Das Panel argumentiert gegen Mexiko, daß dieser Punkt zwar erwähnt wird, nicht aber gezeigt würde, daß alle Nutzer ihre Produktion von Zucker auf Fruktosesyrup umstellen könnten. Ebenso wird von Mexiko ein privates Abkommen gegen die Fruktosesirupnutzung zwischen der Soft-Drink- und der Zuckerindustrie erwähnt, aber nicht näher untersucht und in die Argumentation nicht angemessen einbezogen. Beides wirke, so das Panel, dem Tatbestand wahrscheinlich substantiell steigender Importe entgegen, der gemäß AD Art. 3.7 (i) zur Feststellung von drohender bedeutender Schädigung gezeigt werden muß.[6413] Dieser frühe Panelbericht zeigt, daß es selbst angesichts eines frühen, rudimentären Entscheidungsmaßstabs möglich war, die Argumente einer Behörde kritisch zu analysieren, umso bemerkenswerter ist es, daß dies, auch danach, nicht allen Panels gelang bzw. teils nicht einmal versucht wurde.

Als Mexikos Behörden daraufhin eine Neufeststellung vorlegten, gelang es im daraufhin gebildeten Art. 21.5 Panel ebenfalls nicht die Streitbeilegung zu überzeugen[6414]: Folgende Fakten liegen diesmal zugrunde: Das Importvolumen stieg an, die heimischen Preise sanken ab und gegenüber Zucker war Fruktosesirup um 37 % bis 55 % billiger. Allerdings gab es 1996 einen Preisanstieg, wobei das Preisniveau weiter unter dem des Jahres 1994 lag. Kurz: Die mexikanischen Behörden erfüllten wichtige Kriterien der Importbeschreibung des AD Abkommens. Dagegen stand der nach Ansicht des Art. 21.5 Panels gute Zustand der heimischen Industrie: Die Produktivität stieg an, die Beschäftigung ebenso (16 % zwischen 1994 und 1995, 1 % von 1995 bis 1996). Die Kapazitätsauslastung wuchs (16 % zwischen 1994 und 1995, 3 % von 1995 bis 1996). Die Gewinnmargen erhöhten sich 1996 um 9 % und 1995 um 4 %, aufgrund von gesunkenen Betriebskosten. Die Nettogewinnmargen stiegen von -1 % 1995 auf 5 % 1996. Investitionsrenditen erhöhten sich von 3 % in 1995 auf 5 % in 1996.[6415] Eine entscheidende Bedingung für die Antidumpingzollnutzung war damit nicht erfüllt: Schädigung der heimischen Industrie lag nicht vor. Geschlossen wird vom 21.5 Panel mit aller für die Streitbeilegung üblichen Vorsicht:

[6411] United States vs. Mexico - Anti-Dumping Investigation of High Fructose Corn Syrup (HFCS) from the United States, WT/DS132/R, 28 January 2000, S. 214, Para, 7.140, S. 221, Para. 7.162.

[6412] United States vs. Mexico - Anti-Dumping Investigation of High Fructose Corn Syrup (HFCS) from the United States, WT/DS132/R, 28 January 2000, S. 214, Para, 7.140, S. 212, Para. 7.131. United States vs. Mexico - Anti-Dumping Investigation of High Fructose Corn Syrup (HFCS) from the United States, WT/DS132/AB/RW, 22 October 2001, S. 35-37, Para. 111-118. Die Einschätzung "implicitly" in bezug auf den AB von Vermulst 2005: 97.

[6413] United States vs. Mexico - Anti-Dumping Investigation of High Fructose Corn Syrup (HFCS) from the United States, WT/DS132/R, 28 January 2000, S. 223-224. Para. 7.173-7.177.

[6414] United States vs. Mexico - Anti-Dumping Investigation of High Fructose Corn Syrup (HFCS) from the United States, WT/DS132/RW, 22 June 2001, S. 48-51, Paras. 6.13-6.23.

[6415] United States vs. Mexico - Anti-Dumping Investigation of High Fructose Corn Syrup (HFCS) from the United States, WT/DS132/RW, 22 June 2001, S. 53, Paras. 6.29.

"We do not mean to suggest that it would not be possible to make a finding of threat of material injury in the circumstances of this case. Such a conclusion would be beyond the scope of our standard of review, as it would involve us in analysing the facts *de novo*. However, we conclude that an unbiased and objective investigating authority could not reach the conclusion that the domestic sugar industry in Mexico was threatened with material injury on the evidence and explanations provided by SECOFI in the notice of redetermination."[6416]

Im nachfolgenden Bericht des Art. 21.5 AB wird zu dieser Passage ausgeführt, daß sie keine rechtlich relevante Interpretation zum Entscheidungsmaßstab im Sinne von Art. 17.6 des AD enthält.[6417] Dies stand im Zusammenhang damit, daß der Art. 21.5 AB in seinem Bericht, ohne daß dies in diesem Fall viel änderte, erstmals Gewichtungen und Formulierungen zum Thema Entscheidungsmaßstab ('standard of review'), anwandte, die er selbst im kurz zuvor abgeschlossenen Fall, Japan vs. United States - Hot Rolled Steel (2001) entwickelt hatte.[6418] Der Art. 21.5 AB führte sodann eine abschließende Bewertung der Schädigungssituation durch, die den Panel bestätigte: Auch der AB erachtet es für wichtig, daß der Zustand der heimischen Industrie gut war und daß es aufgrund der sonstigen Fehler in der Argumentation nicht wahrscheinlich war, daß drohende bedeutsame Schädigung vorliegt.[6419]

Dieser Fall ist für die hier verfolgte Fragestellung wichtig, weil er schon relativ früh zeigte, daß die Streitbeilegung bei AD zu eindeutigen Schlußfolgerungen bezüglich der wirtschaftlichen Faktenhintergründe kommen kann und zwar sowohl das Panel als auch der AB. Erkennbar ist ebenso, daß eine ganze Reihe von positiven Indikatoren für den Zustand der heimischen Industrie benötigt werden, um zu der Schlußfolgerung zu kommen, daß keine (hier ist es) drohende bedeutende Schädigung vorliegt. Schon der nächste Panel zeigt diesbezüglich (wieder) argumentative Schwächen auf:

[6416] Herv. im Original. United States vs. Mexico - Anti-Dumping Investigation of High Fructose Corn Syrup (HFCS) from the United States, WT/DS132/RW, 22 June 2001, S. 55, Paras. 6.37. Siehe auch die folgende Passage zu dieser Fragestellung aus Poland vs. Thailand - H Beams: "While we do not consider that such positive trends in a number of factors during the IP would necessarily precludes the investigating authorities from making an affirmative determination of injury, we are of the view that such positive movements in a number of factors would require a compelling explanation of why and how, in the light of such apparent positive trends, the domestic industry was, or remained, injured within the meaning of this Agreement. In particular, we consider that such a situation would require a thorough and persuasive explanation as to whether and how such positive movements were outweighed by any other factors and indices which might be moving in a negative direction during the IP." Poland vs. Thailand - Anti-Dumping Duties on Angles, Shapes and Sections of Iron or Non-Alloy Steel and H-Beams from Poland, WT/DS122//R, 28 September 2000.
[6417] United States vs. Mexico - Anti-Dumping Investigation of High Fructose Corn Syrup (HFCS) from the United States, WT/DS132/AB/RW, 22 October 2001, S. 41, Para. 133.
[6418] United States vs. Mexico - Anti-Dumping Investigation of High Fructose Corn Syrup (HFCS) from the United States, WT/DS132/AB/RW, 22 October 2001, S. 39-41, Paras. 127-134.
[6419] United States vs. Mexico - Anti-Dumping Investigation of High Fructose Corn Syrup (HFCS) from the United States, WT/DS132/AB/RW, 22 October 2001, S. 31, Paras. 97; ebenso werden die Vorhersagen, daß sich diese Situation in Zukunft wandeln wird, in Frage gestellt und der Panel vom AB bestätigt. S. 32-33, Para. 98-101.

(6) Japan vs. United States - Hot Rolled Steel (2001).[6420] Die diesmal zugrundeliegende U.S. Antidumpinguntersuchung richtete sich nicht nur gegen Japan, sondern auch gegen Brasilien und Rußland und war Teil einer breiter angelegten Kampagne der U.S. Stahlindustrie für Schutz ('Stand up for Steel'), während der auch Lobbydruck auf die hohe Politik und das DOC ausgeübt wurde.[6421] Insgesamt wurden in dieser Zeit mehr als 100 Antidumping- und Ausgleichszollmaßnahmen beantragt und eingeführt.[6422]

Der wirtschaftliche Hintergrund: In den neunziger Jahren boomte der amerikanische Stahlmarkt. Zwischen 1996 und 1998 ergaben sich besonders hohe Steigerungsraten. Von 125 Mill. t inländischem Konsum 1996 stieg dieser auf 139 Mill. t. In den Jahren 1996 und 1997 konnten Importe davon 23 % und 24 % für sich reklamieren, dies ermöglichte der U.S. Industrie immerhin noch eine Expansion ihrer inländisch konsumierten Produktion von 96 Mill. t auf 100 Mill. t. Die Importe hatten im Jahr 1998 dann einen 30 % Anteil, dies war ein historischer Höchstwert, wobei die inländisch konsumierte Produktion auf 97 Mill. t sank.[6423] Für warmgewalzten Stahl, dem Thema dieses Streitfalls, lagen folgenden Zahlen vor: Zwischen 1992 und 1998 stiegen die Verkäufe der U.S. Produzenten von 48 Mill. t auf 64 Mill. t., wobei die integrierten Stahlwerke auf voller Kapazität liefen und die Minimills, die auf Stahlschrottbasis arbeiten, 1997-1998 mit 14,5 Mill. t Kapazität in diesen Bereich einstiegen.[6424] Problem war nun, daß für den warmgewalzten Stahl im Sommer 1998 die Preise substantiell abfielen, als durch den zweimonatigen Streik bei General Motors 684.000 t weniger verbraucht wurde, wobei zudem diesem Zeitpunkt auch die Minimills ihren Anteil ausweiteten[6425] und zusätzlich die Importe anstiegen.[6426] Weitere Informationen liegen nicht vor, diese reichen aber aus, um herauszufinden, ob ein bestimmtes Schädigungs-Szenario AD kompatibel ist: Nämlich Schädigung in einer Zeit, in der es der Industrie gut geht und erst am Ende des Untersuchungszeitraums ungünstige Effekte sichtbar werden, wobei dieses Niveau ungünstiger Effekte allerdings noch lange nicht dazu führen muß, daß die Industrie in eine Situation vor mehreren Jahren zurückfällt. Kurz: Ob Schädigung

---

[6420] Panel, AB, Art. 31.3 (c) Arbitration: Japan vs. United States - Anti-Dumping Measures on Certain Hot-Rolled Steel Products from Japan, WT/DS184/R, 28 February 2001. Japan vs. United States - Anti-Dumping Measures on Certain Hot-Rolled Steel Products from Japan, WT/DS184/AB/R, 24 July 2001. Japan vs. United States - Anti-Dumping Measures on Certain Hot-Rolled Steel Products from Japan, WT/DS184/13, 19 February 2002.

[6421] Dies kulminiert in einem mehrstündigen Treffen mit Präsident Clinton und wichtigen Kabinettsmitgliedern. Weiterhin hatte der Kongreß beinahe ein Gesetz verabschiedet, welches Stahlquoten einführte und Antidumpingmaßnahmen so verändert hätte, daß jede Untersuchung zu Schutz für die U.S. Stahlindustrie geführt hätte. Kurz: Dies ist ein 'high politics'-Fall. Japan vs. United States - Anti-Dumping Measures on Certain Hot-Rolled Steel Products from Japan, WT/DS184/R, 28 February 2001. S. A-13-A-14.

[6422] Cooney 2003: CRS-4.

[6423] Die Exporte der U.S. Stahlindustrie ändern daran nichts, weil diese kontinuierlich auf dem Niveau von 5-6 Mill. t liegen. Cooney 2003: CRS-3.

[6424] Japan vs. United States - Anti-Dumping Measures on Certain Hot-Rolled Steel Products from Japan, WT/DS184/R, 28 February 2001. A-17.

[6425] An der insgesamten Stahlproduktion (für die AD Untersuchung sind Daten für warmgewalzten Stahl nötig) stieg der Anteil der Minimills 1996 43 Mill. t auf 1998 47 Mill. t. Dies war ein Anstieg um 5 %, welches die ITC These von den Wirkungen der Importe stützt, welche um 7 % angestiegen sind. Sichtbar wird, wie schwierig es ist, zwischen diesen kausalen Einflüssen zu differenzieren. Genau darum geht es aber bei der Schädigungsanalyse. Cooney 2003: CRS-3, CRS-9.

[6426] Weil die ITC ihren Bericht nicht mehr im Internet präsentiert, wird hier auf die Darstellungen der Eingabe Japans zurückgegriffen, die sich auf diesen Bericht bezieht. Es werden hier keine Wertungen Japan wiedergegeben. Genaue Zahlen zum Preisverfall, zum Anteil der Importe etc. werden hier nicht präsentiert. Japan vs. United States - Anti-Dumping Measures on Certain Hot-Rolled Steel Products from Japan, WT/DS184/R, 28 February 2001. A. A-16-A.17.

wirklich vorliegt, kann kontrovers diskutiert werden. Erleichtert wird es in einem solchen Grenzfall zu einer ungünstigen Feststellung zu kommen dadurch, daß im AD der Untersuchungszeitraum nicht klar definiert ist und es generell möglich ist, den Untersuchungszeitraum auszuwählen und zu beschränken:

Die USA untersucht - normalerweise - Dumping und Schädigung innerhalb eines 3 Jahreszeitraums, die EU Dumping über einen 6 bis 12 Monatezeitraum, Schädigung innerhalb 3 Jahren.[6427] Das WTO Antidumping Komitee gibt es folgenden Anhaltspunkt: Mindestens ein 6 Monate-Zeitraum bei Dumping und 3 Jahre für die Schädigungsuntersuchung (wenn die Firma so lange existiert).[6428]

Bei diesem Fall gab es eine Abweichung: Das DOC untersuchte zwar viele AD Art. 3.4 Faktoren über einen 3 Jahreszeitraum (etwa Produktivität, Lagerhaltung und Löhne etc.) nicht aber Produktion, Verkäufe und Profite.[6429] Letztere wurden von 1997 bis 1998 untersucht und es wird ausgeführt, daß es in dieser kürzeren Zeitperiode zu negativen Entwicklungen gekommen sei: Nämlich einen Rückgang der Produktion und der Verkäufe (auf dem offenen Markt und insgesamt). Zudem gingen die Profite ('operating income') um die Hälfte zurück, während sich der inländische Konsum weiter ausweitete.[6430] Die ITC argumentiert weiter, daß 1997 ein Rekordjahr hinsichtlich heimischer Konsumption gewesen sei und deshalb das Jahr 1998 für die heimische Industrie ähnlich gut hätte werden müssen. Stattdessen sei die Leistung, obwohl weiter Profite gemacht wurden, weniger gut gewesen.[6431]

Diese fragwürdige und hinsichtlich der Daten unzureichende Schädigungsargumentation wurde vom Panel akzeptiert: Versucht wird dies mit einer Referenz zum Argentina - Footwear Safeguards (1999) Panelbericht zu stützen, in dem überzeugenderweise festgehalten wird, daß es im AD keinen Zwang zu einer Endpunkte-zu-Endpunkte Analyse gibt, weil sonst wichtige Trends ("intervening trends") innerhalb der Zeitperiode verpaßt würden.[6432] Der Argentinien-Fall hatte allerdings den Hintergrund, daß es dort einen klar erkennbaren Trendbruch gab, bei dem Importe nur in der mittleren Zeitperiode angestiegen und am Ende wieder klar erkennbar absanken.[6433]

Weiterhin ist zwar die Panelargumentation plausibel, keine mechanistische Analyse vorzunehmen, es fragt sich aber, ob diese Anhaltspunkte im vorliegenden Fall plausibel angewandt wurden, denn hier

---

[6427] Sadni-Jallab et al. 2005: 5.

[6428] Siehe u.a.: 1 (c): "the period of data collection for injury investigations normally should be at least three years, unless a party from whom data is being gathered has existed for a lesser period, and should include the entirety of the period of data collection for the dumping investigation" Committee on Anti-Dumping Practices, G/ADP/6, 16 May 2000. Es scheint nicht so zu sein, daß hier alles möglich ist: So aber Sadni-Jallab et al. 2005: 5.

[6429] Japan vs. United States - Anti-Dumping Measures on Certain Hot-Rolled Steel Products from Japan, WT/DS184/R, 28 February 2001. S. 69, Para. 7.230.

[6430] Japan vs. United States - Anti-Dumping Measures on Certain Hot-Rolled Steel Products from Japan, WT/DS184/R, 28 February 2001. S. 67, Para. 7.228.

[6431] Vgl. das Zitat aus dem Bericht der ITC in: Japan vs. United States - Anti-Dumping Measures on Certain Hot-Rolled Steel Products from Japan, WT/DS184/R, 28 February 2001. S. 68, Para. 7.229.

[6432] Japan vs. United States - Anti-Dumping Measures on Certain Hot-Rolled Steel Products from Japan, WT/DS184/R, 28 February 2001. S. 69, Para. 7.234.

[6433] European Communities vs. Argentina. Safeguard Measures on Imports of Footwear, WT/DS121/R, 25 June 1999. S. 186, Para. 8.217, S. 200-201, Paras. 8.273-8.277.

scheint eine Tendenz hin zu einem positiveren Zustand der Industrie innerhalb des Untersuchungszeitraums zu dominieren.[6434] Genau vor dieser Feststellung schreckte der Panel aber zurück. Der eigentlich nicht relevanten, weil bloß verbalen ITC Behauptung bei den Anhörungen der Streitbeilegung, daß sich zwischen 1997 und 1998 ein neuer 'Kontext' gebildet hätte, wird, insgesamt gesehen, zugestimmt, wiewohl das Panel beklagt, daß dies im Bericht hätte ausgeführt werden müssen.[6435] Sodann wird argumentiert, daß die Wirkung von Importen auf die heimische Industrie eben dynamisch gewesen sei.[6436] Zur Verteidigung der ITC wird weiter gefolgert: "Merely that it did not explicitly address production, sales, and financial performance during 1996 does not, in our view, undermine the adequacy of the USITC's evaluation of the relevant economic factors."[6437]

Schade ist, daß Japan bezüglich dieser Aspekte der Entscheidung keine Berufung einlegte, sondern nur in bezug auf zwei weitere fragwürdige Schlußfolgerungen des Panels: Zuerst einmal bezüglich der ITC internen Eigenbedarfsmarktregel ('captive market'), welche erlaubt, daß sich die U.S. Untersuchungen auf den offenen Markt ('merchant market') richten und den Eigenbedarfsmarkt aufgrund von langfristigen Lieferbeziehungen ausklammern dürfen. Der AB führt dazu aus, daß diese Regel zwar nicht per se WTO widrig ist, aber nicht dazu führen dürfe, daß einer Feststellung über den Zustand der gesamten Industrie ausgewichen würde.[6438] Weil die ITC in dieser Untersuchung oft nur Daten für den 'merchant market', nicht aber für den 'captive market' präsentierte, blieb somit unklar, wie sich letzterer entwickelte. Damit lag ein Verstoß gegen AD Art. 3.1 und Art. 3.4 vor.[6439] Darüberhinaus ging es um die Nicht-Zuschreibungsfrage ('non-attribution'). Hier wendet sich der AB direkt gegen den 'schwachen' GATT Fall Norway - Salmon (1992)[6440] und schlußfolgert, daß die Behörden gemäß WTO AD Art. 3.5 sicherstellen müssen, daß nicht andere Faktoren als die

---

[6434] Dies genau ist die Meinung von Kommissarin Thelma J. Askey, die in ihrer 'dissenting opinion' ausführt, daß die Industrie im Jahre 1998 profitabel blieb und daß die Profitabilität generell über dem Niveau von 1996 lag. Der Panel nimmt darauf mit Verweis auf den Entscheidungsmaßstab nicht bezug, da dieser es Ausschlüsse eine neue Gewichtung der Daten vorzunehmen. Hier liegt noch ein starker Einfluß des Entscheidungsmaßstabs der Tokio-Runde vor, siehe Norway - Salmon (1994, BISD 41S/229, 1997). Siehe die beiden Stellen in: Japan vs. United States - Anti-Dumping Measures on Certain Hot-Rolled Steel Products from Japan, WT/DS184/R, 28 February 2001. S. 70, Para. 7.235; allerdings wird Norway - Salmon nur für die 'non-attribution'-Analyse angeführt: S. 74, Para. 7.254; zum Entscheidungsmaßstab siehe die weniger aussagekräftigen Ausführungen in S. 15-16, Para. 7.26-7.28.
[6435] Japan vs. United States - Anti-Dumping Measures on Certain Hot-Rolled Steel Products from Japan, WT/DS184/R, 28 February 2001. S. 69, Para. 7.233. Letztendlich zustimmend, weil insgesamt geschlossen wird, daß ITC vernünftige Bewertung und die Schlußfolgerungen vorgelegt hat. S. 70, Para. 7.235.
[6436] Japan vs. United States - Anti-Dumping Measures on Certain Hot-Rolled Steel Products from Japan, WT/DS184/R, 28 February 2001. S. 70, Para. 7.234.
[6437] Japan vs. United States - Anti-Dumping Measures on Certain Hot-Rolled Steel Products from Japan, WT/DS184/R, 28 February 2001. S. 70, Para. 7.234.
[6438] Japan vs. United States - Anti-Dumping Measures on Certain Hot-Rolled Steel Products from Japan, WT/DS184/AB/R, 24 July 2001. S. 70, Para. 208.
[6439] Japan vs. United States - Anti-Dumping Measures on Certain Hot-Rolled Steel Products from Japan, WT/DS184/AB/R, 24 July 2001. S. 72, Para. 215. Der Panel hatte kein Problem darin gesehen, weil ITC bestimmte Feststellungen für den gesamten Markt trifft. Dies, obwohl der 'captive' Bereich immerhin 60 % des Marktes umfaßt, worüber kaum Informationen präsentiert werden. Japan vs. United States - Anti-Dumping Measures on Certain Hot-Rolled Steel Products from Japan, WT/DS184/R, 28 February 2001. S. 62-64, Paras. 7.204-7.213.
[6440] Der Panel hatte ein langes Zitat aus diesem Fall präsentiert und damit seine Zurückhaltung begründet. So wurde u.a. die gesamte Passage von Norway vs. United States - Imposition of Anti-Dumping Duties on Imports of Fresh and Chilled Atlantic Salmon from Norway, Report of the Panel, ADP/87, 30 November 1992, BISD 41S Vol. I/229, 1997. S. 423, Para. 555 zitiert. Dort befindet sich die Folgerung, daß Schädigungsfaktoren nicht isoliert werden müssen: "this did not mean (...) the USITC should somehow have identified the extent of injury caused by these factors in order to isolate the injury caused by these factors from the injury caused by the imports from Norway" S. 422-423, Para. 555.

gedumpten Importe die Schädigung auslösen: "Logically, such an assessment must involve separating and distinguishing the injurious effects of the other factors from the injurious effects of the dumped imports"[6441]

Von den nationalen Behörden wird seit diesem Fall somit gefordert, eine Separierung und Unterscheidung der Einflußfaktoren vorzulegen. Ebenso müssen sie eine überzeugende Erklärung über die Art und Weise und das Ausmaß dieser Effekte, im Unterschied zu den Effekten der gedumpten Importe, vorlegen: "This requires a satisfactory explanation of the nature and extent of the injurious effects of the other factors, as distinguished from the injurious effects of the dumped imports."[6442]

Anerkannt wird, daß dies nicht leicht sei, es sei aber trotzdem erforderlich.[6443] Am Rande: Beispielsweise bezüglich dieser Entscheidung beklagt sich die USA, daß der Entscheidungsmaßstab in AD Art. 17.6 nicht respektiert wurde, denn der AB hätte einen von mehreren "reasonable permissible interpretations" nicht akzeptiert.[6444] Der AB führte - leider - die Schädigungsanalyse nicht weiter, weil das Panel nach Ansicht des AB dazu nicht genügend Fakten aufgenommen hatte.[6445] Ein weiteres wichtiges Detail: An der Eingabe der USA ist deutlich erkennbar, daß die ITC durchaus in der Lage gewesen wäre, eine solche Qualität in seinen Untersuchungen zu erreichen kann, daß sonstige Schädigungseffekte von den schädigenden Dumpingeffekten separiert und unterschieden hätten werden können.[6446]

Ein weiteres Highlight dieses Berichts sind die ersten Ausführungen des AB zum speziellen Entscheidungsmaßstab in AD Art. 17.6: Der Entscheidungsmaßstab in AD Art. 17.6 (i) erfordere "simply to review the investigating authorities 'establishment' and 'evaluation' of the facts". Dazu sei ein "*assessment* of the *facts*" nötig, welches, gemäß DSU Art. 11 "*objective*" sein muß. Weiterhin sei erforderlich, daß der Panel feststellen muß, ob das "*establishment* of facts was *proper*" und "whether the authorities '*evaluation* of facts was *unbiased and objective*'". Dabei adressiert der AB sowohl die Panels als auch die Behörden: Panels müssen Feststellungen darüber treffen, ob die Behörden in ihrer

---

[6441] Japan vs. United States - Anti-Dumping Measures on Certain Hot-Rolled Steel Products from Japan, WT/DS184/AB/R, 24 July 2001. S. 74-75, Para. 223. Siehe dort auch: S. 75, Para. 226.
[6442] Japan vs. United States - Anti-Dumping Measures on Certain Hot-Rolled Steel Products from Japan, WT/DS184/AB/R, 24 July 2001, S. 75, Para. 226. Damit wendet sich der AB gegen den Standard, der in Norway vs. USA - Imposition of Anti-Dumping Duties on Imports of Fresh and Chilled Atlantic Salmon from Norway, ADP/87, 27 April 1994. In: BISD 41S/229, Vol. 1. Siehe dort etwa S. 422-423, Para. 555.
[6443] "We recognize, therefore, that it may not be easy, as a practical matter, to separate and distinguish the injurious effects of different causal factors. However, although this process might not be easy, this is precisely what is envisaged by the non-attribution language. If the injurious effects of the dumped imports and the other known factors remain lumped together and indistinguishable, there is simply no means of knowing wether injury ascribed to dumped imports was, in reality, caused by other factors." Japan vs. United States - Anti-Dumping Measures on Certain Hot-Rolled Steel Products from Japan, WT/DS184/AB/R, 24 July 2001. S. 76, Para. 228. Daraufhin wird auch auf die Schutzklausel AB Berichte United States - Wheat Gluten und United States - Lamb verwiesen, siehe oben. S. 76-77, Paras. 230-232.
[6444] TN/RL/W/130, 20 June 2003: 4.
[6445] "(...) in absence of a factual records, there is not basis to complete the analysis ..." Japan vs. United States - Anti-Dumping Measures on Certain Hot-Rolled Steel Products from Japan, WT/DS184/AB/R, 24 July 2001, S. 78, Para. 236.
[6446] In bezug auf eine Reihe von Faktoren, den General Motors Streik, die Rolle der Minimils, die Nachfrage nach Röhrenprodukte und nach Importen aus anderen Ländern werden, so scheint es jedenfalls, plausible Argumente vorgelegt. First Submission of the United States in: Japan vs. United States - Anti-Dumping Measures on Certain Hot-Rolled Steel Products from Japan, WT/DS184/R, 28 Februar 2001, Page A-87. Hier speziell: A-227-234, Paras. 111-135.

Faktenniederlegung und Faktenbewertung im Einklang mit dem AD gehandelt haben. Von den Panels wird erwartet, daß sie auf aktive Weise die einschlägigen Fakten noch einmal durchdenken ('review') oder untersuchen ('examination'): "the text of both provisions requires panels to 'assess' the facts and this, in our view, clearly necessitates an active review or examination of the pertinent facts."[6447] In Art. 17.6 (ii) sei zudem festgelegt, daß zuerst die Interpretation des AD im Einklang mit der Wiener Vertragsrechtskonvention zu erfolgen hätte und danach ("after") überprüft werden müsse, ob das Konzept mehrerer zulässiger Maßnahmen auf eine Maßnahme angewandt werden könne.[6448] Ebenso bemerkenswert sind die Ausführungen zu den in AD Art. 3.1 enthaltenden Begriffspaaren "positive evidence" und "objective determination". Dazu mehr im Punkt 7.8.3, Antidumping Entscheidungsmaßstab. Die weiteren Ergebnisse werden hier in die Fußnote verbannt.[6449] Japan obsiegte in vielen Punkten gegen die USA. Die USA setzte die Empfehlungen des AB immerhin partiell um. Eine Modifikation der Untersuchung gemäß der vier Empfehlungen des Panels durch das DOC führte zu einem Absinken der AD Zölle für die japanischen Unternehmen und der 'all others rates'.[6450] Die neue Untersuchung des ITC ist nicht öffentlich verfügbar. Eine Gesetzesänderung

---

[6447] Herv. im Original. Sämtliche Zitate oben vor der Fußnote finden sich hier: Japan vs. United States - Anti-Dumping Measures on Certain Hot-Rolled Steel Products from Japan, WT/DS184/AB/R, 24 July 2001: S. 25, Para. 55-56.

[6448] Japan vs. United States - Anti-Dumping Measures on Certain Hot-Rolled Steel Products from Japan, WT/DS184/AB/R, 24 July 2001: S. 26-27, Para. 60-62.

[6449] Japan vs. United States - Anti-Dumping Measures on Certain Hot-Rolled Steel Products from Japan, WT/DS184/AB/R, 24 July 2001. Zeitlimit werden nicht absolut gesehen, der Begriff "reasonable period" in Art. 6.8 und Annex II, muß Fall zu Fall interpretiert werden. Angestrebt wird eine Balance zwischen Untersuchungsbehörden und den betroffenen Parteien. Dazu: S. 34, Paras. 85-86; bei der Kalkulation der 'all others rate' sieht das AD vor, daß diese auf den individuellen Dumpingmargen beruhen sollen. Ausgeschlossen sind erstens Null und de minimis Margen (kurz: hier ist 'Zeroing' ausdrücklich erlaubt, sonst wird der 'all other'-Wert zu niedrig, weil oft einzelne Firmen geringe Margen erreichen können) und zweitens Margen, die auf einer 'facts available'-Konstruktion beruhen. S. 43, Para. 116. Das U.S. Sec. 735 (c) (5) (A) des Tariff Act 1930 hat nun vorgesehen, daß dieser Ausschluß nur für 'facts available' gilt, die 'entirely' auf 'facts available' beruhen, sodaß 'facts available'-Werte, die partiell auf Informationen durch die betroffenen Parteien beruhen (welche oft höher sind) bei dieser Berechnung einbezogen werden. AD Art. 9.4 bezieht sich aber auf 'facts available' im Allgemeinen. S. 44, Para. 122. Weil so ein Wert erreicht werden kann, der höher ist als das Maximum, welches in AD Art. 9.4 erlaubt ist, lag ein Regelverstoß vor. S. 47, Para. 128-129. Für diesen Aspekt wird ein Rekurs auf AD Art. 17.4 (ii), die eine andere zulässige Interpretion vorsieht, abgelehnt. S. 47, Para. 130. Die vierte Empfehlung des Panels ist, den 99,5 % Test abzuschaffen. Bei der Normalwertfeststellung wurden für Verkäufe an verbundene Firmen ein individueller durchschnittlicher Wert berechnet. Lag dieser Wert bei 99,5 % oder mehr als der durchschnittliche Wert der für alle Verkäufe nicht verbundener Firmen auf dem Heimatmarkt berechnet wurde, wurden die Verkäufe bei der Berechnung des Normalwertes eingeschlossen. Lag der Wert darunter, wurden die Verkäufe ausgeschlossen. Kurz: Dadurch wurde es wahrscheinlicher, daß der Normalwert konstruiert werden darf. S. 52, Para. 144. Trotz der Spielräume, die das AD für solche Berechnungen einräumt, argumentiert der AB, daß "the discretion must be exercised in an even-handed way" und: "those rules must reflect, even-handedly, the fact that both high and low-priced sales between affiliates might not be 'in the ordinary course of trade'. S. 53, Para. 148. Weiterhin hatte es die USA bisher prozedural nicht vorgesehen, daß ein Exporteur sich über diese Einordnung beschweren und argumentieren konnte, daß Verkäufe unterhalb dieser Grenze in 'ordinary course of trade' fallen. Auch dies wird von AB nicht akzeptiert. S. 53, Para. 149. Schließlich wird aus AD Art. 2.1 nicht herausgelesen, daß 'downstream'-Verkäufe an verbundene Firmen nicht zur Normalwertkonstruktion benutzt werden dürfen. Der AB weist aber darauf hin, daß dabei die in AD Art. 2.4 erwähnten Kriterien benutzt werden sollten, um eine faire Kostenanpassung zu ermöglichen. Diese Interpretation wird im Kontext dieses Falls im Sinne multipler möglicher Interpretationen als 'permissible' gekennzeichnet. S. 58, Para. 168.

[6450] Kawasaki sank daraufhin von 67,14 % auf 40,26 %, Nippon von 19,65 % auf 17,70 %, NKK stieg von 17,86 % auf 18.37 %. Die 'all others rate' sank von 29,30 % auf 22,92 %. Die Originalzölle in: Japan vs. United States - Anti-Dumping Measures on Certain Hot-Rolled Steel Products from Japan, WT/DS184/R, 28 Februar 2001. S. 3, Para. 2.7; die neuen Zölle und weitere Informationen über die Umsetzung der WTO Empfehlungen in: International Trade Administration. Notice of Determination under Section 129. 67 F.R. 232, December 3, 2000. S. 71938. Der neue 'arm's length' Test klassifiziert nun Verkäufe an verbundene Unternehmen als 'in the ordinary course of trade', wenn sie innerhalb eines Bereichs von 98 % und 102 % liegen, wobei aber Verkäufe an unverbundenen Unternehmen miteingerechnet werden. S. 71938.

bezüglich der Kalkulation des 'all others' Werts liegt dem Kongreß vor.[6451] Japan einigte sich mit der USA darauf, vorläufig darauf zu verzichten, die Autorisierung zu Vergeltungsmaßnahmen zu beantragen.[6452] Zu einer Abschaffung der Maßnahme führte dies nicht: Am 26.5.2005 wurde die Maßnahme als Ergebnis eines Sunset Reviews weitere 5 Jahre aufrechterhalten.[6453]

(7) Im EC vs. Argentina - Ceramic Tiles (2001)[6454], führt der Streitfall zu einem durchschlagenden Erfolg der EU, Argentinien zog seine AD Zölle auf Fliesen zurück.[6455] Der Panel veröffentlichte seinen Interim Bericht am 25. Juli 2001, also einen Tag nachdem der AB Japan vs. United States - Hot Rolled Steel (2001) veröffentlicht wurde. Ausgegangen wurde deshalb noch von einer simplen Wiedergabe des Entscheidungsmaßstabs in AD Art. 17.6 (i): "whether the authorities' establishment of the facts was proper and whether their evaluation of those facts was unbiased and objective".[6456] Festgestellt wurde, daß die argentinischen Behörden nicht begründet hatten, warum sie Informationen von den EU Produzenten abgelehnt hatten. Damit lag ein Verstoß gegen AD Art. 6.8 vor. Ebenso hätten sie nicht daraufhin die meist zu ungünstigeren Ergebnissen führende 'facts available' Methode wählen dürfen.[6457] Argentinien etablierte zudem keine individuellen Dumpingmargen, welches gemäß AD Art. 6.10 für die Exporteure, die sie untersucht haben, gefordert wird.[6458] Sodann hatte die Behörde Fliesen u.a. über ihre Größe differenziert und nicht einbezogen, daß zumindest überprüft werden muß, ob nicht "physical characteristics" einen weiteren Anhaltspunkt, gemäß AD Art. 2.4, liefern können. Schließlich geht es hier darum, welcher Preis schlußendlich verglichen wird.[6459] Schließlich wurden von den Behörden nicht genügend Informationen bereitgestellt, damit die betroffenen Firmen vor der endgültigen Feststellung ihre Interessen verteidigen können, ein Verstoß gegen AD Art. 6.9.[6460] Diese Fall enthält somit interessante Ergebnisse hinsichtlich der Auslegung von AD Art. 2.4 zur Produkteinstufung und zum Preisvergleich und zu prozeduralen Anforderungen, wenig findet sich in bezug auf die wirtschaftlichen Hintergründe.

[6451] Dies ist der Gesetzesvorschlag, der die Streichung des Wortes 'entirely' aus der relevanten Passage vorsieht: H.R. 2473, To amend the Tariff Act 1930 relating to determining the all-others rate in antidumping cases, introduced 19.5.2005.
[6452] WT/DS184/19, 8 July 2005.
[6453] ITA 2006: 2. Siehe dazu die Untersuchung des ITC 2005c.
[6454] Nur Panel: EC vs. Argentina - Definitive Anti-Dumping Measures on Imports of Ceramic Floor Tiles from Italy, WT/DS189/R, 28 September 2001.
[6455] Siehe: WT/DS189/8, 7 May 2002.
[6456] Und es wird aus vorangegangenen Panelberichten zitiert. EC vs. Argentina - Definitive Anti-Dumping Measures on Imports of Ceramic Floor Tiles from Italy, WT/DS189/R, 28 September 2001. S. 167, Para. 6.1.
[6457] EC vs. Argentina - Definitive Anti-Dumping Measures on Imports of Ceramic Floor Tiles from Italy, WT/DS189/R, 28 September 2001. S. 167, Para. 6.24, S. 169-170, Para. 6.28, S. 183-184, Para. 6.80-6.81.
[6458] EC vs. Argentina - Definitive Anti-Dumping Measures on Imports of Ceramic Floor Tiles from Italy, WT/DS189/R, 28 September 2001. S. 187-190, Para. 6.90-6.105.
[6459] Weitere Fehler wurden gemacht, so wurden Preisdaten nur für Fliesen höchster Qualität gesammelt. Es wird zwar der Grad der Weiterverarbeitung beachtet, aber nur für unpolierte Fliesen etc. EC vs. Argentina - Definitive Anti-Dumping Measures on Imports of Ceramic Floor Tiles from Italy, WT/DS189/R, 28 September 2001. S. 193, Para. 6.116.
[6460] EC vs. Argentina - Definitive Anti-Dumping Measures on Imports of Ceramic Floor Tiles from Italy, WT/DS189/R, 28 September 2001. S. 196, Para. 6.129.

(8) EU vs. United States - 1916 Act und Japan vs. United States - 1916 Act (2000-2001).[6461] Diese Klage gegen das älteste Antidumpinggesetz der Welt wurde 1997 vom Interessenverband der europäischen Stahlindustrie gemäß dem 1994 überarbeiteten handelspolitischen Instrument der EU beantragt.[6462] Eine kurze Charakterisierung des Gesetzes erfolgte schon in Abschnitt 'H', Punkt 14.2, Antidumping, dort wurde beschrieben, daß es Schadensersatz, Geld- und Gefängnisstrafen als Reaktion auf Dumping vorsah und ebenso, auch angesichts der Kürze des Gesetzestextes, keine prozeduralen Erfordernisse enthielt. Welche Argumentation wählen Panel und AB? Grundlegend ist die Feststellung, daß sich der 1916 Antidumping Act auf 'Dumping' im Sinne von GATT Art. VI.1 bezieht. Damit kann es anhand von GATT Art. VI und dem WTO Antidumpingabkommen bewertet werden.[6463] Im Widerspruch zum AD steht, daß der Tatbestand der Intention bei der Schädigungsfeststellung aufgezeigt werden muß.[6464] Ebenso sieht das AD keine Gefängnisstrafen und Kompensationszahlungen an geschädigte Kläger vor.[6465] Weil für eine Klage gemäß 1916 Act zudem die Eingabe einer Firma ausreicht, gibt es keine Repräsentanzschwelle wie in AD Art. 4 und es gibt keine Notifikationspflicht bei betroffenen ausländischen Regierungen.[6466] Festgehalten wird von Panel und AB, daß vorläufige und endgültige Antidumpingzölle und Preis-'undertakings' die einzigen WTO konforme Möglichkeiten sind, um gegen Dumping vorzugehen.[6467] In bezug auf die Unterscheidung zwischen verbindlicher und im Ermessen stehender Gesetzgebung ('mandatory' vs. 'discretionary legislation'), spreche die Involviertheit der Gerichte dafür, daß es sich um eine verbindliche Gesetzgebung handelte, die somit von der WTO untersucht und bewertet werden kann. Das GATT Fallrecht erwartet tendenziell von Anwendung von Gesetzen und Regulierungen durch die Exekutive Ermessensspielräume: Dann liegt 'discretionary legislation' vor und ein Regelverstoß muß nicht unbedingt stattfinden. In diesem Fall hätte das U.S. Justizministerium nicht so große Ermessensspielräume gehabt.[6468] Letztendlich widersprach der 1916 Act dadurch einer ganzen Reihe

---

[6461] Panel und AB (und Arbitration). EU vs. USA - Anti-Dumping Act of 1916, WT/DS136/R, 31 March 2000. Japan vs. USA - Anti-Dumping Act of 1916, WT/DS136/AB/R, WT/DS162/AB/R, 28 August 2000. Japan vs. USA - Anti-Dumping Act of 1916, WT/DS162/R, 29 May 2000. Arbitration: WT/DS136/11, WT/DS162/14, 28 February 2001. Der AB befaßt sich auch mit dem EU- und Japanbericht.
[6462] Antragsteller ist die Europäische Wirtschaftsvereinigung der Eisen- und Stahlindustrie (EURCRER), siehe: Bekanntmachung (...) im Sinne der Verordnung (EG) Nr. 3286/94 des Rates. ABl. C 58/14, 25.2.1997. S. 14-15.
[6463] Im Panel ausführlich. EU vs. USA - Anti-Dumping Act of 1916, WT/DS136/R, 31 March 2000. S. 149, Para. 6.162. Japan vs. USA - Anti-Dumping Act of 1916, WT/DS136/AB/R, WT/DS162/AB/R, 28 August 2000. S. 36, Para. 132-133.
[6464] EU vs. USA - Anti-Dumping Act of 1916, WT/DS136/R, 31 March 2000. S. 154, Para. 6.180.
[6465] EU vs. USA - Anti-Dumping Act of 1916, WT/DS136/R, 31 March 2000. S. 160, Para. 6.204.
[6466] EU vs. USA - Anti-Dumping Act of 1916, WT/DS136/R, 31 March 2000. S. 163, Para. 6.124; S. 163, Para. 6.216. Sämtliche dieser Schlußfolgerungen werden vom AB bestätigt: Japan vs. USA - Anti-Dumping Act of 1916, WT/DS136/AB/R, WT/DS162/AB/R, 28 August 2000. S. 37, Para. 135.
[6467] Der Terminus 'may' in GATT Art. VI.2 beziehe sich nicht auf sonstige denkbare Maßnahmen, AD Art. 1. und Art. 18.1, auch Art. 18.1 FN 24, lege die ausschließliche Zuständigkeit der GATT bzw. WTO Regeln im allgemeinen für Dumpingtatbestände fest. Nachdem dies gezeigt wurde, versucht das Panel mit der Unterschiedlichkeit andere Maßnahmen im GATT, die nicht sachlich auf den Antidumpingtatbestand zugeschnitten sind, die ausschließliche Zuständigkeit des AD zu beweisen. Wenn man mit dem Schutzklauselabkommen gegen Dumping vorgehen kann, wird dies durch das Meistbegünstigungsprinzip erschwert, Ausgleichzölle werden nur bei Subventionen verhängt. EU vs. USA - Anti-Dumping Act of 1916, WT/DS136/R, 31 March 2000. S. 156-158, Para. 6.190, Para. 6.196, S. 158, Para. 6.199, S. 159, Para. 6.202. Die Diskussion des AB erfolgt offener, auch insofern, weil nicht endgültig entschieden wurde, ob es mehr 'specific actions' gegen Dumping gibt, als im AD vorgesehen. Japan vs. USA - Anti-Dumping Act of 1916, WT/DS136/AB/R, WT/DS162/AB/R, 28 August 2000. S. 33, Para. 122, FN 66; nichtsdestotrotz kommt der AB zum selben Schluß wie das Panel: S. 37, Para. 137.
[6468] "In the light of the case law developing and applying the distinction between mandatory and discretionary legislation, we believe that the discretion enjoyed by the United States Department of Justice is not discretion of such a nature or of such a breadth as to transform the 1916

von GATT und AD Regeln.[6469] Am 24. Februar 2004 stimmte das WTO Schiedsgericht Sanktionen durch die EU zu, die ein 'Mirror Law' etablierte. Das Schiedsgericht akzeptierte keine unlimitierten Sanktionen, sondern nur dann welche, wenn die USA gemäß 1916 Act tatsächlich Urteile verhängen würde.[6470] Die 'reasonable period of time' zur Umsetzung des AB Berichts verstrich am 26.7.2001.[6471] Am 3.12.2004 erfolgte die Unterschrift von Präsident Bush und das Gesetz war damit aufgehoben.[6472] Der Fall zeigt, daß die WTO Streitbeilegung ihre exklusive Zuständigkeit zur Lösung von Konflikten angesichts ungewöhnlicher Gesetzeswerke behaupten kann.

(9) India vs. United States - Steel Plate (2002).[6473] Hier gelang es Indien mit Hilfe eines ehemaligen Angestellten des U.S. DOC zu zeigen, daß bestimmte Information, die unrichtig waren, durch eine einfache Korrektur innerhalb des Computerprogramms hätten korrigiert werden können. Deshalb lag kein Grund zur Ablehnung dieser Informationen durch die U.S. Behörden vor, wenn dies zudem nicht weiter begründet wurde. Diese Daten hätte in eine 'fact available' Feststellung einfließen müssen, auch wenn sie nur ein Aspekt waren, der dazu benutzt wurde, den Exportpreis zu berechnen.[6474] Indien war nicht erfolgreich darin, das der Ablehnung zugrundeliegende U.S. Gesetz anzugreifen, denn es enthielt diskretionäre Spielräume ('discretionary legislation'), die diese Ablehnung der Informationen nicht zwingend vorsahen.[6475] Zudem verstieß die USA, im Gegensatz zur EU im Bed Linen Fall, nicht gegen den Entwicklungsländerartikel AD Art. 15, weil sie die Möglichkeit eines 'undertaking' im Gespräch mit Vertretern der indischen Industrie exploriert hatte ('explore').[6476]

(10) Turkey vs. Egypt - Steel Rebar (2002).[6477] Ägypten legte hier Daten für alle Faktoren in AD Art. 3.4 vor, gab aber zu einer ganze Reihe dieser keine Bewertung ab.[6478] Ein weiterer Aspekt: Weil die Türkei nicht direkt anzweifelte, daß die ägyptischen Behörden gänzlich darin versagt haben,

---

Act into discretionary legislation, as this term has been understood for purposes of distinguishing between mandatory and discretionary legislation" Zitat ohne Fußnote. Japan vs. USA - Anti-Dumping Act of 1916, WT/DS136/AB/R, WT/DS162/AB/R, 28 August 2000. S. 26, Para. 91.

[6469] GATT Art. VI.1 und 2 u.a. 'material injury' und im AD Abkommen: Art. 1 'only under circumstances of GATT Art. VI', Art. 4 'definition domestic industry', Art. 5.1 'application on behalf of domestic industry', Art. 5.2 'application evidence of dumping and injury', Art. 5.5 'notification the government of the exporting member', Art. 18.1 und 18.2 'no action except in accordance with GATT und AD', 'no reservations'. Japan vs. USA - Anti-Dumping Act of 1916, WT/DS136/AB/R, WT/DS162/AB/R, 28 August 2000. S. 41 Para. 155 (d) (e).

[6470] WT/DS136/ARB, 24 February 2004. Siehe dazu, mit Fokus auf breiter angelegten Fragen, auch Howse/Staiger 2005: 295-296.

[6471] EU Trade Info 2004: 1-2.

[6472] Durch den Kongreß gelangte dieses Gesetzesaufhebung 'getarnt' als Miscellaneous Trade and Technical Corrections Act H.R. 1047. U.S. Committee on Ways and Means Oversight Report 2005: 53; siehe auch WT/DS136/14/Add.32, 11 November 2004. Im selben Gesetz befindet sich auch eine Änderung der Ursprungsregeln, welche vorteilhaft für Sockenproduzenten in Alabama ist, durchgesetzt von Senator Richard C. Shelby. Press Release Shelby 2004.

[6473] Nur Panel. India vs. United States - Anti-Dumping and Countervailing Measures on Steel Plate from India. WT/DS206/R, 28 June 2002.

[6474] India vs. United States - Anti-Dumping and Countervailing Measures on Steel Plate from India. WT/DS206/R, 28 June 2002. S. 29, 7.78-7.79.

[6475] India vs. United States - Anti-Dumping and Countervailing Measures on Steel Plate from India. WT/DS206/R, 28 June 2002. S. 29-35, 7.81-7.100.

[6476] India vs. United States - Anti-Dumping and Countervailing Measures on Steel Plate from India. WT/DS206/R, 28 June 2002. S. 36-40, 7.104-7.118.

[6477] Nur Panel. Am 21. Oktober 1999 werden Zölle von 'all others' 61 % und mindestens 22,63 % erhoben. Turkey vs. Egypt - Definitive Anti-Dumping Measures on Steel Rebar from Turkey, WT/DS211/R, 8 August 2002. S. 2, Para. 2.3.

[6478] Turkey vs. Egypt - Definitive Anti-Dumping Measures on Steel Rebar from Turkey, WT/DS211/R, 8 August 2002. S. 18, Para. 7.51.

Preisunterbietung zu berücksichtigen und auch nicht anzweifelte, daß die importierten Mengen angestiegen wird, wird vom Panel keine AD Art. 3.1 Inkompatibilität festgestellt.[6479]

Hier wird sich darauf konzentriert, ob es dem Panel gelang, angesichts des wirtschaftlichen Hintergrunds, die Schädigungsanalyse gemäß AD Art. 3.5 überzeugend durchzuführen. Der Verfasser möchte hier vor allem herausfinden, wie das Panel mit der unstreitigen Kapazitätsexpansion zweier ägyptischer Bewehrungsstahlproduzenten umging, weil dies ein eigenständiger Grund für sinkende Preise sein könnte. Eine 'objektive' Einschätzung wird erschwert, weil die Preise der Importe nicht veröffentlich wurden, sodaß das Ausmaß der Preisunterbietung von 'außen' offen bleiben muß: Der Panel beginnt mit der auf Panelebene entwickelten Auslegungsentscheidung, daß die in AD Art. 3.5, Kausalanalyse, genannten Faktoren nicht sämtlich diskutiert werden müßten.[6480] Die Diskussion erfolgt sodann nicht auf einem qualitativ hochwertigen Niveau: Die Kapazitätsausweitung ägyptischer Firmen wird erwähnt. Das Panel akzeptiert aber, daß dazu keine genauen Daten genannt werden. Ägypten erklärt, daß die Preise gesenkt wurden, um gegenüber der Importkonkurrenz zu bestehen und daß die Preise in diesem Produktbereich sensibel auf Importzunahmen reagieren würden. Zentral für die Akzeptanz dieses Arguments durch das Panel ist, daß die Türkei nicht argumentiert hatte, daß Ägypten vollständig darin versagt hat Preisunterbietung zu beachten ('consider'). Ebenso wird nicht bezweifelt, daß die Importe aus der Türkei mengenmäßig angestiegen sind.[6481] Nicht systematisch diskutiert wird, ob der Kapazitätsausbau selbst zu niedrigen Preisen geführt hat. Zuerst einmal läßt der Panel dieses Argument nicht aufkommen, indem er den ägyptischen Behörden unterstellt, daß sie die These vertreten, daß die Kapazitätserweiterung in bezug auf die Schädigungsanalyse neutral anzusehen sei.[6482] Im weiteren Verlauf behält der Panel damit insofern Recht, weil angesichts widersprüchlicher Informationen keine Klarheit in dieser Frage zu erhalten ist: Die Türkei erwähnt, daß die Kapazität ägyptischer Hersteller trotz des Kapazitätsausbaus nicht ausreiche, um den Heimatmarkt vollständig zu beliefern, weil in dieser Zeit in Ägypten ein Bauboom bestanden hätte. Die ägyptischen Behörden legten weiterhin Daten vor, die zeigten, daß die Kapazitätserweiterung zu absinkenden Kosten pro Einheit geführt hätten. Die Türkei argumentiert dagegen, daß die Preise aufgrund der neuen Investitionen hätten ansteigen müssen und dies durch die interne ägyptische Konkurrenz verunmöglicht wurde und deshalb die Schädigung intern verursacht wurde.[6483] Ägypten versucht dieses Argument in bezug auf den Konkurrenzaspekt zu widerlegen, indem gezeigt wird, daß die Preise der ägyptischen Hersteller ähnlich angelegt waren.[6484] Dazu kam, daß die Preise für Stahlschrott absanken, wodurch bei sinkenden Preise noch Profit ermöglicht wurde. Ägypten behauptet diesbezüglich weiterhin, daß das Absinken der Importpreise, welches höher war als der

---

[6479] Turkey vs. Egypt - Definitive Anti-Dumping Measures on Steel Rebar from Turkey, WT/DS211/R, 8 August 2002. S. 28-30, Paras. 7.97-7.106.
[6480] Turkey vs. Egypt - Definitive Anti-Dumping Measures on Steel Rebar from Turkey, WT/DS211/R, 8 August 2002. S. 31-32, Para. 7.115. Diese Auslegungsentscheidung wurde bislang vom AB nicht bestätigt, aber schon in Poland vs. Thailand - H Beams (2000-2001) so getroffen. Vermulst 2005: 92. Es spricht viel dafür, daß der AB diese Auslegungsentscheidung akzeptieren würde.
[6481] Turkey vs. Egypt - Definitive Anti-Dumping Measures on Steel Rebar from Turkey, WT/DS211/R, 8 August 2002. S. 29, Para. 7.103.
[6482] Turkey vs. Egypt - Definitive Anti-Dumping Measures on Steel Rebar from Turkey, WT/DS211/R, 8 August 2002. S. 32, Para. 7.116
[6483] Turkey vs. Egypt - Definitive Anti-Dumping Measures on Steel Rebar from Turkey, WT/DS211/R, 8 August 2002. S. 32, Para. 7.117.
[6484] Turkey vs. Egypt - Definitive Anti-Dumping Measures on Steel Rebar from Turkey, WT/DS211/R, 8 August 2002. S. 33, Para. 7.122.

Preisverfall bei Stahlschrott, aus diesem Grund weiterhin ausschlaggebend bei der Schädigung war bzw. als verantwortlich für die sinkenden Profiten angesehen werden kann.[6485] Eine Lösung der Frage nach der Wirkung des Kapazitätsausbaus gelang somit nicht. Schließlich zeichnete sich im Untersuchungszeitraum darin aus, daß die heimische Nachfrage absank, als gerade der größte Preisverfall stattfand, wenige Monate später boomte die heimische Nachfrage aber wieder. Dazu bemerkt das Panel pro Ägypten, im Einklang mit den Argumenten anderer Panels, daß es auf die Bewertung der gesamten Zeitperiode ankommt.[6486] Unstreitig ist (dazu befinden sich Daten im Bericht), daß die Türkei in diesem Zeitabschnitt des Preisverfalls der wichtigste Importeur war und andere Länder keine Rolle bei der unterstellten Schädigung spielten. Das Panel schließt nach der Gegenüberstellung der Argumente, mit wenig ausführlicher Referenz auf den Entscheidungsmaßstab in AD Art. 17.5 und Art. 17.6, daß es darum gehe, ob "the conclusions reached in the investigation could have been reached by an objective and unbiased investigating authority in the basis of its analysis of the evidence of record at the time of the determination."[6487] Weitere Ausführungen werden hier ausgeklammert.[6488] Kurz: Die Streitbeilegung setzt die Argumente gegeneinander und engagiert sich in einer eng darauf bezogenen Diskussion, ohne die Perspektive einmal in Richtung einer objektiven, eigenständigen Beurteilung aufzuweiten. Das Ergebnis ist, ohne weitere Informationen, kaum zu kritisieren.

(11) Australia, Brazil, Chile, European Communities, India, Indonesia, Japan, Korea, Thailand vs. United States - Offset Act (Byrd Amendment) (2002-2003).[6489] Mit diesem Gesetz ('Byrd Amendment') wurden in den USA Antidumpingzölle an die Firmen ausgeschüttet, die Antidumpingzollschutz beantragt und durchgesetzt hatten, darunter z.B: US$ 33 Mill. an Micron, aufgrund deren Antidumpinganträgen gegen Koreas Hynix.[6490] Dieses Gesetz hat, so Olson (2005), dazu geführt, daß 27 % mehr Antidumpinganträge von den traditionellen Nutzerindustrien gestellt wurden.[6491] Zu diesem Fall hier nur wenig.[6492] Der AB ließ letztendlich nur einen Klagepunkt gelten[6493], der aber ausreicht zu begründen, warum das Byrd Amendment WTO inkonform ist. Es liegt

---

[6485] Dies gelingt überzeugend, weil gezeigt wird, daß die Produktionskosten pro Einheit absanken, noch schneller aber die Einnahmen pro Einheit. Turkey vs. Egypt - Definitive Anti-Dumping Measures on Steel Rebar from Turkey, WT/DS211/R, 8 August 2002. S. 32, Para. 7.118.
[6486] Turkey vs. Egypt - Definitive Anti-Dumping Measures on Steel Rebar from Turkey, WT/DS211/R, 8 August 2002. S. 33, Para. 7.123
[6487] Turkey vs. Egypt - Definitive Anti-Dumping Measures on Steel Rebar from Turkey, WT/DS211/R, 8 August 2002. S. 35, Para. 7.126.
[6488] Es geht u.a. um die Einhaltung prozeduraler und terminlicher Aspekte. Turkey vs. Egypt - Definitive Anti-Dumping Measures on Steel Rebar from Turkey, WT/DS211/R, 8 August 2002. S. 35-106.
[6489] Panel und AB: Australia, Brazil, Chile, European Communities, India, Indonesia, Japan, Korea, Thailand vs. United States - Continued Dumping and Subsidy Offset Act of 2000, WT/DS217/R, WT/DS234/R, 16 September 2002. Australia, Brazil, Chile, European Communities, India, Indonesia, Japan, Korea, Thailand vs. United States - Continued Dumping and Subsidy Offset Act of 2000, WT/DS217AB/R, WT/DS234/AB/R, 16 January 2003.
[6490] Insgesamt wurden US$ 1 Mrd. zwischen 2001 und 2004 an 770 Firmen verteilt, darunter auch an die Eisen- und Stahlindustrie. Vor allem profitiert der Kugellagerhersteller Timken, es profitieren aber auch Kerzenfirmen, Pastahersteller etc. Ausführlich GAO 2005: 28, 88.
[6491] Der Effekt des Byrd Amendments war wahrscheinlich dadurch weniger stark, weil viele Firmen schon mit eine WTO Inkonsistenz und späteren Abschaffung gerechnet haben. Olson 2005: 16-17.
[6492] Siehe: Bhagwati/Mavroidis 2004; GAO 2005; Horn/Mavroidis 2005; Movesian 2004; Klaproth 2005.
[6493] Das Panel hatte noch auf einen "specific adverse impact on the competitive relationship" hingewiesen, der dadurch entsteht, daß der ausländische Wettbewerber, der Dumpingzölle zahlt, durch dieses Gesetz darüberhinaus noch die U.S. Firmen stärkt. Dazu habe das Gesetz den Effekt, daß Firmen Anreize erhalten, Antidumpinguntersuchungen zu beantragen, die sie sonst nicht anstreben würden. Dies zeige, daß es um eine Maßnahme handelt, die sich spezifisch gegen Dumping richte. Australia, Brazil, Chile, European Communities, India, Indonesia,

ein Verstoß gegen AD Art. 18.1 und SCM Art. 32.1 vor, welche Maßnahmen, die gegen Dumping und Subventionen getroffen werden, auf Dumping- und Ausgleichszölle, 'undertakings' und die erlaubten vorläufigen Maßnahmen beschränkt. Alle sonstigen, denkbaren Gesetze, die sich gegen ('against') Dumping oder Subventionen richten und deren Reaktionen auf Dumping und Subventionen über dieses erlaubte Set von Optionen hinausgeht, sind WTO inkonform.[6494] Acht Länder wurden von der Schlichtung dazu autorisiert, Vergeltungsmaßnahmen zu ergreifen[6495], wobei diese Maßnahmen wertbezogen nicht sonderlich hoch ausfielen.[6496] Diese wurden von der EU seit 1. Mai, von Mexico seit 18. August und Japan seit dem 1. September 2005 ergriffen.[6497] Die USA hoben das Gesetz im Februar 2006 auf.[6498]

(12) Brazil vs. Argentina - Poultry AD Duties (2003).[6499] Bei diesem Bericht über die vorläufige Feststellung eines Antidumpingzolls durch Argentinien stellte das Panel fest, daß Argentiniens Behörden schon bei der Eröffnung der Untersuchung ungenügende Informationen vorlegten. Und zwar hinsichtlich einer Anpassung am Normalwert.[6500] Die Feststellung des Exportpreises war ebenso AD inkonform: Hier wurde 'Zeroing' in einfachster Form vorgenommen, indem die Exportpreise, die höher oder gleich dem Normalwert waren, ausgeklammert wurden, eine Praxis, die zu noch höheren Dumpingzöllen führt als die EU Praxis, die einen Vergleich von Modellen vornahm.[6501] Ebenso ist es nicht mit dem AD vereinbar, daß bei der Normalwertfeststellung nur Preisdaten eines Tages verwendet wurden.[6502] Weiterhin klammerte Argentinien bei der Schädigungsanalyse Exporteure, die keine Dumping betrieben, nicht aus.[6503] Und es wurden nicht alle Schädigungsfaktoren in AD Art. 3.4

Japan, Korea, Thailand vs. United States - Continued Dumping and Subsidy Offset Act of 2000, WT/DS217/R, WT/DS234/R, 16 September 2002, S. 308, Para. 7.39, S. 311-312, Para.7.45-7.46. Dazu wird darauf hingewiesen, daß die Anreize den Effekt haben Unterstützung für AD Anträge zu erzeugen, die es sonst nicht geben würde. Denn nicht immer sind alle Firmen in einem Industriebereich an Antidumpingzöllen interessiert. Dadurch würde der Schwellenwert in AD Art. 5.4 und SCM 11.4 bedeutungslos. S. 317, Para. 7.65. Der AB lehnt diese beiden Argumente des Panels ab. Es sei "not necessary, nor relevant" den ersten Sachverhalt zu untersuchen. Ebenso sei es zweitens "overly broad", wenn gefolgert würde, daß eine Maßnahme nicht gegen Dumping angewandt würde, wenn sie mit Anreizen für Firmen ihre WTO konformen Rechte auszuüben, kombiniert würde. Etwas später argumentiert der AB, daß es nicht auf die Motive ankommt, sondern in AD Art. 5.4 nur die Quantität der Unterstützung einer Untersuchung relevant sei. AB Australia, Brazil, Chile, European Communities, India, Indonesia, Japan, Korea, Thailand vs. United States - Continued Dumping and Subsidy Offset Act of 2000, WT/DS217AB/R, WT/DS234/AB/R, 16 January 2003. S. 81-82, Para. 257-258, S. 93, Para. 283.

[6494] Australia, Brazil, Chile, European Communities, India, Indonesia, Japan, Korea, Thailand vs. United States - Continued Dumping and Subsidy Offset Act of 2000, WT/DS217AB/R, WT/DS234/AB/R, 16 January 2003. S. 103, Para. 318 (a). So auch Movesian 2004: 152; ausführlich zum Panel und AB: Horn/Mavroidis 2005; kritisiert wird der AB von Bhagwati/Mavroidis 2004: 121.

[6495] Die dem Wert entsprachen, die dieses Länder in einem Jahr an Zoll (bzw. über das Byrd-Amendment an die Firmen) gezahlt hatten, multipliziert mit einem 'pass through' Wert, mit welchem der in einem Modell berechnete Substitutionseffekt berechnet wurde, zu welchem Grad die Konsumenten die nun billigeren heimischen Produkte vorziehen. Klaproth 2005: 415-417; Spamann 2006: 66-71.

[6496] Für die EU US$ 27,81 Mill. Siehe: Verordnung (EC) Nr 673/2005 des Rates, 25. April 2005. In: ABl. L 110/1, 30.4.2005. Es geht um 15 % Zölle auf Papier, Bekleidung und Maschinen. Weitere Informationen über die Art. 22.6 Arbitration in: Klaproth 2005: 419.

[6497] Japan Statement Ways and Means 2005: 2.

[6498] Bis zum 27. Dezember 2003 sollte die Umsetzung erfolgen. WT/DS217/14, WT/DS234/22: 25. Das Byrd Amendment wurde aufgehoben. Siehe: WT/DS217/16/Add.24, WT/DS234/24/Add.24, 7 February 2006. Das Gesetz wurde vom Präsident Bush unterzeichnet am 8.2.2006. Public Law No: 109-171.

[6499] Nur Panel. Brazil vs. Argentina - Definitive Anti-Dumping Duties on Poultry from Brazil, WT/DS241/R, 22 April 2003.

[6500] Brazil vs. Argentina - Definitive Anti-Dumping Duties on Poultry from Brazil, WT/DS241/R, 22 April 2003: S. 29-32, Paras. 7.64-7.73.

[6501] Brazil vs. Argentina - Definitive Anti-Dumping Duties on Poultry from Brazil, WT/DS241/R, 22 April 2003. S. 31, Para. 7.78.

[6502] Und dann noch für ein anderes Produkt, ohne weitere Erklärung. Brazil vs. Argentina - Definitive Anti-Dumping Duties on Poultry from Brazil, WT/DS241/R, 22 April 2003. S. 33, Para. 7.85.

[6503] Brazil vs. Argentina - Definitive Anti-Dumping Duties on Poultry from Brazil, WT/DS241/R, 22 April 2003. S. 82-83, Para. 7.306-7.307.

analysiert.[6504] Akzeptiert wurden vom Panel dagegen die variablen Antidumpingzölle Argentiniens, solange sie die einmal festgelegte Dumpingmarge nicht überschreiten.[6505] Das Panel schlug aufgrund der vielen Verstöße vor, daß Argentinien die Maßnahmen aufheben soll.[6506]

(13) Brazil vs. EC - Tube or Pipe Fittings (2003).[6507] Ob die EU Industrie, die verformbare Gußeisen herstellt, wirklich Schädigung aufwies bleibt unklar, nicht zuletzt weil wahrscheinlich ist, daß die Industrie die Schädigung inszeniert hat. Dazu zuerst einmal aus der vorläufigen und endgültigen Feststellung der EU einige Informationen zum wirtschaftlichen Hintergrund, die hier kritisch kommentiert werden:

Nach einem Höhepunkt von 71 % Marktanteil im Jahre 1995 der EU Industrie ging dieser bis zum Untersuchungszeitraum (April 1998 bis März 1999) auf 62 % zurück. Die Verkaufspreise stiegen seit 1995 um 8 %, die der dumpenden Länder sanken zwischen April 1998 und März 1999 um 5 %. Der Anteil der dumpenden Länder am EU Markt erhöhte sich zwischen 1995 und dem Untersuchungszeitraum von 20 % auf 29 %. Die gedumpten Preise lagen durchschnittlich 1995 bei ECU 1,88 pro kg und sanken auf ECU 1,78 pro kg. Die EU Industrie wies schon 1995 ein Preisniveau von EU 3,60 pro kg auf und dieses stieg bis zum Ende des Untersuchungszeitraum auf 3,88 pro kg an. Kurz: Die Hersteller verformbarer Gußeisen erhöhten ihre Preise als Reaktion auf eine Zunahme der Importkonkurrenz. Die von der Untersuchung betroffenen, dumpenden Länder senkten die Preise zwischen 1996 und dem Untersuchungszeitraum, "deutlich" (so die Kommission) von ECU 1,96 pro kg auf ECU 1,78 pro kg ab. Zwischenrechnung: Die EU Produzenten konnten durch die erhöhten Preise tatsächlich nicht ihren Mengenrückgang durch die Marktanteilsverluste kompensieren: Der Indexwert: 255,6 sinkt auf 240,5 ab, dies ist aber relativ gesehen 'nur' ein Rückgang von 6 %.[6508] Es ist nicht sehr wahrscheinlich, daß dies in der Wirklichkeit eine Schädigung ausgelöst hat. Im Jahre 1995 gab es zudem eine Betriebsschließung, die in der Untersuchung nicht mit Dumping in Verbindung gebracht wird. Diese wirkte sich positiv auf die übriggebliebenen Betriebe aus, z.B. in Form einer steigenden Kapazitätsauslastung von 64 % auf 67 % von 1995 bis zum Untersuchungszeitraum. Die Rentabilität, als Prozentsatz der Nettoverkäufe, sank von 1995 bis zum Untersuchungszeitraum um 2,3 % ab, auf -0,9 %. In dieser Zeit gab es weiterhin 'nur' einen Beschäftigungsrückgang von 2532 auf 2370, also 162 Personen. Weil dies aber eine arbeitsintensive Industrie sei, sei dies, so die untersuchende EU Kommission, womöglich doch bedenkenswert. Dieser Beschäftigungsrückgang könnte aber, so kann kritisch angeführt werden, auch daran gelegen haben, daß die Investitionen auf

---

[6504] Brazil vs. Argentina - Definitive Anti-Dumping Duties on Poultry from Brazil, WT/DS241/R, 22 April 2003. S. 86, Para. 7.322, S. 88, Para. 7.327.

[6505] Brazil vs. Argentina - Definitive Anti-Dumping Duties on Poultry from Brazil, WT/DS241/R, 22 April 2003. S. 97, Para. 7.364.

[6506] "In the light of the nature and extent of the violations in this case, we do not percieve how Argentina could properly implement our recommendation without revoking the anti-dumping measure at issue in this dispute." Brazil vs. Argentina - Definitive Anti-Dumping Duties on Poultry from Brazil, WT/DS241/R, 22 April 2003. S. 101, Para. 8.6-8.7.

[6507] Panel and AB. Brazil vs. European Communities - Anti-Dumping Duties on Malleable Cast Iron Tube or Pipe Fittings from Brazil, WT/DS219/AB/R, 22 July 2003. Brazil vs. European Communities - Anti-Dumping Duties on Malleable Cast Iron Tube or Pipe Fittings from Brazil, WT/DS219/R, 7 March 2003.

[6508] Einfach aus den Daten für die EU Industrie berechnet: 1995 Marktanteil * Preis, Untersuchungszeitraum Marktanteil * Preis.

hohem Niveau lagen. Es ist schwerlich als Rückgang anzusehen, wenn zwischen 1995 und dem Untersuchungszeitraum ein Rückgang von jährlich ECU 20,4 Mill. auf ECU 17 Mill. vorlag, dahinter aber ebenso ein Anstieg nach einem Tiefpunkt von ECU 12,7 Mill. 1998 auf ECU 17 Mill. stand. Direkt im Anschluß zu dieser Information kommentiert die EU Kommission optimistisch: "Dies zeigt, daß der Wirtschaftszweig der Gemeinschaft nach wie vor lebensfähig ist und nicht beabsichtigt, sich aus diesem Produktionssegment zurückzuziehen, zumal die Investitionen überwiegend der Rationalisierung der Produktion dienten." Gleichzeitig wird aber gefolgert: "Die Prüfung der genannten Schadensindikatoren zeigt, daß sich die Lage des Wirtschaftszweigs der Gemeinschaft verschlechterte."[6509] Interessanterweise wird später in der endgültigen EU Verordnung offen das, oben thematisierte, oligopolistische Preisverhalten bestätigt und somit zugegeben, daß sich die europäischen Firmen durch ihre angehobenen Preise selbst geschädigt hatten.[6510] Als endgültige Antidumpingzölle wurden zwischen 22,1 % und 49,4 % (China, alle Unternehmen) festgelegt. Diese Zölle orientierten sich, wie in der EU immer, am Ausmaß der Schädigung.[6511] Dies hört sich fair an, war es in diesem Fall aber sicher nicht: Der nicht-schädigende Preis orientierte sich an den Verkaufspreisen der EU-Unternehmen (die eben hoch liegen), den durchschnittlichen Gewinneinbußen durch die gedumpten Preise und zusätzlich einer Gewinnspanne von 7 % (!).[6512]

Wie reagierte die WTO Streitbeilegung auf diese offenkundig problematische Antidumpinguntersuchung?

Der Panel beginnt seinem Bericht damit, den Entscheidungsmaßstab gemäß Japan vs. United States - Hot-Rolled Steel (2001) zusammenzufassen.[6513] So überzeugend sich dies als Vorgabe anhört, in der Diskussion verhält sich der Panel unterkomplex. Beim Thema Kapazität wird etwa das Argument Brasiliens abgelehnt, daß die bessere Kapazitätsauslastung nicht auf Schädigung hinweist, indem kurz darauf hingewiesen wird, daß dies nicht das einzige Argument der EU gewesen sei, denn dies hätte

---

[6509] Verordnung (EG) Nr. 449/2000 der Kommission, 28.2.2000. In: ABl. L 55/3, 29.2.2000. S. 15-16.

[6510] Zum Preisanstieg: "Diese Preisentwicklung ist im Zusammenhang damit zu sehen, dass der Preisdruck seitens der betroffenen Einfuhren sich stärker auf die Verkaufsmengen und den Marktanteil des Wirtschaftszweigs der Gemeinschaft auswirkte als auf seine Preise. In der Tat hatte der Wirtschaftszweig der Gemeinschaft angesichts der Billigeinfuhren aus den betroffenen Ländern zwei Möglichkeiten: Er konnte seine Preise beibehalten und damit Marktanteilseinbußen riskieren oder sie den Billigpreisen der gedumpten Einfuhren annähern, um sein Verkaufsvolumen aufrechtzuerhalten. Er entschied sich für die Beibehaltung seines Preisniveaus; angesichts der Auswirkungen auf die Verkaufsmengen machte er jedoch ab 1996 Verluste." Verordnung (EG) Nr. 1784/2000 der Rates, 11.8.2000. In: ABl. L 208/8, 18.8.2000. S. 18.

[6511] Verordnung (EG) Nr. 1784/2000 der Rates, 11.8.2000. S. 19-20.

[6512] Verordnung (EG) Nr. 449/2000 der Kommission, 28.2.2000. In: ABl. L 55/3, 29.2.2000. S. 18.

[6513] "7.5 Thus, together, Article 11 of the DSU and Article 17.6 of the *Anti-Dumping Agreement* set out the standard of review we must apply with respect to both the factual and legal aspects of our examination of the claims and arguments raised by the parties." Und: "7.6 In the light of this standard of review, in examining the matter referred to us, we must evaluate whether the determination made by the European Communities is consistent with the relevant provisions of the Anti-Dumping Agreement. We may and must find that it is consistent if we find that the European Communities investigating authority has properly established the facts and evaluated the facts in an unbiased and objetice manner, and that the determination rests upon a "permissible" interpretation of the relevant provisions. Our task is not to perform a *de novo* review or the information and evidence on the record of the underlying anti-dumping investigation, nor to substitute our judgment for that of the EC investigating authority even though we may have arrived at a different determination were we examining the record ourselves." Herv. im Original. Brazil vs. European Communities - Anti-Dumping Duties on Malleable Cast Iron Tube or Pipe Fittings from Brazil, WT/DS219/R, 7 March 2003. S. 11, Para. 7.5-7.6. Mit Referenz auf: Japan vs. United States - Anti-Dumping Measures on Certain Hot-Rolled Steel Products from Japan, WT/DS184/AB/R, 24 July 2001. S. 25-27, Paras. 54-62.

auch an der Betriebsschließung gelägen.⁶⁵¹⁴ Kritisch angemerkt: Diese Betriebsschließung wurde im Kontext der EU Determination nicht auf Dumping zurückgeführt und lag am Anfang der Untersuchungsperiode 1995 vor, als es der Industrie noch sehr gut ging. Zurück zum Panelbericht: Die Analyse des Panels ist teils nicht nachvollziehbar, weil er zwar auf Argumente Brasiliens eingeht, aber mit einer sehr knappen Diskussion komplexerer anderer Argumente, diese Argumente für erledigt erklärt.⁶⁵¹⁵ In bezug auf die hohen Preise der EU Hersteller verteidigt das Panel die EU und sagt, daß die EU nicht direkt von den Preisen aus auf Schädigung geschlossen hätte, sondern daß der gesamte Komplex von hohen Preisen und die dadurch zurückgehenden Verkaufsmengen zur Schädigung geführt hätten.⁶⁵¹⁶ Dies trifft zu, stellt aber keine Diskussion der Argumente der EU in Anbetracht eines von Brasilien immerhin angedeuteten alternativen Szenarios dar: Nämlich eines normalen, marktgemäßen und wettbewerblichen Verhaltens, welches sich dadurch hätte auszeichnen müssen, daß versucht wird, wenigstens zu einem bestimmten Zeitpunkt, über niedrigere Preise (und nicht über Preisanhebungen) Marktanteile zu behalten. Festgestellt wird vom Panel dagegen, daß die EU für eine Reihe von Faktoren 'bedeutsame Schädigung' festgestellt hat: Ein Rückgang der Produktion, der Kapazitätsauslastung, der Verkäufe, der Marktanteile, ein Rückgang der Beschäftigung, ein Rückgang der Investitionen und eine Zunahme der Lagerhaltung. Diese Bewertung der EU hätte weiterhin im Kontext von Marktanteilen und Profitabilität stattgefunden. Eine Diskussion erfolgt nicht. Geschlossen wird:

"In light of the *overall* development and interaction among injury indicators *collectively*, the record data overall would not preclude a finding by a reasonable and objective investigating authority that the domestic industry was injured."⁶⁵¹⁷

Brasilien machte nun den Fehler seinen Einspruch in der Berufung nicht auf AD Art. 3.4, sondern auf AD Art. 3.5, die Kausalitätsfrage zuzuspitzen, und zwar mit einem abstrakt formulierten Vorwurf.⁶⁵¹⁸ Der AB löst den Vorwurf Brasiliens, daß durch den Panel keine kollektive Bewertung der Faktoren erfolgt sei, auf der abstrakten Ebene zugunsten der EU auf: "In then evaluating each 'other factor'

---

⁶⁵¹⁴ Brazil vs. European Communities - Anti-Dumping Duties on Malleable Cast Iron Tube or Pipe Fittings from Brazil, WT/DS219/R, 7 March 2003. S. 90, Para. 7.330.
⁶⁵¹⁵ "7.330 The European Communities found material injury during the period of investigation on the basis, in particular, of declines in production, production capacity, sales and market share. Brazil asserts that capacity utilisation, which increased from 64% in 1995 to 67% in the IP does not indicate injury. *Taken in isolation*, we agree that this might not indicate injury. However, the European Communities conclusion on injury refers to the dependent relationship between the increase in capacity utilisation and the reduction in production capacity, which decreased by 14% between 1995 and the IP, from 85,000 to 73,000 tonnes. The European Communities pointed out that: 'This development should be seen in the light of the fact that in 1996 a production plant in Germany ceased its activity.' We disagree with Brazil's argument, made *inter alia* in connection with production and stocks, that once an investigating authority has evaluated *actual* injurious trends in these factors and this is sufficient for the purposes of reaching a finding of injury there would also be an obligation also to evaluate potential injurious trends." Herv. im Original. Brazil vs. European Communities - Anti-Dumping Duties on Malleable Cast Iron Tube or Pipe Fittings from Brazil, WT/DS219/R, 7 March 2003. S. 90, Para. 7.330.
⁶⁵¹⁶ Brazil vs. European Communities - Anti-Dumping Duties on Malleable Cast Iron Tube or Pipe Fittings from Brazil, WT/DS219/R, 7 March 2003. S. 92, Para. 7.334.
⁶⁵¹⁷ Herv. im Original. Brazil vs. European Communities - Anti-Dumping Duties on Malleable Cast Iron Tube or Pipe Fittings from Brazil, WT/DS219/R, 7 March 2003. S. 94, Para. 7.342.
⁶⁵¹⁸ Brazil vs. European Communities - Anti-Dumping Duties on Malleable Cast Iron Tube or Pipe Fittings from Brazil, WT/DS219/AB/R, 22 July 2003. S. 11, Para. 35.

individually, the European Commission determined that each factor's contribution to injury was insignificant (or, for one factor, not so much as to break the causal link between dumped imports and injury)."[6519]

Weitere Aspekte dieses Streitfalls sollen genannt werden: Brasilien argumentierte, daß die EU einen bekannten Faktor nicht untersucht hat, nämlich niedrige Produktionskosten in Brasilien und daß somit eine signifikanter Teil der Schädigung nicht dem Dumping zugeschrieben werden darf.[6520] Der Panel weist dieses Argument zurück, indem er einfach feststellt, daß die EU herausgefunden habe, daß die Produktionskostenunterschiede minimal sind. Diese Feststellung sei vom Panel überprüft worden und es könne festgestellt werden, daß eine vernünftige und objektive Autorität auf der Basis der zugrundeliegenden Argumente zu dieser Schlußfolgerung kommen könne. Der AB reagiert auf diese Fragestellung, indem er festhält, daß es schon so sei, daß gemäß AD Art. 3.5 'any known factors', also auch spezielle, andere Faktoren untersucht werden müssen, wenn diese Schädigung auslösen können und dieser Faktor offensichtlich wichtig ist.[6521] Ähnliches wurde in einem anderen Fall für die verpflichtende Liste in SCM Art. 15.4, siehe Korea - DRAMs, festgestellt, wo es der Panel für erforderlich hält, daß auch der Boom und Bust Zyklus der Halbleiterindustrie untersucht werden müsse.[6522] In hier vorliegenden Fall übernimmt der AB aber einfach die 'Faktenfeststellungen' des Panels.[6523]

Weitere Folgerungen des AB: Von AD Art. 3.4 werde zwar gefordert, daß alle Faktoren untersucht werden müssen, das AD Abkommen gebe aber, so der AB, nicht die Art und Weise der Untersuchung vor. Damit argumentiert der AB gegen Brasilien: Wenn es z.B. darum geht, ob Wachstum ('growth') untersucht worden ist, dann besteht, wenn andere Faktoren analysiert worden sind, die damit im Zusammenhang stehen, nicht das Erfordernis, diesen Faktor gesondert zu diskutieren.[6524] Der AB verneint weiterhin das Argument Brasiliens, daß in der 'non-attribution' Analyse zuerst die Faktoren separiert und unterschieden werden müssen, um die Wirkung dieser Faktoren insgesamt gegenüber

---

[6519] Brazil vs. European Communities - Anti-Dumping Duties on Malleable Cast Iron Tube or Pipe Fittings from Brazil, WT/DS219/AB/R, 22 July 2003. S. 76, Para. 76.
[6520] Brazil vs. European Communities - Anti-Dumping Duties on Malleable Cast Iron Tube or Pipe Fittings from Brazil, WT/DS219/AB/R, 22 July 2003. S. 66, Para. 171.
[6521] Brazil vs. European Communities - Anti-Dumping Duties on Malleable Cast Iron Tube or Pipe Fittings from Brazil, WT/DS219/AB/R, 7 March 2003. S. 67, Para. 175. Angesichts der Brisanz dieses Thema wird aber vom AB gesagt: "We are mindful that the Anti-Dumping Agreement does not expressly state how such factors should become 'known' to the investigating authority, or if and in what manner they must be raised by interested parties, in order to qualify as 'known'. We also recognize that the Anti-Dumping Agreement does not expressly state to what degree a factor must be unrelated to the dumped imports, or whether it must be extrinsic to the exporter or the dumped product, in order to constitue a factor 'other then dumped imports'. We need to, however, resolve such questions in this appeal, given the factual findings of this case". S. 68, Para. 177.
[6522] Korea vs. European Communities - Countervailing Measures on Dynamic Random Access Memory Chips from Korea, WT/DS299/R, 17 June 2005. S. 104, Para. 7.365.
[6523] Brazil vs. European Communities - Anti-Dumping Duties on Malleable Cast Iron Tube or Pipe Fittings from Brazil, WT/DS219/AB/R, 22 July 2003. S. 68, Para. 177.
[6524] Brazil vs. European Communities - Anti-Dumping Duties on Malleable Cast Iron Tube or Pipe Fittings from Brazil, WT/DS219/AB/R, 22 July 2003. S. 60-64, Paras. 157-166.

den gedumpten Importen unterscheiden zu können.[6525] Eine weitere Entscheidung des AB zeigt einen Spielraum des AD Abkommens in AD Art. 3.3 auf, der sich auf die Kumulation bezieht. Bei einer Antidumpinguntersuchung, die sich auf viele Länder bezieht, dürfen die Dumpingmargen in bezug auf alle Länder berechnet werden, solange die insgesamte Mengenzunahme der einzelnen Länder dem Kriterium "non negligable" entspricht.[6526] Dazu macht der AB die klare Aussage, daß der Anspruch, hier eine differenzierte Länderanalyse durchführen zu müssen, dazu führen würde, daß sonst für ein Land oder mehrere Länder, welche nur eine geringe Menge importieren und die Menge sogar zurückgeht, nicht mehr Dumping festgestellt werden dürfte, obwohl dieses Land faktisch Schädigung (mit) auslöst.[6527] Dieser Satz ist bemerkenswert, weil ihn der common sense aus Fairnesserwägungen nicht so aussprechen würde.[6528] Formuliert wird hier eine Rechtsposition.[6529] In der Fußnote wird der AB nochmal unsicher.[6530] Zuletzt: Offen bleibt in diesem Fall, wie die Streitbeilegung auf 'cross-cumulation' reagiert.[6531] Ergebnis für die EU ist, daß kein einziger Vorwurf Brasiliens übrigblieb. Ihre Antidumpingmaßnahme steht vollständig im Einklang mit den WTO Regeln.[6532]

Zusammengefaßt: Einiges bleibt offen: Unklar ist, ob das Panel 'systematisch' d.h. im Sinne von 'deferential' auf diesem wenig überzeugenden Qualitätsniveau argumentiert. Vielleicht war es aus anderen Gründen dazu nicht in der Lage. Der AB hatte sodann wenig Möglichkeiten dies zu korrigieren. Selbst wenn Brasilien in der Berufung besser argumentiert hätte, wären die Panelausführungen kaum geeignet gewesen, darauf basierend die Analyse kritisch zuende zu führen.

[6525] "In contrast, we do not find that an examination of *collective* effects is necessarily required by the non-attribution language of the *Anti-Dumping Agreement*." Herv. im Original. "We are therefore of the view that an investigating authority is not required to examine the collective impact of other causal factors, provided that, under the specific factual circumstances of the case, it fulfils its obligation not to attribute to dumped imports the injuries caused by other causal factors." Die EU stimmt mit diesen Anforderungen überein, weil sie für jeden Faktor feststellt, daß sein Beitrag zur Schädigung "insignificant" ist, sodaß für jeweils jeden Faktor behauptet wird, daß er nicht die kausale Verbindung zwischen gedumpten Importen und Schädigung bricht. Brazil vs. European Communities - Anti-Dumping Duties on Malleable Cast Iron Tube or Pipe Fittings from Brazil, WT/DS219/AB/R, 22 July 2003. S. 75-76, Paras. 191-193. S. 77, Para. 195.
[6526] Brazil vs. European Communities - Anti-Dumping Duties on Malleable Cast Iron Tube or Pipe Fittings from Brazil, WT/DS219/AB/R, 22 July 2003. S. 75-76, Paras. 191-193. S. 77, Para. 195.
[6527] Brazil vs. European Communities - Anti-Dumping Duties on Malleable Cast Iron Tube or Pipe Fittings from Brazil, WT/DS219/AB/R, 22 July 2003. S. 75-76, Paras. 191-193. S. 47, Para. 116.
[6528] Kritisch dazu beispielsweise Krishna 1997: 23.
[6529] Noch deutlicher: "Consistent with the rationale behind cumulation, we consider that changes in import volumes from individual countries, and the effect of those country-specific volumes on prices in the importing country's market, are of little significance in determining whether injury is being caused to the domestic industry by the dumping imports as a whole." Brazil vs. European Communities - Anti-Dumping Duties on Malleable Cast Iron Tube or Pipe Fittings from Brazil, WT/DS219/AB/R, 22 July 2003. S. 75-76, Paras. 191-193. S. 47, Para. 116.
[6530] "We do not suggest that trends in country-specific volumes are always irrelevant for an investigating authority's consideration. For example, such trends may be relevant in the context of an investigating authority's evaluation of the conditions of competition between imported products, and between imported products and the domestic like product, as provided for in Art. 3.3 (b)." Das Panel hatte explizit untersucht, ob die Mengentrends der brasilianischen Exporte so aussehen, daß sie nicht kumuliert eingeschätzt werden können und hat dies verneint. Brasilien hatte gegen diesen Punkt keinen Einspruch eingelegt. Brazil vs. European Communities - Anti-Dumping Duties on Malleable Cast Iron Tube or Pipe Fittings from Brazil, WT/DS219/AB/R, 22 July 2003. S. 75-76, Paras. 191-193. S. 47, Para. 116. Vermulst 2005: 84-85.
[6531] Diese Praxis wird von bestimmten Behörden genutzt, wenn gleichzeitig Antidumping- und Ausgleichsuntersuchungen angestrengt werden. Zum Zwecke der Schädigungsanalyse werden die gedumpten und subventionierten Importe kumuliert und darauf bezogen Schädigung festgestellt. Vermulst 2005: 85. Die USA benutzt diese Methode.
[6532] Brazil vs. European Communities - Anti-Dumping Duties on Malleable Cast Iron Tube or Pipe Fittings from Brazil, WT/DS219/AB/R, 22 July 2003. S. 78-79, Para. 196.

(14) Die Softwood Lumber Fälle. Softwood Lumber I, II und III wurden bereits in Abschnitt 'H', Punkt 14.3, Ausgleichszölle, dargestellt.[6533] Hier wird im folgenden der WTO Zählung gefolgt, die Softwood Lumber I ausklammert, weil dies ein Schlichtungs- und kein Streitbeilegungsfall war. Die Geschichte ging so weiter: Nachdem die USA den Tokio-Runden Fall gewonnen hatten, wurde auf politischer Ebene das U.S. Canada Softwood Lumber Agreement ('SLA') ausgehandelt, welches zwischen dem 1. April 1996 und 31. März 2001 wirksam war. Etabliert wurde ein bestimmtes Kontingent zollfreier kanadischer Exporte in die USA, ansteigende Gebühren für darüberliegende Mengen, eine Regel zur zeitlichen Verteilung der Exporte auf das Jahr und seitens Kanada eine Auferlegung von Gebühren für den Export in die USA.[6534] Kurz nach Auslaufen dieses Abkommens wurden von den U.S. Interessengruppen der Weichholzindustrie neue Anträge auf Antidumping- und Ausgleichszölle bei den U.S. Behörden gestellt.[6535] In bezug auf diesen neuen Konflikt ist bemerkenswert, daß auch die NAFTA Streitschlichtung mit mehreren Klagen kanadischer Unternehmen miteinbezogen wurde.[6536] Als wirtschaftlich-sozialer Hintergrund sei erwähnt, daß mehr als 80.000 Kanadier und mehr als 200.000 Amerikaner (4,5 Mill. im weiten Sinne) in diesem Industriebereich beschäftigt sind. Im Jahre 2001 hatten die Exporte aus Kanada in die USA einen Wert von Can$ 9,4 Mrd. und kamen für 1/3 der U.S. Weichholzkonsumption auf.[6537]

Die folgenden WTO Fallpakete wurden von Kanada gegen die Antidumping- und Ausgleichszolluntersuchungen der USA initiiert:

Softwood Lumber III (2002)[6538], in bezug eine Erhebung vorläufiger Ausgleichszölle. Die WTO bewirkt, daß die U.S. Behörden die vorläufigen Maßnahmen, die u.a. die rückwirkende Erhebung von Zöllen vorsahen, aussetzen.[6539] Dieser Fall wird weiter unten unter dem Punkt 8.5.1, Subventionen und Ausgleichsmaßnahmen thematisiert.

Softwood Lumber IV (2003-2005)[6540], untersucht U.S. Ausgleichszollmaßnahmen, ohne daß die Schädigungsfrage in der Klage einbezogen wird. Dieser Fall wird weiter unten im Punkt 8.5.1, Subventionen und Ausgleichsmaßnahmen thematisiert. Auf die zugrundeliegende

---

[6533] Hier wird nicht die WTO Zählung benutzt, sondern sich an die Zählung gehalten von Hudec 1991: 530-531.
[6534] USITC 2002a: 22-23.
[6535] Am 2. April 2002 wird sowohl die Antidumping- und Ausgleichszolluntersuchung initiiert. USITC 2002a: 5.
[6536] NAFTA Investor State Arbitrations Information 2006. Dies hier nur am Rande: Das Ergebnis einer NAFTA Chapter 19 Klage war, daß eine drohende Schädigung nicht vorlag und die USA ihre eigenen Handelsgesetze, worauf sich NAFTA Klagen beziehen können, nicht richtig angewandt hatte. Pauwelyn 2006: 201.
[6537] Anderson 2004: 663.
[6538] Nur Panel. Canada vs. United States - Preliminary Determinations with Respect to Certain Softwood Lumber from Canada, WT/DS236/R, 27 September 2002.
[6539] Canada vs. United States - Preliminary Determinations with Respect to Certain Softwood Lumber from Canada, WT/DS236/R, 27 September 2002. S. 104, Para. 7.115; S. 116, Para. 8.2. Akzeptiert wird dort, daß die Abholzungsgebühren Subventionen darstellen. S. 75, Para. 7.16. Siehe für Informationen zur U.S. Implementation: WTO Fälle.
[6540] Panel, AB, Art. 21.5 Panel, Art. 21.5 AB. Canada vs. United States - Final Countervailing Duty Determination with Respect to Certain Softwood Lumber from Canada, WT/DS257/R, 29 August 2003; Canada vs. United States - Final Countervailing Duty Determination with Respect to Certain Softwood Lumber from Canada, WT/DS257/AB/R, 19 January 2004; Canada vs. United States - Final Countervailing Duty Determination with Respect to Certain Softwood Lumber from Canada, WT/DS257/RW, 1 August 2005; Canada vs. United States - Final Countervailing Duty Determination with Respect to Certain Softwood Lumber from Canada, WT/DS257/AB/RW, 5 December 2005.

Ausgleichszollmaßnahme hatte weiterhin der Fall Canada vs. United States - Export Restraints (2001)[6541] einen Einfluß, weil dort feststellt wurde, daß Exportverbote, die in Kanadas Holzindustrie eingesetzt wurden, nicht unter die Subventionsdefinition des SCM fallen. Das DOC akzeptierte dies und bezog diese nicht in die hier relevante Untersuchung ein.[6542]

Softwood Lumber V (2004-2006), überprüft die endgültige Antidumpingmaßnahme, ohne daß die Schädigungsfrage in der Klage eine Rolle spielt.

Softwood Lumber VI (2004-2006), stellt nur die Schädigungsfeststellung der ITC in Frage, die sowohl der Ausgleichszolluntersuchung (s.o.) als auch der endgültigen Antidumpingmaßnahme (s.o.) zugrunde lag.

(14.a) Softwood Lumber V (2004-2006).[6543] Autoren wie Tarullo (2002), die sich darüber beklagen, daß der U.S. Entscheidungsmaßstab nicht beachtet wird und die WTO Streitbeilegung so streng sei, daß jeder Antidumping-Fall quasi automatisch vom Kläger gewonnen werden könne (wobei dabei zudem nicht beachtet wird, daß nachgebessert werden kann)[6544], können sich diesen Fall ansehen. Außer der produkttypenbezogenen 'Zeroing'-Methode, welche zudem zur einer abweichenden Meinung führte, wird auf Panelebene kein Aspekt der U.S. Dumpingmaßnahme für WTO inkonsistent gehalten.[6545] Der AB nimmt eine einzige Aussage des Panels zurück, welches für die Berechnung von konstruierten Kosten nach AD Art. 2.2.1.1 geschlossen hatte, daß die Behörden Kostenallokationsmethoden nicht vergleichen müssen. Der AB legt den Terminus 'consider' in diesem Kontext so aus, daß er besage, daß die Behörden Fall-zu-Fall "when there is compelling evidence", also wenn die Exporteure einen solchen Beweis und solche Daten vorlegen, ein solchen Vergleich durchführen müssen. Zu einem U.S. Regelverstoß führte dies nicht.[6546] Kanada versuchte weiterhin in seiner Eingabe den in Japan - Hot Rolled Steel entwickelten Begriff von 'even-handedness' auf den Umgang des DOCs mit zwei kanadischen Firmen anzuwenden. Weil diese Firmen sich aber in einer unterschiedlichen Situation befanden, konnte der Begriff der 'even-handedness' nicht greifen und

---

[6541] Canada vs. United States - Measures Treating Export Restraints as Subsidies, WT/DS194/R, 29 June 2001.

[6542] Mehr dazu unter Punkt Ausgleichsmaßnahmen. Das DOC hatte 1992 noch anders geurteilt und scheint nun aufgrund dieses Reports zu schließen: "any concievable benefit provided through the log ban would already be included in the calculation of the stumpage benefit." Anderson 2004b: 669.

[6543] Panel, AB, Art. 21.5 Panel, Art. 21.5 AB. Canada vs. United States. Final Dumping Determination on Softwood Lumber from Canada, WT/DS264/R, 13 April 2004; Canada vs. United States. Final Dumping Determination on Softwood Lumber from Canada, WT/DS264/AB/R, 11 August 2004; Canada vs. United States. Final Dumping Determination on Softwood Lumber from Canada, WT/DS264/RW, 3 April 2006; Canada vs. United States. Final Dumping Determination on Softwood Lumber from Canada, WT/DS264/AB/RW, 15 August 2006.

[6544] "To date, exporting countries challenging the imposition of anti-dumping duties by other countries have prevailed in every case." Tarullo 2002: 6. Danach wird der Kommentar etwas realistischer, dennoch ist klar, daß hier die Erwartung vorherrscht, daß bei einer Auslegung von Art. 17.6 im Sinne des Autors ein solches Ergebniss offenbar nicht zu erwarten wäre: "A universe of a dozen cases hardly provide the basis for definitive judgements on matters such as the application of a specific standard of review. Still, an examination of those cases suggests that Article 17.6 (ii) has had little effect upon determinations by WTO dispute settlement bodies." Tarullo 2002: 10.

[6545] Canada vs. United States. Final Dumping Determination on Softwood Lumber from Canada, WT/DS264/R, 13 April 2004. S. 128, Para. 7.226. Abweichende Meinung in S. 174-181, Paras. 9.1-9.24.

[6546] Canada vs. United States. Final Dumping Determination on Softwood Lumber from Canada, WT/DS264/ AB/R, 11 August 2004. S. 48, Para. 138, S. 49, Para. 141.

ebenso hatte das DOC seine Berechnungsmethoden konsistent angewandt und bestimmte Verkäufe anhand des Marktwertes bewertet.[6547] Der AB stellt in diesem Zusammenhang zudem ein weiteres Mal klar, daß er nicht ohne gravierende Gründe die Faktenfeststellungen des Panels anzweifelt.[6548] Somit war die Antidumpingmaßnahme der USA vollständig WTO konsistent, einmal abgesehen vom Gebrauch der 'Zeroing'-Berechnungsmethode, welche, genauso wie in EC - Bed Linen den AD Regeln widersprach.[6549] Die USA hatte allerdings bewußt den am 1. März 2001 erscheinenden AB Bericht zu 'Zeroing' nicht in bezug auf alle AD Untersuchungen beachtet und 'Zeroing' einfach weiterverwendet (der hier vorliegende Fall wurde vom AB am 11. August 2004 veröffentlicht). Klargestellt wird hier vom AB, daß in EC - Bedlinen nicht das Berechnen von Durchschnittwerten bei multiplen vorhanden Werten verboten worden ist ('multiple averaging').[6550] Ebenso wird festgehalten, daß das AD auch für das 'multiple averaging' Regeln vorgibt: "There is not textual basis in Art. 2.4.2 that would justify taking into account the 'results' of only some multiple comparisons in the process of calculating margins of dumping, while disregarding other 'results'."[6551] Das schwach vorbereitete Argument der USA, daß ohne expliziten Hinweis im AD Abkommen die von den Behörden bislang benutzten asymmetrischen Vergleichsmethoden ("'asymmetrical' comparisons"), darunter 'Zeroing weiter akzeptiert werden müßten, wird abgelehnt.[6552]

Die USA setzten diese Empfehlungen um und dies führte im Jahre 2006 zu zwei neuen Streitfällen, die zu einem Art. 21.5 Panel und einem Art. 21.5 AB Bericht. In medias res: Vom DOC wird statt 'Zeroing' nun ein Transaktions-zu-Transaktions Vergleich vorgenommen und dabei wiederum 'Zeroing' angewandt. Bei dieser Vergleichsmethode werden nicht mehr Modelle gegenüber gestellt und diese auf Null gesetzt, wenn kein Dumping vorhanden ist, sondern einzelne Transaktionen nicht mehr in der Aggregation beachtet, wenn diese kein Dumping zeigen. Das Art. 21.5 Panel, in dem es nur noch um diese 'Zeroing'-Frage geht, argumentiert nun, daß es außerhalb eines Vergleichs durchschnittlicher gewichteter Werte aus GATT Art. VI:1 und AD Art. 2.4.2 nicht folgen würde, daß 'Zeroing' verboten sei. Dort würde beschrieben, daß Dumping dann vorliegt, wenn der Exportpreis geringer als der Normalwert sei, sodaß sich eine Dumpingfeststellung nur auf eine einzige

---

[6547] Canada vs. United States - Final Dumping Determination on Softwood Lumber from Canada, WT/DS264/AB/R, 11 August 2004. S. 57-60, Paras. 166-180. Siehe auch: "In our view, the issue raised by Canada - whether an investigating authority has exercised its discretion in an even-handed manner - is a question of law". S. 55, Para. 163.
[6548] "As the Appellate Body has often observed, it will not interfere lightly with a Panel's assessment of the facts." Canada vs. United States - Final Dumping Determination on Softwood Lumber from Canada, WT/DS264/AB/R, 11 August 2004. S. 58, Para. 174.
[6549] Canada vs. United States - Final Dumping Determination on Softwood Lumber from Canada, WT/DS264/AB/R, 11 August 2004. S. 40, Para. 117.
[6550] Canada vs. United States - Final Dumping Determination on Softwood Lumber from Canada, WT/DS264/AB/R, 11 August 2004. S. 29, Para. 81. Vermulst 2005: 59-60. Dies wird später näher ausgeführt: Dabei ist es auch möglich, daß Gruppen, Modelle oder Typen verglichen werden und darauf basierend wiederum Durchschnittwerte berechnet werden, solange diese Exporttransaktionen vergleichbar sind ("comparable") und alle vergleichbaren Exporttransaktionen innerhalb der Gruppen beachtet werden. Canada vs. United States. Final Dumping Determination on Softwood Lumber from Canada, WT/DS264/AB/RW, 15 August 2006. S. 36, Para. 91.
[6551] Canada vs. United States - Final Dumping Determination on Softwood Lumber from Canada, WT/DS264/AB/R, 11 August 2004. S. 34, Para. 98.
[6552] Die USA legt hier Verhandlungseingaben vor, die der AB nicht als 'traveaux préparatoires' ansieht. Canada vs. United States - Final Dumping Determination on Softwood Lumber from Canada, WT/DS264/AB/R, 11 August 2004. S. 37, Para. 107. Ebenso abgelehnt wird ein Rekurs der USA auf AD Art. 17.6, mit dem versucht wurde zu argumentieren, daß Dumpingmargen für Produkttypen zulässig i.S. von 'permissible' seien. S. 40, Para. 116.

Transaktionen berufen könne, bei denen dies der Fall sei. Zudem gäbe es für Transaktions-zu-Transaktions Vergleiche, in der Formulierung von AD Art. 2.4.2, nicht die Einschränkung, wie bei durchschnittlich gewichteten Werten, daß der Bezug alle vergleichbaren Exporttransaktionen seien müßten.[6553] Der AB akzeptiert dies nicht und argumentiert, daß der Text von AD Art. 2.4.2 den insgesamten Prozess des Aufzeigens von Dumping beschreibt ("multi-step exercise") in dem ein einzelner Transaktions-zu-Transaktions Vergleich noch keine Dumping-Marge begründen kann. Die 'Zeroing'-Methode wird auch in bezug auf Transaktions-zu-Transaktions Vergleiche abgelehnt, weil sie AD Art. 2.4.2 und dem Erfordernis eines fairen Vergleichs in AD Art. 2.4 widerspricht.[6554] Dem AB gelang hier ein Durchbruch in der 'Zeroing' Frage, welcher eine kontroverse Diskussion beendete.

(14.b) Softwood Lumber VI (2004-2006).[6555] Zugrunde lag hier allein die ITC Schädigungsfeststellung, die interessanterweise nicht bedeutende Schädigung aber drohende bedeutende Schädigung der amerikanischen Weichholzindustrie durch kanadischen Weichholzimporte erkannte. Zum Ablauf des Fallpakets: Die Schädigungsfeststellung wurde vom ersten Panel kritisiert. Daraufhin publizierte die ITC eine neue Feststellung, zu der ein Art. 21.5 Panel eingesetzt wurde, welcher diese neue Schädigungsfeststellung akzeptierte. Dies wiederum wurde vom Art. 21.5 AB deutlich als Verfehlung des Entscheidungsmaßstabs kritisiert, wobei der AB die Analyse nicht zuende führte. Dieses Fallpaket bezog sich auf den Ausgleichs- und Antidumpingfall gleichzeitig, weil die ITC Schädigungsanalyse beiden Fällen zugrundelag. Aspekte über die Schädigungsanalyse hinaus wurden in diesem Fall nicht berührt.[6556]

Zuerst einmal interessieren hier die wirtschaftlichen Hintergründe und die Argumentation der U.S. Behörde ITC. Der Untersuchungszeitraum bezieht sich auf den Zeitraum zwischen 1999 bis 2001, wobei die Daten bis in das Jahr 1995 zurückreichten. In der ersten ITC Untersuchungen (USITC 2002a) findet sich folgende Analyse des U.S. Weichholzmarktes:

Zwischen 1995 und 1999 stiegt die U.S. interne Konsumption um 13,5 % an. Im Bereich des Weichholzes für den Häuserbau gab es einen Anstieg der internen Konsumption von 18,3 % zwischen 1995 und 2001. Kanadische Importe hatten 1999 einen Anteil von 33,2 % dieser heimischen

---

[6553] Canada vs. United States. Final Dumping Determination on Softwood Lumber from Canada, WT/DS264/RW, 3 April 2006. S. 14-15, Para. 5.28-5.29. Der Hinweis des Panel auf die genaue Formulierung ist nicht ganz falsch: AD Art. 2.4.2: " ... the existance of margins of dumping during the investigative phase shall normally be established on the basis of a comparison of a weighted average normal value with a weighted average of prices of all comparable export transactions or by a comparison of normal value and export prices on transaction-to-transaction basis." WTO 1995: 171. Die detaillierten Ausführungen des Panels zum Vergleich von Berechnungsmethoden, die sich kritisch gegen den AB wenden sowie die übergreifende Art. 2.4 Frage, ob 'Zeroing' mit 'fair comparison' im Einklang steht, werden hier ausgeklammert. S. 15-31, Paras. 5.31-5.78.
[6554] Canada vs. United States. Final Dumping Determination on Softwood Lumber from Canada, WT/DS264/AB/RW, 15 August 2006. S. 35, Para. 87, S. 50, Para. 124, S. 58, Para. 146.
[6555] Panel, Art. 21.5 Panel, Art. 21.5 AB. Canada vs. United States - Investigation of the International Trade Commission in Softwood Lumber from Canada, WT/DS277/R, 22 March 2004; Canada vs. United States - Investigation of the International Trade Commission in Softwood Lumber from Canada, WT/DS277/RW, 15 November 2005; Canada vs. United States - Investigation of the International Trade Commission in Softwood Lumber from Canada, WT/DS277/AB/RW, 13 April 2006.
[6556] So klar festgehalten in Canada vs. United States - Investigation of the International Trade Commission in Softwood Lumber from Canada, WT/DS277/RW, 15 November 2005. S. 3, Para. 2.8 FN 5.

Konsumption, 2000 lag dieser bei 33,6 % und 2001 bei 34,3 % (im Jahre 1995, vor dem SLA Abkommen, lag der kanadisch Marktanteil interessanterweise schon einmal höher, bei 35,7 %). Im Untersuchungszeitraum wurde eine moderat zurückgehende Produktion zwischen 1999 und 2001 sowohl in den USA als auch in Kanada und eine relativ hohe, gegen Ende leicht zurückgehende Kapazitätsauslastung festgestellt. Die U.S. Produktion lag im Untersuchungszeitraum um 7,2 % höher als 1995, die kanadische Produktion lag 5,2 % höher. Sonstige Importe stiegen zwar an, lagen aber 2001 noch bei geringen 2,6 % der heimischen Konsumption.[6557] Kurz: Der 13,5 % Anstieg der heimischen Konsumption kam, bei geringen Importen aus der übrigen Welt, vor allem der U.S. Weichholzindustrie zugute. Zu den Preisen: Eine Folge der gleichzeitig gültigen Schädigungsanalyse der ITC für den Ausgleichs- und Antidumpingbereich war, daß die ITC die Effekte dieser beiden Bereiche zusammen betrachtete ('cross-cumulated dumped and subsidized imports').[6558] Trotz dieser Kumulierung wurde, hinsichtlich Preisunterbietung ('price underselling'), geschlossen: "Despite our best efforts and those of the parties to these investigation, we cannot determine, based on this record, whether there has been significant underselling by subject imports."[6559] Gezeigt werden konnte allerdings, daß die Preise zwischen 1999 und 2001 absanken. Die U.S. Verkäufe pro Einheit sanken von US$ 416,13 (1999) und US$ 361,07 (2000) auf US$ 347,86 (2001), die kanadischen Importe pro Einheit lagen bei US$ 395,72 (1999) und US$ 347,89 (2000) sowie bei US$ 323,57 (2001).[6560] Ebenso erwähnt die ITC, daß diese absinkenden Preise ein Effekt von regionaler Überproduktion in den USA waren, die sich noch nicht an eine Situation sinkender Nachfrage angepaßt hatte.[6561] Geschlossen wird, daß sowohl U.S. und kanadische Produzenten "*some* effect" auf die Preise hatten, aufgrund der stabilen Marktsituation verweigert das ITC aber die Feststellung, daß die Importe aus Kanadas einen "*significant* price effect" hatten.[6562] Weiterhin gingen einige der wirtschaftlichen Leistungsindikatoren bzw. Faktorindikatoren zwischen 1999 und 2000 zurück, nicht aber zwischen 2000 und 2001, als ein Anstieg des Marktanteils der Kanadier erfolgt. Hauptsächlich könne dies aber auf den allgemeinen Preisrückgang zurückgeführt werden: "we conclude that subject imports did not have a significant impact on the domestic industry."[6563] Zusammenfassend wird vom ITC formuliert: "In sum, based on the consideration of the volume, price effects and impact of subject imports on the domestic softwood lumber industry, we do not find present material injury by reason of subject imports."[6564] Das U.S. Kriterium der bedeutenden Schädigung sei damit nicht erfüllt: "harm which is not insonsequential, immaterial, or unimportant."[6565]

Danach wendet sich die ITC in derselben Untersuchung zur Analyse des zweiten möglichen Tatbestand zu: Drohender bedeutender Schädigung. Untersucht wird: "whether 'further dumped or

---

[6557] Daten aus der ersten Schädigungsfeststellung der USITC 2002a: 23, 26-27, 35.
[6558] USITC 2002a: 32-34.
[6559] USITC 2002a: 37.
[6560] USITC 2002a: 38.
[6561] USITC 2002a: 38.
[6562] Herv. im Original. USITC 2002a: 39.
[6563] USITC 2002a: 40.
[6564] USITC 2002a: 41.
[6565] USITC 2002a: 34.

subsidized imports are imminent and whether material injury by reason of imports would occur unless an order is issued or a suspension agreement is accepted."[6566] Um die Verwundbarkeit der heimischen Industrie speziell bezüglich der Profitseite ("financial performance") hervorzuheben wird auf den Rückgang der Produktion von 36,606 mmbf (1999) auf 34,996 mmbf (2001) und den Rückgang der Kapazitätsauslastung von 92 % (1999) auf 87,4 % (2001) hingewiesen.[6567] Das Einkommen fiel von US$ 1,26 Mrd. (1999) auf US$ 93 Mill. (2001).[6568] Weitere Faktoren zum Beweis drohender bedeutender Schädigung werden angeführt, darunter die kanadischen Kapazitätszunahmen (welche allerdings seit 1995 erfolgten, parallel zu einem insgesamt wachsenden Markt). Weil die Kapazitätsauslastung bei 83,7 % lag und zusätzlich Stellungnahmen der kanadische Industrie vorlagen, daß diese die Kapazitätsauslastung bis 2003 auf 90,3 % steigern wollte, weil die bisherigen Abkommen zwischen USA und Kanada Importe zurückgehalten hätte und weil die kanadische Industrie exportorientiert sei, schließt die ITC, daß drohende bedeutende Schädigung jedenfalls vorläge: "subject imports are likely to have a significant price depressing effect in the future (...) we determine that further dumped and subsidized imports are imminent, that these imports are likely to exacerbate price pressure on domestic producers, and that material injury to the domestic industry would occur".[6569] Dieser Schluß steht schon innerhalb des ITC Berichts im Widerspruch mit ebenso erwähnten Marktprognosen, die im Verlauf von 2003 eine Zunahme der Nachfrage als Folge von steigender Bautätigkeit vorhersagten, nachdem die U.S. Wirtschaft die Rezession überwunden habe.[6570]

(14.b.1) Panel (2004). Wie reagierte das erste Panel[6571] auf diese ITC Feststellung drohender bedeutender Schädigung? Zuerst trifft es grundlegende Entscheidungen. Obwohl es eine Entscheidung des AB gegeben hatte, daß der spezielle Entscheidungsmaßstab AD Art. 17.6 nicht für das Abkommen für Subventionen und Ausgleichsmaßnahmen gilt[6572], entschied sich das Panel eine einzige Bewertung der Schädigungsanalyse vorzulegen. Argumentiert wurde folgendermaßen: Zuerst gebe es beim Entscheidungsmaßstab für AD und SCM weitgehende Ähnlichkeiten ("extensive similarity").[6573] Das Panel bezweifelt weiter, daß es unter DSU Art. 11 zu einer strengeren Überprüfung kommen würde, als wenn DSU Art. 11 gemeinsam mit AD Art. 17.6 angewandt würde.[6574] Dann wird die Herangehensweise des AB zum Entscheidungsmaßstab formuliert, wobei hier die grundlegenden

---

[6566] USITC 2002a: 41.
[6567] USITC 2002a: 41.
[6568] USITC 2002a: 42-43.
[6569] USITC 2002a: 48; die Argumentation in: 43-46.
[6570] USITC 2002a: 25. Daß dies innerhalb des Berichts erwähnt wird, ist wichtig, weil die WTO Streitbeilegung nicht zu eigenständiger Faktenrecherche ('de novo review') befugt ist.
[6571] Canada vs. United States - Investigation of the International Trade Commission in Softwood Lumber from Canada, WT/DS277/R, 22 March 2004.
[6572] Siehe den AB in: EU vs. United States - Imposition of Countervailing Duties on Certain Hot-Rolled Lead and Bismuth Carbon Steel Products Originating in the United Kingdom, WT/DS138/AB/R, 10 May 2000. S. 16-18, Paras. 44-51. Mehr dazu im Punkt Subventionen und Ausgleichsmaßnahmen.
[6573] Canada vs. United States - Investigation of the International Trade Commission in Softwood Lumber from Canada, WT/DS277/R, 22 March 2004. S. 86, Para. 7.11.
[6574] Canada vs. United States - Investigation of the International Trade Commission in Softwood Lumber from Canada, WT/DS277/R, 22 March 2004. S. 87, Para. 7.13.

Passagen hervorgehoben werden, bei denen eine Überdeckung vorliegt.[6575] Schließlich wird erwähnt, daß die Vorgaben der beiden Abkommen weitgehend identisch sind, beispielsweise AD Art. 3.1 und SCM Art. 15.1 und AD Art. 3.7 und SCM Art. 15.7.[6576] Zu den Auslegungsentscheidungen: In bezug auf AD Art. 3.7 und SCM Art. 15.7, welche für drohende bedeutende Schädigung gelten, wird das Argument Kanadas abgelehnt, daß der dort erwähnte Begriff "change in circumstances" als besonderes, singuläres Ereignis angesehen werden muß. Es könne durchaus sein, daß unterschiedliche, auch zeitlich getrennte Umstände dazu führen ("'progression of circumstance"), daß dieses Kriterium erfüllt ist.[6577] Für AD Art. 3.7 und SCM Art. 15.7 wird ausgeführt, daß diese Formulierungen kein "model of clarity" sind und es denkbar ist, daß sowohl veränderte Umstände als auch weitere gedumpte oder subventionierte Importe unmittelbar zu erwarten seien. Ebenso könnten veränderte Umstände darin bestehen, daß es wahrscheinlicher wird, daß Importe steigen und daß dies als drohende bedeutende Schädigung interpretiert wird. Dazu komme, daß keiner der in AD Art. 3.7 (i) bis (iv) erwähnten Faktoren allein ausschlaggebende Bedeutung habe könne: Signifikant steigende gedumpte/subventionierte Importe, welche die Wahrscheinlichkeit substantiell ansteigender gedumpter/subventionierter Importe anzeigen; ausreichend frei verfügbare Kapazität oder unmittelbar anstehender Kapazitätsausbau; Preise, die eine Preisdepression, Preisunterdrückung oder Preisniederhaltung anzeigen, welches zu weitere Importen führen kann; und Vorratshaltungsniveaus, die zu Schlußfolgerungen führen können.[6578] Als Anhaltspunkt für die Qualität der Bewertung, welche die nationalen Behörden diesen Punkten zukommen lassen müssen, wird der Begriff 'consider' in AD Art. 3.7 und SCM Art. 15.7 verwendet: Dieser Begriff erfordere es nicht, daß für alle Faktoren einzeln eine Feststellung (die eine Bewertung wie 'signifikant' impliziert) getroffen werden muß. Die Fakten sollten allerdings nicht nur zitiert, sondern sie müssen in einen Gesamtkontext gestellt werden.[6579]

[6575] "Nor may a panel substitute its judgement for that of the investigating authorities, even though a Panel might have arrived at a different determination were it considering the record evidence for itself." Canada vs. United States - Investigation of the International Trade Commission in Softwood Lumber from Canada, WT/DS277/R, 22 March 2004. S. 88, Para. 7.15. Zitiert wird im Anschluß S. 88, Para. 7.16: "We wish to emphasize that, although panels are not entitled to conduct a de novo review of the evidence, nor to substitute their own conclusions for those of the competent authorities, this does not mean that panels simply must accept the conclusions of the competent authorities." New Zealand vs. United States — Safeguard Measure on Imports of Fresh, Chilled or Frozen Lamb from New Zealand. WT/DS177/AB/R, W/DS178/AB/R, 1. Mai 2001, S. 38-39, Para. 106.

[6576] Canada vs. United States - Investigation of the International Trade Commission in Softwood Lumber from Canada, WT/DS277/R, 22 March 2004. S. 90, Para. 7.24, in SCM Art. 15.7 wird als zusätzlicher Faktor, den die Behörden beachten müssen, erwähnt: "nature of the subsidy or subsidies in question and the trade effects likely to arise therefrom". S. 96, Para. 7.43.

[6577] Canada vs. United States - Investigation of the International Trade Commission in Softwood Lumber from Canada, WT/DS277/R, 22 March 2004. S. 100, Para. 7.60.

[6578] AD Art. 3.7 (fast identisch SCM Art. 15.4). WTO 1995: 173-174. U.a. diese Zitat: "Thus, the text indicateds that both the change of circumstance, and further dumped or subsidized imports, must be imminent, and the likelyhood of increased imports is both a relevant change of circumstance and a factor to be considered in determining the existance of threat. In our view, based on the text of the Agreements, it is not clear that these various elements of Articles 3.7 and 15.7 need necessarily be distinct factual circumstances, each of which must be considered seperately in assessing whether there is a threat of material injury." Canada vs. United States - Investigation of the International Trade Commission in Softwood Lumber from Canada, WT/DS277/R, 22 March 2004. S. 99, Para. 7.54.

[6579] Canada vs. United States - Investigation of the International Trade Commission in Softwood Lumber from Canada, WT/DS277/R, 22 March 2004. S. 102, Para. 7.67. Hier wird Referenz auf Ausführungen des Panels in Thailand - H Beams genommen: "In our view, these statement indicate that the authorities did consider the 'significance' of the increase in imports. We note in particular in this regard that the authorities went beyond a mere recitation of trends in the abstract and put the figures into context." Poland vs. Thailand — Anti-Dumping Duties on Angles, Shapes and Sections of Iron or Non-Alloy Steel and H Beams from Poland, WT/DS122/R, 28 September 2000, S. 48, Para. 7.170. Dieses Argument wurde vom AB nicht modifiziert, da Art. 3.2 nicht in der Berufung Beachtung fand. Poland vs. Thailand — Anti-Dumping Duties on Angles, Shapes and Sections of Iron or Non-Alloy Steel and H Beams from Poland, WT/DS122/AB/R, 12. März 2001, S. 22-23, Para. 79.

Genau letzteres wirft der Panel nun der ITC vor: Sie hätte ihre Feststellung allein darauf gestützt, daß gedumpte und subventionierte Importe wahrscheinlich substantiell ansteigen würden und daß dies eine signifikante Preisdepression auslösen würde. Dabei seien zudem eine Reihe von Faktoren einbezogen worden, die nicht in AD Art. 3.7 und SCM Art. 15.7 genannt worden sind. Dennoch würde die Totalität der angeführten Faktoren, nach Ansicht des Panels, nicht zum Schluß führen, daß drohende bedeutende Schädigung vorliegt.[6580]

Von dieser Beobachtung angeleitet, diskutiert das Panel weitere ITC Feststellungen: Die Frage danach, ob die Einschlagsgebühren Subventionen seien, wendet das Panel ab, indem es argumentiert, daß es nur überprüfen könne, ob die ITC diese Frage beachtet hat ('considered'), was bejaht wird, gestützt auf den Hinweis, daß das Panel keine *de novo* Faktenrecherche vornehmen möchte und den Verweis, daß die ITC bei seinen Argumenten für drohende bedeutende Schädigung, sich nicht allein auf die Subventionierungsbehauptung verläßt.[6581] Am Rande: Im Panelbericht wird nicht erwähnt, daß sich die ITC im seinem Bericht selbst skeptisch zum der dem Fall u.a. zugrundeliegenden Subventionierungsbehauptung äußert.[6582] Immerhin akzeptiert das Panel in bezug auf die Importsteigerung, daß die ITC diesen Faktor beachtet hat ('consider'), also einen 1,1 % Anstieg von Importen zwischen 1999 und 2001 (und einem Anstieg des kanadischen Marktanteils von 33,2 % auf 34,3 %), obwohl der Marktanteil im Jahre 1995 mit 35,7 % höher war. Auch hier überprüft der Panel, ob der Faktor beachtet wurde und hält, siehe oben, eine Bewertung i.S. von 'signifikante', 'substantielle' Ausdehnung des Marktanteils nicht für erforderlich.[6583] Auch Kapazität, Preisdepression und Preisunterdrückung und Vorratshaltung seien von der ITC beachtet worden.[6584] Nach dieser Vorarbeit fragt das Panel nun danach, ob sich die ITC Feststellungen, insofern sie sich auf die Totalität dieser Faktoren beziehen, im Einklang mit den Anforderungen von AD Art. 3.7 und SCM Art. 15.7 befinden, wobei das Panel formuliert, daß es sowohl die Angemessenheit der Beweisführung als auch der Faktenbasis bewerteten möchte.[6585] Zudem unterstellt das Panel, um eine Argumentationsbasis zu

---

[6580] "However, our determination is based on our assessment of the USITC's determination as a whole, taking into account the evidence that was before it and the analysis in the determination itself. This is, in our view, in line with the injuction in the text that no factor can necessarily give decisive guidance, but the totality of factors considered must lead to the conclusion regarding threat of injury." Canada vs. United States - Investigation of the International Trade Commission in Softwood Lumber from Canada, WT/DS277/R, 22 March 2004, S. 102, Paras. 7.69-7.70.

[6581] Hinweis auf die in der nächsten Fußnote zitierte USITC (2002a) Fußnote. Canada vs. United States - Investigation of the International Trade Commission in Softwood Lumber from Canada, WT/DS277/R, 22 March 2004, S. 103-104, Paras. 7.72-7.75.

[6582] "We have considered CLTA's argument regarding the stumpage subsidy, but find that the economic theory presented by CLTA is not clearly applicable to the market. Ricardian rent theory relies on the assumption of fixed supply, however, there is evidence on the record in these investigations that lumber supply is not necessarily fixed." USITC 2002a: 43 FN 245.

[6583] Der Panel stuft schon die Relevanz der Argumente ein, die diese, nach seinem Verständnis, bei der Feststellung drohender bedeutender Schädigung haben. Canada vs. United States - Investigation of the International Trade Commission in Softwood Lumber from Canada, WT/DS277/R, 22 March 2004, S. 104, Paras. 7.76-7.78. Die Daten aus der diesbezüglich relevanten Stelle in ITC 2002a: 35. Hinter diesem Verständnis von 'consider' steht erkennbar der Panelbericht Thailand - H Beam (2000), siehe oben: "We therefore do not read the textual term 'consider in Article 3.2 to require an explicit 'finding' or 'determination' by the investigating authorities as to whether the increase in dumped imports is 'significant'." Poland vs. Thailand - Anti-Dumping Duties on Angles, Shapes and Sections of Iron or Non-Alloy Steel and H Beams from Poland, WT/DS122/R, 28 September 2000, S. 46, Para. 7.161.

[6584] Canada vs. United States - Investigation of the International Trade Commission in Softwood Lumber from Canada, WT/DS277/R, 22 March 2004. S. 104, Para. 7.79-7.86.

[6585] Canada vs. United States - Investigation of the International Trade Commission in Softwood Lumber from Canada, WT/DS277/R, 22 March 2004. S. 105, Para. 7.87.

haben, daß das ITC gefolgert hätte, daß die Importe aus Kanada substantiell ("substantially") ansteigen würden.[6586]

Die Diskussion des Panels kann hier nicht ganz wiedergegeben werden, sondern nur zentrale Argumente, die letztendlich dazu führen, daß die ITC Feststellung für Inkompatibel mit AD Art. 3.7 und SCM Art. 15.7 befunden wird: Erstens wird dem ITC vorgeworfen, daß sie unzureichend diskutiert, welche Rolle das SLA Abkommen gespielt hat. Es erfolgt keine Beschreibung der Situation vor dem Abkommen, wodurch hätte gezeigt werden können, daß unter normalen Marktbedingungen, Importe substantiell ansteigen.[6587] Zweitens wird auf die Vorhersage starker Nachfrage rekurriert und auf die ITC Folgerung, daß die USA weiter eine wichtiger Markt für die kanadischen Produzenten bleiben würde. Dazu wird kommentiert: "We cannot see how this conclusion, which simply posits the continuation of the historical situation, supports the finding that imports would increase substantially."[6588] Weiterhin stellt das Panel kritisch fest: "Moreover, in a situation of strong and improving demand, increases in imports proportional to the increase in demand would seem to be without any injurious effect."[6589]

Weiter entscheidet der Panel, daß nicht alle AD Art. 3.4 Faktoren in die Zukunft projiziert bei einer drohenden bedeutsamen Schädigungsanalyse untersucht werden müssen.[6590] Das Erfordernis der Nicht-Zuschreibung in AD Art. 3.5, welches in EC -Tube and Pipe Fittings vom AB untersucht wurde, möchte und muß der Panel nicht mehr untersuchen, er weist aber, schon einmal in Schwung, darauf hin, daß Importeffekte, speziell solche, die nicht aus Kanada stammen, unzureichend prognostiziert werden und führt weiterhin zur Frage der heimischen U.S. Überproduktion und deren möglicher Preiseffekte aus: "A glaring omission is the failure to discuss the likely future effects of domestic supplies of lumber. The single reference to domestic oversupply and its potential effects on the domestic industry in the future is in a footnot in the section of the report discussing price declines during the period of investigation. The last sentence of that footnote cites a consultant's report stating that lumber overproduction had been 'curbed considerably [in the United States] but remains a problem in Canada'. Even were this single statement drawn from a consultant's report deemed sufficient to support the conclusion that there would be no US oversupply affecting lumber prices in the future, there is nothing to link such a conclusion to the USITC's analysis of causation of material

---

[6586] Dies ist bemerkenswert, weil es dieses Kriterium im AD nicht gibt. Canada vs. United States - Investigation of the International Trade Commission in Softwood Lumber from Canada, WT/DS277/R, 22 March 2004. S. 106, Para. 7.89.
[6587] Canada vs. United States - Investigation of the International Trade Commission in Softwood Lumber from Canada, WT/DS277/R, 22 March 2004, S. 107, Para. 7.93.
[6588] Canada vs. United States - Investigation of the International Trade Commission in Softwood Lumber from Canada, WT/DS277/R, 22 March 2004. S. 107, Para. 7.95.
[6589] Canada vs. United States - Investigation of the International Trade Commission in Softwood Lumber from Canada, WT/DS277/R, 22 March 2004. S. 107, Para. 7.95.
[6590] In diesem Fall schon deshalb nicht, weil der ITC bedeutende Schädigung bereits analysiert hatte und verneint hatte. Canada vs. United States - Investigation of the International Trade Commission in Softwood Lumber from Canada, WT/DS277/R, 22 March 2004. S. 111, Para. 7.110.

injury in the near future.[6591] Die Frage von 'cross cumulation' wird vom Panel nicht weiter untersucht, weil sie schwer sachlich mit diesen speziellen Fragestellungen zu verbinden und zu entscheiden sei.[6592]

In Reaktion auf diese Panelentscheidung, welche einen Verstoß der Schädigungsanalyse gegen AD Art. 3.7 und SCM 15.7 fand, veröffentlichte die ITC eine modifizierte Schädigungsanalyse, die auf die Kritikpunkte des Panels reagierte, u.a. wird dort auf die Effekte des SLA Abkommens, auf drohende zukünftige Importsteigerungen und Importe aus Dritten Ländern näher eingegangen.[6593]

(14.b.2) Art. 21.5 Panel (2005) und Art. 21.5 AB (2006). Kanada klagte in diesen beiden Streitfällen gegen diese modifizierte Schädigungsanalyse der ITC und ein Art. 21.5 Panel[6594] wurde gebildet, das aus denselben Personen wie das Panel zuvor bestand. Dieses Panel hätte nun eine selbstbewußte Analyse dieser ITC Neufeststellung vornehmen können, geleitet von seiner Einschätzung von den Verpflichtungen, die vom AD Abkommen in diesem Fall ausgehen. Angesichts der nicht sonderlich geänderten Faktenlage hätte das Panel den ITC Bericht ein weiteres Mal zurückweisen können. Auch wenn beispielsweise bezüglich des wahrnehmbaren Rückgangs der Profite ein Unsicherheitsfaktor vorlag, lag dies m.E. jedenfalls klar erkennbar auch an einem Preisrückgang, welcher durch die interne Überproduktion der U.S. Firmen selbst verschuldet war. Am Rande: Dieser Preisrückgang könnte zusätzlich (dieses Argument kommt im Fall nicht vor), als Rückgang der Profite auf ein Normalniveau gedeutet werden, denn die Preisniveaus könnten auch deshalb so hoch gewesen sein, weil der Import aus Kanada vorher durch das SLA kontrolliert war. Ein unter diesen Umständen gegen die U.S. Behörden gerichtetes Urteil hätte kaum zu einer dramatischen Einschränkung des 'Rechts' zur Antidumpingnutzung geführt, denn die USA hätten, ein oder zwei Jahre später, wenn ein weiterer Importanstieg aus Kanada wirklich vorgelegen hätte, erneut eine Antidumpinguntersuchung mit diesmal überzeugenderer Schädigungsanalyse vorlegen können. Eine solche selbstbewußte Einschätzung der AD Verpflichtungen lag dem Panelbericht nicht zugrunde. Warum nicht?

Weil erstens noch zu diesem Zeitpunkt erhebliche Unsicherheiten bezüglich des Entscheidungsmaßstabs bestanden. Dabei spielte eine Rolle, daß der Art. 21.5 Panel - zu einem erkennbaren Grad - vom damals aktuell veröffentlichten AB Bericht im SCM Fall Korea vs. United States - DRAMS (2005) verunsichert wurde, in dem das diesbezügliche Panel in bezug auf den Entscheidungsmaßstab deutlich kritisiert wurde. Das Korea - DRAMs Panel hatte einzelne Aspekte der Argumentation der U.S. Behörden kritisiert, ohne sich allzusehr darum zu kümmern, daß diese Aspekte im Kontext einer Gesamtschlußfolgerung standen. Es wurde vom AB als ein nicht angemessenes Vorgehen empfunden, daß die geringe Überzeugungskraft einzelner Punkte immer

---

[6591] Canada vs. United States - Investigation of the International Trade Commission in Softwood Lumber from Canada, WT/DS277/R, 22 March 2004. S. 118, Para. 7.135.
[6592] Canada vs. United States - Investigation of the International Trade Commission in Softwood Lumber from Canada, WT/DS277/R, 22 March 2004. S. 120, Para. 7.147.
[6593] USITC 2004b.
[6594] Canada vs. United States - Investigation of the International Trade Commission in Softwood Lumber from Canada, WT/DS277/RW, 15 November 2005.

wieder betont und dann geschlossen wurde, daß die Gesamtschlußfolgerung nicht aufrechtzuerhalten sei. Der AB betonte dagegen, daß sich das Panel enger an die Argumentation der Behörden hätte halten sollen und die Beweise in ihrem Bezug auf die Gesamtschlußfolgerung nicht hätte aus dem Auge verlieren sollen, um nicht das Risiko einzugehen, einen neuen Fall zu konstruieren. Der AB bewertete dieses Vorgehen so, daß hier die Schwelle zu einer *de novo* Überprüfung überschritten wurde, sodaß das Korea - DRAMs Panel den Entscheidungsmaßstab verfehlt hatte. Erschwerend kam in diesem Fall hinzu, daß es um die Bewertung von sog. 'circumstantial evidence', also Zeitungsberichte, Stellungnahmen von Insidern etc. ging. Wie dem auch sei, dies impliziert gleichzeitig, daß dieser Fall etwas anders gelagert war als die hier mögliche Diskussion von 'objektiv' vorliegenden Wirtschaftsdaten einer Behördenuntersuchung, sodaß es nicht einfach zu verstehen ist, warum das Softwood Lumber Art. 21.5 Panel schließt, daß die Ausführungen des DRAMs AB Berichts: "highly relevant to our task in this review" sind.[6595]

Der zweiter Grund für die 'Schwäche' des vormals 'starken' Art. 21.5 Panel war, so der Eindruck hier, daß das Panel offen erkennbar glaubte, daß bei der Untersuchung von drohender bedeutender Schädigung ein weniger strenger Bewertungsstandard angewandt werden müsse, als bei bedeutender Schädigung. Der Panel zitiert dazu zuerst die wenig ausführlichen Vorgaben des AB aus United States vs. Mexico - Corn Syrup (2001).[6596] Aus diesen Vorgaben schließt das Panel, daß die Bandbreite von vernünftigen Schlußfolgerungen in bezug auf die Zukunft bei drohender bedeutenden Schädigung breiter seien, als wenn es um die Gegenwart geht. Dies wird von Art. 21.5 AB später als "erroneous" bezeichnet.[6597] Daß dies ein Fehler des Panels war, ist leicht nachvollziehbar, denn die Formulierungen im relevanten Artikel lassen dies keineswegs erkennen: In AD Art. 3.7 werde, so der Art. 21.5 AB, gefordert, daß die Behörden zukünftige Vorkommnisse anhand von positiven Beweisen und klar ausgewiesenen Annahmen darlegen können und es müsse gezeigt werden, daß es einen hohen Grad

---

[6595] Canada vs. United States - Investigation of the International Trade Commission in Softwood Lumber from Canada, WT/DS277/RW, 15 November 2005. S. 76, Para. 7.20; Zitat aus: S. 77, Para. 7.23. Dort wird, kurz bevor die Analyse der ITC Argumente beginnt die Passage zitiert aus: Korea - vs. United States - Countervailing Duty Investigation on Dynamic Random Access Memory Semiconductors (DRAMS) from Korea, WT/DS296/AB/R, 27 June 2005. S. 57, Para. 149-151.

[6596] "In the determination of a *threat* of material injury, the investigating authorities will necessarily have to make assumptions relating to "the 'occurence of future events' since such *future* events 'can never be definitely proven by facts'". Notwithstanding this intrinsic uncertainty, a 'proper establishment' of facts in a determination of threat of material injury must be based on events that, although they have not yet occurred, must be 'clearly foreseen and imminent', in accordance with Art. 3.7 of the *Anti-Dumping Agreement*." Herv. im Original. United States vs. Mexico - Anti-Dumping Investigation of High Fructose Corn Syrup (HFCS) from the United States, WT/DS132/AB/RW, 22 October 2001. S. 27, Para. 85.

[6597] "The possible range of reasonable predictions of the future that may be drawn based on the observed events of the period of investigation may be broader than the range of reasonable conclusions concerning the present that might be drawn based on those same facts. That is to say, while a determination of threat of material injury must be based on facts, and not merely on allegation, conjecture, or remote possibility, predictions based on the observed facts may be less susceptible to being found, on review by a panel, to be outside the range of conclusions that might be reached by an unbiased and objective decision maker on the basis of facts and in light of the explanations given." Canada vs. United States - Investigation of the International Trade Commission in Softwood Lumber from Canada, WT/DS277/RW, 15 November 2005. S. 73, Para. 7.13. Klarer geht es eigentlich nicht. Der AB versucht das Panel noch ein wenig zu verteidigen, schließt in bezug auf den ersten Satz aus dem Zitat oben aber deutlich: "We are not persuaded that, in making this observation, the Panel intended to express the view that a threat of injury determination must be upheld if the investigating authority's report discloses the occurence of injury as one reasonable prediction within the possible range of future occurances. If this were the Panel's view, then it would be erroneous." Canada vs. United States - Investigation of the International Trade Commission in Softwood Lumber from Canada, WT/DS277AB/RW, 13 April 2006. S. 45, Para. 110.

von Wahrscheinlichkeit hat, daß diese Vorkommnisse auch so eintreffen. Kurz: Wenn dies nicht sogar ein strengerer Entscheidungsmaßstab ist, der hier eingefordert wird, gilt, so der AB in seiner Kritik des Panels, ein gleich strenger bzw. hoher Standard zum Beweis des Tatbestands der drohenden bedeutenden Schädigung.[6598]

Der Art. 21.5 AB versucht den Panel zu verteidigen und hob deshalb die hier genannten Aspekte nicht hervor. Im Panelbericht ist aber klar ersichtlich, daß das Panel - plötzlich - die AB Vorgaben aus Korea - DRAMs anwendet und zwar in Form einfacher kurzer Stellungnahmen zu den einzelnen Punkten der ITC Neufeststellung (im Zitat gleich '129 processing' genannt): So etwa, als es darum geht, die 2,8 % Importsteigerung innerhalb der Untersuchungsperiode einzuschätzen, in diesem Zitat aus dem Art. 21.5 Panelbericht:

"7.27 (...) Looking at the decision in the 129 processing in this issue, the conclusion that a 2.8 percent increase in imports was significant is not unreasonable, in light of the totality of the factors considered by the USITC, including the significant baseline volume from which that increase occurred, the restraining effect of the SLA, increases in Canadian imports at a significant rate after the expiration of the SLA, increases in those imports during periods when they were not subject to restraints, and the slight decline in US consumption."[6599]

Nach dieser Ausführung folgt keine Diskussion alternativer Erklärungsmöglichkeiten und eine Einschätzung der Gewichtungen (z.B. die Möglichkeit, den 2,8 % Anstieg über 3 Jahre anhand des über 75 % betragenden Marktanteils der U.S. Produzenten zu relativieren). Nein, das Panel gerät auf eine ganz falsche Bahn und stellt die ITC Schlußfolgerungen und die kanadischen alternativen Schlußfolgerungen ohne argumentative Interventionen des Panels gegenüber einander, um dann festzustellen, daß es ausreiche, wenn die ITC Schlußfolgerungen dem Anspruch 'unparteiisch' und 'objektiv' genügen, um akzeptiert zu werden: "7.28 Clearly, an alternative view of the evidence, focussing on the annual increase and stressing the relatively small percentage change, might support a different conclusion, but this alone does not demonstrate that the USITC's analysis and determination are inconsistent with the US obligations under the AD and SCM agreements. (...) On review, a panel must consider wether a determination made is one that could be reached by an unbiased and objective investigating authority on the basis of the facts before it and in the light of the explanations given. Merely that alternative conclusions might also be within the range of possible determinations that

---

[6598] "an investigating authority making a determination of threat of injury must clearly disclose the assumptions and extrapolations that were made, on the basis of the record evidence, regarding future occurences." "that the reasoning of the investigating authority demonstrate that such assumptions and extrapolations were based on positive evidence and not merely on allegation, conjecture, or remote possibility; and show a high degree of likelihood that projected occurrances will occur." Canada vs. United States - Investigation of the International Trade Commission in Softwood Lumber from Canada, WT/DS277AB/RW, 13 April 2006. S. 44, Para. 109.

[6599] Canada vs. United States - Investigation of the International Trade Commission in Softwood Lumber from Canada, WT/DS277/RW, 15 November 2005. S. 78, Para. 7.27.

would satisfy that standard does not demonstrate that the conclusions actually reached are not consistent with the requirements of the AD and SCM agreements."[6600]

Diese Argumentationsstruktur wird im Panelbericht weiter aufrechterhalten. Das Panel etabliert keine eigene Argumentationsbasis, sondern stellt die Argumentationen der USA und Kanadas gegenüber und verteidigt die U.S. Argumente immer wieder mit einer kurzen Nennung des Kontextes bzw. der Totalität der Argumentation in dem diese erfolgen, wenn es zum Beispiel um Importtrends geht.[6601] Ähnlich, teils noch kürzer, erfolgt dies bei den Punkten Kapazität[6602], Preiseffekte (hier wird darauf hingewiesen, daß die U.S. Behörden selbst die alternativen Szenarien in völlig ausreichender Form diskutieren[6603]), kausaler Verbindung und anderer Einflußfaktoren.[6604] Einzig bei Punkten Preisdepression und Preisunterdrückung formuliert das Panel eigene Standpunkte, diese Diskussion wird jedoch schnell wieder abgebrochen.[6605] Als Fazit wird gezogen, daß die ITC Neufeststellung im

---

[6600] Canada vs. United States - Investigation of the International Trade Commission in Softwood Lumber from Canada, WT/DS277/RW, 15 November 2005. S. 78, Para. 7.28.

[6601] "Again, it is clear that the USITC re-examined the evidence concerning import trends, and considered that evidence in the light of the significant volume of imports during the period of investigation. We cannot conclude that USITC's analysis of changes in demand and the effects of the SLA and provisional measures put in place as a result of this investigation is unreasonable. The USITC's section 129 determination explains why it determined that the SLA restrained imports, rather than resulting in mere shifts in the source and timing of imports, and why it concluded that the expiry of SLA, in the absence of anti-dumping and countervailing measures, would result in a sustantial increase in imports, in the context of the already large baseline volume. While Canada's arguments demonstrate that there is a plausible alternative line of reasoning that could be followed, under the standard of review applicable in this case, this is not sufficient for us to find a violation. Moreover, we consider that while it may be possible to debate each aspect of the USITC determination, and come to different conclusions depending on the starting point and focus on each line of argument and analysis, our obligation is to consider whether the USITC's reasoning and conclusion as set forth in its determination were those of an objective decision maker in the light of the facts, and not whether every possible argument is resolved in favor of this determination." Canada vs. United States - Investigation of the International Trade Commission in Softwood Lumber from Canada, WT/DS277/RW, 15 November 2005. S. 80-81, Para. 7.35.

[6602] Canada vs. United States - Investigation of the International Trade Commission in Softwood Lumber from Canada, WT/DS277/RW, 15 November 2005. S. 82, Para. 7.42.

[6603] Canada vs. United States - Investigation of the International Trade Commission in Softwood Lumber from Canada, WT/DS277/RW, 15 November 2005: "While we can certainly see the reasoning underlying Canada's arguments, we cannot see that they demonstrate that the USITCs determination was not one that could be reached by an unbiased and objective investigating authority, on the basis of the evidence and the explanations." S. 84, Para. 7.50. "The USITC did not just make conclusions based on the facts before it, but did in fact address the arguments of the parties concerning the interpretation of this evidence. (...) While this does not, of course, necessarily mean that we will find the USITC's determination to be consistent with the AD and SCM agreements, it does indicate to us that the USITC did in fact make its determinations after having considered possible alternatives, and explaining why, nonetheless, it reached the conclusions it did." S. 85, Para. 7.51. Das Panel erkennt, daß es eigentlich die Rolle hat zu überprüfen, ob die ITC Feststellung mit dem AD und SCM übereinstimmt, hält es aber gleichzeitig für gerechtfertigt, diese Diskussion vollständig der USITC zu überlassen.

[6604] Canada vs. United States - Investigation of the International Trade Commission in Softwood Lumber from Canada, WT/DS277/RW, 15 November 2005. S. 89, Para. 7.63, S. 92, Para. 7.74.

[6605] "While it is true, as Canada argues, that prices were increasing at the end of the period of investigation, it is also true, as the United States argues, that prices were as low as they had been earlier in the period, at a time when financial condition of the domestic industry was poor." Canada vs. United States - Investigation of the International Trade Commission in Softwood Lumber from Canada, WT/DS277/RW, 15 November 2005. S. 85, Para. 7.52. Ähnlich beim Punkt Verwundbarkeit S. 86-87, Para. 7.55. Somit scheitert das Panel, paradoxerweise genauso wie das Korea DRAMs Panel, an der Einzelanalyse, obwohl es, jetzt nur in den Worten des Verfassers, durchaus möglich gewesen wäre, statt einer 'hopp oder top'-Analyse, eine eigenständige, kurze und prägnante, differenzierte Sichtweise der Stärken und Schwächen der einzelnen Punkte zu erarbeiten (wobei weder ganz die Sichtweise des ITC noch ganz Kanadas alternative Sichtweise hätte übernommen werden müssen, aber durchaus Teile davon hätten enthalten sein können), welche nicht einmal ganz abgeschlossen sein muß (und somit nicht dem Kritikpunkt von Korea - DRAMs unterliegt, einzelne Punkt zu stark bewertet bzw. abgewertet zu haben). Zum Schluß hätte das Panel angesichts der Totalität dieser differenzierten Sichtweisen zu einer Schlußbewertung der Totalität der ITC Folgerungen kommen zu können, ohne daß ein *de novo* Einscheidungsmaßstab vorgelegen hätte.

Gegensatz zur ITC Originalfeststellung nun kompatibel mit AD Art. 3.5 und 3.7 sowie SCM Art. 15.5 und 15.7 ist.[6606]

Der AB findet klare Worte zu diesem Panelbericht. Dabei hält er sowohl an den Anforderungen von Korea - DRAMs als auch dem Entscheidungsmaßstab in AD Art. 17.6 fest: "99. Moreover, the injunction that panels should no substitute their own conclusions for those of the competent authorities does *not* mean that all a panels needs to do in order to comply with its duties when reviewing a determination is to consider whether the investigating authority's findings or conclusion appear to be 'reasonable' or 'plausible' in the abstract. To the contrary, a panel can assess whether an authority's explanation for its determination is reasoned and adequate *only* if the panel critically examines that explanation in the light of the facts and the alternative explanations that were before that authority. (...) In its assessment, the panel should seek to review the determination while giving due regard to the approach taken by the investigating authority, or its risks constructing a case different form the one put forward by that authority. Finally, in its assesssment of whether the conclusions reached by an investigating authority are reasoned and adequate: '[a] panel may not reject an [investigating authority's] conclusions simply because the panel would have arrived at a different outcome if it were making the determination itself."[6607]

Danach kritisiert er die Vorgehensweise des Panel: "In our view, the Panel's repeated references to the USITC's conclusions as 'not unreasonable' suggest that the Panel applied an insufficient degree of scrutiny to the Section 129 Determination and failed to engage in the type of critical and searching analysis called for by Article 11 of the DSU. Inquiring into whether an authority's finding is 'not unreasonable' does not, in our view, necessarily answer the question of whether a finding is based on positive evidence rather conjecture or remote possibility."[6608] Siehe auch: "117. In our view, a panel is not compelled under Article 11 to "automatically reject" the explanation given by an investigating

---

[6606] Canada vs. United States - Investigation of the International Trade Commission in Softwood Lumber from Canada, WT/DS277/RW, 15 November 2005. S. 92, Para. 8.1.

[6607] Canada vs. United States - Investigation of the International Trade Commission in Softwood Lumber from Canada, WT/DS277/AB/RW, 13 April 2006, S. 39, Para. 99. Ähnlich grundlegend wird schon zu Beginn formuliert: "It is well established that a panel must neither conduct a de novo review nor simply defer to the conclusions of the national authority. A panel's examination of those conclusions must be critical and searching, and be based on the information contained in the record and the explanations given by the authority in its published report. A panel must examine whether, in the light of the evidence on the record, the conclusions reached by the investigating authority are reasoned and adequate. What is 'adequate' will inevitably depend on the facts and circumstances of the case and the particular claims made, but several general lines of inquiry are likely to be relevant. The panel's scrutiny should test whether the reasoning of the authority is coherent and internally consistent. The panel must undertake an in-depth examination of whether the explanations given disclose how the investigating authority treated the facts and evidence in the record and whether there was positive evidence before it to support the inferences made and conclusions reached by it. The panel must examine whether the explanations provided demonstrate that the investigating authority took proper account of the complexities of the data before it, and that it explained why it rejected or discounted alternative explanations and interpretations of the record evidence. A panel must be open to the possibility that the explanations given by the authority are not reasoned or adequate in the light of other plausible alternative explanations, and must take care not to assume itself the role of initial trier of facts, nor to be passive by 'simply accept[ing] the conclusions of the competent authorities'." Canada vs. United States - Investigation of the International Trade Commission in Softwood Lumber from Canada, WT/DS277/AB/RW, 13 April 2006, S. 36, Para. 93. Dieses letztere Zitat in dieser Fußnote stellt später ein Panel als Anhaltspunkt zu seinem Entscheidungsmaßstab voran, in Norway vs. European Communities - Anti-Dumping Measure on Farmed Salmon from Norway, WT/DS337/R, 16 November 2007, S. 101-102, Para. 7.7.

[6608] Fußnote 171 oben nicht reproduziert, welche die kurzen Schlußfolgerungen des Panels aufzählt. Canada vs. United States - Investigation of the International Trade Commission in Softwood Lumber from Canada, WT/DS277AB/RW, 13 April 2006. S. 46-47, Para. 113.

authority merely because a plausible alternative explanation has been proffered. At the same time, a panel may find the investigating authority's explanation inadequate when, even though that explanation seemed "reasoned and adequate" at the outset, or in the abstract, it no longer seems so when viewed in the light of the plausible alternatives. In other words, it is not the mere existence of plausible alternatives that renders the investigating authority's explanation "implausible". Rather, in undertaking its review of a determination, including the authority's evaluation (or lack thereof) of alternative interpretations of the evidence, a panel may conclude that conclusions that initially, or in the abstract, seemed "reasoned and adequate" can no longer be characterized as such."[6609] Sowie: "124 The brevity of the Panel's analysis of this issue is, in our view, difficult to reconcile with its duty to conduct a critical and searching analysis. (...)"[6610]

Obwohl der AB die Analyse dort nicht zuende führt, läßt er sich beispielhaft auf die Diskussion der Fakten ein: "128. In our view, Canada's arguments identify a number of issues that the Panel should have scrutinized carefully. For example, the Panel should have examined whether the rate of increase of dumped/subsidized imports during the period of investigation supported the USITC's finding of likely "substantial" increased imports in the imminent future. In addition, the Panel should have questioned the extent to which, in reaching this finding, the USITC relied on projected capacity increases and, if so, whether these projections provided support for its finding of a likely substantial imminent increase in imports. The Panel should have scrutinized the evidentiary basis, and the adequacy of the reasons given, for the USITC's decision to accept Canadian producers' projected increases in production, but not their projected increases in exports to the United States. In the light of the reason given by the USITC, in the Section 129 Determination, for rejecting Canadian producers' projected export levels, the Panel should have asked whether it was reasonable for the USITC to rely on projected incremental increases in Canadian production as a basis for rejecting projected incremental increases in exports. The Panel should, in this regard, have examined the record before the USITC in order to ascertain whether, historically, there was any meaningful correlation between incremental changes in Canadian production and the incremental changes in Canadian exports to the United States. The Panel might also have scrutinized how the USITC treated the projected evolution of demand in the Canadian market in connection with its decision to reject Canadian producers' projected supply to that market, or how the USITC dealt with the variety of different data that were before it in the Section 129 proceedings."[6611] Und: "The USITC repeatedly referred to projected increases in capacity, capacity utilization, and production. The Panel did not break down these references into their constituent elements and examine whether each element was supported by the evidence. In contrast, the original panel did so and, with respect to projected increases in capacity, observed: "the evidence before the USITC indicated that Canadian capacity was projected to increase by less than one per cent

---

[6609] Canada vs. United States - Investigation of the International Trade Commission in Softwood Lumber from Canada, WT/DS277AB/RW, 13 April 2006. S. 48, Para. 117.
[6610] Canada vs. United States - Investigation of the International Trade Commission in Softwood Lumber from Canada, WT/DS277AB/RW, 13 April 2006. S. 51, Para. 124.
[6611] Canada vs. United States - Investigation of the International Trade Commission in Softwood Lumber from Canada, WT/DS277AB/RW, 13 April 2006. S. 52, Para. 128.

in 2002, and a further 0.83 % in 2003. This certainly does not, in our view, support a conclusion that there would be a substantial increase in capacity, and indeed, the USITC does not appear to have found otherwise."[6612]

Schließlich weist der AB darauf hin, daß das Panel den Klägern eine zu hohe Beweislast auferlegt hätte: Der Panel hatte formuliert: "It is the task of the investigating authority to weigh the evidence and make a reasoned judgement - this implies that there may well be evidence, and arguments, that detract from the conclusions reached. Unless such evidence and arguments demonstrate that an unbiased and objective investigating authority could not reach a particular conclusion, we are obliged to sustain the investigating authorities' judgment, even if we would not have reached that conclusion ourselves."[6613] Dazu der AB: "130. It is difficult to reconcile the above statement by the Panel with its duty to carry out a critical and searching analysis to ensure that the investigating authority's explanations are reasoned and adequate, and remain so even in the light of plausible alternative explanations put forward by interested parties. Moreover, the Panel's approach also imposes on complaining parties an unduly high burden of proving a negative; of proving that an unbiased and objective investigating authority could not have reached the particular conclusion."[6614]

Daß der Panel nicht mit dem AD Entscheidungsmaßstab übereinstimmt, wird vom AB u.a. an der folgenden Argumentation das Panel exemplifiziert: "While Canada's arguments demonstrate that there is a plausible alternative line of reasoning that could be followed, under the standard of review applicable in this case, this is not sufficient for us to find violation. Moreover, we consider that while it may be possible to debate each aspect of the USITC determination, and come to different conclusions depending on the starting point and focus of each line of argument and analysis, our obligation is to consider whether the USITC's reasoning and conclusion as set forth in its determination were those of an objective decision maker in light of the facts, and not whether every possible argument is resolved in favour of that determination."[6615]

Selbst die USA, die offenbar daran interessiert ist, einen möglichst breiten Spielraum für ihre Antidumpiguntersuchungen einzufordern, argumentierten in ihrer Eingabe vor der Berufungsinstanz zu dieser Frage genauso wie der AB, nämlich daß es darum ginge, eine Bewertung im Rahmen alternativer Erklärung vorzunehmen und nicht darum, eine bestimmte Bewertung sofort abzulehnen, wenn eine andere für plausibler befunden würde.[6616]

[6612] Canada vs. United States - Investigation of the International Trade Commission in Softwood Lumber from Canada, WT/DS277AB/RW, 13 April 2006. S. 52, Para. 128 FN 184.
[6613] Canada vs. United States - Investigation of the International Trade Commission in Softwood Lumber from Canada, WT/DS277AB/RW, 13 April 2006. S. 54, Para. 130.
[6614] Canada vs. United States - Investigation of the International Trade Commission in Softwood Lumber from Canada, WT/DS277AB/RW, 13 April 2006. S. 54, Para. 130.
[6615] Canada vs. United States - Investigation of the International Trade Commission in Softwood Lumber from Canada, WT/DS277/RW, 15 November 2005, S. 81, Para. 7.35. Dagegen argumentiert Canada vs. United States - Investigation of the International Trade Commission in Softwood Lumber from Canada, WT/DS277/AB/RW, 13 April 2006, S. 47-48, Para. 114-117.
[6616] "116. According to the United States, Canada's arguments 'confuse the concept of reviewing an explanation in light of plausible alternative explanations, on the one hand, and automatically rejecting an explanation upon finding an alternative explanation to be plausible,

Der AB weigerte sich sodann, die Analyse zuende zu führen, weil nicht genügend unumstrittene Fakten oder Faktenfeststellungen vorhanden seien[6617] und weil Kanada in seiner Eingabe vor allem auf die Fehler des Panel fokussiert hat.[6618] Obwohl dieser Streitfall damit hinsichtlich konkreter Empfehlungen in der Schwebe endete, hat er doch eine zentrale Bedeutung, weil damit der Entscheidungsmaßstab im Antidumpingbereich im Sinne einer Stärkung der Panels bezüglich ihrer Pflicht zu einer materialen (und nicht formalen) Analyse noch einmal unmißverständlich ausformuliert wurde. Zu erwarten wäre, daß damit das Phänomen 'schwacher' Panels der Vergangenheit angehört. Ebenso bemerkenswert ist, daß der wichtigste Akteur hinsichtlich der Forderung nach Spielräumen für Antidumpinguntersuchungen, die USA, diesbezüglich keine abweichende Meinung vertrat.

Am 1. Juni 2006 kam es - wieder einmal - zu einer politischen Abmachung zwischen Kanada und den USA. Am 1. Juni 2006 wurde eine 80 Seiten lange Abmachung beschlossen, die einen Minimumpreis für kanadisches Weichholz vorsieht, bei Androhung von Exportgebühren (maximal 15 %) und Volumenlimits im Fall der Unterschreitung. Für den Fall stark steigender Importe aus Kanada wurden Regeln vorgesehen, ein binationaler Industrierat wurde eingerichtet (für US$ 50 Mill.) und ein eigener Informationsaustausch und ein eigenständiges Streitbeilegungsverfahren etabliert. Von US$ 5 Mrd. Zöllen, welche die USA seit 2002 kassiert hatte, sollen US$ 4 Mrd. an die betroffenen kanadischen Unternehmen zurückerstattet werden. Von den verbliebene US$ 1 Mrd. soll US$ 500 Mill. an die U.S. Unternehmen ausgezahlt werden, die diese Klage durchgeführt haben. Mit dem Restbetrag ist geplant Hilfsprojekte in Gemeinden zu finanzieren, die von der Holzindustrie abhängig sind sowie der Industrierat.[6619] Ob dieses Abkommen noch als 'undertaking' zur Beilegung des Antidumpingstreits in der WTO notifiziert werden wird, bleibt offen. Weil es Regeln enthält, die sich auf Mengen beziehen, könnte es sein, daß es sich um ein WTO inkompatibles VER handelt.[6620]

---

on the other.' The United States asserts that the "[o]bjective assessment [under Article 11] requires the former but not the latter."Canada vs. United States - Investigation of the International Trade Commission in Softwood Lumber from Canada, WT/DS277/AB/RW, 13 April 2006, S. 48, Para. 116.

[6617] "Canada, as the complaining party, must persuade us that there are sufficient uncontested facts on the record to enable us to complete the analysis by stepping into the shoes of the Panel". In diesen Fall liegen aber kaum unumstrittenen Fakten vor, sodaß dem AB die Ablehnung leicht fällt. Canada vs. United States - Investigation of the International Trade Commission in Softwood Lumber from Canada, WT/DS277AB/RW, 13 April 2006. S. 65, Para. 157.

[6618] Nicht zuletzt wird in dieser Paragraph auch formuliert: "Thus, competing the analysis in this case would require us to review extensive aspects of the USITC's threat of injury and causation analysis, and would require us to engage in a comprehensive examination of highly complex facts." Sodann erfolgt das oben paraphrasierte Statement in bezug auf Kanada. Canada vs United States - Investigation of the International Trade Commission in Softwood Lumber from Canada, WT/DS277AB/RW, 13 April 2006. S. 67, Para. 160.

[6619] USTR 2006: 1. Siehe auch den umfassenden Kommentar zu diesem Fall von Gagne 2007.

[6620] Schon unter dem Punkt Schutzklausel wurde erwähnt, daß Lee (2002a) in bezug auf das Vorgängerabkommen nicht analysiert, ob diese Abkommen nicht 'undertakings' im Antidumping- oder Ausgleichszollbereich sein könnten und damit WTO legal sind. Er geht vor vornherein davon aus, daß das Abkommen im Sinne einer Schutzklausel angewandt wird und ein verbotenes VER darstellt. Zugestandenermaßen ist dies der wahrscheinlichste Fall. Siehe dazu: Lee 2002a: 155-165; siehe zum NAFTA Hintergrund, wobei hier die USA zur Rückerstattung der Zölle durch eine Chapt. 19 Streitbeilegung verpflichtet wurde: Pauwelyn 2006: 2003.

(15) Indonesia vs. Korea - Certain Paper (2005-2007).[6621] Die Ergebnisse dieses interessanten Falls werden nur selektiv präsentiert. Fokus des Streits ist AD Art. 3.1 und AD Art. 3.2. Gemäß AD Art. 3.1 müssen positive Beweise und eine objektive Untersuchung über die Mengen und den Effekt der gedumpten Importe auf die Preise sowie die Auswirkungen vorgelegt werden, wobei damit schon die Verbindung zur späteren Kausalitätsanalyse formuliert ist. In AD Art. 3.2 wird der Begriff Menge näher definiert, als absoluter oder relative Anstieg gedumpter Importe. Bezüglich Preisen muß eine signifikante ('significant') Preisunterbietung ('price undercutting'), eine Preisdepression ('price depression') oder eine Verhinderung von Preiserhöhungen gezeigt werden.[6622] Wie andere Panels, wird hier wieder AD Art. 3.2 mit der bestimmten Auslegung des Begriffs 'consider' als Ausgangspunkt der Bewertung benutzt.[6623] Ebenso wird auf den letzten Satz von AD Art. 3.2 hingewiesen, daß weder einer oder mehrere Faktoren notwendigerweise ausschlaggebend sein können. Dieser Satz wird vom Panel so interpretiert, daß ein - i.S. von 'consider' nicht bewerteter - positiver Trend eines oder mehrerer Faktoren bzw. Importdaten in der Stufe Importbeschreibung ausreicht, um auf die Schädigungsanalyse umzusteigen zu dürfen.[6624]

Soweit so gut. Sodann steigt das Panel aber in die diesbezügliche Faktendiskussion mit einem für den common sense schwer nachvollziehbaren Argument ein, nämlich daß es durchaus denkbar sei, daß die Anforderungen von AD Art. 3.2 erfüllt sind, wenn die Importpreise höher als die heimischen Preise liegen: "We therefore do not agree with Indonesia's argument that because the prices of dumped imports remained above, or equal to, those of the domestic industry in certain segments of the POI [Period of Investigation], the KTC could not conclude that the Korean industry was suffering material injury. With that in mind, we no turn to the facts of the investigation at issue"[6625] Das Panel stellt fest, daß anhand der von den koreanischen Behörden vorgelegten Zahlen, geschlossen werden könne, daß die in AD Art. 3.2 erwähnten Faktoren beachtet wurden: "the ITC clearly considered whether there was price undercutting, price suppression and price depression caused by dumped imports."[6626]

Kurz dazu: Der AB hat dies bislang nicht bestätigt, es ist aber wichtig für die Verpflichtungen des AD Abkommens, daß das Panel Dumping wenigstens in bezug auf AD Art. 3.2 nicht davon abhängig

---

[6621] Panel und Art. 21.5 Panel. Indonesia vs. Korea - Anti-Dumping Duties on Imports of Certain paper from Indonesia, WT/DS312/R, 28 October 2005. Indonesia vs. Korea - Anti-Dumping Duties on Imports of Certain paper from Indonesia, WT/DS312/RW, 28 September 2007.
[6622] Indonesia vs. Korea - Anti-Dumping Duties on Imports of Certain paper from Indonesia, WT/DS312/R, 28 October 2005. S. 128, Para. 7.240-7.241.
[6623] Indonesia vs. Korea - Anti-Dumping Duties on Imports of Certain paper from Indonesia, WT/DS312/R, 28 October 2005. S. 128, Para. 7.242 FN 247. Wie in Poland vs. Thailand - Anti-Dumping Duties on Angles, Shapes and Sections of Iron or Non-Alloy Steel and H-Beams from Poland, WT/DS122/R, 28 September 2000, S. 46, Para. 7.161.
[6624] "That is, even if the IA finds certain positive trends with respect to some of these factors, it nevertheless can reach the conclusion that there is injury, provided that that decision is premised on positive evidence and reflects and objective examination of the evidence as required by Art. 3.1 of the Agreement." Indonesia vs. Korea - Anti-Dumping Duties on Imports of Certain paper from Indonesia, WT/DS312/R, 28 October 2005. S. 129, Para. 7.242.
[6625] Indonesia vs. Korea - Anti-Dumping Duties on Imports of Certain paper from Indonesia, WT/DS312/R, 28 October 2005. S. 129, Para. 7.243.
[6626] Indonesia vs. Korea - Anti-Dumping Duties on Imports of Certain paper from Indonesia, WT/DS312/R, 28 October 2005. S. 131, Para. 7.251; sodann wird, im Einklang mit der bisherigen Praxis, festgestellt, daß die koreanischen Behörden keine Bewertung i.S. von 'signifikant' durchführen müssen, S. 131, Paras. 7.252-7.253.

macht, ob eine Preisunterbietung stattfindet. Genausogut sei AD Art. 3.2 auch bei Mengensteigerungen erfüllbar. Unwahrscheinlich ist es nicht, daß dies in Zukunft auch vom AB akzeptiert werden wird, denn es ist nur logisch: Dumping bedeutet eine Vergleich des Normalwert auf dem Heimatmarkt und dem Exportpreis auf dem ausländischen Markt. Liegt der letztere niedriger, liegt Dumping vor - egal ob die Preisniveaus im ausländischen Markt höher oder niedriger liegen. Genau über diese Preisniveaus werden in den Antidumpinguntersuchungen aber der Öffentlichkeit meist keine Daten vorgelegt. Mehr dazu im Fazit.

Bemerkenswert, wenn auch nicht unüblich bzw. gänzlich falsch, ist zudem, daß das Panel seine Feststellung anhand von Passagen der Argumentation der koreanischen Behörden traf, in denen fast gänzlich die Daten gelöscht wurden. Einzig Daten für Preisdepression liegen vor, von denen aus hier zurückgerechnet wird[6627]: Heimisches Papier kostete: 1999: 852.000 Won; 2000 948.000 Won; 2001: 871.000 Won; 2002: 891.000 Won; 2003: 849.000 Won. Indonesisches Papier: 1999: 759.200 Won; 2000: 949.000 Won; 2001: 886.366 Won; 2002: 880.000 Won; 2003: 876.000 Won. Daraus folgt, daß nur 1999 und 2002 (aber nicht 2000, 2001, 2003) die gedumpten Importe aus Indonesien billiger waren als koreanische Ware, sodaß womöglich doch offen ist, ob der Panel den AD Art. 3.2 Bewertungsansatz angemessen beachtet hat, der mindestens eine Beachtung im Kontext erfordert.

Die zweite, interessante Frage, nämlich, ob Korea einen wichtigen Teil der heimischen Konsumption bei seinen Berechnungen ansteigender Mengen unterschlagen hat, wird - so besagen die Streitbeilegungsregeln - nicht diskutiert, weil Indonesien dies nicht in seinen Eingaben erwähnt hatte.[6628]

Die Schädigungsanalyse Koreas sah sodann wie folgt aus: Nur in einer kurze Schlußfolgerung am Ende der Untersuchung wurde zusammengefaßt, daß Schädigung existiert und es wird behauptet, daß dies in bezug auf eine Reihe von Faktoren der Fall ist.[6629] Genau diese Faktoren zeigen aber nicht unbedingt Schädigung (im Jahre 2000 gab es einen Verlust, im Jahre 2001 und 2002 aber Profite). Daraufhin formuliert das Panel: "We note that there were certain factors, such as capacity, profits, wages, cash flow, which fluctuated rather than showing negative trends throughout the POI."[6630] Es wird aber geschlossen, daß die koreanischen Behörden keine genaue Bewertung ('properly evaluate') vorgenommen haben. Zwar sei es so, daß die Relevanz der einzelnen Faktoren divergieren mag. Die Analyse könne aber nicht einfach Relevanz oder Irrelevanz einzelner Faktoren feststellen, sondern es müsse eine gründliche Analyse der Industrie vorgelegt werden: Festgehalten wird: "The analysis must

---

[6627] Indonesia vs. Korea - Anti-Dumping Duties on Imports of Certain paper from Indonesia, WT/DS312/R, 28 October 2005. S. 130, Para. 7.249, S. 129-131, Paras. 7.246-7.250.
[6628] Hier geht es um die Terms of Reference, die gemäß DSU Art. 6.2 eindeutig ausgemacht werden müssen und gemäß DSU Art. 7 dann dem Panel vorgelegt und in Konsultationen mit der klagenden Partei festgelegt werden. Indonesia vs. Korea - Anti-Dumping Duties on Imports of Certain paper from Indonesia, WT/DS312/R, 28 October 2005. S. 132, Para. 7.255, S. 134, 7.246.
[6629] Indonesia vs. Korea - Anti-Dumping Duties on Imports of Certain paper from Indonesia, WT/DS312/R, 28 October 2005. S. 135, Para. 7.270.
[6630] Indonesia vs. Korea - Anti-Dumping Duties on Imports of Certain paper from Indonesia, WT/DS312/R, 28 October 2005. S. 135, S. 7.271.

explain in a satisfactory way why the evaluation of the injury factors set out in Art. 3.4 lead to the determination of material injury, including an explanation of why factors which would seem to lead in the other direction do not, overall, undermine the conclusion of material injury."[6631] Dies führt auch zur Feststellung, daß Korea die Schädigungsfaktoren in AD Art. 3.4 ("the bottom line is that it has to evaluate the data pertaining to each factor set out under Article 3.4"[6632]) nicht angemessen analysiert habe. Schließlich: Der Fakt, daß koreanische Papierfirmen selbst aus Indonesien importiert haben, sei nicht unter AD Art. 3.5 relevant.[6633] Fazit: Immerhin liegt nach United States vs. Mexico - Corn Syrup (2001) ein zweiter Panelbericht vor, bei dem die Schädigungsfeststellung nicht akzeptiert wurde, weil der Zustand der heimischen Industrie zufriedenstellend war.

Der Art. 21.5 Panelbericht (2007) bezieht sich auf die Neufeststellung Korea vom 27. Juli 2006, welche nicht verfügbar ist. Im Bericht geht es nicht um die Schädigungsanalyse der Neufeststellung, sondern darum, daß Koreas Behörden dort willkürliche Entscheidungen in ihrer Zusammenstellung von Kostendaten für nicht kooperierende Unternehmen getroffen haben.[6634]

(16) Im United States vs. Mexico - Rice (2005) Bericht sind viele Aspekte der mexikanischen Untersuchung klar erkennbar nicht AD inkompatibel.[6635] Das Panel akzeptiert zuerst einmal nicht, daß zwischen dem Untersuchungszeitraum und dem Beginn der Untersuchung 15 Monate lagen und der Antidumpingzoll 3 Jahre später veranschlagt wurde, dies sei nicht "positive evidence" gemäß AD Art. 3.1 Schädigungsfeststellung.[6636] Ebenso wird nicht akzeptiert, daß in den Jahren 1997, 1998 und 1999 jeweils nur die Monate März bis August untersucht wurden. Zwar wird offengelassen, ob es möglich ist, Abschnitte des Jahres zu untersuchen, dann müsse aber genau überprüft werden, ob dies dem Standard "objective examination" in AD Art. 3.1 entspricht.[6637] Schließlich gelang es den mexikanischen Behörden nicht, Mengen und Preise der Importe im Sinne von positiven Beweisen und objektiver Untersuchung, zu analysieren. So wurde der offenkundige Fehler gemacht, Langkornreis über den Preis zu definieren, sodaß angenommen wird, daß Reis, wenn er unter einem bestimmten Preisniveau lag, Langkornreis war.[6638] Einige weitere, darunter prozedurale Aspekte dieses Falls:

[6631] Indonesia vs. Korea - Anti-Dumping Duties on Imports of Certain paper from Indonesia, WT/DS312/R, 28 October 2005. S. 136, Para. 7.272.
[6632] Indonesia vs. Korea - Anti-Dumping Duties on Imports of Certain paper from Indonesia, WT/DS312/R, 28 October 2005. S. 136, Para. 7.273.
[6633] Indonesia vs. Korea - Anti-Dumping Duties on Imports of Certain paper from Indonesia, WT/DS312/R, 28 October 2005. S. 139, Para. 7.285.
[6634] Darum geht es vor allem, aber nicht nur in: Indonesia vs. Korea - Anti-Dumping Duties on Imports of Certain paper from Indonesia, WT/DS312/RW, 28 September 2007, S. 81, Para. 6.55.
[6635] Panel und AB. United States vs. Mexico - Definitive Anti-Dumping Measures on Beef and Rice, WT/DS295/AB/R, 29 November 2005. Untersuchungsperiode. S. 56-58, Para. 173-176. United States vs. Mexico - Definitive Anti-Dumping Measures on Beef and Rice, WT/DS295/R, 6 June 2005.
[6636] Nur Panel. Dies wird als Verstoß gegen das Gebot in Art. 3.1 'positive evidence' angesehen. Speziell deshalb, weil Mexiko dies zudem nicht weiter erklärt oder Hinderungsgründe anführt, neuere Daten einzubeziehen. United States vs. Mexico - Definitive Anti-Dumping Measures on Beef and Rice, WT/DS295/AB/R, 29 November 2005. S. 53-54, Para. 167.
[6637] United States vs. Mexico - Definitive Anti-Dumping Measures on Beef and Rice, WT/DS295/AB/R, 29 November 2005: S. 62-63, Paras. 185-188.
[6638] Weitere offenkundige Fehler in: United States vs. Mexico - Definitive Anti-Dumping Measures on Beef and Rice, WT/DS295/AB/R, 29 November 2005: S. 64-70, Paras. 190-260.

Wenn 'facts available' gemäß Art. 6.8 benutzt werden, müsse gemäß Annex II Abs. 7 mit besonderer Umsicht gehandelt ('special circumspection') und versucht werden, die bestmöglichen Informationen zu verwenden.[6639] Und es wird nicht akzeptiert, wenn eine Behörde bisher nicht involvierte Firmen nicht darüber informiert, daß sie 'facts available' anwenden will.[6640] Wird nur ein Teil der Informationen bereitgestellt, muß die Behörde diese verwenden.[6641] Bezüglich Ausgleichszöllen seien diese Regeln nicht so ausführlich, dürften aber nicht extrem davon abweichen.[6642]

(17) Im Guatemala vs. Mexico - Steel Pipes and Tubes (2007) Bericht sind, ähnlich wie im Reisfall zuvor, viele Aspekte der mexikanischen Untersuchung klar erkennbar nicht AD inkompatibel, sodaß dieser Fall wenig aussagekräftig ist.[6643] Hier wird ein einziger Aspekt herausgegriffen, nämlich daß der Panel der brisanten Frage nach der Definition heimischer Industrie in AD Art. 4.1 clever ausgewichen. Mexiko behauptet Schädigung bei nur einem Unternehmen, welches immerhin 53 % des nationalen Outputs aufweist. Der Panel zieht sich auf die Position zurück, daß die Behörden nicht einmal eine konsistente Position zu diesem Thema vorweisen können.[6644]

(18) In Norway vs. EU - Farmed Salmon (2007) führte bisher nur der Panel eine Analyse durch.[6645] Was der USA die Orangen, ist den Europäern der Lachs aus Norwegen: Sprich, seit Jahren intervenieren Interessenverbände auf Handelsbeschränkungen. So galt zwischen September 1997 und Mai 2003 für einen Anteil der Einfuhren von Zuchtlachs aus Norwegen ein Mindesteinfuhrpreis.[6646] Und parallel zur Antidumpinguntersuchung führte die EU Kommission noch eine Schutzklauseluntersuchung durch (vor der Streitbeilegung nicht angegriffen).[6647] Der europäische Markt für Zuchtlachs ist durch eine Dominanz der Importe gekennzeichnet: Der Verbrauch stieg an: 2001: 527.970 t; 2002: 550.943 t; 2003: 611.101 t. Die Einfuhren aus Norwegen 'schnappten' sich nun diesen Gebrauchsanstieg, ihre Menge liegt bei: 2001: 269.126 t; 2002: 294.481 t; 2003: 351.757 t. Die europäischen Hersteller wuchen auch, aber nur geringfügig: Produktion 2001: 18.118 t; 2002: 20.621

[6639] Dazu gehört auch, daß die erhaltenen Informationen wenigstens überprüft und mit anderen Informationen auf ihre Qualität hin verglichen werden. United States vs. Mexico - Definitive Anti-Dumping Measures on Beef and Rice, WT/DS295/AB/R, 29 November 2005: S. 77, Para. 226.

[6640] United States vs. Mexico - Definitive Anti-Dumping Measures on Beef and Rice, WT/DS295/AB/R, 29 November 2005. S. 89, Para. 260.

[6641] "must take into account all the substantiated facts provided by an interested party, even if those facts may not constitute the complete information requested of the party", "the 'facts available' to the agency are generally limited to those that may reasonably replace the information that an interested party failed to provide." United States vs. Mexico - Definitive Anti-Dumping Measures on Beef and Rice, WT/DS295/AB/R, 29 November 2005. S. 102, Para. 294; auch wenn ein kleiner Teil der Information unrichtig ist, ist dies kein Grund zur Ablehnung, wenn dies nicht weiter begründet wird. So der Panel: India vs. United States - Anti-Dumping and Countervailing Measures on Steel Plate from India. WT/DS206/R, 28 June 2002. S. 29, Paras. 7.78-7.7.79.

[6642] United States vs. Mexico - Definitive Anti-Dumping Measures on Beef and Rice, WT/DS295/AB/R, 29 November 2005. S. 103, Para. 295.

[6643] Panel. Guatemala vs. Mexico - Anti-Dumping Duties on Steel Pipes and Tubes from Guatemala, WT/DS331/R, 8 June 2007.

[6644] Panel. Guatemala vs. Mexico - Anti-Dumping Duties on Steel Pipes and Tubes from Guatemala, WT/DS331/R, 8 June 2007, S. 110-112, Paras. 7.328-7.333.

[6645] Panel. Norway vs. European Communities - Anti-Dumping Measure on Farmed Salmon from Norway, WT/DS337/R, 16 November 2007.

[6646] Info aus Schutzklausel Verordnung: (EG) Nr. 1447/2004 der Kommission, 13. August 2004, ABl. Nr. L 267, 14.08.2004, S. 3-29.

[6647] Vorläufige Schutzmaßnahmen: Verordnung (EG) Nr. 1447/2004 der Kommission, 13. August 2004, ABl. Nr. L 267, 14.08.2004, S. 3-29; endgültige Schutzmaßnahmen: Verordnung (EG) Nr. 206/2005 der Kommission, 4. Februar 2005, ABl. L 33, 5.2.2005, S. 8–29.

t; 2003: 19.387 t. Die Preise gingen von 2001 bis 2003 zurück: Von 3,03 Euro/kg auf 2,61 Euro/kg. Die EU Kommission argumentiert: "dass der Wirtschaftszweig der Gemeinschaft im Bezugszeitraum nicht in vollem Umfang am Wachstum des Marktes teilhatte" und zeigt stark zurückgehende Zahlen für Rentabilität und Kapitalrenditen.[6648] Eine neutrale Diskussion soll hier nicht versucht werden. Zum Panelbericht: Diese ist in bezug auf die hier interessierenden Punkte recht knapp gehalten und die Schädigungsanalyse erschöpft sich im Aufzeigen einzelner, aus Sicht des Panels, 'Fehler' der EU Behörden. Aus diesem Grund ist die Relevanz dieses Berichts schwer einzuschätzen. Schon oben wurde erwähnt, daß der Panel die Frage gleichartiger Produkte diskutiert und hier keine Verpflichtung der Behörden erkennt, eine eigenständige, über den Dumpingvorwurf hinausgehend Begründung zu verfassen. Eine solche, gesonderte Verpflichtung, die u.a. aus AD Art. 2.6 in Kombination mit AD Art. 2.1 für gleichartige Waren hergeleitet werden könnte, wird gänzlich abgelehnt und es wird, statt "like products", nur noch der Terminus "product under consideration" benutzt, um anzuzeigen, daß die Behörden hier ihre Wahl nicht ausführlich begründen müssen.[6649] Für Produzenten (immerhin wird in AD Art. 4.1 folgende Formulierung benutzt: 'domestic producers as whole for the like products') wird dagegen eine eigenständige Verpflichtung angenommen, nämlich nicht bestimmte Kategorien von Produzenten des gleichartigen Produktes herauszunehmen.[6650] Dies führt in diesem Fall dazu, daß der EU vorgeworfen wird, die Gruppe der Filetproduzenten nicht beachtet zu haben. Dies scheint nicht ganz unplausibel. Die EU definiert die gleichartige Ware, welche der Untersuchung zugrunde liegt als: "farmed (other than wild) salmon, whether or not filleted, fresh, chilled or frozen".[6651] Sie klammerte aber reine Filetproduzenten ('filleting-only undertakings' - und deren wirtschaftliche Umstände) aus der Untersuchung aus, wobei Lachsproduzenten, die selbst Filetieren und andere Prozessschritte durchführen, einbezogen blieben. Dies akzeptiert der Panel nicht.[6652] Schon allein dies hatte für die EU zur Folge, daß die Schädigungs- und Kausalitätsanalyse (AD Art. 3) und der Grad der Unterstützung

---

[6648] Verordnung (EG) Nr. 628/2005 der Kommission vom 22. April 2005 zur Einführung eines vorläufigen Antidumpingzolls auf die Einfuhren von Zuchtlachs mit Ursprung in Norwegen, ABl. L 104, 23.4.2005, S. 16, 13–19. Die endgültige Verordnung ist: Verordnung (EG) Nr. 85/2006 des Rates vom 17. Januar 2006, ABl. L 15, 20.1.2006, S. 1–23.

[6649] Der Panel gibt einen Überblick über Referenzen zu diesem Thema, u.a. verweist er auf das GATT und die oben diskutierten Fälle, welche oftmals recht breite definierte oder ungewöhnliche Produkte betrafen (etwa Fruktosesyrup, nicht aber Zucker oder viele Sorten von Weichholz). Klar wird an der etwas zu hektischen Diskussion des Panels, daß es hier gewisse Beschränkungen geben muß, so können nicht Autos und Fahrräder als "products under consideration" bzw. "like products" erklärt werden. Norway vs. European Communities - Anti-Dumping Measure on Farmed Salmon from Norway, WT/DS337/R, 16 November 2007, S. 116, Para. 7.61, S. 112-120, Para. 7.48-7.76. Es bedarf hier einer Klärung des AB, welcher auch durchaus dem Panel anhand des Wortlauts in AD Art. 2.6 ("identical" und "has characteristics closely resembling those of the product under consideration") widersprechen mag und zudem das Kriterium des Wettbewerbs auf dem Markt einführen könnte, siehe Art. III, so etwa Vermulst 2005: 10-11. Vermulst (2005) weist weiterhin auf eine Äußerung des AB hin, daß die 'like product'-Definition im Schutzklauselbereich breiter als im Antidumpingbereich sei, wobei den Autor dies verwundert, weil es bei Antidumping vorgeblich um unfair gehandelte Produkte geht (sprich: mehr Flexibilität sei angezeigt). Vermulst 2005: 10-11.

[6650] Norway vs. European Communities - Anti-Dumping Measure on Farmed Salmon from Norway, WT/DS337/R, 16 November 2007, S. 130, Para. 7.112.

[6651] Norway vs. European Communities - Anti-Dumping Measure on Farmed Salmon from Norway, WT/DS337/R, 16 November 2007, S. 130, Para. 7.112. Die EU argumentiert mit einer engen Definition von Produktion, S. 130. 7.113.

[6652] "7.112 However, nothing in the text of Article 4.1 gives any support to the notion that there is any other circumstance in which the domestic industry can be interpreted, from the outset, as not including certain categories of producers of the like product, other than those set out in that provision." Norway vs. European Communities - Anti-Dumping Measure on Farmed Salmon from Norway, WT/DS337/R, 16 November 2007, S. 130, Para. 7.112. Der Panel gibt zu, daß es Fälle geben mag, in der das Niveau der Aktivität so niedrig liegt, daß eine Ausklammerung gerechtfertigt werden kann, weil diese Produzenten das Produkt nicht mehr produzieren würden. Diese Frage sei in diesem Fall aber garnicht erst angesprochen worden, sodaß hier keine weitere Reaktion darauf nötig ist, S. 130, Para. 7.115, FN 289.

der Untersuchung durch die Industrie (AD Art. 5.4) nicht mehr AD konform war.[6653] Weiterhin hatte die EU Biolachs-Züchter und sog. 'silent producers' aus der Untersuchung ohne weitere Begründung ausgeklammert und argumentiert, daß dies möglich sei, wenn die Mehrheit der Industrie beachtet worden sei. Diese Frage wird nicht weiterverfolgt, der Panel zeigt aber an, daß er es nicht akzeptieren würde, speziell deshalb, weil die EU nicht einmal einen Versuch unternommen hat, hierzu Daten zu liefern.[6654] Hier werden weitere Details dieses Panelberichts nicht reproduziert. Hier nur einige weitere Informationen zur Schädigungsanalyse, welche der Panel trotzdem untersucht, obwohl diese schon angesichts der nicht akzeptierten Industriedefinition nicht mehr als AD kompatibel angesehen wurde. Hier findet sich hier eine interessante Diskussion: Neben dem Fehler, einen Exporteur, der 0.0 % Dumping aufwies, in die Schädigungsuntersuchung einzubeziehen, wird der EU vorgeworfen, nicht zu begründen, warum sie sonstige, nicht untersuchte Exporteure des Dumpings beschuldigt, es fehle aber nur eine Begründung, da dies, dies wendet der Panel gegen den AB ein, im Prinzip möglich sei.[6655] Dieser Panel ist weiter der Ansicht, daß Preisunterbietung tatsächlich einen niedrigeren Preis impliziert (er bemerkt nicht, daß diese Frage komplexer ist) und widmet sich sodann, ohne viel Begründungsaufwand der Diskussion um Preisaufschläge ('price premium'). Hier macht die EU, nach Ansicht des Panels den Fehler, einmal zu erwähnen, daß es ein Premium von bis zu 12 % für heimische EU Produkte gibt, sie macht dazu aber keine weiteren Bemerkungen in bezug auf Preisunterbietung. Diesen eher handwerklichen Fehler der EU Behörden akzeptiert der Panel nicht.[6656] Einen ebensolchen Fehler findet der Panel darin, daß die EU keine Begründung dafür abgibt bzw. sich nicht auf norwegische Argumente einläßt, warum nur Euro Verkäufe (und nicht Pfund) beachtet werden.[6657] Ebenso kritisch läßt sich das Panel auf eine Diskussion der norwegischen Arguments ein, daß der Anstieg von Produktionskosten in der EU nicht genügen beachtet worden sei. Weil die EU die Zahlen nicht in Frage stellt (Anstieg 14,9 % in Pfund, 5,2 % in Euro) aber ansonsten nur ausführt, daß die EU Hersteller nicht weniger effizient (obwohl kleiner als die norwegischen Firmen) seien, hat die EU die Kausalitätsanalyse nach Ansicht des Panels nicht ausreichend durchgeführt. Weitere diesbezügliche Aspekte werden nicht diskutiert.[6658] Das Nicht-Zuschreibungserfordernis kann die EU bezüglich des folgenden Punktes nicht erfüllen: Es wird von der EU behauptet, daß aus den USA und Kanada nur wilder Lachs eingeführt wird, sie legt dafür aber keine Beweise vor (die Importstatistiken

---

[6653] Der Panel wendet sich nämlich gegen die Argumentation des AB im Art. 21.5 AB India - Bedlnen und führt aus, daß wenn Dumping einmal für eine bestimmte Anzahl von Firmen gezeigt werden könne, auch die nicht einbezogenen Firmen bezüglich der Schädigungsanalyse dem Dumping bezichtigt werden dürfen., es müsse nur begründet werden. Norway vs. European Communities - Anti-Dumping Measure on Farmed Salmon from Norway, WT/DS337/R, 16 November 2007, S. 133, Para. 7.124, S. 272, Para. 7.63.

[6654] Norway vs. European Communities - Anti-Dumping Measure on Farmed Salmon from Norway, WT/DS337/R, 16 November 2007, S. 133, Para. 7.123.

[6655] Norway vs. European Communities - Anti-Dumping Measure on Farmed Salmon from Norway, WT/DS337/R, 16 November 2007, S. 272, Para. 7.636.

[6656] Norway vs. European Communities - Anti-Dumping Measure on Farmed Salmon from Norway, WT/DS337/R, 16 November 2007, S. 273, Para. 7.640.

[6657] Norway vs. European Communities - Anti-Dumping Measure on Farmed Salmon from Norway, WT/DS337/R, 16 November 2007, S. 274, Para. 7.645.

[6658] Es kann hier nicht aus dem Panelbericht entnommen werden, ob diese Informationen von Norwegen stammen oder sie, wie dort ebenfalls ausgeführt, Fakten sind, die den EU Untersuchungsbehörden vorlagen, d.h. in den vertraulichen Dokumenten klar zu erkennen waren ggf. sogar von EU Statistikbehörden selbst bestätigt. Norway vs. European Communities - Anti-Dumping Measure on Farmed Salmon from Norway, WT/DS337/R, 16 November 2007, S. 278-279, Para. 7.657-7.660.

geben darüber keinen Aufschluß). Weitere Punkte werden dort nicht diskutiert bzw. auf die insgesamte Argumentation der EU wird nicht abgestellt.[6659] Am Rande: Spannend ist, wie der AB darauf reagiert. Der Panel agiert begrüßenswerterweise kritisch, wendet aber eine ruppige Form der Analyse an, ohne Beachtung der Totalität der Argumentation der EU Behörden, dies mag vom AB nicht gerne gesehen werden, siehe dazu seine Reaktion im SCM Bereich, Fall (7) Korea vs. United States - Countervailing Duty Investigation on DRAMs (2005).[6660]

(19) Die beiden Fälle: Thailand vs. United States - Shrimp (2008) und India vs. United States - Customs Bond Directive (2008)[6661] werden hier nicht näher beachtet. Die Fälle sind aufgrund ihrer Ähnlichkeit von denselben Panelisten entschieden worden. Es geht um spezielle, bisher nur im Shrimp Antidumping Bereich auferlegte, zusätzliche Kautionsverpflichtungen der USA für Exporteure, welche den Effekt hatten, die vorher zu zahlende Kaution für die retrospektive Antidumpingzollzahlung erheblich zu erhöhen (bsp.: von bisher US$ 1000 auf über US$ 200.000). Diese akzeptiert die Streitbeilegung nicht, da dies nicht eine "reasonable security" gemäß Ad Note zu Artikel VI des GATT 1994 sei.[6662] Der Fall zeigt, daß es Interessengruppen immer wieder gelingt, willkürliche Eingriffe in den internationalen Handel durchzusetzen, gegen welche die Regeln der WTO angeführt werden können.

7.8.2 Sunset Review

"'Begin at the beginning,' the King said gravely, 'and go on till you come to an end; then stop.'"[6663]

Der Begriff Sonnenuntergang-Prüfung ('sunset review') kündigt bereits an, daß ein 'Stop' nicht gelungen ist. Passend zum Eingangszitat kann zudem ein Alice im Wunderland Fall vorgewiesen werden. Worum geht es hier? Wenn Antidumpingmaßnahmen immer weiter aufrechterhalten werden, selbst dann, wenn es längst unwahrscheinlich ist, daß dieselben positiven Dumpingmargen und Schädigungssymptome gezeigt werden können, ist dies aus der Fairnessperspektive "deeply troubling".[6664] Genau dies ist aber durchaus der Fall und bis heute möglich. So waren beim Abschluß der Uruguay Runde 1994 in den USA 32 Antidumpingfestellungen in Kraft, die vor 1980 eingeführt wurden.[6665]

[6659] Norway vs. European Communities - Anti-Dumping Measure on Farmed Salmon from Norway, WT/DS337/R, 16 November 2007, S. 281, Para. 7.667, S. 281, Para. 7.669.
[6660] Korea - vs. United States - Countervailing Duty Investigation on Dynamic Random Access Memory Semiconductors (DRAMS) from Korea, WT/DS296/AB/R, 27 June 2005. S. 57-58, Paras. 150-151.
[6661] Thailand vs. United States - Measures Relating to Shrimp from Thailand, WT/DS343/R, 29 February 2008; India vs. United States - Customs Bond Directive for Merchandise Subject to Anti-Dumping/Countervailing Duties, WT/DS345/R, 29 February 2008.
[6662] So hat die USA simplerweise nicht zeigen können, daß zu erwarten sei, daß die Antidumpingzölle ansteigen würden und sich somit 'unvernünftig' verhalten, indem sie trotzdem diese erheblich höheren Zahlungen verlangte. So argumentiert: India vs. United States - Customs Bond Directive for Merchandise Subject to Anti-Dumping/Countervailing Duties, WT/DS345/R, 29 February 2008, S. 47-51, Para. 7.115-.7.131.
[6663] Carrol 1992: 99.
[6664] Moore 2002: 2, 6.
[6665] Moore 2002: 2.

Vor der Uruguay-Runde gab es in den USA bei der Einführung von Antidumpingzöllen kein Datum, wann diese auslaufen sollten, allerdings, siehe Abschnitt 'H', die Möglichkeit über administrative Überprüfungen die Zölle abzusenken oder ganz zu vermeiden.[6666] In diesen administrativen Überprüfungen können die Firmen versuchen zu zeigen, daß sie mindestens 3 Jahre nicht oder nur de minimis gedumpt haben, wobei dies keinesfalls automatisch zu einer Aufhebung der Zölle führte. Der Rechtskommentar schätzt z.B. eine der Möglichkeiten eine Aufhebung zu erreichen, als von der Beweislast sehr anspruchsvoll ein.[6667] Die EU verfügte dagegen seit 1984 über eine Sunset Klausel, die eine automatische Aufhebung der Antidumpingzölle nach 5 Jahren bewirkt, wenn interessierte Parteien nicht Beweise für eine Wiederkehr von Schädigung vorlegen.[6668]

Mit dem Antidumpingabkommen der WTO wurde es nun obligatorisch, nach 5 Jahren eine 'sunset review' für Antidumping- (und auch Ausgleichzoll-, und auch 'undertaking'-) Maßnahmen durchzuführen.[6669] Dies wird in AD Art. 11.3 festgeschrieben. In diesem Artikel wird allerdings das Formulierungskunststück vollführt, gleichzeitig zu sagen, daß erstens Antidumpingmaßnahmen spätestens nach 5 Jahren auslaufen müssen und, daß dies zweitens vom Datum der letzten Überprüfung an gilt. Kurz: Solange Überprüfungen stattfinden, zählt die Uhr immer wieder von vorne. Es gibt somit kein 'Stop' d.h. es besteht keine Verpflichtung, eine Antidumpingmaßnahmen zu beenden, mit anderen Worten, die Sonne geht eben immer wieder auf, solange Sunset Reviews durchgeführt werden. AD Art. 11 wird zudem eingeleitet von AD Art. 11.1, welcher einerseits entschieden, andererseits ambivalent formuliert: "An anti-dumping duty shall remain in force only as long as and to the extent necessary to counteract dumping which is causing injury."[6670] Auf die Überprüfungen angewandt, heißt dies: Solange eine Überprüfung gemäß den Kriterien von AD Art. 11 erfolgt, dürfen die Maßnahmen aufrechterhalten werden. Dazu gleich mehr, zuerst einmal empirische Informationen:

Die USA führte 5 Jahre nach der WTO Gründung Sunset-Überprüfungen durch. Vom DOC wird dabei ein "sustantive likelyhood"-Test durchgeführt, welcher keine neue Feststellung von Dumpingmargen enthält. Bedingung für das Auslaufen von Maßnahmen ist das Unterlassen von Dumping (vollständig oder wenige de minimis Vorkommnisse) sowie weitere Analyseschritte, die schwer zu erfüllen sind:

[6666] Dazu kamen weiter Möglichkeiten Anträge auf Überprüfung zu stellen. Nettesheim 1991: 239; Steward/Dwyer 1998a: 26-31.
[6667] Um eine Aufhebung zu erreichen, trägt die betroffene Partei die Beweislast und muß beweisen, daß es nicht wahrscheinlich ist, daß Dumping nicht wiederkehrt. Die U.S. Behörden untersuchen sodann dann die Marktbedingungen etc. Wie hoch diese Barriere im rechtlichen Sinne ist, kann hier nicht abgeschätzt werden. Die zweite Möglichkeit, auf die sich der Kommentar oben bezieht, ist die 'changed cirumstances' Überprüfung. Dazu wird gesagt: "The burden of establishing 'change cirumstance' was fairly heavy'". Kurz: Dieser Tatbestand wird nur akzeptiert, wenn sich das ökonomische Umfeld völlig verändert, etwa wenn gleichzeitig Importe absinken, Preise ansteigen und die Produkteigenschaften sich änderten oder bei der Wiedervereinigung Deutschlands. Steward/Dywer 1998a: 31-32, 40.
[6668] Steward/Dywer 1998a: 14-15. Kanada verfügt ebenso seit 1984 über eine solche Prozedur. Steward/Dywer 1998a: 17. In Australien wird dies Sunset Überprüfung zuerst 1988 eingeführt und nach 3 Jahre eingeräumt. Im Jahre 1992 wird dieser Zeitraum auf 5 Jahre ausgedehnt. Steward/Dywer 1998a: 22.
[6669] Steward/Dywer 1998a: 2-3. Die 'undertakings' werden in AD Art. 11.5 erwähnt. WTO 1995: 188.
[6670] WTO 1995: 187-188.

So wird anhand von zurückgehenden Importen geschlossen, daß Dumping wiederkehren wird.[6671] Generell ist es sehr schwierig, die Kriterien des DOC zu erfüllen.[6672] In einem zweiten Untersuchungsschritt etabliert die ITC, anhand einer Untersuchung aller relevanter ökonomischer Faktoren, ob Schädigung wiederkehren wird.[6673] Diese Einführung des 'sunset review' hat in den USA dazu geführt, daß am 1. Januar 2000, dem letzten Termin, bei dem dies den WTO Regeln gemäß möglich war, 59 Maßnahmen abgeschafft wurden (die aktiv bestehenden Antidumpingmaßnahmen sanken daraufhin von 326 auf 267).[6674] Moore (2002) zeigt empirisch, daß das DOC anhand seiner Kriterien keine der Antidumpingmaßnahmen aufhob, sondern es vor allem auf die Schädigungsanalyse des ITC ankam und darauf, daß die heimische Industrie kein Interesse mehr zeigte.[6675]

Die EU verfügt mit ihren Regeln über eine fairer erscheinende Vorgehensweise. Immerhin werden die Dumpingzölle aktualisiert berechnet und es werden, ohne weitere prozedurale Barrieren, alle relevanten Fakten bezüglich Importe, Preisen etc. sowie der Zustand der heimischen Industrie beachtet. Liegen u.a. die Preise niedrig und hat sich die heimische Industrie nicht ausreichend erholt, werden die Maßnahmen aber auch hier weiter aufrechterhalten.[6676]

Dies Unterschiede spiegeln sich in den Zahlen wieder: Bis heute (Januar 2000 - Oktober 2005) laufen die U.S. Maßnahmen länger als in anderen Ländern: In den USA laufen 15,5 % der Fälle aus, ohne überprüft zu werden, in der EU sind dies 57,8 %. Wird eine Überprüfung durchgeführt, dann führen 88,7 % der U.S. Fälle zu einer Aufrechterhaltung der Maßnahmen, in der EU ist dies in nur 55,3 % der Fälle zu verzeichnen.[6677] U.a. dies führt dazu, daß in den USA mit 326 (bzw. 267) mehr Antidumpingmaßnahmen aktiv bestehen, als in anderen Ländern, die EU hat 148 Maßnahmen vorzuweisen, Zahlen für das Jahr 2001.[6678]

[6671] Steward/Dywer 1998a: 128-129. Der Test des DOC bezieht sich zuerst einmal nur auf Dumping und Importvolumina. Wenn keine Impport oder zurückgehende Importe vorliegen, wird geschlossen, daß Dumping wahrscheinlich wiederkehren wird. Allein wenn es stabile oder ansteigende Importe gibt und zurückgehende bzw. ganz fehlende Dumpingmargen ist auf wenig wahrscheinliches, weiterbestehendes Dumping geschlossen. Erst wenn 'good cause' gezeigt wird, dann werden weitere Faktoren einbezogen, über die Antidumpingmargen und die Importdaten hinaus. Ob 'good cause' vorliegt, entscheidet das DOC Fall zu Fall. Die Informationen zu den Analyseschritte des Tests in Steward/Dywer 1998: 162-166.

[6672] Die vom DOC benutzten Kriterien machen es unwahrscheinlich, daß eine ausländische Partei, die an einer solchen Überprüfung teilnimmt, eine Zurücknahme erreichen kann. So: Moore 2002a: 678.

[6673] Dabei muß Schädigung innerhalb einer "reasonable foreseeable time" wiederkehren und es müssen entweder die erwarteten mengenbezogenen Importsteigerungen und Preisunterbietungen als "significant" eingeschätzt werden, um den Anforderungen zu genügen. Steward/Dywer 1998a: 174-176.

[6674] **Tabelle 198**. Der 'sunset review' wurde erst spät wirklich wirksam, weil er trickreich ins Abkommen eingebaut wurde, daß für alle Dumpingmaßnahmen die bereits bestanden, sozusagen die Uhr auf 1995 gestellt wurde, sodaß für erst am 1. Januar 2000 überhaupt die 'sunset review'-Zeit für alle Staaten begann. Siehe: Agreement on Implementation of Article VI of the General Agreement on Tariffs and Trade 1994: Art. 18.3.2, welcher auf Art. 11.3 verweist. In WTO 1995: 188, 194. Hinweis darauf, mit der Bemerkung, daß die USA die Übergangsfrist dieses Artikels perfekt ausnutzte, in CBO AD Study 2001: 9.

[6675] Die Zahlen stimmen nicht überein. In Moore (2002) ist die Rede von 251 'Transition Orders', von denen 55 aufgrund von mangelndem Interesse heimischer Firmen und 56 aufgrund von ITC Feststellungen aufgehoben wurden, so bleiben 140 Maßnahmen dieser Kategorie bestehen. Moore 2002: 31.

[6676] Vermulst/Dwyer 1998a: 71-88.

[6677] Evaluation of EC TDI 2005: Annex 6, Page 19; siehe auch CBO AD Study 2001: 46.

[6678] Siehe: **Tabelle 198** und **Tabelle 286**.

Die folgenden Fälle werden hier in die Sunset-Kategorie eingestuft und liegen diesem Abschnitt zugrunde, obwohl es hier teils auch um administrative Überprüfungen geht. Korea vs. United States - DRAMS (1999-2000)[6679], EU vs. United States - Carbon Steel (2002)[6680], Japan vs. United States - Corrosion Resistant Sunset Review (2003)[6681], Argentina vs. United States - Oil Country Tubular Goods Sunset Review (2004)[6682], Mexico vs. United States - Anti-Dumping Measures on Oil Country Tubular Goods (2005).[6683] Ein Fall-zu-Fall Darstellung erfolgt hier nicht.

Begonnen wird mit dem Alice im Wunderland Fall Korea vs. United States - DRAMS (1999-2000).[6684] Dieser Fall betraf zwar kein Sunset Review, aber eine administrative Überprüfung (hier ist allein das DOC zuständig[6685]) und diese fällt ebenso unter AD Art. 11. Bei dieser Überprüfung verwendete das DOC der USA ein "not likely"-Kriterium zur Feststellung, ob Dumping in Zukunft zu erwarten sei: "It is not likely that those persons will in future sell the merchandise at less than foreign market value."[6686]

In AD Art. 11.3 lautet die Formulierung dagegen: "unless the authorities determine ... that the expiry of the duty would be likely to lead to continuation or recurrence of dumping and injury."[6687] Daraufhin engagiert sich das Panel in eine an die Dialoge von Alice im Wunderland erinnernde Argumentation und differenziert zwischen 'not likely' und 'likely': "A finding that an event is 'likely' implies a greater degree of certainty that the event will occur than a finding that the event is not 'not likely'. For example, in common parlance, a statement that it is 'likely' to rain implies a greater likelyhood of rain

---

[6679] Korea vs. United States - Anti-Dumping Duty on Dynamic Random Access Memory Semiconductors (DRAMS) of One Megabit or Above From Korea, WT/DS99/R, 29 January 1999. Korea vs. United States - Anti-Dumping Duty on Dynamic Random Access Memory Semiconductors (DRAMS) of One Megabit or Above From Korea, WT/DS99/RW, 7 November 2000.

[6680] Panel und AB. EU vs. United States - Countervailing Duties on Certain Corrosion-Resistant Carbon Steel Flat Products from Germany, WT/DS213/R, 3 July 2002. EU vs. United States - Countervailing Duties on Certain Corrosion-Resistant Carbon Steel Flat Products from Germany, WT/DS213/AB/R, 28 November 2002.

[6681] Panel und AB. Japan vs. United States - Sunset Review of Anti-Dumping Duties on Corrosion-Resistant Carbon Steel Flat Products from Japan, WT/DS244/R, 14 August 2003. Japan vs. United States - Sunset Review of Anti-Dumping Duties on Corrosion-Resistant Carbon Steel Flat Products from Japan, WT/DS244/AB/R, 15 December 2003.

[6682] Panel, AB, Art. 21.3 (c) Arbitration, Art. 21.5 Panel. Argentina vs. United States - Sunset Reviews of Anti-Dumping Measures on Oil Country Tubular Goods from Argentina, WT/DS268/R, 16 July 2004. Argentina vs. United States - Sunset Reviews of Anti-Dumping Measures on Oil Country Tubular Goods from Argentina, WT/DS268/AB/R, 29 November 2004. Argentina vs. United States - Sunset Reviews of Anti-Dumping Measures on Oil Country Tubular Goods from Argentina, WT/DS268/12, 7 June 2005. Argentina vs. United States - Sunset Reviews of Anti-Dumping Measures on Oil Country Tubular Goods from Argentina, WT/DS268/RW, 30 November 2006.

[6683] Panel und AB: Mexico vs. United States - Anti-Dumping Measures on Oil Country Tubular Goods (OCTG) from Mexico, WT/DS282/R, 20 June 2005. Mexico vs. United States - Anti-Dumping Measures on Oil Country Tubular Goods (OCTG) from Mexico, WT/DS282/AB/R, 2 November 2005.

[6684] Korea vs. United States - Anti-Dumping Duty on Dynamic Random Access Memory Semiconductors (DRAMS) of One Megabit or Above From Korea, WT/DS99/R, 29 January 1999. Korea vs. United States - Anti-Dumping Duty on Dynamic Random Access Memory Semiconductors (DRAMS) of One Megabit or Above From Korea, WT/DS99/RW, 7 November 2000.

[6685] Stewart/Dwyer 1998a: 170.

[6686] In 19 CFR Chapter III Sec 353.25(a)(2)(ii) der DOC Regulierungen. Korea vs. United States - Anti-Dumping Duty on Dynamic Random Access Memory Semiconductors (DRAMS) of One Megabit or Above From Korea, WT/DS99/R, 29 January 1999. S. 138, Para. 6.35-6-37. Dieses Kriterium wurde 1988 eingeführt. Davor lautete es: "not likelihood of resumption" und es war dazu gedacht, Wahrscheinlichkeit zu bebachten. Stewart/Dwyer 1998a: 30.

[6687] AD Art. 11.3. WTO 1995: 188.

than a statement that rain is not unlikely, or not "not likely."[6688] Weil nach der Auffassung des Panels 'not likely', im Gegensatz zu 'likely', keine begriffliche Basis böte, um anhand von Beweisen die Wahrscheinlichkeit der Wiederkehr von Dumping einzuschätzen und dieses Kriterium zudem dazu führe, die Behörde zu verpflichten (i.S. eines Gesetzes, welches exekutive Entscheidungsprärogativen zwingend, 'mandatory', beschränkt) Antidumpingzölle weiter aufrechtzuerhalten, führt dies zur Feststellung der WTO Inkompatibilität.[6689] Mit dieser Feststellung und Empfehlung an die USA dies zu ändern, konnte die WTO Streitbeilegung zwar den Streit zwischen Korea und den USA schlichten, die nachfolgende Änderungen der Formulierung durch das DOC, die nun lautet: "Whether the continued application of the antidumping duty order was otherwise necessary to offset dumping" ist aber wohl kaum als wirklicher Fortschritt in Richtung eines besser einzuschätzenden, angemesseneren Bewertungsstandards anzusehen.[6690]

Wie müssen Überprüfungen gemäß AD Art. 11 weiterhin durchgeführt werden? Von grundlegende Bedeutung ist, daß für Sunset Überprüfungen, so AD Art. 11.3, nicht dieselben Beweisführungsansprüche gelten wie in AD Art. 3, in welchem niedergelegt ist, daß die dort erwähnten Faktoren bei der Schädigungsanalyse beachtet werden müssen und Kausalität aufgezeigt werden muß etc.[6691] Dies bedeutet nicht, daß die Behörden machen dürfen was sie wollen, sie müssen ebenso eine Beweisführung vorlegen. Für diese entwickelt der AB aber einen eigenen Sunset Entscheidungsmaßstab. Dieser wird in Japan vs. United States - Corrosion Resistant Steel (2003) mit den Begriffen "determine" und "review" näher beschrieben, wobei den Behörden eine aktive, investigative und schiedsrichterliche Rolle nahegelegt wird. Die Behörden sollten handeln mit "an appropriate degree of diligence and arrive at a reasoned conclusion on the basis of information gathered as part of a process of reconsideration and examination" und sollten eine "rigorous examination" durchführen.[6692] Unterstützt werden sollte diese Untersuchung durch eine "reasoned conclusion" basiert auf "positive evidence" und einer "sufficient factual basis".[6693] Nicht erforderlich ist es dagegen, alle Faktoren, die in AD Art. 3.4 und 3.5 genannt werden, zu beachten, z.B. reichen

---

[6688] Korea vs. United States - Anti-Dumping Duty on Dynamic Random Access Memory Semiconductors (DRAMS) of One Megabit or Above From Korea, WT/DS99/R, 29 January 1999. S. 140, Para. 6.45. Der passende Alice im Wunderland Vergleich wird verwendet von Tarullo 2002: 22.

[6689] Korea vs. United States - Anti-Dumping Duty on Dynamic Random Access Memory Semiconductors (DRAMS) of One Megabit or Above From Korea, WT/DS99/R, 29 January 1999. S. 141-142, Para. 6.50-6.51; siehe dort die FN 495 und 496.

[6690] Amended Regulation Concerning the Revocation of Antidumping and Countervailing Duty Orders, 64 FR 183, September 22, 1999: 8. Zudem scheint diese Änderung nicht im Zusammenhang mit dem Schlichtungsabkommen, WT/DS99/RW, 7 November 2000, gestanden haben. Dort geht es nur um die Rücknahme der Zölle durch die USA im Gegenzug einer Bereitstellung von Preis- und Kostendaten. Manyin 2001: 14.

[6691] EU vs. United States - Countervailing Duties on Certain Corrosion-Resistant Carbon Steel Flat Products from Germany, WT/DS213/AB/R, 28 November 2002. S. 40, Para. 116. Argentina vs. United States - Sunset Reviews of Anti-Dumping Measures on Oil Country Tubular Goods from Argentina, WT/DS268/AB/R, 29 November 2004. S. 103-104, Para. 279-280.

[6692] Japan vs. United States - Sunset Review of Anti-Dumping Duties on Corrosion Resistant Carbon Steel Flat Products from Japan, WT/DS244/AB/R, 15 December 2003. S. 39-41, Paras. 110-113. Argentina vs. United States - Sunset Reviews of Anti-Dumping Measures on Oil Country Tubular Goods from Argentina, WT/DS268/AB/R, 29 November 2004. S. 111, Para. 302.

[6693] Japan vs. United States - Sunset Review of Anti-Dumping Duties on Corrosion Resistant Carbon Steel Flat Products from Japan, WT/DS244/AB/R, 15 December 2003. S. 111, Para. 302. So schon das Panel: Japan vs. United States - Sunset Review of Anti-Dumping Duties on Corrosion Resistant Carbon Steel Flat Products from Japan, WT/DS244/AB/R, 15 December 2003. S. 67, Para. 7.271. Vermulst 2005: 196.

Schlußfolgerungen zu drei Aspekten aus.[6694] Ebenso gilt AD Art. 3.3 hier nicht, welcher bestimmte Bedingung, u.a. de minimis, bei der Kumulationsanalyse vorsieht.[6695] Brisant ist es, daß die kausale Verbindung ('causal link') zwischen Dumping und Schädigung nicht noch einmal neu gezeigt werden muß, sondern 'nur' ein "nexus" zwischen dem Auslaufen des Zolls und der Fortdauer oder Wiederkehr von Dumping und Schädigung aufzuzeigen ist. Argumentiert wird, daß diese kausale Verbindung in der Originaluntersuchung schon einmal etabliert wurde.[6696] Unsicher ist, aber ggf. denkbar, daß die Behörden andere Faktoren, etwa zwischenzeitlich fehlendes Dumping, beachten müssen.[6697] Hierbei sind die vollen prozedurale Rechte zu gewähren, die auch bei AD Originaluntersuchungen vorgesehen sind.[6698] Schließlich ist die U.S. Praxis einer automatischer Überprüfung und ggf. die erfolgende Weiterführung von Maßnahmen durch die eigene Aktivität der Behörde (wodurch der Prozeß nicht mehr ganz in den Händen der privaten Antragsteller liegt) AD konform.[6699]

Schwierig ist es, die Faktenbasis der 'sunset reviews' anzugreifen. Dies liegt auch daran, weil die Behörden Zukunftsprognosen abgeben, die nach der Abschaffung von AD Zöllen eintreffen. Dies eröffnet Prognosespielräume: Selbst dann, wenn es der Industrie zum Zeitpunkt der Sunset Überprüfung gut geht, wie in United States - Oil Country Tubular Goods Sunset Review (2004), akzeptiert der AB, daß dieser gute Zustand keinen Anhaltspunkt für die Zukunft bieten muß.[6700] Siehe

---

[6694] Diese und auch weitere, zusätzliche Faktoren können natürlich beachtet werden, sie müssen es aber nicht. Die USA wendet in diesem Fall die Kriterien wahrscheinlicher ('likely') Mengen- und Preiseffekte und schädigende Auswirkungen auf die heimische Industrie an. So: Argentina vs. United States - Sunset Reviews of Anti-Dumping Measures on Oil Country Tubular Goods from Argentina, WT/DS268/AB/R, 29 November 2004. S. 105, Para. 283-284; die drei Schlußfolgerungen: S. 118, Para. 323. Der spätere Panel versucht sich etwas anspruchsvoller: "thorough evaluation of the causes of such decline." Bezug ist hier AD Art. 11.3, wobei hier die Schlußfolgerung der USA als unzureichend bezeichnet wird. Argentina vs. United States - Sunset Reviews of Anti-Dumping Measures on Oil Country Tubular Goods from Argentina, WT/DS268/RW, 30 November 2006: S. 35, Para. 7.101; S. 10-20, Paras. 7.11-7.42.
[6695] So: Argentina vs. United States - Sunset Reviews of Anti-Dumping Measures on Oil Country Tubular Goods from Argentina, WT/DS268/AB/R, S. 112, Para. 304.
[6696] Mexico vs. United States - Anti-Dumping Measures on Oil Country Tubular Goods (OCTG) from Mexico, WT/DS282/AB/R, 2 November 2005. S. 39, Para. 118. Das Ansprüche für das Aufzeigen dieses 'nexus' werden Fall-zu-Fall festgelegt: "The nature and extent of the evidence required for such proof will vary with the facts and circumstances of the case under review." S. 40, Para. 123 Diese Differenzierung wird vorgenommen, obwohl konzediert wird, daß das Aufzeigen einer kausalen Verbindung von Dumping und Schädigung zu den Fundamenten des AD Abkommens gehört: "A causal link between dumping and injury is thus fundamental to the imposition and maintenance of an anti-dumping duty under the *Anti-Dumping Agreement*." Herv. im Original. Mexico vs. United States - Anti-Dumping Measures on Oil Country Tubular Goods (OCTG) from Mexico, WT/DS282/AB/R, 2 November 2005. S. 40, Para. 123.
[6697] Korea vs. United States - Anti-Dumping Duty on Dynamic Random Access Memory Semiconductors (DRAMS) of One Megabit or Above from Korea, WT/DS99/R, 29 January 1999, S. 144, Para. 6.59, u.a. auch FN 501. Es könnte aber argumentiert werden, daß bei einer solchen Überprüfung und einer Überprüfung, die besagt, daß Schädigung und Kausalität von Schädigung und Dumping vorlag und in Zukunft wahrscheinlich ('likely') wieder vorkommen wird, als ein wichtiger Faktor, der dagegen spricht, ernstgenommen werden sollte, daß Korea, so die Feststellungen des Department of Commerce, 3 Jahre und 6 Monate nicht Dumping betrieben hat und sich zudem auf ein Zertifizierungsabkommen eingelassen hatte, daß besagt, daß es Dumping in Zukunft unterlassen will. S. 65-66, Paras 4.340-4.344; sowie S. 144, Para. 6.59.
[6698] Japan vs. United States - Sunset Review of Anti-Dumping Duties on Corrosion Resistant Carbon Steel Flat Products from Japan, WT/DS244/AB/R, 15 December 2003. S. 41, Paras. 113.
[6699] EU vs. United States - Countervailing Duties on Certain Corrosion-Resistant Carbon Steel Flat Products from Germany, WT/DS213/AB/R, 28 November 2002. S. 40, Para. 118.
[6700] Argentina vs. United States - Sunset Reviews of Anti-Dumping Measures on Oil Country Tubular Goods from Argentina, WT/DS268/AB/R, S. 121-129, Paras. 330-352; siehe das Zitat: "The positive state of the domestic industry as of the date of the sunset review need not necessarily be dispositive of the future when other adverse factors are present." S. 128, Para. 351. An einer solchen Stelle müßte es eigentlich möglich sein, daß ein kritischer Panel hier von den U.S. Behörden fordern würde, daß sie Daten vorlegen und z.B. beachten, wie groß eigentlich die U.S. Stahlindustrie in diesem Produktbereich ist. Wenn die Industrie im Vergleich zu Argentinien riesig ist, dann ist für die Zukunft nur eine Prognose möglich, nämlich daß die U.S. Industrie Importe zuerst einmal durchaus verkraften könnte, zumal später,

dazu das folgende AB Zitat: "The positive state of the domestic industry as of the date of the sunset review need not necessarily be dispositive of the future when other adverse factors are present."[6701] So erschwert es die Präsenz von Importeuren, die austauschbare ('fungible') Produkte aus allen Ländern der Welt importieren und überall in der USA verkaufen können, zu argumentieren, warum ausgerechnet Mexiko von einer, auf der Kumulation viele Importe aus unterschiedlichen Ländern beruhenden, Begründung für die Aufrecherhaltung der Maßnahme, ausgenommen werden sollte.[6702] Der Zeitraum, für den die Prognose des Sunset Review gilt, ist nicht geregelt, der U.S. Standard "reasonable foreseeable time" wird akzeptiert.[6703]

Prägend für die Streitbeilegung zu dieser Frage war weiterhin, daß Klagen angestrengt wurden, um zu beweisen, daß die U.S. Sunset Überprüfungen einer kontinuierlichen Praxis nahekommen, die zu einer quasi automatischen Verlängerungen der Maßnahmen führt, ohne daß eine ausreichende Überprüfung erfolgt wäre. Teils wurde dazu nur ein Fall zum Beweis angeführt (das ist dem AB nicht genug[6704]) oder es wurden 291 U.S. Sunsetfälle vorgelegt, bei denen die USA eine Verlängerung der Maßnahme beschlossen hat und dabei nur drei im Gesetz vorgesehene Szenarien benutzt hatte. Dies wird vom Panel, mit einem einzigen Begründungssatz, als Beweis für eine WTO inkonsistente Praxis angesehen[6705], was der AB nicht akzeptiert, weil das Panel erstens nicht für mehrere dieser Fälle eine qualitative Analyse vorlegt hatte. Nur so hätten aber die Umstände des Entscheidungen, die divergieren können, näher geklärt werden können.[6706] Zweitens führt der AB in diesem Fall aus, daß das U.S. Gesetz durchaus vorsieht, daß über die drei Gesetzesszenarien hinaus, weitere Faktoren beachtet werden können, wenn gute Gründe ('good cause') dafür vorgelegt werden.[6707] Um einen Beweis für die Behauptung einer "consistent application of such law" vorlegen zu können, müßten, so der AB, darüberhinaus der Gesetzestext, Gerichtsurteile und die Meinung juristischer Experten herangezogen werden.[6708] Auch ein zweiter Versuch, "consistent application of such law" durch die

---

wenn Schädigung auftreten sollte, erneut eine Antidumpinguntersuchung erfolgen kann. Die Berufungsinstanz verfügt, im Prinzip, über das begriffliche Instrumentarium, solche Fragen einer kausalen Verbindung zwischen Dumping und Schädigung zu stellen. Nichtsdesto trotz scheint es so zu sein, daß sich der AB, dazu entschieden hat eine solche Analyse hier nicht einzufordern. Es dürften politische Entscheidungen bzw. Ergänzungen der Regeln nötig sein, damit eine solche anspruchsvollere Überprüfung erfolgt.

[6701] Argentina vs. United States - Sunset Reviews of Anti-Dumping Measures on Oil Country Tubular Goods from Argentina, WT/DS268/AB/R, 29 November 2004. S. 128, Para. 351.

[6702] Mexico vs. United States - Anti-Dumping Measures on Oil Country Tubular Goods (OCTG) from Mexico, WT/DS282/AB/R, 2 November 2005. S. 49-51, Paras. 154-159.

[6703] Mexico vs. United States - Anti-Dumping Measures on Oil Country Tubular Goods (OCTG) from Mexico, WT/DS282/AB/R, 2 November 2005, S. 53, Para. 166. Allein: "too far in the future would be highly speculative". Argentina vs. United States - Sunset Reviews of Anti-Dumping Measures on Oil Country Tubular Goods from Argentina, WT/DS268/AB/R, 29 November 2004. S. 131, Para. 360.

[6704] Es wird aber vom AB nicht akzeptiert, einen Fall als Beweis für eine konsistente Praxis anzuführen. EU vs. United States - Countervailing Duties on Certain Corrosion-Resistant Carbon Steel Flat Products from Germany, WT/DS213/AB/R, 28 November 2002. S. 49, Para. 147. Dies ist ein SCM Fall, der sich aber auf die dafür identischen U.S. Sunset Regulierungen bezieht.

[6705] Nun in diesen beiden Paragraphen befindet sich diese Feststellung: Argentina vs. United States - Sunset Reviews of Anti-Dumping Measures on Oil Country Tubular Goods from Argentina, WT/DS268/R, 16 July 2004. S. 45, Paras. 7.164-7.165.

[6706] Argentina vs. United States - Sunset Reviews of Anti-Dumping Measures on Oil Country Tubular Goods from Argentina, WT/DS268/AB/R, 29 November 2004. S. 75-76, Paras. 212-213.

[6707] Argentina vs. United States - Sunset Reviews of Anti-Dumping Measures on Oil Country Tubular Goods from Argentina, WT/DS268/AB/R, 29 November 2004. S. 75, Paras. 213.

[6708] "Such evidence will typically be produced in the form of the text of the relevant legislation or legal instruments, which may be supported, as appropriate, by evidence of the consistent application of such laws, the pronouncements of domestic courts on the meaning of such laws, the opinions of legal experts and the writings of recognized scholars. The nature and extent of the evidence to satisfy the burden of proof will

U.S. Sunset Reviews zu beweisen, scheitert an der zu wenig weitgehenden Analyse des Panels[6709] und wird auch vom AB nicht akzeptiert.[6710] An Argentina vs. United States - Oil Country Tubular Goods Sunset Review (2004) wird deutlich, daß gesetzliche und regulatorische Nachbesserungen der USA dazu dienen, Bewertungsspielräume zu erhalten.[6711]

Eigener Kommentar: Selbst dann, wenn die vorbereitenden Analyse der Panels hochwertiger gewesen wäre, hätte der AB z.B. der Einschätzungsprärogative ('discretion'), die vom U.S. Gesetz weiter ermöglicht wird, ein hohes Gewicht einräumen können, sodaß auch er keine AD Inkonformität hätte feststellen müssen. Dies steht im Einklang mit der im GATT erarbeiteten Unterscheidung zwischen verbindlicher ('mandatory') und von Einschätzungsprärogativen geprägten ('discretionary') Gesetzgebung, wobei nur erstere als Inkompatibel mit den GATT Handelsregeln erklärt werden kann, weil davon ausgegangen wird, daß die Exekutive mehr Ermessensspielräume hat, GATT kompatibel zu handeln. Ein Hinweis auf das Vorliegen einer verbindlichen Gesetzgebung liefert etwa der Fakt, daß Gerichte einen Gesetzestext auslegen.[6712]

Wie dem auch sei, immerhin übte die AD Streitbeilegung in diesen Fällen insofern Druck auf die USA aus, indem betont wird, daß eine mechanistische, vereinfachte Argumentation anhand von drei simplen Szenarien nicht ausreicht, um Sunset Überprüfungen durchzuführen. Der AB warnt davor, daß in manchen Fällen schriftlich formulierte Instruktionen nicht mit der Anforderung des Entscheidungsmaßstabs positive Beweise vorlegen zu müssen im Einklang stehen, wenn diese Instruktionen Resultate prädeterminieren oder zu unwiderlegbaren Vermutungen führen.[5713]

---

vary from case to case." EU vs. United States - Countervailing Duties on Certain Corrosion-Resistant Carbon Steel Flat Products from Germany, WT/DS213/AB/R, 28 November 2002. S. 52-53, Para. 157. Dieses Zitat wird der Argumentation auch zugrundegelegt in Argentina vs. United States - Sunset Reviews of Anti-Dumping Measures on Oil Country Tubular Goods from Argentina, WT/DS268/AB/R, 29 November 2004. S. 71, Paras. 202.

[6709] Näher untersucht werden hier 21 Fälle, von denen in 15 Fällen Szenario (a), das Vorliegen von Dumping nach der Auferlegung von Antidumpingzöllen, als ausreichend angesehen wird, um die Maßnahme zu verlängern. In einen dieser Fälle wird explizit argumentiert, daß, weil Szenario (a) vorliegt, keine weitere Argumente zur Kenntnis genommen werden. Siehe: Mexico vs. United States - Anti-Dumping Measures on Oil Country Tubular Goods (OCTG) from Mexico, WT/DS282/R, 20 June 2005. S. 29-32, Paras.7.54-7.66.

[6710] Der AB fand es problematisch an der Argumentation des Panels, daß es keine wirklich qualitative Analyse der Relevanz der Argumente der Firmen, die gegen DOC argumentieren, vorlegte. Daß DOC mit ruppiger Formulierung Argumente ablehnt, bedeute nicht, daß die Argumente gut gewesen sind. Mexico vs. United States - Anti-Dumping Measures on Oil Country Tubular Goods (OCTG) from Mexico, WT/DS282/AB/R, 2 November 2005. S. 66-69, Paras. 203-209.

[6711] So wurde vom Panel und AB angekreidet, daß es nicht mit AD Art. 11.3 übereinstimmt, wenn bei einem Exporteur, der sich nicht oder unzureichend meldet, auf weiter wahrscheinliches Dumping befunden wird. In der gesetzlichen Neufassung in Reaktion auf diese beiden Streitbeilegungsberichte wird ein solcher Exporteur für beide Ausnahmefälle ('affirmative-', 'deemed-waiver") verpflichtet, Dumping schriftlich zuzugeben, sodaß die USA argumentieren, daß in diesem Fall eine positive Beweislage klar erkennbar sei. Da der nächste Schritt aber ist, Dumping auf einer auftragsweiten Basis zu zeigen, kann die USA den Panel nicht davon überzeugen, daß sich nicht meldende Exporteure nicht die Bewertung dieses Schrittes beeinflussen. Der Panel fordert eine Unabhängigkeit beider Feststellungen, damit DOC dem Kriterium einer "reasoned determination" entsprechen kann. Argentina vs. United States - Sunset Reviews of Anti-Dumping Measures on Oil Country Tubular Goods from Argentina, WT/DS268/RW, 30 November 2006: S. 20, Para. 7.41; S. 10-20, Paras. 7.11-7.42.

[6712] Japan vs. USA - Anti-Dumping Act of 1916, WT/DS136/AB/R, WT/DS162/AB/R, 28 August 2000. S. 26, Para. 91.

[6713] "191. We acknowledge that these types of instructions to an executive agency may well serve as a useful tool to the agency as well as for all participants in administrative proceedings. They tend to promote transparency and consistency in decision-making, and can help authorities and participants to focus on the relevant issues and evidence. However, these considerations cannot override the obligation of investigating authorities, in a sunset review, to determine, on the basis of all relevant evidence, whether the expiry of the duty would be likely to lead to continuation or recurrence of dumping. As we have found in other situations, the use of presumptions may be inconsistent with an obligation to make a particular determination in each case using positive evidence. Provisions that create "irrebuttable"

Ähnlich gelagert ist der folgenden Fall: Auch ein 'hart' formulierter Abschnitt der U.S. Sunset Regulierung wird vom Panel und AB letztendlich als WTO kompatibel akzeptiert: Nur "under the most extraordinary circumstance" sollte bei Sunset Überprüfungen ein neuer Ausgleichszoll- oder Antidumpingzoll zugrundegelegt werden. Der Panel schreibt immerhin: "we feel compelled to express some concern about the effect of this regulation"[6714] Schon der Panel, bestätigt vom AB, zieht daraus aber nicht den Schluß, die U.S. Sunset Regulierungen so zu interpretieren, daß sie WTO inkonformes Verhalten anordnen würden ('mandates').[6715] Im zugrundeliegenden Einzelfall hatte die USA zudem die Ausgleichszollmarge verändert und es lag ein Gerichtsurteil des U.S. Court of International Trade vor, welches erklärte, daß es unerlaubt ('impermissible') sei, wenn DOC eine Veränderung der zugrundeliegenden Subventionierungspraxis nicht in seine Beurteilung einbeziehen würde.[6716]

Somit ist als Fazit zu ziehen, daß die Sunset Überprüfungen den Behörden weiterhin eine vereinfachte, ohne viel Argumentationsaufwand durchführbare, Verlängerung von Antidumpingmaßnahmen, ermöglichen. Dies führt zum inakzeptablen Ergebnis, daß nach 5 Jahren weder Dumping noch Schädigung im Sinn der Originaluntersuchung neu festgestellt werden muß. Dies ist u.a. eine direkte Folge des schwächeren Entscheidungsmaßstabs, zu dem sich der AB entschlossen hat. Positiv aus Fairnessperspektive sind die diversen prozeduralen Rechte, u.a. daß interessierte Parteien eine administrative Überprüfung beantragen können, wenn sie dies mit "positiv information" begründen können, siehe AD Art. 11.2 (dasselbe gilt bei Ausgleichszolluntersuchungen).[6717] Begrüßenswert ist auch, daß der AB bestätigt, daß eine Firma, bei der kein Dumping gefunden wird, umgehend aus der Untersuchung ausgeklammert werden muß. Dies war bereits in den USA der Fall, aber noch nicht in der EU. Die EU hatte sich vorbehalten, die Firmen im 'Pool' zu behalten und bei einer späteren Untersuchungen wieder Antidumpingzölle zu erheben. Dies wird nicht mehr akzeptiert.[6718] Ebenso wird nicht akzeptiert, solche Firmen bei Ausgleichszolluntersuchung in jährliche administrative Überprüfungen (die einer Untersuchung zugeordnet sind) einzubinden.[6719]

---

presumptions, or "predetermine" a particular result, run the risk of being found inconsistent with this type of obligation." Japan vs. United States - Sunset Review of Anti-Dumping Duties on Corrosion Resistant Carbon Steel Flat Products from Japan, WT/DS244/AB/R, 15 December 2003. S. 69, Paras. 191. Vermulst 2005: 197.

[6714] EU vs. United States - Countervailing Duties on Certain Corrosion-Resistant Carbon Steel Flat Products from Germany, WT/DS213/R, 3 July 2002. S. 188, Para. 8.105.

[6715] EU vs. United States - Countervailing Duties on Certain Corrosion-Resistant Carbon Steel Flat Products from Germany, WT/DS213/R, 3 July 2002. S. 188, Para. 8.106; EU vs. United States - Countervailing Duties on Certain Corrosion-Resistant Carbon Steel Flat Products from Germany, WT/DS213/AB/R, 28 November 2002. S.

[6716] EU vs. United States - Countervailing Duties on Certain Corrosion-Resistant Carbon Steel Flat Products from Germany, WT/DS213/AB/R, 28 November 2002. S. 53-54, Para. 159.

[6717] Daran dürfen keine bestimmten datenbezogenen Bedingungen geknüpft werden, etwa Daten für eine wie auch immer ausgelegte 'representativ period' vorzulegen. Nicht WTO kompatibel ist deshalb dieser Aspekt des mexikanischen AD Gesetzes: United States vs. Mexico - Definitive Anti-Dumping Measures on Beef and Rice, WT/DS295/AB/R, 29 November 2005. s. 109, Para. 314.

[6718] Der Ausschluß dieser Firmen muß spätestens zum Abschluß der Untersuchung erfolgen. United States vs. Mexico - Definitive Anti-Dumping Measures on Beef and Rice, WT/DS295/AB/R, 29 November 2005.S. 75-76, Para. 219-221.

[6719] United States vs. Mexico - Definitive Anti-Dumping Measures on Beef and Rice, WT/DS295/AB/R, 29 November 2005. S. 106, Para. 306.

7.8.3 Die 'Zeroing' Fälle

Hintergrund dieser Fälle ist, daß die USA ihre 'Zeroing' Methode nur Fall-zu-Fall ausgesetzt hatten und in sämtlichen, nicht vor der Streitbeilegung in Frage gestellten Fällen behördlicher Antidumpinguntersuchungen, weiter verwandte.[6720] Die 'Zeroing' Auseinandersetzung findet vor dem Hintergrund statt, daß die 'Zeroing' Methode wichtig dafür ist, Dumping überhaupt zeigen zu können. So wird von Ikenson (2004) für 18 U.S. Antidumpinguntersuchungen festgestellt, daß in 17 Fällen durch 'Zeroing' die Dumpingmarge erhöht wurde. In 5 Fällen hätte kein Dumping vorgelegen. Insgesamt wären die Dumpingmargen ohne 'Zeroing' um -86,41 % niedriger gewesen.[6721] Zwar ist es weiter möglich, andere Optionen zu wählen, um Dumpingmargen zu erhöhen, siehe das Fazit. Ohne 'Zeroing' scheint dies aber schwieriger und für die 'case handlers' aufwendiger zu werden. Letztendlich entscheidet sich die USA bzw. dort das DOC, nach längerer Zeit, aufgrund des Drucks durch die vielen WTO Fälle eine bestimmte Form des 'Zeroing' nicht mehr anzuwenden, nämlich 'Zeroing' im Vergleich gewichteter durchschnittlicher Transaktionen ('Model Zeroing'). Dies ist wirksam seit dem 22. Februar 2007.[6722]

Gegen 'Zeroing' in den USA klagte die EU (für gleich 15 Antidumpingfällen und 16 administrativen Überprüfungen), in EU vs. United States - Zeroing (EC) (2005-2006).[6723] Parallel dazu wurde der Fall Japan vs. United States - Zeroing and Sunset Reviews (Japan) (2006-2007) verhandelt (bei dem es um einen Antidumpingfall, 11 'periodic reviews' und 2 'sunset reviews' ging).[6724] Auch die beiden späten Fälle Ecuador vs. United States - Shrimp (2007)[6725] und Mexico vs. United States - Stainless Steel (2007)[6726] sind reine 'Zeroing' Fälle, welche, hier am Einzelfall, das regelinkonforme Handeln der U.S. Behörden bestätigen.

Vom AB wird in EU vs. United States - Zeroing (EC) entschieden, daß die nationalen Behörden auch in den U.S. administrativen Überprüfungen 'Zeroing' nicht einsetzen dürfen. In diesen administrativen Überprüfungen werden Preise jeder Exporttransaktion zusammengerechnet und diese mit einem monatsdurchschnittlichen Normalwert verglichen. Dieser Resultate werden dann zusammengerechnet und gewichtet anhand der Importe der jeweiligen Firmen dazu verwandt, deren 'assessment rate' bzw. die Höhe der Dumping-Zölle zu berechnen, woraus evtl. Rückerstattungen oder ergänzende

---

[6720] Ikenson 2004: 2.

[6721] Ikenson 2004: 2.

[6722] Siehe auch die Verlautbarung des Department of Commerce, International Trade Administration, Billing Code: 3510-DS-P. Dies wird auch erwähnt, mit Richtigstellung des Datums, in Mexico vs. United States - Final Anti-Dumping Measures on Stainless Steel from Mexico, WT/DS344/R, 20 December 2007, S. 32, Para. 7.106, S. 18, Para. 7.46.

[6723] Panel und AB. European Communities vs. United States - Laws, Regulations and Methodology for Calculating Dumping Margins (Zeroing), WT/DS294/AB/R, 31 October 2005. European Communities vs. United States - Laws, Regulations and Methodology for Calculating Dumping Margins (Zeroing), WT/DS294/AB/R, 18 April 2006.

[6724] Panel und AB. Japan vs. United States - Measures Relating to Zeroing and Sunset Reviews, WT/DS322/R, 20 September 2006. Japan vs. United States - Measures Relating to Zeroing and Sunset Reviews, WT/DS322/AB/R, 9 January 2007.

[6725] Ecuador vs. United States - Anti-Dumping Measure on Shrimp from Ecuador, WT/DS335/R, 30 January 2007.

[6726] Mexico vs. United States - Final Anti-Dumping Measures on Stainless Steel from Mexico, WT/DS344/R, 20 December 2007.

Zahlungen, der vorab zu entrichtenden Dumpingzollzahlungen, berechnet werden.[6727] Der AB stellt fest, daß das Antidumpingabkommen generell vorsieht, daß Dumpingmargen oder Dumpingzölle, die u.a. in GATT Art. VI:1, AD Art. 9.3 und auch in AD Art. 11.3, dem 'sunset review' Artikel, begrifflich erwähnt werden, gemäß AD Art. 2.4 berechnet werden müssen.[6728] Im Fall der U.S. Berechnung wurden individuelle Exporttransaktionen, die über dem Normalwert liegen, durch 'Zeroing' auf Null gesetzt und dadurch systematisch ausgeklammert, sodaß sich die Dumpingmarge erhöhte. Dies widerspricht u.a. AD Art. 9.3 und GATT Art. VI:1.[6729] Sodann verhält der AB sich passiv: Er urteilt nicht mehr über AD Art. 2.4, ob eine Verletzung von 'fair comparison' vorliegt.[6730] Er akzeptiert aber das Berufungsargument der EU, daß die U.S. Antidumping Manual und auch das Teil des Computerprogramms, genannt 'Standard Zeroing Procedure', und die daraus folgende methodische Anwendung 'as such' vor der Streitbeilegung verhandelt werden können, dies führt aber nicht zu einem Urteil, daß diese WTO inkonsistent sind. Das wird u.a. damit begründet, daß der Panel hier unzureichende Fakten vorgelegt hätte.[6731] Kurz: Der AB stellt mit diesem Bericht am 18. April 2006 klar, daß das 'Zeroing' Verbot umfassend gilt und bestätigt mit dieser Feststellung seinem Softwood Lumber V Art. 21.5 AB Bericht vom 15. August 2006, der schon in der AD Fallübersicht erwähnt wurde.[6732]

Im zweiten, hier relevanten Fall Japan vs. United States - Zeroing and Sunset Reviews (Japan) (2006-2007)[6733] wird dieser AB Bericht EU vs. United States - Zeroing (EC) noch zur Kenntnis genommen, obwohl er zwei Tage vor dem Interim Review des Japan-Falls veröffentlicht wurde (am 18. April 2006). Das Panel bestätigt sodann die AB Feststellung, daß 'Zeroing' in bezug auf in Modellen zusammengefaßten Transaktionen bei Durchschnitt-zu-Durchschnitt Vergleichen gemäß AD nicht akzeptabel ist.[6734] Darüberhinaus entscheidet sich das Panel aber nicht den Vorgaben des AB bei 'Zeroing' zu folgen. Es argumentiert, daß 'Zeroing' auf Transaktionsebene weiter erlaubt sein müßte.[6735] Daraus folgt, daß es auch in bezug auf 'period reviews' and 'new shipper reviews' erlaubt

---

[6727] European Communities vs. United States - Laws, Regulations and Methodology for Calculating Dumping Margins (Zeroing), WT/DS294/AB/R, 18 April 2006, S. 43, Para. 109.
[6728] European Communities vs. United States - Laws, Regulations and Methodology for Calculating Dumping Margins (Zeroing), WT/DS294/AB/R, 18 April 2006, S. 52-53, Para. 127, 129.
[6729] "Yet, Article 9.3 clearly stipulates that 'the amount of the anti-dumping duty shall not exceed the margin of dumping as established under Article 2." European Communities vs. United States - Laws, Regulations and Methodology for Calculating Dumping Margins (Zeroing), WT/DS294/AB/R, 18 April 2006, S. 55, Para. 133-134.
[6730] European Communities vs. United States - Laws, Regulations and Methodology for Calculating Dumping Margins (Zeroing), WT/DS294/AB/R, 18 April 2006, S. 60, Para. 147.
[6731] European Communities vs. United States - Laws, Regulations and Methodology for Calculating Dumping Margins (Zeroing), WT/DS294/AB/R, 18 April 2006. S. 80, Para. 204-205; dafür, daß dieser Fall gewonnen werden kann, muß "sufficient evidence" vorgelegt werden. Weil der Panel dies bezüglich der administrativen Überprüfungen ungenügend getan hat, lehnt der AB ab, hier weiter zu gehen. S. 86, Para. 228.
[6732] Canada vs. United States. Final Dumping Determination on Softwood Lumber from Canada, WT/DS264/AB/RW, 15 August 2006. S. 35, Para. 87, S. 50, Para. 124, S. 58, Para. 146.
[6733] Japan vs. United States - Measures Relating to Zeroing and Sunset Reviews, WT/DS322/R, 20 September 2006.
[6734] Japan vs. United States - Measures Relating to Zeroing and Sunset Reviews, WT/DS322/R, 20 September 2006, S. 151, Para. 7.86.
[6735] "However, while we recognize the important systemic considerations in favour of following adopted panel and Appellate Body reports, we have decided not to adopt that approach for the reasons outlined below." Japan vs. United States - Measures Relating to Zeroing and Sunset Reviews, WT/DS322/R, 20 September 2006. S. 156, Para. 7.99, S. 161, Para. 7.112, S. 170, Para. 7.143. Dies richtet sich gegen die

sein sollte.[6736] Dies wird von AB zu diesem Fall nicht mitgetragen, welches sich für ein 'Zeroing' Verbot auch für diese Untersuchungen ausspricht..[6737] Der Argumentation des AB folgt dagegen der Panel in: Ecuador vs. United States - Anti-Dumping Measure on Shrimp from Ecuador (2007)[6738], wohingegen sich ein Panel zu einer partiellen Rebellion gegen den AB in bezug auf administrative Überprüfungen ("respectfully disagree") entscheidet in: Mexico vs. United States - Final Anti-dumping Measures on Stainless Steel from Mexico (2007).[6739] Dies zur Verdeutlichung, wie stark diese Frage innerhalb der WTO umstritten war.

Wie dem auch sei, über den Umfang des 'Zeroing' Verbots wurde entschieden und viel spricht dafür, daß auch 'Zeroing' gemäß AD Art. 2.4.2, zweiter Satz, nicht WTO kompatibel ist.[6740] In AD Art. 2.4.2, zweiter Satz, darf ein gewichteter durchschnittlicher Normalwert mit Preisen individueller Exporttransaktionen verglichen werden darf. Bedingung dafür ist, daß hier unterschiedliche Preisstrukturen ('pattern') bei bestimmten Käufern, Regionen und Zeitperioden differieren (sog. 'targeted dumping'-Fälle[6741]) und daß ein Grund genannt werden muß, warum kein gewichteter durchschnittlicher oder rein transaktionsbezogener Vergleich benutzt wird.[6742] Gerade bei einem rein transaktionsbezogenem Vergleich werden, neben 'Zeroing', durch die Auswahl der Preise Spielräume für die Dumpingfeststellung eröffnet.[6743] Schließlich sei ergänzt, daß in bezug auf transaktionskostenbasierte Vergleiche nicht nur die USA, sondern auch die EU 'Zeroing' anwandte.[6744] Wie oben erwähnt, hat die USA, nach längerer Zeit, nun reagiert und führt immerhin schon eine Antidumpinguntersuchung ohne 'Zeroing' durch, wenigstens bezüglich des sog. Model Zeroings, dem Vergleich von gewichtet durchschnittlichen Transaktionszusammenstellungen.[6745]

7.8.4 Der Antidumping Entscheidungsmaßstab

Von den USA wurde kurz vor dem Abschluß der Uruguay Runde mit AD Art. 17.6 ein besonderer Entscheidungsmaßstab ('standard of review')[6746] eingefügt, der eine gegenüber den nationalen Behörden besonders respektvolle Überprüfung erreichen sollte ('deferential'). Dieser wird von der WTO Streitbeilegung nicht ganz abgelehnt, aber sicher anders umgesetzt, als dies bestimmte

---

Stelle: European Communities vs. United States - Laws, Regulations and Methodology for Calculating Dumping Margins (Zeroing), WT/DS294/AB/R, 18 April 2006, S. 51, Para. 126.
[6736] Japan vs. United States - Measures Relating to Zeroing and Sunset Reviews, WT/DS322/R, 20 September 2006, S. 189, Para. 7.216.
[6737] Japan vs. United States - Measures Relating to Zeroing and Sunset Reviews, WT/DS322/AB/R 9 January 2007, S. 171-172, Para. 190.
[6738] In bezug auf gewichtet durchschnittliche Wertvergleiche: Ecuador vs. United States - Anti-Dumping Measure on Shrimp from Ecuador, WT/DS335/R, 30 January 2007, S. 16, Para. 7.41.
[6739] Das Verbot des Zeroing bei Modellen und gewichteten Durchschnittsvergleichen wird nicht in Frage gestellt. Mexico vs. United States - Final Anti-Dumping Measures on Stainless Steel from Mexico, WT/DS344/R, 20 December 2007, S. 32, Para. 7.106, S. 23, Para. 7.62.
[6740] Vermulst 2005: 56.
[6741] Ikenson/Lindsey 2002: 20.
[6742] AD Art. 2.4.2. Agreement on Implementation of Article VI of the General Agreement on Tariffs and Trade. WTO 1995: 171.
[6743] Ikenson/Lindsey 2002: 40.
[6744] Ikenson/Lindsey 2002: 40.
[6745] Erwähnt wird dies von den USA ohne Angabe um welche Untersuchung es sich handelt, in: Mexico vs. United States - Final Anti-Dumping Measures on Stainless Steel from Mexico, WT/DS344/R, 20 December 2007, S. 18, Para. 7.46.
[6746] Dazu die folgende Literatur: Croley/Jackson 1996; Ruffert 2001; Oesch 2003; GAO 2003; Ehlermann/Lockhart 2004; Spamann 2004; Voon/Yanovich 2006. Die interessantesten Ausführungen geben, aufgrund ihrer AB Erfahrung: Ehlermann/Lockart 2004.

Interessengruppen und Experten in den USA erwartet hatten, die eine Regelbindung für Antidumpingmaßnahmen weitgehend ablehnen.[6747] Angesichts dieser Fragestellung und des Phänomens der 'schwachen' Panels, siehe das Fazit, wird hier dieser spezielle Entscheidungsmaßstab des Antidumpingabkommen rekonstruiert.

7.8.4.1 Grundlagen

Schon vor der WTO Gründung wurde in bezug auf Entscheidungsmaßstab des AD im GATT festgehalten, daß die Streitbeilegung nicht dazu befugt ist, eigenständig eine Faktenrecherche ('de novo review') durchzuführen.[6748] Dies bedeutet, daß der Panel keine völlig neue Entscheidung, basierend auf einer eigenen Faktenrecherche treffen darf. Der Entscheidungsmaßstab wird in der WTO, wie schon oben ausgeführt, negativ definiert und zwischen einer eigenständigen Faktenrecherche, der *de novo review* und *deference*, einen vollständigen sich einlassen auf die Ausführungen der Behörden, angesiedelt. Dazwischen liegt *objective assessment of the facts*, die objektive Überprüfung der Fakten, welche die Streitbeilegung durchführt. Dies basiert auf den schon oben erwähnten Ausführungen des AB zu DSU Art. 11 im United States vs. EU - Hormones (1998).[6749] Ebenso gilt auch hier die Arbeitsteilung zwischen AB und Panel, wobei der AB das *objective assessment of the facts* des Panel nicht leichtfertig bezweifelt.[6750]

In Japan vs. USA - Hot Rolled Steel (2001) wurden vom AB, ergänzend zu den sonstigen Ausführungen zum Entscheidungsmaßstab, die weiter relevant bleiben, folgende, spezielle Formulierungen für den Entscheidungsmaßstab des AD vorgegeben:

- Art. 17.6 (i) fordere vom Panel eine Prüfung ("review") der Niederlegung ("establishment") und der Bewertung ("evaluation") der Fakten. Diese dort gewählte Formulierung, die, so der AB, ein "*assessment* of the *facts*", eine Beurteilung des Sachverhalts fordere, ähnele DSU Art. 11, der vorsieht, eine objektive Beurteilung des Sachverhalts durchzuführen ("*objective assessment* of the *facts*"). Ausdrücklich wird betont, daß bei einer solche objektive Sachverhalts- bzw. auch Faktenbeurteilung von Panel erwartet wird, daß es die einschlägigen Fakten noch einmal aktiv durchdenken ('review') oder untersuchen ('examination') muß: "the text of both provisions requires panels to 'assess' the facts and this, in our view, clearly necessitates an active review or examination of the pertinent facts."

[6747] Für die Interessengruppen und Experten steht hier Tarullo 2002; der Bericht für den U.S. Kongreß ist GAO 2003. Dazu die folgende Literatur: Croley/Jackson 1996; Ruffert 2001; Oesch 2003; Ehlermann/Lockhart 2004; Spamann 2004; Voon/Yanovich 2006. Die informativsten Ausführungen zum Entscheidungsmaßstab geben, aufgrund ihrer AB Erfahrung: Ehlermann/Lockart 2004; sowie Voon/Yanovich 2006.

[6748] Daß keine 'de novo review' angestrebt wird, wird, ohne Diskussion allerdings, so schon angenommen in GATT Fall Norway vs. USA Imposition of Anti-Dumping Duties on Imports of Fresh and Chilled Athlantic Salmon from Norway, ADP/87, 27. April 1994, S. 403, Para. 494.

[6749] Herv. durch den Verfasser. Zitate im Punkt Einleitung. United States vs. EU - Measures Concerning Meat and Meat Products (Hormones), WT/DS26/AB/R, WT/DS48/AB/R, 16 January 1998. S. 41, Para. 111, 43, Para. 117.

[6750] Herv. durch den Verfasser. "As the Appellate Body has often observed, it will not interfere lightly with a Panel's assessment of the facts." Canada vs. United States - Final Dumping Determination on Softwood Lumber from Canada, WT/DS264/AB/R, 11 August 2004. S. 58, Para. 174.

Obwohl nicht ausdrücklich formuliert wird, daß die Faktenbeurteilung objektiv sein soll, wird dies so angenommen und somit kein Konflikt von Art. 17.6 (i) mit DSU Art. 11 angenommen.

- der Panel bekommt die Rolle zugewiesen erstens festzustellen, ob die Niederlegung der Fakten durch die Behörde korrekt, sachgerecht und einwandfrei ("establishment of the facts was *proper*") erfolgt sei und zweitens, ob die Bewertung der Fakten durch die Behörde vorurteilsfrei bzw. neutral und objektiv ("*evaluation* of those facts was *unbiased and objective*") durchgeführt wurde. Somit können die Behörden zwei Fehler machen, bei der Niederlegung und der Bewertung der Fakten.

- in Art. 17.6 (ii) wird im zweiter Satz ausgeführt, daß es mehrere zulässiger Interpretationen ("permissible interpretation") der Regeln des AD geben könne. Der AB führt dazu aus, daß bei der Auslegung des Antidumpingabkommens zuerst einmal die Wiener Vertragsrechtskonvention beachtet werden muß. Danach könne, anhand von konkreten Streitfällen, ausgemacht werden, was eine zulässige Interpretation des Abkommens sei. Ein Konflikt mit DSU Art. 11 wird nicht gesehen, weil nirgendwo in Art. 17.6 (ii) geschrieben stehe, daß ein AD Panel keine objektive Beurteilung des Falls vornehmen soll. Sodann wird formuliert: "Art 17.6 (ii) simply adds that a panel shall find that a measure is in conformity with the *Anti-Dumping Agreement* if it rests upon one permissible interpretation of that Agreement."[6751] Am Rande: Die Wiener Konvention über das Recht der Verträge instruiert dazu eine einzige Auslegung eines völkerrechtlichen Vertrags anzustreben, sodaß die Annahme mehrerer zulässiger Interpretationen problematisch ist.[6752]

- sodann werden, etwas später in diesem Bericht, aber nicht weniger wichtig, weitere Aspekte von AD Art. 3.1 ausgelegt, wobei dieser Artikel als übergreifende Regel ("overarching provision"[6753]) angesehen wird. Dort ist die Rede davon, daß eine Antidumping-Feststellung auf positiven Beweisen und einer objektiven Überprüfung der Fakten beruhen soll ("shall be based on positive evidence and involve an objective examination"[6754]). Diese Begriffe werden vom AB weiter ausgeführt:

"192. (...) The term 'positive evidence' relates, in our view, to the quality of the evidence that the authorities may rely upon in making a determination. The word 'positive' means, to us, that the evidence must be of an affirmative, objective and verifiable character, and that is must be credible.

[6751] Herv. im Original. Die Zitate werden nicht gesondert den Paragraphen zugeordnet, weil hier chronologisch vorgegangen wird und der Bezug leicht auszumachen ist. Japan vs. United States - Anti-Dumping Measures on Certain Hot-Rolled Steel Products from Japan, WT/DS184/AB/R, 24 July 2001, S. 25-27, Paras. 54-62. Am Rande: Es stimmt, daß der zweite Satz von Art. 17.6 (i) "even though the panel micht have reached a different conclusion, the evaluation shall not be overturned" nicht vom AB erwähnt wird. Tarullo 2002: 12.
[6752] Welcher Artikel in multipler Weise ausgelegt werden sollen, dafür gibt es im AD Abkommen keine Anhaltspunkte. Unter Umständen wird hier die Notwendigkeit einer politischen Klärung durch Verhandlungen gesehen. Ehlermann/Lockhard 2004: 500. Siehe allgemein Verdross/Simma 1984: 491-493.
[6753] "Article 3.1 is an overarching provision that sets forth a Member's fundamental, substantive obligation in this respect." Poland vs. Thailand - Anti-Dumping Duties on Angles, Shapes and Sections of Iron or Non-Alloy Steel and H Beams from Poland, WT/DS122/AB/R, 12. März 2001, S. 33, Para. 106.
[6754] AD Art. 3.1. WTO 1995: 172.

193. (...) While the term 'positive evidence' focuses on the facts underpinning and justifying the injury determination, the term 'objective examination' is concerned with the investigative process itself. The word 'examination' relates, in our view, to the way in which evidence is gathered, inquired into and, subsequently, evaluated; that is, it related to the conduct of the investigation generally. The word 'objective', which qualifies the word 'examination', indicates essentially that the 'examination' process must conform to the dictates of the basic principles of good faith and fundamental fairness [Footnote 141: This provision is yet another expression of the general principle of good faith in the *Anti-Dumping Agreement*]. In short, an 'objective examination' requires that the domestic industry, and the effects of the dumped imports, be investigated in an unbiased manner, without favouring the interests of any interested party, or group of interested parties, in the investigation. The duty of the investigating authorities to conduct an 'objective examination' recognizes that the determination will be influence by the objectivity, or any lack thereof, of the investigative process."[6755]

"196. (...) If an examination is to be 'objective', the identification, investigation and evaluation of the relevant factors must be even-handed. Thus, investigating authorities are not entitled to conduct their investigation in such a way that is becomes more likely that, as a result of the fact-finding or evaluation process, they will determine that the domestic industry is injured."[6756]

Diese Ausführungen in den Paragraphen 192, 193 und 196 zu den in AD Art. 3.1 enthaltenden Begriffspaaren "positive evidence" und "objective determination" sind ebenso bemerkenswert wie die zuerst genannten Ausführungen zum Entscheidungsmaßstab. Zuerst einmal wird 'positive evidence' mit der Qualität der Beweise, darunter der Fakten ("quality of the evidence", "facts unterpinning and justifying the injury determination"), in Verbindung gebracht und sodann ausgeführt: "The word 'positive' means, to us that the evidence must be of an affirmative, objective and verifiable character, and that it must be credible."[6757] Der Terminus 'objective determination' richtet sich dagegen auf den behördlichen Untersuchungsprozess selbst: "the way in which evidence is gathered, inquired into, and, subsequently, evaluated; that is, it relates to the conduct of the investigation generally. The word 'objective', which qualifies the word 'examination', indicates essentially that the 'examination' process must conform to the dictates of the basic principles of good faith and fundamental fairness. In short, an 'objective examination' requires that the domestic industry, and the effects of dumped imports, be investigated in an unbiased manner, without favouring the interests of any interested party, or group of interested parties, in the investigation".[6758] Mit der Formulierung, daß unvoreingenommen

---

[6755] Die im Original als Fußnote 141 bestehende Einfügung ist vom Verfasser als 'Footnote'-Klammer eingefügt worden. Herv. im Original. Japan vs. United States - Anti-Dumping Measures on Certain Hot-Rolled Steel Products from Japan, WT/DS184/AB/R, 24 July 2001, S. 65, Paras. 192-193.

[6756] Im Kontext dieses Falls wird hier die Argumentation vorbereitet, mit der der AB anzweifelt, daß die Anwendung der 'captive production provision'-Analyse, wobei nur der 'merchant market' besser untersucht wurde, nicht objektiv gemäß AD Art. 3. und Art. 4 gewesen ist. Japan vs. United States - Anti-Dumping Measures on Certain Hot-Rolled Steel Products from Japan, WT/DS184/AB/R, 24 July 2001, S. 66, Para. 196.

[6757] Japan vs. United States - Anti-Dumping Measures on Certain Hot-Rolled Steel Products from Japan, WT/DS184/AB/R, 24 July 2001: S. 65, Para. 192.

[6758] Japan vs. United States - Anti-Dumping Measures on Certain Hot-Rolled Steel Products from Japan, WT/DS184/AB/R, 24 July 2001: S. 65, Para. 193.

("unbiased"), ohne die Interessen einer Partei zu favorisieren, untersucht werden soll, streicht der AB den ganzen Antidumpinguntersuchungsvorgang gegen den Strich und sieht eine Aufgabenverteilung zwischen WTO Streitbeilegung und den Behörden vor, indem er die Behörden in die Verantwortung nimmt. Etabliert wird eine Arbeitsteilung zwischen Streitbeilegung und den nationalen Untersuchungsbehörden, wobei letzteren die Verpflichtung auferlegt wird, nicht nur eine objektive Faktenanalyse zu betreiben, sondern der Begriff 'objektiv' wird verbunden mit unparteiisch, gleichgewichtig, ausgewogen, auf fundamentale Art und Weise Fair und im Einklang stehend mit dem völkerrechtlichen Prinzip von Treu und Glauben. Ob die Behörden dem gerecht werden, kann somit ebenso von den Panels überprüft werden. In gewisser Weise wird damit den nationalen Behörden aufgetragen, was den Panels letztendlich nicht erlaubt ist, nämlich eine neue, ebenso unparteiische, ausgewogene etc. Untersuchung mit selbst recherchierten 'objektiven' Fakten durchzuführen. Die Zukunft muß zeigen, inwiefern dies im schwierigen Antidumpingumfeld durchsetzbar ist, immerhin wurden diese Anforderungen unzweideutig etabliert.

Auffällig ist weiterhin folgendes: Obwohl die Ausführungen zum Entscheidungsmaßstabs im Bereich AD vielfach deckungsgleich mit der Schutzklausel sind, ist sichtbar, daß die Passagen des AB für den Entscheidungsmaßstab der Schutzklausel in den ersten Jahren der Streitbeilegung entschiedener ausgefallen sind: In New Zealand, Australia vs. United States - Lamb (2000-2001) wurde zwar in ähnlicher Weise formuliert, daß das Panel nicht eine de novo review durchführen darf und seine Schlußfolgerungen nicht die der Behörden ersetzen soll. Eindeutig wird aber postuliert, daß dies nicht Passivität oder Akzeptanz dieser Schlußfolgerungen bedeutet: "this does *not* mean that panels simply must *accept* the conclusions of the competent authorities."[6759] Für den AD Bereich wurde eine solche, auf ähnlicher Ebene angesiedelte Anforderung, in Canada vs. United States - Softwood Lumber VI (2004-2006) nachgeholt, als der Art. 21.5 AB sich dem 'schwachen' Vorgehen des Panels angesichts alternativer Szenarien widmet: Der AB formuliert dort, daß das durchdenken ('review') und überprüfen ('examination') alternativer Szenarien zwar mit angemessener Beachtung ('due regard') des von der Behörde gewählten Ansatzes durchgeführt werden solle, um nicht das Risiko einzugehen einen anderen Fall zu konstruieren ('a case different from the one put forward by that authority'). Dies dürfe aber nicht dazu führen, daß die Schlußfolgerungen der Behörden nur im abstrakten Sinne auf ihre Vernünftigkeit oder Plausibilität geprüft werden, sondern sei erforderlich eine aktive, kritische und suchende Analyse durchzuführen, bei der es dazu kommen kann, daß die Erklärungen der Behörden im Licht der alternativen Szenarios nicht mehr als vernünftig oder angemessen erscheinen, wobei bei dieser Analyse auch eine erfolgende oder nicht erfolgende Bewertung alternativer Beweise oder die Einbeziehung alternativer Interpretationen durch die Behörde vom das Panel beachtet werden muß.[6760]

[6759] Herv. im Original. New Zealand vs. United States - Safeguard Measure on Imports of Fresh, Chilled or Frozen Lamb from New Zealand. WT/DS177/AB/R, W/DS178/AB/R, 1. Mai 2001, S. 38-39, Para. 106.

[6760] Zusammenfassung relevanter Formulierungen des AB. Die zugrundeliegenden Passagen sind oben in Softwood - Lumber VI (2004-2006) in ganzer Länge zitiert, dort können die englischen Formulierungen verglichen werden. Canada vs. United States - Investigation of the International Trade Commission in Softwood Lumber from Canada, WT/DS277/AB/RW, 13 April 2006, S. 36, Para. 93, S. 39, Para. 99, S. 46-47, Para. 113, S. 48, Para. 117. Wenn eine Behörde alternative Szenarien nicht widerlegt, müsse dies zudem nicht dazu führen, daß ein Panel das entsprechende Argument ablehnt. S. 48, Para. 117 FN 176.

Die USA stimmt in diesem Bericht zu, daß der Panel jedenfalls nicht alternative Argumente einfach entgegenstellen sollte, sondern eine aktiv argumentierende Rolle übernehmen müsse.[6761] Obwohl der AB die Analyse in diesem Fall nicht zuende führte, ließ er sich zur Verdeutlichung auf die Diskussion beispielhaft ein und benutzte dabei die folgenden Termini: "should have examined", "should have questioned", "should have scrutinized the evidentiary basis and the adequacy of the reasons given", "should have examined the record (...) to acertain".[6762] Mit diesem Bericht dürfte sich die Entwicklung des AD Entscheidungsmaßstabs merklich an den Schutzklauselentscheidungsmaßstab angenähert haben.

Neben diesen grundlegenden Anhaltspunkten muß weiter darauf hingewiesen werden, daß die Streitbeilegung den Entscheidungsmaßstab weiter ausdifferenziert hat, wenn es darum geht, die Qualität und Gewichtung der Argumentation der Behörden zu prüfen. Dazu einige Beispiele:

Wenn es etwa darum geht, bedeutende Schädigung festzustellen, formuliert der AB: "197. Instead, Articles 3.1 and 3.4 indicate that the investigating authorities must determine, objectively, and on the basis of positive evidence, the importance attached to each potentially relevant factor and the weight attached to it."[6763] Zu drohender, bedeutenden Schädigung finden sich im AB Bericht United States vs. Mexico - Corn Syrup (2001) zuerst einmal folgende grundlegende Ausführungen: AD Art. 3.7 besage, daß "a threat of material injury shall be based on facts and not merely on allegation, conjecture or remote possibility", woraus u.a. geschlossen wird, daß der Panel sowohl öffentliche als auch vorliegende vertrauliche Information untersuchen sollte.[6764] Weiterhin: "In the determination of a *threat* of material injury, the investigating authorities will necessarily have to make assumptions relating to "the 'occurence of future events' since such *future* events 'can never be definitely proven by facts'". Notwithstanding this intrinsic uncertainty, a 'proper establishment' of facts in a determination of threat of material injury must be based on events that, although they have not yet occurred, must be 'clearly foreseen and imminent', in accordance with Art. 3.7 of the *Anti-Dumping Agreement*."[6765] Diese grundlegenden Anforderungen an das Aufzeigen drohender bedeutender Schädigung werden im Softwood Lumber IV Art. 21.5 AB (2006) enger gefaßt und es wird ein materiales

---

[6761] "116. According to the United States, Canada's arguments 'confuse the concept of reviewing an explanation in light of plausible alternative explanations, on the one hand, and automatically rejecting an explanation upon finding an alternative explanation to be plausible, on the other.' The United States asserts that the "[o]bjective assessment [under Article 11] requires the former but not the latter."Canada vs. United States - Investigation of the International Trade Commission in Softwood Lumber from Canada, WT/DS277/AB/RW, 13 April 2006, S. 48, Para. 116.

[6762] Canada vs. United States - Investigation of the International Trade Commission in Softwood Lumber from Canada, WT/DS277/AB/RW, 13 April 2006, S. 52, Para. 128.

[6763] Japan vs. United States - Anti-Dumping Measures on Certain Hot-Rolled Steel Products from Japan, WT/DS184/AB/R, 24 July 2001, S. 66-67, Para. 197.

[6764] In zugrundeliegenden Panel werden diese Formulierungen vom AB angeführt, um den unkontroversen Punkt durchzusetzen, daß auch vertrauliche Informationen vom Panel einbezogen werden sollten. Für vorläufige Feststellungen lautet die Formulierung ähnlich: Art. 5.2: "Simple assertion, unsubstantiated by evidence, cannot be considered sufficient to meet the requirements of this paragraph." Poland vs. Thailand - Anti-Dumping Duties on Angles, Shapes and Sections of Iron or Non-Alloy Steel and H Beams from Poland, WT/DS122/AB/R, 12. März 2001, S. 33-34, Para. 107-108.

[6765] Herv. im Original. United States vs. Mexico - Anti-Dumping Investigation of High Fructose Corn Syrup (HFCS) from the United States, WT/DS132/AB/RW, 22 October 2001. S. 27, Para. 85.

Bewertungskriterium eingeführt: "high degree of likelyhood": "an investigating authority making a determination of threat of injury must clearly disclose the assumptions and extrapolations that were made, on the basis of the record evidence, regarding future occurences." Und: "that the reasoning of the investigating authority demonstrate that such assumptions and extrapolations were based on positive evidence and not merely on allegation, conjecture, or remote possibility; and show a high degree of likelihood that projected occurrances will occur."[6766]

Teilweise weist dieser ausdifferenzierte Entscheidungsmaßstab nur einen 'schwachen' Verpflichtungscharakter auf. Dies gilt, wie schon in der Fallübersicht erwähnt, für den Begriff 'consider' in AD Art. 3.2 und auch für AD Art. 3.7, die Importbeschreibung. Der Begriff 'consider' hat eigentlich einen breiten Bedeutungsumfang, der vom 'starken' sorgfältig prüfen und bewerten bis hin zum 'schwachen' beachten, bedenken und berücksichtigen reicht. Am Rande bemerkt: Im Schutzklauselabkommen kommt 'consider' nicht vor, dort in SG Art. 4.2 (a), in dem es um dieselben Tatbestände (Importzunahme) geht, direkt von "evaluate" die Rede, es wird also eine begründete Bewertung gefordert.[6767] Für AD Art. 3.2 wurde dagegen vom Panel Poland vs. Thailand - H Beams (2000-2001) die 'schwache' Bedeutung gewählt, nämlich ein 'Beachten im Kontext' der diversen Aspekte von Importzunahme und Preiseffekten.[6768]

7.8.4.2 Nicht-zulässige und zulässige Auslegungen

Die USA verteidigt in ihren Äußerungen vor der Streitbeilegung ihre Vorstellung eines speziellen Entscheidungsmaßstabs ('standard of review') im AD, gerät aber an argumentative Grenzen, als Mexiko sich selbst auf eine zulässige Interpretation gemäß AD Art. 17.6 berufen wollte:

"The United States is of the view that, since Mexico violated certain previsions of the AD Agreement by improperly interpreting those provisions, Mexico's interpretations are not permissible. None of Mexico's interpretations might be considered as constituting the 'one-of-more-than-one' permissible interpretations allowed by Article 17.6 (ii) of the AD Agreement."[6769]

[6766] Canada vs. United States - Investigation of the International Trade Commission in Softwood Lumber from Canada, WT/DS277AB/RW, 13 April 2006. S. 44, Para. 109.
[6767] Agreement on Safeguards. Art. 4.2 (a) WTO 1995: 317.
[6768] "We examine the nature of the obligation in Article 3.2. We note that the text of Article 3.2 requires that the investigating authorities "consider whether there has been a significant increase in dumped imports". The Concise Oxford Dictionary defines 'consider' as, inter alia: 'contemplate mentally, especially in order to reach a conclusion'; 'give attention to'; and 'reckon with; take into account'. We therefore do not read the textual term 'consider in Article 3.2 to require an explicit 'finding' or 'determination' by the investigating authorities as to whether the increase in dumped imports is 'significant'. (...) Nevertheless, we consider that it must be apparent in the relevant documents in the record that the investigating authorities have given attention to and taken into account whether there has been a significant increase in dumped imports, in absolute or relative terms." Poland vs. Thailand - Anti-Dumping Duties on Angles, Shapes and Sections of Iron or Non-Alloy Steel and H Beams from Poland, WT/DS122/R, 28 September 2000, S. 46, Para. 7.161.
[6769] United States vs. Mexico - Anti-Dumping Investigation of High Fructose Corn Syrup (HFCS) from the United States, WT/DS132/R, 28 January 2000. S. 6, Para. 5.10.

Mit dieser Äußerung stimmte die USA implizit den später erfolgenden Ausführungen des AB in Japan vs. United States - Hot Rolled Steel (2001) zu. Seit diesen Ausführungen zum Entscheidungsmaßstab verfügt die Streitbeilegung über Maßstäbe, unter anderem die Wiener Vertragsrechtskonventionen anhand derer sie entscheidet, ob eine der multiplen zulässige Interpretationen auf die Praxis der Behörde zutrifft oder ob die Regeln des AD Abkommen eher dafür sprechen, daß nur eine Interpretation der Regeln möglich ist. Die Nicht-Zulässigkeit multipler Auslegungen wurde in einer Reihe von Fällen festgestellt. Dafür, daß die Nicht-Zulässigkeit multipler Auslegungen in wichtigen Rechtsfragen weiter beibehalten werden wird, spricht, daß sonst eine weltweit einheitliche Auslegung des Abkommens nicht mehr eingefordert werden könnte.[6770]

Ein Beispiel für eine nicht-zulässige multiple Auslegung: Beim Thema 'Zeroing' in India vs. EU - Bed Linen (2000-2003): "65. It appears clear to us from the emphatic and unqualified nature of this finding of inconsistency that the Panel did not view the interpretation given by the European Communities of Article 2.4.2 of the *Anti-Dumping Agreement* as a "permissible interpretation" within the meaning of Article 17.6(ii) of the *Anti-Dumping Agreement*. Thus, the Panel was not faced with a choice among multiple "permissible" interpretations which would have required it, under Article 17.6(ii), to give deference to the interpretation relied upon by the European Communities. Rather, the Panel was faced with a situation in which the interpretation relied upon by the European Communities was, to borrow a word from the European Communities, "impermissible". We do not share the view of the European Communities that the Panel failed to apply the standard of review set out in Article 17.6(ii) of the *Anti-Dumping Agreement*."[6771]

Ebenso werden von der Streitbeilegung in zwei Fällen multiple zulässige Auslegungen zugelassen: Erstens wurde in Japan vs. United States - Hot Rolled Steel (2001) vom AB eine Nutzung von 'downstream'-Verkäufen bei der Normalwertberechnung im besonderen Kontext dieses Falls als "in principle, 'permissible' following application of the rules of treaty interpretation in the *Vienna Convention*" angesehen.[6772] Der zweite Fall, bei dem eine multiple zulässige Auslegungen festgestellt wurde, zeigt die Gefahren auf, die ein nachlässige Anwendung dieser Option mit sich bringen kann. Im Panel Brazil vs. Argentina - Poultry AD Duties (2003) wurde es als regelkonform akzeptiert (es gab keine Berufung dazu), daß der in AD Art. 4.1 verwendete Begriff 'ein großer Teil der heimischen Industrie' ("a major proportion of the domestic industry")[6773], der sich auf Output bzw. Produktion bezieht, von Argentinien erfüllt ist, wenn der Untersuchung Daten zu 46 % der Industrie

---

[6770] Schon Croley/Jackson (1996) bringen es auf den Punkt. Während in den USA bei der Stärkung von 'deference' weniger das Risiko besteht, daß Gesetze durch Behörden in verschiedener Weise ausgelegt werden, ist es in der WTO sehr wahrscheinlich, daß genau dies eintritt. "Whereas in the U.S. domestic context Chevron deference shifts interpretive power away from multiple courts and to one agency, similar deference in the antidumping context would shift interpretive power away from one institution to multiple and varied parties to the GATT/WTO, each with a different culture and legal institution." Croley/Jackson 1996: 210.

[6771] India vs. European Communities - Anti-Dumping Duties on Imports of Cotton-Type Bed Linen from India, WT/DS141/AB/RW, 8 April 2003. S. 20, Para. 65.

[6772] Herv. im Original. Japan vs. United States - Anti-Dumping Measures on Certain Hot-Rolled Steel Products from Japan, WT/DS184/AB/R, 24 July 2001, S. 59, Para. 172. Vermulst 2005: 27.

[6773] AD Art. 4.1 hat nichts mit AD Art. 5.4 zu tun, bei es um einen Schwellenwert für die Initiation einer Untersuchung geht. Nur in letzterem werden die Zahlen 50 % und minimal 25 % genannt. WTO 1995: 177.

zugrundeliegen.⁶⁷⁷⁴ Die Definition des Begriffs 'großer Teil der heimischen Industrie' ist von außerordentlicher Wichtigkeit für das AD, weil darauf bezogen Schädigung untersucht und festgestellt wird.⁶⁷⁷⁵ An diesem Bericht kann erstens kritisiert werden, daß akzeptiert wurde, daß Argentinien 'nur' 46 % der heimischen Industrie in die Untersuchungen einbezogen hat bzw. nur dafür Informationen vorlegte. Dies impliziert, daß für 54 % der Industrie keine Informationen vorliegen, sodaß vollständig in der Schwebe bleibt, ob über 'die Industrie' durch Dumping geschädigt worden ist. Zweitens schlägt der Panel mehrere zulässige Definitionen des Begriffs 'domestic industry' vor: "This therefore supports our finding, that it is permissible to define the 'domestic industry' in terms of domestic producers of an important, serious or significant proportion of total domestic production." ⁶⁷⁷⁶ Dieser offensichtlich wenig überzeugende⁶⁷⁷⁷ Definitionsvorschlag, könnte sogar dazu führen, daß es für die Erfüllung der Bedingung in AD Art. 4.1 ausreicht, wenn 'nur' ein signifikanter Anteil der heimischen Produktion einer AD Untersuchung zugrundegelegt wird (sagen wir mal 22 %). Dies zeigt, wohin es führen kann, wenn bei wichtigen Fragen mehrere zulässige Interpretationen zugelassen würden. Würde dies so akzeptiert, würde die Disziplin, die durch die Antidumpingregeln bewirkt wird, aufgeweicht werden und eine Balance der Rechte und Pflichten unter den WTO Mitgliedern könnte für den Bereich Antidumping nicht mehr garantiert werden.

7.8.4.3 Even-handedness gegen Einschätzungsprärogativen

Zuletzt sei auf den neu entwickelte Begriff 'even-handedness' hingewiesen, mit welchem Lücken geschlossen und Einschätzungsprärogativen der Behörden entgegengewirkt werden kann. Anhand dessen können mutmaßlich 'zulässige' Interpretationen für 'unzulässig' gehalten werden können. In Japan vs. United States - Hot Rolled Steel (2001) wurde davon ausgehend die U.S. 99.5 % Methode als WTO inkompatibel erklärt.⁶⁷⁷⁸ Angewandt wurde es weiterhin in bezug auf den Umgang mit zwei Firmen durch das DOC in Softwood Lumber V. Weil diese Firmen sich nicht in einer gleichen, sondern unterschiedlichen Situation befanden, konnte der Begriff nicht greifen. Ebenso hatte das DOC seine Berechnungsmethoden konsistent angewandt und bestimmte Verkäufe anhand des Marktwertes bewertet.⁶⁷⁷⁹

---

⁶⁷⁷⁴ Brazil vs. Argentina - Definitive Anti-Dumping Duties on Poultry from Brazil, WT/DS214/R/ 22 April 2003, S. 91, Para. 7.341.
⁶⁷⁷⁵ Vermulst 2005: 68.
⁶⁷⁷⁶ Brazil vs. Argentina - Definitive Anti-Dumping Duties on Poultry from Brazil, WT/DS214/R/ 22 April 2003, S. 91, Para. 7.341.
⁶⁷⁷⁷ Wenig überzeugend auch deshalb, weil hier der dazu ebenfalls relevante Panelbericht India vs. EU - Bed Linen (2000-2003), der hierzu im Kontext von Art. 3.4 klare Vorgaben (welcher sachlich eng mit Art. 4.1 verbunden ist) machte, nicht zur Kenntnis genommen wird. Brazil vs. Argentina - Definitive Anti-Dumping Duties on Poultry from Brazil, WT/DS214/R/ 22 April 2003, S. 88-91, Paras. 7.328-7.344.
⁶⁷⁷⁸ "148. Although we believe the the Anti-Dumping Agreement affords WTO Members discretion to determine to ensure that normal value is not distorted through the inclusion of sales that are not 'in the ordinary course of trade', that discretion is not without limits. In particular, the discretion must be exercised in an even-handed way that is fair to all parties affected by an anti-dumping investigation." Herv. im Original. Japan vs. United States - Anti-Dumping Measures on Certain Hot-Rolled Steel Products from Japan, WT/DS184/AB/R, 24 July 2001. S. 153, Para. 148.
⁶⁷⁷⁹ Canada vs. United States - Final Dumping Determination on Softwood Lumber from Canada, WT/DS264/AB/R, 11 August 2004. S. 57-60, Paras. 166-180. Siehe auch: "In our view, the issue raised by Canada - whether an investigating authority has exercised its discretion in an even-handed manner - is a question of law". S. 55, Para. 163.

7.8.4.4 Die USA und der AD Entscheidungsmaßstab

Wäre die WTO Streitbeilegung der These von Tarullo (2002) gefolgt, der sich die Nicht-Umsetzung des von der USA gewünschten Entscheidungsmaßstabs beklagte und daraus folgerte, daß eine Reihe von Schlußfolgerungen, darunter zu 'Zeroing', rückgängig gemacht werden müßten[6780], hätte das AD Abkommen seinen immerhin moderat disziplinierenden Charakter weitgehend verloren.

Zweiflern dürfte dies am eben erwähnten Beispiel des Panelbericht Brazil vs. Argentina - Poultry AD Duties (2003) deutlich geworden sein. Seit dem Bericht für den U.S. Kongreß, GAO (2003), dürfte der kontroverse Charakter dieser Frage etwas seine Brisanz verloren haben.[6781] In den Experteninterviews, die im Rahmen dieses Berichts vorgenommen wurden, hat die Mehrheit der konsultierten Experten geschlossen, daß die WTO Streitbeilegung angemessen geurteilt hat, auch bezüglich der kontroversen AD Fragen, etwa 'Zeroing' und 'facts available'. Akzeptiert wird von den Experten, daß die Streitbeilegung unklare und zweideutige Regeln auslegt und Lücken füllen muß. Eine ungerechte Behandlung der USA sei nicht feststellbar.[6782] Im GAO-Bericht wird allerdings, ähnlich wie in der Schlußfolgerung hier, festgehalten: "the United States was not successful in getting the standard of review it wanted in the Antidumping Agreement". Dabei hätte u.a. eine Rolle gespielt, daß angesichts der Opposition anderer Länder in der Uruguay-Runde ein Kompromiß gefunden wurde, bei dem u.a. die Chevron Doktrin nicht vollständig durchgesetzt werden konnte.[6783] Die U.S. Skepsis ist dadurch nicht ganz versiegt: Die ITC Mitarbeiter äußern, daß der volle Effekt der WTO Regeln erst in Zukunft sichtbar werden wird und es wird festgestellt, daß sie mehr Ressourcen und mehr Argumentationsaufwand aufbringen müssen, um den WTO Ansprüchen zu genügen. Die ITC und eine Minderheit der Experten vertritt weiter die Meinung, daß die WTO Streitbeilegung AD Art. 17.6 nicht angemessen angewandt hat und daß Fragen, die bewußt offen gelassen wurden, nicht hätten entschieden werden dürfen.[6784] Oben wurde aber gezeigt, daß die ITC diesen zusätzlichen Argumentationsaufwand durchaus bewältigen kann, wenn es sich um ein begründbaren Fall geht, siehe Japan vs. United States - Hot Rolled Steel (2001). Somit ist es trotz anspruchsvoller Vorgaben des Antidumpingabkommens weiter den Staaten möglich, Antidumpingmaßnahmen zu verteidigen.

Somit kann eine der Schlußfolgerungen in GAO (2003) bestätigt werden: Ein generell nachsichtiger Entscheidungsmaßstab ist nicht etabliert worden. In bezug auf wichtige Fragen ist nur eine Interpretationsoption akzeptiert worden. Es wurden sogar Kriterien entwickelt, mit denen sich schwierige Bewertungsfragen besser handhaben und eindeutig lösen lassen. Im schwierigen Umfeld Antidumping gibt es dazu für die Streitbeilegung kaum eine Alternative. Wie ein deutlich nachsichtigerer Entscheidungsmaß aussehen könnte, der dennoch eine Beurteilung der Maßnahmen nach Regeln ermöglicht, ist schwer vorstellbar. Schon der vorliegende Entscheidungsmaßstab sorgte

---

[6780] Tarullo 2002: 27-31.
[6781] Die temporären Kontroversen um dieses Thema notiert am Beispiel der Schutzklauselstreitfälle gegen die USA. Ehlermann 2004a: 513.
[6782] GAO 2003: 30-31.
[6783] GAO 2003: 30.
[6784] GAO 2003: 35.

nicht in allen Fällen dafür, daß die AD Maßnahmen im common sense Sinn 'objektiv' überprüft wurden. Zwar fordern aktive Panels Informationen an und ihnen werden viele Informationen bereitgestellt, die in die Diskussion und Bewertung einbezogen werden könnten. Ebenso sind an der Fallübersicht unterschiedliche Qualitäten der Panelberichte erkennbar, kurz: Es gibt das Phänomen 'schwacher' Panels. Mangels Möglichkeiten der Faktenrecherche durch den AB bestimmen aber die Panels letztendlich, inwiefern eine 'objektive' Beurteilung gelingt, die das WTO Streitbeilegungsabkommen auch für Antidumping letztendlich fordert. Wie dem auch sei, es bestehen genug Möglichkeiten einer graduellen Annäherung an einen Entscheidungsmaßstab einer 'objektiven' Beurteilung, die längst nicht immer ausgeschöpft wurden, sodaß es nicht aktuell ist, wie in der Literatur gefordert, daß Panels 'de novo' Überprüfungen durchführen sollten.[6785] Schließlich trifft die Kritik in der Literatur nicht zu, daß dieser Entscheidungsmaßstab es den nationalen Behörden allzusehr erschwert Berichte zu schreiben, die einer Überprüfung standhalten.[6786]

7.9 Fazit

Nun ist es möglich ein realistisches Bild des Zustandes der Antidumping-Regelbindung nach der Gründung der WTO zu zeichnen. Ähnlich wie im Bereich Schutzklausel gilt: Antidumping wird durch die WTO erstmals ernstzunehmenden Regeln ausgesetzt. Bisher konnten Antidumpingzölle ohne Beschränkungen der Methoden berechnet und ohne Beschränkung hinsichtlich der Anforderung Schädigung zu zeigen verwendet werden. Die nationalen Behörden haben bisher verzerrende Methoden der Antidumpingberechnung angewandt und Zölle wurden auch dann verwandt, wenn es der heimischen Industrie erkennbar gut ging.

In einer internationalen Handelsordnung, die von den Öffentlichkeiten der vielen WTO Mitglieder auf ihre sachliche Angemessenheit hin beobachtet wird, ist dies ein Fortschritt, denn es ist nicht akzeptabel, daß eine internationale Handelsordnung Schutzregeln enthält, die auf bewußt verzerrten Beschuldigungen beruhen. Es ist unbedingt nötig, daß es Regeln gibt, die dahingehend wirken, daß Antidumpinguntersuchungen auf eine möglichst objektive und faire Art und Weise durchgeführt

---

[6785] Spamann 2004: 554-555. Der Verfasser hofft eher, daß die Panels ihre entscheidene Rolle besser begreifen und selbstbewußter agieren d.h. den Staaten mehr Fragen stellen und mehr Fakten recherchieren. Dies könnte einiges ändern und hängt entscheidend von den Vorgabe des AB ab, die aber in diese Richtung gehen. Insofern hat die Streitbeilegung noch ein großes Potential sich ohne weitere explizit politische Eingriffe positiv im Sinne der 'objektiven' Wahrheit hinter den Dingen weiterzuentwickeln. Auf der anderen Seite gibt es hierfür klare Grenzen. Wie oben schon angedeutet, müßte auch einer de novo Prüfung beispielsweise eine Zeitperiode vorgegeben werden. Was ist eine objektive Zeit, Schädigung festzustellen? Müßten hier die Panels für 5 Jahre Daten sammeln, anstatt für nur 3? Auch Spamann (2004) gesteht ein, daß ein de novo review wohl kaum dazu führen dürfte, daß das Panel Schädigung durch Fabrikbesuche nachzeichnet und über Importzahlen Experten einlädt. Sein Vorschlag bezieht sich allein darauf, aus Fakten Bewertungen abzuleiten. Spamann 2004: 552.
[6786] "In sum, using hyperbole, one can say that in order to win a case before a WTO Panel, the national authorities have to establish a written report containing an 'adequate explanation' free of logical errors of how a yet undefined set of factors supports determinations of a yet undefined set of conditions." Darin wird der Grund gesehen, daß so viele Fälle verloren gingen. Spamann 2004: 545. In den Fällen wird dagegen deutlich, daß viele der behördlichen Fehler zu umgehen gewesen wären bzw. sogar bewußt gemacht wurden, in Ignoranz der WTO Regeln. Dies dem Überprüfungsstandard allein anzulasten, ist somit tatsächlich hyperbolisch. Daß die Behörden den Kriterien entsprechen können, dafür sind besonders die trockenen und kurzen Berichte der EU ein abschreckendes Beispiel, weil sie zwar alternative Erklärungen thematisieren, aber nur insoweit sie damit den Schein einer sachlich offenen Argumentation aufrechterhalten können. Dazu kommt, daß sie nicht mit einer solchen breiten Faktenbasis operieren wie die U.S. DOC und ITC, welche allerdings wiederum häufiger zum Mittel der Unkenntlichmachung von Informationen greifen.

werden. Wie weit geht die neue Disziplin? Wie wird das Antidumpinginstrument hier dynamisch ordoliberal bewertet?

(1) Zuerst zu prozeduralen Regeln, die hier nicht thematisiert wurden. Diese beziehen sich auf Selbstverständlichkeiten, nämlich die Einhaltung prozeduraler Abläufe, das Recht Eingaben zu machen und Fairnessregeln, die dazu führen, daß Informationen nicht willkürlich abgelehnt werden dürfen. Diese prozeduralen Regeln sind umsomehr begrüßenswert, weil sie zu Verbesserungen der materialen Analyse wirtschaftlicher Hintergrunddaten beitragen könne, wenn diese Wirkung auch nicht sehr weitgehend sein mag. Immerhin wird es dadurch den Behörden erschwert Informationen abzulehnen und konstruierte Werte zu benutzen, siehe dazu u.a. India vs. United States - Steel Plate (2002).[6787]

(2) Das erste Ergebnis der Fallübersicht lautet, daß es Antidumpinguntersuchungen gibt, die offen erkennbar eine unzureichende Qualität aufweisen und nicht vor der Streitbeilegung Bestand haben. Dies bezieht sich in den vorliegenden Fällen besonders auf Untersuchungen von Behörden aus Entwicklungsländern, die auf einer unzureichenden Datenlage basieren und deren Argumentation offen erkennbar unplausibel ist: Mexico vs. Guatemala - Cement I und II (1998, 2000), EC vs. Argentina - Ceramic Tiles (2001), Brazil vs. Argentina - Poultry AD Duties (2003), United States vs. Mexico - Rice (2005). Dies zeigt eine Problemdimension auf, bedeutet aber nicht, daß Entwicklungsländer generell nicht in der Lage sind, ihre Antidumpingmaßnahmen vor der WTO zu verteidigen, wenn eine bestimmte Qualität der Untersuchung erreicht worden ist: Dies gelingt Thailand und Ägypten in: Poland vs. Thailand - H Beams (2000-2001) und Turkey vs. Egypt - Steel Rebar (2002).

(2) Als zweites Ergebnis liegt vor, daß Antidumpingmaßnahmen nicht akzeptiert werden, wenn Schädigung nicht ausreichend begründet werden kann. In Abschnitt 'H' wurde anhand der Empirie gezeigt, daß nur in 20 % der Antidumpinguntersuchungen der USA zwischen 1980 und 1994 tatsächlich Schädigung zugrundegelegen hat. Somit konnte erwartet werden, daß die neuen AD Regeln dazu führen, daß es der Streitbeilegung gelingt, einige solcher unbegründeter Fälle auszumachen. Dies wurde zuallererst durch das Phänomen der 'schwachen' Panels erschwert, die ihre Möglichkeiten der Faktenverifikation und Recherche in den Anhörungen wenig engagiert durchführten und welche die Argumente der nationalen Behörden nicht aktiv genug untersuchten und davor zurückschreckten, alternative Szenarien anhand einer eigenen Vorstellung von den Verpflichtungen, die in diesem Fall vom Antidumpingabkommen ausgehen, zu beurteilen. Nehmen die Panels für die Zukunft den Entscheidungsmaßstab des Softwood Lumber V Art. 21.5 AB (2006) Berichts ernst, ist dies für die Zukunft weniger oft zu befürchten. In die gleiche Richtung mag es wirken, daß die nationalen

---

[6787] WTO Agreement on the Implementation of Article VI of the General Agreement on Tariffs and Trade 1995: Annex II, 195-196. Es kann z.B. nicht für die Daten ein bestimmtes Computersystem oder eine bestimmte Software gefordert werden oder eine Computerlesbarkeit der Daten, obwohl die Firma keine Computer benutzt. Auch wenn die Information nicht in jeder Hinsicht Ideal ist, darf sie nicht ignoriert werden. Krishna 1997: 30.

Behörden mit einer ganzen Reihe von Kriterien von der Streitbeilegung in die Verantwortung genommen wurden, ihre Berichte u.a. objektiv und unparteiisch abzufassen.

Anhand der Fälle zeigt sich einerseits, daß es anhand der Regeln des Antidumpingabkommens möglich ist, zu erkennen, daß keine Schädigung vorliegt, so in United States - Mexiko - Corn Syrup (2001) und Indonesia vs. Korea - Certain Paper (2005). Andererseits gab es eine ganze Reihe von Fällen, in denen das Ausmaß der Schädigung weniger ausgeprägt war. Umso spannender ist es, wie die Panels damit umgehen. Bezüglich dieser Fälle kann differenziert werden zwischen 'schwache' Panels, die weitgehend über die Problemlage hinwegsahen und 'starken' Panels, die kritisch vorgingen:

Das erste 'schwache' Panel findet sich im Fallpaket India vs. EU - Bedlinen (2000-2003). Das Panel verunmöglicht es letztendlich Indien, die nicht vollständig überzeugende Schädigungsanalyse der EU anzuzweifeln. In Japan vs. United States - Hot Rolled Steel (2001) akzeptierte ein 'schwaches' Panel eine Schädigungsanalyse, die auf kurzfristig ungünstig ausgeprägten Indikatoren - und einer willkürlich eingeführten Erwartung der U.S. Behörden auf ein weiteres erfolgreiches Jahr - basierte. In Brazil vs. EC - Tube or Pipe Fittings (2003) hätte sich ein 'starker' Panel weigern können, die dort erkennbare, durch oligopolistische Koordination ermöglichte, Inszenierung von Schädigung zu akzeptieren. Weil diesbezüglich eine geringfügige Schädigung bei einer Reihe von Faktoren vorlag, hätte ein solcher Panel sehr 'stark' seien müssen und z.B. schon in der Anhörungsphase systematisch Frage stellen und Daten anfordern müssen, um eine AD Inkonformität begründen zu können.

Ein 'starkes' Panel, welche die Schädigungsanalyse auf hohem Niveau kritisch in Frage stellte, findet sich im Fallpaket Softwood Lumber VI (2004), wobei dieser Panel in seinem Art. 21.5 Panel (2005) Bericht zur Neufeststellung der ITC plötzlich wieder 'schwach' wurde. Dies wurde vom Art. 21.5 AB (2006) in deutlicher Form kritisiert und zur Stärkung des AD Entscheidungsmaßstabs genutzt. Daran wird deutlich, daß es sehr wohl möglich ist, anhand den Kriterien des Antidumpingkommens auch einem Industrieland (!) vorzuwerfen, daß es nicht den Schädigungskriterien entspricht (hier ging es um drohende bedeutende Schädigung). Dies stimmt immerhin für die Zukunft optimistisch, daß die Regeln greifen und routiniert angewandt werden können.

Angesicht der Grundlagenentscheidung, daß der Begriff bedeutender Schädigung nicht so streng ausgelegt werden darf, wie ernsthafte Schädigung im Schutzklauselbereich, ist aber weiterhin zu erwarten, daß auch geringfügige Profitrückgänge als ausreichend angesehen werden, um der Schädigungsbedingung zu genügen. Ob diese überhaupt im negativen Bereich liegen müssen, bleibt nach der 'schwachen' Panelentscheidung in Japan vs. United States - Hot Rolled Steel (2001) offen. Ähnlich wie im Schutzklauselbereich ist es bei Antidumping somit nur dann wahrscheinlich, daß die WTO eine Schädigungsfeststellung zurückweist, wenn viele Faktoren, die den Zustand der Industrie beschreiben, positiv sind. Dies eröffnet die Möglichkeit anhand einiger Faktoren Schädigung zu behaupten, obwohl der Zustand der Industrie insgesamt zufriedenstellend ist. Ein Ausweg böte nur eine Hierarchisierung der Faktoren durch die Streitbeilegung, z.B. wenn Profiten systematisch eine höhere Relevanz zugemessen würde. Dies ist bislang an den Fällen nicht sichtbar. Als Quelle der Unsicherheit kommt hinzu, daß Schädigungsindikatoren von der Industrie manipuliert werden können.[6788]

In Zukunft sind auch Kettenreaktionen somit nicht ausgeschlossen: Bei weltweiten Problemen mit Überkapazitäten, die in der Stahl und Chemieindustrie immer wiederkehren können, kann etwa anhand des Faktors Kapazitätsauslastung in vielen Situationen eine Schädigungssituation behauptet werden. Problem ist nur, daß durch nachfolgende Antidumpingmaßnahmen Exporte behindert und Probleme der Kapazitätsauslastung in anderen Ländern dadurch ausgelöst werden, wodurch dann ebenso das Antidumpinginstrument leichter begründet werden kann.

Spielräume werden weiterhin dadurch ermöglicht, daß in AD Art. 3.2, durch den 'consider' Bewertungsansatz ein Spielraum für die Datenauswahl besteht, der es aller Wahrscheinlichkeit nach ermöglicht, daß die Behörden Schädigung durch Preisunterdrückung nicht über einen niedrigeren Preis, sondern über Importvolumen behaupten können, solange Dumping einmal aufgezeigt wurde. Im Fall Indonesia vs. Korea - Certain Paper (2005) wurde dies vom Panel akzeptiert. Korea verlor diesen Fall nicht aufgrund dieses Sachverhalts, sondern weil es keine Schädigung seiner Firmen vorweisen konnte. Der AD Abkommenstext steht somit einer Antidumpingmaßnahme nicht entgegen, die sich gegen Waren richtet, welche das Preisniveaus im Exportmarkt nicht einmal unterboten haben. Es reicht, wenn Importe volumenbezogen ansteigen und das - nur relativ auf den Heimatmarkt (Normalwert) bezogene - Dumpingkriterium erfüllt ist sowie Schädigung bewiesen werden kann.

Insgesamt ist zu schließen, daß die Schädigungsanalyse immerhin die Möglichkeit eröffnet, daß die wirtschaftlichen Hintergrunde kritisch überprüft werden und Dumping dadurch erstmals ernstzunehmenden Bedingungen unterworfen ist.

(3) Drittens ist es wichtig für die Bewertung des AD Abkommens, daß, wie dies in der WTO üblich ist, auch im Antidumpingbereich, den Streitparteien die Umsetzung der Empfehlungen seitens Streitbeilegung offen gelassen wird. Nur in Ausnahmenfällen offenkundiger Verstöße auf sehr vielen Ebenen wurde von den Panels die Abschaffung der Maßnahmen vorgeschlagen, hier etwa in Brazil vs. Argentina - Poultry AD Duties (2003). An der Fallübersicht wird deutlich, daß sowohl Industrie- als auch Entwicklungsländer ihre Berichte bzw. Feststellungen nach einem verlorenen Streitfall nachbesserten und die Antidumpingzölle weiter aufrechthielten, wenn auch teils auf niedrigerem Niveau.[6789]

[6788] Hoekman/Leidy 1990: 39.
[6789] Dies ist der Fall in Poland vs. Thailand - H Beams (2000-2001); die Antidumpingzölle werden zwar verringert, aber über lange Zeit aufrechterhalten in India vs. EU - Bed Linen (2000-2003); weiter besteht die Maßnahme in Korea vs. United States - Stainless Steel (2000); nach Modifikationen und eine Absenkung der Zölle wird die Maßnahmen weiter aufrechterhalten in Japan vs. United States - Hot Rolled Steel (2001).

(4) Viertens ist, gemäß AD Art. 11, ist eine unlimitierte Aufrechterhaltung von Antidumpingmaßnahmen möglich, solange Überprüfungen erfolgen. Der weniger strenge Entscheidungsmaßstab, der für die 'sunset reviews' verwendet wird, kommt dem entgegen. Ist es einmal gelungen, einen AD Zoll zu etablieren, ist die Verlängerung einfach. Es ist nicht erforderlich, Dumping neu zu beweisen und eine drohende Wiederholung von Schädigung ist leicht aufzeigbar. Somit können Antidumpingzölle weiterhin zeitlich unlimitiert aufrechterhalten werden. Zwar ist anzuerkennen, daß die Streitbeilegung den nationalen Behörden nahelegt, daß sie auf eine regelkonforme Durchführung ihrer 'sunset reviews' achten müssen, dies gilt speziell für die U.S. DOC Praxis, die unangemessen hohe Beweislasten etabliert. Aufgrund 'schwacher' Panels, die sich entschieden, keine qualitative Analyse der behördlichen Praxis vorzunehmen, gelang es jedoch nicht dem U.S. DOC eine systematische AD inkonforme Praxis nachzuweisen. Somit ist es, ähnlich wie noch in der Zeit des GATT, weiter möglich, über Jahrzehnte Märkte abschotten und die Importe weitgehend zu regulieren, wenn einmal eine Untersuchung erfolgreich durchgeführt wurde. Nebenbei dürfen die Behörden versuchen über Abmachungen, Zertifizierungen etc. an umfangreiche Firmendaten über Preise und Produktionsmengen zu gelangen. Dies zeigt, daß Walter Euckens Warnung vor einer Zentralverwaltungswirtschaft noch heute aktuell ist. Ebenso zeigt dies, wie wichtig Wettbewerbsbehörden sind. Denn die Antidumpingbehörden verfügen über die Instrumentarien die Weltwirtschaft zusammen mit den Unternehmen, die ebenso an den Preis- und Produktionsdaten interessiert sind, zu verwalten. Weil nicht nur Firmen, sondern in den USA auch Gewerkschaften das Recht haben Antidumpingmaßnahmen zu beantragen, können auch diese darauf hinwirken, mit Hilfe der Behörden, über Jahre Handel und Preisniveaus in einem Wirtschaftsbereich zu administrieren.

(5) Fünftens gelang es der Streitbeilegung, nicht nur in bezug auf Schädigung, sondern auch der Methoden zur Dumpingberechung, eine disziplinierende Wirkung zu entfalten. Mittlerweile ist ein umfassendes Verbot des 'Zeroing' etabliert worden, wodurch Spielräume eingeschränkt wurden. Ebenso sind die Behörden angehalten, die sonstigen Details des Antidumpingabkommens einzuhalten. Weiterhin bestehen allerdings Möglichkeiten für die Behörden ungünstige Schlußfolgerungen zu treffen. Teils handelt es sich dabei um Praktiken, die in der WTO Streitbeilegung schwerer angegriffen werden können.

Instruktiv dazu ist das kritische Fazit von Vermulst (2005a) zur EU-Antidumpingpraxis: Bemerkt wird, daß weiter der Durchschnitts-zu-Transaktionskosten Vergleich durchgeführt wird, wenn regional unterschiedliche Preisniveaus gefunden werden, wodurch Dumpingmargen hochgetrieben werden können (dies sei selbst dann möglich, wenn die WTO auch diesbezüglich 'Zeroing' noch verbietet). Häufig wird auf konstruierte Normalwerte und Exportpreise zurückgegriffen: Etwa dadurch, daß die EU Behörden 'arm's length' Exportpreise, die über unverbundene Transaktionen zustandekommen, nicht einbeziehen, weil der Begriff verbundener Unternehmen ('related') in der Verordnung breit definiert wurde (u.a. mit dem Begriff: "one of them directly or indirectly controls the other"[6790]). Die

---

[6790] Vermulst 2005a: 109.

in der Literatur oft positiv angeführte EU Regel, daß Antidumpingzölle an Schädigungsmargen orientiert werden und sich dadurch verringern, wird in der Praxis teils so durchgeführt, daß die Kommission sich nicht an bisher bestehenden Marktpreisen orientiert, sondern den europäischen Produzenten eine (zusätzliche) Profitmarge darüberhinausgehend einräumt.[6791] Die EU Behörden verteidigen somit sowohl ihre Einschätzungsspielräume als auch die Schutzfunktion ihres Antidumpinginstruments.[6792] In bezug auf die USA schliessen Horlick (2005) ähnlich skeptisch.[6793] In Australien gibt es erhebliche Probleme faire Untersuchungen durchzuführen.[6794] WTO Klagen bezüglich dieser 'neuen' Fragen dürften ohne 'neue' WTO Regeln in diesem Bereich schwer zu gewinnen sein.[6795]

Die EU zeichnet sich im Vergleich zur USA durch ihre ausgeprägte Intransparenz der Antidumpinguntersuchungen aus, ausgelöst durch die Vertraulichkeit der wichtigen Teile der Untersuchung. Obwohl sich die EU rühmt, die Maßnahmen vor der endgültigen Umsetzung im Kreise der EU Mitgliedsstaaten genau zu diskutieren[6796], beklagen die Mitgliedsstaaten den unzureichenden Informationsgehalt der während der Untersuchung verfügbar gemachten Zusammenfassungen. Ebenso sind die Länderstaatenvertreter einvernehmlich desinteressiert an den zugrundeliegenden Fakten, zu denen nur sie Zugang haben, sodaß sie bisher nur zweimal (!) ihr Recht wahrgenommen haben, Einsicht in die vertraulichen Papieren zu nehmen. Die Ländervertreter scheinen es nicht nötig zu haben, sich einen Eindruck vom Ausmaß des Problems (nämlich u.a. der konkret vorliegenden Preisunterbietung, die einzig in diesem Dokumenten sichtbar ist) zu verschaffen, wodurch sich beispielsweise ihr Abstimmungsverhalten in diesem Gremium ändern könnte.[6797] Eine Änderung des intransparenten Vorgehens der EU wäre dringend nötig, so Vermulst (2005a).[6798]

(6) Schließlich sei darauf hingewiesen, daß es der Streitbeilegung gelang Gesetze auf ihre Vereinbarkeit mit dem AD Abkommen zu überprüfen. In EU vs. United States - 1916 Act (2000-2001) und Div. Länder vs. United States - Offset Act (Byrd Amendment) (2002-2003) wurde die Abschaffung dieser Gesetze erreicht. In anderen Fälle ist die Bilanz abgestufter. Im 'sunset review' Bereich gelang es Korea eine Formulierung des U.S. Gesetzes ('not likely') zu verändern, ohne daß

[6791] Vermulst 2005a: 106-111.

[6792] So implizit das Fazit der 10 Länder Studie (Australien, Brasilien, China, EU, Indien, Indonesien, Mexiko, Südafrika, Thailand, USA) von Horlick/Vermulst (2005), welches u.a. die Einschätzungsspielräume für Schädigung, Kausalität oder Schädigungsmargen hervorhebt. Horlick/Vermulst 2005: 70.

[6793] U.a. weil die USA noch diverse detaillierte Datenauflagen machen, die schwer zu erfüllen sind, hohe Kosten verursachen, aber schwer durch das WTO Antidumpingabkommen angreifbar sind. Horlick 2005: 175-177.

[6794] Das System Australien ist zu schnell, um eine Kommunikation zwischen betroffenen Firmen und den Behörden zu ermöglichen. Eine Entscheidung wird 20 Tage nach dem Beginn der Untersuchung gefällt. Ebenso werden offensichtlich unbegründete Entscheidungen gefällt, so wird eine gute Position der Industrie beim Sunset Review als Beweis dafür angesehen, daß Schädigung bei der Aufhebung der Zölle erfolgt. Moulis/Gay 2005: 77, 81;

[6795] Vermulst 2005a: 113.

[6796] Wenig 2005: 789.

[6797] Aus dieser Perspektive wird der Äußerung von Wenig (2005) direkt widersprochen, weil dort gezeigt wird, daß es überhaupt keine wirklich substantiell wertvolle Diskussion gibt, was Wenig (2005) aber behauptet. Evaluation of EC TDI 2005: Annex 2, Page 7.

[6798] Vermulst 2005a: 113. Als realistisch wird etwa die Einführung des U.S. System, in dem Anwälte Zugang zu vertraulichen Informationen bekommen, von Experten nicht angesehen. Evaluation EC TDI 2005: Section 2, Page 12.

dies zu einer Verbesserung geführt haben mag. In einem weiteren 'sunset review' Fall, wird eine Formulierung ('under the most extraordinary circumstance') akzeptiert, weil selbst nachfolgend dieser 'harten' Begriffsvorgabe den Behörden noch Entscheidungsprärogativen unterstellt wurden. Schließlich scheiterten, wie schon erwähnt, die Fälle, in denen U.S. DOC 'sunset' Überprüfungen angezweifelt wurden.

Insgesamt gesehen geht somit von den WTO AD Antidumpingregeln eine spürbare, aber abgestuft bewertbare Disziplinierungswirkung aus. Fortan sind immerhin Untersuchungen, die auf einer offenkundig problematischen Schädigungsanalyse und unerlaubten Berechnungsmethoden beruhen angreifbar. Allein weil nicht alle weltweit etablierten Antidumpinguntersuchungen von der Streitbeilegung überprüft werden, ist es in Zukunft wahrscheinlich, daß viele AD Maßnahmen weiterhin regelinkonform etabliert - und über Jahrzehnte aufrechterhalten werden. Der weltweite steigende Rekurs auf Antidumping wird nicht zurückgedrängt werden können.

Ob der Status Quo wenigstens erhalten werden kann, hängt davon ab, ob es mehr Kläger gibt: Von den 163 AD-Maßnahmen der USA zwischen 1995 und 2001 wurden immerhin 15 Maßnahmen in den Fallpaketen der WTO angegriffen. Ebenso wurden eine ganze Reihe von Antidumpingmaßnahmen nach Konsultationen zurückgenommen. Dies zeigt, entgegen dem Eindruck in der Literatur, daß die WTO Antidumpingregeln immerhin *potentiell* eine eindämmende Wirkung haben können. Erkennbar ist am Beispiel USA, daß die Antidumpingbehörden, die über den Zugang der großen Märkte entscheiden, einem erhöhten Druck ausgesetzt sind, mit ihren Untersuchungen den WTO Regeln zu genügen, denn es ist hier wahrscheinlicher, daß sich ein Kläger findet. Dies ist sachlich wirtschaftswissenschaftlich angemessen, schließlich geht es um große Summen und Investitionen, die auf dem Spiel stehen.[6799] Weil für den EU Markt dasselbe gilt, ist es beunruhigend, daß es hier aufgrund der Intransparenz des Verfahrens und weiterer abschreckender Gründe kaum Kläger gibt. Die EU schmückt sich zudem damit, nur gerechtfertigte Fälle zuzulassen. Daß dies nicht stimmt, dazu siehe die Fallübersicht. Nichtsdestotrotz herrscht bei der neuesten externen Überprüfung der Schutzinstrumente der EU fast vollständige Zufriedenheit. Es wurde nicht ein einziger Reformvorschlag gemacht (Evaluation of EC TDI 2005).[6800]

Nimmt man für die Wirkung der WTO Regeln im Bereich Schutzmaßnahmen eine Metapher zu Hilfe, haben diese für die Schutzklausel den Sicherheitsgurt angelegt, im Antidumpingbereich müssen die nationalen Behörden erst einmal nach den Regeln der WTO Fahrschule Autofahren üben - gemeckert wird nur bei den größten Patzern. Ein erhöhter Grad der Regelbindung bzw. der Sicherheitsgurt muß

[6799] Der Schwellenwert vor der WTO zu Klagen müßte aber erniedrigt werden, denn auch Fällen mit niedrigerem Streitwert betreffen Investitionen, teils von schwächeren Unternehmen aus Entwicklungsländern. Mit dem obigen Satz ist somit nicht gemeint, daß die Situation in dieser Hinsicht nicht verbessert werden kann.
[6800] Evaluation of EC TDI 2005: Section 2, Page 3 - Section 2, Page 36. Auch im aktuellen Grünbuch finden sich solche Vorschläge nicht. EU. Es wird ein besserer Zugang zu nicht vertraulichen Informationen ggf. in Aussicht gestellt. Diese nicht vertraulichen Zusammenfassungen haben aber eine unzureichende Qualität und enthalten die hier gewünschten Daten nicht. Europäische Kommission 2006: 15.

auf die übernächste WTO Verhandlungsrunde warten. Diese Einschätzung bestätigt sich durch die gleich noch präsentierten Informationen über die Probleme bei der Einhaltung der Regeln in Entwicklungsländern.

Wie sieht die Bewertung aus der hier gewählten dynamisch ordoliberalen wirtschaftswissenschaftlichen Perspektive aus?

Antidumpingmaßnahmen sind wie alle Schutzmaßnahmen multifunktional, sie können wohlfahrtsmindernd protektionistisch und zur Rentensuche gebraucht werden, aber auch mit entwicklungspolitisch wohlfahrtserhöhender Wirkung genutzt werden. Sie können speziell in bezug auf dynamisch wachsende Industrien eingesetzt, erheblichen Schaden anrichten, eine internationale Arbeitsteilung verhindern und zu einer insgesamten Schwächung weltweiter Konkurrenz und einer Segmentierung der Märkte führen, ausgelöst durch nationale oder globale oligopolistische Konstellationen, die Rentensuche betreiben. Faktisch können mit Antidumping Unternehmen aus Schwellenländern in die bestehenden oligopolistischen Arrangements eingegliedert werden, indem ihnen Preisniveaus vorgeschlagen werden und ihnen kleine, langsamer wachsende Marktanteile eingeräumt werden. Anpassungskosten werden dadurch minimiert. Damit vollzieht sich eine Regulierung internationaler Wirtschaftsdynamik, im Sinne des Titels dieser Arbeit. Ebenso wird in dieser Arbeit aber geschlossen, daß es nur dann zu einer optimalen dynamischen Wohlfahrtssteigerung kommt, wenn solche Arrangements wenigstens teilweise aufgebrochen werden, Veränderungen zugelassen und Anpassungskosten akzeptiert werden.

Diese aus der Perspektive weltweiter Wohlfahrtssteigerung wichtigen und kontrovers diskutierbaren Fragen[6801] wirken aber solange hilflos, solange im Antidumpingbereich nicht einmal grundlegende Transparenz eingeräumt wird und z.B. öffentliche Informationen über das Ausmaß der Preisunterbietung nicht verfügbar sind.[6802] Eine Diskussion wirtschaftswissenschaftlich sachlicher oder ethisch-normativer Aspekte wird dadurch stark erschwert. Kurz: Niemand kann sagen, wie 'unfair' (nicht im Sinne der Dumpingdefinition, sondern im Sinne sehr billiger Importe) 'Dumping' wirklich ist. Diese Frage stellt nicht nur der common sense: Aus dem Wettbewerbsrecht ist etwa das Konzept räuberischer Preispraktiken bekannt, das eine Preisunterbietung vorrausgesetzt. Und bei Dumping ist Preisunterbietung dahingehend relevant, ob und wie intensiv Schädigung zu befürchten ist. Eine öffentliche Debatte oder eine politisch Entscheidung über AD Maßnahmen, etwa zu der Frage in welchen Sektoren eine vertiefte internationale Arbeitsteilung akzeptabel wäre und in welchen Antidumpingmaßnahmen ggf. aufgrund massiver Anpassungskosten sogar in Industrieländern befürwortet werden könnten, kann jedoch ohne diese grundlegenden Informationen nicht geführt werden. Die Debatte zu AD beschränkt sich darauf, dafür oder dagegen zu sein, wobei man nicht weiß, was es eigentlich ist.

[6801] Siehe das Fazit zur Schutzklausel.
[6802] Genau diese Informationen werden als 'highly sensitive' eingeschätzt, wobei unklar ist, warum. "Further, most of the key injury indicators (e.g.) market share, price, profitability) involve highly sensitive information." Evaluation of EC TDI 2005: Section 2, Page 8.

Diese Debatte müßte sodann nicht über Dumping, sondern über sehr billige Einfuhren geführt werden, wenn zusätzlich erkennbar ist, daß sie bestehende Industrien erheblich schädigen und vor dem Hintergrund eine weltweite Wohlfahrtssteigerung nicht aus den Augen zu verlieren. Es wäre durchaus denkbar eine solche Debatte auch öffentlich zu führen, denn geht man in die achtziger Jahre zurück, kam es, so Kelly/Morkre (1994), in den USA nur in 8 von 105 AD Fällen zwischen 1980 bis 1988 dazu, daß die Dumpingmargen - mutmaßlich - über 50 % und der Marktanteil der ausländischen Produzenten bei über 13 % lag.[6803] Kurz: Nur 8 mal waren die Preise wirklich niedrig und die Importe nahmen zu. In den achtziger Jahren wäre somit 1 politische Entscheidung mit öffentlicher Beteiligung pro Jahr nötig gewesen, ob Strukturwandel zugelassen oder ggf., statt Antidumping, die Schutzklausel hätte genutzt werden können, weil es diese nämlich ermöglicht, den ausländischen Produzenten wenigsten den historisch gewachsenen Marktanteil zu überlassen, statt durch Antidumpingzölle den Marktzugang ganz in Frage zu stellen. Stattdessen wurden 97 unbegründete Schutzentscheidungen, auf Antrag privater Interessengruppen, ohne öffentliche Debatte akzeptiert. Kurz: Es ist durchaus denkbar zukünftige Anpassungsprobleme der Globalisierung, anders, und zwar transparent, auf politischer Ebene unter der Beteiligung der Öffentlichkeit zu lösen - ohne das Ziel aufzugeben, daß dies wirtschaftswissenschaftlich sachgerecht im Sinne einer optimalen dynamischen Wohlfahrtssteigerung erfolgt.[6804]

Eine Reform des AD Abkommen muß deshalb damit beginnen, daß sämtliche Daten veröffentlicht werden, die der Öffentlichkeit die Beurteilung eines AD Falls ermöglichen. Sodann müssen die nationalen Antidumpingverfahren reformiert werden. Neben vielen Details, die hier denkbar sind (u.a. ist es beunruhigend, daß die EU Kommission ihre Schädigungsanalyse teils auf 'Samples', welche die Industrie bereitstellt beruhen läßt, welche nicht die gesamte Industrie umfassen) ist es zudem dringend nötig, daß wettbewerbspolitische Fragen untersucht werden (sonst gewöhnen sich die AD Behördenmitarbeiter daran, wie Kartellverwalter zu agieren) und daß eine aussagekräftige Kosten/Nutzen Analyse durchführt wird.[6805]

Antidumping wird längst so eingesetzt wird die Schutzklausel. Deshalb wäre es ebenso sinnvoll für AD wie im Schutzklauselbereich eine Regel einzuführen, die Effekte der Antidumpingzölle auf den Rückbau der Schädigung zu begrenzt. Eine solche Regeln finden sich für die Schutzklausel in SG Art. 5.1. Dies würde es erschweren, mit einen hohen Antidumpingzoll historisch gewachsene Marktanteile ganz zurückzudrängen. Daß dies offenkundig unfaire Effekte haben kann, dazu siehe das Fahrradbeispiel gleich. Weitere relevante Punkte im Fazit zur Schutzklausel.

[6803] Kelly/Morkre 1994: 56-57. Im wettbewerbsrechtlichen Sinne konnte, anhand der Daten, räuberisches Preisverhalten in den allermeisten Fällen aufgrund der geringen betroffenen Werte nicht vorliegen. Kelly/Morkre 2002: 7.
[6804] Eben durch eine Untersuchungen, die ernsthaft die Marktstrukturbedingungen untersucht, wie Marktanteile ausländischer Anbieter, die kostenvorteile ausländischer Waren, Markteintrittsbarrieren, Kostenstrukturen und langfristige Aussichten. So auch Monopolkommission 1990/1991: 418.
[6805] Hoekman/Leidy 1990: 39.

Warum müßten wettbewerbspolitische Fragen untersucht werden? An Brazil vs. EC - Tube or Pipe Fittings (2003) wurde gezeigt, daß dies u.a. deshalb nötig ist, um von der Industrie inszenierte Fälle zu verhindern. Die Firmen hatten Preise trotz zunehmender Importe erhöht und die Importzunahme quasi provoziert, sodaß die danach folgende Antidumpingmaßnahme auf einer Inszenierung basierte. Obwohl dies offen in der EU Untersuchung so beschrieben wird, war dies kein Hinderungsgrund für die Einführung der Zölle. In Abschnitt 'H' wurde ein weiterer Grund für die Einführung einer wettbewerbspolitischen Überprüfung angegeben, nämlich die von Unternehmen faktisch genutzte Möglichkeit Antidumpinguntersuchung zur Etablierung nationaler oder internationaler Kartelle zu nutzen.

Weitere Fragen müssen hier offenbleiben: So kann hier nicht die möglicherweise interessante Frage geklärt werden, inwiefern bestehende Standards für Geschäftsberichte es Firmen ermöglichen, Manipulationen bezüglich Profitdaten durchzuführen, um Schädigung leichter behaupten zu können.[6806]

Ebenso würde es sich anbieten, eine spezielle Abteilung der WTO Streitbeilegung zu etablieren, die Antidumpinguntersuchungen überprüft, mit größeren Kapazitäten, und eine Subventionierung der Nutzung von Anwaltskanzleien, damit es wahrscheinlicher wird, daß unbegründete AD Maßnahmen angegriffen werden, die keinen hohen Streitwert haben. Sonst droht eine weitere Ausdehnung der AD Nutzung durch kleine Entwicklungsländer.

7.10 Entwicklungsländer und das WTO Antidumpingabkommen

Das Problem wurde schon erwähnt, daß in Entwicklungsländern oft Daten nicht vorliegen oder ad hoc recherchiert werden müssen, sodaß es schwerer fällt, eine Schädigungsanalyse vor der WTO zu verteidigen. Dies wird in der Literatur etwa für Peru geschlossen.[6807] In Indien liegen unzureichende Importstatistiken vor und die Behörden bezweifeln die Richtigkeit der Daten der Antragsteller.[6808] In Indonesien verfügen die Behörden nicht über das nötige Methodenwissen zur Durchführung der Untersuchungen und sind nicht ausreichend effizient strukturiert.[6809]

An einigen Streitfällen aber auch an Konsultationen im Rahmen der WTO Streitbeilegung wurde sichtbar, daß diese Entwicklungsländer u.a. durch die unzureichende Qualität der Untersuchungen weniger gut in der Lage sind, ihre Antidumpingmaßnahmen auf dem Niveau zu verteidigen, wie dies den Industrieländern gelingt. Der EU ist es in Konsultationen gelungen, Indien zur Zurücknahme von 27 Antidumpingmaßnahmen zu bewegen, speziell solche im Interesse europäischer Firmen, im Chemie- und Pharmabereich. Relativ zu den 302 bestehenden definitiven indischen Maßnahmen

---

[6806] "More important, while all of these indicators may to some extent be correlated with 'injury', many can be manipulated by firms." Hoekman/Leidy 1990: 39.
[6807] Webb et al. 2005: 18.
[6808] Kumaran 2005: 116-117.
[6809] Bundjamin 2005: 134-135.

gesehen, ist dies eine wahrnehmbare Zahl, die zeigt, daß die Regeln des Antidumpingabkommens Wirkungen schon in der Konsultationsphase haben können.[6810]

Wie dem auch sei, auch den Behörden der Entwicklungsländer muß zugemutet werden, die Regeln des AD zu beachten, denn sonst würde die Balance der Rechte und Pflichten der WTO Abkommen gefährdet. Die Industrieländer dürfen aber nicht darüber überrascht sein, daß dabei, nach dem Beispiel der Industrieländer in den letzten Jahrzehnten, auch bei Entwicklungsländern eine Grauzone entsteht zwischen offenkundig unbegründeten Untersuchungen und solchen, bei denen die Behörden diverse Spielräume zur Erhöhung der Dumpingmargen nutzen, wobei erst ein AD Streitfall klären kann, ob diese Spielräume regelinkonform genutzt wurden. Dies ist Teil des Pakets AD bzw. WTO, eingeschlossen der Verzögerungen bei der Streitbeilegung, dem Nachbessern bei den Untersuchungen und dem erneuten Rekurs auf die Streitbeilegung. Kurz: Es wäre unbegründet, aufgrund einer solchen Praxis der Entwicklungsländer empört zu sein, weil sich unsere Behörden genauso verhalten. Zu ersterer Kategorie offenkundig unbegründeter Untersuchungen scheinen indische zu zählen, weil die Qualität der Schädigungsfeststellungen oft unzureichend sei.[6811] In Südafrika werden oft Faktoren aufgelistet, ohne daß diese bewertet werden.[6812] Zur zweiten Kategorie der Nutzung diverser Spielräume zählt ggf. Brasilien, welche eine spezielle Berechnungsmethode nutzt, um Dumpingmargen erhöhen zu können.[6813] Thailand benutzt weiterhin eine Form des 'Zeroing'.[6814]

Problematisch ist weiterhin, daß Entwicklungsländer Antidumpingzölle auch gegeneinander anwenden und dies aufgrund des geringen Streitwertes nicht oft genug zu WTO Fällen führen wird. Dies könnte zu einer Proliferation von Rentensuche führen und genuin positiv einschätzbare Möglichkeiten der Arbeitsteilung und des Wachstums verunmöglichen. Ebenso kann es zu preisstabilisierenden Abmachungen kommen: Die ägyptische Antidumpinguntersuchung gegen Streichhölzer aus Pakistan hat zu einer Einigung auf ein preisbezogenes 'undertaking' geführt.[6815] U.a. daraus folgt, daß es sinnvoll wäre, wie oben bereits erwähnt, in der WTO ein vereinfachtes, leichter zu nutzendes Klageverfahren in bezug auf Antidumping einzurichten.

Die Sonderbehandlung der Entwicklungsländer ist kaum nennenswert: In Art. AD 5.8 gibt es de minimis Untergrenzen, bei denen eine Untersuchung eingestellt werden soll (weniger als 2 %

[6810] Bezug sind Konsultationen, die zwischen dem 8. Dezember 2003 und Februar 2004 stattgefunden haben, die unter dem WTO Kürzel DS304 stattfanden. Siehe EU WTO Active Case Overview 2006: 10-11. Siehe u.a. das Dokument: WT/DS304/1, G/L/666, G/ADP/D51/1, 11 December 2003. Zu den Zahlen indischer AD Maßnahmen siehe: Bown 2006: 7, siehe: **Tabelle 282**. Siehe auch Narayanan 2006.
[6811] Für Indien: "lack of objectivity in the injury analysis". Kumaran 2005: 116. In Untersuchungen gegen China werden die Informationen chinesischer Exporteure unzureichend untersucht. Kumaran 2005: 119.
[6812] Brink 2005: 156. Für Südafrika wird vermeldet, daß es dort in einigen Produktbereichen nur eine Firma gibt und daß die vorläufigen Antidumpinguntersuchungen zu lange dauern, sodaß die Schutzfunktion nicht gewährleistet wurde und einige Firmen schließen mußten. Brink 2005: 152.
[6813] Brasilien basiert seine Schädigungs- bzw. Dumpingmarge auf Preisunterbietung. Dabei wird der heimische Preis allerdings nicht zugrundelegt, sondern angenommen, daß der Preis bereits durch das Dumping erniedrigt worden ist. Daraufhin wird dieser Preis konstruiert, erhöht und somit letztendlich die Dumpingmarge erhöht. Die zugrundeliegenden Informationen können nicht bezweifelt werden, weil die Berechnung nicht öffentlich erfolgt. Caetano 2005: 94-95.
[6814] Sutham et al. 2005: 163.
[6815] WT/DS327/3, G/L/731/Add.1, G/ADP/D61/2, 29 March 2006.

Dumpingmarge oder 3 % Importanteil, solange diese Länder nicht kollektiv auf mehr als 7 % der Importe kommen).[6816] Um AD Art. 15 gerecht zu werden, muß die Möglichkeit eines 'undertaking' mit den Entwicklungsländern diskutiert werden, es gibt keine Verpflichtung, dieses zu akzeptieren.[6817] Zuletzt ein Hinweis auf ein Problem, welches ebenso nur eingeschränkt durch die vorliegenden Regeln korrigiert werden wird: In bezug auf die Antidumpingzölle der Industrieländern bleibt es problematisch ist, daß Entwicklungsländer höheren Zöllen ausgesetzt sind. Dies gilt etwa für die USA weil sie in diesen Untersuchungen oft auf 'facts available' zurückgreifen.[6818]

7.11 Fahrräder: Ein in der WTO nicht angegriffener EU Antidumpingzoll

Zuletzt sollen hier Antidumpingmaßnahmen der EU gegen Fahrradimporte rekonstruiert werden, um einen Eindruck davon zu vermitteln, welcher Typ Maßnahmen aller Wahrscheinlichkeit nach nicht gemäß WTO Antidumpingabkommen angezweifelt werden kann, u.a. deshalb, weil die Schädigungsanalyse, aller Schwächen und fragwürdigen Aspekte zum Trotz, kaum angreifbar sein dürfte. Dies ändert nichts daran, daß auch Entwicklungsländer bzw. sogar China dynamisch wachsende Sektoren brauchen, um ihre Wohlfahrt zu steigern, wovon die Weltwirtschaft insgesamt profitiert. Dem Leser wird die wirtschaftlich-normative und ethisch-moralische Bewertung überlassen.

Im Fokus dieser Maßnahmen steht China, ebenso betroffen waren Indonesien, Malaysia und Taiwan. Ein Charakteristikum dieses Beispiels ist, daß trotz eines nicht sehr großen Marktanteil ausländischer Hersteller ein hoher Antidumpingzoll eingeführt wurde, wodurch in erheblichem Maße in historisch gewachsene Marktanteile eingegriffen wurde. Oben wurde bereits erwähnt, daß es im Schutzklauselabkommen immerhin eine Regeln gibt, die dies verhindert und dafür sorgt, daß immerhin gewisse Importmengen aufrechterhalten werden können. Der Antidumpingzoll für Fahrräder wurde zudem, bis jetzt, 2006, 13 Jahre lang aufrechterhalten, obwohl im Untersuchungszeitraum positive Tendenzen hinsichtlich des Rückgangs der Schädigung zu beobachten waren und dieser Branche mit ca. 18.000 Arbeitsplätzen ein höheres Preisniveau garantiert wurde. Die Umgehungsregeln, die den Import von Fahrradteilen aus China zu einem gewissen Teil der Wertschöpfung erlaubten, haben sicher ebenso die Wirkung gehabt, daß die EU Firmen höhere Profite erzielten (wobei die negativen Effekte für China etwas abgemildert wurden). Zuletzt werden über weitere Länder Informationen präsentiert, darunter Entwicklungsländer, die ebenso solche Maßnahmen gegen China angewandt haben. Die USA strengt derzeit keine Maßnahme an.

[6816] WTO 1995: 177-178. Bown et al. 2003: 368.
[6817] India vs. European Communities - Anti-Dumping Duties on Imports of Cotton-Type Bed Linen from India, WT/DS141/R, 30 October 2000. S. 66-69, Paras. 6.227-6.238. India vs. United States - Anti-Dumping and Countervailing Measures on Steel Plate from India. WT/DS206/R, 28 June 2002. S. 39-40, Para. 7.113, 7.116.
[6818] Zwischen 1989 sind Entwicklungsländer durch die USA durchschnittlich AD Zöllen von 66 % ausgesetzt, Industrieländer 34 %. Bown et al. 2003: 362, 369.

Im September 1993 führte die Europäische Kommission einen 30,6 % Antidumpingzoll auf Fahrräder aus China ein (Indonesien, Malaysia, Taiwan 1994, 29,1 bis 39,4 % AD-Zölle[6819]). Am 10.9.1998 wurde, vor dem Auslaufen, ein Überprüfungsantrag gestellt, der sich auf die Zeitperiode 1995 bis 31. August 1998, dem Bezugszeitraum und dem 1. September 1997 und 31 August 1998, dem Untersuchungszeitraum, bezog. Am 10. Juli 2000 wurden für weitere 5 Jahre Antidumpingzölle von 30,6 % beibehalten.[6820] Wie wird dies mit der Lage der europäischen Industrie begründet?

Die Zahl der 2,5 Mill. Einheiten Fahrräder aus China, die 1991 in die EU importiert wurden, fielen aufgrund der 1993 erhobenen Antidumpingzölle auf weniger als 14.000 Einheiten zwischen dem 1. September 1997 und 31. August 1998 zurück.[6821] Der EU Verbrauch von Fahrräder lag bei 15 Mill. (1. September 1997 bis 31. August 1998).[6822] Um eine Relation zu bekommen: Wären die chinesischen Importe aus dem Jahre 1991 gleich geblieben, hätten sie an diesem Verbrauch den nicht gerade dramatischen Anteil von 15 % gehabt.[6823] Die Preise der chinesischen Räder stiegen aufgrund der Antidumpingzölle um 51 % (1997 bis 1. September 1997) und 80 % (1. September 1997 und 31. August 1998) an.[6824] Die EU Fahrräder wiesen um 10 % steigende Preise auf.[6825] Ohne Antidumpingzölle, so argumentiert die Kommission, würden die Preise chinesischer Fahrräder um 40 % bis 55 % unter den Durchschnittspreisen der EU Hersteller liegen.[6826] Mit den Durchschnittpreisen zu argumentieren, ohne die Fahrräderkategorien zu differenzieren, ist aber fragwürdig, weil sich im Produktmix der EU Hersteller sicher eine Menge von höherwertigen Rädern befinden. Kurz: Man könnte sogar fragen, ob die chinesischen Fahrräder wirklich extrem viel billiger waren. Diese für die Bewertung entscheidende Information wird der Öffentlichkeit nicht zugänglich gemacht. Dazu kommt, daß die EU sowieso einen Zollsatz von 15,4 % auf Fahrräder erhebt.[6827] Die Produktionskapazität der EU Fahrradindustrie ging, aufgrund von Umstrukturierungen, von 1995 bis zum 1. September 1997 bis 31. August 1998 um 27 % zurück von 15 Mill. auf 11 Mill. Einheiten.[6828] Trotzdem hätte, so die Kommission, von 1995 bis zum Untersuchungszeitraum durch die AD Zölle nur eine Kapazitätsauslastungssteigerung von 2 % erreicht werden können. Die Kapazitätsauslastung lag im (kurzen) Untersuchungszeitraum bei 58 %, wobei die Kommission 70 % Kapazitätsauslastung als notwendig ansieht.[6829] Somit werden hier willkürliche Werte gesetzt und Daten der Kapazitätsauslastung für den gesamten Zeitraum seit 1991 nicht vorgelegt. Im Bezugszeitraum liegt eine negative Rentabilität vor, die sich von -2,3 % auf -0,6 % verbessert, wobei zu Beginn des

---

[6819] Verordnung (EG) Nr. 648/96 des Rates, 28. März 1996. ABl. L 91/1, 12.4.1996. S. 17.
[6820] Verordnung (EG) Nr 1524/2000 des Rates, 10. Juli 2000. ABl. L 175/39, 14.7.2000. S. 39-40.
[6821] So beschriebe die im Juni 1998 von der European Bicycle Manufactures Association (EBMA) beantragte Überprüfung dieser Verordnung (mit dem Ziel, daß der Zoll weiter aufrechterhalten wird) die Wirkungen des AD Zolls. Verordnung (EG) Nr 1524/2000 des Rates, 10. Juli 2000. ABl. L 175/39, 14.7.2000. S. 39-40.
[6822] Verordnung (EG) Nr 1524/2000 des Rates, 10. Juli 2000. ABl. L 175/39, 14.7.2000. S. 46.
[6823] Verordnung (EG) Nr 1524/2000 des Rates, 10. Juli 2000. ABl. L 175/39, 14.7.2000. S. 49.
[6824] Verordnung (EG) Nr 1524/2000 des Rates, 10. Juli 2000. ABl. L 175/39, 14.7.2000. S. 46.
[6825] Verordnung (EG) Nr 1524/2000 des Rates, 10. Juli 2000. ABl. L 175/39, 14.7.2000. S. 47.
[6826] Verordnung (EG) Nr 1524/2000 des Rates, 10. Juli 2000. ABl. L 175/39, 14.7.2000. S. 49.
[6827] Verordnung (EG) Nr 1524/2000 des Rates, 10. Juli 2000. ABl. L 175/39, 14.7.2000. S. 41.
[6828] Verordnung (EG) Nr 1524/2000 des Rates, 10. Juli 2000. ABl. L 175/39, 14.7.2000. S. 47.
[6829] Verordnung (EG) Nr 1524/2000 des Rates, 10. Juli 2000. ABl. L 175/39, 14.7.2000. S. 47.

Zeitraums die chinesischen Ausführer die AD Maßnahmen umgingen (siehe gleich unten) und hier ein Zusammenhang mit der zurückgehenden Rentabilität gesehen wird.[6830] Insgesamt 1800 Mitarbeiter (12 % der Beschäftigten, also sind es insgesamt ca. 18.000) wurden zwischen 1995 und dem Bezugszeitraum entlassen.[6831] Im Bezugszeitraum 1. September 1997 bis 31. August 1998 gingen die Verkaufsmengen um 24 % bzw. 1,9 Mill. zurück, speziell auch in den Kategorien, die von China ausgeführt wurden bzw. in denen Teile in der EU montiert wurden (siehe auch dazu gleich unten).[6832]

In dieser Verordnung wird festgestellt, daß eine erneute Schädigung wahrscheinlich ist: Begründet wird das mit der Erfahrung der Umlenkungseffekte, den niedrigen Preisen, die unter denen des Wirtschaftszweigs der EU lagen, einer wiederholten, noch höheren Dumpingschätzung (29 % bis 96 %)[6833] und einer nur 50 % betragenden Kapazitätsauslastung in China (wie auch anders, wenn fast alle Märkte weltweit geschlossen wurden, s.u.).[6834] Geschlossen wird zudem: "Von den Verbraucherverbänden in der Gemeinschaft erhielt die Kommission keine Stellungnahme zu dieser Überprüfung. Demnach sind die Auswirkungen der Aufrecherhaltung der Antidumpingmaßnahme für die Verbraucher nicht von nennenswerter Bedeutung."[6835] Die Antidumpingmaßnahme wird am 14.7.2000 mit 30,6 % aufrecherhalten.[6836]

Zur Reaktion der EU Kommission auf die Umgehung durch chinesische Hersteller: Als Reaktion auf die Antidumpingzölle begannen chinesische Hersteller seit 1993, u.a. durch chinesische Montageunternehmen in der EU, Fahrradteile zu montieren. Die Einfuhr von Rahmen stiegt von 1993 1,0 Mill. auf 1998 2,4 Mill., die von Gabeln von 1,3 Mill. auf 3,4 Mill.[6837] Aus diesem Grund wurde 1996 eine 'anti circumvention' Untersuchung eröffnet, welche diese Umgehung verhindern sollen. Die EU Antidumping-Verordnung legt in Art. 13 fest, daß Umgehung dann vorliegt, wenn die Montage der fertigen Produkte, die von der AD Untersuchung betroffen sind, nach dem Beginn der Untersuchung begann oder substantiell gesteigert wurde. Wenn der Wert der Teile (aus China) weniger als 60 % des Gesamtwerts ausmacht oder den Teilen ein Wert von 25 % über den Herstellkosten in der EU als Wert hinzugefügt wird, dann wird dies nicht als Umgehung eingestuft.[6838] Behauptet wird nun, daß diese Sachverhalte vorlagen und die in der EU aus chinesischen Teilen montierten Räder in der EU gedumpt i.S. der Antidumpingverordnung verkauft werden. Die Untersuchung erstreckte sich auf Rahmen, Gabeln, Felgen und Naben.[6839] Etwas später wird die Untersuchung ausgeweitet. Die EU Unternehmen müssen beweisen, daß sie nicht nur Einführer sind und den Kriterien in Art. 13 entsprechen. Dies wird von der EU-Kommission untersucht und einigen

---

[6830] Verordnung (EG) Nr 1524/2000 des Rates, 10. Juli 2000. ABl. L 175/39, 14.7.2000. S. 48.
[6831] Verordnung (EG) Nr 1524/2000 des Rates, 10. Juli 2000. ABl. L 175/39, 14.7.2000. S. 48.
[6832] Verordnung (EG) Nr 1524/2000 des Rates, 10. Juli 2000. ABl. L 175/39, 14.7.2000. S. 47.
[6833] Verordnung (EG) Nr 1524/2000 des Rates, 10. Juli 2000. ABl. L 175/39, 14.7.2000. S. 45.
[6834] Verordnung (EG) Nr 1524/2000 des Rates, 10. Juli 2000. ABl. L 175/39, 14.7.2000. S. 44.
[6835] Verordnung (EG) Nr 1524/2000 des Rates, 10. Juli 2000. ABl. L 175/39, 14.7.2000. S. 51.
[6836] Verordnung (EG) Nr 1524/2000 des Rates, 10. Juli 2000. ABl. L 175/39, 14.7.2000. S. 45.
[6837] Verordnung (EG) Nr 1524/2000 des Rates, 10. Juli 2000. ABl. L 175/39, 14.7.2000. S. 43.
[6838] Verordnung (EG) Nr 1524/2000 des Rates, 10. Juli 2000. ABl. L 175/39, 14.7.2000. S. 43; siehe Art. 13 Abs. 2 in der EU Antidumping-Verordnung: Antidumping Consolidated Version 2004: 24-25. Siehe zu diesem Thema auch Yu 2007.
[6839] Verordnung (EG) Nr. 703/96 des Rates, 18. April 1996. ABl. L. 98/3, 19.4.1996. S. 3-5.

Firmen wird diese Einstufung verweigert. Festgestellt wurden zudem Dumpingspannen zwischen 16 % und 53 %.[6840] Hinsichtlich der Fahrradteile wurde in dieser ausgeweiteten Untersuchung zwischen wesentlichen und unwesentlichen Teilen differenziert, mit dem Ergebnis, daß mehr Teile als zuvor unter die Verordnung fielen: lackierte Rahmen, lackierte Gabeln, Räder (ob mit Schlauch oder nicht), Lenker (ob montiert oder nicht), Schaltsysteme (und Kettenschaltungen, Tretlager, Freilaufkränze), Bremssysteme und Bremshebel.[6841] Für diese Teile, die fortan nicht von einem vom AD Zoll befreiten Montagebetrieb eingeführt werden, der den obigen Prozentkriterien genügt, wird ein AD Zoll von 30,6 % erhoben.[6842] Später wird eine weitere Ausnahme für Betriebe etabliert, die weniger als 300 Teile im Monat einführen.[6843]

Zur internationalen Dimension: Im Jahre 1997 führten Kanada und Mexiko Antidumpingzölle ein und Südkorea und Vietnam beschlossen Einfuhrbeschränkungen gegenüber chinesischen Fahrrädern.[6844] Es gibt hier also weltweit eine Echo-Struktur ('echoing'), siehe Messerlin (2004).[6845] Einzig aus der USA kommt kein Echo zurück, hier mag die EU das Echo auf frühere Maßnahmen der USA gewesen sein: In den USA waren Importe aus China, nachdem ein zweijähriger Antidumpingzoll bestanden hatte[6846], wieder toleriert, von 1995 4,90 Mill. Einheiten stiegen diese bis 1998 auf 8,4 Mill. Einheiten. Der Stückpreis sank von 1995 US$ 52 auf 1997 US$ 38.[6847] Am Rande bemerkt: Die EU führte zusätzlich 1996 und 1999 Antidumpingzölle auf Einfuhren von Fahrrädern aus Indonesien, Malaysia, Thailand (ohne überhaupt auf deren Marktanteile und die Importzunahmen einzugehen[6848]) und Taiwan (Anteil von 55 % der Einfuhren zwischen 1994 und 1994[6849]) ein. Abschließend sei bemerkt, daß versucht wurde, herauszufinden, ob diese Antidumpingzölle über handelsumlenkende Effekte womöglich positiv auf die afrikanische Fahrradindustrie gewirkt haben. Leider können dazu keine Informationen vorgelegt werden. Siehe Abschnitt 'H' zu empirischen Untersuchungen bezüglich dieser Umlenkungseffekte.

[6840] Verordnung (EG) Nr. 71/97 des Rates, 10. Januar 1997. ABl. L 16/55, 18.1.1997. S. 55-58.
[6841] Verordnung (EG) Nr. 71/97 des Rates, 10. Januar 1997. ABl. L 16/55, 18.1.1997. S. 62.
[6842] Verordnung (EG) Nr. 71/97 des Rates, 10. Januar 1997. ABl. L 16/55, 18.1.1997. S. 62.
[6843] Verodnung (EG) Nr. 88/97 des Rates, 20. Januar 1997. ABl. L 17/17, 21.1.1997. S. 21.
[6844] Verordnung (EG) Nr 1524/2000 des Rates, 10. Juli 2000. ABl. L 175/39, 14.7.2000. S. 44.
[6845] Messerlin 2004: 115-117.
[6846] Verordnung (EG) Nr 1524/2000 des Rates, 10. Juli 2000. ABl. L 175/39, 14.7.2000. S. 49.
[6847] Verordnung (EG) Nr 1524/2000 des Rates, 10. Juli 2000. ABl. L 175/39, 14.7.2000. S. 44.
[6848] Verordnung (EG) Nr. 648/96 des Rates, 28. März 1996. ABl. L 91/1, 12.4.1996. S. 17.
[6849] Verordnung (EG) Nr. 397/1999 des Rates, 22. Februar 1999. ABl. L 49/1, 25.2.1999. S. 7.

8. Subventionen und Ausgleichsmaßnahmen

"The ASCM has been one of the most successful of the Uruguay Round Agreements."[6850]

8.1 Einleitung

Die GATT Geschichte in bezug auf Agrar- und Industriesubventionen wurde in Abschnitt 'H' rekonstruiert. Die damals weitgehenden Spielräume resultierten u.a. daraus, daß es außerhalb des Agrarbereichs kaum Streitfälle gab. Einzig Ausgleichszölle wurden als Gegenmaßnahmen gegenüber Subventionen in den achtziger Jahren immer häufiger benutzt. Enthielt noch der Subventionskodex der Tokio-Runde einen Verweis auf die Rolle von Subventionen bei der Förderung wirtschaftlicher Entwicklung, der Korrektur regionale Ungleichheiten etc., findet sich in Übereinkommen über Subventionen und Ausgleichsmaßnahmen (Agreement on Subsidies and Countervailing Measures, 'SCM') SCM Art. 27, der die Sonderbehandlung der Entwicklungsländer enthält, nun ein kürzerer Verweis.[6851]

Eingangs kann erwähnt werden, daß der Entscheidungsmaßstab aus dem Antidumpingabkommen, AD Art. 17.6, für das SCM keine Anwendung findet, es gilt DSU Art. 11.[6852] Dagegen hat das SCM Bedeutung für andere Abkommen. Es wird als "guidance" für die Interpretation des Agrarabkommens angesehen.[6853] Ebenso ist es direkt für Agrarfragen relevant, weil es - durch das Auslaufen der 'Peace clause' AOA Art. 13, zusätzlich zum Übereinkommen über die Landwirtschaft (AOA) gilt. Diese

---

[6850] Weiter geht das Zitat: "Because it was drafted as a 'clean sheet of paper' exercise (i.e. not merely revising the 1979 Subsidies Code), the drafting is considerably more consistent that, e.g. the WTO Antidumping Agreement (although, inevitably, there are still glitches that should be fixed during the Doha Development Round." Clarke et al. 2004: 377. Hier liegt die folgende Literatur zugrunde, die nur in zwei Fällen den aktuellen Stand der Dinge wiederspiegelt: Clarke et al. 2004; empfehlenswert ist Hoda/Ahuja (2005) mit einer Einbeziehung auch der Regeln für Entwicklungsländer, der Problematiken indischer Subventionspolitik sowie der Ausgleichszölle: Hoda/Ahuja 2005. Für die Nutzung von Exportförderungsprogrammen in Korea, Brasilien und Indien siehe Ahuja 2000; 2001. Die sonstige Literatur: Collins-Williams/Salembier 1996; Gross 2002; Hahn 1998; Magnus 2004; Meager 2003; Prévost 2000; Vermulst 2000; Waer/Vermulst 1999; WTO 2006; Zampetti 1995.

[6851] "Members recognize that subsidies may play an important role in economic development programmes of developing country members". SCM Art. 27. WTO 1995: 299.

[6852] Der AB stellt fest, daß die Formulierung der Ministerentscheidung: "*Ministers, Recognize* .... the need for a consistent resolution of disputes arising from anti-dumping and countervailing duty measures" (Herv. im Original) zu schwach ist, um daraus zu schließen, daß Art. 17.6 auch für das SCM gilt. Diese deutet in die Richtung, daß in Zukunft für eine konsistente Streitbeilegung für Antidumpings- und Ausgleichsmaßnahmen gesorgt werden sollte. Dafür spricht auch die Ministerentscheidung, welche vorgesehen hatte, daß nach 3 Jahren überprüft werden sollte, ob der Standard in Art. 17.6 nach 3 Jahren auf die gesamten WTO Abkommen ausgedehnt werden könnte. Siehe die beiden Ministerentscheidungen in WTO 1995: 453. Siehe den AB in: EU vs. United States - Imposition of Countervailing Duties on Certain Hot-Rolled Lead and Bismuth Carbon Steel Products Originating in the United Kingdom, WT/DS138/AB/R, 10 May 2000. S. 16-18, Paras. 44-51.

[6853] Mehr dazu weiter unten. Für Exportsubventionen: "In previous appeals, the Appellate Body has explained the WTO-consistency of an export subsidy for agricultural products has to be examined, in the first place, under the *Agreement on Agriculture*; the examination under the *SCM Agrrement* would follow if necessary. (...) Although an export subsidy granted to agricultural products must be examined, in the first place, under the *Agreement on Agriculture*, we find it appropriate, as has the Appellate Body in previous disputes, to rely on the *SCM Agreement* for guidance in interpreting provisions of the *Agreement on Agriculture*." Herv. im Original. Brazil vs. United States - Subsidies on Upland Cotton, WT/DS267/AB/R, 3 March 2005, S. 213-214; Para. 570-571. Erwähnt, aber nicht entschieden wird das Verhältnis der beiden Abkommen in: New Zealand, United States vs. Canada - Measures Affecting the Importation of Milk and the Exportation of Diary Products, WT/DS103/AB/RW, WT/DS113/AB/RW, 3 December 2001, S. 34-35, Para. 122-125.

Friedensklausel hatte, unter bestimmten Bedingungen, bis zum 31. Dezember 2004 dafür gesorgt, daß bezüglich der Agrarsubventionen auf Klagen mit bezug auf SCM Teil III und Teil V unterblieben.[6854]

Mit dem SCM wurde ein Bündel geschnürt, mit dem viele GATT Artikel zusammengefaßt und 'Forum Shopping' unterbunden wurde: Noch im GATT war es möglich eine Subventionsklage auf GATT Art. XVI (mit Sec. A Konsultationen, Sec. B Regeln für Exportsubventionen für Agrarprodukte und dem Verbot für Exportsubventionen im Industriebereich), GATT Art. VI (Ausgleichsmaßnahmen) und auf dem Tokio Subventionskodex beruhen zu lassen, wobei diese Klagen von zwei verschiedenen Streitbeilegungskomitees mit unterschiedlicher Mitgliederzahl entschieden wurden, denn nur bestimmte Länder waren Signatarstaaten des Tokio Subventionskodex.[6855]

Mit dem WTO-SCM wurde aus den weiterhin relevanten GATT 1994 Artikeln und dem SCM ein neues Paket geschnürt worden, welches nur als Ganzes und für alle Mitgliedstaaten angewandt wird.[6856] Geltung behält weiterhin auch GATT Art. III.8 (b), welcher Subventionen erlaubt.[6857] Die Brisanz des SCM resultiert u.a. daraus, daß durch die strenge Auslegung von GATT Art. I und Art. III viele andere Maßnahmen, die sich auf Waren beziehen, nicht mehr zu protektionistischen bzw. subventionierenden Zwecken eingesetzt werden dürfen, sodaß das SCM für einen der wenigen verbliebenen Spielräume für die staatliche Förderung der Wirtschaft Regeln vorgibt.

Das SCM bezieht sich auf eine ganze Reihe unterschiedlicher Sachgebiete: Export- und Importsubstitutionssubventionen, darunter fallen exportabsichernde Kredite und bestimmte steuerliche Ausnahmen. Als anfechtbare Subventionen gelten solche, die u.a. zur Verdrängung von Waren oder Preisunterbietung führen, ob dies nun Industrie- oder Agrargüter sind. Liegen diese Tatbestände vor, ist weltweit jede Subvention vor der WTO Streitbeilegung anfechtbar, deshalb ist nicht uninteressant, ab welchen Schwellenwerten die Subventionsregeln greifen. Zu dieser Frage hält sich etwa die WTO (2006) in ihrem Bericht zu diesem Thema zurück.[6858] Schließlich gibt es die Regeln für die

---

[6854] Diese seit 1995 9 Jahre gültige Friedenszeit wird in AOA Art. 1 (f), als 'implementation period' festgelegt. Die Peace Clause ist SCM Art. 13. WTO 1995: 41, 51-52.
[6855] Clarke et al. 2004: 354; Hoda/Ahuja 2005: 1010. Siehe zum 'Forum Shopping' Abschnitt 'H', die Agrarstreitfälle, wobei hier GATT Art. XVI nachher wirkungsvoller war, als der Tokio-Runden Subventionskodex.
[6856] Clarke et al. 2004: 354. In bezug auf Ausgleichsmaßnahmen: "Rather, the SCM Agreement and Article VI together define, clarify and in some cases modify the whole package of rights and obligations of a potential user of countervailing measures." Philippines vs. Brazil. Measures Affecting Desiccated Coconut, WT/DS22/AB/R, 21 February 1997, Para. 2. Zugrunde lag diesem Fall ein Ausgleichszoll Brasiliens, der vor dem 1. Januar 1995 initiiert wurde, worauf das WTO SCM Abkommen keine Anwendung findet. Philippinen versucht deshalb einen Fall nach den GATT Regeln durchzubringen, dies wird aber von Panel und AB nicht akzeptiert. Siehe das DSB Treffen: WT/DSB/M/11, 19 March 1996. S. 1-2. Dieser Fall wird hier nicht mehr thematisiert.
[6857] Korea vs. EC - Measures Affecting Trade in Commercial Vessels, WT/DS301/R, 22 April 2005, S. 84-85, Paras. 7.70-7.75. Subventionen sind damit von der Inländerbehandlung freigestellt. Matsushita et al. 2006: 333. Siehe dazu auch weiter unten die strenge Auslegung von Art. III, Inländerbehandlung.
[6858] Zu diesem Thema findet sich kaum aussagekräftige Literatur, siehe auch die erste Fußnote, u.a. weil zwei wichtige Fälle, Brazil vs. United States - Upland Cotton (2004-2005) und USA vs. Korea - Commercial Vessels (2005) erst vor kurzer Zeit beendet wurde. Interessanterweise hält sich die WTO (2006) zu dieser Fragestellung ganz zurück, z.B. werden die eben erwähnten Fälle nicht ausführlich diskutiert bzw. die Fakten präsentiert, wahrscheinlich aufgrund der Befürchtung des neoklassisch beeinflussten Weltbank Teams, welches den Bericht geschrieben hat (u.a. ist Michael J. Finger beteiligt), eingestehen zu müssen, daß das SCM große Spielräume aufweist. Das einzige substantielle Statement in bezug auf die Wirksamkeit der Subventionsregeln erfolgt als Warnung an die Entwicklungsländer: "Returning to the SCM Agreement's S&D provisions, it is important to note that although they provide considerable flexibility to developing

Durchführung der Ausgleichszolluntersuchungen, die ein unilaterales Vorgehen gegen Subventionen erlauben, wenn die mutmaßlich subventionierten Waren in ein Land eingeführt werden. In sämtlichen dieser Bereiche wird den Entwicklungsländern eine mehr oder weniger merkliche Sonderbehandlung eingeräumt, nicht aber China, siehe weiter unten.

Das SCM läßt sich in fünf Teile aufteilen:

Teil I

Die Definition von Subventionen erfolgt in SCM Art. 1 und SCM Art. 2. Alle Streitfälle müssen Schlußfolgerungen hierzu enthalten. Wenn eine Subvention vorliegt, bedeutet dies aber nicht, daß ein SCM Fall schon gewonnen wäre.

Teil II

Verbotene Subventionen: In SCM Art. 3 werden Export- und Importsubstitutionssubventionen verboten, einmal abgesehen von einer Sonderbehandlung für Entwicklungsländer in SCM Art. 27. In SCM Art. 4 finden sich Regeln für die Streitbeilegung in diesem Bereich, wobei sich in SCM Art. 4.7 ein Satz befindet, der eine Rücknahme dieser Subventionen ohne Verzögerung verlangt.[6859] Die unter SCM Art. 3 fallenden, verbotenen Subventionen unterscheiden sich von den nachfolgenden, anfechtbaren Subventionen dadurch, daß hier keinerlei nachteilige Effekte vorgezeigt werden müssen, um einer Klage bei der Streitbeilegung einzureichen. In einer Reihe von Streitfällen geht es nur um diesen Bereich: United States vs. Australia - Automotive Leather (1999-2000), Canada vs. Brasilien - Aircraft (1999-2001), Brazil vs. Canada - Aircraft (1999-2003), EU vs. United States - FSC (1999-2006), Brazil vs. Canada - Aircraft Credits and Guarantees (2002-2003).

Teil III

Anfechtbare Subventionen und ernsthafte Schädigung ('serious prejudice') sowie Zunichtemachung und Schmälerung. Ernsthafte Schädigung kann durch eine Reihe von Tatbeständen gezeigt werden u.a. Verdrängung von Waren auf dem Heimatmarkt, Preisunterbietung u.a. auch auf Weltmärkten. Dazu muß das Vorliegen einer Subvention und die kausale Verbindung zu der Subventionen aufgezeigt werden. Der Schlüsselsatz für die speziellen Streitbeilegungsregeln für diesem Bereich, in SCM Art. 7, findet sich in SCM Art. 7.9:

Members to use subsidies, that flexibility is not unlimited." WTO 2006: 195-208. Kurz und ohne Empirie handelt diesen Bereich auch der Kommentar von Matsushita et al. (2006) ab.

[6859] "If the measure is found to be a prohibited subsidy, the panel shall recommend that the subsidizing Member withdraw the subsidy without delay." SCM Art. 4.7. WTO 1995: 267.

"In the event the Member has not taken appropriate steps to remove the adverse effects of the subsidy or withdraw the subsidy ... ".[6860]

Neben der Rücknahme der Subventionen ('withdraw the subsidy') wird dadurch die Möglichkeit eröffnet die nachteiligen Effekte der Subvention (nicht aber die Subvention selbst) abzuschaffen ('remove the adverse effects'), um Vergeltungsmaßnahmen zu vermeiden.[6861] Hinweise auf die Auslegung von SCM Art. 6.3 liefern zwei Streitfälle: EU, Japan, United States vs. Indonesia - Autos (1998) und Brazil vs. United States - Upland Cotton (2004-2005).

Teil IV

Nicht-Anfechtbare Subventionen. Nicht gelungen ist es, Subventionen für Forschung und Entwicklung, regionale Entwicklung und Umwelt in eine neue Kategorie nicht anfechtbarer Subventionen dauerhaft einzuordnen.[6862] Diese in SCM Art. 8 und Art. 9 enthaltenen Regeln sind nicht mehr gültig, aus denselben Gründen, die dazu führten, daß SCM Art. 6.1 nur für fünf Jahre angewandt wurde. Am 31. Dezember 1999 war der letzte Tag ihrer Gültigkeit, weil keine Einigung im Komitee über Subventionen und Ausgleichsmaßnahmen dazu erreicht werden konnte, siehe SCM Art. 31.[6863]

Teil V

Ausgleichsmaßnahmen. Ausgleichsmaßnahmen sind Zölle, die Importen auferlegt werden können, wenn gezeigt werden kann, daß diese Waren im Ursprungsland subventioniert worden sind und zusätzlich bedeutende Schädigung aufgezeigt werden kann. Die Ausgleichsmaßnahmen werden unilateral durch die einzelnen Staaten etabliert.

Sodann finden sich im SCM weitere Teile, welche sich u.a. auf Notifizierung und die Sonderbehandlung der Entwicklungsländer (diese finden sich in Teil VIII, Art. 27) beziehen.

8.2 SCM Teil I Definition von Subventionen

Um eine Subventionen aufzeigen zu können, muß nach SCM Art. 1.1 (a) (1) eine Regierung oder öffentliche Körperschaft einen finanziellen Beitrag ("financial contribution by a government or any public body") leisten, der, gemäß SCM Art. 1.1 (a) (2) zu einem Vorteil ("benefit ... conferred") führt.

[6860] SCM Art. 7.9. WTO 1995: 273.
[6861] "The option given to the subsidizing Member to remove the adverse effects considerably blunts the edge of the dispute settlement process in the case of actionable subsidies as to compared to prohibited subsidies." Hoda/Ahuja 2005: 1021.
[6862] Nicht-anfechtbar waren sie in dem Sinne, daß Teil III ernsthafte Schädigung und Teil V, Ausgleichsmaßnahmen, nicht darauf angewandt werden hätten dürfen. Siehe dazu SCM Art. 10 FN 35. Diese Subventionen wären zwar nicht ganz freigestellt worden, es wurden aber hohe Schwellenwerte für eine Klage formuliert (erst wenn 'serious adverse affects' vorliegen). Hier hätte zudem das Komitee für Subventionen und Ausgleichsmaßnahmen und nicht die Streitbeilegung des DSB die Entscheidung getroffen, ob Gegenmaßnahmen genutzt werden dürfen. WTO 1995: 277-278. Siehe auch Hoda/Ahuja 2005: 1022.
[6863] Hoda/Ahuja 2005: 1021.

Dieser Vorteil muß nach SCM Art. 2 spezifisch sein ("specific to an enterprise or industry or group of enterprises"), also in einem spezifischen Sinne einem Unternehmen, einer Industrie oder einer Gruppe von Unternehmen zugute kommen.[6864]

Ein Vorteil ('benefit ... conferred') wird angenommen, wenn ein finanzieller Beitrag einen Rezipienten zugute kommt, wobei ein Vergleichsmaßstab nötig ist, an dem der Vorteil gemessen werden kann. Diesen Vergleichsmaßstab stellt im SCM der Markt dar. Ein Vorteil besteht, wenn der Rezipient einen finanziellen Beitrag erhält, der von den Konditionen her günstiger ist ("more favourable") als dies auf dem Markt für ihn verfügbar gewesen wäre.[6865] Dieser Marktvergleich war wenig umstritten, u.a. weil in SCM Teil V zu Ausgleichsmaßnahmen, dort in SCM Art. 14, explizit ein solcher erwähnt wird.[6866] Die Kosten für die Regierung ('budget') sind nicht relevant, wenn auf diese Weise Vorteile festgestellt werden.[6867]

Ausgenommen von der SCM Subventionsdefinition sind:

(1) Allgemeine Infrastrukturausgaben, gemäß SCM Art. 1.1 (a) (1) (iii).[6868]

(2) Durch SCM Art. 1.1 (a) (1) (ii) Fußnote 1 wird eine Ausnahme für Zoll- oder Steuerbefreiungen für Waren, die exportiert werden, etabliert, solange nur solche Belastungen erstattet werden, die diesen Waren im Binnenland auferlegt wurden.[6869] In SCM Annex I wird ein Liste verbotener Exportsubventionen präsentiert, die gleichzeitig Kriterien für SCM konforme Zoll- und Steuerbefreiungen und Exportkredite enthält, um Subventionen von erlaubten Praktiken trennen zu können.[6870]

[6864] Canada vs. United States - Final Countervailing Duty Determination with Respect to Certain Softwood Lumber from Canada, WT/DS257/AB/R, 19 January 2004, S. 27, Para. 72.
[6865] "a financial contribution by a government or any public body", "a benefit is thereby conferred" S. 39, Paras. 156. "the word benefit' (...) implies some kind of comparison. This must be so, for there can be no 'benefit' to the recipient unless the 'financial contribution' makes the reciepient 'better off' than it would otherwise have been, absent that contribution. In our view, the marketplace provides an appropriate basis for comparison in determining whether a 'benefit' has been 'conferred', because the trade-distorting potential of 'financial contribution' can be identified by determining whether the recipient has recieved a 'financial contribution' on terms more favourable than those available to the recipient in the market." Brazil vs. Canada - Measures Affecting the Export of Civilian Aircraft, WT/DS70/AB/R, 2 August 1999, S. 39-40, Para. 157.
[6866] "Although the opining words of Article 14 state that the guidelines it establishes apply '[f]or the purposes of Part V' of the *SCM Agreement*, which relateds to 'countervailing measures', our view is that Article 14, nonetheless, constitutes relevant context for the interpretation of benefit in Article 1.1 (b)." Herv. im Original. Brazil vs. Canada - Measures Affecting the Export of Civilian Aircraft, WT/DS70/AB/R, 2 August 1999, S. 39, Para. 155. Canada vs. Brazil - Export Financing Programme for Aircraft, WT/DS46/R, 14 April 1999, S. 97-98, Para. 7.68.
[6867] Kanada hatte argumentiert, daß nur die 'costs to government' einbezogen werden dürfen, um den Vorteil festzustellen. Dies akzeptiert der AB nicht: Brazil vs. Canada - Measures Affecting the Export of Civilian Aircraft, WT/DS70/AB/R, 2 August 1999, S. 40, Para. 160.
[6868] SCM Art. 1.1 (a) (1) (iii). WTO 1995: 264.
[6869] "In accordance with the provisions of Article XVI of GATT 1994 (Note to Article XVI) and the provisions of Annexes I through III of this Agreement, the exemption of an exported product from duties or taxes borne by the like product when destined for domestic consumption, or the remission of such duties or taxes in amounts not in excess of those which have accrued, shall not be deemed to be a subsidy." Art. 1.1 (ii) FN 1. WTO 1995: 264. Dies beschreibt den Normalfall in Mehrwert- bzw. Umsatzsteuersystem, welche diese beim Export zurückerstatten.
[6870] SCM Annex I., sowie auch Annex II und III. WTO 1995: 304-307.

(3) Gemäß SCM Art. 2 sind nicht-spezifische Subventionen von der Definition ausgenommen. Als Beispiel werden neutral angelegte, horizontale Subventionen genannt, die sich an der Beschäftigtenzahl oder Firmengröße orientieren. Diese fallen nicht unter die Subventionsdefinition solange dadurch nicht faktisch bestimmte Unternehmen begünstigt werden.[6871] In SCM Art. 2.2 wird nur dann das Vorliegen von Subventionierung bei der Regionalförderung angenommen, wenn diese "limited to certain enterprises" ist.[6872]

SCM Art. 2 legt eine umgreifende Definition von 'spezifisch' vor: "is specific to an enterprise or industry or group of enterprises or industries"[6873] Nicht viele Subventionen dürften somit als nicht-spezifisch zu bezeichnen sein. Zwei Panelaussage liegen zu SCM Art. 2 vor. Die Holzprodukteindustrie wird als "limited group of industries" i.S: von SCM Art. 2 angesehen, obwohl damit die Zellstoff-, Papier-, Holz-, und holzverarbeitende Industrie gemeint ist.[6874] Spezifität wird Fall-zu-Fall festgestellt und der Begriff Industrie wird generell anhand der Produkte, die produziert werden, bestimmt. Wie breit der Begriff angelegt werden kann, wird daran deutlich, daß als Industrie die Landwirtschaft angenommen wird, die bestimmte Früchte anbaut.[6875] Schließlich ist es zwar nicht vom AB bestätigt, steht aber so in SCM Art. 2.3, daß wenn Exportsubventionen gezeigt werden können, diese generell 'spezifisch' sind.[6876]

(4) Schließlich wird eine Grenzziehung im Verhältnis zu sonstigen, mit Vorteilen verbundenen Wirtschaftspolitiken vollzogen. Diese Grenze ist dadurch vorgesehen, daß die in SCM Art. 1.1 (a) (1) erwähnten Tatbestände 'financial contribution' und SCM Art. 1.1 (b) 'benefit ... conferred', die Tatbestände einschränken, welche unter die Subventionsdefinition fallen. Im Streitfall Canada vs. United States - Export Restraints (2001) wird nicht bezweifelt, daß ein Exportverbot einen Vorteil etabliert, denn dadurch können die heimischen Produzenten eine Ware zu einem niedrigeren Preis kaufen. Allerdings sei bei Exportverboten keine enge Verbindung zwischen Vorteilsgeber und Rezipient erkennbar. Unterschieden werde im SCM zwischen "government intervention", i.S. von

---

[6871] SCM Art. 2. WTO 1995: 265. Von Hoda/Ahuja (2005) wird betont, daß in den Verhandlungen großer Wert darauf gelegt wurde, nicht alle Subventionen zu verbieten und dies ein Ergebnis dessen ist. Die Autoren gestehen aber zu, daß diese Ausnahme für horizontale Subventionen unklar formuliert ist. Hoda/Ahuja 2005: 1012.
[6872] SCM Art. 2.2. WTO 1995: 266. Diese Artikel wurde auf Wunsch der EU eingeführt, um ihre Regionalförderprogramme zumindest zu einem gewissen Grad von der Annahme der Spezifizität ausnehmen zu können. Hahn 1998: 107.
[6873] SCM Art. 2. WTO 1995: 265.
[6874] Canada vs. United States - Final Countervailing Duty Determination with Respect to Certain Softwood Lumber from Canada, WT/DS257/R, 29 August 2003, S. 106, Para. 7.121.
[6875] "In our, view, the industry represented by a portion of United States agricultural production that is growing and producing certain agricultural crops (and certain livestock in certain regions under restricted condition) is a sufficiently discrete segment of the United States economy in order to qualify as 'specific' within the meaning of Article 2 of the *SCM Agreement*." Herv. im Original. Brazil vs. United States - Subsidies on Upland Cotton, WT/DS267/R, 8 September 2004, S. 271, Para. 7.1151. Im folgenden Fall versucht sich Kanada sich mit diesem Artikel, ohne Erfolg, zu verteidigen in: Canada vs. United States - Final Countervailing Duty Determination with Respect to Certain Softwood Lumber from Canada, WT/DS257/R, 29 August 2003, u.a. S. 26, Paras. 4.134-4.138, S. 79, Para. 7.30. Hinweis in Clarke et al. 2004: 361.
[6876] Dies bemerkt: EU vs. Korea - Measures Affecting Trade in Commercial Vessels, WT/DS273/R, 7 March 2005, S. 55, Para. 7.192, S. 77, Para. 7.308. Kein AB Bericht in diesem Fall.

allgemeinen wirtschaftspolitischen Regierungsinterventionen in die Märkte, und "financial contribution" im engen Sinne, wobei nur letzteres unter die Subventionsdefinition fällt.[6877]

Die Subventionsdefinition des SCM lautet wie folgt:

Vier Tatbestände und ein weiterer Artikel werden zur näheren Definition des Begriffs finanzieller Beitrag ('financial contribution') verwendet, dies sind SCM Art.1.1 (a) (1) in (i) bis (iii) sowie Art. 1.1 (a) (2):

(1) Bezüglich des ersten Tatbestand SCM Art. 1.1 (a) (1) (i) "direct transfer of funds"[6878] ist es in Brazil vs. Canada - Aircraft (1999-2003) unumstritten, daß die kanadische Export Development Corporation (EDC) als 'public body' anzusehen ist, welche durch ihre Kreditvergabe eine 'financial contribution' vornahm. Nur für einen der Kredite wird aber letztendlich angenommen, daß damit ein Vorteil übertragen wurde.[6879] Ebenso ist es Brazil vs. Canada - Aircraft Credits and Guarantees (2002-2003) nicht umstritten, daß es ein finanzieller Beitrag erfolgte.[6880] Dort fand eine Diskussion darüber statt, ob die einzelnen kanadischen Exportkredit- (und sonstigen) Transaktionen marktgemäß waren, wobei, neben den Commercial Interest Reference Rates, eine Reihe von Indikatoren hinzugezogen wurden, um einen Vorteil zu beweisen ('benefit').[6881] Neben Krediten erstreckt sich die Bedeutung von 'direct transfer of funds' auf Schenkungen, Kredite, Aktienkäufe, direkte Geldzahlungen und die Übernahme von Verpflichtungen, z.B. Kreditgarantien.[6882]

(2) Bezüglich SCM Art. 1.1 (a) (ii), dem staatlichen Einkommen, welches sonst fällig, aber erlassen oder nicht erhoben wurde: "government revenue that is otherwise due is foregone or not collected"[6883], werden die Auslegungsgrundlagen in EU vs. United States - FSC (1999-2006) erarbeitet. Der AB folgert aus diesem Begriff, daß die von den USA in Abhängigkeit von Exportleistungen eingeräumten Steuererleichterungen SCM inkonform sind. Als Vergleichsmaßstab fungiert hier nicht der Markt,

---

[6877] Daß diese Grenzziehung von den Mitgliedsstaaten so gewollt war, kann anhand der SCM Verhandlungsgeschichte gezeigt werden. Es ging darum "to ensure that not all government measures that conferred benefits could be deemed to be subsidies". Die in (i) bis (iv) aufgezählten Tatbestände sind, so GATT Sekretariat, Beispiel dafür, daß "subsidies exist where the government exercises its authority to impose tax and expend revenue, whether directly or through delegation of its taxing and [sic] authority." Canada vs. United States - Measures Treating Export Restraints as Subsidies, WT/DS194/R, 29 June 2001, S. 89-93, Para. 8.63-8.74. Siehe für das Sekretariatspapier: MTN.GNG/NG10/W/4, 28 April 1987. Siehe auch: Clarke et al. 2004: 357-358. Zu einem frühen Überblick in bezug auf Exportkontrollen unter dem GATT Recht siehe Rom 1984.
[6878] SCM Art. 1.1 (a) (1) (i). WTO 1995: 264.
[6879] Brazil vs. Canada - Measures Affecting the Export of Civilian Aircraft, WT/DS70/R, 14. April 1999, S. 186, Para. 9.160; siehe die Diskussion des EDC Canada Account: S. 193-197, Paras. 9.204-9.226.
[6880] Brazil vs. Canada - Export Credits and Loan Guarantees for Regional Aircraft, WT/DS222/R, 28 January 2002, S. 47, Para. 7.187.
[6881] Brazil vs. Canada - Export Credits and Loan Guarantees for Regional Aircraft, WT/DS222/R, 28 January 2002, S. 56, Para. 7.778. Nicht akzeptiert wird das brasilianische Argumente, daß kanadische Institutionen u.a. die EDC 'general benefits' vergeben hätte, sodaß hier nur die speziellen Transaktionen untersucht werden. S. 47-55, Paras. 7.191-7.221.
[6882] Eine Kreditgarantie wird in diesem Fall zwar als Subvention, aber nicht als Exportsubvention eingestuft. Weitere Kreditgarantien haben keinen Vorteil impliziert. Brazil vs. Canada - Export Credits and Loan Guarantees for Regional Aircraft, WT/DS222/R, 28 January 2002, S. 79-81, Paras. 7.349-7.386, S. 89, Para. 7.387-7.388.
[6883] SCM Art. 1.1 (a) (1) (ii). WTO 1995: 264.

sondern das ansonsten gültige Besteuerungsniveau des jeweiligen Staates.[6884] Auch ein Verstoß gegen die Subventionsregeln des Abkommens über die Landwirtschaft lag damit vor, weil die Steuererleichterungen eine Umgehung von dessen Exportsubventionsregeln darstellten.[6885] In Japan vs. Canada - Autos (2000) wird gemäß diesem Ansatz eine Zollausnahme für bestimmte Firmen bezüglich Importen von fertigen Automobilen für den Konsum in Kanada als Exportsubvention angesehen.[6886]

(3) U.a. in Softwood Lumber IV (2003-2005) stellten Panel und AB fest, daß Bäume Waren ('goods') gemäß Art. 1.1 (a) (1) (iii) "a government provides goods or services"[6887] sind. Die kanadische Regierung räumte nach Zahlung von Gebühren Abholzungsrechte ein, durch die diese Güter zur Verfügung gestellt ('provide') wurden. Darüberhinaus betonte der AB, daß u.a. auch der Aspekt wichtig ist, daß die Regierung darüber eine gewisse Kontrolle ausübt.[6888] Kanada hatte argumentiert, daß sich der Begriff Ware nicht auf natürliche Ressourcen, wie Nutzungsrechte für öffentliches Land, Fischquoten oder Wasser beziehe.

[6884] "90. We turn now to the definition of the term 'subsidy' and, in particular, to Article 1.1(a)(1)(ii), which provides that there is a 'financial contribution' by a government, sufficient to fulfil that element in the definition of a 'subsidy', where "government revenue that is *otherwise due* is foregone or not collected". (emphasis added) In our view, the '*foregoing*' of revenue '*otherwise* due' implies that less revenue has been raised by the government than would have been raised in a different situation, or, that is, 'otherwise'. Moreover, the word 'foregone' suggests that the government has given up an entitlement to raise revenue that it could 'otherwise' have raised. This cannot, however, be an entitlement in the abstract, because governments, in theory, could tax *all* revenues. There must, therefore, be some defined, normative benchmark against which a comparison can be made between the revenue actually raised and the revenue that would have been raised 'otherwise'. We, therefore, agree with the Panel that the term 'otherwise due' implies some kind of comparison between the revenues due under the contested measure and revenues that would be due in some other situation. We also agree with the Panel that the basis of comparison must be the tax rules applied by the Member in question. To accept the argument of the United States that the comparator in determining what is 'otherwise due' should be something other than the prevailing domestic standard of the Member in question would be to imply that WTO obligations somehow compel Members to choose a particular kind of tax system; this is not so. A Member, in principle, has the sovereign authority to tax any particular categories of revenue it wishes. It is also free *not* to tax any particular categories of revenues. But, in both instances, the Member must respect its WTO obligations. What is 'otherwise due', therefore, depends on the rules of taxation that each Member, by its own choice, establishes for itself." Herv. im Original. EU vs. United States - Tax Treatment for "Foreign Sales Corporations", WT/DS108/AB/R, 24 Februar 2000, S. 30, Para. 90.

[6885] Nachdem eine Subventionen unter SCM Art. 1.1 festgestellt wird, wird geschlossen, daß es sich damit auch um eine Subvention i.S. des Abkommens über die Landwirtschaft handelt. Sodann wird gezeigt, daß die USA damit gegen AOA Art. 10.1, der eine Umgehung der Subventionsdisziplin verhindern soll, verstoßen hat. Ebenso lag ein Verstoß gegen AOA Art. 3.3, der Exportsubventionen nur für in der Liste erwähnte Maßnahmen erlaubt (die Liste in AOA Art. 9.1) und AOA Art. 8 vor. EU vs. United States - Tax Treatment for "Foreign Sales Corporations", WT/DS108/AB/R, 24 Februar 2000, S. 48, Para. 140, S. 52, Para. 154. Allerdings sind die Steuererleichterungen nicht als Marketingkosten i.S. von Art. 9.1 (d) angesehen worden. S. 46, Para. 131.

[6886] Sowie als Verstoß gegen GATT Art. I. Grund für diese Verstöße gegen diverse Regeln war die dahinterstehende Bedingung für die Zollausnahmen, daß ein bestimmter Teil der Produktion in Kanada erfolgte, wobei von den Zollausnahmen nicht profitiert werden konnte, solange nicht auch Exporte erfolgten, sodaß eine Abhängigkeit von Exportleistungen ebenso gezeigt werden konnte. Japan vs. Canada - Certain Measures Affecting the Automobile Industry, WT/DS139/AB/R, WT/DS142/AB/R, 31 May 2000, S. 27, Para. 85, S. 29-30, Paras. 91-92, S. 33-34, Paras. 104-108.

[6887] SCM Art. 1.1 (a) (1) (iii). WTO 1995: 264.

[6888] "Indeed, a government must have some control over the *availability* of a specific thing being 'made available'" Herv. im Original. Canada vs. United States - Final Countervailing Duty Determination with Respect to Certain Softwood Lumber from Canada, WT/DS257/AB/R, 19 January 2004, S. 27, Para. 71. Siehe auch: S. 25, Para- 66-67; S. 26-27, Para. 68-71; S. 28, Para. 75. Kanadas Argument bezüglich der natürlichen Ressourcen: Canada vs. United States - Final Countervailing Duty Determination with Respect to Certain Softwood Lumber from Canada, WT/DS257/R, 29 August 2003, S. 5, Para. 4.14; siehe für die Analyse zu o.g. Frage, S. 73-70, Paras. 7.9-7.30. Genauso hatte schon geurteilt: Canada vs. United States - Preliminary Determinations with Respect to Certain Softwood Lumber from Canada, WT/DS236/R, 27 September 2002, S. 75, Para. 7.16.

(4) Wenn keiner dieser Tatbestände zutrifft, steht SCM Art. 1.1 (a) (2) zur Verfügung, der auf GATT Art. XVI mit seinem 'bilevel pricing'-Test hinweist.[6889] Bisher nicht genutzter Artikel.

Im sodann folgenden SCM Art. 1.1 (a) (iv) geht es nicht mehr, wie zuvor, um Aktivitäten, sondern um die Akteure. Und zwar darum, wie gegenüber eine privaten Institution bewiesen werden kann, daß sie im Auftrag einer Regierung gehandelt hat, um die in (i) bis (iii) erwähnten Subventionstatbestände durchzuführen ("entrusts and directs a private body to carry out one or more of the type of functions illustrated in (i) to (iii) ..."[6890]).[6891] Zwei Panels schlagen hier Kriterien vor[6892], die letztendlich vom AB offener formuliert werden, der es ablehnt, sich allzusehr auf den Begriff "command" zu verlassen. Stattdessen wird die Phrase vorgeschlagen, "government exercises its authority over a private body", wobei dabei die Instrumente des "threat or inducement" benutzt werden können, aber auch der "guidance".[6893] In den Fällen EU vs. Korea - Commercial Vessels (2005), Korea vs. United States - Countervailing Duty Investigation on DRAMs (2005), Korea vs. EU - Countervailing Measures on DRAM Chips (2005) und Korea vs. Japan - DRAMS (2007) werden die Schwierigkeiten deutlich, die beim Einschätzen des Verhältnisses der Regierung zu privaten Akteure auftreten. Im Korea vs. United States Fall warf der AB dem Panel vor, den Entscheidungsmaßstab nicht eingehalten zu haben.[6894]

[6889] SCM Art. 1.1 (a) (2). Sowie: GATT Art. XVI: 4 "which subsidy results in the sale of such product for export at a price lower than the comparable price charged for the like product to buyers in the domestic market." WTO 1995: 264. Hahn 1998: 105; Jackson 1997: 286.
[6890] SCM Art. 1.1 (a) (1) (iv). WTO 1995: 264.
[6891] In diesem Artikel geht es nicht mehr um die "nature of the *action*", sondern um die "identity of the *actor*". Herv. im Original. Korea vs. United States - Countervailing Duty Investigation on Dynamic Random Access Memory Semiconductors (DRAMS) from Korea, WT/DS296/AB/R, 27 June 2005, S. 40, Para. 112. Die Empfänger von Subventionen könnnen natürliche Personen aber auch privatrechtlich etablierte Entitäten sein. Dadurch wird eine Umgehung der Subventionsdisziplin verhindert. Matsushita et al. 2006: 352.
[6892] Zuerst werden diese Kriterien formuliert in: Canada vs. United States - Measures Treating Export Restraints as Subsidies, WT/DS194/R, 29 June 2001, S. 79-80, Para. 8.29-8.31. Dann im Kontext eine Ausgleichszahlungsuntersuchung, deren Beweisführung auf indirekten Beweisen beruhte, angewandt von: Korea vs. United States - Countervailing Duty Investigation on Dynamic Random Access Memory Semiconductors (DRAMS) from Korea, WT/DS296/R, 21 February 2005, S. 14-19, Paras. 7.29-7.46. Und von: Und auch: EU vs. Korea - Measures Affecting Trade in Commercial Vessels, WT/DS273/R, 7 March 2005, S. 89, Para. 7.368.
[6893] "116. In sum, we are of the view that, pursuant to paragraph (iv), "entrustment" occurs where a government gives responsibility to a private body, and "direction" refers to situations where the government exercises its authority over a private body. In both instances, the government uses a private body as proxy to effectuate one of the types of financial contributions listed in paragraphs (i) through (iii). It may be difficult to identify precisely, in the abstract, the types of government actions that constitute entrustment or direction and those that do not. The particular label used to describe the governmental action is not necessarily dispositive. Indeed, as Korea acknowledges, in some circumstances, "guidance" by a government can constitute direction. In most cases, one would expect entrustment or direction of a private body to involve some form of threat or inducement, which could, in turn, serve as evidence of entrustment or direction. The determination of entrustment or direction will hinge on the particular facts of the case". Fußnoten nicht reproduziert. Korea vs. United States - Countervailing Duty Investigation on Dynamic Random Access Memory Semiconductors (DRAMS) from Korea, WT/DS296/AB/R, 27 June 2005, S. 43, Para. 116. Dasselbe Zitat in Matsushita et al. 2006: 345.
[6894] Zu Problem kommt es hier, weil das Panel an einzelnen Beweisstücken zuviel festmachte und die insgesamte Argumentationsrichtung und die Aussagekraft der Totalität der Beweise zuwenig beachtete. Korea vs. United States - Countervailing Duty Investigation on Dynamic Random Access Memory Semiconductors (DRAMS) from Korea, WT/DS296/AB/R, 27 June 2005. S. 57-58, Paras. 150-151.

8.3 SCM Teil II Exportsubventionen

Klagt ein WTO Mitglied gegen Exportsubventionen in SCM Art. 3.1 (a) oder Importsubstitutionssubventionen in SCM Art. 3.1 (b), hat es die Möglichkeit sich nicht nur auf gesetzliche Grundlagen, sondern auch faktische Zusammenhänge zu beziehen. Ein solcher faktischer Zusammenhang liegt vor, wenn eine Subventionen tatsächlich an gegenwärtige oder erwartete Exporte gebunden ist bzw. davon abhängig gemacht wurde ("in fact tied to actual or anticipated exportation").[6895] Weiterhin muß SCM Annex I, II und III beachtet werden. Dort werden mögliche Formen der verbotenen Exportsubventionierung illustriert, die sich u.a. durch Steuer- und Gebührenbefreiungen umsetzen lassen, durch Befreiungen von Importbelastungen oder durch mit den Regeln nicht vereinbare Exportkreditprogramme.[6896] SCM Art. 3.2 (a) Fußnote 5 geht direkt die Frage an, ob diese Liste affirmativ benutzt werden kann, mit den Regeln vereinbare Exportsubventionen auszumachen. Nach Ansicht zweier Panels wird dies verneint, außer für den Fall, daß sich in dieser Liste eine explizit affirmative Formulierung findet. Dies wird im zweiten Teil von Annex I (k) beobachtet. Es bleibt aber weiter denkbar, daß die beklagte Partei versuchen kann zu zeigen, daß sie mit den Kriterien übereinstimmt.[6897]

8.3.1 SCM Teil II Fallübersicht

Im SCM wieder eine Fallübersicht, weil ein rechtlicher Kommentar nicht dazu ausreicht, Schlußfolgerungen in bezug auf wirtschaftliche Effekte zu ziehen.

8.3.1.1 Luftfahrt: Brasilien und Kanada

Zunächst geht es um den Streit über Exportsubventionen und Subventionen in der Luftfahrt zwischen Brasilien und Kanada.[6898] Dieser Streit bricht aus, als ein bilaterales Abkommen scheitert[6899] und er führt, im Endergebnis, kaum erkennbar zur einer Veränderung der Praxis der Subventionierung und Benutzung von subventionierten Exportkrediten in beiden Ländern.[6900]

[6895] SCM Art. 3..1 (a) FN 4. WTO 1995: 266.
[6896] SCM Annex I, II, III. WTO 1995: 304-310.
[6897] Es sollte in diesen Artikeln in einem affirmativen Sinne hervorgehoben werden, wenn es sich nicht um eine Exportsubvention handeln würde. "In its ordinary meaning, footnote 5 relates to situations where a measure is referred to as *not* constituting an export subsidy." Herv. im Original. Canada vs. Brazil - Export Financing Programme for Aircraft, WT/DS46/RW, 9 May 2000, S. 13, Para. 6.36, 'affirmativ' in S. 14, Para. 6.37., für Annex I (k), S. 13, Para. 6.63. Diese Ansatz stimmt ein weiteres Panel zu. Für Annex I (j) lehnt ein weitere Panel einen affirmativen Gehalt ganz ab, ebenso für den ersten Teil von Annex I (k). EU vs. Korea - Measures Affecting Trade in Commercial Vessels, WT/DS273/R, 7 March 2005, S. 56, Para. 7.199, S. 79, Para. 7.313, Korea darf versuchen, Kompatibilität zu zeigen, S. 79-82, Para. 7.314-7.329.
[6898] Literatur dazu, die durchgängig entweder zu knapp oder veraltet ist: Stehmann 1999, Behoodi 2001, Kleiner 2002. Einen Überblick über den Stand der Rechtsprechung, ohne auf die Hintergrund der Fälle einzugehen, bietet Clarke et al. 2004. Ohne Rekurs auf Streitbeilegungsentscheidungen, aber i.S. eines Überblicks sinnvoll, fassen die Regeln in diesem Bereich zusammen: Stoll/Schorkopf 2002: 130-138.
[6899] Canada vs. Brazil - Export Financing Programme for Aircraft, WT/DS46/ARB, 28 August 2000, S. 6-7.
[6900] In bezug auf die Durchsetzungsfähigkeit der WTO stimmt schon nachdenklich, wenn 1999 etwa der Präsident von Embraer potentielle Kunden beruhigt, indem er öffentlich erklärt, daß die Exportkredite auch in Zukunft weiter verfügbar sein werden. Er hat damit nicht zuviel versprochen. Zitiert aus First Submission Canada: Canada vs. Brazil - Export Financing Programme for Aircraft, WT/DS46/RW, 9 May 2000, S. 41, Para. 17. Auch Kanada zieht die Exportkredite für Bombardier nicht zurück, obwohl diese als SCM widrige Exportsubventionen

In Brazil vs. Canada - Aircraft (1999-2003)[6901], werden die SCM Teil I Regeln erstmals umgesetzt und grundlegende Klärungen durchgeführt. Überschattet wird dieser Fall von der Weigerung Kanadas Informationen bereitzustellen. Keine Informationen legt Kanada über die Konditionen eines wichtigen Exportkreditprogramms vor. Anhand der vorliegende Beweise, die ein marktgemäßes Verhalten nahelegen und die Brasilien nicht widerlegen kann, kann es dafür nicht verurteilt werden.[6902] Das Panel sieht Aktivitäten zweier kanadischer Institutionen als WTO widrig an: Transaktionen des Exportkreditprogramm ('Canada Account')[6903] und Subventionen durch Technology Partnerships Canada ('TPC'). Kanada hatte Subventionen durch TPC von Can$ 222 Mill. (insgesamte Exporte in diesem Bereich: Can$ 7,4 Mrd. 1995) nicht bestritten, aber versucht, die Abhängigkeit von Exporten zu leugnen. Der Panel zeigte an 16 Argumenten, u.a. anhand der faktischen Exportorientierung, der Anforderung bei Anträgen auf Subventionsförderung zunehmende Exporte zu erwähnen und der Stellungnahme eines Parlamentsabgeordneten über seine Erwartung steigender Exporte nach einer Subventionszahlung von Can$ 57 Mill., daß beim TPC Programm eine solche Abhängigkeit vorlag.[6904]

In bezug auf die Grundlagen des Aufzeigens der Exportsubventionierung bestätigt der AB, daß es mit einer Zusammenstellung vieler Beweiselemente ("configuration of facts"[6905]) gelingen kann, die faktische Abhängigkeit der Maßnahmen mit erwarteten Exporten aufzuzeigen (reformuliert als: "contingent ... in fact ... upon export performance").[6906] Der AB verdeutlicht die Anforderungen an

---

erkannt worden sind. Brazil vs. Canada - Export Credits and Loan Guarantees for Regional Aircraft, WT/DS222/ARB, 17 February 2003, S. 30, Para. 3.106. Dies kann sich Stehmann (1999) noch nicht vorstellen, der davon ausgeht, daß die Länder ihre Praxis WTO kompatibel ausrichten werden. Stehmann 1999: 199-120.

[6901] Panel, AB, Art. 21.5 Panel, Art. 21.5 AB. Brazil vs. Canada - Measures Affecting the Export of Civilian Aircraft, WT/DS70/R, 14 April 1999. Brazil vs. Canada - Measures Affecting the Export of Civilian Aircraft, WT/DS70/AB/R, 2 August 1999. Brazil vs. Canada - Measures Affecting the Export of Civilian Aircraft, WT/DS70/RW, 9 May 2000. Brazil vs. Canada - Measures Affecting the Export of Civilian Aircraft, WT/DS70/AB/RW, 21 July 2000.

[6902] Hier wird sich auf die Diskussion der Export Development Corporation bezogen, wobei das Panel die Schlußfolgerung zieht, daß es Brasilien nicht gelungen ist, einen prima facie Beweis vorzulegen. Deshalb kam es nicht dazu, daß die Beweislast auf die kanadische Seite überging. Brazil vs. Canada - Measures Affecting the Export of Civilian Aircraft, WT/DS70/R, 14 April 1999, S. 186-192, Paras. 9.158-9.196.

[6903] In diesem Fall reicht eine Äußerung eines Managers, der die Kreditbedingungen als "close to commercial" beschrieb, aus, um angesichts einer ausbleibenden Widerlegung durch Kanada, eine Subventionierung anzunehmen. Weil EDC, zu der Canada Account gehört, über das Gesetz verpflichtet ist, Exportkredite zu vergeben, handelt es sich um eine Exportsubvention. Brazil vs. Canada - Measures Affecting the Export of Civilian Aircraft, WT/DS70/R, 14 April 1999, S. 196-198, Paras. 9.216-9.231.

[6904] Brazil vs. Canada - Measures Affecting the Export of Civilian Aircraft, WT/DS70/R, 14 April 1999, S. 223-225, Paras. 9.340. Kanada hatte einige Dokumente, die der Subventionierung zugrundelagen, vorgelegt, allerdings in einer vorher ein weiteres Mal bearbeiteten Version, die kaum mehr relevante Informationen enthielt. Die wichtigsten Dokumente legt Kanada nicht vor. S. 226, Paras. 9.345. Schlußfolgerung in S. 227, Para. 9.348. Die Verteidigungsstrategie Kanadas diesbezüglich wird beschrieben von Behboodi 2001: 416-420.

[6905] "De jure export contingency is demonstrated on the basis of the words of the relevant legislation, regulation or other legal instrument. Proving de facto export contingency is a much more difficult task. There is no single legal document which will demonstrate, on its face, that a subsidy is "contingent ...in fact ... upon export performance". Instead, the existence of this relationship of contingency, between the subsidy and export performance, must be inferred from the total configuration of the facts constituting and surrounding the granting of the subsidy, none of which on its own is likely to be decisive in any given case." Herv. im Original. Brazil vs. Canada - Measures Affecting the Export of Civilian Aircraft, WT/DS70/AB/R, 2 August 1999, S. 43, Para. 167.

[6906] "Indeed, the Panel took into account sixteen different factual elements, which covered a variety of matters, including: TPC's statement of its overall objectives; types of information called for in applications for TPC funding; the considerations, or eligibility criteria, employed by TPC in deciding whether to grant assistance; factors to be identified by TPC officials in making recommendations about applications for funding; TPC's record of funding in the export field, generally, and in the aerospace and defence sector, in particular; the nearness-to-the-export-market of the projects funded; the importance of projected export sales by applicants to TPC's funding decisions; and the export orientation of the firms or the industry supported." Herv. im Original. Brazil vs. Canada - Measures Affecting the Export of Civilian Aircraft, WT/DS70/AB/R, 2 August 1999, S. 46, Para. 175.

die Streitbeilegung, indem er bestätigt, daß mehrere Beweiselemente nötig sind, dies aufzuzeigen. Die Erwartung von Exporten müsse von Fakten zusätzlich untermauert werden - wobei der insgesamte Ansatz des Panels nicht in Frage gestellt wird.[6907] In EU vs. United States - FSC (1999-2006) erklärt der AB diese Definition auch für das Übereinkommen über die Landwirtschaft für Exportsubventionen als geltend.[6908]

Brasilien ist mit der Reaktion Kanadas auf die Empfehlungen des Berichts nicht zufrieden, dies führt zu einem Art. 21.5 Panel und einem - weniger wichtigen - Art. 21.5 AB:

Der Art. 21.5 Panel stellt erstens fest, daß Kanada die TPC Empfehlungen mittels einer Neuformulierung der Investitionsleitlinien und Auszahlungsstops umgesetzt hat.[6909] Zweitens wird nicht akzeptiert, daß Kanada beim Versuch der Umsetzung der Empfehlungen nur in ungenauer Formulierung zugesagt hatte, bei weiteren Krediten die OECD Leitlinien für öffentlich geförderte Exportkredite zu beachten, speziell hinsichtlich der Zinsuntergrenzen der Commercial Interest Reference Rates ('CIRR'). Diese, als Ausnahmen ('safe haven') bezeichneten OECD Leitlinien, finden Erwähnung in SCM Annex I (k).[6910] Der Panel bezieht die OECD Leitlinien zudem in ihrer Gesamtheit ein und bezweifelt u.a., daß ein Bieterkampf mit diesen vereinbar ist.[6911] Mehr dazu weiter unten. Aufgrund von Kanadas ungenauen Formulierungen, die wenig Rückschluß darauf ließen, wie es gedenkt, den OECD Leitlinien zu folgen, wird festgestellt, daß dieses Land, den seit dem 2. August

---

[6907] 3 Elemente werden aus Fußnote 4 herausgearbeitet: (1) Untersucht werden muß der Geber der Subvention, der die Subvention unter der Bedingung der Exportleistung gibt. (2) Die Abhängigkeit dieser Gabe von der Exportleistung muß gezeigt werden: "In any given case, the facts must "demonstrate" that the granting of a subsidy is tied to or contingent upon actual or anticipated exports" Herv. im Original. Brazil vs. Canada - Measures Affecting the Export of Civilian Aircraft, WT/DS70/AB/R, 2 August 1999, S. 44, Para. 171. Dabei spielt die Erwartung von Exporten, aber auch das Wissen darum, im Sinn von Fakten, eine Rolle: "A subsidy may well be granted in the knowledge, or with the anticipation, that exports will result." S. 45, Para. 172.

[6908] "We see not reason, and none has been pointed out to us, to read the requirement of 'contingent upon export performance' in the *Agreement on Agriculture* differently from the same requirement of 'imposed by the *SCM Agreement*." Herv. im Original. EU vs. United States - Tax Treatment for "Foreign Sales Corporations", WT/DS108/AB/R, 24 Februar 2000, S. 48, Para. 141.

[6909] Ingesamt in fünf Fällen hätte ein Auszahlungsstop stattgefunden, darunter bei Zahlung von Can$ 16,4 Mill. sowie bezüglich zweier vorläufig zugesagter Auszahlungen, ohne Wertangabe. Die Diskussion geht um neue Investitionsrichtlinie. Bei der letztendlichen Entscheidung, daß Kanada die Empfehlungen umgesetzt hat, wird der Auszahlungsstop aber offenbar beachtet. Eine Zurückzahlung der vormals geflossenen Gelder sei nicht erforderlich. Brazil vs. Canada - Measures Affecting the Export of Civilian Aircraft, WT/DS70/RW, 9 May 2000, S. 1, Para. 1.5, S. 5, Para. 5.3, S. 6-17, Para. 5.9-5.52, S. 43, Para. 6.2. Eine Rückzahlung der Gelder, die WTO inkompatibel geflossen sind, wird als SCM Option für die Umsetzung von Empfehlungen angesehen in: United States vs. Australia - Subsidies Provided to Producers and Exporters of Automotive Leather, WT/DS126/RW, 21 January 2000, S. 17, Para. 3.69.

[6910] "In particular, the Policy Guideline is both generally worded and worded in the negative." Brazil vs. Canada - Measures Affecting the Export of Civilian Aircraft, WT/DS70/RW, 9 May 2000, S: 40, Para. 5.144, S. 39-43, Paras. 5.141-6.4.

[6911] Das Panel überführt die gesamte Komplexität und Auslegung der OECD Leitlinien (und der Bedingungen für Exportkreditvergaben) in die WTO, vor allem um festzustellen, daß diese Leitlinien zwar innerhalb bestimmter Grenzen eine Bieterkampf ('matching') zulassen, daß es aber dennoch möglich bleibt, innerhalb der OECD Leitlinien festzustellen, ob eine Konformität mit den Leitlinien vorliegt. Dieses Ergebnis wird wichtig für den letzten der hier präsentierten Brasilien/Kanada-Fälle. Brazil vs. Canada - Measures Affecting the Export of Civilian Aircraft, WT/DS70/RW, 9 May 2000, S. 22-35, Paras. 5.77-5.127. Feststellt wird weiter, daß eine allzu weite Ausnahme für Exportkredite nicht mit dem SCM vereinbar wäre: "would not be consistent with the purpose of that prohibition in the context of the SCM agreement." S. 38, Para. 5.137. Brasilien hatte u.a. argumentiert, daß die OECD Mitgliedsländer bevorzugt würden, weil sich die darunter befindlichen Industrieländer eine niedriger verzinste Exportfördermöglichkeit einräumen, wohingegen Entwicklungsländer oft allgemein unter höheren Zinsen leiden. Dieses Argument ist aber obsolet, da die OECD Leitlinien fortan für alle Staaten nutzbar sind. Festgehalten wird allerdings, daß es problematisch ist, daß es einer Ländergruppe anheimstellt, die Bedingungen dieser Ausnahme verändern zu können, mit direkter Wirkung in die WTO Regeln hinein, ohne in der WTO Rücksprache halten zu müssen. Dies ist einmalig für die WTO. S. 39, Para. 5.140.

1999, dem Datum des AB Berichts, vorliegenden Empfehlungen der Streitbeilegung, nämlich die Exportsubventionen des 'Canada Account' zurückzunehmen, nicht nachgekommen ist.[6912]

Der - weniger wichtige - Art. 21.5 AB Bericht stellt fest, daß der Panel die Frage der Implementation in bezug auf das TPC Subventionsprogramm nicht ausreichend untersucht hatte und führt die Analyse zuende, stellt aber keinen Verstoß Kanadas gegen die SCM Regeln fest, denn allein der Fakt, daß Subventionen bezüglich einer Industrie vergeben werden, die hinsichtlich ihres Outputs viele Exporte vorweisen kann, sei kein Beweis für die Abhängigkeit der Subventionierung von der Exportleistung.[6913] Damit war dieser Streitfall, zugunsten Brasiliens, abgeschlossen, hatte aber keine weiteren Folgen i.S. von Vergeltungsmaßnahmen etc.[6914]

Fragt sich wie die OECD Leitlinien für öffentlich geförderte Exportkredite in diesen Panelbericht bzw. in die WTO gelangt sind?

Dies läßt sich verstehen anhand des gleichzeitig verhandelten Falls Canada vs. Brasilien - Aircraft (1999-2001)[6915], bei dem Kanada zum Schluß gegen Brasilien gewinnt. Der erste Panel in diesem Fall wirft Brasilien vor, daß die großzügigen Konditionen der Exportkredite des brasilianischen PROEX, im Vergleich zu den Marktbedingungen, ein Verstoß gegen SCM Art. 3.1 (a) darstellen.[6916] Die Sonderbehandlung für Entwicklungsländer in SCM 27.4 konnte Brasilien nicht retten, weil das Niveau seiner Subventionen zwischen 1995 und 1999 angestiegen war.[6917] In der Berufung zu diesem Urteil nimmt der AB Bericht eine überraschende Wendung, durch die der oben erwähnte Art. 21.5 Panel aus Brazil vs. Canada - Aircraft (1999-2003) besser verstanden werden kann: Nicht nur wird vom AB der zweite Teil von SCM Annex I (k) ausführlicher beachtet, sondern dieser wird so ausgelegt, daß nicht mehr der Markt, sondern die dort erwähnten OECD Leitlinien für öffentlich geförderte Exportkredite als Referenzmaßstab für den in diesem Paragraphen benutzen Begriff 'material advantage' verwendet wird. In Annex I (k) werden Exportkredite verboten, wenn diese "are used to secure a material

---

[6912] Dort wird das Datum 20. August 2000 genannt, dies ist offenbar das Datum der DSB Annahme des AB Berichts. Brazil vs. Canada - Measures Affecting the Export of Civilian Aircraft, WT/DS70/RW, 9 May 2000, S. 42, Para. 5.153, S. 43, Para. 6.2.
[6913] "It is Brazil vs. Canada - Measures Affecting the Export of Civilian Aircraft, WT/DS70/AB/RW, 21 July 2000.
[6914] Der AB Bericht wird angenommen, ein Schlichtung etc. oder Autoritisierung zu Gegenmaßnahmen erfolgte nicht, dazu liegen keine WTO Dokumente vor. WT/DS70/15, 14 August 2000. Dies lag offenbar auch daran, daß Brasilien dies hätte kaum begründen können, weil es u.a. nicht bezweifelt, daß bestimmte regelinkonforme 'Canada Account' Transaktionen abgeschlossen waren und derzeit keine weiteren aufgelegt wurden. Brazil vs. Canada - Measures Affecting the Export of Civilian Aircraft, WT/DS70/RW, 9 May 2000, S. 18, Para. 5.57.
[6915] Panel, AB, Art. 22.6 DSU Article 4.11 SCM Arbitration, Art. 21.5 Panel I, Art. 21.5 AB, Art. 21.5 Panel II. Canada vs. Brazil - Export Financing Programme for Aircraft, WT/DS46/R, 14 April 1999. Canada vs. Brazil - Export Financing Programme for Aircraft, WT/DS46/AB/R, 2 August 1999. Canada vs. Brazil - Export Financing Programme for Aircraft, WT/DS46/ARB, 28 August 2000. Canada vs. Brazil - Export Financing Programme for Aircraft, WT/DS46/RW, 9 May 2000. Canada vs. Brazil - Export Financing Programme for Aircraft, WT/DS46/AB/RW, 21 July 2000. Canada vs. Brazil - Export Financing Programme for Aircraft, WT/DS46/RW/2, 26 July 2001.
[6916] Zuerst wird der Markt zum Vergleich hinzugezogen. Dann werden die vertraulichen Daten nicht veröffentlicht, aber beschrieben: "it is clear that PROEX payments resulted in a very substantial improvement in the export credit terms". Canada vs. Brazil - Export Financing Programme for Aircraft, WT/DS46/R, 14 April 1999, S. 86-87, Para. 7.33-7.34, S. 88, Para. 7.36.
[6917] Canada vs. Brazil - Export Financing Programme for Aircraft, WT/DS46/R, 14 April 1999, S. 100, Paras. 7.75-7.76, S. 100-104, Paras. 7.77-7.86. Bestätigt vom AB: Canada vs. Brazil - Export Financing Programme for Aircraft, WT/DS46/AB/R, 2 August 1999, S. 48, Para. 164.

advantage in the field of export credit terms."[6918] Fallen die Exportkreditbedingungen unter die von den OECD Leitlinien ausgegebenen Commercial Interest Reference Rates ('CIRR') Zinsniveaus, spricht dies nach Ansicht des AB dafür, daß diese Form der Kreditvergabe mit der WTO vereinbar ist.[6919] Brasilien kann für seine PROEX Exportkredite nicht zeigen, daß es diesem Standard entsprochen hat.[6920]

Daraufhin veränderte Brasilien PROEX, welches sich fortan an ein "appropriate international market 'benchmark'" halten solle.[6921] Diesbezüglich besteht Kanada auf der Einsetzung eines Art. 21.5 Panel I.[6922] Für den Kontext dieses Streits ist interessant, daß Kanada in den Anhörungen zugibt, ebenso Exportkredite unterhalb des CIRR vergeben zu haben.[6923] Fortan wird der Streitfall davon geprägt, daß diskutiert wird, ob sich der AB ausschließlich auf den CIRR (und die OECD Leitlinien) bezogen hätte, um "material advantage" zu definieren, wobei dies vom Panel bezweifelt wird.[6924] So habe sich der AB auch nicht ausführlicher zu weiteren Bedingungen der OECD Leitlinien geäußert, die ebenfalls für die Kreditvergabe relevant waren, wie Laufzeit, Vorabzahlungen etc.[6925] Brasilien argumentiert schlau in diese Kerbe, daß es somit möglich sein müsse Exportkredite unterhalb des CIRR zu geben, die kein 'material advantage' darstellen würden.[6926] Dies sei der Fall, wenn sich diese an die Marktbedingungen halten, wobei Brasilien in diesen Markt sodann u.a. Kanada mit seinen eigenen staatlichen Exportkreditsubventionen einbezieht.[6927] Letztendlich benutzt der Panel einerseits den CIRR und andererseits die kommerziellen, marktgemäßen Zinsen (ohne staatliche Einwirkungen) als unter anderem relevanter Vergleichsmaßstab ('benchmark').[6928] Darauf bezogen wird festgestellt, daß Brasilien unter dem CIRR lag und keine marktgemäßen Zinsen im kommerziellen Sinne erhoben

---

[6918] SCM Annex I (k). WTO 1995: 306. Canada vs. Brazil - Export Financing Programme for Aircraft, WT/DS46/AB/R, 2 August 1999, S. 52-54, Paras. 179-182.
[6919] "the fact that a particular net interest rate is below the relevant CIRR is a positive indication that the government payment in that case hase been 'used to secure a material advantage in the field of export credit terms'." Canada vs. Brazil - Export Financing Programme for Aircraft, WT/DS46/AB/R, 2 August 1999, S. 54, Para. 182. Schon hier wird erwähnt, daß in den OECD Leitlinien 'matching', also Bieterkampf, immerhin benannt wird, diese Strategie könne aber nicht von der Streitbeilegung akzeptiert werden, S. 54-55, Para. 185.
[6920] Canada vs. Brazil - Export Financing Programme for Aircraft, WT/DS46/AB/R, 2 August 1999, S. 54, Para. 184.
[6921] Canada vs. Brazil - Export Financing Programme for Aircraft, WT/DS46/RW, 9 May 2000., S. 1, Para. 1.4. Siehe: WT/DS46/12, 24 November 1999.
[6922] Canada vs. Brazil - Export Financing Programme for Aircraft, WT/DS46/RW, 9 May 2000.
[6923] Canada vs. Brazil - Export Financing Programme for Aircraft, WT/DS46/RW, 9 May 2000, S. 82, Question 4 (a).
[6924] "On the other hand, if Brazil is correct that an interest rate below CIRR does not imply an material advantage if the marketplace support a lower interest rate, then we must examine the evidence submitted by the parties in respect of the interest rates in the marketplace for regional aircraft." Canada vs. Brazil - Export Financing Programme for Aircraft, WT/DS46/AB/R, 2 August 1999, S. 54, Para. 182. "6.84 In our view, however, a careful reading of the Report leads to the conclusion that the CIRR was not intended as the exclusive and immutable benchmark applicable in all cases. In this regard, we not in particular certain more nuanced language in paragraph 182 of the Report. (...)" "6.85 Although we believe that the Appellate Body did not intent that a payment that resulted in a net interest rate below CIRR would ipso facto be deemed to secure a material advantage, we are not sure under exaclty what circumstances this would not be the case. (...)" Canada vs. Brazil - Export Financing Programme for Aircraft, WT/DS46/RW, 9 May 2000, S. 28, Para. 6.85, siehe S. 27-28, Para. 6.84-6.85. Diese und weitere Passagen des Panel werden bestätigt vom AB. Canada vs. Brazil - Export Financing Programme for Aircraft, WT/DS46/AB/RW, 21 July 2000, S. 21, Para. 64.
[6925] Canada vs. Brazil - Export Financing Programme for Aircraft, WT/DS46/RW, 9 May 2000, S. 28, Para. 6.28.
[6926] Canada vs. Brazil - Export Financing Programme for Aircraft, WT/DS46/RW, 9 May 2000, S. 25, Para. 6.80.
[6927] Canada vs. Brazil - Export Financing Programme for Aircraft, WT/DS46/RW, 9 May 2000, S. 29, Para. 6.90.
[6928] "The Appellate Body seems to have identified the CIRR as a relevant benchmark under the material advantage clause because it represents the '*minimum* commercial interest rate' faced by a potential borrower in respect of a particular currency." Herv. im Original. Canada vs. Brazil - Export Financing Programme for Aircraft, WT/DS46/RW, 9 May 2000, S. 30, Para. 6.91. Sowie die Argumentation in S. 30, Para. 6.92.

hatte.[6929] Sodann wird Kanadas Geständnis erwähnt, ebenso Exportkredite unterhalb dem CIRR vergeben zu haben und der Behauptung geglaubt, daß dies 'kommerzielle Zinsen' gewesen seien und daraus geschlossen, daß Zinsen unterhalb des CIRR nicht zu einer "material advantage" im Sinne von Annex I (k) führen müßten.[6930] Brasilien hätte sich in diesem Fall gegenüber den Vorwürfen Kanadas verteidigen müssen, dies sei aber bezüglich seiner Kredite nicht überzeugend gelungen.[6931]

Im sodann folgenden Art. 21.5 AB Fall[6932] wehrt sich etwa die EU als Dritte Partei gegen diese wenig überzeugende Argumentation des Panel.[6933] Brasilien behauptet weiterhin, daß der Markt, um den es gehe, nur aus Regierungsintervention bestehen würde, sodaß das Argument des Panel, daß Brasilien nicht dem kommerziellen Markt entsprochen habe, unplausibel sei.[6934] Der AB arbeitet diese Fall auf und bestätigt den Panel darin, daß Brasilien zwei Optionen hatte: Erstens zu zeigen, daß seine Exportkredite Zinsen gleich oder oberhalb des CIRR aufweisen oder zweitens einen sonstigen 'market benchmark' aufzuzeigen.[6935] Brasilien wäre es nicht gelungen, anhand einer einzelnen Transaktion diesen 'market benchmark' überzeugend zu definieren. Der AB kritisiert u.a. an diesem Beweisversuch Brasiliens die mangelnde Vergleichbarkeit der von Brasilien angeführten U.S. Export-Import Bank Transaktion für große Düsenflugzeuge (hier gehe es stattdessen um Regionaljets, dort seien flexible Zinsen eingeräumt, hier gehe es um fixe Zinsen etc.[6936]). Der AB argumentiert diesbezüglich: "export credit transactions in the marketplace vary considerably (...) a WTO member must show that the 'benchmark' on which it relies is based from evidence from relevant, comparable transactions in the marketplace."[6937] Als weitere Möglichkeit hätte Brasilien auf Kanadas Exportkreditbedingungen hinweisen können. Weil hier kein konkreter Fall dokumentiert werden konnte, hätte Brasilien nicht zeigen können, daß sich Brasilien innerhalb eines "appropriate 'market benchmark'" bewegt.[6938] Dieser AB Bericht läßt grundsätzliche Fragen offen und läßt Grundzüge eines relativ offenen Standards erkennen. Der Regelverstoß Brasiliens bleibt bestehen. Die Panels werden es diesmal übernehmen, die WTO Auslegung zu klären. Dieser Fall endete so, daß der WTO Schlichtungsausschuß Kanada am 28.

[6929] Canada vs. Brazil - Export Financing Programme for Aircraft, WT/DS46/RW, 9 May 2000, S. 31, Para. 6.95.

[6930] Der Panel glaubt den Versicherungen in dieser Hinsicht Kanadas ohne Daten vorgelegt zu bekommen. Ebenso glaubt der Panel Kanada, daß seine Kredit deutlich höhere Zinsen hatte als der Brasiliens. Canada vs. Brazil - Export Financing Programme for Aircraft, WT/DS46/RW, 9 May 2000, S. 33, Paras. 6.103-6.104.

[6931] Canada vs. Brazil - Export Financing Programme for Aircraft, WT/DS46/RW, 9 May 2000, S. 33, Para. 6.104.

[6932] Canada vs. Brazil - Export Financing Programme for Aircraft, WT/DS46/AB/RW, 21 July 2000.

[6933] Und es wird auf die Relevanz des CIRR hingewiesen. Canada vs. Brazil - Export Financing Programme for Aircraft, WT/DS46/AB/RW, 21 July 2000, S. 10, Para. 32.

[6934] "Neither the Article 21.5 Panel nor Canada pointed to any evidence of any commercial aircraft export financing not supported in some way by the government." Canada vs. Brazil - Export Financing Programme for Aircraft, WT/DS46/AB/RW, 21 July 2000, S. 6, Para. 18.

[6935] " 67. To establish that subsidies under the revised PROEX are not 'used to secure a material advantage in the field of export credit terms', Brazil must prove *either*: that the net interest rates under the revised PROEX are at or above the relevant CIRR, the specific 'market benchmark' we identified in the original dispute as an 'appropriate' basis for comparison; *or*, that an alternative 'market benchmark', other than the CIRR, is appropriate, and that the net interest rates under the revised PROEX are at or above this alternative 'market benchmark'." Herv. im Original, ohne Fußnote reproduziert. Canada vs. Brazil - Export Financing Programme for Aircraft, WT/DS46/AB/RW, 21 July 2000, S. 22, Para. 67.

[6936] Canada vs. Brazil - Export Financing Programme for Aircraft, WT/DS46/AB/RW, 21 July 2000, S. 24, Para. 74.

[6937] Canada vs. Brazil - Export Financing Programme for Aircraft, WT/DS46/AB/RW, 21 July 2000, S. 24, Para. 74.

[6938] Canada vs. Brazil - Export Financing Programme for Aircraft, WT/DS46/AB/RW, 21 July 2000, S. 25, Para. 75.

August 2000 autorisiert Zugeständnisse von insgesamt Can$ 1,4 Mrd. gegenüber Brasilien auszusetzen.[6939]

Im Sommer des Jahres 2000 befanden sich somit weder Brasilien noch Kanada im Einklang mit ihren WTO Verpflichtungen, weil sie beide ihre Flugzeugindustrie (Bombardier und Embraer) weiterhin mit ad hoc günstiger ausgestatteten Exportkrediten förderten, um lukrative Aufträge zu sichern. Dazu kommt, daß die WTO Streitbeilegung generell so angelegt ist, daß sie eine Rückzahlung der Subventionen nicht verlangt, sondern nur für die Zukunft verhindern kann. Weiterhin hatte sich der AB einer offener gefaßte Diskussion über die Bedingungen von Exportkrediten, über die OECD Leitlinien hinaus, geöffnet. Zu diesem Zeitpunkt wäre es - in der Theorie - sogar denkbar gewesen, mit einer umfassenden Recherche über Exportkreditsubventionen anderer Staaten, ein eigenes 'matching' dieser Konditionen zu begründen. In der Theorie deshalb, weil eine solche Recherche in der Realität nahezu unmöglich ist, weil die Konditionen der Vertraulichkeit[6940] unterstehen und es selbst den Panels schwer fallen dürfte, eine solche umfassenden Recherche (zumal der Bedingungen, die andere Staaten außerhalb des Streitfalls für Exportkredite einräumen) durchzuführen. Vor diesem Hintergrund findet die zweite Runde dieses Streits statt:

Der Fall DS46 wurde dabei wieder aufgenommen und Kanada nahm diesbezüglich ein zweites Mal Rekurs auf ein Panel, das die Umsetzung der Empfehlungen überprüft, den Art. 21.5 Panel II Canada vs. Brazil - Aircraft (im Jahr 2001).[6941] Ein weiteres Mal erfolgt dort eine Diskussion der OECD Leitlinien, u.a. anhand von Argumenten aus dem ersten 21.5 Panel des Streitfalls Brazil vs. Canada - Aircraft (aus dem Jahr 2000). Sowohl die USA als auch die EU (die als Dritte Parteien Eingaben machen) setzen sich dabei für die Beibehaltung der Möglichkeit eines unlimitierten Bieterkampfs ('matching') ein. Der Panel wehrt sich dagegen. Die USA hätten mit ihrem Argument unrecht, daß es beim Verbot von 'matching' keine Möglichkeit gebe, auf Unterbietung zu reagieren. Die EU weist darauf hin, daß die OECD Leitlinien bloß ein Gentlemen's Agreement seien. Dies hätte der erste 21.5 Panel Brazil vs. Canada - Aircraft (2000) nicht richtig verstanden und es sei deshalb unrichtig, daß er aus den OECD Leitlinien schließen konnte, daß 'matching' nicht konform zu diesen seien. Beide Argumente werden vom Panel nicht akzeptiert. Das Panel antwortet, daß es für die USA sehr wohl eine Möglichkeit gibt auf Unterbietung zu reagieren, nämlich die WTO Streitbeilegung. An die Adresse der EU wird gerichtet, daß das erste 21.5 Panel seine Entscheidung auch anhand des SCM Abkommens begründet hätte.[6942] Wenn 'matching' erlaubt würde, wäre zudem die Sonderbehandlung für die Entwicklungsländer in SCM Art. 27 bedeutungslos, die Exportsubventionen unter bestimmten

---

[6939] Pro Jahr Can$344,3 Mill. Canada vs. Brazil - Export Financing Programme for Aircraft, WT/DS46/ARB, 28 August 2000, S. 27, Para. 4.1
[6940] Hingewiesen wird darauf, daß unter bestimmten Bedingungen die Banken verklagt werden können, wenn herauskommt, daß sie bevorzugten Klienten bessere Konditionen eingeräumt haben. Behboodi 2001: 404.
[6941] Canada vs. Brazil - Export Financing Programme for Aircraft, WT/DS46/RW/2, 26 July 2001.
[6942] Canada vs. Brazil - Export Financing Programme for Aircraft, WT/DS46/RW/2, 26 July 2001, S. 33-35, Para. 5.113-5.118. Das erste Art. 21.5 Panel hatte festgestellt, daß eine allzu weite Ausnahme für Exportkredite: "would not be consistent with the purpose of that prohibition in the context of the SCM agreement. Brazil vs. Canada - Measures Affecting the Export of Civilian Aircraft, WT/DS70/RW, 9 May 2000, S. 38, Para. 5.137.

Bedingungen aufrechterhalten dürfen, so das Panel.[6943] Das Ergebnis des Panels in bezug auf die eigentliche Klage ist vor dem Hintergrund dieser grundsätzlichen Auseinandersetzung weniger relevant: Das neue PROEX III Gesetz Brasiliens, entsprach dem SCM, weil u.a. weil es eine direkte Referenz auf das Zinsniveau des CIRR enthielt.[6944] Kanada verzichtete auf eine Berufung, sodaß dieser Fall hier endet.

In der Realität nutzte Brasilien, dem PROEX III Gesetz zum Trotz, weiterhin Exportkreditsubventionen. Dies ist der Hintergrund für den - vorerst - letzten, rechtlich entscheidenden Streitfall zu diesem Thema. In diesem geht es um einen Bieterkampf, der sich zwischen Kanada und Brasilien um einen Auftrag der Air Wisconsin entspann, den Brasilien verlor. Kanada gewann den Auftrag und ließ sich - eine originelle Idee, die vor der WTO keine Relevanz hatte - von Air Wisconsin bestätigen, daß seine Konditionen nicht diejenigen Brasiliens unterboten. Dies wird in der Eingabe Kanadas offen beschrieben.[6945]

Auf Wunsch Brasilien wurde diesbezüglich ein neuer Streitfall angestrengt: Brazil vs. Canada - Aircraft Credits and Guarantees (2002-2003).[6946] Brasilien bezweifelt hier, daß u.a. die 'Canada Account' Exportsubventionen aus dem früheren Fallpaket wirklich eingestellt worden sind und bezieht eine ganze Reihe weiterer Exportkredite und sonstige Garantieinstrumente in seine Klage ein. Im Gegensatz zu Brazil vs. Canada - Aircraft (1999-2003) reagiert Kanada diesmal auf den Forderung des Panels nach der Herausgabe von Informationen.[6947] Beide Parteien sind sich darin einig, daß Air Wisconsin sowohl von Kanada als auch Brasilien eine Angebot bekommen hat, daß auf dem Markt so nicht zu finden gewesen wäre.[6948] Wie schon zuvor, wird festgestellt, daß die Canada Account Finanzierung in Abhängigkeit von Exporten erfolgte, sodaß klar ist, daß es sich um eine Exportsubvention handelt.[6949] Bleibt die Frage nach Annex I (k). Hier geht es um den Bieterkampf ('matching'). Kanada behauptet, daß es nur versucht hat, mit dem Angebot Brasiliens gleichzuziehen.[6950] Bestritten wurde von Brasilien nicht, daß auch sein Angebot nicht mit den OECD Leitlinien übereinstimmte, sodaß, so das Panel, schon daraus geschlossen werden kann, daß auch das kanadische Angebot nicht mit den OECD Leitlinien überstimmte, wenn es mit dem brasilianischen Angebot gleichzog.[6951] Angesichts dieser Informationen wehrt sich das Panel nun gegen die Zulässigkeit von 'matching' und übernimmt dabei die Klärung der SCM Regeln in diesem Bereich:

[6943] Canada vs. Brazil - Export Financing Programme for Aircraft, WT/DS46/RW/2, 26 July 2001, S. 34, Para. 5.116.
[6944] Canada vs. Brazil - Export Financing Programme for Aircraft, WT/DS46/RW/2, 26 July 2001, S. 39, Para. 5.139, S. 51, Para. 5.206.
[6945] First Submission of Canada, Annex B-4, 18 June 2001. Brazil vs. Canada - Export Credits and Loan Guarantees for Regional Aircraft, WT/DS222/R, 28 January 2002, S. B-25-B-27, B-32.
[6946] Panel, Art. 22.6 DSU Article 4.11 SCM Arbitration. Brazil vs. Canada - Export Credits and Loan Guarantees for Regional Aircraft, WT/DS222/R, 28 January 2002. Brazil vs. Canada - Export Credits and Loan Guarantees for Regional Aircraft, WT/DS222/ARB, 17 February 2003.
[6947] Brazil vs. Canada - Export Credits and Loan Guarantees for Regional Aircraft, WT/DS222/R, 28 January 2002, S. 34-35, Para. 7.134-7.136.
[6948] Brazil vs. Canada - Export Credits and Loan Guarantees for Regional Aircraft, WT/DS222/R, 28 January 2002, S. 36, Par. 7.144, S. 37, Para. 7.149.
[6949] Brazil vs. Canada - Export Credits and Loan Guarantees for Regional Aircraft, WT/DS222/R, 28 January 2002, S. 38, 7.152.
[6950] Brazil vs. Canada - Export Credits and Loan Guarantees for Regional Aircraft, WT/DS222/R, 28 January 2002, S. 38, Paras. 7.155-7.156.
[6951] Brazil vs. Canada - Export Credits and Loan Guarantees for Regional Aircraft, WT/DS222/R, 28 January 2002, S. 39, Para. 7.160.

Bezug nimmt es auf zwei der früheren Panelberichte, dies sich bereits mit dem Thema befaßt hatten, den Art. 21.5 Panel in Brazil vs. Canada - Aircraft (aus dem Jahr 2000) und den Art. 21.5 Panel II in Canada vs. Brasilien - Aircraft (aus dem Jahr 2001), wobei schon letzterer die Arbeit der Panelkollegen davor überzeugend fand.[6952] Das Panel weist sodann darauf hin, daß diese Berichte sämtlich einen formal korrekten Status haben. Im ersteren wurden die Schlußfolgerungen in bezug auf Annex I (k) in der Berufung nicht in Frage gestellt. Beim zweiten Fall gab es keine Berufung. Beide Berichte wurden vom DSB angenommen.[6953] Sodann werden drei Hauptargumente verwendet, dies sich an die vorherigen beiden Panels anlehnen. Erstens wäre keine Disziplinierung der öffentlichen Exportkredite möglich, wenn ein Bieterkampf mit den OECD Leitlinien vereinbar wäre.[6954] Zweitens sei es nur den Mitglieder der OECD Leitlinien möglich, sich an einem Informationsaustausch in bezug auf Konditionen bei einem Bieterkampf zu beteiligen, sodaß andere Länder benachteiligt wären.[6955] Drittens wäre eine strukturelle Benachteiligung der Entwicklungsländer die Folge, weil die Sonderbehandlung in SCM Art. 27 dadurch wertlos gemacht würde.[6956] Nachdem dies, entgegen der Argumente von Kanada (und EU und USA als Dritte Parteien[6957]) als überzeugend angesehen wird, wird an den Anhaltspunkt der Minimalzinsniveaus des CIRR erinnert, mit dem eine Konformität bzw. Vereinbarkeit mit den OECD Leitlinien festgestellt werden kann.[6958] Weil innerhalb der Logik des

---

[6952] "5.113 We also concur with the Article 21.5 Panel regarding the other provisions it identified as constituting provisions which operate to support or reinforce the minimum interest rates. In respect of these other provisions, it should be noted, however, that particularly the European Communities and the United States are of the view that the Article 21.5 Panel erred in concluding that financing transactions involving matching of derogations were not eligible for the safe haven in the second paragraph of item (k). We find the reasoning of the Article 21.5 Panel in this regard persuasive. There is nothing in the arguments advanced by the two third parties which would give us grounds for deviating from the findings of the Article 21.5 Panel." Fußnote nicht reproduziert. Canada vs. Brazil - Export Financing Programme for Aircraft, WT/DS46/RW/2, 26 July 2001, S. 33-34, Para. 5.113.

[6953] Brazil vs. Canada - Export Credits and Loan Guarantees for Regional Aircraft, WT/DS222/R, 28 January 2002, S. 40, Para. 7.165.

[6954] Brazil vs. Canada - Export Credits and Loan Guarantees for Regional Aircraft, WT/DS222/R, 28 January 2002, S. 40, Para. 7.164. Aus dem Art. 21.5 Panel in Brazil vs. Canada - Aircraft (2000) wird u.a. auf die folgende Ausführung verwiesen, als der Panel behauptet, daß innerhalb der Logik der OECD Leitlinien, Konformität und Inkonformität feststellbar sei: "5.125 On the other hand, Article 29 further provides that if an initiating offer *"does not comply* with the Arrangement", competing Participants are permitted to match those non-complying terms. The *Arrangement* defines "derogation" as terms and conditions that "depart from" the rules of the *Arrangement*; thus, this reference in Article 29 equates non-compliance with derogation. This reading is confirmed in Article 47(b), which refers to derogations as *"non-conforming* terms and conditions". That is, these parts of the matching provisions confirm that, although matching of derogations is in certain cases not prohibited, this does not alter the fact that both the original derogation and the matching remain, by the *Arrangement's* own terms *out of conformity* with the provisions of the *Arrangement*. We note that Canada takes the opposite view, namely that the initial derogation does not comply with the *Arrangement*, but that matching, because tolerated, does fully comply therewith. For the reasons discussed above, however, we disagree. In our view, Canada's approach would directly undercut real disciplines on official support for export credits." Herv. im Original, Fußnoten nicht reproduziert. Brazil vs. Canada - Measures Affecting the Export of Civilian Aircraft, WT/DS70/RW, 9 May 2000, S. 34, Para. 5.125.

[6955] Brazil vs. Canada - Export Credits and Loan Guarantees for Regional Aircraft, WT/DS222/R, 28 January 2002, S. 40, Para. 7.164.

[6956] Brazil vs. Canada - Export Credits and Loan Guarantees for Regional Aircraft, WT/DS222/R, 28 January 2002, S. 40, Para. 7.164. U.a. auf das folgende Zitat wird verwiesen: "5.136 In particular, the broad approach advocated by Canada would in fact raise the issue of structural inequity in respect of developing countries. Specifically, this approach could result in either more favourable treatment, *de facto*, for developed compared to developing countries, or the *de facto* elimination of special and differential treatment for developing countries." Herv. im Original. Brazil vs. Canada - Measures Affecting the Export of Civilian Aircraft, WT/DS70/RW, 9 May 2000, S. 38, Para. 5.136.

[6957] Brazil vs. Canada - Export Credits and Loan Guarantees for Regional Aircraft, WT/DS222/R, 28 January 2002, S. 41-45, Para. 7.166-7.179.

[6958] "7.165 The findings of the *Canada – Aircraft – Article 21.5* panel on item (k) were not appealed by Canada (or Brazil) and were subsequently adopted by the DSB on 4 August 2000. The findings of that panel regarding the exclusion of the matching of a derogation from the item (k) safe haven were found "persuasive" by the *Brazil – Aircraft – Second Article 21.5* panel. The report of that panel was not appealed by Canada (or Brazil) and was subsequently adopted by the DSB on 23 August 2001. We consider that the findings of both the

Falls niemand mehr anhand der CIRR argumentiert hatte und Kanada zugegeben hatte, 'matching' vorgenommen zu haben, mußte der Panel nur dies feststellen, um zu schließen, daß Kanadas Finanzierung des Air Wisconsin Kaufs eine Exportsubvention im Sinne von Art. 3.1 (a) war.[6959] Der Rest des Falls besteht u.a. dann aus einer detaillierten Diskussion darüber, ob die speziellen kanadischen Exportkredit- (und sonstigen) Transaktionen marktgemäß waren, wobei, neben dem CIRR, eine Reihe von weiteren Indikatoren hinzugezogen wurden. Die Daten dazu sind in der öffentlichen Version nicht zugänglich.[6960] Da der Markt u.a. auch langfristige Finanzierungsinstrumente bereitstellte und u.a. Konditionen aufwies, die teilweise den kanadischen Krediten zumindest nahekamen, wird letztendlich für 3 von 6 Exportkrediten geschlossen, daß sie nicht marktgemäß waren.[6961] Ebenso wird vom Panel differenziert bewertet, ob bestimmte Transaktionen in Abhängigkeit von der Exportleistung erfolgten. Dies wird teils verneint, obwohl festgestellt wird, daß es sich um eine Subvention handelt.[6962] Das Schlichtungsgremium stellt danach fest, daß Kanada sich weigert die Empfehlungen aus diesem Berichts umzusetzen und die Exportsubventionen auszusetzen, u.a. deshalb wird Brasilien zu einem höheren Niveau (20 %) an Gegenmaßnahmen autorisiert, US$ 247 Mill.[6963]

Diese 11 Berichte lange Auseinandersetzung zwischen Kanada und Brasilien endet somit, wenn man so will, in einer versöhnlichen Note: Beide Länder wurden autorisiert, hohe Summen an Vergeltungsmaßnahmen anzuwenden und haben beide ihre Exportsubventionspraktiken nicht verändert, aber einiges dafür getan, die WTO Verpflichtungen in diesem Bereich zu klären.

8.3.1.2 Australien: Leder für Automobile

United States vs. Australia - Automotive Leather (1999-2000).[6964] Bemerkenswert ist an diesem Fall, daß es sich um eine kleine Subventionssumme handelte, die mit den Subventionsregeln für anfechtbare Subventionen in SCM Teil III schwer hätte angegriffen werden können. Hier ermöglicht

---

abovementioned panels are persuasive, and endorse those panels' interpretations of the second paragraph of item (k). The approach of these panels appears to us to be entirely consistent with the wording of the second paragraph of item (k). Indeed, if one were to accept that the matching of a derogation could fall within the item (k) safe haven, one would effectively be accepting that a Member could be "in conformity with" the "interest rates provisions" of the *OECD Arrangement* even though that Member failed to respect the CIRR (or a permitted exception). In our view, such an interpretation would be unjustified." Herv. im Original, Fußnoten nicht reproduziert. Brazil vs. Canada - Export Credits and Loan Guarantees for Regional Aircraft, WT/DS222/R, 28 January 2002, S. 40-41, Para. 7.165.

[6959] Brazil vs. Canada - Export Credits and Loan Guarantees for Regional Aircraft, WT/DS222/R, 28 January 2002, S. 46, Para. 7.182.
[6960] Brazil vs. Canada - Export Credits and Loan Guarantees for Regional Aircraft, WT/DS222/R, 28 January 2002, S. 56, Para. 7.778. Nicht akzeptiert wird das brasilianische Argument, daß kanadische Institutionen u.a. EDC 'general benefits' vergeben hätte, sodaß hier nur die speziellen Transaktionen untersucht werden. S. 47-55, Paras. 7.191-7.221.
[6961] Eine Anteilsgarantie 'equity guarantee' wird zwar als Subventionen, aber nicht als Exportsubvention eingestuft, eine Kreditgarantie weder noch. Brazil vs. Canada - Export Credits and Loan Guarantees for Regional Aircraft, WT/DS222/R, 28 January 2002, S. 76-92, Paras. 7.332-7.403, S. 92-93, Para. 8.1.
[6962] Brazil vs. Canada - Export Credits and Loan Guarantees for Regional Aircraft, WT/DS222/R, 28 January 2002, S. 86, Para. 7.377, S. 89, Para. 7.387.
[6963] Brazil vs. Canada - Export Credits and Loan Guarantees for Regional Aircraft, WT/DS222/ARB, 17 February 2003, S. 32-33, Para. 3.121.
[6964] Panel, Art. 21.5 Panel: United States vs. Australia - Subsidies Provided to Producers and Exporters of Automotive Leather, WT/DS126/R, 25 May 1999. United States vs. Australia - Subsidies Provided to Producers and Exporters of Automotive Leather, WT/DS126/RW, 21 January 2000.

die überzeugend dokumentierte Abhängigkeit der finanziellen Beiträge von Exportleistungen eine erfolgreiche Klage der USA gegen Australien. Die australische Firma Howe erhielt von der australischen Regierung eine Schenkung von A$ 30 Mill., die in Teilbeträgen ausgezahlt werden sollte, und die Mutterfirma Australian Leather Holdings (AHL) einen Kredit von A$ 25 Mill., wobei in den ersten fünf Jahren keine Zinsen fällig sind. Beidesmal lag ein Vertrag vor. Bei der Schenkung wurde die Auszahlung der Teilbeträge von Kapitalausgaben- und Verkaufszielen abhängig gemacht.[6965] Australien bestritt nicht, daß es sich um Subventionen gemäß SCM Art. 1.1 handelte.[6966] Um faktische Exportsubventionen gemäß SCM Art. 3.1 (a) handelte es sich, weil, ähnlich wie im ersten Fall Brazil vs. Canada - Aircraft (1999-2003), mehrere Aspekte zusammengenommen darauf hindeuteten. Die Firma Howe exportierte einen großen Teil ihrer Produktion und im vertraulichen Schenkungsvertrag wurde deutlich, daß die australische Regierung weiterhin bestehende und steigende Exporte erwartete, als ein Element, wovon die Auszahlung der Teilbeträge abhängig gemacht wurde.[6967] Anders wurde bezüglich der Kreditzahlung, die an AHL ging, entschieden. Sie war zwar Teil dieses Hilfspakets, die USA konnte aber keine Beweise vorlegen, daß etwa Exportverkäufe dazu dienlich sein müßten, den Kredit zurückzuzahlen. Dazu kam, daß AHL andere Geschäftsbereiche hatte, sodaß die Kreditrückzahlung in der Theorie auch ohne Exporte hätte erfolgen können. Der Beweis einer faktischen Abhängigkeit von Exportleistungen ("contingent ... in fact ... upon export performance") konnte nicht erbracht werden.[6968] Der Panel fordert, daß die SCM inkonsistenten Maßnahmen innerhalb von 90 Tagen abgeschafft werden.[6969]

Daraufhin reagierte Australien mit der Nicht-Auszahlung von A$ 8,065 Mill., des nach dem Urteil noch ausstehenden Teilbetrags der Schenkung, gleichzeitig wurde an AHL eine neuer, subventionierter Kredit von A$ 13,65 Mill. ausgezahlt. Ein Art. 21.5 Panel wurde daraufhin auf Wunsch der USA etabliert.[6970] Die USA argumentierte, daß der nachträgliche Teil ("prospective portion") der Schenkung zurückgenommen werden müsse, wobei der Panelreport am 16. Juni 1999 angenommen wurde.[6971] Australien hatte die Rücknahme des letzten der drei noch ausstehenden

---

[6965] United States vs. Australia - Subsidies Provided to Producers and Exporters of Automotive Leather, WT/DS126/R, 25 May 1999, S. 95, Para. 9.4.

[6966] United States vs. Australia - Subsidies Provided to Producers and Exporters of Automotive Leather, WT/DS126/R, 25 May 1999, S. 103, Para. 9.45.

[6967] "These payments are conditioned on Howe's agreement to satisfy, on the basis of best endeavours, the aggregate performance targets. The second and the third grant payments are, in addition, explicitly conditioned on satisfaction, on best endeavours basis, of interim sales performance targets. Given the export-dependent nature of Howe's business, and the size of the Australian market, these sales performance targets are, in our view, effectively, export performance targets." United States vs. Australia - Subsidies Provided to Producers and Exporters of Automotive Leather, WT/DS126/R, 25 May 1999, S. 110, Para. 9.71. Clarke et al. 2004: 362.

[6968] United States vs. Australia - Subsidies Provided to Producers and Exporters of Automotive Leather, WT/DS126/R, 25 May 1999, S. 111, Para. 9.75. Clarke et al. 2004: 362.

[6969] United States vs. Australia - Subsidies Provided to Producers and Exporters of Automotive Leather, WT/DS126/R, 25 May 1999, S. 112, Para. 10.7

[6970] United States vs. Australia - Subsidies Provided to Producers and Exporters of Automotive Leather, WT/DS126/RW, 21 January 2000, S. 8, Para. 6.3. Die Daten für den neuen Kredit sind vertraulich, Australien gibt aber zu, daß es sich um einen subventionierten Kredit handelte, S. 19, Para. 6.50 FN 41.

[6971] United States vs. Australia - Subsidies Provided to Producers and Exporters of Automotive Leather, WT/DS126/RW, 21 January 2000, S. 9, Para. 6.8. Das der WTO nur eine nachträgliche Abschaffung von Maßnahmen fordern kann wird von der USA betont, siehe auch S. 10, Para. 6.12.

Beträge am 14. September 1999 umgesetzt, im Einklang mit der 90 Tage Umsetzungszeit, die der Panel erwähnt hatte.[6972] Die USA hatte dagegen in ihrer schriftlichen Eingabe den nachträglichen Teil der Subvention anhand der Laufzeit der von den bereits vergebenen Subventionen gekauften computergesteuerten Lederschneideanlagen etc. berechnet und kam dabei auf die Forderung nach einer Rücknahme der Zahlung von A$ 26 Mill.[6973] Der Panel ging nun, zur Verwunderung der Beobachter[6974], darüber hinaus und erklärt, daß die Formulierung in SCM Art. 4.7 "withdraw the subsidy" bedeutet, daß auch eine Rückzahlung der gesamten bereits gezahlten Summe in Frage kommen könne.[6975] Dazu wurde festgestellt, daß der neue Kredit die Rückzahlung in ihrer Wirkung zunichte machte und Teil einer einzigen, zusammengehörigen Transaktion war.[6976] Am Rande: Diesen Ball nahm der AB später in Softwood Lumber IV (2003-2005) auf, um die Art. 21.5 Überprüfung 'zu verbreitern', siehe den Punkt 8.5, SCM Teil V.

Daraufhin kam es zu einer Einigung zwischen USA und Australien. Sie verständigten sich auf eine Rückzahlung von A$ 7,2 Mill., darauf, daß Australien die nächsten 12 Jahre keine Subventionen mehr in diesem Bereich vergibt und zusätzlich räumte das Land niedrigere Zölle für einige U.S. Produkte ein.[6977] Inwiefern unter dem SCM eine Gesamtrückzahlung aller Subventionen gefordert werden kann, bleibt offen.[6978]

[6972] United States vs. Australia - Subsidies Provided to Producers and Exporters of Automotive Leather, WT/DS126/RW, 21 January 2000, S. 11, Para. 6.16.
[6973] United States vs. Australia - Subsidies Provided to Producers and Exporters of Automotive Leather, WT/DS126/RW, 21 January 2000, S. 27, Para. 31-33.
[6974] Clarke et al. 2004: 365. In Clarke et al. (2004) erfolgt noch der Verweis auf eine Stelle zu diesem Thema, welche aber wenig aufschlußreich ist. Brazil vs. Canada - Export Credits and Loan Guarantees for Regional Aircraft, WT/DS222/R, 28 January 2002, S. 42, Para. 7.170. Clarke et al. 2004: 365.
[6975] "Thus, we conclude that, in the circumstances of this case, repayment is necessary in order to 'withdraw' the prohibited subsidies found to exist." United States vs. Australia - Subsidies Provided to Producers and Exporters of Automotive Leather, WT/DS126/RW, 21 January 2000, S. 19, Para. 6.48, S. 13-16, Para. 6.24-6.38. Rückzahlung wird ohne Zinsen gefordert, weil es nicht darum gehe, den Zustand für die Zahler wieder herzustellen. S. 19, Para. 6.49.
[6976] "In light of the facts and circumstances surrounding the provision of the 1999 loan and the repayment by Howe, we find that they are inextricably linked elements of a single transaction." Ohne Herv. im Original. Fußnoten nicht reproduziert. United States vs. Australia - Subsidies Provided to Producers and Exporters of Automotive Leather, WT/DS126/RW, 21 January 2000, S. 20, Para. 6.50. Mit diesem Statement weitet der Panel die Möglichkeiten einer Art. 21.5 Überprüfung aus, indem auch Maßnahmen einbezogen werden können, die solchen Kriterien entsprechen.
[6977] WT/DS126/11G/SCM/D20/2, 31 July 2000.
[6978] Siehe auch: "In our view, however, it is not entirely clear that the WTO dispute settlement system only provides for prospective remedies in cases involving prohibited export subsidies. In this regard, we recall that the *Australia – Leather – Article 21.5* panel found that remedies in cases involving prohibited export subsidies may encompass (retrospective) repayment in certain instances" Herv. im Original. Brazil vs. Canada - Export Credits and Loan Guarantees for Regional Aircraft, WT/DS222/R, 28 January 2002, S. 42, Para. 7.170. Die Überraschung war deshalb so groß, weil es über die Rechtmittel hinausging, die von den beiden Streitparteien gewünscht wurden. Clarke et al. 2004: 365.

8.3.1.3 Vereinigten Staaten: Foreign Sales Corporation

EU vs. United States - FSC (1999-2006).[6979] Diese Saga um steuerliche Exportanreize wird hier nicht im Detail wiedergegeben. Grund der Länge der Auseinandersetzung ist, daß sich die USA zweimal mit einem neuen Gesetz einer Umsetzung der Empfehlungen der Streitbeilegung verweigerte. Es mag einmal gegen den Strom gefragt werden, warum die EU diesen vor mehr als 30 Jahren begonnenen Streit überhaupt wieder aufgenommen hat, obwohl sie sich denken konnte, daß aufgrund des Außenhandelsdefizits der USA hier eine gewisse Sensibilität besteht? Sie hat dabei womöglich mehr politisches Kapital verloren, als gewonnen werden konnte, bei den geringfügigen Summen, um die es geht. Geschätzt wird, daß die U.S. Konzerne dadurch jährlich US$ 1,4 Mrd.[6980] oder US$ 2 Mrd.[6981] oder US$ 4 Mrd. Steuern im Jahre einsparen.[6982] Auch die Zahl, daß Boeing damit US$ 230 Mill. (1999) sparen konnte, ist nicht beeindruckend.[6983] Dies sind nicht gerade hohe Zahlen angesichts eines BSP der USA von US$ 13.000 Mrd. (1995).[6984] Hintergrund des Streits ist ein U.S. Steuergesetz, welches, vereinfacht formuliert, Einkommen aus Exporttätigkeit niedriger besteuert. Trick ist, daß die Firmen vorher einen Firmensitz im Ausland anmelden müssen, meist erfolgte dies auf den U.S. Virgin Islands. Die U.S. argumentierte daraufhin, daß es sich allein um eine steuerrechtliche Entscheidung handelt, wie sie ausländische Einkünfte besteuert, wofür die WTO Regeln keine Einschränkung enthielten.[6985]

Ein Schwerpunkt des Streits lag auf der Auseinandersetzung, ob eine GATT Entscheidung des Allgemeinen Rates aus dem Jahre 1981 und ob die Fußnote 59 des SCM Abkommens diese FSC Steuerausnahmen rechtfertigen können. Diese Entscheidung des Allgemeinen Rates aus dem Jahre 1981 beschloß die erste Dekade dieses Streites, der 1973 unter dem Kürzel 'DISC' begonnen hatte.[6986] Für die GATT Entscheidung 1981 verneinen Panel und AB, daß es sich um eine verbindliche

---

[6979] Panel, AB, Art. 21.5 Panel I, Art. 21.5 AB I, DSU Art. 22.6 SCM Art. 4.11 Arbitration, Art. 21.5 Panel II, Art. 21.5 AB II. EU vs. United States - Tax Treatment for "Foreign Sales Corporations", WT/DS108/R, 8 October 1999. EU vs. United States - Tax Treatment for "Foreign Sales Corporations", WT/DS108/AB/R, 24 Februar 2000. EU vs. United States - Tax Treatment for "Foreign Sales Corporations", WT/DS108/RW, 20 August 2001. EU vs. United States - Tax Treatment for "Foreign Sales Corporations", WT/DS108/AB/RW, 14 January 2002. EU vs. United States - Tax Treatment for "Foreign Sales Corporations", WT/DS108/ARB, 30 August 2002. EU vs. United States - Tax Treatment for "Foreign Sales Corporations", WT/DS108/RW2, 30 September 2005. EU vs. United States - Tax Treatment for "Foreign Sales Corporations", WT/DS108/AB/RW2, 13 February 2006.
[6980] EU vs. United States - Tax Treatment for "Foreign Sales Corporations", WT/DS108/R, 8 October 1999, S. 276, Para. 7.101.
[6981] Für 1997: Stehmann 2000: 137; zu diesem Fall auch Shallue 2001; in bezug auf die Implementation kurz auch in Islam 2004. Allgemein zu 'tax havens' für die amerikanische Industrie Hines/Rice 1994.
[6982] Diese letzte Zahl für das Jahre 2000 wird später von den USA vorgelegt. EU vs. United States - Tax Treatment for "Foreign Sales Corporations", WT/DS108/ARB, 30 August 2002, S. 6, Para. 3.1.
[6983] Stehmann 2000: 138.
[6984] World Bank Data Profile United States 2005: 1.
[6985] Stehmann 2000: 133-136; mit Verweise zu OECD und EU Maßnahmen zur Verhinderung von Steuerwettbewerb, kurz zum ersten AB Bericht: Gross 2002: 51-52
[6986] Konsultationen über dieses 1971 eingeführte Gesetz wurden schon früher geführt, aber nicht im GATT notifiziert. Schon damals hat ein 'DISC' Panel einen Verstoß gegen Art. XVI: 4, das Verbot von Exportsubventionen im Industriebereich, festgestellt. Die Annahme des Panelbericht erfolgte 1981, wobei eine "vaguely worded" Verständigung die Schlußfolgerungen der Panels zurückwies. In den achtziger Jahren wurde das Gesetz geändert und dann ein neues, ebenso GATT inkompatibles Gesetz eingeführt. So Hudec 1991: 456-457.

Entscheidung gehandelt hat.[6987] Für Fußnote 59 findet der AB keine Möglichkeit einer Anwendung auf die U.S. Maßnahmen, vor allem weil diese sich kaum auf das Problem beziehen läßt.[6988] Die USA hatte argumentiert, daß Fußnote 59 implizit bedeutet, daß sie gemäß WTO nicht dazu verpflichtet sind, im Ausland erhaltenes Einkommen zu besteuern. Der AB stimmt dem zu, akzeptiert aber nicht, daß damit niemals der Fall eintreten würde, daß der U.S. Fiskus Steuerverpflichtungen erlassen kann, welche sonst fällig sind bzw. daß "there could never be a foregoing of revenue 'otherwise due'".[6989] Es gehe hier darum, daß die USA entschieden habe, Einkommen zu besteuern, das effektiv mit Handel und Geschäftsausübung innerhalb der USA zu tun hat, und dann, innerhalb der Kategorie von besteuertem Einkommen aus ausländischer Geschäftstätigkeit, eine von Exporten abhängige Ausnahme etabliert.[6990] Und aus der Auslegung des AB von SCM 1.1 (a)(1)(ii) "government revenue that is otherwise due is forgone or not collected" folgte, daß die von den USA eingeräumten Steuererleichterungen für Export SCM inkonform sind. Als Vergleichsmaßstab fungiert hier nicht der Markt, sondern das Besteuerungsniveau des jeweiligen Staates.[6991] Auch ein Verstoß gegen die Subventionsregeln des Abkommens über die Landwirtschaft lag damit vor, weil die Steuererleichterungen eine Umgehung der Exportsubventionsregeln darstellten.[6992] Daß die FSC

[6987] EU vs. United States - Tax Treatment for "Foreign Sales Corporations", WT/DS108/AB/R, 24 Februar 2000, S. 40, Para. 114. EU vs. United States - Tax Treatment for "Foreign Sales Corporations", WT/DS108/R, 8 October 1999, S. 271, para. 7.85.

[6988] EU vs. United States - Tax Treatment for "Foreign Sales Corporations", WT/DS108/AB/R, 24 Februar 2000,

[6989] EU vs. United States - Tax Treatment for "Foreign Sales Corporations", WT/DS108/AB/R, 24 Februar 2000, S. 34, Para. 98.

[6990] "That issue is not, as the United States suggests, whether a Member is or is not obliged to tax a particular category of foreign-source income. As we have said, a Member is not, in general, under any such obligation. Rather, the issue in dispute is whether, *having decided to tax a particular category of foreign-source income*, namely foreign-source income that is "effectively connected with a trade or business within the United States", the United States is *permitted to carve out an export contingent exemption from the category of foreign-source income that is taxed under its other rules of taxation*. Unlike the United States, we do not believe that the second sentence of footnote 59 addresses this question. It plainly does not do so expressly; neither, as far as we can see, does it do so by necessary implication." Herv. im Original. EU vs. United States - Tax Treatment for "Foreign Sales Corporations", WT/DS108/AB/R, 24 Februar 2000, S. 34, Para. 99.

[6991] "90. We turn now to the definition of the term 'subsidy' and, in particular, to Article 1.1(a)(1)(ii), which provides that there is a 'financial contribution' by a government, sufficient to fulfil that element in the definition of a 'subsidy', where "government revenue that is *otherwise due* is foregone or not collected". (emphasis added) In our view, the '*foregoing*' of revenue '*otherwise* due' implies that less revenue has been raised by the government than would have been raised in a different situation, or, that is, 'otherwise'. Moreover, the word 'foregone' suggests that the government has given up an entitlement to raise revenue that it could 'otherwise' have raised. This cannot, however, be an entitlement in the abstract, because governments, in theory, could tax *all* revenues. There must, therefore, be some defined, normative benchmark against which a comparison can be made between the revenue actually raised and the revenue that would have been raised 'otherwise'. We, therefore, agree with the Panel that the term 'otherwise due' implies some kind of comparison between the revenues due under the contested measure and revenues that would be due in some other situation. We also agree with the Panel that the basis of comparison must be the tax rules applied by the Member in question. To accept the argument of the United States that the comparator in determining what is 'otherwise due' should be something other than the prevailing domestic standard of the Member in question would be to imply that WTO obligations somehow compel Members to choose a particular kind of tax system; this is not so. A Member, in principle, has the sovereign authority to tax any particular categories of revenue it wishes. It is also free *not* to tax any particular categories of revenues. But, in both instances, the Member must respect its WTO obligations. What is 'otherwise due', therefore, depends on the rules of taxation that each Member, by its own choice, establishes for itself." Herv. im Original. EU vs. United States - Tax Treatment for "Foreign Sales Corporations", WT/DS108/AB/R, 24 Februar 2000, S. 30, Para. 90.

[6992] Nachdem eine Subventionen unter SCM Art. 1.1 festgestellt wird, wird geschlossen, daß es sich damit auch um eine Subvention i.S. des Abkommens über die Landwirtschaft handelt. Sodann wird gezeigt, daß die USA damit gegen Art. 10.1. der eine Umgehung der Subventionsdisziplin verhindern soll, verstoßen hat. Ebenso lag ein Verstoß gegen Art. 3.3, der Exportsubventionen nur für in der Liste erwähnte Maßnahmen erlaubt (die Liste in Art. 9.1) und Art. 8 vor.: "Thus, we conclude that the FSC subsidies are applied in a manner that, at the very least, *threatens* to lead to, circumvention of the export subsidy commitments made by the United States, under the first clause of Article 3.3, with respect to scheduled agricultural products." Herv. im Original. EU vs. United States - Tax Treatment for "Foreign Sales Corporations", WT/DS108/AB/R, 24 Februar 2000, S. 48, Para. 140. S. 52, Para. 154. Allerdings sind die Steuererleichterungen nicht als Marketingkosten i.S. von Art. 9.1 (d) angesehen worden. S. 46, Para. 131.

Maßnahme unter Art. 3.1 (a) ("contingent ... upon export performance") und Annex I (e) fällt, ist anhand des U.S. Gesetzes klar erkennbar und wird von den USA nicht geleugnet.[6993]

Die USA verändert daraufhin ihre Gesetzgebung. Mit dem neuen Gesetz, dem ETI, lag, gemäß Art. 21.5 Panel, immer noch ein Verstoß gegen die SCM Regeln Art. 1.1 (a) (1) (ii), weil einen Vorteil verliehen wird, SCM Art. 1.1 (b), der vom Export abhängt, siehe SCM Art. 3.1 (a).[6994] Diesmal gelingt es nicht, anhand von Annex I (e) Fußnote 59 zu argumentieren, daß es diese Maßnahmen zur Verhinderung von Doppelbesteuerung angelegt wurde. Der Panel argumentiert, daß dies anhand der "overall structure, design and operation" nicht erkennbar ist.[6995] Dazu kommt ein Verstoß gegen Art. III.4, weil zudem der Steuervorteil für U.S. Produkte dahingehend begrenzt wurde, daß nicht mehr als 50 % des Wertes durch ausländische Güter oder Arbeit hinzugeführt werden darf.[6996] Dazu kam, daß die USA sich einräumte einige Transaktion weiter nach dem FSC abzuwickeln, davon (wieder) einige unlimitiert lange.[6997] Der Art. 21.5 AB bestätigte sämtliche Schlußfolgerung des Art. 21.5 Panels.[6998]

Daraufhin wird die Schlichtungsausschluß angerufen: Er referiert u.a. die besonderen Verpflichtungen, die aus SCM Art. 4 resultieren, die sich u.a. nicht auf Handelseffekte beziehen[6999] und entschließt sich die EU zu einer Aussetzung von Zugeständnissen von US$ 4,043 Mrd. zu autorisieren.[7000] Die Schlichtung wehrt sich interessanterweise gegen den Vorwurf, die EU hätte mit dieser hohen Summe den Auftrag bekommen erga omnes Rechte anstelle anderer Länder durchzusetzen.[7001] Dagegen hatte die USA vorgeschlagen, der EU den Anteil von US$ 1,110 Mrd., berechnet in bezug auf den Handelseffekt, als Höchstwert zuzugestehen.[7002] Am 25. April 2003 beantragt die EU im Allgemeinen Rat die Autorisierung diese Vergeltungsmaßnahmen durchführen zu können[7003] und dachte im Oktober 2003 diese zu benutzen, wobei in der Verordnung langsam ansteigende Zölle gewählt wurden[7004] Am 22. Oktober 2004 trat in den USA ein neues Gesetz in Kraft, der sog. Jobs Act, welcher für das ETI eine abgestufte Verlängerung bis 2006 enthielt und auch die unlimitierten Ausnahmen für das FSC nicht abschaffte.[7005] Daraufhin wurden die EU Vergeltungsmaßnahmen wieder ausgesetzt.[7006] Aus den zwei weiteren Fällen, die sich u.a. auf diese Verlängerungen bezogen, dem Art. 21.5 Panel II und Art.

[6993] EU vs. United States - Tax Treatment for "Foreign Sales Corporations", WT/DS108/R, 8 October 1999, S. 277-279, Para. 7.106-7.112.
[6994] EU vs. United States - Tax Treatment for "Foreign Sales Corporations", WT/DS108/R, 8 October 1999, S. 28-29, Para. 8.43-8.48, S. 36, Para. 8.74-8.75.
[6995] EU vs. United States - Tax Treatment for "Foreign Sales Corporations", WT/DS108/RW, 20 August 2001, S. 42, Para 8.95.
[6996] EU vs. United States - Tax Treatment for "Foreign Sales Corporations", WT/DS108/RW, 20 August 2001, S. 57, Para 8.158.
[6997] EU vs. United States - Tax Treatment for "Foreign Sales Corporations", WT/DS108/AB/RW, 14 January 2002, S. 70, Para. 228.
[6998] EU vs. United States - Tax Treatment for "Foreign Sales Corporations", WT/DS108/AB/RW, 14 January 2002, S. 77-78, Para. 256.
[6999] EU vs. United States - Tax Treatment for "Foreign Sales Corporations", WT/DS108/ARB, 30 August 2002, S. 16, Para. 5.40.
[7000] EU vs. United States - Tax Treatment for "Foreign Sales Corporations", WT/DS108/ARB, 30 August 2002, S. 33, Para. 8.1.
[7001] EU vs. United States - Tax Treatment for "Foreign Sales Corporations", WT/DS108/ARB, 30 August 2002, S. 32-33, Paras. 6.61-6.64.
[7002] EU vs. United States - Tax Treatment for "Foreign Sales Corporations", WT/DS108/ARB, 30 August 2002, S. 6, Para. 3.1.
[7003] WT/DS108/26, 25 April 2003.
[7004] Islam 2004: 472. Siehe dazu: Verordnung (EG) No. 2193/2003 des Rates, ABl. L 328, 17.12.2003, S. 3. Siehe dazu: Mitteilungen der Kommission: ABl. C 025, 1. Februar 2005.
[7005] EU vs. United States - Tax Treatment for "Foreign Sales Corporations", WT/DS108/RW2, 30 September 2005, S. 5, Para. 2.13-2.17.
[7006] Verordnung (EG) No. 171/2005 des Rates, 31. Januar 2005, ABl. L 28/31, 1.2.2005. Die Aussetzung der Zusatzzölle fand ab dem 1. Januar 2005 statt. Siehe dazu: Mitteilungen der Kommission: ABl. C 025, 1. Februar 2005.

21.5 AB II sind keine weitere Neuigkeiten zu vermelden, vielleicht mal von dem Zitat abgesehen, mit dem sich der AB Mut macht: "The obligation to comply with an Article 4.7 recommendation remains in effect, even if several proceedings under Article 21.5 become necessary, until the prohibited subsidy is fully withdrawn."[7007] Für genau 60 Tage nach diesem Bericht vom 13. Februar 2006 schaffte die EU wieder die Möglichkeit ihre Vergeltungsgesetzgebung zu aktivieren, diesmal direkt mit einem Einstiegszoll von 14 %.[7008] Ob diese Vergeltung wirklich benutzt wurde, kann hier nicht geklärt werden.

8.3.1.4 Kanada: Milch

New Zealand, United States vs. Canada - Diary (1999-2002).[7009] Den Leser mag es freuen, wenn er von Informationen über die Verwaltung des kanadischen Milchmarktes verschont bleibt. Hier geht es vor allem um die Relevanz dieses Falls für das SCM Art. 3.1, welcher als Sicherheitsgurt und Ergänzung relevant werden könnte, wenn Verstöße gegen das Landwirtschaftsabkommen (AOA) vorliegen. Dazu liegen in diesem Fall erste Anhaltspunkte vor. Im ersten Panel dieses Falls, wird diese Möglichkeit zwar erwähnt, angesichts der Schlußfolgerung, daß schon eine Verstoß gegen AOA Art. 9.1 vorlag, wird dies aus Gründen der 'judical economy' nicht weiterverfolgt.[7010] Der 21.5 AB betont, daß eine Exportsubvention zuerst einmal in bezug auf ihre Kompatibilität gemäß dem AOA untersucht werden müßte. Dies werde in SCM Art. 3.1 formuliert "Except as provided in the Agreement on Agriculture, the following subsidies (...) shall be prohibited".[7011] In diesem Fall hat dies keine weiteren Folgen.[7012]

Im weiteren Verlauf des Falls wird das SCM nicht involviert, es ist aber bemerkenswert, daß sich der AB nicht darauf einläßt, Weltmarktpreise als Vergleichsmaßstab für Exportsubventionen im Agrarbereich, die u.a. in AOA Art. 9.1 (c) beschrieben werden, zu nehmen. Dies hätte die Möglichkeit eröffnet, daß die Preise auf dem Weltmarktniveau belassen werden, aber Inputs hätte ohne Limits subventioniert werden können. Stattdessen solle eine Subventionierung in Relation zu den

---

[7007] EU vs. United States - Tax Treatment for "Foreign Sales Corporations", WT/DS108/AB/RW2, 13 February 2006, S. 30, Para. 84.
[7008] So wenigstens: Verordnung (EG) No. 171/2005 des Rates, 31. Januar 2005, ABl. L 28/31, 1.2.2005, S. 31, Article 2.
[7009] AB, Panel, Art. 21.5 Panel I, Art. 21.5 AB I, Art. 21.5 Panel II, Art. 21..5 AB II. New Zealand, United States vs. Canada - Measures Affecting the Importation of Milk and the Exportation of Diary Products, WT/DS103/R, WT/DS113/R, 17 May 1999. New Zealand, United States vs. Canada - Measures Affecting the Importation of Milk and the Exportation of Diary Products, WT/DS103/AB/R, WT/DS113/AB/R, 13 October 1999. New Zealand, United States vs. Canada - Measures Affecting the Importation of Milk and the Exportation of Diary Products, WT/DS103/RW, WT/DS113/RW, 11 July 2001. New Zealand, United States vs. Canada - Measures Affecting the Importation of Milk and the Exportation of Diary Products, WT/DS103/AB/RW, WT/DS113/AB/RW, 3 December 2001. New Zealand, United States vs. Canada - Measures Affecting the Importation of Milk and the Exportation of Diary Products, WT/DS103/RW2, WT/DS113/RW2, 26 July 2002. New Zealand, United States vs. Canada - Measures Affecting the Importation of Milk and the Exportation of Diary Products, WT/DS103/AB/RW2, WT/DS113/AB/RW2, 20 December 2002.
[7010] New Zealand, United States vs. Canada - Measures Affecting the Importation of Milk and the Exportation of Diary Products, WT/DS103/R, WT/DS113/R, 17 May 1999, S. 201-202, Para. 7.135-7.141.
[7011] SCM Art. 3.1. WTO 1995: 266. New Zealand, United States vs. Canada - Measures Affecting the Importation of Milk and the Exportation of Diary Products, WT/DS103/AB/RW, WT/DS113/AB/RW, 3 December 2001, S. 34, Para. 122-123.
[7012] New Zealand, United States vs. Canada - Measures Affecting the Importation of Milk and the Exportation of Diary Products, WT/DS103/AB/RW, WT/DS113/AB/RW, 3 December 2001, S. 35, Para. 124-125.

Gesamtkosten d.h. fixen und variablen Kosten gemessen werden.[7013] Dies zeigt deutlich, daß die SCM 'benefit' Feststellung anhand eines Marktvergleichsmaßstabs innerhalb des AOA Abkommens keinen Platz hat. Um den Standard "payments ... financed by virtue of government action" zu definieren, wird ebenso nicht in Rekurs auf das SCM genommen, da es im Agrarbereich eine breitere Anwendung hat.[7014] Dies sei zur Illustration der Entfernung zwischen SCM und AOA erwähnt, die wieder zur Nähe wird, weil SCM Teil III pauschal auf das AOA anwendbar ist und weil, im folgenden Fall, das SCM dem AOA als Sicherheitsgurt und Ergänzung dient.

8.3.1.5 Vereinigte Staaten: Baumwolle

In Brazil vs. United States - Upland Cotton (2004-2007)[7015] kommt es bezüglich drei Aspekten zu einem Verstoß gegen Teil II des SCM Art. 3.1 (a) und (b). Genauso wie in New Zealand, United States vs. Canada - Diary (1999-2002) wird allerdings zuerst einmal davon ausgegangen, daß in SCM Art. 3.1 festgehalten wird, daß das AOA zuerst untersucht werden muß, wenn es um die Rechtfertigbarkeit von Exportsubventionen geht. Weiterhin galt für Exportsubventionen die Friedensklausel, AOA Art. 13 (c) (ii).[7016] Diese beiden Artikel greifen allerdings nicht, wenn wie im vorliegenden Streitfall der spezielle Umstand einer nicht vorliegenden Notifizierung von Exportsubventionen der USA für Baumwolle in den relevanten AOA Listen festgestellt werden kann.

Welche Maßnahmen liegen dem Streit zugrunde? Die USA hatte baumwollverarbeitenden Betrieben eine Subvention gezahlt, wenn diese heimische Baumwolle exportieren oder weiterverarbeiten.[7017] Dies führte zu zwei unterschiedlichen Verstößen: Erstens hatte die USA eben für 'upland cotton' keine Exportsubventionshöhen im AOA hinterlegt[7018], sodaß die zuerst durchgeführte Analyse des AOA diese Inkonsistenz feststellte, dann SCM Art. 3.1 (a) zur Anwendung kam und, so Panel und AB, klar erkennbar ein Verstoß gegen diesen Artikel erkannt wurde.[7019] Zweitens wurden die Subventionen teils davon abhängig gemacht, ob heimische Baumwolle weiterverarbeitet wurde (Step 2, 'user marketing'),

---

[7013] New Zealand, United States vs. Canada - Measures Affecting the Importation of Milk and the Exportation of Diary Products, WT/DS103/AB/RW, WT/DS113/AB/RW, 3 December 2001. S. 23-24, Para. 84-88. Hier wird, zu Stützung des Arguments, auf Annex I (j) und (k) des SCM verwiesen, welche ebenso kostenbasierte Vergleichsmaßstabe benutzen: S. 25, Para. 93.

[7014] New Zealand, United States vs. Canada - Measures Affecting the Importation of Milk and the Exportation of Diary Products, WT/DS103/AB/RW, WT/DS113/AB/RW, 3 December 2001, S. 31-33, Para. 112-118. Dies wird später vom Panel ebenso entschieden: New Zealand, United States vs. Canada - Measures Affecting the Importation of Milk and the Exportation of Diary Products, WT/DS103/RW2, WT/DS113/RW2, 26 July 2002, S. 84, Para. 5.131-5.132. Dieses Panel wendet das SCM an, um herauszufinden, ob es sich um Exportsubventionen handelt, geht aber nicht soweit, hier eine 'benefit' Analyse vorzunehmen. Schwer verständliche, wenig überzeugende Passage in: S. 88-90, Para. 5.152-5.165.

[7015] Panel, AB, Art. 21.5 Panel. Brazil vs. United States - Subsidies on Upland Cotton, WT/DS267/R, 8 September 2004, S. 167, Para. 445. Brazil vs. United States - Subsidies on Upland Cotton, WT/DS267/AB/R, 3 March 2005, S. 167, Para. 445. Brazil vs. United States - Subsidies on Upland Cotton, WT/DS267/RW, 18 December 2007.

[7016] SCM Art. 5. WTO 1995: 269. Brazil vs. United States - Subsidies on Upland Cotton, WT/DS267/R, 8 September 2004, S. 83, Para. 7.260. Siehe auch S. 122, Para. 7.433-7.434.

[7017] Brazil vs. United States - Subsidies on Upland Cotton, WT/DS267/R, 8 September 2004, S. 187, Para. 7.736-7.738.

[7018] Dies führt zu verstößen gegen AOA Art. 3.3, Art. 8 und, dies wird hier aber nicht weiter untersucht, Art. 10. Brazil vs. United States - Subsidies on Upland Cotton, WT/DS267/R, 8 September 2004, S. 189, Para. 7.749.

[7019] Brazil vs. United States - Subsidies on Upland Cotton, WT/DS267/R, 8 September 2004, S. 189-191, Paras. 7.751-7.761. Brazil vs. United States - Subsidies on Upland Cotton, WT/DS267/AB/R, 3 March 2005, S. 219, Para. 584.

obwohl es SCM Art. 3.1 (b) verbietet solche Importsubstitutionssubventionen anzuwenden.[7020] Hier bestätigt der AB den Panel, daß SCM Art. 3.1 (b) für das Agrarabkommen relevant ist, weil es im Agrarabkommen keine Regeln gibt, die sich spezifisch mit dieser Frage befaßt. In Div. Länder vs. European Communities - Bananas III (1997) hatte der AB gesagt "except to the extent that the Agreement on Agriculture contains specific provisions dealing specifically with the same manner"[7021], demgemäß würden, gemäß AOA Art. 21.1 sämtliche andere Regeln der WTO, die spezifische Aussagen erlauben, auf das AOA Anwendung finden.[7022] Solche speziellen Regeln, die sich mit derselben Sache befassen wurden im AOA nicht gefunden und das Panel Urteil einer WTO Inkonformität dieser Maßnahmen wurde somit aufrechterhalten.[7023] Im Bananenfall wurde mit dieser 'specifically with the same manner'-Argumentation GATT Art. XIII, der die Aufteilung der Zollkontingente regelt, über das AOA gesetzt.[7024] Daraus folgt, daß im Agrarbereich fortan Zahlungen an heimische weiterverarbeitende Betriebe, die von der Verarbeitung heimischer Rohstoffe und Inputs abhängig gemacht werden, gemäß SCM Art. 3.1 (b), generell verboten sind.

Zuletzt hatte die USA mit einem weiteren Baumwollförderungsprogramm Exportkredite für Baumwolle vergeben. Im AOA wird in Art. 10 auf Exportkredite verwiesen, ein Artikel, der die Umgehung der Subventionsdisziplin verhindern soll. Dieser Artikel wird als Pauschalverbot für Exportkreditsubventionen interpretiert (dazu gibt es eine abweichende Meinung innerhalb des AB Teams), denn es gehe darum, eine Umgehung der Subventionsdisziplin für Exportsubventionen zu verhindern.[7025] Das Panel hatte hier als "contextual guidance" innerhalb der AOA Analyse das SCM Annex (j) herangezogen, um festzustellen, daß es sich um eine Subvention handelt, ohne bereits innerhalb des SCM zu argumentieren.[7026] Weil diese Exportsubventionierung nicht über die AOA Listen abgesichert war, konnte u.a. anhand dieser Analyse, die für das SCM nur wiederholt werden mußte, festgestellt werden, daß ebenso ein Verstoß gegen SCM Art. 3.1 (a) vorliegt, es ging dabei um US$ 230 Mill. Subventionen.[7027]

[7020] Brazil vs. United States - Subsidies on Upland Cotton, WT/DS267/AB/R, 3 March 2005, S. 198, Para. 523.
[7021] Ecuador, Guatemala, Honduras, Mexico, United States vs. European Communities - Regime for the Importation, Sale and Distribution of Bananas, WT/DS27/AB/R, 9 September 1997, S. 70, Para. 155.
[7022] Brazil vs. United States - Subsidies on Upland Cotton, WT/DS267/AB/R, 3 March 2005, S. 202, Para. 532.
[7023] Brazil vs. United States - Subsidies on Upland Cotton, WT/DS267/AB/R, 3 March 2005, S. 204-206, Para. 540-547, S. 208, Para. 552.
[7024] Brazil vs. United States - Subsidies on Upland Cotton, WT/DS267/AB/R, 3 March 2005, S. 206, Para. 548.
[7025] Brazil vs. United States - Subsidies on Upland Cotton, WT/DS267/AB/R, 3 March 2005, S. 235-236, Para. 625-626. Dazu gibt es eine 'Seperate Opinion', S. 237-241, Para. 631-641.
[7026] Brazil vs. United States - Subsidies on Upland Cotton, WT/DS267/AB/R, 3 March 2005, S. 243, Para. 647. Brazil vs. United States - Subsidies on Upland Cotton, WT/DS267/R, 8 September 2004, S. 199, Para. 7.803.
[7027] Und $ 39 Mill. Verhaltungskosten. Brazil vs. United States - Subsidies on Upland Cotton, WT/DS267/AB/R, 3 March 2005, S. 254, Para. 671, S. 255, Para. 674. Siehe das Zitat aus dem Panelbericht: "To the extent that the United States export credit guarantee programmes at issue – GSM 102, GSM 103 and SCGP – do not conform fully to these provisions in Part V of the *Agreement on Agriculture* and do not benefit from the exemption from actions provided by Article 13(c)(ii) of the *Agreement on Agriculture*, they are also export subsidies prohibited by Article 3.1(a) for the reasons we have already given" Die Fußnote lautet: " We recall that Article 3.1(a) of the SCM Agreement sets out a prohibition on subsidies contingent upon export performance, "including those illustrated in Annex I". Annex I - the Illustrative List of Export Subsidies - contains item (j). We have found that the challenged United States export credit guarantee programmes meet the definitional elements of a per se export subsidy in item (j). As they are among those "illustrated in Annex I" for the purposes of Article 3.1(a), they are included in the subsidies contingent upon export performance prohibited by Article 3.1(a) of the SCM Agreement. " Herv. im Original. Brazil vs. United States - Subsidies on Upland Cotton, WT/DS267/R, 8 September 2004, S. 234, Para. 7.947, S. 212, Para. 7.852.

In der Überprüfung der Umsetzung der Empfehlungen durch die USA durch den Art. 21.5 Panel (2007) wurde, für unterschiedliche Zeitpunkte, für Baumwolle und ebenso für weitere nicht mit Exportsubventionshöhenreduktionsverpflichtungen versehene Produkte ('unscheduled products'), ein Verstoß gegen das Verbot der Exportsubventionierung festgestellt: Baumwolle, Ölsaaten (darunter Sojabohnen, Sojamehl), Proteinmehl, frisches Gemüse, Felle/Leder, Talg und Maisprodukte.[7028] Immerhin erfolgte eine Reaktion der USA auf die Streitbeilegung: Die Step 2 'user marketing' Zahlungen mit ihren Importsubstitutionseffekten gibt es seit dem 1 August 2006 nicht mehr.[7029] Siehe zu weiteren Aspekten dieses Falls weiter unten SCM Teil III.

8.3.1.6 EU: Zucker

Australia, Brazil, Thailand vs. EU - Export Subsidies on Sugar (2004-2005).[7030] Anlaß ist hier, daß die EU in ihren Zugeständnislisten unter dem AOA unter dem Punkt 'Zucker' eine Menge von 1.273.500 t angegeben hatte. In einer Fußnote dazu wurde angegeben, daß AKP und indischer Zucker einen durchschnittlichen Import von 1986 bis 1990 von 1,6 Mill. t aufwies und daß diesbezüglich eine Reduktionsverpflichtung nicht eingegangen wird.[7031] Die EU interpretierte diese Fußnote so, daß zu diesem Betrag zusätzliche subventionierte Exporte möglich sind.[7032] Hintergrund ist, daß die EU im Wirtschaftsjahr 2001/2002 die Menge von 4.097 Mill. t Zucker exportiert hatte[7033] und auch der AKP/Indien Zucker subventioniert exportiert wurde.[7034] Dies wird nicht akzeptiert, weil es u.a. AOA Art. 9.1 widerspricht, wenn keine Reduktionsverpflichtungen eingegangen werden.[7035] Der AB akzeptierte nicht, daß der Panel aus Gründen der 'judical economy' das SCM ausklammert. Die Analyse führt er jedoch nicht zuende.[7036] Dies macht es wahrscheinlich, daß das gesamte EU Zuckerregime[7037] nicht nur AOA, sondern auch SCM Art. 3.1 (a) und Art. 3.2 inkompatibel war. Die

---

[7028] Brazil vs. United States - Subsidies on Upland Cotton, WT/DS267/RW, 18 December 2007, S. 181-182, Para. 14.139-14.140. Weiterhin wird für 'scheduled products' ein Verstoß gegen AOA Exportsubventionsreduktionsverpflichtungen gefunden, für Reis, Hühnerfleisch und Schweinefleisch. S. 184, Para. 14.149.
[7029] Brazil vs. United States - Subsidies on Upland Cotton, WT/DS267/RW, 18 December 2007, S. 5, Para. 3.7, S. 125-130, Para. 10.223-10.239. Step 2 hatte auch exportfördernde Aspekte, siehe dazu den 2005 AB.
[7030] Panel, AB, Artitration. Australia, Brazil, Thailand vs. EC - Export Subsidies on Sugar, WT/DS265/R, 15 October 2004. Australia, Brazil, Thailand vs. EC - Export Subsidies on Sugar, WT/DS265/AB/R, WT/DS266/AB/R, WT/DS283/AB/R, 28 April 2005. Australia, Brazil, Thailand vs. EC - Export Subsidies on Sugar, WT/DS265/33, WT/DS266/33, WT/DS283/14, 28 October 2005.
[7031] Australia, Brazil, Thailand vs. EC - Export Subsidies on Sugar, WT/DS265/R, 15 October 2004, S. 136, Para. 7.107.
[7032] Australia, Brazil, Thailand vs. EC - Export Subsidies on Sugar, WT/DS265/R, 15 October 2004, S. 155, Para. 7.183-7.184.
[7033] Australia, Brazil, Thailand vs. EC - Export Subsidies on Sugar, WT/DS265/R, 15 October 2004, S. 165, Para. 7.230.
[7034] Australia, Brazil, Thailand vs. EC - Export Subsidies on Sugar, WT/DS265/R, 15 October 2004, S. 166, Para. 7.234.
[7035] Australia, Brazil, Thailand vs. EC - Export Subsidies on Sugar, WT/DS265/AB/R, WT/DS266/AB/R, WT/DS283/AB/R, 28 April 2005, S. 73, Para. 209. U.a. wird so geurteilt, weil die Zugeständnislisten nicht einen Verstoß gegen das AOA enthalten dürfen. S. 76, Para. 220.
[7036] Australia, Brazil, Thailand vs. EC - Export Subsidies on Sugar, WT/DS265/AB/R, WT/DS266/AB/R, WT/DS283/AB/R, 28 April 2005, S. 115-118, Paras. 336-341.
[7037] Der AB bestätigt, daß ein Charakteristikum des Zuckerregimes war, daß für A und B Rüben so hohe Preise gezahlt wurden, daß die Bauern den Verkauf von C Rüben, die u.a. für die Zuckerproduktion für den Export genutzt wurden, subventionieren konnten ("cross subsidization'). Diese C Zucker stellt 11 bis 21 % der EU Zuckerproduktion dar und wird, umgerechnet, zu einem Preis verkauft, der 60 % unter dem Weltmarktpreis für Zucker liegt. Dadurch konnte (bzw. mußte, es geht hier um einen Verkaufszwang) C Zucker unterhalb der Produktionskosten auf dem Weltmarkt verkauft werden. Wie in Kanada Milch wird dies als Subventionsmaßstab angesehen und vom Panel sogar u.a. auf eine Oxfam Bericht hingewiesen. Die EU enthält sich einer Aussage über Produktionkosten, aufgrund der Brisanz dieser Frage für die Berechnung eigener Subventionsniveaus. Australia, Brazil, Thailand vs. EC - Export Subsidies on Sugar, WT/DS265/AB/R,

Frist zur Umsetzung lief am 22. Mai 2006 aus[7038], Ergebnis ist u.a. eine Aussetzung von Ausfuhrlizenzen für C Zucker durch die EU.[7039]

8.3.1.7 Korea: Schiffe

EU vs. Korea - Commercial Vessels (2005).[7040] Hierzu nur kurz: Der Fall ähnelt dem Brasilien Kanada Streit. Es geht um Finanztransaktionen zur Absicherung von Schiffskäufen, deren Abhängigkeit von Exporten nicht bestritten werden, die nicht unter Annex I (j) und (k) fallen und teilweise bessere Konditionen als der Markt enthielten.[7041] Nicht für die Institutionen als solches, aber für einzelne Transaktionen können Verstöße gegen SCM Art. 3.1 (a) gezeigt werden.[7042] Um letzteres zu zeigen, wird eine komplexe Diskussion von Finanzierungskonditionen geführt, wobei konkrete Werte nicht öffentlich zugänglich sind.[7043] Es wird nicht akzeptiert, daß auf dem koreanische Markt spezielle Bedingungen herrschen und koreanische Banken weniger Risiken ausgesetzt sind, als ausländische Banken.[7044] Zu den SCM Teil III Aspekten dieses Falls weiter unten.

8.3.2 SCM Teil II Sonderbehandlung für Entwicklungsländer

In SCM Art. 27 wird eine abgestufte Sonderbehandlung für Exportsubventionen der Entwicklungsländer etabliert. Aus dieser folgt zuerst einmal, daß die Industrieländer (oder auch Entwicklungsländer) die Beweislast haben, zu zeigen, daß ein Entwicklungsland nicht SCM Art. 27.4 entspricht, damit überhaupt unter SCM Art. 3.1 (a) geklagt werden kann.[7045]

Sodann gilt, zuerst einmal in bezug auf SCM Art. 3.1 (b) folgendes: Importsubstitutionssubventionen, darunter fallen Mindestinland bzw.'local content' Subventionen müssen in Entwicklungsländern

---

WT/DS266/AB/R, WT/DS283/AB/R, 28 April 2005, S. 85, Para. 243, S. 87, Para. 248, S. 90, Para. 90, S. 91, Para. 260, S. 96, Para. 275, S. 173, Para. 7.267.

[7038] Australia, Brazil, Thailand vs. EC - Export Subsidies on Sugar, WT/DS265/33, WT/DS266/33, WT/DS283/14, 28 October 2005, S. 41, Para. 106.

[7039] U.a. wurde die Verpflichtung zum Exportieren gelöscht. Verordnung (EG) Nr. 769/2006 der Kommission, 19. Mai 2006. In: ABl. L 134/19. 20.5.2006. Siehe für einen Überblick über die EU Implementaton. WT/DS265/35/Add.1, WT/DS266/35/Add.1, WT/DS283/16/Add.1, 2 June 2006. Bis jetzt ist kein Art. 21.5 Panel etabliert worden, obwohl Australien, Brasilien und Thailand unzufrieden mit der Umsetzung sind. WT/DS265/36, 9 June 2006, WT/DS266/36, 9 June 2006, WT/DS283/17, 9 June 2006.

[7040] Nur Panel. EU vs. Korea - Measures Affecting Trade in Commercial Vessels, WT/DS273/R, 7 March 2005.

[7041] EU vs. Korea - Measures Affecting Trade in Commercial Vessels, WT/DS273/R, 7 March 2005: Korea akzeptiert die Abhängigkeit von Exporten, S. 55, Para. 7.191, die Annex (k) und (j) Diskussion erfolgt in: S. 55-82, Para. 7.193-7.329.

[7042] EU vs. Korea - Measures Affecting Trade in Commercial Vessels, WT/DS273/R, 7 March 2005, S. 82, Para. 7.330, für die Institutionen siehe: S. 41-42, Para. 7.121-7.7.124.

[7043] EU vs. Korea - Measures Affecting Trade in Commercial Vessels, WT/DS273/R, 7 March 2005, S. 62, Para. 76, Paras. 7.224-7.304.

[7044] EU vs. Korea - Measures Affecting Trade in Commercial Vessels, WT/DS273/R, 7 March 2005, S. 46, Para. 7.150.

[7045] "On reading paragraphs 2 (b) and 4 of Article 27 together, it is clear that the conditions set forth in paragraph 4 are *positive obligations* for developing country Members, *not* affirmative defences. If a developing country Member complies with the obligation in Art. 27.4, the prohibition on export subsidies in Article 3.1 (a) simply does not apply." Daraus folgt, daß ein Industrieland etwa, die Beweislast trägt und erst zeigen muß, daß das Entwicklungsland nicht im Einklang mit Art. 27.4 steht. Herv. im Original. Canada vs. Brazil - Export Financing Programme for Aircraft, WT/DS46/AB/R, 2 August 1999, S. 39, Para. 140.

innerhalb von 5 Jahren, in den am wenigsten entwickelten Ländern (LDCs) innerhalb von 8 Jahren auslaufen. Diese Zeit der Sonderbehandlung ist für alle Entwicklungsländer abgelaufen.[7046]

Für das SCM Art. 3.1 (a), das Verbot der Exportsubventionen, ist die Länderklassifizierung wichtig. Für die am wenigstens entwickelten Ländern (LDCs) und die sog. Annex VII Länder, die in SCM Annex VII aufgelistet sind, darunter Ägypten, Indien, Indonesien und weitere u.a. afrikanische Länder, gilt das Verbot von Exportsubventionen in SCM Art. 3.1 (a) nicht[7047], wobei diese Formulierung nicht ganz zutrifft, dazu gleich mehr. Nun greift zuerst einmal die Länderklassifizierung: Die 'normalen' (nicht LDCs und nicht in Annex VII erwähnten) Entwicklungsländer, etwa Brasilien oder Malaysia, müssen gemäß SCM Art. 27.4 ihre Exportsubventionen innerhalb von 8 Jahren auslaufen lassen und stehen weiterhin unter der Bedingung, daß sie das Niveau des Vergleichsjahres 1986 nicht überschreiten dürfen. Sie konnten damit, bis zum 31. Dezember 2003 eine Verlängerung beantragen, wenn das Komitee für Subventionen und Ausgleichsmaßnahmen zustimmt.[7048] Dies führte in Canada vs. Brasilien - Aircraft (1999-2001) zum Verstoß Brasiliens gegen SCM Art. 27.4.[7049] Ist diese 8 Jahresfrist oder die Verlängerung abgelaufen, werden weitere zwei Jahre bis zur endgültigen Abschaffungsverpflichtung für Exportsubventionen eingeräumt.[7050]

Für kleinere Entwicklungsländer mit geringen Weltmarktanteilen ist auf der Doha Ministerkonferenz im November 2001 eine Verlängerung für Programme mit Zollbefreiungen und Steuerausnahmen bis einschließlich 2007 beschlossen worden.[7051] In Doha wurden zudem für fünf Länder weitere Verlängerungen beschlossen.[7052]

Parallel dazu gilt in SCM Art. 27.6 und Art. 27.6 eine weitere Disziplin, die am Erreichen von 'export competitiveness' festgemacht ist, definiert als Weltmarktanteil von 3,25 % in zwei einander folgenden Jahren. Gelingt dies 'normale' Entwicklungsländern, müssen sie innerhalb von 2 Jahren die Exportsubventionen abschaffen. Erreichen dies Annex VII Länder, müssen sie innerhalb von 8 Jahren

---

[7046] Ahuja 2001: 9. Indonesien hat etwa in einem WTO Streitfall, der auch 'local content' Subventionen betraf, davon profitiert, weil dies innerhalb der 5 Jahresfrist lag: Indonesia - Certain Measures Affecting the Automobile Industry, WT/DS54/R, WT/DS55/R, WT/DS59/R, WT/DS64/R, 2. July 1998, S. 396-397, Paras. 14.258-14.262. Bestätigt von WTO 2006: 192.
[7047] Ahuja 2001: 8.
[7048] Canada vs. Brazil - Export Financing Programme for Aircraft, WT/DS46/R, 14 August 1999, S. 92, Para. 7.52. Nicht immer wird dieses Vergleichsjahr genommen, hier z.B. 1994-1998. S. 99, Para. 7.74.
[7049] Canada vs. Brazil - Export Financing Programme for Aircraft, WT/DS46/R, 14 April 1999, S. 100, Paras. 7.75-7.76, S. 100-104, Paras. 7.77-7.86. Bestätigt vom AB: Canada vs. Brazil - Export Financing Programme for Aircraft, WT/DS46/AB/R, 2 August 1999, S. 48, Para. 164.
[7050] "... shall phase out the remaining export subsidies within two years (...)" SCM Art. 27.4. WTO 1995: 300. WTO 2006 203-204.
[7051] Für kleinere Länder unter US$ 20 Mrd. BSP und Weltmarktanteile unter 0.10 % ist auf der Doha Ministerkonferenz eine spezielle Prozedur entwickelt worden: G/SCM/39, 20 November 2001. Siehe auch: G/SCM/W/471/Rev. 1, 13 November 2001. Hoda/Ahuja 2005: 1027. Gemäß dieser Prozedur sind, laut Suche in der WTO Datenbank, ca. 140 Ausnahmen vergeben worden: G/SCM/61./Add.21, 6 November 2004. Siehe: Im 'Implementation Issues' Teil: WTO 2001c: S. 39-40, Art. 10.6.
[7052] Für Barbados, El Salvador, Panama und Thailand wurden diese Verlängerungen auf SCM Art. 27.4 basierend beschlossen. Diese sind Ende 2005 ausgelaufen. Es geht um Exportanreize. Für Kolumbien erfolgte gemäß Doha 'Implementation Issues' Art. 10.6 eine spezielle Prozedur, wobei für ein spezielles Export-Import System in einer Freihandelszone bis 2004 eine Verlängerung ausgesprochen wurde. Diese läuft Ende 2006 aus, weil dann die 2 Jahreszeitperiode in SCM 27.4 greift. WTO 2006: 203-204. Siehe: 'Implementation Issues' Teil: WTO 2001c: S. 39, Art. 10.6.

die Exportsubventionen abschaffen.[7053] Dieses Abschaffungserfordernis gilt auch dann, wenn die Länder nach SCM Art. 27.4 eine Sondergenehmigung bekommen haben.[7054]

In Art. SCM 27.7 wird für alle Entwicklungsländer nicht SCM Art. 4, sondern SCM Art. 7 als relevante Streitbeilegungsklausel vorgegeben, solange sie SCM Art. 27.2 bis Art. 27.5 einhalten, also die 'export competitiveness' Weltmarktgrenzwerte. Daraus folgt: Geht ein 'normales' Entwicklungsland über die 'export competitiveness'-Grenzen hinaus, dann muß es nach 2 Jahren seine Exportsubventionen abbauen oder SCM Art. 4 ('withdraw the subsidy without delay') würde aktiviert. Ist 'export competitiveness' nicht erreicht, dann ist SCM Art. 7 ('remove the adverse effects') unlimitiert gültig. Für 'normale' Entwicklungsländer scheint dies somit die einzige Differenzierung zu sein, die weiterhin gilt, denn sie müssen nach SCM Art. 27.4 ihre Exportsubventionen auslaufen lassen.

Für die Annex VII Länder, die in SCM Art. 27.2 ganz vom Verbot von Exportsubventionen ausgenommen wurden, eröffnet SCM Art. 27 zwei Möglichkeiten, über die bisher nicht in der Streitbeilegung entschieden wurde: Entweder sie fallen sie aufgrund dieser Ausnahme vom Verbot der Exportsubventionierung nicht unter SCM Art. 4 mit der Verpflichtung, Subventionen sofort zurückzuziehen ('withdraw the subsidy without delay'), sondern es gilt, unlimitiert, SCM Art. 7 ('remove the adverse effects'). Oder sie kommen, wie alle Entwicklungsländer, dann, wenn sie 'export competitiveness' erreichen, mit SCM Art. 4 ('withdraw the subsidy without delay') in Berührung.[7055] Solange dies nicht geklärt ist, bleibt offen, ob das Annex VII Land Indien, aufgrund seiner hohen Exporte von Edelsteinen und Juwelen, Textilien und Lederprodukte, eine Klage befürchten muß.[7056] Als Annex VII Land hat es aber, nach Erreichen von 'export competitiveness' immerhin 8 Jahre Zeit, die Exportsubventionen in diesem Bereich auslaufen zu lassen.

Auf der Doha Ministerkonferenz wurde klargestellt, daß nicht nur die Annex VII Länder, sondern auch die am wenigstens entwickelten Länder (LDC) von dem Verbot der Exportsubventionierung freigestellt sind und ab Erreichen der Weltmarktgrenzwerte 8 Jahres Zeit zur Abschaffung ist.[7057]

Für die Annex VII Länder gilt, daß sie über einer Grenze von US$ 1000 pro Kopf-Einkommen in der Kategorie 'normaler' Länder fallen.[7058] Während der Doha Ministerkonferenz wurde beschlossen, daß diese Grenze in konstanten 1990 Dollar gemessen wird und daß die Länder diese Grenze drei Jahre lang überschreiten müssen, bis diese 'Graduierung' hin zu 'normalen' Entwicklungsländer erfolgt und weiterhin werden sie wieder zu Annex VII Ländern, wenn sie ggf. wieder unter diese Schwelle fallen sollten.[7059]

[7053] Ahuja 2001: 8-9.
[7054] WTO 2006: 193.
[7055] Diese Passage ist nicht durch die Literatur gestützt.
[7056] Obwohl Indien von den Kriterium entfernt sei, wird eine Klage bezüglich der letzteren obigen Möglichkeit befürchtet. Ahuja 2001: 9.
[7057] Im 'Implementation Issues' Teil: WTO 2001c: S. 39, Art. 10.5.
[7058] Annex VII (b). WTO 1995: 314.
[7059] Im 'Implementation Issues' Teil: WTO 2001c: S. 38-39, Art. 10.1.

Der 3,25 % Weltmarktanteil, der den 'export competitiveness'-Tatbestand aktiviert, ist definiert über die 21 'section headings' des Harmonisierten Systems (in der Kombinierten Nomenklatur der EU sind dies die Kapitel). Dies eröffnet ggf. mehr Exportspielraum als eine einzelne Zollposition, allerdings ist z.B. Kapitel 62 Bekleidung nicht sonderlich umfangreich, sodaß ein großes Land wie Indien den 'export competitiveness' Schwellenwert durchaus erreichen könnte. Weil Länder und Firmen ihre Produktion nicht auf die 'Sektionen' konzentrieren, sondern übergreifend produzieren, dürften aber für viele Länder weiter Spielräume verbleiben. Schlußendlich wird es im Anwendungsfall aus diesem Grund schwer zu fordern, daß Firmen in bezug auf eine 'Sektion' keine Exportsubventionen mehr empfangen dürfen.[7060]

Weiterhin ist, für Industrieländer und Entwicklungsländer, durch SCM Art. 3.1 (a) FN 5 bzw. SCM Annex I (i) eine Ausnahme für Zollbefreiungen bzw. Zollrückerstattungen im Zusammenhang mit der Exportproduktion etabliert worden, wenn diese nicht exzessiv i.S. von über die Zollhöhen hinausgehend erfolgen.[7061] Würde eine Klage erfolgen, dürften solche Programm, die zum Politikpaket der Exportorientierung gehören und damit aus der hier gewählten Perspektive wirtschaftswissenschaftlich normativ wünschenswert sind, nicht unter SCM Art. 1.1, die Subventionsdefinition und somit auch nicht unter SCM Art. 3.1 (a) fallen.

Gegen Exportsubventionen sind Ausgleichsmaßnahmen möglich, so beziehen die USA und Kanada bei ihren Ausgleichszölle gegen Indien auch Exportkreditprogramme ein. Hier müßte eigentlich vorher gemäß SCM gezeigt werden, ob Indien das Niveau von 1986 überschritten hat. Sodann müßte eine die Diskussion wie der Auseinandersetzung zwischen Brasilien und Kanada erfolgen.[7062]

8.3.3 SCM Teil II Fazit

Exportsubventionen im Industriebereich sind verboten. Gemäß SCM Teil II reicht es aber nicht aus, daß eine Industrie exportorientiert ist und Subventionen erfolgen, um eine Subventionierung in Abhängigkeit von Exporten festzustellen. In Brazil vs. Canada - Aircraft (1999-2003) gelang es zwar die Exportausrichtung eines Subventionsprogramms zu zeigen, es reichte aber ein Stop einiger Zahlungen und die Veränderung der Texte und Verträge aus, um den Regeln zu genügen. Somit ist für den Industriebereich zu erwarten, daß auf weltweiter Ebene, Regierungen und Institutionen, die Exportsubventionsprogramme durchführen, ihre Texte und Verträge abändern und Verweise auf Exportziele löschen werden. Fälle wie United States vs. Australia - Automotive Leather (1999-2000) werden aus diesem Grund in Zukunft unwahrscheinlicher, wenngleich nicht unmöglich. Australien

---

[7060] Hoda/Ahuja 2005: 1028.

[7061] Speziell Annex I (i) zweiter Satz ist nicht leicht zu interpretieren, hat aber m.E. logisch mit dem ersten Satz nichts zu tun. SCM Art. 3.2 (a) FN 5, Annex I (i). WTO 1995: 266, 306.

[7062] Es scheint, daß Hoda/Ahuja (2003), die sofort mit dieser Exportkreditfrage in SCM Annex I (k) einsteigen, diesen ersten Punkt vergessen. Hoda/Ahuja 2003: 1045-1051.

behauptet in diesem Fall frech vor der Streitbeilegung, daß es nur nötig sei, eine Formulierung umzustellen, um das Programm WTO kompatibel zu machen.[7063]

Subventionierte Exportkredite, die unterhalb des CIRR liegen, werden im SCM nicht akzeptiert. Als Folge des Streits zwischen Kanada und Brasilien über Luftfahrtexportsubventionen wurde die Position des SCM zu Exportkrediten im Industriebereich geklärt und eine Klage in bezug auf solche Finanzierungsinstrumente ist fortan denkbar, besonders weil bezüglich solcher Maßnahmen wenig umstritten ist, daß ein Exportbezug vorliegt, siehe auch EU vs. Korea - Commercial Vessels (2005). Ob die Staaten angesichts wertvoller Aufträge für bestimmte Industrie die Empfehlungen der Streitbeilegung umsetzen werden, bleibt aber bezweifelbar.

Steuerbezogene Exportsubventionen sind verboten. Von Beginn an eindeutig war die Rechtslage in bezug auf steuerbezogene Exportsubventionen in Industrieländern. Die Nicht-Umsetzung der Empfehlung durch die USA in EU vs. United States - FSC (1999-2006) zeigt nicht nur, welche Möglichkeiten Länder haben, die Umsetzung der Empfehlungen zu verzögern, sondern auch, daß durch die Autorisierung zu teuren Gegenmaßnahmen Umsetzungsdruck erzeugt werden kann.

Für den Landwirtschaftsbereich greift das Verbot der Exportsubventionen - wenn keine Freistellung durch die Listen erfolgte - und das Verbot der Importsubstitutionssubventionen als lex specialis des SCM in das AOA ein: Dadurch kann eine Umgehung von Exportsubventionsverpflichtungen verhindert werden. Beispielsweise für subventionierte Exportkredite wird das SCM zum Sicherheitsgurt für das AOA, siehe Brazil vs. United States - Upland Cotton (2004-2005). Darüberhinaus kommt es zu einer Ergänzung des AOA durch das SCM, weil die Streitbeilegung die 'specifically with the same manner'-Regel einsetzen kann. Deshalb kann in diesem Fall entschieden werden, daß Importsubstitutionssubventionen nicht akzeptiert werden, eine Entscheidung, die möglicherweise weitergehenden Implikationen hat, zumal dann, wenn in Zukunft eine zunehmende Liberalisierung in diesem Agrarbereich greifen wird. Sind Exportsubventionen dagegen in den Listen erwähnt und hält dies einer Überprüfung der Streitbeilegung stand, ist SCM Teil II in bezug auf das AOA nicht anwendbar, dies wird sichtbar an New Zealand, United States vs. Canada - Diary (1999-2002).[7064]

Exportsubventionen der Entwicklungsländer sind bislang nicht in der Streitbeilegung angegriffen worden, dies liegt auch an der Sonderbehandlung in SCM Art. 27.9. Für 'normale' Entwicklungsländer, wie Brasilien, Malaysia, Thailand, Mexiko, Südafrika, Taiwan und China[7065] ist das Verbot für Exportsubventionen bereits Realität, sie verfügen, solange sie noch nicht 'export competitiveness' erreicht haben, einzig über die Sonderbehandlung der SCM Art. 7

[7063] United States vs. Australia - Subsidies Provided to Producers and Exporters of Automotive Leather, WT/DS126/RW, 21 January 2000, S. 19, Para. 6.46. In dem Fall wird dieses Argument nicht akzeptiert, denn die breitere Beweisführung war bereits durchgeführt.

[7064] Ähnlich, aber nur kurz zu Exportsubventionen, weil der Artikel zu Art. 13 vor den Streitfällen geschrieben wurde. Der zweite Punkt der Importsubstitutionssubventionen wird dementsprechend nicht erwähnt: Morgan/Goh 2003: 989.

[7065] Mit einem Pro-Kopf GNI von US$ 1740 im Jahre 2005. World Bank Data Profile China 2006.

Streitbeilegungsoption ('remove the adverse effects'), sodaß sie die Subventionen nicht abschaffen müssen, nur deren nachteilige Effekte.

8.4 SCM Teil III Anfechtbare Subventionen

Subventionsauseinandersetzungen, bei denen der Exportbezug nicht aufgezeigt werden kann, müssen innerhalb von SCM Teil III geführt werden, wenn eine Urteil der Streitbeilegung angestrebt wird. Wird dagegen ein Ausgleichsschutzzoll für ausreichend angesehen, obliegt es der nationalen Behörde die Feststellung von Subventionen nach den Regeln in SCM Teil V zu treffen. Deren Feststellung kann später in der Streitbeilegung in Frage gestellt werden kann.

SCM Teil III gilt, sobald eine Subvention gemäß SCM Art. 1 und 2 gezeigt werden kann, sowohl für Subventionen im Industrie- als auch im Agrarbereich und ist damit ein spannender Abschnitt der WTO Regeln. Im Unterschied zu Teil II sind die Beweisanforderungen höher. Von der Klägerpartei wird erwartet, daß sie umfangreicheres Beweismaterial bezüglich der Subvention und den Tatbeständen der ernsthaften Schädigung ('serious prejudice') in SCM Art. 6.3 vorlegt, siehe zu den Beweisanforderungen SCM Art. 7.2.[7066]

In Art. 5 werden drei Kategorien von nachteiligen Effekten aufgezählt. Bei einer Klage haben die Staaten die Auswahl unter drei Vorwürfen: Art. 5 (a) Schädigung ('injury') i.S. der Ausgleichszolluntersuchungen; Art. 5 (b) Zunichtemachung und Schmälerung von Vorteilen, die aus Zollkonzessionen resultieren; Art. 5 (c) ernsthafte Schädigung ('serious prejudice') der Interessen eines andere Mitglieds.

In Art. 6 wird geregelt, wie der Beweis nachteiliger Effekte durchgeführt werden kann.

Weil Art. 6.1 nach einer vorläufigen Anwendung für fünf Jahre weggefallen ist, gelten hier nur noch Art. 6.2 bis 6.9.[7067]

In Art. 6.3 wird ernsthafte Schädigung durch Subventionierung definiert:

Art. 6.3 (a) Als Verdrängung oder Verhinderung von Einfuhren in den Markt eines subventionierenden Mitglieds[7068];
Art. 6.3 (b) dasselbe für einen Drittlandsmarkt[7069];

[7066] SCM Art. 7.2. A request for consultations under paragraph 1 shall include a statement of available evidence with regard to (a) the existence and nature of the subsidy in question, and (b) the injury caused to the domestic industry, or the nullification or impairment, or serious prejudice caused to the interests of the Member requesting consultations." Reproduziert ohne Fußnote, die den weggefallenen Art. 6.1 betragt. WTO 1995: 272. Dies bestätigt, ohne diesen Artikel zu zitieren, Hoda/Ahuja 2005: 1021. Wenn es um eine Klage gegen die Entwicklungsländer geht, fällt Art. 6.3 weg. Siehe dazu weiter unten.
[7067] Hoda/Ahuja 2005: 1021.
[7068] SCM Art. 6.3 (a) "the effect of the subsidy is to displace or impede the imports of a like product of another Member into the market of the subsidizing Member". WTO 1995: 269.

Art. 6.3 (c) als eine signifikante Preisunterbietung im Vergleich zu den Preisen des subventionierenden Mitglieds oder Preisunterdrückung oder Preisdepression oder Absatzverluste[7070]; Art. 6.3 (d) als Zunahme von Weltmarktanteilen eines subventionierten Primärproduktes oder sonstiger Waren (solange dafür keine anderen Regeln gelten) berechnet anhand der durchschnittlichen Anteile in den letzten drei Jahren, die einen Trend kontinuierlicher Zunahme erkennen lassen.[7071]

Nicht endgültig geklärt ist die Frage, wie die relevante Ware unter dem SCM definiert werden wird. Die Definition erfolgt sicherlich breiter und flexibler als in Art. III, siehe unten. Die Definition findet sich in SCM 15.1 FN 46.[7072] Wenn eines der obigen Kriterien vorliegt, ist der Tatbestand ernsthafter Schädigung erfüllt, die Klage gewonnen und ein Land kann zu Vergeltungsmaßnahmen autorisiert werden, wenn keine Rücknahme der nachteiligen Effekte oder der Subvention erfolgt.[7073]

8.4.1 SCM Teil III Fallübersicht

Bislang gibt es drei Streitfälle, in denen es um SCM Art. 6.3 geht und versucht wird, deren Tatbestände aufzuzeigen, um das materiale Kriterium, ernsthafte Schädigung ('serious prejudice') zu erfüllen.[7074] Eine Klage nach Art. 5 (b) des SCM, Zunichtemachung und Schmälerung von Vorteilen, die aus Zollkonzessionen resultieren, ist theoretisch auch möglich[7075], wird aber nicht gewählt werden, weil die Liste der materialen Kriterien von SCM Art. 6.3 einen Erfolg der Klage wahrscheinlicher macht. Ein Fazit SCM Teil III gibt es nicht, siehe dazu Fazit SCM.

8.4.1.1 Indonesien: Automobile

Der Streitbeilegungsfall EU, Japan, United States vs. Indonesia - Autos (1998)[7076] besteht aus einem Panelbericht, eine Überprüfung durch die Berufungsinstanz fand nicht statt. Der Hintergrund: Indonesien wollte ein Automobilunternehmen aufbauen, das ein 'national car' produzieren sollte, in Zusammenarbeit mit einem koreanischen Hersteller. Zu diesem Zweck wurde ein komplexes System vorteilhafter Behandlung und Besteuerung kombiniert mit Anreizen für die lokale Produktion von

---

[7069] SCM Art. 6.3 (b) "the effect of the subsidy is to displace or impede the exports of a like product of another Member from a third country market". WTO 1995: 269.

[7070] SCM Art. 6.3 (c) "the effect of the subsidy is a significant price undercutting by the subsidized product as compared with the price of a like product of another Member in the same market or significant price suppression, price depression or lost sales in the same market". WTO 1995: 269.

[7071] SCM Art. 6.3 (d) "the effect of the subsidy is an increase in the world market share of the subsidizing Member in a particular subsidized primary product or commodity as compared to the average share it had during the previous period of three years and this increase follows a consistent trend over a period when subsidies have been granted". WTO 1995: 270.

[7072] WTO 1995: 286. Siehe dazu Matsushita et al. 2006: 371-372. In längere Ausführung dazu findet sich in: EU vs. Korea - Measures Affecting Trade in Commercial Vessels, WT/DS273/R, 7 March 2005, S. 124-128, Paras. 7.543-7.560. Siehe auch die Fallbeispiele Indonesien -Automobile und USA - Baumwolle.

[7073] SCM Art. 7.9. WTO 1995: 273. Der Kommentar: "The option given to the subsidizing Member to remove the adverse effects considerably blunts the edge of the dispute settlement process in the case of actionable subsidies as to compared to prohibited subsidies." Hoda/Ahuja 2005: 1021.

[7074] Matsushita et al. 2006: 369-375.

[7075] Matsushita et al. 2006: 223.

[7076] Nur Panel: Indonesia - Certain Measures Affecting the Automobile Industry, WT/DS54/R, WT/DS55/R, WT/DS59/R, WT/DS64/R, 2. July 1998.

Teilen ('local content') aufgebaut. Infolgedessen wurden ausländische Wagen höheren Verkaufssteuern (z.B. 35 % Luxussteuern) ausgesetzt, zusätzlich abgestuft nach erreichten 'local content' Prozentwerten. Den am Projekt beteiligten koreanischen Firmen, wurde einmal eine Zollbefreiung für den Import von Inputgütern und teils auch von Wagen eingeräumt und der als 'national car' produzierte Wagen u.a. der 'Timor' wurde von Verkaufssteuer ausgenommen.[7077] Schließlich wurde dieser Streitfall anfangs mit einem US$ 690 Mill. Kredit begründet, der dann als Klagepunkt fallengelassen wurde[7078], nachdem dessen Relevanz zuerst aufgebauscht wurde.[7079]

Der Panelbericht kann nicht uneingeschränkt als Anhaltspunkt für die Auslegung von SCM Teil III dienen. Erstens lag dort partiell Art. 6.1 des SCM zugrunde, welcher seit dem 1. Januar 2000 nicht mehr gültig ist, zweitens waren die Ausführung zur Sonderbehandlung der Entwicklungsländer fragwürdig. Hier werden die weiter relevanten Grundzüge herausgearbeitet:

Ohne den Kredit als Vorwurf, geht es in der Klage darum Subventionen einzig über Zoll- sowie Steuerausnahmen zu beweisen.[7080] Dabei erfolgt eine Einbeziehung von GATT Art. I und Art. III, gestützt durch eine Argumentation, die diesen Artikeln, in bezug auf die Steuer- und auch die Zollfrage Priorität vor dem SCM zukommt. Zuerst einmal wird darauf hingewiesen, daß das SCM Abkommen nicht dazu angelegt ist, diskriminierende Steuern zu autorisieren: "the SCM Agreement clearly does not authorize Members to impose discriminatory taxes. Nor does a focus on Article 27.3 does suggest a different approach. (...) Art. 27.3 is unrelated to, and cannot reasonably be considered to 'authorize', the imposition of discriminatory product taxes."[7081] Danach wird die Kompatibilität mit GATT Art. III überprüft, wobei der Panel argumentiert, daß Indonesien Subventionen vergeben kann, auch ohne gegen GATT Art. III.2 verstoßen zu müssen.[7082] Im Einklang mit der GATT Fallpraxis wird dann gezeigt, daß ein Verstoß gegen Art. III.2 vorliegt, wenn gleichartige Waren einer steuerliche Ungleichbehandlung ausgesetzt werden, weil sie aus dem Ausland kommen oder weil eine Nichteinhaltung von 'local content'-Vorgaben vorliegt. Dies führt zu einem Verstoß gegen Art. III.2

[7077] Indonesia - Certain Measures Affecting the Automobile Industry, WT/DS54/R, WT/DS55/R, WT/DS59/R, WT/DS64/R, 2. July 1998, S. 4-15, Paras. 2.2-2.41.

[7078] Er findet sich nicht in den 'Terms of Reference' wieder. Indonesia - Certain Measures Affecting the Automobile Industry, WT/DS54/R, WT/DS55/R, WT/DS59/R, WT/DS64/R, 2. July 1998, S. 324, Para. 14.3.

[7079] Siehe die wenig überzeugende Argumentation bezüglich des Kredits, die auf wenigen Zeitungsartikeln und einem Expertenstatement aufbaut, wobei hier 3 % Zinsen verlangt werden, wodurch die Subventionierung zumindest verringert wurde. Seltsam mutet weiterhin an, daß die Streitparteien es als "extraordinary" ansehen, daß das von der Asienkrise betroffene Indonesien, der Krise zum Trotz, noch einen Kredit vergab, denn es handelt sich hier um die wirtschaftspolitische Entscheidung eines souveränen Staates. Es ist zudem irrelevant für diese Fragestellung des Streitfalls, ob Indonesien sich an den IWF gewandt hat. Indonesia - Certain Measures Affecting the Automobile Industry, WT/DS54/R, WT/DS55/R, WT/DS59/R, WT/DS64/R, 2. July 1998, S. 61-63, Paras. 5.106-5.113.

[7080] Indonesia - Certain Measures Affecting the Automobile Industry, WT/DS54/R, WT/DS55/R, WT/DS59/R, WT/DS64/R, 2. July 1998, S. 61, Para. 5.106.

[7081] Indonesia - Certain Measures Affecting the Automobile Industry, WT/DS54/R, WT/DS55/R, WT/DS59/R, WT/DS64/R, 2. July 1998, S. 347, Para. 14.98.

[7082] Indonesia - Certain Measures Affecting the Automobile Industry, WT/DS54/R, WT/DS55/R, WT/DS59/R, WT/DS64/R, 2. July 1998, S. 348, Para. 14.99.

erster Satz.[7083] Eine Unvereinbarkeit mit GATT Art. III.2, zweiter Satz, lag vor, weil eine protektionistische Anwendung klar zu erkennen sei.[7084]

Was ist mit den Zollbefreiungen für Inputgüter, die, wenn sie nicht exzessiv sind, in SCM Annex I (i) nicht per se als Exportsubventionen klassifiziert und damit nicht verboten sind, so Japan vs. Canada - Autos (2000)?[7085] Diese Regel bemerkt der Panel nicht. Er argumentiert, daß diese Zollbefreiungen von Indonesien nur für Korea und nur unter der Bedingung vergeben wurden, daß die Teile und Komponenten in der Produktion des 'national car' verwandt werden, wobei weiterhin 'local content' Bedingung auferlegt wurden. Dies widersprach nach Ansicht des Panel GATT Art. I, weil nicht sofort und ohne Bedingungen den anderen Mitgliedstaaten der WTO diese Zollzugeständnisse zugekommen sind, im Sinne des Meistbegünstigungsprinzips.[7086] Zu diesen Fragen mehr im gesonderten GATT Art. I und Art. III Punkt.

In bezug auf die Sonderbehandlung der Entwicklungsländer ist der Ansatz des Panels nicht plausibel, weil SCM Art. 27.8 und Art. 27.9 nicht im Zusammenhang diskutiert wurden. Der Panel schließt zuerst in bezug auf Art. 27.9, daß dieser nur eine Klage bezüglich Zunichtemachung und Schmälerung von Zollkonzessionen unter dem GATT zuläßt.[7087] Dies trifft zu. Das weitere Vorgehen des Panel stützte sich allein auf SCM Art. 27.8, wobei dieser Artikel offenkundig falsch interpretiert wurde, sodaß diese Passagen in den einschlägigen Publikationen nicht erwähnt werden.[7088] Kurz: Der Panel schließt falsch aus Art. 27.8, daß er ernsthafte Schädigung gemäß SCM Art. 6.1 sehr wohl bei einem

---

[7083] Interessant ist hier das Argument des Panels, daß das Vorliegen gleichartige Waren an dieser Stelle garnicht aufgezeigt werden müssen, weil die Annahme irgendwelcher passender, gleichartiger Waren ausreicht, die vom Weltmarkt importiert werden können, dazu ausreicht, um Diskriminierung zeigen zu können. Es wird jedenfalls nicht akzeptiert, als Indonesien behauptet, mit seinem 'national car' ein vollkommen einmaliges Gut hezustellen. Indonesia - Certain Measures Affecting the Automobile Industry, WT/DS54/R, WT/DS55/R, WT/DS59/R, WT/DS64/R, 2. July 1998, S. 347-352, Para. 14.94-14.114.

[7084] Indonesia - Certain Measures Affecting the Automobile Industry, WT/DS54/R, WT/DS55/R, WT/DS59/R, WT/DS64/R, 2. July 1998, S. 352-353, Para. 14.115-14.117. Auch GATT Art. III.8 (b) hilft Indonesien nicht, hier verweist der Panel auf den Malt Beverages Fall, der eine klare Trennung zwischen steuerlichen und subventionsbezogenen Regeln betont. Dieser wird zitiert aus: United States vs. Canada - Certain Measures Concerning Periodicals, WT/DS31/AB/R, 30 June 1997: 37. Siehe: S. 353-354, Para. 14.118-14.122. Der früheste GATT Fall, in dem dasselbe Prinzip affirmiert wurde: "taxes on imported products in excess of those provided on domestic like products were prohibited by Art. III" ist: Contracting Parties vs. Brazil - Brazilian Internal Taxes. BISD Vol. II/181, 184, 1952.

[7085] Etwas anders gelagert ist folgender Fall Canada - Automobiles, in dem es um Zollausnahmen geht: Hier stellt der AB klar, daß es in diesem Fall nicht um Zollausnahmen für Inputs für später zum Export bestimmter Produkte geht. Hier gehe es um Ausnahmen für Importe vollständiger Automobile: "*imports* of motor vehicles which are sold for consumption". Herv. im Original. Japan vs. Canada - Certain Measures Affecting the Automobile Industry, WT/DS139/AD/R, WT/DS142/AB/R, 11 February 2000, S. 29, Para. 92, S. 30, Para. 94.

[7086] Indonesia - Certain Measures Affecting the Automobile Industry, WT/DS54/R, WT/DS55/R, WT/DS59/R, WT/DS64/R, 2. July 1998, S. 357-358, Para. 14.137-14.148.

[7087] "In other words, Article 27.9 provides that, in the usual case, developing country Members may not be subject to a claim that their actionable subsidies have caused serious prejudice to the interests of another Member. Rather, a Member may only bring a claim that benefits under GATT have been nullified and impaired by a developing country Member's subsidies or that subsidized imports into the complaining Member have caused injury to a domestic industry." Indonesia - Certain Measures Affecting the Automobile Industry, WT/DS54/R, WT/DS55/R, WT/DS59/R, WT/DS64/R, 2. July 1998, S. 352-353, Paras. 14.115-14.117. Dies wird erwähnt in: WTO Analytical Index 2003: 973-974.

[7088] Aus SCM Art. 27.8 wird geschlossen: "In other words, while a subsidy falling within the terms of Article 6.1 generally is presumed to cause serious prejudice to the interests of another Member, that presumption is not applicable where the subsidizing country is a developing country. Instead, while such a subsidy by a developing country Member may be subject to a serious prejudice challenge, a complainant does not benefit from a presumption of serious prejudice; rather, a complainant must demonstrate the existance of serious prejudice by positive evidence." Indonesia - Certain Measures Affecting the Automobile Industry, WT/DS54/R, WT/DS55/R, WT/DS59/R, WT/DS64/R, 2. July 1998, S. 363, Para. 14.158. Nicht erwähnt werden diese Ausführungen des Panel unter SCM Art. 27.8 in: WTO Analytical Index 2003: 973-974.

Entwicklungsland untersuchen kann, wobei die einzige Sonderbehandlung, die sich ergibt, sei, daß "positiv evidence" vorgelegt werden muß.[7089] Deshalb, und aufgrund des Wegfalls von SCM Art. 6.1, s.o., sind nur die folgenden Teile des Berichts, die auf SCM Art. 6.3 eingehen relevant. Die Sonderbehandlung für Entwicklungsländer besagt aber, daß die 'ernsthafte Schädigung' Klageoptionen nicht gewählt werden kann, dazu weiter unten mehr.

SCM Art. 6.3 (a): Verdrängung ('displacement') oder Verhinderung ('impedance'). In Art. 6.3 (a) wird formuliert, daß der Tatbestand der ernsthaften Schädigung dann eintreten kann, wenn "the effect of the subsidy is to displace or impede the imports of a like product of another Member into the market of the subsidizing Member."[7090] Der Panel führt keine Begriffsdiskussion durch, beschreibt aber Szenarien, auf welche die Begriffe zutreffen könnten: Nicht nötig sei es, eine Rückgang der Verkäufe aufzuzeigen. Verdrängung trete auf, wenn die Verkaufsvolumina zurückgehen. Verhinderung, wenn Verkäufe, die sonst erfolgt wären, verhindert würden.[7091] Das sicherste Anzeichen ("usual case") für Effekte von Subventionen sind zurückgehende Marktanteile, die mit einer Zunahme der Subventionierung korrelieren. Oder etwa langsam wachsende Verkäufe in einer Zeit einer rapiden Ausweitung des Marktes.[7092] Notwendig sei es weiterhin, einen kausalen Zusammenhang mit der Subventionierung nachzuweisen ('the effect of the subsidy is').[7093] Im hier zugrundeliegenden Streit argumentiert Indonesien, daß die steigenden Verkäufe für den Timor im Marksegment C nicht auf Kosten europäischer Produzenten ging, weil der Wagen billig angeboten wurde und dadurch die Ausweitung des Marktsegments ermöglicht wurde. Dieses Argument wird vom Panel akzeptiert. Den leichte Rückgang von Verkäufen einzelner europäischer Modelle 1996 und 1997 auf die Einführung des 'Timors' zu schreiben, sei angesichts zu kurzer Zeithorizonte und geringer Verkaufszahlen "highly speculative".[7094]

[7089] Unter Art. 6.1 (a) wird berechnet: "... Indonesia calculates that the ad valorem subsidization conferred by the exemption from the luxury tax alone is 29.54 per cent for Timors imported from Korea, 26.20 per cent for Timors assembled at the Tambun plant, and 18.68 per cent for Timors to be assembled at the Karawang plant. Thus, the parties concur that the ad valorem subsidization exceeds 5 per cent." Indonesia - Certain Measures Affecting the Automobile Industry, WT/DS54/R, WT/DS55/R, WT/DS59/R, WT/DS64/R, 2. July 1998, S. 363, Para. 14.161.

[7090] SCM Art. 6.3 (a). WTO 1995: 269.

[7091] "We agree with the European Communities that a complainant need not demonstrate a decline in sales in order to demonstrate displacement or impedance. This is inherent in the ordinary meaning of those terms. Thus, displacement relates to a situation where sales volume has declined, while impedance relates to a situation where sales which otherwise would have occurred were impeded." Indonesia - Certain Measures Affecting the Automobile Industry, WT/DS54/R, WT/DS55/R, WT/DS59/R, WT/DS64/R, 2. July 1998, S. 380-381, Paras. 14.218.

[7092] "In a usual case, a decline in market share in a stable or growing market, corresponding in time with the introduction of a subsidized product, might suggest that sales would have been higher but for the introduction of the subsidized product. This would be particularly the case where, in the period prior to the introduction of the subsidized product, the market share of the non-subsidized product had been rising." Indonesia - Certain Measures Affecting the Automobile Industry, WT/DS54/R, WT/DS55/R, WT/DS59/R, WT/DS64/R, 2. July 1998, S. 381, Paras. 14.219.

[7093] Indonesia - Automobile Industry, WT/DS54/R, S. 395, Para. 14.255.

[7094] Indonesia - Certain Measures Affecting the Automobile Industry, WT/DS54/R, WT/DS55/R, WT/DS59/R, WT/DS64/R, 2. July 1998, S. 381, Para. 14.220, S. 380-382. Paras. 14.218-14.222, S. 389. In bezug auf das Argument, daß die Verkäufe ohne die Subventionen gestiegen wären, werden Pläne der EU und U.S. Automobilhersteller untersucht. U.a. weil aber der Panel keinen Zugang zu vertraulichen Daten eingeräumt bekam, werden die Argumente nicht für überzeugend gehalten, daß die Hersteller neue Modelle einführen wollten etc., S. 385-389, Para. 14.223-14.255.

Darüberhinaus untersucht der Panel SCM Art. 6.3 (c), also signifikante Preisunterbietung ('significant price undercutting'). Von signifikanter Preisunterbietung, Preisunterdrückung, Preisdepression oder Absatzverlusten wird in Art. 6.3 (c) und Art. 6.5 gesprochen, um ernsthafte Schädigung einzugrenzen. Eine Begriffsdiskussion und Definition erfolgt vom Panel nicht.[7095] Der Terminus 'signifikant' sei im Abkommen nicht definiert, der Panel versteht ihn so, daß eine geringere Preisunterbietung jedenfalls nicht zur ernsthaften Schädigung führen kann.[7096] Das Panel stimmt sodann der EU zu, daß Indonesien in den Informationen, die es vorgelegt hat, "effectively concedes", daß eine signifikante Preisunterbietung vorlag. Diese resultierte aus den Zollbefreiungen und Steuerausnahmen und führte zu einem 33 % bis 38% niedrigerem Preis als der für vergleichbare Waren.[7097] Dies könne direkt auf die so erfolgte Subventionierung zurückgeführt werden ("effect of the subsidy").[7098] Geschlossen wird, daß ernsthafte Schädigung vorliegt.[7099]

Schließlich wird die Frage nach gleichartigen Waren, im Sinne von SCM Art. 6.5 relevant, der bei der Preisunterbietung einen Vergleich "at the some level of trade and a comparable times" fordert, sodaß sich die Behauptung der Schädigungstatbestände, etwa Preisunterbietung, auf gleichartige Waren beziehen muß.[7100] Es wird sichtbar, daß diese Anforderung in einem Disput, in dem es um Waren geht, die in Entwicklungsländern produziert werden, zu heiklen Fragen führen kann. Hier scheint die Argumentation Indonesiens nicht ganz unbegründet zu sein, daß der 'Timor' aus dem indonesischen 'National Car Program' weniger kostet als ein Peugeot 306, ein Opel Optima oder sogar ein Toyota Starlet, der eine Klasse darunter eingestuft wird. Allerdings stimmt das Panel der Argumentation, die das schlechte Image eines solchen Wagens hervorhebt, nicht zu, sondern betont die Vergleichbarkeit der technischen Merkmale, sodaß letztendlich geschlossen werden kann, daß Preise gleichartiger Modelle bei der Analyse ernsthafter Schädigung zugrundeliegen.[7101]

8.4.1.2 Vereinigten Staaten: Baumwolle

Brazil vs. United States - Upland Cotton (2004-2007).[7102] Hintergrund sind hier die stark ansteigenden, über dem Wirtschaftsjahr 1992 liegenden Baumwollsubventionen der USA: 1992: US$ 2012 Mill.; 1999: US$ 3043 Mill., 2000: US$ 2092 Mill.; 2001: US$ 3798 Mill.; 2002: US$ 2471 Mill.

[7095] Indonesia - Certain Measures Affecting the Automobile Industry, WT/DS54/R, WT/DS55/R, WT/DS59/R, WT/DS64/R, 2. July 1998, S. 395, Para. 14.254.
[7096] Indonesia - Automobile Industry, WT/DS54/R, S. 395, Para. 14.254.
[7097] Indonesia - Certain Measures Affecting the Automobile Industry, WT/DS54/R, WT/DS55/R, WT/DS59/R, WT/DS64/R, 2. July 1998, S. 395, Para. 14.255.
[7098] Indonesia - Certain Measures Affecting the Automobile Industry, WT/DS54/R, WT/DS55/R, WT/DS59/R, WT/DS64/R, 2. July 1998, S. 395, Para. 14.255.
[7099] Indonesia - Certain Measures Affecting the Automobile Industry, WT/DS54/R, WT/DS55/R, WT/DS59/R, WT/DS64/R, 2. July 1998, S. 395, Para. 14.256. Auf drohende ernsthafte Schädigung wird nicht mehr eingegangen. S.
[7100] SCM Art. 6.5. WTO 1995: 270. Indonesia - Certain Measures Affecting the Automobile Industry, WT/DS54/R, WT/DS55/R, WT/DS59/R, WT/DS64/R, 2. July 1998, S. 392-395, Paras. 14.244-14.255.
[7101] Indonesia - Certain Measures Affecting the Automobile Industry, WT/DS54/R, WT/DS55/R, WT/DS59/R, WT/DS64/R, 2. July 1998, S. 395, Para. 14.253.
[7102] Panel, AB, Art. 21.5 Panel. Brazil vs. United States - Subsidies on Upland Cotton, WT/DS267/R, 8 September 2004, S. 167, Para. 445. Brazil vs. United States - Subsidies on Upland Cotton, WT/DS267/AB/R, 3 March 2005, S. 167, Para. 445. Brazil vs. United States - Subsidies on Upland Cotton, WT/DS267/RW, 18 December 2007.

(Haushaltsausgaben).[7103] Die in diesem Fall relevante Subventionierung der USA fand innerhalb der Implementationsperiode der 'Friedensklausel'[7104] in AOA Art. 13 statt. In AOA Art. 13 wurde die Anwendung von Teil III SCM für den Agrarbereich ausgesetzt. Dies unterlag aber einer Bedingung: Die produkt-spezifische Stützung durfte nicht über der im Wirtschaftsjahre 1992 liegen.[7105] In diesem Fall wird der Rekurs auf das SCM deshalb möglich, weil festgestellt wird, daß die zugrundegelegten heimischen Unterstützungsmaßnahmen der USA (nach einer Analyse werden auch zwei 'green box'-Maßnahmen darunter gezählt[7106]) für Baumwolle in jedem Jahr danach über dem Niveau des Wirtschaftsjahres 1992 lagen.[7107] Dies ist insofern wichtig, weil die Klage Brasiliens sich auf U.S. Unterstützungsmaßnahmen zwischen 1999 und 2002 bezog (innerhalb des Zeitraum der Geltung der Friedensklausel, die am 31. Dezember 2003 ablief).[7108] Weiterhin von Bedeutung für das Ergebnis dieses Fall ist, daß Panel und AB zu AOA Art. 13 (b) nicht nur produktspezifische, sondern auch produktunspezifische Unterstützungszahlungen gezählt haben. Dies hatte zur Folge, daß die Höhe der Subventionen, um die es hier seit 1992 geht, insgesamt anstieg.[7109]

Brasilien klagt in bezug auf das SCM gemäß Art. 6.3 (c). Zuerst einmal wird der relevante Markt abgegrenzt ("in the same market"), wobei Panel und AB den Weltmarkt für 'upland cotton' zugrundelegen. Brasilien hatte argumentiert, daß U.S. und brasilianische Baumwolle in Märkten in 40 Länder miteinander in Konkurrenz stehen.[7110] Ebenso wurde von einem Experten (der "never worked for producers of upland cotton") in der brasilianischen Delegation bestätigt, daß es einen Weltmarkt

---

[7103] Die Werte, die mit der 'price gap'-Methode ermittelt wurden, liegen niedriger. Brazil vs. United States - Subsidies on Upland Cotton, WT/DS267/AB/R, 3 March 2005, S. 300, Annex 2.

[7104] Die Friedensklausel ('peace clause'), speziell Art. 13 (b) (ii) des AOA schließt einen Rekurs auf GATT XVI.1 (Konsultationen über Subventionen) und SCM Teil II, also Art. 5 und 6, in der sog. Implementationsperiode bis zum 31. Dezember 2003 aus. Die Friedensklausel wurde von Bundeskanzler Kohl 1992 vorgeschlagen. So: O'Connor 2003: 844. Siehe AOA Art. 1 (f) und Art. 13. WTO 1995: 41, 51-52.

[7105] Sowohl in SCM Art. 5 als auch SCM Art. 6.9 wird das SCM in bezug auf AOA Art. 13 ausgesetzt. Darüberhinaus finden sich keine Beschränkungen der Anwendbarkeit des SCM auf das AOA, die nach der dem Ende der Gültigkeit der Friedensklausel gelten. Einmal abgesehen von SCM Art. 10, welcher bei Ausgleichsuntersuchungen eine Beachtung des AOA vorschlägt. Dazu gibt es bislang kein Anwendungsbeispiel. WTO 1995: 269, 271, 278. Siehe u.a.: Brazil vs. United States - Subsidies on Upland Cotton, WT/DS267/R, 8 September 2004, S. 83, Para. 7.259., S. 122, Para. 7.433.

[7106] Die USA hatte diese Maßnahmen als 'green box' Maßnahmen angesehen, obwohl diese mit Anpflanzungsbeschränkungen ausgestattet waren. Programme mit solche Beschränkungen fallen allerdings in die sog. 'Amber box'. Brazil vs. United States - Subsidies on Upland Cotton, WT/DS267/R, 8 September 2004, S. 106-118, Para. 7.364-7.414. Cross 2006: 177-184.

[7107] Brazil vs. United States - Subsidies on Upland Cotton, WT/DS267/R, 8 September 2004, S. 118-157, Para. 7.415-7.7.598. Vor diesem Fall beschreiben diese Klagemöglichkeit Morgan/Goh 2003: 985.

[7108] Brazil vs. United States - Subsidies on Upland Cotton, WT/DS267/AB/R, 3 March 2005, S. 130, Para. 347-349.

[7109] "The Panel does not consider that the United States has rebutted Brazil's case for two reasons: (1) the "product-specific" criterion is not based in the text of Article 13; and, therefore, (2) the result of the United States' argument would be that these types of support – which total several billion dollars for specific covered commodities – are not in fact support to any commodity." Brazil vs. United States - Subsidies on Upland Cotton, WT/DS267/R, 8 September 2004, S. 141, Para. 7.520, S. 138-141, Paras. 7.509-7.520. Siehe auch: Brazil vs. United States - Subsidies on Upland Cotton, WT/DS267/AB/R, 3 March 2005, S. 137-143, Para. 367-384. "For the reasons stated above, we conclude that payments with respect to upland cotton base acres to producers currently growing upland cotton under the production flexibility contract, market loss assistance and counter-cyclical payments, calculated with the 'cotton to cotton' methodology, are support granted to the specific commodity upland cotton in the sense of Article 13 (b)(ii) of the Agreement on Agriculture." S. 143, Para. 384.

[7110] Brazil vs. United States - Subsidies on Upland Cotton, WT/DS267/R, 8 September 2004, S. 290, Para. 7.1230. Der AB stützt sich darauf: Brazil vs. United States - Subsidies on Upland Cotton, WT/DS267/AB/R, 3 March 2005, S. 154, Para. 413.

gibt, bei dem Unterschiede in Angebot und Nachfrage zu weltweit wirksamen Preisveränderungen führen, die sich im A-Index widerspiegeln.[7111]

Die vom Panel durchgeführte SCM Art. 6.3 (c) Analyse kann noch nicht als endgültig geklärt angesehen werden, weil der AB zwar die Panelausführungen nicht als falsch ansieht, sich aber durchaus andere Schwerpunkte vorstellen kann.[7112] Preisunterdrückung ('price suppression') wird vom Panel und AB so definiert, daß die Preise niedriger liegen müssen, als dies ohne die U.S. Subventionen wäre.[7113] Die Analyse des Panels, die vom AB akzeptiert wurde, erfolgte so: (1) Zuerst wurde feststellt, ob Preisunterdrückung vorlag, dazu wurde (a) die relative Höhe und der Einfluß ("substantial proportionate influence") der U.S. Produktion und der Exporte in bezug auf den Weltmarkt eingeschätzt (die Weltmarktanteile der USA stiegen 1999 23,5 %, 2000 24,5 %, 2001, 37,3 %, 2002, 39,9 %); (b) generelle Preistrends wurden diskutiert (von 1996 bis Ende 2001 ein kontinuierliches Absinken der Baumwollpreis von 70 Cent/Pfund auf 20 Cent/Pfund); (c) die Charakteristikas der Subventionen wurden untersucht ("structure, design and operation"), speziell inwiefern diese einen preisunterdrückenden Effekt auslösten (4 Programme, bei denen u.a. hervorgehoben wird, daß sie bei niedrigerem Marktpreis höhere Kompensationen vorsahen).[7114] (2) Sodann diskutiert das Panel, ob die Preisunterdrückung signifikant war.[7115] (3) Daraufhin wurde die kausale Verbindung ('causal link') untersucht, wobei der Panel eine Zusammentreffen-Analyse, ein Produktionskostenargument und eine Analyse anderer Faktoren i.S. einer Nicht-Zuschreibungsanalyse vornahm.[7116] Letztere wird mit der materialen Feststellung abgeschlossen, daß ein "genuine and substantial causal link" gefunden wurde, bezogen auf 4 vom Preis abhängigen Subventionsprogramme.[7117] Der AB ist nicht vollständig mit der Analyse zufrieden, akzeptiert diese aber letztendlich:

"Overall, the Panel evidently conducted an extensive analysis, but we believe that, in its reasoning, the Panel could have provided a more detailed explanation of its analysis of the complex facts and economic arguments arising in this dispute."[7118]

[7111] Brazil vs. United States - Subsidies on Upland Cotton, WT/DS267/R, 8 September 2004, S. 293, Para. 1245 FN 1361. Brazil vs. United States - Subsidies on Upland Cotton, WT/DS267/AB/R, 3 March 2005, S. 153, Para. 411 FN 463, S. 155, Para. 417-418.

[7112] "We need to examine whether these prices were suppressed, that is, lower than they would have been without the United States subsidies in respect of upland cotton" Brazil vs. United States - Subsidies on Upland Cotton, WT/DS267/R, 8 September 2004, S. 301, Para. 7.1288; Brazil vs. United States - Subsidies on Upland Cotton, WT/DS267/AB/R, 3 March 2005, S. 16, Para. 425.

[7113] Brazil vs. United States - Subsidies on Upland Cotton, WT/DS267/AB/R, 3 March 2005, S. 160, Para. 425.

[7114] Brazil vs. United States - Subsidies on Upland Cotton, WT/DS267/R, 8 September 2004, S. 299-309, Para. 7.1275-7.1315. Der Terminus "significant proportionate influence" wird vom Panel benutzt, um die Wirkung der U.S. Exporte und Produktion auf den Weltmarkt zu beschreiben: S. 300, Para. 7.1285, S. 308, Para. 7.1311. Der Terminus "nature" und "structure, design and operation" wird in bezug darauf beutzt, um zu Untersuchungen, ob die Subventionen preisunterdrückende Effekte haben. S. 301, Para. 7.289.

[7115] Brazil vs. United States - Subsidies on Upland Cotton, WT/DS267/R, 8 September 2004, S. 309-312, Para. 7.1316-7.1333.

[7116] Brazil vs. United States - Subsidies on Upland Cotton, WT/DS267/R, 8 September 2004, S. 312-319, Para. 7.1334-7.1363. Der AB erklärt sich, auch angesichts fehlender Anhaltspunkte im SCM in bezug auf die Analysekriterien ("The Panel has a certain degree of discretion"), mit der Panelanalyse einverstanden und akzeptiert auch, daß es in der Analyse durchaus Ähnlichkeiten mit dem Schutzklausel- und Antidumpingabkommen geben kann. Brazil vs. United States - Subsidies on Upland Cotton, WT/DS267/AB/R, 3 March 2005, S. 163-164, Para. 436-438.

[7117] Brazil vs. United States - Subsidies on Upland Cotton, WT/DS267/R, 8 September 2004, S. 319, Para. 7.1363.

[7118] Brazil vs. United States - Subsidies on Upland Cotton, WT/DS267/AB/R, 3 March 2005, S. 173, Para. 458.

Im Rahmen der Analyse der kausalen Verbindung wurde es vom Panel nicht für nötig erachtet, die exakte Höhe der Subvention zu berechnen. In der diesbezüglichen Analyse wurde aber betont, daß die USA u.a. deshalb Einfluß auf den Weltbaumwollmarkt nimmt, weil sie proportional einen großen Anteil an der Produktion und Konsumption hat. Dazu waren mehrere der Subventionsprogramme direkt in Verbindung mit Weltmarktpreisentwicklungen wirksam, sodaß die Produzenten von den absinkenden Preise isoliert wurden und Produktionsanreize weiterhin bestanden. Schließlich hätten die Subventionen einen sehr großen Betrag ausgemacht.[7119] Auch diese Argumentation, die sich auf die kausalen Verbindung und die Höhe der Argumentation bezog, wird vom AB akzeptiert, zuerst einmal in bezug auf die Bewertung der Subventionshöhe:

"The magnitude of the subsidy is an important factor in this analysis. A large subsidy that is closely linked to prices of the relevant product is likely to have a greater impact on prices than a small subsidy that is less closely linked to prices. All other things being equal, the smaller the subsidy for a given product, the smaller the degree to which it will affect the costs or revenue of the recipient, and the smaller its likely impact on the prices charged by the recipient for the product. However, the size of a subsidy is only one of the factors that may be relevant to the determination of the effects of a challenged subsidy. A panel needs to assess the effect of the subsidy taking into account all relevant factors."[7120]

Der AB kritisiert zwar, daß das Panel das Ausmaß der Subventionen ("very large amount") nicht genauer herausgestellt hat.[7121] Es wird aber nicht für erforderlich gehalten - aber auch nicht ausgeschlossen - einer bestimmten Berechnungsmethode für Subventionen zu folgen.[7122] Letztendlich

---

[7119] Die folgenden Passagen sind der Kernstück der Argumentation des Panel: "7.1348 (...) We recall again that the United States does not disagree with the proposition that a Member's proportionate magnitude in world production and consumption of upland cotton might be a relevant consideration here. Nor does the United States disagree with the proposition that increased production and supply of upland cotton which reaches the world markets will have an effect on prices." Und: "7.1349 Second, we recall our examination of the nature of the United States subsidies at issue. In particular, we recall that several of the United States subsidies - marketing loan programme payments, the user marketing (Step 2) payments, MLA payments and CCP payments - are directly linked to world prices for upland cotton, thereby insulating United States producers from low prices. We believe that the structure, design and operation of these three measures constitutes evidence supporting a causal link with the significant price suppression we have found to exist. Furthermore, while we do not believe that it is strictly necessarily to calculate precisely the amount of the subsidies in question, we observe that we have readily available information on the record showing us that the price-contingent subsidies in question involve very large amounts of United States government money benefiting United States upland cotton production. We agree with the United States that 'the question is one of the nature of the subsidy examined and the degree of any predicted effect, which could range from significant to negligible.' These price-contingent subsidies were, in our view, sufficient to cause the significant price suppression that we have found to exist in the same world market." Herv. im Original. Fußnoten nicht reproduziert. Brazil vs. United States - Subsidies on Upland Cotton, WT/DS267/R, 8 September 2004, S. 314, Para. 7.1348-7.1349.
[7120] Fußnote nicht reproduziert. Brazil vs. United States - Subsidies on Upland Cotton, WT/DS267/AB/R, 3 March 2005, S. 174-175, Para. 461.
[7121] "In the present case, the Panel could have been more explicit and specified what it meant by "very large amounts" , beyond including cross-references to its earlier findings regarding certain subsidies." Ohne Fußnote reproduziert. Brazil vs. United States - Subsidies on Upland Cotton, WT/DS267/AB/R, 3 March 2005, S. 177, Para. 468.
[7122] Erwähnt wird, daß SCM Art. 6.1 weggefallen ist, welcher eine wertbezogene Berechnungsmethode enthalten hatte. Brazil vs. United States - Subsidies on Upland Cotton, WT/DS267/AB/R, 3 March 2005, S. 175, Para. 462-463. Eine Möglichkeit wäre es, die Subvention relativ zu den Verkäufen einer Firma gesehen, zu berechnen. Dies wird in SCM Annex IV erwähnt. S. 177, Para. 469.

stellen somit Panel und AB "significant price depression" gemäß SCM Art. 6.3 (c) fest, mit der Folge, daß Brasilien zeigen konnte, daß es ernsthafte Schädigung nach SCM Art. 5 (c) erlitten hat.[7123]

Drei weitere Ergebnisse des AB Berichts: Evtl. müsse getrennt untersucht werden, mit welcher Intensität die Subventionen dem Endprodukt zugute kommen ('pass through'-Analyse).[7124] Die Haltung des Panels, daß ernsthafte Schädigung nicht als ein zusätzliches, eine eigenständige Beweisführung erforderlich machendes Kriterium angesehen werden muß, wird nicht von der Berufung berührt und der AB äußert sich dazu weder zustimmend noch ablehnend.[7125] Ebenso äußert sich der AB nicht dazu, daß der Panel für SCM Art. 6.3 (d) den Weltmarktanteil eingeschlossen der Produktion in den Ländern definiert hat.[7126] Würde diese, nach allen Agrarstreitigkeiten im GATT in denen es um Weltmarktanteile im Sinne von Exportanteilen ging[7127], schwer nachvollziehbare Definition bestehenbleiben, würde ggf. schwerer gemäß diesem Artikel aus Subventionen resultierende ansteigende Weltmarktanteile zu beweisen.

Andererseits scheint sich dies undramatisch zu entwickeln, so untersucht der aktuelle Art. 21.5 Panel (2007), der die Umsetzung der Empfehlungen durch die USA überprüfen sollte, den Baumwollweltmarkt (Produktion und Weltmarktanteile) und kommt zu nachvollziehbaren Schlußfolgerungen. Die nicht mehr stark steigenden Anteile an der Weltproduktion der USA zwischen 2002 und 2005 führen dazu, daß SCM Art. 6.3 (d) "increase in world market share" etc. nach Ansicht des Panels nicht erfüllt wird.[7128] U.S. Anteil an der Weltproduktion (%): 2002: 19,5 %, 2003: 19,2 %, 2004: 19,3 %; 2005: 20,9 %; 2006: 18,6 % (Anteile an den Weltexporten werden nicht diskutiert).[7129] Schon vorher wurden andere, aussagekräftigere Zahlen diskutiert:

Die USA erhöhte ihre Baumwollexporte von MY (market year) 1999: 6,303 mill. bales auf 2005: 17,437 mill. bales. Dies ist eine Steigerung von 177 % zwischen MY 1999 und MY 2005. Daneben folgte ein beständiger Anstieg der Produktion (im MY 2005 43 % höher als MY 1999).[7130] Der U.S. Anteil an den Weltexporten betrug: MY 2002: 39,9 %; 2003: 41,4 %, 2004: 41,2 %; 2005: 40,1 %.[7131] Im MY 2005 betrugen die Subventionen US$ 2107 Mill..[7132]

[7123] Brazil vs. United States - Subsidies on Upland Cotton, WT/DS267/AB/R, 3 March 2005, S. 290-291, Para. 763. Ob 'serious prejudice' einen Einzeluntersuchungsschritt erforderlich macht, wird offengelassen. Der Panel hat dies verneint und zusätzlich darauf hingewiesen, daß es Brasilien jedenfalls gelungen ist, 'serious prejudice' aufzuzeigen. S. 184, Para. 488.
[7124] Brazil vs. United States - Subsidies on Upland Cotton, WT/DS267/AB/R, 3 March 2005, S. 178, Para. 472.
[7125] Brazil vs. United States - Subsidies on Upland Cotton, WT/DS267/R, 8 September 2004, S. 325, Para. 7.1395. Brazil vs. United States - Subsidies on Upland Cotton, WT/DS267/AB/R, 3 March 2005, S. 184, Para. 488.
[7126] Brazil vs. United States - Subsidies on Upland Cotton, WT/DS267/AB/R, 3 March 2005, S. 193, Para. 511.
[7127] Es stimmt zwar, daß in GATT Art. XVI.3 und im Subventionskodex der Tokio-Runde in Art. 10 Rede von 'world export trade' ist. Im WTO SCM ist dagegen in SCM Art. 6.3 (d) die Rede von "world market share". WTO 1995: 270, 509. BISD 26S/69, 1980. Tatsächlich ist in allen Agrarstreitigkeiten von Weltmarktanteilen die Rede: Vom frühen Fall über französische Weizensubventionen (1959), siehe BISD 7S/50, 1959; bis zum umstrittenen Fall: USA vs. EU - Subsidies on Export of Wheat Flour, Report of the Panel, SCM/42, 21 March 1983. S. 5-6.
[7128] Brazil vs. United States - Subsidies on Upland Cotton, WT/DS267/RW, 18 December 2007, S. 135-137, Paras. 10.260-10.268.
[7129] Brazil vs. United States - Subsidies on Upland Cotton, WT/DS267/RW, 18 December 2007, S. 136, Paras. 10.264.
[7130] Brazil vs. United States - Subsidies on Upland Cotton, WT/DS267/RW, 18 December 2007, S. 93, Paras. 10.114.
[7131] Brazil vs. United States - Subsidies on Upland Cotton, WT/DS267/RW, 18 December 2007, S. 74, Paras. 10.56.
[7132] Brazil vs. United States - Subsidies on Upland Cotton, WT/DS267/RW, 18 December 2007, S. 91, Para. 10.110 FN 368.

In diesem erneuten Fall, in dem es weitgehend gleichgebliebene Subventionen (bis auf die Step 2 Zahlungen)[7133] der USA ging, wird wieder ein Verstoß gegen SCM Art 6.3 (c) gefunden: Der Panel analysiert nicht mehr in der aufgefächerten Schrittfolge wie der Panel zuvor, zuerst einmal ob Preisunterdrückung vorliegt, dann kausale Effekte etc., sondern das Kriterium wird auf einen Satz reduziert, welcher einen Vergleich mit einer Situation ohne die U.S. Subventionen vorsieht: "the Panel will determine whether, but for these subsidies, the world market price for upland cotton 'would have increased [significantly], or would have increased by [significantly] more than was in fact the case."[7134] In der Begrifflichkeit und großteils auch den Schlußfolgerungen hält sich der Panel (2007) an die Panel (2004) und AB (2005) Vorgaben: "substantial proportinate influence" (Einfluß der U.S. Exporte und Produktion auf die Weltmärkte)[7135]; "structure, design and operation" (Untersuchung der Art und Weise der Wirkung der Subventionen: hier wird bestätigt, daß die Subventionen die Produktion erhöhen und die preisunterdrückend wirken)[7136]; sodann wird die "large magnitude"[7137] der Subventionen bestätigt; und ein "link between high levels of US subsidies and high levels of US planted acreage"[7138] gesehen. Bei einer von Brasilien behaupteten zeitliche Koinzidenz zwischen unterdrückten Weltmarktpreisen und den Subventionen (beim Panel 2004 in Sinne einer kausalen Verbindung 'causal link' diskutiert) kommt es zu einer Abweichung von den früheren Feststellungen, weil keine absinkenden Baumwollpreise vorlagen: Die Baumwollpreise lagen zwischen MY 2002 bis 2005 durchschnittlich um 9,4 % höher als in MY 1999 bis 2002, bei gewissen Preisschwankungen (konkret: etwa im November 2003 76,7 cent/lb, im Dezember 2004, 48,6 cent/lb).[7139] Hier wird der Langzeittrend absinkender Rohstoffpreise angeführt und letztendlich bezweifelt, daß allein aus stabil gebliebenen Marktanteilen, bei hoher Subventionierung auf Preisunterdrückung geschlossen werden kann.[7140] Letztendlich betont der Panel aber seinen Ansatz, welcher eine Situation ohne U.S. Subventionen der Bewertung zugrundelegt und schließt, daß der Preis dann signifikant angestiegen wäre ("would have increased [significantly]").[7141] Weiter wird zur Stützung der Argumentation hervorgehoben, daß die Produktionskosten der U.S. Produzenten hoch liegen und es wahrscheinlich sei, daß ohne die Subventionen viele Produzenten keine Baumwolle mehr produzieren würden.[7142] Zuletzt

---

[7133] vs. United States - Subsidies on Upland Cotton, WT/DS267/RW, 18 December 2007, S. 54, Para. 9.79. Die Wirkung des Wegfalls der Step 2 Zahlungen wird als "relatively modest" eingeschätzt. S. 130, Para. 10.239.
[7134] Brazil vs. United States - Subsidies on Upland Cotton, WT/DS267/RW, 18 December 2007, S. 72, Paras. 10.49. Die Wirkung der Subventionen wird dabei zusammengenommen bewertet: "we conduct an examination of the collective effects of the marketing loan and counter-cyclical payments." S. 72, Para. 10.51.
[7135] Brazil vs. United States - Subsidies on Upland Cotton, WT/DS267/RW, 18 December 2007, S. 75, Para. 10.58.
[7136] Brazil vs. United States - Subsidies on Upland Cotton, WT/DS267/RW, 18 December 2007, S. 76-89, Para. 10.61-10.105.
[7137] Brazil vs. United States - Subsidies on Upland Cotton, WT/DS267/RW, 18 December 2007, S. 90-92, Para. 10.108-10.111.
[7138] Brazil vs. United States - Subsidies on Upland Cotton, WT/DS267/RW, 18 December 2007, S. 95, Para. 10.122-10.128.
[7139] Brazil vs. United States - Subsidies on Upland Cotton, WT/DS267/RW, 18 December 2007, S. 100-101, Para. 10.137-10.141. In dieser Zeit weiteten bei hohen Subventionen auch andere Produzenten ihre Produktion aus. S. 101, Para. 10.139.
[7140] Brazil vs. United States - Subsidies on Upland Cotton, WT/DS267/RW, 18 December 2007, S. 102, Para. 10.142, Para. 10.145
[7141] Brazil vs. United States - Subsidies on Upland Cotton, WT/DS267/RW, 18 December 2007, S. 102-103, Para. 10.146.
[7142] "The Panel believes that the existence of this gap between upland cooton producers' total production costs and market revenue is telling. The Panel concurs with Brazil that this data provides further evidence of the essential role played by marketing loan and counter-cyclical payments in covering US upland cotton producers' long-term total costs of production and that this data provides support for Brazil's argument that, but for these subsidies, many upland cotton producers would not have been able to continue growing upland cotton and would

wird geschlossen, daß der Wegfall der Step 2 Zahlungen nur moderate Wirkungen hat[7143] und daß der chinesische Einfluß auf die Märkte nicht von der Feststellung ablenkt, daß die USA mit ihrem Weltexportanteil von um 40 % "substantial proportionate influence" haben.[7144] Diese Aspekte werden in einer Zusammenfassung präsentiert, wobei der Panel unter anderem hervorhebt, daß Preisunterdrückung nicht allein durch Struktur, Design und Durchführung der Subventionen, sondern *"under current factual conditions"* bewiesen werden muß.[7145] Die USA wird aufgefordert, gemäß SCM 7.8, entweder die nachteiligen Effekte unwirksam zu machen oder die Subvention zurückzuziehen.[7146]

8.4.1.3 Korea: Schiffe

Zuletzt zum Fall EU vs. Korea - Commercial Vessels (2005).[7147] Zuerst: Bei der 'Gegenklage' Koreas gegen die EU handelte es sich um das mit WTO Regeln unvereinbare, unilaterale Druckinstrument der EU gegenüber Korea, welches für die EU Industrie nachteilige Effekte und ernsthafte Schädigung feststellte und eine Subventionierung der EU Schiffbauindustrie (bis zum Ende des gleich folgenden WTO Streitfalls gegen Korea) beschloß, in den Kategorien, in denen diese Effekte behauptet wurden. Siehe Korea vs. EC - Commercial Vessels (2005).[7148]

Um diese Kategorien geht es nun in EU vs. Korea - Commercial Vessels (2005). Hier gelang es der EU zuerst einmal nicht zu beweisen, daß der koreanische Staat private Banken bei der Restrukturierung der Schiffbauindustrie (geschmackvollerweise geht es um die Zeit während der Koreakrise) i.S. von SCM Art. 1.1 (a) (1) (iv) 'dirigiert' hatte.[7149] Sodann kann die EU anhand einer Diskussion eines vor der Restrukturierung Daewoos erstellten Gutachtens nicht den Panel davon zu überzeugen, daß diese Restrukturierung kommerziell nicht zu rechtfertigen gewesen wäre: "was clearly commercially unreasonable."[7150] Das Gutachten hatte geurteilt, daß Daewoos Konzernwert den Liquidationswert überstiegen hatte. Die EU bezweifelte dagegen sämtliche positiven oder optimistischen Zukunftsaussichten für diese Firma.[7151] Auch für Halla und Daedong konnte die EU keinen nicht-marktgemäßen Vorteil ('benefit') durch die Restrukturierungsbedingungen zeigen.[7152]

---

have had to switch to alternative crops." Brazil vs. United States - Subsidies on Upland Cotton, WT/DS267/RW, 18 December 2007, S. 117, Paras. 10.191.

[7143] Brazil vs. United States - Subsidies on Upland Cotton, WT/DS267/RW, 18 December 2007, S. 130, Para. 10.239.

[7144] Brazil vs. United States - Subsidies on Upland Cotton, WT/DS267/RW, 18 December 2007, S. 131-132, Para. 10.243.

[7145] Herv. im Original. Brazil vs. United States - Subsidies on Upland Cotton, WT/DS267/RW, 18 December 2007, S. 132, Para. 10.248.

[7146] Brazil vs. United States - Subsidies on Upland Cotton, WT/DS267/RW, 18 December 2007, S. 190, Para. 15.3 (d).

[7147] Nur Panel. EU vs. Korea - Measures Affecting Trade in Commercial Vessels, WT/DS273/R, 7 March 2005.

[7148] Nur Panel. Korea vs. EC - Measures Affecting Trade in Commercial Vessels, WT/DS301/R, 22 April 2005, S. 75-80, Para. 7.36-7.54. Eine Diskussion des SCM wird hier angesichts der sonstigen Ergebnisse nicht für nötig angesehen, S. 133, Para. 7230.

[7149] Der Panel benutzt hier die alte Definition von 'entrust und direct', 'delegation and command', die vom AB in Korea vs. United States - DRAMS (2005) später etwas weniger streng gefaßt wird, siehe dazu den Punkt Ausgleichsmaßnahmen. EU vs. Korea - Measures Affecting Trade in Commercial Vessels, WT/DS273/R, 7 March 2005, S. 89, Para. 7.368, zur Koreakrise S. 103, Para. 7.434.

[7150] EU vs. Korea - Measures Affecting Trade in Commercial Vessels, WT/DS273/R, 7 March 2005, S. 112, Para. 7.483, Para. 114, Para. 7.495.

[7151] EU vs. Korea - Measures Affecting Trade in Commercial Vessels, WT/DS273/R, 7 March 2005, S. 103-112, Para. 7.436-7.482.

[7152] EU vs. Korea - Measures Affecting Trade in Commercial Vessels, WT/DS273/R, 7 March 2005, S. 114-116, Paras. 7.496-7.504.

Schließlich versuchte die EU ernsthafte Schädigung ('serious prejudice') i.S. von SCM Art. 6.3 (c) zu beweisen, mit den Tatbeständen Preisunterdrückung und Preisdepression.[7153] Korea wurde dabei, ohne daß dies thematisiert wird, als Industrieland behandelt. Die Diskussion unterscheidet sich nicht von den Fällen oben.[7154] Am Rande: Dem Wort 'may' in SCM Art. 6.3 wird keine Bedeutung zugeschrieben.[7155]

Die Analyse bezog sich auf drei Schiffskategorien: LNGs, product/chemical tankers, container ships.[7156] Die EU behauptete, daß durch Kredite den Werften ein 2 % ad valorem Vorteil ermöglicht wurde, welcher genutzt wurde, die Auftragsbücher zu füllen, um ihre Kredite zurückzahlen zu können.[7157] Die EU argumentierte, daß die subventionierte Umstrukturierung es den koreanische Werfen ermöglicht hätte auf dem Markt zu bleiben, wobei die Subventionen zu niedrigeren Kosten geführt hätten, wobei die koreanischen Werften zu einer weltweiten Überkapazität beitrugen, die zu niedrigen Preisen geführt hätte.[7158] Den koreanische Werften wurde zudem Preisführerschaft vorgeworfen: Sie könnten durch ihre hohen Marktanteile die Weltmarktpreise festlegen: 65,7 % Weltmarktanteil bei 'container ships', 58,9 % bei 'product tankers', 58,9 % bei 'LNGs'.[7159] Korea antwortet, daß die Werften über Wettbewerbsvorteile verfügten, u.a. bezüglich Materialkosten, Löhne und den abgewerteten Won. Ebenso bedürfe es eine genaueren Analyse der Effekte der Subventionen. Zu einfach sei die Behauptung, daß ohne Subventionen keine Überkapazität und deshalb nicht das existierende Preisniveau herrschen würde. Selbst wenn die Firmen liquidiert worden wären, wären nicht sämtlich Produktionsorte stillgelegt worden.[7160] In den einzelnen Produktbereichen wird von der EU nach 1999 dagegen ein steigender Auftragseingang, sinkende Preise, bei teils höheren Kosten für koreanische Werfen gezeigt bzw. behauptet und dies als Hinweis auf nicht-marktgemäßes Verhalten, erleichtert durch die Subventionierung, angesehen.[7161]

Der Panel geht so vor: Zuerst einmal wird daran erinnert, daß es keine Subventionierung in bezug auf die Restrukturierung gefunden hatte.[7162] Dann stellt es fest, daß die EU breit angelegte Anschuldigungen vertritt, nicht aber eine spezielle Schätzung für die Wirkung der Subventionen in

---

[7153] EU vs. Korea - Measures Affecting Trade in Commercial Vessels, WT/DS273/R, 7 March 2005, S. 118, Para. 7.518.
[7154] Die Punkte: Price suppression or price depression, significance, causation, like product, same market, serious prejudice werden untersucht. Ebenso wird eine 'non attribution' Analyse für sinnvoll angesehen. Bei den Preisen sind 'trends and levels' der Preise des subventionierten Produkts im Vergleich zu ebensolchen des Klägerprodukte ebenso relevant. EU vs. Korea - Measures Affecting Trade in Commercial Vessels, WT/DS273/R, 7 March 2005, S. 120, Para. 7.527, S. 141, Para. 7.617, S. 141, Para. 7.621.
[7155] Weil eine schwer zu verstehende Diskussion über das Wort 'may' in "serious prejudice may arise" in SCM Art. 6.3 aufgekommen ist, wird u.a. an alten GATT Fällen gezeigt, daß es eine Kontinuität seit dem Tokio Subventionkodex gibt, der dieses Formulierung schon gebraucht hatte, sodaß dieser Formulierung keine Bedeutung zugemessen wird. SCM 6.3. WTO 1995: 269. EU vs. Korea - Measures Affecting Trade in Commercial Vessels, WT/DS273/R, 7 March 2005: S. 135, Para. 7.591-7.596.
[7156] EU vs. Korea - Measures Affecting Trade in Commercial Vessels, WT/DS273/R, 7 March 2005. S. 142, Para. 7.624.
[7157] EU vs. Korea - Measures Affecting Trade in Commercial Vessels, WT/DS273/R, 7 March 2005: S. 142-143, Para. 7.627-77.628. Eigene Preise legt die EU nicht vor. S. 143, Para. 7.629.
[7158] EU vs. Korea - Measures Affecting Trade in Commercial Vessels, WT/DS273/R, 7 March 2005: S. 144, Para. 7.632.
[7159] EU vs. Korea - Measures Affecting Trade in Commercial Vessels, WT/DS273/R, 7 March 2005: S. 145, Para. 7.635.
[7160] EU vs. Korea - Measures Affecting Trade in Commercial Vessels, WT/DS273/R, 7 March 2005: S. 146, Para. 7.643.
[7161] EU vs. Korea - Measures Affecting Trade in Commercial Vessels, WT/DS273/R, 7 March 2005: S. 147-154, Paras. 7.546-7.675.
[7162] EU vs. Korea - Measures Affecting Trade in Commercial Vessels, WT/DS273/R, 7 March 2005: S. 154, Para. 7.676.

den jeweiligen Schiffskategorien vorgelegt hatte.[7163] Die folgende Analyse nimmt der Panel vor: Drei LNG Transaktionen werden untersucht: Für die Subventionen wird festgestellt, daß die "the estimated benefits are relatively small".[7164] Zwar wird nicht ausgeschlossen, daß auch geringe Subventionen zu einer Reduzierung der Preise führen, für die gesamte Menge wird aber gefolgert: "it is far from self-evident to us that a price reduction of [BCI: Omitted from public version] per cent on three transactions out of a much larger total would constitute, or lead to, 'significant price depression' for LNGs as a whole."[7165] Zu dieser Schlußfolgerung kommt der Panel ebenso bei 'product/chemical tankers', 'container ships'.[7166] Somit wird kein Verstoß gegen SCM Art. 5 (c) und Art. 6.3 (c) festgestellt, allerdings bleiben die schon in SCM Teil II erwähnten Verstöße bezüglich einzelner Exportsubventionen.[7167]

8.4.2 SCM Teil III Sonderbehandlung für Entwicklungsländer

Die Sonderbehandlung der Entwicklungsländer bezüglich SCM Teil III wird vor allem von SCM Art. 27.8 und Art. 27.9 näher bestimmt. China hat den Rekurs auf SCM Art. 27.8 und Art. 27.9 (und Art. 27.13, dazu am Schluß dieses Punktes) bei seinem Beitritt zur WTO ausgeschlossen und wurde zu Industrieländerbedingungen aufgenommen.[7168]

Seit dem Wegfall von SCM Art. 6.1 ist von der in SCM Art. 27.8 formulieren Sonderbehandlung übriggeblieben, daß nachteilige Effekte durch "positive evidence" gezeigt werden müssen, etwas was bei anfechtbaren Subventionen für alle Mitgliedsstaaten gilt.[7169] Sodann wird in SCM Art. 27.9 bestimmt, daß gegenüber anfechtbaren Subventionen in Entwicklungsländern nur dann Vergeltungsmaßnahmen autorisiert werden dürfen, wenn Zunichtemachung und Schmälerung der Zollkonzessionen, die unter dem GATT 1994 festgelegt wurden, gezeigt werden kann, in einer Art und Weise, daß Verdrängung und Verhinderung von Importe in den Markt des subventionierenden Mitglieds festgestellt wird oder sobald bedeutende Schädigung der heimischen Industrie auf dem heimischen Markt stattfindet.[7170]

[7163] EU vs. Korea - Measures Affecting Trade in Commercial Vessels, WT/DS273/R, 7 March 2005: S. 155, Para. 7.678.
[7164] EU vs. Korea - Measures Affecting Trade in Commercial Vessels, WT/DS273/R, 7 March 2005: S. 156, Para. 7.681.
[7165] EU vs. Korea - Measures Affecting Trade in Commercial Vessels, WT/DS273/R, 7 March 2005: S. 156, Para. 7.681.
[7166] EU vs. Korea - Measures Affecting Trade in Commercial Vessels, WT/DS273/R, 7 March 2005: S. 157-158, Paras. 7.686-7.695.
[7167] EU vs. Korea - Measures Affecting Trade in Commercial Vessels, WT/DS273/R, 7 March 2005: S. 158, Paras. 8.696-8.698.
[7168] "In line with this approach, the representative of China stated his intention to reserve the right to benefit from the provisions of Articles 27.10, 27.11, 27.12 and 27.15 of the SCM Agreement, while confirming that China would not seek to invoke Articles 27.8, 27.9 and 27.13 of the SCM Agreement. The Working Party took note of these commitments." WT/MIN(01)/3, 10 November 2001, S. 34, Para. 171.
[7169] Hoda/Ahuja 2005: 1028. "Art. 27.8 There shall be no presumption in terms of paragraph 1 of Article 6 that a subsidy granted by a developing country Member results in serious prejudice, as defined in this Agreement. Such serious prejudice, where applicable under the terms of paragraph 9, shall be demonstrated by positive evidence, in accordance with the provisions of paragraphs 3 through 8 of Article 6." SCM Art. 27.8. WTO 1995: 300.
[7170] "27.9 Regarding actionable subsidies granted or maintained by a developing country Member other than those referred to in paragraph 1 of Article 6, action may not be authorized or taken under Article 7 unless nullification or impairment of tariff concessions or other obligations under GATT 1994 is found to exist as a result of such a subsidy, in such a way as to displace or impede imports of a like product of another Member into the market of the subsidizing developing country Member or unless injury to a domestic industry in the market of an importing Member occurs." SCM Art. 27.9. WTO 1995: 300.

Mit dieser Formulierung, die sich u.a. auf die gegen Entwicklungsländer nutzbaren Klageoptionen bezieht, wird bestimmt, daß eine Klage gegen Subventionen in Entwicklungsländern nur gemäß SCM Art. 5 (a) 'injury to the domestic industry' und Art. 5 (b) 'nullification or impairments of benefits' erfolgen darf. Ausgeschlossen wird eine Klage gemäß Art. 5 (c) 'serious prejudice'.[7171] Damit fällt gegen die Entwicklungsländer eine Klage aufgrund von SCM Art. 6.3 (a) bis (d) weg, sodaß die beiden obengenannten Fälle nur sehr eingeschränkt Anhaltspunkte für das Ausmaß der Entwicklungsländersonderbehandlung liefern können.

Der Verweis auf bedeutende Schädigung in SCM Art. 27.9 "or unless injury to a domestic industry in the market of an importing Member occurs" und dieselbe Begrifflichkeit in SCM Art. 5 (a) auf "injury to the domestic industry" impliziert, daß angesichts dieses Tatbestands einzig und allein ein Vorgehen im Einklang mit SCM Teil V, den Ausgleichsuntersuchungen (eingeschlossen der Verpflichtung zu einer Schädigungsfeststellung), vorgesehen ist, siehe dazu auch SCM Art. 5 (a) Fußnote 11.[7172] Diese Option impliziert keine direkte Klage gegen die Subvention vor dem DSB, sondern das Auferlegen eines Ausgleichszolls durch die nationalen Behörden.

Damit bleibt als einzige Klageoption, die gemäß SCM Art. 7, also innerhalb des DSB der WTO gegen die Entwicklungsländern benutzt werden kann, SCM Art. 5 (b) 'nullification or impairment of benefits' übrig. Auf diesen letzteren Artikel weist SCM Art. 27.9, mittels Begriffsüberdeckung, hin. SCM Art. 27.9 weist zwei Anforderungen auf, wobei erstere auf eine GATT Klageoption hinweist und zweitere in spezieller Art und Weise Tatbestände formuliert, die bei einer Klage gegen Entwicklungsländer erfüllt sein sollten: (1) "nullification or impairment of tariff concessions or other obligations under GATT 1994 is found to exist as a result of such a subsidy" und (2): "displace or impede of a like product of another Member into the market of the subsidizing developing country member".[7173] Beides zusammen, so zumindest der Wortlaut, stellt die SCM 27.9 Klageoption gegen Subventionen in Entwicklungsländern dar:

(1) Zunichtemachung und Schmälerung von Zollkonzessionen gemäß GATT 1994. Diese Klageoption leitet sich aus der GATT-Praxis dar, die Subventionen in Art. III.8 (b) und Art. XIV erlaubte, und somit eine Nichtverletzungsklage ('non violation complaint') nötig machte, um überhaupt gegen Subventionen klagen zu können. Eine solche Klage mußte gemäß Art. XXIII (b) erfolgen, welcher eben dazu angelegt war, eine Klagemöglichkeit zu bieten, wenn Zollkonzessionen zunichtegemacht und geschmälert wurden, durch Maßnahmen, die eigentlich mit dem GATT übereinstimmten.

In den meisten Nichtverletzungs- ('non violation')-Fällen lagen Zollkonzessionen zugrunde und daraus ergab sich eine spezielle Vorgehensweise, wenn trotz Zollsenkungen keinerlei

---

[7171] Hoda/Ahuja 2005: 1028-1029.
[7172] "The term "injury to the domestic industry" is used here in the same sense as it is used in Part V." SCM 5 (a) FN 11. WTO 1995: 268.
[7173] SCM Art. 27.9. WTO 1995: 300. "Regarding actionable subsidies granted or maintained by an developing country Member, action can now be taken only if there is nullification or impairment of tariff concessions or injury to a domestic industry in the market of the importing Member." Ahuja 2001: 11. Erwähnen wird dieser Satz, ohne weitere Ausführungen und Deutungen: Trebilcock/Howse 2005: 274.

Marktzugangsverbesserungen erfolgten[7174]: Als erster ausschlaggebender Aspekt wird untersucht, ob zum Zeitpunkt der Verhandlungen eine Erwartung auf Marktzugang bestand. Daraus folgt, daß eine Klage gegen Subventionsprogramme nur eingeschränkt geltend gemacht werden kann, wenn diese zum Zeitpunkt der Verhandlungen der Uruguay-Runde bereits bestanden. Für neue Subventionsprogramme besteht dagegen kein Schutz vor möglichen Klagen.[7175] Beispiel: Es kann davon ausgegangen werden, daß zum Abschluß der Uruguay Runde bekannt war, daß indische öffentliche Unternehmen teils von der Regierung subventioniert wurden, dasselbe gilt für Brasiliens Subventionen für den damals noch staatlichen Flugzeughersteller Embraer.

Sodann geht es um den Einfluss von Subventionen auf die Wettbewerbstellung der Waren: Hier wird der Terminus "upsetting of the competitive relationship" als Anhaltspunkt für die Wirkung der Subvention verwendet.[7176] Ebenso wird erwähnt, daß es nicht um Handelseffekte geht, sondern um den Schutz von "conditions for competition".[7177] Dies würde eine relativ weitgehende Disziplinierung von Subventionen implizieren. Einige der frühen GATT Zitate bezüglich dieser Klageoption lassen sich sogar als absolutes Verbot der Subventionierung lesen ("not be nullified or impaired (...) by the subsequent introduction or increase of a domestic subsidy"), wobei erwähnenswert ist, daß diese Arbeitsgruppenberichte teils unter dem Eindruck ohne Limits steigender Agrarsubventionen verfaßt worden waren und teils ebenso erwähnt wurde, daß während der Zollverhandlungen über Subventionen verhandelt werden sollte (um Erwartungen auf Marktzugang besser zu definieren, mag hier als Sinn unterstellt werden).[7178] Zu diesen Kriterien führte die EU damals, um ihre

---

[7174] Siehe z.B. "so far as subsidies are concerned is was agreed that a contracting party which has negotiated a concession under Art. II may be assumed for the purpose of Article XXIII to have a resonable expectation, failing evidence to the contrary, that the value of the concession will not be nullified or impaired by the contracting party which granted the concession by the subsequent introduction or increase of domestic subsidy on the products concerned." Subsidies, Operation of the Provisions of Article XVI. BISD 10S/201, 209, 1962. Siehe dazu auch BISD 3S/225, 1955. Bis auf einen Ausnahmenfall, der nicht angenommen wurde, lagen allen Fällen Art. II Zollkonzessionen zugrunde. Roessler 1997: 130-132; Bogdandy 1992: 103; Jackson 1969: 181. Es gab nicht viele Fälle hierzu, es werden 8 gezählt, davon war 3 mal der Kläger erfolgreich. Komuro 1998: 187. Siehe auch den Fallüberblick über insgesamt 14 Fälle in: Non-violation complaints under GATT Article XXIII:2. Note by the Secretariat. MTN/GNG/NG13/W/31, 14 July 1989: 30. Innerhalb der WTO wird diese Klageoption näher beschrieben in: United States vs. Japan - Measures Affecting Consumer Photographic Film and Paper, WT/DS44/R, 31 March 1998.
[7175] Schon in diesem Fall wird deutlich, daß dieses Kriterium zu kontroversen Auseinandersetzungen führen kann. Australien beschwert sich, daß Chile, wenn es denn Erwartungen auf Marktzugang hatte, diese während der Verhandlungen auch kommunizieren sollte, denn es sei wenig plausibel, wenn diese von einer Arbeitsgruppe später festgestellt wurden. Chile vs. Australia - The Australian Subsidy on Ammonium Sulphate, 30 June 1949, abgedruckt in: BISD Vol. II/188, 193-194, 196, 1952. Siehe zu diesem Kriterium auch: Hoda/Ahuja 2005: 1054; speziell dazu Chua 1998: 41-42.
[7176] Siehe den frühen GATT Fall Germany Sardines: "It is agreed that such impairment would exist if the action of the German Government, which resulted in upsetting the competitive relationship between preparations of clupea pilchardus and preparations of other varieties of the clupeoid family could not reasonably have been anticipated by the Norwegian Government at the time it negotiated for tariff reductions on preparations of clupea sprattus and clupea harengus." Deutschland wird aufgefordert: "at restoring, as far as practibable, the competitive relationship which existed at the time when the Norwegian Government negotiated at Torquay and which that Government could reasonably expect to be continued." Norway vs. Germany - Treatment by Germany of Imports of Sardines, BISD 1S/53, 58-59, Para. 16, Para. 18, 1953. Es ist deshalb ein vielseitiges Kriterium, weil es für jedwede Änderungen der Wettbewerbsverhältnisse verwendbar ist: Chile beschwerte sich anhand dieses Kriteriums darüber, daß Australien eine Subvention für Düngemittel abgeschafft (!) hatte. Chile vs. Australia - The Australian Subsidy on Ammonium Sulphate, 30 June 1949, abgedruckt in: BISD Vol. II/188, 193, 1952.
[7177] "the commitments they exchange in such negotiations are commitments on conditions of competition for trade, not on volumes of trade." United States vs. EEC - Payments and Subsidies Paid to Processors and Producers of Oilseeds and Related Animal-Feed Proteins, BISD 37S/86, 129, Para. 150, 1991. Die Geltung dieses Ansatzes ("In other words, the competitive conditions principle applies equally to non-violations complaints") betont auch Chua 1998: 84. Siehe dazu auch die Diskussion von Art. III.
[7178] "So far as domestic subsidies are concerned, it was agreed that a contracting party which has negotiated a concession under Article II may be assumed, for the purpose of Article XXIII, to have the reasonable expectation, failing evidence to the contrary, that the value of the

Landwirtschaftpolitik zu verteidigen, an, daß es bezüglich Subventionierung nicht nur absolute Kriterien gebe: "The granting of a subsidy may alter the competitive relationship but it did not necessarily upset it to the point of sustantially devaluing the concession."[7179] Wie dem auch sei, klargestellt wurde durch einen einflußreichen, weil überzeugend argumentierenden GATT Bericht, daß es nicht akzeptabel sei, wenn durch Subventionierung der Marktzugang gänzlich ("completely") und systematisch ("systematically") verwehrt bleibt. Zumindest ein graduell verbesserter Preiswettbewerb sollte mit Zollsenkungen einhergehen: "The Panel considered that the main value of a tariff concession is that it provides an assurance of better market access through improved price competition. Contracting parties negotiate tariff concessions primarily to obtain that advantage. They must therefore be assumed to base their tariff negotiations on the expectation that the price effect of the tariff concessions will not be systematically offset."[7180] Würde dieser Klagepunkt benutzt, ist es wahrscheinlich, daß dieser GATT Panelbericht beachtet werden würde, sodaß hieraus ein Schwellenwert für verbotene Subventionierung konstruiert werden müßte. Weiter gilt, daß unter dieser Klageoption ein Entwicklungsland nicht zur Abschaffung der Subventionen verpflichtet werden kann, wiewohl ein erfolgreicher Kläger eine Autorisierung zur Rücknahme von Zugeständnissen erhält.[7181] Schließlich macht eine solche Klage eine detaillierte Beweisführung nötig und die Beweislast liegt beim Kläger.[7182]

(2) Verdrängen oder Verhindern ('displace or impede'). Aufgrund dieser Unsicherheiten, erzeugt Rechtssicherheit somit erst der Eingangs zitiert, zusätzlich relevante Satzteil aus SCM Art. 27.9 "displace or impede of a like product of another Member into the market of the subsidizing developing country member".[7183] Eine Verbindung mit den Tatbeständen der ernsthaften Schädigung in SCM Art. 6.3 (a) bis (d) ist zwar nicht mehr vorhanden, es bleibt aber immerhin ein indirekter Bezug bestehen,

---

concession will not be nullified or impaired by the contracting party which granted the concession by the subsequent introduction or increase of a domestic subsidy on the product concerned". Im selben Bericht steht aber auch, daß über Subventionen verhandelt werden kann: "there was nothing to prevent contracting parties, when they negotiate for the binding or reduction of tariffs, from negotiating on matters, such as subsidies." Aus: Working Party, Other Barriers to Trade, Report adopted on 3 March 1955 (L/334, and addendum). BISD 3S/222, 224, Para.13, 1955. Siehe auch den unter dem Eindruck der Agrarsubventionen geschriebenen Bericht der Arbeitsgruppe: Operation of the Provisions of Article XVI, BISD 10S/201, 209, 1962. Ersteres zitiert vom Panel, zweiteres von der USA, in: United States vs. EEC - Payments and Subsidies Paid to Processors and Producers of Oilseeds and Related Animal-Feed Proteins, BISD 37S/86, 102, 128-129, 1991.

[7179] United States vs. EEC - Payments and Subsidies Paid to Processors and Producers of Oilseeds and Related Animal-Feed Proteins, BISD 37S/86, 194, Para. 66, 1991. Mit diesem Argument konnte sie den Panel nicht überzeugen.

[7180] "At issue in the case before it are production-specific subsidies that protect producers completely from the movement of prices for imports and thereby prevent tariff concessions from having any impact on the competitive relationship between domestic and imported oilseeds." Sodann erfolgt der oben zitierte Satz. Ebenso spielt hier aber wieder eine Analyse der Erwartungen mit hinein. Siehe: United States vs. EEC - Payments and Subsidies Paid to Processors and Producers of Oilseeds and Related Animal-Feed Proteins, BISD 37S/86, 128, Para. 148, 1991.

[7181] Siehe: "The CONCTRACTING PARTIES have decided that a finding of impairment does not authorize them to request the impairing contracting party to remove a measure not inconsistent with the General Agreement; such a finding merely allows (...) authorization to suspend the application of concessions..." United States vs. EEC - Payments and Subsidies Paid to Processors and Producers of Oilseeds and Related Animal-Feed Proteins, BISD 37S/86, 129, Para. 148, 1991.

[7182] Siehe das folgende frühe Zitat: "While is is not precluded that a *prima facie* case of nullification or impairment could arise even if there is no infringement of GATT provisions, it would be in such cases incumbent on the country invoking Art. XXIII to demonstrate the grounds and reasons for its invocation. Detailed submissions on the part of that contracting party on these points were therefore essential for a judgement to be made under this Article." Uruguay vs. Fifteen Countries - Uruguayan Recourse to Article XXIII, BISD 11S/95, 100, Para. 15, 1963. Siehe auch: GATT Analytical Index 1995: 657-668.

[7183] SCM 27.9. WTO 1995: 300.

weil in Art. 6.3 (a) mit 'displace or impede' eine ähnliche Situation beschreibt, wie in Satzteil in SCM Art. 27.9 "in such a way as to displace or impede imports ..."[7184] Daraus folgt, daß für Entwicklungsländer weder Subventionen verboten sind noch ihre Erhöhung. Es geht zudem, so der Wortlaut, nicht um den Weltmarkt, sondern allein um den Markt des Entwicklungslands. Auf diesem muß Verdrängen und Verhindern als Folge der Subventionierung aufgezeigt werden.[7185] Dies ermöglicht den Entwicklungsländern Spielräume. Auch die Anforderung, dies für gleichartige Waren zu zeigen, ist ggf. anspruchsvoll, wenn es sich um Produkte einer Firma eines Entwicklungslands handelt. Wenn ein Entwicklungsland seine Waren für den Weltmarkt subventioniert, dies folgt aus dieser Logik des SCM, sind allein Ausgleichszölle möglich, um dagegen vorzugehen.

Aus diese beiden Punkten zusammengenommen scheint sich nun die SCM Art. 27.9 Klageoption zu ergeben, die es den Industrieländern ermöglicht gegen die Entwicklungsländer klagen zu können. Nötig ist somit eine Beweisführung, die erstens zeigt, daß die Subventionierung über dem Niveau zum Zeitpunkt der Zollverhandlungen liegt, zweitens muß möglichst über mehrere Jahre der Effekt aufgezeigt werden, daß auf dem Heimatmarkt des subventionierenden Entwicklungsland bestimmte Waren aus den Industrieländern (oder aus anderen Entwicklungsländern) verdrängt oder eine Erhöhung der Verkäufe verhindert wurde. Zudem muß eine kausale Verbindung mit der Subventionierung vorliegen.

Durchaus denkbar ist, daß Entwicklungsländer, die eine Importsubstitutionspolitik im alten Stil verfolgen, einer solche Klage ausgesetzt werden können, wenn sie nicht mehr über einen hohen Zollschutz verfügen. Damit haben die Industrieländern auch die Möglichkeit Direktinvestitionen eigener Firmen in den Märkten dieser Länder mit einer solche Klage zu schützen, zumindest dann, wenn über die Produktion vor Ort hinaus, noch Importe erfolgen. Die Heimatmarktfixierung dieser Beweisführung eröffnet den Entwicklungsländern die Möglichkeit, dieser Subventionsdisziplin durch eine Exportorientierung aus dem Weg zu gehen. Ein Entwicklungsland, welches von vorne herein vermeidet, daß seine subventionierte Industrie auf dem Heimatmarkt größere Marktanteile erobert, kann einer Klage nur schwer ausgesetzt werden. Diese Wirkung von SCM Art. 27.9 paßt normativ wirtschaftswissenschaftlich perfekt zur dynamischen Theorie, die eine frühe Exportorientierung für sinnvoll hält, um staatliche Interventionen auf ihre Effizenz zu testen.

Schließlich ist es, dies ist in der WTO im Sinne eines Auffangtatbestands eine Nichtverletzungsklage ohne SCM Bezug, siehe dazu den Punkt Nichtverletzungsbeschwerden oder eine Nichtverletzungsklage im Sinne von Art. XXIII: 1 (c) 'situation complaints', immer möglich, wobei letztere Klage bislang nicht genutzt wurde.[7186]

[7184] SCM 27.9. WTO 1995: 300.
[7185] Eine Kausalitätsanalyse mit mehreren Punkten schlägt auch der Panel für diese 'non-violation' Klage vor: United States vs. Japan - Measures Affecting Consumer Photographic Film and Paper, WT/DS44/R, 31 March 1998, Para. 10.83.
[7186] Eine Nutzung in einer Ausnahmesituation ist nicht denkbar, daß ein Land dafür nichts kann und solche Effekte schwerlich abstellen kann. Somit ist nur denkbar, daß dies genutzt werden kann, wenn das Land in der Lage ist, Einfluß zu nehmen. Ansonsten bleibt unklar, welcher Tatbestände hierunter fallen könnten. Roessler 1997: 139.

Abschließend ist noch bemerkenswert, daß nach SCM Art. 27.13 SCM Schuldenerlässe im Zusammenhang mit Privatisierungen in Entwicklungsländern bei einer Klage nicht als Subventionen angesehen werden dürfen (bis auf China[7187]). Diese Regel erstreckt sich nur auf Teil III und damit nicht auf die nun folgenden Ausgleichsmaßnahmen, sodaß sich dort u.a. die Frage stellt, unter welchen Umständen gegen Firmen Ausgleichsmaßnahmen aufgrund einer Privatisierung oder Umstrukturierung benutzt werden dürfen:[7188]

8.5 SCM Teil V Ausgleichsmaßnahmen

Zwischen 1995 und dem 30. Juni 2003 sind von insgesamt 11 WTO Mitgliedern 84 definitive Ausgleichsmaßnahmen genutzt wurden (von 147 Untersuchungen in 14 Mitgliedstaaten).[7189] Derzeit sind weltweit wenige Ausgleichsmaßnahmen aktiv. Die USA führt die Liste mit 45 Maßnahmen an, die EU folgt mit 14, Kanada mit 5 und Südafrika mit 4 Maßnahmen. Insgesamt sind 79 bestehende Ausgleichsmaßnahmen notifiziert.[7190] Eine genauere Analyse dieser, wie im Bereich Antidumping, wird hier nicht vorgenommen. Siehe Abschnitt 'H' zu weiteren Informationen über Zweck und Nutzung der Ausgleichsmaßnahmen. Wie dort schon bemerkt, werden Ausgleichsmaßnahmen im Sinne einer dezentralen Subventionskontrolle eingesetzt d.h. wenn vermutet wird, daß Importe subventioniert worden sind, kann ein einzelnes Land eine solche Untersuchung eingeleitet.

Ausgleichszölle dürfen dann verwendet werden, wenn gemäß der SCM Regeln für eine bestimmte Ware eine Subvention aufgezeigt werden kann, eine Importsteigerung erfolgt und Schädigung sowie eine kausale Verbindung zwischen Schädigung und Importen aufgezeigt werden kann.[7191] Zwar gibt es auch hier eine Nicht-Zuschreibungsanalyse, dritter Satz, SCM Art. 15.5, aber die Analyse muß nicht so weitgehend wie in SCM Teil III, etwa SCM Art. 6.3, differenzieren.[7192] Wenn 'subventionierte Importe' vorliegen, muß nicht mehr gesondert differenziert werden, welcher Teil dieser Importe wie subventioniert worden ist[7193] (und welche Preis- und Volumeneffekte die Subventionen hatten[7194]), wenn daraus Schädigung hergeleitet wird. Einige grundlegende Aspekte: Auch hier ist, wie bei

---

[7187] WT/MIN(01)/3, 10 November 2001, S. 34, Para. 171.
[7188] Hoda/Ahuja 2005: 1055.
[7189] Clarke et al. 2004: 369.
[7190] G/L/798, 8 November 2006: 12.
[7191] Siehe u.a. SCM Art. 11.2, Art. 15.2, 15.5. WTO 1995: 278, 286-287.
[7192] Korea vs. Japan - Countervailing Duties on Dynamic Random Access Memories from Korea, WT/DS336/AB/R, 28 November 2007, S. 89, Para. 267, S. 91, Para. 272.
[7193] "We are not persuaded by these arguments of Korea. In our view, they would imply additional inquiry by an investigating authority into two matters: first, the use to which the subsidies were put by the exporting company; and, secondly, whether, absent the subsidies, the product would have been exported in the same volumes or at the same prices. Such additional examinations are not contemplated by Articles 15.2 and 15.4, Korea vs. Japan - Countervailing Duties on Dynamic Random Access Memories from Korea, WT/DS336/AB/R, 28 November 2007, S. 89, Para. 266.
[7194] "By its terms, Article 11.2 does not require an applicant to provide specific evidence regarding the effects that the subsidies may have on import volumes and prices so as to cause injury." Korea vs. Japan - Countervailing Duties on Dynamic Random Access Memories from Korea, WT/DS336/AB/R, 28 November 2007, S. 91, Para. 272.

Antidumping, bei nicht kooperierenden Firmen, eine 'facts available' Untersuchung erlaubt.[7195] Es werden (im Gegensatz zu SCM Teil III) immerhin selektiv Berechnungsmethoden vorgegeben, so müssen, um die Höhe des Ausgleichszolls zu berechnen, Subventionen in Relation zu einer Einheit einer produzierten Ware gesetzt werden.[7196] Für einzelne potentielle Subventionsträger, wie Aktienkapital, Kredite, Kreditgarantien oder die Bereitstellung von Güter und Dienstleistungen, wird der Vergleichsmaßstab Markt vorgegeben, wenn es darum geht, Subventionen festzustellen.[7197] Auch bei Ausgleichsmaßnahmen wurde eine 'sunset review' nach fünf Jahren etabliert.[7198] Die Schädigungsanalyse hat einen beinahe identischen Wortlaut wie im Antidumpingbereich[7199], und sie wurde, s.o., schon einmal im Paket mit einer Antidumpinguntersuchung bewertet, in Softwood Lumber VI (2004-2006), ebenso gibt es, im letzten hier erwähnten Fall Korea vs. United States - DRAMS (2005) eine erste Anwendung für den SCM Bereich.

Faktisch werden in Ausgleichszolluntersuchungen viele Anlässe genutzt, um eine Subventionierung zu behaupten: Steuervergünstigungen, unter bestimmten Bedingungen Zollrückerstattungen, diverse angebliche Subventionen, die von Entwicklungsländern in Exportzonen angewandt werden etc. In SCM Teil V sind zwar Regeln für Ausgleichszolluntersuchungen enthalten, der Spielraum für die Behörden bleibt diesbezüglich aber groß.

8.5.1 SCM Teil V Fallübersicht

(1) EU vs. United States - Lead and Bismuth II (1999-2000).[7200] Es geht um einen U.S. Ausgleichszoll von 12,69 % der 1993 gegenüber Importen der im Privatbesitz befindlichen, im Jahre 1986 etablierten, englischen Joint Venture Firma United Engineering Steels Limited (UES) auferlegt wurde. Einer der Joint Venture Partner dieser Firma, British Steel Public Limited Company, war später der private Käufer des staatlichen Unternehmen British Steel, welches, darüber sind sich EU und USA einig, im Jahre 1988 "at arm's length, for fair market value and consistent with commercial considerations" verkauft wurde.[7201]

Die U.S. Behörden hatten innerhalb ihrer behördlich genutzten Methoden zur Ausgleichszollbestimmung die Möglichkeit gewählt, die von 1977/78 bis 1985/86 von der englischen Regierung vergebenen Subventionen über einen Zeitraum von 18 Jahren aufzuteilen und u.a. darauf

---

[7195] SCM Art. 12.7. WTO 1995: 283.
[7196] SCM Art. 19.4 WTO 1995: 292. Diesen Unterschied zu Teil III hebt hervor. Brazil vs. United States - Subsidies on Upland Cotton, WT/DS267/R, 8 September 2004, S. 277, Para. 7.1176. Canada vs. United States - Final Countervailing Duty Determination with Respect to Certain Softwood Lumber from Canada, WT/DS257/AB/R, 19 January 2004, S. 61, Para. 153.
[7197] SCM Art. 14. WTO 1995: 285.
[7198] SCM Art. 21.3. WTO 1995: 293.
[7199] AD Art. 3 und SCM Art. 15. De minimis ist 2 % im AD und 1 % im SCM Teil V Bereich. WTO 1995: 172-174, 286-288.
[7200] Panel und AB: EU vs. United States - Imposition of Countervailing Duties on Certain Hot-Rolled Lead and Bismuth Carbon Steel Products Originating in the United Kingdom, WT/DS138/R, 23 December 1999. EU vs. United States - Imposition of Countervailing Duties on Certain Hot-Rolled Lead and Bismuth Carbon Steel Products Originating in the United Kingdom, WT/DS138/AB/R, 10 May 2000.
[7201] EU vs. United States - Imposition of Countervailing Duties on Certain Hot-Rolled Lead and Bismuth Carbon Steel Products Originating in the United Kingdom, WT/DS138/R, 23 December 1999, S. 2, Para. 2.2-2.3.

beruhend den Ausgleichzoll berechnet.[7202] In den nachfolgenden administrativen Überprüfungen wurde der Zoll erniedrigt, aber weiter aufrechterhalten, 1996 lag dieser bei 5,28 %.[7203] Im Gegensatz zum Panel, der sich auf SCM Art. 19 bezogen hatte, wendet der AB nun SCM Art. 21 an, der sich auf administrative Überprüfungen bezieht und erklärt, daß es, im Gegensatz zu Argument der U.S. Behörden, nicht auf die in Produktionsanlagen enthaltenen Vorteile ankomme, sondern darauf, daß ein Vorteil ('benefit') auf einen Rezipienten übertragen werden muß.[7204] Ein Vorteil müsse anhand des Marktvergleichsmaßstabs aufgezeigt werden. Weil beide Parteien einig war, daß die Privatisierung zu Marktpreisen erfolgt war, konnte kein Vorteil vorliegen.[7205] Dies hätten die U.S. Behörden bei ihren administrativen Überprüfungen beachten müssen: "The investigating authority is not free to ignore such information."[7206] Genauso wie im Antidumpingbereich wird aber zwischen Originaluntersuchung und Überprüfungen klar unterschieden.[7207] Eine administrative Überprüfung muß dabei immerhin solche Fragen untersuchen, die in Eingaben aufgeworfen werden und solche, die von den Behörden für relevant gehalten werden.[7208] Warum Produktionsanlagen nicht als Fokus der Untersuchung akzeptiert werden, wird vom AB in einem späteren Fall nochmal genauer erklärt: "The United States also argues that, irrespective of the price at which the new owners aquire the state-owned enterprise, 'the artificially enhanced competitiveness generated by the subsidies' will not be eliminated, as the firm will continue to produce 'at the same costs and in the same volumes'. We fail to see the basis for the assumption by the United States that, regardless of the sale price of the firm, its costs and volume of production will remain the same, since these costs include, as a necessary component, the cost of capital."[7209] Kurz: Wenn ein marktgemäßer Verkauf stattgefunden hat, hat der Investor auch für die vorhandenen Kapitalgüter bezahlt und dadurch keinen Vorteil gegenüber seinen Wettbewerbern.

[7202] EU vs. United States - Imposition of Countervailing Duties on Certain Hot-Rolled Lead and Bismuth Carbon Steel Products Originating in the United Kingdom, WT/DS138/R, 23 December 1999, S. 2, Para. 2.5.

[7203] EU vs. United States - Imposition of Countervailing Duties on Certain Hot-Rolled Lead and Bismuth Carbon Steel Products Originating in the United Kingdom, WT/DS138/R, 23 December 1999, S. 2, Para. 2.9.

[7204] EU vs. United States - Imposition of Countervailing Duties on Certain Hot-Rolled Lead and Bismuth Carbon Steel Products Originating in the United Kingdom, WT/DS138/AB/R, 10 May 2000, S. 20, Para. 57. Genauso wie: Brazil vs. Canada - Measures Affecting the Export of Civilian Aircraft, WT/DS70/AB/R, 2 August 1999, S. 39-40, Para. 157.

[7205] EU vs. United States - Imposition of Countervailing Duties on Certain Hot-Rolled Lead and Bismuth Carbon Steel Products Originating in the United Kingdom, WT/DS138/AB/R, 10 May 2000, S. 25, Para. 68. Siehe auch Prévost 2000: 291-292.

[7206] EU vs. United States - Imposition of Countervailing Duties on Certain Hot-Rolled Lead and Bismuth Carbon Steel Products Originating in the United Kingdom, WT/DS138/AB/R, 10 May 2000, S. 22, Para. 61. Siehe auch Prévost 2000: 290.

[7207] EU vs. United States - Imposition of Countervailing Duties on Certain Hot-Rolled Lead and Bismuth Carbon Steel Products Originating in the United Kingdom, WT/DS138/AB/R, 10 May 2000, S. 19, Para. 53.

[7208] "We believe that it is important to distinguish between the original investigation leading to the imposition of countervailing duties and the administrative review. (...) In an administrative review, however, the investigating authority must address thoses issues which have been raised before it by the interested parties or, in case of an investigation conducted at its own initiative, those issues which warranted the examination." EU vs. United States - Imposition of Countervailing Duties on Certain Hot-Rolled Lead and Bismuth Carbon Steel Products Originating in the United Kingdom, WT/DS138/AB/R, 10 May 2000, S. 23, Para. 63. Siehe auch Prévost 2000: 290.

[7209] EU vs. United States - Countervailing Measures Concerning Certain Products from the European Communities, WT/DS212/AB/R, 9 December 2002, S. 43, Para. 103. Hier hätte die USA wettbewerbstheoretisch und dynamisch antworten können, daß ein bereits auf dem Markt eingeführtes Unternehmen risikoloser zu übernehmen ist, als wenn eine neue Investition erfolgt. Der AB hätte dann antworten können, daß dieser Risikobonus ebenso im Marktpreis enthalten ist, denn Marktpreise spiegeln eben auch dynamische Erwägungen wieder. Kurzum: Die Argumentation des AB ist soweit plausibel, siehe aber weiter unten für eine partielle Abschwächung dieser Position, wenn es zu staatlicher Einflußnahmen bei einer Privatisierung kommt, in: EU vs. United States - Countervailing Measures Concerning Certain Products from the European Communities, WT/DS212/AB/R, 9 December 2002, S. 52, Para. 124, S. 52, Para. 126.

(2) Die Implikationen des Berichts Canada vs. United States - Export Restraints (2001)[7210] wurden schon zu Beginn des SCM Punktes beschreiben. Dort wird feststellt, daß Exportverbote, die in Kanadas Holzindustrie eingesetzt wurden, wegen nicht erkennbarer finanzieller Beiträge nicht unter das SCM fallen, sondern unter normale wirtschaftspolitisch erzeugte Vorteile gezählt werden. Das U.S. DOC reagierte auf diesen Bericht, indem es die Exportverbote nicht in seine Ausgleichszolluntersuchung gegen Kanada einbezog.[7211]

(3) EU vs. United States - Carbon Steel (2002).[7212] Hier ging es um 'sunset reviews' der U.S. Behörden. Endgültig stellt der AB klar, daß eine Überprüfung nach SCM Art. 21 nicht denselben Standards unterliegt, wie bei der Originaluntersuchung. Aus diesem Grund wird die 1 % de minimis Grenze, die zu einem Ende der Originaluntersuchung führen muß, beim 'sunset review' nicht als wirksam anerkennt. Die U.S. Behörden dürfen etwa eine 0,39 % Subventionierungshöhe bei einem 'sunset review' in bezug ein deutsches Stahlsubventionsprogramme feststellen.[7213] Ähnlich im Antidumpingbereich, aber weniger anspruchsvoll formuliert, wird somit für das 'sunset review' im Ausgleichszollbereich ein schwächerer Entscheidungsmaßstäbe als in der Originaluntersuchung etabliert. Daraus ergibt in diesem Fall, daß U.S. Gesetze und Methoden nicht gegen SCM Regeln verstoßen haben.[7214]

(4) EU vs. United States - Countervailing Measures on Certain EC Products (2002-2005).[7215] Die USA wandten weiterhin eine Methode ('gamma methodoloy') an, die schon EU vs. United States - Lead and Bismuth II (1999-2000) für SCM inkompatibel befunden hatte. Die neu entwickelte Methode ('same person') war ebenso nicht regelkonform. Deshalb waren 12 Untersuchungen (Originaluntersuchungen, administrative Überprüfungen, 'sunset reviews') nicht vereinbar mit dem SCM.[7216] Der AB bestätigt

---

[7210] Nur Panel. Canada vs. United States - Measures Treating Export Restraints as Subsidies, WT/DS194/R, 29 June 2001.

[7211] Das DOC hatte 1992 noch anders geurteilt und scheint nun aufgrund dieses Reports zu schließen: "any concievable benefit provided through the log ban would already be included in the calculation of the stumpage benefit." Anderson 2004b: 669.

[7212] Panel und AB. EU vs. United States - Countervailing Duties on Certain Corrosion-Resistant Carbon Steel Flat Products from Germany, WT/DS213/R, 3 July 2002. EU vs. United States - Countervailing Duties on Certain Corrosion-Resistant Carbon Steel Flat Products from Germany, WT/DS213/AB/R, 28 November 2002.

[7213] EU vs. United States - Countervailing Duties on Certain Corrosion-Resistant Carbon Steel Flat Products from Germany, WT/DS213/AB/R, 28 November 2002, S. 34, Para. 92. Daten in: EU vs. United States - Countervailing Duties on Certain Corrosion-Resistant Carbon Steel Flat Products from Germany, WT/DS213/R, 3 July 2002, S. 13, Para. 5.33. Siehe Clarke et al. 2004: 372; und Meagher 2003: 422.

[7214] "The continuation of a countervailing duty must therefore be based on a properly conducted review and a positive determination that the revocation of the countervailing duty would 'be likely to lead to continuation and recurrance of subsidization and injury." EU vs. United States - Countervailing Duties on Certain Corrosion-Resistant Carbon Steel Flat Products from Germany, WT/DS213/AB/R, 28 November 2002, S. 33, Para. 88. Prozedurale Verpflichtungen werden erwähnt in, S. 39, Para. 111. Formuliert wird: "Article 21.3 prohibits the continuation of countervailing duties unless a review is undertaken and the prescribed determination, based on adequate evidence, is made." S. 40, Para. 117. Weiterhin reiche ein 'sunset review'-Fall nicht aus, um "consistent practice" zu beweisen, wie die EU behauptet hatte. S. 54, Para. 161. Nicht sehr detailreich dazu: Clarke et al. 2004: 372.

[7215] Panel, AB, Art. 21 Panel. EU vs. United States - Countervailing Measures Concerning Certain Products from the European Communities, WT/DS212/R, 31 July 2002. EU vs. United States - Countervailing Measures Concerning Certain Products from the European Communities, WT/DS212/AB/R, 9 December 2002. EU vs. United States - Countervailing Measures Concerning Certain Products from the European Communities, WT/DS212/RW, 17 August 2005.

[7216] EU vs. United States - Countervailing Measures Concerning Certain Products from the European Communities, WT/DS212/R, 31 July 2002, S. 61, Para. 7.12, S. 96, Para. 8.1. Die USA gibt dies für 7 Maßnahmen, in denen die 'gamma' Methode benutzt wurde, von vornherein zu. S. 60, Para. 7.9.

dieses Panelergebnis bis auf zwei Aspekte, darunter einen, der weitergehende Bedeutung für die Entwicklungsländer hat, siehe das Fazit: Er erläutert EU vs. United States - Lead and Bismuth II (1999-2000) insofern neu, indem er erklärt, daß er nicht gemeint hat, daß dann, wenn es zu einer Privatisierung über den Markt kommt, in jedem Fall die früheren finanziellen Beiträge verschwunden sind ("prior financial contribution necessarily has been extinguished in all cases"[7217]). Weil Märkte teils von den Regierungen beeinflußt werden könnten, könne ggf. gezeigt werden, daß die Vorteile weiter bestehen. Dies muß dann von der untersuchenden Behörde anhand von Beweisen gezeigt werden.[7218] Daraufhin widerspricht ein U.S. Gesetz nicht mehr per se SCM Teil V. In Reaktion darauf entwickelte die USA eine neue Methode zur Analyse von Privatisierungen. Diese führte dazu, daß in 8 der o.g. Fälle Maßnahmen zurückgenommen oder Zölle verringert wurden. In vier 'sunset reviews' wurden existierende Ausgleichzölle aufrechterhalten. Die EU Klage in bezug auf diese neue Methode führt zu einem Art. 21.5 Panel, welches 3 dieser 'sunset reviews' sowie die neue Methode selbst untersucht.[7219] In 2 der 'sunset review' verstieß die USA auch weiterhin gegen das SCM.[7220] In einem Fall wird akzeptiert, daß eine Privatisierung nicht ganz marktgemäß abgelaufen ist und schließlich wird das U.S. System der 'sunset reviews', welches bei bestehender Subventionierung auch in Zukunft von einer solchen ausgeht, nicht kritisiert.[7221]

(5) Softwood Lumber III (2002)[7222], bezieht sich auf die Erhebung vorläufiger Ausgleichzölle auf kanadisches Weichholz. Die Streitbeilegung bewirkt, daß die U.S. Behörden die vorläufigen Maßnahmen, die u.a. die regelinkonforme, rückwirkende Erhebung von Zöllen vorsahen, aussetzten.[7223] Schon hier wird akzeptiert, daß die Abholzungsrechte unter Art. 1.1 (a)(1)(iii) fallen.[7224]

[7217] EU vs. United States - Countervailing Measures Concerning Certain Products from the European Communities, WT/DS212/AB/R, 9 December 2002, S. 121, Para. 51.

[7218] "In privatizations, governments have the ability, by designing economic and other policies, to influence the circumstances and the conditions of the sale as to obtain a certain market valuation of the enterprice." EU vs. United States - Countervailing Measures Concerning Certain Products from the European Communities, WT/DS212/AB/R, 9 December 2002, S. 52, Para. 124, S. 52, Para. 126. Matsushita et al. 2006: 349, 352-353.

[7219] EU vs. United States - Countervailing Measures Concerning Certain Products from the European Communities, WT/DS212/RW, 17 August 2005, S. 3, Para. 2.8-2.10.

[7220] Im Fall England weigerte sich das DOC neue Informationen zur Kenntnis zu nehmen. Dies führt zu einem SCM Art. 21.3 Verstoß. EU vs. United States - Countervailing Measures Concerning Certain Products from the European Communities, WT/DS212/RW, 17 August 2005, S 106-109, Para. 7.239-7.254.. Die U.S. Behörden untersuchten im Spanien Fall die Privatisierung gar nicht erst. Dies führt zu einem Verstoß gegen SCM Art. 10, 14, 19.4, 21.1, 21.3 und GATT Art. VI: 3. S. 112-114, Paras. 7.268-7 280.

[7221] EU vs. United States - Countervailing Measures Concerning Certain Products from the European Communities, WT/DS212/RW, 17 August 2005, S. 91, Paras. 7.172-7.175.

[7222] Nur Panel. Canada vs. United States - Preliminary Determinations with Respect to Certain Softwood Lumber from Canada, WT/DS236/R, 27 September 2002.

[7223] Canada vs. United States - Preliminary Determinations with Respect to Certain Softwood Lumber from Canada, WT/DS236/R, 27 September 2002. S. 104, Para. 7.115, S. 116, Para. 8.2. Siehe für Informationen zur U.S. Implementation: WTO Fälle.

[7224] Canada vs. United States - Preliminary Determinations with Respect to Certain Softwood Lumber from Canada, WT/DS236/R, 27 September 2002, S. 75, Para. 7.16.

(6) Softwood Lumber IV (2003-2005)[7225], untersucht die definitiven Ausgleichszollmaßnahmen auf kanadisches Weichholz, ohne daß die Schädigungsfrage in der Klage einbezogen wird, welche in Form der davon abgetrennten Klage bereits im Punkt Antidumping Softwood Lumber IV (2003-2005) erwähnt worden ist. Im ersten Panel und der Reaktion des AB kommt es zu folgenden Fragestellungen: Zuerst einmal sind sich beide darin einig, das stellen Panel und AB fest, daß Bäume Waren ('goods') gemäß Art. 1.1 (a)(1)(iii) sind, die von der kanadische Regierung zur Verfügung gestellt werden.[7226] Zu Kontroversen kommt es erst bei der 'benefit'-Analyse, die eine Marktvergleich impliziert. Die U.S. Behörden hatten festgestellt, daß sie die (Markt-) Preise in Kanada aufgrund der dortigen Regierungsinterventionen nicht benutzen wollen. Der Panel akzeptiert dies nicht, aufgrund der expliziten Formulierung in SCM Art. 14 (d) "shall be determined in relation to prevailing market conditions (...) in the country of provision".[7227] Die USA hatte stattdessen U.S. Preise zugrundegelegt, in Märkte im Norden der USA, nahe Kanada.[7228] Diese Nicht-Akzeptanz durch den Panel wird vom AB als zu enge Auslegung nicht akzeptiert und ein Fall-zu-Fall Vorgehen postuliert.[7229] Der AB führt die Analyse nicht zuende[7230], schlägt aber vor, daß wenn ein solcher Vergleich durchgeführt werden sollte, darauf achtgegeben werden muß, daß den Bedingungen auf den untersuchten Märkten so nahe wie möglich gekommen wird.[7231] Schließlich geht es um die 'pass-through'-Analyse: Die USA hatte nicht zwischen Weichholzproduzenten, die das primäre Produkt abholzen und Sägewerken unterschieden. Die mutmaßliche Subvention durch die kanadischen Abholzungsgebühren wurde kalkuliert und dann in bezug auf die gesamten Weichholzverkäufe berechnet.[7232] In GATT Art. VI:3 und SCM Art. 10 wird dagegen festgehalten, daß es eine direkte und indirekte Subventionierung von Produkte geben kann, bei Herstellung, Produktion und Export, sodaß in diesen Fällen (und in dem konkreten, vorliegenden Fall) eine 'pass-through'-Analyse erforderlich ist, welche die USA nicht

---

[7225] Panel, AB, Art. 21.5 Panel, Art. 21.5 AB. Canada vs. United States - Final Countervailing Duty Determination with Respect to Certain Softwood Lumber from Canada, WT/DS257/R, 29 August 2003; Canada vs. United States - Final Countervailing Duty Determination with Respect to Certain Softwood Lumber from Canada, WT/DS257/AB/R, 19 January 2004; Canada vs. United States - Final Countervailing Duty Determination with Respect to Certain Softwood Lumber from Canada, WT/DS257/RW, 1 August 2005; Canada vs. United States - Final Countervailing Duty Determination with Respect to Certain Softwood Lumber from Canada, WT/DS257/AB/RW, 5 December 2005.
[7226] Canada vs. United States - Final Countervailing Duty Determination with Respect to Certain Softwood Lumber from Canada, WT/DS257/R, 29 August 2003, S. 73-79, Para. 7.9-7.30. Canada vs. United States - Final Countervailing Duty Determination with Respect to Certain Softwood Lumber from Canada, WT/DS257/AB/R, 19 January 2004, S. 27, Para. 71. Siehe auch: S. 25, Para- 66-67; S. 26-27, Para. 68-71; S. 28, Para. 75.
[7227] Canada vs. United States - Final Countervailing Duty Determination with Respect to Certain Softwood Lumber from Canada, WT/DS257/R, 29 August 2003, S. 85, Para. 7.49. Tatsächlich gab es kleinere Anteile des kanadischen Marktes die private Preisbildung zuließen. S. 90, Para. 7.61.
[7228] Canada vs. United States - Final Countervailing Duty Determination with Respect to Certain Softwood Lumber from Canada, WT/DS257/AB/R, 19 January 2004, S. 43, Para. 107.
[7229] "The determination of whether private prices are distorted because of government's predominant role in the market, as a provider of certain goods, must be made on case-by-case basis, according to the particular facts underlying each countervailing duty investigation." Canada vs. United States - Final Countervailing Duty Determination with Respect to Certain Softwood Lumber from Canada, WT/DS257/AB/R, 19 January 2004, S. 42, Para. 102. Siehe Saric 2005: 318-320.
[7230] Canada vs. United States - Final Countervailing Duty Determination with Respect to Certain Softwood Lumber from Canada, WT/DS257/AB/R, 19 January 2004, S. 48, Para. 118.
[7231] "to ensure that the alternative benchmark it uses relates or refers to, or is connected with, pervailing market conditions in the country of provision." Canada vs. United States - Final Countervailing Duty Determination with Respect to Certain Softwood Lumber from Canada, WT/DS257/AB/R, 19 January 2004, S. 48, Para. 120.
[7232] Canada vs. United States - Final Countervailing Duty Determination with Respect to Certain Softwood Lumber from Canada, WT/DS257/R, 29 August 2003, S. 94, Para. 7.81.

durchgeführt hatte.[7233] Der AB bestätigt dies.[7234] Im nachfolgenden Art. 21.5 Panel und Art. 21.5 AB geht es um die Umsetzung der Empfehlungen durch die USA, die in einer komplexe Sequenz von Neufeststellungen und 'Assessment Reviews' durchgeführt wurde. Der Art. 21.5 Panel wird vor das Problem gestellt, daß der erste AB bezüglich 'pass through'-Analyse in seinen Empfehlungen sich nur auf "arm's length sales of *logs* by tenured harvesters/sawmills to unrealated sawmills" bezogen hatte.[7235] Der Panel hält es dagegen für erforderlich, daß die USA "all log sales by tenured harvester/sawmills to unrelated sawmills" einbezieht.[7236] Weitere Fragen, u.a. Detailfragen bezüglich der Berechnung der Subventionen wendet der Art. 21.5 Panel ab.[7237] Der Art. 21.5 AB beschäftigt sich sodann allein mit der Fragestellung, ob die komplexe Sequenz der Neufeststellungen und 'Assessment Review' beurteilt werden durfte. Dies wird bejaht.[7238] Am Rande: In diesem Zusammenhang erfolgt eine bemerkenswerte Zusammenfassung bisheriger Art. 21.5 Praxis in bezug auf die Möglichkeiten der Streitbeilegung die Umsetzung von Empfehlungen zu überprüfen. U.a. wird United States vs. Australia - Automotive Leather (1999-2000) erwähnt, in bezug auf die Einbeziehung von Maßnahmen in diese Überprüfung, die auf den ersten Blick nicht zu den 'measures taken to comply' gezählt wurde, aber dann doch untersucht wurden. Dies sei möglich, wenn ein "particulary close relationship to the declared 'measure taken to comply'" aufgezeigt werden könne. Dies ermöglicht es der WTO Umgehungsversuche zu verhindern.[7239]

(7) Schließlich zu den drei Streitfällen Korea vs. United States - Countervailing Duty Investigation on DRAMs (2005)[7240], Korea vs. EU - Countervailing Measures on DRAM Chips (2005)[7241] und, mit

---

[7233] SCM Art. 10 FN 36: " The term "countervailing duty" shall be understood to mean a special duty levied for the purpose of offsetting any subsidy bestowed directly or indirectly upon the manufacture, production or export of any merchandise, as provided for in paragraph 3 of Article VI of GATT 1994." WTO 1995: 278. Canada vs. United States - Final Countervailing Duty Determination with Respect to Certain Softwood Lumber from Canada, WT/DS257/R, 29 August 2003, S. 97, Para. 7.91, S. 99, Para. 7.99.

[7234] Canada vs. United States - Final Countervailing Duty Determination with Respect to Certain Softwood Lumber from Canada, WT/DS257/AB/R, 19 January 2004, S. 58, Para. 146. Siehe mehr Details in Saric 2005: 320-323.

[7235] Canada vs. United States - Final Countervailing Duty Determination with Respect to Certain Softwood Lumber from Canada, WT/DS257/AB/R, 19 January 2004, S. 67, Para. 167 (e). Canada vs. United States - Final Countervailing Duty Determination with Respect to Certain Softwood Lumber from Canada, WT/DS257/RW, 1 August 2005, S. 24, Para. 4.76.

[7236] Canada vs. United States - Final Countervailing Duty Determination with Respect to Certain Softwood Lumber from Canada, WT/DS257/RW, 1 August 2005, S. 25, Para. 4.82.

[7237] Und die Nichteinbeziehung von bestimmten Daten wird den U.S. Behörden nicht vorgeworfen. Canada vs. United States - Final Countervailing Duty Determination with Respect to Certain Softwood Lumber from Canada, WT/DS257AB/RW, 5 December 2005. S. 25-31, Para. 4.83-4.111.

[7238] Canada vs. United States - Final Countervailing Duty Determination with Respect to Certain Softwood Lumber from Canada, WT/DS257/AB/RW, 5 December 2005, S. 40, Para. 95-96.

[7239] "Some measures with a particularly close relationship to the declared 'measures to comply', and to the recommendations and rulings of the DSB, may also be susceptible to review by a panel acting under Art. 21.5. Determining whether this is the case requires a panel to scrutinize these relationships, which may, depending on the particular facts, call for an examination of the timing, nature, and effects of the various measures. This also requires an Article 21.5 panel to examine the factual and legal background against which a declared 'measure to comply' is adopted." Dies eröffnet der Streitbeilegung einen Spielraum um Umgehungsversuche einbeziehen zu können. Canada vs. United States - Final Countervailing Duty Determination with Respect to Certain Softwood Lumber from Canada, WT/DS257/AB/RW, 5 December 2005, S. 32, Para. 77.

[7240] Panel und AB. Korea vs. United States - Countervailing Duty Investigation on Dynamic Random Access Memory Semiconductors (DRAMS) from Korea, WT/DS296/R, 21 February 2005. Korea - vs. United States - Countervailing Duty Investigation on Dynamic Random Access Memory Semiconductors (DRAMS) from Korea, WT/DS296/AB/R, 27 June 2005.

[7241] Nur Panel. Korea vs. European Communities - Countervailing Measures on Dynamic Random Access Memory Chips from Korea, WT/DS299/R, 17 June 2005.

zeitlichem, nicht aber sachlichem Abstand, Korea vs. Japan - DRAMS (2007).[7242] Hintergrund ist hier das 'big game' des U.S. Herstellers Micron, siehe gleich die Box. Zum Panel in Korea vs. United States - Countervailing Duty Investigation on DRAMs (2005): Zuerst zur Auslegung des Begriffs SCM Art. 1.1 (a) (1) (iv) "entrusts or directs a private body", also der Frage, ab welcher Schwelle davon ausgegangen wird, daß der Staat einen privaten Akteur zu einer Subventionierung angehalten hat.[7243] Der Panel hält sich hier an die Vorlage eines weiteren Panels und benutzt die beiden Begriffe "delegation" und "command".[7244] Sodann akzeptiert der Panel die Argumentation der U.S. Behörden nicht, insofern zwar staatliche Banken, nicht aber das gesamte Bankensystem, darunter auch Banken, an denen der Staat Anteile hatte, vom koreanischen Staat zur (marktinkonformen) Rettung vom (hoch verschuldeten) Hynix gezwungen wurden.[7245] Ebenso wird nicht akzeptiert, daß die Rettung von Hynix, bei der auch die Citibank eine entscheidene Rolle spielte, von den U.S. Behörden als 'single programme' stilisiert wurde.[7246] Die Schädigungsfeststellung und Kausalitätsanalyse, wird dagegen, bis auf den Punkt eines Rückgangs heimischer Nachfrage, nicht beanstandet.[7247] Dies kann vom ITC nachgebessert werden. Diese Schädigungsfeststellung ist nicht objektiv einschätzbar, denn die Informationen über die Preisunterbietung durch Hynix, die u.a. entscheidend dazu beitragen, daß die U.S. Behörden mit ihrer Argumentation akzeptiert werden, sind nicht öffentlich zugänglich: Immerhin ging es hier darum, daß es den U.S. Behörden offenkundig gelungen ist zu beweisen, daß trotz dem natürlichen Boom Bust Zyklus der Halbleiterhersteller, welcher durch temporär extreme Preisverfälle gekennzeichnet ist, das subventionierte Hynix darüberhinaus einen noch extremeren Preisverfall kausal verursacht hatte.[7248] Die Analyse des Businesszyklus wird vom Panel als nötig angesehen, obwohl sie nicht in der Liste der schädigenden Faktoren explizit erwähnt wird.[7249] Im Fall Korea vs. EU - Countervailing Measures on DRAM Chips (2005) fällt das Urteil umgekehrt aus. Hier werden in

---

[7242] Panel und AB. Korea vs. Japan - Countervailing Duties on Dynamic Random Access Memories from Korea, WT/DS336/R, 13 July 2007. Korea vs. Japan - Countervailing Duties on Dynamic Random Access Memories from Korea, WT/DS336/AB/R, 28 November 2007.
[7243] SCM Art. 1.1 (a)(1)(iv). WTO 1995: 264.
[7244] Zuerst werden diese Kriterien formuliert in: Canada vs. United States - Measures Treating Export Restraints as Subsidies, WT/DS194/R, 29 June 2001, S. 79-80, Para. 8.29-8.31. Siehe dann: Korea vs. United States - Countervailing Duty Investigation on Dynamic Random Access Memory Semiconductors (DRAMS) from Korea, WT/DS296/R, 21 February 2005, S. 14-19, Paras. 7.29-7.46. Und auch: EU vs. Korea - Measures Affecting Trade in Commercial Vessels, WT/DS273/R, 7 March 2005, S. 89, Para. 7.368.
[7245] Neben Bankenregulierungen lagen hier auch diverse Zeitungsberichte und eine anonyme Stellungnahme eines Experten zugrunde. Prägend ist für diesen Fall auch, daß das DOC in vielen Fällen Fakten ignorierte, die als Gegenbeweis gelten könnten. Dies unterminiert die Glaubwürdigkeit der Behörde, die eigentlich objektiv und unparteiisch sein sollte. Korea - vs. United States - Countervailing Duty Investigation on Dynamic Random Access Memory Semiconductors (DRAMS) from Korea, WT/DS296/R, 21 February 2005. S. 38, Para. 7.130. Siehe für die Schwierigkeiten des DOC objektiv zu sein: S. 23, Para. 7.63, S. 28, Para. 7.82, S. 37, 7.124, S. 38, Para. 7.129. Dies führt in der endgültigen Bewertung zum Satz: "There are simply too many irregularities and shortcomings in the DOC's reasoning to properly sustain such a broad determination." S. 51. Para. 7.177. Die in solchen Subventionsuntersuchungen u.a. zentrale Frage, ob die Banken, die in ein schwer angeschlagenes Unternehmen investieren, welches aber in Zukunft noch Marktchancen hat, rational handeln, auch wenn sie dabei günstigere Konditionen gewähren, als die der Markt normalerweise bereitstellen würde, wird leider nicht direkt diskutiert, weil schon der Fehlschlag der U.S. Argumentation feststand. S. 52, Para. 7.184.
[7246] Korea - vs. United States - Countervailing Duty Investigation on Dynamic Random Access Memory Semiconductors (DRAMS) from Korea, WT/DS296/R, 21 February 2005. S. 45, Para. 7.155.
[7247] Korea - vs. United States - Countervailing Duty Investigation on Dynamic Random Access Memory Semiconductors (DRAMS) from Korea, WT/DS296/R, 21 February 2005. S. 97, Para. 7.368.
[7248] Behauptet wird, daß der Preisverfall 2001 größer war als in der bisherigen DRAM Geschichte und somit zusätzliche Faktoren in Frage kommen. Korea - vs. United States - Countervailing Duty Investigation on Dynamic Random Access Memory Semiconductors (DRAMS) from Korea, WT/DS296/R, 21 February 2005. S. 78, Paras. 7.291-7.292.
[7249] Korea - vs. United States - Countervailing Duty Investigation on Dynamic Random Access Memory Semiconductors (DRAMS) from Korea, WT/DS296/R, 21 February 2005. S. 74, Para. 7.282.

der Schädigungsanalyse, nicht aber in der Beweisführung hinsichtlich der Einflußnahme auf die Banken ausgeprägte WTO Inkompatibilitäten gefunden.[7250] An beiden Fällen ist auffällig, daß die Feststellungen der Behörden teils auf wenig zuverlässigen Informationsquellen, wie Zeitungsberichte und Statements von Experten, deren Hintergründe unklar sind, beruhten. So wird z.B. das rein beschreibende, ohne weitere Referenzen, eingebrachte Statement der EU, daß die Citibank seit 1967 "an unusually close and symbiotic relationship"[7251] mit der koreanischen Regierung gehabt hätte, jedenfalls nicht abgelehnt. Als es dann dazu kommt, daß die Citibank bestimmte Informationen nicht vorlegt, wird geschlossen, daß die EU das Recht hat, gemäß "facts available"[7252] zu entscheiden und das Panel schließt, "that Citibank was directed by Korea to participate in the October 2001 Restructuring Programme."[7253]

Bemerkenswert ist nun die Reaktion des AB auf das Panel in Korea vs. United States - Countervailing Duty Investigation on DRAMs (2005).[7254] Zuerst einmal wird klargestellt wird, daß der bislang entwickelte Entscheidungsmaßstab für "agency determination" auch für das SCM gilt. Beachtet werden müsse aber, daß die speziellen Verpflichtungen in den jeweiligen Abkommen dazu führen, daß dieser spezielle Konturen aufweist ("specific contours"), hier wird auf Art. 12, 19 und 22 des SCM hingewiesen.[7255] Die Ausführungen des AB lassen aber nicht erkennen, daß dies ein stark abgeschächter Entscheidungsmaßstab ist. Weiterhin definiert der AB SCM Art. 1.1 (a) (1) (iv) "entrusts or directs a private body"[7256] mit einem anderen Schwerpunkt als der Panel: Abgelehnt wird, sich allzusehr auf den Begriff "command" zu verlassen. Es wird stattdessen als nähere Beschreibung des Konzepts von 'entrust or directs' die Phrase vorgeschlagen, "government exercises its authority over a private body", wobei dabei oft "threat or inducement" benutzt werden könne, aber auch "guidance", wobei eine solche Feststellung von den speziellen Fakten eines Falls abhängt.[7257] Im

---

[7250] Die USA erklärt nur die Wirkungen vom Nachfragerückgang auf die Schädigung nicht zureichend. Korea - vs. United States - Countervailing Duty Investigation on Dynamic Random Access Memory Semiconductors (DRAMS) from Korea, WT/DS296/R, 21 February 2005. S. 97, Para. 7.368. Bei der EU geht es um mehr Punkte: Die Analyse von Löhne wird zum zweitenmal (nach EC - Bedlinen) vergessen, die Wirkung des Nachfragerückgang als Faktor in Relation zum Faktor der niedrigen Preise von Hynix wird nicht angemessen erklärt, ebensolches gilt für die Wirkung der Überkapazität. Ausgelassen wird von der Untersuchung die Preisgestaltung von Samsung, welches zwar weniger Marktanteil hatte, aber dennoch eine Wirkung auf die Schädigung hätte haben können. Korea vs. European Communities - Countervailing Measures on Dynamic Random Access Memory Chips from Korea, WT/DS299/R, 17 June 2005. Löhne S. 103, Para. 7.365, Nachfragerückgang S. 118, para. 7.414, Überkapazität S. 120, Para. 7.422., Preisgestaltung von Samsung (hier womöglich falsch vom Panel unter dem Punkt 'non-attribution' diskutiert) S. 123, Para. 7.434.
[7251] Korea vs. European Communities - Countervailing Measures on Dynamic Random Access Memory Chips from Korea WT/DS299/R, 17 June 2005, S. 47, Para. 7.141
[7252] Korea vs. European Communities - Countervailing Measures on Dynamic Random Access Memory Chips from Korea WT/DS299/R, 17 June 2005, S. 47, Para. 7.142.
[7253] Korea vs. European Communities - Countervailing Measures on Dynamic Random Access Memory Chips from Korea. WT/DS299/R, 17 June 2005, S. 47-48, Para. 7.141-7.145.
[7254] Korea - vs. United States - Countervailing Duty Investigation on Dynamic Random Access Memory Semiconductors (DRAMS) from Korea, WT/DS296/AB/R, 27 June 2005. Siehe auch Becroft 2006.
[7255] Korea - vs. United States - Countervailing Duty Investigation on Dynamic Random Access Memory Semiconductors (DRAMS) from Korea, WT/DS296/AB/R, 27 June 2005. S. 71, Para. 184.
[7256] SCM Art. 1.1 (a)(1)(iv). WTO 1995: 264.
[7257] "116. In sum, we are of the view that, pursuant to paragraph (iv), "entrustment" occurs where a government gives responsibility to a private body, and 'direction' refers to situations where the government exercises its authority over a private body. In both instances, the government uses a private body as proxy to effectuate one of the types of financial contributions listed in paragraphs (i) through (iii). It may be difficult to identify precisely, in the abstract, the types of government actions that constitute entrustment or direction and those that do not.

Vergleich zum Panel verringert sich dadurch die Hürde der Beweisführung für die Behörden zu einem gewissen Grad. Sodann ist dieser Bericht als ein klare, präzise abgegrenzte Warnung für die Panels zu lesen. Der AB beschreibt, daß es einen graduellen Übergang hin zu einer *de novo* review, also einem Verfehlen des Entscheidungsmaßstabs, gibt, der nicht aus der Faktenrecherche resultiert, sondern daraus, daß der Bewertung einzelner Fakten und Beweise ein zu großes Gewicht eingeräumt wurde, angesichts des Argumentationsgangs und der Totalität der von den Behörden angestrebten Schlüsse[7258]:

"150. In our view, having accepted an investigating authority's approach, a panel normally should examine the probative value of a piece of evidence in a similar manner to that followed by the investigating authority. Moreover, if, as here, an investigating authority relies on individual pieces of circumstantial evidence viewed together as support for a finding of entrustment and direction, a Panel reviewing such a determination normally should consider that evidence in its totality, rather than individually, in order to assess the probative value with respect to the agency's determination. Indeed, requiring that each piece of circumstantial evidence, on its own, establish entrustment and direction effectively precludes an agency from finding entrustment and direction on the basis of circumstantial evidence. (...) 151. Furthermore, in order to examine the evidence in the light of the investigating authority's methodology, a panel's analysis usually should seek to review the agency's decision on its own terms, in particular, by identifying the inference drawn by the agency from the evidence, and then by considering whether the evidence could sustain that inference. Where a panels examines whether a piece of evidence could directly lead to an ultimate conclusion - rather than support an intermediate inference that the agency sought to draw from that particular piece of evidence [Footnote: This is not to say that a panel is prohibited from examining whether the agency has given a reasoned and adequate

---

The particular label used to describe the governmental action is not necessarily dispositive. Indeed, as Korea acknowledges, in some circumstances, 'guidance' by a government can constitute direction. In most cases, one would expect entrustment or direction of a private body to involve some form of threat or inducement, which could, in turn, serve as evidence of entrustment or direction. The determination of entrustment or direction will hinge on the particular facts of the case". Fußnoten nicht reproduziert. Korea vs. United States - Countervailing Duty Investigation on Dynamic Random Access Memory Semiconductors (DRAMS) from Korea, WT/DS296/AB/R, 27 June 2005, S. 43, Para. 116. Vorher wird abgegrenzt, daß 'entrustment' und 'direction' sicher nicht meint, "whenever a government is merely exercising its general regulatory powers", S. 42, Para. 115. Und es müsse mehr sein, als eine bloße Ermutigung: "Furthermore, entrustment and direction - through the giving of responsibility to or exercise of authority over a private body - imply a more active role than mere acts of encouragement." S. 41, Para. 114. Es müsse ein "demonstrable link between the government and the conduct of the private body" vorhanden sein, S. 41, Para. 112. Diese Passagen werden in Gänze zitiert von: Korea vs. Japan - Countervailing Duties on Dynamic Random Access Memories from Korea, WT/DS336/R, 13 July 2007, S. 105-107, Para. 7.62.

[7258] Besonders spannungsreich ist der folgende Satz, der einerseits vom Panel fordert, die 'accuracy' also Richtigkeit, Fehlerfreiheit und Genauigkeit von Beweisen zu untersuchen - oder - ob man vernünftigerweise aus dem Beweis eine bestimmte Schlußfolgerung ziehen kann. Dies scheint die Möglichkeit zu eröffnen, auf zwei Arten und Weisen die WTO Kompatibilität aufzeigen zu können. Durch Richtigkeit im formalen Sinn oder durch eine vernünftige Bewertung in einem materialen Sinn: "In the context of reviewing individual pieces of evidence, for example, a panel should focus on issues such as the accuracy of a piece of evidence, or whether that piece of evidence may reasonable be relied on in support of the particular inference drawn by the investigating authority." Korea - vs. United States - Countervailing Duty Investigation on Dynamic Random Access Memory Semiconductors (DRAMS) from Korea, WT/DS296/AB/R, 27 June 2005. S. 71-72, Paras. 184-190. Dies ist zwar eine Qualitätsstufe höher, erinnert aber an Norway - Salmon aus der Tokio-Runde, von dem sich eigentlich abgegrenzt wurde, wo zu Art. 3.1 'positive evidence' wird ausgeführt: "In this context, the Panel considered that the mere fact that in a given case reasonable, unprejudiced minds could differ as to the weight to be accorded to certain facts was not a sufficient ground to find that a determination of material injury based on such facts was not based on positive evidence within the meaning of Art. 3.1." Norway vs. United States - Imposition of Anti-Dumping Duties on Imports of Fresh and Chilled Atlantic Salmon from Norway, Report of the Panel, ADP/87, 30 November 1992, BISD 41S Vol. I/229, 1997. S. 403, Para. 494. Kurz: Dies kann der AB nicht so gemeint haben, wie hier angedeutet.

explanation for its determination, in particular, by considering other inferences that could reasonably be drawn upon - and explanations that could reasonably be given to - the evidence on record. Indeed, the a panel must undertake such an enquiry]- the panel risks constructing a case different from that put forward by the investigating authority. In doing so, the panel ceases to *review* the agency's determination and embarks on its own *de novo* evaluation of the investigating authority's decision."[7259]

Siehe auch die folgende Passage:

"188. These general principles reflect the fact that a panel examining a subsidy determination should bear in mind its role as *reviewer* of agency action, rather than as *initial trier of fact*. Thus, a panel examining the evidentiary basis for a subsidy determination should, on the basis of the record evidence before the panel, inquire whether the evidence and explanation relied on by the investigating authority reasonably supports its conclusions. In the context of reviewing individual pieces of evidence, for example, a panel should focus on issues such as the accuracy of a piece of evidence, or whether that piece of evidence may reasonably be relied on in support of the particular inference drawn by the investigating authority. As we observed above, however, the Panel in this case examined whether certain pieces of evidence were sufficient to establish certain conclusions that the USDOC did not seek to draw, at least solely on the basis of those pieces of evidence. Moreover, it failed to examine the evidence in its *totality*. The Panel thus failed to assess the agency's determination. Instead, the Panel's examination reflected its own view of whether entrustment or direction existed in this case; the Panel thereby engaged, improperly, in a de novo review of the evidence before the agency."[7260]

Dies - und zwei weitere, konkrete Kritikpunkte am Panel[7261] - führen den AB zum Schluß, daß "the Panel went beyond its role as the reviewer of the investigating authority's decision and, instead, conducted its own assessment, relying on its own judgement, of much of the evidence before the USDOC."[7262] Die Formulierung in der Passage oben, daß die Panels im SCM Bereich nicht die Rolle von 'initial trier of facts', sondern als 'reviewer of agency action' haben, wird hier als wenig relevant eingeschätzt.[7263] Oben wurde schon unter dem Punkt Antidumping gezeigt, in welcher Weise das Art.

[7259] Fußnote 278 wird hier als 'Footnote' eingefügt. Herv. im Original. Korea - vs. United States - Countervailing Duty Investigation on Dynamic Random Access Memory Semiconductors (DRAMS) from Korea, WT/DS296/AB/R, 27 June 2005. S. 57-58, Paras. 150-151.
[7260] Korea - vs. United States - Countervailing Duty Investigation on Dynamic Random Access Memory Semiconductors (DRAMS) from Korea, WT/DS296/AB/R, 27 June 2005. S. 72-73, Para. 188. Im zeitlichen Abstand betont das nachfolgende Panel im Japan-Fall die Paragraphen 186 bis 188 aus diesem AB Bericht: Korea vs. Japan - Countervailing Duties on Dynamic Random Access Memories from Korea, WT/DS336/R, 13 July 2007, S. 99, Para. 7.42.
[7261] Erstens hatte der Panel Beweise der USA als ex post rationalization abgelehnt, die nicht in der Originaluntersuchung, aber in der Eingabe vor der Streitbeilegung enthalten waren. Zweitens wird nicht akzeptiert, daß eine Passage aus einem Audit Report von Hynix, die Schlußfolgerung erlaubt, daß zwei Kreditgeber sich bei einem Treffen kritisch zu den Umstrukturierungsbedingungen geäußert haben. Beide Argumente des AB sind überzeugend. Korea - vs. United States - Countervailing Duty Investigation on Dynamic Random Access Memory Semiconductors (DRAMS) from Korea, WT/DS296/AB/R, 27 June 2005, S. 63-64, Paras. 162-165, S. 64-69, Para. 166-179
[7262] Korea - vs. United States - Countervailing Duty Investigation on Dynamic Random Access Memory Semiconductors (DRAMS) from Korea, WT/DS296/AB/R, 27 June 2005, S. 73, Para. 190.
[7263] Es geht hier m.E. nicht um eine neue Schwerpunktsetzung bezüglich des Entscheidungsmaßstabs. Von Becroft (2006) wird ohne Referenzen behauptet, daß dies mit der bisherigen Entscheidungspraxis übereinstimmt. Dies ist nicht der Fall, denn der Begriff 'initial trier of facts' wird meist im Zusammenhang mit dem Verhältnis Panel/AB in bezug auf die Fähigkeit des Panel zu Faktenanalyse und in bezug auf dessen Einschätzungsprärogative benutzt, die der AB nicht immer nachvollziehen muß ('second guess') etc., sodaß er nur ein Stück im Puzzle

21.5 Panel in Softwood Lumber V (2004-2006) durch diese Ausführungen verunsichert worden ist.[7264] Insgesamt besteht hier nicht der Eindruck, daß daraus abzuleiten ist, daß ein schwächerer Entscheidungsmaßstab für das SCM vorliegt. Wenn ein Panel eng der Argumentation der nationalen Behörden folgt, kann es weiterhin einzelne Beweise genau untersuchen und darauf basierend eine Schlußfolgerung bezüglich der Totalität der Beweise ziehen. Auch die Möglichkeiten der Faktenrecherche sind nach diesem Fall nicht eingeschränkter als zuvor. Eine Feststellung oder Empfehlung gibt es in diesem Bericht nicht, der AB führt die Analyse nicht zuende: "We conclude only that the Panel's finding on inconsistency, which resulted from its flawed approach of reviewing the evidence, is in error."[7265] Ob die EU oder U.S. Maßnahme mit den SCM Regeln übereinstimmte, blieb damit offen.

Box 'big game'. Das 'big game' der Firma Micron und die Leistung der WTO Streitbeilegung soll hier aus der Sicht Koreas beschrieben werden. In diesem Ausgleichszollfall vor der WTO ging es auf den ersten Blick um eine Fairnessfrage, als der U.S. Halbleiterhersteller Mircon seinem koreanischen Konkurrenten Subventionierung vorwirft. Während eines Zeitpunkts niedriger Speicherchip-Preise beantragte der amerikanische Hersteller Micron deshalb eine Ausgleichzolluntersuchung gegen den koreanischen Hersteller Hynix, der für 4 % der koreanischen Exporte aufkam und 150,000 Angestellte, eingeschlossen der Zuliefferernetzwerke, hatte.[7266] Als Anlaß wurde genommen, daß die Banken in Korea dessen Schulden von US$ 6,8 Mrd. umstrukturiert hatten.[7267] Behauptet wurde, daß die Banken durch den koreanischen Staat gezwungen wurden, die Umstrukturierung vorzunehmen. Parallel versuchte Micron aber, Hynix zu einer strategischen Allianz zu drängen, welches natürlich leichter und billiger möglich gewesen wäre, wenn die heimischen Banken ihre - mutmaßlich unfaire - Unterstützungen für diese Firma aufgeben hätten müssen. Als die Verhandlungen 2002 scheiterten, wurde von Micron eine Ausgleichszolluntersuchung aktiviert.[7268] Am 1. April 2003 wurden nach Antrag von Micron auf Hynix Produkte (bei Samsung wird keine Subventionierung festgestellt) vorläufige Ausgleichszölle von 57,37 % (endgültig 44,29 %) für die Zeitperiode von Januar 2000 bis

---

Entscheidungsmaßstab ist, welches für die insgesamte Ausrichtung des Entscheidungsmaßstabs weniger relevant ist. Becroft 2006: 215. Siehe Abschnitt 'J', Punkt 3, Entscheidungsmaßstab und EU, United States vs. Korea - Taxes on Alcoholic Beverages, WT/DS75/AB/R, WT/DS84/AB/R, 18 January 1999. S. 47, Para. 160-161. In einer weiteren Passage scheint sich diese Einschätzung zu bestätigen, denn hier wird 'reviewer' in einem beschreibenden Sinn der nicht erlaubten 'de novo review' gegenübergestellt. Dies ist unstreitig. Korea - vs. United States - Countervailing Duty Investigation on Dynamic Random Access Memory Semiconductors (DRAMS) from Korea, WT/DS296/AB/R, 27 June 2005, S. 73, Para. 190.

[7264] Canada vs. United States - Investigation of the International Trade Commission in Softwood Lumber from Canada, WT/DS277/RW, 15 November 2005.

[7265] Korea - vs. United States - Countervailing Duty Investigation on Dynamic Random Access Memory Semiconductors (DRAMS) from Korea, WT/DS296/AB/R, 27 June 2005, S. 76, Para. 198.

[7266] Manyin 2002: 13.

[7267] Manyin 2002: 12.

[7268] Die Verhandlungen scheiterten in dramatischer Form, nach einem Veto des Hynix Aufsichtsrates, welcher den Preis als viel zu niedrig ansah. Daraufhin übernehmen die Banken die Kontrolle von Hynix. Diese wollten erst verkaufen, entschlossen sich dann aber zu einer internen Umstrukturierung. Zu diesem Zeitpunkt gab es Präsidentenwahlen in Korea und ein Verkauf hätte erhebliche Kontroversen ausgelöst. Hynix zog sich ganz vom Angebot einer strategischen Allianz zurück, um sich auf die Anträge auf eine Antidumping- oder Ausgleichszolluntersuchungen zu konzentrieren. Manyin 2002: 13.

Juni 2001 veranschlagt, also die Zeit als noch Verhandlungen zwischen den beiden stattfanden.[7269] Am 24. April 2003 wurde auf Antrag von Infineon, dem größten europäischen Hersteller und von Micron (!) von der EU Kommission gegenüber Hynix ebenso vorläufige Ausgleichzölle von 33 % (endgültig 34, 8 %) erhoben (bei Samsung wird keine Subventionierung festgestellt).[7270] Für Japan wird eine Untersuchung erst am 4. August 2004 begonnen, auf Antrag von Elpida Memory und Micron Japan Ltd., und die endgültige Feststellung erfolgt am 20. Januar 2006.[7271] Für alle drei Fälle wird die WTO Streitbeilegung angerufen, den Korea im Panelstadium der beiden frühen Panels in vielen Punkten gewinnt, sodaß sicher auch der Druck auf Hynix, in welcher Form auch immer, nachgelassen hat. Gemäß dem Panelbericht gelingt es der USA nicht zu erklären, daß dem koreanische Bankensystem (sowohl den staatliche als auch privaten Banken) die Rettung von Hynix anvertraut wurde und dies weisungsgemäß ausgeführt wurde ('entrusted and directed').[7272] Der Panelbericht bezüglich der EU akzeptiert die ähnlichen EU Thesen zu diesem Sachverhalt dagegen - nicht in allen - aber in deutlich mehr Aspekten.[7273] Andersherum ist es bei der Schädigungsanalyse. Hier finden die Panels nicht bei der USA, aber bezüglich der Argumentation der EU Behörden ausgeprägte WTO Inkompatibilitäten.[7274] Für den AB ergab sich dadurch die prekäre Aufgabe, diese beiden Ansätze zusammenzuführen[7275], erleichtert dadurch, daß im EU Fall kein Rekurs auf die Berufungsinstanz erfolgte. Im USA Fall macht der AB die Schlußfolgerungen des Panelberichts rückgängig, mit der Argumentation, daß das Panel den Entscheidungsmaßstab verletzt hat, u.a. indem es seine Analyse auf einer Einzelkritik der U.S. Argumente gestützt hat, anstatt der Argumentation der Behörden zu folgen und die Überzeugungskraft der Totalität der Argumentation zu überprüfen.[7276] Der AB lehnt es ab, die sachliche Analyse zuendezuführen, weil er dazu nicht auf den Informationen des Panel aufbauen

---

[7269] Daten für den vorläufigen Zoll aus: ITA 2003: 1; Samsung fällt aufgrund der de minimis Regel heraus, bei einer Subventionierung von 0,4 %. Daten für den endgültigen Zoll in: WT/DS296/R, 21 February 2005. S. 3.
[7270] Verordnung (EG) Nr. 1480/2003 des Rates, 11.8.2003, ABl. Nr. L 212, 22.08.2003. S. 1-38.
[7271] Korea vs. Japan - Countervailing Duties on Dynamic Random Access Memories from Korea, WT/DS336/R, 13 July 2007, S. 1-2, Paras. 2.1-2.3.
[7272] Korea - vs. United States - Countervailing Duty Investigation on Dynamic Random Access Memory Semiconductors (DRAMS) from Korea, WT/DS296/R, 21 February 2005. S. 38, Para. 7.130.
[7273] Das Ergebnis des EU Panels ist differenziert, unterscheidet sich aber deutlich vom U.S. Bericht, beispielsweise wird für die größte private Bank Koreas Citibank pauschal Regierungseinflußnahme akzeptiert. Korea vs. European Communities - Countervailing Measures on Dynamic Random Access Memory Chips from Korea, WT/DS299/R, 17 June 2005. S. 48, para. 7.144. Grund dafür ist auch, daß die Citibank nicht kooperiert hatte. S. 47, para. 7.143.
[7274] Die USA erklärt nur die Wirkungen vom Nachfragerückgang auf die Schädigung nicht zureichend. Korea - vs. United States - Countervailing Duty Investigation on Dynamic Random Access Memory Semiconductors (DRAMS) from Korea, WT/DS296/R, 21 February 2005. S. 97, Para. 7.368. Bei der EU geht es um mehr Punkte: Die Analyse von Löhne wird zum zweitenmal (nach EC - Bedlinen) vergessen, die Wirkung des Nachfragerückgangs als Faktor in Relation zum Faktor der niedrigen Preise von Hynix wird nicht angemessen erklärt, ebensolches gilt für die Wirkung der Überkapazität. Ausgelassen wird von der Untersuchung die Preisgestaltung von Samsung, welches zwar weniger Marktanteil hatte, aber dennoch eine Wirkung auf die Schädigung hätte haben können. Korea vs. European Communities - Countervailing Measures on Dynamic Random Access Memory Chips from Korea, WT/DS299/R, 17 June 2005. Löhne S. 103, Para. 7.365, Nachfragerückgang S. 118, para. 7.414, Überkapazität S. 120, Para. 7.422., Preisgestaltung von Samsung (hier womöglich falsch vom Panel unter dem Punkt 'non-attribution' diskutiert) S. 123, Para. 7.434.
[7275] Prekär dadurch, weil nicht die Sachlage in Korea, sondern vor allem die diesbezüglichen Feststellungen der Behörden in der EU und der USA beachtet werden mußten,
[7276] "the Panel in this case examined whether certain pieces of evidence were sufficient to establish certain conclusions that the USDOC did not seek to draw, at least solely on the basis of those piece of evidence. Moreover, it failed to examine the evidence in its *totality*." Herv. Im. Original. Korea - vs. United States - Countervailing Duty Investigation on Dynamic Random Access Memory Semiconductors (DRAMS) from Korea, WT/DS296/AB/R, 27 June 2005. S. 73, Para. 188; siehe auch: S. 53-54, Paras. 141, 144.

könne.⁷²⁷⁷ Eine Aussage darüber, ob die Behörden der USA eine vernünftige und angemessene Erklärung für These des staatlichen Einflusses auf das koreanische Bankensystem gegeben haben, macht der AB ausdrücklich nicht.⁷²⁷⁸ Korea protestiert innerhalb der WTO gegen die AB Argumentation.⁷²⁷⁹ Das Vorgehen des AB ist nicht ungewöhnlich. In der Literatur ist es akzeptiert, daß der AB in bestimmten Fällen "'issue-aviodance'-techniques" benutzt, nicht nur wenn weitere Ausführungen unnötig erscheinen und nicht angemessen sind, sondern auch dann, wenn das Urteil zu kontrovers wäre. Eine dieser Techniken ist das Prinzip der 'judical economy', welches traditionell im GATT bedeutet, daß ein Klagepunkt nicht weiterverfolgt wird, wenn bereits eine Regelinkonsistenz gefunden wurde. Eine weitere ist, daß der AB gemäß Überprüfungsstandard ('standard of review') unter bestimmten Umständen eine neue Faktenanalyse verweigern kann, wie in diesem Fall.⁷²⁸⁰ Ergebnis: Die EU veröffentlich eine geänderte Verordnung, die die WTO Kritik umsetzen soll, dort wird z.B. argumentiert, daß nur Hynix und nicht die anderen Importeure schädigend wirkten. Die Preise von Hynix lagen aber höher als die der EU Preise (dies ist schwer mit Schädigung vereinbar zu machen): Die durchschnittlichen Preise bei nicht-subventionierten Importen lagen 19 % höher als die durchschnittlichen Hynix Preise und 24 % höher als die durchschnittlichen Preise der EU Industrie (kurz: Hynix lagt immer noch um 5 % höher als die durchschnittlichen EU Preise). Die Preise gingen um 52 % bei nicht-subventionierten Importeuren zurück, bei Hynix allerdings um 80 %.⁷²⁸¹ Wie dem auch sei, der Ausgleichszoll von 32,9 % wird bestätigt, ebenso wird ein seltsames System abgestufter Ausgleichszölle eingeführt.⁷²⁸² Dies sind interessante Informationen, weil sich in USITC (2003) keine öffentlich zugänglichen Preisinformationen finden.⁷²⁸³ Die USA behaupten in ihrer aufgrund der WTO Streitbeilegung modifizierten Nachfrageanalyse (USITC 2006a), daß der Nachfragerückgang 2001 nicht zu Preisrückgängen führte, sondern daß dies nur auf den Boom und Bust Zyklus zurückgeführt werden könne.⁷²⁸⁴ Immerhin gibt es Hynix und Micron noch und auch Micron scheint sich spätestens 2004 wieder in eine Gewinnzone zu befinden.⁷²⁸⁵ Dies ist ein 'big game' in einer dynamisch verfaßten internationalen Wirtschaft (in einem besonders dynamisch verfaßten Industriebereich⁷²⁸⁶), welches

---

⁷²⁷⁷ Korea - vs. United States - Countervailing Duty Investigation on Dynamic Random Access Memory Semiconductors (DRAMS) from Korea, WT/DS296/AB/R, 27 June 2005. S. 76, Para. 196.

⁷²⁷⁸ Korea - vs. United States - Countervailing Duty Investigation on Dynamic Random Access Memory Semiconductors (DRAMS) from Korea, WT/DS296/AB/R, 27 June 2005. S. 61, Para. 157, S. 74, Para. 198, S. 79, Para. 208.

⁷²⁷⁹ "So, what should Korea do at this point? As the Appellate Body stated in Paragraph 198 of its Report, its reversal of the Panel's findings does not actually mean that it upheld the DOC's determination. Should Korea start a new case?". WT/DS296/9, 28 July 2005.

⁷²⁸⁰ Davey 2003: 58, 70-72.

⁷²⁸¹ Verordnung (EG) Nr. 584/2006 des Rates, 10.4.2006. ABl. L 103/1, 12.4.2006. S. 1-26. Ebenso veröffentlicht als WT/DS299/9, 20 April 2006: siehe hier S. 30, Recital 121.

⁷²⁸² WT/DS299/9, 20 April 2006: 30, Recital 126, 33-34.

⁷²⁸³ Und aus der Fälle von 'underselling' läßt sich nicht viel ablesen. USITC 2003: V-4-V-9.

⁷²⁸⁴ USITC 2006a: 15. Weil keine Preise öffentlich gemacht werden, geht es um die Frequenz von 'underselling'. Hier argumentiert Korea, daß zwischen 2000 und 2001 keine so hohe Frequenz erkennbar war, wie im Jahr danach, sodaß die Wirksamkeit dessen auf den Preisrückgang nicht so groß hätte sein können. Die ITC argumentiert richtigerweise dagegen, daß diese Frage schon von der WTO gegen Korea entschieden worden sei. USITC 2006a: 17, FN 64.

⁷²⁸⁵ Hynix Annual Report 2006: 13; Micron Information 2005: 15.

⁷²⁸⁶ Es wäre möglich zu argumentieren, daß die Halbleiterindustrie, aufgrund ihren extremen Aufschwungs- und Abschwungzyklen, die von einem erheblichen Preisverfall für die Produkte gekennzeichnet sind, Marktversagen unterliegt. Allerdings nur, wenn feststehen würde, daß die Hersteller für ihre Investitionen nicht mehr kompensiert würden, was nicht der Fall zu sein scheint. Selbst wenn dem zugestimmt würde, gäbe es - vielleicht - bessere Instrumente, darauf einzugehen, als Schutzmaßnahmen, die auf Antrag von privaten Parteien benutzt werden, deren Motive mit dieser Problemdimension nicht unbedingt etwas zu tun haben.

private, politische und über die WTO Streitbeilegung institutionell bereitgestellte Druckinstrumente kombiniert. Nicht alles sieht in diesem Industriebereich in bezug auf Außenhandelsinstrumente und die WTO nach Interessendurchsetzung und Industriepolitik aus: Seit 1992 gab es auf Antrag von Micron, dem größten Halbleiterhersteller der USA, Antidumpingzölle gegen koreanische Produzenten, diese fielen allerdings niedrig aus, höchstens 11,16 %. Bei den administrativen Überprüfungen gelang es koreanischen Unternehmen die Zölle weiter abzusenken, nach einem Erfolg Koreas vor der WTO Streitbeilegung zum Thema administrativer Überprüfungen kam es zu einer Abmachung, daß die USA ihre Antidumpingzölle aufhebt, im Gegenzug verpflichteten sich koreanische Hersteller Preis- und Kostendaten zu sammeln und bei einer neuen Antidumpinguntersuchungen zur Verfügung zu stellen.[7287] Ebenso hat aus Sicht Koreas die Streitbeilegung einen gewissen Einfluß darauf gehabt, daß U.S.-Antidumpingzölle auf koreanische Farbfernsehgeräte nach 12 Jahren abgeschafft wurden.[7288] Trotz der nicht perfekten Nutzung der WTO Streitbeilegung aus koreanischer Sicht, hat diese immerhin einen moderierenden Einfluß gehabt.

Nun zu dem im zeitlichen Abstand entschiedenen Fall Korea vs. Japan - DRAMS (2007).[7289] Korea begann hier unglücklich, da es Japan bezüglich eines Bereiches viel zu pauschal beschuldigt. Und zwar ausgerechnet bezüglich der Schädigungsanalyse, die hier neugierig erwartet wurde. Da Japan, mangels konkreter Vorwürfe, diesbezüglich kaum in der Lage ist, seine Verteidigung vorzubereiten, wird Item 15 der Klage aufgrund eines Verstoßes gegen DSU Art. 6.2. ("sufficient to present the problem clearly"[7290]) nicht einbezogen.[7291]

Auch der Panel ist nicht glücklich. Generell wird zudem das Verständnis des Falls erschwert, weil die Feststellung der japanischen Behörde nicht öffentlich verfügbar ist. Dazu kommt, daß die Referenzen, auf die sich der Panel bezieht, nicht von der WTO veröffentlicht wurden - wäre das nicht schon genug, verfährt der Panel so, daß er diese in Annexes, Exhibits etc. enthaltenen Aussagen nicht ausführlich genug zitiert und Informationen durchgängig als Geschäftsgeheimnisse deklariert wurden. Zuletzt unterläßt er es, schriftliche Kurzdeutungen dieser Informationen im Sinne einer allgemeinen Zusammenfassung oder Präsentation einer Tendenzwahrnehmung zu geben, wie sonst üblich, wodurch die Geschäftsgeheimnisse nicht verletzt würden.[7292]

[7287] Ohne das Abkommen mit Korea hätte die USA den AB Bericht, der nun nur sehr kurz ist, genauso wie den Panelbericht, verloren und wäre zu Veränderungen seiner Antidumping-Regeln gezwungen gewesen. Manyin 2002: 14. Zu diesem DS99 Fall, siehe dazu weiter unten mehr.

[7288] Siehe den Fall DS89, hierzu nur Konsultationen zwischen den USA und Korea, welche nach der Abschaffung der Zölle beendet sind. Dennoch blieb es weiter möglich mit - mutmaßlich - WTO konformen U.S. Maßnahmen Koreas Exporte durch 18 Antidumping- und 5 Ausgleichszölle, die 7 % der U.S. Importe (1999) berührten, zu hemmen, wobei diese sich zudem auf wichtigsten Produkte Halbleiter, Stahl, TV, Telecommunications-Equipment richteten. Im Moment hat sich die Lage zwischen der USA und Korea etwas beruhigt. Die liegt auch daran, daß es nun "working level bilateral trade meetings" gibt. Manyin 2002: 14.

[7289] Panel und AB. Korea vs. Japan - Countervailing Duties on Dynamic Random Access Memories from Korea, WT/DS336/R, 13 July 2007. Korea vs. Japan - Countervailing Duties on Dynamic Random Access Memories from Korea, WT/DS336/AB/R, 28 November 2007.

[7290] DSU Art. 6.2. WTO 1995: 410.

[7291] Korea vs. Japan - Countervailing Duties on Dynamic Random Access Memories from Korea, WT/DS336/R, 13 July 2007, S. 95, Para. 7.21. Item 5 bezog sich auf SCM Art. 10, 11, 12, 14, 15, 22, 32.1, siehe: S. 98, Para. 7.40.

[7292] So erfolgt die eigentlich relevante Aussage des Panels in einer Fußnote, wobei der Leser dem Panel vertrauen muß, da es eine Aufstellung der Gründe nicht für nötig hält: "Reviewing Attachment 3 as a whole, in the context of the remainder of the evidence considered

Zu Beginn führt der Panel eine lange Diskussion, welche sich einzig auf SCM Art. 1.1 (a) (1) (iv) "entrusts or directs a private body"[7293] bezieht, um festzustellen, ob der koreanische Staat die Banken bei der Restrukturierung beeinflußt hat. Offenbar ermuntert durch den AB, stellt er zuerst einmal ohne Abstufung fest, daß die japanische Behörde (das JIA) bestimmte Äußerungen koreanischer Akteure gerechtfertigterweise als Beweis anführen könne, daß die koreanische Regierung direkt in die Rettung von Hynix involviert war und es die Intention der Regierung war, Hynix zu retten. Dabei wird - ohne weitere Erklärung schwer nachvollziehbar - akzeptiert, daß zeitlich frühere politischer Druck (Ende 2000) auf Kreditgeber, als Beweis dafür angeführt werden kann, daß auch später (Oktober 2001 und Dezember 2002) ein solcher Druck vorgelegen habe.[7294] Im weiteren Vorgehen hält sich der Panel eng an Koreas Argumente[7295] und widmet sich der Frage kommerzieller Erwägungen. Ausgangspunkt ist u.a. die folgende Feststellung des JIA, daß die Banken nicht nach kommerziellen Erwägungen gehandelt haben können:

"[T]he deterioration of Hynix's financial situation was such that its rating was downgraded even to 'Selective Default,' and it was unable to raise funds from the commercial market. The Investigating Authorities therefore find that there was no investor that would invest in or make loans to Hynix in the general commercial market from a normal commercial perspective. Under such circumstances, KEB, Woori Bank, Chohung Bank and NACF made financing decisions that were not based on commercial consideration[s]."[7296]

Korea argumentiert dagegen, daß das JIA von der Annahme ausgeht, daß kein Investor aus marktgemäßen, kommerziellen Erwägungen an der Rettung von Hynix interessiert sein könne. Dies überzeuge nicht, denn an der Firma beteiligte Insider-Investoren könnten daran interessiert sein, ihre Verluste zu mindern. Der Panel mißversteht hier Korea, welches u.a. diskutiert, wie der Markt in diesem Fall verfaßt ist und formuliert enggeführt: Korea würde den JIA beschuldigen, daß er erstens ökonomische Rationalität von der *Insiderperspektive* nicht beachtet hätte und zweitens *angenommen* hätte, daß es für Outsiderinvestoren nicht ökonomisch rational gewesen wäre, sich an einer

---

by the JIA, we do not believe that the evidence cited by Korea was sufficient to prevent the JIA from properly concluding that the Government of Korea intendetd to save Hynix." Korea vs. Japan - Countervailing Duties on Dynamic Random Access Memories from Korea, WT/DS336/R, 13 July 2007, S. 119, Para. 7.113, FN 342. Gegen die Vielzahl von BCIs ('business confidential information') und fehlenden argumentativen Zusammenfassungen, die das Verständnis erleichtern, protestierte die EU, siehe Korea vs. Japan - Countervailing Duties on Dynamic Random Access Memories from Korea, WT/DS336/AB/R, 28 November 2007, S. 93, Para. 279.

[7293] SCM Art. 1.1 (a)(1)(iv). WTO 1995: 264.

[7294] Korea vs. Japan - Countervailing Duties on Dynamic Random Access Memories from Korea, WT/DS336/R, 13 July 2007, S. 119, Para. 7.113 FN 341. Nicht sonderlich aufschlußreich ist meiner Ansicht nach ein Statement des Premierministers von Korea, welches einfach nur besagt, daß eine Restrukturierung von Hynix einer der Errungenschaften des FSC war und daß Wirtschaftsminister äußern, daß sie "strongly promote structural reform of seix companies (...) including Hynix." S. 116-117, Paras. 7.106-7.107. Viel deutlicher ist dagegen die Äußerung des Vize-Premierministers: "if the creditor group cannot make a decision whether or not to provide additional support, the financial authorities should decide." S. 117, Para. 7.107. Zwischen diesen Äußerungen differenziert das Panel nicht

[7295] Korea vs. Japan - Countervailing Duties on Dynamic Random Access Memories from Korea, WT/DS336/R, 13 July 2007, S. 105, Para. 7.61.

[7296] Korea vs. Japan - Countervailing Duties on Dynamic Random Access Memories from Korea, WT/DS336/R, 13 July 2007, S. 111, Para. 7.83.

Rettung/Restrukturierung zu beteiligen.[7297] Zum zweiten Argument bemerkt das Panel, daß Hynix von Rating Agenturen als 'Selective Default' eingestuft war, was ein Fakt sei, nicht aber eine *Annahme*, wodurch das Argument Koreas bereits als abgelehnt angesehen wird.[7298] Zum ersten Argument bemerkt das Panel, daß Japans JIA die Insiderperspektive beachtet hätte, da es diese erwähnt und auch eingesteht, daß Schuldenstreichung durch bestehende Kreditgeber rational sein kann. Diese Beobachtung reicht dem Panel aus, zu schließen, daß der JIA nicht "failed to consider the economic rationality of the restructurings from the perspective of Hynix's inside investors".[7299] Dies führt, innerhalb der Argumentation des Panels in diesem Fall dazu, daß der Panel entscheidet, daß die Analyse der Intentionen der koreanischen Regierung durch den JIA im Einklang mit den Regeln steht (die koreanische Regierung 'entrustment' und 'direction' bezüglich des Bankensektors ausgeführt hat).[7300]

So konnte der Panel nicht weitermachen. Ironie beiseite: Auch dieser Bericht steht wieder im Zeichen der Unsicherheit über den Entscheidungsmaßstab, da der Panel sich u.a. oft eng an den JIA Bericht hält und breiter angelegte, eigenen Überlegungen zurückstellt. Und tatsächlich läßt er sich auf eine substantiellere Analyse ein. Herausgegriffen wird die These des JIA, daß sich die vier koreanischen Kreditgeber nicht gemäß ökonomischer Erwägungen verhalten haben, als sie sich entschieden an der Restrukturierung teilzunehmen. Dieser These wird eine wichtige Stellung in der Argumenation eingeräumt.[7301] Es ist dabei allein ein Gutachten der Deutschen Bank, welches, gegen Japan, Koreas Position stützt und Zweifel an der objektiven und unvoreingenommenen Haltung des JIA weckt. Bezüglich dieses Gutachtens kann das JIA dem Panel keine Beweise vorlegen, daß eine Einflußnahme der koreanischen Regierung vorlag, daß die Gutachter nicht unabhängig waren etc.[7302] Weiterhin bewertet der Panel die Substanz des Gutachten und kann die 'Diskrepanzen', welche die JIA behauptet, anhand einer ausführlichen Diskussion nicht bestätigen. Da im Panelbericht sämtliche Geschäftsgeheimnisse gelöscht sind, kann hier nur spekuliert werden, daß die Deutsche Bank für das restrukturierte Hynix, neben anderen Szenarien, etwa eine Aufspaltung des Unternehmens, die erwähnt werden, eine ökonomisch vernünftige Perspektive gesehen hat. Daraufhin stellt der Panel fest, daß eine objektive und unparteiische Behörde diesen Bericht nicht hätte ablehnen dürfen und auch nicht schließen können, daß die Teilnahme der vier Kreditgeber im Dezember 2002 ökonomisch

---

[7297] Korea vs. Japan - Countervailing Duties on Dynamic Random Access Memories from Korea, WT/DS336/R, 13 July 2007, S. 113, Para. 7.89.
[7298] Korea vs. Japan - Countervailing Duties on Dynamic Random Access Memories from Korea, WT/DS336/R, 13 July 2007, S. 113, Para. 7.91.
[7299] Korea vs. Japan - Countervailing Duties on Dynamic Random Access Memories from Korea, WT/DS336/R, 13 July 2007, S. 114, Para. 7.93.
[7300] Korea vs. Japan - Countervailing Duties on Dynamic Random Access Memories from Korea, WT/DS336/R, 13 July 2007, S. 120, Para. 7.117.
[7301] Korea vs. Japan - Countervailing Duties on Dynamic Random Access Memories from Korea, WT/DS336/R, 13 July 2007, S. 120, Para. 7.118.
[7302] Korea vs. Japan - Countervailing Duties on Dynamic Random Access Memories from Korea, WT/DS336/R, 13 July 2007, S. 130-136, Paras. 7.158-7.188. Siehe auch das folgende Statement des Panels, welches nebenbei auch gut seine Haltung zum Entscheidungsmaßstab zum Ausdruck bringt: "Whilst it was not necessary for the JIA to establish the perfect truth, it was also incumbent on the JIA to be objective and unbiased in its assessment of the evidence before it.", S. 136, Para. 7.188 FN 406.

unvernünftig gewesen sei (dies gälte aber nicht für die Restrukturierung im Oktober 2001).[7303] Der Panel schließt so: Weil die Schlußfolgerung des JIA sich nicht allein auf die Intention der Regierung bezogen hätte, sondern ebenso den nicht kommerzielle Charakter hervorgehoben worden wäre, wird für Oktober 2001 beschlossen, daß Japans JIA 'entrustment and direction' im Einklang mit SCM Art. 1.1 (a) (1) (iv) festgestellt hätte, nicht aber für Dezember 2002.[7304] Diese Argumentation stellt der AB später in Frage.

Interessanterweise hatte aber ein Panel in Korea vs. EU - Countervailing Measures on DRAM Chips (2005) für Mai 2001[7305], Oktober 2001[7306] schon einmal, für den Zeitraum bis Oktober 2001, den gleichen Schluß der EU Behörden anhand von diversen Daten akzeptiert, daß es nicht denkbar sei, daß kommerziell vernünftige Akteure in Hynix investieren könnten. In diesem Bericht wird immerhin, als letztes Argument gegen diese Charakterisierung des Marktes, der Verweis ernstgenommen, daß der Liquidationswert von Hynix ggf. doch nicht den letztendlichen Aufschluß über den kommerziellen Wert geben mag, den das Unternehmen nach einer erfolgreichen Restrukturierung erreichen kann. Damals lag hierzu nur ein Gutachten von Arthur Andersen vor, welches aber nicht den EU Behörden zur Verfügung gestellt wurde (in dem offenbar schon vor Oktober 2001 der Liquidationswert als zu niedrig eingeschätzt wurde[7307]).[7308] Die Restrukturierung im Dezember 2002 fiel damals nicht in diesen Fall (und auch das Gutachten der Deutschen Bank kommt nicht vor), bei dem die period of investigation (POI) der EU Behörden vom 1 Januar bis zum 31. Dezember 2001 reichte.[7309] Wann das Gutachten der Deutschen Bank verfügbar war, ist nicht bekannt, dies scheint ein Geschäftsgeheimnis zu sein, es war jedenfalls im Dezember 2002 vorhanden.[7310] Sichtbar wird hier, ein weiteres Mal im SCM, daß der Markt als Vergleichmaßstab zur Diskussion Anlaß bietet (und eine weitgehend

---

[7303] Korea vs. Japan - Countervailing Duties on Dynamic Random Access Memories from Korea, WT/DS336/R, 13 July 2007, S. 147, Para. 7.247.

[7304] Korea vs. Japan - Countervailing Duties on Dynamic Random Access Memories from Korea, WT/DS336/R, 13 July 2007, S. 149-150, Para. 7.252-7.254.

[7305] In bezug auf das Mai 2001 Restrukturierungsprogramm: " basis for concluding that the creditor banks were directed to participate in the May 2001 Restructuring Programme was precisely the fact that no reasonable market investor would have purchased Hynix's CBs in May-June 2001." Korea vs. European Communities - Countervailing Measures on Dynamic Random Access Memory Chips from Korea, WT/DS299/R, 17 June 2005, S. 63, Para. 7.203.

[7306] In bezug auf das Oktober 2001 Restrukturierungsprogramm: " Throughout the summer 2001, Hynix' s financial situation had worsened and by 5 October 2001 its credit rating was selective default. In addition, Hynix had a bad history of servicing its earlier debts. Moreover, its stock prices had collapsed immediately after the GDRs issuance on 15 June 2001, and there was no proposal for a new GDRs issuance. The record indicates that, between June and September 2001, the stock price had fallen by 72 per cent." Korea vs. European Communities - Countervailing Measures on Dynamic Random Access Memory Chips from Korea, WT/DS299/R, 17 June 2005, S. 64, Para. 7.206.

[7307] Leider sind auch hier die Referenzen nicht veröffentlicht. Korea vs. Japan - Countervailing Duties on Dynamic Random Access Memories from Korea, WT/DS336/R, 13 July 2007, S. 157, Para. 7.285.

[7308] Korea vs. European Communities - Countervailing Measures on Dynamic Random Access Memory Chips from Korea, WT/DS299/R, 17 June 2005, S. 65, Para. 7.208.

[7309] Korea vs. European Communities - Countervailing Measures on Dynamic Random Access Memory Chips from Korea, WT/DS299/R, 17 June 2005, S. 2, Para. 2.1.

[7310] Korea vs. European Communities - Countervailing Measures on Dynamic Random Access Memory Chips from Korea, WT/DS299/R, 17 June 2005, S. 130, Para. 7.155-7.159.

sachliche, jedenfalls nicht neoklassisch dogmatisch geprägte Diskussion stattfindet), wobei dem Marktvergleich nicht ausgewichen werden kann, dies ist in SCM Art. 14 explizit so vorgesehen.[7311]

Weiter bejaht der Panel, daß die zweite notwendige SCM Art. 1.1 (b) "a benefit is thereby conferred", erfüllt ist, sodaß ein Vorteil ('benefit') bzw. eine Subventionierung vorliegt.[7312] Zu dieser Feststellung reicht dem Panel ein einziger Paragraph. Da bereits die JIA Feststellung akzeptiert wurde, daß die Oktober 2001 Restrukturierung nicht kommerziell vernünftig ('commercially reasonable') war, sei folglich ein Vorteil eingeräumt worden. Für Dezember 2002 gälte dies dagegen nicht.[7313] Das Problem ist hier nur, daß der Panel diese Entscheidung fällt, ohne eigene materielle bzw. sustantielle Diskussion der Marktbedingungen durchgeführt zu haben, s.o., - und eigentlich nur deshalb, weil er JIAs These als Fakt akzeptiert, daß kein kommerziell vernünftiger Marktakteur in Hynix investieren würde, nun auf Subventionierung befindet. Korea hatte unglücklich dagegen argumentiert und zweitens hatte eben bezüglich dieses früheren Zeitpunkts simplerweise kein Gutachten wie das der Deutschen Bank vorgelegen.

Schließlich wird sich der Berechnung des Vorteils noch innerhalb dieses Klagepunkts gewidmet. Hier hatte der JIA nach Ansicht des Panel mehrere problematische Annahmen getroffen, darunter nur die Perspektive von unverbundenen Kreditgebern eingenommen, die die Rückzahlung maximieren wollen und hatte unterstellt, daß der Wert von Akienanteilen auch aus Sicht von Hynix gleich null sei. Daraus schließt der Panel, daß für Oktober 2001 und Dezember 2002 die Berechnung des Vorteils nicht SCM kompatibel ist.[7314] Nicht alle weiteren Punkte werden hier erwähnt. Nur eine einzige, eingeschränkte Teilklage bezieht sich auf Schädigung, hier geht es um SCM Art. 15.5, wobei der Panel hier Korea widerspricht, daß dieser Artikel das Erfordernis enthält, daß ein Effekt der Subvention ('effects of subsidies') kausal in bezug auf die Schädigung gezeigt werden müsse. Es reiche, so der Panel, wenn gezeigt wird, daß die Importe, welche mit der Subventionierung verbunden werden können, Schädigung auslösen können ('effects of subsidized imports'). Ohne weitere empirische Diskussion wird dieser Punkt zu ungunsten Koreas beendet, gestützt darauf, daß die JIA annahm, daß Hynix ohne Subventionen überhaupt nicht hätte weiter nach Japan exportieren können (es wäre als Firma nicht mehr vorhanden gewesen), sodaß Schädigung ohne Zweifel vorhanden seien, weil es japanischen Unternehmen jedenfalls aufgrund subventionierter Importe schlechter geht als im alternativen Fall.[7315]

[7311] Siehe oben Teil V, Punkt 8.2. Erstmals wird die Relevanz betont in: Brazil vs. Canada - Measures Affecting the Export of Civilian Aircraft, WT/DS70/AB/R, 2 August 1999, S. 39, Para. 155. Canada vs. Brazil - Export Financing Programme for Aircraft WT/DS46/R, 14 April 1999, S. 97-98, Para. 7.68.
[7312] Korea vs. Japan - Countervailing Duties on Dynamic Random Access Memories from Korea, WT/DS336/R, 13 July 2007, S. 151, Para. 7.260.
[7313] Korea vs. Japan - Countervailing Duties on Dynamic Random Access Memories from Korea, WT/DS336/R, 13 July 2007, S. 156, Para. 7.281-7.282.
[7314] Korea vs. Japan - Countervailing Duties on Dynamic Random Access Memories from Korea, WT/DS336/R, 13 July 2007, S. 165,, Para. 7.313.
[7315] Korea vs. Japan - Countervailing Duties on Dynamic Random Access Memories from Korea, WT/DS336/R, 13 July 2007, S. 187, Para. 7.405, S. 193, Para. 7.425.

Der AB bestätigt die interessante Weichenstellung, daß SCM Art. 15.5 und auch SCM Art. 11.2 in bezug auf Importe nicht zwei getrennte Untersuchungen impliziert ("namely, an examination of the effects of the subsidized imports as per Art. 15.2 and 15.4; and, a second examination of the effects of the subsidies as distinct from the effects of the subsidized imports on a case-by-case basis"[7316]). Die Aufgabe eine solche kausale Differenzierung vorzunehmen, bleibt aber bestehen. Diese Differenzierung fordere gemäß SCM Art. 15.5, dritter Satz, der ein Nicht-Zuschreibungserfordernis enthält, eine Differenzierung der Wirkung anderer Faktoren auf die Schädigung, *"other then subsidized imports"*.[7317] Eine Analyse wie SCM Teil III, in SCM Art. 6.3, sei aber nicht vorgesehen.[7318] Somit kommt es, u.a. durch den Wegfall von Item 15 bedingt, zu keiner weiteren JIA Kritik im Schädigungs- und Nicht-Zuschreibungsbereich etc. Der AB sieht keine Veranlassung die diesbezügliche Festellung des JIA über Volumen- und Preiseffekte der 'subventionierten Importe' zu diskutieren und greift somit dessen Feststellung von Schädigung nicht an.[7319]

Zu weiteren Aspekten des AB Berichts. Der AB wirft dem Panel vor, den Entscheidungsmaßstab für SCM Art. 1.1 (a) (1) (iv) verfehlt zu haben, weil er der These des JIA, daß die Restrukturierung im Dezember 2002 kommerziell vernünftig war, ein zu großes Gewicht eingeräumt hätte.[7320] Stattdessen hätte er untersuchen müssen, ob dies die Feststellung bezüglich 'entrustment and direction', dem eigentlichen Schwerpunkt der Analyse an dieser Stelle, wirklich gefährdet hätte - schließlich sei die kommerzielle Natur einer Aktivität hier nur ein Aspekt unter anderem gewesen.[7321] Der AB macht die Schlußfolgerungen des Panels in bezug auf SCM Art. 1.1 (a) (1) (iv) gänzlich rückgängig, ohne die Analyse zuende zu führen (dies bedeutet nicht, daß die Analyse des JIA hiermit akzeptiert wird, immerhin gab es nun keine Empfehlung der Streitbelegung an die Behörde mehr, diesen Punkt regelkonform zu gestalten).[7322]

Ohne in die Detaildiskussion zu gehen, akzeptiert der AB schließlich das Vorgehen des Panels in bezug auf das Gutachten der Deutschen Bank und bestätigt damit den Verstoß des JIA gegen Art. 1.1 (b) für die Restrukturierung im Dezember 2002.[7323] Dies kann als wichtige Entscheidung in bezug auf die Subventionsmeßlatte 'Markt' im SCM angesehen werden. Eine Restrukturierung während einer

---

[7316] Korea vs. Japan - Countervailing Duties on Dynamic Random Access Memories from Korea, WT/DS336/AB/R, 28 November 2007, S. 89, Para. 254, S. 90, Para. 270.

[7317] Herv. im Original. Korea vs. Japan - Countervailing Duties on Dynamic Random Access Memories from Korea, WT/DS336/AB/R, 28 November 2007, S. 89, Para. 267.

[7318] Korea vs. Japan - Countervailing Duties on Dynamic Random Access Memories from Korea, WT/DS336/AB/R, 28 November 2007, S. 91, Para. 272.

[7319] Korea vs. Japan - Countervailing Duties on Dynamic Random Access Memories from Korea, WT/DS336/AB/R, 28 November 2007, S: 93, Para. 278, S. 96, Para. 280 (i).

[7320] Korea vs. Japan - Countervailing Duties on Dynamic Random Access Memories from Korea, WT/DS336/AB/R, 28 November 2007, S. 49, Para. 134.

[7321] Korea vs. Japan - Countervailing Duties on Dynamic Random Access Memories from Korea, WT/DS336/AB/R, 28 November 2007, S. 49-50, Paras. 133-134.

[7322] Korea vs. Japan - Countervailing Duties on Dynamic Random Access Memories from Korea, WT/DS336/AB/R, 28 November 2007, S. 52, Para. 142.

[7323] Korea vs. Japan - Countervailing Duties on Dynamic Random Access Memories from Korea, WT/DS336/AB/R, 28 November 2007, S. 58, Para. 164.

extremen Firmen- oder Wirtschaftskrise, muß nicht schon deshalb als 'nicht marktgemäß' angesehen werden, weil die Daten der Firma schlecht aussehen und 'normalerweise' der Markt in solchen Fällen keine Kredite mehr vergibt. Unabhängige Gutachten, die den Wert einer Firma anhand von mehreren, auch längerfristigen Szenarien plausibel aufzeigen, beschreiben ebenso den Markt und dürfen somit nicht von den Untersuchungsbehören beim Versuch Subventionierung zu beweisen ignoriert werden. Wie bereits erwähnt, betont der AB aber, daß der Markt Grundlage zur Bewertung von Vorteilen ('benefits') bleibt: "There is but one standard - the market standard - according to which rational investors act."[7324] Der AB hält weiterhin die Kritik des Panels an der JIA Unterstellung, daß der Wert von Aktienanteilen auch aus Sicht von Hynix gleich null seien müßte, aufrecht.[7325] Siehe dazu auch das Fazit gleich.

Nur noch einen Punkt: Nicht so überzeugend verteidigt der AB den Panel bezüglich seiner Oktober 2001 Haltung, indem er eine sachliche Analyse durchführt: Er sucht die wenigen Stellen im Panelbericht zusammen, in denen das JIA feststellt, daß diese Aktivität der vier Kreditbanken zu nicht kommerziellen Konditionen erfolgte, darunter auch eine Untersuchung, ob andere Kreditinstitutionen ähnlich gehandelt hätten, wobei hier ein Nicht-Antwort auf diese Frage als Beweis für nicht kommerzielle Konditionen gewertet wird.[7326]

Letztendlich ergibt dieses Vorgehen ein interessantes Patchwork, bei dem die japanische JIA Behörde relativ gut wegkam: Die koreanische Regierung hat Einfluß auf den Bankensektor genommen; für Oktober 2001 ist zu erkennen, daß ein Vorteil für Hynix eingeräumt wurde; die subventionierten Importe sind jedenfalls nicht ganz falsch analysiert wurden (der Vorwurf steht jedenfalls nicht mehr um Raum); und andere Punkte sind ebenfalls leicht zu korrigieren. Einzig für Dezember 2002 muß aufgrund des Gutachtens der Deutschen Bank eine Neubewertung der Lage erfolgen, sodaß die Ausgleichszölle Japans wenigstens verringert werden müßten. Japan wird dadurch nicht gezwungen werden können, seine Ausgleichszölle auszusetzen, wobei hier keine Informationen zur Umsetzung präsentiert werden können.

8.5.2 SCM Teil V Sonderbehandlung der Entwicklungsländer

Für die Ausgleichszölle ist die Sonderbehandlung in SCM Art. 27.10 zu finden: Wenn die Subventionen nicht über 2 % pro Produkteinheit liegen oder der Anteil an den Importen unter 4 % liegt, muß die Untersuchung beendet werden. Liegen die subventionierten Importe unter 4 %, aber

---

[7324] Korea vs. Japan - Countervailing Duties on Dynamic Random Access Memories from Korea, WT/DS336/AB/R, 28 November 2007, S. 60, Para. 172.
[7325] So sei die Erklärung des JIA unzureichend, warum Aktienanteile aus Sicht von Hynix den Wert Null hätten. Korea vs. Japan - Countervailing Duties on Dynamic Random Access Memories from Korea, WT/DS336/AB/R, 28 November 2007, S. 62, Para. 177-178.
[7326] Korea vs. Japan - Countervailing Duties on Dynamic Random Access Memories from Korea, WT/DS336/AB/R, 28 November 2007, S. 226, Para. 226-225.

Importe aus Entwicklungsländern bei mehr als 9 % der Importe, darf die Untersuchung weitergeführt werden.[7327]

Die in SCM Annex I (i) für Zollbefreiungen und Zollrückerstattungen bezüglich Inputgüter für die Exportproduktion ausgesetzte Subventionsvermutung wird für Entwicklungsländern im Rahmen der Ausgleichsmaßnahmen davon abhängig gemacht, ob ein Land, siehe SCM Annex II, Teil II, über ein Verwaltungssystem verfügt, welches sicherstellen kann, daß diese zollbefreiten Güter wirklich bei der Produktion von Exporten verwendet werden: "whether the government of the exporting Member has in place and applies a system or procedure to confirm which inputs are consumed in the production of the exported product and in what amount."[7328] Dies erhöht die Verwundbarkeit der Entwicklungsländer gegenüber Ausgleichszöllen.

8.5.3 SCM Teil V Fazit

Für die Ausgleichszölle ist in bezug auf die doch relativ unproblematische Schlußfolgerung von 'entrustment and direction' durch die Untersuchungsbehörden, die erleichterte Schädigungsanalyse und in bezug auf die verbleibenden Spielräume der Behörden bei der Feststellung von Subventionierung ein ähnliches Fazit wie im Punkt Antidumping zu ziehen. Allein die 'sunset reviews' sind, bei zeitlich begrenzter Subventionierung, schwieriger als im Antidumpingbereich durchzuführen, denn das weitere Vorliegen von Subventionierung muß gezeigt werden. Dies erschwert es, Ausgleichszölle unlimitiert aufrechtzuerhalten. Kurz: Es ist positiv, daß es Regeln gibt, es gibt aber weiter Spielräume der Behörden unfaire Feststellungen zu treffen. Dies wird u.a. daran sichtbar, daß der AB in bezug auf die Kausalitätsanalyse niedrigere Standards annimmt, als in Teil III SCM. Immerhin wird im oben diskutieren, letzten Fall bezüglich der Meßlatte Markt, welche als Vorbedingung für die Feststellung von Vorteilen erfüllt werden muß, eine komplexere, sachliche Diskussion akzeptiert. Man beachte aber, daß es sich dort um eine Restrukturierung im extremen Krisenfall handelte. Der 'normale' Fall einer schwächelnden Firma, der günstige Kredite eingeräumt wurden, mag in späteren Fällen anders gehandhabt werden.

Eine vollständige Kritik der EU Ausgleichszollverordnung kann hier nicht vollzogen werden, es ist aber klar ersichtlich, daß hier, wie im Antidumpingbereich, den Behörden unfaire Einschätzungsspielräume verbleiben[7329], die, siehe gleich, auch unfair eingesetzt werden. Für internationale Handelsregeln, deren normative Rechtfertigung auf der Erhöhung weltweiter Wohlfahrt beruht, ist es unangemessen, solche unfairen und gleichzeitig oftmals wirtschaftswissenschaftlich unbegründeten Untersuchungen zuzulassen. Obwohl es bislang nur Streitigkeiten zwischen

---

[7327] SCM Art. 27.10. Die weiteren Regeln in Art. 27.11 sind innerhalb einer 8 Jahresfrist gültig, d.h. bereits ausgelaufen. WTO 1995: 301. Hoda/Ahuja 2005: 1030.
[7328] SCM Annex II, Teil II. WTO 1995: 308.
[7329] "Analysis shows that, as is the case with other WTO Agreements, the ASCM is still too much a framework agreement, leaving too much discretion to importing countries to develop bad habits. Over time, however, bad habits tend to lead to improved laws ... ."Vermulst 2000: 235. Siehe auch: Waer/Vermulst 1999. Siehe weiterhin: Hoda/Ahuja 2005.

Industrieländern gab (und dem 'Industrieland' Korea), soll hier die weltweite Perspektive eingenommen werden und aus dynamisch ordoliberaler Perspektive nach Probleme der Entwicklungsländer mit den Ausgleichszöllen, aus dam Beispiel Indiens, gefragt werden:

Wenngleich nur wenige Ausgleichsmaßnahmen weltweit bestehen, bedeutet dies nicht, daß die Entwicklungsländer nicht davon negativ betroffen sein können. So ist Indien EU Ausgleichszöllen in bezug auf Bettwäsche[7330], in bezug auf die Pharmaindustrie mit Antibiotikas[7331], in bezug auf Plastikfolien[7332] und bestimmte Stahlprodukte[7333] ausgesetzt, sämtlich Sektoren, die in Indien eine dynamische Entwicklung vollziehen, die nicht unbedingt wieder von der EU abgebremst werden sollte. Eine Klage Indiens erfolgte nicht, obwohl beispielsweise die Schädigungsanalyse im PET Plastikfolien Fall zweifelhaft war.[7334] Am Rande: Die USA nutzt 2 und Kanada 1 Ausgleichsmaßnahme gegen Indien im Stahlbereich.[7335] Diverse Kritikpunkte können gegen diese Untersuchungen hervorgebracht werden.[7336] Darunter der Kritikpunkt, daß dies, auf Antrag von Interessengruppen, die teils nicht einmal geschädigt sind, eine Erhöhung der weltweiten Wohlfahrt verhindert.

Hier wird ein Punkt fokussiert, der wichtig ist, wenn ein Entwicklungsland zur Erhöhung seiner Wohlfahrt eine Strategie der Exportorientierung verfolgen möchte. Es geht um Zollbefreiungen oder Zollrückerstattungen, die Firmen erlauben, Inputgüter auf Weltmarktpreisniveau kaufen zu können - nicht mehr und nicht weniger. Kurz: Dies ist eigentlich keine Subvention, dazu gleich mehr. Die EU Ausgleichszollbehörden können dahingehend kritisiert werden, daß sie Zollbefreiungen bzw. Rückerstattungen als Exportsubvention klassifizieren, sicherlich deshalb, weil auf diese Weise, ohne viel Aufwand, hohe Ausgleichszölle berechnet werden können:

Eigentlich ist im SCM, für Industrieländer und Entwicklungsländer, durch SCM Art. 3.1 (a) FN 5 bzw. SCM Annex I (i) eine Ausnahme für Zollrückerstattungen im Zusammenhang mit der Exportproduktion etabliert worden.[7337] Die EU nutzt aber die spezielle Regel des SCM Annex II, Teil II (1), die besagt, daß diese Ausnahme nur dann gilt, wenn ein Land über ein Verwaltungssystem verfügt, welches sicherstellen kann, daß die zollbefreiten Inputs in der Produktion auch verwendet werden:

[7330] Verordnung (EG) Nr. 74/2004 des Rates vom 13. Januar 2004. In: ABl. L 12/1, 17.1.2004.
[7331] Verordnung (EG) Nr. 1204/98 der Kommission, 9. Juni 1998. In: ABl. 166/17, 11.6 1998.
[7332] Verordnung (EG) Nr. 1810/1999 der Kommission, 17. August 1999. In: ABl. Nr. L 219/14, 19 8.1999
[7333] Hoda/Ahuja 2005: 1040.
[7334] Hier nur der Verweis auf die erhebliche Kapazitätsausweitung der EU Produzenten in diesem Zeitraum von 1995 145.756 t auf 175.075 t. Die Kommission argumentiert u.a. dagegen, daß der Anstieg des Gemeinschaftsverbrauchs im Einklang mit dieser Kapazitätsausweitung stand. Ein solches Argument macht die Mentalität der Kommission deutlich, welche davon ausgeht, daß der EU Markt in seiner Gesamtheit für europäische Hersteller reserviert ist. Verordnung (EG) Nr. 1810/1999 der Kommission, 17. August 1999. In: ABl. Nr. L 219/14, 19.8.1999. S. 25, 27.
[7335] Hoda/Ahuja 2005: 1039-1040.
[7336] Hoda/Ahuja 2005: 1030-1049.
[7337] Speziell Annex I (i) zweiter Satz ist nicht nicht leicht zu interpretieren, er hat aber logisch mit dem ersten Satz nichts zu tun. SCM Art. 3.2 (a) FN 5, Annex I (i). WTO 1995: 266, 306.

Indien wird vorgeworfen, daß sein System diesen Kriterien nicht genügt.[7338] Dasselbe wird in weiteren Ausgleichsuntersuchungen Indonesien, Malaysia und den Philippinen vorgeworfen, dagegen verfügt Korea, nach Ansicht der Kommission, partiell über ein solches, funktionsfähiges, Verwaltungssystem.[7339] In der Literatur wird festgehalten, daß die EU diese Anforderungen zu strikt interpretiert und es wird gefordert, daß für Entwicklungsländer simpliziertere Anforderungen nötig seien.[7340]

Folge ist, daß viele Maßnahmen der Exportförderung in Entwicklungsländern der Drohung von Ausgleichszöllen unterliegen, weil unter anderem die Export Processing Zones etc., oft mit einem ganze Paket von Maßnahmen ausgestattet sind, welches Steuererleichterungen, Zollbefreiungen und Infrastrukturförderung enthält. Dazu kommt, daß in SCM Annex II, Teil II (1) nur Inputgüter und nicht Kapitalgüter von der Zollbefreiung ausgenommen sind, sodaß Zollbefreiungen für Kapitalgüter immer ausgleichsmaßnahmengefährdet sind.[7341] Daraus folgt der unsinnige Effekt, daß wenn eine Maschine aus Deutschland gekauft wurde und das indische Unternehmen dafür keinen 30 % Zoll entrichten mußte, die EU auf die Produktion, sofern sie nach Deutschland gelangt, sofort Ausgleichszölle veranschlagen darf.

Dies strikte und offenkundig unsinnige Vorgehensweise ist erstens wirtschaftswissenschaftlich nicht sachgerecht, weil Zollbefreiungen und Rückerstattungen zum Paket der normativ wirtschaftswissenschaftlich begrüßenswerten Exportorientierungspolitik dazugehören. Zumal es sich bei einer Zollrückerstattung nicht um eine Subvention handelt, denn die Firma erwirbt Inputgüter zu Weltmarktpreisen und die Zollhöhen sind eben multilateral ausgehandelte Zollhöhen. Hinter der Forderung nach einem Verwaltungssystem steht der Vorwurf, daß Firmen die Zollbefreiungen dazu nutzen könnten, diese Waren auf dem Heimatmarkt zu höheren Preisen verkaufen und Rentengewinne erzielen können. Heutzutage dürfen die Vorteile, die daraus resultieren, aber nicht mehr sehr groß sein.

Somit ist hier eine Reform nötig, weil klar erkennbar ist, daß diese Verwaltungssystembedingung einzig den Sinn hat, privaten Interessenengruppen zu erleichtern auf unfaire Weise Ausgleichszölle durchzusetzen.Unfair ist dies auch deshalb, weil die Industrieländer ihren eigenen Firmen in Routineverfahren tausende von Zollbefreiungen einräumen und niemand dabei an verbotene Exportsubventionen denkt.[7342]

[7338] Ebenso wird in bezug auf die hier zur Diskussion stehende indische DEPB Regel vorgeworfen, daß hier pauschale Beträge eingesetzt werden, die auf vorherigen Ausfuhren beruhen. Verordnung (EG) Nr. 1810/1999 der Kommission, 17. August 1999. In: ABl. Nr. L 219/14, 19.8.1999. S. 18. So auch Vermulst 2000: 230.
[7339] Vermulst 2000: 230-232.
[7340] "The Annex II ASCM duty drawback checking systems/procedures are interpreted very strictly by the EC, often leading to findings of countervailability of duty drawback systems; special simplyfied systems/procedures could be developed for developing countries which often use EPZs for economic development." Vermulst 2000: 235.
[7341] Im PET Folienfall erfolgt wurde dies so in bezug auf Kapitalgüter angewandt. Hoda/Ahuja 2003: 1042-1043.
[7342] Siehe den: Miscellaneous Trade and Technical Corrections Act H.R. 1047. U.S. Committee on Ways and Means Oversight Report 2005: 5.; Autonome Zollaussetzungen für Waren des industriellen Bereichs ab 1. Juli 1998. Bundesministerium für Wirtschaft 1998; Verordnung (EG) Nr. 1255/96 des Rates, 27.6.1996. In: ABl. L 158/1, 29.6.1996.

Zum wichtigen Thema Umstrukturierung und Ausgleichsmaßnahmen: Indien verfügt über einen breiten Kapitalgütersektor, der teils noch in öffentlicher Hand ist und langsam umstrukturiert wird, u.a. durch Privatisierung und Umstrukturierung zum angemessenen Zeitpunkt, wobei dies insgesamt gesehen, wenn dies clever und konsequent, mit Blick auch auf komparative Vorteile, durchgeführt wird, dynamisch ordoliberal bzw. normativ wirtschaftswissenschaftlich wohlfahrtssteigernd ist, u.a. deshalb weil dadurch bestehende technologische Fähigkeiten erhalten bleiben, siehe zu Indien Abschnitt 'F'.

Dies impliziert, daß der indische Staat derzeit noch Unternehmen subventioniert und sich die Frage nach der Art und Weise der Privatisierung stellt. Eine Klage gemäß SCM Teil III Art. 27.9 gegen die Subventionierung ist dann nicht wahrscheinlich, wenn die Subventionen nur moderat erfolgen oder die Unternehmen zunehmend exportieren oder im Fall der Privatisierung, gemäß SCM Art. 27.13, der Sonderbehandlung für Entwicklungsländer. Für Ausgleichsmaßnahmen gilt diese Sonderbehandlung nicht, welche somit gegen die gesamte Bandbreite vermuteter SCM Subventionen eingesetzt werden können. Auch eine Privatisierung kann ein Grund für eine Ausgleichsmaßnahme werden und dies wird auch so genutzt.[7343] Oben wurde an EU vs. United States - Lead and Bismuth II (1999-2000) gezeigt, daß sachlich viel dafür spricht, daß eine Privatisierung im Einklang mit dem SCM steht, wenn diese marktgemäß erfolgte. Daraus wäre gefolgt, daß Entwicklungsländer bei einer Privatisierung ihrer Industrie keine Ausgleichszahlungen zu befürchten haben, wenn sie diese Kriterien einhalten.[7344]

Angesichts der Kreativität dieser Behörden, unfaire Argumentationen zu verwenden, ist jedoch zu befürchten, daß die danach erfolgte Entscheidung des AB in EU vs. United States - Countervailing Measures on Certain EC Products (2002-2005) dazu führen wird, daß die Behörden fortan jede Privatisierung genau untersuchen werden und dann doch kleine Hinweise finden, daß etwas nicht marktgemäß abgelaufen ist. Dies eröffnet einen Spielraum für die Nutzung von Ausgleichszöllen, der sich klar erkennbar gegen normative wirtschaftswissenschaftliche Vorstellungen der dynamischen Theorie wendet. Diese würde nicht vermuten, daß ein moderater Vorsprung bei der Privatisierung ausschlaggebend für den späteren Erfolg am Markt sein kann. Ebenso folgt aus der Diskussion hier, daß es dringend notwendig ist, daß die Kapitalgütersektoren der großen Entwicklungsländer modernisiert werden und daß dies wohlfahrtsfördernde Wirkung hat, von denen auch die Industrieländer profitieren. Die darauf bezogene Drohung mit Ausgleichszöllen, welche zudem nach gelungener Umstrukturierung Exporte hemmen und den Erfolg der Privatisierung und Umstrukturierung gefährden können, ist aus diesen Gründen nicht sinnvoll. Um ein Signal an Länder wie Indien zu senden, welches dort für höhere Investitionsniveaus sorgen könnte, mußte die Ausgleichszollnutzung, von massiven Subventionen abgesehen, erst einmal für die nächsten zehn Jahre ausgesetzt werden.

[7343] "Indian products exported by the public sector steel enterprises have already faced CVDs on account of forgiveness of loans and government guarantees for loans raised from the commercial banks." Hoda/Ajuja 2005: 1055.
[7344] Hoda/Ahuja 2005: 1055.

Zwei letzte Punkte: Unsicher bleibt, ob Regionalförderprogramme und 'neutrale' nicht spezifische Subventionen, z.B. in Indien für Technologieinvestitionen kleiner Firmen, durch Ausgleichsuntersuchungen gefährdet sind. Einen solchen Fall gab es im SCM bislang nicht und auch keine solche Ausgleichszolluntersuchung.[7345] Die 'neutrale' Subventionierung kleiner Unternehmen erfolgt auch durch steuerliche Ausnahmeregeln. In EU, Japan, United States vs. Indonesia - Autos (1998), SCM Teil III, wird sichtbar, daß steuerliche Ausnahmen dem Risiko einer Art. III Klage ausgesetzt sind (die Ausnahme muß auch ausländischen kleinen Firmen zukommen, um nicht gegen die Inländerbehandlung zu verstoßen). Auch solche Förderprogramme könnten in Ausgleichsuntersuchungen zum Anlaß genommen werden, Zölle aufzuerlegen.[7346]

8.6 Gesamtfazit SCM

Als eine der wenigen verbliebende WTO Ausnahmen[7347] die heimische Industrie unterschiedlich bzw. eben vorteilhafter zu behandeln, ist es begrüßenswert, daß das SCM kein Subventionsverbot impliziert: Denn dadurch wären Subventionen zur Korrektur von Marktversagen in den Industrieländern (kaum nötig) und solche zur Förderung der Entwicklung und zur Umstrukturierung und Modernisierung von Industrie in den Entwicklungsländern (teils sinnvoll) verunmöglich worden. Dies ist dynamisch ordoliberal sachgerecht, wenn anschließend sofort bemerkt wird, daß dem Staat eine gewisse Regelbindung, auch bei Subventionen, durchaus zuzumuten ist, weil er Interessengruppeneinfluß untersteht.

Wäre SCM Art. 6.1 (mit seiner Grenze für eine 2 % Subventionierung pro Produkteinheit und in Annex IV von einer 15 % Finanzierung von 'start ups') gültig geblieben, wäre eine sehr weitgehende Möglichkeit geschaffen worden, auf weltweiter Ebene staatliche Subventionen durch die Streitbeilegung der WTO in Frage zu stellen. Dies wäre in Kombination mit SCM Teil IV, Art. 8 wirksam geworden, welcher u.a. eine 75 % Subventionen für industrielle Forschungsprojekte von der Regeldisziplin pauschal ausnimmt.[7348] Die derzeit gültigen Artikel des SCM gehen davon, sinnvollerweise, einen Schritt zurück, eröffnen aber weiterhin Klagemöglichkeiten, die nun abgeschätzt und normativ wirtschaftswissenschaftlich bewertet werden können. Das Fazit hat zwei Schwerpunkte: (1) Exportsubventionen und (2) Subventionen mit Weltmarktwirkungen:

(1) Exportsubventionen. Dieser Bereich ist für Entwicklungsländer nicht Thema der Streitbeilegung gewesen, auch wegen der speziellen Sonderbehandlung in SCM Art. 27.9 für Exportsubventionen.

[7345] Hoda/Ahuja 2005: 1050-1052.
[7346] Aus diesem Grund schlagen Hoda/Ahuja (2005) vor, diese Interpretation rückgängig zu machen und eine Subventionierung durch steuerliche Ausnahmen für heimische Unternehmen von GATT Art. III: 8 (b) auszunehmen. Hoda/Ahuja 2005: 1066.
[7347] Einzig neben den verbindlichen Zöllen, tendenziell unfairer Antidumping- und Ausgleichszollmaßnahmen, Schutzklauselmaßnahmen und der allgemeinen, nicht-diskriminierend angewandten Steuer- und Investitionspolitik, die, bei einem strengem SCM auch Subventionen bei der Projektförderung nicht mehr benutzen dürfte. Siehe die Diskussion des Art. I und Art. III Liberalisierungsmotors.
[7348] WTO 1995: 269, 274, 310-311.

Angesichts der Folgerungen aus Abschnitt 'G', daß Exportanreize, darunter auch Exportsubventionen und Zollrückerstattungen, für die Exportproduktion positiv wirken können, ist, den Ausnahmen und Abstufungen in SCM Art. 27.9 zum Trotz, zuerst einmal festzuhalten, daß sich diese SCM Regeln gegen Maßnahmen richten, die von IWF und der Weltbank zwei Dekaden lang als Politikinstrumente im Paket der Exportorientierung vorgeschlagen wurden.

Dies hat u.a. auch makroökonomische Implikationen. Dadurch steigt der Druck auf die Länder eine Wechselkursabwertung frühzeitig durchzuführen und es wird schwerer, Firmen gegenüber einem überbewerteten Wechselkurs zu kompensieren. Die IWF-Angestellten waren verwundert, als sie von diesen Aspekt der WTO Regeln erfuhren.[7349] Dieselben makroökonomischen Implikationen hat die strafferer Regeldisziplin, welche die WTO fortan im Bereich Zahlungsbilanzausnahmen aufweist, siehe den diesbezüglichen Punkt. Eine solche Wechselkurspolitik steht im Einklang mit einer Politik der Exportorientierung und ist im großen und ganzen als sinnvoll anzusehen: Wirtschaftspolitisch normativ spricht einiges dafür, daß Entwicklungsländer, die über einen abgewerteten Wechselkurs bereits einen Exportanreiz etabliert haben, eine Etablierung von Exportanreizen nicht mehr nötig haben. Die gilt umsomehr, weil Exportsubventionen den Haushalt belasten und in armen Ländern für sinnvollere Zwecke angesetzt werden können.

Aus dieser Sicht ist die Art. 27.9 Sonderregel, daß ein 'removal of adverse' Effekte für normale Entwicklungsländer schon jetzt und eine Abschaffung von Exportsubventionen bei einem Weltmarktanteil von 3,25 % innerhalb von 2 Jahren (in letzterem Fall in 8 Jahren bei Annex VII Ländern und LDCs) nötig ist, sinnvoll. Und zwar aus dem Grund, weil normale Entwicklungsländer eine gewisse Finanzkraft haben, Exportsubventionen einzusetzen und es, unter Umständen abgewerteter Wechselkurse, und zumal bei Erreichen von höherer Weltmarktanteile, angenommen werden kann, daß die Unternehmen genug Weltmarkterfahrung gewonnen haben, um sich ohne - diese - Subventionen durchsetzen zu können. Als Anreize für Investoren können andere Instrumente eingesetzt werden, z.B. einfache Subventionen, sodaß hierdurch die Verhandlungsposition der Entwicklungsländern gegenüber Investoren nicht geschwächt wird.

Für Situationen in denen etwa in großen Ländern wie Brasilien, temporär eine Währungsaufwertung erfolgt, bieten die Sonderregelungen, zusammen mit der Trägheit der Streitbeilegung, wenigstens für einige Jahre Spielraum für eine temporäre Exportsubventionierung, wiewohl sichtbar wird, daß dann die Regeln greifen und ein Abschaffung innerhalb von 2 Jahren nötig wird, wenn 'export competitiveness' besteht. Dadurch wird Druck erzeugt, einen exportorientierten Wechselkurs anzustreben.

Weiterhin wird die Sonderbehandlung so interpretiert, daß für Annex VII Länder bzw. LDCs überhaupt keine Verpflichtung besteht, Exportsubventionen auslaufen zu lassen, wenn nicht 3,25 %

[7349] Aus der Perspektive des IWF, der etwa solche Exportförderung, etwa durch Steueranreize, vorschlägt und umsetzt, beschreibt dieses Problem, das durch die WTO-Regeln aufgeworfen wird Buchs 1996: 27.

'export competitiveness' erreicht wurde. Dazu kommt, daß im Komitee für Subventionen und Ausgleichsmaßnahmen die Bereitschaft besteht, kleinen, armen Ländern eine Ausnahme von den Verpflichtungen einzuräumen. Dies ist zwar sicher nicht immer positiv zu beurteilen, weil diese Gelder auch für andere Zwecke eingesetzt werden können. Es ist aber nicht auszuschließen, daß in bestimmten kleinen, armen Ländern die Importfähigkeit für existentiell wichtige Güter von wenigen Exporten abhängt, sodaß eine Ausnahme von den Verpflichtungen nötig ist, weil diese Exporte unbedingt aufrechterhalten werden müssen.

Daß es im SCM eine Sonderregel für Zollbefreiungen und Rückerstattungsprogramme für Zölle gibt, wenn die importieren Waren in der Exportproduktion genutzt werden, freut auch den diesbezüglich besorgten IWF Mitarbeiter.[7350] Dies ist eine wichtige Ausnahmen die i.S. der Exportorientierung wirkt und historisch durchgängig positiv zur Steigerung von Exporten und Wohlfahrt wirksam war, sei es in Korea oder Brasilien, siehe Abschnitt 'G'. Der im Bereich der Ausgleichsuntersuchungen teilweise bestehende, auf fragwürdigen Annahmen bestehende Verdacht, daß Zollbefreiungen Subventionen sein können, sollte ganz abschafft werden, siehe SCM Teil V Fazit.

Zuletzt: Die Entwicklungsländern nutzen diese Sonderregeln und etablieren Exportanreize[7351]: Indien hat etwa eine 100 % Steuerausnahme für sämtliche Exporte notifiziert.[7352] Brasilien verfügt über diverse Exportanreizsysteme, darunter Zollbefreiungen und Zollrückerstattungsprogramme.[7353] Ebenso benutzt Brasilien eine WTO inkompatible Importsubstitutionssteuerausnahme, die vom Kauf brasilianische Güter abhängig sind.[7354] Dies zeigt zweierlei: Auch heute ist Entwicklungspolitik möglich. Und: Ganz ohne weltweite Regeln gegen unfaire und unsachgemäße Regeln geht es nicht mehr, denn sonst würde auch eine exportorientierte Entwicklungspolitik allzusehr den Markt verzerren.

(2) Subventionen mit Weltmarktwirkung. Für SCM Art. 6.3 (c) hat Brazil vs. United States - Upland Cotton (2004-2005) gezeigt, daß ein Fall eindeutig entschieden werden kann, wenn erhebliche Subventionssummen involviert und klar erkennbare Preisbewegungen auf einem integrierten und sensibel reagierenden Weltmarkt erkennbar sind. Weil ohne weitere Bedingungen SCM Teil III für den Agrarbereich anwendbar ist (egal ob es sich um die 'grüne', 'blaue' oder 'gelbe' Box handelt), sind hier in Zukunft Streitfälle zu erwarten, obwohl es weniger wahrscheinlich ist, daß ernsthafte Schädigung für Maßnahmen der 'grünen' Box aufgezeigt werden kann.[7355]

[7350] Buchs 1996: 28.
[7351] Siehe Abschnitt 'G'.
[7352] Diese wird damit begründet, daß sie eine Kompensation gegenüber sonstigen lokalen Steuern darstellt, die nicht zurückerstattet werden. Kurz: Indien sichert sich argumentativ ab. G/SCM/N/38/IND, 10 May 1999: 1-2.
[7353] Ahuja 2002: 16-18.
[7354] Ahuja 2002: 20.
[7355] Morgan/Goh 2003: 983-987.

Dies ist dynamisch ordoliberal begrüßenswert, denn nicht einmal für den Agrarbereich sind in den Industrieländern solche erheblichen Subventionssummen dynamisch ordoliberal begründbar, sodaß das SCM hier eine sinnvolle Disziplinierung hoher Subventionierungssummen durchführt.

Diese sinnvolle Disziplinierung hoher Subventionssummen hilft zuerst einmal das Marktversagen des Subventionswettlaufs zu bekämpfen, siehe Abschnitt 'E': Das SCM hat bereits einen solchen Subventionswettlauf verhindert: Dies wird deutlich am Fallpaar: EU vs. Korea - Commercial Vessels (2005) und Korea vs. EC - Commercial Vessels (2005). Die EU Kommission hatte Subventionen für den eigenen Schiffbau beschlossen, um - mutmaßliche - koreanische Subventionen auszugleichen. Die Streitbeilegung hat auf koreanischer Seite später nur einzelne Exportsubventionen feststellen können. An diesem Fall wurde sichtbar, daß Interessengruppen in der EU (und Korea) einen Subventionswettlauf initiieren können und es erscheint gerechtfertigt, wenn es Regeln gibt, die dies erschweren.

Der Fall EU vs. Korea - Commercial Vessels (2005) zeigt auch, daß das SCM auf 'normale' Industriesubventionen Anwendung findet. Die aktuellen Fälle United States vs. EU - Large Civil Aircraft (2006) und EU vs. United States - Large Civil Aircraft (2006)[7356] involvieren dabei noch höhere Subventionssummen als der erstgenannte Baumwoll-Fall und dürften ebenso unter die Kategorie Subventionswettlauf fallen. Sie werden schwer zu entscheiden sein, weil es nur zwei Wettbewerber auf dem Markt gibt, die beide subventioniert wurden, sodaß die 'benefit'-Analyse des SCM, die unverzerrte Preise für einen Marktvergleich benötigt, nicht einfach durchzuführen ist.

An EU vs. Korea - Commercial Vessels (2005) wurde weiterhin deutlich, daß es in vielen Marktsituationen schwierig sein wird, ernsthafte Schädigungswirkungen von Subventionen aufzuzeigen, wenn diese *ad valorem* auf einem geringem Niveau geblieben sind. Diesen Spielraum des SCM nutzen die Industrieländer, indem sie viele, kleinere Subventionssummen vergeben, mit schwer nachvollziehbaren Handelseffekten, u.a. weil die Firmen meist auf mehreren Märkten aktiv sind, sodaß es derzeit schwer vorstellbar ist, daß Entwicklungsländer gegen Industrieländer eine SCM Teil III Klage gewinnen können. Die Subventionierung in Industrieländern ist dabei meist unnötig, weil die Bedingungen, unter denen die Firmen in den Industrieländern operieren, aus dynamischer Sicht weitgehend optimal sind, u.a. wird Forschung- und Entwicklung bereits subventioniert und Ausbildung bereitgestellt, siehe Abschnitt 'E' und Abschnitt 'D'. Aus dieser Perspektive gesehen verfügen die SCM Regeln derzeit nicht über eine normativ wirtschaftswissenschaftlich sachgerechte Differenzierung, denn daraus würde folgen, daß für die Industrieländer eine stärkere Subventionsdisziplin nötig wäre - bei Sonderbehandlung der Entwicklungsländer und einer weltweiten Einigung darauf, kein absolutes Subventionsverbot bei Umstrukturierungen durchzusetzen. Einen Schritt in diese Richtung macht sinnvollerweise die europäischen Beihilfenkontrolle, die, bei teils strengerer Regelbindung als das SCM, weiterhin Spielräume ermöglicht. Somit gilt, daß bei moderat

---

[7356] Panels sind etabliert unter dem Kürzel: DS 317 und DS347, werden aber erst in Laufe des Jahres 2007 eine Entscheidung vorlegen.

hohen Industriesubventionen (dies dürfte für zwei bis dreistellige Millionensummen gelten) eine SCM Klage vor erhebliche Hürden bei der Dokumentation der Wirkungen gestellt werden würde.

Bei höheren Summen sind Subventionsklagen nicht unmöglich: Es gäbe etwa die Möglichkeit gegen die Subventionierung der Umstrukturierung und Modernisierung der Stahlindustrie Chinas zu klagen. China ist das einzige Entwicklungsland, welches nicht über das Privileg einer Sonderbehandlung nach SCM Art. 27.9 verfügt und hat diese Umstrukturierung mit einer Milliardensumme massiv subventioniert.[7357] Vorraussetzung für eine Klage ist, daß der Einfluß der Subventionen auf Importe oder Weltmarktanteile oder Preisentwicklungen gezeigt wird, um den Tatbestand ernsthafter Schädigung zu erfüllen. Man darf abwarten, ob Koreas POSCO, welches gerade in Indien investiert, später einmal eine solche Klage gegen eine ggf. noch stattfindende subventionierte Restrukturierung Indiens eigener Stahlfirmen vorbringt. Dies ist in diesem Szenario nur mittelbar, bei Importeffekten möglich, 'in such a way to displace or impede imports', SCM Art. 27.9, deshalb müssen Importe vorliegen, die davon - auch - betroffen sind. Dies liegt darin begründet, daß Indien über die Sonderbehandlung für Entwicklungsländer verfügt:

Die Entwicklungsländer haben durch die Klageoption SCM Art. 27.9 größere Spielräume als die Industrieländer. Dadurch können sie einen subventionierten Aufbau, eine Umstrukturierung und Modernisierung, von Industrien so durchführen, daß sie keine Klage befürchten müssen. Die Spielräume der Entwicklungsländer sind dabei nicht unlimitiert, aber zu einem gewissen Grad vorhanden.

Dies ist dynamisch ordoliberal auf den ersten Blick nicht sachgerecht, weil diese Regeln einen Schutz vor Rentensuche und Interessengruppen, vermissen lassen. Auf den zweiten Blick sollte aber zur Bewertung zusätzlich die Tatsache einbezogen werden, daß sich durch Liberalisierung und Direktinvestitionen auch in diesen Länder der Druck auf subventionierte Firmen erhöht hat, wodurch Rentensucher und Interessengruppen - in vielen Fällen - insofern diszipliniert werden, daß sie die Modernisierung und internationale Wettbewerbsfähigkeit ihrer Firma anstreben müssen - wodurch es wahrscheinlicher wird, daß sie schneller unabhängig von Subventionen werden und daß die ungünstigen Effekte von Rentensuche nicht zutreffen.

Dazu kommt, daß es die Präsenz von ausländischen Direktinvestitionen in vielen Ländern und die damit verbundenen Importe (und die so verbesserten Möglichkeiten der Informationssammlung) wahrscheinlicher machen, sogar einen SCM Art. 27.9 Fall gegen ein Entwicklungsland zu gewinnen:

Und zwar dann bzw. mit der Beweisführung, daß offensichtlich Importsubstitution betrieben wurde und ausländische Waren verdrängt wurden. Dadurch erhalten sogar ausländischen Direktinvestitionen, siehe eben das Beispiel der Direktinvestition von Koreas POSCO in ein Stahlwerk in Indien, einen - gewissen Schutz - durch das SCM, solange Importe in derselben Warenkategorie vorliegen. Dieser Schutz durch eine ggf. drohende SCM Klage hat eine positive Wirkung i.S. der Exportorientierung.

[7357] Hier wurden US$ 6 Mrd. von der Regierung in die großen Werke transferiert. Hermanns 2001: 286.

Um ganz sicher zu gehen, keiner Klage ausgesetzt zu werden, besteht nämlich für die Entwicklungsländer die Möglichkeit, auf Importsubstitution weitgehend zu verzichten und früh auf Exporte zu setzen, sodaß sich eine Verdrängung der Importe garnicht erst ergibt. Soweit ersichtlich, gibt es, zumindest in SCM Teil III keine Handhabe gegen eine solcher Vorgehensweise - solange diese Subventionen nicht in die Kategorie Exportsubventionen fallen. Diese Wirkung von SCM Art. 27.9 stimmt mit den Annahmen der dynamischen Theorie überein, die dann positive Effekte von Subventionen erwartet, wenn dies im Rahmen eines exportorientierten Anreizsystems erfolgt.

Dieser SCM Art. 27.9 Spielraum wird auch deshalb als normativ wirtschaftswissenschaftlich sachgerecht bewertet, weil es weiter - zu einem gewissen Grad - möglich bleibt, daß die Entwicklungsländer eine wohlfahrtserhöhende Industriepolitik betreiben können, welche die heimischen technologischen Fähigkeiten vor der Entwertung schützt und verbessern kann. Dringend notwendige Privatisierungen, Modernisierungen und Umstrukturierungen können durchgeführt werden, ohne daß sofort eine WTO Klage befürchtet werden muß. Daß eine solche Klage gegen solche wohlfahrtserhöhenden Aktivitäten in der Realität erfolgt, wird daran sichtbar, daß die EU in EU vs. Korea - Commercial Vessels (2005) anläßlich der Umstrukturierung der koreanischen Werftenindustrie während der Asienkrise Korea pauschal der Subventionierung verdächtigte. Diese Beschuldigung, die bei strengeren Subventionsregeln, wohlfahrtsmindernde Auswirkungen auf Korea gezeitigt hätte, zeigt, wie wichtig abgestufte Regeln für Entwicklungsländer sind, in einer Welt, in der Interessengruppen einen solchen offenen Zugang zur Politik haben, um sich die Geschmacklosigkeit zu erlauben, diese heftige Krise zum eigenen Vorteil zu nutzen.

An die eigene Nase fassen müssen sich die Industrieländer auch deshalb, weil sie Ausgleichsmaßnahmen gegen gerade umstrukturierte oder privatisierte Industrien in Entwicklungsländer nutzen, um diesen den Zugang zu den großen Märkten zu erschweren. Es ist offenkundig wohlfahrtsverringernd, wenn privatisierten und umstrukturierten Industrien, etwa aus Indien, Wachstum verunmöglicht wird, indem der europäische Markt mittels zweifelhafter Schädigungsbehauptungen abgesperrt wird. Es ist nicht nur eine Reform solcher unfairer Regelbestandteile nötig, sondern es paßt es nicht in die Zeit der Globalisierung, solche offenkundig unfairen Maßnahmen anzuwenden, zumal wenn eben gar keine Schädigung vorliegt und dies nur von Interessengruppen behauptet wird. Eine Aussetzung von Ausgleichsmaßnahmen für umstrukturierte Industrien für ein Jahrzehnt i.S. einer 'Friedensklausel' würde Indien Investitionssicherheit bieten und mehr Wachstum schaffen. Indiens Industrien u.a. im Chemiebereich stehen unter der ständigen Drohung von Antidumping- und Ausgleichzahlungen durch eine globale Chemieindustrie, die über eine weitaus höhere Wertschöpfung und überlegene F&E Fähigkeiten verfügt. Dies ist dynamisch ordoliberal nicht wohlfahrtssteigernd. Zwei weitere Punkte: Aus dynamischer Perspektive ist nicht ausgemacht, daß eine umstrukturierte und/oder privatisierte Industrie ihre Wettbewerbsfähigkeit früheren moderaten Subventionen oder einmaligen Subventionen bei der Privatisierung verdankt. Daraus folgt, daß die Sonderbehandlung der Entwicklungsländer, die eine Einstellung einer Ausgleichszolluntersuchung bei 2 % Subventionierung vorsieht, eigentlich auf mindestens 20 % angehoben werden müßte. Hintergrund ist, daß der AB in EU vs. United States - Countervailing

Measures on Certain EC Products (2002-2005) ermöglicht hat, daß die Untersuchungsbehörden bei einer Privatisierung bezweifeln kann, ob diese marktgemäß erfolgt ist, um daraufhin einen Ausgleichzoll zu erheben - dies stärkt die Möglichkeit der Behörden unfair zu agieren. Diese Entscheidung resultiert aus der traditionellen GATT Haltung, daß Ausgleichzölle unproblematisch sind - jedenfalls unproblematischer als Antidumpingzölle - weil angenommen wird, daß Subventionen eben tatsächlich unfair sind, wenn sie denn zu Exporten führen. Diese Haltung ist nicht zuletzt dadurch obsolet geworden, weil Subventionen - die zentrale - WTO Ausnahme geworden sind, welche es ermöglicht industriepolitische und entwicklungspolitische Ziele überhaupt noch zu erreichen. Dies impliziert, daß Entwicklungsländer in Zukunft Subventionen weiter eingesetzt werden. Wie oben argumentiert, wird dies aber ggf. vernünftiger als zuvor erfolgen. In einer Zeit der Globalisierung darf dies nicht die Kehrseite habe, daß jeder wenig subventionierte Export mit Ausgleichzöllen bedroht werden kann, über deren Anwendung Interessengruppen frei verfügen. Angesichts der bestehenden, umfassenden Vorteile der Industrieländer, die auch auf dem Protektionismus der letzten Jahrzehnte gegen die Entwicklungsländer beruhen, ist zu fordern, daß erst bei einer massiven Subventionierung außerhalb von Privatisierungen und Umstrukturierungen und einer ernsthaften Schädigung, i.S. des Standards einer streng, fair und wettbewerbspolitisch informiert durchgeführten Schutzklauseluntersuchung, über Ausgleichsmaßnahmen geredet werden darf. Für diesen Bereich ist somit dringend eine Reform nötig.

Fazit: In bezug auf die Art. 27.9 Klageoption wird in der Literatur geschlossen: "The foregoing analysis shows that developing country Members, and particularly low income country Members such as India, have been given considerable benefits unter Art. 27 of the ASCM. As stated already, it would be difficult to improve this provision for the benefit of developing countries in the current environment prevailing in the WTO for developing countries other than least developed countries."[7358]

Somit hat es die WTO Subventionsdisziplin nicht verunmöglicht, durch Subventionierung eine dynamische Entwicklung anzustoßen und zu stützen. Das SCM hat dabei einen ersten, wichtigen Schritt in Richtung weltweiter Subventionsdisziplin gemacht. Dies gilt in bezug auf sehr hohe Subventionen, die klar verzerrende Auswirkungen auf die Weltmärkte haben. Das SCM verunmöglicht beispielsweise einen unlimitierter Subventionswettlauf zweier Staaten, welcher ein klares Beispiel für Marktversagen ist, bei dem alle schlechter gestellt werden.

Zu einem Subventionsverbot i.S. neoklassischer Annahmen ist es nicht gekommen. Dies hätte einerseits öffentliche Gelder gespart, die, besonders in den Industrieländern, vielfach wirtschaftswissenschaftlich sachlich nicht nötig sind oder nicht zum Erfolg führen. Andererseits ermöglicht diese Abweichung den wohlfahrtssteigernden Einsatz von Subventionen, mit denen dynamische Entwicklungsmöglichkeiten, darunter in Entwicklungsländern, unterstützt werden können. Auch aus wettbewerbspolitischer Sicht kann dies als positiv angesehen werden: Weil immer mehr Industrien weltweit in oligopolistischen Konstellationen operieren, wäre durch ein vollständiges

---

[7358] Hoda/Ahuja 2005: 1067.

Subventionsverbot die Marktmarkt dieser Unternehmen gestärkt worden, weil diese durch ein Verbot sicherer vor Herausforderern (u.a. im Sinne der 'contestable markets' Theorie potentieller Markteintritte) wären. Im dynamisch ordoliberalen, wirtschaftswissenschaftlich normativen Sinn ist somit der WTO Kompromiß bezüglich Subventionen, bei allen Einschränkungen, sachgerecht und stellt einen Schritt in die richtige Richtung dar: Aufgrund der einerseits - graduell gestärkten Sicherheit vor extremen Verzerrungen und dem Marktversagen des Subventionswettlaufs - und den - andererseits - weiter ermöglichten dynamischen wohlfahrtserhöhenden Effekten dieses Instrumentes. Allein die Interessengruppen, welche Ausgleichzölle beantragen können, sind unzureichend regelgebunden worden.

Ein aktueller empirischer Überblick über Subventionen in Industrieländern kann hier nicht gegeben werden, siehe aber Abschnitt 'H'. Nur einige Zahlen hier: Unter dem Exportkreditabkommen der OECD werden jährlich über fünf Jahre laufende Exportkredite von um US$ 100 Mrd. angegeben.[7359] Zwischen 2000 und 2006 hat die EU US$ 235,2 Mrd. für die Regionalförderung ausgegeben.[7360] Ohne Landwirtschaft, Fischerei und Transport gibt die EU nationale Subventionen mit Euro 34 Mrd. (2002) an, im Vergleich zu Euro 60 Mrd. (1993).[7361] Im Vergleich zu den achtziger Jahren läßt sich in einigen Ländern ein Rückgang feststellen (nicht aber im 'sozialistischen' Österreich). Nach absoluten Zahlen geben die Industrieländer mehr Subventionen aus, als die Entwicklungsländer.[7362] Fest steht, daß die Industrieländer weiterhin Subventionen nutzen: Im Komitee für Subventionen und Ausgleichsmaßnahmen werden typischerweise weniger hohe Summen notifiziert.[7363] Die EU gibt in bezug auf einzelne Subventionsprogramme einen Standardkommentar zu den Handelseffekten ab, dies ist im Fragebogen der Notifizierung erforderlich[7364]: Zu der Euro 12 Mill. Subvention zum Aufbau eines Software Centers für Daimler Benz wird, wie in anderen Fällen auch, geschlossen: "The effects of the subsidy granted on trade cannot be assessed - at least not on an international scale. Relevant statistical data are not available."[7365]

Ein Kontrolle der moderat hohen Investitionen wird somit in den nächsten Jahren vor allem eine nationale und regionale Aufgabe bleiben. Eine intensivere Kontrolle ist in den Industrieländern sachgerecht, weil hier durch das optimale Umfeld in dem die Wirtschaft situiert ist, Subventionen im Prinzip nicht mehr nötig sind: Die EU verfügt über eine regelgeleitete Beihilfekontrolle, die über Art. 87 (1) EC Beihilfen verbietet, die den Wettbewerb verzerren, hierunter können schon kleinere Beträge

---

[7359] Davon werden jährlich ca. 40 % für Transport und Vorratshaltung benutzt und ca. 30 % für Transaktionen in der Energieanlagentechnik verwandt. WTO 2006: 74.
[7360] In Preisen von 1999. Dazu werde hier erwähnt US$ 22 Mrd. für osteuropäische Beitrittsländer sowie US$ 22 Mrd. für strukturelle Interventionen in neuen EU Mitgliedsländern. WTO 2006: 96.
[7361] Nicolaides et al. 2005: 7.
[7362] Siehe die beiden **Tabelle 287**, **Tabelle 288**. Entnommen aus: WTO 2006: 113, 115.
[7363] Die Subventionsnotifikation Japans 1998 ist 92 Seiten lang und zählt diverse Projekte auf. G/SCM/N/38/JPN, 17 August 1998. An **Tabelle 288** ist sichtbar, daß nicht alle Subventionen in der WTO notifiziert werden. WTO 2006: 116.
[7364] Frage 10 in: G/SCM/6/Rev.1, 11 November 2003: 3.
[7365] G/SCM/N/38/EEC/Add.6, 21 December 1998: 10. Die USA geht nach dem copy/paste Prinzip vor und fügen fast überall unter der Frage 'trade effects' ein: "It is not possible to estimate, what, if any, trade effects may result from the use of this provision." G/SCM/N/38/USA, 19 November 1998.

fallen.[7366] Strenger als das SCM ist das EU Regelwerk deshalb, weil es Hilfen zurückfordern kann.[7367] Weiterhin werden die nationalen Maßnahmen untersucht, bevor sie benutzt werden.[7368] Großzügiger als die WTO ist die EU dadurch, weil die Subventionsdefinition weniger breit ausfällt[7369] und eine Reihe von Beihilfen durch Art. 87 (3) als kompatibel mit dem Gemeinsame Markt erklärt werden. Erleichtert wird die Bewertung dieser durch Leitlinien für die Beihilfen in den unterschiedlichen Bereichen.[7370] Beispielsweise stellt die EU Hilfen bereit, um Industrien zu retten oder zu restrukturieren. Die Leitlinien dafür sind 2003 erstmals veröffentlicht worden: So müssen bei großen Unternehmen auch die Teilhaber 50 % des Rettungspakets beitragen, die Hilfe ist auf die Umsetzung eines Restrukturierungsplans beschränkt und darf nicht dazu genutzt werden, die Aktivitäten auszudehnen. In Sektoren, die von Überkapazitäten geprägt sind, wird erwartet, daß die Firmen ihre Wettbewerber für die Hilfe, dies sie bekommen, kompensieren und zwar über eine Stillegung von Kapazitäten oder eine Einräumung von Marktanteilen. Schließlich wird die Hilfe auf ein einziges Mal beschränkt: In der Praxis wird dieses Kriterium aber angewandt i.S. von 1 mal in 10 Jahren.[7371] Es besonders schwierig, über kompensatorische Maßnahmen zu entscheiden. Im Fall der sehr hohen Zuwendung von Franc 20 Mrd. für Air France, wurde dieses Unternehmen dazu verpflichtet, bestimmte Routen aufzugeben und Landrechte in Paris/Orly an anderen Fluggesellschaften vergeben.[7372] Ebenso wendet die EU Beihilfen an, um die internationale Wettbewerbsfähigkeit zu garantieren. In diesem Fall durch Ausnahmen von der Besteuerung von energieintensiven Industrien, die einer Kohlendioxid/Energiesteuer ausgesetzt waren.[7373]

Teil C Streitbeilegung der GATT Artikel und die Grundlagenentscheidungen

Schon in Abschnitt 'H' wurde sichtbar, daß die GATT Artikel Art. I Meistbegünstigung und Art. III Inländerbehandlung eine hinsichtlich ihrer liberalisierenden Wirkungsrichtung eindeutige Auslegungspraxis vorweisen können, speziell nachdem es 1981 in bezug auf die Inländerbehandlung zu einer politischen Entscheidung für einen stringenteren Auslegungsstandard kam. Im Gegensatz zu Schutzklausel, Antidumping und Subventionen und Ausgleichszahlungen, die von vornherein als Ausnahmen von liberalen wirtschaftswissenschaftliche Vorgaben gedacht waren, handelt es sich bei diesen beiden Artikeln um den zentralen Liberalisierungsmotor der WTO, der durch eine konsequente Durchsetzung von Art. XI ergänzt wird, welches in der GATT Zeit nicht gelang.

[7366] Nicolaides et al. 2005: 18., 28.
[7367] Nicolaides et al. 2005: 71-73, 131-132.
[7368] Nicolaides et al. 2005: 54-55.
[7369] So jedenfalls Slotboom 2003: 541.
[7370] Nicolaides et al. 2005: 34-35.
[7371] Nicolaides et al. 2005: 111-114.
[7372] Nicolaides et al. 2005: 42, 112.
[7373] Nicolaides et al. 2005: 42.

Ein empirischer Überblick hinsichtlich regelinkonformen Verhaltens der Staaten auf der Ebene dieser grundlegenden GATT Artikel kann nicht gegeben werden. Einen indirekten Hinweis geben die vielen Streitfälle zu diesem Thema. Weil sich die Regeln überdecken, weitere Informationen unter dem Punkt TRIMS.

9. Art. XI 'Allgemeine Beseitigung mengenmäßiger Beschränkungen'

Die Abschaffung der mengenmäßiger Beschränkungen sieht Art. XI vor, ergänzt durch das Verbot der freiwilligen Selbstbeschränkungsabkommen in SG Art. 11.1 (a) und (b). Komplettiert wird dies durch Art. I und Art. III, welche den durch die Zollzugeständnisse ermöglichten Marktzugang beim Eintritt in den Wirtschaftsraum und im Inneren absichern.

Mit Art. XI wird der Welthandel auf Zölle umgestellt, ein bemerkenswerter Fakt angesichts der weiten Verbreitung der mengenmäßigen Beschränkungen in den Jahrzehnten zuvor.[7374] Allein Zollkontingente, die eine mengenregulierende Komponenten aufweisen, sind weiter erlaubt und werden vor allem im Landwirtschaftsbereich weiter genutzt. Deren Verwaltung unterliegt den GATT Regeln, näheres dazu im Punkt Art. XIII Nichtdiskriminierende Anwendung mengenmäßiger Beschränkungen. Als Ausnahme sind im Bereich Schutzklausel und Antidumping mengenmäßige Beschränkungen weiter möglich und sei es i.S. der 'undertakings'. Ebenso dürfen zum Schutz der Zahlungsbilanz mengenmäßige Beschränkungen eingesetzt werden. Indien mußte seine im Rahmen der Beschränkungen zum Schutz der Zahlungsbilanz seit Jahren verwandten mengenmäßigen Beschränkungen Ende der neunziger Jahre aufgrund eines verlorenen Streitfalls abbauen, siehe Punkt 17, Art. XVIII Zahlungsbilanzausnahme für Entwicklungsländer. Für Nicht-WTO Mitglieder werden z.B. im Industriegüterbereich von der EU Zollkontingente genutzt: Für bestimmte Mengen innerhalb der Zollkontingente werden die hohen autonomen Zollsätze für Nicht-WTO-Mitglieder ausgesetzt.[7375]

In den meisten Fällen, in denen dieser Artikel seit Gründung der WTO Anwendung fand, gab die Partei, die eine solche Maßnahme nutzte, offen zu, daß ein Verstoß gegen Art. XI vorlag (es ging teils um Handelsverbote bzw. Embargos oder Importlizensierung). Versucht wurde sodann die Maßnahme u.a. mit Art. XX, 'Allgemeinen Ausnahmen' zu rechtfertigen.[7376] Dies führte dazu, daß der AB viele der Panelschlußfolgerung zu Art. XI nicht überprüfen mußte, weil diese nicht in die Berufung gelangten und somit fehlt oft eine definitive Bestätigung für die Art. XI Regelauslegung.[7377]

[7374] Dieses Verbot erstreckt sich auf viele, so wirksame oder ähnlich wirksame Maßnahmen. Für Details siehe Pries/Berrisch 2003: 31-52; Mavroidis 2005: 31-52.
[7375] Grundlage ist: Verordnung (EG) Nr. 2505/96, 20.12.1996. In: ABl. L 345/1, 31.12.1996. Siehe auch: Mitteilung der Kommission zu den autonomen Zollaussetzungen und Zollkontingenten (98/C128/02). In: C 128/2, 25.4.98. Siehe: Verordnung (EG) Nr. 151/2006, 24.1. 2006. In: ABl. L 25/1, 28.1.2006.
[7376] Art. XI kann von Art. XX, Allgemeine Ausnahme, 'übertrumpft' werden. Mavroidis 2005: 32.
[7377] Davey 2004: 200-201.

So hatte Kanada in United States vs. Canada - Periodicals (1997)[7378] u.a. ein Einfuhrverbot für sog. 'split run' Wochenzeitschriften verwandt, dies sind Zeitschriften, deren Inhalt in den USA produziert wird und denen in Kanada lokal angepasste Werbung hinzugefügt wird. Dieses Einfuhrverbot verstieß gegen Art. XI.1 und eine Art. XX (d) Ausnahme konnte nicht in Anspruch genommen werden (eine Ausnahme zum Schutz der eigenen Kultur bzw. Zeitschriftenkultur gibt es in Art. XX nicht).[7379] In Div. Länder vs. United States - Shrimp (1998-2001)[7380] gab die USA zu, daß es sich um ein Importverbot i.S. von Art. XI handelt und letztendlich gelang es, dies durch Art. XX (g) zu rechtfertigen.[7381]

Indien machte im Zahlungsbilanzfall United States vs. India - Quantitative Restrictions (1999) keinen Widerlegungsversuch zu den Klagepunkten der USA bezüglich seines Importsystems, welches Importlizensierung, eine Kanalisierung von Importen über Staatshandelsgesellschaften und eine Benutzungsverpflichtung für bestimmte Importe vorsah (um den Verkauf zu verhindern).[7382] Mit Ausnahme der Kanalisierung der Importe über eine Staatshandelsgesellschaft, die nicht direkt zu einem Art. XI Verstoß führen würde, wurden die Benutzungsverpflichtungen und die Importlizensierungen (solange sie nicht automatisch erfolgten, so schon frühere GATT Panels) vom Panel als Art. XI Verstoß angesehen.[7383] Die nicht automatische Importlizensierung ist weltweit zurückgedrängt worden, wird allerdings weiterhin noch angewandt, u.a. in Brasilien.[7384]

In EU vs. Argentina - Hides and Leather (2000)[7385] wurde die Präsenz von Industrievertretern bei der Zollabfertigung für den Export zwar nicht als Art. XI Verstoß, aber als Verstoß gegen Art. X:3 (a)

[7378] Panel und AB. United States vs. Canada - Certain Measures Concerning Periodicals, WT/DS31/R, 14 March 1997. United States vs. Canada - Certain Measures Concerning Periodicals, WT/DS31/AB/R, 30 June 1997.

[7379] United States vs. Canada - Certain Measures Concerning Periodicals, WT/DS31/R, 14 March 1997, Paras. 5.4-5.11. Nicht mehr überprüft vom AB: United States vs. Canada - Certain Measures Concerning Periodicals, WT/DS31/AB/R, 30 June 1997, S. 16-17.

[7380] Panel, AB, Art. 21.5 Panel, Art. 21.5 AB. India, Malaysia, Pakistan, Thailand vs. United States - Import Prohibition of certain Shrimp and Shrimp Products WT/DS58/R, 15. May 1998, United States - Import Prohibition of certain Shrimp and Shrimp Products. WT/DS58/AB/R, 12. October 1998. United States - Import Prohibition of Certain Shrimp and Shrimp Products. Recourse to Art. 21.5 by Malaysia, WT/DS58/RW, 15. Juni 2001. United States - Import Prohibition of Certain Shrimp and Shrimp Products. Recourse to Art. 21.5 of the DSU by Malaysia, WT/DS58/AB/RW, 22. Oktober 2001.

[7381] United States - Import Prohibition of certain Shrimp and Shrimp Products WT/DS58/R, 15. May 1998, Paras. 7.11-7.17. Nicht mehr thematisiert vom AB: Report of the Appellate Body: United States - Import Prohibition of Certain Shrimp and Shrimp Products. WT/DS58/AB/R, 12. October 1998, S. 34, Para. 98. Davey 2004: 200.

[7382] "India does not submit a point-by-point rebuttal of the evidence presented by the United States." United States vs. India - Quantitative Restrictions on Imports of Agricultural, Textile and Industrial Products, WT/DS90/R, 6 April 1999, S. 160, Para. 5.116; siehe weiterhin den Überblick der Vorwürfe: S. 161, Para. 5.122.

[7383] Auch in bezug auf den Staatshandel wird hier letztendlich ein Verstoß gefunden, der aber mit anderen Aspekten zusammenhängt. United States vs. India - Quantitative Restrictions on Imports of Agricultural, Textile and Industrial Products, WT/DS90/R, 6 April 1999, S. 162-165, Para. 5.125-5.143. In bezug auf die automatische Lizenzvergabe wird dort auf GATT Fälle hingewiesen. Ein Beispiel: Eine Verzögerung von 5 Werktagen wird nicht als Verstoß gegen Art. XI.1 angesehen, aber eine dreimonatige Verzögerung der Lizenzeinräumung für Exporte in: EU vs. Japan, USA - Trade in Semiconductors, BISD 35S/116, 158 (1989).

[7384] Brasilien nutzt für 30 % der Importe nicht automatische Lizensierung. Nur für Maschinen ist eine protektionistische Intention erkennbar. Oft nutzen die Ländern nur noch für wenige, 'sensible' Produkte dieses Instrument. Andere Gründe für Lizensierung gibt es ebenso, z..B wenn es um internationale Übereinkommen zum Schutz bedrohter Tierarten geht. Überblick aus einer Durchsicht der Trade Policy Reviews: Geloso Grosso 2002: 10-13.

[7385] Nur Panel. EU vs. Argentina - Measures Affecting the Export of Bovine Hides and the Import of Finished Leather, WT/DS155/R, 19 December 2000.

angesehen, der ein vernünftige Verwaltung der Handelsgesetzgebung vorsieht.[7386] Auch im Fall United States, EU vs. India - Autos (2001)[7387] ist es nicht zu einer AB Überprüfung gekommen. Hier stellt das Panel fest, daß das sog. 'trade balancing requirement' gegen Art. XI verstößt. Indien hatte Automobilproduzenten verpflichtet, Importe und Exporte in ähnlicher Höhe zu belassen. Sanken die Exporte ab, wurden auch nicht mehr soviele Importe genehmigt.[7388] Dies sei eine Beschränkung der Importe, gemäß Art. XI.[7389] Sichtbar wird daran, daß die Streitbeilegung nicht unbedingt tolerant mit Handelseffekten umgeht. Obwohl Indien die Importe nicht ganz beschränkt, sondern von bestimmten Anforderungen abhängig macht, die eingehalten werden sollen, liegt ein Art. XI Verstoß vor.[7390] Dies gibt einen Vorgeschmack auf die Auslegung von Art. I und Art. III.

10. Art. I Meistbegünstigung

Das Meistbegünstigungsprinzip verhindert die ungleiche Behandlung der Länder, indem es vorsieht vor, daß jeder Vorteil ('any advantage') bei Zöllen, aber auch Steuern und Gebühren und Regulierungen, die den Kauf, Distribution und Transport betreffen, der einmal zugestanden wird, sofort und bedingungslos ('immediately and unconditionally') allen anderen Mitgliedsländern eingeräumt werden muß.[7391] Dieses Prinzip wird, genauso wie schon im GATT[7392], weiterhin strikt

---

[7386] U.a. wird dies wettbewerbspolitisch begründet, weil die Industrievertreter dabei Einsicht in vertrauliche Informationen bekommen, wie Preise und die Namen der Exporteure. "To provide some specific examples, ADICMA representatives should not be able to see the pricing information of the suppliers to ADICMA's members (...) We think it is particularly important for the reasonable administration of Argentina's export laws that the tanners not be provided with the name of the exporters." EU vs. Argentina - Measures Affecting the Export of Bovine Hides and the Import of Finished Leather, WT/DS155/R, 19 December 2000, S. 127-129, Paras. 11.86-11.94. Argentinien setzt die Empfehlungen um, indem es die Vertreter des Lederindustrieverbands Vertraulichkeitsverpflichtungen aussetzt. WT/DS155/12, 26 February 2002.
[7387] Nur Panel, ein AB wurde gebildet, Indien zog sich aber davon zurück, sodaß der AB Bericht nur 5 Seiten lang ist. United States, EU vs. India - Measure Affecting the Automobile Sector, WT/DS146/R, WT/DS175/R, 21 December 2001. United States, EU vs. India - Measure Affecting the Automobile Sector, WT/DS146/AB/R, WT/DS175/AB/R, 19 March 2002.
[7388] United States, EU vs. India - Measure Affecting the Automobile Sector, WT/DS146/R, WT/DS175/R, 21 December 2001, S. 3, Para. 2.5. Siehe für die große Bandbreite der Anwendung von Art. XI, die sich ggf. sogar auf ein "network of strong suggestions" erstrecken mag, die als Maßnahmen angesehen werden: S. 153-160, Paras. 7.245-7.281.
[7389] "The Panel therefore finds that the trade balancing condition contained in Public Notice No. 60 and in the MOUs signed thereunder, by limiting the amount of imports through linking them to an export commitment, acts as a restriction on importation, contrary to the terms of Art. XI.1." United States, EU vs. India - Measure Affecting the Automobile Sector, WT/DS146/R, WT/DS175/R, 21 December 2001, S. 159, Para. 7.278. Eine Zahlungsbilanzrechtfertigung gelingt Indien nicht. Es kann dazu keine Argumentation vorweisen. S 160-162, Para. 7.282-7.294.
[7390] "It stems from the above, that, with the exeption of duties, taxes or other charges, any measure which can result in a QR can, in principle, come under purview of Art. XI GATT." Mavroidis 2005: 44.
[7391] Art. I.1 "... any advantage, favour, priviledge or immunity granted by any contracting party to any product originating in or destined for any other country shall be accorded immediately and unconditionally to the like product originating in or destined for the territories of all other contracting parties." WTO 1995: 486. Der Begriff 'unconditionally' ist noch nicht vom AB geklärt. Bedingungslos könnte so ausgelegt werden, daß überhaupt alle Bedingungen, die über die Ware hinaus an Importe geknüpft sind, als diskriminierend erachtet werden. Diese Ansicht hat der Panel im Fall EU, Japan, United States vs. Indonesia - Autos (1998), siehe gleich unten, Fußnote 28, ausgesprochen. Oder aber es sind nur solche Bedingungen Art. I inkompatibel, die zwischen der Herkunft der Ware unterscheiden. Ein anderer Panel entscheidet sich für letztere Option: "In our view, whether an advantage within the meaning of Art. I is accorded 'unconditionally' cannot be determined independently of an examination of whether it involves discrimination between like products of different countries." Japan vs. Canada - Certain Measures Affecting the Automobile Industry, WT/DS139/R, WT/DS142/R, 11 February 2000, S. 357, Para. 10.22. Referenzen auf Fälle, in denen diese Frage unterschiedlich entschieden wurde, in Mavroidis 2005: 120-127; siehe auch Trebilcock/Howse 2005: 63-64; und Davey 2004: 103. Denkbar ist weiterhin, daß nur in bestimmten Fällen solche Bedingungen akzeptiert werden. Siehe dazu auch den Fall: India vs. EC - Tariff Preferences (2003-2004), in Punkt 18, Präferenzsysteme.
[7392] Siehe die Art. I Beschreibung in Abschnitt 'H'.

von der Streitbeilegung angewandt: Ist es gelungen gleichartige Produkte für den Streit zu definieren, erstreckt sich dieses Prinzip auf de jure und de facto Diskrimierung. Ziel und Zweck der Regulierung oder ggf. nur geringe dadurch ausgelöste Handelseffekte spielen keine moderierende Rolle. Für einen Verstoß reichen diskriminierende Anreize ("more favourable competitive opportunities"), die von Regulierungen ausgehen aus.[7393] Spät, 1992, wurde zudem in einem GATT Panel geklärt, daß eine Ausbalancierung von Nachteilen durch Vorteile in anderen Bereichen nicht akzeptiert wird.[7394] Beispiele für die Anwendung seit Gründung der WTO sind die folgenden Fälle:

In Ecuador, Guatemala, Honduras, Mexico, United States vs. EU - Bananas (1997-2000) akzeptiert der AB, gestützt auf Art. I, nicht, daß die EU zwei rechtlich separierte Importregime für Bananen etablierte. Weil Bananen gleichartige Produkte sind, dürfe es nur ein Importregime geben, welches für alle Importe gleich bzw. nicht diskriminierend gültig ist.[7395] Anreize, die europäische Importfirmen, die AKP Bananen importierten, eingeräumt bekamen und die Vergabe von Importlizenzen unter der Bedingung, daß bestimmte wirtschaftliche Aktivitäten vorliegen, verstießen ebenso gegen Art. I. Der AB weist diesbezüglich darauf hin: "a broad definition has been given to the term 'advantage' in Article I.1 of the GATT 1994 ...".[7396] In Ecuador vs. EU - Bananas (2008)[7397] wird aufgrund der am 31. Dezember ausgelaufenen Doha Sondergenehmigung, welche eine präferenzielle Behandlung der AKP Bananen erlaubte, ein Art. I Verstoß durch das modifizierte EU Bananenregime gefunden.[7398] Auch die Einräumung von Exportzertifikaten verstößt gegen Art. I.1, wenn diese diskriminierend nur an Exporteure aus AKP Staaten vergeben werden. Exportzertifikate können einen 'indirekten' Vorteil in Verhandlungen mit den EU Importfirmen bedeuten, weil diese Zertifikate eine sichere Lieferung garantieren und indirekte Renten erlauben, weil aus diesen Ländern sonst keine anderen Anbieter mehr zum Zuge kommen.[7399] Unter Punkt 20, Art. XIII Nichtdiskriminierende Anwendung mengenmäßiger Beschränkungen werden weitere Aspekte des Bananenfalls erwähnt.

[7393] Dieser 'competitive opportunities'-Test wird genauso wie unter Art. III verwendet. Siehe das Zitat aus einem Bananenpanel in Mavroidis 2005: 126, 112; siehe auch Trebilcock/Howse 2005: 72-76.

[7394] Siehe: Brazil vs. United States - Denial of Most-Favoured Nation Treatment as to Non-Rubber Footwear from Brazil, BISD 39S/128, 151, Para. 6.10, 1993. Matsushita et al. 2006: 219.

[7395] "As no participant disputes that bananas are like products, the non-discrimination provisions apply to all imports of bananas, irrespective of whether or how a Member categorizes and subdivides these imports for administrative or other reasons. If, be choosing a different legal basis for imposing import restrictions, or by applying different tariff rates, a Member could avoid the application of non-discrimination provisions of the imports of like products from different members, the object and purpose of the non-discrimination provisions would be defeated." Ecuador, Guatemala, Honduras, Mexico, United States vs. EU - Regime for the Importation, Sale and Distribution of Bananas, WT/DS27/AB/R, 9 September 1997, S. 83, Para. 190.

[7396] Ecuador, Guatemala, Honduras, Mexico, United States vs. European Communities - Regime for the Importation, Sale and Distribution of Bananas, WT/DS27/AB/R, 9 September 1997, S. 89, Paras. 206. Mavroidis 2005: 115; Matsushita et al. 2006: 208. Diese breite Definition wird u.a. in Brazil vs. United States - Denial of Most-Favoured-Nation Treatment of Non-Rubber Footwear from Brazil, BISD 39S/128, 150, Para. 6.9, verwendet. Trebilcock/Howse 2005: 59.

[7397] Ecuador vs. European Communities - Regime for the Importation, Sale and Distribution of Bananas, WT/DS27/RW2/ECU, 7 April 2008.

[7398] Ecuador vs. European Communities - Regime for the Importation, Sale and Distribution of Bananas, WT/DS27/RW2/ECU, 7 April 2008. S. 156, Para. 7.200.

[7399] Ecuador, Guatemala, Honduras, Mexico, United States vs. EU - Regime for the Importation, Sale and Distribution of Bananas, WT/DS27/AB/R, 9 September 1997, S. 89, Paras. 207.

Im Fall EU, Japan, United States vs. Indonesia - Autos (1998)[7400] wird eine Zollausnahme speziell für koreanische Firmen, die am 'National Car Programme' teilhaben (wobei alle anderen Länder bzw. deren Firmen 200 % Zöllen ausgesetzt sind) als Art. I.1 Verstoß angesehen, da dieser versieht, daß Zollvergünstigungen sofort und ohne Bedingungen an alle anderen WTO Mitglieder weitergegeben werden müssen.[7401]

In Japan vs. Canada - Autos (2000)[7402] wird vom AB klargestellt, daß Art. I.1 auf de jure und de facto Diskriminierung anwendbar ist.[7403] Kanada hatte Privilegien (niedrigere Importzölle), bestimmten Firmen (die bestimmte Leistungen erbringen müssen) eingeräumt. Es argumentierte, daß diese Firmen i.S. kommerzieller Importentscheidungen, ohne Rücksichtnahme auf den Ursprung der Importe, importieren dürfen.[7404] Der Panel akzeptiert dies nicht. Ein diskriminierender Effekt läge vor, wenn diese niedrigen Zölle nur bestimmten Unternehmen, aus bestimmten Ländern, eingeräumt werden.[7405] Der AB akzeptiert dies und ergänzt, daß die niedrigen Zölle nicht sofort und ohne Bedingungen an andere Ländern und deren gleichartige Waren weitergegeben wurden.[7406] Weitere Verweise erfolgen in der Literatur.[7407]

[7400] Nur Panel: European Communities, Japan, United States vs. Indonesia - Certain Measures Affecting the Automobile Industry, WT/DS54/R, WT/DS55/R, WT/DS59/R, WT/DS64/R, 2. July 1998.

[7401] "The existence of these conditions is inconsistent with the provisions of Article I:1 which provides that tax and customs duty benefits accorded to products of one Member (here on Korean products) be accorded to imported like products from other Members 'immediately and unconditionally'" European Communities, Japan, United States vs. Indonesia - Certain Measures Affecting the Automobile Industry, WT/DS54/R, WT/DS55/R, WT/DS59/R, WT/DS64/R, 2. July 1998, S. 359, Para. 14.145. Ebenso widerspricht es nach Ansicht des Panels gegen Art. I.1, daß Bedingungen, etwa 'local content' Bedingungen, auferlegt werden, um von der Zollausnahmen zu profitieren. "And there is also a third condition for these benefits: the meeting of certain local content targets. Indeed under all these car programmes, customs duty and tax benefits are conditional on achieving a certain local content value for the finished car. The existence of these conditions is inconsistent with the provisions of Article I:1 which provides that tax and customs duty advantages accorded to products of one Member (here on Korean products) be accorded to imported like products from other Members 'immediately and unconditionally'" S. 360, Para. 14.146. Siehe auch Fußnote 18. Dies hört sich erst so an, als ob schon allein die 'local content' Bedingung als Art. I Verstoß angesehen wird. Zwei Sätze später wird aber Korea erwähnt, sodaß doch wieder ausschlaggebend wird, daß zwischen Korea und anderen Ländern diskriminiert wird. Dazu auch Trebilcock/Howse 2005: 61. Von Davey (2004) wird die Bemerkung gemacht, daß Indonesien hätte reklamieren können, daß dies unter "exclusive or special priviledges" gemäß Art. XVII Staatshandelsgesellschaften fallen würde. Davey 2004: 193.

[7402] Panel und AB. Japan vs. Canada - Certain Measures Affecting the Automobile Industry, WT/DS139/R, WT/DS142/R. 11 February 2000. Japan vs. Canada - Certain Measures Affecting the Automobile Industry, WT/DS139/AB/R, WT/DS142/AB/R, 31 May 2000.

[7403] "Neither the words 'de jure' or 'de facto' appear in Article I:1. Nevertheless, we observe that Article I:1 does not cover only 'in law', or de jure, discrimination. As several GATT panels reports confirmed, Article I:1 covers also 'in fact', or de facto, discrimination." Herv. im Original. Japan vs. Canada - Certain Measures Affecting the Automobile Industry, WT/DS139/AB/R, WT/DS142/AB/R, 31 May 2000, S. 25-26, Para. 78.

[7404] "In the case at hand, there are no such criteria that determine the origin of products which may be imported under the import duty exemption." Japan vs. Canada - Certain Measures Affecting the Automobile Industry, WT/DS139/R, WT/DS142/R, 11 February 2000, S. 361, Para. 10.35.

[7405] "We consider that, for the purpose of determining whether the limitation of eligible importers has an impact on the origin of products imported under the import duty exemption, the foreign affiliation of automobile manufactures in Canada which benefit from the import duty exemption, as compared with the foreign affiliation of automobile manufactures who are not entitled to the exemption, is of particular significance ..." Dazu kommt, daß General Motors, Ford, Chrysler und Volvo, die von der Zollbefreiung profitieren, nur ihre Automobile importieren. Andere Firmen, Toyota, Nissan, Mazda, Subaru, Hyndai, VW und BMW kommen nicht in den Genuß. Japan vs. Canada - Certain Measures Affecting the Automobile Industry, WT/DS139/R, WT/DS142/R, 11 February 2000, S. 362, Para. 10.42. Siehe ebenso S. 362, Para. 10.43. Siehe auch Matsushita et al. 2006: 212.

[7406] "in practive, a motor vehicle imported into Canada is granted the 'advantage' of the import duty exemption only if it originates on one of a small number of countries in which the exporter of motor vehicles is affiliated with a manufacturer/importer in Canada, that has been designated as eligible to import vehicles duty-free." Und: "Canada has granted an 'advantage' to some products from some Members that Canada has not 'accorded immediately and unconditionally' to 'like' products 'originating in or destined for the territories of *all other*

Nicht geklärt ist bislang, ob gleichartige Waren in Art. I in enger Art und Weise, u.a. in bezug auf die Zollpositionen definiert werden oder ob auch hier eine aufgeweitete Definition, die auf empirischen Untersuchungen der Substituierbarkeit bzw. Elastizität beruht, siehe gleich unter Art. III Inländerbehandlung, verwendet werden wird.[7408] Würde letzteres in einem zukünftigen Fall beschlossen, würde dies die Wirkung von Art. I noch um einiges verstärken, weil leichter eine breiter definierte Warengruppe in einen Streit involviert werden kann und - falls diese von diskriminierenden Regulierungen betroffen sind - würde die Klage mit Geltung für die breiter definierte Warengruppe erfolgreich abgeschlossen werden können.

Die beiden Ausnahmen von Art. I, Präferenzsysteme sowie regionale Integration, Zollunionen und Freihandelsabkommen werden hier in Punkt 18, Präferenzsysteme und Punkt 25, Art. XXIV Regionale Integrationsprojekte, gesondert dargestellt. Darüberhinaus sind Ausnahmen von der Meistbegünstigung in einer ganzen Reihe von 'normalen' Fällen in der WTO möglich: Antidumping- und Ausgleichszöllen werden selektiv auf Länder und Firmen erhoben und im Ausnahmefall ist eine Ausnahme von Art. I bei Zahlungsbilanzschwierigkeiten denkbar, wenigstens nach Art. XIV.2.[7409] Ebenso ist eine Abweichung von Art. I, wenn dies begründet werden kann, unter Art. XX 'Allgemeine Ausnahmen' möglich sowie unter Art. XXI "Ausnahmen zur Wahrung der Sicherheit' sogar wahrscheinlich. Weiterhin werden die Vergeltungsmaßnahmen nach einem gewonnenen Streitfall bilateral d.h. länderspezifisch autorisiert. Schließlich gibt es die Möglichkeit, Sondergenehmigungen ('waiver') zu beantragen.[7410]

11. Art. III Inländerbehandlung

Seit Gründung der WTO ist es zu einer intensiven Nutzung der grundlegenden GATT Rechtsprinzipien in der Streitbeilegung gekommen. Dies gilt speziell für Art. III Inländerbehandlung. Dessen Aufgabe ist es zu verhindern, daß die Zollkonzessionen nicht durch heimische Maßnahmen rückgängig gemacht werden können. Genauso wie Art. I erstreckt sich Art. III auch auf Waren, deren

---

members. (emphasis added) And this, we conclude, is not consistent with Canada's obligations under Article I.1 of the GATT 1994." Herv. im Original. Japan vs. Canada - Certain Measures Affecting the Automobile Industry, WT/DS139/AB/R, WT/DS142/AB/R, 31 May 2000, S. 26, Para. 80-81. Siehe auch Matsushita et al. 2006: 209-211.

[7407] Ein weiterer Fall wird genannt, in dem ein simpler Art. I Verstoß gefunden wurde. EU vs. United States - Certain EC Products (2000). Siehe: Trebilcock/Howse 2005: 64-65.

[7408] Mavroidis 2005: 118. Für die enge Definition siehe: Canada vs. Japan - Tariff on Imports of Spruce, Pine, Fir (SPF) Dimension Lumber, BISD 36S/167, 198-199, Paras. 5.11-5.12, 1990.

[7409] Hier lautet die Bedingung in: Art. XIV.2 "in respect of a small part of its external trade where the benefits to the contracting party or contracting parties substantially outweigh any injury which may result to the trade of another countries." WTO 1995: 506. Trebilcock/Howse 2005: 54.

[7410] Dazu kommen die schon erwähnten Großvaterregeln für historische Präferenzen. Siehe dazu Abschnitt 'H', Punkt 9. Diese Liste in Trebilcock/Howse 2005: 54-55.

Zölle nicht verbindlich festgelegt wurden.[7411] Horn/Mavroidis (2004) schreiben über die Inländerbehandlung (national treatment, 'NT'):

"The potential reach of the WTO NT provisions is hard to overestimate: they cover virtually all governmental policies of all the currently 146 members of the WTO, whether be they taxes, laws, regulations, etc., which affect the conditions for sale and distribution, widely interpreted, of imported products and services. In addition, NT provisions cover not only explicitly discriminatory internal measures, but also policies that indirectly have such consequence."[7412]

Diese Möglichkeiten regulatorische Maßnahmen durch die WTO in Frage zu stellen, hat, dies wurde in Abschnitt 'H' gezeigt, im GATT zu einer Gegenströmung in der Art. III Rechtsauslegung geführt, um den Eingriff in die regulatorische Automomie der Mitgliedstaaten abzumildern, wenn es sich um rechtfertigbare Ziele geht. Dieser Ansatz, 'aims and effect'-Test genannt, scheiterte[7413], locus classicus dieser Debatte ist der Artikel von Hudec (1999), der argumentiert, daß ein solcher oder ähnlicher Test auch in Zukunft nicht zu vermeiden ist: "It simply means that it will remain underground".[7414] Nach diversen Streitbeilegungsentscheidung war in der Literatur die Rede von eine "Resurrection of the Aims and Effects"-Test.[7415] Wie weit geht diese Wiederauferstehung eines solchen, ggf. mehr regulatorische Spielräume verschaffenden Tests? Dazu die entscheidenden Fälle und Auslegungsentscheidungen:

(1) Gleichartige Waren

Um eine Art. III Klage zu gewinnen, muß zuerst einmal bewiesen werden, daß sich die umstrittene Maßnahme (Gesetz, administrative Regulierung etc.) auf eine gleichartige Ware bezieht. Aus diesem Grund ist diese Frage meist heftig umstritten. Die Definition der gleichartigen Ware erfolgt Fall-zu-Fall und unterscheidet sich je nachdem Art. III.2 erster Satz, Art. III.2, zweiter Satz oder Art. III.4 angewandt wird. Der AB verwendet dafür die Metapher des Akkordeons der gleichartigen Waren, welches sich mal mehr und mal weniger ausdehnt:[7416]

[7411] Weiter geht die Wirkung deshalb, weil sich die Geltung auch auf Produkte erstreckt, für die keine verbindlichen Zollgrenzen festgelegt wurden. So, mit weiteren Verweisen auf GATT Fälle. EU, Canada, United States vs. Japan - Taxes on Alcoholic Beverages, WT/DS8/AB/R, WT/DS10/AB/R, WT/DS11/AB/R, 4 October 1996. S. 16. Mavroidis 2005: 129.
[7412] Horn/Mavroidis 2004: 40.
[7413] Canada vs. United States - Malt Beverages. BISD 39S/206, 1993, Para. 5.72. Explizit wird dieser Test so benannt im nicht angenommenen Panelbericht: EC vs. United States - Taxes on Automobiles, Report of the Panel, DS31/R, 11. Oktober 1994: 101, Para. 5.10.
[7414] So die These in Hudec 1999: 377, 368-369.
[7415] Porges/Trachtman 2003: 788; die Relevanz von EU vs. Chile - Taxes on Alcoholic Beverages (1999) in diesem Zusammenhang betont Regan 2003: 739-740; siehe auch Fauchald 2003: 478. Gegen die Relevanz von Effekten und Intentionen argumentiert, einige Zeit später allerdings, mit mehr Überblick, aber m.E. zu strikt: Mavroidis 2005: 177. Sonstige Literatur zu Art. III: Horn/Mavroidis 2004; Ehring 2001; Matsushita et al. 2006; Verhoosel 2002. Zur Frage gleichartiger Produkte und produktionsprozessbasierten Standards: Howse/Regan 2000.
[7416] "The concept of 'likeness' is a relative one that evokes the image of an accordion. The accordion of 'likeness' stretches and squeezes in different places as different provisions of the *WTO Agreement* are applied." Herv. im Original. EU, Canada, United States vs. Japan - Taxes on Alcoholic Beverages, WT/DS8/AB/R, WT/DS10/AB/R, WT/DS11/AB/R, 4 October 1996, S. 26. Matsushita et al. 2006: 236.

In Art. III.2, erster Satz, wo um steuerliche und gebührenbezogene Ungleichbehandlungen ("directly or indirectly, to internal taxes or other internal charges"[7417]) geht, soll eine 'enge' Interpretation gleichartiger Waren verwandt werden.[7418] So sind nur Sochu und Wodka gleichartige Waren gemäß Art. III.2, erster Satz in EU, Canada, United States vs. Japan - Alcoholic Beverages II (1996).[7419]

Eine 'breitere' Interpretation erfolgt in Art. III.2, zweiter Satz, in dem die Frage protektionistischer Anwendung (durch den Verweis auf Art. III.1) explizit[7420] hinzukommt, wobei dort zusätzlich, mit einem Verweis auf AD Art. III, rückversichert wird, daß eine marktbezogene Wettbewerbs- und Substitutionsanalyse zur Bestimmung gleichartiger Waren vorgenommen werden muß.[7421]

Ebenso wird eine 'breitere' Interpretation gleichartiger Waren für Art. III.4 angewandt. Als Unterschied zur Art. III.2, zweiter Satz, wird von der Streitbeilegung zur Kenntnis genommen, daß in diesem Artikel keine Rede von Wettbewerbs- und Substitutionsanalyse ist[7422], sondern nur von gleichartigen Waren. Diese 'breite' Interpretation wird vom AB zuerst einmal negativ definiert: Sie

---

[7417] GATT Art. III.2. WTO 1995: 490.

[7418] "We believe that, in Article III:2, first sentence of the GATT 1994, the accordion of 'likeness' is meant to be narrowly squeezed." EU, Canada, United States vs. Japan - Taxes on Alcoholic Beverages, WT/DS8/AB/R, WT/DS10/AB/R, WT/DS11/AB/R, 4 October 1996, S. 26. Obwohl dies eine Fall-zu-Fall Entscheidung ist, ist mit enger Interpretation gleichartiger Waren der Rekurs auf die sog. Border Tax Adjustment Kriterien gemeint: "the product's end-uses in a given market; consumers tastes and habits; which change from country to country; the product's properties, nature and quality". BISD 18S/97, 102, 1972. Dazu kann eine perfekte Substituierbarkeit einen Hinweis geben. Venezuela vs. United States - Standards for Reformulated and Conventional Gasoline, WT/DS2/R, 29 January 1996, S. 34, Para. 6.8-6.9. Siehe zu diesem 'engen' Ansatz: EU, Canada, United States vs. Japan - Taxes on Alcoholic Beverages, WT/DS8/AB/R, WT/DS10/AB/R, WT/DS11/AB/R, 4 October 1996, S. 21-22; United States vs. Canada - Certain Measures Concerning Periodicals, WT/DS31/AB/R, 30 June 1997, S. 21-22. Siehe dazu auch: Canada vs. EC - Measures Affecting Asbestos and Asbestos-Containing Products. WT/DS135/AB/R, 12 March 2001, S. 38-39, Para. 101. Interessanterweise argumentiert der AB, daß die 'enge' Interpretation von Art. III.2, erster Satz, deshalb gefordert würde, damit sich, unter den strikten Bestimmungen in diesem Artikel, Spielräume eröffnen: "must be construed narrowly so as not to condemn measures that its strict terms are not meant to condemn." EU, Canada, United States vs. Japan - Taxes on Alcoholic Beverages, WT/DS8/AB/R, WT/DS10/AB/R, WT/DS11/AB/R, 4 October 1996, S. 20. Siehe auch Matsushita et al. 2006: 237.

[7419] EU, Canada, United States vs. Japan - Taxes on Alcoholic Beverages, WT/DS8/R, WT/DS10/R, WT/DS11/R, 11 July 1996, Para. 6.23. Bestätigt vom AB: EU, Canada, United States vs. Japan - Taxes on Alcoholic Beverages, WT/DS8/AB/R, WT/DS10/AB/R, WT/DS11/AB/R, 4 October 1996, S. 32. Oder: Rohrzucker und Rübenzucker sind gleichartig. United States vs. Mexico - Tax Measures on Soft Drinks and Other Beverages, WT/DS308/R, 7 October 2005, S. 120, Para. 8.36. Rohrzucker und Fruktosesirup sind in diesem Fall, 'breiter' definiert, gleichartige Produkte, wenn die Wettbewerbs- und Substitutionsanalyse, gemäß Art. III.2, zweiter Satz, benutzt wird. S. 128, Para. 8.78. Siehe oben gleich im Anschluß.

[7420] Implizit ist diese schon in Art. III.2 erster Satz enthalten, eine solche Anwendung muß hier aber nicht extra aufgezeigt werden, weil eine Maßnahme, die gegen Art. III.2 erster Satz verstößt, bereits dem Verdacht protektionistischer Effekte ausgesetzt ist. Für Art. III.2 erster Satz wird ausgeführt: "We believe the meaning is simply that the presence of a protective application need not be established separately from the specific requirements that are included in the first sentence in order to show that a tax measure is inconsistent with the general principle set out in the first sentence. However, this does not mean that the general principle of Article III.1 does not apply to this sentence. To the contrary, we believe the first sentence of Article III:2 is, in effect, an application of this general principle." Dieses generelle Prinzip findet sich in Art. III.1: "Article III:1 articulates a general principle that internal measures should not be applied so as to afford protection to domestic production. This principle informs the rest of Art. III. The purpose of Article III:1 is to establish this general principle as a guide to understanding and interpreting the specific obligations contained in Article III:2 and in the other paragraphs of Article III, while respecting, and not diminishing in any way, the meaning of the words actually used in the texts of those other paragraphs." EU, Canada, United States vs. Japan - Taxes on Alcoholic Beverages, WT/DS8/AB/R, WT/DS10/AB/R, WT/DS11/AB/R, 4 October 1996, S. 18-19. Siehe auch Matsushita et al. 2006: 237.

[7421] Siehe dazu gleich. Siehe GATT AD Art. III, Paragraph 2. "A tax conforming to the requirements of the first sentence of paragraph 2 would be considered to be inconsistent with the provisions of the second sentence only in cases where competition was involved between, ohn the one hand, the taxed product and, on the other hand, a directly competitive or substitutable product which was not similarly taxed." WTO 1995: 545.

[7422] "By contrast, Art. III:4 applies only to 'like products' and does not include a provision equivalent to the second sentence of Art. III:2." Canada vs. EC - Measures Affecting Asbestos and Asbestos-Containing Products. WT/DS135/AB/R, 12 March 2001, S. 36, Para. 94.

könne jedenfalls nicht 'breiter' sein, als Art. III.2 erster und zweiter Satz zusammengenommen.[7423] Weiterhin erwähnt der AB, daß bei der Interpretation gleichartiger Waren das insgesamte Ziel von Art. III zu beachten ist, welches vorsieht: "to provide equality of competitive conditions for imported products in relation to domestic products."[7424] Daraus lasse sich folgern, daß für die Feststellung, daß eine gleichartige Ware vorliegt, ausschlaggebend ist, daß Wettbewerb und Substitution zwischen diesen Produkten besteht. Somit wird hier eine Wettbewerbs- und Substitutionsanalyse doch durchgeführt, obwohl im Wortlaut des Artikels nicht die Rede davon ist.[7425]

(2) Analysemethode, Art. III.2, erster Satz

Dieser Artikel bezieht sich sachlich auf "internal taxes or other internal charges"[7426] (im Unterschied zu Art. III.4, s.u.). Die Streitbeilegung geht bei der Analyse folgendermaßen vor: Erstens wird (nach 'enger' Methode s.o.) festgestellt, ob gleichartige Produkte vorliegen. Wenn dann zweitens gezeigt werden kann, daß Steuern oder Gebühren auf importierte Produkte höher sind als heimische Produkte, liegt ein Verstoß gegen Art. III.2, erster Satz vor. Eine Analyse von de facto protektionistischen Effekten ist nicht nötig: "the presence of a protective application need not to be established separately".[7427] In bezug auf die Ungleichbehandlung einer ausländischen Ware ("in excess of those applied, directly or indirectly, to like domestic products"[7428]) ist ebenso klar: "Even the smallest amount of 'excess' is too much".[7429]

Noch nicht entschieden ist, ob es gemäß Art. III.2, erster Satz (ohne daß eine de jure Ungleichbehandlung vorliegt), zu einer de facto Klage (z.B. wenn eine eigentlich neutrale Steuer oder Gebühr, aus unterschiedlichen Gründen vor allem ausländische Waren betrifft) kommen kann. Somit bleibt denkbar, daß bezüglich steuerlicher und gebührenbezogener Ungleichbehandlung 'aims and

---

[7423] Weil Art. III.2, zweiter Satz, den Wettbewerbs- und Substitutionsaspekt mit einbringt, darf Art III.4 nicht genauso streng sein, wie Art. III.2, erster Satz. Geschlossen wird: "In view of this different language, and although we need not rule, and do not rule, on the precise product scope of Article III:4, we do conclude that the product scope of Article III:4, although broader than the first sentence of Article III:2, is certainly not broader than the combined scope of the two sentences of Article III:2 of the GATT 1994." Canada vs. EC - Measures Affecting Asbestos and Asbestos-Containing Products. WT/DS135/AB/R, 12 March 2001, S. 38, Para. 99, siehe auch S. 35, Para. 93.
[7424] Ohne Herv. im Original. Canada vs. EC - Measures Affecting Asbestos and Asbestos-Containing Products. WT/DS135/AB/R, 12 March 2001, S. 37, Para. 97.
[7425] "Thus, a determination of 'likeness' under Article III:4 is, fundamentally, a determination about the nature and extent of a competitive relationship between and among products. In saying this, we are mindful that there is a spectrum of degrees of 'competitiveness' or 'substitutability' of products in the marketplace, and that it is difficult, if not impossible, in the abstract, to indicate precisely where on this spectrum the word 'like' in Article III:4 of the GATT 1994 falls." Canada vs. EC - Measures Affecting Asbestos and Asbestos-Containing Products. WT/DS135/AB/R, 12 March 2001, S. 37, Para. 99. Siehe auch weiter unten und Matsushita et al. 2006: 238-239.
[7426] Art. III.2, erster Satz. WTO 1995: 490.
[7427] "... first, whether the taxed imported and domstic products are 'like' and, second, whether the taxes applied to the imported products are 'in excess of' those applied to the like domestic products." Und: "We believe the meaning is simply that the presence of a protective application need not to be established separately from the specific requirements that are included in the first sentence ..." EU, Canada, United States vs. Japan - Taxes on Alcoholic Beverages, WT/DS8/AB/R, WT/DS10/AB/R, WT/DS11/AB/R, 4 October 1996, S. 19. Dies steht im Einklang mit folgendem GATT Panel: "Art. III: 2, first sentence, applies whether or not the products concerned are subject to a tariff concession and whether or not adverse trade effects occured." Canada vs. United States - Taxes on Petroleum and Certain Imported Substances, BISD 34S/136, 155, Para. 5.1.1, 1988. Siehe auch Mavroidis 2005: 140-141.
[7428] Art. III.2, erster Satz. WTO 1995: 490.
[7429] EU, Canada, United States vs. Japan - Taxes on Alcoholic Beverages, WT/DS8/AB/R, WT/DS10/AB/R, WT/DS11/AB/R, 4 October 1996, S. 25. Matsushita et al. 2006: 248.

effects' beachtet werden können, ebenso möglich ist es, daß auch bei einer solchen Klage ein strenger, formaler Standard, wie eben beschrieben, angewandt wird.[7430]

Drei Fälle zu Art. III.2, erster Satz, gab es bisher: In United States vs. Canada - Periodicals (1997)[7431] pfeift der AB den Panel zurück, der nicht überzeugend gezeigt hat, daß gleichartige Waren vorliegen.[7432] Im EU, Japan, United States vs. Indonesia - Autos (1998) (nur Panel)[7433] wurden importierte oder heimische gleichartige Automobile, die nicht aus dem 'National Car Programme' stammten und nicht der 60 % oder mehr 'local content'-Vorgabe entsprachen, einer Verkaufssteuer von 35 % ausgesetzt. Der 'Timor' aus dem 'National Car Programme' wurde dagegen von der Verkaufssteuer ausgenommen. Der Panel schließt, daß dadurch ein Art. III.2, erster Satz, Verstoß vorlag.[7434] In Honduras vs. Dominican Republic - Import and Sale of Cigarettes (2004-2005)[7435] wurde vom Panel (keine Berufung dazu) festgestellt, daß die Besteuerung für Zigaretten im Jahre 2003 gegen Art. III.2, erster Satz, verstoßen hat.[7436]

(3) Analysemethode Art. III.2, zweiter Satz

Damit gemäß Art. III.2, zweiter Satz, eine protektionistische Anwendung von Steuern und Gebühren vorliegt, müssen drei eigenständige Punkte festgestellt werden: (1) Das die heimischen und ausländischen Waren "directly competitive or substitutable" sind, i.S. eines 'breiter' (als in Art. III.2, erster Satz) angelegten Tests für gleichartige Waren, der den Wettbewerb auf dem Markt, u.a. die Substitutionselastizitäten zu anderen Waren einbezieht und der darüberhinaus weitere Aspekte des Wettbewerbs einbeziehen kann; (2) ob die Waren nicht gleich besteuert werden ("not similarly taxed") und die Maßnahme (3) so angewandt wird ("applied"), daß sie Schutz einräumt: "as to afford protection to domestic production".[7437]

[7430] Porges/Trachtman 2003: 797.
[7431] Panel und AB. United States vs. Canada - Certain Measures Concerning Periodicals, WT/DS31/R, 14 March 1997. United States vs. Canada - Certain Measures Concerning Periodicals, WT/DS31/AB/R, 30 June 1997.
[7432] United States vs. Canada - Certain Measures Concerning Periodicals, WT/DS31/R, 14 March 1997, Para. 5.22-5.29. United States vs. Canada - Certain Measures Concerning Periodicals, WT/DS31/AB/R, 30 June 1997, S. 21-23.
[7433] Nur Panel: Indonesia - Certain Measures Affecting the Automobile Industry, WT/DS54/R, WT/DS55/R, WT/DS59/R, WT/DS64/R, 2. July 1998.
[7434] Siehe u.a. diesen Satz: "An imported motor vehicle alike in all aspects relevant to a likeness determination would be taxed at higher rate simply because of its origin or lack of sufficient local content". Indonesia - Certain Measures Affecting the Automobile Industry, WT/DS54/R, WT/DS55/R, WT/DS59/R, WT/DS64/R, 2. July 1998, S. 352, Para. 14.113, S. 349-352, Paras. 14.104-14.114.
[7435] Panel und AB. Honduras - Dominican Republic - Measures Affecting the Importation and Internal Sale of Cigarettes, WT/DS302/R, 26 November 2004. Honduras - Dominican Republic - Measures Affecting the Importation and Internal Sale of Cigarettes, WT/DS302/AB/R, 25 April 2005. Honduras - Dominican Republic - Measures Affecting the Importation and Internal Sale of Cigarettes, WT/DS302/17, 29 August 2005.
[7436] Honduras - Dominican Republic - Measures Affecting the Importation and Internal Sale of Cigarettes, WT/DS302/R, 26 November 2004, S. 189, Para. 7.358.
[7437] EU, Canada, United States vs. Japan - Taxes on Alcoholic Beverages, WT/DS8/AB/R, WT/DS10/AB/R, WT/DS11/AB/R, 4 October 1996, S. 24-25.

(3.a) Wie sieht dieser Wettbewerbstest ("directly competitive or substitutable", 'DCS') bzw. der "competitive likeness test"[7438] zur Feststellung gleichartiger Waren aus? Um die Substitutierbarkeit zu zeigen, werden Studien über Preiselastizitäten zugrundegelegt.[7439] Darauf basierend kann eine 'breite' Definition gleichartiger Waren folgen, denn solche Studien zeigen etwa (und prognostizieren sogar für die Zukunft), daß Konsumenten bereit sind, bei sinkenden Preisen vermehrt ein bisher nicht gekauftes Produkt zu erwerben.[7440] Gemäß diesem Kriterium akzeptiert derselbe Panel, der für die enge Definition Art. III.2, erster Satz, Sochu und Wodka als gleichartige Waren ansah, gemäß diesem Wettbewerbstest in Art. III.2, zweiter Satz, nun 'breiter', daß Sochu, Wiskey, Brandy, Gin, Genever, Rum und Likör gleichartige Waren sind, siehe den Fall: EU, Canada, United States vs. Japan - Alcoholic Beverages II (1996).[7441] Diese Austauschbarkeit aus Konsumentensicht muß dabei nicht einmal perfekt sein, wodurch sich der Spielraum für die Streitbeilegung noch einmal erweitert, eine noch größere Gruppe von Waren als singuläre, gleichartige 'Ware' anzusehen, ebenso wird aber geurteilt, daß Austauschbarkeit nicht der einzige Faktor, der beachtet werden sollte, sodaß weitere Wettbewerbsfaktoren einbezogen werden können, so der AB in United States vs. Canada - Periodicals (1997).[7442]

(3.b) Bei der Feststellung nicht gleicher Besteuerung ist relevant, daß diese mehr als *de minimis* sein sollte, damit (3) 'so as to afford protection' erfüllt sein kann. Ebenso können andere Faktoren eine Rolle spielen, gestützt auf eine konkretere Beschreibung der protektionistischen Effekte.[7443]

[7438] So benannt in Porges/Trachtman 2003: 795, die Abkürzung DCS verwendet in seiner Diskussion: Goco 2006: 325-329.

[7439] EU, Canada, United States vs. Japan - Taxes on Alcoholic Beverages, WT/DS8/R, WT/DS10/R, WT/DS11/R, Para. 6.29-6.31, eine hohe Nachfrageelastizität zeigt eine Studie, die von der EU, Kanada und den USA vorgelegt wird, die darlegt, daß viele Sochu Nutzer bei niedrigeren Preisen auf Wiskey und sonstige hochprozentige Getränke umsteigen würden. Para. 4.172.

[7440] Siehe das folgende AB Zitat: "Accordingly, the wording of the term 'directly competitive or substitutable' implies that the competitive relationship between products is not to be analysed exclusively by reference to current consumer preferences. In our view, the word 'substitutable' indicates that the requisite relationship may exist between products that are not, at a given moment, considered by consumers to be substitutes but which are, nonetheless, capable of being substituted for one another." EU vs. Korea - Taxes on Alcoholic Beverages, WT/DS75/AB/R, WTDS84/AB/R, 4 June 1999, S. 33, Para. 114.

[7441] EU, Canada, United States vs. Japan - Taxes on Alcoholic Beverages, WT/DS8/R, WT/DS10/R, WT/DS11/R, 11 July 1996, Paras. 6.28-6.32. Bestätigt vom AB: EU, Canada, United States vs. Japan - Taxes on Alcoholic Beverages, WT/DS8/AB/R, WT/DS10/AB/R, WT/DS11/AB/R, 4 October 1996, S. 32.

[7442] Hier werden in dieser kurzen Analyse diverse sonstige Aspekte des Marktes beachtet. United States vs. Canada - Certain Measures Concerning Periodicals, WT/DS31/AB/R, 30 June 1997, S. 26-31. Stringenter ist das folgende Statement: "In the Panel's view, the decisive criterion in order to determine whether the two products are directly competitive or substitutable is whether they have common end-uses, *inter alia*, as shown by elasticity of subsitution." Herv. im Original. EU, Canada, United States vs. Japan - Taxes on Alcoholic Beverages, WT/DS8/AB/R, WT/DS10/AB/R, WT/DS11/AB/R, 4 October 1996, S. 25. Auch hier stellt der AB fest, daß die Substitutionselastizität nicht das einzig ausschlaggebende Kriterium ist. S. 25.

[7443] "A dissimilar taxation must be more than *de minimis*." Herv. im Original. EU, Canada, United States vs. Japan - Taxes on Alcoholic Beverages, WT/DS8/AB/R, WT/DS10/AB/R, WT/DS11/AB/R, 4 October 1996, S. 33. In diesem Bericht führt der AB am Ende ein Panel Statement an, welches im Ansatz eine konkretere Marktanalyse vornimmt, wobei dort nicht mehr davon die Rede ist, daß die unterschiedlichen Besteuerungsniveaus allein ausreichen, um eine protektionistische Anwendung zu beweisen: "the combination of customs duties and international taxation has the following impact: on the one hand, it makes it difficult for foreign-produced sochu to penetrate the Japanese market and, on the other, its does not guarantee equality of competitive conditions between Sochu and the rest of 'white' and 'brown' spirits. Thus, through a combination of high import duties and differentiated internal taxes, Japan manages to 'isolate' domestically produced sochu from foreign competition, be it foreign produced sochu or any other of the mentioned 'white' and 'brown' spirits." S. 34.

(3.c) Wie kann gemäß Art. III.2, zweiter Satz, festgestellt werden, ob eine Maßnahmen so angewandt wird, daß sie Schutz einräumt? Dies erfordert eine umfassende und objektive Analyse[7444], die vom AB wie folgt charakterisiert wird:

"The subjective intentions inhabiting the minds of individual legislators or regulators do not bear upon the inquiry, if only because they are not accessible to treaty interpreters. It does not follow, however, that the statutory purposes or objectives - that is, the purpose or objectives of a Member's legislature and government as a whole - to the extent that they are given *objective* expression in the statute itself, are not pertinent. To the contrary, as we also stated in *Japan - Alcoholic Beverages*: 'Although it is true that the aim of a measure may not be easily ascertained, nevertheless its protective application can most often be discerned from the *design*, the *architecture*, and the revealing *structure* of the measure.'"[7445]

Dieses Zitat aus EU vs. Chile - Taxes on Alcoholic Beverages (1999) stellt Regan (2003) in dem Mittelpunkt und unterstellt dem AB, daß, im Sinne des 'aims'-Test aus dem 'aims and effect'-Test, nun das Ziel bzw. der Zweck der Maßnahmen ('purpose') als "ultimate issue" untersucht würde.[7446] Anhand des Berichts ist zuerst einmal feststellbar, daß das Ziel aus dem Design, Architektur und Struktur hergeleitet wird: "We called for examination of the design, architecture and structure of a tax measure precisely to permit identification of a measure's objectives or purposes as revealed or objectified in the measure itself."[7447] Daß das Ziel nicht ganz unwichtig ist, wird daran deutlich, daß formuliert wird, daß Chile hatte keine "countervailing explanations" vorgelegt hatte, die den Protektionismusverdacht zerstreuten.[7448] Interessanterweise läßt sich dieser Fall auch als 'effects'-Test lesen, denn ein solcher erfolgt dort ebenso unter dem Begriff der Design, Architektur und Strukturanalyse. Wie ist es sonst zu deuten, daß der AB (!), welches sich sonst ungern auf ein Faktendiskussion einläßt, darlegt, daß 75 % der heimischen Getränkeproduktion bei unter 35 % Alkohol angesiedelt sind, welche nur mit 27 % besteuert werden. Dagegen befänden sich 95 % der Importe in der höchsten Steuerkategorie mit 47 %.[7449] Diese Debatte muß hier nicht aufgelöst werden. Fazit: 'aims' und 'purposes' können bei der

---

[7444] "As in that case, we believe that an examination in any case of whether dissimilar taxation has been applied so as to afford protection requires a comprehensive and objective analysis of the structure and application of the measure in question on domestic as compared to imported products. We believe it is possible to examine objectively the underlying criteria used in a particular tax measure, its structure, and its overall application to ascertain whether it is applied in a way that affords protection to domestic products." EU, Canada, United States vs. Japan - Taxes on Alcoholic Beverages, WT/DS8/AB/R, WT/DS10/AB/R, WT/DS11/AB/R, 4 October 1996, S. 31.

[7445] Herv. im Original. EU vs. Chile - Taxes on Alcoholic Beverages, WT/DS87/AB/R, WT/DS110/AB/R, 13 December 1999, S. 17, Para. 62.

[7446] Regan 2003: 739, 743. Von Verhoosel (2002) wird EU vs. Chile - Taxes on Alcoholic Beverages (1999) dagegen so interpretiert, daß ein 'Notwendigkeits'-Test etabliert wurde, mit dem gefragt werden kann, ob die Maßnahmen in einem rationalen Verhältnis zu den dargelegten Zielen stehen. Zwar wendet sich der AB explizit gegen einen solchen Test, der Autor hält einen solchen Test aber für sinnvoll. Verhoosel 2002: 29-30, 51-112. Der AB wendet sich an folgender Stelle gegen den 'necessity'-Test innerhalb von Art. III.2, zweiter Satz. EU vs. Chile - Taxes on Alcoholic Beverages, WT/DS87/AB/R, WT/DS110/AB/R, 13 December 1999, S. 20-21-, Para. 72.

[7447] EU vs. Chile - Taxes on Alcoholic Beverages, WT/DS87/AB/R, WT/DS110/AB/R, 13 December 1999, S. 20, Para. 71.

[7448] EU vs. Chile - Taxes on Alcoholic Beverages, WT/DS87/AB/R, WT/DS110/AB/R, 13 December 1999, S. 20, Para. 71.

[7449] EU vs. Chile - Taxes on Alcoholic Beverages, WT/DS87/AB/R, WT/DS110/AB/R, 13 December 1999, S. 18-19, Paras. 64-68. Dies sehen auch Trebilcock/Howse (2005) so: "Upholding the panel's findings, the AB notably brought considerations of objective regulatory purpose within its analysis of protective application, though it did not move to a pure intent-based test, suggesting at least partial rehabilitation of 'aims and effects'." Trebilcock/Howse 2005: 98.

Feststellung des Tatbestands 'so as to afford protection' bzw. 'protective application' insofern ein Gewicht bekommen, weil sie erstens aus 'design, architecture and structure' hergeleitet werden können und zweitens, weil 'purposes' in einem Streit ein Eigengewicht bekommen können (aber nicht müssen).[7450] Dies wird dadurch bestätigt, daß bei der Design-, Architektur- und Strukturanalyse in United States vs. Canada - Periodicals (1997), eine Ministeräußerung und eine Studie miteinbezogen werden, wobei diese offen das protektionistische Ziel der zugrundeliegenden Maßnahmen fomulierten, worauf sich der AB u.a. bei seinen Schlußfolgerungen stützt.[7451]

(4) Analysemethode, Art. III.4.

Bezüglich Art. III.4 geht es erstens sachlich um andere Maßnahmen als in Art. III.2, nämlich nicht mehr um Steuern und Gebühren, sondern um Regulierungen, die mit Verkauf, Kauf, Transport, Distribution und Benutzung ("internal sale, offering for sale, purchase, transportation, distribution or use") zu tun haben[7452], zweitens um die Feststellung gleichartiger Waren, siehe dazu den Anfang, der die 'breite' Definition schon beschreibt und schließlich wird die Verpflichtung formuliert kein: "treatment no less favourable than accorded to like products of national origin" zuzulassen.[7453] Der Fokus liegt hier auf der Frage wie dieser Tatbestand der weniger günstigen Behandlung, 'treatment less favourable', gezeigt werden kann:

Die Auslegungsgeschichte beginnt mit einer AB Entscheidung gegen den Panel, der auch bei Art. III.4 Design, Architektur und Struktur einer Maßnahme analysieren wollte: In Ecuador, Guatemala, Honduras, Mexico, United States vs. EU - Bananas (1997-2000) stellt der AB fest, daß Art. III.4, im Gegensatz zu Art. III.2, keine separate Untersuchung i.S. Design, Architektur und Struktur benötigt, um zu zeigen, daß eine Maßnahmen einen Schutz heimischer Industrie bewirkt.[7454] Der AB stellte sodann in diesem Fall fest, daß die EU Maßnahmen, welche nur europäischen Produzenten Quotenrenten einräumten, gegen Art. III.4 verstoßen.[7455]

[7450] Regan (2003) stellt die schlaue Überlegung an, daß es nicht so sein könne, daß das Ziel einer Regulierung völlig unwichtig ist. Wenn in einem Land ein Gesetz aus protektionistischen Intentionen verabschiedet wurde, die klar anhand von Äußerungen und in Texten nachvollziehbar sind, dann müsse dies Auswirkungen auf den Streit haben, selbst dann, wenn das identische Gesetz in anderen Ländern aus Umweltschutzgründen benutzt wird. Regan 2003: 743-744. Es ist aber fraglich, ob Donald H. Regan Recht damit Recht hat, wenn er es darauf zuspitzt: "What really matters is effects as they are valued by the people they impinge on." Regan 2003: 744. In der WTO könnte es, im Gegensatz dazu, durchaus darauf ankommen, Rechtssicherheit für bestimmte Maßnahmenkategorien zu schaffen, ganz egal, welche Intentionen dahinter stehen, sodaß sich ein Herleiten von 'purpose' aus 'objektiv' erkennbaren Strukturen anbietet.
[7451] U.a. das folgende Zitat fand sich im Bericht: "The Government reaffirms its commitment to the long-standing policy of protecting the economic foundations of the Canadian periodicals industry." United States vs. Canada - Certain Measures Concerning Periodicals, WT/DS31/AB/R, 30 June 1997, S. 33-34. Siehe auch Porges/Trachtman 2003: 791; Verhoosel 2002: 27.
[7452] GATT Art. III.4. WTO 1995: 490.
[7453] GATT Art. III.4. WTO 1995: 490.
[7454] "Article III.4 does *not* specifically refer to Article III.1. Therefore, a determination of whether there has been a violation of Article III.4 does *not* require a separate consideration of whether a measure "afford[s] protection to domestic production." Herv. im Original. Ecuador, Guatemala, Honduras, Mexico, United States vs. EU - Regime for the Importation, Sale and Distribution of Bananas, WT/DS27/AB/R, 9 September 1997.
[7455] "This practice therefore affects the competitive conditions in the market in favour of EC bananas". Ecuador, Guatemala, Honduras, Mexico, United States vs. EU - Regime for the Importation, Sale and Distribution of Bananas, WT/DS27/AB/R, 9 September 1997.

In United States vs. Korea - Various Measures on Beef (2000)[7456] kritisiert der AB den Panel insofern, daß dieser zwar viele denkbare, ungünstige Effekte des getrennten, dualen koreanischen Distributionssystems für ausländisches und inländisches Fleisch aufzählt, ohne aber den "fundamental thrust and effect of the measure" zu treffen.[7457] Dabei postuliert der AB, daß eine formale Ungleichbehandlung ("the Korean measure formally separates the selling of imported beef and domestic beef") nicht reicht, um einen Verstoß gegen Art. III.4 festzustellen[7458]:

"A measure that provides treatment to imported products that is different from that accorded to like products is not necessarily inconsistent with Article III:4, as long as the treatment provided by the measure is 'no less favourable'. According 'treatment no less favourable' means, as we have previously said, according conditions of competition no less favourable to imported products than to like domestic product."[7459]

Dies wurde in der Literatur als Spielraum schaffend wahrgenommen, weil der AB hier entscheidet, daß eine formale Differenzierung zwischen ausländischen und inländischen Produkten nicht dazu ausreicht, einen Verstoß gegen Art. III.4 aufzuzeigen.[7460] Ob dies wirklich Spielräume für Maßnahmen ermöglicht, darf aber bezweifelt werden: In seiner Analyse der 'conditions of competition' in diesem Fall betonte der AB, daß die kleinen Geschäfte sich entscheiden mußten, entweder ausländische oder heimisches Fleisch zu verkaufen, wobei sich die meisten für letzteres entschieden haben, sodaß viel weniger ausländisches Fleisch in die Distribution gelangte und ein separates Distributionssystem für ausländisches Fleisch aufgebaut werden mußte: "The central consequence of the dual retail system can only reasonably be construed, in our view, as the imposition of a drastic reduction of commercial opportunity to reach, and hence generate sales to, the same consumers served by the traditional retail channels for domestic beef."[7461] Dies führt zum Verstoß gegen Art. III.4.[7462]

Dies sieht zwar wie ein 'effects' Test aus, ist es aber nicht oder nur eingeschränkt: Zwar nahm der AB - auch - eine Analyse vor, die unter dem Begriff "conditions of competition" einen faktischen

---

[7456] Panel und AB. United States vs. Korea - Measures Affecting Imports of Fresh, Chilled and Frozen Beef, WT/DS161/R, WT/DS169/R, 31 July 2000. United States vs. Korea - Measures Affecting Imports of Fresh, Chilled and Frozen Beef, WT/DS161/AB/R, WT/DS169/AB/R, 11 December 2000.

[7457] United States vs. Korea - Measures Affecting Imports of Fresh, Chilled and Frozen Beef, WT/DS161/AB/R, WT/DS169/AB/R, 11 December 2000, S. 43, Para. 142.

[7458] "This interpretation, which focuses on the *conditions of competition* between imported and domestic like products, implies that a measure according formally *different* treatment to imported products does not *per se*, that is, necessarily, violate Article III:4." Herv. im Original. United States vs. Korea - Measures Affecting Imports of Fresh, Chilled and Frozen Beef, WT/DS161/AB/R, WT/DS169/AB/R, 11 December 2000, S. 40, Para. 136.

[7459] United States vs. Korea - Measures Affecting Imports of Fresh, Chilled and Frozen Beef, WT/DS161/AB/R, WT/DS169/AB/R, 11 December 2000, S. 40, Para. 135. Davey 2004: 198-199.

[7460] Davey 2004: 198-199; Mavroidis 2005: 171.

[7461] Dies führte dazu, daß 8 Jahre nach der Einführung der Maßnahme 45.000 Geschäfte inländische Fleisch verkauften und 5.000 Geschäfte sich auf ausländisches Fleisch spezialisiert hatten. United States vs. Korea - Measures Affecting Imports of Fresh, Chilled and Frozen Beef, WT/DS161/AB/R, WT/DS169/AB/R, 11 December 2000, S. 44, Para. 145.

[7462] United States vs. Korea - Measures Affecting Imports of Fresh, Chilled and Frozen Beef, WT/DS161/AB/R, WT/DS169/AB/R, 11 December 2000, S. 45, Para. 148.

protektionistische Effekt der koreanischen Maßnahmen zeigte.[7463] In der Analyse wurden zur Beschreibung dieser faktischen Effekt aber abstrakte Begriffe benutzt: 'drastic reduction of commercial opportunity", "restricted nature of choice", "drastic reduction of competitive opportunity".[7464] Zudem wurden Fakten in ihrer Relevanz klar zurückgewiesen: "The fact that the WTO-consistent quota for beef has, save for two years, been fully utilized does not detract from the lack of equality of competitive conditions entailed by the dual retail system."[7465] Mit dieser abstrakten Begrifflichkeit ist es auch möglich, Maßnahmen, die nur geringe Effekte zeitigen, als Verstoß gegen Art. III.4 zu beurteilen. Der folgende Fall bestätigt dies:

In Japan vs. Canada - Autos (2000)[7466] wurde vom Panel keine 'effects' Diskussion, die diesen Namen verdient, geführt. Die sog. 'Canadian Value Added' Vorgaben Kanadas, um die es hier geht, hatten vorgesehen, daß heimisch produzierte Teile zu dieser Kategorie hinzugezählt wurden, wobei die Höhe des 'Canadian Value Added' ausschlaggebend für Importzollbefreiungen war. Kanada hatte argumentiert, daß durch die vielen weiteren Möglichkeiten, 'Canadian Value Added' vorzuweisen, u.a. auch Arbeitskosten, Transportkosten und Investitionskosten etc., letztendlich kein 'local content' Anreiz zur Nutzung heimischer Inputgüter bzw. dem Vorziehen heimischer Autoteile gegenüber ausländischen Autoteilen bestehe. Dies wird, mit einer Auslegung von Art III.4, der "equality of competitive conditions" einfordern würde (wobei zugestanden wird, daß die kanadische Maßnahme nur minimale Handelseffekte hat[7467]), nicht akzeptiert.[7468] Diese Argumentation bestätigt der AB mit einer kurzen Erwähnung zum Schluß seines Berichts.[7469]

[7463] "Whether or not imported products are treated 'less favourably' than domestic products should be assessed instead by examining whether a measure modifies the conditions of competition in the relevant market to the detriment of imported products." United States vs. Korea - Measures Affecting Imports of Fresh, Chilled and Frozen Beef, WT/DS161/AB/R, WT/DS169/AB/R, 11 December 2000, S. 40, Para. 135.

[7464] United States vs. Korea - Measures Affecting Imports of Fresh, Chilled and Frozen Beef, WT/DS161/AB/R, WT/DS169/AB/R, 11 December 2000, S. 44-45, Paras. 145-147.

[7465] United States vs. Korea - Measures Affecting Imports of Fresh, Chilled and Frozen Beef, WT/DS161/AB/R, WT/DS169/AB/R, 11 December 2000, S. 44-45, Paras. 145-147.

[7466] Panel und AB. Japan vs. Canada - Certain Measures Affecting the Automobile Industry, WT/DS139/R, WT/DS142/R, 11 February 2000. Japan vs. Canada - Certain Measures Affecting the Automobile Industry, WT/DS139/AB/R, WT/DS142/AB/R, 31 May 2000.

[7467] "The idea that a measure which distinguishes between imported and domestic products can be considered to affect the internal sale or use of imported products only if such a measure is shown to have an impact under current circumstances on decisions of private firms with respect to the sourcing of products is difficult to reconcile with the concept of the 'no less favourable treatment' obligation in Article III:4 as an obligation addressed to governments to ensure effective equality of competitive opportunities between domestic and imported products, and with the principle that a showing of trade effects is not necessary to establish a violation of this obligation." Japan vs. Canada - Certain Measures Affecting the Automobile Industry, WT/DS139/R, WT/DS142/R, 11 February 2000, S. 370, Para. 10.84. Daß die Handelseffekte minimal sein können, kann deshalb ignoriert werden: "Rather, the present case clearly involves formally different treatment of imported and domestic products albeit that actual trade effects of this different treatment may be minimal under current circumstances." S. 371, Para. 10.84.

[7468] "We further consider that the CVA requirements accord less favourable treatment within the meaning of Article III:4 to imported parts, materials and non-permanent equipment than to like domestic products because, by conferring an advantage upon the use of domestic products but not upon the use of imported products, they adversely affect the equality of competitive opportunities of imported products in relation to like domestic products." Japan vs. Canada - Certain Measures Affecting the Automobile Industry, WT/DS139/R, WT/DS142/R, 11 February 2000, S. 371, Para. 10.85.

[7469] Japan vs. Canada - Certain Measures Affecting the Automobile Industry, WT/DS139/AB/R, WT/DS142/AB/R, 31 May 2000, S. 61, Para. 186.

In United States, EU vs. India - Autos (2001)[7470] wird Art. III.4 vom Panel (kein AB hier) genauso interpretiert. Zuerst einmal zu den indischen 'local content'-Vorgaben: Diese Vorgaben: 50 % im dritten Jahre, 70 % im fünften Jahr zu erreichen, wurden vom Panel als Anreiz angesehen, indische Produkte zu kaufen. Bei der Feststellung von 'less favourable treatment' wird Bezug auf EU, Canada, United States vs. Japan - Alcoholic Beverages II (1996) genommen, der davon ausgehe[7471], daß Art. III.4 dazu da ist, "equality of competitive condition" abzusichern, welches bedeute, daß importierte Produkte "in the same way"[7472] zu behandeln sind.[7473] Sodann reicht ein kurzer Paragraph aus, um zu zeigen, daß die 'local content' Maßnahmen Indiens die Wettbewerbsbedingungen ('conditions of competition') günstiger für indische gleichartige Produkte gestalten, sodaß importierten Produkten weniger günstige Bedingungen ("less favourable treatment") eingeräumt werden.[7474] Weiterhin werde gegen Art. III.4 verstoßen, indem Indien i.S. einer Exportvorgabe erwartet hat, daß der Wert importierter Montagesets und Teile in derselben Werthöhe in Form von Exporten erfolgen müsse. Weil daraus ein geringerer Anreiz zu importieren resultierte, könne auch hier 'less favorable treatment' festgestellt werden.[7475]

In EU vs. United States - FSC (hier 2002)[7476] wird von AB explizit formuliert, daß, wenn es um den Tatbestand 'less favourable treatment' geht, 'effects' nicht einbezogen werden müssen: Dieser Tatbestand "must be founded on a careful analysis of the contested measure and of its implications in the marketplace. At the same time, however, the examination need not to be based on the *actual effects*

[7470] Nur Panel, ein AB wird gebildet, Indien zieht sich aber davon zurück, sodaß der AB Bericht nur 5 Seiten lang ist. United States, EU vs. India - Measure Affecting the Automobile Sector, WT/DS146/R, WT/DS175/R, 21 December 2001. United States, EU vs. India - Measure Affecting the Automobile Sector, WT/DS146/AB/R, WT/DS175/AB/R, 19 March 2002.
[7471] United States, EU vs. India - Measure Affecting the Automobile Sector, WT/DS146/R, WT/DS175/R, 21 December 2001, S. 144-145, Para. 7.200.
[7472] Diese AB Passage, aus der diese Zitate stammen, ist interessant: EU, Canada, United States vs. Japan - Taxes on Alcoholic Beverages, WT/DS8/AB/R, WT/DS10/AB/R, WT/DS11/AB/R, 4 October 1996, S. 16. Der AB Satz (1): "Article III obliges Members of the WTO to provide equality of competitive conditions for imported products in relation to domestic products." S. 16, wird mit zwei falschen Verweisen bewiesen. Von 'equality of competitive conditions' ist nicht die Rede in: EC vs. Japan - Customs Duties, Taxes and Labelling Practices on Imported Wines and Alcoholic Beverages. BISD 34S/83, 114, Para. 5.5 (c), 1988. Der Terminus "equal conditions" wird dort in S. 114, Para. 5.5 (d) verwendet, i.S. der insgesamten Zielrichtung von Art. III. In S. 114, Para. 5.5 (d) wird die GATT Anwendungspraxis so beschriebe, daß diese klar zwischen Art. III.2, erster Satz, "whether the taxation is discriminatory" und Art. III.2, zweiter Satz, "or protective" unterscheidet. Dies schließt ggf. einen 'effects'-Test bei letzterem nicht aus. Auch der zweite Verweis kann den AB Satz (1) nicht ganz klären, denn hier geht es erstens um Art. III.2, erster Satz und zweitens fallen die vom AB verwendeten Begriffe nicht, sondern es geht darum, daß Handelseffekte keine Rolle spielen. Canada vs. United States - Taxes on Petroleum and Certain Imported Substances, BISD 34S/136, 158-159, Para. 5.1.9, 1988. Der AB Satz (2) zitiert direkt aus dem frühen Bericht: "the intention of the drafters of the Agreement was clearly to treat the imported products in the same way as the like products once they had been cleared through customs. Otherwise indirect protection could be given". United Kingdom vs. Italy - Italian Discrimination against Imported Agricultural Machinery, BISD 7S/60, S. 64, Para. 11, 1959.
[7473] United States, EU vs. India - Measure Affecting the Automobile Sector, WT/DS146/R, WT/DS175/R, 21 December 2001, S. 144-145, Para. 7.200-7.201.
[7474] "Such a requirement clearly modifies the conditions of competition of domestic and imported parts and components in the Indian market in favour of domestic products." United States, EU vs. India - Measure Affecting the Automobile Sector, WT/DS146/R, WT/DS175/R, 21 December 2001, S. 145, Para. 7202.
[7475] "This element of the trade balancing obligation therefore distinclty accords less favorable treatment to these imported products than to like products of domestic origin, within the meaning of Article III.4 of GATT 1994." United States, EU vs. India - Measure Affecting the Automobile Sector, WT/DS146/R, WT/DS175/R, 21 December 2001, S. 165, Para. 7.309.
[7476] Es geht hier um den Art. 21.5 AB I: EU vs. United States - Tax Treatment for "Foreign Sales Corporations", WT/DS108/AB/RW, 14 January 2002.

of the contested measure in the marketplace."[7477] Diese Gesetz, das eine Steuererleichtung davon abhängig macht, daß 50 % der Inputs aus den USA stammt, löst damit 'less favourable treatment' ausländischer Produkte im Vergleich zu heimischen Produkten aus und führt zu einem Art. III.4 Verstoß.[7478] Weitere Informationen zu diesem Fall unter dem Punkt 8, 'Subventionen und Ausgleichsmaßnahmen'.

Schließlich zum Fall Canada vs. EC - Asbestos (2000-2001)[7479], der in der Literatur i.S. eines 'effects'-Test verstanden wird: "This willingness to apply the principles of Art. III:1 in Art. III:4 leaves behind the hyper-formalism that Hudec deplored in the Japan - Alcoholic Beverages and EC - Bananas decision."[7480] Die relevante AB Passage enthält allerdings nicht mehr als die Bemerkung, daß "less favourable treatment" in Art. III.4 das generelle Prinzip von Art. III.1 widerspiegelt und zudem würde die unterschiedliche Behandlung von Waren nicht allein zur Schlußfolgerung von "less favourable treatment" führen.[7481] Letztere Bemerkung meint aber nicht einen 'effects'-Test, i.S. eines faktischen Aufzeigens von 'less favourable treatment'-Effekten: Sobald erinnert wird, daß 'less favourable treatment' auch so festgestellt werden kann, daß von 'equal' oder 'same conditions of competition' abgewichen wird, bleibt es im Ermessen der Streitbeilegung, wie weitgehend sie 'effects' miteinbeziehen muß, weil bereits das Vorliegen marginal ungünstiger Anreizeffekte, geneigt gegen ausländische Waren, ausreicht, um den Verstoß zu zeigen.

Der Fall Canada vs. EC - Asbestos (2000-2001) ist in diesem Zusammenhang interessant, weil er anhand 'enger' Kriterien für gleichartige Produkte, diesmal der physikalischen Eigenschaften[7482] und

---

[7477] Herv. im Original. EU vs. United States - Tax Treatment for "Foreign Sales Corporations", WT/DS108/AB/RW, 14 January 2002, S. 67, Para. 215.

[7478] "In sum, if the manufacturer whishes to obtain the beneficial tax exemption under the ETI measure, the fair market value rule provides a considerable impetus, and, in some circumstances, in effect, a requirement, for manufactures to use domestic input products, rather than like imported ones. As such, the fair market value rule treats imported products less favourably than like domestic products." EU vs. United States - Tax Treatment for "Foreign Sales Corporations", WT/DS108/AB/RW, 14 January 2002, S. 68, Para. 220.

[7479] "In the case of crysotile asbestos fibres, their molecular structure, chemical composition, and fibrillation capacity are important because the microscopic particles and filaments of chrysotile asbestos fibres are carcinogenic in humans, following inhalation." Ein von den physikalischen Eigenschaften separiertes Kriterium, welches eine Produkt auf Gesundheitseigenschaften testet wird abgelehnt. Canada vs. EC - Measures Affecting Asbestos and Asbestos-Containing Products. WT/DS135/AB/R, 12 March 2001, S. 43, Para. 114, S. 43, Para. 113, S. 39, Para. 101.

[7480] Ohne Herv. im Original. Porges/Trachtmann 2003: 795.

[7481] "Thus, even if two products are 'like', that does not mean that the measure can be held inconsistent with Article III:4. A complaining member must still establish that the measure accords to the group of 'like' *imported* products 'less favourable treatment' than it accords to the group of 'like' *domestic* products. The term 'less favourable treatment' expresses the general principle, in Article III:1, that internal regulations 'should not be applied ... so as to afford protection to domestic production'. If there is 'less favourable treatment' of the group of 'like' imported products, there is, conversely, 'protection' of the group of 'like' domestic products. However, a Member may draw distinctions between products which have been found to be 'like', without, for this reason alone, according to the group of 'like' *imported* products 'less favourable treatment' than that accorded to the group of 'like' *domestic* products." Herv. im Original. Canada vs. EC - Measures Affecting Asbestos and Asbestos-Containing Products. WT/DS135/AB/R, 12 March 2001, S. 38. Para. 100. Porges/Trachtmann 2003: 795-796.

[7482] "In the case of crysotile asbestos fibres, their molecular structure, chemical composition, and fibrillation capacity are important because the microscopic particles and filaments of chrysotile asbestos fibres are carcinogenic in humans, following inhalation." Ein von den physikalischen Eigenschaften separiertes Kriterium, welches eine Ware auf Gesundheitseigenschaften testet, wird abgelehnt. Canada vs. EC - Measures Affecting Asbestos and Asbestos-Containing Products. WT/DS135/AB/R, 12 March 2001, S. 43, Para. 114, S. 43, Para. 113, S. 39, Para. 101.

Konsumentenpräferenzen[7483], die im Rahmen von Art. III.4 erfolgte Panelfeststellung zurücknahm, daß es sich bei Asbest- und anderen Faserprodukten um gleichartige Produkte handelt.[7484] Damit eröffnet die Streitbeilegung die Möglichkeit im Umweltschutzbereich für gefährliche Stoffe steuerliche und andere Instrumente zu nutzen, ohne daß eine Klage bezüglich Art. III.2 oder Art. III.4 befürchtet werden muß. Es erschwert einem zukünftigen Kläger gefährliche Waren innerhalb eines größeren Pools gleichartigen Waren zu situieren, wodurch es schwieriger wird einen Art. III Verstoß zu behaupten.[7485]

(5) Fazit: In der Literatur wird teils die These vertreten, daß der 'aims and effects'-Test weiter besteht und der Eindruck vermittelt, daß die Streitbeilegung in der Art. III Auslegung flexibler zeigen würde.[7486] Hier wurde gezeigt, daß dies nur eingeschränkt zutrifft und er kaum mehr dem Originaltest ähnelt:

(1) Erstens spielen im Gegensatz zum Original 'aims and effects'-Test, siehe Canada vs. United States - Measure Affecting Alcoholic and Malt Beverages (1992)[7487], die regulatorischen 'aims' bei der Definition gleichartiger Produkte keine Rolle mehr.[7488]
(2) Zweitens werden bezüglich Art. III.2, erster Satz, weder 'aims' noch 'effects' beachtet. Noch ist nicht entschieden, ob es in Art. III.2, erster Satz, zu de facto Klagen kommen kann. Immerhin bleibt auch diesbezüglich denkbar, daß ein strenger, formaler Standard bestehen bleibt, der selbst bei

---

[7483] "... rather, we wish to highlight that consumers' tastes and habits regarding fibres, even in the case of commercial parties, such as manufactures, are very likely to be shaped by the health risks associated with a product which is known to be highly carcinogenic." Canada vs. EC - Measures Affecting Asbestos and Asbestos-Containing Products. WT/DS135/AB/R, 12 March 2001, S. 47, Para. 122.

[7484] Canada vs. EC - Measures Affecting Asbestos and Asbestos-Containing Products. WT/DS135/AB/R, 12 March 2001, S. 40, Para. 104, S. 54, Para. 148. Im Prinzip wird hier aber nur festgestellt, daß Kanada nicht ausreichend Beweise vorgelegt hat. Deshalb gibt es von einem Mitglied des AB eine abweichende Meinung, in der dieser beklagt, daß der AB angesicht der "overwhelming evidence" über dessen Gefährlichkeit nicht klar gesagt hat, daß Asbest keinesfalls gleichartig zu anderen Produkten sei. Eine Gleichartigkeit sei bei dem u.a. ökonomischen Test, der Konsumentenpräferenzen einbezieht, nicht ganz ausgeschlossen. S. 55-57, Para. 149-154.

[7485] Genau dies war die Behauptung Kanadas, nämlich, daß ihre Asbestfaserindustrie gegenüber der europäischen Industrie de facto protektionistisch benachteiligt wurde. Der Panel untersucht diese "de facto discrimination" nicht weiter, weil er bereits eine 'de jure discrimination' gefunden hatte. Canada vs. EC - Measures Affecting Asbestos and Asbestos-Containing Products. WT/DS135//R, 18 September 2000, S. 430, Para. 8.152, S. 431, Para. 8.156. Es ist denkbar, daß auf dieser Basis auch bezüglich Art. III.2, erster Satz, eine steuerliche Sonderbehandlung für solche gefährlichen Produkte etabliert werden kann.

[7486] Im Kommentar von Matsushita et al. (2006) wird von den Autoren aufgegeben, dieses Rätsel zu lösen: "Indeed, the exhaustive discussion of the case law in the present section reveals, there is not one single case where the Appellate Body explained itself as to what type of analysis this standard entails." Matsushita et al. 2006: 177-178. Von Trebilcock/Howse (2005) wird nur der Fall Canada vs. EC - Asbestos (2000-2001) diskutiert, dies aber ausführlich. Sie bemerken, daß der AB sich des "judical minimalism" bedient, weil er zwar den Fall entscheidet und auch eine 'richtige' Entscheidung gemäß common sense erfolgt, aber die strittigen Fragen, ob etwa das Gesundheitsinteresse oder physikalische Eigenschaften oder Konsumentenpräferenzen immer Vorrang vor anderen Aspekten bei der Feststellung gleichartiger Waren bekommt, in der Schwebe bleiben ("a decision that leaves many things undecided or under-decided"). Dies eröffne in einem zukünftigen Streit wieder die Möglichkeit, Fall-zu-Fall, die mittlerweile diversen Kriterien zu einer neuen Konstellation von Gewichtungen zusammenzustellen, ohne für alle Zeit Prinzipienfragen lösen zu müssen. Dies bedeute aber auch, daß "transparency, predictablity and principled coherence" auf der Strecke bleiben. Trebilcock/Howse 2005: 108. Diese Flexibilität sich der Kriterien zu bedienen, wird oben im Text deutlich. Nicht mehr aktuell sind: Prieß/Berrisch 2003: 93.

[7487] "In the view of the Panel, therefore, it is imperative that the like product determination in the context of Art. III be made in such a way that it not unnecessarily infringe upon the regulatory authority and domestic policy options of contracting parties." Canada vs. United States - Measures affecting Alcoholic and Malt Beverages BISD 39S/206, 294, Para. 5.72, 1993.

[7488] Porges/Trachtman 2003: 796; für eine flexible Handhabung der 'like produkt' Definition, z.B. in bezug auf 'consumer's tastes and habits': Fauchald 2003: 460.

weniger starken 'effects' einen Verstoß feststellt.[7489] Interessanterweise wird die Relevanz von Art. III.2, erster Satz, dadurch gemindert, weil u.a. von den Industrieländern meist gemäß Art. III.2, zweiter Satz, geklagt wird, weil nur dort (und in Art. III.4) eine 'breite' Definition gleichartiger Waren zugrundeliegt, die den Erfolg der Klage erhöht.

(3) Drittens ist in Art. III.2, zweiter Satz, fortan die Beachtung von 'aims' i.S. von 'purposes' denkbar. Wie weit diese Beachtung regulatorischer Zielsetzungen geht, liegt im Ermessen der Streitbeilegung. Potentiell kann 'purpose' ein Eigengewicht bekommen und wird aus der objektiven Feststellung des Ziels einer Maßnahme hergeleitet, die sich aus Design, Architektur und Struktur ergibt. Für Art. III.2, zweiter Satz, liegt es ebenso im Ermessen der Streitbeilegung, ob 'effects' diskutiert werden, wenn es um Design, Architektur und Struktur geht.[7490]

(4) Für Art. III.4 ist die Situation ein wenig anders: Der AB lehnt hier eine Untersuchung von Design, Architektur und Struktur zur Feststellung protektionistischer Ausrichtung ab. Stattdessen wird eine 'breite' Definition gleichartiger Produkte mit dem 'traditionellen' GATT Recht kombiniert, welches 'equality of conditions of competition' fordert. Zwar kann der ausschlaggebende Tatbestand 'less favourable treatment' i.S. einer 'conditions of competition'-Analyse gezeigt werden, indem 'effects' einbezogen werden. Es liegt aber im Ermessen der Streitbeilegung, diese auch weitgehend zu ignorieren: Die Feststellung, ob eine Maßnahme 'equality of conditions of competition' ermöglicht, ist ohne 'effects'-Diskussion, allein durch die Feststellung ungünstiger ('less favourable') Anreizeffekte für ausländische Produkte begründbar, explizit so formuliert vom AB in EU vs. United States - FSC (hier 2002).[7491] Damit ist ein striktes Vorgehen der Streitbeilegung bei Art. III möglich, der sich auf sehr viele Maßnahmen bezieht und damit als Auffangtatbestand wirkt.

Mit dieser Auslegung wird zwar nicht ganz auf Flexibilität i.S. des "smell test" von Robert E. Hudec (1999)[7492] verzichtet. Denn der Streitbeilegung ist es immerhin potentiell möglich, Zielen bzw. Zwecken ein Gewicht zuzuschreiben. Auch die Einbeziehung von 'effects' ist möglich. Sie kann aber auch anders. Aller Wahrscheinlichkeit nach wird es somit in einer Klage eine wichtige Rolle spielen, ob gleichartige 'conditions of competition' vorliegen.

Die Fallbilanz bestätigt die Rolle von Art. III als Liberalisierungsmotor der WTO: Nur in zwei Fällen (und zwei 'halben' Fällen[7493]) gelang es nicht einen Art. III Verstoß zu zeigen, in United States vs.

[7489] Porges/Trachtman 2003: 797.
[7490] Porges/Trachtman 2003: 796.
[7491] Somit kann folgender Schlußfolgerung nicht ganz zugestimmt werden: "Thus, two conclusions are appropriate. First, the determination of 'so as to afford protection' requires an objective, but not necessarily a subjective, assessment of aims. This objective assessment of aims is to be based principally on the structure and design of the measure. Second, aims and effects are not part of the determination of whether products are 'like' or 'directly competitive or subsitutable' under Article III:2 or under Art. III:4 (as suggested in the Appellate Body EC-Asbestos decision), but are part of the determination of whether the measure is applied 'so as to afford protection' under Article III:2 (second sentence) and, as suggested in the EC- Asbestos decision, may be part of the determination of 'less favourable treatment' under Art. III:4." Porges/Trachtman 2003: 796. Die andere Seite vertritt Mavroidis (2005), welcher weder Effekten noch Intentionen Relevanz zuspricht. Mavroidis 2005: 177.
[7492] Hudec 1999: 377.
[7493] Nicht akzeptiert wird hier einer von vier Art. III Klagepunkten, siehe dazu weiter unten, nämlich, daß Bahnwagen nicht für U.S. Interessenten verfügbar sind. United States vs. Canada - Measures Relating to Exports of Wheat and Treatment of Imported Grain, WT/DS276/R, 6 April 2004, S. 169-216, Paras. 6.152-6.375. Zwar wird im Panelbericht ein Art. III.2, erster Satz, Verstoß für das Jahr 2003

Japan - Film (1998), weil die Beweise schwach waren[7494] und in Japan vs. Canada - Autos (2000), für das bereits vom SCM Exportsubventionsverbot betroffene 'ratio requirement' Kanadas.[7495]

In den meisten Fällen waren Art. III Klagen erfolgreich, die spricht für die Durchsetzungskraft der diesbezüglichen Regeln.[7496] Konkret hat Art. III zu Empfehlungen geführt, folgende Maßnahmen abzuschaffen: (1) In Venezuela vs. United States - Gasoline (1996)[7497] ging es darum, daß die U.S. Umweltbehörde EPA erwartete, daß ausländische Raffinerien bestimmte Daten für die Benzinqualität nicht vorlegen können. Deshalb sah sie nicht vor, daß diese individuelle Qualitätsangaben für das Jahr 1990 vorlegen dürfen, so wie dies heimischen Raffinerien erlaubt ist. Stattdessen müßten sie sonstigen, gesetzlich festgelegten Qualitätsanforderungen genügen. Dies wird als Verstoß gegen Art. III.4 angesehen.[7498] Am 19. August 1997 setzte die USA die Empfehlungen um.[7499] (2) Ein Verstoß gegen Art. III.2, erster Satz in bezug auf Wodka und ein Verstoß gegen Art. III.2, zweiter Satz, in bezug auf sonstige Spirituosen, durch die zwischen 9,6 und 2,4 mal höhere Besteuerung im Vergleich zu Sochu, wird bezüglich Japan festgestellt, in EU, Canada, United States vs. Japan - Alcoholic Beverages II (1996).[7500] (3) In Korea wurden Spirituosen mit 80 % bis 100 % besteuert, heimischer 'Soju' mit 35 % bis 50 %, dies führt zu einem Verstoß gegen Art. III.2, zweiter Satz (der Panel hält 'Soju' und Wodka nicht im engen Sinn als gleichartig, sondern stützt sich auf das Kriterium der im Wettbewerb stehenden, substituierbaren Waren), siehe: EU vs. Korea - Taxes on Alcoholic Beverages (1998-1999).[7501] (4) Kanadas protektionistische Politik gegen ausländische Wochenzeitschriften ('Periodicals') wurde damit begründet, die eigene kulturelle Identität zu bewahren, wodurch ein 18,6 %

---

festgestellt, eine Zollkautionsverpflichtung widerspricht aber nicht gegen Art. III.4. Honduras - Dominican Republic - Measures Affecting the Importation and Internal Sale of Cigarettes, WT/DS302/AB/R, 25 April 2005, S. 34-40, Para. 86-100.

[7494] "Here, as in our examination of the same measures in the light of the US claim of non-violation nullification and impairment, the evidence cited by the United States indicates that the measures neither (i) discriminate on their face against imported film or paper (they are formally neutral as to the origin of products), nor (ii) in their application have a disparate impact on imported film or paper." United States vs. Japan - Measures Affecting Consumer Photographic Film and Paper, WT/DS44/R, 31 March 1998, Para. 10.378-10.382.

[7495] Die sog. 'ratio requirements' führen nicht zu Verkaufsbeschränkungen importierter Autos in Kanada, einzig wird ab einer bestimmten Schwelle die Zollbefreiung für Importe aufgehoben: Hier liegt kein "restriction on the interal sale" vor. Japan vs. Canada - Certain Measures Affecting the Automobile Industry, WT/DS139/R, WT/DS142/R, 11 February 2000, S. 384, Para. 10.146. Diese Schlußfolgerung hatte aber wenig Wert für Kanada, weil dieses 'ratio requirement' schon als Verstoß gegen SCM Art. 3.1 (a) angesehen wurde. S. 394, Para. 10.191. Siehe auch den Punkt 8, 'Subventionen und Ausgleichsmaßnahmen'.

[7496] Davey 2004: 199.

[7497] Panel und AB. Venezuela vs. United States - Standards for Reformulated and Conventional Gasoline, WT/DS2/R, 29 January 1996. Venezuela vs. United States - Standards for Reformulated and Conventional Gasoline, WT/DS2/AB/R, 19 April 1996.

[7498] "The wording does not allow less favourable treatment dependent on the characteristics of the producer and the nature of the data held by it." Venezuela vs. United States - Standards for Reformulated and Conventional Gasoline, WT/DS2/R, 29 January 1996, S. 35, Para. 6.11-6.13. Hintergrund ist hier einer der 'alte' GATT Standards, die keine 'effects' Analyse nötig machen: "effective equality of opportunities for imported products in respect of laws, regulations and requirements affecting the internal sale..." etc. S. 34, Para. 6.10. Siehe Ziegler 1996; und für die, u.a. protektionistischen, Hintergründe dieses Gesetzes: Choinski 2002.

[7499] Choinski 2000: 598.

[7500] EU, Canada, United States vs. Japan - Taxes on Alcoholic Beverages, WT/DS8/R, WT/DS10/R, WT/DS11/R, 11 July 1996, Para. 4.161. EU, Canada, United States vs. Japan - Taxes on Alcoholic Beverages, WT/DS8/AB/R, WT/DS10/AB/R, WT/DS11/AB/R, 4 October 1996, S. 32. Siehe für die Einigung mit der EU, wobei ähnliche, wenn auch nicht gleiche, Besteuerungsniveaus etabliert wurden (Wiskey wird immerhin nur noch doppelt so hoch besteuert wie Sochu). Dazu gewährte Japan niedrigere Zölle. WT/DS8/7, 30 July 1997.

[7501] Panel und AB. EU vs. Korea - Taxes on Alcoholic Beverages, WT/DS75/R, WTDS84/R, 17 September 1998. EU vs. Korea - Taxes on Alcoholic Beverages, WT/DS75/AB/R, WTDS84/AB/R, 18 January 1999: 193; Para. 10.104. Der AB widmet sich Art. III.2, erster Satz, nicht mehr, bestätigt aber die sonstigen Ausführungen des Panel: EU vs. Korea - Taxes on Alcoholic Beverages, WT/DS75/AB/R, WTDS84/AB/R, 4 June 1999; S. 28, Para. 102, S. 50, Para. 169. Korea setzt die Empfehlungen um: WT/DS75/18WT/DS84/16, 17 January 2000.

Marktanteil für heimische Produkte erhalten werden konnte.[7502] In United States vs. Canada - Periodicals (1997)[7503] wird sodann die 80 % Steuer, die, bezogen auf den Wert der Werbung, auf ausländische Wochenzeitschriften erhoben wurde, als Verstoß gegen Art. III.2, zweiter Satz, angesehen.[7504] Auch die niedrigeren Postgebüren für heimische Wochenzeitschriften fallen unter Art. III.4 und es läßt sich klar am Design, der Architektur und der Struktur der Maßnahmen erkennen, daß es sich um eine Anwendung zu protektionistischen Zwecken handelt, sodaß ein Verstoß gegen Art. III.4 vorlag.[7505] Im Gegensatz zum Panel stellt der AB fest, daß es sich nicht um eine Subvention gemäß Art. III.8 (b) handelt (die Post ist in Kanada staatlich, sodaß der Transfer innerhalb des Staates stattfand[7506]). Denn niedrige Postgebühren fallen genauso wie steuerliche Rückerstattung für heimische Produkte unter Art. III, um eine klare Trennung zwischen unerlaubten Subventionen und erlaubten Subventionen d.h. Zahlungen direkt an Produzenten, aufrechterhalten zu können.[7507] (5) In EU vs. Argentina - Hides and Leather (2000) erfolgte eine Textbuch Anwendung in bezug auf eine Mehrwertsteuervorrauszahlung beim Import, welche Argentinien so administrierte, daß ein Nachteil für Importeure entstand.[7508] (6) Oben beschrieben wurden die Fälle United States vs. Korea - Various Measures on Beef (2000); (7) Japan vs. Canada - Autos (2000); (8) sowie United States, EU vs. India - Autos (2001). (9) Im Fall United States vs. Canada - Wheat Exports and Grain Imports (2004)[7509], keine Berufung zu Art. III.4, gibt es drei Verstöße zu Art. III.4, die, soweit ersichtlich, unstreitig sind und vom Panel diesbezüglich ohne große Beweisführungsanstrengung festgestellt werden.[7510] (10) In Honduras vs. Dominican Republic - Import and Sale of Cigarettes (2004-2005)[7511] wird vom Panel (keine Berufung dazu) festgestellt, daß die Besteuerung für Zigaretten im Jahre 2003 gegen Art. III.2, erster Satz, verstoßen hat.[7512] (11) Ein reiner Art. III Fall ist United States vs. Mexico - Taxes on Soft

---

[7502] Und damit, daß die U.S. Magazine eine Wettbewerbsvorteil haben, weil sie fertig produzierte Inhalte in Kanada einfach mit regionaler Werbung bestücken. Matheny 1998: 2, 6.
[7503] Panel und AB. United States vs. Canada - Certain Measures Concerning Periodicals, WT/DS31/R, 14 March 1997. United States vs. Canada - Certain Measures Concerning Periodicals, WT/DS31/AB/R, 30 June 1997.
[7504] United States vs. Canada - Certain Measures Concerning Periodicals, WT/DS31/AB/R, 30 June 1997, S. 26-34. Die Feststellung gleichartiger Produkte nach Art. III.2, erster Satz, wird vom AB aufgrund mangelnder Qualität nicht akzeptiert. United States vs. Canada - Certain Measures Concerning Periodicals, WT/DS31/AB/R, 30 June 1997, S. 21-24.
[7505] United States vs. Canada - Certain Measures Concerning Periodicals, WT/DS31/R, 14 March 1997, Para. 5.38.
[7506] United States vs. Canada - Certain Measures Concerning Periodicals, WT/DS31/R, 14 March 1997, Para. 5.42-5.44.
[7507] United States vs. Canada - Certain Measures Concerning Periodicals, WT/DS31/AB/R, 30 June 1997, S. 34-37.
[7508] EU vs. Argentina - Measures Affecting the Export of Bovine Hides and the Import of Finished Leather, WT/DS155/R, 19 December 2000, S. 145-155, Para. 11.174-11.228.
[7509] Panel und AB. United States vs. Canada - Measures Relating to Exports of Wheat and Treatment of Imported Grain, WT/DS276/R, 6 April 2004. United States vs. Canada - Measures Relating to Exports of Wheat and Treatment of Imported Grain, WT/DS276/AB/R, 30 August 2004.
[7510] Es geht hier im Kontext von Art. III.4 um eine Autorisierung durch kanadische Stellen, die nötig ist, Getreidetransportfahrstühle zu benutzen, eine Autorisierung, die nötig ist, wenn ausländisches Getreide mit kanadischem Getreide gemischt werden soll und eine Preisregel für den Transport kanadischen Getreides, die für ausländisches Getreide nicht gilt und es wahrscheinlicher macht, daß diesem höhere Transportkosten auferlegt werden können. Nicht akzeptiert wird die Klage, daß Bahnwagen nicht für U.S. Interessenten verfügbar waren. Auch mit Art. XX kann sich Kanada nicht verteidigen. United States vs. Canada - Measures Relating to Exports of Wheat and Treatment of Imported Grain, WT/DS276/R, 6 April 2004, S. 169-216, Paras. 6.152-6.375.
[7511] Panel und AB. Honduras - Dominican Republic - Measures Affecting the Importation and Internal Sale of Cigarettes, WT/DS302/R, 26 November 2004. Honduras - Dominican Republic - Measures Affecting the Importation and Internal Sale of Cigarettes, WT/DS302/AB/R, 25 April 2005. Honduras - Dominican Republic - Measures Affecting the Importation and Internal Sale of Cigarettes, WT/DS302/17, 29 August 2005.
[7512] Honduras - Dominican Republic - Measures Affecting the Importation and Internal Sale of Cigarettes, WT/DS302/R, 25 November 2004, S. 189, Para. 7.358.

Drinks (2005-2006)[7513]. Dieser Fall bestätigt die hier abschließend vertretenen Thesen.[7514] (12) Klar erkennbar verstößt die Türkei gegen Art. III, indem sie als Bedingung zur günstigeren Zulassung von Reisimporten den Kauf von heimischen Reis als erforderlich ansah. Dadurch wird heimischen Reis ein Vorteil eingeräumt, siehe United States vs. Turkey - Rice (2007).[7515]

Noch ein Fazit: Aus dynamisch ordoliberaler Perspektive ist es aufgrund der Entmachtungsfunktion der Märkte und des Prinzips der Konstanz der Wirtschaftspolitik wünschenswert, daß es verbindliche Zölle gibt und daß der damit verbundene Marktzugang durch Art. XI, Art. I und Art. III abgesichert wird und für jedes WTO Mitglied gleichermaßen gilt - solange es regelbasierte Ausnahmen gibt - siehe auch das Fazit zu SCM und das in Abschnitt 'K'. So ist es sinnvoll, Subventionen direkt zu vergeben und nicht in günstigeren Postgebühren zu verstecken. Fraglich bleibt aber, warum für Art. III.4 nicht eine ähnliche Analyse wie für Art. III.2 durchgeführt wird, bei der wenigstens potentiell Ziel und Zweck einer Regulierung einbezogen werden kann. Stattdessen wird der Auffangtatbestand von Art. III, Art. III.4, der sich auf alle sonstigen Regulierung bezieht, wenigstens potentiell in Form einer strengen Verpflichtung durchgesetzt (dies erfolgt in der Streitbeilegung routiniert auf diese Weise). Siehe weiterhin den Punkt TRIMS zu einem weiteren Kritikpunkt aus dynamisch ordoliberaler Perspektive: Dort wird erklärt, warum zwei Maßnahmen ('local content', bestimmte Exportvorgaben), die derzeit gegen Art. III und das TRIMS verstoßen, weiter für sinnvoll angesehen werden, in Form eines Kompromisses.

Angesichts dieser auch in Zukunft erwartbaren strengen und formalen Auslegung von Art. I und III (mal von einer gewissen Aufweichung von Art. III.2, zweiter Satz, abgesehen) ist es wichtig, daß die

---

[7513] Panel und AB. United States vs. Mexico - Tax Measures on Soft Drinks and Other Beverages, WT/DS308/R, 7 October 2005. United States vs. Mexico - Tax Measures on Soft Drinks and Other Beverages, WT/DS308/AB/R, 6 March 2006.
[7514] United States vs. Mexico - Tax Measures on Soft Drinks and Other Beverages, WT/DS308/R, 7 October 2005. Mexiko hatte auf Softdrinks, die einen anderen Zucker als Rohrzucker nutzen, eine 20 % Steuer auf Transfer oder Import und eine 20 % Steuer auf Distributionsdienstleistungen etc. sowie bestimmte Buchhaltungsvorschriften erlassen. S. 2, Para. 2.2. Dies führt zu einem Verstoß gegen Art. III.2, erster Satz, weil in bezug auf die 'enge' definierte, gleichartige Ware Rübenzucker eine "in excess" Besteuerung und Distributionsbesteuerung vorliegt. S. 123, Para. 8.25. Ein Verstoß gegen Art. III.2, zweiter Satz, liegt ebenso vor. Hier wird zuerst anhand u.a. einer Wettbewerbs- und Substitutionsanalyse gezeigt, daß Fruktosesirup (high fructose corn syrup, 'HFCS') und Rohrzucker "directly competitve or substitutable products" sind. S. 129, Para. 8.78. Daß diese gleichartigen Waren mehr als de minimis Besteuerungsunterschiede aufweisen, ist leicht zu zeigen. S. 129, Para. 8.82. Sodann wird anhand Design, Architektur und Struktur gezeigt, daß die Maßnahme protektionistisch wirkt, u.a. wird anhand von Fakten festgestellt, daß Mexiko versucht, seine heimischen Rohrzuckerprodukte zu schützen (und bisher Importe von nur 2,65 % vorlagen). Hinzugezogen werden auch Äußerungen der Politik und ein Gerichtsstatement, welche die Schutzaspekt erwähnen und die sozialen Aspekte des Schutzes hervorheben. S. 130-132, Para. 8.85-8.95. Auch ein Art. III.4 Verstoß wird liegt bei allen drei Maßnahmen (u.a. auch bei den Buchführungsregeln) gefunden. S. 138, Para. 8.123. Weiterhin werden diese Verstöße in bezug auf Softdrinks festgestellt: Ein Verstoß gegen Art. III.2, erster Satz, wird aufgrund einer "in excess" Besteuerung gleichartiger Softdrinks festgestellt. Der Panel befindet nach einer 'engen' Analyse, daß Softdrinks gleichartige Waren sind, egal ob sie mit Fruktosesirup, Rübenzucker (20 % Steuer) oder Rohrzucker (keine Steuer) gesüßt sind (dasselbe noch einmal für die Distributionssteuer). S. 140, Para. 8.136, S. 143, Para. 8.147. Für die Distributionssteuer siehe: S. 144-145, Para. 8.150-8.145. Für Art. III.2, zweiter Satz, und Art. III.4 wird die Analyse hier nicht noch einmal wiedergegeben. S. 145-146, Para. 8.158-8.161. Mexiko beruft sich auf Art. XX (d) und argumentiert, daß diese Maßnahmen nötig sind, um die Einhaltung der NAFTA Regeln durch die USA durchzusetzen. S. 146, Para. 8.162. Der AB bestätigt, daß Mexiko sich nicht auf die Art. XX (b) Maßnahme stützen konnte. Dabei entscheidet der AB nicht, ob er ggf. einen Fall entscheiden würde, der bereits einem NAFTA Panel unterlag. Es wird aber ebenso ausgeführt: "The fact that a Member may initiate a WTO dispute whenever it considers that 'any benefits accruing to [that member] are being impaired by measures taken by another member' implies that that Member is *entitled* to a ruling by a WTO panel." Herv. im Original. United States vs. Mexico - Tax Measures on Soft Drinks and Other Beverages, WT/DS308/AB/R, 6 March 2006, S. 21, Para. 52. Siehe zu dieser Frage im Kontext dieses Falls: Jiminez 2006: 328-333.
[7515] Nur Panel. United States vs. Turkey - Measures Affecting the Importation of Rice, WT/DS334/R, 21 September 2007, S. 95, Para. 7.238.

WTO für regulatorisch rechtfertigbare Maßnahmen Regeln vorsieht, die in der Lage sind diese Rechtfertigung auch zu erkennen. Dies wird mit den Art. XX Ausnahmen versucht. Steuern mit umweltpolitischem Hintergrund, die zuerst unter Art. III fallen, könnten dadurch begründet werden oder es werden, je nach Maßnahme, zwei weitere WTO Abkommen, das SPS und das TBT zur Bewertung relevant. Dazu nur eine knappe Charakterisierung:

12. Art. XX Allgemeine Ausnahmen

Möglich ist es, auf Art. XX 'Allgemeine Ausnahmen'[7516] zu rekurrieren, um eine Art. III oder Art. XI Inkonformität zu entschuldigen.[7517] Weil es hier potentiell auch um Importembargos geht, die ganz zum Erliegen des Handels führen können, ist die Abwägung in der Streitbeilegung nicht einfach. Auch aus diesem Grund ist Art. XX nicht besonders freundlich: Allein die in der Art. XX Liste genannten Regulierungsziele werden akzeptiert, immerhin der Schutz der Gesundheit und der natürlichen Ressourcen, darunter Luftqualität[7518] und Schildkröten.[7519] Geprüft wird die Notwendigkeit ('necessity'-Test) einer Regulierung, wobei die Streitbeilegung daraufhin eine neue Regulierung fordern kann, die besser mit den WTO Regeln übereinstimmt. Die Beweislast liegt bei der Streitpartei, die diese Maßnahme nutzt.[7520] Die Errungenschaft der WTO Streitbeilegung in bezug auf Art. XX ist, diesen Artikel etwas entschärft zu haben, unter anderen dadurch, daß anerkannt wurde, daß jedes Mitgliedsland das Niveau der Schutzes, welches es erreichen will, selbst bestimmen darf. Wenn der 'necessity test' zeigt, daß es keine alternativen, weniger handelseinschränkenden Maßnahmen gibt, um dieses Schutzniveau zu erreichen, darf eine Regulierung aufrechterhalten werden. So wurde eine Maßnahme, die den vollständigen Stop des Risikos für erforderlich hielt und ein Importembargo nutzte, als konform mit Art. XX akzeptiert, siehe Canada vs. EC - Asbestos (2000-2001).[7521]

[7516] Hier werden die wichtigsten Ausnahmebereich von Art. XX zitiert: "(a) necessary to protect public morals; (b) necessary to protect human, animal or plant life or health; (c) relating to the importations or exportations of gold or silver; (d) necessary to secure compliance with laws and regulations (...); (e) relating to products of prison labor; (f) imposed for the protection of national treasure of artistic, historic or archaeological value; (g) relation to the conservation of exhausible natural ressources, if such measures are made effective in conjunction with restrictions on domestic production and consumption; ..." Nicht vollständig. WTO 1995: 521-522.

[7517] Gegen den Panel betont der AB, daß Art. XX sich gegenüber Art. III durchsetzen kann: Canada vs. EC - Measures Affecting Asbestos and Asbestos-Containing Products. WT/DS135/AB/R, 12 March 2001, S. 44, Para. 115. Zu Art. XX: Porges/Trachtmann 2003: 797; Neumann 2002: 137-145; Matsushita et al. 2006: 797-803. Siehe zur Art. XX Frage auch: Marceau/Trachtmann 2004; WT/CTE/W/203, 8 March 2002. Früh: Klabbers 1992.

[7518] Dies wird unter Art. XX (g) akzeptiert: "aimed at the conservation of clean air in the United States" Vgl. Venezuela vs United States - Standards for Reformulated and Conventional Gasoline, WT/DS2/R, 29 January 1996, S. 19.

[7519] United States - Import Prohibition of Certain Shrimp and Shrimp Products. WT/DS58/AB/R, 12 October 1998, WT/DS58/AB/R, S. 54, Para. 127-131.

[7520] "However, as noted above, Article XX is not as friendly to domestic regulation as an aim and effects test within Article III can be. Article XX has limited bases of regulatory exceptions, necessity tests under certain circumstances and a burden of proof imposed on the responding party." Porges/Trachtman 2003: 797.

[7521] "173. (...) This issue is, thus, whether France could reasonably be expected to employ 'controlled use' practices to achieve its chosen level of health protection - a halt in the spread of asbestos-related health risks. 174. In our view, France could not reasonably be respected to employ *any* alternative measure if that measure would involve a continuation of the very risk that the Decree seeks to 'halt'. (...)" Canada vs. EC - Measures Affecting Asbestos and Asbestos-Containing Products. WT/DS135/AB/R, 12 March 2001, S. 63, Paras. 173-174. Bedingung ist allerdings, daß dieses Schutzniveau genau definiert wurde, sonst bestimmt die WTO Streitbeilegung dies: Marceau/Trachtmann 2004: 299-300. Der 'necessity'-Test wird, für den normalen Anwendungsfall (nicht den Asbestfall), in der Literatur so zusammengefaßt: "If the value to be protected is important, the measure is effective and the trade restriction is moderate, the measure is likely considered 'necessary' while an equally effective and GATT-consistent or less inconsistent alternative will be seen as not 'reasonably available'. This 'margin of

Der 'necessity'-Test wird in United States vs. Korea - Various Measures on Beef (2002) an einer Stelle so zusammenfassend beschrieben: "... involves in every case a process of weighing and balancing a series of factors which prominently include the contribution made by the compliance measure to the enforcement of the law or regulation at issue, the importance of the common interests or values protected by that law or regulation, and the accompanying impact of the law or regulation on imports or exports."[7522]

Diese gewisse Flexibilität ist sachlich zu begrüßen, denn der Schutz der Gesundheit und der Umwelt kann zwar teilweise auf marktkonformen Lösungen beruhen, benötigt aber weiterhin die Möglichkeit einfache und effektive Maßnahmen einzusetzen: Das Verbot.[7523] So verbietet die EU den Einsatz von Schwermetallen oder bestimmten bromierten Flammschutzmittel in elektronischen Schaltungen. Dies hat grenzüberschreitenden Handelseffekte und verursacht Umstellungskosten bei ausländischen Firmen. Diese Richtlinie müßte aber den Art. XX Test der Streitbeilegung überstehen.[7524] Nur zu zwei Fällen hier nähere Informationen:

Der grenzüberschreitende Schutz natürlicher Ressourcen wurde zum Thema durch das U.S. Importembargo in bezug auf Shrimps, die nicht mit schildkrötenschonenden Fangmethoden gefangen wurden. In den ähnlichen Vorläuferfällen United States - Restrictions on Imports of Tuna I (1991)[7525] und United States - Restrictions on Imports of Tuna II (1994)[7526] wurde ein Importembargo, das auf Produktionsumständen bzw. sog. 'processes and production methods, 'PPM' beruht, generell als GATT widrig erkannt. Die Streitbeilegung der WTO reagiert anders: In United States - Shrimp (1998-2001)[7527] weist sich die Berufungsinstanz eine delikate Aufgabe zu:

---

appreciation' protects Members from having to change their national law in favour of a rather small gain in freedom of commerce." Neumann/Türk 2003: 214.

[7522] United States vs. Korea - Measures Affecting Imports of Fresh, Chilled and Frozen Beef, WT/DS161/AB/R, WT/DS169/AB/R, 11 December 2000. Dieser Absatz wird hervorgehoben vom AB in: European Communities vs. Brazil - Measures Affecting Imports of Retreaded Tyres, WT/DS335/AB/R, 3 December 2007, S. 55-56, Paras. 141-142.

[7523] Bender/Sparwasser 1995: 46-47. Siehe eine Übersicht zur Umweltpolitik in OECD Ländern bezüglich solcher gefährlicher Stoffe, bei der neben 'emission standards' auch Verbote eingesetzt werden: OECD 1995:71-82.

[7524] Weil die verbotenen gefährlichen Stoffe schon beim Recycling Schwierigkeiten bereiten, geschweige denn bei der, für einige Teile, nicht vermeidbaren, endgültigen Entsorgung in einer Deponie. Da die Deponien nicht immer dicht sind, können etwa Schwermetalle in das Grundwasser gelangen. Siehe Erwägungsgrund (5): Richtlinie 2002/95/EG, 27. 1.2003. In: ABl. 37/19, 13.2.2003. S. 19. Handelseffekte bzw. Anpassungskosten werden durch ein Ausnahmeverfahren beachtet. S. 21. Die sachlich dazugehörige Recyclingverordnung ist: Richtlinie 2002/96/EG, 27.1.2003. In: ABl. L 37/24, 13.2.2003.

[7525] Damals hatten die Vereinigten Staaten den Import von Thunfisch verboten, der mit Methoden gefangen wurde, die Delphine gefährden. Tuna I: United States - Restrictions on Imports of Tuna, Report of the Panel. In: 30 I.L.M., 1991, S. 1594. Den Hintergrund dieses Importverbots, welches von wirtschaftlichen Interessengruppen beantragt wurde ('Heinz - Star Kist') und zwar Delphine rettete, aber Haie und Schwertfische gefährdete, recherhiert Murphy 2006: 610.

[7526] Tuna II: United States - Restrictions on Imports of Tuna. Report of the Panel. In: 33 I.L.M., 1994, S. 839.

[7527] United States - Import Prohibition of certain Shrimp and Shrimp Products WT/DS58/R, 15 May 1998, United States - Import Prohibition of certain Shrimp and Shrimp Products. WT/DS58/AB/R, 12 October 1998. United States - Import Prohibition of Certain Shrimp and Shrimp Products. Recourse to Art. 21.5 by Malaysia' WT/DS58/RW, 15 June 2001. United States - Import Prohibition of Certain Shrimp and Shrimp Products. Recourse to Art. 21.5 of the DSU by Malaysia', WT/DS58/AB/RW, 22 October 2001.

"the delicate one of locating and marking out a line of equilibrium between the right of a Member to invoke an exceptions under Article XX and the rights of the other Members under varying substantive provisions (e.g.) Art. XI of the GATT 1994, so that neither of the competing rights will cancel out the other".[7528]

Diese Gleichgewichtslinie ('line of equilibrium') sei variabel, je nach Art und Weise der Maßnahmen und der damit zusammenhängenden Fakten: "the line moves as the kind and shape of the measures at stake vary and as the facts making up specific cases differ."[7529] Weiterhin wird eine Präferenz für multilaterale Abkommen ausgeprochen, speziell wenn es um grenzüberschreitende Umweltprobleme geht. Der AB könne aber einen Abschluß solcher Abkommen nicht erzwingen.[7530] Im vorliegenden Fall werden die U.S. Maßnahmen solange akzeptiert, so sie versucht, ihre schon teils ausgehandelten Abkommen auf neue Länder auszudehnen: "is justified ...as long as the conditions stated ... in this report, in particular the ongoing serious good faith efforts to reach a multilateral agreement remain satiesfied."[7531] Schließlich spielte es in diesem Fall - implizit - eine zentrale Rolle, daß die Umweltschutzmaßnahmen, welche die USA von anderen Länder für den Schutz der Schildkröten einforderte, wenn diese weiter auf den amerikanischen Markt exportieren wollten, kostengünstig waren.[7532]

Im aktuellen Streitfall European Communities vs. Brazil - Retreaded Tyres (2007)[7533], ging es ebenso um ein Importembargo, diesmal für runderneuerte Reifen. Zuerst fällt auf, daß sich die WTO Streitbeilegung mehr und mehr darauf einzurichten scheint Umweltfälle beurteilen zu müssen. So geben die Berufungsrichter (die sich bisher zugetraut haben, auch komplexe Fragen mit einer qualitativen, argumentativen Analyse abschätzen und entscheiden zu können) den Hinweis, daß in zukünftigen Fällen auch quantitative Analysen eingereicht werden dürfen (kurz: es ist zu befürchten, daß auch Wahrscheinlichkeitsberechnung in Zukunft eine Rolle spielen werden, zusätzlich zu einer Abschätzung von Risiken durch den common sense).[7534] In diesem Streitfall wird betont, daß

[7528] United States - Import Prohibition of certain Shrimp and Shrimp Products. WT/DS58/AB/R, 12 October 1998, S. 62, Para. 159. Betont wird dieser Satz von Trebilcock/Howse 2005: 530-540.
[7529] United States - Import Prohibition of certain Shrimp and Shrimp Products. WT/DS58/AB/R, 12 October 1998, S. 62, Para. 159.
[7530] United States - Import Prohibition of certain Shrimp and Shrimp Products. WT/DS58/AB/RW, 12 October 1998, S. 37, Para. 123.
[7531] United States - Import Prohibition of Certain Shrimp and Shrimp Products. Recourse to Art. 21.5 of the DSU by Malaysia', WT/DS58/AB/RW, 22 October 2001, S. 50, Para. 153 (b). Genauer: Trebilcock/Howse 2005: 530-540.
[7532] Die sog. 'turtel excluder devices, TEDs' sind nötig, um die Schildkröten zu retten: "A TED is a grid trapdoor installed inside a trawling net that is designed to allow shrimp to pass to the back of the net while directing sea turtles and other unintentionally caught large objects out of the net." Vgl. zu dieser Definition United States - Import Prohibition of certain Shrimp and Shrimp Products WT/DS58/R, 15 May 1998, S. 279, Para. 4. Die Kosten für TEDs werden in den USA zwischen US$ 75 und US$ 400 geschätzt. In Entwicklungsländern sind die Kosten geringer, zwischen US$ 75 und US$ 8. Es wird davon ausgegangen, daß TEDs den Meeresschildkröten mit einer Wahrscheinlichkeit von 97 % ermöglichen, aus einem Shrimp-Netz zu entkommen. Vgl. Shaffer 1999: 507.
[7533] Panel und AB. European Communities vs. Brazil - Measures Affecting Imports of Retreaded Tyres, WT/DS335/R, 12 June 2007. European Communities vs. Brazil - Measures Affecting Imports of Retreaded Tyres, WT/DS335/AB/R, 3 December 2007.
[7534] European Communities vs. Brazil - Measures Affecting Imports of Retreaded Tyres, WT/DS335/AB/R, 3 December 2007, S. 61, Para. 153. Dies liegt in diesem Fall auch an der relativ schwer zu verstehenden Kausalkette. Durch das Importembargo von runderneuerten Reifen, wird es vermieden, Reifen in den Verkehr zu bringen, die eine geringere Haltbarkeit haben und deshalb schneller Altreifen sind, sodaß sich die absolute Zahl der Altreifen reduziert. Ebenso wird die heimische Industrie ermutigt, Reifen rundzuerneuern, wodurch verhindert wird, daß diese Reifen zu Altreifen erklärt werden. S. 61, Para. 153.

Notwendigkeit im 'necessity'-Test nicht mit Unverzichtbarkeit ('indispensable') gleichzusetzen ist, sodaß der Beitrag der Maßnahme zum Erreichen der Regulierungsziele auf eine Gradskala von 'unverzichtbar' bis 'einen Beitrag leisten' angesiedelt werden darf, wobei er signifikant näher ("significantly closer") an 'unverzichtbar' liegen soll, um regelkonform zu sein (hierbei spielen aber weitere Aspekte eine Rolle).[7535] Neu ist auch, daß ein unmittelbar auf Importembargos verwendbarer Bewertungssatz vorgeschlagen wird:

"when a measure produces restrictive effects on international trade as severe as those resulting from an import ban, it appears to us that it would be difficult for a panel to find that measure necessary unless it is satisfied that the measure is apt to make a material contribution to the achievement of its objective."[7536]

Kurz: Ein materialer Beitrag, nicht aber ein marginaler oder insignifikanter[7537] muß schon vorliegen, um ein Importembargo in den Augen der Streitbeilegung zu rechtfertigen. In diesem Fall wird es als wichtig angesehen, daß Brasilien über eine umfassende Politik, die zur Vermeidung der Risiken, die mit Altreifen verbunden sind, geeignet ist ("apt to induce sustainable changes"), verfügt, bei der das Importembargo ein wichtiger Teil ist ("key element").[7538] Brasilien konnte weiterhin, bestätigt durch die detaillierte, überzeugende Analyse des Panels zeigen, daß die Wirkung des Importembargos nicht durch vernünftigerweise vorliegende, alternative Maßnahmen ("reasonably available alternative measures") ersetzt werden kann.[7539] Bemerkenswert ist weiter, daß sich der AB beim 'necessity'-Test nicht auf 'stattdessen'-Argumente einläßt, solange umfassende Politiken erkennbar sind. Die EU hatte vorgeschlagen, daß Brasilien den Import gebrauchter Reifen besser kontrolliert, um stattdessen den Import runderneuerter Reifen wieder zuzulassen: Dazu führt der AB mutig aus: "Substituting one element of this comprehensive policy for another would weaken this policy by reducing the synergies between its components, as well as its total effect."[7540] Viele einfache Vorschläge von Alternativen zu Handelseinschränkungen werden damit - wenn dieser Satz Karriere macht - vor der Streitbeilegung

---

[7535] "Measures which are indispensable or of absolute necessity or inevitable to secure compliance certainly fulfil the requirements of Article XX(d). But other measures, too, may fall within the ambit of this exception. As used in Article XX(d), the term 'necessary' refers, in our view, to a range of degrees of necessity. At one end of this continuum lies 'necessary' understood as 'indispensable'; at the other end, is 'necessary' taken to mean as 'making a contribution to.' We consider that a 'necessary' measure is, in this continuum, located significantly closer to the pole of 'indispensable' than to the opposite pole of simply 'making a contribution to'. United States vs. Korea - Measures Affecting Imports of Fresh, Chilled and Frozen Beef, WT/DS161/AB/R, WT/DS169/AB/R, 11 December 2000, S. 49, Para. 161. Hinweis auf diese Textstelle vom AB in: European Communities vs. Brazil - Measures Affecting Imports of Retreaded Tyres, WT/DS335/AB/R, 3 December 2007, S. 56, Para. 141, S. 59, Para. 150.
[7536] European Communities vs. Brazil - Measures Affecting Imports of Retreaded Tyres, WT/DS335/AB/R, 3 December 2007, S. 59, Para. 150.
[7537] "must be material, not merely marginal or insignificant". European Communities vs. Brazil - Measures Affecting Imports of Retreaded Tyres, WT/DS335/AB/R, 3 December 2007, S. 82, Para. 210.
[7538] European Communities vs. Brazil - Measures Affecting Imports of Retreaded Tyres, WT/DS335/AB/R, 3 December 2007, S. 62, Para. 154, S. 63, Para. 155.
[7539] European Communities vs. Brazil - Measures Affecting Imports of Retreaded Tyres, WT/DS335/R, 12 June 2007, S. 184-201, Paras. 7.162-7.216.
[7540] European Communities vs. Brazil - Measures Affecting Imports of Retreaded Tyres, WT/DS335/AB/R, 3 December 2007, S. 68, Para. 172. Dazu kommt ein, im Rahmen des internationalen Handels, der von Austausch lebt, bemerkenswert (austausch-) skeptisches Statement: "we believe, like the Panel, that non-generation measures are more apt to achieve this objective because they prevent the accumulation of waste tyres, while waste management measures dispose of waste tyres only once they have accumulated.", S. 69, Para. 174.

scheitern. Dies ist begrüßenswert, weil es erschwert, Maßnahmen mit simplen Gegenvorschlägen anzuzweifeln. Brasilien verliert diesem Fall trotzdem: Dies liegt aber allein an seiner Nichtbeachtung des einleitenden Abschnitts ('chapeau') von Art. XX, insoweit die MERCOSUR Länder vom Importembargo (und die Importe gebrauchter Reifen aufgrund von Gerichtsurteilen) ausgenommen wurden.[7541]

Somit ist es nicht ganz undenkbar, daß die WTO die komplexen regulatorischen Aufgaben bewältigen kann, die sich in den nächsten Jahren stellen werden, z.B. in bezug auf Maßnahmen im Rahmen der multilateralen Umweltabkommen (multilateral environmental agreements, 'MEAs') u.a. solche zum Klimaschutz mit grenzüberschreitenden Effekten.[7542] Dies lag nicht zuletzt am sinnvollen Druck der NGOs in die Hinsicht. Die Last liegt jedoch ganz auf den Schultern der Streitbeilegung flexible und weise Entscheidungen zu treffen, welche die Integrität des WTO Regelwerks aufrechterhält. Die Streitbeilegung wird etwa dann erhebliche Schwierigkeiten haben die Gleichgewichtslinie zu finden, wenn eine in ihren Zielen rechtfertigbare Maßnahme anderen Staaten hohe Anpassungskosten aufgebürdet. Dann ist ggf. eine andere Reaktion der Streitbeilegung zu erwarten. Die abschreckende Wirkung ('chill effect') auf Umweltgesetzgebungsvorhaben, die oft kritisiert wird, hat sich somit abgemildert, ist aber nicht ganz verschwunden. Weiterhin hat der Chile Schwertfisch Fall gezeigt, daß es in Zukunft zu Normkollisionen kommen kann, bei denen ggf. sogar parallele Gerichtsverfahren vor unterschiedlichen internationalen Organisationen denkbar sind. Dieser Fall wurde in der WTO begonnen und dann vor dem Internationalen Seegerichtshof weiterverhandelt.[7543] Somit schützt Art. XX - dem flexiblen Ansatz zum Trotz - weiter Marktzugangsmöglichkeiten, u.a. solche der Entwicklungsländer in die Märkte der Industrieländer. Aus dynamisch ordoliberaler Perspektive wird dies hier als sinnvoll angesehen, weil dadurch erschwert wird, daß Interessengruppen protektionistische Maßnahmen als umweltpolitische Regulierungen tarnen. Dafür gibt es diverse Beispiele. Weil Umweltschutz ein rechtfertigbares Ziel ist, steht die Streitbeilegung vor der Aufgabe, eine dementsprechende Balance zu finden. Die Präferenz, wenn auch nicht der Zwang zu internationalen Umweltabkommen, ist sicher keine falsche Schwerpunktsetzung, denn auch so können Verbote und Regeln ausgehandelt werden, darunter solche, die monetäre Kompensationen für ungünstig getroffene Staaten enthalten.[7544]

[7541] Argumentiert wird, daß es nicht sein kann, daß mit Art. XX Maßnahmen gerechtfertigt werden können, die mit dem Ziel dieser Maßnahme nichts zu tun haben: Hier nur folgender Satz, der die Forderung des AB nach Politikkohärenz, welches seinem Verständnis nach im Chapeau von Art. XX enthalten ist, zusammenfaßt: "Accordingly, we find that imports of used tyres through court injuctions have resulted in the Import Ban being applied in a manner that constitutes arbitrary or unjustifiable discrimination." European Communities vs. Brazil - Measures Affecting Imports of Retreaded Tyres, WT/DS335/AB/R, 3 December 2007, S. 97, Para. 246. Siehe zu diesem Fall auch Bridges, Year 12, No. 1 February 2008. S. 13-15.
[7542] Zu den Optionen bei MEAs Srivasta/Ahuja 2002: 9-14. Von 300 MEAs haben 30 handelsbezogene Regeln. Sawhney 2004: 36. Diese Debatte kann hier nur gestreift werden. Siehe dazu: Srivasta/Ahuja 2002; Sawhney 2004; Neumeyer 2001; Shaw/Schwartz 2002; Altmöller 2000; Hilf 1999; Alam 2007.
[7543] Ausführlich zu dieser Problemstellung internationaler Normkonflikte und der Koordination mehrerer internationaler Organisationen und Regime. Neumann 2002: 198-208.
[7544] Gefährliche Stoffe werden in internationalen Abkommen Handelsverboten bzw. Exportverboten und speziellen Zustimmungsprozeduren beim Import ausgesetzt in: Montreal Protocol on Substances that Deplete the Ozone Layer (1987); und der: Basel Convention on the Control of Transboudary Movement of Hazardous Wastes and their Disposal (1989) und in zwei Abkommen, die noch nicht in Kraft sind: Die

Am Rande: Für Art. XXI 'Ausnahmen zur Wahrung der Sicherheit' bleibt unklar, wie die Streitbeilegung vorgehen wird. Im GATT wurden solche Fälle als 'wrong cases' angesehen, "die ihrer Natur nach eine politische Lösung verlangen".[7545] In der WTO haben sich USA und EU bemüht, mit dieser Tradition nicht zu brechen, indem sie im Helms-Burton Streit zur einer einvernehmlichen Lösung kamen.[7546]

13. SPS Übereinkommen über gesundheitspolizeiliche und pflanzengesundheitliche Maßnahmen

Technische oder gesundheitspolizeiliche und pflanzengesundheitliche Standards fallen unter die speziellen Regeln des TBT und SPS Abkommens. Auch mit den Regeln soll versucht werden, ungerechtfertigte Maßnahmen von begründeten Maßnahmen zu unterscheiden, um eine protektionistische Anwendung zurückzudrängen. Diese Unterscheidung ist nicht einfach zu treffen, genauso wie in Art. XX hat die WTO dafür aber Kriterien ausgearbeitet: Dieser Themenbereich wird kurz abgehandelt, weil der Leser auf aussagekräftige Literatur zurückgreifen kann.[7547]

SPS. Wie wirken SPS Maßnahmen? Ein Land wie Thailand ist beispielsweise diversen SPS Maßnahmen ausgesetzt und konnte etwa in Konsultation mit Mexiko durchsetzten, daß es dorthin wieder Reis exportieren darf.[7548] Die Studien zu SPS Standards zeigen, daß es nicht immer sinnvoll ist, Standards abzulehnen, selbst wenn sie anfangs einen protektionistischen Effekt zu haben scheinen. Für Kenya etwa kann gezeigt werden, daß sich mit einer Entscheidung zur Einhaltung der Standards, u.a. im Bereich von Pestiziden, die Möglichkeit zu einer umfassenden Verbesserung des gesamten Produktionssystems ergab, sodaß sich grenzüberschreitende Vorteile i.S. eines 'international public good' ergeben.[7549] In WTO (2005) wird geschlossen, daß sich die Kosten, die mit der Einhaltung verbunden sind, stark variieren, sodaß hier, ähnlich wie im Art. XX Shrimps-Fall die Möglichkeit erkennbar ist, mit weniger hohen Anpassungskosten, sinnvolle Standards weltweit zu nutzen bzw.

Rotterdam Konvention on Prior Informed Consent for Certain Hazardous Chemicals and Pesticides in International Trade (1998) und die Stockholm Convention on Persistant Organic Pollutants (2001). Dazu Sawhney 2004: 17-26. Zu Kompensationen: OECD 1997e: 15-17.

[7545] Damals wurden neben sicherheitspolitischen Fragen auch u.a. Agrarhandelsfälle etc. hier als 'wrong cases' diskutiert. Zitat: Benedek 1990: 337. Siehe den nicht angenommenen GATT Fall: Nicaragua vs. United States - Trade Measures Affecting Nicaragua, L/6053, 13 October 1986. Mavroidis 2005: 215-225.

[7546] Ein Panel wurde am 20 November 1996 etabliert, DS38, dessen Arbeit aber gestoppt. Die einvernehmliche Lösung ist nicht in der WTO notifiziert. Mavroidis 2005: 223-225. Die USA, so wenigstens die Stellungnahmen, verweigerte sich hier ganz, u.a. auch einer Kooperation mit dem Panel. Kriterien, u.a. Stellungnahmen des Sicherheitsrats der Vereinten Nationen, die in einem solchen Streitfall verwendet werden könnten, werden diskutiert von Kuilwijk 1997: 53-58. Der Helms-Burton Act bezog sich nicht nur auf U.S. Bürger, sondern auf alle Bürger der Welt, denen es verboten wurde, mit Kuba Geschäfte zu machen, wenn sie dabei mit ehemaligen, nationalisierten U.S. Besitztümern in Verbindung gelangten. Lag dies vor, konnten Entschädigungszahlungen verlangt werden und es wurden Einreiseverbote verhängt, auch gegen Familienmitglieder. Stern 1997: 9-10. Kanada, Mexiko und die EU verabschiedeten daraufhin sog. 'blocking legislations'. Siehe 36 I.L.M 111-153, 1997.

[7547] Hat eine eigens reservierte Fußnote verdient: Neumann 2002.

[7548] Mexiko hatte behauptet, daß sich Käfer oder Pilze im Reis befinden. Ebenso geht es bei den SPS Konflikten Thailands um Pestizitrückstände und Importverbote, durch Ägypten etwa bzgl. gentechnisch veränderten Inhaltsstoffen, hier Gen-Sojaöl, in welchem thailändischer Tunfisch konserviert wird. Frost/Günther 2001: 142. Zum SPS die folgende Literatur: Goh/Ziegler 1998; Pauwelyn 1999; Neugebauer 2000; Prévost/Matthee 2002; Slotboom 2003; Marceau/Trachtmann 2002; Marceau/Trachtmann 2004; Horn/Weiler 2004.

[7549] Pay 2005: 45-49. U.a. deshalb, weil höhere Standards auch positiv auf die Arbeitsbedingungen wirken und sonstige Vorteile implizieren, schließt die Weltbank dazu: "improved food safety and agricultural health is both a national and international good". Zitiert in Pay 2005: 46.

sogar durchzusetzen. Wie dem auch sei, es überzeugt nicht, dieses Thema quantitativ anzugehen. In einer kontroversen Studie wurde argumentiert, daß die EU mit ihren Aflatoxingrenzwerten 1,4 Menschen von 1 Mrd. Menschen vor dem Tod bewahren kann, wobei gleichzeitig US$ 570 Mill. weniger Nußimporte aus Afrika erfolgen würden, um nahezulegen, daß dieser EU Grenzwert übertrieben sei. Eine Gegenstudie zeigte daraufhin, daß der Importrückgang deutlich geringer ausfiel.[7550] Weiterhin ist eine Nutzung von SPS Maßnahmen nicht auf die Industrieländer beschränkt, auch Entwicklungsländer nutzen diese.[7551] Ein letzter Punkt: Um Konflikte zu umgehen, wird Harmonisierung gefordert. Dies ist dann fragwürdig, wenn diese auf Grenzwerten beruht, die mit wenig Umsicht beschlossen wurden, etwa bei den oft von der Industrie beeinflußten internationalen Standards des Codex Alimentarius.[7552]

Die Kernregeln des SPS sind einfach zusammenzufassen: Entweder ein Mitgliedstaat hält sich an internationale Standards (u.a. den von der Industrie maßgeblich beeinflußten Codex Alimentarius) oder es muß gezeigt werden, daß eine Maßnahme mit SPS Art. 5.1 begründet werden kann, der eine Risikoüberprüfung ('risk assessment') vorsieht.[7553] Zur Ausgestaltung der Risikoüberpüfung gibt es eine Reihe von Zitaten des AB, von denen einige aber zunehmend in Vergessenheit geraten.[7554]

Im Fall United States, Canada vs. EC - Hormones (1997-2003)[7555] reichte dem AB die Qualität bzw. Relevanz der wissenschaftlichen Studien nicht aus, welche weder die karzinogenen Effekte der Hormone noch bestimmte praktische Probleme bei der Anwendung und Kontrolle darlegten.[7556] Dabei wird auch eine wissenschaftliche Minderheitenmeinung akzeptiert und die Art und Weise des Risikos

---

[7550] WTO 2005: 64, 69.

[7551] In bezug auf U.S. Getreide werden Maßnahmen von China, Brasilien, Indien und der Türkei angeführt. Dohlman/Hoffman 2000: 45.

[7552] Auch für die EU sind die Standards des Codex Alimentarius relevant. Pay 2005: 31. Im neuen Lebensmittelrecht der EU ist in Art. 13 (e) vorgesehen, daß die Kohärenz mit internationalen Normen gefördert wird, wobei das eigene hohe Schutzniveau nicht gesenkt werden solle: Verordnung (EG) Nr. 178/2002 des Europäischen Parlaments und des Rates, 28.1.2002. In: ABl. L 31/1, 1.2.2002. Siehe zu bilateralen und internationalen Harmonisierungsansätzen und Institutionen: Robert/Unnevehr 2005. Der Einfluß der Industrie oder von Experten aus einigen Bereichen ist, neben dem größeren Einfluß der Industrieländer, Problem der internationalen Standardisierungsbehörden. Dazu kommt, daß durch die WTO Regeln, welche den internationalen Standards eine Relevanz einräumen, bewirkt werden kann, daß bei der Entwicklung von Standards handelsbeschränkende Aspekte bereits miteinbezogen werden und Schutzargumente damit weniger Gewicht bekommen. McDonald 2005: 267-268. Daneben bieten internationale Standards auch Chancen. So Standards im Rahmen der Internationalen Pflanzenschutzkonventionen, IPPC, zu invasiven Sorten. Jenkins 2005: 898.

[7553] Slotboom 2003: 571-572.

[7554] Das bekannteste ist sicher: "... the risk that is to be evaluated in a risk assessment under Article 5.1 is not only risk ascertainable in a science laboratory operating under strictly controlled conditions, but also risk in human societies as they actually exist, in other words, the actual potentional for adverse effects on human health in the real world here people live and work and die." United States, Canada vs. EC - EC Measures Concerning Meat and Meat Products (Hormones), WT/DS26/AB/R, WT/DS48/AB/R, 16 January 1998, S. 72-73, Para. 187. Slotboom 2003: 573. An die Risikoanalyse und die SPS Maßnahmen wird eine Reihe von Anforderungen durch die Streitbeilegung gestellt: Die Krankheiten müssen identifiziert werden, die Wahrscheinlichkeit des Eintritts und der Verbreitung erwähnt, die Risikoanalyse muß spezifisch genug sein. Siehe Pauwelyn 1999: 646-647.

[7555] Panel, AB, Art. 21.3 (c) Arbitration, Art. 22.6 Arbitration, Communication European Communities. United States, Canada vs. EC - EC Measures Concerning Meat and Meat Products (Hormones), WT/DS26/R/USA, 18 August 1997. United States, Canada vs. EC - EC Measures Concerning Meat and Meat Products (Hormones), WT/DS26/AB/R, WT/DS48/AB/R, 16 January 1998. United States, Canada vs. EC - EC Measures Concerning Meat and Meat Products (Hormones), Art. 21.3 (c) Arbitration. WT/DS26/15, WT/DS48/13, 29 May 1998. Art. 22.6 Arbitration. WT/DS26/ARB, 12 July 1999. Communication from the European Communities. WT/DS26/22, WT/DS48/20, 28 October 2003.

[7556] United States, Canada vs. EC - EC Measures Concerning Meat and Meat Products (Hormones), WT/DS26/AB/R, WT/DS48/AB/R, 16 January 1998, S. 77-82, Para. 198-208.

spielt bei dieser Fall-zu-Fall Bewertung eine Rolle.[7557] Nachdem die EU die Empfehlungen nicht umsetzte, nutzten USA eine Vergeltungsmaßnahme von US$ 116,8 Mill. und Kanada von CDN$ 11,3 Mill..[7558] Die EU befaßte sich derweil mit Risikoeinschätzungen und veröffentlicht u.a. am 10. April 2002 eine neue, wissenschaftliche Risikoeinschätzung. Am 27. Oktober 2003 trat eine neue EU Verordnung in Kraft, die das Hormonverbot und das Einfuhrverbot für hormonbehandeltes Fleisch und Aquakulturprodukte aufrecherhielt, u.a. mit dem Argument, daß keine minimalen Schwellenwerte für Hormonrückstände akzeptabel seien.[7559] Weil USA und Kanada ihre Vergeltungsmaßnahmen daraufhin nicht zurücknahmen, etablierte die EU ihrerseits ein Panel, dessen Entscheidung am 31. März 2008 vorlag, European Communities vs. United States - Continued Suspension (2008).[7560] Der Panel bezweifelt hier wieder die Risikoeinschätzung der EU, die u.a. gemäß SPS Annex A (4) kein "potential for adverse effects on human or animal health" zeigen könne. Die Diskussion des Panels überzeugt nicht. So wird Expertenstatements, die sich etwa für Kinder durchaus Risiken vorstellen können oder die erwähnen, daß Hormone Krebs fördern können, in den Schlußfolgerungen kein Gewicht eingeräumt, vor dem Hintergrund, daß all dies unterhalb relevanter Schwellenwerte stattfände und keine speziellen wissenschaftlichen Studien vorlägen, die beim Fleischkonsum, bei den speziellen Hormonwerten und für den menschlichen Körper Risiken aufzeigen können.[7561]

Diese SPS Vorgehensweise wurde ebenso in den zwei weiteren Fällen angewandt, wobei beidesmal Verstöße gegen die Risikoüberprüfung gefunden wurden[7562]: Canada vs. Australia - Salomon (1998-2000)[7563] und United States vs. Japan - Agricultural Products II (1998-1999).[7564] Auch in United States vs. Japan - Apples (2003-2005)[7565] basierten die Maßnahmen nicht auf einer wissenschaftlichen

---

[7557] United States, Canada vs. EC - EC Measures Concerning Meat and Meat Products (Hormones), WT/DS26/AB/R, WT/DS48/AB/R, 16 January 1998, S. 75, Para. 194. Die einzelne Meinung von Dr. Lucier reicht nicht: "it appears, that the single divergent opinion expressed by Dr. Lucier is not reasonably sufficient". S. 77, Para. 198-208.
[7558] Antrag der USA: United States Recourse Art. 22.2, WT/DS26/19, 18 May 1999. Der Schlichtungsausschuß bestimmt die Höhe der Vergeltungsmaßnahmen: Art. 22.6 Arbitration. WT/DS48/ARB, 12 July 1999, S. 17, Para. 83. Kanada erhält CDN$ 11,3 Mill. Art. 22.6 Arbitration. WT/DS48/ARB, 12 July 1999, S. 15, Para. 72. Autorisierungsantrag der USA: United States Recourse Art. 22.7. Die Vergeltung wurde benutzt: WT/DS26/21,15 July 1999. WT/DS26/22, WT/DS48/20, 28 October 2003, S. 2. Die USA setzten, trotzdem das Gesetz verabschiedet wurde, nicht die sog. 'carousel relaliation' um. Devereaux et al. 2006b: 79.
[7559] Abgelehnt wird es u.a. einen ADI ('acceptable daily intake') festzulegen. Communication from the European Communities. WT/DS26/22, WT/DS48/20, 28 October 2003. Eine Übersicht u.a. über die 17 neuen Studien, die teils eine Verbindung zwischen Hormonniveaus und Krebs zeigen, bietet SCVPH 2002: 20.
[7560] European Communities vs. United States - Continued Suspension of Obligations in the EC - Hormones Dispute, WT/DS320/R, 31 March 2008.
[7561] European Communities vs. United States - Continued Suspension of Obligations in the EC - Hormones Dispute, WT/DS320/R, 31 March 2008. Dieser Fall wurde schon in Abschnitt 'A' erwähnt. Die komplexe Diskussion des SPS Abkommen erfolgte nur zu dem Zweck, festzustellen zu können, ob die USA gegen DSU Art. 22.8 verstoßen hatte. Zur Feststellung oben, siehe: S. 241-244, Paras. 7.521-7.537.
[7562] Zu diesen beiden Fällen: Neumann 2002: 217-227.
[7563] Panel, AB, Arbitration, Art. 21.5 Panel. Canada vs. Australia - Measures Affecting the Importation of Salmon, WT/DS18/R, 12 June 1998. Canada vs. Australia - Measures Affecting the Importation of Salmon, WT/DS18/AB/R, 20 October 1998. Canada vs. Australia - Measures Affecting the Importation of Salmon, WT/DS18/9, 23 February 1999. Canada vs. Australia - Measures Affecting the Importation of Salmon, WT/DS18/RW, 18 February 2000.
[7564] Panel und AB. United States vs. Japan - Measures Affecting Agricultural Products, WT/DS76/R, 27 October 1998. United States vs. Japan - Measures Affecting Agricultural Products, WT/DS76/AB/R, 22 February 1999.
[7565] Panel, AB, Art. 21.5 Panel, Mutally Agreed Solution. United States vs. Japan - Measures Affecting the Importation of Apples, WT/DS245/R, 15 July 2003. United States vs. Japan - Measures Affecting the Importation of Apples, WT/DS245/AB/R, 26 November 2003. United States vs. Japan - Measures Affecting the Importation of Apples, WT/DS245/RW, 23 June 2005. United States vs. Japan - Measures Affecting the Importation of Apples, WT/DS245/21, 2 September 2005.

Risikoeinschätzung.[7566] Das Art. 21.5 Panel akzeptierte hier gemäß SPS Art. 5.6 den U.S. Vorschlag einer alternativen, weniger handelseinschränkenden Maßnahmen, nämlich den Export ausgereifter U.S. Äpfel, denn es kann wissenschaftlich bewiesen werden, daß diese nicht mehr "fire blight"- Bakterien enthalten.[7567] Daraufhin kam es zu einer einvernehmlichen Lösung, bei der immerhin einige Aspekte der japanischen Originalmaßnahmen aufrechterhalten wurden.[7568] Nun kann nicht mehr, wie in der Literatur vorgeschlagen, festgestellt werden, daß die Streitbeilegung den SPS Art. 5.6 Test nicht anwendet, um souveränitätsschonend vorzugehen.[7569] Ein weiterer brisanter Fall ist United States, Canada, Argentina vs. EC - Approval and Marketing of Biotech Products (2006), welcher sich gegen das EU Moratorium zur Zulassung von gentechnisch veränderten Produkten richtete.[7570] Der Panel bezog sich hier auf SPS Annex C (1)(a) und zeigte zuerst einmal, daß es zu einem "undue delay" im Zulassungsprozess durch das Moratorium kam. Zu einer Entscheidung, daß die EU gegen SPS Art. 5.1 verstoßen hatte, also die Risikoeinschätzung nicht WTO kompatibel war, kam es allein in bezug auf Schutzmaßnahmen einzelner Länder, deren Begründung, nach detaillierter Diskussion der einzelnen vorgelegten Studien, als nicht überzeugend angesehen wurde - da die Studien mit ihren teils pauschalen Unterstellungen (anstatt 'Wahrscheinlichkeiten' zu berechnen) und der Hervorhebung von Möglichkeiten (ohne Beweise vorlegen zu können), nach Ansicht des Panels nicht einer wissenschaftlichen Risikoeinschätzung entsprächen. Hier kommt es zusätzlich zu der für die EU ungünstigen Entscheidung, daß dem Panel ein Rekurs auf SPS Art. 5.7, der vorläufige Maßnahmen erlaubt, wenn die wissenschaftliche Beweislage unzureichend ist, nicht als erlaubt erscheint, weil zum Zeitpunkt der Schutzmaßnahmen bereits wissenschaftliche Studien u.a. auf EU Ebene vorlagen.[7571] Das Vorsorgeprinzip wird vom AB für das SPS nicht akzeptiert, immerhin wird für grenzüberschreitende Umweltprobleme Offenheit für neuere völkerrechtlichen Entwicklungen angezeigt.[7572] Das Vorsorgeprinzip spiegele sich im SPS in der Möglichkeit zu temporären Schutzmaßnahmen gemäß SPS Art. 5.7 wieder.[7573] Aber auch dort scheint es, s.o., kaum Spielräume zu geben. Kurz: Das SPS ist reif für eine politische Intervention der WTO Mitgliedstaaten. Die Streitbeilegung entscheidet auf einem hohem Detailniveau über SPS Maßnahmen, wobei wissenschaftliche Überprüfbarkeit in einem engen Sinn einziges Bewertungskriterium wird (und nicht

---

[7566] United States vs. Japan - Measures Affecting the Importation of Apples, WT/DS245/RW, 23 June 2005, S. 122, Para. 8.157.
[7567] United States vs. Japan - Measures Affecting the Importation of Apples, WT/DS245/RW, 23 June 2005, S. 122, Para. 8.157.
[7568] Es gibt weiterhin 'buffer zones', wie zu Beginn im Panelbericht. WT/DS245/21, 2 September 2005. Zu diesem Fall kritisch Goh 2006.
[7569] Slotboom 2003: 575.
[7570] Nur Panel. United States vs. European Communities - Measures Affecting the Approval and Marketing of Biotech Products, WT/DS291/R, WT/DS292/R, WT/DS293/R, 29 September 2006. Dies ist bislang der längste Bericht der Streitbeilegung der WTO, er ist fast 3000 Seiten lang und hat ein Gewicht von fast fünf Kilogramm.
[7571] Dieser 'Kern' des Berichts, findet sich hier: United States vs. European Communities - Measures Affecting the Approval and Marketing of Biotech Products, WT/DS291/R, WT/DS292/R, WT/DS293/R, 29 September 2006, S. 1040-1041, Paras. 7.3327. Der interessante Teil erstreckt sich hier: S. 937-1055, Paras. 7.2923-7.3371. Der Frage, ob Genprodukte und andere Produkte nach Art. III.4 gleichartig sind, wird ausgewichen. Siehe dazu auch: Bridges, Year 10, No. 7, November 2006: 13-14.
[7572] "We note that the Panel itself did not make any definitive finding with regard to the status of the precautionary principle in international law and that the precautionary principle, at least outside the field of international environmental law, still awaits authoritative formulation." In der Fußnote zu diesem Zitat wird auf einen Fall des Internationalen Gerichtshofs zu einem Staudammstreit zwischen Ungarn und der Slovakei hingewiesen. United States, Canada vs. EC - EC Measures Concerning Meat and Meat Products (Hormones), WT/DS26/AB/R, WT/DS48/AB/R, 16 January 1998, S. 45, Para. 123. Slotboom 2003: 574: Marceau/Trachtmann 2004: 312.
[7573] United States, Canada vs. EC - EC Measures Concerning Meat and Meat Products (Hormones), WT/DS26/AB/R, WT/DS48/AB/R, 16 January 1998. S. 46, Para. 124.

etwa zusätzlich vernünftigerweise erwartbare Risiken, auf ihre Relevanz eingeschätzt oder das Vorsorgeprinzip für besondere, sachlich differenzierbare Fälle, wie für die Gentechnik etc.). Daß es mit einer weniger strikten Herangehensweisen ebenso gelingen kann, dieselben Fragen zu entscheiden ohne das Marktintegrationsziel zu gefährden, wird sichtbar am Vorgehen des Europäischen Gerichtshofs.[7574] Ein Problem des SPS Abkommens ist, daß Entwicklungsländer tendenziell nicht die Expertise haben, SPS Maßnahmen wissenschaftlich beweisen können und somit, in der Theorie, eher eine Klage ausgesetzt sein können, obwohl die Maßnahmen letztendlich gerechtfertigt sein können.[7575] Zuletzt: In den Verhandlungen der Doha Runde setzen sich die Entwicklungsländer für 'noch' striktere SPS Regeln ein, weil sie den Industrieländern protektionistischen Mißbrauch unterstellen, siehe das Gesamtfazit gleich.[7576]

14. TBT Übereinkommen über technische Handelshemmnisse

Besser: Über technische Standards. Was sind technische Standards? Darunter fallen nicht nur Standards für die Belastbarkeit von Druckbehältern, sondern auch Umweltstandards und Standards zum Schutz der Gesundheit. Seit Gründung der WTO wurden 6098 Notifikationen von 84 Mitgliedsländern getätigt. Von 638 Notifikationen im Jahre 2004 wurden 41 % der Kategorie 'Schutz von Gesundheit und Sicherheit' zugeordnet.[7577] Beispiel: Das Verbot der Nutzung von krebserregenden Färbemitteln in der Bekleidung.[7578] Oder ein Standard für Spielzeug.[7579] Immerhin 147 Standardisierungsbehörden aus 106 Mitgliedstaaten haben den Code of Good Practice in Annex 3 des TBT akzeptiert.[7580] Besonders viele Standards werden in der Telekommunikations-, Audio-, und Videoindustrie verwendet.[7581] Standards können Produktionskosten erhöhen, bei Telekomprodukten bis zu 10 %, bei Automobilen bis zu 30 %. Kosten für Tests und Zertifzierung gehen zwar nicht über Marketing und Transportkosten hinaus, werden aber von Entwicklungsländerfirmen als Handelshindernis empfunden.[7582] Für weitere Informationen siehe WTO (2005).

Im TBT gibt es keine Regel, die wissenschaftliche Beweise erfordert, es könnte nur sein, daß gemäß TBT Art. 2.2 eine Unterstützung durch solche Argumente ebenso hilfreich ist, um zu zeigen, daß eine

---

[7574] Festgestellt wird u.a., daß der EuGH nicht unbedingt eine wissenschaftliche Grundlage für notwendig hält, wenn das Risiko groß ist, siehe BSE und auch die Hormonfrage. Einen solchen Vergleich zwischen WTO und EuGH nimmt vor: Slotboom 2003: 564. Siehe Abschnitt 'A'.
[7575] Goh/Ziegler 1998: 28.
[7576] Prévost/Matthe 2002: 49.
[7577] G/TBT/15, 4 March 2005: 4. **Tabelle 289**. Es gibt weniger Literatur zum TBT als zum SPS, u.a. weil es erst mit Peru vs. EU - Sardines (2002-2003) einen Streitfall gab: Marceau/Trachtmann 2002; Marceau/Trachtmann 2004; McDonald 2005.
[7578] G/TBT/Notif.96.10, 14. January 1997 des deutschen Umweltministeriums bezüglich "azo colourants", "that may split off carzinogenic arylamines". Innerhalb des TBT werden zum Beispiel Maßnahmen des Bundesumweltministeriums zum Zwecke des Verbraucherschutzes notifiziert, die den Gebrauch von bestimmten Färbemitteln in bezug auf Textilien und Wäsche verbieten, weil diese Mittel bei Hautkontakt eine karzinogene Wirkung haben können.
[7579] Konformitätsüberprüfungen für Spielzeug können auch außerhalb der EU stattfinden, allerdings nur in Ländern, mit denen ein sog. 'mutual recognition agreement' besteht. Dies besteht mit den USA. WTO 2005: 112-113.
[7580] TBT Annex 3. WTO 1995: 159-162.
[7581] Einen Überblick bietet WTO 2005: 61.
[7582] WTO 2005: 63.

Maßnahmen gerechtfertigt und nicht restriktiver als nötig ist.[7583] Auch hier muß die Streitbeilegung einen schwierigen Abwägungsprozess vollziehen. In TBT Art. 2.2 wird akzeptiert, daß ein eigenes (Schutz-)Niveau durch Standards etabliert wird, gleichzeitig soll der protektionistische Mißbrauch von technischen Standards verhindert werden: "technical regulations shall not be more trade-restrictive than necessary to fulfil a legitimate objective, taking account of the risks non-fulfilment would create."[7584] Zu erwarten ist, daß dazu ein Notwendigkeits-Test wie in Art. XX durchgeführt wird.[7585]

Wie dem auch sei, dadurch daß die EU Peru das Recht absprechen wollte, auf ihre Fischdosen die Aufschrift Sardinen zu drucken, wurde im ersten und bislang einzigem TBT Fall Peru vs. EU - Sardines (2002-2003)[7586] die Aufmerksamkeit auf internationale Standards gelenkt, hier ein Codex Alimentarius Standard, der eine breitere Definition für Sardinen vorsah. Das Verhältnis internationaler und nationaler Standards wurde in diesem Fall nicht letztendlich geklärt, weil sich die EU darauf beschränkte - offen erkennbar falsch - zu behaupten, daß ihr Standard auf dem Codex Alimentarius Standard basierte.[7587] Der AB nahm in seiner Argumentation die Betonung internationaler Standards im Panelbericht etwas zurück und macht es insofern für die Zukunft leichter, eigene Standards zu verwenden, weil er der klagender Partei die Beweislast auferlegt, daß dies nicht akzeptabel ist. In vorliegenden Fall kann Peru diese erforderlichen Beweise vorlegen und zeigen, daß der internationale Standard gemäß TBT Art. 2.4 effektiv und angemessen gewesen wäre.[7588] Die EU verlor diesen Fall und einigte sich mit Peru.[7589]

In der Literatur wird die Betonung internationaler Standards nach Art und Weise des Panelberichts kritisiert[7590], aber geschlossen, daß die Nutzung internationaler Standards im TBT der Tendenz nach befürwortet wird.[7591] Wiewohl der AB Bericht erkennen läßt, daß die Mitgliedstaaten ihre eigenen Standards entwickeln und weiterhin vor der WTO verteidigen können, läßt sich derzeit nicht genau sagen, wie groß diese Spielräume sind.[7592] Eine Überblick über internationale Aktivitäten von Standardisierungsbehörden bietet WTO (2005).[7593] Am Rande bemerkt: Die WTO verhindert in dem

---

[7583] Marceau/Trachtmann 2004: 313-314.
[7584] TBT Art. 2.2. WTO 1995: 139.
[7585] Marceau/Trachtmann 2004: 299, 319; siehe auch: Marceau/Trachtmann 2002: 836.
[7586] Panel, AB, Mutually Agreed Solution. Peru vs. EC - Trade Description of Sardines, WT/DS231/R, 29 May 2002. Peru vs. EC - Trade Description of Sardines, WT/DS231/AB/R, 26 September 2002. Peru vs. EC - Trade Description of Sardines, WT/DS231/18, 29 July 2003.
[7587] Peru vs. EC - Trade Description of Sardines, WT/DS231/AB/R, 26 September 2002. S. 65-72, Para. 234-258; Howse 2000: 254; Marceau/Trachtmann 2004: 305.
[7588] Peru vs. EC - Trade Description of Sardines, WT/DS231/AB/R, 26 September 2002, S. 84, Paras. 289-290; Marceau/Trachtmann 2004: 306, McDonald 2005: 263-264.
[7589] Peru vs. EC - Trade Description of Sardines, WT/DS231/18, 29 July 2003.
[7590] Siehe die Kritik an der herausgehobenen Rolle internationaler Standards, die der Panelbericht einräumt in: Howse 2002: 247-249.
[7591] Marceau/Trachtmann 2004: 304-306; ebenso schon Marceau/Trachtmann 2002: 841. Die EU kann hier nicht zeigen, daß ihre eigener Standard auf dem internationalen Standard basiert. Peru vs. EC - Trade Description of Sardines, WT/DS231/AB/R, 26 September 2002, 70-72, Para. 249-258.
[7592] "For regulations falling within the ambit of the TBTA, the Sardines Appellate Body decision confirmed the right of Members to select their own social policy objectives and introduce measures to achieve those objectives. The detailed contours of this right are not yet known." MacDonald 2005: 270.
[7593] WTO 2005: 100-120.

Fall Peru vs. EU - Sardines (2002-2003) eine protektionistische Nutzung von Standards durch die EU gegenüber einem Entwicklungsland, die auf einem Interessengruppeneinfluß beruhte.[7594]

Nicht abschließend geklärt ist, welches Verhältnis das SPS und das TBT zu Art. III.4 hat. Einmal gilt, daß nach dem Prinzip der effektiven Vertragsauslegung alle Regeln eine Bedeutung haben und in harmonischer Art und Weise interpretiert werden müssen. Andererseits ist in bestimmten Fällen eine Regel oder ein Abkommen als lex specialis einstufbar und kann andere Regeln übertrumpften. In der Literatur wird argumentiert, daß bestimmte Maßnahmen nicht erst unter Art. III.4 fallen, nämlich wenn sie explizit zu den Definitionen des SPS und TBT zählbar sind.[7595] Es könnte ebenso sein, daß eine gewisse Überlappung von der Streitbeilegung zugelassen wird, sodaß ein Art. III.4 Verstoß trotz Kompatibilität mit dem SPS und TBT denkbar ist.[7596]

Zwischenfazit: Art. XI, Art. I, Art. III gegenüber Art. XX, SPS und TBT

Welche Spielräume bestehen für die Vertragsparteien für die Nutzung von Schutz- bzw. sonstige Maßnahmen, bei denen zwischen Waren regulatorisch differenziert wird?

Der WTO Streitbeilegung ist es gelungen für Art. XX einen Ansatz in der Streitbeilegung zu entwickelt, der es ermöglicht, die vielen denkbaren Regulierungen zu Gesundheit-, Natur-, Klima-, Ressourcen-, Produktsicherheitsschutz etc. zu bewerten, wobei den Regulierungszielen ein eigenes Gewicht zukommt. Es ist denkbar, daß die Streitbeilegung ihren bisherigen Ansatz ausbaut und - den strengen Aspekten dieses Artikels zum Trotz - eine weise Offenheit gegenüber gut begündeten regulatorischen Maßnahmen der Mitgliedsländer entwickelt - solange keine extremen handelsbeschränkenden Wirkungen erkennbar sind bzw. Kosten auf andere Länder abgewälzt werden. Ist letzteres der Fall, ist durchaus denkbar, daß die Streitbeilegung auf multilateralen Umweltschutzabkommen beharrt.

Hier nur soviel: Dies könnte für beide Seiten, Industrie- und Entwicklungsländer, positiv sein, denn auch letztere Länder können vom Umwelt- und Ressourcenschutz profitieren. Dabei bietet Art. XX den Entwicklungsländern - weiterhin - die Sicherheit, daß Marktzugangszugeständnisse nicht unbegründet und mit allzustarken Wirkungen ausgehebelt werden. Gelingt es der Streitbeilegung in Zukunft nicht, hier eine Balance zu finden, müßte eine politische Reform auf der Tagesordnung stehen, denn die Anforderungen, u.a. der Notwendigkeitstest, können leicht übermäßig streng eingesetzt werden. Besonders das SPS operiert mit seiner Betonung wissenschaftlicher Rechtfertigung bereits am Rande des allgemeinen Legitimitätsempfindens. Kurz: Auch die Weltwirtschaft dürfte ohne Effienzverluste einen gewissen Grad an regulatorischer Diversität aushalten, die dynamisch

---

[7594] In der EU Regulierung wird dies offen in der Präambel formuliert: "likely to improve the profitability of sardine production in the Community". Hinweis darauf in McDonald 2005: 265.

[7595] So wird argumentiert, daß Produkte nicht mehr gleichartig sind, und damit auch nicht mehr unter Art. III.4 fallen, wenn sie unter das TBT oder SPS fallen. Slotboom 2003: 566.

[7596] Ausführlich: Marceau/Trachtmann 2004: 328-340.

ordoliberale Theorie fordert keine absolute Sicherheit des Marktzugangs. Eine 'noch' strengere Ausgestaltung, wie dies die Entwicklungsländer für das SPS fordern, erscheint undenkbar, schließlich geht es um die Gesundheit von Menschen und den Schutz natürlicher Ressourcen etc. Daß aber SPS und TBT nötig sind, um Marktzugangschancen der Entwicklungs- in die Industrieländer abzusichern, wurde ausgerechnet am Streit um eine protektionistische, offenbar von Interessengruppen lancierte Maßnahme der EU sichtbar: Peru vs. EU - Sardines (2002-2003). Bemerkenswert ist auch, daß von 12 TBT Konsultationen 4 durch Beschwerden von Entwicklungsländern ausgelöst wurden.[7597]

Derzeit sind die öffentlich wirksamen Fälle davon geprägt, daß die Industrieländer eine fragwürdige Auseinandersetzung über unterschiedliche regulatorische Ansätze in bezug auf Gentechnik und Hormonbehandlung in die WTO tragen, wobei das Vorgehen der EU, Gesundheitsschutzmaßnahmen mit Auswirkungen auf den Handel zu ergreifen, klar gerechtfertigt erscheint. Um Wohlfahrtsverluste geht es auch nicht.[7598] Beidesmal stehen hier private Interessengruppen dahinter, denen eine stärkerer Staat in den USA, Kanada oder Argentinien eine Klage vor der WTO hätte verweigern können.

15. TRIMS

"In some second-best situations, an LCR can be welfare enhancing for a country employing it."[7599]

Während der Uruguay-Runde wurde unter erheblichen Kontroversen ein Übereinkommen über handelsbezogene Investitionsschutzmaßnahmen (agreement on trade-related investment measures, 'TRIMs') abgeschlossen. Diese Kontroversen waren begründet, weil zu Beginn der Verhandlungen ein multilaterales Abkommen für Investitionen angestrebt wurde - ein Novum nicht nur in der WTO - und weil die Industrieländer z.B. 1986 Forderungen stellten, die weit über den Inhalt der nun im TRIMS enthaltenden Regeln hinausgingen.[7600] Solche Forderungen nach einem freien Zugang für private Investoren in die Wirtschaftsräume sämtlicher Staaten der Welt sind sachlich wirtschaftswissenschaftliche problematisch, weil, siehe Abschnitt 'G', ein wohlfahrtserhöhender Effekt von der Situation vor Ort abhängt. Kurz: Es können günstige, aber auch extrem ungünstige Effekt auftreten. Schon aus diesen Gründen wird hier ein solches, umfassendes Abkommen abgelehnt.

[7597] G/TBT/15, 4 March 2005.
[7598] Im Hormonfall könnte die U.S. Fleischindustrie simplerweise beginnen nicht mit Hormonen behandeltes Fleisch nach Europa zu exportieren und könnten so kommerziellen Erfolg haben, weil die Handelshemmnisse dafür nicht bestehen. Ähnliches gilt für die Gentechnik. Siehe zu diesen komplexen Fragen, die sich hier außerhalb der 'terms of reference' befinden, wobei hier Europa eher vorsichtiger ist und auf die Präferenzen der Verbraucher Rücksicht nimmt und die USA eher der Wissenschaft glaubt: Devereaux et al. 2006b: 79. Von Howse/Nicolaidis (2003) wird passend kommentiert: "However the dispute settlement organs apply the tools of institutional sensitivity, the most delicate interpretation of such rules will not legitimately resolve the dispute in all cases. The Beef Hormones case is an example whereby the parties may simply need to agree to disagree, as the U.S. and the EU have, without escalating into a more general trade war." Ohne Herv. im Original. Howse/Nicolaidis 2003: 335.
[7599] Mit LCR ist 'local content requirement' gemeint. Low/Subramanian 1995: 417.
[7600] Die USA diskutierten dieses Thema vor dem Start der Uruguay-Runde in Punta del Este in Länge. Sie sehen dieses Thema im Zusammenhang mit den Strukturanpassungspolitiken des IWF während der Schuldenkrise der achtziger Jahre und fordern Meistbegünstigung und Inländerbehandlung für Investitionen, anwendbar auch für das Recht, Investitionen zu tätigen. Überblick in Steward 1993: 2069.

Die TRIMS Regeln verbieten 'local content' bzw. Mindestinlandvorgaben, also Maßnahmen, die erzwingen sollen, daß inländische Waren in der Produktion verwendet werden müssen und ebenso solche Maßnahmen, die vorsehen, daß die Einfuhrmöglichkeiten abhängig gemacht werden von der Menge der heimischen Produktion oder vom Erreichen bestimmter Exportziele.[7601] Sowohl für Entwicklungsländer (5 Jahre) als auch LDCs (7 Jahre) sind die Übergangsfristen abgelaufen, beide können im Ausschuß für Warenhandel eine Verlängerung beantragen.[7602]

Aus dem oben rekonstruierten, engen Ansatz der Streitbeilegung zu Art. III und Art. XI folgt aber, daß diese Maßnahmen bereits diesen WTO Regeln widersprechen. Deshalb lehnten es die Panels aus Gründen der 'judical economy' ab, sich mit dem TRIMS zu beschäftigen, siehe z.B. United States, EU vs. India - Autos (2001).[7603] Im United States vs. Indonesia - Autos (1998) Bericht wird dagegen ein Verstoß gegen das TRIMS Abkommen gefunden und Art. III nicht mehr untersucht.[7604] In der Literatur wird mittlerweile vermeldet, daß aus diesem Gründen ein separates TRIMS Abkommen "paradox" sei.[7605] Dies stimmt nur bedingt, denn aus den GATT Fällen folgt ein Verbot der 'local content'-, nicht aber einer reinen Exportziel-Vorgabe, die von Importen unabhängig ist.[7606]

Der TRIMS Annex enthält zwar eine 'Illustrative List' für verbotene Maßnahmen, dies ist aber der einzige und zudem nicht überzeugende Aspekt, aus dem hergeleitet werden könnte, daß das TRIMS breiter anwendbar ist. Es ist in den Verhandlungen aber nicht gelungen, einen Begriff wie etwa Wettbewerbsverzerrung ('distortion') einzubeziehen, der es ermöglichen würde, weitere Maßnahmen als regelinkonform einzustufen.[7607] Aus diesem Grund ist hier die Rede von Art. III/TRIMS Regeln:

Damit ist es den Industrieländern nicht gelungen, folgende, im Zusammenhang mit Investitionen verwendbare Maßnahmen als regelinkonform zu erklären: Technologietransferanforderungen,

---

[7601] TRIMS Annex Illustrative List. WTO 1995: 166-167. Hier wird der komplizierte Text nicht reproduziert und sich dem Ansatz angeschlossen, der von eher vagen Verpflichtungen spricht, die ähnlich denen sind, die aus Art. III folgen. Hoekman et al. 2002: 171-173.
[7602] TRIMS Art. 5 Abs. 2. WTO 1995: 164. Es ist nicht so, siehe unten, daß, wie in Matsushita et al. (2006) behauptet wird, die folgenden Maßnahmenkategorien unter dem TRIMS pauschal verboten sind: 'trade balancing requirements', 'foreign exchange balancing restrictions', 'export performance requirements.' Matsushita et al. 2006: 839. Hier ist eine Klärung durch die Streitbeilegung abzuwarten.
[7603] United States, EU vs. India - Measure Affecting the Automobile Sector, WT/DS146/R, WT/DS175/R, 21 December 2001, S. 167, Para. 7.323-7.324. Als in bezug auf die 'ratio requirments kein Art. III.4 Verstoß gefunden wurde, wird auch kein TRIMS Verstoß gefunden. Japan vs. Canada - Certain Measures Affecting the Automobile Industry, WT/DS139/R, WT/DS142/R, 11 February 2000, S. 384, S. 10.150. Ein aktueller Fall, der nach der Feststellung eines Art. III Verstoßes TRIMS nicht mehr untersucht ist: United States vs. Turkey - Measures Affecting the Importation of Rice, WT/DS334/R, 21 September 2007, S. 100, Para. 7.259.
[7604] Dort wird es als Verstoß angesehen, daß die Steuervorteile und Zollausnahmen von 'local content' Vorgaben abhängig gemacht wurden. Indonesia - Certain Measures Affecting the Automobile Industry, WT/DS54/R, WT/DS55/R, WT/DS59/R, WT/DS64/R, 2. July 1998: S. 342-345, Paras. 10.83-10.93. Sowie Lester 1998: 94-95.
[7605] Hoekman et al. 2002: 171.
[7606] "The Panel therefore found that requirements to purchase from Canadian suppliers, also when subject to competitive availability, are contrary to Article III: 4"; "The Panel found that there is not provision in the General Agreement which forbids requirements to sell goods in foreign markets in preference to the domestic market." United States vs. Canada - Administration of the Foreign Investment Review Act, BISD 30S/140, 161, Para. 5.11, S. 164, Para. 5.18, 1984. Siehe zu 'local content' auch: Japan vs. EU - Regulation on Imports of Parts and Components, BISD 37S/132, 193-198, Paras. 5.7-5.24, 1991.
[7607] Immer wieder wurde während der Verhandlungen über einen solchen Begriff diskutiert, mit dem ggf. auch die Liste geöffnet werden kann. U.a. geht es noch gegen Ende der Verhandlungen um einen 'effects test' und um den Begriff 'adverse effects'. Es gelingt nicht, einen solchen Begriff im Abkommen unterzubringen. Steward 1993: 2085, 2129-212130.

Produktionsanforderungen oder Produktionslimitierungen, Regulierungen für Patentlizenzen (siehe TRIPS), Regeln für Anteilsobergrenzen für ausländische Investoren, sonstige Anreize u.a. steuerliche Anreize und sonstige Exportanforderungen, die nicht mit Einfuhrmöglichkeiten zusammenhängen.[7608] Steuerliche Anreize für Exporte und Exportsubventionen fallen unter das SCM, hier haben einige Entwicklungsländer mehr Spielräume.

Dies war einer der Gründe dafür, warum später in den neunziger Jahren versucht wurde, Verbote für diese und zusätzliche Maßnahmen - so für Anforderungen, daß bestimmte F&E Anstrengungen vor Ort stattfinden oder Joint Ventures gemeinsam mit heimischen Firmen in bestimmten Industriebereichen gegründet werden müssen - in das im Rahmen der OECD erarbeitete Multilaterale Investitionsabkommen (MAI) zu integrieren, welches - zur Erleichterung vieler, u.a. weil dies wohlfahrtsmindernd gewirkt hätte - letztendlich scheiterte.[7609] Geplant war es, daß MAI letztendlich in die WTO zu integrieren. Als dies nicht gelang wurde in der Doha Verhandlungsrunde eine Verhandlungsgruppe über Handel und Investitionen gegründet. Diese Verhandlungen wurden aber nach dem Widerstand der Entwicklungsländer während der Ministerkonferenz in Cancun aber wieder gestoppt (zusammen mit Verhandlungen über Handel und Wettbewerb).[7610]

Welche Position nimmt die dynamisch ordoliberale Theorie zu Art. III, TRIMS ein?

Eigentlich hätte ein Abkommen über TRIMS die Möglichkeit zu einer begrenzten Ausnahmeregel zum allzu engen Art. III Ansatz eröffnet. Daß dies nicht versucht wurde, ist umso verwunderswerter, weil damals 'local content'- bzw. Mindestinlandauflagen und Exportverpflichtungen auch von Industrieländern, wie Kanada, Australien und Spanien, gegenüber Investoren[7611] genutzt wurden. Von 31 Entwicklungsländern, eingeschlossen LCD wurden 'local content' Auflagen in 26 und

---

[7608] Weiterhin werden Kapitalrepartiierungsvorschriften erwähnt. Eingabe der EU, was unter TRIMS fällt, während der Verhandlungen. Steward 1993: 2086-2087.

[7609] Siehe die lange Liste der verbotenen 'performance requirements' im MAI Text: OECD 1998: 18-21. Interessant ist, daß sich die Konzerne im MAI dann doch bereiterklären, gewisse Ziele einzuhalten, wenn sie dafür einen "advantage" erhalten. Dies ist deshalb fragwürdig, weil ein Unternehmen viele dieser denkbaren Zielvorgaben problemlos einhalten kann. Nicht erwähnt wird dort, ob diese Bezahlung auch in Form von Renten durch höhere Preise durch Zollschutz erfolgen kann. OECD 1998: 21. Fragwürdig ist auch die Haltung der Weltbank: Weltbank Autoren fordern in 'flagship publications' zum Abschluß der Uruguay-Runde ein multilaterales Investitionsschutzabkommen, mit Inländerbehandlung und Meistbegünstigung, es ginge um "full liberalization in the investment field'. Low/Subramanian 1995: 425. Siehe auch die wenig kritische Reaktion des IWF auf das viel zu weitgehende MAI Abkommen. Vocke 1997; siehe die Kritik aus NGO Perspektive Coates 1998. Der erster Vorschlag in der Literatur (nicht innerhalb des GATT) Investitionsregeln in das GATT zu integrieren stammt aus dem Jahre 1970. Low/Subramanian 1995: 413, 431. Kommentar zu diesen Reaktionen: Inländerbehandlung im Investitionsbereich bedeutet, daß ein internationales Unternehmen das Recht bekommt Subventionen zu erhalten, wenn ein lokales Unternehmen diese ebenso bekommt. Dies würde z.B. die Subventionsvergabe in Entwicklungsländern erschweren, wenn nicht ganz stoppen, sodaß die Restrukturierung von Sektoren beispielsweise verunmöglicht bzw. stark erschwert wird. Die Umsetzung dieser Forderung wäre wohlfahrtsmindernd und ist nicht sonderlich gut durchdacht, gerade wenn man Mitarbeiter bei einer Bank wie dem IWF ist. Banken kennen sich mit Restrukturierung und dem Einfluß der Regierungen dabei gut aus. Die Rolle des Staates bei der Restrukturierung von Industriesektoren ist verbreitet. Restrukturierungen haben unverkennbar Relevanz, um die industrielle Entwicklung voranzubringen. Siehe die Weltbankpublikation von: Pomerleano et al. 2005. Ein zweites, wichtiges Investitionsvertragswerk der 1990ziger, das Energy Charter Treaty, ging mit seinen 'peformance requirements' nicht über das TRIMS hinaus, siehe: 33 I.L.M 360, 1995. S. 385-386. Generöser als die TRIMS ist dieser Vertrag, weil 'local content' und Exportvorgaben für die Exportförderung, Entwicklungshilfe, öffentliche Auftragsvergabe, Präferenzzölle und Quoten zugelassen werden. IEA 1994: 23-24.

[7610] Siehe: WT/L/579, 2 August 2004, S. 3. Matsushita et al. 2006: 833-836.

[7611] Greenaway 1992: 143. Kanada beginnt 1920 U.S.-Produzenten dazu bewegen, kanadische Teile zu verwenden, dazu Winham 1984.

Exportvorgaben in 16 Ländern benutzt (1991), besonders verbreitet waren diese Maßnahmen im Automobilbereich.[7612] Verwunderlich ist weiterhin, daß in den Verhandlungen eine unstreitig sachgerechte Möglichkeit nicht verfolgt wurde: Einige Regulierungen für ausländische Investitionen greifen so stark in normale geschäftliche Entscheidungsprozesse ein, sodaß sie sowohl für die Neoklassik als auch die dynamische ordoliberale Theorie inakzeptabel sind. Im TRIMS wurde kein Versuch gemacht, solche staatlichen 'hard core'-Beschränkungen zu verbieten.[7613]

Warum wäre ein TRIMS Abkommen im Sinne einer begrenzten Ausnahmeregel von Art. III wirtschaftswissenschaftlich sachgerecht, weil wohlfahrtsfördernd gewesen?

Einleitend sei dazu bemerkt, daß die neoklassische Theorie TRIMS als wohlfahrtsmindernde Verzerrung einstuft und leugnet, daß empirisch gezeigt werden könne, daß investitionesregulierende Maßnahmen wohlfahrts- und entwicklungsfördernde Effekte haben können.[7614] Dies ist empirisch nicht überzeugend.

Der common sense kann erkennen, daß etwa die Verpflichtung einen bestimmten Prozentsatz der Inputgüter auf nationaler Ebene zu kaufen, Geschäftätigkeit zwar limitiert, aber nicht verunmöglicht, zumal es üblich ist, daß der Staat im Gegenzug den Investoren ein Paket sonstiger Vergünstigungen einräumt: Steuererleichterungen, Zollerleichterungen für Inputgüter und ein moderater Zollschutz, damit die Preise im Binnenmarkt über das Weltmarktniveau angehoben werden können.[7615]

Im Jahre 1990 müßte etwa bekannt gewesen sein, daß die ausländisch investierte brasilianische Automobilindustrie, siehe Abschnitt 'D', Anfang der achtziger Jahre international wettbewerbsfähig war, trotz 'local content' Vorschriften.[7616] Bei diesem brasilianischen "rent seeking" Arrangement[7617] ging es um dynamische 'Renten', bei denen die wohlfahrtsmindernden Verzerrungen bzw.

[7612] Diese Zahlen stammen aus einer United Nations TRIMS Studie aus dem Jahre 1991. Mit Verweisen auf weitere Studien. Edwards/Lester 1997: 178. Ebenso waren TRIMS verbreitet im Chemie- und Petrochemiebereich sowie im Computer- und Informatikbereich. So Low/Subramanian 1995: 416. Dort wird auch darauf hingewiesen, daß zwischen 1977 und 1982 nur 6 % der Investitionen der USA in Übersee tatsächlich von TRIMS betroffen waren, obwohl es nominal 45 % bis 65 % hätten sein müssen. Dies zeigt mittelbar, daß die Umsetzung der TRIMS oft von politischen Verhandlungen zwischen der Firma und dem Staat abhing und dadurch für die Firma Flexibilität aushandelbar war. Low/Subramanian 1995: 418. Siehe zu TRIMS im Energiebereich in Osteuropa: MacDougall/Camron 1994. Aus dieser Empirie folgt keine Dringlichkeit des TRIMS Abkommens.

[7613] Womöglich deshalb, weil diese sowieso kein Investor akzeptieren würde. Als nicht akzeptabel angesehen werden hier Produktionsanforderungen oder Produktionslimitierungen auf Produktebene u.a. weil dies viel zu stark in den Produktionsprozess selbst eingreift. Oder der Zwang, im Land bestimmte Zulieferer akzeptieren zu müssen. Zudem muß eine Firma aus Marketingzwecken bestimmen dürfen, welches Produktportfolio sie auf dem Markt anbietet - der Preis für einige der Produkte mag dabei aber durchaus durch TRIMS erhöht werden, denn sonst könnte daraus einen Verpflichtung auf freien Handels konstruiert werden. Ähnlich Position wie hier Morrisey/Rai 1995: 710. Später schlagen Edwards/Lester (1997) einen Ampel-Ansatz vor, bei dem für bestimmte TRIMS ein rotes Licht erscheint. 'Rotes Licht' bekommen hier die Art. III/TRIMS Verstöße, bei 'gelbem Licht' wird eine 'effects'-Test vorgeschlagen. Edwards/Lester 1997: 206-211. Problem dieses Artikel ist nur, daß er neoklassisch argumentiert und TRIMS, die einen Einfluß auf den Handel haben, kategorisch abgelehnt werden: "Because these TRIMS are inherently trade distorting, no doemstic social or economic benefits justify their use, and they should therefore be eliminated." Edwards/Lester 1997: 210.

[7614] Siehe Maskus/Eby (1990), hier nicht in der Literaturliste, reformuliert in Morrisey/Rai 1995: 703.

[7615] Greenaway 1992: 145-147. Eine Übersicht über Investitionsanreize bietet: UNCTAD 1996c.

[7616] Fischer/Nunnenkamp et al. 1988: 59-79.

[7617] Shapiro 1990: 130-135.

Kostenbelastungen wenig eindeutig bestimmt werden können, weil beide Seiten profitierten.[7618] Kurz: 'local content'-Bestimmungen haben nicht nur auf Firmen 'gewirkt', sondern konnten auch 'eingehalten' werden.

Die Kritiker der TRIMS Verhandlungen blieben blaß: Balasubramanyan (1991) verzichtet darauf konkrete Beispiele der 'local content'-Anwendung zu untersuchen und verzettelt sich in der Diskussion neoklassischer Modelle, welche die TRIMS als Korrekturmöglichkeit für diverse Abweichungen von neoklassischen Vorabannahmen ansehen. Dabei können TRIMS eine Hilfe zur dynamischen Entwicklung sein. Und er macht den Fehler, die beiden wichtigen TRIMS Vorgaben ohne Limits zu verteidigen, angesichts von Verhandlungen, die einen Kompromiß erforderlich machen.[7619]

Fokus ist hier, nur mit Blick auf die wirtschaftlichen Abläufe zu prüfen, welche Regeln sinnvoll wären. Aus diesen Gründen werden hier - alle - traditionellen Herangehensweisen der TRIMS Diskussion abgelehnt. Obwohl dies nicht ganz unplausibel ist, wird - erstens - ausgeklammert, daß Art.III/TRIMS Regeln auf der 'politischen' Ebene (oft wird ein Marktmachtunterschied zwischen internationalen Firmen und den Entwicklungsländern angenommen) bewertet werden sollten.[7620] Aus heutiger Perspektive werden - zweitens - nicht die pauschalen Verdächtigungen akzeptiert, daß internationale Firmen wettbewerbsschädigende und monopolistische Praktiken anwenden (kartellartige Preisfestlegungen, zu hohe Importe, kaum Exporte, Marktaufteilungsabreden, Verzicht auf Technologietransfer) und daß darauf basierend TRIMS gerechtfertigt werden können.[7621]

(1) 'local content'-Vorgaben: Auf der hier gewählten, sachlichen Ebene der Wirtschaftsprozesse, gibt es zwei Möglichkeiten von TRIMS Wirkungen: (I) 'local-content'-Vorgaben können, selbst wenn diese fair und locker administriert werden, für ausländische Investoren Profitverluste und Schwierigkeiten bei der Produktion auslösen. Sie können zwar positiv auf Wachstum durch den Zwang zur Einbeziehung von lokalen Zulieferern und die Erhöhung von Technologietransfer wirken, eine Garantie für ein Wachstums nach dynamischen Vorstellungen bieten sie aber nicht, dies gilt speziell

---

[7618] Unsicher ist sich hier Greenaway (1992) der anerkennt, daß es um die Steigerung von Einkommen, also Wachstum geht. Gleichzeitig benutzt er die Rententerminologie. Greenaway 1992: 145. Dazu kommt, daß von wirklich wohlfahrtsmindernden Maßnahmen nicht berichtet wird, die leicht auslösbar sind durch die plötzliche starke Erhöhung von 'local content'-Vorgaben, also den Zwang, ohne Kompensation hohe Zuliefererpreise und schlechte Qualität zu akzeptieren, bei bereits weitgehend im Land stattfindenden Produktionsabläufen. Gelingt der Aufbau einer lokalen Zuliefererindustrie nicht, sind zudem Abmachungen über 'local content' Vorgaben für die multinationalen Konzerne obsolet oder nachverhandelbar. Am Beispiel von VW Nigeria Struck 1995: 168-178.
[7619] Balasubramanyam 1992: 1215-1224.
[7620] In einem Paket, welches Investoren Vorteile einräumt, die über die Nachteile hinausgehen, können 'local content' Vorgaben etwa simplerweise als Leistungskontrollinstrumente angesehen werden, an denen erkennbar ist, ob der Investor seinen Teil des Abmachung erfüllt hat. Greenaway 1992: 146.
[7621] Diese Perspektive, die angesichts bestimmter Erfahrungen nicht ganz falsch ist, wird übertrieben präsentiert von Morrisey/Rai (1995). Diese Autoren gestehen zu, daß etwa die wettbewerbsbezogenen Probleme durch die Einführung von Wettbewerbsbehörden angegangen werden könnten, damals noch nicht so verbreitet. Morrisey/Rai 1995: 706-707, 710. In Abschnitt 'D' sowie anhand des TRIPS Abkommens wird gezeigt, daß die internationalen Firmen wenigstens teilweise dazu übergegangen sind, wohlfahrtsteigernd zu wirken und es ist sogar eine Zunahme des Technologietransfers zu verzeichnen, wenn auch weiter Schlüsseltechnologien zurückgehalten werden. Ebenso werden den internationalen Firmen, nicht mehr so wie früher, temporäre Monopole eingeräumt. Es ist absehbar, daß später auch Wettbewerber Investitionserlaubnis bzw. Marktzugang erhalten, sodaß TRIMS nicht mehr als wettbewerbspolitisches Ausgleichsinstrumente konzipiert werden kann.

für kleine Länder (und die dort aktiven Firmen), wenn keine zusätzlichen Maßnahmen ergriffen werden. In kleinen Ländern haben Zulieferer potentiell Skalennachteile[7622] und müssen zu höheren Kosten produzieren, sodaß hier 'local content' umsichtiger eingesetzt werden und mit einer Politik zur Stärkung und Exportorientierung spezialisierter Zuliefererbetrieben kombiniert werden muß.[7623] Große Länder leiden darunter weniger. Aber auch sie sollten sich eines steigenden weltweiten Inputgüterhandels und der Spezialisierung nicht ganz verwehren, indem sie sehr hohe 'local content' Vorgaben anstreben, die, wie etwa in China, zudem schnell anstiegen: 40 % 'local content' sofort, 60 % im 2ten Jahr, 80 % im 3ten Jahr.[7624] Dies mag vielleicht beim Santana 2000 (oder in Indien beim Peugeot 309) funktioniert haben, beim technologisch fortgeschrittenem Audi ging die chinesische Regierung bereits von selbst auf 65 % 'local content' zurück.[7625] (II) Gleichzeitig kann empirisch gezeigt werden, daß 'local content' Regeln unter bestimmten Umständen wachstums- und wohlfahrtsfördernd wirken können, speziell in größeren Märkten, weil sie dazu führen, daß auf lokaler Ebene dynamische Prozesse ausgelöst und perpetuiert werden. Ebenso ist es denkbar, daß solche dynamischen Entwicklungsprozesse im Einklang mit einer sachgerechten, exportorientierten Wirtschaftspolitik aktualisiert werden (wodurch sonstige Kosten und Verzerrungen verringert werden) und es gibt beispielsweise keinen Grund, ganz zu bezweifeln, daß der Aufbau bestimmter Industrien, u.a. der Automobilindustrie in größeren Entwicklungsländern, nicht im Einklang komparativen Vorteile oder Vorteilen aus dem Intra-Industriehandel stehen kann.[7626]

Aus dieser sachlichen Perspektive - die sowohl die Möglichkeit negativer also auch positiver Wirkungen zur Kenntnis nimmt - läuft die Bewertung auf einen Kompromiß aus:[7627] Die Staaten hätten sich auf eine 30 % 'local content' Obergrenze für große Länder und eine 20 % Obergrenze für kleine Länder als Kompromiß verständigen können.[7628] Den Rest der Einbeziehung von 'local content'

[7622] Siehe zu Skalenökonomien, Abschnitt 'E', Punkt 4.4.
[7623] So konnte in Nigeria 1981 4,7 % 'local content' bei der Passat Montage erreicht werden, hauptsächlich Klebstoffe, Lacke und Schmierstoffe, sonstige Inputs waren nicht vorhanden oder von minderer Qualität. Batterien wurden davor einmal in Nigeria gekauft, dies wurde wegen der schlechten Qualität aber gestoppt. Struck 1995: 169. Wenn sich die Regierung zudem nicht um den Aufbau von Zulieferern kümmert, ist es schwer, drei Jahre später 45 % 'local content' zu erreichen. Struck 1997: 173. Es macht in einer solchen Situation wenig Sinn, von VW zu erwarten, die gesamte Zuliefererindustrie aufzubauen. VW fordert in diese Situation extreme monopolistische Zustände: VW fordert, als Kompensation für vermehrte Antrengungen 'local content' zu erreichen 200 bis 300 % Zölle und einen vollständigen Importstop für Neuwagen sowie die Möglichkeit, die hohen Inputkosten auf den Fahrzeugpreis umlegen zu dürfen. Es kommt nicht zu einer Einigung zwischen VW und der nigerianischen Regierung. Struck 1995: 171. Erkennbar ist daran, daß die internationalen Firmen oftmals nicht gezwungen waren, sich solchen Forderungen zu unterwerfen.
[7624] Diese ansteigenden Werte galten für die Automobilindustrie seit 1995. Sercovich et al. 1999: 432-433.
[7625] Siehe die Übersicht weltweit genutzter 'local content'-Maßnahmen: Sercovich et al. 1999: 432-433.
[7626] Daß TRIMS eine wohlfahrtssteigernde Rolle spielen können, wird oftmals anerkannt. Ziel des TRIMS sei: "to ensure that the likelihood of benefits which the host government wishes to secure is greater than it otherwise would be." Greenaway 1992: 146. "In several instances they serve to promoted development objectives." Balasubramanyam 1991: 1224; siehe auch, trotz neoklassischer Kritik: Low/Subramanian 1995: 417. Simplerweise kann es so sein, daß die 'local content' Vorgaben deckungsgleich damit sind, was sowieso Geschäftspolitik gewesen sein würde. Low/Subramanian 1995: 418.
[7627] Hier wird - aufgrund ähnlicher Problemlage - eine ähnliche Argumentation verwendet, die im Fazit Abschnitt 'K' auch in bezug auf den Staat verwendet wird (der Staat bekommt Spielräume, weil er nicht immer, aber potentiell wohlfahrtsteigernd agieren kann, diese Spielräume sind aber nicht ohne Limits).
[7628] So nutzt z.B. Chile eine 13 % 'local content' Vorgabe für seine CKD Montagekits. Sinnvoll im wenigstens etwas lokale Wertschöpfung zu etablieren. Auf 1991 21 % und 1994 24 % liegt Argentinien. Für Trucks 1991 30 % und 1994 40 %. Mexico liegt bei 36 % für Autos und 40 % für Trucks. Philippinen bei 40 % für Automobile. Siehe Liste in Low/Subramanian 1995: 419-420. Auch von Keck/Low (2006: 161)

in die eigene Produktion müßten die Länder in diesem Szenario sodann selbst schaffen, indem sie qualitativ hochwertige Zulieferer mit darüberhinaus verfügbaren Anreizen anlocken und aktivieren. Die Länder müssen sich weiterhin selbst entscheiden, ob solche Vorgaben z.B. für einen Investor im Unterhaltungselektronikbereich bereits nicht zu viel sind.

Mit einem solchen Kompromiß hätten dynamische Effekte ausgelöst werden können, die beim gänzlich freien Firmenentscheidungen gefährdet sind, denn die Einbindung der lokalen Zuliefererindustrie hätte so zu einem gewissen Grad abgesichert werden können - gleichzeitig wäre verhindert worden, daß zu hohe 'local content' Vorgaben bei den Investoren wohlfahrtsmindernde Effekte auslösen. Dies hätte auch das wichtige Prinzip der dynamische ordoliberalen Theorie respektiert, nämlich das weitgehende, aber nicht absolute Vertrauen in den Markt und das Prinzip der Konstanz der Wirtschaftspolitik, das ebenso aber nicht absolut gesetzt wird. Dahinter steht auch die Erkenntnis, daß es nicht sinnvoll ist, den Staaten unlimitierte Spielräume einzuräumen, weil Arbeitsteilung durch den internationalen Handel potentiell wohlfahrtssteigernd sein kann.[7629]

Box Art. III/TRIMS China Streitfall. Zölle können als Alternative zu 'local content' Vorgaben eingesetzt werden.[7630] Durch die 10 % verbindlich festgelegten Zölle auf Autoteilimporte[7631], werden kumulativ die Importe so verteilt, daß dadurch bereits ein gewisser 'local content'-Zwang besteht, wenngleich die Firmen natürlich weiter Auswahlmöglichkeiten haben.[7632] Daß die China aktuell beschlossen hat, Zölle auf Autoteile um 25 % zu erhöhen, wenn bestimmte 'local content' Vorgaben nicht erreicht werden, widerspricht den WTO Regeln. Der aktuelle Streitfall der USA, EU und Japan vs. China - Automobile Parts (2007) endete mit dem Ergebnis, daß China WTO inkompatible Maßnahmen nutzt.[7633] Für Direktinvestitionen besteht in China, auch ohne diese Zollerhöhung ein Druck zur Lokalisierung der Produktion, um Kosten senken zu können - und nicht alle Zuliefererfirmen sind 'mitgewanderte' europäische Unternehmen.[7634]

Zuletzt bemerkt: Dieser Druck auf internationale Firmen lokale Unternehmen in Zulieferernetzwerke einzubinden wäre garnicht vorhanden, wenn die Neoklassiker und Industrieinteressengruppen sämtliche ihrer immer wieder hervorgebrachten Forderungen schon hätten durchsetzen können: Bei weltweitem freien Handel plus dem OECD Investitionsschutzabkommen MAI, das auch

---

wird geschlossen, daß kleinere Länder TRIMS Maßnahmen weniger sinnvoll einsetzten können. Siehe zu diesen Obergrenzen auch den Punkt Ursprungsregeln, in dem ebenso eine Obergrenze, diesmal 40 %, vorgeschlagen wird.

[7629] Ein solcher 'local content' Kompromiß wäre auch deshalb sinnvoll gewesen, weil ein direkter Zusammenhang mit der Zollliberalisierung besteht: Kurz: Wären 'local content' TRIMS weiter möglich gewesen, könnten sich Länder wie China schneller entschließen, Zölle abzusenken. Dies würde die Auswahlmöglichkeit erhöhen, die internationale Firmen haben, über 30 % 'local content' hinaus, weltweit Zulieferer auszuwählen.

[7630] Greenaway 1992: 150.

[7631] Die verbindlich in der WTO festgelegten Zölle auf Autoteile varrieren natürlich. In der Literatur wird meist 10 % angegeben. Bridges Weekly 2006. Dies trifft ungefähr zu. Siehe: Schedule CLII - People's Republic of China. U.S. China Accession Tariffs 2000; Hermanns 2001: 268.

[7632] Hermanns 2001: 286.

[7633] Siehe: DS339, DS340, DS342. Im Februar 2008 wurde das Interim Urteil ausgehändigt, welches offenbar in diese Richtung entschied. Siehe dazu Bridges, Year 12, No. 1, February 2008: 10.

[7634] ESCAP 2002: 47; Personal communication.

Technologietransferabkommen und Joint-Venture Firmen verboten hätte, würden die Wohlfahrtssteigerungen in China, Brasilien und Indien auf einem geringerem Niveau stattfinden.[7635] Dieser Verweis reicht auch zur Illustration dessen aus, wieweit es um das Verantwortungsgefühl (und die Phantasie bezüglich wohlfahrtssteigernden Regeln) der Repräsentanten internationaler Firmen für eine weltweite Wohlfahrtssteigerung bestellt ist.

Fazit: Das 'local content' Verbot von Art. III/TRIMS erhöht die Flexibilität internationaler Firmen und erschwert und verteuert es für nationale Regierungen der Entwicklungsländer dynamische Prozesse zu unterstützen. Es zwingt die Entwicklungsländer dazu, das industriepolitische Ziel dynamisch wachsender Inlandsproduktion rund um die internationalen Investitionen durch andere, WTO kompatible Maßnahmen zu erreichen: Zölle, ggf. Ursprungsregeln, Technologietransferabkommen und Subventionen für die Erhöhung lokaler Anteile in Joint Ventures sowie durch den Einfluß von Banken und Anteilseignern auf geschäftliche Entscheidungen von Joint Ventures. Auch mit einem verbesserten Ausbildungssystem können diese Prozesse gestützt werden. Oder es erfolgt ggf. eine Subventionierung von lokalen Zulieferern, damit diese einen höheren Standard zu erreichen, um mehr Teile zur Verfügung stellen zu können. Subventionen für 'local content' Nutzung sollten gemäß Uruguay-Runde nicht unter das TRIMS fallen[7636], das SCM Art. 3.1 (b) verbietet aber Importsubstitutionssubventionen i.S., die dem Gebrauch heimischer vor ausländischen Gütern Vorteile einräumt.[7637] Wie eng der Spielraum geworden ist, wird deutlich an der Einigung zwischen den USA und China, wobei letzteres sich bereiterklärt diverse Maßnahmen steuerlicher Begünstigung für die Nutzung lokaler Inputgüter auslaufen zu lassen.[7638] Weiterhin fällt nicht unter das TRIMS die Vorgehensweise von europäischen Ländern und der USA, im Gegenzug zu Investitionsanreizen, gewisse Leistungserwartungen ('claw back') u.a. in bezug auf Beschäftigung und die Höhe der Kapitalinvestitionen, zu etablieren.[7639] Industrieländer nutzen weiterhin quasi-'local content' Auflagen bei Anti-Umgehungsmaßnahmen zu Antidumpinguntersuchungen.[7640] Meinem Eindruck nach hat das TRIMS damit vor allem einen Effekt: Es verteuert es den Entwicklungsländern, solche Ziele zu erreichen. Der hier vorgelegte Kompromißvorschlag von 30 %/20 % 'local content' wäre wohlfahrtsfördernder gewesen als die Situation im Moment. Dies ist an der globalen Automobilindustrie klar erkennbar, die durchaus lokale Zulieferer einbinden kann. Aus diesem Grund

---

[7635] Siehe die sehr weitgehenden 'performance requirements' d.h. Verbote für Investitionsauflagen im MAI Text, die Verbote für fast sämtliche hier erwähnten Maßnahmen einschließen: OECD 1998: 18-21.

[7636] Im Jahre 1991 wurde noch diskutiert, ob das TRIMS daraufhin ausgedehnt werden soll. Der Dunkel Draft ging darauf nicht ein, weil u.a. auch dieser Punkt bis zu Schluß auf entschiedenen Widerstand stieß. Fazit in Steward (1993): "The original mandate of the Negotiating Group envisioned the work of the Group to consist of an examination of existing Articles related to the trade restrictive and distorting effects of investment measures as well as consideration of further provisions that might be necessary to avoid such effects. The Dunkel draft text responds to such an examination by adopting the basic position that certain actions do in fact violate existing GATT articles but does so without expanding those articles." Steward 1993: 2129.

[7637] Brazil vs. United States - Subsidies on Upland Cotton, WT/DS267/AB/R, 3 March 2005, S. 198, Para. 523.

[7638] China - Certain Measures Granting Refunds, Reductions or Exemptions from Taxes and other Payments. WT/DS358/14, 4 January 2008.

[7639] Edwards/Lester 1997: 184-186. Die Zielvorgaben ('claw back'), die im Gegenzug zu den eingeräumten Vorteilen etabliert werden, erstrecken sich in Europa z.b. auf Beschäftigung und Kapitalausgaben. UNCTAD 1996: 31-36.

[7640] Siehe Punkt 7, Antidumping.

sollte der WTO TRIMS Aussschuß in Zukunft Ausnahmen für solche weniger extremen 'local content' Regeln einräumen.

Exporte. Dynamisch ordoliberal und entwicklungsökonomisch sind Maßnahmen sinnvoll, die Exportorientierung unterstützen. Nicht alle solche Maßnahmen sind aber als Investitionsregulierung sinnvoll. So wäre es ein zu starker Eingriff in firmeninterne Abläufe, wenn Importmöglichkeiten vom Erreichen von Exportzielen abhängig gemacht würden. Dies setzt ein Unternehmen, etwa bei einem Modellwechsel oder sonstigen Schwierigkeiten, unangemessen unter Druck: Hätte es, wie oben vorgeschlagen, die Kategorie der 'hard core' Einschränkung gegeben, würden diese darunter fallen. Wie dem auch sei, eine solche Maßnahme widerspricht Art. III.4. United States, EU vs. India - Autos (2001).[7641]

Ob reine Exportziele ohne Importeinschränkungen unter das TRIMS fallen, ist offen, denn folgt man dem Wortlaut, sind es keine 'restriktiven' Maßnahmen in einem einschränkenden Sinne.[7642] Exportziele könnten ggf. sinnvoll eingesetzt werden, um in kleinen Ländern zu bewirken, daß Investoren darauf achten, wettbewerbsfähig und exportorientiert bleiben. Es ist nicht einzusehen, daß im 21 Jhd. Investoren mit überlegenen technischen Fähigkeiten, in anderen Ländern investieren und ggf. noch bestehende moderate Zollhöhen nutzen, um mit nicht weltmarkttauglichen Produktionsmethoden Renten zu erwirtschaften. Diesem Marktversagen sollte der Staat entgegenwirken können, indem er Möglichkeiten hat, Firmen zu Exporten zu zwingen.[7643] Auch hier wäre ein Kompromiß wie oben sinnvoll. Vorgeschlagen wird, wenigstens die Möglichkeit weiter einzuräumen, in Verhandlungen mit Investoren ein 10 % Exportziel für Firmen in großen Ländern und ein 20 % Exportziel für kleine Länder (hier das Risiko des Marktversagens ineffizienter Produktion höher) vorzugeben, in bezug auf die Produktion über 2 Jahre, um Fluktuationen zu ermöglichen, mit einer Klausel für besondere Problem, wie Wechselkursaufwertungen. Eine weitere, wichtige Maßnahme zur Förderung der Exporte ist die Rückerstattung von Zöllen, wenn die Waren als Inputgüter in der Exportproduktion eingesetzt werden. Dies ist weiterhin mit den WTO Regeln vereinbar, siehe aber den Punkt 8, Subventionen und Ausgleichsmaßnahmen (dort auch zu den Ausnahmeregeln für Exportsubventionen).

Das TRIMS Abkommen beschäftigte die WTO damit, daß es eine Reihe von Notifikationen von Entwicklungsländern gab 'local content' Maßnahmen weiter aufrechterhalten zu dürfen. Eine Reihe

---

[7641] Japan vs. Canada - Certain Measures Affecting the Automobile Industry, WT/DS139/AB/R, WT/DS142/AB/R, 31 May 2000, S. 61, Para. 186.
[7642] Die Formulierung ist: TRIMS Annex 'Illustrative List' Para. 2 (c): "... which restrict ... (c) the exportation or sale for export by an enterprise of products, whether specified in terms of particular products, in terms of volume or value of products, or in terms of a proportion or volume or value of its local production." WTO 1995: 167. Diese Formulierung bemerken Pries/Berrisch 2003: 333. Übergangen wird diese Formulierung von Matsushita et al. 2006: 839, 847.
[7643] Es wird zugestanden, daß exportorientierte Investitionen kaum Probleme mit solchen Vorgaben haben, es müßten aber auch die sonstigen Investitionen beachtet werden: "While efficiency-seeking FDI with a natural tendency to export may not be affected as much by this form of TRIM, market-seeking investment will be negatively influences by a requirement to cross-subsidize exports through increased domestic sales or reduced input costs." Keck/Low 2006: 161.

von Maßnahmen, die gegen Art. III/TRIMS verstoßen wurden verlängert. In der Doha Ministerkonferenz im November 2001 wurde entschieden, daß auf solche Anträge positiv reagiert werden sollte.[7644] Für Hinweise auf die derzeitige Verbreitung von TRIMS und sonstigen Investitionsanreizen siehe die Literatur.[7645] Die neoklassisch beeinflußte Literatur lehnt TRIMS weiterhin ab.[7646]

16. Nichtverletzungsbeschwerden

Nun zu einer Reihe von weiteren Grundlagenentscheidungen in bezug auf die GATT Artikel, mit denen die Klagemöglichkeiten des WTO Regelwerks neu ausgerichtet wurden. Damit wird ebenso prägnant wie in den Abschnitten zuvor der Charakter der WTO neu ausgerichtet, im Bereich zwischen einer liberalisierenden Wirkung und weiter bestehenden Spielräumen für staatliche Akteure.

Die grundlegendste dieser Grundlagen ist die Nichtverletzungsbeschwerde bzw. 'non violation nullification and impairment' Klageoption, weil sie den Auffangtatbestand der WTO darstellt. Wenn kein Regelverstoß vorliegt und ein Land trotzdem glaubt, daß die Balance der Rechte und Pflichten, die aus dem Abkommen resultiert, nicht mehr gewahrt ist, kann es diese Option wählen.

Ein Teil dieser Klageoption, Zunichtemachung und Schmälerung von Zollkonzessionen, wurde schon im Bereich Subventionen und Ausgleichsmaßnahmen näher thematisiert, dort als Teil der Sonderbehandlung für Entwicklungsländer.[7647] Innerhalb des GATT entwickelt, wurde dazu bei Gründung der WTO kein gesondertes Abkommen abgeschlossen, kurz: Diese Klageoption wurde nicht verändert. Erwähnenswert ist, daß im TRIPS-Abkommen eine Sonderregelung enthalten war, welche für 5 Jahre einen Rekurs auf diese Option aussetzte.[7648] Im GATS wurde in Art. XXIII u.a. der Ansatz der 'non violation'-Klageoption übernommen, wobei nur dann eine Klage möglich ist, wenn Zugeständnisse vorliegen, weiterhin gibt es keine Verpflichtung die regelinkonforme Maßnahme

---

[7644] Im 'Implementation Issues' Teil: WTO 2001c: S. 34-35, Art. 6. Siehe auch: G/TRIMS/M/26, 9 November 2007. Siehe etwa: G/L/325 5 October 1999, G/L/460, 7 August 2001, G/L/461, 7 August 2001, G/L/462, 7 August 2001, G/L/463, 7 August 2001 etc.
[7645] Erwähnt werden 'local content' und 'trade balancing' Vereinbarungen, die auch in der WTO notifiziert worden seien. Sicherlich ist falsch, wenn daraufhin dort von einem neuen TRIMS Abkommen die Rede ist. Die Informationen stammen aus einer Publikation aus dem Jahre 1998 und werden zitiert von Amsden 2005: 220. Siehe einen weiteren Artikel, der eine UNCTAD Studie aus dem Jahre 2001 zusammenfaßt: Subramanyan 2006. Literaturhinweis auf eine diesbezügliche WTO/UNCTAD Studie aus dem Jahre 2002 in Keck/Low 2006: 161.
[7646] Keck/Low 2006: 161-162.
[7647] Sonderbehandlung für Entwicklungsländer SCM Teil III. Siehe zu 'non violation' Klageoption: Bogdandy 1992; Roessler 1997; Chua 1998; Note by the Secretariat. MTN/GNG/NG13/W/31, 14 July 1989.
[7648] TRIPS Art. 64.2. WTO 1995: 398. Im TRIPS ist die Anwendung von 'non violation' Klagen schwer, da die dahinterstehende Vorgehensweise schwerlich auf Patente oder Patentschutzanstrengungen anzuwenden ist. Beispielsweise gibt es, über den Patentschutz oder den Schutz, daß ein Buch nicht illegal kopiert wird, keine Garantie dafür, daß ein legales Buch verkauft werden kann. Insofern müßte für das TRIPS ein neuer 'non violation' Ansatz entwickelt werden. In der Literatur wird darauf hingewiesen, daß es auch ohne 'non violation' Klage möglich sei, Maßnahmen in Frage zustellen, die dem TRIPS zuwider laufen. Weil ein Abkommen in Treu und Glaube eingehalten werden und, bei der Interpretation der Regeln, der Regulierungszweck ('object and purpose') beachtet werden sollte, wäre es auch ohne 'non violation' Klage möglich, etwa gegen sehr hohe Patentgebühren, die nicht explizit im TRIPS verboten sind etc., vorzugehen. Roessler 1997: 136-138.

zurückzunehmen.[7649] Genauso wie im GATT gilt für die WTO, daß diese Nichtverletzungsklageoption nicht oft benutzt wurde:

Von den zwei Fällen in dieser Kategorie seit Gründung der WTO läßt sich anhand des Berichts United States vs. Japan - Film (1998)[7650] die Wirksamkeit dieser Beschwerdeform am besten abschätzen. Eigentlich gehört dieser Streit in eine andere Zeit, nämlich die Zeit der Handelskonflikte zwischen den USA und Japan Anfang der neunziger Jahre.[7651] Als hier Gespräche nicht zu einer Lösung i.S. von Kodak führten (die Firma hoffte eigentlich auf ein von der japanischen Regierung garantiertes 'import penetration target'[7652]), wurde von der USA nicht zu unilateralen Maßnahmen gegriffen, sondern die WTO Streitbeilegung genutzt.[7653] Dahinter stand die erstmals ausgesprochene Weigerung Japans weiterhin der USA zu bilateralen Gesprächen über Marktöffnung zur Verfügung zu stehen[7654], sodaß dieser Fall das Ende dieser Zeit der Handelskonflikte markierte und die multilaterale Streitbeilegung stärkte.[7655] Die USA beantragten, neben den normalen Konsultationen, auch solche unter einem speziellen GATT Arrangement zu wettbewerbsrechtlichen Fragen.[7656] Als Japan daraufhin androht, ebenso in bezug auf Kodaks Geschäftspraktiken in den USA das spezielle GATT Verfahren nutzen zu wollen, zog sich die USA davon zurück. Hintergrund mag gewesen sein, daß das Wettbewerbsrecht der USA ähnliche vertikale Beschränkungen duldet, die Kodak in Japan als unfair ansah.[7657]

Erkennbar ist an diesem Fall zuerst einmal, daß sich die WTO Streitbeilegung die Kompetenz einräumt, auch das Wettbewerbsrecht und die Wettbewerbspolitik seiner Mitgliedstaaten zu bewerten.[7658] Diese Kompetenz ergibt sich allerdings nur im Rahmen einer sog. Nichtverletzungs- (non-violation-) Klage, weil es eben keine genaueren WTO Regeln in bezug auf Wettbewerbsrecht

---

[7649] GATS Art. XXIII.3 "which may include the modification or withdrawal of the measure". WTO 1995: 347. Roessler 1997: 134-135.
[7650] Nur Panel. United States vs. Japan - Measures Affecting Consumer Photographic Film and Paper, WT/DS44/R, 31 March 1998.
[7651] Devereaux et al. 2006b: 158. Ausführlich zu diesem Fall Devereaux et al. 2006b; Komuro 1998.
[7652] Komuro 1998: 172.
[7653] Diese Fall wurde unter Sec. 301 initiert, welcher traditionell unilaterale Maßnahmen ermöglich hat. Komuro 1998: 170.
[7654] Die japanische Seite fühlte sich u.a. deshalb dazu angehalten, weil sie in diesem Fall keinerlei 'schlechtes Gewissen' hatte, denn im Filmmarkt gab es, nach japanischer Ansicht, kaum Interventionen. Dazu kam, daß Kodak niemals eine Wettbewerbsbeschwerde in Japan erhoben hatte. Devereaux et al. 1996b: 161.
[7655] Obwohl direkt nach dem verlorenen Fall 218 Mitglieder des Repräsentantenhauses Sec. 301 Maßnahmen androhten, kam es nicht mehr dazu. Devereaux et al. 2006b: 171-172.
[7656] Restrictive Business Practices, Arrangements for Consultations, Decision of 18 November 1960. BISD 7S/28-29, 1961.
[7657] Komuro 1998: 172. Dahinter standen Beschuldigungen und Forderungen Kodaks, keinen Zugang zum Netz von Fuji exklusiven Distributeuren zu bekommen. Devereaux et al. 2006b: 156-157. Obwohl hier kein objektiver Vergleich mit dem japanischen Wettbewerbsrecht durchgeführt werden kann, war dieser Wunsch nicht fair, denn das U.S. Wettbewerbsrecht verfügt ebenso über Toleranz gegenüber sog. vertical nonprice restraints, wie exklusive Distributionsarrangements: "the rule of reason has come close to creating complete nonliability for vertical nonprice restraints." Hovenkamp 1999: 480. Dies mag ein Grund dafür sein, daß Kodak in den USA 70 % Marktanteil hatte und Fuji 10 %. In Japan war es simplerweise umgekehrt. U.a. zu den historischen Hintergründen für Kodaks Schwierigkeiten auf dem japanischen Markt, siehe Devereaux et al. 2006b: 146.
[7658] "Competition related norms - such as a formal competition act - certainly fall within the concept of a Member's measure." Ehlermann/Ehring 2005a: 555-556; diese beiden Autoren weisen darüberhinaus darauf hin, daß Wettbewerbsregeln auch gegen Art. III i.S. einer 'normalen' Verletzungsklage verstoßen könnten. Dies ist zwar nicht wahrscheinlich, wenn diese neutral formuliert sind, es ist aber denkbar, daß etwa die EU Gruppenfreistellungen, die sich auf bestimmte Sektoren beziehen, Regeln enthalten könnten, die zwischen inländischen und ausländischen Waren differenzieren. Diese Fragen muß die Streitbeilegung aber erst in Zukunft entscheiden. Ehlermann/Ehring 2005a: 540. Siehe zu dieser Frage, für die Situation vor dem obengenannten Fall Matsushita 1997.

gibt. Es muß argumentiert werden, daß sonstige Aktivitäten bzw. Maßnahmen zu einer Zunichtemachung und Schmälerung von Zollkonzessionen geführt haben.

Zentral für diese Klageoption ist, so das Panel, daß eine Vertragspartei durch Zollkonzessionen Erwartungen an Wettbewerbsbedingungen habe ("tariff concessions ... creating expectations as to competitive relationships"[7659]) und durch Maßnahmen einer anderen Partei nachteilige Effekte auf Wettbewerbsbedingungen ausgelöst werden ("adverse effects on competitive relations"[7660] bzw. "upset the competitive relationship"[7661]) sowie eine Zunichtemachung und Schmälerung von Vorteilen aus Zollkonzessionen vorliegt.[7662] Dies impliziert u.a. auch die Analyse von Kausalität.[7663] Am Rande: Der Panel zieht in der Anwendung des Tatbestands 'upset the competitive relationship' einen Vergleich zum, siehe unten, strengen, 'equality of competitive conditions'-Standard von Art. III.4.[7664]

Diesen 'upset the competitive relationship' Tatbestand zu zeigen, wurde in diesem Fall erschwert, weil es u.a. um Maßnahmen ging, die vor vielen Jahren etabliert und neutral angelegt waren.[7665] Ohne den Anspruch auf vollständige Darstellung werden hier zu diesem Fall selektiv Informationen präsentiert, weil dies ausreicht, zu zeigen, daß in diesem Fall mehr steckt, als in den Kommentaren erwähnt. Oft wird dieser so besprochen, als wenn klar gewesen sei, daß die USA bzw. Kodak verlieren würde: "was quite uncontroversial".[7666]

Der Panel beginnt mit einer Analyse von 8 japanischen Maßnahmen (die aktuellste aus dem Jahre 1975) zur Stärkung eines vertikalen Distributionssystems. Hier kann nicht gezeigt werden, daß eine wettbewerbspolitische Leitlinie, welche die Einräumen von Prämien begrenzte, dazu führte, daß U.S. Unternehmen beim späteren Aufbau von Distributionsnetzen benachteiligt waren.[7667] Ein Rationalisierungsplan bezüglich des Distributionssystems wird als Maßnahme angesehen und in bezug

---

[7659] United States vs. Japan - Measures Affecting Consumer Photographic Film and Paper, WT/DS44/R, 31 March 1998, Para. 10.38.
[7660] "Indeed, it is clear that non-binding actions, which include sufficient incentives and disincentives for private parties to act in a particular manner, can potentially have adverse effects on competitive conditions of market access." United States vs. Japan - Measures Affecting Consumer Photographic Film and Paper, WT/DS44/R, 31 March 1998, Para. 10.49.
[7661] United States vs. Japan - Measures Affecting Consumer Photographic Film and Paper, WT/DS44/R, 31 March 1998, Para. 10.82, Para. 10.86.
[7662] "The text of Article XXIII: 1 (b) establishes three elements that a complaining party must demonstrate in order to make out a cognizable claim under Article XXIII: 1 (b): (1) application of a measure by a WTO member; (2) a benefit accruing under the relevant agreement; and (3) nullification or impairment of the benefit as the result of the application of the measure." United States vs. Japan - Measures Affecting Consumer Photographic Film and Paper, WT/DS44/R, 31 March 1998, Para. 10.41.
[7663] "What matters for purposes of establishing causality is the impact of the measure, i.e. whether it upsets the competitive relationhips. Nonetheless, intent may not be irrelevant." United States vs. Japan - Measures Affecting Consumer Photographic Film and Paper, WT/DS44/R, 31 March 1998, Para. 10.87.
[7664] United States vs. Japan - Measures Affecting Consumer Photographic Film and Paper, WT/DS44/R, 31 March 1998, Para. 10.380.
[7665] Hier hat die USA die Beweislast, zu zeigen, daß die alten Maßnahmen noch heute "administrative guidance" ausüben. United States vs. Japan - Measures Affecting Consumer Photographic Film and Paper, WT/DS44/R, 31 March 1998, Para. 10.41, Para. 10.59.
[7666] Davey 2004: 213; eine genaue Übersicht gibt dagegen Komuro 1998.
[7667] Zumal es hier genauso Gründe gab, japanische Unternehmen dabei zu disziplinieren, wie ausländische. Zudem wurden andere Marketingmaßnahmen nicht begrenzt, etwa Preisnachlässe. Faktisch wird gezeigt, daß Kodak damals Distributionsverhältnisse sogar kündigte. United States vs. Japan - Measures Affecting Consumer Photographic Film and Paper, WT/DS44/R, 31 March 1998, Para. 10.113-10.115. Dies wird in der Literatur bestätigt. Kodak hielt es damals nicht für nötig, sich auf dem japanischen Markt mit mehr als einem Distributeur einzulassen. Dies macht es wenig plausibel, später zu klagen, daß der Zutritt auf den japanischen Markt erschwert wurde. Devereaux et al. 2006b: 147-148.

auf die Kennedy-Runde, nicht aber die Tokio- und Uruguay-Runde bestätigt, daß die USA, für Schwarzweiß-Filme Marktzugangserwartungen haben konnten. Festgestellt wird vom Panel aber, daß dieser Plan nicht gegen ausländische Firmen gerichtet war, da es allein um Rationalisierung ging und dies im Endeffekt sogar hilfreich für ausländische Konzerne gewesen sei, Marktzugang zu bekommen.[7668] Weiterhin konnte Japan zeigen, daß die Großhändler schon vor der Abfassung dieses Rationalisierungsplans auf eine einzelne Marke spezialisiert waren.[7669] Japan wurde weiterhin vorgeworfen, daß es das unlimitierte Wachstum von Supermärkten gebremst hätte, in denen ausländische Filme einfacher verkauft werden können. Dies wäre durch japanische Regulierungen, welche die Eröffnung von großen Supermärkten einem Genehmigungsverfahren aussetzten, geschehen.[7670] Hierzu stellt der Panel fest, daß der Zweck dieser Regulierung nicht gewesen sei, ausländische Produkte auszugrenzen, sondern kleine Geschäfte zu schützen.[7671] Angesichts der wachsenden Zahl der großen Supermärkte bezweifelt der Panel auf grundlegender Ebene, inwiefern die USA 1967 (nach Abschluß der Kennedy-Runde) oder 1979 oder 1993 "legitimate expectations related to expected market evolution" hätten haben können, i.S. einer Erwartung auf einen immer weiter verbesserten Marktzugangs.[7672] Die 'non violation'-Klageoption schütze, z.B. wenn es um Subventionen geht, nicht die Erwartung auf kontinuierlich positives Wachstum der Verkäufe, sondern daß Marktzugang nicht systematisch zunichte gemacht wird oder es eine nachteilige Veränderung gibt.[7673] Der Panel lehnt es weiterhin ab, ggf. bestehende Effekte privater Kartelle einzubeziehen, in bezug darauf, daß niedrige Preise von den Geschäften nicht an die Konsumenten weitergegeben wurden. Daß Kodak deshalb Schwierigkeiten hatte, niedrige Preise an die Konsumenten weiterzugeben, ist eine der wenigen Argumente in diesem Fall, die überzeugend erscheinen.[7674] Das Panel weitet die Bewertungskompetenz im Rahmen der 'non violation'-Klage an dieser Stelle nicht daraufhin aus, daß Japan durch eine Unterlassung von wettbewerbsrechtlichem Eingreifen einen Regelverstoß begangen hätte.[7675] In einem weiteren Unterpunkt hatte ein Verkäuferverband auf Kodak Druck ausgeübt, nicht so weitgehende Preisnachlässe für einen neuen Film zu geben. Es gelingt nicht

---

[7668] Ein Plan des MITI Ministeriums. United States vs. Japan - Measures Affecting Consumer Photographic Film and Paper, WT/DS44/R, 31 March 1998, Para. 10.171.

[7669] United States vs. Japan - Measures Affecting Consumer Photographic Film and Paper, WT/DS44/R, 31 March 1998, Para. 10.10.173. Der Panel weist schließlich darauf hin, daß der Vorwurf vertikaler Integration und eines auf eine Marke ausgerichteten Distributionssystems generell wenig überzeugt. Auch in den USA gebe es dieses System. Para. 10.204.

[7670] United States vs. Japan - Measures Affecting Consumer Photographic Film and Paper, WT/DS44/R, 31 March 1998, Para. 10.212.

[7671] United States vs. Japan - Measures Affecting Consumer Photographic Film and Paper, WT/DS44/R, 31 March 1998, Para. 10.225.

[7672] United States vs. Japan - Measures Affecting Consumer Photographic Film and Paper, WT/DS44/R, 31 March 1998, Para. 10.232.

[7673] United States vs. Japan - Measures Affecting Consumer Photographic Film and Paper, WT/DS44/R, 31 March 1998, Para. 10.232.

[7674] An dieser Stelle geht es wieder um den Einfluß von wettbewerbsrechtlichen Leitlinien bezüglich Prämien etc. United States vs. Japan - Measures Affecting Consumer Photographic Film and Paper, WT/DS44/R, 31 March 1998, Para. 10.276. Siehe auch: "Japan should be responsible for what it caused by measures attributable to the Japanese Government as opposed, for example, to what is caused by restrictive business conduct attributable to private economic actors." Para. 10.84.

[7675] Für Regierungshandeln wäre es denkbar, daß dies, eingeschlossen des Unterlassens, in der WTO in Frage gestellt wird: "In principle, any act or omission attributable to a WTO Member can be a measure of that Member for purposes of dispute settlement proceedings. The acts or omissions that are so attributable are, in the usual case, the acts or omissions of the organs of the state, including those of the executive branch." Nur Fußnote 128 wird reproduziert: "We need not consider, in this appeal, related issues such as the extent to which the acts or omissions of regional or local governments, or even the actions of private entities, could be attributed to a Member in particular circumstances". Japan vs. United States - Sunset Review of Anti-Dumping Duties on Corrosion Resistant Carbon Steel Flat Products from Japan, WT/DS244/AB/R, 15 December 2003, S. 29, Para. 82.

zu zeigen, daß dies aufgrund einer wettbewerbspolitischen Maßnahme erfolgte.[7676] Ebenso gelingt es nicht Verstöße gegen Art. III.4 zu zeigen.[7677] Die USA legte keine Berufung ein.[7678]

Der zweite 'non violation'-Fall war Canada vs. EC - Asbestos (2000-2001), wobei der Panel meint, daß selbst bei Rekurs auf Art. XX 'Allgemeine Ausnahmen' zusätzlich diese Klageoption akzeptiert werden könne. Kanada gelang es allerdings nicht, genügend Beweise vorzulegen.[7679]

Insgesamt scheint es so, daß es nicht unmöglich ist, anhand dieser Klageoption Klagen zu gewinnen, wenn einmal die Hürde der ausführlichen Dokumentation der Nichtverletzungsverletzung überwunden wurde. Gezeigt werden muß, daß, entgegen der Erwartungen zum Zeitpunkt der Zollverhandlungen, - irgendeine - staatliche Maßnahme durchgeführt wurde, die, kausal nachvollziehbar, zu einer nachteiligen Änderung der Wettbewerbsbedingungen geführt hat (ggf. reicht sogar die Unterlassung einer staatlichen Handlung). Dieser Begriff erlaubt es der Streitbeilegung sich sensibel gegenüber nachteiligen Wirkungen staatlicher Regulierungen auf den ausgehandelten Marktzugang zu zeigen, umsomehr wenn der AB in einem späteren Fall die Ähnlichkeit des hier benutzten Begriffs 'upset the competitive relationship' mit der Art. III.4 Herangehensweise bestätigen würde. Selbst wenn dies nicht erfolgen würde, geht die WTO Regeldisziplin gestärkt aus diesem Fall hervor, die sich auf alle denkbaren Regierungsmaßnahmen, darunter die Wettbewerbspolitik erstreckt. Auch die Diskussion, inwiefern die Nichtverletzungsbeschwerde auf ein Land angewandt werden kann, welches systematisch eigenen Firmen in der Zusammenschlußkontrolle Ausnahmen einräumt (wobei zusätzlich faktisch genau dokumentiert werden müßte, daß im Anschluß daran ausländische Waren verdrängt worden sind), könnte somit - so spekulativ dies auch ist, weil dies konkret kaum vorliegen dürfte - geführt werden. Im Rahmen dieser Arbeit, welche eine Rationalisierung und Disziplinierung der Handelspolitik nicht ablehnt, ist festzustellen, daß angesichts eine solchen umfassenden Regelbindung umso mehr Augenmerk den verbliebenen Ausnahmen zukommen muß.

17. Art. XVIII Zahlungsbilanzausnahme für Entwicklungsländer

Zahlungsbilanzprobleme sind nicht auf eine bestimmte Zeitepoche beschränkt. Sie treten dann auf, wenn mehr Importe bezogen werden, als Exporte erfolgen können (Leistungsbilanz bzw. enger definiert Handelsbilanz) oder wenn ausländische Investitionen zurückgezogen werden (u.a. mit Effekten auf die Kapitalbilanz). Nicht immer gelingt es und ist wirtschaftspolitisch angemessen, diese Situation mit einer Abwertung der Währung zu bekämpfen. Ebenso sind Kredite des IWF zur

---

[7676] United States vs. Japan - Measures Affecting Consumer Photographic Film and Paper, WT/DS44/R, 31 March 1998, Para. 10.308.
[7677] Weil bereits vorher gefunden wurde, daß die japanischen Maßnahmen neutral angelegt waren, liegt eben kein Art. III Verstoß vor. United States vs. Japan - Measures Affecting Consumer Photographic Film and Paper, WT/DS44/R, 31 March 1998, Para. 10.382.
[7678] U.a. weil befürchtet wurde, daß bestimmte Panelargumente vom AB bestätigt würden. Dazu aber keine weiteren Informationen. Devereaux et al. 2006b: 171.
[7679] Hier wird eine vollständige 'non violation' Analyse durchgeführt. U.a. wird argumentiert, daß sehr wohl gemäß des Kriteriums der Marktzugangserwartungen hätte erwartete werden können, daß es zu Asbestembargoes kommen wird, weil die Gefahr seit längerem bekannt war. Canada vs. EC - Measures Affecting Asbestos and Asbestos-Containing Products. WT/DS135//R, 18 September 2000, S. 454- 464, Para. 8.260-8.304. Nur als Randbemerkung in: Davey 2004: 214; Neumann 2002: 196.

Überbrückung einer solcher Situation nicht immer verfügbar.[7680] In den neunziger Jahren hatten die Slowakei, Tschechei, Ungarn, Rumänien, Bulgarien, Brasilien, Indien, Pakistan, Bangladesh, Sri Lanka, Tunesien und Nigeria Zahlungsbilanzprobleme und rekurrierten auf die Zahlungsbilanzaufnahme der WTO und beschränkten u.a. selektiv Importe, unter Nutzung mengenmäßiger Beschränkungen.[7681]

Mitte der neunziger Jahren wurde u.a. von der USA im WTO Ausschuß für Zahlungsbilanzbeschränkungen in Frage gestellt, ob Indien sich weiter auf diese Ausnahme berufen darf. Indien hatte seit 1957 gemäß der GATT Zahlungsbilanzausnahme sein gesamtes Außenhandelsregime auf mengenmäßige Beschränkungen und Einfuhrlizensierungen beruhen lassen, um seine Wirtschaft zu schützen. Seit der Krise Anfang der neunziger Jahre verbesserte sich die Zahlungsbilanzsituation und Indien hatte sich zudem für eine Politik der progressiven Liberalisierung entschieden.[7682]

Schon in den Verhandlungen der Uruguay-Runde setzten sich die USA und Kanada für eine Straffung der Regeln im Zahlungsbilanzbereich ein und forderten u.a., daß dem IWF ein ausschlaggebende Rolle bei der Feststellung von Zahlungsbilanzschwierigkeiten einzuräumen sei.[7683] Diese Forderungen wurden in den Verhandlungen von den Entwicklungsländern abgelehnt und gelangten nicht in den endgültigen Text des WTO des Übereinkommen über die Zahlungsbilanzregeln des GATT 1994.[7684] Ebenso wurde gefordert, explizit niederzulegen, daß die Streitbeilegung mit diesen Fragen befaßt werden soll, wobei hieraus der Kompromiß in Fußnote 1 resultiert.[7685] Dazu kommt, daß es zwar in

---

[7680] Dies erwähnt Rumänien: WT/BOP/G/7, 15 January 1999. Siehe zu einer allgemeinen Zahlungsbilanz Problemskizze Thomas 2000: 1250-1255. Hier wird folgende Literatur verwendet: Ahn 2000; Thomas 2000; Siegel 2002; Denters 2004. In bezug auf weitergehende Fragen: Eatwell/Taylor 1998; Stiglitz 1998; Frenkel/Menkhoff 2000; Matsushita et al. 2006: 461-453; nur kurz ist der Kommentar von Pries/Berrisch 2003: 160.
[7681] Siehe die Sekretratsübersicht, allerdings ohne Informationen zur Intensität der Handelsbeschränkungen: WT/BOP/W/21, 12 September 2002; die selektive Nutzung mengenmäßiger Beschränkungen von Bangladesch ist dokumentiert in: WT/BOP/G/13, 23 November 2004.
[7682] Denters 2004: 123. Für Indiens Importsubstitutionspolitik siehe auch Abschnitt 'F'.
[7683] Siehe die folgenden Forderungen der USA und Kanada: "The BOP Committee shall accept the determination of the International Monetary Fund regarding the severity of the BOP problem." MTN.GNG/NG7/W/58, 16 November 1989, S. 4. "The International Monetary Fund shall provide (except for simplified consultations decribed above) its determination concerning the balance-of-payments situations and prospects as provided in Art. XV." MTN.GNG/NG7/W/72, 15 June 1990, S. 5.
[7684] Understanding on the Balance-of-Payments Provisions of the General Agreement on Tariffs and Trade 1994. WTO 1995: 27-31. Die Durchsicht dieses Textes zeigt, daß dort allein vom Zahlungsbilanzausschuß und dem Sekretariat die Rede ist. Der IWF kommt garnicht vor. Die Informationen zur Verhandlungsgeschichte besagen, daß die Entwicklungsländer klar gegen den USA/Kanada Vorschlag eingestellt waren. Siehe MTN.GNG/NG//W/58, 16 November 1989, sowie MTN.GNG/NG7/W/72, 15 June 1990. Der Vorschlag der EU, MTN.GNG/NG7/W/68, 16 February 1990, erwähnt die Rolle des IWF garnicht erst. Sodann ist aufgrund der Kontroversen im Brussels Draft Final Act, 3 December 1990 diese Thema nicht erwähnt: MTN.TNC/W/35/Rev.1. Im Dunkel Draft MTN.TNC/W/FA, 20 December 1991 wurde dann, obwohl es keinen Konsens in den Verhandlungen gab, eine Draft Agreement eingeführt, welches allerdings weitgehend unkontrovers formuliert ist, die kritischen Fragen umgeht und weitgehend identisch mit dem späteren WTO Übereinkommen ist. Steward 1993: 1869-1875.
[7685] "The consulting contracting party or affected contracting parties can, if they wish, attempt to resolve the question in the Council. Alternatively, affected contracting parties, can, if they wish, pursue the matter through normal GATT dispute settlement procedures pursuant to Articles XXII and XXIII." Diese Forderung der USA und Kanada wird zitiert von Roessler 2001 311. Stattdessen wurde die Phrase in Fußnote 1 eingefügt. Diese Phrase erwähnt 'application' und dies beziehe sich klar erkennbar nicht auf die Rechtfertigung sondern die Anwendung i.S. von Umsetzung der konkreten Zahlungsbilanzmaßnahmen. So Roessler 2001: 311-312. Siehe: WTO 1995: 27. Siehe auch Trebilcock/Howse 2005: 162.

United States vs. Korea - Beef (1990) einen Streitfall zum Thema Zahlungsbilanz gab. Dort wurde die Rolle des IWF bei der Feststellung der Zahlungsbilanzschwierigkeiten aber offengelassen.[7686]

Genauso wie die Industrieländer, hier ist es Art. XII, haben die Entwicklungsländer das Recht, zum Schutz der Zahlungsbilanz, sich auf Art. XVIII.9 ("to forestall the threat of, or to stop, a serious decline in its monetary reserves", "in case of (...) inadequate monetary reserves, to achieve a reasonable rate of increase of its reserves"[7687]) zu berufen. Angesichts der verbesserten Zahlungsbilanzsituation Indiens konnte sich der WTO Ausschuß für Zahlungsbilanzbeschränkungen aber nicht zu einer gemeinsamen Position durchringen, ob Indien diesen Kriterien weiterhin genügte. Die USA akzeptierte zudem den indischen Plan einer progressiven, über 6 Jahre verlaufenden, Abschaffung mengenmäßiger Beschränkungen nicht.[7688] Daraufhin wurde umstrittenerweise[7689] ein Panel etabliert, dessen Bericht vom AB bestätigt wurde, United States vs. India - Quantitative Restrictions (1999).[7690]

Durch diesen Streit wurde eine Machtverschiebung hin zu den beiden Akteuren Streitbeilegung und IWF ausgelöst: Zwar bleibt der Ausschuß für Zahlungsbilanzbeschränkungen bestehen und behält seine Funktion, nachträglich[7691] über die Rechtfertigung von Beschränkungen zu befinden. Fortan finden diese Konsultationen aber unter dem Schatten der Streitbeilegung statt und der IWF, der sich bislang zurückgehalten hatte[7692], bekommt mit seinen Feststellungen ein größeres Gewicht.[7693] Vor

---

[7686] Die USA forderte das Panel dazu auf, gemäß Art. XV.2 die Feststellung des IWF als ausschlaggebend anzusehen. Der Panel geht darauf nur insofern ein, daß er erwähnt, daß die Mitgliedsländer mit dem IWF im Rahmen von Art. XV.2 Konsultationen durchführen müssen: "shall consult fully". Der direkt danach im Artikel erwähnte Satz: "the CONTRACTING PARTIES shall accept all findings of statistical and other facts ... " wird nicht erwähnt. Kurz: Die U.S. Position wird nicht übernommen. United States vs. Korea - Restrictions on Imports of Beef: BISD 36S/268, 293, Para. 84, 303-304 Paras.. 120-123, 1990.

[7687] Art. XVIII.9. WTO 1995: 513.

[7688] Zuerst hatte Indien neun Jahre Übergangsfrist vorgeschlagt, dazu kommentierte der Vertreter der USA: "He reiterated that to wait six to nine years more to eliminate the vast majority of India's quantitative restriction purportedly justified by balance-of-payments problems that did not exist, was neither credible nor commensurate with India's role in the multilateral trading system" WT/BOP/R/32, 18 September 1997. Siehe auch für den Ablauf der Konsultationen: United States vs. India - Quantitative Restrictions on Imports of Agricultural, Textile and Industrial Products, WT/DS90/R, 6 April 1999, S. 132, Para. 5.7.

[7689] Schon daß die WTO ein Panel eingerichtet, kann deshalb für ungewöhnlich gehalten werden, weil das erste, ernstzunehmende GATT Panel zu dieser Fragen aufgrund einer expliziten Zustimmung Koreas etabliert wurde. Ob überhaupt Panels mit dieser Frage befaßt werden können, kann deshalb, bis zum oben genannten Fall, als umstritten gelten. United States vs. Korea - Restrictions on Imports of Beef: BISD 36S/268, 302-303, Paras. 116-119, 1990. Die explizite Zustimmung Koreas ist dokumentiert in: C/M/220, 8 June 1988, S. 8.

[7690] Panel und AB. United States vs. India - Quantitative Restrictions on Imports of Agricultural, Textile and Industrial Products, WT/DS90/R, 6 April 1999. United States vs. India - Quantitative Restrictions on Imports of Agricultural, Textile and Industrial Products, WT7DS90/AB/R, 23 August 1999.

[7691] Eine Autorisierung durch den Ausschuß ist nicht nötig. Jedes WTO Mitglied hat zuerst einmal das Recht, die Entscheidung zu treffen Importbeschränkungen zum Zahlungsbilanzschutz zu nutzen. Danach erfolgt die Überprüfung. United States vs. India - Quantitative Restrictions on Imports of Agricultural, Textile and Industrial Products, WT/DS90/R, 6 April 1999, S. 149, Para. 5.77.

[7692] Ofmals hatte der IWF nicht einmal direkt zur Rechtfertigung der Zahlungsbilanzmaßnahmen eine Stellungnahme abgegeben, sondern allgemeine über Wirtschaftspolitiken, darunter Strukturanpassungspolitiken, referiert. MTN.GNG/NG7/W/46, 6 July 1988, S. 43. Bestätigt aus einem weiterem Sekretariatspapier Steward 1993: 1865. Indirekt bestätigt, durch die Forderung von USA und Kanada im Rahmen der Verhandlungen der Uruguay Runde, den Feststellungen des IWF zur Zahlungsbilanzsituation die ausschlaggebende Rolle einzuräumen. Steward 1993: 1868.

[7693] "Second, the Panel and Appellate Body have, by acception its jurisdiction on BOP-restrictions, one again clearly confirmed their central role in scrutinizing the behaviour of WTO-members. In fact, these bodies may be used to end the practice of dozens of developing countries imposing quantitative restrictions for balance-of-payments reasons. Now each country applying BOP-restrictions may fear that its policy be examined in a panel procedure. Third, the IMF arm is long and extends to a de facto decisive determination on BOP-restrictions within the

diesem Fall oblag es m.E. allein[7694] dem Ausschuß für Zahlungsbilanz zu entscheiden, ob ein Land ungenügende Reserven ausländischer Währung vorliegen hatte, sodaß es mengenmäßige Beschränkungen seiner Importe durchführen konnte. Genauso wurde in diesem Ausschuß die Entscheidung getroffen, daß mengenmäßige Beschränkungen nicht mehr nötig sind und ein Abbau vonstatten gehen sollte. Diese Feststellungen wurden allerdings im Rahmen der Kollegialität im Ausschuß (als "agreed texts"[7695]) getroffen. Der Ausschuß hat dabei "various level of tone" eingesetzt, um seine Bewertung der Zahlungsbilanzmaßnahmen zum Ausdruck zu bringen.[7696] Alle Berichte wurden vom Allgemeinen Rat angenommen.[7697] Erst ab 1987 kam es in Einzelfällen in den Berichten dazu, daß eine einvernehmliche Meinung nicht mehr zu Ausdruck gebracht werden konnte.[7698] Damit lagen immerhin über zwei Jahrzehnte Elemente einer einheitlichen, konsensuellen Praxis ('subsequent practice') vor, der eine gewohnheitsrechtliche Bindungskraft i.S. des Art. 31 der Wiener Vertragsrechtskonvention zugeschrieben werden kann.[7699] Zwar steht einer starken Stellung des IWF in der WTO, sieht man auf den Wortlaut der Regeln, nichts entgegen. Es wird in Art. XV.2 eindeutig zum Ausdruck gebracht, daß die Feststellungen des IWF ein großes Gewicht haben.[7700] Dies wurde nur bislang in der gewohnheitsrechtlich relevanten Praxis nicht so angewandt.

Der IWF sieht Währungsreserven als angemessen an, wenn damit 3 Monate Importe[7701] finanziert werden können. Im vorliegenden Fall genügte Indien mit 6 Monaten Reserve diesem Kriterium (Reserven von ca. US$ 22 Mrd., davon waren für US$ 7 Mrd. Portfolio Investitionen).[7702]

---

framework of Article XVIII. Whereas Panel and the Appellate Body argue that the IMF merely contributes to the evidence, in reality IMF findings cannot be bypassed. Countries that wish to impose or continue BOP-restrictions are strongly advised first to convince the Fund that the level of monetary reserves is worrying and would justify restrictions. It could save them a costly and burdensome procedure before a GATT panel." Denters 2004: 126; ähnlich und kritisch zum Fall: Raghavan 2000. Siehe auch, mit einigen weiteren Aspekten, die aber das insgesamte Bild hier nicht in Frage stellen: Trebilcock/Howse 2005: 158-168.

[7694] Diese Meinung wird hier vertreten, weil im Korea Zahlungsbilanzfall der Rekurs auf das Panel einvernehmlich erfolgte. Dazu kommt, daß Korea im GATT die Panelempfehlungen durch ein Veto blockieren konnte.

[7695] "All elements of the Committee's reports are agreed texts". Note by the Secretariat. MTN.GNG/NG7/W/46, 6 July 1988, S. 19, Para. 54.

[7696] Note by the Secretariat. MTN.GNG/NG7/W/46, 6 July 1988, S. 19, Para. 57.

[7697] Note by the Secretariat. MTN.GNG/NG7/W/46, 6 July 1988, S. 22, Para. 65.

[7698] Schon 1985 reservierte Japan seine Rechte gegen über Maßnahmen Portugals sowie Ungarn gegenüber Maßnahmen der Türkei, deren Maßnahmen sie für ungerechtfertigt hielten. Note by the Secretariat. MTN.GNG/NG7/W/46, 6 July 1988, S. 19, Para. 54.

[7699] Trebilcock/Howse 2005: 163. Für diese gewohnheitsrechtlichen Aspekte der internen GATT Praxis, trotz aller Pragmatik: Benedeck1990: 159, 147-160.

[7700] Art. XV.2: "The CONTRACTING PARTIES in reaching their final decision in cases involving the criteria set forth in paragraph (2) a of Article XII or in paragraph 9 of Article XVIII, shall accept the determination of the Fund as to what constitutes a serious decline in the contracting party's monetary reserves, a very low level of his monetary reserves or a reasonable level rate of increase in its monetary reserves, and as to the financial aspects of other matters covered in such consultations in such cases." WTO 1995: 507. Dazu die Literatur: "This provision does not leave much room for doubt: the IMF plays a key role in the interpretation of conditions justifying BOP-restriction. WTO bodies are expected to 'consult fully' with the fund and shall accept' statistical findings and facts, and the determination on the justification of BOP-restrictions. It is virtually impossible for the General Council to deny the findings of the IMF in its conclusions." Denters 2004: 123. Siehe zum Verhältnis WTO und IWF und Weltbank auch das Abkommen über die Zusammenarbeit: WT/GC/W/43, 4 November 1996; später WT/L/195, 18 November 1996. Dazu näher: Ahn 2000: 13.

[7701] Der IWF wendet traditionell 3 Monate Reserven für Importe als Kriterium für ausreichende Währungsreserven an ('rule of thumb'). Die Fälle unterscheiden sich aber. Siehe dazu Konsultationen mit Brasilien: BOP/R/135, 15 Dezember 1983: S. 4; Sekretariatsüberblick dazu: WT/BOP/W/21, 12 September 2002. In den neunziger Jahren kommt es, Anlaß ist die Asienkrise und die volatilen privaten Kapitalbewegungen, zu einer Diskussion darüber, ob diese Höhe der Reserven als ausreichend anzusehen ist. In Studien innerhalb des IWF werden höhere Reserven in Ländern mit problematischen Charakteristikas als sinnvoll angesehen. Trotz diverser Stellungnahmen und Studien weicht der IWF im Endeffekt einer neuen Einschätzung der Situation aus. In den Bewertungen der einzelnen Länder fällt auf, daß sich der IWF zurückhält, in bezug auf das Reserveniveau direkt Stellung zu beziehen. Ebenso ist sichtbar, daß der IWF in so gut wie allen

Welche Auslegungsentscheidungen wurden in diesem Streitfall getroffen? Der Panel entscheidet, bestätigt vom AB, daß fortan die Streitbeilegung die Rechtfertigung von Zahlungsbilanzmaßnahmen überprüfen darf. Die in der Präambel des neuen WTO Übereinkommens über Zahlungsbilanzmaßnahmen enthaltene Fußnote 1 wird so interpretiert, daß die Streitbeilegung im Falle von Maßnahmen zum Schutz der Zahlungsbilanz einberufen werden darf.[7703] Aus der Verhandlungsgeschichte der Uruguay Runde gelingt es der Streitbeilegung nicht, ein klares Bild zu ermitteln.[7704] Eine Sonderbehandlung der Entwicklungsländer, die in diversen Formulierungen von Art. XVIII: B vermutet werden könnte, wird nicht vorgefunden. Zwar gesteht der Panel zu, daß ein vorschnelles Auslaufenlassen nicht angemessen ist: "we can agree with India that a developing country Mewmber applying the measures is not required to follow a 'stop and go' policy."[7705] Angesichts seiner eigenen Bewertung schließt der Panel aber für die Zukunft eine problematische Situation für Indien aus.[7706] Bei dieser Situationsbewertung werden auch die IWF Informationen verwandt: "we accept in this case certain assessments of the IMF".[7707] Der AB klärt diese Panelargumentation noch einmal begrifflich und stellt fest, daß eine zukünftig drohende Zahlungsbilanzkrise als "a causal link of certain directness"[7708] gezeigt werden müsse, die "soon after" einer Aufhebung der Maßnahmen erwartet werden müsse, wenn der Staat die Aufrechterhaltung seiner Maßnahmen rechtfertigen möchte.[7709] Ebenso argumentiert der Panel, daß eine Änderung der

---

Fällen, zu einer prompten Aufhebung der Zahlungsbilanzschutzmaßnahmen rät. WT/BOP/W/21,12 September 2002, siehe auch WT/TF/COH/S/2, 18 June 1999.

[7702] IWF Statement, Annex III. WT/BOP/R/32, 18 September 1997, Para. 9. Auf die privaten volatilen Kapitalbewegung in dieser Größenordnung weist den IWF hin Brasilien: WT/BOP/R/32, 18 September 1997; siehe auch Indien in: BOP/321, 24 October 1994: S. 5.

[7703] Understanding on the Balance-of-Payments Provisions of the General Agreement on Tariffs and Trade 1994. WTO 1995: 27 FN 1. United States vs. India - Quantitative Restrictions on Imports of Agricultural, Textile and Industrial Products, WT/DS90/R, 6 April 1999, S. 148, Para. 5.71.

[7704] United States vs. India - Quantitative Restrictions on Imports of Agricultural, Textile and Industrial Products, WT/DS90/R, 6 April 1999, S. 158, Para. 5.111. In der Literatur aus dieser Zeit gibt es keine Hinweis darauf, daß es durch die Uruguay-Runde zu einer engeren Disziplinierung im Zahlungsbilanzbereich kommen würde. Die Interessenlage zwischen Industrie- und Entwicklungsländer wird zwar als divergierend dargestellt, letztendlich zeichnet die Analyse aber ein Bild, welches in der Schwebe bleibt. Es wird bezweifelt, daß sich Entwicklungsländer zu einer stärkeren Disziplin überreden lassen. Whalley 1989: 120-123. Oben schon wurde die Kritik von Roessler (2001) erwähnt, der bezweifelt, daß diese Fußnote so gedeutet werden dürfe. Sie spiegele vielmehr den Kompromiß wieder, daß nicht die Rechtfertigung, aber die Anwendung bzw. Umsetzung der Maßnahmen ('application') von der Streitbeilegung untersucht werden dürfe. Roessler 2001: 311.

[7705] United States vs. India - Quantitative Restrictions on Imports of Agricultural, Textile and Industrial Products, WT/DS90/R, 6 April 1999, S. 175, Para. 5.191.

[7706] "While we agree that the removal of restrictions will lead to an increase of imports over time, we do not consider that the information presented by India about possible future problems establishes that conditions justifying reimposition of balance-of-payments measures would occur immediately on lifting the current balance-of-payments measures. (...) Expecting a surge in imports is not sufficient to establish that the conditions of Article XVIII.9 will immediately reoccur. India does not give much attention to the potentially favourable effects on India's balance-of-payments following the removal of import restriction, such as the attraction of foreign capital into the distribution of consumer goods and other service industries, stating instead that private transfers and investment flows may be inadequate in the future". United States vs. India - Quantitative Restrictions on Imports of Agricultural, Textile and Industrial Products, WT/DS90/R, 6 April 1999, S. 179, Para. 5.207.

[7707] Dies wird vom Panel allerdings heruntergespielt, indem darauf verwiesen wird, daß die Akzeptanz der IWF Informationen gemäß DSU Art. 11 erfolgte, der vorsieht, eine objektive Beurteilung der Fakten durchzuführen. United States vs. India - Quantitative Restrictions on Imports of Agricultural, Textile and Industrial Products, WT/DS90/R, 6 April 1999, S. 134, Para. 5.13.

[7708] Ohne Herv. im Original. Dort kursiv. United States vs. India - Quantitative Restrictions on Imports of Agricultural, Textile and Industrial Products, WT7DS90/AB/R, 23 August 1999, S. 27, Para. 114.

[7709] Statt "immediately" schlägt der AB "soon after" vor. United States vs. India - Quantitative Restrictions on Imports of Agricultural, Textile and Industrial Products, WT7DS90/AB/R, 23 August 1999, S. 28, Para. 119. Hier geht es um Ad Paragraph 11, der Art. XVIII.11

indischen Entwicklungspolitik u.a. deshalb nicht mit der Abschaffung der Schutzmaßnahmen in Verbindung zu bringen sei, weil es möglich sei, diese Sphären zu trennen und Indien bei Anpassungsproblemen der heimischen Industrie bei steigenden Importen die Schutzklausel benutzen kann.[7710] Der Panel argumentiert ruppig, daß Indien kein Recht mehr darauf hat, die Maßnahmen auslaufen zu lassen ("phase out").[7711] Die Rücknahme dieser harten Haltung erfolgt nur partiell: Indien sei aber ebenso nicht verpflichtet, seine Zahlungsbilanzmaßnahmen sofort aufzuheben. Grund: "Liberalization is also fragile with respect to internal adjustment problems. This fragility suggests an implementation period which is attuned to sustaining support for liberalization in the presence of external shocks, and to the internal adjustment process."[7712] In den Empfehlungen des Panels werden explizit weitere zwischenstaatliche Verhandlungen für ein Auslaufen der Beschränkungen als Empfehlung gemacht.[7713]

Der kurze AB Bericht fügt hinzu, daß er die Relevanz von Art. XV.2 zur Rolle des IWF (s.o.) nicht endgültig entscheiden möchte.[7714] In United States vs. Argentina - Textiles and Apparel (1997-1998) bemerkte der AB, daß es vorgeschrieben ("required") sei, daß der IWF konsultiert werden muß.[7715] Im vorliegenden Fall wird dies abgeschwächt. Argumentiert wird vom AB, daß der Panel nicht nur die Informationen des IWF, sondern auch weitere Informationen, darunter der Reserve Bank of India einbezogen und eine eigenständige Überprüfung dieser Daten durchgeführt habe:

"The Panel gave considerable weight to the views expressed by the IMF in its reply to these questions. However, nothing in the Panel Report supports India's argument that the Panel delegated to the IMF its judicial function to make an objective assessment of the matter. A careful reading of the Panel Report makes clear that the Panel did not simply accept the views of the IMF. The Panel critically assessed these views and also considered other data and opinions in reaching its conclusions."[7716]

---

näher ausführt, wenn durch die Aufhebung der Maßnahmen "thereupon" wieder Zahlungsbilanzschwierigkeiten auftreten würden. Nachdem der Panel klärt, daß "thereupon" als "immediately" verstanden wird, schloß er, daß in Indien diesbezügliche Schwierigkeiten zu erwarten sind, wenn die Importbeschränkungen aufgehoben werden. S. 176-181, Para. 5.193-5.215.

[7710] United States vs. India - Quantitative Restrictions on Imports of Agricultural, Textile and Industrial Products, WT/DS90/R, 6 April 1999, S. 180-181, Para. 5.208-5.212.

[7711] United States vs. India - Quantitative Restrictions on Imports of Agricultural, Textile and Industrial Products, WT/DS90/R, 6 April 1999, S. 187, Para. 7.4.

[7712] United States vs. India - Quantitative Restrictions on Imports of Agricultural, Textile and Industrial Products, WT/DS90/R, 6 April 1999, S. 187, Para. 7.3.

[7713] United States vs. India - Quantitative Restrictions on Imports of Agricultural, Textile and Industrial Products, WT/DS90/R, 6 April 1999, S. 189, Para. 7.7.

[7714] United States vs. India - Quantitative Restrictions on Imports of Agricultural, Textile and Industrial Products, WT7DS90/AB/R, 23 August 1999, S. 36, Para. 152. Genauso wie hier Ahn 2000: 24.

[7715] "The only provision of the WTO Agreement that requires consultations with the IMF is Article XV:2 of the GATT 1994. This provision *requires* the WTO to consult with the IMF when dealing with 'problems concerning monetary reserves, balances of payments or foreign exchange arrangements'". Herv. im Original. United States vs. Argentina - Measures Affecting Imports of Footwear, Textiles, Apparel and Other Items, WT/DS56/AB/R, 27 March 1998, Para. 84.

[7716] United States vs. India - Quantitative Restrictions on Imports of Agricultural, Textile and Industrial Products, WT7DS90/AB/R, 23 August 1999, S. 35, Para. 149.

Diese Formulierung 'did not simply accept the views of the IMF' hat zur Verstörung auf der Seite des IWF geführt, welcher davon überzeugt ist, daß seine Feststellungen auf jeden Fall akzeptiert werden müßten. Der IWF befürchtet (unbegründet), daß ein Panel sich entscheiden könnte, den IWF nicht zu konsultieren und er befürchtet, daß in zukünftigen Streits versucht werden wird, die Analyse des IWF zu widerlegen.[7717] Für die Zukunft kann sich der IWF eine noch weitere Ausdehnung seiner Kompetenzen vorstellen. Im Falle einer Nutzung der Zahlungsbilanzausnahme in der WTO könnte eine Verpflichtung etabliert werden, mit dem IWF in "good faith negotiations (...) on economic adjustment measures" zu treten.[7718]

Wegen der offenkundigen Sensibilität dieses Themas und auch deshalb, weil die andere Seite ihre Position gut anhand der bisherigen gewohnheitsrechtlichen Praxis, der Verhandlungsgeschichte der Uruguay-Runde und den Vertragstexten belegen kann, sind durch diesen Bericht politische Spannungen in der WTO entstanden, die sich bis heute nachzeichnen lassen. Im Zusammenhang mit den Verhandlungen der Doha Runde ist es zu einer Entscheidung gekommen, welche die Sonderbehandlung der Entwicklungsländer bezüglich der Zahlungsbilanzausnahme im Vergleich zu den Industrieländern betont und es werden Konsultationen über die Rolle des Ausschußes für Zahlungsbilanzbeschränkungen geführt.[7719]

Wie lassen sich die Effekte dieser Entscheidung aus wirtschaftswissenschaftlicher Perspektive realistisch einschätzen? Setzt sich die Auslegung von United States vs. India - Quantitative Restrictions (1999) durch, führt dies dazu, daß eine bislang wichtige Ausnahme, die zur Verweigerung der Liberalisierung genutzt werden konnte, schwieriger nutzbar ist als zuvor. Ein zunehmend liberaler Welthandel wird dadurch in merklicher Weise rechtlich abgestützt: So wird, erstens, der Rekurs der Entwicklungsländer auf Zahlungsbilanzschutzmöglichkeiten begrenzt, wenn die Reserven nach Ansicht der Streitbeilegung und des IWF noch hoch genug sind. Dagegen ist, zweitens, nicht erkennbar, daß der Rekurs auf Handelsbeschränkungen zum Zahlungsbilanzschutz in einer Notfallsituationen sehr niedriger Reserven beschränkt wird. Die Bewertung im Ausschuß erfolgt, drittens, auch weiterhin nachträglich, sodaß die politische Entscheidung Zahlungsbilanzmaßnahmen zu nutzen, erst einmal ohne WTO Einspruch gefällt werden kann. Viertens wird die Aufhebung von

---

[7717] "the Fund's statement in this regard is not just another expert opinion to be considered or weighed against those of other experts." Siegel 2002: 594. Hintergrund ist Ahn 2000: 25. Begründet wird dies wiederum mit der Verhandlungsgeschichte des GATT. Hier wurde offenbar ein Vorschlag Australiens zurückgewiesen, welches versucht hatte in Art. XV.2 statt "shall accept the determination"; "shall give special weight to the opinions of the fund" einzufügen. Siegel 2002: 594. Weil auch das Panel einen letzten Rest Beurteilungsspielräum einräumt ist es unterkomplex, wenn von in der Literatur die alleinige Relevanz der IWF Feststellung betont wird. "Thus, the IMF determines the legality of imposing or continuing balance-of-payments trade restrictions." Matsushita et al. 2006: 462. Ebenso Pries/Berrisch 2003: 160. Auch Trebilcock/Howse (2005) schließen, daß sich die Streitbeilegung dem IWF unterwirft: "This deference to the fund is not entirely unproblematic". Trebilcock/Howse 2005: 168.

[7718] Diese Klausel ist in das North American Free Trade Agreement eingebaut. Siegel 2002: 597.

[7719] WT/MIN(01)/DEC/W/1, 14 November 2001. Dort der Verweis auf den Implementations Issues Text, siehe das Zitat: "Reaffirms that Article XVIII of the GATT 1994 is a special and differential treatment provision for developing countries and that recourse to it should be less onerous than to Article XII of the GATT 1994." WT/MIN(01)/W/10, 14 November 2001. Siehe auch die Dokumente: WT/BOP/R/66, 19 November 2002; WT/BOP/R/78, 13 May 2005. Siehe ebenso: WT/BOP/R/66, 19 November 2002.

einmal eingeführten Zahlungsbilanzmaßnahmen durch die Stärkung der Rolle der Streitbeilegung und des IWF signifikant beschleunigt.[7720]

Somit ist es in Zukunft nicht mehr möglich, über diese Ausnahme über längere Zeit Zahlungsbilanzreserven zu akkumulieren, wenn keine Krise vorliegt: Die im Rahmen dieser Ausnahme, in der Zeit des GATT, noch akkumulierbaren Gelder müssen fortan für Importe ausgegeben werden. Dadurch ergibt sich eine Präferenz für den Handel und die bestehenden wirtschaftlichen Austauschprozesse.

Somit können weiterhin Handelsmaßnahmen zur Bekämpfung von Zahlungsbilanzkrisen eingesetzt werden, im Einklang mit den WTO Regeln aber erst spät, bei sehr niedrigen Reserveniveaus und zeitlich beschränkt. Daß diese Möglichkeit bei Krisen bleibt, ist sachgerecht, weil diese schwer handhabbar sind und die u.a. vom IWF in seinen Strukturanpassungsprogrammen vorgezogenen Politiken fehlschlagen können, sodaß es sinnvoll sein kann, Politikalternativen zu haben.[7721] Eine dieser Politikalternativen, eben die Zahlungsbilanzschutzmaßnahme, muß nun relativ schnell wieder abgeschafft werden, sobald sich die Zahlungsbilanzsituation verbessert hat, sodaß - wenn ein Land dann noch befürchtet, eine fragilen Situation ausgesetzt zu sein bzw. Währungsreserven erhöhen möchte - gezwungen ist, höhere interne Zinsen zur Unterdrückung der Importnachfrage oder Währungsabwertungen etc. einzusetzen, um die Zahlungsbilanzsituation zu verbessern.

Diese Einschränkung der Handelsspielräume für Entwicklungsländer muß weiterhin vor dem Hintergrund anderer WTO Ausnahmen bewertet werden: Indien wird im Panelbericht aufgefordert, stattdessen Schutzmaßnahmen zu benutzen. Dies ist ein interessanter Vorschlag, bei dem der Panel nicht beachtet, daß die Schutzklausel meist auf bestimmte Waren beschränkt ist und die Streitbeilegung die Schutzmaßnahmen-Nutzung nur dann erlaubt, wenn Schädigung der eigenen Industrie aufzeigbar ist, sodaß dieser Vorschlag systematisch nicht überzeugend ist.

[7720] Es ist nicht genau genug, wenn dieser Fall im Kontext der allgemeinen Frage nach der Sonderbehandlung für Entwicklungsländer diskutiert wird und so getan wird, daß die WTO Regeln in einem Krisenfall nicht flexibel genug sind. Thomas 2000: 1275 Dies stimmt nicht.

[7721] Es gibt sieben Möglichkeiten auf Zahlungsbilanzprobleme zu reagieren: Die Zentralbank finanziert das Zahlungsbilanzdefizit über Kredite aus dem Ausland. Über höhere Zinsen kann ausländisches Kapital angelockt werden, um eine Verbesserung der Kapitalbilanz zu erreichen. Export können gesteigert werden oder die inländische Nachfrage durch restriktive Maßnahmen, wie Zinserhöhungen, verringert werden. Die Währung kann abgewertet werden. Der internationale Kapitalverkehr kann beschränkt werden. Der internationale Handel kann beschränkt werden, durch Zahlungsbilanzmaßnahmen i.S. der WTO Regeln. Der IWF möchte nicht, daß die Länder eine Einschränkung des Kapitalverkehrs oder eine Einschränkung des internationalen Handels durchführen. Deshalb sollten die Länder möglichst die anderen Optionen benutzen, die aber nicht immer unproblematisch sind, u.a. kann eine Abwertung des Wechselkurses nicht unlimitiert erfolgen, genauso hemmen Zinssteigerungen die heimische Wirtschaftsaktivität und Kapital wird dadurch nicht immer angezogen. Frenkel/Menkhoff 2000: 78-80. Diese Politiken funktionieren somit nicht immer. In einer Krise kann der Wechselkurs bereits so stark gesunken sein, daß Kredite, die in ausländische Währung denominiert sind, nicht mehr zurückgezahlt werden können, sodaß sogar eine Erhöhung des Wechselkurses im Ziel sein kann. Frenkel/Menkhoff 2000: 82. Durch Handelsbeschränkungen könnte somit erreicht werden, daß andere Politiken nicht mehr so streng durchgeführt werden müßten. Dabei muß natürlich beachtet werden, daß auch Handelsbeschränkungen Wachstumsprobleme etc. auslösen können. Siehe zu den ambivalenten Effekten der Abwertung Abschnitt 'G' zum Thema Wechselkurspolitik.

Somit stehen sich letztendlich zur normativ wirtschaftswissenschaftlichen Bewertung des aktuellen Stands der Zahlungsbilanzregeln zwei Erwägungen entgegen:

Sehr großzügige Spielräume sind nicht wünschenswert, denn es ist aus dynamisch ordoliberaler Perspektive nicht wohlfahrts- und entwicklungsfördernd, wenn Regierungen beschließen, ein Land sogar längere Zeit, von wirtschaftlichen Austauschprozessen weitgehend abzutrennen. Denn der internationale Handel ist zwar nicht immer, aber wenigstens potentiell wohlfahrtssteigernd. Der Berührungspunkt mit den makroökonomischen Aspekten der Zahlungsbilanzkrisen zeigt gleichzeitig aber, daß schon deshalb Spielräume weiter bestehenbleiben sollten, um, für eine gewisse Zeit, Politikalternativen zur Importverringerung zu haben und auch solche, um Währungsreserven wenigstens zu einem gewissen Grad erhöhen zu können, um währungspolitische Stabilität etablieren zu können. Länder wie Indien und asiatische Länder haben z.B. ihre Währungsreserven in den letzten Jahren massiv erhöht, allerdings nicht über Zahlungsbilanzmaßnahmen, sondern simplerweise über den Kauf von US$ Staatsanleihen.[7722] Damit dies auch kleineren Ländern besser gelingt, die diese Möglichkeiten nicht haben, wäre es jedenfalls nicht abzulehnen, daß Zahlungsbilanzmaßnahmen über einen gewissen Zeitraum genutzt werden können und weiterhin selektiv der Import nicht essentieller Güter beschränkt werden darf. Dies ist in Art. XVIII.10 explizit erlaubt[7723], aber nicht gerne gesehen, der IWF zieht uniform wirkende Maßnahmen vor. Somit wird die Regelbindung hier nicht per se kritisiert, aber eine großzügigere Ausgestaltung für sinnvoll angesehen.[7724] Es spricht nichts dagegen, beispielsweise Reserven für 15 Monate Importe zu erlauben, wenn nicht extrem restriktive Maßnahmen gewählt werden und danach umgehend eine Liberalisierung durchgeführt wird. Der IWF verhält sich dagegen neoklassisch stur mit klarer Präferenz für die sofortige Liberalisierung und sehr kurze Übergangszeiten.[7725]

Am Rande: Auch Maßnahmen im Rahmen von Kapitalverkehrskontrollen werden immerhin auf Panelebene von der WTO untersucht. Auch hier wird dem IWF die wichtige Rolle eingeräumt, über deren Angemessenheit zu entscheiden. Umtauschgebühren, die nur bei Importen auferlegt werden,

---

[7722] IMF 2005: 98. Dies erfolgt u.a. in Reaktion auf die Asienkrise, um gegenüber Spekulationsangriffen sicherer zu sein. "As of February 2004, Japan, China, Hong Kong, Taiwan and South Korea together held over 1.7 trillion US dollars in offical reserves, more than half of the world total, most of them in the form of US treasury bonds." Disyatat 2004: 2. Die Debatte über die Asienkrise schließt sich hier an, welche die volatilen Portfolioinvestitionen diskutiert: Eatwell/Tayloer 1998; Stiglitz 1998: 15; Frenkel/Menkhoff 2000.
[7723] Art. XXVIII.10. WTO 1995: 513.
[7724] So auch, ohne dies genauer zu begründen, Thomas 2000: 1276.
[7725] In den Worten der neoklassischen Überzeugung des IWF: "When countries are faced with reserve losses stemming from a current account crisis, the appropriate, first-best response involves the implementation of expenditure-changing and expenditure-switching (exchange rate) policies that bring spending into a sustainable relationship with output in a non-distortionary manner. Trade measures for balance of payments purposes are distortionary and distinctly second best. Only in extreme current account crisis situations where appropriate policies cannot be implemented in the necessary time frame should resort to such measure be contemplated, and then only a uniform tariff across all imports which has a clear timetable for expeditions elimination and which is part of policy package which is designed to adress the payments imbalance on a sustainable basis." WT/TF/COH/13, 14 February 2003: 1. Dies bedeutet nicht, daß der IWF nicht die Bedeutung höherer Reserven anerkennt. Er fordert sogar dazu auf, höhere Reserven zu halten. Allein sollten Reserven nicht während Zahlungsbilanzkrisen durch Handelsbeschränkungen akkumuliert werden. Befürchtet wird, daß dies eine Abkehr von der Politik der Exportorientierung und eine weitere Kapitalflucht auslöst. WT/TF/COH/13, 14 February 2003: 5-14.

werden von ihm nicht als Kapitalverkehrskontrolle angesehen und damit nicht unter GATT Art. XV.9 (a) akzeptiert, in Honduras vs. Dominican Republic - Import and Sale of Cigarettes (2004-2005).[7726]

18. Präferenzsysteme

Die diversen Systeme niedrigerer Zölle bezüglich der Entwicklungsländer, die nach 1971 etabliert worden sind, sind im Lauf der Zeit mit diversen politischen Bedingungen versehen worden. Diese gehen über die Einhaltung von elementarer Arbeiterrechte in Abkommen der EU und etwa im GSP der USA bis zum Verbot des Kommunismus in einigen Abkommen der USA.[7727] Insofern kam dem folgenden Streitfall einer große Bedeutung für die Zukunft dieser Systeme zu. Im Zusammenhang mit der Fragestellung dieser Arbeit ist erfreulich, daß es weiter möglich ist, auch zwischen Entwicklungsländer zu differenzieren, damit die Politik sehr schwachen Länder gezielt Vorteile verschaffen darf. Dies muß in einer dynamischen Weltwirtschaft, die immer wieder zu schwächeren Ländergruppen führen wird, selbstverständlich sein.

Im Streitfall India vs. EC - Tariff Preferences (2003-2004)[7728] ging es, entgegen der Erwartungen, allerdings nicht direkt um zwei kontrovers diskutierbare Bedingungen, die Entwicklungsländern auferlegt werden können, um Präferenzen genießen: Indien nahm die Klagepunkte bezüglich Arbeitsstandards- und Umweltschutzauflagen im Rahmen von Präferenzabkommen zurück, bevor der Panel seine Arbeit aufnahm. Sodann kam es, im Kontext dieses Falls, zu der überraschenden Wendung, daß die EU Diskriminierung nicht durch die Auferlegung von Kriterien ausgelöst hat, sondern dadurch, daß solche Kriterien vollständig fehlten.[7729]

[7726] Hier erfolgt auch ein Verweis auf das Abkommen zwischen IWF, Weltbank und WTO aus dem Jahre 1996: "The Fund shall inform in writing the relevant WTO body (including dispute settlement panels) considering exchange rate measures within the Fund's jurisdiction whether such measures are consistent with the Articles of Agreement of the Fund." Honduras - Dominican Republic - Measures Affecting the Importation and Internal Sale of Cigarettes, WT/DS302/R, 26 November 2004, S. 142-147, Para. 7.135-7.155. Mavroidis 2005: 253-258. Siehe zu den IWF-rechtlichen Aspekten von Kapitalverkehrskontrollen Abschnitt 'G'. In einem einzigen weiteren Fall geht es um das Verhältnis WTO/IWF. In United States vs. Argentina - Textiles and Apparel (1997-1998) versucht Argentinien für eine Maßnahme dem IWF die Verantwortung zuzuschieben, welche dieser im Rahmen der Strukturanpassung verordnet hätte. Dies traf aber nicht zu. Dazu Siegel 2002: 582-584.

[7727] Charnovitz 2005a: 244-245; zum GSP der USA: Scherrer et al. 1998: 126. Die USA hat hier eine ganze Liste von Bedingungen aufgestellt: Damit ein Land von den Präferenzen profitieren muß, sollte es nicht kommunistisch regiert sein, nicht dem OPEC-Kartell angehören, keine Enteignungen ohne Kompensation vornehmen, in bezug auf die Drogenbekämpfung kooperieren und internationale Streitschlichtungstribunale akzeptieren. In den achtziger Jahren wurden weitere Bedingungen hinzugefügt: Die Länder sollten von unvernünftigen Exportpraktiken Abstand nehmen, speziell im Kupferbereich, geistige Eigentumsrechte sollten respektiert werden, speziell in bezug auf die Nachahmung von Industriegütern. Weiterhin wird die Einhaltung von Arbeiterrechten und der Grad der Liberalisierung in bezug auf Investitionen und den Dienstleistungshandel zur Bewertung hinzugezogen. Weiterhin wird der Zugang zu Märkten und Rohstoffen angeführt und auf einer 'Graduierung' bestanden, wenn eine bestimmte Menge an Importen in die USA vorliegen. Eine Aussetzung von Präferenzen kann der Präsident seit 1984 beschließen, insbesondere wenn der Marktzugang und der Schutz geistiger Eigentumsrechte nicht zufriedenstellend ist. Damit wird der Zugang zu den Märkten der Entwicklungsländer zum herausragenden Ziel der Außenhandelspolitik der USA. Hudec 1987: 113-115.

[7728] Panel, AB, Arbitration. India vs. EU - Conditions for the Granting of Tariff Preferences to Developing Countries, WT/DS246/R, 1 December 2003. India vs. EU - Conditions for the Granting of Tariff Preferences to Developing Countries, WT/DS246/AB/R, 7 April 2004. India vs. EU - Conditions for the Granting of Tariff Preferences to Developing Countries, WT/DS246/14, 20 September 2004.

[7729] So die passende Einleitung in Charnovitz et al. 2004: 239. Siehe zu diesem Fall und diesen Fragen auch: Charnovitz 2005a; Grossman/Sykes 2005; Jessen 2004; 2004a; Matambalya/Wolf 2001.

Noch der Panel legte die 'Enabling Clause'[7730] aus, wie dies Indien in seiner Eingabe vorschlugt, nämlich, daß die Nicht-Diskriminierungsverpflichtung in Para. 2 (a) FN 3 der 'Enabling Clause' gemäß Art. I Meistbegünstigung nur zwischen Industrie- und Entwicklungsländern ausgesetzt wurde und nicht zwischen den Entwicklungsländern. Daraus wäre gefolgt, daß alle Entwicklungsländer bezüglich Präferenzen gleich behandelt werden müssen.[7731] Der AB trägt dies nicht mit und argumentiert, daß der Kontext der 'Enabling Clause' erkennen lasse, daß zwischen LDCs und sonstigen Entwicklungsländern unterschieden werden darf. Es stehe nicht im Widerspruch mit 'non discrimination', wenn Entwicklungsländer unterschiedlich hohe Präferenzen bekommen, denn das Ziel der 'Enabling Clause' sei es nicht nur, die Teilnahme der Entwicklungsländern am internationalen Handel kollektiv zu erhöhen, sondern die Möglichkeit zu geben, auf ihre speziellen Bedürfnisse einzugehen, sodaß einer Untergruppe zusätzlicher Marktzugang eingeräumt werden kann.[7732] Dabei besteht aber die Verpflichtung gleichsituierten Ländern identische Präferenzen einzuräumen:

"In granting such differential treatment, however, preference-granting countries are required, by virtue of the term 'non-discriminatory', to ensure that identical treatment is available to all similarly-situated GSP beneficiaries, that is, to all GSP beneficiaries that have the 'development, financial and trade needs' to which the treatment in question is intended to respond."[7733]

In bezug auf die dem Streit zugrundeliegende EU Politik Ländern mit Problemen der Drogenproduktion Präferenzen einzuräumen (immerhin ging es um einen vollständigen Erlaß aller Zölle[7734]), unter der Bedingung, daß diese bestimmte Politiken verwenden, akzeptiert der AB die Versicherung der EU nicht, daß davon im Prinzip alle Länder, die auch am Allgemeinen Präferenzsystems ('GSP') teilhaben, profitieren könnten. Von vorneherein waren diese Drogenabkommen nur auf 12 Länder ausgerichtet und es gab kein Aufnahmeverfahren für neue Länder (im Gegensatz zu den Präferenzverordnungen, die auf Arbeiterrechte und Umweltschutz ausgerichtet sind). Schließlich wurden keine objektiven Kriterien etabliert, die erkennen ließen, wann

---

[7730] Interpretiert wird hier die 'enabling clause 2': Differential and more favourable treatment reciprocity and fuller participation of developing countries. 28. November 1979. In: BISD 26S/203, 1980. Die 'enabling clause 1', die eine zehnjährige Sondergenehmigung für Präferenzabkommen zwischen Nord-Süd, eben das Generalized System of Preferences ('GSP'), ermöglicht hatte, wurde schon 1971 verabschiedet. BISD 18S/24, 25. Juni 1971. Diese beiden 'waiver' wurden als permanent akzeptiert durch die erstgenannte Entscheidung.

[7731] U.a. ist der Panel davon beeindruckt, daß in den diversen Vorbereitungspapieren zum GSP immer wieder die Rede ist von 'nicht-diskriminierender Behandlung' und 'allen Entwicklungsländer'. Er argumentiert, daß es in Para. 2 (a) FN 3 darum geht, eine Mißbrauch der 'enabling clause' zu verhindern und beobachtet, daß viele Präferenzregime, die darüberhinaus gingen, über 'waiver' eine Sondergenehmigung erhielten, also über die 'enabling clause' hinaus eine Legitimation erhielten. India vs. EU - Conditions for the Granting of Tariff Preferences to Developing Countries, WT/DS246/R, 1 December 2003, S. 127-136, Para. 7.117-7.160

[7732] In Para. 2 (a) FN 3 der 'enabling clause' ist die Nicht-Diskriminierungsverpflichtung enthalten. Der AB sieht aber den Kontext dieser vor allem in Para. 3 (c) der 'enabling clause', die letztendlich auch die Ziele des GATT bzw. der WTO bei dieser Entscheidung formuliert: "shall be ... designe and, if necessary, modified, to respond positively to the development, financial and trade needs of developing countries." India vs. EU - Conditions for the Granting of Tariff Preferences to Developing Countries, WT/DS246/AB/R, 7 April 2004, S. 61-67, Paras. 151-167 ('Kontext'), S. 68, Para. 168-169 ('Ziele'), S. 68-71, Para. 170-176 ('Schlußfolgerungen').

[7733] India vs. EU - Conditions for the Granting of Tariff Preferences to Developing Countries, WT/DS246/AB/R, 7 April 2004, S. 70, Para. 173.

[7734] Es geht hier um 12 lateinamerikanische Länder, die von Zöllen ganz befreit wurden. India vs. EU - Conditions for the Granting of Tariff Preferences to Developing Countries, WT/DS246/R, 1 December 2003, S. 4, Para. 2.6-2.8. Offenbar ging es auch um Pakistan. Matsushita et al. 2006: 227.

die Länder mit den Abkommen übereinstimmen oder auch nicht mehr dafür in Frage kommen. Auch eine Entscheidungsgrundlage für die Differenzierung zwischen Drogenländern und anderen GSP Ländern gab es nicht.[7735]

Zukünftige Relevanz hat dieser Fall, neben der fortan gültigen Verpflichtung, anhand von objektiven Kriterien, gleichsituierte Länder an Präferenzen teilhaben zu lassen[7736], vor allem durch die Ausführungen des AB dazu, daß nur solche Präferenzbedingungen als 'positive Reaktion', s.u., der Industrieländer gelten könnten, bei denen ein ausreichender Nexus erkennbar sei, daß sie die Entwicklungs-, Finanz und Handelssituation der Entwicklungsländern verbessern sollen:

"However, paragraph 3(c) does not authorize *any* kind of response to *any* claimed need of developing countries. First, we observe that the types of needs to which a response is envisaged are limited to 'development, financial and trade needs'. In our view, a 'need' cannot be characterized as one of the specified 'needs of developing countries' in the sense of paragraph 3(c) based merely on an assertion to that effect by, for instance, a preference-granting country or a beneficiary country. Rather, when a claim of inconsistency with paragraph 3(c) is made, the existence of a 'development, financial [or] trade need' must be assessed according to an *objective* standard. Broad-based recognition of a particular need, set out in the *WTO Agreement* or in multilateral instruments adopted by international organizations, could serve as such a standard."[7737]

"Secondly, paragraph 3(c) mandates that the response provided to the needs of developing countries be 'positive'. 'Positive' is defined as "consisting in or characterized by constructive action or attitudes". This suggests that the response of a preference-granting country must be taken with a view to *improving* the development, financial or trade situation of a beneficiary country, based on the particular need at issue. As such, in our view, the expectation that developed countries will 'respond positively' to the 'needs of developing countries' suggests that a sufficient nexus should exist between, on the one hand, the preferential treatment provided under the respective measure authorized by paragraph 2, and, on the other hand, the likelihood of alleviating the relevant 'development, financial [or] trade need'."[7738]

[7735] India vs. EU - Conditions for the Granting of Tariff Preferences to Developing Countries, WT/DS246/AB/R, 7 April 2004, S. 72-76, Para. 181-188. "Thus, although the European Community claims that the Drug Agreements are available to all developing countries that are 'similarly affected by the drug problem', because the Regulation does not define criteria or standards that a developing country must meet to qualify for preferences under the Drug Agreements, there is not basis to determine whether those criteria or standards are discriminatory or not." S. 76, Para. 189.

[7736] Jessen 2004a: 2-3; Matsushita et al. 2006: 776. Dies war in der Vergangenheit nicht der Fall, so haben vom GSP vor allem fortgeschrittene asiatische Länder profitiert, ähnliches gilt für das die Textil- und Bekleidungspräferenzen siehe Abschnitt 'H' und 'I'.

[7737] India vs. EU - Conditions for the Granting of Tariff Preferences to Developing Countries, WT/DS246/AB/R, 7 April 2004, S. 66, Para. 163.

[7738] India vs. EU - Conditions for the Granting of Tariff Preferences to Developing Countries, WT/DS246/AB/R, 7 April 2004, S. 66, Para. 164. So auch Irish 2007: 687-689. Nicht erwähnt in Matsushita et al. 2006: 776.

Es ist schwer einzuschätzen, inwiefern die Präferenzbedingungen der EU und der USA[7739] diesen Kriterien entsprechen, u.a. weil einige der vom AB benutzten Begriffe, wie ein 'positive response' auf Entwicklungsprobleme einerseits eng (hin auf Wachstum und Handel) andererseits breit (Arbeitsstandards- und Umweltschutz einschließend) ausgelegt werden könnten. Bei einer engen Auslegung könnte es durchaus dazu kommen, daß die Streitbeilegung anspruchsvolle Arbeitsstandards- und Umweltschutzkriterien bzw. sonstige weitere Kriterien nicht als GSP Bedingungen akzeptiert. Klarer erkennbar ist, welche der objektiven Standards als international akzeptiert gelten könnten (z.B. fallen Arbeitsstandards klar unter das Kriterium 'multilateral instruments' mit 'broad based recognition').[7740] Die EU hat in ihrer neuen Ausgestaltung des GSP auf diese Forderungen der Streitbeilegungsentscheidung relativ weitgehend reagiert, wobei die Frage der Vereinbarkeit anspruchsvollerer Standards mit den WTO Regeln bleibt.[7741] Fraglich ist beispielsweise, ob die Aussetzung des GSP zur Durchsetzung geistigen Eigentumsschutz, typisch für die USA, als positive Antwort auf Entwicklungsprobleme angesehen werden kann.[7742] Indien und Brasilien kritisierten diese Entscheidung, weil weiterhin denkbar bleibt, daß die Industrieländer das GSP zu 'außenpolitischen' Zwecken gebrauchen können.[7743]

Aus der normativ wirtschaftswissenschaftlichen Perspektive dieser Arbeit, die sich auf ordoliberalen Grundlagen befindet, ist weltweit eine Einhaltung von Arbeitnehmerrechten erforderlich. Schon Walter Eucken hielt die Präsenz von Gewerkschaften und die Einhaltung u.a. von Kernarbeitsnormen für selbstverständlich, um die Macht der Unternehmen auszugleichen. Ebenso besteht die Gefahr, daß hier ein Marktversagen auftritt, welches die neoklassische Theorie nicht thematisiert, nämlich ein 'race to the bottom', dem u.a. auch Entwicklungsländer gegenüber einander ausgesetzt sind.[7744] In Abschnitt 'H' wurde allerdings ebenso eine große und real bestehende Gefahr genannt, die mit dem Wunsch der weltweiten Verbreitung von Arbeitnehmerrechten verbunden ist: Die Nutzung dieser als Begründung des Protektionismus der Industrieländer gegen die aufholenden Entwicklungsländer. Es erscheint deshalb nicht als sachlich begründbar, innerhalb der WTO Regeln zu schaffen, mit denen Arbeiternehmerrechte verpflichtend durchgesetzt werden könnten, weil dies hätte zur Folge hätte, daß

[7739] Hier nur ein ungenauer Überblick: Zusätzliche, 'positive' Präferenzen gibt es von der EU bei der Einhaltung von Kernarbeitsstandards und zukunftsfähigem Tropenholz, 'negative' Bedingungen sind u.a. Kernarbeitsstandards, Zwangsarbeit/Sklaverei, Export von Güter aus der Gefängnisarbeit, ineffiziente Zollkontrolle bezüglich Drogen, Geldwäsche, Betrug bei Ursprungsregeln, unfaire Handelspraktiken und Verletzung internationaler Fischereikonventionen; die USA nutzt als 'negative' Bedingung Kommunismus, internationale Kartellteilnahme, Enteignung, Nicht-Umsetzung von Schlichtungsentscheidungen, Terrorismus, Arbeitsrechte und Kinderarbeit. Siehe Charnovitz 2005a: 244-245.
[7740] Jessen 2004: 31-33; hier hätte die Streitbeilegung aber immer noch die Möglichkeit, Arbeitsstandards nicht im Einklang mit den 'development, financial and trade needs' zu sehen und damit als inkompatibel mit Präferenzregimen zu erklären. Irish 2007: 693.
[7741] In der EU besteht derzeit eine GSP Verordnung, die nicht zwischen Entwicklungsländern differenziert. Sodann die sog. Everything but Arms-Verordnung, die weitgehende Zollfreiheit für LDCs einräumt. Die darüber hinausgehenden Präferenzregime, die u.a. für nicht-LDCs gelten, sind zu einem GSP Plus zusammengefaßt worden, welches sehr viele Bedingungen enthält (u.a. Menschen- und Arbeiterrechte, 'good governance', Umweltschutz) und nach objektive Kriterien begrenzt wird. Für den Schutz des Tropenwalds verspricht die EU keine zusätzlichen Vorteile. Jessen 2004a: 3-8.
[7742] Ausführlich zu diesem Thema auch Shaffer/Apea 2005: 1003.
[7743] Shaffer/Apea 2005: 1004.
[7744] Den Hinweisen in der Literatur bezug auf nicht überzeugende Position der Neoklassik hierzu und der Beobachtung einer Süd-Süd Dimension des Problems wird hier zugestimmt. Die These, daß die Nord-Süd Konkurrenz innerhalb von Unternehmen zu Problemen führen muß, wird hier aber nicht mitgetragen. Scherrer et al. 1998: 265, 262-266.

nach einem gewonnenen Streitfall eine Vergeltung autorisiert würde, also die Aussetzung von Zollzugeständnissen für Produkte aus diesem Entwicklungsland. Kurz: Vergeltung wirkt als Druckmittel zur weltweiten Verbreitung der Arbeitnehmerrechte, führt aber gleichzeitig im Falle der Aussetzung von Zollzugeständnissen zur Erhöhung der Profite und der oligopolistischen Marktmacht in bestimmten Sektoren. Dadurch wird für Unternehmer und Gewerkschaften ein Anreiz etabliert, solche Maßnahmen auch dann anzustreben, wenn dies mit der 'Sache', nichts mehr zu tun hat bzw. sogar kontraproduktiv wirkt.[7745] Einer Nutzung von Arbeiternehmerrechten in Präferenzabkommen scheint dagegen weniger entgegenzustehen.[7746]

Zuletzt: Das Meistbegünstigungsprinzip wurde durch diese Entscheidung, die innerhalb der Logik der Enabling Clause stattfindet, nicht aufgeweicht, es gibt weiterhin 'discrimination' per se, ebenso wird aber eine zweite Möglichkeit, wie Diskriminierung definiert werden kann, benannt: "... at least insofar as the making of distinctions between similar situations is concerned, the ordinary meaning of discrimination can accomodate both drawing distinctions *per se*, and drawing distinctions on an *improper basis*."[7747]

[7745] Diese Diskussion kann hier nicht zuende geführt werden. Noch 2004 versuchten U.S. Gewerkschaften Sec. 301 gegen China zu aktivieren. Siehe: U.S.-China Economic and Security Review Commission 2005: 43. Daß ein protektionistischer Mißbrauch von Vergeltungsmaßnahmen Realität ist, wird nicht ausreichend thematisiert in Scherer et al. (1998). Die vorliegende Arbeit ist nicht zur Lösung dieser Frage geschrieben wurden, hat aber aufgrund sachlicher Recherche zum Ergebnis geführt, daß protektionistische Maßnahmen durchaus positive Beschäftigungswirkungen und Gewinnzunahmen in Firmen der Industrieländer nach sich ziehen können. Dadurch besteht ein Anreiz für Unternehmen und Gewerkschaften, protektionistische Maßnahmen zu befürworten. Dies ist allein daran erkennbar, daß Gewerkschaften sich in den USA nicht nur Sec. 301 verwenden wollen, sondern sich regelmäßig an Schutzklausel- und Antidumpingpetitionen beteiligen, bei denen es oft um die Erhöhung der Gewinne und der Marktmacht der Unternehmer geht. In Scherer et al. (1998) wird Sec. 301 etwa als "potentiell stärkste Sozialklausel" charakterisiert. Dies ist sachlich nicht falsch. Hier wird jedoch insbesondere den folgenden Zitaten aus Scherer et al. (1998) nicht zugestimmt, weil sie die Gefahr des Protektionismus nicht zur Kenntnis nehmen: "Die bisherige Handhabung der Sozialklauseln in der US-Handelsgesetzgebung liefert keine Beweise, die den Protektionismus Vorwurf erhärten könnten", "Zentrale Einwände gegen das internationale gewerkschaftliche Engagement führen oft die möglichen protektionistischen Motive der Gewerkschaften an. Angesichts der vorliegenden Ergebnisse sind diese Vorwürfe wenig glaubwürdig. Positive Beschäftigungswirkungen in den Industrieländern sind durch die Anwendung einer Sozialklausel nicht zu erwarten." Scherer et al. 1998: 118, 268. Daß die WTO zu Vergeltungsmaßnahmen autorisieren kann, wird ebenso nicht thematisiert. Scherer et al. 1998: 271-272. Sanktionen zur Durchsetzung von Sozialklauseln werden für sinnvoll angesehen. Scherer et al. 1998: 266, 275. Dabei könnten gerade Überlegungen, wie dem protektionistischem Mißbrauch zukünftiger internationaler Regeln zur Durchsetzung von Arbeitnehmerrechten durch Gewerkschaften entgegengewirkt werden kann, dieser Debatte einen neuen Impuls geben. So könnte ggf. ein neutrales Gremium Verstöße feststellen, zu dem die Zivilgesellschaft (bzw. auch die Gewerkschaften) keinen priviligierten Zugang hat. Siehe zur Debatte um internationale Arbeitsstandards: Scherer et al. 1998; OECD 1996k; Langille 1997.

[7746] Siehe die u.a. auch positiven Erfahrungen mit U.S. Präferenzabkommen mit solchen Bedingungen. Scherer et al. 1998: 178-250, 273-275. Ebenso wird jedoch auch unter diesen Bedingungen beobachtet, daß in der Anfangszeit die GSP Sozialklausel von Gewerkschaften genutzt wurde, um gezielt die wettbewerbsfähigen Schwellenländer zu beschuldigen. Scherer et al. 1988: 145. Eine Übersicht über Abkommen der USA und der EU, die Sozialklauseln enthalten, bieten Grynberg/Qualo 2006.

[7747] Herv. im Original. United States vs. Canada - Measures Relating to Exports of Wheat and Treatment of Imported Grain, WT/DS276/AB/R, 30 August 2004, S. 26, Para. 87. Siehe auch die beiden Zitate aus dem Bereich Völkerrecht, die diese beiden Positionen markieren: "... Mere differences of treatment do not necessarily constitute discrimination ... discrimnation may in general be said to arise where those who are in all material aspects the same are treated differently, or where those who are in material respects different are treated the same way." Sowie: "... Discrimination occurs when in a legal system an inequality is introduced in the enjoyment of a certain right, or in a duty, while there is no sufficient connection between the inequality upon which the legal inequality is based and the right or the duty in which this inequality is made." S. 62, Para. 153 FN 318. Zu dieser Diskussion auch Matsushita et al. 2006: 212-216.

19. Art. XVII Staatliche Unternehmen

Staatliche Unternehmen sind auch in dieser Zeitperiode zunehmender Liberalisierung als wirtschaftliche Akteure weiter relevant. So gibt es im Bereich der Agrarhandels eine Reihe staatlicher Unternehmen auch in Industrieländern: Darunter das Canadian und Australien Wheat Board (die zusammen für 33 % des Welthandels aufkamen, von 1994-1997) und das New Zealand Diary Board (hält 30 % des Milchexports). Auch das U.S. Agrarministerium ist als staatliches Unternehmen in der WTO notifiziert.[7748] Ebenso sind staatliche Unternehmen in einer Reihe von Entwicklungsländern für Agrarexporte und -importe zuständig.[7749] Dies gilt aber nicht nur für den Agrarbereich: In Indien und u.a. Äthiopien bestehen diverse staatliche Industrieunternehmen weiter, die erst langsam umstrukturiert werden.[7750]

Traditionell zeichnete sich das GATT durch breite Spielräume für staatliche Unternehmen[7751] aus. Die diesbezüglichen Art. XVII Regeln wurden in dieser Zeit de facto nicht durchgesetzt und die Berichte waren nicht zufriedenstellend.[7752] Diese Regeln sind in der WTO nicht geändert, sondern nur durch ein Notifikationserfordernis ergänzt worden.[7753] China hat bei seiner Aufnahme bestimmten, zusätzlichen Regeln zugestimmt.[7754]

Der einziger WTO Fall zu diesem Thema ist United States vs. Canada - Wheat Exports and Grain Imports (2004)[7755], der die Spielräume für staatliche Unternehmen bestätigt, aber gleichzeitig erkennen läßt, daß diese nicht unlimitiert sind. Obwohl die beiden zentralen Verpflichtungen von Art. XVIII diskutiert werden, bleiben einige Fragen offen, u.a. weil die U.S. Eingabe, ohne detailliertere Beschuldigungen festzumachen, auf das Statut des staatlichen Canadian Wheat Boards ('CWB') verwies und erwartet hatte, daß dies Beweis genug ist, daß dieses staatliche Unternehmen außerhalb kommerzieller Erwägungen gehandelt hat.[7756]

[7748] Genauer gesagt die CCC: "The Commodity Credit Corporation (CCC) is a government-owned and operated entity within the U.S. Department of Agriculture (USDA). CCC was created to stabilize, support, and protect farm income and prices. CCC also helps maintain balanced and adequate supplies of agricultural commodities and aids in their orderly distribution." Darüberhinaus sind die staatliche Ölreserve, Nuklearproduktionen und Elektrizitätsfirmen, die u.a. auch Strom exportieren, staatlich. G/STR/N/11/USA, 4 October 2006. S. 2.
[7749] USDA 1998: 43-44. Erwähnt werden Japan, Indien, Ägypten, China und Taiwan. Und Länder außerhalb der WTO, Rußland, Algerien und Iran. Dohlman/Hoffman 2000: 44.
[7750] Siehe zu Indien Abschnitt 'F'. Sowohl zu Indien als auch Äthiopien siehe Hermanns 2005c: 15-17, 24-25.
[7751] Darunter fallen auch sog. Marketing Boards für die Agrarproduktion, siehe Ad Art. XVII. WTO 1995: 550.
[7752] Hathaway/Ingco 1995: 19, Ingco/Ng 1998: 2.
[7753] Understanding on the Interpretation of Article XVII of the General Agreement on Tariffs and Trade 1994. WTO 1995: 25-26.
[7754] Besonders weitgehende, zusätzliche Verpflichtungen lassen diese nicht erkennen. WT/L/432, 23 November 2001, S. 5.
[7755] Panel und AB. United States vs. Canada - Measures Relating to Exports of Wheat and Treatment of Imported Grain, WT/DS276/R, 6 April 2004. United States vs. Canada - Measures Relating to Exports of Wheat and Treatment of Imported Grain, WT/DS276/AB/R, 30 August 2004.
[7756] So am Ende die Kritik des AB an der Eingabe der USA. United States vs. Canada - Measures Relating to Exports of Wheat and Treatment of Imported Grain, WT/DS276/AB/R, 30 August 2004, S. 66, Para. 191. Hier wird von vorneherein ausgenommen, die Aufkäufe vor Ort zu untersuchen. Es geht nur um die Exporte. United States vs. Canada - Measures Relating to Exports of Wheat and Treatment of Imported Grain, WT/DS276/R, 6 April 2004, S. 139, Para. 6.24, FN 118. Der Bericht konnte von Pries/Berrisch (2003) nicht mehr zur Kenntnis genommen werden, die Staatshandelsregeln werden aber richtig beschrieben. Pries/Berrisch 2003: 121.

Einige grundlegende Punkte aus dem AB Bericht: Ein Aufzeigen eines Regelverstoßes ist möglich, wenn erstens gezeigt werden kann, daß die Käufe und Verkäufe zwischen Märkten diskriminiert haben ("non-discriminatory treatment")[7757] und gefunden werden kann, daß sie nicht im Einklang mit kommerziellen Erwägungen ("commercial considerations")[7758] erfolgten.[7759] Diese beiden Kriterien werden sodann anhand einer Fall-zu-Fall Analyse kommerziellen Verhaltens, gemäß Art. XVII.1 (b) untersucht[7760], bei der nicht vergessen werden darf, daß es letztendlich darum geht, dadurch den Tatbestand diskriminierenden Verhaltens, nach Art. XVII.1 (a) zu zeigen. Der AB betont, daß die Regeln nicht das Mandat erteilen in einem abstrakten Sinn zu entscheiden, ob staatliche Unternehmen 'kommerziell' agieren, noch werden Verhaltensansprüche, etwa aus dem Wettbewerbsrecht, an diese gestellt.[7761] Akzeptiert wird weiterhin, daß die staatlichen Unternehmen die ihnen eingeräumten Privilegien und Vorteile auch ausüben dürfen, allein Käufe und Verkäufe, die diskriminierend sind und nicht auf kommerziellen Erwägungen beruhen, verstoßen gegen Art. XVII.1.[7762] Weiterhin wählt der AB, im Rahmen dieses Falls, für den letzten Satz von Art. XVII.1 (d)[7763] eine weniger weitreichende Deutung: Dort gehe es allein darum, daß staatliche Unternehmen Käufern adäquate Möglichkeiten einräumen müssen, sich an den eigenen Transaktionen zu beteiligen (ein staatliches Unternehmen sollte z.B. beim Verkauf großer Mengen Getreide darauf achten, daß alle interessierten Zwischenhändler beachtet werden). Es sei nicht zu erkennen, daß dort geregelt sei, daß ein staatliches Unternehmen sich gegenüber anderen Verkäufern i.S. von Wettbewerbern 'kommerziell' verhalten muß, beispielsweise wenn es um die Konkurrenz um einen großen Auftrag geht.[7764] In Art. XVII.3

[7757] Art. XVII.1 (a) "such enterprise shall, in its purchases or sales involving either imports or exports, act in a manner consistent with the general principles of non-discriminatory treatment". Art. XVII, Art. 1 (b). WTO 1995: 509.

[7758] Art. XVII, Art. 1 (b) "make any such purchases or sales solely in accordance with commercial considerations, including price, quality, availability, marketability, transportation and other conditions of purchase or sale, and shall afford the enterprise of the other contracting parties adequate opportunity, in accordance with customary business practice, to compete for participation in such purchases and sales." WTO 1995: 510.

[7759] United States vs. Canada - Measures Relating to Exports of Wheat and Treatment of Imported Grain, WT/DS276/AB/R, 30 August 2004, S. 39-40, Paras. 119-122.

[7760] "We nevertheless think it important to observe that the Panel's interpretation of the term 'commercial considerations' necessarily implies that the determination of whether or not a particular STE's conduct is consistent with the requirements of the first clause of subparagraph (b) of Article XVII:1 must be undertaken on a case-by-case basis, and must involve a careful analysis of the relevant market(s). We see no error in the Panel's approach; only such an analysis will reveal the type and range of considerations properly considered 'commercial' as regards purchases and sales made in those markets, as well as how those considerations influence the actions of participants in the market(s)." United States vs. Canada - Measures Relating to Exports of Wheat and Treatment of Imported Grain, WT/DS276/AB/R, 30 August 2004, S. 47-48, Para. 144.

[7761] "In other words, a panel inquiring whether an STE has acted solely in accordance with commercial considerations must undertake this inquiry with respect to the market(s) in which the STE is alleged to be engaging in discriminatory conduct. Subparagraph (b) does not give panels a mandate to engage in a broader inquiry into whether, in the abstract, STEs are acting 'commercially'. The disciplines of Article XVII:1 are aimed at preventing certain types of discriminatory behaviour. We see no basis for interpreting that provision as imposing comprehensive competition-law-type obligations on STEs, as the United States would have us do.' United States vs. Canada - Measures Relating to Exports of Wheat and Treatment of Imported Grain, WT/DS276/AB/R, 30 August 2004, S. 48, Para. 145.

[7762] "In other words, we cannot accept that the first clause of subparagraph (b) would, as a general rule, require STEs to refrain from using the privileges and advantages that they enjoy because such use might 'disadvantage' private enterprises. STEs, like private enterprises, are entitled to exploit the advantages they may enjoy to their economic benefit. Article XVII:1(b) merely prohibits STEs from making purchases or sales on the basis of non-commercial considerations." United States vs. Canada - Measures Relating to Exports of Wheat and Treatment of Imported Grain, WT/DS276/AB/R, 30 August 2004, S. 49, Para. 149.

[7763] "... and shall afford the enterprises of the other contracting parties adequate opportunity, in accordance with customary business practice, to compete for participation in such purchases or sales." Art. XVII.1 (b). WTO 1995: 510.

[7764] Offengelassen wird, welche Verpflichtungen sich gegenüber Verkäufern ergeben. United States vs. Canada - Measures Relating to Exports of Wheat and Treatment of Imported Grain, WT/DS276/AB/R, 30 August 2004, S. 53, Para. 160.

wird erwähnt, daß Staatshandelsunternehmen "serious obstacles to trade"[7765] auslösen können. Diesbezüglich akzeptiert der AB das Argument der USA nicht, daß dieser Artikel das 'Thema' des gesamten Artikels vorgibt, denn dort werde ebenso darauf hingewiesen, daß zum Abbau dieser 'obstacles' Verhandlungen nötig seien.[7766] All dies deutet auf Spielräume hin.

Dennoch findet in diesem Fall eine Diskussion 'kommerziellen' Verhaltens statt, die zeigt, daß diese Spielräume nicht ohne Limits sind. Unter Beachtung der oben erwähnten Einschränkungen der Analyse auf den Diskriminierungstatbestand, schließt das Panel, daß es nicht im Einklang mit kommerziellen Erwägungen stehen würden, einfach niedrige Preise einzuräumen und sich nicht mehr darum zu kümmern, ob die Aktivitäten "economically advantageous for themselves and/or their owners, members, beneficiaries, etc." sind.[7767] Der AB schätzt bezüglich dieser Fragestellung das abstufende Argument Kanadas, daß ein großer wirtschaftlicher Akteur von anderen 'kommerziellen' Erwägungen geleitet werden kann, als kleine Akteure, sodaß er z.B. auch Kredite vergeben kann.[7768] Die letztendliche Panelentscheidung, daß das CWB nicht gegen Art. XVII verstieß, wird sodann von einer ganzen Reihe von konkreten Beobachtungen gestützt: So ginge es dem CWB nicht darum, Verkäufe zu maximieren, ohne den Ertrag für die Bauern zu beachten etc.[7769] Staatshandelsunternehmen unterliegen weiterhin Art. II.4 sowie Art. XI, XII, XIII, XIV und XVIII des GATT.[7770] Und ebenso Art. VI. Über die Anwendbarkeit von Art. III gibt es unterschiedliche Meinungen, dies wird hier nicht entschieden.[7771]

Wie kann dies dynamisch ordoliberal bewertet werden? Im Agrarbereich haben staatliche Unternehmen, die teils als Marketing Boards fungierten, in diversen Länder, darunter Indonesien, Ägypten und Indien positiv i.S. einer Wohlfahrtsteigerung gewirkt, weil es dadurch gelang, höhere

---

[7765] Art. XVII, Art. 3. WTO 1995: 510.

[7766] "Thus, this provision constitutes acknowledgement by the GATT contracting parties of the *limitations* inherent in Art. XVII:1, and recognizes that Article XVII:1 cannot serve as the sole legal basis for eliminating *all* potential obstacles to trade relating to STEs." Herv. im Original. United States vs. Canada - Measures Relating to Exports of Wheat and Treatment of Imported Grain, WT/DS276/AB/R, 30 August 2004, S. 30, Para. 97.

[7767] United States vs. Canada - Measures Relating to Exports of Wheat and Treatment of Imported Grain, WT/DS276/R, 6 April 2004, S. 153, Para. 6.87.

[7768] "[t]he way that a particular enterprise weighs and applies 'commercial considerations' depends on the circumstances in which it operates, including the size of the enterprise, the characteristics of the market in which it operates, the type of organisation it is, its financial circumstances and the degree of competition in the market. For example, a large enterprise with significant assets may be willing to sell on credit terms that a smaller enterprise would not. Both enterprises would be acting in accordance with commercial considerations, even though their conduct is opposite." United States vs. Canada - Measures Relating to Exports of Wheat and Treatment of Imported Grain, WT/DS276/AB/R, 30 August 2004, S. 47-48, Para. 144.

[7769] United States vs. Canada - Measures Relating to Exports of Wheat and Treatment of Imported Grain, WT/DS276/R, 6 April 2004, S. 162, Para. 6.127. Jedenfalls überzeugt den Panel das U.S. Argument nicht, daß das CWB zu niedrige Preise verlangen würde, weil es 'nur' darum gehen würde, den Wert des angekauften Weizens wiederzuerlangen. Eine solche Preispolitik würde nicht zur Schlußfolgerung führen, daß nicht 'kommerzielle' Erwägungen beachtet würden. Die USA hatte argumentiert, daß nur eine profit-maximierende Verhaltensweise, die immer versucht zu den höchsten Preisen zu verkaufen, 'kommerziell' sei. S. 163, Paras. 6.128-6.129. Hintergrund ist hier wiederum, daß das CWB nicht eigenständig Profite machen muß, S. 164, Para. 6.133. Auch eine 'overproduction' von hochqualitativen Getreide wird als 'kommerziell' akzeptiert, weil es dazu dient, in weniger guten Jahren Lieferverträge einzuhalten. S. 165, Para. 6.137.

[7770] United States vs. Canada - Measures Relating to Exports of Wheat and Treatment of Imported Grain, WT/DS276/AB/R, 30 August 2004, S. 30, Para. 98.

[7771] United States vs. Canada - Measures Relating to Exports of Wheat and Treatment of Imported Grain, WT/DS276/AB/R, 30 August 2004, S. 31, Para. 98 FN 104.

Preisniveaus zu etablieren und u.a. über Düngemittelsubventionen die Produktion zu steigern.[7772] Auch das liberale Paradebeispiel Vietnam zeigt, bei partieller Liberalisierung und Reform, bis heute den positiven Einfluß staatlicher Strukturen und der weiterhin vorhandenen Quersubventionierung innerhalb privater Akteure zur Belieferung entfernter Regionen (hier Düngemittel).[7773] Es ist normativ wirtschaftswissenschaftlich deshalb nicht zu befürworten, daß solche Politiken im Agrarbereich durch zukünftige strengere WTO Staatshandelsregeln verunmöglicht werden. Das Beispiel China zeigt, daß eine partielle Liberalisierung, bei weiter bestehenden staatlichen Unternehmen, innerhalb der WTO ausgehandelt werden kann.[7774] Dies zeigt, daß es auch ohne noch strengere Regeln in diesem Bereich zu einem vorteilhaften und ggf. wohlfahrtssteigernder Austausch von Zugeständnissen kommen kann.

Die dynamisch ordoliberale Theorie würde weiterhin schlußfolgern, daß im Industriebereich staatliche Firmen nur in Ausnahmefällen, bei klar erkennbarem Marktversagen rechtfertigbar sind, tendenziell im Bereich öffentlicher Versorgung. In den meisten Fällen ist es für eine Entwicklungspolitik sinnvoll, auf den privaten Sektor zu setzen oder staatlich/private Joint Ventures anzustreben. Für staatliche Unternehmen im Industriebereich spricht somit nichts dagegen, daß hier die Regeln des SCM, genauso wie für private Firmen, anwendbar sind: SCM Art. 1.1 (a)(i)(iii) ist zwar in der Streitbeilegung noch nicht vorgekommen, bestimmt aber, daß, sobald eine Regierung Waren (und Dienstleistungen) zu Verfügung stellt, eine Subvention vorliegt.[7775] Um ernsthafte Schädigung etc. zu zeigen, ist der Rekurs auf weitere SCM Regeln nötig. Somit gibt es für diese Industrien auch durch das SCM eine gewisse Regelbindung, wobei positiv ist, daß dessen Spielräume eine wohlfahrtsteigernde Umstrukturierung und eine nachfolgende Liberalisierung weiter ermöglicht, siehe Punkt 8, Fazit Subventionen und Ausgleichsmaßnahmen.

20. Art. XIII Nichtdiskriminierende Anwendung mengenmäßiger Beschränkungen

In Art. XIII werden für Zollkontingente bestimmte Regeln aufgestellt. Die Zollkontingente müssen gemäß dem Meistbegünstigungsprinzip verwaltet werden.[7776] Zollkontingente bestehen aus einer Menge, die zu einem niedrigeren Zoll eingeführt werden darf. Sobald die Menge überschritten ist, sind höhere Zölle fällig, oft die verbindlich festgelegten Meistbegünstigungszölle. Weil diese Zölle, gerade im Landwirtschaftsbereich, sehr hoch liegen können, geht es darum, wie die Mengen verwaltet

---

[7772] Hermanns 2005b: 129-133.

[7773] Daß eine partielle Reform und auch eine Liberalisierung sinnvoll sein kann, wird hier nicht geleugnet. Es geht hier nicht um eine dogmatische Stellungnahme für staatliche Unternehmen im Agrarbereich, es geht allerdings schon darum, darauf hinzuweisen, daß dieser Bereich besondere Politiken nötig machen kann. Dazu kommt, daß staatliche Eingriffe hier durchaus wohlfahrtssteigernde Wirkungen haben können, wiewohl sie u.a. mit liberalen Strukturen kombiniert werden können etc. Um nachvollziehen zu können, daß staatliche Strukturen positiv im Agrarbereich wirksam sein können, benötigt es wenig Aufwand: Die beiden folgenden Publikationen über Vietnam zusammen zeigen dies: Minot/Goletti 2000; Grote/Nguyen 2004. Für den internationalen Handel mit Reis, bei dem staatliche Interventionen - nicht - zu einer unangemessenen Volatilität führten, siehe die Studie eines der weltweit führenden Agrarökonomen der Uni Michigan: Jayne 1993.

[7774] Hermanns 2001: 279-284.

[7775] SCM Art. 1.1 (a) (1) (iii). WTO 1995: 264.

[7776] Auch hierzu enthält der Bananenfall Schlußfolgerungen. Siehe schon oben Punkt 10, Art. I Meistbedünstigung. Siehe auch Matsushita et al. 2006: 208.

werden, die innerhalb des Zollkontingents einem niedrigeren Zoll ausgesetzt sind. Vor allem stellt sich die Frage, welche Länder von diesen Mengen profitieren und wie Länder eingebunden werden können, die sich in einem Produktbereich erst als Zulieferer neu etablieren. Weil das Übereinkommen über die Landwirtschaft solche speziellen Regeln, die sich mit derselben Fragestellung befassen, nicht enthält, wird in der Streitbeilegung mit dieser 'specifically with the same manner'-Argumentation GATT Art. XIII über das AOA gesetzt.[7777]

In Art. XIII finden sich unterschiedliche Prinzipien wieder: Generell sollten die Länder gleichartig eingeschränkt werden, so Art. XIII.1. Um dies zu erreichen kann, nach Art. XIII.2, ein Abkommen mit allen interessierte Ländern, die ein substantielles Lieferinteresse, "substantial interest" haben, abgeschlossen werden. Ist dies nicht praktikabel, sollten die Mengen auf die Länder aufgeteilt werden, aus denen "during a previous representative period" importiert wurde, wobei aber spezielle Faktoren beachtet werden sollten. Dazu wird Eingangs in Art. XIII.2 das Erfordernis erwähnt, eine Aufteilung zu erreichen, die "might be expected in the absence of restrictions."[7778] Im Fall Ecuador, Guatemala, Honduras, Mexico, United States vs. EU - Bananas (1997-2000)[7779] wurde vom Panel klargestellt, daß bei der Aufteilung des Zollkontingents weder Länder mit 'non substantial supplying interest' untereinander ungleich behandelt werden dürfen (Nicaragua, Venezuela vs. Guatemala) noch neue WTO Mitglieder vergessen werden dürfen (Ecuador).[7780] Gleichzeitig ist es erlaubt, daß ein Abkommen über ein Zollkontingent mit Länder, die 'substantial interests' haben, abgeschlossen wird (Columbia, Costa Rica), welches eine länderspezifische Menge festlegt, wobei allerdings das Abkommen von anderen Parteien in der Streitbeilegung angegriffen werden kann.[7781] Der Panel schloß in diesem Fall, daß die EU in ihrer Sondergenehmigung ('waiver') für die AKP Länder eine Ausnahme von Art. I eingeräumt bekommen hatte, welches sich auch auf Art. XIII erstreckt. Der AB stellte dagegen fest, daß in dieser Sondergenehmigung nicht explizit auf Art. XIII verwiesen wurde und dieser Artikel somit eingehalten werden muß.[7782] Weiterhin betont der AB (1997) die Nicht-

---

[7777] Brazil vs. United States - Subsidies on Upland Cotton, WT/DS267/AB/R, 3 March 2005, S. 206, Para. 548.
[7778] Art. XIII.1, Art. XIII.2, Art. XIII.2 (d). WTO 1995: 504. Nicht alle hiermit verbundenen Fragen hat der AB entschieden, es gibt aber auf der Panelebene Meinungen dazu. Siehe WTO Analytical Index 2003: 291-292.
[7779] Panel, AB, Art. 21.3 Arbitration, Art. 22.2 Recourse, Art. 22.6 Arbitration, Art. 21.5 Recource Ecuador, Art. 21.5 Recourse EC, Art. 22.6 Arbitration EC. Ecuador, Guatemala, Honduras, Mexico, United States vs. EU - Regime for the Importation, Sale and Distribution of Bananas, WT/DS27/R/USA, 22 May 1997. Ecuador, Guatemala, Honduras, Mexico, United States vs. EU - Regime for the Importation, Sale and Distribution of Bananas, WT/DS27/AB/R, 9 September 1997. Ecuador, Guatemala, Honduras, Mexico, United States vs. EU - Regime for the Importation, Sale and Distribution of Bananas, Art. 21.3 Arbitration, WT/DS17/15, 7 January 1998. Ecuador, Guatemala, Honduras, Mexico, United States vs. EU - Regime for the Importation, Sale and Distribution of Bananas, Art. 22.2 Recourse, WT/DS27/43, 14 January 1999. Ecuador, Guatemala, Honduras, Mexico, United States vs. EU - Regime for the Importation, Sale and Distribution of Bananas, Art. 22.6 Arbitration, WT/DS27/ARB, 9 April 1999. Ecuador, Guatemala, Honduras, Mexico, United States vs. EU - Regime for the Importation, Sale and Distribution of Bananas, Art. 21.5 Resource Ecuador, WT/DS27/RW/ECU, 12 April 1999. Ecuador, Guatemala, Honduras, Mexico, United States vs. EU - Regime for the Importation, Sale and Distribution of Bananas, Art. 21.5 Recourse by EC, WT/DS27/RW/EEC, 12 April 1999. Ecuador, Guatemala, Honduras, Mexico, United States vs. EU - Regime for the Importation, Sale and Distribution of Bananas, Art. 22.6 Arbitration EC, WT/DS27/ARB/ECU, 24 March 2000.
[7780] Ecuador, Guatemala, Honduras, Mexico, United States vs. EU - Regime for the Importation, Sale and Distribution of Bananas, WT/DS27/R/USA, 22 May 1997, S. 322-323. Siehe für die frühen Stadien dieses Falls auch: Ott 1998; Kuschel 1995; 1999.
[7781] Ecuador, Guatemala, Honduras, Mexico, United States vs. EU - Regime for the Importation, Sale and Distribution of Bananas, WT/DS27/R/USA, 22 May 1997, S. 322-323; Mönnich 2004: 39.
[7782] Ecuador, Guatemala, Honduras, Mexico, United States vs. EU - Regime for the Importation, Sale and Distribution of Bananas, WT/DS27/AB/R, 9 September 1997, S. 80-82, Paras. 179-188.

Diskriminierungsanforderung, welche besagt, daß gleichartige Waren gleich behandelt werden müssen, egal aus welchem Ursprungsland sie kommen. Dies darf nicht durch spezielle Importregime umgangen werden, die etwa nur für eine Ländergruppe etabliert wurden.[7783] Dies impliziert, daß für gleichartige Waren, u.a. gemäß Art. XIII.1, keine separaten Importregime mehr etabliert werden dürfen, wobei innerhalb des einen Importregimes nicht mehr diskriminiert werden darf. Was genau bedeutet das?

Nach der daraufhin erfolgen Veränderung der Bananenmarktordnung durch die EU wird vom Art. 21.5 Recourse Ecuador Panel (1999) festgestellt, daß die EU das Zollkontingent nicht auf einer vergangenen repräsentativen Periode hatte beruhen lassen, dies führt zu einem Art. XIII.2 Verstoß. Grund: Die EU hatte den AKP Länder mehr eingeräumt, als sie 1994 bis 1996 geliefert haben.[7784] Ebenso würde aus Art. XIII.1 folgen, daß die 'non substantial suppliers' gleich behandelt werden müssen, ob es AKP Länder sind oder nicht.[7785] Ecuador, welches in den neunziger Jahren einen Weltmarktanteil von 26 % bis 36 % erreichte, wehrte sich weiterhin dagegen, kein Anteile an der bisher unter Costa Rica und Kolumbien aufgeteilten Länderquote von 2.2 Mill. t zu bekommen. Der Art. 21.5 Panel gibt Ecuador recht, die EU hätte "special factors", die in Art. XI.2 und in Ad Art. XIII.4 erwähnt werden, nicht genügend beachtet, wodurch nahegelegt wird, den Aufstieg von 'substantial suppliers', hier Ecuador bei der Allkokation der Zollkontingente zu beachten.[7786] Eine genaue Vorgabe, wie die EU diese Regelverletzung rückgängig machen kann, wird aber nicht gemacht. In der Umsetzung durch die EU wurden die Mengen für Lateinamerika ausgedehnt. Ecuador bekam einen größeren Anteil an der Menge für neue Importeure.[7787] Ein Grund dafür, daß Chiquita und Dole von der neuen Bananenmarktordnung profitierte ist, daß sie Zugang zu vielen Importlizenzen bekamen.[7788] Dieser Fall könnte Vorbild für weitere Fälle sein, z.B. bezüglich des U.S. Zuckerzollkontingents.[7789]

Dieser Streit ist 2007/2008 wieder aufgeflammt. In Ecuador vs. EU - Bananas (2008)[7790] werden diverse Verstöße des mittlerweile mehrfach modifizierten EU Bananenregimes gefunden. Dies ist

---

[7783] "The essence of the non-discrimination obligations is that like products should be treated equally, irrespective of their origin. As no participant disputes that all bananas are like products, the non-discrimination provisions apply to *all* imports of bananas, irrespective of whether and how the member categorizes or subdivides these imports for administrative or other reasons." Herv. im Original. Ecuador, Guatemala, Honduras, Mexico, United States vs. EU - Regime for the Importation, Sale and Distribution of Bananas, WT/DS27/AB/R, 9 September 1997, S. 83, Paras. 190-191. So wie hier wird Panel und AB auch gedeutet in Trebilcock/Howse 2005: 77-78.

[7784] Geliefert wurde von den AKP Staaten ungefähr 685.000 t, die EU gab aber 857.000 t an. Ecuador, Guatemala, Honduras, Mexico, United States vs. EU - Regime for the Importation, Sale and Distribution of Bananas, Art. 21.5 Resource Ecuador, WT/DS27/RW/ECU, 12 April 1999, S. 69, Para. 6.28.

[7785] Ecuador, Guatemala, Honduras, Mexico, United States vs. EU - Regime for the Importation, Sale and Distribution of Bananas, Art. 21.5 Resource Ecuador, WT/DS27/RW/ECU, 12 April 1999, S. 68, Para. 6.26. Dies geht aber nicht soweit, daß der Zollvorteil für AKP Staaten gegen Art. I verstieß. S. 74-79, Para. 6.51-6.80.

[7786] Ecuador, Guatemala, Honduras, Mexico, United States vs. EU - Regime for the Importation, Sale and Distribution of Bananas, Art. 21.5 Resource Ecuador, WT/DS27/RW/ECU, 12 April 1999, S. S. 73, Para. 6.47-6.50.

[7787] Siehe Devereaux et al. 2006b: 130-136.

[7788] Wahrscheinlich identisch mit dem was dort 'import licenses' genannt wird, wovon Chiquita und Dole 44 % sichern können, für Lateinamerika. Devereaux et al. 2006b: 130-136.

[7789] Josling 1999: 11.

[7790] Ecuador vs. European Communities - Regime for the Importation, Sale and Distribution of Bananas, WT/DS27/RW2/ECU, 7 April 2008.

nicht verwunderlich, denn die neue Doha Sondergenehmigung, welche eine präferenzielle Behandlung der AKP Bananen ermöglichte, war ausgelaufen, ohne daß die EU die Sonderbehandlung faktisch aussetzte, sodaß ein Art. I Verstoß vorlag.[7791] Der Panel betont die enge Beziehung zwischen Art. I und Art. XIII und findet mehrere Regelverstöße der EU. Ausgegangen wird davon, daß das EU Zollkontingent ein einziges Importregime ist ("that regime") und gefolgert, daß der Meistbegünstigungsbereich des Zollkontingents mit 3.113.000 mt/176 Euro Zölle (hier hat Ecuador Zugang) und die 775.000 mt/Null-Euro Zölle für die AKP Länder sich in einem einzigen Zollkontingent befinden.[7792] Mit Referenz auf die AB (1997) Entscheidung, daß zwischen gleichartigen Waren nicht diskriminiert darf und schon deshalb für gleichartige Waren nur ein Importregime gelten darf, wird zuerst entschieden, daß die EU gegen Art. XIII.1 verstößt, weil Ecuador durch das Bananenregime nicht "similarly prohibited or restricted" war, wie die AKP Länder. Grund: Ecuador hatte keinen Zugang zur AKP Quote und die AKP Länder, nicht aber Ecuador, Zugang zu eine Null-Zoll innerhalb ihrer Quote.[7793] Der Panel wendet sodann das Prinzip der Nicht-Diskriminierung auf die beiden unterschiedlichen Kategorien von Zulieferländern an, 'substantial suppliers' und 'non substantial suppliers'. Der Panel argumentiert, daß die Länder, die dem Meistgegünstigungszoll unterliegen, ob nun 'substantial suppliers' (wie Ecuador) oder 'non substantial suppliers' (andere Länder), keinen Zugang zur AKP Quote bekommen (die für weitere 'non substantiel suppliers' gelte, die AKP Länder), sodaß hier eine Ungleichbehandlung vorläge (genauer als der Panel formuliert: eine Ungleichbehandlung der 'non substantial suppliers').[7794] Der Panel und AB hatten ähnlich 1997 eine Gleichbehandlung der kleinen Zulieferer untereinander gefordert, für die es in Art. XIII.2 (d) keine Regeln gibt.[7795] Weitere Details dieses Falls werden hier ausgeklammert.[7796]

[7791] Ecuador vs. European Communities - Regime for the Importation, Sale and Distribution of Bananas, WT/DS27/RW2/ECU, 7 April 2008. S. 156, Para. 7.200. Der 'Doha waiver' (ACP-EC Partnership Agreement waiver) wurde am 14. November 2001 auf der Ministerkonferenz in Doha beschlossen, er lief am 31. Dezember 2007 aus (Bananas Annex des Doha Waiver). S. 156, Para. 7.200.

[7792] Ecuador vs. European Communities - Regime for the Importation, Sale and Distribution of Bananas, WT/DS27/RW2/ECU, 7 April 2008. S. 177, Paras. 7.290-7.293, S. 221, Para. 7.489. "Thus, the European Communities' current banana import regime is a tariff-quota-based import regime, and the in- and out-of-quota duties are inherent parts of that regime." S. 177, Para. 7.293.

[7793] Ecuador vs. European Communities - Regime for the Importation, Sale and Distribution of Bananas, WT/DS27/RW2/ECU, 7 April 2008. S. 184-190, Paras. 7.321-7.350.

[7794] Ein wichtiges Argument des Panels ist der folgende Satz: "The Panel notes that all MFN countries are excluded from the European Communities' preferential ACP tariff quota, and the group of MFN countries includes both substantial and non-substantial suppliers of bananas to the European Communities." Ecuador vs. European Communities - Regime for the Importation, Sale and Distribution of Bananas, WT/DS27/RW2/ECU, 7 April 2008. S. 197, Paras. 7.375.

[7795] Siehe das folgende AB 1997 Zitat, welches festhält, daß es für Länder mit 'non substantial interest' keine Regeln gibt, sodaß er vorschlägt, hier Gleichbehandlung walten zu lassen. "Article XIII:2 (d) provides specific rules for the allocation of tariff quotas among supplying countries, but these rules pertain only to the allocation of tariff quota shares to Members 'having a substantial interest in supplying the product concerned'. Article XIII:2(d) does not provide any specific rules for the allocation of tariff quota shares to Members not having a substantial interest. Nevertheless, allocation to Members not having a substantial interest must be subject to the basic principle of non discrimination. When this principle of non-discrimination is applied to the allocation of tariff quota shares to Members not having a substantial interest, it is clear that a Member cannot, whether by agreement or by assignment, allocate tariff quota shares to some Members not having a substantial interest while not allocating shares to other Members who likewise do not have a substantial interest. To do so is clearly inconsistent with the requirement in Article XIII:1 that a Member cannot restrict the importation of any product from another Member unless the importation of the like product from all third countries is 'similarly' restricted." Ecuador, Guatemala, Honduras, Mexico, United States vs. EU - Regime for the Importation, Sale and Distribution of Bananas, WT/DS27/AB/R, 9 September 1997, S. 80-82, Paras. 161-162.

[7796] Wichtig war weiterhin, daß nicht akzeptiert wurde, daß die EU ihre Zölle erhöht, bevor sie nicht die Zollneuverhandlungen abgeschlossen hat. Ecuador vs. European Communities - Regime for the Importation, Sale and Distribution of Bananas, WT/DS27/RW2/ECU, 7 April 2008. S. 223, Paras. 7.504.

Immerhin scheint es weiter die Möglichkeit zu geben, gemäß Art. XIII.2 (d), in Zollkontigenten Mengen nach historischen repräsentativen Einfuhranteilen einzuräumen, durch die 'substantiel suppliers' an 'ihre' Obergrenze stoßen können, ab der sie dann höhere MFN Zölle zahlen müssen. Insofern scheint die EU im Bananenbereich ohne 'waiver' noch folgende Möglichkeit zu haben. Sie kann zwischen 'substantiel suppliers' und 'non substantiel suppliers' unterscheiden, diese beiden Gruppen hinsichtlich der Zölle, aber nicht der Mengen gleichbehandeln, sodaß durch die Mengenbeschränkungen für 'substantial suppliers' (bzw. den Moment, an dem die höheren Zölle des Kontingents wirksam werden) Marktchancen für die 'non substantial suppliers' eingeräumt werden. Eine Förderung schwächerer Länder würde dadurch nicht verunmöglicht, allerdings würde die Förderung von Ländern mit Produktionskostennachteilen (viele der AKP Bananenproduzenten) merklich erschwert.[7797]

In Brazil vs. EC - Poultry (1998)[7798] ging es um die im GATT verbreitete Praxis, länderspezifische Quoten im Agrarbereich auszuhandeln. Brasilien ist der Meinung, daß es weiterhin exklusiven Zugang zu einer Quoten für eine Ware haben müsse. Dies wird abgelehnt, weil dies Art. XIII widerspricht, aus welchem folgt, daß etwa die Interessen von Thailand, einem weiteren "substantial supplier" beachtet werden müssen.[7799] Kurz: Exklusive Quoten für ein Land dürfen nicht aufrechterhalten werden.

[7797] Wenn es tatsächlich so sein sollte, daß in einem Zollkontingent keine Unterscheidung zwischen Ländern gemacht werden darf, außer der, die auf einer Unterscheidung zwischen 'substantial suppliers' und 'non substantial suppliers' basiert (dies scheint so akzeptiert zu sein) und wenn zusätzlich aus Art. XIII.1 gefolgert würde, daß die Zollniveaus für alle Zulieferer gleich sein müssten ("similarly prohibited and restricted") (dies ist von der Streitbeilegung bisher nicht entschieden), um einen Art. XIII.1 Verstoß zu vermeiden, dann würde daraus folgendes folgen: Erstens wäre es nicht mehr möglich, die AKP Ländergruppe gegenüber anderen 'schwachen' Ländern besonders zu behandeln, weil dann andere 'non substantial suppliers' ungleich behandelt würden. Möglich bliebe aber, allen 'non substantiel suppliers' ein spezielles Zollkontingent (oder jeweils ein eigenes Zollkontingent für jedes Land), mit einer bestimmten Mengenvorgabe, für die verbilligte Zölle gelten, zukommen zu lassen, beruhend auf historischen Quoten, siehe oben im weiteren Verlauf des Textes, dies ermöglicht Art. XIII.2 (d). Allen 'substantial suppliers' müßten die verbilligten Zölle aber auf demselben Niveau eingeräumt werden, damit kein Art. XIII.1 Verstoß vorliegt. Damit wäre die Vorzugsbehandlung einer Ländergruppe durch Zölle verunmöglicht. Nun zu Mengen: Schwieriger wird es, in einem Artikel, in dem es um Zollkontingente geht, die einen Mengenschwellenwert enthalten, eine Differenzierung von Mengenobergrenzen gemäß 'substantial suppliers' und 'non substantial suppliers' zu verunmöglichen. Somit dürfte es eigentlich nicht dazu kommen, unterschiedliche Mengenobergrenzen als Verstoß gegen Art. XIII.1 "similarly prohibited and restricted" anzusehen. Dies würde nicht mehr dem Sinn und Zweck des Artikels entsprechen. Ein Anstieg der Zölle bei Mengen, die für 'substantial suppliers' außerhalb des verbilligten Teils des Zollkontingents kann somit Marktchancen für 'non substantial suppliers' eröffnen. Auch der Anstieg der Zölle für Mengen außerhalb des Zollkontingents müßte aber gemäß Meistbegünstigung Art. I und Art. XIII.1 dann sowohl für die 'non substantial suppliers' als auch die 'substantial suppliers' auf demselben Niveau liegen. Weiterhin müßte generell Sorge getragen würde, daß die 'substantial suppliers' mit ihren Interessen große Anteile des Marktes zu beliefern, ernstgenommen werden, denn dies erfordert Art. XIII.2 (d), Art. XI.2 und Ad Art. XIII.4. Ausgeschlossen ist aber nicht, erfolgreiche 'non substantial suppliers' heraufzustufen und als 'substantial suppliers' anzusehen und ihnen größere Mengenkontingente einzuräumen. So könnte eine Förderung schwächerer Produzenten weiter betrieben werden. Bei Bananenproduzenten, die hohe Produktionskosten haben, wird dies aber schwer, denn diese können ohne Kostenvorteile durch ersparte Zölle womöglich mit ihren höheren Preisen nur schwer Bananen auf dem EU Markt verkaufen, selbst wenn die Mengen der anderen Länder schon genutzt worden sind und diesen nur noch die Möglichkeit bleibt, die hohen Zölle zu zahlen. Siehe auch den Panelbericht 1997, der den Vorschlag macht, eine 'other' Kategorie für alle 'non substantial suppliers' zu eröffnen und die Möglichkeit erwähnt, kleine Zulieferer heraufzustufen. Siehe: Ecuador, Guatemala, Honduras, Mexico, United States vs. EU - Regime for the Importation, Sale and Distribution of Bananas, WT/DS27/R/USA, 22 May 1997, Para. 7.73, 7.76. WTO Analytical Index 2003: 291-292.
[7798] Brazil vs. EC - Measures Affecting the Importation of Certain Poulty Products, WT/DS69/R, 12 March 1998. Brazil vs. EC - Measures Affecting the Importation of Certain Poulty Products, WT/DS69/AB/R, 13 July 1998.
[7799] Brazil vs. EC - Measures Affecting the Importation of Certain Poulty Products, WT/DS69/AB/R, 13 July 1998, S. 37, Para. 102. S. 34, Para. 93, S. 35, Para. 99. Auch neue osteuropäische Zulieferer, die nicht WTO Mitglieder sind, dürfen einbezogen werden, siehe dazu genauer den Panelbericht, im AB: S. 38, Para. 105.

Insgesamt folgt daraus, daß die Verwaltung von Zollkontingenten faktisch eine prekäre Aufgabe bleibt, bei der für die Mitgliedsländer der WTO weiterhin Spielräume bestehen und unterschiedliche Methoden angewandt werden dürfen.[7800] Wird die historische Methode ausgewählt, haben bisherige, etablierte Anbieter einen klaren Vorsprung vor neuen Marktteilnehmern. Die EU begrenzte etwa im Bananenfall den Anteil für neue Anbieter zuerst auf 3,5 % und weitete ihn im Zuge der GATT Verhandlungsrunden auf 8 % und dann 17 % aus.[7801] In der wirtschaftswissenschaftlichen Literatur wird eingestanden, daß viele andere Methoden, die in der Theorie auf den ersten Blick überzeugend scheinen, schon beim zweiten, ebenso theoretischen Blick scheitern, z.B. Auktionen, Licence on Demand, First come First Served.[7802] Dafür, wie außerhalb von Verhandlungsrunden die Anteile neuer Anbieter mit denen historischer Anbieter abgestimmt werden sollen, gibt es somit keine 'richtigen' Regeln.[7803]

Die Zollkontingentverwaltung der EU basiert im Landwirtschaftsbereich u.a. darauf, daß in größerer Anzahl 'export certificates' vergeben werden, die von den exportierenden Ländern verwaltet werden (und die dort bestimmten Firmen eingeräumt werden).[7804] Weil den Länder bzw. Firmen dadurch Vorteile entstehen, da sie dadurch in der Lage sind, gegenüber den Importeuren Renten abschöpfen, entschied der Panel im Div. Länder vs. EU - Bananas (1997-2000), daß die nur selektive Vergabe dieser durch die EU gegen Art. I Meistbegünstigung verstößt, weil der dadurch eingeräumte Vorteil nur bestimmten Mitgliedsstaaten zukam.[7805] Für Bananen schaffte die EU nach dem Panelbericht die 'export certificates' ab und stellte auf Importlizenzen um. Für die Importlizenzvergabe ergaben sich dann Verstöße gegen GATS Art. XVII Inländerbehandlung (weil ausländische Firmen von EU Großhändlern Lizenzen kaufen mußten), potentiell ist hier auch das Abkommen über Einfuhrlizenzverfahren relevant.[7806]

[7800] Die Praxis der WTO Mitglieder in dieser Hinsicht wird zusammengefaßt in: G/AG/NG/S/7, 23 May 2000, G/AG/NG/S/8, 23 May 2000. G/AG/NG/S/8/Rev.1, 18 May 2001.
[7801] Mönnich 2004: 29.
[7802] Bei First come First Served brechen etwa immer zu Beginn der Periode die Preise ein, weil alle auf einmal importieren wollen. Diese Problem bestand schon auf dem U.S. Viehmarkt im Jahre 1950. Mönnich 2004: 24-29. Siehe ebenso die Übersicht von Skully 1999.
[7803] Mönnich 2004: 31. Von Josling (1999) wird kommentiert: "The best solution may in the end be to steadily increase the TQRs, until the issue of how to allocate them is rendered moot." Josling 1999: 12.
[7804] Die USA nutzt dies zweimal, Kanada einmal. Mönnich 2004: 21.
[7805] Zitate aus dem Bananenpanel: "In fact, the parties do not contest that the export certificate requirement serves the purpose, or at least has the effect, of transferring part of the quota rent which would normally accrue to initial EC import licence holders to the suppliers who are initial holders of export certificates for bananas originating in the three BFA countries. " S. 361-362; siehe weiterhin S. 362-364. Ecuador, Guatemala, Honduras, Mexico, United States vs. EU - Regime for the Importation, Sale and Distribution of Bananas, WT/DS27/R/USA, 22 May 1997, S. 361-362, S. 362-364. Ecuador, Guatemala, Honduras, Mexico, United States vs. EU - Regime for the Importation, Sale and Distribution of Bananas, WT/DS27/AB/R, 9 September 1997, S. 89, Para. 207. Zu den Renten wird kommentiert: "In any case, country-specific allocations limit the choices of importers; even more so, if they are combined with export certificates. This can be expected to distribute quota rent away to the exporting country. Most people will probably agree that this is fair enough. After all, the protectionist policies in the agricultural sector of most industrialized countries are often blamed for being unfair." Mönnich 2004: 22.
[7806] Mönnich 2004: 40. Ecuador, Guatemala, Honduras, Mexico, United States vs. EU - Regime for the Importation, Sale and Distribution of Bananas, WT/DS27/AB/R, 9 September 1997, S. 103-104, Para. 245-246; Agreement on Import Licensing Procedures. WTO 1995: 255-263.

Alles in allem ist durch diese Regeln und diese Regelauslegung ein merklicher Liberalisierungsimpuls durch die WTO feststellbar, i.S. einer rechtlich besser einforderbaren faireren Verteilung eines Zugangs zu Zollkontingenten. Dieser Impuls wird begrenzt durch die restriktive Gestaltung vieler Zollkontingente der USA und der EU im Agrarbereich.[7807] Darunter sind einige Zollkontingente, die nur aufgrund der Verpflichtung, einen de minimis Marktzugang zu ermöglichen, bestehen.[7808] Eine Reihe von EU Zollkontingenten sind hier so knapp bemessen, daß sich Importe garnicht lohnen[7809] und die 'außerhalb-der-Menge'-Zölle der EU liegen zwischen 40 % und 100 % ('in-der-Menge', zwischen unter 10 % bis unter 20 %).[7810] Mönnich (2004) schließt in ihre genauen Untersuchung der Zollkontingente, angesichts der kaum sichtbaren Veränderung der relativen EU Importanteile der Agrarexporteure zwischen 1989 und 2000: "In a time span of 11 years, more changes could surely have been expected."[7811] Im Agrarbereich scheint es weiterhin faktisch immer noch einen Normalfall darzustellen, daß Zollkontingente immer noch nur in bezug auf ein Land eingeräumt und verwaltet werden.[7812]

21. Landwirtschaft

Die Probleme im Agrarbereich sind bekannt: Es gelang zwar, mit Gründung der WTO, bestimmte Regeln zu entwickeln, zu beobachten ist aber, daß Täuschungsversuche[7813] und entgegenlaufende Politiken u.a. der USA aber auch der EU[7814] zu verzeichnen sind, sodaß es nicht zu einer bedeutsamen Liberalisierung gekommen ist.[7815] In Abschnitt 'H' wurde gezeigt, daß das Argument, daß diese Entwicklung positiv bewertbar ist, weil es immerhin gelungen sei, den Agrarsektor einer Regelbindung zu unterwerfen, insofern fragwürdig ist, weil die bestehenden GATT Regeln, hätten sie weiter Bestand gehabt, durchaus auf die Agrarpolitiken der neunziger Jahre hätten angewandt werden können und es wurde gezeigt, daß dies erhebliche Schwierigkeiten für die Aufrechterhaltung dieser bedeutet hätte. Dieser Gefahr wurde durch das AOA entgangen. Immerhin gilt nun das SCM ohne weitere Limits für den Agrarbereich. Ein Hinweis darauf, daß die bisherigen Reformen nicht weit trugen, ist, daß die aus diversen Gründen nicht mehr als zeitgemäß angesehene Marktpreisunterstützung noch 2003 für 66 % aller Stützungszahlungen in den OECD Ländern

---

[7807] Einen Überblick über deren bestehende Zollkontingente gibt: Mönnich 2004: 149-163.
[7808] Tangermann 2005: 106.
[7809] Mönnich 2004: 114.
[7810] Mönnich 2004: 47-48.
[7811] Weiterhin: "But, the aim was to emphasize that the import regime for products affected by the Uruguay Round TRQs seems to be rather rigid." Mönnich 2004: 54; bestätigt in Tangermann 2005: 106.
[7812] Z.B. die Gemeinschaftszollkontingente für Israel. Verordnung (EG) Nr. 241/2005 der Kommission, 11.2.2005. In: ABl. L 42/11, 12.2.2005.
[7813] So notifiziert zwar die EU ihre Agrarpolitik, nicht aber alle Mitgliedstaaten, die zusätzlich Subventionen vergeben. Nur Dänemark, Irland und Italien haben eine solche Notifizierung vorgelegt. Die USA notifiziert ihre insgesamten Subventionen über 1999 hinaus nicht, weil diese schon ab 2000 über der Grenze lagen. Berthelot 2004: 28.
[7814] Sowohl in den USA - die einen großen Sprung machen und sich in WTO inkompatible Zonen bewegen - als auch der EU steigt nach der WTO Gründung die Stützung der Landwirtschaft an. Hier nach dem Kriterium der %/PSE. Tangermann 2005: 101, 104; Berthelot 2004: 28.
[7815] "In spite of some progress, and notwithstanding more recent reform decisions such as those taken in the EU, one cannot say that the AoA has resulted in a fundamental liberalization of agriculture in the WTO area." Tangermann 2005: 105. Siehe, statt vieler, die folgenden Publikationen dazu: IATRC 1994, 1997; Tangermann 1994, 1995, 1996, 1997a, 2001, 2001a, 2004; Tangermann/Josling 1999; Matsushita et al. 2006: 287-329.

aufkam.[7816] Abzuwarten ist, ob mit der Doha Verhandlungsrunde ein Schritt in Richtung Liberalisierung und Marktöffnung gelingt.[7817] Am Rande kann die Frage gestreift werden, daß Entwicklungsländer in der Uruguay-Runde teils keine insgesamten Werte für heimische Stützungszahlungen angegeben haben und somit unter die 10 % de minimis Schwelle für Entwicklungsländer fallen, mit dem Ergebnis, daß sie schon bei leicht höheren heimischen Preisen im Vergleich zu den Weltmarktpreisen ihre Stützungsobergrenze unter dem AOA erreichen. Die Industrieländer erreichen diese Obergrenze dagegen erst bei viel höheren Preisen bzw. Stützungszahlungen, weil sie höhere Werte hinterlegt haben. Dies ist offenkundig unfair.[7818] Schließlich ist die neoklassische Haltung falsch, daß allein freie Märkte im Agrarbereich zu Effizienz- und Wohlfahrtssteigerungen führen, sodaß hier Möglichkeiten zu staatlichen Interventionen bleiben müssen.[7819] Sehr wohl denkbar und auch begrüßenswert ist aber eine partielle Liberalisierung und eine deutlich intensivere internationale Arbeitsteilung in diesem Bereich.

22. Flexible Zölle

Nachdem nun vieles in bezug auf mengenmäßige Beschränkungen, Zölle und Zollkontingente geklärt ist, geht es mit der nächsten Frage weiter. Die WTO schützt gemäß Art. II.1 (b) - eigentlich - nur davor, daß einmal verbindlich festgelegte Zölle nicht überstiegen werden dürfen. Wird dies nicht eingehalten, liegt ein Regelverstoß vor.[7820] Was ist mit flexible verwalteten Zölle, die diese verbindliche Obergrenze beachten?

Diese Frage hat eine grundlegende wirtschaftspolitische Bedeutung, weil es mit flexiblen Zölle möglich ist, die heimischen Produzenten, u.a. im Agrarbereich, vor Weltmarktpreisbewegungen zu schützen, um Risiken auszuschalten und Planungssicherheit zu ermöglichen. Darauf gibt die WTO Streitbeilegung zwei Antworten:

Daß dies gemäß Art. II.1 (b) weiterhin möglich ist, ist die erste Antwort, die in Argentina vs. Chile - Price Band System (2003)[7821], die in einem weiteren Bericht, United States vs. Argentina - Textiles and Apparel (1997-1998)[7822] bestätigt wird.[7823]

[7816] Im Jahr 1986 noch 83 %. Tangermann 2005: 106.
[7817] Tangermann 2005: 114-119.
[7818] So z.B. in Indonesien. Siehe Kapitel Indonesien in FAO 2003a: 7. Detaillierter, mit Vorschlägen, dies in der neuen Verhandlungsrunde partiell zu verändern: Tangermann/Josling 1999: 21-22. Dies ist einer der Gründe dafür, daß eine Sonderbehandlung der Entwicklungsländern in der neuen Runde gefordert wird, u.a. eine Development Box, siehe Grote et al. 2002a.
[7819] Am Beispiel Afrikas und einer Reihe anderer Entwicklungsländer. Hermanns 2005c; 2005d.
[7820] French Special Temporary Compensation Tax on Imports, BISD 3S/26, 27, 1955. GATT Analytical Index 1995: 79. Siehe zu den Definitions- und sonstigen Problemen in bezug auf Zölle und ggf. erhobene Zusatzgebühren Mavroidis 2005: 56-74.
[7821] Panel, AB, Art. 21.5 Panel. Argentina vs. Chile - Price Band System and Safeguard Measures Relating to Certain Agricultural Products, WT/DS207/R, 3 May 2002. Argentina vs. Chile - Price Band System and Safeguard Measures Relating to Certain Agricultural Products, WT/DS207/AB/R, 23 September 2002. Argentina vs. Chile - Price Band System and Safeguard Measures Relating to Certain Agricultural Products, WT/DS207/13, 17 March 2003. Argentina vs. Chile - Price Band System and Safeguard Measures Relating to Certain Agricultural Products, WT/DS207/RW, 8 December 2006.

Die zweite Antwort erfolgt innerhalb des Kontexts der speziellen Regeln zur Tarifizierung im Agrarbereich, die eine Umstellung von Mengenbeschränkungen auf Zölle bewirken sollen, im Fall Argentina vs. Chile - Price Band System (2003). In AOA Art. 4.2 wurde beschlossen, den Agrarbereich gänzlich auf Zölle umzustellen. Um eine Umgehung dieser Regeln zu verhindern, werden dort in einer Liste Maßnahmen aufgezählt, die fortan verboten sind, darunter "variable import levies".[7824] Diese speziellen Regeln für die Tarifizierung sind wiederum durch spezielle Regeln auszuhebeln, die variierende Abgaben zulassen (allerdings nur dann, wenn dies in den Zugeständnislisten erwähnt wurde, im Fall der Special Safeguard Provision[7825]) und dann, wenn ein Entwicklungsland ein (!) wichtiges Grundnahrungsmittel schützen möchte (allerdings nur dann, wenn es im Gegenzug minimale Marktzugangsmöglichkeiten von letztendlich 4 % zugelassen werden[7826]). Diese speziellen Regeln stehen in diesem Streitfall nicht zur Debatte. Wie geht der Fall aus?

Nachdem geklärt wurde, daß das chilenische Preisbandsystem unter 'variable import duties' fällt, wird klargestellt, daß das Einhalten der Obergrenze verbindlicher Zölle nicht ausreicht, um vom AOA Art. 4.2 Verbot freigestellt zu werden.[7827] Weiterhin erklärt der AB, daß es fortan zwar nicht verboten ist, Zölle mit Bezug auf externe Faktoren zu berechnen.[7828] Es werden aber kumulativ Bedingungen gestellt, denen bestimmte, flexible Zölle genügen müssen.[7829] Die Streitbeilegung wirft Chile vor, die folgenden Bedingungen nicht eingehalten zu haben:

[7822] Panel und AB. United States vs. Argentina - Measures Affecting Improts of Footwear, Textiles, Apparel and Other Items, WT/DS56/R, 25 November 1997. United States vs. Argentina - Measures Affecting Improts of Footwear, Textiles, Apparel and Other Items, WT/DS56/AB/R, 27 March 1998.

[7823] "An 'ordinary customs duty' could also fit this description. A Member may, fully in accordance with Article II of the GATT 1994, exact a duty upon importation and periodically change the rate at which it applies that duty (provided the changed rates remain below the tariff rates bound in the Member's Schedule). This change in the applied rate of duty could be made, for example, through an act of a Member's legislature or executive at any time." Reproduziert ohne Fußnote. Argentina vs. Chile - Price Band System and Safeguard Measures Relating to Certain Agricultural Products, WT/DS207/AB/R, 23 September 2002, S. 75, Para. 232. In dem weiteren Bericht werden schwankende Zölle, die von einem "representative international price" abhängig gemacht werden, nicht als WTO Verstoß angesehen, solange die verbindliche Obergrenze nicht überschritten wird. United States vs. Argentina - Measures Affecting Improts of Footwear, Textiles, Apparel and Other Items, WT/DS56/AB/R, 27 March 1998, S. 19, Para. 51, S. 20, Para. 55.

[7824] "These measure include quantitative import restrictions, variable import levies, minium import prices, discretionary import licensing, non-tariff measures maintained through state-trading enterprises ..." AOA Art. 4.2 FN 1. WTO 1995: 42.

[7825] AOA Art. 5. WTO 1995: 43-47.

[7826] AOA Annex 5, Section B. WTO 1995: 66-67.

[7827] "In doing so, we find nothing in Article 4.2 to suggest that a measure prohibited by that provision would be rendered consistent with it if applied with a cap." Argentina vs. Chile - Price Band System and Safeguard Measures Relating to Certain Agricultural Products, WT/DS207/AB/R, 23 September 2002, S. 82, Para. 254. Siehe zu diesem Fall auch Wang 2003.

[7828] "273. Surely Members will ordinarily take into account the interests of domestic consumers and domestic producers in setting their *applied* tariff rates at a certain level. In doing so, they will doubtless take into account factors such as world market prices and domestic price developments. These are *exogenous* factors, as the Panel used that term. According to the Panel, duties that are calculated on the basis of such *exogenous* factors are *not* ordinary customs duties. This would imply that such duties be *prohibited* under Article II:1(b) of the GATT unless recorded in the 'other duties or charges' column of a Member's Schedule. We see no legal basis for such a conclusion." Herv. im Original. Argentina vs. Chile - Price Band System and Safeguard Measures Relating to Certain Agricultural Products, WT/DS207/AB/R, 23 September 2002, S. 89, Para. 273.

[7829] "261. We emphasize that we reach our conclusion on the basis of the particular configuration and interaction of all these specific features of Chile's price band system. In assessing this measure, no one feature is determinative of whether a specific measure creates intransparent and unpredictable market access conditions. Nor does any particular feature of Chile's price band system, on its own, have the effect of disconnecting Chile's market from international price developments in a way that insulates Chile's market from the transmission of

(1) Das System ist nicht transparent und vorhersehbar.[7830]

(2) Das System verhindert gänzlich, daß Weltmarktpreisniveaus auf die heimischen Märkte übertragen werden.[7831]

(3) Der System moderiert Weltmarktpreiseschwankungen nicht i.S. daß niedrige Weltmarktpreise zu höheren Zöllen führen, sondern es überkompensiert diese, d.h. die Zölle steigen bei sinkenden Preise überproportional an.[7832]

Damit räumt sich die Streitbeilegung für zukünftige Fälle eine Reihe von Kriterien ein, um variabel ausgestaltete Schutzsysteme zu bewerten. Chile gelingt es, auch nach einem zweiten Anlauf nicht, sein System regelkonform zu gestalten.[7833]

Auf lange Sicht gesehen könnte diese Urteil einen Liberalisierungsimpuls im Agrarbereich auslösen, indem solche variablen Zölle angreifbar gemacht wurden und eine Umstellung auf Zollkontingente beschleunigen. Letztendlich ausschlaggebend für das Protektionsniveau sowohl bei variablen Zöllen als auch Zollkontigenten ist aber der 'außerhalb der Quote'-Zoll. Im Fall Chile wäre dies der verbindliche Maximalzoll, den Chile für Weizen, Milch etc. bei relativ niedrigen 31,5 % ad valorem festgelegt hat.[7834]

In der Literatur wird betont, daß dieser Bericht zuerst einmal nur in bezug auf das chilenisches System relevant ist, dessen komplizierte Details hier nicht reproduziert werden.[7835] Vollständige Rechtssicherheit besteht für andere Systeme mit variablen Elementen dadurch nicht: So nutzt die EU

---

international prices, and prevents enhanced market access for imports of certain agricultural products." Argentina vs. Chile - Price Band System and Safeguard Measures Relating to Certain Agricultural Products, WT/DS207/AB/R, 23 September 2002, S. 85, Para. 261.

[7830] "As a result, the process of selecting the reference price is not transparent, and it is not predictable for traders." Argentina vs. Chile - Price Band System and Safeguard Measures Relating to Certain Agricultural Products, WT/DS207/AB/R, 23 September 2002, S. 80, Para. 249.

[7831] "Therefore, the way in which Chile's weekly reference prices are determined contributes to giving Chile's price band system the effect of impeding the transmission of international price developments to Chile's market." Argentina vs. Chile - Price Band System and Safeguard Measures Relating to Certain Agricultural Products, WT/DS207/AB/R, 23 September 2002, s. 81, Para. 250.

[7832] "Therefore, Chile's price band system does not merely moderate the effect of fluctuations in world market prices on Chile's market because it does not ensure that the entry price of imports to Chile falls in tandem with falling world market prices - albeit to a lesser extent than the decrease in those prices. Nor does it tend only to 'compensate' for these price declines. Instead, specific duties resulting from Chile's price band system tend to 'overcompensate' for them, and to elevate the entry price of imports to Chile above the lower threshold of the relevant price band. In these circumstances, the entry price of such imports to Chile under Chile's price band system is even higher than if Chile simply applied a minimum import price at the level of the lower threshold of a Chilean price band. " Argentina vs. Chile - Price Band System and Safeguard Measures Relating to Certain Agricultural Products, WT/DS207/AB/R, 23 September 2002, S. 85, Para. 260. Den Puntk hebt hervor: Argentina vs. Chile - Price Band System and Safeguard Measures Relating to Certain Agricultural Products, WT/DS207/RW, 8 December 2006, S. 26, Para. 7.41.

[7833] Argentina vs. Chile - Price Band System and Safeguard Measures Relating to Certain Agricultural Products, WT/DS207/RW, 8 December 2006, S. 56, Para. 8.2.

[7834] Argentina vs. Chile - Price Band System and Safeguard Measures Relating to Certain Agricultural Products, WT/DS207/RW, 8 December 2006, S. 6, Para. 14. Dieser 'chill effect' wird nicht ganz deutlich in Trebilcock/Howse (2005), welche bezüglich dieses Falls schließen, daß die Mitglieder "wide scope for applying tariffs according to any formula it desires" haben, solange dies nicht über die verbindlichen Zollobergrenzen hinausgeht. Trebilcock/Howse 2005: 186.

[7835] "However, all other price band systems are not necessarily subject to or bound by the conclusions from this case. It was the isolation of the domestic market from the world market and the lack of transparency and predictability that were incompatible with ordinary customs duties, even though those duties were applied for below the bound level." Wang 2003: 289.

im Agrarbereich variable Importabschöpfungen, deren bewegliche Teilbeträge auch in Hinblick auf Weltmarktpreise bestimmt werden.[7836] Es verwundert nicht, daß die EU als Dritte Partei in diesem Fall entschlossen Chile verteidigte.[7837]

Schließlich sei angemerkt, daß das Beharren der Streitbeilegung darauf, daß Weltmarktpreisbewegungen, zumindest zu einem gewissen Grad, in die heimischen Märkte getragen werden, wirtschaftswissenschaftlich für den Industriebereich sachgerecht wäre. Beim Agrarbereich, der u.a. sehr großen Weltmarktpreisschwankungen ausgesetzt ist, stellt sich dagegen die Frage, ob es nicht eine dynamisch liberale Begründung dafür gibt, warum variable Zölle eingesetzt werden können. Viel spricht dafür, daß es diese Begründung gibt, denn eine dynamische Entwicklung des Landwirtschaftsbereichs ist unter neoklassischen Bedingungen freier Agrarmärkte erschwert, durch Weltmarktpreisschwankungen, absinkende Preistendenzen durch den technischen Fortschritt (und durch die Subventionierung in Industrieländern), saisonale Fluktuationen und zu niedrige Preisniveaus ohne Preisstabilisierung.[7838] Dies Argumente stehen, s.o., einer partiellen Liberalisierung und einer Verringerung der Zölle in diesem Bereich durch gegenseitig vorteilhafte Abmachungen nicht entgegen.

23. Zollverwaltung

Länder können Waren durch eine Reklassifikation in andere Zollpositionen einreihen, um sie beispielsweise höheren Zöllen auszusetzen. Ebenso haben die Zollbehörden die Möglichkeit das HS-System in diverse Unterpositionen gemäß eigener Entscheidungen auszudifferenzieren. Nicht immer erfolgt dies fair und wurde unter bestimmten Umständen als GATT widrig angesehen.[7839] In United States, Korea, Canada vs. EC - Computer Equipment (1998)[7840] wird deutlich gemacht, daß hier nicht einfach eine Erwartung einer Partei auf Marktzugang i.S. einer 'non violation'-Klage ausreicht. Grundlegend seien die Zollkonzessionen, die gemeinsam ausgehandelte Intentionen darstellen.[7841]

[7836] Bei Nicht-Anhang-II-Produkte erfolgt 56 % unter den Bedingungen eines beweglichen Teilbetrags. Von den Anhang-II-Produkte haben bei Obst und Gemüse zollähnliche Ausgleichsbeträge, die ein bestimmtes Preisniveau sicherstellen sollen. Gerken 1997: 52, 105.
[7837] "Thus, the European Community submit, the decisive element which distinguishes an 'ordinary customs duty' from a 'variable levy' is the existance of a ceiling in the tariff binding. The European Communities consider that the term 'variable import levies' does not include all 'duties which vary' or all duties which vary according to certain parameters." Argentina vs. Chile - Price Band System and Safeguard Measures Relating to Certain Agricultural Products, WT/DS207/R, 3 May 2002, S. 97, Para. 5.15.
[7838] Wiewohl teils eine partielle Liberalisierung und Reform von Regierungsinterventionen im Agrarbereich sinnvoll ist und ebenso eine partielle Liberalisierung auf Weltniveau, aufgrund der unterschiedlich hohen Preise in Entwicklungs- und Industrieländern wohlfahrtssteigernd sein kann, ist nicht ersichtlich, daß clever eingesetzte Regierungsinterventionen nicht weiterhin wohlfahrtssteigernd wirken können. Ausführlich dazu, in bezug auf Afrika und mit einigen Informationen über die Industrieländer: Hermanns 2005c: 129-135.
[7839] In Japan wurden in den achtziger Jahren Nahrungsmittel mit 16 % und Konfekt mit 32 % Zoll eingestuft. Als ein amerikanisches Salzgebäck in Japan immer populärer wurden, wurde dieses von den japanischen Behörden als Konfekt eingestuft, mit der Folge, daß sich ein Umsatzrückgang einstellte. Vgl. Koch 1997: 139. Ein Fall mit einer GATT-widrigen Reklassifikation und die damit einhergehende Aufforderung des Panel "at restoring ... the competitive relationship which existed" findet sich bereits in BISD 1S/58 (1953).
[7840] Panel, AB. United States vs. EC - Customs Classification of Certain Computer Equipment, WT/DS62/R, WT/DS67/R, WT/DS68/R, 5 February 1998. United States vs. EC - Customs Classification of Certain Computer Equipment, WT/DS62/AB/R, WT/DS67/AB/R, WT/DS68/AB/R, 5 June 1998.
[7841] United States vs. EC - Customs Classification of Certain Computer Equipment, WT/DS62/AB/R, WT/DS67/AB/R, WT/DS68/AB/R, 5 June 1998, S. 37, Para. 84. Weiterhin werden die Schlußfolgerungen des Panels rückgängig gemacht. S. 48, Para. 111.

Eine solche Analyse wird dort in bezug auf eine Ware durchgeführt und festgestellt, daß die EU gegen Art. II.1 (a) und (b) verstoßen hatte, weil sie 2002 eine Definition veränderte. Die diesbezüglichen Produkte würden weiterhin unter diese Zollposition fallen, siehe Brazil, Thailand vs. EC - Chicken Cuts (2005-2006).[7842] In United States vs. EC - Selected Customs Matters (2006) akzeptierte der AB ebenso Spielräume der Zollbehörden.[7843]

24. Ursprungsregeln

"Roles of origin are very, very complex. You don't want to know about them. They are terrible things to deal with."[7844]

In der Literatur über Ursprungsregeln wird oft ohne Abstufung und Erklärung der Terminus Protektionismus verwendet oder es wird die These vertreten, daß Ursprungsregeln wie 'local content' Regeln wirken[7845] oder daß sich "zu Beginn des 21. Jhd. ein neues Mittel zum Schutz der einheimischen Industrie herausgebildet hat."[7846] Dies ist irreführend, weil zu diesen Fragen eine abgestufte Haltung eingenommen werden muß. Dies gilt natürlich nicht für jeden Autor: Wenn eine neoklassische Haltung dahintersteht, kann der Terminus Protektionismus ohne Moderation verwendet werden, denn aus diesen Modellen folgt, daß jeder noch so kleine Eingriff in den freien Handel Protektionismus, also eine Gefährdung von Wohlfahrtsmaximierung auslöst.

In Abschnitt 'A' wurde darauf hingewiesen, daß die sich teils überlappenden Zollunionen und Freihandelsabkommen hier nur am Rande thematisiert werden können, welche unterschiedliche Ursprungsregeln aufweisen können.[7847] Jagdish Bhagwati hat für die Verbreitung dieser Abkommen den schönen Begriff "spagetti bowl" geprägt.[7848] Einzig die APEC[7849] nutzt keine speziellen Ursprungsregeln.[7850]

[7842] Panel und AB. Brazil vs. EC - Customs Classification of Frozen Boneless Chicken Cuts, WT/DS269/R, 30 May 2005. Brazil, Thailand vs. EC - Customs Classification of Frozen Boneless Chicken Cuts, WT/DS269/AB/R, 12 September 2005, S. 133-134, Paras. 343-346. Brazil, Thailand vs. EC - Customs Classification of Frozen Boneless Chicken Cuts, WT/DS269/13, WT/DS269/15, 20 February 2006.
[7843] Panel und AB. United States vs. EC - Selected Customs Matters, WT/DS315/R, 16 June 2006. United States vs. EC - Selected Customs Matters, WT/DS315/AB/R, 13 November 2006. Selektive Informationen aus diesem Fall: Unterschiedliche Meinungen von unterschiedlichen Verwaltungsstellen bezüglich der Zollklassifikation verstoßen nicht gegen das Erfordernis einer uniformen Verwaltung in Art. X:3(a). S. 93, Para. 241. Die EU verstößt insofern gegen das Erfordernis eine uniformen Verwaltung, da die nationalen Behörden für einige Zeit unterschiedliche Zölle für LCD Monitore mit DVD Abspielern anwandten. S. 100, Para. 260. In bezug auf die Panelentscheidung, daß das gesamte System nicht als inkompatibel mit Art. X:3 (a) angesehen wird, kann vom AB die Analyse nicht zuende geführt werden. S. 110, Para. 285.
[7844] Undatiertes Statement des kanadischen Handelsministers. Zitiert aus Hirsch 2002: 183.
[7845] Usprungsregeln werden als 'local content'-Regeln der NAFTA bezeichnet etwa von: Preuße 2000: 25, 27.
[7846] Diese Kritikpunkte treffen zu auf: Dieter 2004: 274. Hier liegt die folgende Literatur zugrunde: Hirsch 2002; BFAI 2004; Brenton/Manchin 2002; Burger 1998; Dieter 2004, 2005; Estevadeordal/Suominen 2003; Inama 2003, 2004, 2004a; 2005; Kareseit 1998a; Mattoo et al. 2002; Nell 1999; OECD 2002a; LaNasa 1995; Preuße 2000; U.S. Rules of Origin 2004; Vermulst 2004; Vermulst/Dacko 2004; Cadot et al. 2006. Siehe auch Pries/Berrisch (2003), die den Streitfall nicht mehr einbeziehen können.
[7847] Einen Überblick über Ursprungsregeln in regionalen Integrationsprojekten bietet das WTO Sekretariatspapier: WT/REG/W/45, 5 April 2002; sowie WTO 2003. Einen Überblick über die regionalen Aktivitäten bietet OECD 2003a; sowie das WTO Sekretariatspapier WT/REG/W/39, 17. July 2000. Über regionale Integrations- und sonstige Freihandelsabkommen in Afrika schreibt Joshua 1989; einen Überblick über Präferenzregime gibt UNCTAD 2001b; siehe auch UNCTAD EU GSP Handbook 2002; UNCTAD USA GSP Handbook 2000: 4-8.
[7848] "The result is what I have called the 'spagetti-bowl' phenomenon of numerous and crisscrossing PTAs and innumerable applicable tariff rates arbitrarily determined and often depending on a multiplicity of sources of origin. In short, the systemic effect is to generate a world of

Ursprungsregeln sind ein einfuhrrechtlicher Begriff.[7851] Diese Regeln beziehen sich dementsprechend nicht direkt auf Investitionen. Somit sind die weiter unten diskutierten Effekte von Ursprungsregeln bezüglich Anreizen die Produktion in einem Land durchzuführen oder vermehrt lokale Produkte bei der Produktion in einem Land zu nutzen, keine direkten Effekte eine Regulierung von Investitionen, wie etwa die Mindestinland bzw. 'local content' Regeln[7852], sondern es sind indirekte Effekte einfuhrrechtlicher Vorschriften. Mit Ursprung bzw. ursprungsverleihenden Eigenschaften zeigt ein Importeur dem Zollamt an, aus welchem Land ein importiertes Produkt kommt, nicht mehr und nicht weniger. Anhand dieser Angaben wird festgestellt, welche Abgaben zu entrichten sind: Zölle, Präferenzzölle, ggf. Antidumping oder Ausgleichszölle.[7853] Einigkeit besteht in der Literatur darin, daß ein solches Ursprungszeugnis Kosten verursacht, weil es zu Verwaltungsaufwand in den Firmen führt.[7854]

Die erste von vier Bedeutungsdimension der Ursprungsregeln, die in der aktuellen Diskussion prägend sind, ist die Investitionsanreizwirkung:

(1) Wie kann eine Ursprungsregel, die 62,5 % NAFTA-Wertschöpfung als ursprungsverleihend fordert, als Investitionsanreiz bezüglich Mexiko wirken? Dies resultiert - indirekt - aus den Abbau der internen Zölle zwischen Mexiko und den USA. Im Rahmen des NAFTA Freihandelsabkommens sind die Automobilzölle zwischen diesen beiden Ländern ganz abgebaut worden. Dieser Zollabbau gilt aber nur unter der Bedingung, daß die NAFTA Ursprungsregeln eingehalten werden. D.h. zollfreien Zugang von Mexiko aus zum USA Markt bekommt man nur, wenn man diese Regeln einhält und ein Unternehmen 62,5 % NAFTA-Wertschöpfung[7855] vorweisen kann. In welchem Sinn dieser Anreiz eine protektionistische Wirkung hat, bleibt unklar. Der zollfreie Zugang von Mexiko in die USA im Rahmen der NAFTA ist nicht die einzige Option, die ein Unternehmen in Mexiko hat. Es kann genausogut den normalen U.S. Zolltarif bezahlen: Dies sind geringe 2,5 % für Automobile und 25 % für Pickups und Trucks.[7856] Somit können normale Automobile auch ohne Beachtung der NAFTA-

---

preferences, with all its well-known consequences, which increases transaction costs and facilitates protectionism. In the guise of freeing trade, PTAs have managed to recreate the preferences-ridden world of the 1930s as surely as protectionism did at the time. Irony, indeed!". Bhagwati 2000: 244.

[7849] APEC: Austrial, Brunei Darussalam, Canada, Chile, China, Hong Kong, Indonesia, Japan, Korea, Malaysia, Mexico, New Zealand, Papua New Guinea, Peru, Philippines, Russia, Singapore, Chinese Taipei, Thailand, United States, Vietnam. Ziel: Zollsenkung, Abbau von Handelsbarrieren.

[7850] Sie schließt sich bezüglich Ursprungsregeln dem WTO Harmonisierungsprozess an. OECD 2002a: 9.

[7851] Kareseit 1998a: 351.

[7852] Siehe den Punkt 15, TRIMS.

[7853] Pries/Berrisch 2003: 408. Ursprungsregeln sind so abgefaßt, daß diese Behauptung auch in Frage gestellt werden kann, z.B. wenn nachgewiesen wird, daß eine Waren in Kenya nicht ausreichend bearbeitet wurde und letztendlich aus Japan kommt. Dann wird das kenyanische Ursprungszeugnis nicht akzeptiert und die Ware zollrechtlich beschlagnahmt bzw. zurückgewiesen.

[7854] Höchster Wert ist hier 5,7 % des Werts der Transaktion. Estevadeordal/Suominen 2003: 7-8. Cadot et al. (2006) berechnen 1,9 % für NAFTA und 6,8 % für PANEURO. Cadot et al. 2006: 218.

[7855] OECD 1996: 199. Kommentiert wird zu diesem Wert, daß dieser den politischen Einfluß der U.S. Automobilkonzerne verdeutlicht. Kanada und Mexiko wollten 50 %, um ihren ausländisch investierten Firmen den Import von Vorprodukten zu erleichtern. Die U.S. Automobilkonzerne hatten 65 % angestrebt. Destler 2003: 4.

[7856] Siehe Abschnitt 'D', Punkt 11.1, Automobile.

Ursprungsregeln in Mexiko für den amerikanischen Markt unter Nutzung der billigeren Löhne Mexikos gefertigt werden, ohne daß dadurch erhebliche Zollnachteile bestehen[7857], einzig im Bereich der Pickups und Trucks (und dann, wenn zwischen Mexiko und den USA ein Autoteilehandel betrieben werden soll) besteht ein wirklicher Anreize, den NAFTA-Ursprungsregeln zu genügen. Die Investitionsentscheidungen folgen diesen Anreizen nur zum Teil, so haben Daimler-Chrysler und BMW ihre Produktion vor allem in den USA aufgebaut, erstere aber die Truckfertigung nach Mexiko verschoben.[7858] Dazu kommt, daß die Erfahrung Mexikos nicht ohne die Analyse der dort bestehenden Investitionsregulierungen zu verstehen ist: Über die NAFTA Regeln hinaus hat Mexiko bis 2004 weiterhin 'local content' Regeln eingesetzt, um den Aufbau einer lokalen Zuliefererindustrie zu fördern.[7859]

Um diese Diskussion bezüglich dieses ersten Punktes hier kurz und abgestuft zu führen: Am Beispiel Mexiko/USA wurde schon gezeigt, daß die Investitionsanreizwirkungen der Ursprungsregeln innerhalb von Freihandelsabkommen nicht beliebig ausgestaltbar sind, i.S. eines, neuen Schutzinstruments (besser Anreizinstruments) für den Aufbau lokaler Industrien im 21. Jhd.. Auf die bilateralen Freihandelszonen in Lateinamerika und Asien bezogen, die ebenso Ursprungsregeln einsetzen, bedeutet dies, daß sich die Anreizwirkung durch die Marktgröße relativiert und dadurch, weil die Länder auf demselben Niveau der wirtschaftlichen Entwicklung stehen und über weniger Möglichkeiten der ergänzenden Arbeitsteilung verfügen. Dies gilt etwa für Freihandelsabkommen in Lateinamerika[7860] und Afrika.[7861] Im MERCOSUR[7862] gilt dagegen, daß dort sowieso schon viele Sektoren ausländische Investitionen ausweisen, sodaß auch hier die These eines neuen Schutzinstruments für lokale Industrien im 21. Jhd. relativiert werden muß.[7863] In Asien verhandelt

---

[7857] Dieter 2004: 291.

[7858] Hier kann aber differenziert werden: In Mexiko haben VW und Nissan ihr Engagement ausgeweitet, andere Firmen, etwa Daimler-Chrysler und BMW konzentrieren sich auf die USA, die Truckfertigung wird aber in Mexiko ausgeweitet. Auch in diesem Artikel wird aber undifferenziert eine Investition in der NAFTA auf die Ursprungsregeln zurückgeführt. Es stimmt natürlich, daß die Ursprungsregen als Investitionsanreiz gewirkt haben, aber der Anreize sind in bezug darauf, Automobile von Mexiko in die USA zu exportieren, sicher nicht so groß wie im Pickup und Lkw Bereich. Unpräzise ist auch die Rede von 'local content'-Regeln der NAFTA. Preuße 2000: 26-27.

[7859] Durch den Abbau des 'local content' Zwangs können sei 2004 Automobilteile aus den USA von den Firmen in Mexiko frei eingesetzt werden. Mexiko verfügt aber weiterhin über Anreize für lokale Wertschöpfung. Diese wird mit zollfreien Importen für neue Automobile belohnt. Ein solches Regime verstößt gegen die WTO Regeln, siehe unter Punkt 11, Art. III Inländerbehandlung den Fall Japan vs. Canada - Autos (2000). BFAI 2004: 1-2. Diese Politiken sind nicht neu, sie werden in den neuziger Jahren nur weniger ruppig angewandt, als in den Jahren davor. In Mexiko waren die Regeln insofern wirksam, daß eine umfangreiche lokale Zuliefererindustrie aufgebaut werden mußte, die aus den internationalen Zuliefererbetrieben besteht. Burger 1998: 127-129.

[7860] LAIA: Argentina, Bolivia, Brazil, Chile, Colombia, Cuba, Ecuador, Mexico, Paraguay, Peru, Uruguay,Venezuela. Ziel: Zollabbau. Ursprungsregel u.a. 50 % regionaler Inhalt an der fertigen Ware/Importe. ANDEAN: Bolivia, Colombia, Ecuador, Venezuela, Peru. CACM: Costa Rica, El Salvador, Guatemala, Honduras, Nicaragua. Ziel: Zollabbau. WT/REG/W/39, 17 July 2000. Estevadeordal/Suominen 2003: 16.

[7861] COMESA: Angola, Burundi, Comoros, Democratic Republic of Congo, Djibouti, Egypt, Eritrea, Ethiopia, Kenya, Madagascar, Malawi, Mauritius, Namibia, Rwanda; Seychelles, Sudan, Swaziland, Tanzania, Uganda, Zambia, Zimbabwe. Zollunion. Ursprungsregel u.a. 60 % regionaler Inhalt an fertigen Waren/Import. WT/REG/W/39, 17 July 2000, Estevadeordal/Suominen 2003: 16.

[7862] MERCOSUR: Argentina, Brazil, Paraguay, Uruguay. Zollunion. Zollunion. Ursprungsregel 60 % regionale Wertschöpfung. WT/REG/W/39, 17 July 2000. Estevadeordal/Suominen 2003: 16.

[7863] Siehe Abschnitt 'G', Brasilien. Relativiert wenigstens im Sinne des Schutzes nationaler Industrie, dort werden fortan die internationalen Firmen geschützt, die daran ebenso ein Interesse haben.

ASEAN mit seiner AFTA[7864], welches in der internen Liberalisierung diverse Ausnahmen aufweist[7865], wodurch geringere Anreize bestehen, derzeit mit China über die Ausgestaltung von ACFTA[7866], wobei China bereits relativ niedrige Zölle aufweist und dadurch die Anreize von Ursprungsregeln abgemildert werden.[7867] Dazu kommt, daß die Freihandelsverhandlungen von ASEAN mit China zur Etablierung der ACFTA nicht so recht voranschreiten.[7868] Sowohl AFTA als auch ACFTA verfügen über chaotische Ursprungsregeln.[7869] Ein asiatisches Abkommen, welche an die Mexiko/USA Konstellation erinnert, ist das aktuelle Freihandelsabkommen Australien/Thailand.[7870] Australien, traditionell protektionistisch, mit relativ hohen Textil- und Bekleidungs- und Automobilzöllen, baut diese gegenüber Thailand teils sofort und bis 2010 ganz ab, wodurch partiell veränderte und neue Anreize entstehen.[7871]

Damit dürfte gezeigt worden sein, daß Ursprungsregeln i.S. der Investitionsanreizwirkung differenzierte Effekte haben. Nur dann, wenn wirklich ein Anreiz für die Ausdehnung lokaler Produktion in Richtung weitere Staaten, zu denen dann ein besser Marktzugang besteht, vorliegt und dazukommt, daß Ursprungsregeln lokale Vorproduktenutzung (über das, was die Firma einsetzen will hinaus) erzwingen, kann die Rede von 'local content'-Effekten, also einem (indirekten) Schutz für lokale Produktion sein. Diese Rede von Schutz macht weiterhin erst dann Sinn, wenn die Probleme, die durch diesen lokalen Vorproduktbezug ausgelöst werden können, d.h. daß Preise und Qualität nicht stimmen und es dazu keine Alternativen gibt, nicht wirklich ausschlaggebend sind. Wenn es zu solchen Problemen kommt, erinnern Ursprungsregeln an Importsubstitutionsprobleme und die betroffenen Ländern sind gut beraten, die Ursprungsregeln zu lockern, wenn dies zu Problemen internationaler Wettbewerbsfähigkeit bei Exporten führt.[7872]

(2) Der Normalfall. Trotz bestehender Ursprungsregeln hat sich der weltwirtschaftliche Austausch auf heutigem Niveau etabliert, eingeschlossen eines umfangreichen Inputgüter bzw. Vorproduktehandels.[7873] Wie ist dies unter einen Hut zu bringen? Die EU definiert 'normalen' nicht-

---

[7864] ASEAN: Brunei Darussalam, Cambodia, Indonesia, Laos, Malaysia, Myanmar, Philippines, Singapore, Thailand, Vietnam. Ziel: Zollabbau. WT/REG/W/39, 17 July 2000.
[7865] Inama 2005: 560. In über 66 % der Zollpositionen weichen die internen Präferenzzölle (common effective preferential tariffs, 'CEPT') nicht oder nur wenig von den Meistbegünstigungszölle ab. Der Anteil des intra-regionalen Handel der ASEAN Staaten bleibt seit den siebziger Jahren gleich, sodaß hier kaum ein Investitionsanreizeffekt bzw. Schutz- oder Umlenkungseffekt sichtbar ist. WTO 2003: 54.
[7866] ACFTA: China plus ASEAN. Siehe Inama 2005: 559; einen Überblick über Asien diesbezüglich bietet auch Sen 2006
[7867] Daß niedrige Zölle die Anreizwirkung von Ursprungsregeln verringern wird u.a. festgestellt in: Estevadeordal/Suominen 2003: 9. Zu Chinas Zollniveau nach dem WTO Beitritt siehe Hermanns (2001). Nur in wenigen Bereiche, etwa Unterhaltselektronik und Haushaltgeräten besteht ein Schutz von 30 % bis 35 %, im Automobilbereich 25 %. Für den Computer- und Telekommunikationsbereich liegen kaum mehr Zölle vor und im Chemie- und Stahlbereich liegt der Schutz bei/unter 10 %. Hermanns 2001: 285-289.
[7868] Inama 2005: 559-569.
[7869] Neben 40 % regionaler Wertschöpfung gibt es alle möglichen Ausnahmen und Unklarheiten. Inama 2005: 571-578. Siehe für die Situation in Asien auch Dieter 2005.
[7870] Mit 20 Mill. Einwohnern und US$ 700 Mrd. BSP. World Bank Data Profile Australia 2005. Thailand hat 65 Mill. Einwohner und ein BSP von US$ 176 Mrd. World Bank Data Profile Thailand 2005.
[7871] Siehe den Annex der Zollsenkungen in: TAFTA 2005. Die Ursprungsregeln basieren großteils auf einem Wechsel der Zollpositionen, der als ursprungsverleihend gedeutet wird. Annex 4.1. TAFTA 2005. Siehe auch Trade Policy Review Australia 2002: 34.
[7872] Empirisch wird gefunden, daß, je restriktiver die Ursprungsregeln sind, mehr Handel mit Vorprodukten auf regionaler Ebene stattfindet. Estevadeordal/Suominen 2003: 42-43. Siehe die Diskussion der Importsubstitution in Abschnitt 'G', Exportorientierung.
[7873] Siehe Abschnitt 'D', Internationaler Handel.

präferentiellen Ursprung so: "Eine Ware, an deren Herstellung zwei oder mehrere Länder beteiligt waren, ist Ursprungsware des Landes, in dem sie der letzten wesentlichen und wirtschaftlich gerechtfertigten Be- oder Verarbeitung unterzogen worden ist, die in einem dazu eingerichteten Unternehmen vorgenommen worden ist und zur Herstellung eines neuen Erzeugnisses geführt hat oder eine bedeutende Herstellungsstufe darstellt."[7874] Unter diese Regeln fallen viele Waren problemlos, auch deshalb, weil oft ein 45 % Wertschöpfungstest angewandt wird, sodaß 55 % Vorprodukte bzw. Teilehinzufügung oder Montageabläufe wiederum in anderen bzw. dritten Ländern stattfinden können.[7875] Bei Waren, die unter substantieller Heranziehung von Inputgütern hergestellt werden und die sich nur wenig verändern, wird es aber schwieriger Ursprung zu beweisen.[7876] Die USA wendet ein ähnliches Fall-zu-Fall Verfahren an. Wenn bei der Produktion Vorprodukte involviert sind, wird das "substantial transformation"-Kriterium angewandt.[7877] Auch der NAFTA Normalfall soll hier in der Fußnote erwähnt werden.[7878] Die WTO schätzt, daß 55 % des Welthandels sich unter Bedingungen nicht-präferentieller Ursprungsregeln vollzieht. Eine große Zahl der Zollunionen führt eine Wertschöpfungstest von zwischen 25 % und 50 % durch, sodaß jedenfalls ein gewisser Teil der Wertschöpfung aus ausländischen Quellen herangezogen werden kann.[7879] Weil dieser Wertschöpfungstest aber nicht für alle Waren gilt und zusätzlich der Wechsel der Zollpositionen als ursprungsverleihend herangezogen wird, welcher teils mit Sonderregeln ausgestattet ist und es weiterhin spezielle Ursprungsregeln gibt, ist es nicht einfach, den Grad der beschränkenden Wirkung dieser Abkommen einzuschätzen. In der Literatur werden etwa die NAFTA Regeln als restriktiver angesehen als die von PANEURO. Eines verbindet sie: Alle Abkommen weisen besonders weitreichende Ursprungsregeln in bezug auf Textilen-, Bekleidungs- und Agrarprodukte auf.[7880]

Selbst wenn diese Erfordernisse für viele Waren leicht zu erfüllen ist, legen die Ursprungsregeln somit mit diesen Kriterien, die lokale Wertschöpfung in einem weiten Sinn fördern, der Globalisierung einen locker sitzenden Sicherheitsgurt um. Im Normalfall besteht für die Unternehmen die Möglichkeit, zwischen einer Reihe von verschiedenen Konfigurationen in bezug auf ihre Produktion zu wählen.

[7874] Siehe Art. 24: Verordnung (EWG) Nr. 2913/92 des Rates vom 12. Oktober 1992 zur Festlegung des Zollkodex der Gemeinschaften. In: ABl. L 302, 19. Oktober 1992. Für die Ursprungsregeln siehe hier Art. 22-26. Präferentielle Ursprungsregeln finden sich in Art. 27. Weiterhin: Verordnung (EWG) Nr. 2454/93 der Kommission vom 2. Juli 1993 mit Durchführungsvorschriften zu der Verordnung (EWG) Nr. 2913/92 des Rates zur Festlegung des Zollkodex der Gemeinschaften. In: ABl. L 253, 11. Oktober 1993. Für die Ursprungsregeln relevant sind hier Art. 35-36, speziell für Textilien Art. 36-38. In Anhang 9, 10, 11 dieser Verordnung werden die Waren aufgezählt, für die die allgemeine Definition des Erwerbs von Ursprung nicht zutreffen, welche warenspezifischen Ursprungsregeln ausgesetzt sind. Siehe: Vermulst/Dacko 2004: 6; OECD 2002: 8.
[7875] Vermulst/Dacko 2004: 6-11.
[7876] Es besteht ein gewisser Freiraum diese Formulierung in Art. 24 auszulegen. Vermulst/Dacko 2004: 6.
[7877] Entweder ein Produkt ist vollständig in einem Land hergestellt, oder: "... all U.S. non-preferential rules of origin schemes employ the 'substantial transformation' criterion for goods that consist in whole or in part of materials from more than one country. In the majority of the non-preferential schemes, the substantial transformation criterion is applied on a case-by-case basis, and it is based on a change in name/character/use method (i.e., an article that consists in whole or in part of materials from more than one country is a product of the country in which it has been substantially transformed into a new and different article of commerce with a name, character, and use distinct from that of the article or articles from which is was so transformed." U.S. Rules of Origin 2004: 9.
[7878] Der Tendenz nach erhalten Waren eine NAFTA-Ursprungseigenschaft, wenn sie eine regionale Wertschöpfung von 60 % (transaction value) oder 50 % (net cost) aufweisen oder wenn ein Wechsel der Zollposition vorgewiesen werden kann. OECD 2002a: 10. Eine kurze Beschreibung der Möglichkeiten in: WT/REG/W/45, 5 April 2002. 20-21.
[7879] Estevadeordal/Suominen 2003: 11-13; WT/REG/W/45, 5 April 2002: 23-24.
[7880] Estevadeordal/Suominen 2003: 25-27.

Vorschnell wäre es damit zu schließen, daß es die generelle Wirkung von Ursprungsregeln ist, daß weniger günstige Zulieferer gewählt werden und somit per se wohlfahrtsmindernde Effekt ausgelöst werden.[7881] Ähnlich schwer zu definieren bleibt der Schutzeffekt der Ursprungsregeln für Unternehmen innerhalb des Wirkungsbereichs einer Zollunion. Zwar werden Anreize geschaffen, einem lokalen Zulieferer einzubeziehen. Wie intensiv dies erfolgt, darüber können die Unternehmen, innerhalb eines gewissen Rahmens, entscheiden, sodaß ebenso schwer pauschal ein solcher Schutzeffekt festzustellen ist.[7882]

Soweit einmal der Normalfall für 'normale' Staaten mit einer ausdifferenzierten verarbeitenden Industrie: Dagegen sind wirtschaftlich schwache oder spezialisierte Staaten mit einer wenig ausdifferenzierten verarbeitenden Industrie weitaus stärker von Ursprungsregeln betroffen, weil sie weniger Fähigkeiten haben, den lokalen Wertschöpfungsanforderungen zu genügen. Vorgeschlagen wird, deshalb die normalen Ursprungsregeln für schwache Staaten großzügiger auszulegen.[7883]

(3) Die Kumulation. Die EU verfügt seit 1997 über eine paneuropäische Ursprungskumulierung (PANEURO), welche es möglich macht, Vorprodukten aus den 50 Freihandelszonen, darunter der Türkei, ursprungsverleihende Eigenschaften zuzuschreiben. Damit werden für die darunterfallenden Staaten, die von den Freihandelsvorteilen profitieren wollen, wohlfahrtsmindernde, verzerrende Wirkungen der Ursprungsregeln abgemildert, indem eine weitaus größere Auswahl in bezug auf dritte Zulieferer(länder) ermöglicht wird.[7884] Im Mittelmeerraum ist diese Auswahl aber noch verbesserungswürdig.[7885] Innerhalb präferentieller Ursprungsregeln wird u.a. für den südafrikanischen Raum für Textilien und Bekleidung Kumulation akzeptiert.[7886] Ebenso erlaubt die EU Kumulation für die jeweils geltenden Präferenzregime von ASEAN[7887], ANDEAN, CACM[7888] und für die SAARC[7889] Staaten.

[7881] Beispiel: In Dieter (2004) wird geschlossen, daß die spezielle NAFTA-Regeln, daß Bildröhrenfertigung innerhalb der Freihandelszone zu Ursprung führt, kausal dazu geführt hat, daß Bildröhrenproduktion in die USA verlagert wurden und die Montage nach Mexiko. Dafür gibt es angesichts des geringen U.S. Zolls von 3,9 bis 5 % aber gar keinen Grund. USA Zolltarif 2004: 1639-1646. Grund sind vielmehr Antidumpinguntersuchungen. USITC 2003b. Siehe: Dieter 2004: 294.

[7882] Oben wird gegen die Thesen von Dieter (2004) argumentiert, die als Argumentationshintergrund dienen. Die Neoklassik sieht es so: Eine Zollunion ist einer Freihandelszone überlegen. Wenn Vorprodukte nicht mehr vom preiswertesten Anbieter gekauft werden, ist dies wohlfahrtsmindernde Handelsumlenkung. Kurz: Ursprungsregeln haben negative Wohlfahrtseffekte. Von Dieter (2004) wird dies aber gleich wieder abgeschwächt mit "kaum erkennbar". Auch diese Autor sieht die Komplexität der Lage, schwankt aber allzusehr zwischen pauschalen Behauptungen und der Rücknahme dieser. Dieter 2004: 283-285. Geschlossen wird etwa: "Insgesamt sind die ökonomischen Folgen der umfassenden Ursprungsregeln der NAFTA gravierend." Dieter 2004: 294.

[7883] Und auch deshalb, weil Preise für Arbeit und Materialien sehr niedrig liegen können. In bezug auf die Heckscher-Ohlin Theorie wird beschlossen, daß Länder mit differenzierten Faktorvorteilen bevorzugt werden. Hirsch 2002: 187.

[7884] Dieter 2004: 289.

[7885] Für Ägypten, welches ein Freihandelsabkommen mit der EU abgeschlossen hat, zeigt sich immerhin der positive Effekt, daß Anreize zunehmen, die Akzeptanz von Kumulation in Zukunft auch in bezug auf u.a. arabische und afrikanische Ländern mit der EU auszuhandeln, um besser von den Regeln profitieren zu können. Ghonheim 2003: 619.

[7886] Partnership Agreement between the members of the African, Caribbean and Pacific Group of States of the one part, and the European Community and its Member States, of the other part, signed in Cotonou on 23 June 2000. In: ABl. L 317, 15.12.2000. S. 215-220.

[7887] Sog. Group I. Brunei-Darussalam, Cambodia, Indonesia, Laos, Malaysia, Philippines, Singapore, Thailand, Vietnam. Vermulst/Dacko 2004: 24.

[7888] Sog. Group II. Bolivia, Colombia, Costa Rica, Ecuador, El Salvador, Guatemala, Honduras, Nicaragua, Panama, Peru, Venezuela. Vermulst/Dacko 2004: 24.

[7889] Sog. Group III. SAARC: Bangladesh, Bhutan, India, Maldives, Nepal, Pakistan, Sri Lanka. Vermulst/Dacko 24.

(4) Die vierte, schon bekannte Wirkung von Ursprungsregeln resultiert daraus, daß davon die Einräumung von Präferenzzöllen abhängig gemacht wird, zum Beispiel mit der Anforderung Bekleidung aus Garn herzustellen, sodaß eine Textilindustrie im Land vorhanden sein muß, um von der Zollbefreiung im Bereich Bekleidung profitieren zu können.[7890] Dies gilt z.B. für die Everything but Arm (EBA) Initiative der EU, welche zollfreie Importe für die LDCs verspricht, wobei aber weiterhin protektionistische Ursprungsregeln verwandt werden.[7891] Weil diese Ursprungsregeln für Präferenzregime strenger und detaillierter sind, ergibt sich hier ein protektionistischer Effekt, der u.a. die Ausnutzung der Präferenzen erschwert.[7892] Von US$ 184 Mrd. Importen aus Ländern, die dem GSP unterliegen, konnten nur für US$ 71 Mrd. erniedrigte Zölle wirklich genutzt werden (für USA, Kanada, Japan, EU).[7893] Von den Importen der am wenigsten entwickelten Länder sind dies von US$ 7,6 Mrd. immerhin US$ 4,9 Mrd. die von den Präferenzen profitieren. Dies wäre beruhigend, läge dies nicht an den hohen Nutzungsraten für Importe der USA (hier spielt u.a Öl eine Rolle).[7894] Für die EU und Japan liegen 46 % und 33 % Präferenzzollnutzungsraten für die LDC vor.[7895] Diese niedrigen Werte können, zum Teil wenigstens, auf Ursprungsregeln zurückgeführt werden.[7896] Selbst dann, wenn Kumulation regionale Dynamiken ermöglichen mag, dürfte dies nicht immer gelingen, sodaß in weniger Jahren, wenigstens bezüglich Afrika, über ein präferenzielle, vollständige Liberalisierung nachgedacht werden muß, wenn die bisherigen Ansätze, siehe die EU Kumulation für den südafrikanischen Raum oder der U.S. Growth and Opportunities Act, nicht funktionieren. Ursprungsregeln hemmen klar erkennbar eine 'freie' Auslagerungsaktivität von Produktionsabschnitten im Textil- und Bekleidungsbereich in arme Länder, die über Zollpräferenzen, aber nicht über eine diversifizierte Produktion verfügen.[7897]

Kann das WTO Übereinkommens über die Ursprungsregeln[7898] hier eine Verbesserung herbeiführen?

Dieses Abkommen hat zwei grundlegende Aspekte: Erstens wurde dadurch das Projekt der internationalen Harmonisierung der nicht-präferentiellen Ursprungsregeln angestoßen.[7899] Dieses

---

[7890] Dies ist die AKP Anforderung. Die GSP Anforderung ist, daß das Garn lokal produziert werden muß. Inama 2003: 968. Die GSP Anforderungen unterliegen auch der EBA Initiative. Vermulst/Dacko 2004: 19. Siehe schon Abschnitt 'A' dieser Arbeit. Für AKP siehe: Beschluß des Rates und der Kommission vom 25. Februar 1991 über den Abschluß des Vierten AKP-EWG-Abkommens. In: ABl. L 229, 17.8.1991, S. 168-169.

[7891] Diesen Regeln unterliegen auch osteuropäische Staaten. U.a. wurde entschieden, daß Laos diese Anforderungen nicht erfüllen kann. Brenton/Manchin 2002: 13. Zum den EBA Ursprungsregeln auch Vermulst/Dacko 2004:

[7892] U.a. wird dadurch die Nutzung der Quoten verringert.Vermulst 2004: 15.

[7893] Inama 2003: 963.

[7894] Inama 2993: 963-964.

[7895] Inama 2003: 963.

[7896] Die asiatischen Staaten, darunter LDCs, zeigen niedrige Nutzungsraten der Präferenzen, u.a. Bangladesh und Kambodscha. Für Nepal triff dies nicht zu. Inama 2003: 967. Die beschränkende Effekte werden bestätigt in Cadot et al. 2006: 218-219.

[7897] Z.B. im African Growth and Opportunities Act (AGOA), welcher Bekleidung, die mit regional in Afrika hergestellten Garn einer Obergrenze unterstellt, wohingegen U.S. Garn frei verwendet werden darf. Mattoo et al. 2002: 7-8. Im europäischen GSP wird z.B. klargestellt, daß eine reine Montage (sowie Verpackung oder Labelling) niemals ursprungsverleihend ist. Vermulst/Dacko 2004: 23.

[7898] Agreement on Rules of Origin. WTO 1995: 241-245.

[7899] Die Harmonisierung der Ursprungsregeln ist in Part. IV des Agreement on Rules of Origin angestoßen worden. Dort befinden sich zudem weitere Regeln bezüglich der Wirkung von Ursprungsregeln an sich. RO Part. IV. WTO 1995: 248-250. Die Harmonisierung findet im sog.

Projekt weist eine erhebliche Verzögerung auf, hat aber ein bestimmtes Stadium erreicht, u.a. ist es schwer sich auf Regeln für den Montage von Fahrzeugen und Maschinen zu einigen.[7900]

Ausgerechnet für die präferentiellen Ursprungsregeln mit ihren größeren protektionistischen Effekten, speziell auf schwächere Länder ist zweitens eine Harmonisierung nicht vorgesehen, dazu kommt, daß die speziell dafür formulierten Regeln kaum wahrnehmbar beschränkend sind.[7901] In RO Art. 1 wird festgestellt, daß sich der Hauptteil des Übereinkommens über Ursprungsregeln nicht auf die Präferenzabkommen bezieht.[7902]

Die Regeln dieses Übereinkommens wurden bisher nur in India vs. United States - Textiles Rules of Origin (2003)[7903] ausgelegt. Anlaß des Streits sind Ursprungsregeln der USA unter dem Übereinkommen über Textilien und Bekleidung (das Übergangsabkommen ATC, dies ist kein Präferenzabkommen). Zu diesem Fall selektiv einige Informationen: In diesem Fall wird nicht angezweifelt, daß die Mitgliedsstaaten das Recht haben, Ursprungsregeln festzulegen, diese Kriterien zu verändern und unterschiedliche Regeln für unterschiedliche Waren anwenden.[7904] Indien versuchte zu beweisen, daß die U.S. Regeln, speziell solche, die das Färben, Drucken etc. von Wollwaren nicht als ursprungsverleihend ansehen (stricken und weben dagegen schon)[7905], unter die folgenden Regeln des Übereinkommens über die Ursprungsregeln[7906] fallen: Die Mitgliedsländern sollen Ursprungsregeln nicht verwenden, um nach RO Art. 2 (b) direkt oder indirekt handelspolitische Ziele zu verfolgen und in RO Art. 2 (c) keine beschränkenden, verzerrenden oder zerrüttenden Effekt auf den internationalen Handel ausüben. Das Panel stellt dazu fest: "These provisions do not prescribe what a Member must do".[7907] Geurteilt wird, daß gemäß RO Art. 2 (c) und (d) die Analyse der Effekte nur in bezug auf eine einzige Ware erfolgen darf, sodaß sich die Wahrscheinlichkeit schon einmal verringert, solche Ziele oder Effekte festzustellen.[7908] In bezug auf RO Art. 2 (c) wird beschlossen, daß

Technischen Ausschuß (TA) unter der Aufsicht des Rates für die Zusammenarbeit auf dem Gebiet des Zollwesens (RZZ) statt. Kareseit 1998a: 353. Für die Ursprungsregeln gibt es zudem die Konvention von Kyoto, die Elemente eine Internationalisierung des Ursprungsrechts enthält. Die EU hält sich in einige Definitionen daraus. Kareseit 1998a: 360-363. Zum Beginn der Verhandlungen Nell 1999. In der UNCTAD gibt es eine Arbeitsgruppe, die zu GSP Ursprungsregeln arbeitet: Inama 2004a.

[7900] Vermulst 2004: 9.
[7901] RO Annex II. WTO 1995: 248-250.
[7902] RO Art. 1. WTO 1995: 248-250. "The economic impact of a rule of origin depends on the specific criterion that is used and on the degree of uniformity with which the rules is applied. Rules of origin have been problematical mostly in the context of preferential trade agreement: exactly the arena where WTO rules do not apply. This was no oversight, and reflects the fact that many countries did not want to see constraints imposed on their policy freedom with regard to regional integration or the mechanics of trade preferences for developing countries." Hoekman/Kostecki 1995: 104; siehe dazu auch Hirsch 2002: 184. Urprungsregeln dürfen gegenüber Nicht-WTO Mitglieder, genauso wie andere Begünstigungen, wegen Art. I nicht günstiger angewandt werden, als gegenüber WTO Mitgliedern. Matsushita et. al. 2006.
[7903] Nur Panel. India vs. United States - Rules of Origin for Textiles and Apparel Products, WT/DS243/R, 20 June 2003.
[7904] India vs. United States - Rules of Origin for Textiles and Apparel Products, WT/DS243/R, 20 June 2003, S. 71, Para. 6.24. Siehe hierzu Vermulst 2004.
[7905] India vs. United States - Rules of Origin for Textiles and Apparel Products, WT/DS243/R, 20 June 2003, S. 67, Para. 6.7.
[7906] Agreement on Rules of Origin. WTO 1995: 241-245.
[7907] Und die Ursprungsregeln dürfen keine übermäßig strengen und nicht mit der Bearbeitung zusammenhängenden Erfordernisse aufweisen. In RO Art. 2 (d) findet sich ein Diskriminierungsverbot. India vs. United States - Rules of Origin for Textiles and Apparel Products, WT/DS243/R, 20 June 2003, S. 71, Para. 6.23.
[7908] India vs. United States - Rules of Origin for Textiles and Apparel Products, WT/DS243/R, 20 June 2003, S. 98, Para. 97-98, Paras. 6.144-6.147. Vermulst 2004: 12.

nur solche Usprungsregeln ein "unduly strict requirement" enthalten würden, wenn sie einen "exacting or rigorous (technical) standard" enthalten, der in exzessiver Weise angewandt wird.[7909] Diese Begriffe erhöhen die Beweislast.

Von vorneherein stellt sich in diesem Fall das Problem, daß Indiens Argumentation dadurch geschwächt wurde, weil es innerhalb des Übergangsabkommen für den Textilhandel argumentiert. Es ist schwer, innerhalb dieses sowieso schon protektionistischen Systems, eine Verfolgung eines handelspolitischen Ziels oder einen beschränkenden Effekt aufzuzeigen.[7910] Der Panel stellt in diesem Kontext weiterhin fest, daß die RO Regeln nicht eine spezielle Ursprungsregel erfordern würden, sondern "simply provide broad parameters for the use of rules of origin".[7911] Dasselbe gilt für die Effekte auf die indischen Exporte von unverarbeitetem Baumwollstoff, wobei angeblich andere Länder durch die Schwierigkeiten, innerhalb der ihnen verfügbaren Quoten, Ursprung zu zeigen, den Import aus Indien verringern. Weil Indien dazu zudem kaum Beweise vorlegen kann, können hier keine "restrictive effects on international trade" gezeigt werden.[7912] Kurzum: Indien hat keinen Erfolg.[7913]

Somit bestehen weit gefaßte Limits für Ursprungsregeln. Würde durch Ursprungsregeln der Handel vollständig gehemmt oder die Regeln auf zu exzessiv angewandten technischen Standards beruhen, könnte ggf. ein Fall gewonnen werden.[7914] Damit schützen die RO Regeln vor einer willkürlichen Anwendung dieses handelspolitischen Instruments. Vielleicht könnte vor der WTO Streitbeilegung einmal versucht werden, die zu handelspolitischen Zielen genutzte 'fibre-forward rule' der NAFTA zu bezweifeln, die besagt, daß für bestimmte Bekleidungsstücke NAFTA-Ursprung (d.h. interne Zollbefreiung) nur dann vergeben wird, wenn Rohbaumwolle aus der NAFTA verwandt wird.[7915] Zuletzt: Im Fall India vs. Turkey - Textiles (1999) schlägt der AB i.S. eines unverbindlichen Vorschlags vor, daß die Türkei statt mengenmäßiger Beschränkungen Ursprungsregeln nutzen sollte, um bestimmte Ziele innerhalb des Zollunion zu erreichen.[7916]

Die im Moment durchgeführte Harmonisierung der 'normalen' Usprungsregeln wird sicher nicht in einem dynamischen Sinne wohlfahrtsfördernd sein, i.S. eines neuartigen Impulses für eine intensivere internationale Arbeitsteilung, weil sich die Staaten auf dem kleinsten gemeinsamen Nenner einigen

---

[7909] "Thus, a 'strict' requirement is an exacting or rigorous requirement. In the specific context of Article 2 of the RO Agreement, and also bearing in mind our interpretation of the term 'requirements', 'strict' requirements are, therefore, those requirements which make the conferral of origin conditional on conformity with an exacting or rigorous (technical) standard". India vs. United States - Rules of Origin for Textiles and Apparel Products, WT/DS243/R, 20 June 2003, S. 110, Para. 6.205. Siehe auch S. 110, Para. 6.206. Vermulst 2004: 13.
[7910] India vs. United States - Rules of Origin for Textiles and Apparel Products, WT/DS243/R, 20 June 2003, S. 76, Para. 6.49.
[7911] India vs. United States - Rules of Origin for Textiles and Apparel Products, WT/DS243/R, 20 June 2003, S. 81, Para. 6.73.
[7912] India vs. United States - Rules of Origin for Textiles and Apparel Products, WT/DS243/R, 20 June 2003, S. 99-101, Paras. 6.152-6.161.
[7913] India vs. United States - Rules of Origin for Textiles and Apparel Products, WT/DS243/R, 20 June 2003, S. 124, Para. 7.1.
[7914] Zurückhaltung ist angesagt: Keine Schlußfolgerung dazu in Vermulst 2004: 14. Von Trebilcock/Howse (2005) wird die obige Vermutung bestätigt, daß 'gewisse' Regeln vorliegen und 'restriktive' Effekt, speziell wenn sie neu sind, ggf. erfolgreich einer Klage ausgesetzt werden können. Trebilcock/Howse 2005: 191.
[7915] Dieter 2004: 293. Kritik an den NAFTA Ursprungsregeln mit weiteren Beispielen auch in Howse/Trebilcock 2005: 192.
[7916] India vs. Turkey - Restrictions on Imports of Textile and Clothing Products, WT/DS34/AB/R, 22 October 1999. S. 17, Para. 62. Vermulst 2004: 16.

werden, der die momentane Situation spiegelt. Damit wird nicht auf das Problem von schwächeren Staaten mit weniger ausdifferenzierten verarbeitenden Sektoren reagiert, denen es generell schwerer fällt Ursprungsregeln einzuhalten. Was sagt die dynamische Theorie sonst noch? In der dynamischen Theorie wird - unter bestimmten Umständen - die wohlfahrtsteigernde Rolle von 'tariff jumping' und 'AD jumping' Investitionen anerkannt, weil damit Investitionen angelockt werden. Genauso können Ursprungsregeln wirken, es sind dann 'rules of origin jumping' Investitionen. Oben wurde aber schon erklärt, daß dieser Effekt stark von den Umständen abhängt.

In Art. III/TRIMS wurde das Verbot direkt auf die Investitionen anwendbarer 'local content' Regeln festgeschrieben. Ursprungsregeln können, wie oben schon gezeigt, nur partiell dafür kompensieren. Wenn es um die Entwicklung etwa der Automobilindustrie von Ländern wie Indien und China geht, muß versucht werden Industrialisierung über den normalen Zollschutz und die verbleibenden, weniger engen TRIMS zu erreichen, denn diese Länder können keinen 'Hinterhof'[7917] anbieten, in den sich Investitionen locken lassen. Sie müssen aus internen Dynamiken, über den Marktzugang in die große Märkte der Industrieländer und die Wachstumsräume in Asien[7918] wachsen und können ihre Dynamiken und Investitionsanreize nicht auf relativ zu anderen Ländern bestehende, erst durch Ursprungsregeln ermöglichte Zollvorteile aufbauen. Diese Länder bemerken in bezug auf die WTO Regeln vor allem, daß diese wirtschaftspolitischen Spielräume beschränken, indem sie Exportsubvention erschweren und es verbieten, 'local content' Regeln zu benutzen. Sie erleben nicht in den Ursprungsregeln die Vorteile eines neuen 'local content' Instruments, wie dies die Literatur suggeriert.

In bezug auf die erfolgreichen 'Hinterhof' Länder, Mexiko und Thailand, über die man sich in größere Märkte USA und Australien einschleichen kann, kann dynamisch ordoliberal gefordert werden, daß diese ihre Ursprungsregeln liberaler abfassen sollten, damit die Investitionen dort nicht mit übermäßig hohen Anforderungen lokaler Wertschöpfung konfrontiert werden. Problem: Das lassen die USA oder Australien nicht zu, weil deren eigene Unternehmer nicht nur den Investitionsanreizaspekt sehen (den sie selbst auch nutzen wollen), sondern auch den Erschwernisaspekt anspruchsvoller Ursprungsregeln, durch den sie wiederum auf dem eigenen U.S. Markt geschützt werden (d.h. es werden Inputgüter aus den USA und nicht aus China in Mexiko eingesetzt). Vorgaben von 50 % bis 60 % für die lokale Wertschöpfung sind allerdings hoch. Schon eine Vorgabe zwischen 35 % und 40 %, welche in der Literatur zur Reform vorgeschlagen wird[7919], können hier entwicklungsfördernd sein, wenn es darum geht, ein Auto zu diesem Prozentsatz aus regional vorhandenen Teilen zu bauen. Angesichts der

---

[7917] In gewisser Weise hat dies China mit seinen Sonderwirtschaftszonen getan. Es hat einfach innerhalb eines Landes, einen Teil des Landes abgeteilt und den dort investierenden Firmen einen präferentielles Betätigungsrecht und, durch die Präsenz im Land, einen präferentiellen Marktzugang eingeräumt. Dadurch wurden Investitionen in diesen Teil des Landes gelockt.

[7918] Natürlich ist damit auch eine Politik denkbar, diese Wachstumsräume zu stärken, d.h. China könnte daran interessiert sein, Thailand und Vietnam etwa Marktzugangspräferenzen einzuräumen, um in der Region insgesamt Investitionen und Dynamik zu stärken. Dies wäre die aufgeklärt großzügige Variante. Dies fällt in Asien offenbar deshalb schwer, weil sich die Länder gegenseitig nicht trauen, Zollzugangsversprechen in Zukunft verbindlich einzuhalten. Inama 2005: 559-569.

[7919] Sowie 45 % in Ausnahmefällen: Dazu der Kommentar: "This rate, it is submitted, is likely to enable ROO to function as a differentiating mechanism while minimizing the distortive effects resulting from their employment." Hirsch 2002: 187.

wohlfahrtsfördernden Möglichkeiten, die in einer Ausdehnung des weltweiten Inputgüter bzw. Vorproduktehandels liegen, müßte hier ein fairer 'trade off' zwischen lokaler Dynamik und globalem Marktzugang erreicht werden und, bei einer Harmonisierung etwa, Ursprungsregeln auf das Wertschöpfungsniveau von 40 % begrenzt werden. Weitaus dringlicher als dies ist es, die präferentiellen Ursprungsregeln zu liberalisieren und zu harmonisieren. Präferenzen sind dazu da, schwache Länder, die über ein extrem niedriges Pro-Kopf-Einkommen verfügen, in den internationalen Handel einbinden, um deren Wohlfahrt in den nächsten Jahren deutlich erkennbar zu steigern. Protektionistische Ursprungsregeln in Präferenzabkommen stehen diesem Ziel direkt entgegen, bieten aber gerade deshalb die Chance durch eine Reform in diesen Ländern Wachstumsimpulse auszulösen.

25. Art. XXIV Regionale Integrationsprojekte, Zollunionen, Freihandelsabkommen

Aus einer dynamischen Perspektive kann die Meinung vertreten werden, daß regionale Integration nicht wohlfahrtsverringernd wirken muß, wenn z.B. die Außenzölle nicht erhöht werden und intern eine größere Dynamik erzeugt werden kann, von der weltweit die Handelsnationen profitieren. Auf der anderen Seite kann es so sein, daß 'trade diversion', also die umlenkenden Effekte in den regionalen Raum durch die größeren Chancen der regionalen Unternehmen, die intern nicht mehr auf Zölle stoßen, größer ist als 'trade creation', also die absolute Erhöhung des Wachstums und die u.a. dadurch steigenden Importe aus Länder außerhalb durch die Integration.[7920] Empirisch wird dieser Frage hier nicht nachgegangen. Der Tendenz nach ist es schwierig, diese Frage pauschal zu beantworten, denn es ist immer denkbar, daß ein regionales Integrationsprojekt seine Außenzölle so erhöht, daß substantielle und möglicherweise auch wohlfahrtsmindernde handelsumlenkende Effekte auftreten, die nicht durch interne Dynamiken wettgemacht werden können.[7921] Deshalb ist es sinnvoll, wenn die WTO Regeln versuchen solche wohlfahrtsmindernden Effekte zu verhindern. Die GATT Praxis wurde schon in Abschnitt 'H' skzizziert. Genauso geht es nun in der WTO weiter:

Angesichts der vielen Fälle gelingt es kaum mit der Überprüfung nachzukommen und es fällt schwer, Konsens im Ausschuß in bezug auf die Regelkonformität zu finden: Dies gelingt in der WTO nur einmal (Tschechei/Slovakei).[7922] Neu in der diesbezüglichen WTO Vereinbarung zur Auslegung von Art. XXIV ist, daß explizit vorgesehen ist, daß eine Überprüfung durch die Streitbeilegung erfolgen darf.[7923] Aber nicht nur das: Zur Einschätzung der beschränkenden Effekte einer Zollunion wird

---

[7920] Dieser Aspekt wird hier in der Arbeit nicht genauer diskutiert. Genauso argumentiert aber z.b. Mavroidis 2005: 226.

[7921] Überblick dazu in WTO 2003: 55-61; ähnlich wie oben argumentieren zu den Effekten Matsushita et al. 2006: 552. Hier bestätigt die WTO die oben gemachte Beobachtung, daß viele regionalen Abkommen nur eine selektive interne Liberalisierung aufweisen, teils liegt das allerdings auch an Übergangsfristen, welche die interne Liberalisierung aufheben. Wie dem auch sei, tendenziell wird die Meinung vertreten, daß bei solchen Abkommen eine wohlfahrtsmindernde Handelsumlenkung dominiert. Tatsächlich ist es problematisch, wenn ineffiziente Firmen Lobbyarbeit leisten, um Marktzugang in die Nachbarmärkte zu bekommen und ansonsten weiter auf Zollschutz hoffen. Und wenn daraufhin effiziente Firmen weniger Durchsetzungskraft haben, selbst interne Liberalisierungen durchzusetzen. WTO 2003: 58-59. Partiell gibt es Hinweise auf Handelsablenkungseffekte. So haben die Karibikländer unter der NAFTA zu leiden. Siehe mit weiterer Literatur Trebilcock/Howse 2005: 196.

[7922] Mavroidis 2005: 245; Matsushita et al. 2006: 554.

[7923] Understanding on the Interpretations of Article XXIV of the General Agreement of Tariffs and Trade. WTO 1995: 31-34.

explizit ein Berechnungsverfahren ("weighted average" "on a tariff line basis", vorher/nachher[7924]) vorgesehen und es wird bestimmt, daß bei Verhandlungen über eventuelle Kompensationen (wenn im Zuge der Angleichung der Zölle in einer Zollunion Zollerhöhungen erfolgen) jede Zollposition beachtet werden soll. Diese Anforderung wird dadurch erleichtert, daß Zollerhöhungen in einem Land durch Verringerungen in einem anderen ausgeglichen werden können. Gelingt dies nicht, muß Art. XXVIII Zollneuverhandlungen genutzt und es können ggf. Zollzugeständnisse ausgesetzt werden.[7925]

Die Überprüfung im diesbezüglichen WTO Ausschuß ist aber unzureichend. Und es ist bisher nicht erkennbar, inwiefern Panelberichte eine akzeptable Abhilfe bieten können.[7926] Die bisherigen WTO Streitfälle sind für diese Fragen dennoch wichtig: In India vs. Turkey - Textiles (1999)[7927] ging es darum, ob türkische Textilquoten durch den Eintritt der Türkei in eine Zollunion mit der EU durch die Türkei gerechtfertigt werden konnten.[7928] Dies verneinten Panel und AB und etablierten einen anspruchsvollen Test: Eine Maßnahme, die ansonsten vom GATT abweicht, kann nur dann durch den Eintritt in eine Zollunion gerechtfertigt werden, wenn gezeigt werden kann, daß die Zollunion mit den Kriterien in Art. XXIV.8 (a) und 5 (b) übereinstimmt und daß die Etablierung dieser nicht möglich wäre, wenn diese Maßnahme nicht genutzt werden kann.[7929] U.a. wichtig ist der Fall deshalb, weil indirekt bestätigt wird, daß die Streitbeilegung bewerten kann, ob die Bedingungen in Art. XXIV erfüllt worden sind.[7930]

Eine Reihe von regionalen Abkommen der Entwicklungsländer (darunter MERCOSUR, ASEAN, LAIA) sind über die 'Enabling Clause' notifiziert, sodaß sie potentiell (zur dieser speziellen Frage bisher kein Streitfall) einer geringeren Disziplin ausgesetzt sind.[7931]

Somit sind die Regeln in diesem Bereich eindeutiger gefaßt worden und verhindern ein Auseinanderdriften der regionalen Blöcke. Dies ist dynamisch ordoliberal begrüßenswert, denn gewisse Regeln, die regionale Dynamiken fördern werden bereits toleriert, siehe die Ursprungsregeln.

[7924] Mavroidis 2005: 234.

[7925] Das Beispiel ist einfach: 3 Länder haben vorher 20 %, 30 %, 40 % Automobilzölle, später, in der Zollunion, wird ein 30 % Zoll verwendet. Sind die Handelsgewichte gleich, ergibt sich daraus kein Erfordernis für eine Kompensation innerhalb der Zollneuverhandlungen nach GATT Art. XXVIII. Mavroidis 2005: 234-235.

[7926] Mavroidis 2005: 245-246; mit vielen Verweisen eine Diskussion der Kriterien in Mavroidis 2006; Matsushita et al. 2006: 554.

[7927] Panel und AB. India vs. Turkey - Restrictions on Imports of Textile and Clothing Products, WT/DS34/R, 31 May 1999. India vs. Turkey - Restrictions on Imports of Textile and Clothing Products, WT/DS34/AB/R, 22 October 1999.

[7928] India vs. Turkey - Restrictions on Imports of Textile and Clothing Products, WT/DS34/R, 31 May 1999, S. 7, Para. 2.19.

[7929] India vs. Turkey - Restrictions on Imports of Textile and Clothing Products, WT/DS34/AB/R, 22 October 1999, S. 16, Paras. 58; Davey 2004: 214. Siehe ausführlich zu diesen Kriterien Matsushita et al. 2006: 554-570, 589; siehe auch Trebilcock/Howse 2005: 199.

[7930] Mit einem simplen Verweis auf die Entscheidung im United States vs. India - Quantitative Restrictions (1999). India vs. Turkey - Restrictions on Imports of Textile and Clothing Products, WT/DS34/AB/R, 22 October 1999, S. 16. Paras. 60; Davey 2004: 214; Matsushita et al. 2006: 557-558; mit weiteren Verweisen auf den obigen Streitfall: Trebilcock/Howse 2005: 200.

[7931] Siehe: Trade Negotiations among Developing Countries. BISD 18S/26, 1972. Für permanent gültig erklärt durch 'enabling clause II'. Siehe hier: Art. 2 (c) "Regional or global arrangement entered into amongst less-developed contracting parties for further reduction or elimination of tariffs ...". BISD 26S/203, 1980. Im Sekretariatsüberblick über regionale Integrationsabkommen etc. finden sich eine Reihe von Abkommen, die unter der 'Enabling clause' notifiziert sind. Darunter ASEAN notifiziert im Jahre 1977 oder die lateinamerikanische LAIA aus dem Jahr 1982. WT/REG/W/39, 17 July 2000: 7-8. Die Notifizierung durch MERCOSUR unter der 'Enabling clause' wird von den USA nicht akzeptiert und im Ausschuß für Handel und Entwicklung diskutiert. Hoekman/Kostecki 1995: 221.

Ähnlich wirksam sind die noch vorhandenen, moderaten Zölle einiger Entwicklungsländer. Würde hier weiter gegangen, wäre zu befürchten, daß eine protektionistische Blockmentalität weltweit überhandnimmt, die die wohlfahrtssteigernde Möglichkeit einer ausdifferenzierten Arbeitsteilung verunmöglichen könnte. Die WTO Regeln für regionale Integrationsprojekte und Zollunionen stellen hier, ähnlich wie im Bereich der Nichtverletzungsklageoption, den Ursprungsregeln und dem Subventionsbereich etc. zwar keine detailreichen Regelwerke zur Verfügung, aber einen Sicherheitsgurt, der vor einem wohlfahrtsmindernden Extremfall schützt.

Teil D TRIPS

"The WTO dispute settlement system is put into a very difficult position in being asked to sort out the inevitable conflicts as Members challenge each other's domestic policy decisions in the field of IPRs. This is made all the more troublesome by the democratic deficit of the WTO. Should a producer-driven organization really be making decisions that affect rights to life and health and freedom of expression? One need only observe a few rounds of trade negotiations to realize that these concerns are very real, and the facts deeply troubling. The European Court of Justice has referred to itself as the guardian of the EU Treaty. The Appellate Body might well conceive of itself as the guardian not only of the WTO Agreement, but also of interests not so well represented in its own house. Those are the interests of the poor and disenfranchised, and the interests of those concerned not only with efficiency of global capital, but with the well-being of the human person."[7932]

26. Einleitung

Mit dem Übereinkommen über handelsbezogene Aspekte der Rechte des geistigen Eigentums bzw. Agreement on Trade-Related Aspects of Intellectual Property Rights, kurz: TRIPS, gelang es einen neuartigen Bereich in die internationalen Handelsregeln zu integrieren. Zwar gibt es schon seit längerem internationale Abkommen zum Schutz geistiger Eigentumsrechte, verwaltet von der World Intellectual Property Organization (WIPO), diese ließen aber unterschiedliche Schutzniveaus zu und wurden nicht über eine Autorisierung von Vergeltungsmaßnahmen umgesetzt.[7933]

Die Weltbank (2002a) erwartet von diesem Abkommen, daß es das Wachstum erhöht, u.a. durch mehr Handel und Direktinvestitionen.[7934] Schon dies steht in einer gewissen Spannung zu der Beoachtung, daß u.a. einige asiatische Länder in der Lage waren, eine erfolgreiche Industrialisierung ohne Patentschutz durchzuführen.[7935] Zudem ist dies nur eine Seite der denkbaren Wirkungen, die von Maskus (2000) beschrieben werden.[7936]

[7932] Reproduziert ohne Fußnote. Abbott 2004: 453. IPRs ist die Abkürzung von Intellectual Property Rights, also Geistiges Eigentum.
[7933] Siehe Abschnitt 'H'. Matsushita et al. 2006: 704. Einen Überblick über die Unterschiede zwischen TRIPS und die Situation zuvor gibt Straus 1996: 160-215.
[7934] "There are reasons to believe that the enforcement of IPRs has a positive net impact on growth prospects. On the domestic level, growth is spurred by higher rates of innovation - although this tends to be fairly insignificant until coudntries move into the middle income-bracket. Nonetheless, across the range of income levels, IPRs are associated with greater trade and foreign investment (FDI) flows, which in turn translate into faster rates of economic growth." World Bank 2002a: 129. Kritisiert wird einer Evaluation der Weltbank Forschung, daß sich die Weltbank nur unzureichend mit dem TRIPS beschäftigt hat. Banerjee et al. 2006: 73.
[7935] Weissman 1996: 1123. Als diese Länder erste Patente in den USA anmeldeten, wurde dies als unfair angesehen. Weissman 1996: 1123. Dies gilt nicht für Japan, welches über ein Patentschutzsystem verfügte, mit interessanten Charakteristika: Heath 1996: 1178-1179. Ein Darstellung der Enwicklung der Schutzsysteme asiatischer Länder gibt: Hilpert et al. 1997: 20-31.
[7936] Einen umfassenden Überblick über TRIPS Wirkungen und Studien dazu legt vor: Maskus 2000.

Auch das TRIPS Abkommen soll hier aus dynamisch ordoliberaler und entwicklungsökonomischer Perspektive bewertet werden. Dies ist nicht einfach, weil es erst wenige Streitbeilegungsfälle gegeben hat und es zu den am schwierigsten interpretierbaren Abkommen der WTO gehört.[7937] Die wenigen Streitbeilegungsfälle implizieren aber nicht notwendig verminderte Effektivität der Rechtsdurchsetzung, denn schon in der Konsultationsphase der Panels gelang es teils weitreichende Modifikationen nationaler Patentrechte durchzusetzen.[7938] Zwei TRIPS Streitfälle zu speziellen Fragen werden hier nicht beachtet, EU vs. United States - Section 110(5) Copyright Act (2000-2001).[7939] Und: United States, Australia vs. EC - Trademarks and Geographical Indications (2005).[7940] Eine Einigung in Konsultation gelingt nicht immer: Zwei richtungsweisende Streitfälle sind noch nicht entschieden, welche den Schutz des geistigen Eigentums in China betreffen.[7941]

Die Interpretation des TRIPS wurde zudem im November 2001 durch die Entscheidungen der Doha Ministerkonferenz zu AIDS Krise beeinflußt. Folge war u.a., daß die Ausnahmen des TRIPS Abkommens zum Schutz von Gesundheit und Umwelt oder aus wettbewerbspolitischer Sicht in der Literatur näher thematisiert wurden. Neben der spannungsreich-harmonisierenden Wirkung des TRIPS werden hier vor allem diese 'Ausnahmen' thematisiert[7942], um zu überprüfen, ob diese positiv bewertbare entwicklungspolitische Spielräume bieten.

[7937] "Underlying the superficial certainty of the TRIPS Agreement substantive prescriptions are existing gulfs of interpretative difference regarding the meaning of many of its rules." Abbott 1997: 415; den Verweis auf dieses Zitat auch in Sun 2003: 176. Die Schwierigkeit resultiert auch daraus, daß es Referenzen auf Abkommen außerhalb der WTO gibt, u.a. die Berner Konvention und die Pariser Verbandsübereinkunft. Abbott 1997: 419-420. Siehe auch den Interpretationsmöglichkeitsüberblick: UNCTAD ICTSD 2005.

[7938] Siehe z.B. die einvernehmliche Lösung, welche die USA und Argentinien in einem Panelstreifall notifizierten. Argentinien erklärte sich hier u.a. bereit, Prozesspatente erstmals zu vergeben, die Beweislast bei einer Verletzungsklage bezüglich Prozesspatenten wurde dem Kläger erleichtert und es wurden neue Leitlinien für die Patentierbarkeit für Mikroorganismen und sonstige Stoffe eingeführt. USA vs. Argentinien: WT/DS171/3, WT/DS 196/4, 20 June 2002, S. 2-6. Dieser Argentinienfall liegt noch in der Zeit vor dem Sec. 301 Streitfall 1999, der unilaterale Druckmaßnahmen wie Sec. 301 für WTO inkonform erklärte. Die USA stellte damals unilateral, gemäß Special 301, fest, daß Argentinien gegen das TRIPS verstieß und entzog Argentinien GSP Vorteile, so gewünscht von der Pharma Interessengruppe (PhRMA). Auch die EU schloß sich damals den Vorwürfen der USA an. Trade Policy Review Argentina 1998: 92. Weitere Beispiele für Panelfälle mit einvernehmlichen Lösungen sind: USA vs. Pakistan, WT/DS36/4, 7 May 1997; USA vs. Ireland: WT/DS82/3, 13 September 2002.

[7939] Panel, Arbitration, Art. 25 Arbitration. EU vs. United States - Section 110(5) of the US Copyright Act, WT/DS160/R, 15 June 2000. EU vs. United States - Section 110(5) of the US Copyright Act, WT/DS160/12, 15 January 2001; EU vs. United States - Section 110(5) of the US Copyright Act, WT/DS160/ARB25/1, 9 November 2001. Dieser Fall hat einen einfachen Inhalt: Die Berner Konvention verlangt Kompensation für Copyright-Inhaber für öffenliche Aufführungen z.B. Radio und TV. In den USA wurde für Bars und Restaurants etc. Ausnahmen davon gemacht ('business exemption'). Dies verstößt gegen TRIPS, u.a. weil die TRIPS Art. 13 Ausnahme nicht so breit angelegt sei. Abbott 2004: 439. Auch in anderen Staaten gibt es allerdings solche Ausnahmen, siehe: Christakos 2002. Diese Fall wirft deshalb prekäre Fragen auf, weil es Entwicklungsländer dazu zwingen könnte, Copyright-Nutzungsbeschränkungen für Schulen etc. einzuführen. IPR Commission 2002: 139.

[7940] Nur Panel. United States vs. EU - Protection of Trademarks and Geographical Indications for Agricultural Products and Foodstuffs, WT/DS174/R, 15 March 2005. Die Klage durch Australien ist identisch: Siehe WT/DS290/R , 15 March 2005.

[7941] Siehe: United States vs. China. DS362 'protection and enforcement of intellectual property rights' und DS363 'publications and audiovisual equipment'.

[7942] Auch hier kann dies damit entschuldigt werden, daß es in diesem Bereich ausreichend Literatur u.a. aus Entwicklungsländerperspektive gibt: Correa/Yusuf 1998; Correa 2000; umfassend ist hier: UNCTAD ICTSD 2005. Zu den Streitfällen: Abbott 2004.

26.1 Patentschutzindikatoren

Indikator für die Relevanz von Patentschutz sind die weltweiten Patentanträge, die von 1985 884.400 auf 2004 1.599.000 ansteigen. Dies ist ein Anstieg von jährlich 4,75 %, wobei dies im Einklang mit der Steigerung des weltweiten GDP von 5,6 % steht.[7943] Die tatsächlich vergebenen Patente steigen von 1995: 400.000 jährlich auf 2004: 600.000.[7944] Insgesamt sind weltweit 5,4 Mill. Patente in Kraft.[7945] Im Europäischen Patentamt sind 1991: 430.000 und 2000: über 1.3 Mill. Patente niedergelegt.[7946] In der Literatur ist angesichts dieser Zahlen von einem "patent surge"[7947] die Rede. Die Schwellen- und Entwicklungsländer vergeben deutlich weniger Patente auf nationale Erfinder, als auf internationale Anmelder: Mexiko: nationale Erfinder 162 (internationale Anmelder 6,677); Brasilien: 590 (-); Indien: 851 (1,466); China: 18,214 (31,119).[7948] Die internationalen Patentanmeldungen (PCT-WIPO) spiegeln ein ähnliches Bild wieder. Sie steigen schnell an 1990: 19.806 auf 1995: 40.000 an, im Jahre 2005 liegen 135.602 internationale Patentanmeldungen vor.[7949] Mexico (mit 140 internationalen Patentanmeldungen), Brasilien (280), Indien (678) sind nicht in der Top 15 vertreten. Dort befinden sich die Industrieländer sowie Korea und China.[7950] Bezüglich der Patentierungsaktivität liegt weltweit eine stärkere Konzentration vor, als bei den F&E Ausgaben: Im Jahre 2002 kommen Frankreich, Deutschland, Japan, England und die USA für 84 % der Patentfamilien auf, wobei diese Länder 78 % der F&E Ausgaben der OECD auf sich vereinen.[7951] In absoluten Zahlen holt China bei den insgesamten Forschungsausgaben auf (China US$ 72,0 Mrd., Deutschland US$ 56,0 Mrd.). Kein anderes Entwicklungsland hält hier aber mit. Was bleibt ist die Asymmetrie zwischen Norden und Süden bei F&E und die Erkenntnis, daß große Konzerne massive F&E Ausgaben tätigen, so geben die Chemieunternehmen innerhalb der Liste der Top 300 Konzerne jährlich genausoviel für F&E aus, wie das Land Indien insgesamt.[7952]

26.2 Wie geistige Eigentumsrechte in die WTO gelangten

Ende der siebziger Jahre war es ein Novum, daß eine internationale private Interessengruppe[7953] aus der Industrie versuchte die Forderung nach einem Abkommen über gefälschte Produkte ('counterfeit

---

[7943] WPO 2006: 6. Siehe für frühere Daten der OECD 1992 auch: **Tabelle 290**.
[7944] WIPO 2006: 31.
[7945] WIPO 2006: 34.
[7946] Eaton et al. 2004: 29.
[7947] Blind et al. 2004: 83.
[7948] WIPO 2006: 37-38.
[7949] WIPO 2006: 21. Einen Überblick über die Sachgebiete liefern: **Tabelle 291** und **Tabelle 292**.
[7950] **Tabelle 293**. Taiwan ist in dieser Statistik nicht einbezogen. WIPO 2005: 3.
[7951] Indien, Brasilien, China und Südafrika liegen innerhalb dieses Datensatzes bei 0,58 % (2002), gestiegen von 0,15 % (1991). OECD 2005e: 7. Die USA, Japan, Deutschland und England führen sowohl 1985 als auch 1998 die Liste der Hightechexporteure an: "suggesting that the leading exporters have deep, enduring capabilities." UNIDO Industrial Development Report 2002/2003: 31.
[7952] Insgesamte Forschungsausgaben in dem Sinne, daß hier staatliche und private Ausgaben zusammengefaßt sind, eingeschlossen solche für den Bildungsbereich: Siehe: **Tabelle 294**. Zum Vergleich, die F&E Ausgaben der Top 300 Unternehmen: **Tabelle 19**.
[7953] Die International Counterfeiting Coalition war tatsächlich international: Neben Levi-Strauss, gehörte auch der bayrische Puma Konzern, Schweizer Uhrenfabrikanten und der französische Cognac Hersteller Hennessey dazu. Walker 1981: 40.

goods') in die Tokio-Runde einzubringen.[7954] Es gelang zwar, ein solches plurilaterales Abkommen auszuarbeiten, welches danach auf der GATT Agenda blieb[7955], dieses wurde aber nicht mehr in das Paket der Tokio-Runde aufgenommen.[7956] Was bleibt ist die Erfahrung, daß das Monopol der Politik gebrochen und private Interessen Politik beeinflussen können.[7957] Dies impliziert, daß diese Interessengruppen versuchten, nun auch auf internationaler Ebene, 'Renten' zu suchen[7958], i.S. der 'public choice' Theorie, wobei von einer dynamisch liberalen Theorie überprüft werden muß, inwiefern diese Renten vorliegen, nicht nach unrealistischen neoklassischen Modellvorstellungen.[7959]

Der Rest ist Geschichte, erstens Kapitel.[7960] Es gelang einer Interessengruppe[7961] in der WTO das TRIPS zu etablieren, ein umfassendes Abkommen zum Schutz geistiger Eigentumsrechte, welches u.a.

[7954] Der 'Economist' schreibt dazu: "if they succeed it will be the only agreement in the Tokyo Round talks to have been introduced by an industry rather than by government." Walker 1981: 41.

[7955] Die USA und die EU zeichnen sich verantwortlich: Agreement on Measures to Discourage the Importation of Counterfeit Goods, L/4817, 31 July 1979. Seither war das GATT mit diesem Thema befaßt: Eine weitere Version wird ausgearbeitet: Agreement on Measures to Discourage the Importation of Counterfeit Goods, L/5382, 18 October 1982.

[7956] Weil bei der Lobbyarbeit Staaten wie Kanada und Japan vergessen wurden. Walker 1981: 43.

[7957] Im Artikel von Walker (1981), der damals die Beratungstätigkeit durchführte, werden diese neuen Erfahrungen zusammengefaßt und private Interessengruppen aufgefordert die Möglichkeit Lobbyarbeit zu leisten in Zukunft mehr zu nutzen: "Beginning as the bright idea of a handful of people, it appealed to a sizeable number of international companies and, before too long, came to be accepted by governments in the largest trading countries. It is now firmly ensconced on the agenda of international commercial diplomacy and the resources of many governments are being deployed to bring it into fruition. In the past, this kind of idea, and the ensuing diplomatic process, were exclusively the province of the governments. The anti-counterfeiting venture is tangible proof that governments' monopoly over new dimensions in trade policy has been broken and that the private sector is capable of inspiring its own new departures and innovative ideas." Walker 1981: 48.

[7958] Für eine differenzierte Perspektive zu diesen 'Renten' siehe weiter unten. Die 'Rentenperspektive' nimmt ein: "As with the economics of the MFA, there are basically economic rents: negative in adding up the gross domestic product (GDP) oder those who pay, positive in the GDP of those who recieve." Finger 2002: 15.

[7959] Die Neoklassik sagt entweder nichts zu Patentrechten oder fordert eine vollständige Kontrolle über Technologie und Wissen seitens privater Akteure, weil sonst aus den Externalitäten 'Unterversorgung' droht. Dies ist nicht überzeugend in einem Bereich, bei dem es um die Balancierung von Effekten geht und es denkbar ist, daß Externalitäten i.S. von Wissensdiffusion positiv wirken und 'Unterversorgung' nicht als Problem erscheint. Siehe genauer Abschnitt 'E', Punkt 8, Patentschutz, Wissensdiffusion und Innovationsanreize.

[7960] U.a. ist es Geschichte, daß bei der Durchsetzung auf mehreren Ebenen gleichzeitig operiert wurde. Zuerst einmal waren die privaten Interessengruppen einflußreich mit der Durchsetzung ihrer Forderungen. Ihnen gelang später aber, ihre Öffentlichkeitsarbeit mit der Darlegung ihrer Verluste durch Verletzungen ihrer geistigen Eigentumsrechte über U.S. Regierungsstellen laufen zu lassen: USITC 1988; Shaffer 2003a: 34-36. Sodann wurde das Repressalieninstrument Sec. 301 der USA, u.a. auf Antrag der privaten Interessengruppen und auch das Neue Handelspolitische Instrument der EU benutzt, um Entwicklungsländer zu einem besseren Patentschutz zu bewegen. Zuallererst gelangt dies bei Korea. Später wurden gegenüber Mexiko, Indien und Thailand auch GSP Präferenzen ausgesetzt. Sell 1995: 326-330; sowie Abschnitt 'H'. Vor diesem Hintergrund ist es nicht überraschend, daß zwei Texte zum Vorbild für das TRIPS wurden: Das Abkommen, welches die USA mit Korea im Sommer 1986 abschlossen und ein zwischen U.S., EU und japanischen Industrievertretern ausgehandelter Konsenstext, der im Juni 1988 fertiggestellt war. Devereaux et al. 2006a: 61. Andere Meinungen in der Industrie, wie die der Produzenten von Generika, hatten keinen Einfluß. So blieb es der kanadischen Generikaindustrie nur noch festzustellen, daß sie erhebliche Schwierigkeiten durch das TRIPS bekommen wird. Steward 1999: 511. Der Vorsitzende des Verhandlungsausschusses, der Schwede Lars Anell, erinnert sich, daß es anfangs durchaus noch denkbar war, daß in diesem Bereich ein plurilaterales Abkommen angestrebt wird, welches nur die Unterzeichnerstaaten gebunden hätte, wobei viele Länder davon hätten absehen können. Gervais 1998: vii. Dies ist interessant, weil dies ein Punkt ist, der die schwache Opposition der Entwicklungsländer gegen das TRIPS besser verstehen läßt. Der Durchbruch über ein Patentrechtsabkommen zu verhandeln, das viele Entwicklungsländer ablehnen, gelang 1989 (MTN.TNC/11, 21 April 1989, S. 21). Als Grund wird dafür angegeben, daß die asiatischen Länder Brunei Darussalam, Indonesien, Malaysia, Philippinen, Singapur und Thailand ihre Opposition dagegen aufgegeben hatten, weil sie am Abschluß der Runde interessiert waren. Und Argentinien sei eher an Agrarprodukten interessiert gewesen. Die Gegner des TRIPS Indien, Brasilien, Ägypten und Pakistan gerieten dadurch in eine immer isoliertere Position. Das Sec. 301 Druckmittel der USA spielte dabei eine wichtige Rolle im Hintergrund: "Section 301 is really the ghost of this whole Hamlet story, because it turned out to be the key in shaping the eventual outcome. It had a huge influence in terms of changing developing countries' position on intellectual property." Subramanian in Devereaux et al. 2004a: 64 63-65. Nach 1989 kam es zu mehr Verhandlungseingaben und 1990 wurde erstmals die EU mit einer ähnlich weitgehenden Eingabe wie die USA aktiv. Daraufhin kam es zwischen den Industrieländern zu Streitigkeiten, weil sich ihre Patentgesetze unterschieden und diverse kontroverse Themen gefunden wurden. Devereaux et al. 2004a: 65-68. Den Entwicklungsländern gelang es in diesem ungünstigen Verhandlungsklima, bei dem sie plötzlich

Copyright-Schutz, Design-Schutz, Halbleiter-Schutz, geographische Ursprungsbezeichnungen, gefälschte Produkte und Lizensierungsregeln einbezieht und, neben einem umfassenden Patentschutz, ein Schutzregime für Pflanzensorten und ein solches für Testdaten für neue Pharmaprodukte und chemische Produkte für die Landwirtschaft enthält.[7962]

26.3 Überblick über die TRIPS Regeln

Das TRIPS unterscheidet sich von anderen WTO Abkommen dadurch, daß der Staat zur Umsetzung auf relativ weitgehende Art und Weise aktiv werden muß. Finger (2002) merkt an, daß speziell kleinere Entwicklungsländer von diesen Kosten überfordert sind und fordert Hilfe in Form technischer Zusammenarbeit.[7963] In diesem Zusammenhang steht die erneute Verlängerung der Aussetzung der TRIPS Verpflichtungen für die Ländergruppe der LDC bis zum 1. Juli 2013.[7964] Genaue Vorschriften gibt es im TRIPS dazu nicht, es ist aber kaum denkbar, daß die Regeln umgesetzt werden können, ohne daß der Staat in ein Patentschutzsystem investiert oder den bestehenden Gerichten und Zollbehörden zusätzliche Aufgaben zukommen.[7965]

Dies zeigt ein erster Überblick über die TRIPS Verpflichtungen: So werden Verfahrensregeln vor nationalen Gerichten teils detailliert bestimmt: Wenn es etwa um Prozesspatente geht, muß das Gericht die verteidigende Partei verpflichten, ihren Prozess offenzulegen i.S. einer Umkehr der Beweislast und zwar dann, wenn es um neue Produkte geht und es wahrscheinlich ist, daß das Produkt auf diese Weise produziert wurde.[7966] Dem Inhaber von Patentschutzrechten wird das Recht eingeräumt, von den Zollbehörden beschlagnahmte Waren zu inspizieren.[7967] Sind Patentrechte verletzt, müssen die Behörden eine Zerstörung oder Entsorgung als Möglichkeit bereithalten, können

---

am Rande standen, nicht mehr, etwa mit ihrem mit UNCTAD Hilfe geschriebenen Talloires Text, den Prozess substantiell zu beeinflussen "because of their lack of technical expertise, time, and coordination". Einige der Vorschläge aus diesem Text gelangten dennoch in das TRIPS. Devereaux et al. 2004a: 68. Siehe zur Verhandlungsgeschichte auch Gervais 1998: 12-15; Steward 1993: 2245-2329; Steward 1999: 465-576.

[7961] Es geht um John Opel und Edmund Pratt, die dies mit der Unterstützung von 13 Unternehmen organisierten: Pfizer, IBM, Merck, General Electric, Dupont, Warner Communications, Hewlett-Packard, Bristol-Myers, FMC, General Motors, Johnson & Johnson, Monsanto und Rockwell International. Diese gründeten das Intellectual Property Committee (IPC). Diese Akteure formten sodann eine Koaliton mit der EU Industrievertretung UNICE und Japans Keidanren. Devereaux et al. 2004a: 55. Die Aktivitäten dieser Gruppe sind beschrieben in Devereaux et al. 2004: 55-76. Geschlossen wird: "Intellectual property moved onto the GATT agenda largely through the efforts of American business interests." Devereaux et al. 2004: 76.

[7962] Einen Überblick über das TRIPS bieten u.a. Gervais 1998; UNCTAD ICTSD 2005.

[7963] TRIPS. Art. 41. WTO 1995: 387. Von Finger (2002) werden auf die Kosten einer solchen Umsetzung hingewiesen. Für geistige Eigentumsschutzrechte, das SPS Abkommen und verbesserte Zollbewertungsbehörden werden die Ausgaben auf US$ 150 Mill. jährlich geschätzt. Dies ist mehr als das Entwicklungsbudget vieler am wenigsten entwickelter Staaten. Die Haushaltsposition für technische Zusammenarbeit der WTO betrug 2002 US$ 2 Mill. Finger 2002: 11.

[7964] Es gelten aber TRIPS Art. 3 bis 5, u.a. Inländerbehandlungen und Meistbegünstigung, sodaß keine absoluten Freiräume bestehen. Siehe ebenso Para. 5, der den Stand des Patentschutzes einfriert und eine flexiblere Handhabung verbietet. WTO Press Release, PRESS/424, 29 November 2005. Siehe weiter unten für die AIDS Medikamentenfrage.

[7965] Ein spezielles, neues System für den Schutz geistigen Eigentums muß nicht etabliert werden, die Durchsetzung kann über die vorhandene Gerichtsbarkeit erfolgen. Auch die Verteilung des Prioritäten zwischen Gerichtsbarkeit und Patentschutz wird nicht vorgeschrieben: TRIPS Art. 41.5. WTO 1995: 387; Gervais 1998: 197. Auch eine vorhandene Gerichtsbarkeit muß zur Durchsetzung dieser Rechte wenigstens in der Lage sein, auf eine Datenbank zurückgreifen zu können, die verwaltet werden muß.

[7966] TRIPS Art. 34.1. WTO 1995: 383. Gervais 1998: 171.

[7967] Um seine Rechtsansprüche beweisen zu können. TRIPS Art. 57. WTO 1995: 394. Gervais 1998: 228.

aber davon abweichen.[7968] Für "wilful trademark counterfeiting or copyright piracy on a commercial scale" bestimmt das TRIPS, daß die nationalen Behörden ein strafrechtliches Verfahren anstrengen, wobei hohe, abschreckende Geldstrafen angewandt werden müssen.[7969]

Grundlegend ist die Regel, daß die Gerichte den Rechteinhabern bei einer Rechteverletzung[7970] eine adäquate Entschädigung einräumen müssen.[7971] Die Patentschutzlaufzeit wird vom TRIPS für 20 Jahre festgesetzt, gezählt ab Antragstellung, nicht ab Annahme des Patents durch die Patentbehörde (sowie 10 Jahre für Design, 10 Jahre für Layout von integrierten Schaltungen und u.a. 50 Jahre für Copyright).[7972] Bemerkenswerterweise war es während der Verhandlungen einmal Stand der Dinge 15 Jahre für Patente im Allgemeinen und 20 Jahre für Pharmapatente zu vergeben.[7973] Bestätigt wurde die Patentlaufzeit in Fall United States vs. Canada - Patent Term (2000-2001).[7974] Das TRIPS gilt für alles derzeit geschütztes "subject matter ... which is protected" und somit, ohne beschränkenden Zeitraumen, auch für Verletzungen, die vor der WTO Gründung erfolgten. Im dazu relevanten Streitfall wird weiterhin geschlossen, daß auch 'alte' Patente, die vor der WTO Gründung angemeldet wurden, unter die Patentlaufzeit fallen.[7975]

Länder, die bislang keinen Patentschutz für Pharma- und Agrochemieprodukte bereitstellten und dadurch unter spezielle Übergangsregeln fallen, müssen ein 'black box'/'mail box'-Schutzsystem installieren, welches nach Ablauf der Frist vorsieht, daß exklusive Marketingrechte eingeräumt werden, entweder für 5 Jahre oder bis über das Patent entschieden wurde (Bedingung: In einem anderen Land wurde ein Patent erteilt und Vermarktung erlaubt).[7976] Dies wurde im ersten Streitfall zum TRIPS: United States vs. India - Patents (US) festgestellt.[7977] Der AB wies aber klärend darauf hin, daß dieses 'mail box' System nicht einer Erteilung der Patente gleichkommt, die gesondert zu

---

[7968] Den Behörden wird es freigestellt, auch einen Re-Export zu ermöglichen, unter der Bedingung, daß eine unerlaubt verwendete Handelsmarke entfernt wurde. TRIPS Art. 59. WTO 1995: 395. Gervais 1998: 232.
[7969] TRIPS Art. 61. WTO 1995: 396. Gervais 1998: 234.
[7970] Weitere Rechte des Patentinhabers sind die Produktion, den Gebrauch, den Verkauf oder Import von Produkten verbieten zu lassen. TRIPS Art. 28. WTO 1995: 380. Gervais 1998: 153-154.
[7971] Über eine Kompensation hinaus ist es möglich, aber nicht verpflichtend, daß ein Rückgriff auf Profite genommen werden darf. Über das Ausmaß der Kompensation haben die nationalen Behörden zu entscheiden und damit einen gewissen Spielraum. TRIPS Art. 45. WTO 1995: 389. Gervais 1998: 207.
[7972] TRIPS Art. 33, Art. 26, Art. 38, Art. 12. WTO 1995: 383, 379, 385, 371. Die Option, die Laufzeit ab dem Datum der Annahme des Patentantrags zu zählen, wie sich dies im U.S. Recht ist, findet sich nicht im TRIPS wieder. Gervais 1998: 169.
[7973] Draft of July 23, 1990 (W/76). Gervais 1998: 169.
[7974] Panel, AB, Art. 21.3 (c) Arbitration. United States vs. Canada - Term of Patent Protection, WT/DS170/R, 5 May 2000. United States vs. Canada - Term of Patent Protection, WT/DS170/AB/R, 18 September 2001. United States vs. Canada - Term of Patent Protection, WT/DS170/10, 28 February 2001, S. 29, Para. 102.
[7975] TRIPS Art. 70 Abs. 2 und Abs. 4. Für die Verletzungen vor der WTO Gründung muß wenigstens eine "equitable remuneration" bezahlt werden. TRIPS Art. 70 enthält weiter spezielle Regeln für das Coypright gemäß der Berner Konvention. WTO 1995: 401. Gervais 1998: 268-269. Zu TRIPS Art. 70 Abs. 2: United States vs. Canada - Term of Patent Protection, WT/DS170/10, 28 February 2001, S. 23, Para. 77. In diesem Panel wird auch TRIPS 41.2 bestätigt und angewandt, welches eine umfassende Verpflichtung zur fairen, relativ kostengünstigen und ohne Verzögerungen ablaufenden Verfahren enthält: S. 28, Paras. 6.117-6.118.
[7976] Bedingung ist, daß am 1. Januar 1995 ein solcher Patentantrag vorlag. TRIPS Art. 70 Abs. 8 und Abs. 9. WTO 1995: 401-402. Gervais 1998: 270.
[7977] Panel und AB. United States vs. India - Patent Protection for Pharmaceutical and Agricultural Chemical Products, WT/DS79/R, 24 August 1998. United States vs. India - Patent Protection for Pharmaceutical and Agricultural Chemical Products, WT/DS50/AB/R, 19 December 1997.

erfolgen habe.[7978] Sämtliche Übergangsfristen für die Entwicklungsländer des TRIPS sind seit dem 1. Januar 2005 ausgelaufen.[7979] Allein den am wenigstens entwickelten Länder, den LDC, wurden Verlängerungen eingeräumt. Es sind nur die LDCs, die eine Verlängerung der Übergangsfristen beantragen können.[7980]

Die wichtigste Konzession der Entwicklungsländer war die Akzeptanz eines umfassenden Patentschutzes ohne Ausnahmenbereiche, dies gilt speziell für den Pharmabereich, in dem die Staaten nicht annähernd über dieselben Innovationsfähigkeiten verfügen.[7981] In der Nachkriegszeit hatten dagegen viele Staaten sektorale Ausnahmen vom Patentschutz eingeräumt, allein 49 Länder räumten keine Patente auf Pharmaprodukte ein.[7982] Zudem wurde durch das TRIPS die vorher weitverbreitete Patentschutzzeit von 15 Jahren auf 20 Jahre ausgedehnt.[7983] Dazu sieht TRIPS Art. 27.1 es als Normalfall vor, sowohl für Produkte als auch Prozesse ("any invention") Patente einzuräumen, solange diese neu sind, auf einer erfinderischen Tätigkeit beruhen und gewerblich anwendbar sind.[7984]

Bemerkenswert ist, daß diese Stärkung des Schutzes geistigen Eigentums nicht auf das TRIPS beschränkt blieb. Von der EU wurde, parallel zur Aushandlung des TRIPS Abkommens, beispielsweise die Möglichkeit geschaffen, Patente auf Medikamente auf Antrag 5 Jahre verlängern zu lassen, auf insgesamt 25 Jahre.[7985]

Angesichts dieser Verpflichtungen, sind es vor allem die Ausnahmen, die ausschlaggebend für eine letztendliche Bewertung der wirtschaftlichen Auswirkungen der TRIPS sind. Von der Regel Patente einzuräumen, wenn die oben genannten Bedingungen vorliegen, kann aus Gründen des Schutzes von Leben und Gesundheit sowie Umweltschutz abgewichen werden ("including to protect human, aninmal or plant life and health or to avoid serious prejudice to the environment").[7986] Die einzig vorhandene 'sektorale' Ausnahme ist die Option für Pflanzen und Tiere und diagnostische, therapeutische und chirurgische Methoden keine Patente einräumen zu müssen. Dies mußte von der EU und den Entwicklungsländern als Kompromiß erkämpft werden.[7987] Weiterhin gibt es eine

---

[7978] United States vs. India - Patent Protection for Pharmaceutical and Agricultural Chemical Products, WT/DS50/AB/R, 19 December 1997, S. 21, Para. 58. Der Panel geht mit seiner Argumentation weiter, u.a. wendet es eine Argumentationsfigur der Nichtverletzungsklageoption an. Dies wird vom AB nicht akzeptiert, zumal diese Klageoption für zu, 1. Januar 2000 ausgesetzt war. Siehe Abbott 2004: 422-423. Indien setzt die Empfehlungen am 26. März 1999 um. Beschreibung des Falls auch in Tomar 1999: 590.
[7979] TRIPS Art. 65, Art. 66. WTO 1995: 398-399.
[7980] TRIPS Art. 66.1. WTO 1995: 399.
[7981] Correa 1998: 193-192. Dies ist der Sinn des letzten Satzteils von TRIPS Art. 27.2: "provided that such exclusion is not made merely because the exploitation is prohibited by their law." WTO 1995: 379. Seither sind nicht mehr Pauschalausnahmen, sondern nur noch Ausnahmen i.S. von TRIPS Art. 27.2 benutzbar.
[7982] MTN.GNG/N11/W/24/Rev.1, 15 September 1988: S. 47-49. **Tabelle 1**.
[7983] MTN.GNG/NG11/W/24/Rev.1, 15 September 1988: S. 58-60; siehe: **Tabelle 194**. Deutschland räumte bis 1978 18 Jahre ein. Straus 1996: 200. Die USA lag bei 17 Jahren. Scherer 1980: 439. Siehe Abschnitt 'H'.
[7984] "... patents shall be available for any inventions, whether products or processes, in all fields of technology, provided that they are new, involve an inventive step and are capable of industrial application." TRIPS Art. 27.1. WTO 1995: 379. Gervais 1998: 147. Genauso die Formulierung im deutschen Patentgesetz Mes 1997: 1.
[7985] Goldbach et al. 1997: 18.
[7986] TRIPS Art. 27.2. WTO 1995: 379.
[7987] Steward 1993: 2284. Indien kämpfte bis zuletzt dafür, daß Mikroorganismen nicht patentiert werden müssen. Steward 1999: 529.

Sonderregel für den Schutz von Pflanzensorten. Zur Interpretation dieser Ausnahmen gleich mehr. Auch die weiteren 'Ausnahmen' von der Patentierbarkeit, u.a. die vom Staat oder von Privatklägern erwirkbaren Zwangslizenzen und wettbewerbsrechtliche Ausnahmen, werden unten näher beschrieben.[7988]

26.4 Neuausrichtung des TRIPS durch die AIDS Pandemie

Der Erfolg der am Patentschutz interessierten Interessengruppe führte u.a. zu einer überzogene Lesart der Verpflichtungen des TRIPS Abkommens im Sinne eines unlimitierten Patentschutzes für die Pharmaindustrie.[7989] Ab 1997 kam es auf internationaler Ebene zu massiven öffentlicher Protesten aufgrund der Frage nach der Verfügbarkeit von AIDS Medikamenten, weshalb schließlich u.a. die Vereinten Nationen und die Weltgesundheitsorganisation den Handlungsbedarf erkannten.[7990] In diesem Zusammenhang erfolgte eine Klärung und - angesichts der Unsicherheiten der Interpretation - eine Neuausrichtung des TRIPS durch die Ministerkonferenz in Doha im November 2001, auch dies ist, mit historischen Vorläufern[7991], mittlerweile Geschichte, zweites Kapitel:

Ein Grund für die Proteste war, daß die USA und die EU 1997/1998 Südafrika mit u.a. Vergeltungsmaßnahmen bedrohte, weil sich dieses Land angeblich nicht an die TRIPS Regeln hielt, weil es ein Gesetz verabschiedet hatte, welches die Möglichkeit von Zwanglizenzen und Parallelimporten von AIDS Medikamenten zuließ (unter 'Ausnahmen', Punkt 26.7, mehr dazu). Folge war, daß Südafrika auf der Super bzw. Special 301 'Watchlist' des USTR erwähnt wurde, Hilfszahlungen gestrichen und GSP Präferenzen ausgesetzt wurden. Erst im September 1999 gelang es Vizepräsident Al Gore die U.S. Ansprüche zurückzunehmen und es kam zu einem Statement, in dem Südafrika sich verpflichtete die TRIPS Regeln einzuhalten, wobei Einigkeit darin bestand, daß deren Einhaltung durch das Gesetz nicht gefährdet war.[7992] Dies hinderte die Pharmaindustrie nicht daran

---

[7988] TRIPS Art. 31. WTO 1995: 381-382.
[7989] Überzogen in dem Sinne, daß die Pharmaindustrie fortan Parallelimporte für TRIPS inkonform hielt, obwohl dies dezidiert nicht so ausgehandelt wurde und insofern, daß sie Zwanglizensierung, eine Option, die das TRIPS enthält, ebenso bekämpfte. Kommentiert wird u.a. von Gary Hufbauer: "The US is trying to get more than it got [in international agreements]". Devereaux et al. 20006a: 79, 82-84, 87. Genauso: Abbott 2004: 447.
[7990] Es geht hier um eine Pandemie mit 21,8 Mill. Toten bis 2000 und 36 Mill. angesteckten Personen, womit sich der Sicherheitsrat der Vereinten Nationen ("Stressing that the HIV/AIDS pandemic, if unchecked, may pose a risk to stability and security"), und die Menschenrechtskommission befaßte ("Recognizes that access to medication in the context of pandemics such as HIV/AIDS is one fundamental element for achieving progressively the full realization of the right of everyone to the enjoyment of the highest attainable standards of physical and mental health.") hat. Herv. im Original. Zitate aus: Security Council Resolution 1308 (2000), 17 July 2000; sowie Commission of Human Rights, Resolution 2001/22, 71th Session, 23 April 2001. Die WTO und die Weltgesundheitsorganisation führten eine gemeinsame Studie durch, welche die Flexibilität des TRIPS erkundet. WTO/WHO 2002.
[7991] Diese Debatte hat Vorläufer. Um den Zugang zu Medikamenten zu verbessern wurde Ende der siebziger Jahre die Definition von 200 essentiellen Arzneimitteln durch die WHO vorgenommen, damals u.a. erreicht durch die Anstrengungen der NGO Health Action International. Siehe die spezielle Ausgabe der Zeitschrift World Development 1983 zu diesem Thema, siehe: Patel 1983.
[7992] Vor nationalen Gerichten in Südafrika machte eine Koalition von 39 Pharmaunternehmen eine Eingabe gegen den South African Medicines and Related Substances Control Amemendment Act 90 von 1997. Davor hatten in den USA Pharmaunternehmen und 47 Mitglieder des Kongreß (darunter Republikaner und Demokraten) den USTR und Charlene Barshefsky aufgefordert, daß sie "pursue all appropriate action" gegen dieses Gesetz. Devereaux et al. 2006a: 79. Auch die EU Kommission hat Druck ausgeübt, so Trebilcock/Howse 2005: 429. Das südafrikanische Patentrecht stammt aus dem Jahre 1860 und stimmt in bezug auf Erschöpfung und Zwanglizenzen mit dem TRIPS überein. Die Kritik der Pharmaindustrie richtete sich vor allem auf eine bestimmte Formulierung des Medicines and Related

noch im März 2001 in Südafrika gegen dieses Gesetz zu klagen, was zu internationaler Empörung führte.[7993]

Prekärer Hintergrund dieser Debatte ist weiterhin, daß die Grundlagenforschung der Pharmaindustrie in den Industrieländern u.a. in den USA, u.a. über die Forschung in Universitäten, massiv vom Staat subventioniert wird[7994], sodaß z.B. die Yale Universität Patentinhaber eines AIDS Medikaments ist, welches exklusiv lizensiert wurde. Als hier eine Gruppe von Studenten intervenierte, senkte das diesbezügliche Unternehmen seine Preise ab.[7995] In vielen Industrieländern wurden zudem protektionistische und sonstige Maßnahmen zu Schutz der Pharmaindustrie genutzt. Die USA errichtete beispielsweise bis 1984 künstliche Marktzutrittsbarrieren für Generika Produzenten, indem sie diesen erneut eine Testpflicht auferlegt, die sich über 2 Jahre und mehr hinzuzog und mehrere Millionen US$ Investitionen benötigte: Für 34 von 52 Medikamenten wurden deshalb damals keine Generika produziert, obwohl die Patentlaufzeit abgelaufen war. Im Patent Term Restoration Act 1984 wird diese Testpflicht abgeschafft und im Gegenzug die Patentfrist verlängert, auf 17 Jahre plus bis zu 5 Jahre.[7996]

Am Rande sei erwähnt, daß ein Patentschutz von AIDS Medikamenten, der dazu führt, daß sie in einem armen Entwicklungsland kaum jemand kaufen kann, klar erkennbar nicht wohlfahrtssteigernd ist. Wenn es in diesen Ländern nur darum geht diese Medikamente zu verteilen und dort keine Opportunitätskosten (Innovation, Investitionen) durch die Einschränkung von Patentrechten vorhanden sind, dann ist die Aufhebung des Patentschutzes wohlfahrtsfördernd.[7997]

Die späteren Beschlüsse der Doha Ministerkonferenz wurden weiterhin dadurch beeinflußt, daß die USA mit der Zwangslizensierung eines Patentes der Firma Bayer für das Medikament Cipro drohten. Hintergrund war der 11. September 2001 und die nachfolgenden, mit Anthrax Erregern versehenen Briefe.[7998] U.a. dies führte dazu, daß Brasilien und Indien sich vom vormals vorhandenen Druck

---

Substances Control Amendment Act 90 von 1997, die interessanterweise "fast identisch" mit der einer WIPO Expertengruppe für das Patent Harmonization Treaty war. Genauer: Harnisch 2006: 118, 117-124. Aufgrund politischer Einigungsprobleme in Südafrika aber auch wegen der Klagen trat dieses Gesetz erst 2003 in Kraft. Harnisch 2006: 116. Das südafrikanische Zwanglizenzrecht ist "letztendlich wegen der kumulativ zu prüfenden Vorraussetzungen" sogar strenger als das deutsche. Denn ggf. muß u.a. ein Nachteil für die südafrikanische Industrie beweisen werden und eine 'public interest' Regel, wie im deutschen Zwangslizenzrecht, wurde gestrichen. Harnisch 2006: 265, 166-182.

[7993] Devereaux et al. 2006a: 93.

[7994] Die Top 20 geben 1997 US$ 20 Mrd. für F&E aus. Die USA subventioniert F&E mit jährlich US$ 13 Mrd. Siehe Abschnitt 'D'. Die Subventionen und noch zusätzlich Außenschutz gegen Importe erwähnt Weissman 1996: 1169. Die USA wird nicht als besonders protektionistisch eingestuft, allerdings Frankreich, das bis 1977 ein Einfuhrverbot nutzte (implizit ein 'local working' Zwang). Diverse sonstige Maßnahmen, mal mehr, mal weniger protektionistisch, nutzten auch die sonstigen Europäischen Ländern, dazu kamen Preiskontrollen. Eine Übersicht dazu in: Klepper 1985: 114-132.

[7995] Es geht um d4T und Bristol-Myers Squibb. Devereaux et al. 2006a: 93.

[7996] Grabowski/Vernon 1986: 195. U.a. dieses Gesetz führte dazu, daß der Anteil von Generika von 19 % 1984 auf 43 % 1996 anstieg. Maskus 2002: 162.

[7997] Dieses Argument in Weismann 1996: 1121. Dies gilt umsomehr angesichts der wohlfahrtszerstörenden Wirkung der AIDS Pandemie.

[7998] Davor hatte Kanada das Patent von Bayer ignoriert und einen lokalen Produzenten angewiesen 1 Mill. Cipro Tabletten zu produzieren. Die U.S. Drohung mit Zwanglizensierung führte dazu, daß Bayer den Preis des Medikaments von US$ 1,77 auf Cent 95 absenkte. Daraufhin wurde keine Zwanglizenz erwirkt. Devereaux et al. 2006a: 98.

befreien konnten, solche Ausnahmen zur Aufrechterhaltung der öffentlichen Gesundheit nicht nutzen zu dürfen.[7999]

Mit den Doha Beschlüsse nahmen die Minister ihre Autorität unter Art. IX.2[8000] wahr, eine Interpretation der WTO Abkommen durchzuführen und zwar zur Auslegung des TRIPS-Abkommens:

"we affirm that the Agreement can and should be interpreted and implemented in a manner supportive of WTO Members' right to protect public health and, in particular, to promote access to medicines for all. In this connection, we reaffirm the right of WTO Members to use, to the full, the provisions in the TRIPS Agreement, which provide flexibility for this purpose".[8001]

Seither hat das Gesundheitsinteresse eine Sonderstellung im TRIPS.[8002] Die Doha Beschlüsse bestätigten weiterhin die bereits vorhandenen Ausnahmen des TRIPS darunter die Möglichkeit der Zwangslizensierung[8003] und die der Parallelimporte (das sind Importe von Originalware aus anderen Ländern, die ggf. niedrigere Preisniveaus aufweisen).[8004]

Den am wenigsten entwickelten Länder, den LDCs, wurde ein besonderer Status eingeräumt, insofern sie bis zum 1. Januar 2016 ganz von der Patentierungsverpflichtung und Zwanglizensierungsverpflichtung und auch von der Verpflichtung 'exclusive marketing rights' einzuräumen enthoben wurden.[8005] Die LDCs dürfen seitdem patentgeschützte AIDS Medikamenten produzieren und importieren, denn der Rechteinhaber verfügt dort über keine Verbotsrechte mehr.[8006]

[7999] Devereaux et al. 2006a: 98.
[8000] Marrakesh Agreement Establishing the World Trade Organization. WTO 1995: 11.
[8001] Declaration on the TRIPS Agreement and Public Health, Para. 4. WTO 2001c: 24. Im Sinne von Art. 31.3 (a) der Wiener Vertragsrechtskonvention. Weiterhin war vorher keine Entscheidung im TRIPS Council getroffen worden, sodaß die Ministerentscheidung problemlos als Interpretation charakterisiert werden kann, von Abbott 2004: 445. Siehe im TRIPS aber beispielsweise schon die Prinzipien in TRIPS Art. 8.1, die allerdings im zweiten Satzteil eingeschränkt wurden. WTO 1995: 370. Die Einschränkung beruhte auf einer Intervention der Industrieländer. Siehe: Harnisch 2006: 241.
[8002] Abbott 2004: 444-449. Neben inhaltlichem Einvernehmen mit dieser Feststellung, wird auch die obige Begrifflichkeit 'Gesundheitsinteresse' hier genauso benutzt wie: Harnisch 2006: 241. Siehe auch die Reaktion der englischen IPR Commission (2002) auf Doha. IPR Commission 2002: 39-51. Die Sonderstellung des Gesundheitsinteresses wird nicht hervorgehoben in Matsushita et al. 2006: 718-719.
[8003] "Each Member has the right to grant compulsory licences and the freedom to determine the grounds upon which such licences are granted." Declaration on the TRIPS Agreement and Public Health, Para. 5 (b). Dadurch wird allgemein das Recht der Staaten Zwanglizenzen zu bewirken, bestätigt, wobei die Gründe von den Staaten frei bestimmt werden können. Abbott 2004: 447. Weiterhin wird klargestellt, daß vor einer Zwangslizensierung keine Verhandlungen stattfinden müssen, wenn es sich um Notfallsituationen handelt, bezug ist hier TRIPS Art. 31 (b). Explizit wird festgehalten, daß der Begriff Notfallsituationen sich auf die Gesundheit bezieht u.a. werden AIDS, Tuberkulose und Malaria erwähnt. Declaration on the TRIPS Agreement and Public Health, Para. 5 (b), (c). WTO 2001c: 24. Abbott 2004: 447.
[8004] Declaration on the TRIPS Agreement and Public Health, Para. 5 (d). WTO 2001c: 24. Abbott 2004: 447.
[8005] Die LDCs müssen Part II, Sec. 5 und 7 des TRIPS nicht beachten. Dies erstreckt sich auf die gesamten Verpflichtungen zur Patentierung und u.a. auch die Zwanglizenzen. Declaration on the TRIPS Agreement and Public Health, Para. 7. WTO 2001c: 24. In späteren Entscheidungen des TRIPS Council wird dies bestätigt (Decision of the Council for TRIPS of 27 June 2002, IP/C/25, 1 July 2002, siehe vor allem: General Council, Decision of 8 July 2002, WT/L/478, 12 July 2002), daß auch 'exclusive marketing rights' nicht bereitgestellt werden müssen, die schon vor erfolgter Patentvergabe dazu genutzt werden könnte Import und Produktion etc. zu blockieren. Abbott 2004: 449.
[8006] Slonina 2003: 15.

Neben dem Fakt, das viele dieser LDCs Patentschutzgesetze eingeführt haben, deren Wirkung sie nun offiziell aussetzen müssen, bestand für diese Ländergruppe aber vor allem das Problem, daß sie diese Aufhebung des Patentschutzes nicht zur Verbesserung der Gesundheitsversorgung nutzen konnten, weil sie über keine Produktionsmöglichkeiten verfügen. Sie müssen die Medikamente also importieren und ggf. auch solche, die bislang nicht als Generika verfügbar sind. Damit stellt sich das Problem, woher diese Importe kommen können? Natürlich aus anderen Ländern! Was aber, wenn dies die anderen Länder nicht mehr liefern dürfen? Dies erschwert nämlich TRIPS Art. 31 (f), denn TRIPS Art. 31 erlaubt zwar, daß (diese anderen) Länder (die über Produktionsmöglichkeiten verfügen) Zwangslizenzen erwirken können, um Medikamente billiger produzieren zu können. Diese Ausnahme darf aber nach Art. 31 (f) nur genutzt werden, wenn die mit der Zwanglizenznutzung verbundene Produktion - vor allem - auf den eigenen Markt beschränkt wird. Kurz: Die anderen Ländern dürfen - nur beschränkt oder garnicht - exportieren, obgleich sie billige Medikamente durch Zwangslizensierung bereitstellten dürfen. Somit bestand weiter das Problem, wie die LCDs trotz Patentaussetzung, an lebensrettende AIDS Medikamente gelangen konnten:

Aus diesen Gründen wurden in der WTO nach der Doha Ministerkonferenz Verhandlungen darüber begonnen, wie die in Art. 31 (f) enthaltende Regel, daß bei einer Zwangslizensierung "predominantly for the supply of the domestic market"[8007] produziert werden muß, umgangen werden kann, damit Länder mit unzureichender Produktionskapazität effektiveren Gebrauch von der Zwangslizensierungsoption machen können.[8008] Diese Verhandlungen gestalteten sich schwierig.[8009] Im Dezember 2002 blockierten die USA einen Text, der allen anderen WTO Mitglieder akzeptabel erschien.[8010] Im 30. August 2003 wurde vom Allgemeinen Rat diesbezüglich eine erste Entscheidung getroffen, die bis heute gilt.[8011] Mit dem Ziel einer formellen Änderung des TRIPS Abkommen wurde später ein weiterer Text im Allgemeinen Rat im 8. Dezember 2005 angenommen.[8012] Dieser wurde aber erst von 3 WTO Mitgliedern (USA, Schweiz und El Salvador) unterzeichnet, 2 % der WTO Mitglieder. Damit diese Änderung des TRIPS Abkommens in Kraft treten kann, sind 67 % nötigt.[8013] In beiden Entscheidungen geht es darum, daß die exportierenden Ländern von Art. 31 (f) entbunden werden, wenn ein LDC eine Zwangslizenz etabliert und mit den exportierenden, über Produktionskapazitäten verfügenden Ländern ausmacht, daß diese das LDC-Land beliefern sollen. Wobei letzteres zusätzlich zeigen muß, daß über keine Produktionskapazitäten verfügt. Tritt dieser Fall ein, sind in diesen Entscheidungen relativ komplexe Notifizierungs- und Etikettierungsverpflichtungen enthalten. Diese werden bei der Lieferung der Medikamente (um einen Re-Export in andere Länder zu verhindern) wirksam und die exportierenden Länder (welche die LDCs beliefern) sind weiter verpflichtet eine Vergütung bzw. Lizenzgebühr für diese LDC Zwangslizenz zu

---

[8007] TRIPS Art. 31 (f). WTO 1995: 381.
[8008] Declaration on the TRIPS Agreement and Public Health, Para. 6. WTO 2001c: 24.
[8009] Devereaux et al. 2006a: 105, 105-111.
[8010] Abbott 2004: 448.
[8011] Diese Entscheidung erfolgte als Sondergenehmigung ('waiver'). Decision of the General Council of 30 August 2003. WT/L/540, 1 September 2003. Dies war zwei Wochen vor der Cancún-Ministerkonferenz. Devereaux et al. 2006a: 107.
[8012] Decision of the General Council of 6 December 2005. WT/L/641, 8 December 2005.
[8013] WTO Webseite, Stand 29.12.2006.

entrichten (dazu weiter unten).[8014] Unklar ist die Rolle einer Stellungnahme des Vorsitzenden des Allgemeinen Rates, der bei der 30. August 2003 Entscheidung versichert hatte, daß diese nach Treu und Glauben nicht zu industriepolitischen oder kommerziellen Zwecken gebraucht werden darf.[8015] Innerhalb dieses Entscheidungspakets erklärten sich zusätzlich die Industrieländer dazu bereit, dieses System nicht als Importeure nutzen zu wollen.[8016] Weiterhin wurde einer ganzen Reihe von Schwellenländer das Versprechen abgenommen, dieses System nur im extremen Notfall zu nutzen.[8017] U.a. aufgrund Unsicherheiten in bezug auf die Aushandlung von Lizenzgebühren hat bislang (2005) kein afrikanischer Staat die 30. August 2003 Entscheidung für sich in Anspruch genommen.[8018]

Die AIDS Pandemie hat damit eine Neuausrichtung des TRIPS Abkommens ausgelöst. Bis heute bliebt aber fraglich, ob das TRIPS Abkommen damit den Menschenrechten genügt. In der Literatur wird bemerkt, daß es effektiver wäre gemäß TRIPS Art. 30 eine - eng definierte - gänzliche Aussetzung von Patentrechten für AIDS Medikamente zu etablieren, um die Zwangslizenzgebührenzahlungspflicht ganz zu umgehen.[8019] Für eine solche Aussetzung spricht, daß es für den Spezialfall der AIDS Pandemie, in dem das Menschenrecht auf Leben direkt in Frage steht, nicht überzeugt, wenn, wie in der Literatur angenommen, eine Abwägungsentscheidung des Rechts auf Leben gegenüber dem Recht auf Eigentum durchgeführt werden muß.[8020]

Dies erscheint auch sachlich wirtschaftswissenschaftlich angemessen. Die Pharmaindustrie hätte einer generöseren Regulierung zustimmen können, denn sie leidet unter den Niedrigpreisen durch Generikaproduktion in Entwicklungsländern kaum. Die Märkte in Afrika und die der anderen Entwicklungsländer haben für die Pharmaindustrie eine marginale Bedeutung, sodaß sie diese entweder Generikaproduzenten überlassen könnte oder eine kostenlose Bereitstellung der AIDS Medikamente für alle Entwicklungsländer durch eine Quersubventionierung mit Hilfe der Gewinne in

---

[8014] Decision of the General Council of 30 August 2003. WT/L/540, 1 September 2003, Para. 3; Decision of the General Council of 6 December 2005. WT/L/641, 8 December 2005, Annex, Art. 31 bis, Para. 2. Weiterhin wurde die Nichtverletzungsklageoption ausgesetzt. Siehe zu weiteren Details der 30. August 2003 Entscheidung: Slonina 2003: 9-13. Zu weiteren Problemen für Entwicklungsländer, die dazu führen, daß sie sich eher mit den Pharmaunternehmen einigen, als Zwanglizenzen zu beantragen: Sun 2003: 174.
[8015] WTO Press Release PRESS/350, 30 August 2003. Slonina 2003: 14.
[8016] Decision of the General Council of 30 August 2003. WT/L/540, 1 September 2003, Para. 1 (b) FN 3.
[8017] Hongkong (China), Israel, Korea, Kuwait, Macao (China), Mexico, Katar, Singapur, Taiwan, Türkei, Vereinigte Arabische Emirate. WTO Press Release PRESS/350, 30 August 2003.
[8018] Gehl Sampath 2005: 63.
[8019] Sun 2003: 175; IPR Commission 2002: 47.
[8020] So aber, mit Verweis auf Petersmann, Slonina 2003: 16. Dies wird hier nicht akzeptiert. Es stimmt zwar, daß eine Abwägung beide Seiten einbeziehen muß und die Interessen gegenüber einander abwägen sollte. In den meisten Fällen führt Abwägung dazu, daß beide Seiten zu einem gewissen Grad Beachtung finden. In bestimmten Fällen gilt aber durchaus, daß Abwägung sich auch für eine Seite entscheiden können muß. In einem völkerrechtlichen Artikel, wie von Slonina (2003), müßte zudem an einer solchen Stelle die Dimension des Problems und Tätigkeit anderer relevanter internationaler Institutionen erwähnt werden: Es geht hier um eine von den Vereinten Nationen anerkannte Pandemie, siehe oben. In diesem Sinne auch, ein wenig zu zurückhaltend formuliert, Harnisch (2006): "Der Grundsatz des absoluten Lebensschutzes kann sich daher auch auf die Verhältnismäßigkeitsprüfung zur Abwägung des Interesses des Patentinhabers an der ausschließlichen Nutzung seiner Erfindung und dem Interesse der Allgemeinheit an der Vergabe einer Zwangslizenz auswirken." Harnisch 2006: 237. Die Petersmann-Schule ist beispielsweise in der Lage das TRIPS sehr positiv zu beurteilen: So wird das TRIPS als ein Schritt in Richtung einer optimalen Balance von Menschenrechten und Entwicklung dargestellt. Die Lösung im Gesundheitsbereich wird gelobt, Probleme damit oder die verbleibende Kompensationspflicht bei Zwangslizenzen, werden nicht thematisiert. Anderson/Wager 2006: 727-730, 726. Diese Herangehensweise überzeugt nicht.

den Industrieländern möglich wäre. Zum Vergleich: Lateinamerika hat mit US$ 18 Mrd. wertbezogen ein Anteil von ca. 3,5 % am globalen Pharmamarkt. Der indische Pharmamarkt kommt mit ca. US$ 7 Mrd., auf einen Anteil von etwas mehr als 1 %.[8021] Afrika verschwindet dahinter ganz. Bis heute wird in Schwellenländern, u.a. in China, das seit Anfang der neunziger Jahre in diesem Bereich über einen strengen Patentschutz verfügt, ein merklich höheres Preisniveaus für AIDS Medikamente durchgesetzt.[8022] Indien steht derzeit vor der Schwierigkeit, daß das TRIPS ab dem 1. Januar 2005 für dieses Land (wie für alle Entwicklungsländer, die keine LDCs sind), vollständig gültig ist.[8023] Daraufhin wurde ein neues Patentgesetz verabschiedet, welches zur Folge hat, daß indische Generikaproduzenten Zwangslizenzen beantragen und Lizenzgebühren zahlen müssen.[8024]

Empirische Studien zeigen weiterhin, daß u.a. aufgrund der geringen wirtschaftlichen Anreizen (ein zu kleiner Markt), die mit einer 30. August 2003 Entscheidungs-Zwanglizenz eines LDC Landes für indische Firmen verbunden sind, ggf. weniger indische Firmen als zuvor Bereitschaft haben werden, in die Kopie eines patentierten Produktes zu investieren, um dieses nach Afrika zu exportieren.[8025]

Dazu kommt, daß weiter politischer Druck ausgeübt wird: Thailands aktuell notifizierte Zwanglizenz für Efavirenz, ein AIDS Medikament der 'zweiten' Generation, welches in Brasilien beispielsweise patentiert ist und dort nicht als Generika zur Verfügung steht, wird derzeit von den USA, die zuvor zurückhaltender war und sich aus einem TRIPS Streitfall mit Brasilien zurückzog[8026], angegriffen[8027], obwohl das Problem besteht, daß die 'erste' Generation der AIDS Medikamente ihre Wirksamkeit verliert und Patienten die 'zweite' Generation benötigten, die aber z.B. siebenfach teurer sind (US$ 200 vs. US$ 1400 für eine Jahresration).[8028]

Somit ist eine routinierte Nutzung von Zwanglizenzen, die Hand in Hand mit Großaufträgen internationaler Hilfsorganisationen Investitionssicherheit für Generika Produzenten erzeugt, als einzig effiziente, wirtschaftspolitisch sachgerechte Lösung in diesem Bereich immer noch nicht erreicht.[8029]

[8021] Ungefähre Zahl, hier liegt als Anhaltspunkt nur der Produktionswert von US$ 7 Mrd. der heimischen Firmen vor, eingeschlossen Exporten. Gehl Sampath 2005: 63. Der globale Pharmamarkt weist eine Wertschöpfung von US$ 541 Mrd. (2002) auf. BCC Research 2004. Siehe auch die 1 % Schätzung, ohne klare Quellenangabe, von: Rangnekar 2005: 15. Siehe auch Abschnitt 'D', Punkt 11.9.

[8022] Siehe zu China Abschnitt 'D' und 'G', MSF 2005: 7. Dabei kommt es auf den Pharmakonzern an. Höhere Preisniveaus etablieren in diesen Länder u.a. Merck und Roche. Diverse Länder fallen nicht in die, teils unklare, LDC Klassifikation, u.a. auch dort sind die Preise höher bzw. auch dort gibt es Probleme mit der Verfügbarkeit. MSF 2005: 5-7.

[8023] Indien ist ein TRIPS Art. 65.4 Land. WTO 1995: 398-399. Siehe MSF 2005: 4.

[8024] Zu diesem neuen Gesetz, welches u.a. umfassende Möglichkeiten der Zwanglizensierung vorsieht (es wird 3 Jahre gewartet, nachdem ein Patent wirksam wurde): Gehl Sampath 2005: 38-39; siehe auch Rangnekar 2005.

[8025] Von 15 größeren Kategorie '1' Firmen, die derzeit nach Afrika exportieren, sind nach dem Patentschutz nur noch 6 bereit, dies weiterzuverfolgen (Gruppe 2: vorher 12, nachher 4; Gruppe 3 'kleinere Produzenten, die aber keine Fähigkeiten zur Produktion haben': vorher 15, nachher 15). Gehl Sampath 2005: 63.

[8026] Die USA zog die Klage gegen den sog. Inlandsausübungszwang ('local working') als Grund für eine Zwanglizenz zurück. Dazu autoritativ: Champ/Attaran 2002: 365-367. Es wird eine einvernehmliche Lösung notifiziert, die vorsieht, daß Brasilien bei einer Zwanglizenznutzung die USA vorher informiert: "to permit constructive discussions." WT/DS199/4, 19 July 2001. S. 2.

[8027] Brief des Consumer Project on Technology, 21. Dezember 2006. Die USA fordern, daß Thailand zuerst mit dem Patentinhaber verhandelt. CPT Tech Letter 2006: 1.

[8028] Beispiel für Kenya. MSF 2005a: 1.

[8029] Die englische IPR Commisson (2002) forderte umsonst, daß eine einfache und leicht umsetzbare Lösung gefunden wird. IPR Commission 2002: 48.

Zuletzt: Nach Doha ist dies unwahrscheinlicher geworden, aber immer noch denkbar, daß das TRIPS gegen die deutsche Verfassung verstößt, zumal es ein normales Bundesgesetz ist.[8030]

26.5 Die TRIPS Regeln

Sowohl für den AIDS Medikamentenbereich als auch für die ordoliberale bzw. entwicklungsökonomische Bewertung ist von Interesse, wie die TRIPS 'Ausnahmen' interpretiert werden können. Zuerst aber ein Kommentar zum 'Normalfall', um einen besseren Eindruck von den Reichweite der Verpflichtungen zu gewinnen[8031]:

Art. 27.1 Normalfall
Art. 27.2, Art. 27.3 Ausnahme
Sortenschutz
Zwangslizenzen
wettbewerbspolitische Ausnahmen
Preiskontrollen

26.5.1 Art. 27 Normalfall

Trotz fehlender Panelberichte bezüglicher vieler TRIPS Regeln sind die Grundzüge der Auslegung durch zukünftige Streitbeilegungsentscheidungen nicht ganz unvorhersehbar: Viele der prozeduralen Regeln sind problemlos durch die Panels einforderbar. Ähnlich wie im Bereich Antidumping wird es möglich sein, offenkundig unbegründete Entscheidungen u.a. von Patentämtern in Entwicklungsländern anzuzweifeln. Für Industriepatente mag sogar die Patentierbarkeit relativ unkontrovers beurteilbar sein. Dies gesagt, wird der Normalfall eines Streitfalls nach des Regeln des TRIPS Abkommens durch einen erheblichen Komplexitätsgrad geprägt sein:

[8030] Diesem Abkommen wurde in der BRD eine Sonderstellung eingeräumt, die weltweit ohne Beispiel ist. Das TRIPs Abkommen hat nicht nur vermittels der Mitgliedschaft Deutschlands in der WTO Auswirkungen. Es wurde als unmittelbar anwendbar bezüglich der deutschen Rechtsordnung erklärt. Siehe BT-Drs. 12/7655, 345. In Deutschland sind zudem auch völkerrechtliche Verträge sinnvollerweise an den Kernbereich der Wertordnung des Grundgesetzes gebunden, GG Art. 24.1. Und die durch die Verfassung etablierte Wertordnung sieht vor, daß das (Grund-) Recht auf Leben, GG Art. 1 Abs. 1 und Art. 2 Abs. 2 auch durch Unterlassen gefährdet sein kann. Dadurch etabliert sich eine gewisse Spannung zu den Verpflichtungen, die das TRIPS Abkommen auferlegt.

[8031] Das Thema Erschöpfung wird hier ausgeklammert. Erschöpfung bedeutet, daß der Patentinhaber seine Rechte verliert, wenn er eine Ware an einen unabhängigen Akteur verkauft hat. Wenn die Ware später, als Parallelimport, zu niedrigeren Preisen in ein anderes Land verkauft wird, in welchem etwa noch ein privilegierter Distributeur aktiv ist, kann diese zur Preisdisziplinierung beitragen. Einige Länder verbieten Parallelimporte oder ermöglichen sogar eine Grenzbeschlagnahme, u.a. wenn eine Umgehung von Lizenzverträgen vorlag. Es ist mittlerweile akzeptiert, daß das TRIPS keine Regel für diese Frage enthält. Dies kontroversen Verhandlungen dazu spiegeln sich in TRIPS Art. 6 wieder, der diese Frage offenläßt. WTO 1995: 369. Correa 2000: 82; Scherer/Watal 2001: 30-32; Perini 2003: 143. Ausführlich zur Empirie: Scherer/Watal 2001: 31-45. Vorgeschlagen wird für die Medikamentenfrage, daß Parallelimporte kostengünstiger Medikamente aus Entwicklungsländern in Industrieländer nicht zugelassen werden sollten, um das Preisgefüge nicht durcheinanderzubringen. Entwicklungsländer sollten dagegen Parallelimporte zulassen. Ebenso sind Parallelimporte aus Ländern mit Preiskontrollen problematisch. Scherer/Watal 2001: 49.

Das TRIPS impliziert, daß im Prinzip jede zwischenstaatlich streitige Entscheidung Patente u.a. zu vergeben oder nicht zu vergeben vor der WTO, der nun letzten Revisionsinstanz, verhandelt werden kann. Dies führte im Zusammenhang mit dem Streitfall EU vs. United States - Section 211 Appropriations Act (2001-2002)[8032] zur Kritik. Zu diesem Handelsmarkenstreit zweier reicher Rumproduzenten (der Streitfall könnte auch: Pernod Ricard vs. Bacardi - Havanna Club genannt werden) gibt Abbott (2004) den folgenden Kommentar:

"I suggested that the DSU was not intended to function as an ordinary appeals court in the context of TRIPS, and I revert to that suggestion (...) the Members of the AB should be spending their time more constructively than serving as a trademark court, as in this proceeding. The ressources of the WTO Secretariat are limited, and better spent elsewhere than on a battle between two wealthy rum producers."[8033]

Diese Befürchtung ist Realität geworden: Die WTO Streitbeilegung ist letzte Revisionsinstanz eines Prozesses, der damit beginnt, daß die Beamten der Patentämter bei der Patentvergabe eine schwierige Bewertungsentscheidung vollziehen müssen.

26.5.2 Die Debatte über Patentqualität

Daß diese Bewertungsentscheidung bei der Patentvergabe nicht immer gelingt, wird daran sichtbar, daß z.B. die U.S. Wettbewerbsbehörde FTC (2003), in ihrer Untersuchung über übermäßige und wettbewerbsschädigende Patentierungspraktiken, das U.S. Patent und Markenamt aufruft, sich nicht als Diener der Antragsteller, sondern als Schutzpatron des öffentlichen Interesses zu verstehen.[8034] Hintergrund ist, daß in den USA vermehrt "bad patents" ausgestellt wurden, u.a. weil die Regeln zur Patentvergabe offen sichtbar die Antragsteller bevorzugen und die Beamten mit der Überprüfung überfordert sind.[8035] Die USA verstößt zudem ggf. gegen TRIPS Art. 41.4, der ein "review ... of final administrative decisions" erfordert, weil die Regeln zur Überprüfung der Patentvergabeentscheidungen ebenfalls den Antragsteller bevorzugen. Die FTC (2003) fordert deshalb ein unkomplizierteres 'post grant review'-System.[8036] Im U.S. Patent- und Markenamt werden 0,2 % der Patente einer

---

[8032] Panel und AB. EU vs. United States - Section 211 Omnibus Appropriations Act of 1998, WT/DS176/R, 6 August 2001. EU vs. United States - Section 211 Omnibus Appropriations Act of 1998, WT/DS176/AB/R, 2 January 2002.
[8033] Abbott 2004: 438.
[8034] "The PTO functions as a steward of the public interest, not as a servant of patent applicants. The PTO must protect the public interest against the issuance of invalid patents that add unnecessary costs and may confer market power, just as it should issue valid patent to encourage invention, disclosure, and commercial development." FTC 2003: 14.
[8035] In den USA werden jährlich 300.000 Anträge gestellt, dies sind 1000 Anträge pro Arbeitstag, die von 3000 Angestellten der Patent and Trademark Office bewältigt werden müssen. Für die gesamte Überprüfung, eingeschlossen Kommunikation mit dem Antragsteller sind 8 bis 25 Stunden Zeit. Die Angestellten sind deshalb überfordert und können keinen genauen Recherchen, ob die Patente wirklich neu sind, durchführen. Dazu kommen Regeln, die offen erkennbar den Antragsteller bevorzugen. Kritik an dieser Vorgehensweise übt die Wettbewerbsbehörde der USA: FTC 2003: 8-11.
[8036] Der Kongress hat deshalb eine Prozedur entwickelt, in der Dritte Parteien bei einer Patentüberprüfung präsent sein können. Die Regeln bevorzugen aber weiter den Antragsteller und implizieren zudem das Risiko, daß eine einmal abgewiesene Überprüfung in späteren Gerichtsverhandlungen i.S. einer überprüften Gültigkeit des Patents ausgelegt wird: Gefordert wird deshalb ein fairer und kostengünstiger "post-grant review", während der Fragen zu den Patentierungskriterien ohne Beschränkungen gestellt werden können. Eine Klage kostet etwa

Überprüfungprozedur ausgesetzt, im Europäischen Patentamt sind dies immerhin 8 % und die Widerspruchsmöglichkeit ist effektiver: Bei einem Drittel dieser Einsprüche wird das Patent für nichtig erklärt.[8037] Diese Überprüfungen müssen für jedes WTO Mitglied zu gleichen Bedingungen zugänglich sein, siehe unten, denn auch für das TRIPS gilt Meistbegünstigung und Inländerbehandlung.

26.5.3 Höhere Schutzniveaus in Industrieländern als TRIPS Verstoß

Auf einer weiteren Ebene unterschiedlicher nationaler Praktiken bestehen Spannungen mit den TRIPS Regeln. So vergibt die USA in vielen Bereichen Patente, die in anderen Ländern zögerlicher oder nicht vergeben werden, etwa auf Computerprogramme und Business Modelle.[8038]

Dies kann - offen erkennbare - protektionistische Wirkungen haben und dies stimmt nicht mit dem Ziel des TRIPS überein, Handelshindernisse abzubauen. Wenn Firmen aus Entwicklungsländern Computersoftware produzieren und in den USA verkaufen wollen, müssen sie für diese Patente, die sich u.a. auf die Bewegung des Mauszeigers erstrecken, Lizenzgebühren zahlen.[8039] Computerprogramme sind neben Patenten, auch über den Copyright- und Geschäftsgeheimnisschutz geschützt.[8040] Sonstige Copyrightfragen werden hier ausgeklammert.[8041]

---

im Biotechnologiebereich US$ 5 bis 7 Mill. und dauert 3 Jahre. FTC 2003: 7-8. Die 'unfairen' USPTO Prozeduren beschreibt Hall et al. 2003: 5-8. Die Debatte über 'patent quality' hat auch die OECD erreicht. Merril 2004: 112-117. Zwar verstößt es nicht gegen das Prinzip der Inländerbehandlung, eine Verwaltungsprozedur, die 'biased' und 'unfair' ist, zu etablieren, denn dieser sind auch die heimischen Firmen ausgesetzt. TRIPS Art. 41.2 enthält jedoch die fundamentale Verpflichtung: "Procedures concerning the enforcement of intellectual property rights shall be fair and equitable." WTO 1995: 387. TRIPS Art. 41.4, der ein 'review system' einfordert, findet sich im selben TRIPS Artikel, sodaß nicht argumentiert werden kann, daß sich diese Fairnessverpflichtung nur auf 'enforcement' i.S. von Patentverletzungsklagen bezieht.
[8037] Zudem ist das Europäische Patentamt billiger. Insgesamt ist die Wahrscheinlichkeit, daß ein Patent durch die Überprüfung für nichtig erklärt wird in Europa 3 % und in den USA 0,02 %. Hall et al. 2003: 10-11.
[8038] Correa/Yusuf 1998: 41-42. FTC 2003: 15. Jährlich gibt es in den USA, seit dies 1998 in einem Berufungsverfahren für Rechtens erklärt wurde, steigende Anmeldungen für sog. 'computer related business methods'. In Zahlen: 1997: 1000 Anmeldungen; 1999: 2500. Besonders umstritten ist das 'buyer driven purchase offers' und '1 click'-Kauf Amazon Patent. Amazon Chef Jeff Bezos selbst schlug daraufhin vor, diese Patente nur drei bis vier Jahre einzuräumen, statt zwanzig Jahre. Shapiro 2001: 2.
[8039] Zwar werden auch Geschäftsmöglichkeiten durch schwächere Standards in anderen Ländern eröffnet. Correa/Yusuf 1998: 42. Dies gilt u.a. deshalb, weil 'reverse engineering' von Software zu einem gewissen Grad noch erlaubt ist. Im Copyright-Bereich ist nur das so hinterlegte Programm geschützt, sodann gibt es die Debatte, ob ein nachgemachtes Programm ("substantially similar") den Copyright-Schutz verletzt oder nicht. Correa 2000: 130. 'Reverse engineering' ist aber aufwendig, denn die Dekodierung eines großen Programms ist schwierig, dies bietet ein de facto Schutz. Die EU erlaubt 'reverse engineering', um die Interoperabilität zu ermöglichen. Correo 2000: 132-133. Darüberhinaus ist der Programmcode als Geschäftsgeheimnis geschützt ('trade secret'). Correa 2000: 140. Protektionistische Effekte kann es aber haben, daß für Computerprogramme i.S. grundlegender Optionen der Computerbenutzung in den USA Patente vergeben werden, so gibt es ein Patent dafür, den Mauszeiger auf dem Bildschirm zu bewegen (US Patent No. 4,197,590) oder in einem Fenster verdeckte Datein bewegen und sichtbar machen zu können: Die Liste solcher Patente ist länger als man denkt. Die großen U.S. Softwarefirmen entscheiden sich meist Lizenzen zu zahlen, um einer Patentklage aus dem Weg zu gehen. Kleine Firmen in den USA können mit Patentklagen bedroht werden und dadurch gezwungen werden, aus dem Markt auszuscheiden. Correa 2000: 134-137, 152-153. Schon die Auswirkungen innerhalb der USA werden so eingeschätzt, daß kleine Firmen und Programmierer dadurch abgehalten werden, mit Software ihren Lebensunterhalt zu verdienen. FTC 2003: 54. Geschäftsmöglichkeiten für Programmierer aus Entwicklungsländern werden somit eher in Richtung Europa eröffnet. Will eine Firma aus einem Entwicklungsland Software in die USA exportieren, kann dies, aufgrund des Zwangs Lizenzzahlungen zu leisten, für eine kleine Firma zu teuer werden. Zudem muß sie vorher eine aufwendige Patentrecherche durchführen. Correa 2000: 152.
[8040] Die Top 100 Software Firmen strengten 1985 bis 1999 124 Patentklagen, 270 Handelsmarken und 851 Copyright Klagen an. Graham/Somaya 2004: 282. Software Patente werden vor allem von Maschinen, Elektronik und Instrumentebaufirmen genutzt, die für zwei Drittel dieser Patente aufkommen. Die Software Industrie im common sense Sinn kommt nur auf 7 % der Patente in diesem Bereich auf. Bessen/Hunt 2004: 251.

Das höhere Schutzniveau einiger Industrieländer ist auf den ersten Blick nicht Sache des TRIPS, auf den zweiten Blick könnte m.E. durchaus auf die Nichtigkeit eines Patents vor der WTO geklagt werden, wenn ein höheres Schutzniveau zu Verzerrungen und Beschränkungen des internationalen Handels führt.[8042]

26.5.4 Nationale Unterschiede im Normalfall der Patentvergabe

Im 'Normalfall' wird es zu WTO Streitfällen in bezug auf die Patentvergabe kommen, wenn eine Firma in einem Land Patentinhaber geworden ist und dieses Patent auch in einem anderen Land ausüben will, wobei dieses letztere Land behauptet, daß die Kriterien der Patentvergabe aus seiner Sicht nicht erfüllt seien. Das TRIPS läßt diesbezüglich - aller Wahrscheinlichkeit nach - in gewissen Grenzen nationale Unterschiede zu, macht aber - nichtsdestotrotz - hinsichtlich der Kriterien der Patentvergabe einen substantiellen Schritt in Richtung weltweiter Harmonisierung:

Das TRIPS verpflichtet jedes WTO Mitglied bei der Patentvergabe die Kriterien von TRIPS Art. 27.1 zu beachten: Für Erfindungen, darunter Produkte und Prozesse, die neu sind, auf einer erfinderischen Tätigkeit beruhen und gewerblich anwendbar sind, müssen, im Normalfall, Patente eingeräumt werden.[8043]

Zwar unterscheiden sich die Länder hinsichtlich ihren Kriterien und der Auslegung dieser, sodaß in der Literatur geschlossen wird: "This leaves Members considerable freedom to determine what should be deemed an invention"[8044] Dieser Freiheit ist aber nur 'considerable', denn es trifft ebenso zu, daß das TRIPS in Richtung einer weltweiten Harmonisierung wirkt, denn schließlich geht es um mehr als nur die Einführung oder Stärkung des Patentschutzes, es geht um eine Harmonisierung der materiellen Kriterien für den Patentschutz (und m.E. eben nicht um einen Minimalstandard, der von den

---

[8041] Siehe dazu IPR Commission 2002: 95-110.
[8042] Dies ist nicht so absurd, wie es klingt. Diese Möglichkeit wird in der Literatur nur oft nicht beachtet. Nicht etwa von Maskus 2002: 241; oder Matsushita et al. 2006: 705. Eine Klage könnte damit begründet werden, daß ein höherer Patentschutzstandard protektionistisch wirkt. Ganz zu Beginn wird im TRIPS das Ziel erwähnt: "*Desiring* to reduce distortions and impediments to international trade" TRIPS Präambel. WTO 1995: 366. Weiterhin wird in TRIPS Art. 1.1 immerhin formuliert, daß das TRIPS nicht verpflichtet, intensiveren Schutz einzuräumen. WTO 1995: 367. Correa 2000: 102. Die Entwicklungsländer gehen davon aus, daß es im TRIPS nicht nur um Minimalstandards, sondern auch um Maximalstandards geht. Mit der Begründung, daß Ziel des TRIPS sei, Technologietransfer nicht zu verhindern. Correa 2000: 102. Würden Industrieländer nun für Waren, in denen ein intensiver Welthandel absehbar ist, einen intensiveren Schutzstandard etablieren, der sich protektionistisch auswirkt, z.B. durch die Einräumung von vielen, viel zu einfachen Software Patenten, breit angelegten 'Produkt durch Prozess'-Patenten oder einem funktionsbezogenen Patentanspruch, bei denen der Patentanspruch sich auf die Funktion, die ein Produkt ermöglicht, erstreckt oder bezüglich sog. 'generic claims', die z.B. Pflanzen mit bestimmten Eigenschaften umfassen, die den Verkauf von Produkten aus Entwicklungsländern verunmöglichen, wäre es m.E. nicht undenkbar, eine Nichtverletzungsklage auf Nichtigkeit des Patentanspruchs zu führen. Dies könnte als angemessen angesehen werden, um die Balance der Rechte und Pflichte des TRIPS beizubehalten, siehe TRIPS Art. 7. WTO 1995: 370. Siehe zu diesen drei Patentansprüchen Correa 2000: 70-71.
[8043] Zitiert schon oben 'any invention'. TRIPS 27.1. WTO 1995: 379. Selbst bei Computerprogrammen müßte dies eingehalten werden, hier fällt die Argumentation aber leichter, die Erfindungen nicht neu etc. sind, weil traditionell Naturgesetze, abstrakte Ideen, mathematische Formeln, wissenschaftlicher Prinzipien nicht als patentfähig angesehen werden. Correa/Yusuf 1998: 41.
[8044] UNCTAD ICTSD 2005: 357.

Industrieländern problemlos überboten werden darf, indem immer höheren Standards und eine immer breitere Ausdehnungen des Schutzbereichs eingeführt wird).[8045]

Der Streitbeilegung kommt, wie gewohnt, in solchen Fällen die Aufgabe zu eine 'objektive Überprüfung' nach dem DSU Art. 11 durchzuführen. Dabei wird sie - aller Wahrscheinlichkeit - mehrgleisig vorgehen: Nationale Entscheidungen werden überprüft, ggf. internationale Standards hinzugezogen und schließlich eine eigene Bewertung durchgeführt. Denkbar ist, daß ein Staat wegen eines nicht vergebenen Patents, aber auch aufgrund einer gerichtlichen Entscheidung klagen kann, die eine Patentverletzung als nicht gegeben ansieht.

Weiterhin besteht hier der Eindruck, daß es die Streitbeilegung - wahrscheinlich - nicht akzeptieren wird, wenn die Entwicklungsländer erheblich von der Praxis der Industrieländern abweichen.[8046] Eine gewisse Abweichung könnte allerdings akzeptiert werden, wenn dieses begründet wird. Dies erfordert einen hohen Qualitätsstandard der Entscheidungen der Patentämter in den Entwicklungsländern: Die englische IPR Commission (2002) fordert etwa, daß die Entwicklungsländer eine strikte Überprüfung der Patentierbarkeit durchführen sollten und durch eine enge Auslegung des beantragten Schutzbereichs dafür sorgen sollten, daß ein "pro-competitive strategy" gewählt wird - mit anderen Worten - der Blockadecharakter von Patenten bei der industriellen Entwicklung soll vermindert werden.[8047]

Eine 'objektive Überprüfung' durch die Streitbeilegung mag zu Überraschungen führen: Im Prinzip kann ein Entwicklungsland gemäß TRIPS ein Industrieland verklagen, wenn ein nationales Patentamt oder ein Gericht sich weigert ein Patent zurückzunehmen, welches beispielsweise aus späterer Sicht wissenschaftlich falsch begründet wurde, auf unvollständigen Berichten über frühere Erfindungen beruht und unnötig breite Schutzbereichsansprüche erhebt.[8048]

[8045] "... the TRIPS Agreement did not only strengthen or even establish patent protection, but also harmonized it." Straus 1996: 180. Aufgrund der Möglichkeit ggf. eine Klage aufgrund protektionistischer Anwendung einzureichen, wird hier das TRIPS nicht als Minimalstandard charakterisiert. "the provisions contained in the TRIPS Agreement constitute minimum standards to be adopted by national laws." Ohne Herv. im Original.. Correa 2000: 102. Es stimmt nicht, wenn Maskus (2002) "standards are quite broad ... with the view toward promoting certain economic and social objectives" formuliert. Maskus 2002: 176.

[8046] Es bleibt schwer vorstellbar, wie das gehen soll. Ob von TRIPS Art. 27.1 ausgegangen wird und sich die Streitbeilegung als Patentbeamter verdingt. Oder ob die nationalen Regulierungen neu interpretiert werden. Oder ob ggf. ein Kompromiß zwischen nationalen Ansätzen und internationalen Standards, etwa der WIPO gesucht wird. Wie man die WTO kennt, ist sie in der Lage, alles gleichzeitig durchführen. Es gibt eine Reihe von Unterschieden in der Vorgehensweise der nationalen Patentsysteme bei der Interpretation von Patentansprüchen. Dies macht eine Harmonisierung schwierig: Beim Vergleich zwischen der USA, Deutschland und Japan kommt Takenaka (1995) zu folgendem Ergebnis: "First, including court decisions in each member state in the WIPO harmonization treaty is essential to accomplish the unification of the patent protection in all jurisdictions. A case analysis in the three jurisdictions examined in the study indicates, the mere unification of statutory provisions and their interpretation does not guarantee the same results when courts apply the statues to actual cases. Without the unification of the application of law, the harmonization of patent claim interpretation is impossible. To harmonize not only the interpretation of law but also the application of law, the WIPO harmonization treaty should be annotated, including case decisions in each jurisdiction conforming with the requirements of the provision. The establishment of an international arbitration system would be also helpful to harmonize the application of law." Takenaka 1995: 309.

[8047] IPR Commission 2002: 114.

[8048] Dem Beispiel zugrunde liegen hier Patente, die berührt werden, wenn aus dem Protein Antigen (MSP-1) eine Malaria Impfung entwickelt werden würde. Bis zu 39 Patentfamilien würden hierauf ggf. Ansprüche erheben. Diese Patente sind zudem u.a. aus den genannten Gründen vielfach fragwürdig. IPR Commission 2002: 127.

Nationale Differenzierungen dürften somit, so die Literatur, möglich zu bleiben, wenn sie sachlich gerechtfertigt werden können.[8049] Gleich wird aber noch sichtbar werden, wie schwer es fallen dürfte, gut begründete Patentansprüche anzuzweifeln. Deshalb zuerst ein Beispiel für eine sachlich begründete Differenzierung, die auf einem schlecht begründeten Patentanspruch beruht. Es dürfte kaum gemäß TRIPS angreifbar sein, wenn sich Entwicklungsländer (vernünftigerweise) dem sog. "evergreening" verweigern, d.h. die Verlängerung von Patenten auf Substanzen, die nicht oder nur marginal verändert wurden.[8050] Im neuen indischen Patentgesetz ist eine Regel enthalten, um dies zu verhindern[8051], aus demselben Grund werden von der deutschen Gesundheitsreform die Preise dieser patentgeschützten "Scheininnovationen" an die für Generika angeglichen.[8052]

Solche Differenzierungen widersprechen solange TRIPS Art. 3 Inländerbehandlung und Art. 4 Meistbegünstigung nicht, solange Inländer und Ausländer dem indischen (oder deutschen) Patentgesetz gleich ausgesetzt ist. Für die Zukunft ist aber relevant, daß der für diese Artikel relevante Begriff der Diskriminierung auf de facto Diskriminierung ausgedehnt werden könnte, wodurch - vielleicht - eine viel breitere Anwendung denkbar werden könnte: Der Fall EU vs. Canada - Pharmaceutical Patents (2000)[8053], in dem Robert E. Hudec als Panelmitglied mitwirkte, ist nicht nur deshalb relevant, weil dort der einzige allgemeine Ausnahmeartikel des TRIPS, Art. 30, erstmals ausgelegt wurde und zwar 'eng'.[8054] Hervorgehoben soll hier das folgende, bislang einzige Statement bezüglich diskriminierender Effekte im Kontext von TRIPS Art. 27.1:

"One is the question of de facto discriminatory effect - whether the actual effect of the measure is to impose differentially disadvantageous consequences on certain parties. The other, related to the justification for the disadvantageous effects, is the issue of purpose - not an inquiry into the subjective

---

[8049] UNCTAD ICTSD 2005: 356-362. Damit ist "the holy grail of some in the patent world, a single world patent valid everywhere in the world" bislang noch nicht der Normalfall. IPR Commission 2002: 132.
[8050] "Two good examples are the patent granted to Aventis on Fexofenadine Hydrochloride and to Novatis on Oxcarbazepine. Aventis was granted a patent on Fexofenadine Hydrochloride, an anti-histamine, in 1979 (US Patent number 4,254,129). The first patents in the normal course would have expired after a 20-year period, in 1999. But the company obtained a second patent in 1996 claiming that it was a "substantially pure compound", extending the patent life to 2006. Similarly, Novartis was granted a patent on Oxcarbazepine (a central nervous system (CNS) drug) in 1970 (US Patent number 3,642,775). Subsequently, Novartis obtained a second patent (US 20,030,190,361) in 2003 on the same, claiming a "particle size" of certain specifications." Gehl Sampath 2005: 35.
[8051] Im neue indischen Patentgesetz ist eine Sektion dieser Problematik gewidmet, deren Ziel es ist, solche Anträge nicht zu akzeptieren. Gehl Sampath 2005: 36.
[8052] Dies wird Festbetragsregelung 2004 genannt. Harnisch 2006: 256.
[8053] Nur Panel. EU vs. Canada - Patent Protection of Pharmaceutical Products, WT/DS114/R, 17 March 2000.
[8054] TRIPS Art. 30. WTO 1995: 380. In diesem Fall wird die Möglichkeit von Generika Produzenten vor dem Ablauf der Patentlaufzeit bereits auf Lager zu produzieren ('stockpiling') als unvereinbar mit TRIPS Art. 30 angesehen, soweit ersichtlich, aufgrund der Markteffekte. EU vs. Canada - Patent Protection of Pharmaceutical Products, WT/DS114/R, 17 March 2000, S. 173, Para. 7.101. Siehe auch: S. 156, Para. 7.35-7.36. Die Möglichkeit für Generika-Produzenten vor Ablauf der Patentlaufzeit Produkttests und Zulassungsverfahren durchzuführen wird dagegen akzeptiert. Auch TRIPS 27.1 steht dem nicht entgegen: "Art. 27 does not prohibit bona fide exceptions to deal with problems that may exist only in certain product areas.". S. 170-171, Para. 7.92. Zu diesem Fall und der Bewertung 'eng': Abbott 2004: 424-432. TRIPS Art. 30 ist somit nicht bedeutungslos: Private, nicht-kommerzielle Aktivitäten mit patentgeschützter Technologie, u.a. zu Forschungs- und Ausbildungszwecken sind erlaubt. Ebenso die sog. 'bolar exception', die, ähnlich wie im vorliegenden Fall, viele Möglichkeiten für Generika Produzenten eröffnet, während der Patentlaufzeit bereits u.a. klinische Tests für die spätere Zulassung des Generikums im Ausland durchzuführen. Siehe die Beschreibung in Correa 2000: 75-81.

purposes of the officials responsible for the measure, but an inquiry into the objective characteristics of the measure from which one can infer the existance or non-existance of discriminatory objectives."[8055]

Kurz, es kündigt sich an, was in EU vs. United States - Section 211 Appropriations Act (2001-2002)[8056] bestätigt wird, daß TRIPS Art. 3 Inländerbehandlung und Art. 4 Meistbegünstigung auch als fundamentale Verpflichtung für geistiges Eigentum angesehen wird und dies mit Referenz auf die Interpretation von Art. III des GATT. Bezug ist hier u.a. ein für Ausländer (kubanische Staatsbürger) ungünstigerer Zugang zu Verfahren zur Verteidigung von Handelsmarkenrechten. In diesem Fall wurde geprüft, ob die vorliegende "on their face"-Diskriminierung "*in practice*" rückgängig gemacht wird.[8057] Ob es de facto Diskriminierung im TRIPS werden gibt, bleibt in der Schwebe, ist aber angesichts der Referenz auf Art. III nicht unwahrscheinlich. Dies könnte zusätzliche Klagegründe ermöglichen, die zu einer Beschränkung nationaler Spielräume im Einzelfall führen. Bemerkenswert an diesem Fall ist weiterhin, daß hier deutlich wird, daß das TRIPS Auslegungsentscheidungen bisher bestehender Patentschutzabkommen inkorporieren kann: Die WIPO erstellte hier einen langen Bericht mit den Auslegungsgeschichte und Interpretationspraxis bestimmter Aspekt der Pariser Verbandsübereinkunft, welchen Panel und AB als Auslegungshilfe hinzuzogen.[8058] Welche Folge hätte de facto Diskriminierung im TRIPS? Es wäre de facto Diskriminierung, wenn z.B. ein Entwicklungsland Medizin- oder Biotechnologieerfindungen, bei denen ein Industrieland führend ist, für eigene Firmen einräumt, aber Fall-zu-Fall (aber dennoch systematisch) bei ausländischen Firmen im Bereich dieser Erfindungen nur enger definierte Patentansprüche akzeptiert.

26.5.5 Inlandsausübungszwang

Eine weitere Folge einer solchen de facto Diskriminierung könnte - vielleicht - sein, daß der vormals für alle Staaten noch in der Pariser Verbandsübereinkunft akzeptierte Grund für eine Zwangslizenz, fehlende lokale Ausübung ('local working'), weniger Chancen hat, eine TRIPS Art. 3 und Art. 4 Überprüfung zu überstehen, denn dies wäre nach TRIPS Art. 27.1, letzter Satz, ggf. "discrimination ... whether products are imported or locally produced".[8059] Die Kontroversen zu diesem Thema hätten

---

[8055] EU vs. Canada - Patent Protection of Pharmaceutical Products, WT/DS114/R, 17 March 2000, S. 173, Para. 7.101. Siehe auch. S. 172, Para. 7.98. Siehe auch WTO Analytical Index 2003: 1186-1188..

[8056] Panel und AB. EU vs. United States - Section 211 Omnibus Appropriations Act of 1998, WT/DS176/R, 6 August 2001. EU vs. United States - Section 211 Omnibus Appropriations Act of 1998, WT/DS176/AB/R, 2 January 2002.

[8057] Eng geführt insofern, als damit der AB gegen den Panel entscheidet, der mehr Spielräume u.a. für prozedurale Differenzierungen zwischen U.S. Bürgern und Ausländern offengelassen hatte. Der AB entscheidet, daß bestimmte U.S. Verfahrenspraktiken, die nur für ausländische Markenrechteinhaber gelten, "on their face" diskriminierend sind. Ebenso wird aber "*in practice*"-Diskriminierung diskutiert. Herv. im Original. EU vs. United States - Section 211 Omnibus Appropriations Act of 1998, WT/DS176/AB/R, 2 January 2002, S. 83, Para. 289, S. 69, Para. 242, S. 85-86, Para. 297. Siehe weiterhin Abott (2004) zu diesem Fall: "The AB established an extremely rigorous standard for application of the MFN principle which few formal differences in treatment of nationals from different foreign Members are likely to survive." Abott 2004: 438, 432-436; siehe auch Adams 2002. Weitere Aspekte von NT und MFN im TRIPS sind beschrieben in Correa/Yusuf 1998: 25-29.

[8058] Abbott 2004: 434; Matsushita et al. 2006: 698-699.

[8059] TRIPS Art. 27.1. WTO 1995: 379. Dieser Satz nimmt eine Formulierung auf von Arthur Dunkel aus seinen Anweisungen, welches Punkte noch zu klären sind, auf. Es spricht einiges dafür, daß in den letzten Momenten der Verhandlungen hier ein bezug zu 'local working'

sich damit nicht erledigt, dann fehlende lokale Ausübung könnte weiterhin ein Zwangslizenzgrund darstellen, hierzu bleibt die Verhandlungsgeschichte vollkommen in der Waage.[8060] Deutschland und Indien haben den Inlandsausübungszwang in ihren neuen Patentgesetzen als Zwanglizenzgrund weggelassen.[8061] Dies mag aber weniger problematisch sein, denn schließlich kann mit einer simplen Klausel des öffentlichen Interesses ebenso eine Zwanglizenz etabliert werden - ohne daß dann der Patentinhaber das Patent lokal ausübt.[8062] Zuletzt und am Rande: Die umstrittene Nichtverletzungs-Klageoption der TRIPS, die zuerst einmal für 5 Jahre ausgesetzt war, wurde weiter ausgesetzt, dies wurde in Doha beschlossen und während der Ministerkonferenz in Hongkong verlängert.[8063]

26.6 Ausnahmen von der Patentierbarkeit: Art. 27.2 und Art. 27.3

Durch TRIPS 27.2, zweiter Satzteil: "... is necessary to protect *ordre public* or morality, including to protect human, animal or plant life or health or to avoid serious prejudice to the environment" wird eine Ausnahme von der Patentierbarkeit ermöglicht.[8064] Eine Patentvergabe kann somit aus Gründen eines Verstoßes gegen die öffentliche Ordnung und gute Sitten und zum Schutz von Gesundheit oder Umwelt etc. verweigert werden. Bislang gibt es keine Streitbeilegungsentscheidung dazu.

Um hier Beispiele zu verwenden, wird im folgenden danach gefragt, ob ein AIDS Medikament oder eine neuartige Technik der Wasseraufbereitung oder genetisch veränderte Tiere und Pflanzen von der Patentierbarkeit ausgenommen werden können. Die Begriffe Gesundheit und Umwelt werden von der Streitbeilegung in einem common sense Sinn ausgelegt, zur ungewöhlich 'engen' Auslegung von öffentlicher Ordnung und guten Sitten im Bereich des Patentrechts weiter unten mehr.

Einstieg ist die Diskussion, wie TRIPS 27.2, erster Satzteil, verstanden werden könnten, der Kommerzialisierung als weiteres Kriterium mit den Ausnahmen in Verbindung bringt: Der erste Satzteil von TRIPS 27.2 lautet: "Members may exclude from patentability invention, the prevention within their territory of the commercial exploitation of which is necessary ..."[8065]. Dieser erste Satzteil wird in der Literatur so interpretiert, daß 'commercial exploitation' eine zusätzlich Hürde vor einer Nichtpatentierungsentscheidung errichtet: Erst wenn Gesundheit und Umwelt durch eine kommerzielle Nutzung gefährdet wird, ist eine Patentausnahme möglich. Dies würde ebenso bedeuten,

---

vorlag. Überzeugende Darstellung in: Champ/Attaran 2002: 378-379. Ebenso kann aber argumentiert werden, daß Diskriminierung als Differenzierung angesehen werden kann, wenn dies begründet werden kann, so kann der Inlandsausübungszwang mit Technologietransfer begründet werden, ein Ziel welches in TRIPS Art. 7 und Art. 8 als Ziele und Prinzipien festgehalten werden. Champ/Attaran 2002: 389.
[8060] Es ist nicht bekannt, ob es etwas bedeutet, daß diese Passage weggelassen wurde oder ob dies damit zusammenhängt, daß für Zwanglizenzen generell keine Einschränkung der Gründe vorgesehen werden sollten. Für letztes spricht einiges, u.a. der EU Kompromißvorschlag und daß viele Länder, darunter auch Deutschland, zu diesem Zeitpunkt 'local working' in ihrem Patentgesetz als Zwangslizenzgrund niedergelegt haben. Champ/Attaran 2002: 366, 380. UNCTAD ICTSD 2005: 353, 464-468. Siehe Art. 5.2 der Pariser Verbandsübereinkunft. BGBl. 1970 Nr. 26, Teil II, 11. Juni 1970, S. 391.
[8061] Harnisch 2006: 208; Gehl Sampath 2005: 59.
[8062] Champ/Attaran 2002: 392-393.
[8063] WT/MIN(05)/DEC, 22 December 2005, Doha Work Programme, Ministerial Declaration, 18 December 2005. Para. 45. Siehe die Diskussion im Sekretariatspapier IP/C/W/349, 19 June 2002.
[8064] Herv. im Original. TRIPS, Art. 27.2. WTO 1995: 379.
[8065] TRIPS, Art. 27.2. WTO 1995: 379.

daß ein Patentierung nicht verboten werden kann, wenn es allein zur Forschung benutzt wird.[8066] In der Literatur ist umstritten, ob ein Patentverbot auch ein Verbot der Kommerzialisierung nach sich ziehen muß. Im überzeugenden Kommentar von Gervais (1998), der bei den Verhandlungen präsent war, kommt dieses Thema nicht vor.[8067] Daß diese Frage nicht relevant ist, könnte auch daraus folgen, daß Patentämter nicht in der Lage sind Kommerzialisierungsverbote auszusprechen.[8068] Wird ein Patent aus den o.g. Ausnahmegründen verweigert, spricht weiterhin einiges dafür, daß dies in einem Streitfall als ein prima facie Beweis angesehen wird, woraufhin der verbietenden Partei die Beweislast zukommt, das Verbot vor der Streitbeilegung zu rechtfertigen. Dies legt der zweite Satzteil nahe: Dort wird ein Notwendigkeits- ('necessary')-Test vorgesehen. Der Streitbeilegung wird es damit ermöglicht nach bestimmten - bislang nicht bekannten - Kriterien zu prüfen, ob das Verbot des Patentes nötig ist oder nicht.[8069]

Welche Folgen hätte dies für die Beispiele? Die Art. 27.2 Ausnahme erlaubt einen Schutz vor Gefahren für Gesundheit und Umwelt, wenn diese durch die Patentierung ausgelöst werden.

Was ist mit AIDS Medikamenten und einer neuartigen Technologie für die Wasseraufbereitung? Nach der Neuausrichtung des TRIPS nach Doha dürfte zumindest umstritten sein, ob Entwicklungsländer die Patentanmeldung für bestimmte Technologien oder Stoffe, die für die Gesundheit von Menschen und zum Umweltschutz existentiell wichtig sind, aussetzen können, um vor einer ebenso realen Gefahr, nämlich hohe Preise und die dadurch herrschende Gefahr für die Gesundheit der Menschen und Umwelt, zu schützen. Ob die WTO gemäß TRIPS Art. 27.2 ein solches Patentverbot, welches nachfolgend zudem zu einem kommerziell genutzten Produkt führt zuläßt, muß die Streitbeilegung entscheiden. Beruhigend ist: Selbst dann, wenn die TRIPS Ausnahme ebenso ein Verbot der Kommerzialisierung nach sich ziehen würde, wäre es immerhin möglich, daß ein staatliches Unternehmen eine nicht-kommerzielle Produktion von AIDS Medikamenten und

---

[8066] UNCTAD ICTSD 2005: 378.
[8067] Gervais 1998: 147-150. Ein generelles Verbot der Kommerzialisierung, wenn ein Patent ausnahmsweise verboten würden, vermuten: Straus 1996: 182; Weissman 1996: 1100; Correa 1998: 193. In der Schwebe bleibt dies auch in IPR Commission 2002: 115.
[8068] Nicht im deutschen Patentrecht, siehe Mes 1997. Und nicht in der Europäischen Patentübereinkunft. BGBl. Jg. 1993, Teil II, Nr. 10, 20. März 1993. S. 243.
[8069] "In order to justify and exclusion under Article 27 (2) TRIPS, a Member state would therefore have to demonstrate that it is necessary to prevent - by whatever means - the commercial exploitation of the invention. Yet, the Member would not have to prove that under its national laws the commercialization of the invention was or is actually prohibited.", "Article 27.2 introduces a 'necessity test' to assess whether protection or an overriding social interest is justified." Somit wäre auch ein Test denkbar, ob eine beispielsweise weniger handelseinschränkende Option, als das Patentverbot, möglich wäre. UNCTAD ICTSD 2005: 378. "Article 27 (2) makes it clear that the fact that a national law prohibits the exploitation of an invention is not sufficient to render such invention ineligible for patentability. The change to the Brussels draft, which read 'including to secure compliance with laws and regulations which are not inconsistent with the provisions of this Agreement' reinforces this view. In other words, anay exclusion under this Article would need to be justified as indicated above ..." Gervais 1998: 149. Diese Interpretationen unterscheiden sich grundlegend von frühen Interpretationen dieses Artikels in der Literatur, welche den 'necessary test' nicht wahrnehmen. Straus 1996: 182; Weissman 1996: 1100; Correa 1998: 193. Dieser 'necessary test' könnte zum Ergebnis haben, daß das Verbot dann nicht notwendig ist, wenn eine weniger handelseinschränkende Option gewählt werden kann, beispielsweise könnte entschieden werden, daß ein Patent für eine gentechnisch veränderte Pflanze nicht verweigert werden darf, wenn ggf. eine strenge Freisetzungsrichtlinie für genetisch veränderte Pflanzen dasselbe Schutzniveau erreicht. In anderer Form, noch strikter, legen Matsushita et al. (2006) den denkbaren Notwendigkeitstest aus. Matsushita et al. 2006: 727.

Wasseraufbereitungsanlagen aufnimmt.⁸⁰⁷⁰ Dieses Recht möchte sich u.a. auch die USA weiterhin einräumen, im Rahmen der Zwangslizensierung, siehe TRIPS Art. 31 (b), dritter Satz, der auf Wunsch der USA in der TRIPS eingefügt wurde.⁸⁰⁷¹

Was ist mit Tieren und Pflanzen? Erstens wird dazu die - sehr wahrscheinlich - auch von der Streitbeilegung so übernommene Auslegung der Begriffe öffentlicher Ordnung und guten Sitten am Beispiel der moderat-'strengen' EU Patentamts erläutert. Zweitens werden die 'sektoralen' Ausnahmen von Patentierungsgebot in TRIP Art. 27.3 beschrieben: Tiere, Pflanzen und therapeutische Methoden.

Am Beispiel der EU werden dabei mehrere Punkte sichtbar: Die 'enge' Auslegung des Begriffs öffentlicher Ordnung und guter Sitten, die kaum je eigenständig wirksam werden wird, die sehr weitgehenden Möglichkeiten Tiere und Pflanzen zu patentieren und zuletzt, daß die Politik weiterhin einwirken kann und durch eine neue Gesetzgebung die Patentbehörden bei ihren Entscheidungen in diesen Grenzbereich beeinflussen darf. Dies darf nicht nur die EU - sondern dürfen aller Wahrscheinlichkeit auch andere Länder.

An der Literatur wird weiterhin deutlich, daß es umstritten ist, wie die 'sektoralen' Ausnahmen für Tiere, Pflanzen und therapeutische Methoden interpretiert werden sollen. Einerseits wird die Haltung vertreten, daß, angesichts des Patentierungsgebots in TRIPS Art. 27.1, eben neue, erfinderische und gewerblich anwendbare Produkte und Prozesse patentiert werden müssen, sodaß diese 'sektoralen' Ausnahmen: "should probably be interpreted restrictively".⁸⁰⁷² Dies könnte ggf. implizieren, daß die Streitbeilegung dem differenzierten Ansatz z.B. des EU Patentamts, siehe gleich, folgt. Andererseits wird von einer breiten Ausnahme gesprochen, die es den Staaten freistellt, wie sie in diesen Bereichen verfahren wollen: "Article 27.3 (b) leaves considerable flexibility for Members to adopt different approaches to the patentability of inventions relating to plants and animals, but unambiguously requires the protection of micro-organisms [and essentially biological processes]."⁸⁰⁷³

Tiere. In den USA ist die genveränderte 'Harvardmaus'/'oncomouse' seit 1988 patentiert.⁸⁰⁷⁴ In der EU zieht sich der Streit seit einem Jahrzehnt hin, in einer ersten Entscheidung wurde das Patent akzeptiert.⁸⁰⁷⁵ Aufgrund der Gegenreaktion der Öffentlichkeit Mitte/Ende der neunziger Jahre wurden in der EU mit der EU Biotechnologie-Direktive (1998) einige Schranken neu betont und ein 'balancing test' eingeführt.⁸⁰⁷⁶ Zuerst einmal sind Tiere gemäß des Europäischen Patentübereinkommens nicht

---

⁸⁰⁷⁰ Von diesem Autor wird diese Option ohne Verweis auf Zwanglizenzen erwähnt, im Kontext speziell der Gesundheitsschutzausnahme u.a. ggf. im Kontext von 'essential drugs'-Programmen. Weissman 1996: 1100.
⁸⁰⁷¹ Watal/Mathai 1995: 22.
⁸⁰⁷² Gervais 1998: 151.
⁸⁰⁷³ In der eckigen Klammer englische Hinzufügung des Verfassers, um es sachlich richtig zu stellen. Dies steht im Einklang mit späteren Ausführungen in UNCTAD ICTSD (2005). Siehe dazu weiter unten. UNCTAD ICTSD 2005: 389, 393.
⁸⁰⁷⁴ Millett 1999: 232.
⁸⁰⁷⁵ Mit einem Abwägungstest der später in die Biotechnologie-Richtlinie eingefügt wird. Goldbach et al. 1997: 42.
⁸⁰⁷⁶ Zentral ist hier: Art. 6 bzw. vor dem Europäischen Patentamt: Rule 23d(d): "Under Article 53(a), European patents shall not be granted in respect of biotechnological inventions which, in particular, concern the following: (a) processes for cloning human beings; (b) processes for modifying the germ line genetic identity of human beings; (c) uses of human embryos for industrial or commercial purposes; (d) processes

patentierbar, denn dies wäre 'nur' eine Entdeckung und verstößt zudem gegen öffentliche Ordnung und gute Sitten "*ordre public* or morality", die Formulierung, die sich auch in TRIPS Art. 27.1 findet.[8077] Im EU Patentrecht wird das Patentierungsverbot für Tiere begrifflich aber so abgegrenzt, daß nur "natural animals" nicht patentierbar sind.[8078] Natürliche Tiere können aber im Zusammenhang mit Prozesspatenten vorkommen und genveränderte Tiere können patentiert werden, wenn sie zur Produktion eines Stoffes genutzt werden ('drug farming').[8079] Somit überrascht es nicht, wenn genveränderte Mäuse ('oncomouse'[8080]) als patentierbare "technical tools"[8081] klassifiziert werden. Dem müssen, so wenigstens UNCTAD ICTSD (2005) nicht alle Länder weltweit folgen, denn die Patentausnahme für Tiere in TRIPS Art. 27.3 (b) sei relativ breit angelegt.[8082]

Die neue EU Biotechnologie-Direktive macht einen Abwägungstest obligatorisch: Wenn es wahrscheinlich ist, daß durch die Genveränderung Tiere leiden, wird der medizinische Nutzen überprüft und dann ein weiterer Abwägungstest gemäß "*ordre public* or morality" durchgeführt: Auffällig ist die enge Auslegung von "*ordre public*" durch das EU Patentamt, welche nur bei extremen Störungen der öffentlichen Ordnung anspringt - auch mögliche Umweltschäden werden keineswegs im Sinne des Vorsorgeprinzips eingeschätzt.[8083] Die guten Sitten "morality" werden dagegen - leicht erkennbar - deshalb breiter ausgelegt, um es zu erschweren, öffentlich konsensuell geteilte Normen auffindbar zu machen.[8084] Diese spezielle, enge Auslegung von 'ordre public or morality' ist bei den Verhandlungen zur Uruguay-Runde bekannt gewesen sein und wird somit - sehr wahrscheinlich - auch von der Streitbeilegung benutzt werden. Kurz: Aufgrund der neuen Biotechnologie-Direktive wurde im aktuellen 'oncomouse'-Urteil die Frage nach der Moral als 'balancing test' ausgelegt, bei dem,

---

for modifying the genetic identity of animals which are likely to cause them suffering without any substantial medical benefit to man or animal, and also animals resulting from such processes." Directive 98/44/EC of the European Parliament and the Council, 6 July 1998. In: ABl. L 213/13, 30.7.1998. S. 18-19. Der 'balancing test' wurde schon in der ersten 'oncomouse' Entscheidung vorgeschlagen. Einen Überblick über das europäische und deutsche Patentecht, vor dieser Direktive, gibt Goldbach et al. 1997.

[8077] TRIPS 27.1. WTO 1995: 379.
[8078] Goldbach et al. 1997: 282.
[8079] Übersicht in Goldbach et al. 1997: 284-313.
[8080] Es handelt sich um eine Maus, die vererbliche Eigenschaften eingefügt bekommen hat, Krebs zu bekommen. European Patent Office. Method for producing transgenic animals, Case No.: T 0315/03 - 3.3.8, Decision: 6 July 2004. S. 108.
[8081] "Thus, both the claimed method and the transgenic animals directly derived therefrom have a technical character." Damit ist Art. 51 (1) EPC erfüllt, "... any inventions which are susceptible of industrial application, which are new and which involve an inventive step" European Patent Office. Method for producing transgenic animals, Case No.: T 0315/03 - 3.3.8, Decision: 6 July 2004. S. 107-108.
[8082] TRIPS Art. 27.3 (b). "plants and animals, other than micro-organisms, and essentially biological processes for the production of plants or animals other than non-biological and microbiological processes." WTO 1995: 379. UNCTAD ICTSD 2005: 389.
[8083] Definition: 'ordre public': "inventions the exploitation of which is likely to breach public peace or social order (for example, through act of terrorism) or to seriously prejudice the environment are to be excluded from patentability". Kurz Darunter wird kaum jemals ein normales Patent fallen. Es überzeugt aber nicht, wenn als erklärendes Beispiel von den Richtern Terrorismus angeführt wird. European Patent Office. Method for producing transgenic animals, Case No.: T 0315/03 - 3.3.8, Decision: 6 July 2004. S. 95. Wenig dazu in Goldbach et al. (1997) aber der Verweis auf einen Fall, bei dem gefolgert wird: "It would be unjustified to deny a patent under Art. 53 (a) EPC merely on the basis of possible, not yet conclusively - documented hazards." Goldbach et al. 1997: 40-41, 233.
[8084] Dies ist klar an der Definition von 'morality' erkennbar: "The concept of morality is related to the belief that some behaviour is right and acceptable whereas other behaviour is wrong, this belief being founded on the totality of the accepted norms which are deeply rooted in society." Dieser Anspruch wird zum Anlaß bei der genetischen Manipulation einen "careful balancing" Test durchzuführen, welcher das Leiden der Tiere, die Gefahr einer Erfindung für Umwelt und ob eine Erfindung nützlich für die Menschheit ist, abwägt. Hier werden alternative Möglichkeiten ein Ziel zu erreichen einbezogen. European Patent Office. Method for producing transgenic animals, Case No.: T 0315/03 - 3.3.8, Decision: 6 July 2004. S. 95, 96, 97, 98.

neben den Leid der Tiere, geprüft wird, ob ein substantieller medizinischen Nutzen vorliegt, sodann wird gefragt, ob Alternativen vorliegen und Gefahren für die Umwelt untersucht.[8085]

Pflanzen. In TRIPS Art. 27.3 (b) wird die Möglichkeit eines Patentierungsverbots für Pflanzen eröffnet. Weil später noch spezielle Regeln für Pflanzensortenschutz erwähnt werden, sei diese Möglichkeit, so UNCTAD ICTSD (2005) breit interpretierbar und erstrecke sich ggf. auf Genpflanzen und Pflanzenteile.[8086] In der EU sind Pflanzen i.S. von Pflanzensorten, erstreckend auf keimfähiges Material und Saatgut, nicht patentierbar, allerdings Modifikationen an Teilen von Pflanzen und Pflanzenzellen.[8087] Hintergrund dafür ist in der EU, daß (Sorten-) Züchter und (Pflanzenteil-) Erfinder im kommerziellen Sinne zusammenarbeiten, einzig erstreckt sich das Recht letzterer eben nicht auf die Sorte und das Vermehrungsmaterial, Erntegut und sonstige Erzeugnisse.[8088] Dem Züchter kommen die weitgehenden Sortenschutzrechte der EU zu[8089], welche allerdings Limits unterliegen, bezüglich öffentlicher Moral, politischer Vorbehalte, Schutz von Gesundheit und Leben von Menschen, Tiere und Pflanzen, Umweltschutz und Schutz von Eigentum sowie der Absicherung von Wettbewerb, Handel und landwirtschaftlicher Produktion.[8090] Die TRIPS Optionen beim Sortenschutz für Entwicklungsländer werden gleich erwähnt. Der Pflanzenteilerfinder würde dagegen, wenn UNCTAD ICTSD (2005) gefolgt wird, im TRIPS mit seinen größeren Spielräumen für die Nichtpatentierbarkeit nicht so gut wie in der EU wegkommen:

Denn in TRIPS 27.3 (b) wird einzig explizit festgehalten, daß Patente auf Mikroorganismen und essentiell biologische Prozesse eingeräumt werden müssen. Stimmt diese Einschätzung, ist es nicht weltweit verpflichtend, daß Pflanzen, Pflanzenzellen, gentechnische Modifikationen von Pflanzen und Pflanzenteile Patentschutz erhalten.[8091] Eine Verpflichtung besteht aber zur Patentierung von Mikroorganismen, in der Praxis des europäischen Patentamts Pilze, Algen, Protozoä, Plasmide, Viruse und Pflanzenzellen.[8092] Und ebenso von essentiellen biologischen Prozessen, diese werden vom europäischen Patentamt anhand technischer Eingriffe bestimmt: "at least one essential technical step

---

[8085] Siehe Fußnote zuvor. Die Nützlichkeit für die Menschheit ist im Falle medizinischen Nutzens bereits erfüllt. Hier kann keine Kritik dieses Urteils geliefert werden. Nur soweit: Dort wird keinesfalls die Qualität diskursiver Auslegungsentscheidungen der WTO Streitbeilegung erreicht. Auslegungsentscheidungen werden nicht erklärt, es wird 'axiomatisch' entschieden. Zur Akzeptanz dieses Urteils tragen vor allem die einmaligen Möglichkeiten, die 'oncomouse' für die Krebsforschung einzusetzen, bei, u.a. zum Test von Krebsmedikamenten. European Patent Office. Method for producing transgenic animals, Case No.: T 0315/03 - 3.3.8, Decision: 6 July 2004. S. 112-118.
[8086] TRIPS Art. 27.3 (b). WTO 1995: 379. UNCTAD ICTSD 2005: 392.
[8087] Goldbach et al. 1997: 232-255; Schatz 1997: 591-593.
[8088] Die Züchter sind aufgrund dieser Zusammenarbeit auch am Patentschutz für biotechnologische Erfindungen interessiert. Lange 1996: 587-589.
[8089] In der EU erstreckt sich das Recht u.a. auf die Ernte, darauf Produktion oder Reproduktion zu autorisieren bzw. nicht zu autorisieren etc. Millett 1999: 238.
[8090] Millett 1999: 239. Hier schließt dann u.a. die Freisetzungsrichtlinien für gentechnisch veränderte Organismen an, die u.a. Umweltverträglichkeitsprüfungen vorsehen: Basistext: Richtlinie des Rates, 23.4.1990. In: ABl. L 117/15, 8.5.1990.
[8091] "the scope of the exception under Article 27.3 is to be interpreted in broad terms. Consequently, Members may exclude plants as such (including transgenic plants), plant varieties (including hybrids), as well as plant cells, seeds and other plant materials." Reproduziert ohne Fußnote. UNCTAD ICTSD 2005: 393. Siehe zu diesen Bereichen Goldbach et al. 1997: 210-220, 220-280. Von Straus (1996) wird kommentiert: "Controversies and differences in opinion are pre-programmed in this context." Straus 1996: 185.
[8092] Und sogar tierische und menschliche Zellen. Saatgut und sonstiges fruchtbares Pflanzenmaterial fällt nicht unter diese Definition. Goldbach et al. 1997: 223.

which cannot be carried out without human intervention."[8093] Unumstritten ist, daß Proteine und Nucleinsäuren patentiert werden können, die als Impfstoffe bzw. Medikamente genutzt werden.[8094] Wie schwer es ist, diese Fragen pauschal zu klären, wird aber deutlich: Denn einige Erfindung im Pflanzen-, Gen-, und Biotechnologiebereich haben eine technische Komponente, sodaß es möglicherweise doch schwer ist, sich einer Patentierbarkeit zu verweigern, im Gegensatz zu den obigen Aussagen von UNCTAD ICTSD (2005).[8095]

Schließlich wird in der EU der menschliche Körper von der Patentierbarkeit ausgeschlossen und ebenso diagnostische, therapeutische und chirurgische Methoden, die sich auf den menschlichen Körper beziehen, wobei der letzte Teil des Satzes mit TRIPS Art. 27.3 (a)[8096] übereinstimmt. Werden diagnostische Methoden mit Teilen des Körpers außerhalb der Körpers durchgeführt, werden in der EU aber doch Patente vergeben.[8097] In den USA, Australien, Österreich werden im letzteren Bereich noch weitgehendere Patente vergeben.[8098] Dem muß nach UNCTAD ICTSD (2005) kein Land folgen, allerdings fallen z.B. medizinische Apparate eindeutig nicht hierunter.[8099]

Fazit: Die Patentierungsverbote für Tiere, Pflanzen und diagnostische, therapeutische und chirurgische Methoden eröffnet gewisse Spielräume, bei bestehender Verpflichtung zur Patentierung von Mikroorganismen und essentiellen biologischen Prozessen. Dies gilt für den 'Normalfall' der Patentvergabe, denn die strikte Überprüfung von Patentansprüchen und die Möglichkeit allzu breite Schutzbereichsanträge nicht zu akzeptieren, eröffnet bestimmte, aber nicht unlimitierte Spielräume. Weiterhin ist es nicht ganz undenkbar, daß die WTO gute Sitten ('morality') i.S. kulturell geprägter moralischer Überzeugungen in bestimmten Fällen doch als Rechtfertigung für Patentausnahmen akzeptiert, nicht zuletzt weil sie sensibler vorgehen muß als das Europäische Patentamt. Es dürfte aber ebenso gelungen sein, zu zeigen, daß diese Spielräume nicht ohne Limits bestehen. Daß in einem TRIPS Streitfall eine internationale Harmonisierung der Auslegung dieser Kriterien i.S. der Bewertung eines Patentanspruchs vorgenommen wird, ist zwar immer noch schwer vorstellbar, aber zu erwarten. Schon heute wirkt das TRIPS in diese Richtung: In einer einvernehmlichen Lösung im

---

[8093] Zitat aus einem Urteil. Ohne Herv. im Original. Goldbach et al. 1997: 224-225. UNCTAD ICTSD 2005: 393. Der Terminus 'non biological' in Art. 27.3 (b) hat keine Bedeutung in der Speziallliteratur und wird offenbar nur als Abgrenzungsbegriff benutzt. Straus 1996: 185.

[8094] Goldbach et al. 1997: 43-55.

[8095] UNCTAD ICTSD 2005: 393. Straus (1996) hält die Patentierbarkeit von genveränderten Pflanzen und Tieren nicht für umstritten. Straus 1996: 185. Correa/Yusuf (1998) schreiben: "States may thus limit the availability of patents for biotechnological inventions be insisting in strict standards of novelty, utility, non-obviousness and disclosure, provided that the administrative or judicial applications of these standards were carefully reasoned, were not based on arbitrary or capricious value judgements, and were uniformly applied to nationals and foreigners alike." Reproduziert ohne Fußnote. Correa/Yusuf 1998: 40.

[8096] TRIPS 27.3 (a). WTO 1995: 379.

[8097] Goldbach et al. 1997: 334. Generell ist die Auslegung in bezug auf den Menschen vorsichtiger als im Tier und Pflanzenbereich. Goldbach et al. 1997: 322-343.

[8098] Dies gilt für eine weitere Ausnahme von Art. 27.3 (a) "diagnostic, therapeutic and surgical methods for the treatment of humans and animals." Diese sind patentierbar in den o.g. Ländern. Correa 1998: 194. In den USA sind weiterhin Gensequenzen patentierbar. Correa 1998: 198.

[8099] UNCTAD ICTSD 2005: 385-386.

USA vs. Argentinien Streitfall, erklärte sich Argentinien bereit modifizierte und detaillierte neue Leitlinien für die Patentierbarkeit von Mikroorganismen, chemischen Stoffen etc. einzuführen.[8100]

Eine weitere 'sektorale' Sonderregel sieht in TRIPS Art. 27.3 (b) vor, daß Staaten ein effektives Schutzsystem für Pflanzensorten etablieren müssen. Diesbezüglich gab es im Jahre 1993 Proteste indischer Bauern.[8101] Die indischen Bauern können - zu einem gewissen Grad - beruhigt sein, gemäß Art. 27.3 (b) dürfen die Staaten weiterhin ein Pflanzensortenschutzsystem benutzen, welches den Nachbau und den Verkauf von einmal erworbenen bzw. traditionell vorhandenem Saatgut zuläßt, in der Begrifflichkeit des UPOV 1978, das Landwirteprivileg. Ebenso ist es möglich, das Züchterprivileg weiter einzuräumen, d.h. von einer schon geschützen Pflanzensorte ausgehend, darf eine neue gezüchtet und geschützt werden.[8102] Nur zu einem gewissen Grad beruhigend ist dies deshalb, weil in den USA und Japan Planzensorten patentierbar sind[8103] und in der EU das Sortenschutzsystem gestärkt worden ist, sodaß diese o.g. Landwirte- bzw. Züchterprivilegien stark eingeschränkt worden sind. Folge ist, daß die Marktmacht von Saatgutkonzernen (Monsanto mit 85 % Anteil am Baumwollsaatgutmarkt in den USA[8104]) allzu sehr gestärkt wurde.[8105]

Eine Konfrontation des Patentschutzsystems TRIPS ergibt sich dadurch partiell mit der Biodiversitätskonvention (CBD), die versucht, die Nutzung von Tier- und Pflanzenressourcen fair zu regeln. Nur teilweise verhalten sich die Firmen, die an Forschung bzw. späteren Patenten z.B. an Medizinpflanzen interessiert sind, in diesem Sinne, indem sie im Einklang mit dem Prinzip des "benefit sharing", eigenständig Lizenzverträge aushandeln, in denen lokale Gemeinschaften an Gewinnen beteiligt werden.[8106] Ebenso gibt es sonstige Versuche traditionelles Wissen oder traditionelle Methoden mit eigenständigen Systemen zu schützen.[8107] Diese Problemdimension führt

---

[8100] WT/DS171/3, WT/DS 196/4, 20 June 2002, S. 4-5.

[8101] Steward 1999: 515; immerhin 200.000 in Delhi im März und 500.000 in Bangalore, u.a. werden Zweige des Neem Baums getragen, weil damals bekannt wurde, daß U.S. Unternehmen Patente auf Neem Produkte angemeldet haben. Shiva/Holla-Bar 1993: 223.

[8102] In TRIPS Art. 27.3 wird entweder eine Patentierbarkeit oder ein sui generis System zum Schutz von Pflanzensorten vorgegeben. Akzeptiert wird u.a. ein eigenes System oder die Nutzung des UPOV 1978, beides enthält bzw. kann mit dem Landwirte- und Züchterprivileg ausgestattet werden. Prall 1998: 54; Gröhn-Wittern 1998: 43. Ein Beitritt zum UPOV 1978 war bis zum 24. April 1998 möglich. IP/C/W/130, 17 February 1999: S. 2.

[8103] Millett 1999: 231.

[8104] Gröhn-Wittern 1998: 45. Interessanterweise wurde das Terminator Gen, sprich: die Abschaffung des Landwirteprivilegs auf gentechnische Art und Weise, von der USDA, also im Rahmen staatlicher Forschung, entwickelt und Monsanto erhielt es durch den Aufkauf der Firma Pine, die dafür die exklusiven Lizenzrechte besaß. Gröhn-Wittern 1998: 43.

[8105] Den Saatgutkonzernen geht es darum, zu verhindern, daß die Landwirte Saatgut zurückbehalten dürfen und dies für die nächste Aussaat nutzen zu können. Dies ist in den Industrieländern normale Praxis: 20 % bis 85 % der Sojabohnenfelder in den USA werden mit nachgebautem Saatgut bewirtschaftet. In Entwicklungsländern liegt die Zahl bei 50 % und höher. Gröhn-Wittern 1998: 42-45. Zur Entwicklung des EU Sortenschutz zu immer strengerer Ausprägung. Auch die Sortenschutzzeit wird verlängert, von 18 Jahren auf Bäume und Wein und 15 Jahren auf sonstige Sorten auf 25 und 20 Jahre. Millett 1999: 234. Dieser Konzentrationsprozess führt auf weltweiter Ebene zu Sorgen unter den Experten, die eine Diskussion über diese Frage in der WTO fordern. Siehe die bekannten Agrarökonomen: MacLaren/Josling 1999: 4, 23.

[8106] In CBD Art. 8 wird vorgesehen, daß "benefit sharing" nötig ist. Es gibt Beispiele für Verträge, in denen eine 'know-how' Lizenzgebühr bezahlt wird, ohne die lokalen Gemeinschaften Patentrecht oder sui generis Schutzsysteme vorweisen können. Dies funktioniert nicht immer so gut. Dutfield 1999: 24-28. Siehe auch Matsushita et al. 2006: 712-715, 717.

[8107] Für den Schutz von 'Farmers' Rights u.a. auf die Wiederverwendung von Saatgut und einem Anteil an die Vorteile, die aus der Verwendung ihrer traditionellen Sorten erzielt werden, sind diverse *sui generis* Schutzregime etabliert worden. Dies gilt ebenso für Schutzsysteme für Biodiversität und traditionelles Wissen, die explizit vorsehen, daß dies nicht patentiert werden kann. Correa 2000a: 7-8.

immer wieder zu Spannungen: In den USA sind etwa Behandlungsmethoden patentierbar, ggf. könnte also das Ritual eines Schamanen patentiert werden. Konkret wurde in den USA eine Wundbehandlung mit dem indischen Kurkuma Gewürz patentiert. Erst als Indien das Patent anfocht und Literatur vorwies, u.a. antike Sanskrit Texte, die bereits diese Methode beschreiben, wurde das Patent zurückgenommen.[8108] Das U.S. Patentamt hat 2000 weiterhin ein Patent auf Basmati Reis rückgängig machen müssen, daß das U.S. Unternehmen Rice Tech angemeldet hatte.[8109] Wäre derselbe Reis sortenbezogen oder gentechnisch stärker verändert worden, wäre ein Patent möglich gewesen. Das neue indische Patentgesetz sieht dagegen sinnvollerweise vor, daß die Ursprung eines Stoffes bei der Patentanmeldung aufgezeigt werden muß.[8110]

Nicht erwähnt wird in der TRIPS Art. 27.1 Ausnahmeliste das öffentliche Interesse (dies ist nicht identisch mit ordre public und morality). Somit hat z.B. der Schutz des Wettbewerbs, der, s.o., etwa in der EU Sortenschutzverordnung als eigenständiges Kriterium aufgeführt wird, bei der Patentvergabe keine Bedeutung, geschweige denn Technologietransfer. Dies kann man auch für die Industrieländer kritisch sehen: Die U.S. Wettbewerbsbehörde fordert in ihre Studie FTC (2003) das U.S. Patent- und Markenamt auf, bei der Patentvergabe zukünftig auch wettbewerbliche Aspekte zu beachten, da Patentschutz auch Innovationen und Wettbewerb behindern kann.[8111]

26.7 Zwanglizenzen

Weil das TRIPS weitergehende Ausnahmen i.S. des öffentlichen Interesses, nicht zuläßt (weil dieser Begriff im TRIPS nicht vorkommt), ist die Zwangslizenz die einzige Ausnahme, mit der das öffentlichen Interesse, durch Industriepolitik und Förderung von Technologietransfer, gefördert werden kann. Diese Option erlaubt die Benutzung eines Patents ohne die Autorisierung durch den Patentinhaber.[8112] Eine Zwanglizenz kann durch private Akteure oder die Regierung beantragt werden. Die Option einer Zwanglizenz aus öffentlichem Interessen ermöglicht etwa das deutsche Patentgesetz: Das öffentliche Interesse wird in Deutschland ausdifferenziert in: Wirtschaftliches Interesse, Wettbewerbsinteresse, sowie soziale Interessen bzw. der Gesundheitsschutz (schon 1904 wurde zur

---

Siehe auch Dutfield 1999. U.a. aufgrund des Überprüfungsprozess von Art. 27.3 (b) fand diese Diskussion auch in der WTO statt. Siehe z.B. die Eingabe Sambias: IP/C/W/125/Add.3, 10 February 1999; oder die Sekretariatsnote zum Verhältnis TRIPS CBD: IP/C/W/175, 11 May 2000.

[8108] Dutfield 1999: 43. Bekannt sind auch die Neem-Baum Patente, die ebenso teils zurückgenommen wurde. Auf der anderen Seite ist es schwer ein Patent anzufechten, wenn es den Kriterien genügt. So wurden u.a. von indischen Forschern in den USA 6 neem-bezogene Patente angemeldet. Dutfield 1999: 43-44.

[8109] Greenpeace Informationen 2001: 7. Siehe, mit weiteren Informationen, Dutfield 1999: 55.

[8110] Sec. 25. Indian Patent (Amendment) Act 2005. Gelb Sampath 2005: 36. Dies steht im Einklang mit der Forderung, daß auch Patentämter in Industrieländern diese Anforderungen einführen sollten. IPR Commission 2002: 87.

[8111] FTC 2003: 14-15. Dies ähnelt dem Vorschlag gegenüber den Entwicklungsländern, die schon oben erwähnt wurde, die Patentvergabe in einem 'pro competition' Sinn durchzuführen: IPR Commission 2002: 114.

[8112] Dies hat u.a. der oberste Gerichtshof der USA in Florida Prepaid Postsecondary Education Expense Board vs. College Savings Bank, 119 S. Ct. 2199, 1999, bestätigt, daß einzelne, ausländische Staaten von dieser Option bezüglich gültiger U.S. Patente Gebrauch machen können: Scherer/Watal 2001: 16.

Verbesserung der Hygiene ein Patent auf Flaschenverschlüsse aus diese Weise breit verfügbar gemacht[8113]).[8114]

In TRIPS Art. 31 werden (einmal abgesehen vom Wettbewerb, s.u., TRIPS Art. 31 (k), welcher (b) und (f) aussetzt) keine Gründe für Zwanglizenzen aufgezählt, sodaß sich keine Beschränkung der Gründe oder des Industriebereiches (abgesehen von einer Spezialregel für Halbleiter[8115]) ergibt[8116]: Benutzt werden darf die Zwanglizenz, wenn sich der Patentinhaber Verhandlungen verweigert eine Lizenz zu angemessenen, geschäftsüblichen Konditionen zu erhalten.[8117] Weitere eigenständige Gründe für die Erteilung sind: Nationaler Notstand, extremer Notfall und öffentliche nicht-kommerzielle Nutzung.[8118] Die Einhaltung der meisten Regeln kann ein Verwaltungstribunal einfach sicherstellen, siehe die einzuhaltenden Schritte in der Fußnote.[8119] Problematisch hinsichtlich der Verpflichtungsaspekte sind auch zwei weitere Regeln, eine dritte Regel eröffnet Möglichkeiten:

(1) Die schon eben erwähnte Regel Art. 31 (f) besagt, daß die Zwanglizenz vor allem ("predominantly"[8120]) für den heimischen Markt eingeräumt werden muß. Dieser Begriff impliziert zwar, daß einige Exporte erlaubt sind, insgesamt schränkt dies den 'Wert' einer Zwanglizenz erheblich ein, weil viele Entwicklungsländern nur einen kleinen Markt haben, sodaß sich die Produktion vieler Produkte nicht lohnt. So gesehen wurde damit für viele kleine Länder eine automatische Zwangslizenznutzungs-'Bremse' etabliert. Vor allem die größeren Entwicklungsländer wie Indien, China und Brasilien haben hier Vorteile.[8121] Besonders aus der AIDS Medikamente Perspektive ist es wichtig, daß die Länder, die seit dem 1. Januar 2005 unter das TRIPS fallen, weiter unternehmerische

---

[8113] Harnisch 2006: 237.
[8114] Harnisch 2006: 232-244. Am 16. Juli 1998 erfolgte die Anpassung der Zwanglizenzgesetzgebung an das TRIPS Abkommen. Harnisch 2006: 206-209.
[8115] Zwanglizenzen in diesem Bereich sind nur für die öffentliche nicht-kommerzielle Nutzung zu vergeben und um wettbewerbsrechtlich vorzugehen. Gervais 1998: 166.
[8116] Gervais 1998: 165.
[8117] Gervais 1998: 165. Diese Verhandlungen dürfen nach dem Antrag auf eine Zwangslizenz 'nachgeholt' werden. So: Harnisch 2006: 129. Wie dieser Artikel letztendlich ausgelegt wird, ist natürlich umstritten. Wenig dazu etwa in UNCTAD ICTSD 2005: 469. Die WTO Streitbeilegung wird dies nicht aufhalten. Sie könnte etwa versuchen Lizenzverträge zu vergleichen, um einen Eindruck von angemessenen, geschäftüblichen Bedingungen zu bekommen. Denkbar ist sogar, daß sich die Streitbeilegung sodann verweigert, eine Zwangslizenz unter dem TRIPS als konform anzusehen, wenn ein Lizenzgeber geschäftsübliche Bedingungen angeboten hat. Würde dies eintreffen, würde dies das Recht auf Zwangslizenzen erheblich einschränken, es gibt aber weiterhin die eigenständigen Gründe für die Erteilung im Notfall etc. siehe oben. Wenn Verhandlungen parallel zum Antrag auf eine Zwangslizenz stattfinden, müßte der Lizenzgeber aber ein besseres Angebot machen. Einen Eindruck von den Dimension vermitteln die Zwangslizenzgebühren, siehe weiter unten. Von Trebilcock/Howse (2005) wird der Streitbeilegung geraten, hier einem heimischen Verwaltungsverfahren gewissen Spielräume einzuräumen. Trebilcock/Howse 2005: 414.
[8118] Oder wenn kommerziell erfolgversprechendes 'zweites' Patent nicht ausgeübt werden kann, weil ein, relativ weniger 'wichtiges', 'erstes' Patent verletzt wird. Letzterer Punkt wird aber nur relevant, wenn die Patentierbarkeit von 'zweiten' Patenten zugelassen wird. Etwa in den USA. Correa 1998: 201. Dies ist der Fall sog. abhängiger Patente. Dies kann u.a. im deutschen Patentrecht Grund für eine Zwangslizenz werden, die im technischen Interesse vergeben wird. Aktuell: Harnisch 2006: 228-235. Siehe zum obigen Satz Gervais 1998: 165; und UNCTAD ICTSD 2005: 470.
[8119] Die Zwangslizenz muß Fall-zu-Fall angewandt werden (Art. 31 (a)), ein Verhandlungsversuch muß vorliegen (Art. 31 (b)), die Anwendungsbreite und -dauer festgelegt werden (Art. 31 (c)), die Lizenz darf nicht exklusiv (Art. 31 (d)) und nicht zur Weitergabe angelegt vergeben werden (Art. 31 (e)) und es muß eine gerichtliche Möglichkeit bereitgestellt werden, um zu überprüfen, ob die Maßnahme noch gerechtfertigt bzw. nicht beendet werden (Art. 31 (g) (i) etc. Die 'schwierigen' Regeln sind Art. 31 (f) und Art. 31 (h). Siehe TRIPS Art. 31. WTO 1995: 381-382.
[8120] TRIPS Art. 31 (f). WTO 1995: 381.
[8121] Scherer/Watal 2001: 29; Weissman 1996: 1114.

Anreize etablieren können, damit die Produktion kostengünstiger Generika aufrechterhalten werden kann.[8122] Zwanglizenzen funktionieren nicht immer. Die Fähigkeit des 'reverse engineering' muß vorliegen, so können lokale Firmen in Indien nur 5 von 14 AIDS Medikamenten herstellen.[8123] Und durch Direktinvestitionen und Firmenzusammenarbeit verlieren viele Pharmafirmen ihre Unabhängigkeit und werden überredet die Produktion von Generika aufzugeben.[8124]

(2) Die zweite Regel sieht eine Vergütung für eine Zwanglizenz vor ("on reasonable terms and conditions", "adequate remuneration ... taking into account the economic value of the authorization"[8125]).[8126] Dazu ist ein kurzer Exkurs zur Zwangslizenznutzung der Industrieländer sinnvoll: Kanada gelang es mit einem Zwangslizenzsystem, welches auf ausländische Produkte angewandt wurde, seine Arzneimittelpreise niedrig zu halten, wobei Generika Produzenten gewisse Marktanteile hielten (u.a. in Ontario 64 %). Meistens wurden Importe und heimische Generika Produktion kombiniert, nur in 11 Fällen (von 227), zwischen 1969 und 1977 etwa, wurde auf der alleinigen Produktion in Kanada bestanden.[8127] Als dieses System 1992 abgeschafft wurde, erklärten sich die Pharmaproduzenten bereit im Gegenzug F&E Einrichtungen in Kanada zu etablieren und akzeptierten ein Preiskontrollsystem.[8128]

Was wäre adäquate Vergütung? Dazu präsentiert Scherer (2003) zuerst einmal Informationen aus Patentverletzungsfällen: Hier ging es in den USA um US$ 900 Mill. als Kodak Polaroids Patente verletzte, US$ 550 Mill. für das Barcode-System, US$ 220 Mill. für bewegliche Office-Trennwände und US$ 171 Mill. für einen chemischen Katalysator.[8129] Diese Fällen könnten aber nicht als Vergleich für Zwangslizenzen herangezogen werden.[8130] Dafür spricht auch, daß in U.S. Gerichtsentscheidungen der Begriff "reasonable", der in TRIPS Art. 31 (b) vorkommt, im Gegensatz zum Begriff "excessive" benutzt wird.[8131] Weil die U.S. Regierung Zwangslizenzen im Industriebereich bewirkt hat, gibt es dazu Anhaltspunkte: Der höchste Wert, den die U.S. Regierung für den Wert eines Patents bezahlt hat, war 10 %, in den meisten Fällen geht es um eine Vergütung von 6 %.[8132] In Kanada wurden 4 % Lizenzgebühren gemessen am Preis des Nutzers (nicht des Lizenzgebers) im Pharmabereich eingeräumt.[8133] Im wettbewerbspolitischen Bereich wurden in einigen Fällen zwischen 1 % und 3 %

[8122] Gehl Sampath 2005: 66-67.
[8123] Scherer/Watal 2001: 10, 30.
[8124] Scherer/Watal 2001: 30.
[8125] TRIPS Art. 31 (b) und (h). Scherer 2003: 1.
[8126] Correa 1998: 210. Für Halbleiter ist nur eine öffentliche nicht-kommerzielle Nutzung oder eine, um gegen Wettbewerbsverstöße vorzugehen, vorgesehen. TRIPS Art. 31. WTO 1995: 381-382.
[8127] Scherer 2003: 8.
[8128] Scherer 2003: 9.
[8129] Scherer 2003: 9; siehe auch Scherer/Watal 2001: 22-23.
[8130] Scherer 2003: 11; Scherer/Watal 2001: 23.
[8131] "[The] goal of 'complete justice' implies that only a reasonable, not an excessive, royalty should be allowed where the United States is the user - even though the patentee, as a monopolist, might be able to extract excessive gains from private users. Much of the content of the constitutional requirement of just compensation derives from the equitable principles of fairness as between government and its citizens." Scherer 2003: 13.
[8132] Scherer 2003: 12.
[8133] Gefordert hatte die Industrie u.a. 30 %. In England wurden 18 % und 22 %, eingeräumt, sodaß Generika kaum billiger verkauft werden konnten. Scherer 2993: 16.

Lizenzgebühren auf die den Wettbewerbern zugänglich gemachten Patente zugestanden.[8134] In Deutschland wurde in einem Fall ('Polyferon I') aus dem Jahre 1991 im Pharmabereich 8 % benutzt, in der Reichsgerichtszeit zwischen 2 % und 15 %.[8135]

(3) Erwähnenswert ist schließlich TRIPS Art. 31 (l). Hierbei geht es um eine Bestimmung, die erst wenige Staaten und teils nur für bestimmte Bereiche i.e. Biotechnologie benutzen. Das TRIPS erlaubt aber die Anwendung für alle technischen Bereiche und durch alle Staaten. Hier werden Zwanglizenzen in bezug auf sog. abhängige Patente autorisiert. Wenn ein Erfinder entdeckt, daß er eine Erfindung von "considerable technical or considerable economic value" machen kann, die durch ein bestehendes Patent blockiert wird, kann er eine Zwangslizensierung beantragen. Im Gegenzug hat der Patentinhaber des älteren Patents den Anspruch, eine sog. Gegenlizenz ('cross licence') eingeräumt zu bekommen.[8136] Dies könnte, wenn dies sachlich begründet wird und wenn dies ähnlich wie in den Industrieländern angewandet wird (um internationale Spannungen zu vermeiden), Entwicklungsländern helfen zu vermeiden, daß es zu einer Verlangsamung des technischen Fortschritts und des Wachstums durch massenhafte Patentierung durch Firmen der Industrieländer kommt.[8137]

Soweit ersichtlich lag erst kürzlich der erste Fall einer Zwangslizenz im Industriebereich vor. Für CD-R Technologie, die von Philips patentiert wurde, hat die taiwanesische Regierung der heimischen Firma 'Gigastore Corporation' eine Zwangslizenz eingeräumt. Philips beschwert sich gemäß TRIPS darüber, daß u.a. nicht beachtet wurde, daß es sich um eine exportorientierte Produktion handelt.[8138] Kommt es in diesem Fall zu einer WTO Klage, wird hier eine Entscheidung mit weitreichenden Folgen getroffen werden.

[8134] Scherer 2003: 14.
[8135] Harnisch 2006: 220-221.
[8136] Gervais 1998: 167. Siehe auch Harnisch 2006: 230-231.
[8137] In der Deutschland ist es zuerst zu einer restriktiveren Auslegung und danach zu einer toleranteren Auslegung gekommen. Heute wird in der Abwägung die wirtschaftliche Bedeutung als wichtig angesehen, welche ggf. einen als weniger wichtig angesehenen technischen Fortschritt übertrumpfen kann. Öffentliches Interesse muß seit neuestem nicht mehr gezeigt werden. Harnisch 2006: 232.
[8138] Im Antrag auf Aktivierung des handelspolitischen Instruments der EU, welches später zu einer WTO Klage führen kann, wird die Beschwerde folgendemaßen formuliert: "In particular, the complainant argues that Article 31 has been incorrectly applied for the following respects. First, it alleges that not justification is available under Article 31 (b) of the TRIPs Agreement. The complainant alleges that the measures at issue effectively require a patent holder to grant a licence to a third party where that third party offers 'reasonable' terms. The complainant alleges that such a substantive requirement cannot be derived from the terms of Article 31 (b) which the complaint alleges is purely procedural. The complainant also alleges that the measures rely on a misapplication of the 'reasonableness' test in Article 31 (b) of the TRIPs Agreement by analysing only the reasonableness of the commercial terms from the perspective of the individual proposed user of the licence while ignoring that the patent holder had successfully concluded licensing agreements with a number of other producers operating in the same market as the proposed user of the licence. The complainant further alleges that the analysis of the reasonableness of the terms offered leading to the measures was flawed because it was found that the terms were unreasonable in light of the cost structure of the proposed user of the license without analysing wether other factors led to the proposed user not being able to reach agreement with the complainant. Second, the complainant alleges that the Chinese Taipei has failed to respect Article 31 (c) of the TRIPs Agreement by failing to specify the purpose for which the licence was granted and by failing to limit the scope and duration of the use of the licence for such purpose. Third, the complainant alleges that the Article 31 (f) of the TRIPs Agreement has been incorrectly applied by authorising the use of compulsory licences concerned for export given that they had knowledge at the timing of granting the licences that Gigastor would use the licences for export." Siehe: Commission. Procedures Relativn to the Implementation of the Common Commercial Policy. Notice of Initiation (2007/C 47/11). In: ABl. C 47/10, 1.3.2007.

Zwangslizenzen sind somit für alle Industriebereiche anwendbar. Eine Nutzung dieser nicht nur im Pharmabereich muß, wenn dies nicht übermäßig und begründet erfolgt, nicht zu internationalen Spannungen führen. Ein Drama ist eine selektive Zwanglizenznutzung nicht. Die empirische Forschung zeigt, daß in den meisten Fällen der Zwangslizenznutzung (abgesehen von kleinen 'start up'-Firmen) kein erkennbarer Effekt auf die Marktkonstellation folgt und die F&E Ausgaben der davon betroffenen Firmen sogar ansteigen.[8139] Dies steht im Einklang mit der Beobachtung, daß etablierte große Firmen, die gegenüber Herausfordern einen Rückschlag in ihre Technologieanwendung erleiden, zu "fast second" Reaktionen in der Lage sind[8140], sprich: Ein dynamischer Wettbewerb liegt vor, in dem die Firmen, u.a. dank Wissens- und Technologiediffusion, dazu gleich mehr, wieder aufholen können.

26.8 Wettbewerbspolitische Ausnahmen

In TRIPS Art. 31 (k) wird geregelt, daß Zwanglizenzen im Fall eines Verstoßes gegen das Wettbewerbsrecht etabliert werden können, also als Folge der Monopolisierung oder Mißbrauch marktbeherrschender Stellungen, wobei sich dies auf die Vergütung auswirken kann: Kurz: Keine oder niedrigere Lizenzgebühren.[8141]

26.8.1 Abhilfe durch Zwangslizenzen

Um Abhilfe bzw. einen Ausgleich zu schaffen, kann durch das Wettbewerbsrecht bzw. die Wettbewerbsbehörden u.a. eine Zwangslizenz benutzt werden, teils sogar um Technologietransfer zu erzwingen. Die U.S. Wettbewerbsbehörden räumen sich diese Option ein.[8142] Die Mißbrauchsaufsicht des EU Wettbewerbsrecht kann ebenso nach EG Art. 86 (neu Art. 82) zwangsweise die Lizenzerteilung anordnen.[8143] So wurde gegenüber Microsoft verfügt, daß es Herstellern von Betriebssystemen für Netzwerkrechner mit Schnittstelleninformationen versorgen und nicht

---

[8139] Scherer 1998: 108. Locus classicus ist hier die Studie von Scherer (1977): "To sum up, the analysis of 1975 research and development spending patterns provides not significant indication that 44 companies subjected to compulsory licensing under antitrust decrees sustained less intense R&D efforts than other firms of comparable size and industry origin. If anything, the opposite tendency is revealed." Scherer 1977: 75.

[8140] Scherer 1992: 34-35.

[8141] UNCTAD ICTSD 2005: 479. Hier wird TRIPS Art. 31 (b) und (f) und damit auch der Zwang ausgesetzt, nur für den heimische Markt zu produzieren. WTO 1995: 381-382.

[8142] Aktuell erklärt die Wettbewerbsbehörde, daß sie Patente direkt in Frage stellen will. FTC 2003: 18. Damit ist wahrscheinlich gemeint, die Technologie über eine Lizenz zur Verfügung zu stellen. In der USA gibt es in Gerichtsentscheidungen ein auf und ab bezug auf die Frage, inwiefern die Weigerung Technologie zu lizensieren als Monopolisierungsversuch verstanden werden kann. Siehe dazu weiter unten im Text das Xerox Beispiel. OECD 1989: 92-95; Details in Hovenkamp 1999: 242-249.

[8143] Die Position der EU lautet: "The refusal to grant a licensce could not therefore, in itself, constitute an abuse. But the Court went on to say that the exercise of an exclusive right, of itself, constitute an abuse." Auch das Fordern eines "excessive price" kann einen Mißbrauch darstellen. Nicht immer wird eine Lizenzerteilung gefordert, die Wettbewerbsbehörden sind in bezug auf Abhilfermaßnahmen flexibel. Bellamy/Child 2001: 744, 743-747; Schmidt 2005: 97. Zwar wird nicht ein absoluter Vorrang des Wettbewerbsrechts gegenüber dem Immaterialgüterrecht angenommen. Eine rechtliche Pflicht, Immaterialgüterrechte zu beachten besteht für das Wettbewerbsrecht aber nicht, denn sonst würde dessen Regulierungsziel in Frage gestellt. Die Theorie zieht daraus den Schluß, daß "der Interessenausgleich nur auf dem Wege der praktischen Konkordanz, also der optimalen Verwicklichung aller Anliegen des Gesetzgebers" erfolgen kann. So Schmidt 2005: 64.

diskriminierende Lizenzen erteilen muß, damit Interoperatibilität gewährleistet werden kann.[8144] Das deutsche Wettbewerbsrecht eröffnet diese Möglichkeit ebenso.[8145] Das deutsche Patentgesetz ermöglicht privaten Akteuren eine Klage auf Erteilung einer Zwanglizenz aus Wettbewerbsgründen, hier muß aber kumulativ Mißbrauch einer marktbeherrschenden Stellung, übermäßig hohe Preise und öffentliches Interesse vorliegen.[8146]

Auch hier einige Beispiel aus Scherer (2003): Ende der fünfziger Jahre wurde in den USA in 100 Wettbewerbfällen ca. 40.000 bis 50.000 Patente, u.a. von AT&T für Transistoren, IBM für Computer, Du Pont für Nylon, Eastman Kodak für Farbfilm, General Electric für Glühbirnen sowie einige Medikamente über Zwangslizenzen zur Verfügung gestellt u.a. weil die Firmen über massenhafte Patentierung ihre Marktposition schützen wollten. Xerox nutzte hunderte Patente, um seine Kopiermaschine zu schützen, auch hier griffen die Behörden ein. Einige der Zwanglizenzen wurden ohne Gebühr zur Verfügung gestellt, z.B. für Glühbirnen. Hintergrund war, daß die Firmen, die viele Patente etabliert hatten, den Wettbewerb ausgeschaltet hatte.[8147] In weiteren Fällen wurden Lizenzgebühren zwischen 1 % und 3 % auf die den Wettbewerbern zugänglich gemachten Patente zugestanden.[8148] Auch in der EU wurde so verfahren, u.a. bezüglich einer Firma, die sich weigerte an Dritte Lizenzen für die Produktion eines Inhaltsstoffes für ein Tuberkulose Arzneimittel zu vergeben.[8149] Eine hohe Zahlen von Patenten in bestimmten Industriebereichen findet sich bis heute: So sind 90.000 Patente in der Halbleiterindustrie an 10.000 Patentinhaber vergeben und eine große Zahl von Patenten wird u.a. von Intel eingesetzt (sog. 'patent thickets'), um sich abzusichern, aber auch um im Tauschverfahren Patente anderer nutzen zu können.[8150] Im AIDS Medikamente Bereich hatte die Wettbewerbskommission Südafrikas festgestellt, daß die Pharmaunternehmen ihre marktbeherrschende Stellung mißbraucht haben.[8151]

26.8.2 Wettbewerbsbeschränkende Klauseln in Lizenzverträgen

In TRIPS Art. 40 geht es um wettbewerbsbeschränkende Klauseln in Lizensierungsverträgen, die aus wettbewerbspolitischen Gründen reguliert bzw. verboten werden können. Als Beispiel werden genannt: Rückgewährklauseln, die erzwingen, daß technologische Verbesserungen exklusiv dem Lizenzgeber zur Verfügung gestellt werden ('exclusive grantback'); Nichtangriffsklauseln; und Paketlizenzen.[8152] Über diese und andere Klauseln ist im Rahmen der Neuen Weltwirtschaftsordnung lange und erfolglos im Code of Conduct on Transfer of Technologie verhandelt worden, um für einige

---

[8144] Für die Wettbewerbsbehörden ist es nicht leicht, hier zu einem kohärenten Ansatz zu finden. Zu Microsoft Schmidt 2005: 48-59. In IMS Health mußten für 'Struktur 1869 Bausteine' Lizenzen erteilt werden. Schmidt 2005: 58. Zu diesem Fall kritisch Schmidt 2005: 32-47.
[8145] Immenga/Mestmäcker 1992: 630-639.
[8146] Harnisch 2006: 257-258.
[8147] Scherer 2003: 4.
[8148] Scherer 2003: 14.
[8149] Scherer 2003: 4.
[8150] FTC 2003: 6; 5000 Patente werden 1998 allein für Mikroprozessoren vergeben, von Halbleitern ganz zu schweigen. Siehe zur Theorie dieses Phänomens: Shapiro 2001: 2-3.
[8151] Devereaux et al. 2006a: 110.
[8152] TRIPS Art. 40. WTO 1995: 386.

dieser eine internationale Ächtung zu erzielen, mit dem Ziel Technologietransfer u.a. zu
Tochterunternehmen der internationalen Firmen in den Entwicklungsländern zu beschleunigen.[8153]
Empirische Studien für diesen Zeitraum zeigen, daß die Einführung solcher Verbote durch einzelne
Länder keine klar negativen Wirkungen hatten.[8154] Oft waren Entwicklungsländer zudem nicht so
beschränkend in bezug auf Lizenzen, sondern vielmehr bezüglich Investitionen restriktiv
eingestellt.[8155] Bis heute ist es Stand der Dinge, daß es auf das Wettbewerbsrecht der einzelnen Länder
ankommt, welche Klauseln in bezug Lizenzen zugelassen werden.[8156] Wie dem auch sei, es ist
offensichtlich, daß allein Verbote von Lizenzklauseln nicht automatisch zu mehr Technologietransfer
führen. Dies läßt sich allein daran erkennen, daß die Firmen (Stand 1998) nur 13 % ihrer
Patentportfolios lizensieren und 87 % der Patente zur Absicherung ihrer Marktposition verwenden,
wobei Experten schätzen, daß letzteres weitaus wertvoller ist, als eine Lizensierung vorzunehmen.[8157]

Derweil haben Industrieländer begonnen, wieder restriktivere Lizenzklauseln zuzulassen, weil die
Chicago Schule sich davon wettbewerbsintensivierende Effekte verspricht.[8158] Der seither von den
U.S. Wettbewerbsbehörden zur Prüfung benutzte "rule of reason" Test, ist aber, trotz neoklassischer
Schlagseite, bei angemessener Auslegung nicht als Einladung zu verstehen, sämtliche Formen von
restriktiven Verträgen zuzulassen. Es geht vor allem um eines: Es ist ein Test, ob die Beschränkung
das Output erhöht und Preise verringert.[8159] Diese Interpretation ist insofern wichtig, weil TRIPS Art.
40.1 festhält, daß Lizenzpraktiken, die den Wettbewerb beschränken, verboten werden dürfen:
"licensing practices ... which restrain competition".[8160] Damit wird, im Gegensatz zum UNCTAD

[8153] Siehe zu den Verhandlungen Stoll 1994; für ein frühen Überblick für die 1979 schon 5 Jahre 'alten' Verhandlungen: Timberg 1981. Eine Übersicht über diese Klauseln bietet: Stoll 1994: 127-166; und Byrne 1998: 20-47. Die Verhandlungen wurden supendiert: UNCTAD Doc. TD/CODE TOT/60, 6 September 1995. S. 7, Para. 21.

[8154] Dies bestätigt Stoll (1994) insofern, als er für die Zeit der Neuen Weltwirtschaftsordnung, als die Entwicklungsänder ihre Direktinvestitions- und Lizenzgesetzgebung neu ausgestalteten, nicht systematisch zeigen kann, daß dies Technologietransfer i.S. von Lizenzen und Direktinvestitionen verhindert hat. Einige Staaten weisen klare Steigerungen auf, andere nicht. Mehr kann die Empirie nicht sagen. Stoll 1994: 72-79.

[8155] Dazu kommt, daß es in den UNCTAD Verhandlungen z..B. nicht gelang Exportbeschränkungen innerhalb von Lizenzverträgen zu verbieten. Die in der Literatur als restriktiv angesehen Regulierungen, wie z.B. der Beschluß Nr. 24 des ANDEAN Paktes (1976), enthält aus heutiger Sicht keine sehr strengen Lizenzbestimmungen. Später sind allein die Investitionsbestimmungen im Beschluß Nr. 220 (1987) liberalisiert worden. Siehe: Art. 20, welcher in beiden Verträgen identisch ist: Nr. 24: In: 16 I.L.M 138, 1977. Und Nr. 220: In: 27 I.L.M 974, 1988. Dies differenziert Stoll (1994) nicht: Stoll 1994: 80-81. In der Literatur wird gerne über Beschluß Nr. 24 in bezug auf Lizenzen geschimpft, so von Cieselik (1984). Dies geschieht hier aus der Perspektive der Pharmaindustrie, die z.B. gerne Klausel einsetzt, den Bezug von Rohmateralen regeln, die Rückgewährklauseln für sinnvoll halten und solche, um den Lizenznehmer davon abzuhalten, Produkten von Wettbewerber zu vertreiben. Cieselik 1984: 424. In bezug auf solche Klauseln sind im Beschluß Nr. 24 in bezug auf Rohmateralen, Ausnahmen eröffnet. Es dort verboten, in den Lizenzverträgen Verbote einzusetzen, den Einsatz anderer Technologien verbieten und auch Rückgewährklauseln werden verboten. Exportbeschränkungen kommen in dieser Regulierung nicht vor. Beschluß Nr. 24: In: 16 I.L.M 138, 1977.

[8156] U.a. einen Überblick über Korea gibt Byrne 1998: 419-421.

[8157] Hintergrund sind hier u.a. Schätzungen, daß 1998 85 % des Aktienwertes einer Firma mit 'intargible assets' wie Patenten zusammenhängen. Dies lag 1982 bei 38 %. Schatz 2004: 164.

[8158] Statt der davor gültigen 'Nine No-No's' wurde in den USA die 'rule of reason' eingeführt, wobei nachfolgend viele Praktiken zugelassen wurden, solange sie nicht wettbewerbsbeschränkend wirken. Die "rule of reason" Regeln wird meist als Gegenteil von "per se" verboten angesehen. UNCTAD 2000a: 9-11; Hovenkamp 1999: 252.

[8159] Allerdings ist es schon so, daß die "rule of reason" zu einer sehr offenen Diskussion vieler Faktoren einlädt, diese Haltung geht auf eine Urteil von Justice Brandeis im Chicago Board of Trade Urteil zurück. Dieses Urteil wird aber in der Literatur kritisiert: "has been the most damaging in the annals of antitrust". Für den oben im Text beschriebenen Fokus auf Output und Preise siehe: Hovenkamp 1999: 252.

[8160] TRIPS Art. 40.1. WTO 1995: 386.

Kodex für den Technologietransfer, ein Wettbewerbstest und nicht mehr einen Entwicklungstest etabliert.[8161] Es scheint aber, siehe die Testkriterien des U.S. 'rule of reason' Tests oben, auch mit einem solchen Wettbewerbstest noch möglich zu sein, bestimmte Lizensierungspraktiken zu verbieten. Auch in den Industrieländern werden weiterhin bestimmte Lizenzklauseln aus Wettbewerbsgründen verboten oder mit Mißtrauen betrachtet.[8162] Fakt ist, daß schon die geläufigen Lizenzklauseln nicht gerade wettbewerbsfördernd sind:

Die meistbenutzten Klauseln aus der Perspektive der Lizenzgeber sind territoriale Beschränkungen (dies sind, wohlgemerkt, Beschränkungen von Exporten, etwa zurück ins Territorium des Lizenzgeber etwa nach Europa oder die USA), Exklusivitätsklauseln (d.h. nur dieses spezielle Unternehmen darf die Technologie nutzen, nicht weitergeben etc.) und Ausschließlichkeitsbindungen für Bezug und Absatz der Produkte.[8163] In Australien waren etwa 82,4 % der 'arm length' Lizenznehmer Beschränkungen der Exporte ausgesetzt und es wurde häufig die nicht gern gesehene Rückgewährklausel eingesetzt.[8164]

Wie dem auch sei, die Idee durch weltweit gültige Regeln für Lizenzverträge Technologietransfer zu beschleunigen ist gescheitert.[8165] An der Empirie wird sichtbar, daß immerhin der Technologietransfer nicht zum Erliegen kam, wenn auf nationaler Ebene einige problematische Klauseln verboten wurden, wenn der Kern der eben genannten 'populären' Beschränkungen nicht betroffen war. Einem darüberhinausgehenden Verbot problematischer, offenkundig wettbewerbs- und handelsbeschränkender Klauseln, steht in TRIPS Art. 40 wenig entgegen. Um es wahrscheinlicher zu machen, daß der Lizenznehmer profitiert, müssen die Staaten andere Optionen zu nutzen, die Firmen bei Verhandlungen mit den Lizenzgebern durch Informationen und Rechtsbeistand etc. stärken.[8166]

26.9 Preiskontrollen

TRIPS Art. 40.2 wird so interpretiert, daß Preiskontrollen implizit gerechtfertigt sind.[8167] Preiskontrollen für Arzneimittel sind und waren in den Industrie- und Entwicklungsländern

---

[8161] "The main divergence of views between the negotiating groups in the discussion on the draft code of conduct was on the conceptual approach to Chapter 4 dealing with the treatment of restrictive business practices in the transfer of technology transactions: the competition test *versus* the deveopment test. The provisions of the TRIPS Agreement clearly adopts the 'competition test', thus putting an end to a long-standing international debate ..." Herv. im Original. UNCTAD Doc. TD/CODE TOT/60, 6 September 1995.

[8162] So werden in den USA verbundene Verkäufte ('tied sales') im Fall-zu-Fall Recht als Wettbewerbsverstoß angesehen. Übersicht etwa in OECD 1989a: 75-79. In der neuen EU Gruppenfreistellung in bezug auf Technologietransfer werden eine ganze Reihe von Klauseln, wenn sie zwischen Wettbewerbern genutzt werden, verboten ('hard core restriction'), Grundlage ist ein Marktanteilstest. Rückgewährklauseln und Wettbewerbsbeschränkungen etc. unterliegen einer individuellen Prüfung. Allekotte 2004: 1-7. Diese gilt nur innerhalb der EU.

[8163] Empirische Untersuchung über Klauseln in Lizenzverträgen: Vickery 1988: 32-33. Klauseln ausgelegt nach: Stoll 1994: 127-166; und Byrne 1998: 22. U.a. auch das koreanische Lizenzrecht läßt Exportbeschränkungen zu. Byrne 1998: 420. Die UNCTAD hatte bemerkenswerteweise gehofft in ihrem Verhaltenskodex auch über Exportbeschränkungen verhandeln zu können. UNCTAD Doc. TD/CODE TOT/47, 20 June 1985. Appendix A, S. 4.

[8164] Australia Importing Technology 1988: 24.

[8165] Ein Dokument der Zeit ist die euphorische Haltung der UNCTAD (2000a), die schließt: "IPR licensing is regarded as being generally pro-competitive ..." UNCTAD 2000a: 19.

[8166] Die positiven Erfahrungen asiatischer Länder wie Korea damit wurden in Abschnitt 'F' beschrieben.

[8167] Diese müssen aber nicht-diskriminierend angewandt werden. Weissman 1996: 1099, 1115. Ebenso Watal/Mathai 1995: 22-23.

weitverbreitet und können weiterhin benutzt werden.[8168] Preiskontrollen für Industriegüter haben die Industrieländer lange nicht mehr eingesetzt.[8169]

26.10 TRIPS Wirkungen auf die weltweite Wohlfahrt

26.10.1 Die dynamisch ordoliberale Theorie des Patentschutzes

"A failure to strike the appropriate balance between competition and patent law and policy can harm innovation."[8170]

Wie man es dreht und wendet, die Auswirkungen von Patentschutz sind nicht immer positiv. Die empirischen Studien, die in Abschnitt 'E', Punkt 8, erwähnt wurden, zeigen, daß Firmen in den meisten Industriebereichen, außer Pharma und zum gewissen Grad Chemie, weiterhin in F&E und Innovationen investieren würden - ohne Patentschutz. Dies resultiert daraus, daß sie auch ohne Patentschutz über eine gewisse Zeit, meist mehrere Jahre, durch Innovationen Vorsprungsgewinne genießen können, die bei einem routinierten Zugang zu Distributionssystemen umso höher sind. Obwohl damit ein vollständiger Verzicht auf Patente denkbar ist, scheint dies nicht ratsam zu sein, weil dadurch auf zusätzliche Innovationsanreize verzichtet würde. Das Patentsystem muß aber kritisch evaluiert werden, denn in engen Oligopolen bzw. stärker konzentrierten Industriestrukturen besteht der Innovationsanreiz nicht mehr und Patentschutz kann ausgerechnet die Wirkung haben, die Marktmacht von Unternehmen zu stärken, woraus folgen kann, daß die gesamtgesellschaftliche Wohlfahrt durch Preissteigerungen und durch die Erschwerung von Wissensdiffusion vermindert wird.[8171] Kurz: Patentschutz verursacht klar erkennbar Kosten und kann problematische industriestrukturelle Tendenzen auslösen. Diese Kosten können verringert werden, wenn darauf geachtet wird, daß trotz Patentschutz Wissensdiffusion weiter funktioniert. Dies macht das Erreichen einer national und weltweit maximal möglichen Wohlfahrtssteigerung wahrscheinlicher, die zu einem großen Teil auf einer solchen Wissensdiffusion beruht: Dieser Prozess der Wohlfahrtssteigerung beruht darauf, daß

[8168] Scherer/Watal 2001: 49-53. Für Indien Gehl Sampath 2005: 61-62. Die Industrieländern wandten auf breiter Ebenen Preiskontrollen an, darunter auch diskriminierende Preiskontrollen in Belgien, Frankreich, Griechenland, Italien und England. Außer in den USA, BRD, Niederlanden und Südafrika waren in allen Industrieländern Preiskontrollen verbreitet. Klepper 1985: 119.
[8169] England von 1966 bis 1970. Die USA von 1951 bis 1953 und dann noch einmal unter Präsident Nixon, zwischen 1971 bis 1973. Zinn 1978: 79-85.
[8170] FTC 2003: 3. In bezug auf die Aufweitung auf neue Bereiche: "The constitutional intention that patents 'promote the Progress of Science and useful Arts' should be taken into account in interpreting the scope of patentable subject matter under Section 101. Decisionmakers should ask whether granting patents on certain subject matter in fact will promote such progress or instead will hinder competition that can effectively spur innovation." FTC 2003: 15. Dies ähnelt Kahn (1962): "So there can be not absolute and complete defense of patents. The issue is not one of principle but of practical social engineering: how much protection against competitive appropriation of imitation and of what kind is required and worth paying for the optimum rate of innovation in a capitalist economy?' Kahn 1962: 311.
[8171] Ein Überblick über die 'guten' und 'schlechten' Seiten des Patentschutzes in diesem Sinne findet sich in Subramanian 1991: 949; ähnlich schon Kahn 1962: 311-313. Siehe weiterhin die abgewogenen Position, die viele kritischen Argumente aufnimmt und dennoch keine Abschaffung fordert: Scherer 1980: 442-455. Zehn Jahre später liegt der Schwerpunkt in Scherer/Ross (1990) in einer Diskussion von Innovationsstudien. Gezeigt wird, daß es, u.a. geschützt durch Patente, immer wieder kleineren Unternehmen gelingt, ein starkes Wachstum zu erzielen, wodurch sie in etablierte Industriestrukturen eindringen können. Die etablierten Unternehmen reagieren auf diese Herausforderung u.a. mit eigenen Innovationen. Empirisch läßt sich zeigen, daß sich in extrem monopolistischen Industriestrukturen weniger Innovationsanreize bieten. Scherer/Ross 1990: 653, 660. Daß Patentschutz Innovationsanreize etabliert ist z.B. auch Ergebnis der Studie von Kanwar/Evenson 2001: 22.

immer wieder viele Unternehmen aufholen können. Dies gelingt beispielsweise nicht so überzeugend, wenn es nur zwei Firmen gelingt Vorsprungsgewinne erzielen, die dann hohe Preise verlangen und die Innovationstätigkeit einstellen und fortan ihre Marktmacht monopolistisch genießen. Die dynamisch ordoliberale Theorie verfügt über die Vorstellung der überlegenden Leistung eines breiter angelegten, dynamischen Strukturwandels weiter Oligopole innerhalb eines Umfelds funktionierenden Wissensdiffusion. Die Leistung eines solchen Prozesses im Sinne einer optimalen Effizienz- und Wohlfahrtsteigerung ist in empirischer Hinsicht bestätigt und befindet sich im Einklang mit dem Stand der Dinge wettbewerbspolitischer Theorie.[8172] Die Neoklassik hat dieser Vorstellung nichts entgegenzusetzen.

Im bemerkenswerten Einklang mit dieser wirtschaftswissenschaftlich empirischen Ebene, gibt es aus dynamisch ordoliberaler Perspektive - zusätzliche und eigenständige - normative Gründe, warum der 'freien' Wissensdiffusion eine zentrale Rolle eingeräumt werden soll: Nicht nur deshalb, weil sie hilft ein optimales Wachstum zu erreichen, sondern weil sie antikonzentrative, wettbewerbserhaltende Funktionen hat, weil sie wettbewerbspolitische Eingriffe weniger nötig macht und weil sie privatwirtschaftliche Machtballungen verringert und dadurch die Demokratie schützt - im Sinne eines Schutzes vor dem Übergang in den Sozialismus oder, wenn man so will, vor einem Übergang in die Herrschaft großer Firmen, die eine Wirtschaftsverwaltung (und kaum mehr zu beeinflussende Forderungen zur Absicherung ihrer Positionen) durchsetzen würden.

Aus diesen Gründen wird hier gefordert, die derzeitige Patentschutzlaufzeit des TRIPS von 20 Jahren zurückzunehmen, weil eine Patentschutzzeit von 15 Jahren völlig ausreichend ist. Diese verkürzte Patentlaufzeit wird hier aufgrund der Besorgnis über eine weltweit optimale Wohlfahrtssteigerung unter den aktuellen Bedingungen der Globalisierung gefordert, denn die bestehenden erheblichen Vorteile internationaler Firmen aus den Industrieländern könnten durch einen übertrieben angewandten Patentschutz den abschreckenden Effekt haben, F&E Investitionen nationaler Firmen in Entwicklungsländern auf ein zu niedrigeres Niveau sinken zu lassen. Kombiniert werden sollte dies mit einem Stop der Ausdehnung von Möglichkeiten Patente in neuen Gebieten zu ermöglichen und der Verpflichtung ein kritisches, wettbewerbspolitisch informiertes Patentamt zu unterhalten, welches keine 'bad patents' vergibt. Weiterhin sollte eine Aussetzung von Zwangslizenzkompensationsverpflichtungen in von den Vereinten Nationen erkannten Notfällen wie dem AIDS Medikamentefall ermöglicht werden sein, um effiziente Verwaltungs- und Anreizstrukturen für die Generikaproduktion aufbauen zu können.

Mit anderen Worten: Die dynamisch ordoliberale Theorie würde beispielsweise das folgende Statement, welches für die wohlfahrtserhaltende Funktion der Wissensdiffusion allein den abwertenden Terminus 'free rider' übrig hat, nicht akzeptieren: "Innovation has well-known free rider and public good characteristics. Know-how leakage and other spillovers impair incentives to innovate

---

[8172] Siehe Abschnitt 'B'.

by redistributing benefits to others, particularly competitors and users. To maintain adequate incentives to invest in innovative activity, without providing government subsidies, free riding must be curtailed. This is how economists justify patents, copyrights, trade secrets, and other aspects of intellectual property law."[8173]

Wohlgemerkt, es geht um die 'freie' Diffusion von Technologie und nicht um die Diffusion von staatliche geförderter F&E und den sonstigen Facetten, die in der neoklassischen beeinflußten Literatur - einzig - beim Thema Diffusion diskutiert werden. In dieser Literatur, beispielsweise im aktuellen WTO Welthandelsbericht über Subventionen (2006), wird die Forschung über die 'freie' Diffusion von Technologien und deren Wohlfahrtseffekte ignoriert, denn es wird abgelehnt, daß Technologie, ohne daß jemand dafür bezahlt hat oder bezahlen muß, jemanden zugute kommt. Fehlt Patentschutz, wird davon ausgegangen, daß Investitionen in F&E suboptimal ist. Ohne den Zwischenschritt der 'freien' Diffusion zuzulassen, wird sodann, hier wird meist auf Nelson (1959) rekurriert, dem Staat die Aufgabe zugewiesen, eine Förderung der Grundlagenforschung vorzunehmen.[8174]

Hintergrund dafür ist u.a., daß die neoklassische Theorie das Konzept einer nationalen Wirtschaftsverfassung nicht kennt, die Wissensdiffusion bewußt zulassen kann und sogar ein stückweit schwächen kann, wenn problematische Tendenzen für die Wohlfahrt erkennbar sind. Der dynamisch ordoliberal informierte Staat verweigert sich Patentgesetze so auszugestalten, daß diese national und weltweit wohlfahrtsmindernde Auswirkungen haben, weil er die Interessengruppen davor bewahren muß, sich selbst zu schädigen. Diese sind nur an der eigenen firmenbezogenen Schutz- bzw. Bereicherungsperspektive interessiert. Ohne Korrektur würde dies dazu führen, daß fast alle Akteure auf einem niedrigerem Wohlfahrtniveau anlangen würden, eingeschlossen der Firmen, die diese Kampagne unterstützt haben und später, angesichts der Übermacht weniger Unternehmen aus dem Wettbewerb ausscheiden müssen. Kurz: Wissensdiffusion ist für Unternehmen, die auf dem Markt bleiben wollen, eine größere Versicherung als Patentschutz. Wissensdiffusion läßt ruhig schlafen und sichert eigene Investitionen ab. Patentschutz, der täglich an Intensität zunimmt, nicht.

[8173] Dies ist ein Statement, in dem die andere Seite der Technologiediffusion überhaupt garnicht vorkommt und allein eine Zunahme von Patentschutz gefordert wird. Jorde/Teece 1990: 82. Diese Autoren fordern seit Jahren strengere Patentrechte. Johnson 2004: 205. Auffällig ist zudem, wie negativ aufgeladen die Termini 'free rider', 'leakage', 'redistribution' eingesetzt werden, als ob man ein Schwarzfahrer ist, wenn man allgemein zugängliches Wissen in seiner Firma einsetzt. Es soll offenbar suggeriert werden, daß man anderen Verluste zufügt oder daß man in diesem Moment an einer sozialpolitischen Umverteilungsmaßnahme teilnimmt. Zu diesem Stil kommentiert im Kontext eines anderen Artikels Scherer (1998): "Believe my role is here to dissent, so I shall do so as vigorously as possible in these brief comments. One thing I have noticed, inter alia, in Don Mac Fetridge's paper, is that there seems to be some pejorative attached to the expression 'free-rider'. I dot not know why that should be. It is, to be sure, better than being called a pirate." Scherer 1998: 104.
[8174] Typisch ist die Diskussion von F&E, Wissensdiffusion und Subventionen in WTO (2006). Entweder schützt der Staat Wissen über Patente oder er fördert F&E. Daß der Staat garnichts macht und bewußt passiv bleibt und durch die Ausgestaltung der Wirtschaftsverfassung im Bereich geistigem Eigentumsschutz Wissensdiffusion bewußt zuläßt, wird nicht thematisiert. Es wird behauptet, daß die Wissenschaft über die Wissensdiffusion nichts genaues sagen kann, obwohl diese Forschung, siehe Abschnitt 'E', Punkt 8, vorliegt. WTO 2006: 82-108.

> Box Verhinderung von Wissensdiffusion in Arbeitsverträgen. Der Wunsch privater Akteure sich immer besser schützen zu wollen, führte dazu strengere Verpflichtungen für Angestellte und Arbeiter zu etablieren, Betriebsgeheimnisse nicht weiterzuverbreiten. In den USA darf bereits in Arbeitsverträgen festgehalten werden, daß ein Angestellter später nicht bei einem Wettbewerber arbeiten darf. Es ist einfach, dies neoklassisch zu begründen: Ohne solche 'Kontrollen' würde angenommen, daß die Firmen 'suboptimal' in die Ausbildung investieren.[8175] Zweifel an dieser Position erlaubt, daß solche Klauseln in Arbeitsverträgen in Kalifornien verboten sind und dies zum Erfolg von Silicon Valley beigetragen hat, weil durch lokal gut funktionierende Wissensverbreitung der gleichzeitige Erfolg vieler Firmen gelingen konnte.[8176]

Weiterhin ist es irreführend, wenn in der Literatur das Argument verwendet wird, daß ein Patent noch kein Monopol begründet, denn es gibt viele Beispiele, daß Firmen massive Patentportfolios aufgebaut und dazu genutzt haben, einen Industriebereich zu dominieren. Die dynamische Theorie ist nicht davon überrascht (Walter Euckens 'Hang zur Monopolbildung'), daß Firmen immer wieder versuchen ein Monopol zu etablieren.[8177] Aktuelle Forschungen bestätigten solche strategischen Motive hinter dem 'patent surge': Für große Firmen hängen die derzeit ansteigenden Patentanmeldungen nicht mit steigenden F&E Ausgaben zusammen, sondern damit, daß sie Patente strategisch einsetzen wollen, mit dem Ziel der Blockade anderer Firmen und zusätzlich, um im Rahmen der komplexen Allianzstrukturen Verhandlungsmacht zu haben.[8178]

[8175] Immerhin fordert Barton (2004) deshalb hier eine Balance zu finden. Barton 2004: 325. Schon eine solche Balance geht aber zu weit. Der Staat bezahlt über Steuereinnahmen von Privatleuten das Universitätssystem oder es sind Privatleute bzw. neuerdings auch Studenten, die Ausbildung direkt finanzieren. Es darf von der Politik nicht zugelassen werden, daß eine Ausbildung, darunter auch sehr spezielle Ausbildungsgänge, später dahingehend entwertet wird, daß es Verbote gibt, in bestimmten Firmen zu arbeiten. Dies ist offenkundiger Unsinn, denn aufgrund diverser oligopolistischer Konstellationen u.a. im Energieanlagenbau und Pharmabereich etc. ist dies ggf. mit erheblichen Einschränkungen für die Einkommen der privaten Personen verbunden, die ihr Wissen, wovon die Firmen zuallererst profitieren, selbst finanziert haben. Es ist von der Realität weit entfernt, daß es die Firmen selbst sind, die für Ausbildung sorgen. Zwar gibt es Firmenuniversitäten etc. Die große Menge ausgebildeter Personen und Spezialisten stammt von Universitäten.

[8176] Barton 2004: 325. Natürlich gibt es viele Geschichten, daß die Abwerbung eines Spezialisten einer Firma geschadet hat (sofort wird meist die Forderung gestellt, sich dagegen besser schützen zu müssen), hier wird behauptet, daß es genausoviele Geschichte gibt, daß die Anwerbung eines Spezialisten einer Firma geholfen hat, wieder aufzuholen.

[8177] "When one company comes to dominate the field by accumulating a massive patent portfolio, it not only prevents rivals from operating except on its acquiescence, but also becomes the logical buyer for related new concepts patented by independent inventors. Thus, at some point the process of patent accumulation may take on a 'snowball effect'." Es ist zwar nicht verboten, soviele Patente zu sammeln: "However, companies run the risk of antitrust violation if they build up an impregnable patent portfolio by systematically buying out rival patents, especially when coercive tactics are employed to soften up sellers." Beispiele in: Scherer 1980: 451. Anfang der achtziger Jahre werden nur noch 18,5 % der Patente an Individuen vergeben, der Rest geht an Firmen. Scherer/Ross 1990: 622.

[8178] Blind et al. 2004: 86-87. Dahinter stehen komplexere Ergebnisse für weniger große Firmen, bei denen das Blockademotiv weniger ausgeprägt ist. Für Deutschland gibt es für Chemie, mechanische- und elektrische Ingenieursanwendungen ('mechanical and electrical engineering') einen Zusammenhang zwischen F&E und steigenden Patentanmeldungen, nicht aber in sämtlichen anderen Industriebereichen, sodaß hier u.a. strategische Motive vor allem großer Firmen i.S. der Blockade anderer oder als 'currency' bei strategischen Allianzen eine Rolle spielen. Auch für kleinere Firmen sind Patentanmeldungen von einer steigender Relevanz und werden wichtiger für die Absicherung von deren Markteintritt. Blind et al. 2004: 86.

Box Xerox. Im Jahre 1959 präsentierte Xerox seinen 914 Kopierer, der diese Funktion erstmals in einem Gerät ermöglichte. Von 1959 bis 1975, also immerhin 16 Jahre, hielt Xerox ein Monopol für diese Technologie und konnte mindestens 20 % höhere Preise über marginalen Kosten erzielen, kurz: Die Firma war "fat".[8179] Xerox versuchte mit hunderten Patenten, für alle erdenklichen Aspekte dieser Technologie, den Eintritt von Wettbewerbern, darunter IBM 1972, zu verhindern, wobei IBM einige Jahre mit einem Millionenbudget versucht hatte, drumherum zu erfinden.[8180] Im Jahre 1975 erkannte das amerikanische Kartellamt auf einen Verstoß gegen das Wettbewerbsrecht und zwang Xerox mit einer Verfügung ('consent decree') dazu, sämtliche Aspekte der Kopierertechnologie Interessenten zu 1,5 % Lizenzgebühren zu überlassen, kurz: "potential entrants could be reasonably certain as of 1974 that there would be free access to PPC technology".[8181] Interessant ist, welcher industriestrukturelle Prozess danach stattfand und in welcher Weise sich diese administrativ angeordnete Wissensdiffusion auswirkte. Sichtbar wird hier, wie bereits in Abschnitt 'B' beschreiben, ein typisch dynamischer Prozess hin zu einem neuen Gleichgewicht.[8182] Obwohl Wissensdiffusion stattfand, gelang es Xerox, nach einigem hin und her, aufgrund seiner sonstigen Vorteile einen 45 % Marktanteil zu halten, wobei gleichzeitig neue Wettbewerber Marktanteile eroberten: Kodak, Savin und die japanische Firma Ricoh, die benutzerfreundliche Innovationen machten.[8183] Insgesamt gesehen ist durch diese 'freie' Diffusion von Technologie ohne jeden Zweifel die nationale Wohlfahrt gesteigert worden - es gab keine Verlierer - und die neuen Wettbewerber haben konsumentenfreundliche Innovationen durchgesetzt, die der Monopolist Xerox, getreu nach der Theorieerwartung, nicht zur Verfügung gestellt hatte. Schließlich ist die Wohlfahrt sogar weltweit gestiegen, siehe den nachfolgenden Erfolg japanischer Firmen in diesem Bereich. Die meisten hier vertretenen Thesen werden durch dieses Beispiel bestätigt.

Wie dem auch sei, hier wird nicht eine Abschaffung des Patentschutzes, sondern eine Verkürzung der Patentlaufzeit und eine Verbesserung der Praktiken der Patentämter gefordert, weil dies positive Wohlfahrtseffekte und auch positive Effekte auf die Industriestruktur i.S. eines dynamisch ordoliberalen Strukturwandels hat.[8184] Vorbildfunktion könnte hier auch Japan (vor seinem 'pro-patent policies' in den neunziger Jahren[8185]) haben: Für Japan erwähnt Heath (1996), daß die strikte Überprüfung und enge Schutzbereiche von Patentansprüchen die Firmen zu einer schnellen

---

[8179] Breshahan 1985: 18; die Idee zur Erfindung der Kopiertechnologie hatte - naheliegenderweise - der Patentanwalt Chester Carlson, weil er immer soviele Dokumente reproduzieren mußte. Scherer/Ross 1990: 617. Mit dem o.g. Beispiel sollen Patente nicht grundlegend angezweifelt werden. So kommentiert Scherer (1980), daß Xerox sicher durch Patente seine Technologie schneller entwickelt hat. Scherer 1980: 448. Oben geht es um ein Beispiel für monopolistischen Mißbrauch von Patenten und wohlfahrtssteigernde Effekte von Technologietransfer.
[8180] Breshahan 1985: 16; aufgezählt werden 1959 bereits 300 Patente und Patentanträge. Scherer/Ross 1990: 618.
[8181] Bresnahan 1985: 16; die Höhe der Lizenzgebühr in Scherer/Ross 1990: 468. Aufgrunddessen, daß es nur ein 'consent decree' war, gibt es dazu kein Urteil. Eine der Beschuldigungen war, daß Xerox gegen Sec. 5 des FTC Act verstoßen hatte ('unfair methods of competition'), weil es nur in bezug auf langsame Kopierer mit beschichtetem Papier Lizenzen vergeben hatte und den Markt für schnelle Kopierer für sich reserviert hatte. Danach versuchen einige Kläger Kompensationszahlungen zu erzielen, scheiterten aber. OECD 1989: 94.
[8182] Siehe Abschnitt 'B'.
[8183] Bresnahan 1985: 18.
[8184] Scherer 1980: 442-455; Scherer/Ross 1990: 653, 660.
[8185] Die Effekte des neuen Systems auf die Innovationstätigkeit sind nicht durchgängig positiv. Motohashi 2004: 54.

Verwertung der Erfindungen gezwungen haben und die gegenseitige Lizensierungsbereitschaft der Firmen sehr viel größer als in anderen Ländern war. Daran wird sichtbar, daß es sehr wohl möglich ist, Patentsysteme unterschiedlich auszugestalten und es gelingen kann, Patentsysteme zu etablieren, die Wissensdiffusion und Wettbewerb fördern und insgesamt für die Volkswirtschaft vorteilhaft sind.[8186]

Die Forderung nach einer Abschaffung des Patentrechts und vollständiger Flexibilität folgt auch nicht aus der These von Chang (2002), der den Industrieländern mit ihren derzeitigen Politiken u.a. in der WTO vorwirft, den Entwicklungsländer die Leiter entwicklungspolitischer Flexibilität wegzunehmen, die sie selbst genossen hatten ('Kicking away the Ladder'). Obwohl das Patentrecht in Europa zum Zwecke des Technologietransfers erfunden wurde[8187] und im 19 Jhd. sicher nicht so gut durchsetzbar ist wie heute, besteht hier Zweifel an dem Versprechen an die Entwicklungsländer, das mit diesem Szenario einer Leiter aus Flexibilität impliziert ist. Allein Flexibilität kann die damalige Entwicklung Europas nicht erklären. Die Literatur zeigt, daß die vielzitierte Chemieindustrie der Schweiz, die von einer Patentausnahme in der Schweiz profitierte, in anderen Ländern vom Patentschutz Vorteile hatte.[8188] Damals (schon) hatte der Patentschutz in zweierlei Form Anreize für F&E gegeben, um ein Patent anmelden zu können und für den Wettbewerber, 'drumherum' zu erfinden.[8189] Der damals weniger strenge Patentschutz kann nicht direkt das hohe und zudem relativ gleichmäßig verteilte Wachstum Europas erklären. Die gleichmäßige Verteilung des Wachstums hing - neben der wichtige Rolle der Wissensdiffusion - auch damit zusammen, daß damals viele grundlegende technische Erfindungen noch nicht gemacht waren und dies zu einem - eigenständigen - Grund wurde, daß viele kleiner Länder Europas schnell aufholen konnten.[8190] Aus diesen Gründen, und der Überzeugung, daß langfristig gesehen, auch Firmen aus Entwicklungsländern Patentschutz zur Absicherung ihrer

---

[8186] Ebenso verfügte Japan über ein Verbot von bestimmten Lizensierungsklauseln, u.a. Rückgewährklauseln, Verbote Wettbewerberprodukte zu führen etc. Das Fazit oben hat andere Schwerpunkte, ist aber nicht gänzlich anders als in Heath 1996: 1178-1179. Das japanische System hat sich offenbar zu einem gewissen Grad, trotz 'pro patent policies' in den neunziger Jahren erhalten. Das Interesse der japanische Industrie, sich gegenseitig Lizenzen einzuräumen, ist nicht ganz versiegt, u.a. besteht ein Grund für Patentanmeldung in Japan, dadurch besseren Zugang zu Lizenzen zu bekommen. Motohashi 2004: 66; weitere Tendenzen in Nagaoka 2003: 7-10.
[8187] Das Patent wurde anfangs als Privileg verstanden den lokalen Markt mit einem bestimmten Produkt zu beliefern. Eines der ersten bekannten Patentgesetze, der venetianische Patent Akt (1474), enthielt die Klausel, daß ein Patent gelöscht wird, wenn es nicht lokal ausgeübt wird. Damals ging es darum Handwerker mit bestimmten Fähigkeiten anzulocken, die dann das Privileg zur Belieferung des lokalen Markts bekamen. Erwartet wurde aber, daß sie in dieser Zeit einen Gesellen ausbilden. Die Dauer der frühen englischen Patente war 14 Jahre, d.h. zweimal sieben Jahre, dies war der Zeitraum, in der die Ausbildung von Gesellen stattfand. England konnte damit erfolgreich Handwerker aus Europa anlocken. Champ/Attaran 2002: 370-371.
[8188] Es kann zwar Chang (2002) zugestimmt werden, daß der Patentschutz im 19 Jhd. in den Industrieländern weniger wirksam war. Chang 2002: 81-2, 83-85. Immerhin gab es schon damals eine Gegentendenz hin zu einem stärkeren Schutz: Die Schutzperiode betrug etwa 14 Jahre (England, ab 1850). Später wurde der Patentschutz verlängert, auf 16 Jahre (England, 1919). In Deutschland wurden seit 1891'Zusatzpatente' erlaubt, die Verbesserungen betrafen und genutzt worden konnten, um den Patentschutz zu verlängern. Haber 1958: 203. Daß den Niederlanden und der Schweiz ohne Patente eine Industrialisierung gelang, wobei aber die Schweizer Chemieindustrie von Patentschutz in anderen Ländern profitiert hat, arbeitet heraus Schiff 1971: 124-126.
[8189] Scherer 1980: 446. Bestes historisches Beispiel ist das Nylonpatent von Du Pont, wobei mit hunderten Patenten versucht wurde, das 'Drumherum'-Erfinden zu verhindern. Weil aber bezüglich einer Polyamidmolekülfamilie ein Lücke gelassen wurde, konnte IG Farben mit Perlon L ebenso Kunstfasern produzieren. Scherer/Ross 1990: 624. Hier besteht der Eindruck, daß der Patentschutz Anfang des 19 Jhd. wenigstens der Tendenz nach wichtiger wurde. Die Einschätzung dieses Zeitabschnitt wird sodann dadurch erschwert, daß es zunehmend internationale Kartelle gab, die nach dem Ersten Weltkrieg u.a. um Patente herum aufgebaut wurden. Neben den Patenten, wurden dabei die umfassenden sonstige, oft wettbewerbsbehindernden Verträge immer relevanter. Aufgrund diverser Ausnahmen vom Patentschutz in den Ländern haben die Firmen deshalb zwar nicht über einen solch intensiven Patentschutz verfügt wie heute. Dafür haben sie die Wettbewerber mit anderen, heute als unfair erkannten Mitteln abgeschrecken können, sodaß die Wohlfahrtseffekte schwer auseinanderzudividieren sind.
[8190] Dies zeigt überzeugend: Menzel 1988.

Position nutzen werden und für sie damit Innovationsanreize erhöht werden, wird hier eine Verkürzung der Patentlaufzeit und nicht eine vollständige Flexibilität gefordert. Warum ist eine Verkürzung der Patentlaufzeit dringend nötig?

26.10.2 Die empirischen Auswirkungen des TRIPS

"In a dynamic world, a certain amount of subjectivity - even crystal ball gazing - may be inevitable."[8191]

In der Literatur, u.a. in Weltbank (2002a) und Maskus (2002) herrscht Optimismus vor, daß das TRIPS Abkommen Wachstum und Wohlfahrt steigert.[8192] Dies unterscheidet sich signifikant von der vorsichtigen Reaktionen nach Abschluß der Uruguay Runde, etwa von Primo Braga (1995).[8193] Dieser Optimismus ist, aufgrund neuerer empirischer Studien, nicht ganz unbegründet. Dennoch ist die Unsicherheit über die Auswirkungen des TRIPS unverkennbar. Ähnlich unsicher sind Autoren in bezug auf die nationalen Auswirkungen der Ausdehnung des Patentschutzes auf die neuen Bereiche.[8194]

Interessanterweise wird von Maskus (2002) die Frage nach der optimalen globalen Wohlfahrt als unfair abgewiesen: "Is TRIPS a movement toward a global economic optimum? This is a difficult question - perhaps even an unfair one."[8195] Hier wird mit drei Beschreibungen möglicher negativer Wirkungen und Problemen von Patentschutz begonnen, zuerst einmal mit Fokus auf Pharma, dann auf die weltweiten Anreizstrukturen:

(1) Die vormals erfolgreiche italienische Generika Pharmaindustrie schafft es nicht sich nach der Einführung des Patentschutzes 1978 in eine F&E intensive Industrie zu verwandeln. Die Firmen wurden von multinationalen Firmen teils gekauft und die Importe von Arzneimitteln nahmen zu.[8196] Angesicht der Möglichkeiten der Industrieländer ein solches Ergebnis zu verhindern, stimmt dies nicht optimistisch in bezug auf die Chancen dieser Industrien in den Entwicklungsländern: U.a. die relativ

---

[8191] Zu den Kosten und Nutzen des TRIPS: Lall 2003: 32.
[8192] World Bank 2002a: 129; Maskus (2004) schließt: "Yet the main theme of the book is that such costs can be accompanied by even larger benefits, although with a time lag." Maskus 2002: 240. Die These, daß das TRIPS den Handel steigert, vertritt Maskus/Penubarti 1995. Ein frühes Beispiel für optimistische Literatur ist Sherwood (1990), der u.a. eine Interviewstudie in Brasilien durchführt, bei der Verluste durch mangelnden Patentschutz für Firmen thematisiert werden. Sherwood 1990: 104-119. Von Subramanian (1991) werden ambivalente Wirkungen, aber insgesamt positive Effekte für die globale Wohlfahrt behauptet. Subramanian 1991: 954.
[8193] In einer 'flagship publication' der Weltbank zu den Effekten der Uruguay Runde. Hier wird vor allem betont, daß die ungünstigen Effekte auf Entwicklungsländer nicht so hoch seien und es Übergangsfristen gäbe. Primo Braga 1995: 397-405.
[8194] Siehe die Beiträge einer OECD Konferenz: Johnson 2004: 202; Bessen/Hunt 2004:257-258.
[8195] Maskus 2002: 192. Wie zu erwarten, wird sodann ganz abgelehnt, daß das TRIPS bewertet werden kann: "No instrument like TRIPS can be expected to operate efficiently on all margins in creating and disseminating information and, indeed, no such set of policies could be designed or negotiated. Unlike the competitive ideal of free trade that drives trade liberalization, there is not clear benchmark against which to assess the efficiency of a global IPRs agreement". Maskus 2002: 192. "The question of whether TRIPS will achieve a global economic optimum cannot be answered because we cannot identify the optimum." Maskus 2002: 194. Gleichzeitig stellt Maskus (2002) aber sehr wohl die Frage: "Would there be adequate distribution of the fruits of this R&D across countries and regions". Dieser Frage wird letztendlich ausgewichen. Maskus 2002: 194.
[8196] Scherer 1998: 105.

große Pharmaindustrie in der Türkei wies sehr niedrige F&E Niveaus auf.[8197] Im Libanon planten Pharmafirmen keine F&E Investitionen.[8198] Indien hat ähnliche Probleme mit F&E Ausgaben, aber immerhin einige Erfolge vorzuweisen.[8199]

(2) Unumstritten ist, daß die Einführung von Patenten in Entwicklungsländern zu steigenden Medikamentenpreisen führen wird.[8200] In der aktuellen Debatte geht es um das Ausmaß der Preissteigerungen. Für Indien wird ein Preisanstieg von 26 % bei linearer Nachfrage und 242 % bei konstant-elastischer Nachfrage für den patentierbaren Teil des Marktes angenommen, insgesamt werden Wohlfahrtsverluste zwischen 3 % und 8 % berechnet.[8201] Bezweifelt werden damit frühere Autoren, die ggf. zu hohe negative Effekte angenommen haben, z.B. Preiserhöhungen von maximal 75 % und Wohlfahrtsverluste von 15 %.[8202] Eine Dämpfung der Preissteigerungen ist immerhin mit Preiskontrollen möglich.[8203] Weitere Studien zeigen, daß die Preise nach der Einführung des Patentschutze in einigen Ländern nicht angestiegen sind.[8204] Dies muß nicht viel heißen. In bezug auf die Türkei zeigt Kirim (1985), daß die indigene Pharmaindustrie in Entwicklungsländern dieselben Charakteristika aufweisen kann wie in den Industrieländern: Konzentration und hohe Preise.[8205] Indien erhofft sich dennoch einen insgesamt wohlfahrtserhöhenden 'trade off' durch den Patentschutz, weil gehofft wird, daß seine Firmen auf den Weltmarkt Erfolg haben können.[8206]

(3) Grossman/Helpman (1991) modellieren globale Effekte von Innovation auf Wachstums- und Integrationsprozesse von Ländern, die dem internationalen Handel ausgesetzt sind. Entwickelt werden dabei Modelle, die davon ausgehen, daß es keine perfekte Diffusion von Wissen gibt und in denen andere Umstände (etwa ein größerer Markt, der Innovationen fördert und unterschiedliche nationale Fähigkeiten zur Innovation) auftreten. Aus diesem Modellen folgen erhebliche Nachteile für kleine Länder oder solche mit geringen Innovationsfähigkeiten. Patentschutz wird in diesem Modellen nicht direkt thematisiert. Dieser ist aber eine Möglichkeit, Wissensverbreitung zu verhindern bzw. die kommerzielle Nutzung von Wissen zu verhindern und er kann dazu beitragen eine überlegene Fähigkeit zu Innovation aufrechtzuerhalten. Insofern sind diese Modelle für die Patentschutzdebatte

---

[8197] Kirim 1985: 231.
[8198] Maskus 2002: 165.
[8199] Der indischen Firma Ranbaxy gelingt es um Eli Lillys 'Cefaclor' Prozesspatent 'drumherum' zu erfinden: "56 processes were under patent (with Lilly) and we found the 57th". Mit diesem Prozesspatent hätte Eli Lilly die Patentlaufzeit dieses Medikaments noch länger genießen können. Indische Pharmafirmen investieren u.a. in Europa. Weitere Beispiele für indische Anstrengungen und Investitionen von internationalen Firmen in Indien, die auch F&E durchführen wollen, in Lanjouw 1997: 28.
[8200] Maskus 2002: 163-164.
[8201] Maskus 2002: 164; siehe auch Lanjouw 1997: 16.
[8202] Eine Übersicht über die frühen Studien in: Watal/Mathai 1996: 17-21; über aktuellere Studien in Maskus 2002: 165. Bezweifelt wird dort etwa die Studie von Nogués (1993), der Wohlfahrtsverluste von insgesamt US$ 10 Mrd. für Argentinien, Brasilien, Indien, Mexiko, Korea und Taiwan berechnet Nogués 1993: 39.
[8203] Lanjouw 1997: 12-13.
[8204] Maskus 2002: 165.
[8205] Kirim 1985: 222-225. Auch ohne Patentschutz gab es Investitionen internationaler Firmen. Parallel dazu sind lokale Firmen entstanden, welche die Medikamente kopiert haben. Kirim 1985: 231.
[8206] Dieser besteht aus: Mehr Zugang zu Generikamärkten in den USA und Europa, mehr F&E in Indien durch internationale Firmen, mehr F&E Anstrengungen eigener Firmen und die Hoffnung, daß Patente die Kosten nicht extrem erhöhen, beschreibt Lanjouw 1997. Dieser 'trade off' ist etwas für die größeren Firmen in Indien, ähnlich: Gehl Sampath 2005.

relevant. Die Modelle zeigen folgende Wirkungsketten auf: Wenn ein großes Land den Handel mit innovativen Gütern dominiert, dann kann ein kleineres Land durch Handel dazu gebracht werden, seine sowieso schon niedrigen F&E Ausgaben abzuschwächen und seine F&E Ausgaben weg vom verarbeitenden Sektor zu orientieren. Handel kann die Wirkung haben, daß die Profitabilität von F&E verringert wird und dazu führen, daß Unternehmer weniger in F&E investieren. Oder ein Land mit einem Überschuß an unqualifizierter Arbeit spezialisiert sich auf traditionelle verarbeitende Produkte und weist dadurch weniger schnell steigendes Wachstum auf. Dies wird von Grossman/Helpman (1991) als Marktversagen bezeichnet.[8207]

In Abschnitt 'F' wurde gezeigt, daß sich zwar einige wichtige Technologien weltweit verbreitet haben, aber Technologiediffusion auf weltweiter Ebene keineswegs perfekt ist, sodaß diese Modellannahmen nicht unplausibel scheinen. Wie die empirische Bedeutung von Grossman/Helpman (1991) auch immer einzuschätzen ist[8208], eines ist klar: Länder mit einer nachteiligen Ausgangsposition in bezug auf F&E - und diesen Nachteil haben alle Schwellenländer - (abgesehen von Korea und Taiwan), haben es aufgrund dieser ungünstig gelagerten Anreizen schwer, gegenüber den Industrieländern und den überlegenen F&E Ausgaben internationaler Firmen aufzuholen, selbst wenn sie in F&E und bessere Ausbildung etc. investieren.[8209]

Daß ein nachteiliger Effekt von Patenten für die Wissensdiffusion vorliegen kann, muß auch Maskus (2002) eingestehen:

"IPRs have an important effect on the costs of transferring technology. At one extreme, strong IPRs eliminate the ability to copy products slavishly (or otherwise to develop functional equivalents) and significantly raise the costs of imitation through reverse engineering or inventing around patents. Thus, IPRs raise the costs of competing through uncompensated and unauthorized learning, thereby

---

[8207] "There are several cases in which trade may dampen the incentives for research in one of a pair of trading economies. First, when knowledge spillovers are national in reach and countries differ in size, a small country may find its share of world market declining over time. Then firms in this country will face increasingly intense competition from abroad, which reduces the profitability of investments in knowledge. Second, international competition with a technologically advanced country can bring about a slowing of innovation and growth in a country that begins with a disadvantage in research productivity. This outcome requires also that technological spillovers be geographically concentrated and arises when a relatively stagnant manufacturing sector absorbs resources displaced from high technology. Third, a country that is well endowed with unskilled labor may be led by trade to specialize in traditional manufacturing, in which case the overall growth rate of manufactured output may fall even as the pace of technological progress in high technology rises." Grossman/Helpman 1991: 246-257.
[8208] Die ansonsten das optimistisches Fazit ziehen, daß auf Innovation beruhendes Wachstums tragfägig ist. Grossman/Helpman 1991: 17.
[8209] Siehe die sektoralen Überblicke und den Punkt China in: Abschnitt 'D'. Von Deardorff (1992) wird ein Modell konstruiert, bei dem Ausdehnung von Patentschutz aus anderen Gründen zu weltweit negativen Wohlfahrtseffekten führen kann: Wenn ein Teil der Welt alle Innovationen produziert und Monopolrenten (bzw. Vorsprungsgewinne) erzielt, die Innovationen fördern, dann kommt es im Prozess der Ausdehnung der Immaterialgüterrechte zu einem Punkt, in dem schon in einem Großteil der Märkte Patentschutz und Monopolrenten bestehen. Eine zusätzliche Ausdehnung erzeugt dann nicht mehr soviele Innovationen, wie Monopolrenten bei bereits patentierten Produkten zu Wohlfahrtsverlusten bei Konsumenten führen. In der damaligen liberalen Diskussionsatmosphäre ein gewagtes Statement: "I am sure that many objections to this model can and will be raised as discussion proceeds. It may well be that patent protection to a larger part of the world is in fact in the interest of the world as a whole, and perhaps even in the interests of some of the developing countries who may resist such a change. All I have tried to establish is the intellectual legitimacy of the position the worldwide patent protection may not be desirable. I am inclined to believe, on the basis of this model and other considerations discussed in Deardorff (1990), that at least the poorest developing countries should be exempted from the new agreement that is made to extend patent protection under the GATT." Deardorff 1992: 48-49.

limiting information spillovers through those channels. At the other extreme, IPRs tend to reduce the costs of *authorized* technology transfers."[8210]

Es geht hier nicht darum den Autor durch diese Formulierungen zu diskreditieren, dies ist simplerweise die Passage, in der negative Effekte am prägnantesten formuliert werden. Was bleibt ist, daß die negativen Wohlfahrtseffekte nur selektiv thematisiert werden und auch in diesem Zitat umgehend wieder die positiven Effekte des TRIPS Abkommens betont werden:

Die positiven Wirkungen des TRIPS, die von Maskus (2002) betont werden, sind erstens steigender Informations- und Technologietransfer durch Handel, Direktinvestitionen und Lizensierung. Zweitens positive Wachstumseffekte dadurch vor allem für weniger protektionistische, offene Länder. Drittens seien auch positive Wirkungen für das frühe Stadium wirtschaftlicher Entwicklung sichtbar, dies wird aus Studien über die Eintragung von Handelsmarken in China geschlossen.[8211] Letztendlich läuft viel auf den ersten Punkt hinaus: Schon Anfang der neunziger Jahre, während des Verhandlungen zum TRIPS Abkommen, haben die Befürworter dieses Abkommens, hier Rapp/Rozek (1990), bereits prognostiziert:

"The benefits are in the form of investment and technology flowing to the country that protects intellectual property, access by local firms to this technology and, ultimately, economic growth of the country as a whole."[8212]

In aktuellen empirischen Untersuchungen von Lizenzgebührzahlungen, u.a. von Brandstetter et al. (2003) wird ebenso gezeigt, daß die Stärkung des Patentschutzes durch das TRIPS einen positiven Effekt auf den Technologietransfer innerhalb der Firmennetze internationaler Firmen hat. Weniger stark ausgeprägt ist dieser Trend bezüglich Lizenzen an nicht verbundene Firmen, auch hier liegt immerhin ein positiver Trend vor.[8213] Speziell für High-Tech Industrien wird dies mittelbar - und differenziert - bestätigt durch die Studie von Mansfield (1995), der in mangelndem Schutz geistigen Eigentums einen Hinderungsgrund für Technologietransfer ausmacht.[8214]

[8210] Maskus 2002: 138.
[8211] Maskus 2002: 10-12.
[8212] Rapp/Rozak 1990: 101. Daß TRIPS negative Effekte haben kann, wird geleugnet. Es sei zudem die Regel, daß 'leapfrogging' vorkomme. U.a. wird formuliert: "The basic fallacy is that patents necessarily convey market power." Rapp/Rozak 1990: 101.
[8213] Brandstetter et al. 2003: 13-14; Park/Lippoldt 2004: 17; siehe auch Maskus 2002: 139; skeptisch zu diesem Trend, weil vor allem in bezug auf Investitionen dieser positive Effekt erkennbar ist: Barton 2004: 326. Im Umkehrschluß wird die obige These bestätigt durch Maskus (2002), der eine Firmenbefragung präsentiert, daß die Firmen aufgrund mangelndem Patentschutz bestimmte Technologien nicht in Entwicklungsländer transferieren. Maskus 2002: 128. Von Vickery (1988) wird gezeigt, daß 60 % der Firmen in seiner Untersuchungen die Lizenzengewährung ausweiten. Hier erfolgt keine Unterscheidung zwischen Investitionen und 'arms length'. Vickery 1988: 11. In Ferrantino (1993) werden positive Effekte auf den Handel zwischen internationalen Firmen und Anreizeffekte für Direktinvestitionen durch Patentschutz gefunden, interessanterweise aber kein Zusammenhang zwischen offenen Volkswirtschaften und strengerem Schutz geistigen Eigentums. Ferrantino 1993: 327.
[8214] In dieser Studie wird präzise zwischen Ländern und Industrien differenziert. Der o.g. Effekt ist nicht bei allen Industrien ausprägt, z.B. weniger stark bei Transportausrüstung, Metallbereich und Nahrungsmitteln. Letztendlich wird aber bestätigt, daß schwacher Schutz geistigen Eigentums für die Entscheidung Technologie zu transferieren, speziell High-Tech, eine Rolle spielt. Mansfield 1995: 23. Siehe auch Mansfield 1994.

Daß diese positiven Wirkungen tatsächlich vorliegen, wird plausibler dadurch, weil angenommen werden kann, daß sich, neben dem TRIPS, die Effekte der umfangreichen Globalisierungstendenz der Auslandinvestitionen in den Daten widerspiegeln, siehe Abschnitt 'D'. Diese Investitionen haben derzeit positive Wirkungen auf die Industrialisierung nicht aller, aber bestimmter Entwicklungsländer und die Untersuchungsergebnisse eines verbesserten Technologietransfers sind dementsprechend ebenso positiv zu bewerten.[8215] Weiterhin war nicht zu erwarten, daß das TRIPS einen Boom bei der Lizensierung an unverbundene Parteien auslöst. Auch hier ist aber positiv bewertbar, daß die Lizensierung immerhin nicht rückläufig ist. Aus japanischer Perspektive weist Motohashi (2004) darauf hin, daß seit Mitte der 1990ziger Jahre die Lizenzgebühren gestiegen sind, aber auch darauf, daß die Lizenzverhandlungen ohne Probleme ablaufen.[8216] Dies sind, soweit ersichtlich, die einzigen Hinweise auf gestiegene Lizenzgebühren, die zudem nicht zu Problemen führen. Einschränkend sei darauf verwiesen, siehe Abschnitt 'D', Exkurs China, daß diese positiven Effekte verbesserten Technologietransfer weiterhin realistisch eingeschätzt werden sollten, weil Firmen selbst bei steigendem Patentschutz nicht sämtliche Technologien in die Schwellen- oder Entwicklungsländer transferieren, sondern bei Schlüsseltechnologien weiter vorsichtig vorgehen.[8217]

Darüberhinaus wurde die Debatte durch den Vergleich der Verluste durch das TRIPS mit den Liberalisierungs- bzw. Wohlfahrtsgewinnen, die der Uruguay-Runde zugeschrieben wurden, bereichert, u.a. von Finger (2002), der dies in die WTO Expertendiskussion einbrachte.[8218] Seither ist es bei einigen Autoren Konsens, daß durch das TRIPS Vorteile für Entwicklungsländer durch die Uruguay-Runde aufgehoben bzw. rückgängig gemacht wurden.[8219] Diese Studien zeigen darüberhinaus, daß es innerhalb der Industrieländern zu einer signifikanten Umverteilung gekommen ist.[8220] In einer Untersuchung profitieren die USA, Deutschland, Frankreich, Italien, Schweden, Schweiz und Panama, alle anderen Ländern weisen negative Transfers auf, dies aber teils weniger dramatisch.[8221] Diesen Untersuchungen liegen u.a. Daten über Lizenzzahlungen zugrunde.[8222] Es lohnt sich somit, diesen Punkt zu vertiefen:

[8215] Genauso geht Maskus (2002) vor, er reproduziert Tabellen über die Höhe und Zunahmen von Direktinvestitionen, als Profiteure werden Mexiko, Brasilien und China erwähnt. Korea wird als eigenständiger Investor erwähnt. Maskus 2002: 81-83.
[8216] Kaum Probleme gibt es in der Elektronik-Industrie, 79 % problemlose Verhandlungen, mehr Probleme u.a. aufgrund zu hoher Preise, hat die Pharmaindustrie, 68 %, problemlose Verhandlungen. Deutlich mehr Probleme haben kleinere und mittlere Firmen. Motohashi 2004: 66-67; besonders in der Pharmaindustrie steigen post-TRIPS Lizenzgebühren in Japan an: Nagaoka 2003: 7-10. Das Thema ansteigender Lizenzgebühren wird, soweit ersichtlich, in den sonstigen, vorliegenden Publikationen nicht erwähnt.
[8217] Die in Abschnitt 'D' thematisierte Studie von Bennett et al. (2000) wird tatsächlich in der Literatur zur Kenntnis genommen, im Kontext des Diskussion der Auswirkungen des Patentschutzes auf Technologietransfer in die Entwicklungsländer, von Barton 2004: 323.
[8218] Die Zahl von US$ 60 Mrd., die im Artikel genannt wird, ist aber schon dort schwer nachvollziehbar. Siehe Finger 2002: 12. U.a. von Howse/Nicolaidis (2003) wird es akzeptiert, daß TRIP immer zu Gewinnern und Verlierer führt. Howse/Nicolaidis 2003: 315.
[8219] "The TRIPS agreement is highly relevant in this connection, being a major example of a set of disciplines that are skewed in the interests of a subset of members." Hoekman 2005a: 403.
[8220] World Bank 2002a: 133; Maskus 2002: 184-186.
[8221] Siehe: **Tabelle 295**.
[8222] World Bank 2002a: 133.

Welche weiteren Informationen liegen über Lizenzzahlungen vor? Darüber gibt es nur wenige Studien. Von Vickery (1988) werden sektorale Schwerpunkte in bezug auf die Industrien präsentiert: 24,6 % der Lizenzen werden von der Chemieindustrie vergeben, Maschinenbau folgt mit 10,9 % und Pharma mit 10,4 % sowie die Elektronik- und Kommunikationsausrüstung mit 7,7 %.[8223] Park/Lippoldt (2004) zeigen, daß mehr als 50 % der Lizenzzahlungen Copyright-Gebühren auf Filme und Software sind.[8224] Schatz (2004) enthält die Information, daß Firmen 13 % der Patentportfolios lizensieren und 87 % zur Sicherung der Marktposition verwenden.[8225]

Die grenzüberschreitende Lizensierung von Technologie weist ansteigende Zahlungen auf. Für 1998 werden US$ 50 Mrd. für die Industrie- und US$ 15 Mrd. für die Entwicklungsländer genannt.[8226] Unter den hohe Lizenzgebührzahlern sind Ländern, bei denen dies mit der Präsenz von internationalen Unternehmen zusammenhängt: Hongkong, Irland und Singapur. Ebenso gibt es 'arm's length' Transaktionen. Die UNIDO stellt fest, daß statistisch gesehen der Zusammenhang Direktinvestitionen und Lizenzgebühren nicht hoch ist (0.43).[8227]

Unter den Top 10 Lizenzgebührzahlern der Entwicklungsländer (1998) haben sich Malaysia, Korea sowie Hongkong und Singapur etabliert, die sonstigen Entwicklungsländer folgen weit dahinter. In absoluten Zahlen liegen Korea und Malaysia bei US$ 2,3 Mrd., Singapur folgt mit US$ 1,7 Mrd. sowie Hongkong mit US$ 1,2 Mrd., sodann folgen Brasilien und Indonesien auf den Niveau von Italien (ca. US$ 1 Mrd.), Thailand folgt mit US$ 804 Mill., Mexiko liegt bei US$ 502 Mill., Argentinien bei US$ 422 Mill., Ägypten bei US$ 392 Mill., China bei US$ 420 Mill. und Indien bei US$ 200 Mill.[8228] Die Daten in bezug auf Lizenzgebühren für die sonstigen Entwicklungsländer (ohne Korea, Hongkong und Singapur) besagen, daß es um US$ 2,3 Mrd. jährlich geht (1998).[8229] Zum Vergleich: Allein Korea zahlt US$ 2,3 Mrd..

Folgende konkrete Fragen sollen kurz diskutiert werden, um die Wirkungen der Lizenzgebührzahlung besser einschätzen zu können: (1) Mindern hohe Lizenzzahlungen die Wohlfahrt von Korea? (2) Welche Auswirkungen haben Lizenzzahlungen und das TRIPS auf die sonstigen Entwicklungsländer?

[8223] Es folgen weiterhin: Nahrungsmittel 6,0 %, Eisen- und Stahl 6,0 %, Transport 5,5 %, sonstige verarbeitenden Industrie 4,9 %. Sonstige: 24,0 %. Vickery 1988: 11.
[8224] Davon sind 30,2 % 'performances pre-recorded', 20,4 % 'general use software' und 31,9 % 'industrial processes'. Den Rest machen Bücher, Franchising- und Handelsmarkeneinnahmen aus. Diese Prozentzahlen für Lizenzgebühren, die aus dem Ausland erfolgen, gelten für die USA, andere Länder haben sicherlich ein anderes Profil. Park/Lippoldt 2004: 28.
[8225] Ohne Quellenangabe. Schatz 2004: 164.
[8226] UNIDO Industrial Development Report 2002/2003: 38. **Tabelle 296**. In Schatz (2004) wird für 2001 US$ 120 Mrd. für weltweite Lizenzzahlungen angegeben. Schatz 2004: 164.
[8227] UNIDO Industrial Development Report 2002/2003: 38. **Tabelle 296**.
[8228] UNIDO Industrial Development Report 2002/2003: 173.
[8229] Dies sind die obigen Werte für Brasilien, Indonesien, Thailand, Mexiko, Argentinien, Ägypten, China und Indien zusammengerechnet. Siehe UNIDO Industrial Development Report 2002/2003: 173. Korea wird hier herausgelassen, weil unklar ist, ob hier überhaupt ein Verlust durch die Lizenzzahlungen zu befürchten ist. Siehe Abschnitt 'F' und 'G'.

(1) Durch die eigenen Forschungsergebnisse läßt sich die erste Frage leichter beantworten. In Abschnitt 'F' und 'G' wurde die Rolle von Lizenzen für die koreanische Industrialisierung dokumentiert. Dieses Land nutzt seit langer Zeit Lizenzen, damit die, oftmals genuin koreanischen Firmen, fortschrittliche Technologiekomponenten aus den Industrieländern nutzen konnten. Dadurch war es ihnen möglich, auf dem neuesten Stand der Technik zu produzieren, wie im Bereich Automobile, Unterhaltungselektronik, Computer- und Halbleiterproduktion und auch bei Schiffsmotoren. Korea ist ein Land mit ausgebildeten technologischen Fähigkeiten, das über neueste Technologien verfügt und in der Lage ist, Lizenzen produktiv einzusetzen. Somit muß für dieses Land nicht notwendig angenommen werden, daß die Wohlfahrt durch das TRIPS erniedrigt wird, ggf. treffen sogar alle positiven Wirkungen, die dem TRIPS zugesprochen werden auf Korea zu: Einfacher zu erhaltende Lizenzen aufgrund intensiverem Patentschutz, höhere Qualität der dabei transferierten Technologie, höhere Qualität der transferierten Technologie in die Direktinvestition und eine Expansion des Handels. Auch einige weitere Länder können sicher positive Faktoren des Patentschutzes genießen, etwa High-Tech Standorte, die sich trotz teils nur mittlerer technologischer Fähigkeiten fest etabliert haben, wie Malaysia.

Korea muß allerdings aufpassen, daß es sich an den globalen Absprachen der Industrie beteiligen kann.[8230] Angesichts der großen Zahl der Patente ist die Wirtschaft nämlich interessanterweise dazu übergegangen, selbst eine Situation von Wissensdiffusion und kostengünstiger Lizensierung herzustellen - indem sog. 'patent pools' für viele Firmen organisiert werden, die eine Verringerung der Transaktionskosten und einen vereinfachten Zugang zur Technologie ermöglichen.[8231] Oder die Industrie reduziert Risiko durch 'cooperative standard setting'.[8232] Die Wettbewerbspolitik muß - nicht immer gelingt dies überzeugend - darauf aufpassen, daß dies und u.a. 'cross licensing' nicht zu Kartellen führt und Außenseiter nicht vollständig ignoriert werden.[8233] Ein Problem mag sein, daß Entwicklungsländer in diese Arrangements oft nicht eingebunden werden.[8234] In Abschnitt 'G' wurde gezeigt, daß in Taiwan der Staat dafür sorgt, daß kleinere Unternehmen an diesen Koordinationsformen partizipieren können. Bevor zum nächsten Punkt übergegangen wird, kurz der Hinweis darauf, daß diese Reaktionen der Industrie die Argumentation in bezug auf Wohlfahrtsgewinne durch Wissensdiffusion für möglichst viele Firmen bestätigt. Denkbar bleibt auch diesbezüglich, daß kürzere Patentlaufzeiten zu einer Entspannung der Situation beitragen können.

(2) Die Summe von US$ 2,3 Mrd. Lizenzgebüren für sonstige Entwicklungsländer ist schwer zu interpretieren. Wenn man davon ausgeht, daß eine technologische Aufwärtsentwicklung und Weltmarkterfolge die Nutzung lizensierter, fortschrittlicher Technologie für gewisse Vorprodukte

---

[8230] Siehe Abschnitt 'D'.
[8231] Shapiro 2001: 17-21.
[8232] Shapiro 2001: 22-24.
[8233] Shapiro 2001: 12, 14-17.
[8234] So finden 97,7 % der strategischen Allianzen zwischen Firmen aus den Industrieländern statt. Diese Zahl gilt für eine Reihe solcher Kooperationsformen: Gemeinsame F&E Projekte, Joint Ventures und Minderheitenbeteiligungen. Yoshino/Rangan 1995: 17-22. Dies gibt immerhin einen Eindruck von Tendenzen, die ggf. auch für 'patent pools' etc. gelten könnten.

bzw. Inputgüter erforderlich machen, könnte man sogar schließen, daß diese Summe besorgniserregend niedrig liegt. Dies kann u.a. mit der Theorie technologischer Fähigkeiten erklärt werden. Von Maskus (2002) wird diese Theorie zwar nicht erwähnt[8235], aber im Einklang mit deren Prognosen festgestellt, daß sich erst in Ländern über einem Pro-Kopf-Einkommen US$ 7,750 (in 1985 internationalem Dollar) ein Patentschutz lohnt.[8236] Die Theorie technologischer Fähigkeiten würde diesen Schwellenwert so erklären, daß erst ab einem bestimmten Niveau wirtschaftlicher Entwicklung mittlere technologischer Fähigkeiten vorhanden sind, die es ermöglichen Technologie und u.a. Lizenzen bewußt und zum eigenen Vorteil einzusetzen, siehe Lall (2003) sowie Abschnitt 'F'.[8237] Korea hat dieses Niveau erreicht und wird prompt z.B. bei Halbleitern in Patentklagen in den USA verwickelt.[8238] Andere Länder erreichen dieses Niveau aus diversen Gründen nicht oder es sind nur wenige Firmen, die auf diesem Niveau agieren können. Hierbei spielen viele Faktoren eine Rolle, zum Beispiel hat Brasilien seit Jahren eine F&E Schwäche, denn es wurde wenig F&E von den Investoren nach Brasilien gebracht und die heimischen Firmen konzentrieren sich auf Sektoren mit standardisierter Technologie. Wie dem auch sei, die Industrie Brasiliens hat sich weiterentwickelt und die relativ hohe Summe der Lizenzzahlung bleibt deshalb insofern nicht rätselhaft, z.B. weil der Flugzeugbau und der Automobilbereich etwas damit zu tun haben könnten. Indiens Prozess der Industrialisierung auf Weltmarktniveau hat erst vor 15 Jahren begonnen. Lizenzen wurden immer schon benutzt, aber versucht damit auf sparsame Art und Weise an Technologie zu gelangen. Indien sollte in Zukunft vermehrt auf Lizenzen etc. zurückgreifen, um moderne Produkte zu bauen. China bezahlt im Vergleich zu Indien mehr als doppelt so hohe Lizenzgebühren. Dies verwundert nicht, weil einige chinesische Firmen High-Tech Fähigkeiten erarbeitet haben und eine große Menge relativ technologieintensiver Direktinvestitionen erfolgt ist. Besser als in den moderaten Lizenzzahlen spiegeln sich die verbesserten Fähigkeiten in den angestiegenen Zahlen lokaler Patentanmeldungen wieder. Deutlich wird daran, daß es sinnvoll ist, TRIPS Auswirkungen u.a. auf Länderebene zu diskutieren[8239], denn positive Effekte auf lokale Firmen sind vor allem in Ländern zu erwarten, in denen ausländisch investierte Unternehmen vermehrt höherwertige Technologie Zulieferern zur Verfügung stellen.[8240] Somit wird hier nicht in Frage gestellt, daß - einige - Entwicklungsländer, trotz TRIPS, noch heute Aufstiegschancen haben.[8241]

Geht es um - alle - Entwicklungsländer, muß die Analyse aber die beiden Extreme beachten: Viele Technologien sind frei verfügbar und Firmen in diversen Ländern haben dadurch Chancen in bestimmten Industriebereichen zu produzieren und ihre Fähigkeiten zu verbessern. Viele neuere

---

[8235] Sanjaya Lall wird dort nicht rezipiert. Maskus 2002: 10.
[8236] Maskus 2000: 144. Diese These wird in der Literatur derzeit akzeptiert: Siehe auch Barton 2004: 322.
[8237] Lall 2003: 21-22.
[8238] Barton 2004: 328.
[8239] In diesem Sinne auch Barton 2004: 323. China hat zum Beispiel den Vorteil, über ein modernes Computersystem zu verfügen, das mit Hilfe des Deutschen Patentamts aufgebaut wurde. Ebenso ist die Ausbildung der Mitarbeiter gut. Für andere Länder in Asien wird eine solche Kooperation seit 1993 begonnen. Heath 1996: 1183.
[8240] "Stronger IPRs can usher in more certain contracts that raise the quality of technology aquired and permit tighter partnerships between foreign and domestic firms." Maskus 2002: 240.
[8241] Auch in Heath (1996), der dieses Argument verwendet, sind es nur einige Länder: Heath 1996: 1173-1174.

Technologien sind dagegen patentgeschützt: Und zwar nicht nur im Apparate- und Instrumentebau, Halbleiter, Unterhaltungselektronik, Telekommunikations- und Chemiebereich etc., sondern auch bei Automobilen, Möbeln, Textilien und der Herstellung von Papier.[8242] Dies kann dazu führen, daß nicht nur patentverletzende Exporte (diese Option gab es immer schon[8243]) verumöglicht werden[8244], sondern auch das lokale Lernen und Ausprobieren dieser Technologien für den lokalen Markt erschwert und der Aufstieg zu ausgebildeten technologischen Fähigkeiten verlangsamt wird.[8245] Ein intensivierter Patentschutz kann dazu führen, daß viele Firmen in Entwicklungsländern nur anhand frei verfügbarer Technologien vorgehen und dann, wenn sie darüberhinausgehen wollen, möglicherweise erfolglos F&E betreiben. In Abschnitt 'D', Exkurs China, wurde als Beispiel genannt, daß Firmen scheitern, die alleine Dieselmotoren entwickeln wollten und schließlich zur Kooperation mit internationalen Firmen übergehen, weil diese überlegene F&E Möglichkeiten haben.[8246] Dies steht im Einklang mit den Modellerwartungen von Grossman/Helpman (1991) von möglichen negativen Wirkungen einer F&E Überlegenheit der Industrieländern auf die F&E Investitionsbereitschaft in Entwicklungsländern.[8247]

Wie könnte das TRIPS auf die Automobilindustrie in Asien wirken, die für die Wohlfahrtssteigerung wichtig ist?

In Asien haben China, Malaysia und, mit viel Glück, Indien die Möglichkeit erfolgreiche nationale Automobilfirmen zu etablieren. Die Industrie in Taiwan wird als chancenlos bewertet, könnte aber, genauso wie Firmen aus Indonesien und die Philippinen einmal als Zulieferer integriert werden. Sicher spielt das TRIPS in diesem Wettbewerbsprozess nicht die Hauptrolle. Bei Dieselmotoren reichen allein die hohen Entwicklungskosten als Abschreckung aus. Und bei lokalen Zulieferern anderer

---

[8242] Siehe weniger aussagekräftig: **Tabelle 291**; dagegen informativer: **Tabelle 292**.
[8243] Z.B. Sec. 337 des U.S. Tariff Act of 1930. Trotz GATT Klage liegt hier immer noch keine Regelkonformität vor, weil die heimische Industrie immer noch bevorteilt wird, wenn es darum geht Importe von Güter zu stoppen, bei denen mutmaßlich eine Patentverletzung vorliegt. Martenczuk 1998: 145. Beachtet man dies, daß wird deutlich, worum es bei der Ausdehnung des Patentschutzes auf Entwicklungsländer u.a. geht: Um die Absicherung der Marktpositionen von Direktinvestitionen, um zu verhindern, daß lokale Wettbewerber (die durch diese Gesetze in den Industrieländern garnicht exportieren können) bestimmte Produkte nachmachen und Teile des Marktes für sich reklamieren. Der Effekt bleibt ambivalent, denn damit werden natürlich auch Direktinvestitionen angezogen.
[8244] So sind 12 von 21 aktuellen U.S. Patentklagen gegen Schwellenländer gerichtet, gegen Batterien aus China, Werkzeugsets aus Taiwan und Halbleiter aus Korea. Barton 2004: 328.
[8245] Barton 2004: 327.
[8246] Dieses Beispiel der Firma Yuchai wurde recherchiert von Nolan 2001: 551-585. Die eigenständigen Automobilfirmen Chinas u.a. Dongfeng sind nicht in der Lage eine eigenständige Motorproduktion im Dieselmotorbereich aufzubauen, sondern müssen Joint Ventures mit ausländischen Firmen eingehen, hier Cummins. Nolan 2001: 553. Siehe in Abschnitt 'D' auch die Sektorbeschreibungen. Dort werden die überlegenen F&E Ausgaben der Firmen aus Industrieländern dokumentiert, darunter der größten Automobilfirmen mit teils mehr als US$ 3 Mrd. jährlich. Siehe: **Tabelle 81**.
[8247] "There are several cases in which trade may dampen the incentives for research in one of a pair of trading economies. First, when knowledge spillovers are national in reach and countries differ in size, a small country may find its share of world market declining over time. Then firms in this country will face increasingly intense competition from abroad, which reduces the profitability of investments in knowledge. Second, international competition with a technologically advanced country can bring about a slowing of innovation and growth in a country that begins with a disadvantage in research productivity. This outcome requires also that technological spillovers be geographically concentrated and arises when a relatively stagnant manufacturing sector absorbs resources displaced from high technology. Third, a country that is well endowed with unskilled labor may be led by trade to specialize in traditional manufacturing, in which case the overall growth rate of manufactured output may fall even as the pace of technological progress in high technology rises." Grossman/Helpman 1991: 246-257.

Inputgüter reichen oftmals Investitionen in Maschinen und Ingenieure aus, um Erfolg zu haben und Qualitätsanforderungen für standardisierte Produkte erreichen zu können. Letztendlich spricht aber viel dafür, daß das Patentrecht bewirkt, daß deren Lernmöglichkeiten Limits bekommen und Investitionen in F&E bei Automobilzulieferern auf einem geringerem Niveau stattfindet, als dies bei kürzerem Patentschutzlaufzeiten denkbar wäre. Ebenso wird der Aufbau nationaler Automobilfirmen erschwert. Wer das nicht glaubt, hier einige Beispiele für den Automobilbereich aus der Patentrecherche (U.S. Patente): 273 Patente für Rückspiegel, 138 für Fenster oder Windabweiser, 118 für Tankdeckel; Patente für zweisitzige Freizeitautos, 37 Patente für Hinterachsen, darunter eines von Personen, die hier in St. Augustin und Umgebung wohnen sowie 29.348 Patente auf Bremsen und 94.701 Patente auf Motoren.[8248]

In Abschnitt 'F' wurde gezeigt, daß zwar die Technologieverbreitung bekannter Technologien in Entwicklungsländern teilweise funktioniert, aber viele Firmen in den Entwicklungsländern noch heute weit davon entfernt sind, wie in den Industrieländern, als anpassungsfähige Firmen mit ausgebildeten technologischen Fähigkeiten agieren zu können. Angesichts der wichtigen, aber weiterhin begrenzten Bedeutung der Direktinvestitionen relativ zum BSP gesehen (China 18,4 %, Mexiko 25,6, Entwicklungsländer insgesamt 14,3 % Anteil am BSP[8249]), und einer deshalb (und durch das Zurückhalten von Schlüsseltechnologien) begrenzten Rolle der positiven TRIPS Wirkung hinsichtlich Technologietransfer, müssen weiterhin die eigenständigen, lokalen Firmen Chance und Anreize behalten ihre Produktivität zu verbessern und Innovationen anzustreben, damit es zu Wohlfahrtgewinnen und Wachstum kommt. Indien hat beispielsweise mittlere technologische Fähigkeiten entwickelt, wobei historisch-faktisch Technologiediffusion durch weniger starken Patentschutz eine positive Rolle gespielt hat. Umso schwieriger ist es, den Automobilbereich und die Kapitalgütersektoren u.a. im Maschinen- und Anlagenbau unter den Bedingungen intensiveren Patentschutzes zu restrukturieren, weil dadurch bestimmte Wachstumsoptionen weniger viabel erscheinen.[8250]

Lall (2003) faßt zusammen, daß Länder mit mittleren technologischen Fähigkeiten unter einer Zunahme des Patentschutzes einerseits profitieren, andererseits aber darunter leiden. Länder mit ausgebildeten technologischen Fähigkeiten würden dagegen großteils profitieren.[8251] Zählt man einmal durch, wieviele Länder (und wieviele Firmen in wenigstens teilweise erfolgreichen Ländern)

[8248] Class No. 362/494: Rear view mirror; Class No. 362/503: Windshields or Window; Class No. 296/97.22: Access cover for gas tank filler pipe; Patent No. 6755269: Two person RUV; Class 180/905: Axels und Patent No. 5800024: Motor vehicle rear axle and method of producing same; Class No. 188: Brakes; Class No. 123: Internal Combustion Engines. Siehe die Webseite von: Patent Genius 2006.
[8249] Siehe: **Tabelle 50** und **Tabelle 49**.
[8250] Ausführlich zu Indien in Abschnitt 'F'.
[8251] "Strong IPRs are probably beneficial beyond a certain degree of industrial sophisticaion, while below this level their benefits for development are unclear. Moreover, the further down one goes in the scale, the less evident the benefits become. In terms of the performance index, the 'very low' and 'low' performance groups are, on average, unlikely to benefit from TRIPS. In both 'medium' groups there is probably a mixture of beneficial and non-beneficial effects depending on the country, with a case for strengthening IPRs in the medium term. In the 'high performance' group the benefits are more unambiguous." Lall 2003: 21-22.

ausgebildete technologische Fähigkeiten vorweisen können (soviele sind dies nicht), kommt man zu der Folgerung, daß es unbedingt nötig ist, den abschreckenden Charakter des TRIPS zu moderieren.

Im Umfeld der Industrieländern fällt es schwer, die Plausibilität solcher Forderung und Einschätzungen zu vermitteln, denn hier erscheint es als selbstverständlich, daß sehr viele Firmen, gestützt durch staatliche Ausbildungsbereitstellung, durch Wissensdiffusion und durch F&E Subventionen, auf einem Niveau ausgebildeter technologischer Fähigkeiten aktiv sein, sodaß sogar mittelständische Unternehmen routiniert Patente, Lizenzen und F&E einsetzen können.

26.10.3 Forderung nach kürzerer Patentlaufzeit

Die Zukunftsvorhersage durch die 'Glaskugel' der Empirie, läßt für Direktinvestitionen und die damit eng verbundenen lokalen Firmen ein Vorteil durch das TRIPS erkennen. Die weniger davon profitierenden Ländern und Firmen müssen dagegen Nachteile erwarten, weil das lokale Lernen, geschweige denn das oft beschworene Überspringen mehrerer Technologiegenerationen ('leapfrogging') durch das TRIPS einen merklichen Dämpfer erhält. Schließlich wird die Marktmacht von Firmen aus den Industrieländern gesteigert. Dies wird den Markteintritt neuer, innovativer Firmen aus den Entwicklungsländern erschweren, die, ebenso wie die Firmen der Industrieländer, neue Ideen und Innovationen dazu nutzen könnten, um Weltmarkterfolge zu haben.

Der springende Punkt ist, daß angesichts der Überlegenheit der Firmen der Industrieländer nicht einmal zu befürchten ist, daß solche Erfolge neuer Firmen die Marktpräsenz dieser in F&E intensiven Bereichen wirklich gefährden können.[8252] Die Erfahrung besagt, daß Newcomer nach einiger Zeit in die bestehenden, oligopolistischen Arrangements und Preisniveaus (mit Antidumping kann hier nachgeholfen werden) integriert werden können, wobei die Newcomer helfen, die bestehenden Oligopole im wettbewerbspolitischen Sinn zu disziplinieren und Innovationsbereitschaft auf einem hohen Niveau halten.

Die Forderung einer Verkürzung der Patentschutzlaufzeit auf 15 Jahre[8253] ist somit normativ wirtschaftswissenschaftlich als vernünftiger Kompromiß begründbar, dem in den Industrieländern jedermann zustimmen kann.[8254] Ähnliche Wirkung hätte ein Signal, welches eine Zwangslizensierung

---

[8252] **Tabelle 21** und **Tabelle 19**.
[8253] Eine Patentlaufzeit von 15 Jahren ist ein guter Kompromiß - genau der richtige Zeitraum, damit der Unternehmer aus dem Industrieland nicht die Beine hochlegt und sagt: 20 Jahre, ich mache erstmal Urlaub. Und für den Unternehmer in Entwicklungsländern beginnt es bei 15 Jahre überhaupt erst Sinn zu machen, die langsame Verbesserung technologischer Fähigkeiten bis dahin zu planen, um ggf. dann ein bestimmtes Produkt zu produzieren. Ebenso bedeutet diese Laufzeit keine unmittelbaren Nachteile für die Industrieländern und ist damit weltweit konsensfähig.
[8254] Es ist schwer verstehbar, warum der Bericht IPR Commission (2002), die einen Abschnitt über Technologietransfer enthält, der zu ähnlichen Schlußfolgerungen kommt wie hier und der ebenso Wissensdiffusion für sinnvoll hält, damit endet, Vorschläge zu machen, wie der TRIPS vermittels technischer Hilfe in Entwicklungsländern besser durchgesetzt werden kann. Die konkreten Vorschläge, etwa eine Global Research Alliance, effektive Wettbewerbspolitiken, Steuervorteile für Firmen, die Lizenzen in Entwicklungsländer vergeben (an ihre eigenen Töcher?) und ein Zugang zur öffentlichen Forschung für alle, sind nicht falsch, gehen auf das TRIPS aber nicht direkt ein. IPR Commission 2002: 24-26. In einer Vorstudie fordert Kumar (2002) in einem ähnlichen Sinne wie oben ein Signal an die Entwicklungländer,

von Technologie in einem überschaubaren Rahmen durch die Entwicklungsländer seitens der Industrieländer akzeptieren würde. Stattdessen wird derzeit gegen eine Zwangslizenz Taiwans seitens der EU vorgegangen.[8255] Dieses würde ein Signal an Brasilien, Indien und China senden, daß die Industrieländer bereit sind Wettbewerb auf einem etwas weniger ungünstig geneigtem Spielfeld stattfinden zu lassen und diesen Ländern helfen, bis 2050 eine stabile Mittelschicht aufzubauen, um politische Stabilität zu erreichen, die es erlaubt, globale Probleme der nächsten Generation angehen zu können. Im Rahmen dieser Arbeit ist dies nicht der ausschlaggebende Grund: Es geht um optimale Wohlfahrtsteigerung. Mir hilft es hier nicht, wenn die Wirtschaft von Argentinien, Brasilien (hier ist dies schon weitgehend der Fall), China und Indien allein von internationalen Firmen dominiert wird, die zwar die Wohlfahrt dieser Länder erhöhen, aber gleichzeitig durch TRIPS plus 'patent surge' alles getan wird, damit die wenigen nationale Firmen, die eine Chance dazu haben, darüberhinaus den Aufstieg zu anpassungsfähigen Firmen zu schaffen, nicht zusätzlich zur Wohlfahrtssteigerung beitragen können.[8256]

Notwendig ist darüberhinaus ein Stop einer weiteren Ausdehnung der Patenschutzgebiete in den Industrieländern, wenn dies protektionistische Wirkungen hat. Patente für Computerprogramme, die schon bei einfachen Anwendungen Lizenzzahlungen erzwingen, müssen durch die USA zurückgenommen werden, nicht zuletzt, weil dies einer der wenigen Bereiche ist, in denen Menschen in den sonstigen Entwicklungsländer, etwa den LDCs (die im Industriebereich wenig Chancen haben), die Möglichkeit haben - ohne Investitionen in Kapitalgüter, nur mit Investitionen in ihre Ausbildung - Erfolge zu haben.

Somit kann, im Gegensatz zu Maskus (2002), der diese Frage als unfair empfindet, sehr wohl die Frage nach TRIPS und der optimalen Wohlfahrtssteigerung beantwortet werden:

Zuerst einmal negativ: Eine weitere Verschärfung des Patentschutzes und eine Aufweitung der Schutzbereiche ist inakzeptabel, es handelt sich um wirtschaftswissenschaftlich unbegründbare Rentensuche einer sich selbst schädigenden Interessengruppe, welches politisch abgewendet werden

---

nämlich einen Stop immer strengere Standards durchzusetzen und ein Moratorium in den nächsten Jahrzehnten das TRIPS nicht weiter auszubauen. Kumar 1990: 44.

[8255] Für CD-R Technologie, die von Philipps patentiert wurde, hat die taiwanesischen Regierung der Firma 'Gigastore Corporation' neulich eine Zwangslizenz eingeräumt. Siehe: Commission. Procedures Relatinv to the Implementation of the Common Commercial Policy. Notice of Initiation (2007/C 47/11). In: ABl. C 47/10, 1.3.2007.

[8256] Hier muß nicht einmal mit einem denkbaren 'lock in' Effekt argumentiert werden, der interne Dynamiken bremsen kann, beispielsweise wenn die internationalen Firmen zuviele Teile importieren, in bezug auf F&E Auslagerung zurückhaltend sind und zögern Indien und China zum Exporteur etwa von Automobilteilen dynamisch aufzubauen und - sobald es Schwierigkeiten gibt - die Produktion zurückfahren Ähnlich kann der 'lock in'-Effekt durch den Aufkauf der argentinischen Wirtschaft durch Direktinvestoren beschrieben werden: "Structural reforms have led to increasing concentration in the Argentinian economy, particularly in the services sector. An increasing share of business is in the hands of fewer, larger firms and conglomerates; in 1995, the activities of the top 14 companies in hydrocarbons, telecoms, motor vehicles, supermarkets, foodstuffs, beverages, tobacco and the lottery contributed to about 9% of GDP. Only two state firms appeared among the top 1,000 companies. The concentration process also expanded progressively to rural areas where traditional landowners were replaced by large diversified firms such as Benetton and Soros." Trade Policy Review Argentina 1998: 97. Es gibt Hinweise darauf, daß diese großen Firmen ihre Aufkäufe de-vertikalisiert haben und internationale Zulieferer gegenüber lokalen Anbietern bevorzugen. Dies kann interne Dynamiken bremsen. Kosacoff 2000: 28.

muß. Dies gilt auch für die sog. TRIPS plus Verpflichtungen in bilateralen und regionalen Abkommen.[8257]

Und der derzeitige Status Quo des TRIPS - ohne Reform - erreicht keine optimale weltweite Wohlfahrtssteigerung, aufgrund von privatem Interessengruppeneinfluß. Eine auf 15 Jahre verkürzte Patentlaufzeit könnte dies zu einem gewissen Grad korrigieren helfen. Dies hätte positive Effekte, die über die derzeitigen positiven Effekte des TRIPS hinausgehend wirksam werden könnten, ohne daß für Firmen der Industrieländer Nachteile entstünden. Die Interessengruppen sind dagegen davon überzeugt, daß ihnen die Märkte der Entwicklungsländer gehören und daß sie durch ihr überlegenes Wissen diese Märkte dominieren dürfen, ohne dabei zu beachten, daß dadurch Wirtschaftsdynamiken auf einem suboptimalen Niveau bleiben und für Millionen von Menschen in Entwicklungs- und Industrieländern in den nächsten Jahren suboptimale Wohlfahrtsniveaus erreicht werden. Die Politik hat die Aufgabe das Gemeinwohl zu fördern. Sie kann dies durch eine wirtschaftspolitisch sachgerechte Modifikation der weltweiten Wirtschaftsordnung der WTO im Bereich TRIPS.

[8257] IPR Commission 2002: 163.

K   Fazit: Fünf Prinzipien zur Balancierung multipler Ziele

Inhalt

1.	Einleitung	1342
2.	Übersicht über die Abschnitte	1348
3.	Fünf dynamisch ordoliberale Prinzipien zur Bewertung der WTO Regeln	1356
4.	Wirtschaftspolitik in Entwicklungsländern	1370
5.	Dynamisch liberale und extrem liberale Theorie angesichts der Gefahr der Heterodoxie	1375
6.	Globalisierung als Prozess der Ermöglichung von Dynamik	1380
7.	Die Zukunft der Weltwirtschaft	1381
8.	Warum die realistische Theorie internationaler Beziehungen die WTO Regeln nicht erklären kann	1382
9.	Ausblick	1384
10.	Kommentar zur Doha Runde	1385

K   Fazit: Fünf Prinzipien zur Balancierung multipler Ziele

"It is evident that the WTO rules comprise a delicate balance of multiple objectives."[8258]

1. Einleitung

Diese Arbeit hatte das Ziel die Frage zu beantworten, welche weltweiten Regeln dazu geeignet sind, Effizienz- und Wohlfahrt zu maximieren. Dabei wurden mehrere Themenbereiche angesprochen. Das Fazit lautet: Die internationalen Wirtschaftsordnungsregeln der WTO müssen mehrere Prinzipien gleichzeitig balancieren, wenn sie die Aufgabe der optimalen Effizienz- und Wohlfahrtsteigerung erfüllen wollen.

In diesem Fazit werden die Ergebnisse der Arbeit zusammengefaßt und die WTO Regeln vor dem Hintergrund des hier vorliegenden Eindrucks dynamischen Wettbewerbs bewertet. Obwohl diesen Beiträgen teils eine unterschiedliche theoretische Basis zugrundeliegt, soll dennoch ein kleiner Ausschnitt der Literatur zu Doha-Runde eingearbeitet werden.[8259]

Um welche Fragen und Themenbereiche ging es in der Arbeit? Zuerst einmal konnte ein Eindruck von der Wachstumsdynamik auf der Welt, in den letzten Jahrzehnten, vermittelt werden, veranschaulicht durch Informationen aus einzelnen Wirtschaftssektoren, ergänzt durch eine Beschreibung der Globalisierung und der Anpassungsprozesse, auf der Ebene der Wertschöpfung, bei Preisen und Lohnentwicklungen. Dabei wurde gezeigt, daß Europa, bis auf ganz wenige Ausnahmen, eine kontinuierliche, teils sogar wachstumsstarke Mehrung des Wertschöpfung zu verzeichnen hat.[8260] Ebenso wurden die Erfahrungen mehrerer relevanter Entwicklungsländer beschrieben, welche Faktoren bei ihrer Entwicklung ausschlaggebend waren und welche Probleme sich dort stellten. Dabei wurde die Art und Weise der Exportorientierung und die Wirksamkeit staatlicher Interventionen und Instrumente untersucht. Schließlich wurde die historische Entwicklung der Weltmarktintegration

---

[8258] Frei nach: "It is evident that EC competition policy comprises a delicate balance of multiple objectives." In: Hildebrand 2002: 12.
[8259] Oft erfolgt die Diskussion unter der Überschrift der Sonder- und Vorzugsbehandlung der Entwicklungsländer (special and differential treatment, 'SDT'). Hier liegen zugrunde der meist extrem liberal argumentierende Bericht 'Trade for Development' des VN 'Millennium Project' unter Leitung von Jeffrey D. Sachs von Zedillo et al. 2005; und die liberalen SDT-Beiträge von Keck/Low 2006; und Hoekman 2005. Sachlicher oder kritischer zum Thema SDT argumentieren Stevens 2002; sowie Stiglitz 2005, 2006; Stiglitz/Charlton 2005; Rodrik 2001; Rodrik 2004; Rodrik et al. 2005. Einen Marshall Plan für die am wenigsten entwickelten Länder, gestützt durch verbesserten Marktzugang, fordert Puri 2005. Den Stand der Dinge der Doha-Runde, u.a. bezüglich der "small, weak and vulnerable economies", beschreibt Ismail 2006a. Erwähnung finden zudem drei weitere Berichte über das Welthandelssystem: Der vom damaligen Generaldirektor der WTO Supachai Panitchpakdi in Auftrag gegebene Bericht Sutherland et al. 2005; der französische Bericht der Working Group on Globalization 2007; und ein englischer Bericht der Universität Warwick: Warwick Commission 2007. Aus diesen Beiträgen werden selektiv Positionen eingearbeitet, ohne eine genaue Darstellung dieser leisten zu können. Eine Analyse der Verhandlungspositionen der Doha-Runde erfolgt hier nicht. Neue entwicklungsökonomische Forschung liegt dieser Literatur nicht zugrunde. Meist wird auf die ostasiatischen Länder, sprich Korea und Taiwan, hingewiesen, wenn es um die Forderung nach Spielräumen für den Staat geht. Stiglitz 2005: 26. Von Rodrik (2004) und Rodrik et al. (2005) wird die Diskussion dagegen ausgeweitet, darunter auf Länder wie Vietnam und China, aber ohne genaue Länderstudien. Der Beitrag von Bhagwati (2004) gehört eigentlich in die Kategorie der Diskussion um die Globalisierung, wird aber wegen seiner Thesen zum TRIPS Abkommen und seiner Forderung nach Kompensationen für Länder, die von Liberalisierung negativ betroffen sind, einbezogen.
[8260] Siehe: **Tabelle 61**.

dargestellt, die politische Einflußnahme darauf und angedeutet, um welche Größenordnungen es sich, im Verhältnis der Entwicklungs- und Industrieländer untereinander, handelt. Weiterhin wurde der Eindruck gewonnen, daß der internationale Handel vielen Ländern *potentiell* positiv bewertbare Möglichkeiten der Wohlfahrtssteigerung eröffnet, sobald sie über ein gewisses Niveau der Industrialisierung verfügen. Dies ist aber kein neoklassischer Automatismus, noch ist dies Grund für die pragmatische Haltung, es einfach so weiterlaufen zu lassen. Mehrere besorgniserregende Entwicklungen wurden beschrieben und die Möglichkeiten einer Einflußnahme der Politik darauf, im Detail, aufgezeigt. Schließlich hat sich eine dynamisch liberale Sicht auf die Wirtschaft bestätigt, teilweise sogar exakt gemäß der Vorstellungen von Walter Eucken.

Diese Vorstellungen Walter Euckens beziehen sich, neben dem Wunsch, Wirtschaft realistisch und verständlich zu beschreiben, auch darauf, die soziale Frage zu lösen, wie im Eingangszitat dieser Arbeit formuliert. Die soziale Frage des 21. Jhd. ist die weltweite Wohlfahrtssteigerung. Der Prozess der wirtschaftlichen Entwicklung der Welt ist nicht abgeschlossen, er hat seit einigen Jahren erst ernsthaft begonnen. Wer würde dies angesichts der Zahlen und des bisher kaum genutzten Potential Afrikas bezweifeln? Dieses Jahrhundert ist von der sozialen Frage geprägt und nicht von sicherheitspolitischen Krisen. Es ist die weltweite Wirtschaft, die in ihrer Verfaßtheit und Dynamik zählt und Aufmerksamkeit verdient. Deshalb gibt es in diesem Jahrhundert keinen Platz für protektionistische Überreaktionen und für eine Wiederkehr nationalstaatlicher Interessendurchsetzung im Bereich der Wirtschaft. Um weltweite Wohlfahrtssteigerung zu erreichen, braucht es überall einer Distanz von Staat und Wirtschaft, also einen starken Staat und eine unabhängige Wettbewerbspolitik, ergänzt durch eine Handelspolitik der Offenheit, die eine optimale Dynamik anstrebt und in der Lage ist, über nationalstaatliche Grenzen hinaus zu sehen. Dies ist, bei der bestehenden Sensibilität der Politik für Interessengruppen, nicht einfach erreichbar. Eine solche Wirtschaftspolitik ist nicht liberalen Dogmatismen verhaftet, sie hält sich an die Grundpfeiler einer vernünftigen, sachgerechten, eben dynamisch ordoliberalen Wirtschaftpolitik, welche im folgenden mit ihren Konsequenzen für die internationale Wirtschaftsordnung erläutert wird.

Die Politik hat in den nächsten Jahrzehnten die Aufgabe ein hohes Wachstum in möglichst vielen Ländern zu ermöglichen. Zusätzlich besteht die Notwendigkeit Umweltschutz konsequent durchzusetzen und Antworten auf sonstige Anforderungen zu finden, die das Leben auf diesem Planeten stellt. Dies ist möglich, weil die Industrieländer Jahrzehnte der Wohlfahrtssteigerung hinter sich haben und die Daten über die Globalisierung nicht zur Besorgnis Anlaß geben. Die Politik hat bis Mitte der achtziger Jahre darin versagt eine weltweit wohlfahrtssteigernde Wirtschaftspolitik zu betreiben. Sie sollte ihre zweite Chance nutzen, weil es eine Dritte kaum geben wird. Nur dann, wenn es bis 2050 gelingt, in Brasilien, Indien, China und anderen bevölkerungsreichen Ländern, wie etwa in Indonesien und Pakistan und in Afrika etwa in Äthiopien, Kenya, Tansania und Nigeria eine stabile Mittelschicht aufzubauen, kann die nötige politische Stabilität erreicht werden, um die globalen Probleme der nächsten Generation multilateral angehen zu können. Dies ist die soziale Frage des 21.

Jhd., die sich damit überdeckt, daß ein solcher Wachstumsprozess dazu geeignet ist, eine weltweit optimalere Effizienz- und Wohlfahrtssteigerung zu erreichen.

Aus diesen Gründen ist in diesem Jahrhundert für Interessengruppen kein Platz, die übermäßig strenge Regeln auf weltweiter Ebene durchsetzen wollen, um ihre eigene Wohlfahrt zu erhöhen, wodurch die weltweite Wohlfahrtssteigerung begrenzt würde. Gezeigt wurde, in einer sachlichen Diskussion, daß in mehreren Fällen Effekte von Regeln, die mit extrem liberalen, neoklassischen Vorstellungen im Einklang stehen, den Interessen solcher Gruppen entgegenkommen und eine sowohl national als auch weltweit wohlfahrtsmindernde Wirkung haben. Gemeint sind internationale Firmen, die ohne Rücksicht auf die historischen Entwicklungstendenzen der Handelsintegration (siehe Abschnitt 'D', Punkt 10.2) und entgegen dem Ziel der optimalen Wohlfahrtssteigerung ihre Interessen durchsetzen und dabei davon auszugehen scheinen, daß sie es nicht verdient haben, wenn sie auf wenige ernstzunehmende Wettbewerber aus Entwicklungsländern treffen, welche die Fähigkeit haben, ihre oligopolistischen Strukturen auf eine neue dynamische Gleichgewichtsebene zu heben (diese Haltung wurde im Abschnitt 'I' illustriert). Aus der Perspektive dieser Arbeit ist es dagegen unnötig, vor dem derzeitigen empirischen Hintergrund, neue dynamische Gleichgewichtsniveaus zu verhindern, denn dies würde nicht nur den Wettbewerb schwächen, sondern die weltweite Wohlfahrtssteigerung verringern, weil dies das Entstehen von Wachstumskernen und Dynamiken abdämpft.

Eine optimale weltweite Wohlfahrtssteigerung kann nur gelingen, wenn die Industrieländer und deren Firmen, die seit Jahren massiv von der Globalisierung profitieren, bereit sind zu akzeptieren, daß Unternehmen aus Entwicklungsländern in den USA, der EU und Japan in Teilbereichen Marktanteile erobern - ohne daß es zu vielen außenhandelspolitischen Schutzmaßnahmen kommt. Weiterhin muß die Politik sehr schwachen Ländern neuartige Chancen eröffnen, darunter durch aktive, interventionistische Maßnahmen, um besonders in armen, bevölkerungsreichen Ländern wirtschaftliche Dynamiken zu initiieren und zu unterstützen.

Dieses Szenario bedarf einer Stützung durch eine internationale Wirtschaftsordnung, die am Ziel der Effizienz- und Wohlfahrtssteigerung ausgerichtet ist. Das Ziel der Effizienz- und Wohlfahrtssteigerung wird nicht durch die umgehende Einführung des Freihandels und die Umsetzung neoklassischer sowie 'public choice' Annahmen erreicht, sondern durch Regeln, die Spielräume für wohlfahrtssteigernde Politiken ermöglichen, gleichzeitig aber die Politik mit merklicher Intensität binden. Die WTO Regeln sind in vielen Bereichen, von ihrer Anlage her, durch eine solche Balancierung gekennzeichnet und dies wird aus der hier vorliegenden Perspektive zuerst einmal als positiv gewertet.

Um das Ziel der optimalen Effizienz- und Wohlfahrtssteigerung zu erreichen, müssen allerdings die hier erarbeiteten Kritikpunkte am WTO Regelwerk umgesetzt werden, weil diese Wirtschaftsordnung sonst zu suboptimalen Ergebnissen führt.

Schließlich ist, neben der Streitbeilegung, die weltweite Wohlfahrtssteigerung das selbstgesetzte Ziel der WTO, sodaß ihre Rechtfertigbarkeit bzw. Legitimität davon abhängt. Dies ist kein unwichtiges Randargument, sondern eines mit erheblicher Wirksamkeit, über das Fachpublikum hinaus. Mittlerweile ist die WTO eine internationale Organisation mit nahezu universeller Mitgliedschaft, die detailreiche Regeln für Wirtschaftspolitiken aufstellt und von den Öffentlichkeiten der Welt sorgfältig beobachtet wird. Im Gegensatz zum Eindruck, den die kritische Diskussion in den Industrieländern vermittelt, wird die WTO in vielen Ländern der Welt mit positiven Wachstumserfahrungen zusammengebracht. Aus dieser Perspektive gesehen besteht für diese Institution derzeit keine Krise ihrer Rechtfertigung. Dies könnte sich aber ändern, wenn die Öffentlichkeit der Welt vermehrt ihre wirtschaftswissenschaftlich nicht begründbaren wohlfahrtsmindernden und teils offenkundig unfairen Regelbestandteile wahrnimmt, passend hierzu der folgende erste Kommentar zum WTO Regelwerk:

Antidumping. Vor diesem Hintergrund bietet es sich an, zunächst die Antidumpingregeln der WTO zu erwähnen. So ist es in den Entwicklungsländern durchaus üblich, daß Millionen von Menschen in den Abendnachrichten über die offenkundig unfairen und intransparent angewandten Antidumpingmaßnahmen informiert werden, die sich gegen ihre Wirtschaft richten. Kann von einer so informierten Öffentlichkeit gefordert werden, sich für die Einhaltung internationaler Handelsregeln einzusetzen, wie in der Literatur gefordert wird?[8261] In der heutigen Zeit ist es nicht mehr angebracht, intransparente Maßnahmen ohne Beachtung des Fairnessaspektes durchzuführen, die extrem ruppige Eingriffe in den internationalen Handel nach sich ziehen und von privaten Interessengruppen beantragt werden können. Transparenz wird schon insofern nicht eingeräumt, weil die Preisunterschiede zwischen gedumpten und nicht-gedumpten Waren nicht veröffentlicht und damit eine zentrale Information zurückgehalten wird, die eine sachliche Bewertung erlauben würde. Deshalb ist es unerläßlich, das *Antidumpingabkommen zu reformieren, mitsamt den staatlichen Regelwerken.*[8262] Es wäre sinnvoll, wenn die Politik die Außenhandelspolitik in diesem Bereich wieder für sich reklamieren würde, um den Einfluß privater Akteure zurückzudrängen, welche in einer Vielzahl von Fällen versuchen Antidumping zu ihren eigenen Zwecken zu nutzen, zur Durchsetzung höherer Preisniveaus. Ein Aspekt einer solchen Reform müßte es sein, *die Möglichkeit der Nutzung von Antidumpingmaßnahmen gegenüber Entwicklungsländern stark einzuschränken.*[8263] Oben wurde dokumentiert, daß der Tatbestand der Schädigung im Einzelfall inszeniert wird, ohne daß dies von der EU Untersuchungsbehörden reklamiert wird. Weiterhin ist der milde Entscheidungsmaßstab im Sunset-Review Bereich korrekturbedürftig, wodurch zu einem unlimitierten Aufrechterhalten der Maßnahmen eingeladen wird. Kurz: Die Details sind besorgniserregend und lassen weitgehenden Einfluß von privaten Interessengruppen erkennen. Weiterhin ist es unbedingt nötig, daß den

---

[8261] Zum Beispiel fordert Charnovitz (2002), daß es eine öffentliche Kultur geben sollte, die eine Einhaltung von Handelsabkommen aktiv einfordert. Charnovitz 2002: 431.
[8262] Vorschläge dazu in Abschnitt 'J', Punkt 7, Antidumping. In der hier beachteten Literatur zur Doha-Runde wird immerhin kurz erwähnt, daß Antidumpingregeln verschärft werden sollten, obwohl hier unterschiedliche Haltungen dahinterstehen. Warum dies gefordert wird, kann dort aber nur unzureichend verdeutlicht werden. Siehe die Passagen im extremer liberal argumentierenden Bericht von Zedillo et al. 2005: 146-150; und die kritischen Stiglitz/Charlton 2005: 127-128; Stiglitz 2006: 90-94. Bemerkenswert ist auch, siehe unter Punkt 5, die diesbezügliche Position der deutschen Bundesregierung und die Position im französischen Bericht über die Globalisierung
[8263] Rodrik 2001: 33.

Antidumpingmaßnahmen seitens der Streitbeilegung besondere Aufmerksamkeit zukommt. Von Finger (2005) wurde treffend festgehalten, daß die WTO nicht mehr, wie noch das GATT, von einem besonderen Geist beseelt ist ("Mandarin model of the early decades of the GATT"[8264]). Schon beim Start der Uruguay-Runde in Punta del Este kündigte sich eine Verschiebung an, denn private Akteure spielten eine immer wichtigere Rolle bei den Verhandlungen. In diesem neuen, streitbaren Umfeld, in dem private Interessengruppen auch bei vielen Streitfällen im Hintergrund stehen[8265], wobei die Politik einige der Klagen nur ungern unterstützt, muß sich die WTO als starke Institution begreifen. Dies ist nicht einfach, denn einerseits möchte sie, verständlicherweise, nicht extrem und unsensibel staatliche Einschätzungsspielräume in Frage stellen, da sie weiß, daß sie auf komplexe politische Prozesse einwirkt. Andererseits sind viele Streitfälle nicht so politisch, wie es scheint, sodaß die WTO diesbezüglich simplerweise die letzte Instanz für die Streitigkeiten privater Parteien ist. Hier die Mitte zu finden ist nicht einfach, letztendlich geht es um die Beachtung der Regeln. In Abschnitt 'J' wurde für die Antidumpingstreitfälle gezeigt, daß die Streitbeilegung auf der Panelebene oft zu 'schwach' gegenüber den Staaten agierte, das bedeutet gleichzeitig, daß sie zu 'schwach' gegenüber an solchen Maßnahmen interessierten privaten Akteuren agierte. Dies muß durch *aktive Panels, die ihre Möglichkeiten der Faktenrecherche besser ausnutzen*, korrigiert werden, darunter bezüglich der Bedingung Schädigung der heimischen Industrie aufzuzeigen, allein die bisher als Reaktion erfolgte konsequentere Ausformulierung des Entscheidungsmaßstabs durch den AB reicht nicht aus.

Speziell im Bereich der Schutzoptionen liegt nicht alles in den Händen der WTO. Sie verfügt zwar im Vergleich zum GATT über verbesserte Regeln, die nicht mehr alle Begründungen akzeptieren und neue, erstmals spürbare Grenzen ziehen. Für Maßnahmen, die diesen Regeln genügen, gilt aber weiterhin, daß die Politik entscheiden kann, wie intensiv Schutzmaßnahmen genutzt werden. Kurz: Jede wirklich geschädigte Industrie, die im Importwettbewerb steht und keine Kompensation durch Exporte erzielen kann, darf weiterhin geschützt werden. Dazu kommt, daß die Streitbeilegung der WTO so verfaßt ist, daß die Politik bei allen Schutzmaßnahmen über die Möglichkeit der Nachbesserung der Argumentation und somit auch der Verzögerung von Fällen verfügt. Dies hat im Einzelfall erhebliche wirtschaftliche Implikationen für die davon betroffenen Länder. Auch war es nicht die WTO, sondern die Politik, die dafür gesorgt hat, daß außenhandelspolitische Entscheidungen von privaten Unternehmen beantragt und weitgehend mitbestimmt werden können. Der Politik kommt somit auch im 21 Jhd. die eigenständige Verantwortung zu, eine weltweit wohlfahrtssteigernde und damit weltweit soziale Politik zu verfolgen, die diesen Namen in der Geschichte erstmals verdient.

[8264] Dieser Mandarin-Geist hatte Regierungen mehr Entscheidungsgewalt über handelspolitische Entscheidungen ermöglicht, sodaß die Regierungen und das GATT Sekretariat ähnliche, systemorientierte und austauschbare Ziele hatten. Finger 2005: 798.

[8265] Tatsächlich waren in der offiziellen Regierungsdelegation der USA 9 Privatwirtschaftsvertreter, darunter James Robinson von American Express und Edmund Pratt von der Pharmafirma Pfizer, vertreten. Hinweis darauf in Finger 2005: 799. Von einer 75 Personen Delegation waren 9 Personen Unternehmensrepräsentanten, dazu kamen 2 Gewerkschaftler und 2 Repräsentanten der Landwirtschaft. Preeg 1995: 6. Diese Verflechtungen zwischen Politik und Wirtschaft sind gemäß ordoliberaler, aber auch der 'public choice' Theorie keine Überraschung und wurden etwa von Shaffer (2003a) i.S. von "public-private networks" für die internationale Ebene konzipiert. Diese bilden sich u.a. weil die Akteure sich Vorteile davon versprechen und sich gegenseitig in ihren Ressourcen ergänzen können. Shaffer 2003a: 12. Konkret sieht dies so aus, daß die Industrie in den USA nicht nur dem USTR bei seinen jährlichen Berichten zuarbeitet, sondern auch WTO Streitfälle vorbereitet, weil die Regierung nicht über die Ressourcen dazu verfügt. Shaffer 2003: 34-36.

Fühlen sich die extrem liberalen Theoretiker immer wieder beflügelt, die WTO Abkommen zu kritisieren und neue Visionen zu entwickeln, wie striktere Regeln und Abwägungsprozesse zu erfolgen haben, wohingegen andere kritische Denker der WTO eine übermäßige Liberalisierungswirkung unterstellen, können die WTO Abkommen aus dynamisch ordoliberaler Perspektive anders gewürdigt werden:

Grundlegend ist, daß es der WTO nach einer Zeit weitgehender außenhandelspolitischer Spielräume mit wohlfahrtsmindernden Wirkungen gelingt, die Politik mit merklicher Intensität zu binden, ohne ihr dabei sämtliche wirtschaftspolitischen Möglichkeiten zu nehmen. Dies wird hier uneingeschränkt als positiv angesehen. Die Kritikpunkte an wichtigen Bereichen des WTO Regelwerks sollten dennoch - sehr - ernstgenommen werden, *denn für eine Institution mit multiplen Zielen, aber dem erklärten Ziel der weltweiten Effizienz- und Wohlfahrtsteigerung, ist es inakzeptabel, wenn sie über Regeln verfügt, die eine solche weltweit vermindert.*[8266]

Diese Kritik gilt den unzureichenden Regeln für Antidumping- und Ausgleichszölle, dem TRIPS Abkommen mit seinen ungünstigen Wirkungen auf die Wissensdiffusion und der nicht überzeugenden Kompromißlösung bei den AIDS Medikamenten, dem allzu strikten Verbot von 'local content' Maßnahmen durch Art. III/TRIMS, einer ganz fehlenden Entwicklungsausnahme zum selektiven Aufbau von Industrien, der zu strengen Auslegung bei den Zahlungsbilanzregeln, welche die diesbezügliche, nicht sachgerechte Haltung des IWF stützt, bestimmten Aspekten der Ursprungsregeln und schließlich dem Fakt, daß die WTO über keinen 'Stop'-Knopf bezüglich Liberalisierung verfügt,

---

[8266] Das Ziel weltweiter Wohlfahrtssteigerung wird in der Präambel des Marrakesch Abkommen zur Gründung der WTO zuallererst formuliert (" ... with a view of raising standards of living, ensuring full employment and a large and steady growing volume in real income and effective demand (...) while allowing the optimal use of the world's resources in accordance with the objective of sustainable development, seeking both to protect and preserve the environment ... (...) consistent with their respective needs and concerns at different levels of economic development"). Marrakesh Agreement establishing the World Trade Organization, Präambel. WTO 1995: 6. Der Begriff multipler Ziele wird hier verwendet, weil hier davon ausgegangen wird, daß etwa Umweltschutzziele dem Ziel der Wohlfahrtsteigerung, dies bedarf einer Fall-zu-Fall Bewertung, nicht entgegenstehen muß, sondern parallel dazu erreicht werden können. In Art. III, in dem die Funktionen der WTO beschrieben werden, wird festgehalten, daß: "[t]he WTO shall facilitate the implementation, administration and operation, and further the objectives, of this Agreement and the Multilateral Trade Agreements ... " Marrakesh Agreement etablishing the World Trade Organization. Art. III. WTO 1995: 7. Bezüglich der Art und Weise der Fall-zu-Fall Bewertung wird sich hier Howse/Nicolaidis (2003) angeschlossen, die sich kritisch gegen die extrem liberalen Befürworter der Wirtschaftsverfassung wenden, deren Ansatz sie folgendermaßen charakterisieren: "competing human values enter into the picture as narrow, and carefully policed exceptions or limits, to the overall constitutional project of freer trade." Howse/Nicolaidis 2003: 310. Dagegen schlagen sie vor: "In this, we endorse the approach taken - a least at times - by the WTO Appellate Body in interpreting WTO rules that engage competing or divergent human values. Instead of presupposing that the treaty text is animated by a constitutional *telos* of free trade, or looking primarily *within* the WTO for the relevant structural principles, we emphasize the importance of non-WTO institutions and norms in treaty interpretation, which represent values other than free or freer trade." Howse/Nicolaidis 2003: 311. Diese Last liegt auf der Streitbeilegung der WTO, sich hier kooperativ und offen gegenüber solchen Normen zu zeigen, denn internationale Organisationen sind aus völkerrechtlicher Sicht "grundsätzlich voneinander unabhängig", einmal abgesehen davon, daß sie das *ius cogens* und das allgemeine Völkerrecht beachten müssen. Kursiv im Original. Neumann 2002: 659. Dies hilft aber kaum bei der materiellrechtlichen Koordination unterschiedlicher internationaler Organisationen und Regime, etwa im Bereich Umweltschutz, Biodiversität und Seerecht etc. Eine Möglichkeit Konflikte zu verhindern, besteht in der Anforderung von Auslegungsgutachten bei anderen Organisationen zu bestimmten Fragen. Ausführlich hierzu Neumann 2002: 658-703; siehe auch die kurze Erwähnung des Chile - Schwertfisch Falls in Abschnitt 'J 3', Punkt 12, Art. XX Allgemeine Ausnahmen. Die Haltung hier kann illustriert werden an Abschnitt 'J 3', Punkt 26.4, Neuausrichtung des TRIPS durch die AIDS Pandemie. Dort wird anläßlich der Frage der AIDS Medikamente argumentiert, daß es hier nötig ist, dem Gesundheitsinteresse klaren Vorrang vor wirtschaftlichen Interessen einzuräumen.

wenn diese nicht mehr wohlfahrtssteigernd ist. Ausgeklammert wurde hier das GATS. Eine Kritik des Abkommens über die Landwirtschaft wurde oben angedeutet und erfolgt hier nicht.

2. Übersicht über die Abschnitte

Die Ergebnisse der Abschnitte 'A' bis 'I' werden hier mit ihren Schwerpunkten und einem Einstieg in die Bewertung der WTO Regeln formuliert:

Abschnitt 'A': Rekonstruiert wurde hier, daß die BRD und die EU in ihrer Wirtschaftsverfassung nicht allein von extrem liberalen Vorstellungen geprägt sind. Sodann wurde gezeigt, daß die WTO aufgrund ihrer unklaren wertebezogenen Basis und demokratischen Begründung nicht als internationale Wirtschaftsverfassung angesehen werden kann, sodaß sie hier begrifflich 'nur' als internationale Wirtschaftsordnung eingestuft wird.

Die internationale Wirtschaftsordnung der WTO. Nach den Informationen in Abschnitt 'J' ist es möglich diese näher zu beschreiben. Die Charakterisierung erfolgt anhand der Metapher eine Berglandschaft:

Die WTO Regeln ermöglichen immer noch, ähnlich wie das GATT, die Nutzung von Schutzausnahmen und Subventionen, somit wurde keine extrem liberale, neoklassischen Vorstellungen folgende Handelsordnung etabliert. Die Verwerfungen zwischen Liberalisierung auf der einen und Schutz und Intervention auf der anderen Seite nehmen im Vergleich zum GATT aber zu. Die WTO verfügt über ausgeprägte, nun effektiver durchsetzbare Liberalisierungstäler, beispielsweise durch die strikte Rechtsprechung bezüglich der Inländerbehandlung und sie beginnt ebenso damit, die Schutzmaßnahmen- und Subventionsberge zu disziplinieren. Dies gelingt bei Antidumping und den weniger hohen Subventionen noch unzureichend, ein Klimawandel in Richtung Liberalisierung ist aber auch hier spürbar. Dazu kommt, daß die Plateaus regulatorischer Diversität durch Art. XX, TBT und SPS unter dem Vorbehalt einer Prüfung auf Regelkonformität stehen.

Ähnelte das GATT noch den Alpen mit all ihrer Gemütlichkeit, ist die WTO mit Patagonien vergleichbar, mit breiteren liberalen Tälern, einer Akzeptanz von moderat hohen, subventionierten Hügelketten und einer Reihe spitzer Schutzklauselgipfeln und dem, trotz zunehmender Regelbindung, naturbelassenen, spektakulären Gebirge des Antidumpingschutzes. Naturbelassen deshalb, weil sich hier noch eher der 'natürliche' Hang zur Monopolbildung und Rentensuche privater Akteure durchsetzen kann, einmal davon abgesehen, daß sich auch der ein oder andere entwicklungspolitisch sinnvolle Schutz dahinter verstecken mag. Als von zivilisatorischen Errungenschaften ebenso ungenügend berührt, erweist sich das TRIPS Abkommen, welches, trotz der beschlossenen Verbesserungen, immer noch den Zugang zu AIDS Medikamenten erschwert und Wissensdiffusion unnötig lang beschränkt und es somit im Sinne einer, zumal im Patagonien, nicht sachgerechten Kunstschneedecke Wachstum und Wohlergehen verhindert. Die weiter vorhandene Akzeptanz staatlicher Interventionen im Agrarbereich erinnert wiederum an die Alpen, diesmal an die Schweiz mit ihren Milchkühen auf (Subventions-) Gipfelhöhe. Auch hier weht aber eine neuartige Brise über die Gipfel, durch die SCM Klageoption, die den Bereich der Landwirtschaft in Zukunft pauschal diszipliniert, mit einem ersten Anwendungsbeispiel in der Streitbeilegung.

Die WTO erlaubt eine Regulierung internationaler Wirtschaftsdynamik durch die Politik, aber nicht mehr in allen Fällen, denn selbst die Schutzklausel und andere Ausnahmen sind regelgebunden und nicht mehr unter allen Umständen anwendbar. Negativ auf die weltweite Wohlfahrtssteigerung wirkt der zu ausgeprägte Schutz des geistigen Eigentums, positiv die Spielräume für Subventionsvergabe, wobei die Regeln erst bei höheren Subventionen greifen und einen Subventionswettlauf verhindern. Insgesamt macht die WTO damit einen Schritt zu Liberalisierung und zu einer Regelbindung unnötig weiter Politikspielräume und ermöglicht damit, im Vergleich zum GATT, mehr Effizienz- und Wohlfahrtssteigerung auf weltweiter Ebene. Die Wirtschaftsordnung der WTO zeichnet sich dadurch aus, daß sie liberale Richtungsentscheidungen mit weiter bestehenden Spielräumen für staatliche Politiken vereint.[8267]

Abschnitt 'B': Zu den normativen Zielen der dynamisch ordoliberalen Theorie gehört die Erhaltung der Freiheit der individuellen unternehmerischen Akteure, gleichzeitig wird die Begrenzung und Ausbalancierung privater Macht in ihrem Verhältnis zum Wirtschaftsgeschehen und zur demokratischen Willensbildung angestrebt. Die Entscheidung für eine marktbasierte Verkehrswirtschaft erfolgt, weil es diese Ordnung ist, die es erlaubt, wichtige wertbezogene Ziele, darunter sozialpolitische, gemeinsam mit und durch das Ziel wirtschaftlicher Effizienz anzustreben. Aus der dynamisch ordoliberalen Theorie folgt, daß dem Markt eine zentrale Stellung im Wirtschaftsprozess eingeräumt werden muß. Grundlegend ist, daß die wirtschaftlichen Aktivitäten durch einen rechtlichen Rahmen erst ermöglicht und durch ihn umfaßt werden. Ein starker Staat ermöglicht dabei die Aktivität privater Akteure, er wehrt sich aber gegen eine Vereinahmung von Interessengruppen und trägt durch Institutionen wie der Wettbewerbspolitik dazu bei, daß auch in Zukunft anpassungsfähige Firmen in einem dynamischen Wettbewerbsprozess agieren können. Bei der Ausgestaltung eines rechtlichen Rahmens für die Wirtschaft muß beachtet werden, daß dieser dynamische Wettbewerbsprozess ohne den Zugang der Firmen zu Technologie, Wissen und Kapital nicht so optimal und dazu in breiter Art und Weise wohlfahrtssteigernd wäre. Die ordoliberalen Prinzipien und Ziele gelten nicht absolut, es ist aber durchaus vorstellbar, daß etwa ein Festschreiben der Liberalisierung durch verbindliche Zölle effizienz- und wohlfahrtssteigernd wirkt, im Einklang mit dem Prinzip der Konstanz der Wirtschaftspolitik. Ebenso wird hier durchaus wahrgenommen, daß der mit der WTO erreichte Grad der Regelbindung zur Stärkung des Rechts auf Eigentum auf internationaler Ebene führt, nicht aber zu dessen Absolutsetzung.

[8267] Es wäre wenig aussagekräftig hier die WTO beispielsweise angesichts der Agrarpolitik oder der Akzeptanz staatlicher Konzerne nach dem Vorbild der EU knapp als eine 'gemischte Wirtschaftsverfassung' zu bezeichnen, weil dies den Übergang GATT zur WTO kaum treffen würde. Deshalb hier der Rekurs auf diese Metapher, die diesen Übergang näher beschreibt.

Abschnitte 'C', 'D', 'E', 'F': Anhand einer Übersicht über empirische Studien konnte die Relevanz dynamischer Faktoren gezeigt werden: Skalenökonomien, pekunäre Externalitäten, Wissensdiffusion und Anreizeffekte durch Zollschutz sind Faktoren, die in einer dynamischen Weltwirtschaft wirksam sind. Sie prägen, mal mehr und mal weniger, den dynamischen Wettbewerbsprozess, der durch Vorsprungsgewinne und Aufholen anpassungsfähiger Firmen einen Strukturwandel auf eine nächst höhere Gleichgewichtsebene ermöglicht, welche eine gewisse Zeit stabil bleibt. Eine Diskussion von Marktversagen ist im ordoliberalen Rahmen u.a. dann zulässig, wenn die Kapitalmärkte eine Finanzierung von Industrien unterlassen, wenn sich technologische Fähigkeiten nicht verbessern, Wissen sich nicht verbreitet und Skalenökonomien nicht erreicht werden. In den Industrieländern ist dies meist nicht der Fall. In Entwicklungsländern eröffnen sich mehr Möglichkeiten staatlicher Korrektur von Marktversagen. Ob Interventionen ratsam sind, muß aber kritisch und pragmatisch, von Fall-zu-Fall und Land-zu-Land, betrachtet werden. Denn empirisch wurde gezeigt, daß die Warnung der 'public choice'- und 'rent seeking'-Theorie vor Interessengruppen relevant ist und staatliche Interventionen sehr wohl wohlfahrtsmindernd wirken können, siehe das frühe Indien (in Abschnitt 'F'). Eine pragmatisch dynamische Sicht impliziert zudem, daß kleine Märkte weniger Möglichkeiten bieten, Skalenökonomien und pekunäre Externalitäten hinter Zollschutzbarrieren zu erzielen. In großen, wachsenden Märkten können heimische Anreizeffekte wirksamer sein, also auch ein selektiver Zollschutz. Zollschutz kann auch dazu genutzt werden, um Investitionen internationaler Firmen anzulocken und vor Ort zu einer Einbeziehung von lokalen Zulieferern anzuhalten, wobei diese Strategie sowohl von den Industrie- als auch Entwicklungsländern eingesetzt wurde. Nicht zuletzt warnt gerade die dynamisch Theorie vor eine Kumulation der Kosten von Interventionen. Staatliche Interventionen sollten von unabhängigen Institutionen sachlich bewertet werden, sie sollten vor dem Hintergrund einer Politik der Exportorientierung erfolgen und komparative Vorteile durch den internationalen Handel sollten nicht ignoriert werden. Anders formuliert: Die diskutierten Beispiele haben gezeigt, daß es zwar die Möglichkeit gibt Marktversagen zu erkennen, dies erfolgt aber aus sachlichen Gründen und führt nicht zu einer pauschalen Rechtfertigung von hohen Zöllen und Schutzinstrumenten sowie einer nationalen Politik, die sich vom Weltmarkt abwendet.

Die Theorie internationalen Handels läßt sieben gleichzeitig gültige Theorieansätze erkennen. Der internationale Handel hat viele Nuancen, dies erstreckt sich vom weiter wichtigen Handel mit Rohstoffen, über die schnell wachsenden Anteilen von Entwicklungsländern im High-Tech Bereich, hin zu dem erst sei wenigen Jahren liberalisierten Textil- und Bekleidungshandel, der aber vom Wert her eine erstaunlich geringfügige Rolle spielt. Die bis heute kontinuierlich vorhandene Stärke der Industrieländern liegt dabei im Bereich des Medium Tech: Automobile, Chemie und sonstige verarbeitete Waren. Dabei spielt der Intra-Industriehandel eine theoretisch schillernde Rolle. Aus ihm folgt, daß nicht mehr geschlossen werden kann, wie dies noch aus einigen neoklassischen Modellen folgt, daß der internationale Handel notwendig wohlfahrtssteigernd ist, er ist es nur noch *potentiell*, weil er auch eine direkte Konkurrenz impliziert, die zum Ausscheiden von Firmen aus dem Markt führt. Interessanterweise ist es aber der Intra-Industriehandel, der es wiederum wahrscheinlicher macht, daß der internationale Handel - in vielen Fällen - doch wohlfahrtssteigernd wirken kann, weil er Produktdifferenzierung einführt, also den Handel mit zehntausenden unterschiedlichen Waren. Dies eröffnet Möglichkeiten am internationalen Handel zu partizipieren - sobald ein gewisses Stadium der technologischen Fähigkeiten und ein gewisser Anteil verarbeitender Industrie an der Wertschöpfung erreicht worden ist - diese Einschränkung ist empirisch dokumentiert. Der Intra-Industriehandel überdeckt sich teilweise mit der Wirksamkeit von Heckscher-Ohlin Faktorvorteilen, die nicht eindimensional konzipiert werden müssen, sondern Kombinationen von arbeitsintensiver mit ausbildungsintensiver oder kapitalintensiver Produktion zulassen. Der internationale Handel wird in Zukunft zunehmend von solchen Heckscher-Ohlin Faktorvorteilen geprägt sein, wodurch in Industrieländern moderate Anpassungskosten auftreten werden, durch einen komplex wirksamen Druck auf die Lohnniveaus, besonders für arbeitsintensive Tätigkeiten. Gleichzeitig bewirkt Heckscher-Ohlin eine weltweite Steigerung der Lohnniveaus, wodurch immer wieder neue Niedriglohngebiete entstehen und, nach einer Zeit des Wachstums, in ihren Lohnniveaus ansteigen. Daß dieser Prozess schon heute in Osteuropa und China zu erkennen ist, birgt in sich eine gewisse Beruhigung. Reallohnverluste erkennt die Empirie vor allem in Ländern, die nach makroökonomischen Schwierigkeiten ihre Währung abwerten mußten. Schließlich bewirken die großen internationalen Unternehmen der Industrieländer, die teils mit überlegenen F&E Ausgaben die Investitionstätigkeit in den Entwicklungs- und Schwellenländern in bestimmten, wichtigen Sektoren dominieren, eine Transformation des internationalen Handels.

Schon aus neoklassischen Modellen, etwa dem Pareto-Modell des internationalen Handels, folgt, daß die Gewinner Verlierer kompensieren müssen. Auch der dynamische Ansatz stützt, aus anderen Gründen, diese Forderung und die Frage muß beantwortet werden, was mit Ländern und Firmen geschieht, die nicht ein ausgebildetes Niveau technologischer Fähigkeiten erreichen, so wie dies beispielsweise Korea gelang: In Ländern, in denen viele Firmen nur mittlere technologische Fähigkeiten aufweisen, wie Indiens Kapitalgütersektoren, müssen möglichst viele dieser Firmen umstrukturiert und ihnen die Möglichkeit gegeben werden, sich positiv zu entwickeln, um nicht allzu große Verluste an technologischen Fähigkeiten und Wohlfahrtsquellen zu erleiden. Firmen in Afrika haben unzureichende technologische Fähigkeiten und verfügen kaum über Anpassungsfähigkeit, weil sie u.a. nicht über Wissen über Technologieeinsatz verfügen, sodaß sie an einem dynamischen Welthandel, der zu einem sehr großen Anteil von verarbeiteten Gütern geprägt ist, garnicht teilhaben. Eine internationale Handelsordnung, die über ihre Regeln einen dynamischen Welthandel nahezu universell ausdehnt und somit den dynamischen Status Quo des Welthandels durch diesen rechtlichen Rahmen erst etabliert, muß darauf eine Antwort finden. Viele Länder verfügen über technologische Fähigkeiten und einen verarbeitenden Sektor, der ihnen eine Teilhabe am internationalen Handel und eine Anpassung an ungünstige Dynamiken ermöglicht. Diese Gewinnerländer müssen dafür Sorge tragen, daß ein dynamischer Entwicklungsprozess in Verliererländern angestoßen wird. Die dynamische ordoliberale Theorie schmückt sich manchmal damit, daß sie teils deckungsgleich mit ethisch-moralischen Prinzipien ist, um einer solchen Forderung Nachdruck zu verleihen.[8268] Eigentlich

---

[8268] Auch in der Literatur zur Doha-Runde spielen solche Erwägungen eine Rolle. Von Stiglitz/Charlton (2005) wird gefordert, daß Fairness auf internationaler Ebene eine Rolle spielen sollte: "That brings us to the crucial question - should international law, the rules and regulations

braucht sie diesen Verweis nicht. Es handelt sich um Marktversagen, wenn bevölkerungsreiche Länder kaum zur internationalen Wertschöpfung beitragen und somit Skalenökonomien, pekunäre Externalitäten und damit verbundene, denkbare Wachstumsimpulse brach liegen und dadurch weltweit nur eine suboptimale internationale Effizienz- und Wohlfahrtssteigerung gelingt. In dieser Arbeit wurde genau genug gezeigt, daß eine - nicht extrem andere - aber dennoch merklich andere - Wirtschaftspolitik der Industrieländer in den sechziger, siebziger und achtziger Jahren viel früher zu solchen Wachstumsimpulsen hätte führen können, wovon die Industrieländer hätten profitieren können. Auch daraus erfolgt die Verpflichtung, diese Länder in den Welthandel zu integrieren.

Abschnitt 'G': Neoklassik und IWF/Weltbank haben das Konzept der Exportorientierung erfunden und damit große Verdienste um die Effizienz- und Wohlfahrtssteigerung auf diesem Planeten erworben. Nichtsdestotrotz liegen sie mit ihrer extrem liberalen Haltung falsch, wenn sie einen vollständigen Rückzug des Staates, einen freien Handel in einem extremen und irreversiblen Sinn und teils eine vollständige Einschränkung politischer Handlungsspielräume fordern. Dies wurde anhand der empirischen Studien über Indien, Korea, Taiwan, China, Brasilien und Afrika nachvollziehbar und schwer widerlegbar gezeigt:

Der Staat kann erfolgreich agieren, wenn er bestimmte Bedingungen einhält. Er muß die zentrale Rolle des Marktes anerkennen und eine Politik der Exportorientierung verfolgen, einen moderaten und nur in begründeten Fällen selektiv hohen Zollschutz einsetzen, um Marktversagen im Sinne eines nicht erfolgenden oder bisher nicht erfolgreichen Aufbaus von Industriebereichen zu korrigieren. Der Staat sollte dabei stark genug sein, um Rentensuche von Interessengruppen entgegenzutreten. Werden diese Bedingungen eingehalten, spricht nichts dagegen, daß der Staat, wenn Marktversagen sichtbar ist, durch zusätzliche, selektive Interventionen, eine optimalere Effizienz- und Wohlfahrtssteigerung erreichen kann. Sichtbar wird dies u.a. an Indonesien, welches sich allzusehr auf komparative Vorteile im ressourcenintensiven Bereich ausgerichtet hat und Chancen auf Wohlfahrtssteigerung durch die verarbeitende Industrie seitens einer staatlichen Industriepolitik vernachlässigt. Beachtet werden muß aber, daß staatliche Interventionen fehlerhaft erfolgen und angesichts dynamischer Entwicklungen in den Sektoren keinen Erfolg haben mögen, Rentensuche nicht immer vermeidbar ist und dadurch insgesamt hohe Kosten verursacht werden können. Selbst für den Grenzfall Brasilien konnte aber, alles in allem, ein positiver Einfluß des Staates dokumentiert werden, u.a. sichtbar an der Weigerung von Marktakteuren in Bereichen zu investieren, die komparative Vorteile aufwiesen. Dies bestätigt die Warnungen von extrem liberaler Seite vor den Gefahren staatlicher Interventionen teilweise, aber nicht ganz.

Darüberhinaus ermöglicht die dynamische Theorie, besser als die Neoklassik, gestützt auf die Theorie technologischer Fähigkeiten, eine Erklärung von negativen Effekten der Liberalisierung auf die Wohlfahrt eines Landes. Empirisch wurde dokumentiert, daß mehr als 50 % der Firmen in Afrika bei

---

that govern relations among countries and among individuals and firms in different countries, be based simply on realpolitik, or should considerations of social justice and fairness play a role?" Stiglitz/Charlton 2005: 74.

einer Öffnung gegenüber einer dynamischen Weltwirtschaft nicht mithalten und die meisten Unternehmen nur sehr geringe Summen in ihre Firmen investieren können. Liberalisierung kann hier somit nicht allein helfen und es bedarf dringend systematischer Anstrengungen, Afrikas technologische Fähigkeiten zu verbessern. Zusätzlich muß dort mit Industrien, die im Einklang mit komparativen Vorteilen stehen, versucht werden, eine mehrere Jahre andauernde Kapitalakkumulation zu erreichen, die Afrika bislang noch nicht erreichen konnte.

In Afrika müssen viele Industrien entstehen, die verarbeitete Waren und höherwertige Produktionsinputs herstellen können, um zuerst im Bekleidungs-, Schuh-, Leder-, Möbelbereich mehr Wertschöpfung erzielen zu können, wodurch es später ermöglicht wird, um sonstige Auslagerungsaktivitäten im verarbeitenden Bereich zu konkurrieren. Aufgrund der zu kleinen Märkte, wäre es denkbar, daß die Länder kooperieren und sich durch unterschiedliche Spezialisierungen, etwa bei Inputgütern, ergänzen und dann die Märkte in solchen Bereichen offen blieben. Die Basis für ein solches Wachstum kann durch die Eröffnung eines selektiven, aber ökonomisch bedeutungsvollen Marktzugangs im Agrarbereich durch die Industrieländer gelegt werden, ergänzt durch präferentiellen Marktzugang u.a. bei Textilien und Bekleidung durch großzügigere Urprungsregeln und die Aufrechterhaltung bestehender Zölle, die gegenüber China wirksam sind, aber diesem Land wenig Probleme bereiten. Daß solche politischen Entscheidungen möglich sind, zeigt der Aufstieg Chinas in diesem Bereich, der auf einer solchen Entscheidung im Textil- und Bekleidungsbereich beruhte, siehe Abschnitt 'I' und den Exkurs China in Abschnitt 'D'.

Die Neoklassik würde es nicht für problematisch halten, wenn sämtliche bestehenden verarbeitenden Industrien Afrikas, welche hier detailliert aufgelistet wurden, vom Markt ausscheiden. Sie würde vereinfachend postulieren, daß alle Firmen Afrikas einzig über Vorteile arbeits- oder rohstoffintensiver Produktion verfügen dürfen und sich dahingehend neu positionieren sollten. Dasselbe würde sie über die Kapitalgütersektoren Indiens sagen. In Abschnitt 'G' wurden dagegen Informationen präsentiert, die zeigen, daß teils eine arbeitsintensive Produktion bei sehr niedrigen Lohnniveaus auf dem Weltmarkt nicht wettbewerbsfähig ist, solange diese nicht durch einen moderat hohen, effektiven Maschineneinsatz gestützt wird - ein verarbeitender Sektor ist somit für die Industrialisierung in Afrika nötig. Ebenso würden so Vorteile durch den Intra-Industriehandel ignoriert. Hier wird aus Gründen der Erhaltung wirtschaftlicher Werte für einige Sektoren in Afrika, keineswegs für alle, ein 'passiver' Zollschutz für begründbar angesehen, der ein bestimmtes Niveau an Wertschöpfung und damit verbundene technologische Fähigkeiten, darunter auch Managementfähigkeiten, aufrechterhält, wenn parallel dazu großteils moderate Zölle für die Mehrheit der Industriebereiche vorliegen, damit Inputgüter verfügbar sind, der Markt wirksam bleibt und versucht wird, die Chancen der Exportorientierung zu nutzen.

Abschnitt 'H' und 'I': Zentrale Einsicht ist hier, daß die Industrieländer in der Nachkriegszeit zwar keine Zentralverwaltungswirtschaft etablierten, aber doch ein risikoabschwächendes - aber nicht ganz abschaffendes - Umfeld für die Firmen geschaffen haben, durch massive F&E Subventionen,

Subventionen und einen selektiven Schutz für viele Firmen und wichtige Sektoren (zusätzlich zur Bereitstellung von hochwertiger Ausbildung und Toleranz von Wissensdiffusion). Besonders intensiv war die Unterstützung für die Stahlindustrie in der EU. Hier haben öffentliche Subventionen in den siebziger und achtziger Jahren einen größeren Anteil an den Kapitalinvestitionen ausgemacht, als die Firmen selbst finanziert haben. Die Landwirtschaft fällt unter eine ähnliche Kategorie, hier wurde dann doch eine Zentralverwaltungswirtschaft etabliert. Dazu kommt, daß der Schutz durch die VERs, im Gegensatz zur Meinung in der Literatur, wenigstens teilweise zu einer industriepolitischen Stärkung von Unternehmen geführt hat, wenigstens in den USA und der EU, im Sinne der Theorie strategischer Handelspolitik. Dies spricht aber nicht dafür, daß dynamisches Wachstum durch eine solche interventionistische Politik noch heute gestützt werden sollte. Die meisten Firmen der Industrieländer waren und sind - zumal im Moment und durch das sonstige bestehende Umfeld - anpassungsfähig genug, um einem sich intensivierenden Wettbewerb standhalten zu können.

In einer dynamischen Welt ist vieles möglich, somit kann es durchaus sein, daß in ferner Zukunft eine Neubewertung der Lage nötig ist. Für die nächsten Jahre ist aber nicht zu erwarten, daß Industrieländer Schutz sachlich begründen können. Für sich allein spricht, daß die Importe aus den Entwicklungsländern zwischen 1988 und 1989 am Output im verarbeitenden Gewerbe der Industrieländer einen Anteil von 3,3 % hatten, wobei die Wirtschaftsleistung der Industrieländer bereits seit 1951 auf dem Stand vor dem Zweiten Weltkrieg lag und sich die Wirtschaftsleistung zwischen 1965 und 1989 fast verdoppelt hat. Von diesem verdoppelten BSP konnte die heimische Industrie somit ca. 96 % des Wachstums für sich reklamieren.[8269] Dazu kommt, daß noch Mitte der achtziger Jahre ca. 30 % des internationalen Handels, aus der Perspektive der Entwicklungsländer gesehen, von Beschränkungen geprägt war, wodurch Kosten von bis zu 9 % von deren damaligen BSPs ausgelöst wurden.[8270] Dies kann kaum als Integration der Entwicklungsländer in die Weltwirtschaft bezeichnet werden, sondern zeigt allein die wirtschaftliche Dominanz der Industrieländer. Bis heute setzt sich eine starke Präsenz der Industrieländer im Bereich des wachstumsstarken Medium- und High-Tech Bereiches fort.[8271] Die Industrieländer haben in dieser Zeitperiode das Wachstum der Entwicklungsländer und damit auch ihre eigenes Wachstum gehemmt und Chancen auf eine weltweite Wohlfahrtssteigerung verschenkt. Das Aufbrechen der wirtschaftspolitischen Charakteristika dieser Zeit ab Mitte der achtziger Jahre wird hier uneingeschränkt als positiv beurteilt. Ein Kritikpunkt, der in dieser Arbeit nur am Rande erwähnt werden kann, ist, daß es damals unnötig war, u.a. die U.S. Wettbewerbspolitik in bezug auf große Konzerne toleranter auszugestalten.

Die schwierige Frage über die Begründbarkeit von Schutzklauseln und anderen Schutzoptionen in einem dynamischen Umfeld wird hier so beantwortet, daß Schutz zwar in bestimmten Fällen

---

[8269] Siehe **Tabelle 68, Tabelle 69**. Siehe Abschnitt 'D', Punkt 10.2, Historische Entwicklungstendenzen der Handelsintegration.
[8270] Siehe Abschnitt 'I', Punkt 13.3, Negative Effekte auf die Entwicklungsländer.
[8271] Siehe Abschnitt 'D', Punkt 10.3, Daten zum Welthandel in einer Aufgliederung nach Technologiekategorien.

wohlfahrtssteigernd sein kann, daß aber aus der Perspektive weltweit optimaler Wohlfahrtssteigerung eine sachgerechte, dosierte Regelbindung von Schutzmaßnahmen nötig ist.

Immerhin ist es dem GATT in der Nachkriegszeit, sozusagen im Hintergrund der VERs, gelungen, die Zollniveaus durch die Verhandlungsrunden immer weiter abzusenken. Und viele Entwicklungsländer haben spätestens in den achtziger Jahren eine eigenständige Liberalisierung, im Einklang mit der Exportorientierung, durchgeführt, sodaß sie derzeit über moderat hohe angewandte Zölle und die Möglichkeit noch Industrien selektiv zu schützen, verfügen. Dies wird hier begrüßt und stellt eine gute Ausgangslage dafür dar, in den nächsten Jahrzehnten erfolgreicher als zuvor Effizienz- und Wohlfahrt zu steigern. Handeln die Entwicklungsländer im Einklang mit einer moderaten Theorie der Exportorientierung bietet dies die Chance, mit staatlichen Interventionen, etwa Umstrukturierungen technologisch schwacher Industrien, die Wohlfahrtssteigerungen zu optimieren, wovon alle Staaten weltweit profitieren.

Zollneuverhandlungen. Daß die Entwicklungsländer noch bestimmte Zollschutzspielräume haben, ist insofern beruhigend, weil seit der Gründung der WTO Zollneuverhandlungen bislang kaum erfolgreich durchgeführt werden konnten und davon auszugehen ist, daß die Industrieländer in Zukunft größere Kompensationen als bisher fordern werden, sodaß Entwicklungsländer diese Option kaum mehr als Spielraum empfinden dürften.

Zuletzt in diesem Zusammenhang zu einer am Ende von Abschnitt 'D' diskutierten Problemstellung, ob es im Rahmen der dynamischen Theorie als optimal wohlfahrtssteigernd angesehen werden kann, wenn statt einem, mehrere dynamische Wachstumspole etabliert und geschützt werden. Nicht Länder, aber Regionen sind dafür Kandidaten, wenn diese so groß sind, daß sie weniger skalen- oder auch inputgüterbezogene Nachteile aufweisen und pekunäre Externalitäten ermöglichen. Anlaß für diese Frage war die Sorge, daß Chinas Aufstieg dazu führen könnte, daß der ebenso dynamisch wachsende Raum um Thailand, Malaysia, Singapur und Indonesien in einigen Jahren nur noch aus China beliefert werden wird. Es könnte argumentiert werden, daß ein gewisser Zollschutz für diese Region helfen könnte, dort Wertschöpfung und Dynamik zu erhalten. Zuerst einmal ist aber in Asien derzeit nicht erkennbar, daß China eine Gefahr für seine Nachbarn darstellt. Weiterhin gilt, daß diese Argumente nicht zu einem Einstieg in eine Segmentierung der Welt in regionale Integrationsprojekte mit hohen Zöllen führen dürfen. Selbst wenn einige Industrien profitieren, wäre dies insofern wohlfahrtsmindernd, weil die internationale Arbeitsteilung mit Inputgütern sehr ausdifferenziert ist und diese unnötig beschränkt würde. Ein ausdifferenzierter Handel mit Inputgütern ist ein Charakteristikum der modernen Wirtschaft. Wiewohl somit eine regionale Entwicklungspolitik selektiv Zölle einsetzen mag, um in bestimmten Bereichen regionale Dynamiken zu erhalten, muß dies im Einklang mit der Exportorientierung erfolgen, also vor dem Hintergrund eines insgesamt moderaten Zollschutzes, um eine weltweit optimalen Effizienz- und Wohlfahrtssteigerungen anzustreben. Dazu kommt, daß die Marktkonkurrenz verhindert, daß Firmen Hochpreisinseln etablieren.

Regionale Integrationsprojekte und Zollunionen. Bezüglich dieser Gefahr einer Segmentierung in regionale Blöcke dienen die diesbezüglichen WTO Regeln für regionale Integrationsprojekte und Zollunionen nicht als enge Detailregelung aber als Sicherheitsgurt, der die Entwicklung einer Segmentierung verhindern kann. Dies ist sachgerecht. Eine aktivere Rolle des zugehörigen Ausschusses wäre wünschenswert.

3. Fünf dynamisch ordoliberale Prinzipien zur Bewertung der WTO Regeln

Weitere WTO Regeln können nun auf ihren normativ wirtschaftswissenschaftlichen und ethisch-moralisch normativ rechtfertigbaren Charakter überprüft werden. Wären hier nicht einige - gravierende - Kritikpunkte, würde diese Prüfung, zumal für den Kernbestand der Regeln, wie GATT Art. I, Art. II und Art. III, durchaus positiv ausfallen. Schon erwähnt wurde, daß aber die neoklassische Behauptung, daß einzig ein globaler Freihandel, bei vollständiger Rücknahme staatlicher Aktivitäten, eine weltweit optimale Effizienz- und Wohlfahrtssteigerung erzielt, falsch ist.

Es ist sogar so, daß die neoklassische Theorie Regeln fordert, die Effizienz- und Wohlfahrt mindern. Zwar ist nicht ausgeschlossen, daß ein Land, welches einen rein liberalen Entwicklungsweg einschlägt, erfolgreich sein kann. Ebenso ist es aber denkbar, daß ein Land mit einer moderaten Exportorientierung, welches ein Marktgeschehen dominierend zuläßt und dies durch selektive Interventionen ergänzt, seine Effizienz- und Wohlfahrt in einem noch optimalerem Sinne steigern kann. Daraus kann geschlossen werden: Eine zunehmend globalisierte Wirtschaft[8272] braucht Regeln, die nationale Politikspielräume erhalten, welche eine weltweit optimale Effizienz- und Wohlfahrtssteigerung befördern, gleichzeitig trifft der Schluß zu, daß der Staat sehr wohl einen merklichen Grad der Regelbindung vertragen kann, wobei auch dies hilft, das Ziel der Effizienz- und Wohlfahrtssteigerung zu erreichen. Nur dann, wenn das WTO Regelwerk beides kombiniert, ist es wirtschaftspolitisch sachgerecht. Aus der dynamisch ordoliberalen Theorie kombiniert mit der Theorie der Exportorientierung folgt grundlegend für die WTO Regeln, daß eine optimale Effizienz- und Wohlfahrtssteigerung auf weltweiter Ebene dann erreicht werden kann, wenn eine Balancierung und Einhaltung mehrerer, nicht absolut gültiger, aber sehr wichtiger und grundlegender Prinzipien gelingt:

[8272] Angemessen beschrieben von Hirst/Thomson (1996), wobei die WTO eine politische Antwort auf die Globalisierung darstellt, die zu einem gewissen Grad weiter eine Regulierung ermöglicht, aber auch Globalisierung erst ermöglicht und verstärkt. "A *globalized economic* is an ideal type distinct from that of the inter-national economy and can be developed in contrast with it. (...) The international economy is an aggregate of nationally located functions. (...) The global economy raises these nationally based interactions to a new power. The international economic system becomes autonomized and socially disembedded, as markets and production become truly global. Domestic policies, whether of private corporations or public regulators, now have to routinely to take into account of the predominantly international determinats of their sphere of operations. As systemic interdependence grows, the national level is permeated by and transformed by the international. In such a globalized economy the problem this poses for public authorities is how to construct policies that coordinated and integrated their regulatory efforts in order to cope with the systematic interdependence between their economic actors. The first major consequence of a globalized economy would thus be the fundamental problematicity of its governance. Global socially decontextualized markets would be difficult to regulate, even supposing effective coordination by the regulators and a coincidence of their interests. The principal difficulty is to construct both effective and integrated patterns of national and international public policy to cope with the global market forces." Herv. im Original. Hirst/Thomson 1996: 8-13.

(1) Markt/internationaler Handel, (2) Wettbewerbspolitik, (3) anpassungsförderliches Umfeld, (4) Exportorientierung und das (5) Prinzip, daß staatliche Interventionen kritisch und realistisch anhand dieser Prinzipien überprüft werden müssen.

(1) Das erste, wichtige Prinzip, das die dynamisch ordoliberale Theorie festhält, ist der Markt. Es muß Ziel internationaler Wirtschaftsregeln sein, eine wirksame Marktkonkurrenz auf den Weltmärkten zu ermöglichen. Der Wettbewerb auf dem Markt, dazu zählt auch der internationale Handel, hat aus dynamisch ordoliberaler Sicht mehrere wichtige Funktionen. Er ermöglicht besser als andere Organisationsformen die Steigerung von Effizienz und Wohlfahrt, er wirkt als Entmachtungsinstrument und verhindert, daß Firmen mehr Einfluß auf die Politik gewinnen. Und er läßt es wahrscheinlicher werden, daß die Preise für die Verbraucher aus weiten oligopolistischen Konstellationen resultieren und damit halbwegs erträglich sind. Dieses Prinzip sollte nur dann eingeschränkt werden, wenn der Markt bestimmte Funktionen nicht ausführt und ggf. wenn bestimmte Bedingungen nicht vorliegen, die das Funktionieren des Marktes ermöglichen. Die Schwelle, Marktversagen zu behaupten, wird von der dynamisch ordoliberalen Theorie hochgelegt. Daraus folgt, daß sich die Industrieländer der Weltmarktkonkurrenz aussetzen sollten und hier kaum Ausnahmen denkbar sind, mit denen staatliche Interventionen gerechtfertigt werden können.

Dieses Prinzip Markt gilt zwar nicht absolut, es ist aber zu wichtig, um es so stehen zu lassen: Es geht hier um eine *Lektion aus der Geschichte*, die nicht genauso diskutierbar ist, wie sonstige Thesen in der Wissenschaft.[8273] Walter Eucken hatte Recht, als er einen durch die Geschichte wirksamen 'Hang zur Monopolbildung' beschrieb. Die Märkte stellen das genialste Entmachtungsinstrument der Geschichte dar, weil sie es nicht zulassen, daß die Akteure ihre Monopolmacht nutzen. Dies stimmt bis heute empirisch. Es gibt zwar die begrenzte Marktmacht der Oligopole, deren Marktmacht ist aber kein Erbteil. Herausforderer sind zur Disziplinierung bzw. zum Erreichen eines neuen dynamischen Gleichgewichts willkommen. Aus diesem Grund ist für eine dynamisch ordoliberale Theorie die Richtung der Wirtschaftspolitik klar, es gibt einen liberalen Kompaß und eine liberale Flugrichtung - aber die Reise findet nicht im Billigflieger 'freier Markt', sondern in einem solide gebauten Flugzeug

---

[8273] Es geht hier m.E. nicht nur um wissenschaftliche Thesen oder, selbstbewußter formuliert, Erkenntnisse, sondern um wirkliche Lektionen: Lektionen aus der Geschichte. Deshalb die Detailgenauigkeit dieser Arbeit bei der Darstellung der Subventionspolitik in der EU und der VERs in der Nachkriegszeit in Abschnitt 'I' und der Rekonstruktion der Auflösung der internationalen Kartelle im Zweiten Weltkrieg in Abschnitt 'B'. Interessanterweise muß nämlich der Zusammenbruch des Kommunismus nicht erwähnt werden, um die Marktwirtschaft zu verteidigen, denn ohne die Marktwirtschaft mit den bestehenden rechtlichen Regeln, darunter dem Wettbewerbsrecht, würde eine weltweite Kartellierung der Industrien stattfinden, mit Vertragsinhalten, die jedermann zum Staunen bringen würden. Vor dem Zweiten Weltkrieg war dies Anlaß für den Vorschlag von Herriot (1930), einem erfahrenen Kartellunterhändler, ein Vereinigtes Europa unter der Herrschaft der Kartelle zu etablieren. Dies sind Lektionen, die bis heute gelten. Es geht somit um Lektionen, die eine empirische Wissenschaft, in Wirtschaftswissenschaft, Soziologie oder Politikwissenschaft, übersieht, wenn sie es zuläßt, daß alle Erklärungen, solange sie rational sind, frei konkurrieren können. Die hier alles überschattende Lektion ist, daß es keine Alternative zur Marktwirtschaft gibt, weil es ohne Märkte als Entmachtungsinstrument langfristig zu einer solchen Stärkung des Einflusses privater Firmen, die dann mit anderen privaten Firmen Verträge schließen würden, kommen würde, sodaß es auf nationaler und internationaler Ebene zu einer Kartellierung der Weltwirtschaft kommen würde, mit katastrophalen Auswirkungen für Demokratie, Transparenz und Wohlfahrtssteigerung. Dies wäre schlimmer als der relativ große Einfluß großer Konzerne heute, welcher immer wieder neu durch ein selbstbewußtes agieren der Politik und der Wettbewerbspolitik zurückgedrängt werden kann.

statt, welches den Markt durch rechtliche Regeln etabliert und gemäß dynamisch ordoliberaler Prinzipien ausgestaltet.

Meistbegünstigung und Inländerbehandlung. Die WTO Regeln sind dazu geeignet einen solchen, weltweiten Markt zu etablieren: Durch die verbindlich festgelegten Zölle, die von GATT Art. II geschützt werden. Wirksam ist hier besonders das Prinzip der Meistbegünstigung in Art. I und der Inländerbehandlung in Art. III. Der Markt wird weiter etabliert durch diverse sonstige Regeln, die Marktzugang absichern. Die Allgemeinen Ausnahmen in Art. XX sowie SPS und TBT sorgen dafür, daß regulatorische Differenzierungen nicht unbegründet etabliert werden können. Auch die von der Streitbeilegung strenger interpretierten Zahlungsbilanzausnahmeregeln weisen eine klare Präferenz für die Aufrechterhaltung des internationalen Handels auf.

Art. XX, SPS und TBT. Diese Regeln ermöglichen der WTO Streitbeilegung regulatorische Vorhaben mit Auswirkungen auf den Handel zu bewerten. Derzeit wird das Kriterium der wissenschaftlichen Rechtfertigbarkeit im SPS zu streng ausgelegt. Ein protektionistischer Mißbrauch kann mit einer toleranteren Auslegung erkannt werden. Ob es der Streitbeilegung mit seiner Art. XX Auslegung gelingt, den heutigen Anforderungen, u.a. bei schwierigen Fragen des Umwelt- und Klimaschutzes zu genügen, wird die Zukunft zeigen. Diese Diskussion konnte hier nur gestreift werden.

Art. III/TRIMS. Zu weit geht es, daß schon durch Art. III Mindestinland- bzw. 'local content'-Vorgaben ganz verboten werden, denn diese Vorgaben für eine Einbindung lokaler Zulieferer bei Direktinvestitionen können zu lokalen Dynamiken und Technologietransfer führen. Das TRIMS wäre sachgerecht, wenn es eine Ausnahme für 'local content' Vorgaben in Form einer Obergrenze ermöglichen würde. Diese dürfte aber nicht allzu hohe Werte annehmen, um Firmen nicht zu sehr in der Wahl der Inputgüter zu beschränken. Als Kompromiß wird hier ein 'local content' Wert von 30 % für große und 20 % für kleine Länder vorgeschlagen.[8274]

Schutzklausel. Wie bereits erwähnt werden von der WTO staatliche Eingriffe in den freien Markt weiterhin ermöglicht. Oftmals ist dies in den Staaten so eingerichtet, daß diese auf Antrag privater Interessengruppen eingesetzt werden. Immerhin gelang es mit Gründung der WTO den Staaten zu verbieten, VERs auszuhandeln, die über Jahrzehnte den Welthandel mengenmäßig beschränkten. Die Schutzklausel besteht weiter und wurde, im Gegenzug zur Abschaffung der VER, für die ersten drei Jahre von der Vergeltungsdrohung befreit. Sie wird von der Streitbeilegung streng überprüft.[8275] Die Antidumping- und Ausgleichszölle unterliegen einer schwächeren Disziplin. In allen drei Fällen wird

---

[8274] Die aktuelle neoklassisch beeinflußte Literatur lehnt das TRIMS weiter gänzlich ab, obwohl in der Diskussion nicht nur negative Aspekte erwähnt werden und durchaus zugestanden wird, daß etwa exportorientierte Unternehmen mit Exportauflagen zurechtkommen können. Keck/Low 2006: 161-162.
[8275] Siehe Abschnitt 'J', Punkt 6.7, Fazit Schutzklausel. Genauso wie hier wird in Sutherland et al. (2005) geschlossen, daß der AB die Politikziele der Schutzklausel zu eng gefaßt hat. Sonst erfolgt dort kein weiterer Kommentar zu Antidumping oder der Schutzklausel. Sutherland et al. 2005: 55-56. Daß Phänomen schwacher Panels wird bislang nicht in der Literatur thematisiert.

die Nutzung aber nur noch dann erlaubt, wenn die Schädigungsanalyse besagt, daß die heimische Industrie durch Importdruck geschädigt wurde. Nicht akzeptiert wird, daß eine Industrie, die gleichzeitig in diesen Warenkategorien Exporterfolge hat, um eine Schutzklausel-, Antidumping- oder Ausgleichsmaßnahme ersuchen kann. Manches Mal gelang es allerdings, das Schädigungskriterium zu unterlaufen, indem die Firmen Schädigung inszenieren.[8276] Diese Bedingung Schädigung aufzuzeigen, die zumal auf der Ebene einer Warenkategorie und nicht einer Firma etabliert wird, ist in ihrer Wirkung schwer anhand der verfügbaren wirtschaftswissenschaftlichen Modellen zu diskutieren. Sie könnte aus der Wohlfahrtsperspektive dann sinnvoll sein, wenn dies die Schwelle für die Nutzung von Schutzmaßnahmen erhöht, aber bei einer wirklich erkennbaren Gefährdung von nationalen technologischen Fähigkeiten und Investitionen weiterhin Schutz ermöglicht.

Obwohl der Aufrechterhaltung des Marktwettbewerbs ein Gewicht zugemessen wird, ist es das Ergebnis dieser Arbeit, daß in einem dynamischen Kontext Schutzmaßnahmen nicht ganz verunmöglicht werden sollten. Letztendlich kann diese Arbeit als Versuch gedeutet werden, *so neutral und anhand so vielen Fakten wie möglich, einzuschätzen, ob derzeit eine sachlich begründbare Notwendigkeit von Schutzmaßnahmen gegeben ist. Eine solche Einschätzung, vor einem aufgeweitetem weltwirtschaftlichen Hintergrund, mit dynamisch liberaler Methodik, wäre auch bei einer speziellen, warenbezogenen Schutzmaßnahmen wünschenswert.* Insgesamt gesehen schränken die WTO Regeln die Möglichkeit zur Nutzung dieser Instrumente zu einem gewissen Grad ein, wobei im Antidumpingbereich mehr Klagen nötig wären, um den Disziplinierungseffekt zu erhöhen. Zwischen 1995 und 2001 wurden weltweit 1157 definitive Antidumpingmaßnahmen verhängt, die ungefähr 2 % bis 4 % des internationalen Handels mit starker Wirkung betreffen, wobei dies auch eine abschreckende Wirkung auf Bereiche hat, die derzeit nicht darunter fallen. Antidumpingmaßnahmen sind speziell deshalb zu kritisieren, weil sie intransparent ablaufen und über keinerlei plausible argumentative Basis verfügen, so bereits oben. Wie dem auch sei, durch diese Regelbindung für Schutzmaßnahmen ist ein Schritt in Richtung Liberalisierung getan und eine erneute Periode des Protektionismus wird dadurch erschwert. Die WTO hat somit gegenüber dem GATT einen klaren Schritt in Richtung der Etablierung eines offenen Weltmarktes gemacht, der dynamische Prozesse stützt, ohne Schutz ganz zu verunmöglichen. Dies befördert die Eigentumsfreiheit und das ordoliberale Prinzip der Konstanz der Wirtschaftspolitik. Wahrscheinlich ist, daß dies weltweit höhere Investitionsniveaus ausgelöst hat.

(2) Das zweite, wichtige Prinzip, welches hier betont wird, ist das einer Wettbewerbspolitik. Diese wird nicht direkt in der WTO geregelt, ist aber zu wichtig, um unerwähnt zu bleiben. Weil die Marktakteure, dies sind die Firmen, sämtlich einen Hang zur Monopolbildung haben, muß die Wettbewerbspolitik eine übermäßige Vermachtung verhindern, um die Funktion des Marktes aufrechtzuerhalten, indem sie, wenn möglich, weite Oligopole aufrechterhält. Generell gilt, daß ein Wettbewerb ermöglicht werden muß, der Vorsprungsgewinne aber auch ein Aufholen gelingen läßt.

[8276] Dies wird durch *schwache Panels* erleichtert, aber auch dadurch ermöglicht, daß die Firmen Schädigung inszenieren. Siehe dazu Abschnitt 'J', Punkt 7, Antidumping.

Speziell in einer Zeit in der große Firmen international agieren, ist eine Schwächung der Wettbewerbspolitik eingeschlossen der Zusammenschlußkontrolle nicht hinnehmbar, auch dies ist nicht nur ein Prinzip, sondern eine *Lektion aus der Geschichte*.[8277] In dieser Arbeit werden diverse Informationen präsentiert, die zeigen, wie wichtig Wettbewerbspolitik vor dem Hintergrund einer dynamischen Wirtschaft ist. Um eine internationale Vermachtung der Märkte zu verunmöglichen, könnte ein internationaler Informationsaustausch der Wettbewerbsbehörden hilfreich sein. Wettbewerbsregeln in der WTO sind dazu nicht nötig, sondern könnten sogar kontraproduktiv wirken, weil sie den Informationsaustausch erschweren.[8278] Eine nationale Wettbewerbspolitik, die über eine längere Zeit ausländische Waren benachteiligt, kann schon heute vor der Streitbeilegung der WTO angezweifelt werden.[8279]

(3) Die Aufrechterhaltung von Markt und Wettbewerbspolitik sind sehr wichtige Prinzipien, einen absoluten Anspruch erheben sie nicht. Aus der dynamisch ordoliberalen Theorie folgt, daß Firmen keine absolute Sicherheit benötigen, sondern auf gewisse Veränderungen des Marktzugangs und der Wirtschafts- und Wettbewerbspolitik reagieren können, solange dies nicht ein gewisses Maß überschreitet. Letzteres wird unwahrscheinlicher, wenn die hier erwähnten Prinzipien beachtet werden. Und aus Walter Euckens konkreter Beschreibung der Funktionsbedingungen von Märkten folgt, daß der Markt in Industrieländern besser als in Entwicklungsländern funktioniert, u.a. deshalb, weil in ersteren vom Staat ein Umfeld bereitgestellt wird, welches - zu einem gewissen Grad - Risiken reduziert - wenn auch keineswegs ganz aufhebt: Und zwar durch ein Ausbildungssystem und eine bewußt tolerierte Wissensdiffusion, welche den Firmen Wissen bereitstellt, um wieder Aufholen zu können und durch ein funktionierendes Finanzsystem. Liegt ein solches Umfeld nicht vor, kann Marktversagen vermehrt auftreten, denn eine optimale Effizienz- und Wohlfahrtssteigerung gelingt nicht. Wissensdiffusion hat dabei im ordoliberalen Zusammenhang einen unverrückbaren Platz inne, darunter durch seine Funktion der Wettbewerbspolitik das Aufrechterhalten nicht vermachteter, weiter oligopolistischer Märkte zu erleichtern. Als drittes, wichtiges Prinzip, kann somit festgehalten werden,

---

[8277] Siehe Fußnote 16, zur Auflösung internationaler Kartelle während und nach dem Zweiten Weltkrieg. Selbst in den USA, wo in den achtziger Jahren eine substantielle Schwächung der Wettbewerbspolitik durch den Einfluß von Denkschulen und Interessengruppen gelang, wurde anfang der neunziger Jahre wenigstens teilweise zurückgerudert, weil empirisch gezeigt werden konnte, daß Marktmachtphänomene zunehmen, wenn Zusammenschlüsse ohne viel Federlesen akzeptiert werden. In diesen Fällen hat die Forschung weniger Personen zu einer Umorientierung geführt, wenigstens im Bereich der Supermarktzusammenschlüsse: Cotterill 1991; 1999.

[8278] Wettbewerbsregeln in der WTO würden sogar kontraproduktiv wirken, weil die ständige Drohung eines Streitfalls, die erst im Ansatz etablierte internationale Zusammenarbeit der Wettbewerbsbehörden gefährden würde. Eine intensivierte Zusammenarbeit auf der Ebene gegenseitiger Informationsweitergabe gehört klar erkennbar zu den ersten Schritten, die verfolgt werden sollten, um eine internationale Wettbewerbskultur zu etablieren. Obwohl dazu in der OECD bereits Ansätze erarbeitet wurden, wurden diese nicht weiterverfolgt und stattdessen WTO Regeln, darunter auch für die Zusammenschlußkontrolle, für erforderlich gehalten, was sich dann als nicht durchsetzbar erwies. Dies zeigt, daß die Akteure nicht das genuine Interesse hatten, eine internationale Wettbewerbskultur zu etablieren, sondern es ging darum, Interessen internationaler Firmen zu schützen und Wettbewerbsregeln als Instrument des Marktzugangs einzusetzen. Siehe dazu und zu einer Kritik der teils zu toleranten Wettbewerbspolitik diverser Staaten: Hermanns 2005a. Für weltweite Wettbewerbsregeln, die Inländerbehandlung garantieren, sprechen sich aus Stiglitz/Charlton 2005: 147. Den Stand der Diskussion in der WTO Arbeitsgruppe faßt zusammen Hoekman/Saggi 2006. Dort wird geschlossen, daß eine freiwillige Zusammenarbeit der Wettbewerbsbehörden u.a. in der WTO aber auch in anderen Foren, etwa der OECD, derzeit das Beste wäre. Hoekman/Saggi 2006: 451. Internationale Wettbewerbsregeln innerhalb der WTO fordert neuerdings Taylor (2006), u.a. weil er sachlich unrichtig bezweifelt, daß es Wettbewerbsbehörden gelingt, grenzüberschreitend Informationen austauschen. Taylor 2006: 121. Siehe auch Punkt 10.

[8279] Abschnitt 'J', Punkt 16, Nichtverletzungsbeschwerden.

daß es für eine optimale Effizienz- und Wohlfahrtssteigerung förderlich ist, wenn für die Wirtschaft ein anpassungsförderliches Umfeld etabliert wird, welches neben Markt und Wettbewerb zu einem gewissen Grad Risikoreduzierung - und eine Erleichterung des Aufholens - umfaßt. Eine zentrale Rolle innerhalb der dynamisch ordoliberalen Theorie spielt hier die Wissensdiffusion. Die Förderung der Wissensdiffusion schließt ggf. auch staatliche Aktivitäten ein, die Marktversagen verhindern, darunter wettbewerbspolitische Eingriffe, aber auch Subventionen, solange die Beachtung der hier erwähnten wichtigen Prinzipien gelingt.

TRIPS. Der Schutz geistigen Eigentums durch das TRIPS Abkommen der WTO wird hier als zusätzlicher Innovationsanreiz akzeptiert. Dieses Abkommen ist aber *erkennbar zu streng ausgestaltet* und hemmt durch seinen abschreckenden Charakter eine optimale Effizienz- und Wohlfahrtssteigerung, weil es Wissensdiffusion und die Anreize zur Ausbildung technologischer Fähigkeiten zu stark vermindert.[8280] Zwangslizenzen sind immerhin weiter möglich, bei moderater Kompensation, wobei erst vor kurzem Taiwan bei CD-Rs die Hemmschwelle überwunden hat, daß ein Schwellenland eine Technologie aus dem Bereich der Industrie per Zwangslizenz heimischen Firmen verfügbar machte. Dies sollte, speziell angesichts eines zu strengen TRIPS, nicht zu einem Aufschrei führen. Eine selektive, innerhalb eines vernünftigen Rahmens bleibende Zwangslizenznutzung durch Entwicklungsländer stellt die internationalen Firmen der Industrieländer nicht vor gravierende Probleme, auch diese These wurde an Beispielen belegt. Für viele Industriebereiche ist sichtbar, daß Firmen aus den Industrieländern hinsichtlich F&E Ausgaben übermächtig sind. Diesen wird durch das TRIPS eine noch größere Marktmacht zugewiesen. Und trotz positiver Effekte des TRIPS auf den Technologietransfer zu heimischen Zulieferern großer internationaler Firmen in Entwicklungsländern ist zu befürchten, daß erstere nur suboptimal in eine Erhöhung ihrer technologischen Fähigkeiten investieren werden. Dies ist selbst aus der Perspektive der internationalen Firmen, die in Entwicklungsländern investieren, problematisch, weil diese Kostensenkungen nur durch eine Lokalisierung der Produktion erreichen können, die nicht immer durch mitwandernde Firmen aus Industrieländern übernommen wird. *Eine Verringerung der Patentschutzfrist auf 15 Jahre ist dringend nötig und problemlos machbar, damit Firmen aus Entwicklungsländern auf einem höheren Niveau in die Verbesserung technologischer Fähigkeiten investieren.* Dadurch würde das Abkommen sachgerecht und die Welt würde ein höheres Wohlfahrtsniveau erzielen, nicht nur in Ländern, die dies

---

[8280] Weil die Wirtschaft keine Blackbox ist, ist empirisch zu erkennen, daß Wohlfahrts- und Effizienzsteigerungen verschenkt würden, wenn es zu einer extremen Verhinderung von Technologietransfer und zu einem weitgehenden Schutz des geistigen Eigentums kommen würde. Die dynamische Theorie kann empirisch erklären, warum bei einer dynamischen liberalen Wohlfahrts- und Effizienzsteigerung immer wieder dynamische Gleichgewichte gibt, die sich immer wieder auf einem neuen Niveau, nach einem Strukturwandel, etablieren. Diese Gleichgewichte würden sich anders und unter höheren Effizienzverlusten, etablieren, würde eine Wirtschaftsverfassung viele Möglichkeiten ausschließen, daß Verliererfirmen die Vorsprungsgewinne anderer Firmen einholen können. Und zwar simplerweise deshalb, weil dann viel weniger Kapitalanlagen langfristig erfolgreich durchgeführt werden könnten. Daß es überhaupt die Möglichkeit des Aufholens gibt, ist nichts anderes als die Art und Weise der Konkurrenz, wie sie innerhalb dieser Bedingungen der Wirtschaftsverfassung ermöglich wird. Es handelt sich hier nicht um eine kommunistische Garantie für den Bestand aller Firmen, sondern um ein risikomindernes Arrangement bei bestehender Marktkonkurrenz, wobei es empirische Anhaltspunkte gibt, daß nur so eine optimale Wohlfahrtssteigerung erzielt wird. Hier wurde ausführlich argumentiert und empirisch begründet, warum diese Vorstellung einer Wirtschaftsverfassung, die auf diese Weise dynamische Gleichgewichte fördert, vor anderen extremen liberalen Ideen vorgezogen wird.

dringend brauchen, wie Indien, Brasilien und China, sondern auch in den Industrieländern.[8281] Hier wird noch einmal an Zahlen erinnert, die oben genannt worden sind, beispielsweise, daß Indien ein BSP von US$ 793 Mrd. aufweist, nicht einmal doppelt soviel wie das Bundesland Nordrhein-Westfalen, mit Euro 481 Mrd.. Selbst China mit einem BSP von US$ 2200 Mrd. (kleiner als Deutschland mit 2800 Mrd.) erscheint gegenüber dem insgesamten BSP von US$ 27.000 Mrd. über welches die USA, EU und Japan verfügen nicht als Bedrohung (USA: US$ 12.400 Mrd.; EU: US$ 10.000 Mrd.; Japan: US$ 4.500 Mrd.), dies sind Zahlen für 2005.[8282]

TRIPS/AIDS. Gezeigt wurde, daß die WTO zwar die TRIPS Regeln modifiziert hat und das Gesundheitsinteresse an zentraler Stelle etabliert wurde. Zu einer zufriedenstellenden praktischen Lösung für die Bereitstellung von AIDS Medikamenten ist es noch nicht gekommen. Argumentiert wird hier, daß diese Frage, die über Leben und Tod vieler Menschen entscheidet, nicht im Sinne einer Abwägung, die auch wirtschaftliche Interessen in die Waagschale wirft, entschieden werden darf. Angesichts des Extremfalls einer globalen Pandemie muß sich in einer Abwägungsentscheidung für eine Seite entschieden werden können. Diesbezüglich hat es keine Bedeutung, soll aber doch erwähnt werden, daß empirisch nicht erkennbar ist, daß überhaupt wirtschaftliche Interessen gefährdet sind, wenn der Leser die Zahlen noch nicht gelesen hat, sei er hiermit gebeten, dies zu tun. *Die WTO verliert ihre Rechtfertigung, wenn sie diese Problemstellung nicht entschlossener im Einklang mit den Menschenrechten reguliert.* Zu weiteren Kritikpunkten, darunter auch an der Ausgestaltung des Patentrechts und der Patentqualität in Industrieländern, siehe Abschnitt 'J', TRIPS.

(4) Aus den empirischen Untersuchungen internationalen Handels, die schon oben dem Marktprinzip zugeordnet wurden, ergaben sich ebenso keine absoluten Schlußfolgerungen. Der internationale Handel kann *potentiell* und in vielen Fällen die Wohlfahrt der daran beteiligten Staaten steigern, speziell durch Spezialisierung und Intra-Industriehandel und die Möglichkeit, komparative Vorteile zu nutzen. Dies legt es nahe, daß der internationale Handel bzw. der Markt auch auf Weltniveau eine große Rolle spielen sollte. Das Meistbegünstigungsprinzip in Art. I und das Prinzip der Inländerbehandlung in Art. III des GATT ermöglichen die Aktualisierung komparativer und anderer Vorteile, schützen den Marktzugang und Wettbewerb und verunmöglichen es den Staaten über Gesetze oder behördliche Verfügungen ausländische Waren ungünstiger zu behandeln. Insofern ist es akzeptabel, wenn die WTO diese Prinzipien konsequent durchsetzt, solange andere Ausnahmen verbleiben.

[8281] Die obige Forderung ist moderat und sollte umgehend umgesetzt werden. Von Rodrik et al. (2005) wird dagegen eine Abschaffung des TRIPS Abkommen gefordert. Rodrik et al. 2005: 9. Schon früh wurde von ihm darauf hingewiesen, daß reiche und arme Länder unterschiedliche Verpflichtungsniveaus benötigen. Rodrik 2001: 29. Gefordert wird in der Literatur weiterhin eine Erleichterung der Bedingungen für die Zwangslizenzbeantragung. Eine Forderung der Verkürzung der Patentlaufzeit findet sich nicht in Stiglitz/Charlton (2005), es müsse aber eine neue Balance etabliert und das Nord-Süd 'knowledge gap' beachtet werden. Stiglitz/Charlton 2005: 141-146. Bhagwati anerkennt die positiven Wirkungen der Wissensdiffusion (dies ist für einen Neoklassiker wie ihn bemerkenswert) und schreibt folgendermaßen: "In particular, (1) TRIPs should not be in the WTO at all, (2) twenty-year patents at the WTO are excessive, and (3) access to the generic drugs produced in developing countries, such as India and Brazil, that have manufacturing capacity should be freed for the poor countries, such as Botswana, that do not have such capacities but have medical emergencies such as AIDS, as certified by the WHO, for example." Bhagwati 2004: 184-185.
[8282] GDP, current U$. World Bank Data Profile USA, EU, Japan, India, China, Zahlen für 2005; NRW Informationen 2007.

Eine Wohlfahrtsgarantie bietet der internationale Handel nicht: In bestimmten Fällen kann der internationale Handel durch direkte Konkurrenz auch Entwicklungschancen verhindern und bestehende wirtschaftliche Werte d.h. nicht nur Kapitalinvestitionen, sondern auch technologische Fähigkeiten in einem weiteren Sinne, wie Fähigkeiten zum Management, entwerten. Auch dies ist eine Wirkung verbindlicher Zölle und von der Meistbegünstigung in Art. I und der Inländerbehandlung in Art. III des GATT. Die Diskussion um die Exportorientierung zeigt weiterhin, daß es denkbar ist, daß der Markt durch staatliche Interventionen in einigen Bereichen der Wirtschaft ergänzt werden kann, mit effizienz- und wohlfahrtssteigernden Effekten. Wie dem auch sei, eine Politik der Exportorientierung ist in der Lage, Probleme, die mit staatlichen Interventionen verbunden sind und solche, die mit einer Importsubstitutionspolitik ausgelöst werden, zu bearbeiten. Sie erleichtert die Integration in den internationalen Handel und läßt positive Effekte der Liberalisierung wirksam werden. Als <u>viertes, wichtiges Prinzip</u> wird hier somit die Politik der moderaten Exportorientierung angesehen, welche durch eine angemessene Wechselkurspolitik Anreize für Exporte etabliert, durch Zollsenkungen Inputgüter verfügbar macht und ein moderates Zollniveau bei selektiven Interventionen anstrebt. Dieses Prinzip stützt die WTO durch ihre verbindlich festlegbaren Zollsenkungen, die Streitbeilegung zum Thema Meistbegünstigung und Inländerbehandlung und die Regeln für Exportsubventionen, die einen angemessen niedrigen Wechselkurs längerfristig erforderlich machen. Neben dieser liberalisierenden Wirkung bleiben gewisse Ausnahmen für Schutz- und Subventionierung bestehen. Diese sind aber ebenso regelgebunden. Dies korrespondiert gut damit, daß hier als <u>fünftes, wichtiges Prinzip</u> festgehalten wird, daß selektive, staatliche Interventionen gemäß der dynamisch ordoliberalen Theorie kritisch realistisch untersucht werden müssen. Ob Marktversagen vorliegt und ob die begründete Chance besteht, durch die Interventionen oder Schutz Effizienz- und Wohlfahrt zu maximieren oder 'passiv' unnötige Wohlfahrtsverluste zu vermeiden, hängt von einer Reihe von Faktoren ab, darunter der Beachtung der vier hier schon erwähnten Prinzipien. Der Erfolg einer Maßnahme wird wahrscheinlicher, wenn sie innerhalb eines exportorientierten Politikumfeldes stattfindet und keine breite Abkehr vom Marktprinzip erfolgt. Wenn es Anzeichen für eine Interessengruppennutzung gibt, die keine exportorientierte Entwicklung anstrebt, sondern Renten erwirtschaften will, sollten die Intervention nicht erfolgen. Schließlich ist ein anpassungsförderliches Umfeld sicher hilfreich.[8283]

Liberalisierung. Die WTO ist aus der Perspektive der Politik der Exportorientierung gesehen 'second best', weil sie die Staaten nicht direkt dazu bringen kann, eine exportorientierte Politik einzuschlagen. Und IWF/Weltbank sind nicht 'first best', weil sie ihre extrem liberalen Politiken mit wohlfahrtsmindernden Wirkungen durchsetzen wollen. Die WTO kann immerhin für eine Rationalisierung der Außenhandelspolitik und eine Absenkung des Zollschutzes sorgen, Politikelemente der Exportorientierung und des partiellen Zurückdrängens von Interessengruppen.

[8283] Das wirtschaftspolitische Konzept der Exportorientierung wurde in Abschnitt 'G' empirisch untersucht und erläutert. Eine extreme Politik der Exportorientierung wird dort nicht in allen Fällen abgelehnt. Eine moderate Politik der Exportorientierung kann aber ebenso optimal wohlfahrtssteigernd wirken. Die obigen beiden Prinzipien werden u.a. durch diesen Abschnitt gestützt.

Negativ muß bewertet werden, daß die WTO keinen 'Stop'-Knopf besitzt, der Verhandlungen zu immer weiteren Zollsenkungen aussetzen würde, wenn diese wirtschaftspolitisch nicht mehr sachgerecht wären, etwa weil bestimmte Sektoren, die noch umstrukturiert werden können, dadurch gefährdet würden oder es so verunmöglicht wird, 'passiv' wenigstens einige Sektoren vor der Weltmarktkonkurrenz zu schützen, wenn gleichzeitig Exportorientierung erfolgt. Derzeit wäre es etwa nicht wirtschaftspolitisch sachgerecht, den gesamten Kapitalgütersektor in Indien plötzlich der Weltmarktkonkurrenz auszusetzen, ohne vorher eine Umstrukturierung und Verbesserungen der mittleren technologischen Fähigkeiten durchzuführen, wodurch wenigstens einige dieser Firmen weiter am Markt vertreten bleiben können.[8284] Dessen ungeachtet wird eine solche Liberalisierung allerorten gefordert, von Vertretern der Wirtschaftswissenschaften als selbstverständlich angesehen[8285] und die Rechtswissenschaft stimmt dem oftmals unkritisch zu.

Zahlungsbilanzregeln. Weitere WTO Regeln wirken interessanterweise indirekt in Richtung einer Exportorientierung. Die Regeln für Zahlungsbilanzausnahmen wirken hin auf eine frühe Abwertung der Währung und einer Aufrechterhaltung hoher Importe, welches eine Überbewertung der Wechselkurse weniger wahrscheinlich macht. Wiewohl hier *größere Spielräume für Zahlungsbilanzmaßnahmen gefordert werden*, wird diese Wirkungsrichtung als positiv angesehen.

Schutzmaßnahmen zur staatlichen Förderung der Industrialisierung in den Entwicklungsländern. Der dazu gedachte Art. XVIII.C ist kaum benutzbar, weil Konsens im diesbezüglichen Ausschuss herrschen muß und derzeit nicht erkennbar ist, daß die Industrieländer bereit sind, solche Zustimmungen zu geben. Deshalb müssen Entwicklungsländer, die niedrige verbindliche Zölle festgelegt haben, die Schutzklausel oder Antidumpingmaßnahmen einsetzen, wenn ihnen eine höherer Schutz notwendig erscheint. Die Schutzklausel wurde vom AB als außerordentliche Abhilfemaßnahme angesehen und streng von der Streitbeilegung überprüft. Antidumpingmaßnahmen ermöglichen größere Spielräume, sind aber ebenso nicht einfach einsetzbar,

---

[8284] Dies ist unmittelbar einsichtig anhand den Informationen zu Indien Abschnitt 'F', Punkt 4.2.1. Studien über Effekte der Liberalisierung zeigen teils erhebliche Outputrückgänge in Sektoren, die für die Industrialisierung eines Landes wichtig sein können. Siehe: Abschnitt 'D', Punkt 6, Heckscher Ohlin Modell. Die Neoklassik bzw. extrem liberale Theorie fordert dagegen, daß nationale Märkte ungeschützt bleiben, wodurch sie wohlfahrtsmindernde Interessengruppenpolitik betreiben, weil dies dazu führen würde, daß die meist internationalen Firmen aus den Industrieländern die Industriebereiche durch Direktinvestitionen unter sich aufteilen und der dynamische Entwicklungsimpuls nicht so optimal ist, wie wir im ersteren Szenario, welches eine Kombination ausländischer Direktinvestition und einem Wachstum nationaler Firmen beschreibt. In der vereinfachten Sicht der extrem liberalen Theorie würde weiterhin eine Neuausrichtung auf komparative Vorteile gefordert, die oft in arbeitsintensiven Bereichen angesiedelt werden. Dies ist beispielsweise für ein Land wie Indien nur partiell sinnvoll und somit eine falsche Politikempfehlung. Dagegen hat sich Indonesien auf seine naheliegenden komparativen Vorteile im rohstoff- und arbeitsintensiven Bereich spezialisiert, was hier nicht abgelehnt wird. Es wird aber bei einer Bevölkerungszahl von 220 Millionen als Marktsagen angesehen, daß der verarbeitende Sektor dort eine viel zu geringe Rolle spielt. Zu Indonesien Abschnitt 'G', Punkt 5.
[8285] Auch die kritischen Stiglitz/Charlton (2005) sprechen sich, ohne auf Länderinformationen wie oben erwähnt, zurückzugreifen, für eine zunehmende Liberalisierung aus. Zwar betonen sie zuerst einmal, daß Zölle der erfolgreicheren Entwicklungsländer absinken müssen, um kleinere Entwicklungsländer mitzuziehen (sog. Doha Market Access Proposal), wofür die erfolgreichen Länder freien Zugang zu den Märkten der Industrieländer bekommen. Weiterhin wird aber Liberalisierung generell als wohlfahrtssteigernd angesehen und weitere Liberalisierungsschritte eingefordert. Stiglitz/Charlton 2005: 94-103, 124-126. Dies mag oft so sein, derzeit scheint es aber so, daß die Liberalisierungsdynamik eine Pause verkraften kann. Zudem überzeugt es nicht, in der kritischen Literatur solche Thesen ohne weitere Informationen bzw. genaue Länderstudien aufzustellen. Siehe zu dieser Thesen, mit weiteren Informationen u.a. zu Äthiopien, Vietnam und Argentinien: Hermanns 2005c: 15-30.

weil die Entwicklungsländer oftmals die Untersuchungen nicht qualitativ ausreichend durchführen können, sodaß sie ein negatives Urteil der Streitbeilegung befürchten müssen. Wie bereits erwähnt, ermöglichen die Regeln nur noch dann Schutz für bestehende Industriebereiche, wenn deren Marktanteile auf dem heimischen Markt durch Importe zurückgedrängt wurden, um diesen eine zweite Chance durch Umstrukturierung zu ermöglichen. Ein Schutz für eine im Aufbau befindliche Industrie, deren gerade aufgebaute Kapazitäten aufgrund von bereits bestehenden Importe wenig ausgelastet sind, wird nicht akzeptiert. Somit sieht die Situation der Entwicklungsländer in dieser Hinsicht nicht sehr rosig aus, speziell für solche Ländern, die viele ihrer Zölle verbindlich und auf niedrigen Niveaus festgelegt haben. Es wäre damit sachgerecht, in die WTO *neue, spezielle Ausnahmeregeln für den Aufbau heimischer Industrien zu integrieren*, wenn diese etwa dynamisch wirtschaftswissenschaftlich begründet werden können, zeitlich oder numerisch begrenzt würden.[8286] Von Rodrik (2001) wird ein Agreement on Developmental and Social Safeguards vorgeschlagen.[8287] Auch die liberal ausgerichtete Literatur diskutiert diese Fragestellung.[8288]

Hier wird zudem vorgeschlagen, eine passiv ausgerichtete Schutzklausel für 'schwache' Länder und 'schwache' Industrien zu etablieren, welche durch ein simples Kriterium wirtschaftlich sachgerecht beschränkt werden könnte: Nämlich durch die Bedingung, daß mindestens 60 % der sonstigen

---

[8286] Grenzen und/oder Kriterien werden benötigt, weil die WTO keine unlimitierten Spielräume zulassen kann, weil dann das Risiko besteht, daß die Balance der Rechte und Pflichten nicht mehr gewahrt werden könnte, Verhandlungen verunmöglicht würden und u.a. die Industrieländer wieder Grund zu protektionistischen Maßnahmen hätten.

[8287] Dieser Vorschlag ist zu breit angelegt, u.a. weil er Verteilungswirkungen einbezieht. Als Absicherung gegen einen möglichen protektionistischen Gebrauch wird eine öffentliche Debatte vorgeschlagen. Es wird zugestanden, daß dieser Vorschlag mit Risiken verbunden ist. Rodrik 2001: 31-32.

[8288] Von Stiglitz (2006) werden Erziehungszölle diskutiert und, gegenüber einen rein liberalen Szenario, verteidigt. Stiglitz 2006: 70-73. In einer aktuellen Publikation aus dem liberalen Umfeld der Weltbank findet sich folgender Satz, der partiell eine dynamische Argumentation enthält: "If infant industry protection is to be granted on grounds of market imperfections and dynamic external economies of scale, two conditions that could be attached are worth bearing in mind. First, a timetable for the reduction and eventual elimination of restrictions should be spelled out in advance, in order to motivate firms to catch up in terms of productivity and competitiveness. Second, if firms fail because they cannot compete when protection is relaxed, they should be allowed to go out of business. If limits to protection are not clearly specified, rent-seeking behaviour will set in, with all the associated deadweight costs for the economy in terms of wasted resources, higher prices, lower quality, and reduced choice. It must be clear that, at a certain point, domestic producers are required to compete. SDT provisions could be designed in a calibrated manner to meet these conditions in a manner consistent with development needs." Keck/Low 2006: 163. Im selben Artikel wird allerdings bezweifelt, daß Koreas Industriepolitik erfolgreich war und es wird prognostiziert, daß Mauritius Erfolg in Zukunft unmöglich sei, weil Präferenzen unwichtiger werden. Damit wird die neoklassische, skeptische Haltung gegenüber staatlichen Interventionen unterstrichen. Keck/Low 2006: 164. Hoekman (2004, 2005), ebenso aus dem Umfeld der Weltbank, würde sich wünschen, daß es zu einem "cooperative approach" kommen würde. Entwicklungsländer sollten im Sinne ihrer Maßnahmen plausibel darlegen ("clearly identify the underlying objectives") und würden dann an diesen Erwartungen gemessen, wenn die eingeräumte Flexibilität im weiteren Verlauf multilateral überprüft wird. Dabei könne sich 'soft law' entwickeln, welches Maßnahmen anhand von 'good practices' überprüft, welche von Land zu Land unterschiedlich sein können. Hoekman 2005: 230-234. Siehe das Zitat: "A more economically based discussion of instances where countries are not in conformity with WTO rules could help enhance such ownership. That is, rather to invoke the (immediate) threat of a panel, a more cooperative approach could be envisaged that is geared towards assisting countries attain their objectives in an efficient manner as opposed to one that is aimed solely at safeguarding or attaining market access or minimizing negative terms of trade externalities. An important corollary of such an approach would be greater accountability of governments for performance and outcomes - a determination of whether the policies are used are effective." Hoekman 2005: 233. Im Bericht 'Trade for Development' des 'Millenium Project' der VN werden Erziehungszölle abgelehnt: "From an economic viewpoint, the drafters of the GATT were therefore justified in placing relatively stringent conditions on the use of trade policy for industrial development purposes, and in particular, on being most restrictive on the use of quantitative restrictions and local content requirements." Zedillo et al. 2005: 220. Stiglitz/Charlton (2005) stufen diesen Bericht als "neo-liberal view of special and differential treatment" ein. Stiglitz/Charlton 2005: 91.

Wertschöpfung eines Landes niedrigen Zöllen ausgesetzt sein muß, um Exportorientierung zu ermöglichen.[8289]

Ähnlich sachlich argumentiert Stevens (2002), der bezug auf die Debatte über die Sonder- und Vorzugsbehandlung von Entwicklungsländern (special and differential treatment, 'SDT') bemerkt, daß jedes Land anders sei ("one size *does not* fit all"[8290]). Es sei aber möglich, nach sachlichen Kriterien eine Ländergruppe auszuwählen, welche besondere Regeln in Anspruch nehmen dürfe.[8291]

Die Einsicht, daß Entwicklung weiter ein Ziel sein kann, welches Ausnahmen erfordert, gibt es heutzutage noch: In den EU-Mittelmeerabkommen finden sich 'infant industry'-Klauseln.[8292] Eine solche Ausnahme würde es erleichtern, *Antidumpingzölle engeren Regeln auszusetzen*, weil die Proliferation der Antidumpingmaßnahmen, wenngleich ihre Schutzwirkung in einigen Fällen entwicklungspolitisch positiv bewertbar sein mag, in vielen Fällen aus der Effizienz- und auch Wettbewerbsperspektive problematisch ist. Schutz wird somit von den WTO Regeln nicht verunmöglicht, aber auf den bestehenden Zollschutz und die - zunehmend regelgebundenen - Schutzmaßnahmen beschränkt. Die einzige, darüberhinaus verfügbare Möglichkeit, staatlich in die Wirtschaft zu intervenieren sind Subventionen:

Subventionen und Ausgleichsmaßnahmen. Die WTO Subventionsregeln ermöglichen staatliche Interventionen in Form von Subventionen, solange sie ein bestimmtes Niveau nicht überschreiten. Das Niveau ab denen die Regeln wirksam werden, ist schwer genau zu definieren, moderat hohe Subventionen scheinen weitgehend unangreifbar zu sein. Ebenso klar ist, daß die WTO Subventionsregeln in der Lage sind, einen Subventionswettlauf mit hohen Subventionssummen zu stoppen, sichtbar an der erfolgreichen Klage Brasiliens gegen die schrankenlos gestiegenen Baumwollsubventionen der USA. Letztere Funktion der Subventionsregeln ist *uneingeschränkt zu begrüßen*.

[8289] Ein solcher Vorschlag würde von der neoklassischen Schule ungern befürwortet. Warum? Weil auf lange Sicht eine nur eine vollständige Liberalisierung eine verbesserte Ressourcenallokation garantiert und Ausnahmen deshalb generell temporär sein müssen: "Despite the gains from an improved allocation of resource in the long run, liberalization may imply hardships stemming from changes in production patterns. This is why temporary exceptions may be necessary even in areas in which the economic case for trade policy measures is weak. But in order to ensure predictability and provide the incentive to undertake reform, not merely postpone the day of reckoning in the hope of further extensions, a clear deadline for temporarily authorized trade-distorting measures must be set." Zitat reproduziert ohne den dort enthaltenen Verweis auf eine Publikation. Keck/Low 2006: 172.
[8290] Herv. im Original. Stevens 2002: 6.
[8291] Stevens (2002) diskutiert Ausnahmeregeln für Agrarsubventionen. Er nutzt eine Reihe von Kriterien, nicht allein Ländergröße, sondern auch Kalorienversorgung, Abhängigkeit von Nahrungsmittelimporten, Grad der Exportdiversifizierung, Anteil an den Weltexporten, Anteil der Landwirtschaft am BSP und große Verwundbarkeit gegenüber Weltmarktpreisschwankungen, um eine Ländergruppe auszuwählen, deren Nahrungsmittelsicherheit besonders prekär ist und welche deshalb Spielräume bezüglich Subventionierung sinnvoll einsetzen könnten. Stevens 2002: 7. Auch von Keck/Low (2006) wird dieser Vorschlag positiv rezipiert, auch deshalb, weil schon bei einem geringen Anteil an den Weltexporten die Sonderbehandlung nicht mehr gültig wäre und damit eines ihrer Kriterien erfüllt ist, daß Subventionen kein anderes Land ungünstig beeinflussen dürfen. Keck/Low 2006: 170, 177. Letztere Position steht nicht im Einklang mit der dynamischen Theorie, die erst bei merklichen Effekten von Subventionen nervös wird, nicht aber bei moderaten Effekten. Dazu mehr im Verlauf des Textes.
[8292] Siehe Abschnitt 'J', Punkt 5, Staatliche Förderung wirtschaftlicher Entwicklung. Eine solche begrenzte, regelgebundene Ausnahme könnte in Form einer Entwicklungsschutzklausel etabliert werden, weil dies systematisch gut zu den WTO Regeln passen würde. Auch der Vorschlag zu einer Schutzklausel für 'schwache' Industrien wurde in Abschnitt 'J', Punkt 6.8, Fazit Schutzklausel gemacht.

Aus dynamisch ordoliberaler Sicht, sind diese *Subventionsregeln für die Industrieländer zu flexibel,* weil in diesen Ländern selbst moderate Subventionen kaum sachlich wirtschaftswissenschaftlich begründet werden können. In den Industrie- und Entwicklungsländern ist weiterhin eine Nutzung von moderaten Subventionen durch Interessengruppen, die wenig zur Wohlfahrtssteigerung beitragen, denkbar, welches mit den bestehenden Regeln nicht verhindert werden kann. Wie dem auch sei, die Regeln sind insofern sachgerecht, weil es eine Abstufung der Subventionsdisziplin gibt, bei der die *Entwicklungsländer eine Sonderbehandlung* erfahren.[8293] Eine WTO Klage gegen die Entwicklungsländer wird zwar nicht verunmöglicht, die Schwelle aber höher gesetzt und durch den Heimatmarktfokus der Klagemöglichkeit, siehe die Details in Abschnitt 'J', die Möglichkeit eröffnet, durch eine frühe Ausrichtung auf den Weltmarkt einer Klage auszuweichen. Dieser indirekte Anreiz zur Exportorientierung wird hier begrüßt. Wird aber die höhere Schwelle überschritten, bleibt es sogar denkbar, daß ausländische Direktinvestitionen in Entwicklungsländern vor längerfristigen Marktverwerfungen durch Subventionen durch die Drohung oder eben Durchführung einer WTO Klage - mittelbar - geschützt werden. Mittelbar deshalb, weil Importe derselben Waren in das Land vorliegen müssen und die Wirkung der Subventionierung daran aufgezeigt werden muß, um eine erfolgreiche Klage vorlegen zu können.

Hier wird es als *positiv angesehen, daß eine Subventionsvergabe nicht vollständig verunmöglicht worden ist,* wenngleich auch Interessengruppen zu den Nutzern gehören werden. Gelingt es, Subventionen sachgerecht, in einem exportorientierten Umfeld, in einem mittel- bis großen Entwicklungsland einzusetzen und dadurch etwa partiell eine Umstrukturierung oder Modernisierung von Firmen zu unterstützen, ist es, im großen und ganzen - obwohl auch Fehlschläge zu erwarten sind - am Ende der Aufrechnung denkbar, daß auf diese Weise eine weltweit optimalere Wohlfahrtsteigerung zu erreichen ist, verglichen mit einem vollständigen Subventionsverbot.[8294] Sind

---

[8293] In diesem Sinne auch Rodrik (2001): "For example, poor nations might be allowed to subsidize industrial activities (and indirectly, their exports) when this is part of a broadly supported development strategy aimed at stimulating technological capabilities." Rodrik 2001: 31. Dynamisch argumentiert für Industriepolitik, angesichts von Marktversagen, im Sinne der hier in Abschnitt 'E' verwendeter Argumentation: Rodrik 2004: 3-16. Dies wird gestützt von Stiglitz/Charlton 2005: 90. Einer dieser Autoren grenzt sich von umfassenden staatlichen Eingriffen ab: "Modern industrial policy is not involved in micro-management of the economy." Stiglitz 2005: 28. Denkbar sei auch eine "negative industrial policy", die etwa Spekulation bei Immobilien verhindert. Stiglitz 2005: 2. Subventionsregeln wären sachgerechter, wenn sachlich überprüft werden würde, ob Subventionen in einer aus dynamischer Sicht funktionierenden Wirtschaft vergeben werden oder in einer Wirtschaft, welche eher von Marktversagen geprägt ist. Diesbezüglich wäre ein Graduierungsprozess denkbar, der erfolgreiche Schwellenländern nach einiger Zeit als Industrieländern einstuft. Problem bleibt, daß Graduierung in der WTO bislang nicht sachlich erfolgte, sondern durch politische Verhandlungen beeinflußt wird. Daß Subventionen ohne wirkliche Chance auf Erfolg auf Geheiß von Interessengruppen vergeben werden, ist sowohl in den Entwicklungsländern als auch in den Industrieländern und in beiden Ländergruppen schwer zu verhindern bzw. zu überprüfen, wiewohl Kriterien durchaus bestehen. Für die Industrieländer wird in Abschnitt 'E', Punkt 7 und 8, aus empirischen Gründen bezweifelt, ob Subventionen für F&E und für die Regionalförderung pauschal begründbar sind. Siehe zur Debatte um die Graduierung etwa Keck/Low 2006: 156.

[8294] Ein solches Subventionsverbot ist immer noch im Sinne liberaler Denker: "There is no reason to believe that a downward spiral of subsidy competition would not set in among developing countries. Even under purely domestic considerations, subsidies may frequently not be the best instrument to achieve some of the objectives commonly advanced by developing countries." Keck/Low 2006: 170. Interessant ist, daß davon eine abgestufte Ausnahme gemacht wird, zuerst einmal für Zollrückerstattungen bei der Exportproduktion und zweitens Export Processing Zones, also Zonen, die unter der klaren Erwartung stehen, Exporte zu generieren. Hier wird zudem gewünscht, daß diese bald mit der sonstigen Wirtschaft integriert werden, wie in Brasilien erfolgt. Keck/Low 2006: 170. Siehe dazu auch die Kritik am SCM, weil es Ausgleichszölle bei Zollrückerstattungen weiter erlaubt: Abschnitt 'J', Punkt 8.3.2, Punkt 8.5.3 und Punkt 8.6. Die extrem liberale Position

Subventionen erlaubt, haben die finanzkräftigen, großen Entwicklungsländer und die Länder, die reich an Bodenschätzen sind, eine bessere Ausgangsposition. Dies ist schwer zu ändern und es kann nur gehofft werden, daß diese Länder moderat hohem Zollschutz aufweisen und durch ihr Wachstum kleinere Nachbarländer mitziehen, die durch ihre kleinen Märkte mehr Schwierigkeiten haben, bei kapitalintensiveren Industrien mitzuhalten. Wiewohl es somit denkbar ist, die WTO Subventionsregeln sachgerechter auszugestalten, ist somit offen sichtbar, daß SCM Art. 6.1, der weggefallen ist, eine viel zu strenge Regelbindung dargestellt hätte. Denkbar wäre es in Zukunft sektorale Subventionsabkommen auszuhandeln, die über anders strukturierte Regeln verfügen, dringend nötig im Bereich der Fischereisubventionen. Schließlich könnte es im gemeinsamen Interesse liegen und sachlich angemessen sein, sich in einigen Jahren innerhalb einer Gruppe erfolgreicher Länder auf eine strengere Subventionsdisziplin zu einigen, beispielsweise wenn Länder wie Indien und China in den nächsten zwei Jahrzehnten dynamisch gewachsen sind und über ein funktionsfähige, differenzierte Industriestruktur verfügen. Verhandlungen über Subventionen finden zudem beständig in Foren wie der OECD statt. Ein vollständiges Subventionsverbot wird hier auch deshalb abgelehnt, weil dies die Marktmacht bestehender Firmen erhöht, denn es würde verunmöglichen in einer Krise einem angeschlagenen Wettbewerber eine weitere Chance zu geben.[8295] Im Punkt zu Subventionen und Ausgleichsmaßnahmen wird an einer Klage der EU gegenüber Korea gezeigt, daß es bereits heute dem Wunsch der Firmen entspricht, extreme Krisen zu ihrem Vorteil zu nutzen. In dieser Klage argumentierte die EU, weitgehend erfolglos, daß die Rettungsmaßnahmen der koreanischen Banken für die Schiffbauindustrie während der Asienkrise Ende der neunziger Jahre einen Verstoß gegen die WTO SCM Regeln darstellten.

Viele Spielräume für eine Industriepolitik gibt es in der WTO somit, systematisch gesehen, nicht mehr, wenigstens dann, wenn die Zölle weitgehend abgesenkt wurden. Die strenge Auslegung in den Bereichen Meistbegünstigung und Inländerbehandlung führt weiterhin nämlich dazu, daß - kostengünstige - rechtlich und faktisch die heimische Industrie bevorteilende Gesetze und sonstige Maßnahmen vor der Streitbeilegung nicht mehr Bestand haben. Und wenn die Kriterien bei Schutzklausel und Antidumping nicht erfüllt sind, weil die heimische Industrie keine Schädigung aufweist, dürfen diese Maßnahmen ebenso nicht genutzt werden. In diesem Fall sind moderat hohe Subventionen (von Steuerausnahmen für Firmen ohne Exportbezug einmal abgesehen), die einzig verbliebene mit den WTO Regeln vereinbare Form über staatliche Interventionen zu bewirken, daß Industrien neu aufgebaut, in ihrer Kapazität ausgeweitet oder anderweitig gestützt werden. Dadurch ergibt sich der Nebeneffekt, daß es sowohl für die Industrie- als auch Entwicklungsländer teurer wird, heimische Industrien zu fördern. Damit verfügt die WTO über eine zusätzliche, wirkungsvolle

---

lautet wie folgt: "For rules on traditional trade policies (tariffs, quotas, subsidies, and so on), exemption is unlikely to encourage the development of efficient policies. Additional freedom to use bad policies promises few development gains, and risks harming other developing countries (through subsidy wars)." Zedillo et al. 2005: 228. Nicht sehr klar bezüglich Subventionen äußern sich Stiglitz/Charlton 2005: 134. Sie fordern weiterhin strenge Regeln für Investitionsanreize. Stiglitz/Charlton 2005: 134.
[8295] Ähnlich wie schon bei der Wissensdiffusion wird hier argumentiert, daß die Ermöglichung moderater Subventionen eine normativ begrüßenswerte Wirkung hat, über die sich die Wettbewerbspolitik freut, weil sie deren Ziele unterstützt. Subventionen können, wenn etwa die Rettung einer Firma gelingt, die noch über wirtschaftliche Werte verfügt, verhindern, daß sich weite Oligopole allzuschnell in enge Oligopole verwandeln, mit den damit einhergehenden Einbußen in Wettbewerbsintensität.

'heimliche' Agenda des Subventionsabbaus und Verteuerung der Industriepolitik, im Sinne des Abbaus kostengünstiger, die heimische Industrie bevorzugender rechtlicher oder administrativer Regulierungen.

Schließlich besteht durch die Ausgleichszölle nun schon seit mehr als einem Jahrhundert eine dezentrale Subventionsdisziplin, wodurch sich die Industrieländer (aber auch die Entwicklungsländer untereinander) die Möglichkeit eingeräumt haben, privatisierten, umstrukturierten und mit marginalen Zoll- oder Steuervorteilen ausgestatteten Firmen in anderen Ländern das Leben schwer zu machen, indem über den Subventionsvorwurf Ausgleichszölle begründet werden, wenn eine Einfuhr dieser Waren erfolgt. Eine Reform dieses Abkommens muß dringend erfolgen, weil diese Maßnahmen schon bei geringen Subventionen etabliert werden können, die aus dynamischer Perspektive nicht als ausschlaggebend für den späteren Firmenerfolg angesehen werden müssen. Dazu kommt, daß sich hier Unsicherheiten über den Entscheidungsmaßstab gezeigt haben, sodaß auch in Zukunft für diesen Bereich zu erwarten ist, daß 'schwach' argumentierte Fälle vor 'schwachen' Panels Bestand haben und, wie im letzten hier beschriebenen Fall, sogar - ausnahmsweise - der AB 'schwach' wird. Problematisch ist dies, weil Firmen aus Industrieländern Ausgleichszölle dazu nutzten Wettbewerber im Krisenfall, wenn Subventionen zur Rettung von Firmen nötig sind, anzugreifen, teils sogar weltweit koordiniert, wobei es gelang, die Märkte in den USA, der EU und in Japan gleichzeitig mit Zöllen zu versehen. Die Streitbelegung muß in der Lage sein, solche Ansinnen, zumal wenn sie nicht überzeugend begründet sind, in die Schranken zu weisen. Der Normalfall der Ausgleichszölle wurde bislang nicht vor der Streitbeilegung verhandelt: So werden Ausgleichszölle in der EU damit begründet, daß Indien Firmen durch die Anlegung eines Industrieparks subventioniert hat. Solche offenkundig unfairen und sachlich nicht begründbaren Ausgleichszölle sind dazu geeignet dynamische Entwicklungen zu verhindern. Bei der *dringenden Reform der Ausgleichszollregeln bieten sich deutlich höhere Schwellenwerte als einfache und sachlich überzeugende Lösung an*. Denn eine moderate Subvention bedeutet noch lange nicht Weltmarkterfolg, hier steht immer eine Firma mit vielschichtigen Fähigkeiten dahinter, welche nicht alle auf eine Subventionierung zurückgeführt werden können. Weiterhin wäre es sinnvoll, wenn die Industrieländer *eine Friedensklausel mit einem mehrjährigen Verzicht auf die Nutzung dieser Maßnahmen anböten*, um dynamisches Wachstum und auch Umstrukturierungen in Entwicklungsländern zu beschleunigen.[8296]

Exportsubventionen werden vor allem für fortgeschrittene Entwicklungsländer in ihrer Nutzung erschwert, für ärmere Länder gibt es noch Spielräume. Die Diskussion in Abschnitt 'J' wird hier nicht wiederholt. Der indirekte Regeleffekt des Auslaufens von Exportsubventionen, nämlich die Erschwerung einer Währungsaufwertung wird aus der Sicht der Exportorientierung positiv bewertet. Spielräume für sehr arme Länder sind nötig, da diese von bestimmten Exporteinnahmen abhängig

---

[8296] Ein solcher Vorschlag wurde während der Doha Verhandlungen gemacht. So, ohne Referenzen, Keck/Low 2006: 169. Ohne Begründung wird dieser Vorschlag abgelehnt von Keck/Low 2006: 169. Indien engagierte sich in Lobbyarbeit, um eine 2-jährige Aussetzung von Antidumpingmaßnahmen ab 2005 zu erreichen. Narayanan 2006: 1094.

sind, die, wenn Probleme auftreten, durch Exportsubventionen aufrechterhalten werden müssen.[8297] Soviel zum Hauptkorpus der WTO Regeln, für Details siehe Abschnitt 'J'. Zur WTO Haltung zu Präferenzregimen und Ursprungsregeln im nächsten Punkt.

Abschließend sei vermerkt, daß hier nichts Unmögliches gefordert wird: Fünf gewichtige Prinzipien, die eine klare Tendenz aufweisen und konkreten Politikvorgaben nach sich ziehen, drei Lektionen aus der Geschichte und ein Eindruck davon, wie die Dynamiken der Weltwirtschaft verfaßt sind, werden benutzt, um eine Bewertung vorzunehmen, wobei auf den bestehenden sachgerechten Regeln aufbauend, die Modifikation einzelner Regelbestandteile als wohlfahrtsfördernd angesehen wird. Dies an die Adresse der Personen, die den Eindruck haben, hier würde Komplexität gepredigt, hierzu gleich noch mehr.

4. Wirtschaftspolitik in Entwicklungsländern

Für die Entwicklungsländer wird die Erkenntnis gestützt, daß eine hohe Qualität der Institutionen nötig ist, um das Gemeinwohl zu befördern. Diese ursprünglich ordoliberale Einsicht ist mittlerweile auch in extrem liberalen Kreisen akzeptiert. Die dynamisch ordoliberale Theorie ist weiterhin in der Lage - genauso wie die neoklassisch liberale Theorie - konkrete Politikvorgaben für Entwicklungsländer zu geben. Auch eine moderat durchgeführte Politik der Exportorientierung hält eine Integration in den internationalen Handel für erstrebenswert. Es muß aber weiter möglich bleiben, daß ein Entwicklungsland 'passiv' Wohlfahrt und bestimmte Sektoren erhält, solange in der Mehrzahl der Bereiche Wettbewerb zugelassen wird. Mit Buffie (2001) wird hier der Stand der Dinge einer kritischen, moderateren Entwicklungsökonomie zusammengefaßt:

"It can be said with some assurance that extreme protectionist policies are economically harmful. But the case for free trade is not airtight, and there is not general theoretical presumption that the market failure common in LDCs favor an export-oriented rather than an import-substituting trade strategy."[8298]

Der von ihm berechnete Importsubstitutionsschutz ist nicht so hoch, wie der Leser womöglich erwartet. Die Modelle in Buffie (2001) zeigen, daß zuerst einmal eine Zolleskalation wohlfahrtserhöhend sein kann, wenn Importe von Maschinen, Ausrüstung und Inputgütern gering besteuert, aber Konsum- und Endprodukte höheren Zöllen ausgesetzt werden. Bei extremer Arbeitslosigkeit und fehlenden Investitionen können, höchstens, Zölle von 20 % bis 25 % auf

---

[8297] Hier wird diese Option ähnlich skeptisch gesehen, wie in der neoklassischen Literatur, es wird aber, genauso wie oben der Verfasser, als denkbar angesehen, eine nach sachlichen Kriterien definierte Ausnahmegruppe zu finden, die besonders schwache Ländern einbezieht, siehe Keck/Low 2006: 165-166. Von Keck/Low (2006) wird u.a. nur bei minimal verzerrenden Maßnahmen kleiner Länder eine Ausnahme gemacht und interessanterweise bei Export Processing Zones. Diese Diskussion kann hier nicht geführt werden. Keck/Low 2006: 170.
[8298] Buffie 2991: 5.

Konsumgüter (und ein effektiver Zoll von 30 %) gerechtfertigt werden.[8299] Oben wurde ausführlich begründet, warum hier eine breite Importsubstitution nicht für sinnvoll erachtet wird. Somit wird dieser Begriff und einige der Argumente dieses Autors nicht mitgetragen. Egal wie man es dreht und wendet, gilt aus dynamischer Perspektive: Jeder Schutz, jede Ausnahme oder Sonderbehandlung kann in einem sehr kleinen Entwicklungsland mit einem begrenzten Markt nur eingeschränkt die Wohlfahrt steigern. Deshalb muß sicher für bestimmt 60 % der Wertschöpfung einer solchen Volkswirtschaft das Ziel darin bestehen internationale Wettbewerbsfähigkeit zu erreichen, eingeschlossen einer weitgehenden Absenkung der Zölle, nicht zuletzt um viele Inputgüter verfügbar zu machen. Der Weltmarkt bietet diverse Möglichkeiten in internationale Produktionsnetzwerke eingebunden zu werden. Der Staat kann einem Unternehmen hier - wenn dies die Kapitalmärkte nicht finanzieren - helfen, von 'weichen' Informationen über den Technologieeinsatz, Flügen zu Messen, einer Verbesserung des Ausbildungssystems, bis hin 'harten' Instrumenten wie Schutz und Subventionen. Die dynamische Theorie kann sich weiterhin vorstellen, daß schwache Länder die verbliebenen 40 % der Wertschöpfung 'passiv' schützen darf, wenn diese durch die Weltmarktkonkurrenz zum Marktaustritt gezwungen würden. Sie macht aber nicht das Versprechen, daß dies zu einer dynamischen Entwicklung führt. Es geht um einen 'passiven' Schutz von technologischen Fähigkeiten, unter den Bedingungen der Stagnation. In den Bereichen, die nicht dem internationalen Wettbewerb ausgesetzt sind, können staatliche Umstrukturierungs- und Modernisierungsmaßnahmen durchgeführt werden. Schließlich ist es denkbar, daß Entwicklungsländer ihre Agrarpolitik wenigstens teilweise nach dem Vorbild der Industrieländer durchführen, um dort eine Wohlfahrtssteigerung zu erreichen, wobei auch dies einer Integration in den internationalen Handel nicht entgegenstehen muß.

Der internationale Handel ist nicht immer wohlfahrtsfördernd. Jede Industrie kann einen Trend verschlafen. Die Wirtschaft ist dynamisch. Deshalb wird es immer Unvollkommenheiten und Ungerechtigkeiten geben. Fallen aber Länder extrem zurück oder ganze Kontinente, wie Afrika, aus dem internationalen Handel heraus, ist es nicht ausreichend, wenn monetäre Kompensation gezahlt wird, sondern es müssen systematisch Hilfen zum Aufbau von technologischen Fähigkeiten geleistet werden, um die Integration in ein System zu ermöglichen, von dem viele andere Staaten auf hohem Niveau profitieren. Diese Integration ist noch heute über Zollpräferenzen im Textil- und Bekleidungs- sowie Agrarbereich unterstützbar, ebenso ist es denkbar in anderen Bereichen unterstützend tätig zu werden, sodaß sich die Politik nicht aus der Verantwortung herausreden kann.

Die Neoklassik hat zu dieser Problematik einzig die Forderung beizutragen, komparative Vorteile zu beachten, die dazu eng gefaßt werden. In einer dynamischen Weltwirtschaft, von der viele Länder

---

[8299] Dieser Zollschutz führt in den Modellen Buffies zu einer größeren Kapitalakkumulation und zum Einsatz von Maschinen zusätzlich zur Nutzung des Faktors Arbeit. Wenn ein Marktversagen nur in bezug auf hohe Arbeitslosigkeit, nicht aber in bezug auf Investition vorliegt, liegt der optimale Zoll in dem Modellen auf Konsumgüterimporte bei 11 % bis 15 % (bei einem effektiven Zoll, der nicht über 16 % liegt). Die Wohlfahrt liegt in diesem Modell deshalb höher als beim freien Handel, weil die Löhne im verarbeitenden Sektor doppelt so hoch sind, wie in anderen Sektoren. Die Wachstumseffekte in bezug auf Kapitalakkumulation, Beschäftigung und Wertschöpfung führen nach einigen Jahren zu einen neuen Gleichgewichtszustand, bei dem weiterhin Konsumgüter importiert werden. In bezug auf die Höhe des Schutzes wird geschlossen: "Although some protection is desirable, the optimal level of protection is very low compared to the level seen during the pre-1980 period". Buffie 2001: 176.

profitieren, hat dagegen die Weltgemeinschaft den Auftrag, daß jedes Land zumindest zu einem gewissen Grad über anpassungsfähige Firmen, einen verarbeitenden Sektor und ein durch Technologie, Wissen, Ausbildung und Kapitalzugang geprägtes Umfeld verfügt, um Produktivität und Wohlstand zu steigern. Aus der dynamisch ordoliberalen Theorie folgt, daß es sich um Marktversagen handelt, wenn auf Effizienz- und Wohlfahrtssteigerung verzichtet wird.

Dieses Marktversagen ist besonders anhand armer, bevölkerungsreicher Staaten erkennbar. Beispielsweise hat Äthiopien mit 72 Mill. bald die Einwohnerzahl Deutschlands mit 82 Mill., verfügt aber über ein BSP von US$ 11 Mrd. im Vergleich zu US$ 2800 Mrd..[8300] Es gibt eine Reihe weiterer Länder, die eine hohe Bevölkerungszahl haben und damit für erhebliche Wachstumsdynamiken sorgen könnten, wenn Investitionsniveaus stiegen und Skalenökonomien sowie pekunäre Externalitäten wirksam würden. Aus der dynamisch ordoliberale Theorie folgt, daß diesen Länder prioritär geholfen und Marktzugang eingeräumt werden muß, damit sie Dynamiken entwickeln können, die ihre kleineren Nachbarländer mitziehen können.

Um dies zu erreichen, wäre es auch denkbar, auf internationaler Ebene eine politische Institution zu gründen oder auszubauen (etwa die Organisation der Vereinten Nationen für industrielle Entwicklung, UNIDO), die eine neue Ausbalancierung des dynamischen Gleichgewichts ('re-balancing') erzielt, indem sie schwachen Länder, die ungenügend am internationalen Handel partizipieren, hilft. Im Einklang mit dynamisch ordoliberalen Vorstellungen verfügen einige Länder intern über solche 're-balancing'-Instrumente.

Die USA und die EU verfügen über eine Wettbewerbspolitik, die Technologietransfer anordnen kann, wenn ein Zusammenschluß die wohlfahrtsverringernde Dominanz einer Firma befürchten läßt.[8301] Dies ließe sich auch auf die globale Ebene anwenden, wenn es extreme sektorale Ungleichheiten zwischen privaten Akteuren geben würde. Es wäre deshalb nicht ganz undenkbar, eine solche *weltweite Industrieentwicklungsorganisation neuzugründen oder die bestehende auszubauen,* die - selektiv - bestimmten Industrien - in schwachen Ländern 'auf die Beine hilft' und zwar durch Technologietransfer und Ausbau der Ausbildung, gestützt durch präferentiellen Marktzugang. Diese Industrieentwicklungsorganisation könnte armen Ländern helfen im Bereich von Agrargütern, natürlichen Ressourcen, Textilien und Bekleidung, Leder, Möbel, Montagetätigkeiten und Computerdienstleistungen exportorientierte Unternehmen zu etablieren. Durchaus denkbar ist es, hier auch vermehrt multinationale Konzerne in die Pflicht zu nehmen, etwa auch über eine Produktion in Afrika zu verfügen. In einer dynamischen Weltwirtschaft muß es im 21 Jhd. zur Selbstverständlichkeit werden, solche Möglichkeiten zu eröffnen.[8302]

[8300] World Bank Data Profile Ethiopia 2005; World Bank Data Profile Germany 2005.
[8301] Abschnitt 'J', Punkt 26.8.1, TRIPS. Zur EU mit weiteren Beispielen: Abschnitt 'B', Punkt 2, FN 120.
[8302] Aus dynamischer Sicht wäre es denkbar, daß eine solche Organisation ärmeren Ländern bestimmte Technologien zur Verfügung stellt, aber auch, im Ausnahmefall, für entwickelte Länder im Sinne einer internationalen Wettbewerbspolitik wirken kann. Der Wettbewerb könnte durch einen selektiv angeordneten Technologietransfer verstärkt werden, auf den sich ein internationales Gremium einigt, wenn sich über Jahre enge Oligopole auf dem Weltmarkt etabliert haben, die technischen Fortschritt blockieren. Dieses Beispiel ist garnicht soweit

In Abschnitt 'G' wurde die Situation der afrikanischen Industrie detailliert beschrieben. Einige Vergleichszahlen dazu: Sub-Sahara Afrika wird jährlich mit US$ 25 Mrd. Entwicklungshilfe unterstützt, dies ist 0,1 % des Bruttosozialprodukts (BSP) von USA, EU und Japan zusammengenommen, welche durch eine boomende globale Wirtschaft insgesamt US$ 27.000 Mrd. erreichen (Zahlen für 2005). Legt man als realistischere Referenz die Haushaltseinnahmen dieser Länder von ca. US$ 9100 Mrd. zugrunde, liegt die Hilfe für Afrika auf dem immer noch extrem niedrigen Niveau von 0,27 %. Das gesamte BSP von Sub-Sahara Afrika, das von 900 Mill. Menschen bewohnt ist, liegt, ohne Südafrika, bei US$ 310 Mrd.. Der größte Teil des afrikanischen Kontinents erreicht damit eine Wirtschaftsleistung, die niedriger liegt als die von Nordrhein-Westfalen mit Euro 481 Mrd. (2005).[8303] Die afrikanischen Länder leiden bei ihren Aktivitäten somit unter erheblichen Ressourcenbeschränkungen, die weder durch 'good governance', noch durch die Rückkehr des gesamten 'capital flight'-Geldes einfach so wettzumachen sind, wie die Literatur suggeriert.[8304] Deshalb wird in den meisten armen afrikanischen Länder ein Teil des Haushalts von der Entwicklungshilfe bestritten, typischerweise Beträge zwischen US$ 200 Mill. und US$ 600 Mill. In der Vergangenheit wurde diese Hilfe nicht sonderlich clever eingesetzt. Dies bedeutet nicht, daß dies in Zukunft so sein muß. Von der EU wird derzeit anvisiert, daß bis 2010 zusätzlich US$ 10 Mrd. jährlich für Afrika zur Verfügung stehen soll. Dies ist weder großzügig noch ausreichend. In bezug auf Afrika ist es dringend notwendig, daß die bestehenden Industrien Hilfen erhalten: Technologietransfer, Wissen, Ausbildung und Marktzugang. Auch der Agrarbereich muß gefördert werden, hier sind Infrastrukturinvestitionen und, neben der Bio-Landwirtschaft, 'smart' eingesetzte Düngemittelsubventionen denkbar.[8305] Es stehen somit dringend politische Entscheidungen der Industrieländer in Zusammenarbeit mit IWF/Weltbank an, denn die afrikanischen Länder können ihre Politik nur eingeschränkt selbst bestimmen.

Präferenzregime. Mit ihrer Entscheidung in bezug auf Präferenzregime hat die Streitbeilegung der WTO die Möglichkeit eröffnet, weiterhin zwischen Entwicklungsländern zu differenzieren. Somit ist es heute noch möglich durch Präferenzzölle im Bereich Textilien- und Bekleidung sowie Agrargüter

---

hergeholt, hier muß man nur an die Automobilkonzerne denken. Wie dem auch sei, die Debatte über das "integrated framework" und "aid for trade", welche Hilfsgelder zur Stimulierung von Handel bereitstellen sollen und Länder, die von der Liberalisierung negativ betroffen sind, kompensieren sollen, wird zusammengefaßt von Ismail 2006a: 50-51. Für weltweit verfügbare "adjustment assistance" bei Problemen mit der Liberalisierung setzt sich ein Bhagwati 2004: 233-235.
[8303] GDP, current U$. World Bank Data Profile USA, EU und Japan. Die Daten über Haushalteinnahmen stammen aus dem CIA World Factbook. Zu NRW siehe NRW Informationen 2007: 65.
[8304] Immer wieder werden Pauschalvorwürfe an die Adresse afrikanischer Länder gerichtet und der Öffentlichkeit suggeriert, daß diese an ihrer Lage selbst Schuld sind. So hört es sich dramatisch an, wenn z.B. geschätzt wird, daß zwischen 1970 und 1996 für US$ 285 Mrd. Kapital aus Afrika abgeflossen ist. Dies wird gegen die Verschuldung von US$ 178 Mrd. (1996) aufgerechnet. Umgerechnet auf diesen langen Zeitraum sind diese Summen gering. Boyce/Ndikumana 2000: 3.
[8305] Durch IWF/Weltbank wurden die afrikanischen Agrarmärkte gemäß liberalen Vorstellungen ausgestaltet. Die Erwartungen der Wohlfahrtssteigerung wurden aber nur begrenzt erfüllt. Selbst eine moderate Kritik, welche die dort etablierten Märkte nicht unbedingt abgeschafft will, aber bestimmte Politiken modifiziert sehen möchte, wurde abgelehnt, darunter der Hinweis, daß Düngemittelsubventionen sinnvoll einsetzbar sind. Hermanns 2005b; 2005d. Düngemittelsubventionen, die 'smart' eingesetzt werden, sind nun im World Development Report (2008) anerkannt worden, dies kommt einer Sensation gleich, denn dies weicht von neoklassischen Vorstellungen ab. Dies ist der erste Weltentwicklungsbericht der Weltbank seit sicher 15 Jahren, welcher die Realität nicht verzerrt und in wirtschaftswissenschaftlich sachlicher Art und Weise argumentiert. Dazu auch Banerjee et al. 2006: 20-21, 75-85, 155, 161.

etc. kleinere Länder in den internationalen Handel einzubinden, indem ihnen Vorteile in den Bereichen eingeräumt werden, in denen die Zölle der Industrieländer noch zu einem gewissen Grad bestehen.[8306] Auch geringe Zollvorteile können Investitionen anziehen, sodaß auch das Problem der Präferenzerosion zu beachten ist.[8307] Kurz: Wenn die Industrieländer ihre Textil- und Bekleidungszölle ganz absenken, würde dies verunmöglichen, bestimmte 'schwache' Länder gegenüber starken Akteuren, wie China, zusätzlich eine Chance einzuräumen. Es wurde bereits erklärt, warum dies als sinnvoll angesehen wird, nämlich deshalb, weil eine dynamische Weltwirtschaft zu Verlierern führt und Präferenzen eine wichtige Möglichkeit sind, Verlierer zu kompensieren und dort dynamische Prozesse zu ermöglichen. Angesichts dessen, daß sonstige Alternativen, bestimmte Ländergruppen zu kompensieren, wenig realistisch sind, *sollten Präferenzregime in den nächsten Jahren weitaus effektiver ausgestaltet werden und Präferenzerosion sollte vermieden werden, um schwachen Ländern auch in Zukunft Präferenzmargen gegenüber China etc. einräumen zu können*. Vorgeschlagen wird etwa, einen zoll- und quotenfreien Marktzugang (duty-free and quota-free market access, 'DFQFMA') für die am wenigsten entwickelten Länder verbindlich festzuschreiben[8308] und die größeren Entwicklungsländer werden aufgefordert, kleineren Entwicklungsländern verbesserten Marktzugang einzuräumen, über das Global System of Trade Preferences among Developing Countries ('GSTP').[8309]

Ursprungsregeln. Die Wirksamkeit der Präferenzregime könnte um einiges gesteigert werden, wenn die Ursprungsregeln verändert würden. Heute ist die Situation so, daß Präferenzsysteme der Öffentlichkeit präsentiert werden, wie das EU EBA oder das USA AGOA, aber der Wert dieser Präferenzen wird 'heimlich' durch Ursprungsregeln stark gemindert.[8310] Werden die Ursprungsregeln toleranter abgefaßt, hat dies umgehend positive Wirkungen auf die Länder.[8311] Funktionieren diese Präferenzsysteme nicht, mit denen die EU derzeit immerhin versucht, durch eine Kumulation der Ursprungsregeln im südafrikanischen Raum eine regionale Dynamik im Textil- und Bekleidungssektor zu ermöglichen[8312], muß schon in wenigen Jahren darüber nachgedacht werden, ob afrikanischen und

---

[8306] Daß diese Präferenzen positiv auf Afrika wirken, wird gezeigt in Abschnitt 'G', Punkt 14.9, Textil/Bekleidung: Warum neue Präferenzregeln wirksam sein können. Ähnlich Puri 2005: 17. In der liberalen Literatur zur Doha-Runde findet sich zuerst folgende Meinung: "Preference schemes could doubtlessly be improved in ways that are advantageous for their beneficiaries." Keck/Low 2006: 158. Nichtsdestotrotz wird geschlossen, wie von Autoren aus dem Umfeld der Weltbank erwartet werden konnte: "Ultimately, contractually based nondiscriminatory liberalization is likely to be a safer bet than relying on uncertain preferences." Keck/Low 2006: 158. Skeptisch sind auch die liberal argumentierenden Autoren des 'Millennium Project' Zedillo et al. (2005), welche negative Wirkungen der Präferenzerosion als wenig wichtig erachten, weil wenig Länder davon negativ betroffen seien. Diese müßten Kompensationen erhalten. Sie vergessen dabei, daß die Vergangenheit zeigt, daß Kompensationen meist nicht zum verfügbaren Politikrepertoire gehören und Präferenzen in Zukunft für mehr Länder als heute wichtig werden könnten. Zedillo et al. 2005: 172-178. Konkrete Beispiele oder eine breiter angelegte empirische Forschung liegt beiden Beiträgen nicht zugrunde.
[8307] Einen Hinweis auf ungünstige Wirkungen der Präferenzerosion gibt der Fakt, daß zu den 'Top 25'-Ländern, die am meisten von den Präferenzen profitieren 16 afrikanische Länder gehören. ILEAP 2004: 54; siehe auch Ismail 2006a: 44.
[8308] Ismail 2006a: 45. Dies ist schwierig durchzusetzen, weil dies eine Abweichung vom Meistbegünstigungsprinzip implizieren würde. Puri 2005: 23.
[8309] Puri 2005: 43-44; dieses Element enthält auch der Liberalisierungvorschlag (sog. Doha Market Access Proposal) von Stiglitz/Charlton (2005). Hier sollen alle größeren Länder jeweils kleineren Ländern gegenüber die Märkte öffnen, sodaß Ägypten etwa Uganda gegenüber die Märkte öffnet, im Gegenzug aber freien Zugang zum U.S. Markt erhält: Stiglitz/Charlton 2005: 94-95. Siehe zum GSTP Abschnitt 'H', Punkt 5.1, Ausnahmen von der Meistbegünstigung für Entwicklungsländer.
[8310] Darauf weisen zustimmend hin Stiglitz 2006: 95-96, 109; Puri 2005: 15, 26-28; kurz auch Keck/Low 2006: 158.
[8311] Ismail 2006a: 47. Siehe Abschnitt G', Punkt 14.10, Textil/Bekleidung: Der südafrikanische Raum.
[8312] Siehe Abschnitt G', Punkt 14.10, Textil/Bekleidung: Der südafrikanische Raum.

anderen schwachen Ländern ein von den Ursprungsregelbarrieren freier Marktzugang eingeräumt werden, damit dort lokale Montagetätigkeiten ausgeführt werden können, ohne den Zwang ebenso über eine dort ansässige Inputgüterproduktion zu verfügen. *Eine Abschaffung dieser protektionistischen Ursprungsregeln könnte diesen sehr armen Ländern wirksame Anreize einräumen.*

5. Dynamisch liberale und extrem liberale Theorie angesichts der Gefahr der Heterodoxie

Es gibt derzeit nur zwei Theorieansätze, die ernsthaft Geltung für die Wirtschaftsordnungspolitik weltweit beanspruchen können. Dies ist die extrem liberale Theorie und eine moderat liberale Theorie, wie hier vorgeschlagen. Alle anderen Theorien würden auf einen ökonomischen Nationalismus und eine niedrigere Wohlfahrt sowohl für die einzelnen Ländern als auch die Welt herauslaufen.

Die extrem liberale Theorie läßt einen moderat liberalen Ansatz nicht zu, weil sie befürchtet, daß die Räumung ihrer Positionen zu einem Aufblühen radikal heterodoxer Ansätze führen würden: "radical heterodoxy has a habit of becoming the orthodoxy of tomorrow".[8313]

Dagegen kann die moderat liberale Theorie einwenden, daß sie ebenso eine normativ wirtschaftswissenschaftliche Theorie darstellt, die klare Vorgaben enthält und somit sehr wohl die neoklassische bzw. die extrem liberale Theorie ablösen könnte. Dies gilt vor allem deshalb, weil sich diese dynamisch ordoliberale Theorie sehr klar für den Markt (u.a. im Sinne einer Lektion aus der Geschichte), für einen - weitgehend - offenen Weltmarkt und gegen einen Interessengruppenmißbrauch protektionistischer Instrumente ausspricht, um eine optimale Wohlfahrtssteigerung zu erreichen. Dazu kommt, daß Marktversagen realistisch eingeschätzt wird und Interventionen zur Erhöhung von Effizienz- und Wohlfahrt nur selektiv vorstellbar sind. Damit fällt - eigentlich - der zentrale Grund weg, daß die neoklassischen Theoretiker ihr Programm weiter verfolgen.

Befürchtet wird von den extrem liberalen Theoretikern neben einer Rückkehr willkürlicher Wirtschaftspolitiken eine Ausbreitung des Protektionismus. Diese Furcht vor einer Ausbreitung des Protektionismus - zumal in wirtschaftspolitisch völlig unbegründeter Form - ist berechtigt, dies konnte in dieser Arbeit ebenso gezeigt werden und zwar nicht im Sinne einer These, sondern im Sinne einer *Lektion aus der Geschichte*, siehe nur Abschnitte 'H' und 'I', welche genug Beispiele für Interessengruppeneinflüsse auf die Politik aufzählen, wodurch sich die Industrieländer auf eine Epoche des Protektionismus eingelassen haben und den überwiegenden Teil ihres Wachstums, in diversen Sektoren jedenfalls, ihren eigenen Firmen zu reserviert haben, speziell dort, wo in anderen

---

[8313] Hier bleibt offen, wer diese Sorge formuliert, IWF und Weltbank oder die externe Evaluation durch: Banerjee et al. 2006: 17. Dies ist dennoch ein zentraler Grund, warum Institutionen wie IWF und Weltbank an ihren extrem liberalen Ansichten festhalten, obwohl dadurch teils Forschungsergebnisse verzerrt werden: "Researchers are not free to follow intellectual inspiration. They are under constraints of designated priorities and of an apparent need to be immediately useful to operations."; "The fact that the Bank values its connections with country governments (often for the very important reason that this is what allows it to have policy influence) also makes it hard for Bank researchers to publish and publicize results from research that the government does not like". Banerjee et al. 2006: 20-21, 140-143, 148-149.

Länder ebenso Produktionsfähigkeiten bestanden, wodurch die Entwicklungsländer massiv geschädigt wurden.[8314]

Nicht nur diese These zu vertreten, sondern diese *Lektion* aufzuzeigen, war Intention der dortigen detailgenauen Ausführungen. In der gesamten Zeitperiode des 'embedded liberalism' gab es, obwohl es sich um Demokratien handelte, keinen öffentlichen Gegendruck, im Gegenteil, es wurden sogar Forderungen nach noch mehr Protektionismus gestellt und den Entwicklungsländern geraten, eine autarke Entwicklung durchzuführen. Bis heute werden Daten, die einen disaggregierten Einblick in sektorale Markt- bzw. Outputanteile von Entwicklungsländern an den Märkten der Industrieländer ermöglichen kaum öffentlich gemacht oder sie sind, auf EU Ebene, nicht verfügbar. Dies läßt für die Zukunft erwarten, daß eine erneute protektionistische Zeitperiode allein eine Frage der Zeit ist und die dazu nötige nationale gesellschaftliche Atmosphäre von der Politik erzeugt werden kann: Wer würde dies in der BRD mit ihren Launen bezweifeln? Wer denkt, daß die BRD davor geschützt ist, weil die Bundesregierung traditionell freihändlerisch und liberal eingestellt sei, lernt, daß auch diese historische Konstante vorbei ist. In einem neuen Positionspapier der Bundesregierung werden offen protektionistische Forderungen aufgestellt, ein Einsatz von verfügbaren Schutzinstrumenten gefordert und strengere Antidumpingregeln pauschal abgelehnt.[8315] Frankreich wird hier nicht hilfreich sein, denn einem Bericht über Globalisierung werden dort Antidumping und ein verstärkter Schutz des geistigen Eigentums als 'fair trade' bezeichnet. In einem Atemzug wird die Einhaltung von Arbeiterrechten und Umweltschutz mit der dringenden Notwendigkeit, daß die französische Industrie Zugang zu den Märkten von schnell wachsenden Länder bekommt, genannt.[8316] Beeindruckt zeigt sich auch England von einer mutmaßlich gestiegenen Ablehnung der Globalisierung.[8317]

[8314] Aus diesem Punkt ziehen die extrem liberalen Theoretiker, wenn sie sich denn überhaupt um die Wirtschaft empirisch kümmern, ihre Standfestigkeit. Man kann tatsächlich argumentieren, daß die Gefahr, daß die optimale dynamische Wohlfahrtsteigerung nicht erreicht werden kann, wenig gegenüber der Gefahr wiegt, daß protektionistische Interessengruppen wieder die Weltökonomie bestimmten. Die Weisheit der liberalen Denker liegt u.a. in diesem Aspekt begründet. Somit ist es auch fraglich zu behaupten, daß die neoklassisch liberale Schule ein Projekt ist, welches etwa von der USA aus außenpolitischen Interessen oder von der Wallstreet und den Mitgliedsländern der Weltbank, die an Kreditrückzahlung interessiert sind, aus propagiert wird und von IWF und Weltbank zu diesem Zweck durchgesetzt wird. Dies trifft es immer nur halb. Die neoklassisch liberale Überzeugung ist eine sachlich begründbare, rational verstehbare, u.a. auch weise Haltung, die aber m.E. darin versagt, optimale Wohlfahrtssteigerung anzustreben und damit u.a. den Gemeinwohlgedanken aus der politischen Diskussion verbannt.

[8315] Positionspapier der Bundesregierung 2006.

[8316] Bericht einer Arbeitsgruppe über Globalisierung an die Handelsministern Christine Lagarde. Siehe: Working Group on Globalization 2007: 11, 58, 61-63. Die Forderung nach Marktzugang wird konkret gemacht für Automobile, Chemieprodukte, Stahl, Elektronik, mechanische Ingenieurserzeugnisse, die Kreativindustrie (Luxuswaren) und Keramik. Dabei werden Indien, Brasilien und China als Marktzugangsziele genannt. Dazu kommt das französische Interesse im Dienstleistungsbereich. Working Group on Globalization 2007: 66. Wettbewerbs- und Investitionsschutz durch internationale Abkommen wird gefordert. Working Group on Globalization 2007: 110. Zudem wird ein verstärkter Schutz geistigen Eigentums angemahnt, wobei sich eine internationale 'Task Force' gefälschter Produkte annehmen sollte. Working Group on Globalization 2007: 61-63, 115. Es wird als denkbar angesehen, Waren zu boykottieren, die aus Ländern mit unzureichenden Arbeits- und Umweltstandards stammen. Um dies den Konsumenten zu erleichtern wird ein Länderlabel für Waren gefordert. Working Group on Globalization 2007: 11, 63, 92. Weiterhin lohnt sich das folgende Zitat, weil es im Gegensatz zu den meisten der hier vertretenen Thesen steht, indem offen Protektionismus angedroht wird und behauptet wird, daß die Integration der Schwellenländer in die Weltwirtschaft bereits seit Jahren gelungen ist: "Last but not least, the world needs the emerging economies to improve their system of governance; first because unless their economic growth is supported by improvements in their current low social and environmental standards, the developed countries - threatened by this unfair competition - may close the door in their faces. Now, these developed countries have been the emerging markets' primary outlet for a long time; in addition, the emerging markets should act because it is in their interests to do so; ..." Working Group on Globalization 2007: 80. Immerhin wird EU Globalization Adjustment Fund erwähnt. Working Group on Globalization 2007: 89. Sodann wird, typisch französisch, eine europäische Industriepolitik und eine Reform der Wettbewerbspolitik

Selbst dann, wenn hier die Einsicht geteilt wird, daß die Heterodoxie, also eine willkürliche und nicht sachlich begründete protektionistische Politik (darunter auch begründet mit Argumenten der Verteilungsgerechtigkeit) ein große Gefahr für die weltweite Effizienz- und Wohlfahrtsteigerung darstellt (dies ist eben der Grund, warum die extrem liberalen Denker ihre Position als weise empfinden), ist es in einer Demokratie, die auf Transparenz und einer mit Vernunftgründen geführten Debatte um die sachlich richtigen Politiken beruht, nicht überzeugend, wenn dieses Problem dadurch angegangen wird, daß empirische Ergebnisse verfälscht und Forschungsprioritäten politisch beeinflußt werden, alles, um die extrem liberale "broad policy line" von IWF und Weltbank zu verteidigen, welche von sich behauptet, die Avantgarde entwicklungsökonomischer Forschung darzustellen. Daß dies so erfolgt ist, ist mittlerweile unmißverständlich dokumentiert für die Aktivitäten von IWF/Weltbank in den letzten ca. 15 Jahren.[8318] In dieser Arbeit wurde dieses Phänomen ebenso deutlich gemacht in der Diskussion in Abschnitt 'G', wo gezeigt werden konnten, daß von einigen Wirtschaftswissenschaftlern u.a. - bewußt gewählte - Lücken, fragwürdige Variabeln etc. genutzt wurden, um die eigenen, extrem liberalen Argumente zu stützen.[8319] Hierzu sei erst einmal bemerkt, daß es nicht immer am Klügsten ist, eine, mit Grund, befürchtete Entwicklung durch unsachliche Argumente zu bekämpfen, denn dies räumt den - oft tatsächlich heterodoxen - Gegnern unnötige Vorteile ein.

Wie wird hier mit diesem Spannungsfeld umgegangen? Hier wird eine präzise Grenzziehung gegenüber einem diffusen Schulterschluß mit einigen Aspekten der Neoklassik vorgezogen, denn schließlich kann hier eine wirtschaftswissenschaftlich normative Alternative angeboten werden, die auf alle Problemstellung der Neoklassik und 'public choice' eine Antwort hat und die deren Problemstellungen ernst nimmt. Diesem Erfordernis genügt die dynamisch ordoliberale Theorie, welche über fünf Prinzipien, mit klarer Tendenzausrichtung und drei Lektionen aus der Geschichte (letztere sind (1) der Markt und auch der internationale Markt als 'geniales Entmachtungsinstrument';

---

gefordert, um die strategischen Interessen der EU besser fördern zu können. Working Group on Globalization 2007: 104. Schließlich wird es für angemessen gehalten, wenn die WTO und ihre Streitbeilegung entmachtet würde und stattdessen ein 'Economic Security Council' entscheiden würde, u.a. weil es dann leichter würde, Sanktionen gegen Länder mit unzureichenden Arbeitsrechten und Umweltstandards durchzuführen. Working Group on Globalization 2007: 112-113.

[8317] Der Bericht über die Zukunft des internationalen Handelssystems von der Universität Warwick steht unter dem Eindruck einer mutmaßlich abgeschwächten Zustimmung zur Globalisierung und Befürchtungen von negativen Effekten auf die Industrieländer. Es wird geschlossen: "If knee-jerk protectionist or other nationalist responses are to be avoided in the early 21st century, the public policy must distinguish between politically inspired and legitimate welfare concerned." Bericht einer Arbeitsgruppe der Universität Warwick über das Internationale Handelssystem. Warwick Commission 2007: 20-21. Eine solche allzu diffuse Haltung zu Schutzmaßnahmen, ohne eine Diskussion der Empirie, überzeugt nicht.

[8318] Es kann nicht mehr klarer dokumentiert werden als in der externen Weltbank Evaluation von Banerjee et al. 2006: 20-21, 73. "The panel was struck by the comment made by former high level official in a donor country who also had a high level management position at the World Bank. According to this person, this government has succeeded in influencing the research agenda through the use of trust funds." Banerjee et al. 2006: 155.

[8319] Siehe Abschnitt 'G', dort u.a. die Wahl wenig aussagekräftiger Zeiträume und vor allem das Weglassen von Brasilien und Indien, zwei der wichtigsten Entwicklungsländer, in der großen Ländervergleichsstudie von Balassa et al. 1982. Später kommt es zu der problematischen Auswahl von Kriterien bezüglich Kausalnexi zwischen Exportorientierung, Liberalisierung und Wachstum, welche die Wirtschaftswissenschaft in den neunziger Jahren auf Trab gehalten hat. Siehe Abschnitt 'G', Punkt 8, Exportorientierung-Wachstums Kausalhypothese.

(2) die Notwendigkeit der Wettbewerbspolitik, weil sonst Kartellierung droht, (3) die Protektionismuserfahrung der siebziger und achtziger Jahre) verfügt. Hirschmann (1991) schreibt, daß es in einer Demokratie offenbar normal ist, wenn gesellschaftliche Gruppierungen unfähig sind, miteinander zu kommunizieren, ein Vorwurf der gut auf die weise, extrem liberale Schule paßt.[8320]

Warum setzt sich nun auch diese Arbeit diesem Vorwurf aus?

Aus folgenden Gründen: Zwar ist es so, daß die Neoklassik sowie IWF/Weltbank, aller problematischer Effekte dieser Politiken zum Trotz, teils sogar in persona, von Jagdish Bhagwati und Anne O. Krueger mit ihrem Lebenswerk, welches zur Umorientierung auf die Exportorientierung in vielen Ländern geführt hat, der weltweiten Effizienz- und Wohlfahrtssteigerung erkennbar positive Impulse gegeben haben.

Diese große Errungenschaft ist aber eingeschattet von der Erkenntnis, daß ein Verfolgen neoklassischer Rezepte in Reinform erstens nicht eine optimale Wohlfahrtssteigerung garantieren kann und zweitens - dies wiegt schwer - nicht in der Lage ist, Regeln und Politiken, die deutliche Wohlfahrtsverluste auslösen, zu erkennen. Dies ist für eine Wirtschaftstheorie mit normativem Anspruch inakzeptabel. Aus demselben Grund sind auch sämtliche Ansätze, die sich für eine absolute Stärkung des Rechts auf Privateigentum einsetzen, durchsetzbar durch eine internationale Streitbeilegung, vor der ggf. sogar private Parteien klagen können (was auf ein weltweites Subventionsverbot hinauslaufen würde, als rechtliche Kehrseite der neoklassischer Forderungen), inakzeptabel.[8321] Diese Ansätze fordern damit implizit einen Verzicht auf das Anstreben einer optimalen Effizienz- und Wohlfahrtssteigerung und damit auch einem Verzicht auf eine gemeinwohlorientierte Politik. Oft, aber nicht immer, mag hier ein Interessengruppenhintergrund eine Rolle spielen: Es sind internationale Firmen, die eine Verbreitung dieser Theorie fördern, weil sie letztendlich davon eine Stärkung ihrer Marktmacht erhoffen (obwohl sie mit ihren Fähigkeiten von einem dynamischen Szenario viel mehr profitieren würden).

Diese klaren Worte auch deshalb, weil die extrem liberale Theorie weiterhin wünscht die Praxis zu bestimmen. Die extrem liberale Schule bekämpft politische Optionen Wohlfahrterhöhungen zu erreichen mit einem erheblichen Publikationsaufwand.[8322] Länger ist es her, daß die extrem liberale

---

[8320] Diese Unfähigkeit ist beklagbar, aber auch Teil der Realität in Demokratien. Hirschman 1991: 179.
[8321] Daß die Konzerne ihren Einfluß gerne ausdehnen möchten, wird schon daran deutlich, daß sie direkte Klagemöglichkeiten in der WTO fordern, damit sie von der Politik unabhängig die Welt regieren können. Dies aber würde ein Grenze durchbrechen: Ein Unternehmen könnte beispielsweise im Gegenzug zum Rückzug einer Klage mit einem Staat geheime Kompensationen aushandeln, welche beispielsweise kaum mehr mit dem Wettbewerbsrecht faßbar wären. In der 'public choice' Literatur, die routiniert solche Forderungen stellt, werden solche Problemstellungen nicht für erwähnenswert gehalten.
[8322] So wird in WTO Publikationen die These vertreten, daß das 'Asian Miracle' hauptsächlich durch eine richtige makroökonomische Politik erreicht wurde. Ebenso wird betont, daß institutionelle Bedingungen wie in Korea schwer zu reproduzieren sind. Zu allen in dieser Arbeit thematisierten Punkte werden der Tendenz nach neoklassische Haltungen eingenommen bzw. es werden Fragen einfach offen gelassen, z.b. zu Skalenökonomien. Was soll man dazu sagen, wenn, ein Jahrzehnt nach 'East Asien Miracle', dieser Bericht immer noch falsch nacherzählt wird: Offen sei, ob die Regierungsinterventionen in Asien eine "crucial role" spielten und es wird, falsch, behauptet, daß Korea und Taiwan in den 1980ziger Jahren eine Strategie von "outward orientation with minimal government involvement" gewählt haben. Für die letztere

Politik, begründet auf neoklassischen Annahmen, sogar, fahrlässig, die Abschaffung der Wettbewerbspolitik forderte.[8323] Meinem Eindruck nach liegt darin eine Gefahr, die ernstgenommen werden sollte, ähnlich ernst wie die Furcht vor einer Neuauflage des - gerade einmal zehn Jahre lang überwundenen - Protektionismus:

Es besteht nämlich die Gefahr, daß die Globalisierung durch die gesammelte extrem liberale, neoklassische Weisheit kombiniert mit einer sich im Endeffekt selbst schadenden, kurzsichtigen Interessendurchsetzung vieler Unternehmer zu einem weniger intensiven Wachstumsimpuls in den Entwicklungsländern führen wird, als dies anderweitig möglich wäre. Dies ist insbesondere dann denkbar, wenn eine zu weitgehende Liberalisierung und ein zu intensiver Schutz des geistigen Eigentums durchgesetzt wird und es zusätzlich Normalfall bleibt, daß sich die Firmen der Industrieländer durch Schutzklauseln und Antidumping- und Ausgleichszölle schützen. In einer solchen Welt wird es nationalen Firmen aus Entwicklungsländern nicht nur erschwert - sondern womöglich in allzu vielen Fällen sogar verunmöglicht - dynamisch zu wachsen.

Eine dynamische Theorie, die oligopolistisches Firmenverhalten kennt, kann sich durchaus vorstellen, daß dann, wenn internationale Firmen die meisten Sektoren auch großer Entwicklungsländer vollständig kontrollieren, ein suboptimaler Wachstumspfad erzielt wird, im Vergleich zu einem Szenario in dem sie in diesen Ländern gemeinsam mit mehreren, erfolgreichen nationalen Unternehmen agieren würden. Für Brasilien wurde ausreichend dokumentiert, daß sich internationale Firmen so verhalten können. Würden die dynamischen Prozesse in Brasilien, Indien und China durch eine protektionistische Außenhandelspolitik der Industrieländer in vielen sensiblen Bereichen immer wieder beschränkt, weil es auch im 21 Jhd. unvorstellbar erscheint, der überschaubaren Zahl dortiger nationaler Firmen, die international operieren können, Marktanteile abzugeben - würde ein zukünftiger Wachstumsimpuls deutlich schwächer ausfallen. Dies ist angesichts der historischen Entwicklung der Marktintegration weder aus Effizienz- und Wohlfahrts- noch aus ethisch-moralischer Perspektive akzeptabel. Nicht zuletzt spricht eines dafür, hier großzügiger bzw. seitens der Politik mit weniger Verständnis gegenüber der Wirtschaft vorzugehen: Bislang konnten neue Herausforderer noch immer in die oligopolistischen Konstellationen integriert werden, ohne daß dies zu erheblichen Anpassungskosten führte.

Auf diese Aspekte kann nur eine dynamische Theorie hinweisen. Somit ist eine klare Abgrenzung von der Neoklassik und extrem liberalen theoretischen Ansätzen nötig. Gleichzeitig sei noch einmal darauf hingewiesen, daß dieser dynamisch ordoliberale Ansatz keinesfalls neu und originell ist, sondern den oft verdeckten, aber dennoch vorhandenen Mainstream der Wirtschaftswissenschaft und speziell der

---

Behauptung wird kein Literaturverweis erwähnt. Siehe auch das folgende Zitat: "It is now acknowledged that governments intensivly promoted specific sectors in the Republic of Korea and Chinese Taipei, as well as in Japan. Whether export promotion and trade policy interventions played a crucial role in the 'East Asian Miracle' is an open question." Siehe: World Trade Report zum Thema Subventionen: WTO 2006: 67; 80-81.

[8323] Siehe dazu Abschnitt 'E', Punkt 3.3, Theorie der Rentensuche und die Neoklassik.

Wettbewerbstheorie widerspiegelt. Die Wirtschaftswissenschaft ist aber bisher nicht in der Lage, sich von der Neoklassik zu lösen und einen dynamischen Ansatz alternativlos zu propagieren.

6. Globalisierung als Prozess der Ermöglichung von Dynamik

Angesichts der massiven Vorteile der Firmen aus Industrieländern und deren weiter bestehenden Verbindungen zu den traditionellen Industrieländern ist Globalisierung kein spannender Transformationsprozeß mit offenem Ende, wie ihn die Zeitungen suggerieren. Es ist in den nächsten Jahren nicht zu erwarten, daß in Europa irgendwelche Anpassungsprobleme im Sinne rückgängiger Wertschöpfung in den wichtigen Sektoren durch die Globalisierung erkennbar sein werden. Es wäre durchaus sachgerecht, wenn die Industrieländer derzeit, um dynamische Wachstumsprozesse in Entwicklungsländern zu stärken, ein 5jähriges Moratorium auf außenhandelspolitische Schutzmaßnahmen verkünden würden, damit sich Entwicklungsländer in bestimmten Märkten merklicher etablieren können. Als Gilbert R. Winham (1986) über die Tokio-Runde schrieb, hat er diese zukünftige Anforderung klar gesehen:

"As an economic issue, safeguards touched on the problem of integrating the developing countries into an international economic system dominated by the developed countries. This is the central economic problem of our time, and it is an enormously painful one. In the longer run, it will entail a struggle over redistribution of productive capacity and economic wealth in the world."[8324]

Diese Neuverteilung der Produktionskapazitäten muß nicht als Kampf bezeichnet werden, sondern sie ist ein Prozess, der in einigen Jahren zu einer intensiveren Arbeitsteilung auf globaler Ebene führen wird, die diesen Namen erstmals verdient. Deshalb muß Wandel zugelassen werden. Und in diesen Wandel muß politisch interveniert werden, damit in afrikanischen und anderen Entwicklungsländern wirtschaftliche Dynamiken ermöglicht werden. Die Details dieser Arbeit haben zu genüge gezeigt, daß Globalisierung durch die diversen verbliebenen Instrumente der Außenhandelspolitik politisch sogar im Sinne einer Feinabstimmung steuerbar ist. Diese Feinabstimmung ist im Bereich der Schutzmaßnahmen durch die WTO erstmals zu einem gewissen Grad in Frage gestellt, wobei aber diverse Möglichkeiten verbleiben - vielfach - genauso weiterzumachen, wie zuvor. Deshalb braucht es zusätzlich den politischen Willen, Schutz zu unterlassen und ein aktives Eingreifen zur Stärkung bestimmter Länder anzugehen. Dies bietet die Chance zu einer merklichen Wohlfahrtssteigerung für die Welt, wovon die Industrie- und die Entwicklungsländer beiderseits profitieren werden. Das Thema 'embedded liberalism' darf erst dann wieder auf die Agenda gesetzt werden, wenn die Lage - mit Gründen - neu bewertet werden muß.

[8324] Das Zitat geht so weiter: "In the near run, however, the problem is a matter of who will pay for free trade. Free trade is not free, for there are costs of adjustment that must be borne if a system is to enjoy the benefits of greater efficiency brought by unrestricted commerce. The safeguards negotiations dealt with conflicting views over the rate at which that adjustment would be made, and the extent to which economically weak sectors in powerful countries would be shielded from making any adjustment at all. This is an economic problem that will continue to be the focus of negotiations in GATT and other international economic institutions." Winham 1986: 246. Dieses Zitat beschreibt den Zustand in den achtziger Jahren exakt so, wie er hier in der Arbeit dargestellt wird, siehe Abschnitt 'I'.

Eine öffentliche Diskussion darüber, wie Wandel und Anpassung in diesem Sinne vorgenommen werden kann, findet nicht statt.[8325] Die Schutzinstrumente der Industrieländer können nicht öffentlich bewertet werden, weil die dazu nötigen Daten nicht zur Verfügung gestellt werden. Seit 14 Jahren werden etwa keine chinesischen Fahrräder mehr in die EU eingeführt, um 14.000 Arbeitsplätze zu schützen. Der hohe Antidumpingzoll wurde bereits bei einem Marktanteil von 15 % verhängt, wodurch die Importe danach ganz abgesunken sind. Immerhin wurde etwas später, dies kann als Kompromiß gewertet werden, die Einfuhr von Fahrradteilen bis zu 60 % der Wertschöpfung zugelassen. Könnte es hier, in Zukunft, eine andere Politik geben, die bestimmte Marktsegmente China, Indien und Kenia ganz überläßt? Wäre eine 'Demokratisierung' der Außenwirtschaftspolitik in der Lage mit diesen Spannungen umzugehen, zur der die Globalisierung in Zukunft noch mehr führen wird oder sind die bisherigen, intransparenten, privaten Schutzanträge die beste Lösung? Braucht es bei letzterem Fall einer Lobby von Experten, die strengere Regeln in die WTO fordern, um die Entwicklungsländer vor solchen Maßnahmen zu schützen?

7. Die Zukunft der Weltwirtschaft

Bereits heute sind Krisen der Globalisierung nach ihrem ersten Schub absehbar. Aufgrund von Überkapazitäten wird es spätestens in 15 Jahren mal wieder eine globale Stahlkrise geben, die neben den Industrieländern China, Indien und Brasilien einschließt und es wird erhöhten Druck geben politische Anpassungsmaßnahmen, einschließlich Schutzmaßnahmen, zu beschließen. In spätestens 30 Jahren werden die Produktpaletten der drei großen Regionen, USA, Europa und Asien beginnen, sich immer ähnlicher zu werden. Der Terminus der Segmentierung der Märkte ist bereits geläufig. Schon in der derzeitigen Doha Verhandlungsrunde wurden Forderungen nach einer Aufweichung der Antidumpingregeln laut. Die globale Chemieindustrie lehnt eine Reform der Antidumpingregeln ab, denn es sind Fabriken derselben internationalen Firmen, die in den USA, Europa und China produzieren. Und auch die genuin nationalen Firmen haben ein Interesse daran hohe Konsumentenpreise und eine ausreichende Kapazitätsauslastung zu erreichen. Um so wichtiger ist es, daß in den nächsten Jahren die WTO gestärkt wird, allerdings nicht im Sinne einer unbeschränkten Liberalisierung, sondern durch eine gezielte Reform zur Stärkung und Durchsetzung sachgerechter Regeln, wie hier beschrieben. Schließlich ist es, um eine ökologische Katastrophe abzuwenden, nicht nötig, irgendwann zu einer Epoche eines bürokratischen Handelsmanagements überzugehen. Dies wäre viel zu gefährlich für die Autonomie der Sphäre Politik. Auch dies ist eine Erkenntnis dieser Arbeit, daß die Politik unbedingt ihre Autonomie behaupten muß, sodaß es nicht erst dazu kommen sollte, daß der Vertreter der Wettbewerbsbehörde mit der umgehenden Verhaftung des ganzen Kabinetts drohen mußte, weil, wie tatsächlich geschehen, U.S. Präsident Clinton, unter dem Eindruck von Interessenvertretern, darunter der EU Kommission (!), stehend, über die weltweite Kartellierung

---

[8325] Gefordert wird etwa "informed deliberation", bei der alle gesellschaftlichen Gruppen beteiligt werden, über Schutzmaßnahmen und andere Ausnahmen von Rodrik 2001: 32.

der Aluminiumindustrie verhandelte.[8326] Die Aufgabe der Politik ist es, auf der Ebene internationaler Politik, i.S. der multilateralen Abstimmung auf globaler Ebene, den komplexen Gesamtprozeß, den die Weltwirtschaft darstellt, gemäß dynamisch ordoliberaler Prinzipien zu beaufsichtigen und zu beeinflussen. Diese nicht gerade einfache Aufgabe ist ohne eine klare, mit Gründen getroffene, Entscheidung für die eigene Autonomie und ohne eine Vorstellung von der eigenen Identität der politischen Sphäre, welche ihre Entscheidungen an sachlichen Aspekten orientiert, nicht durchführbar.

Kommt die Politik in den nächsten Jahren ihrer Verantwortung gemäß der hier gemachten Vorschläge und Schwerpunktsetzungen nach, wird es in dreißig Jahren nicht nur in China und Brasilien, sondern auch in Indien, Indonesien und in mehreren afrikanischen Staaten, darunter im südafrikanischen Raum und in Äthiopien, Kenya und Tansania Wachstumspole geben, die eine Mittelklasse ermöglichen. Diese globale Mittelschicht und der bis dahin erwirtschaftete Wohlstand wird es erleichtern, ökologische und sonstige Probleme national und sodann auch multilateral anzugehen, wobei wünschenswert ist, daß es zu einer Renaissance multilateraler Umweltabkommen kommt.

8. Warum die realistische Theorie internationaler Beziehungen die WTO Regeln nicht erklären kann

Die Balance der Rechte und Pflichten, die aus dem WTO Abkommen resultiert, läßt definitiv nicht erkennen, daß die realistische Theorie internationaler Beziehungen ein viabler Erklärungsansatz für dieses Regelwerk ist. Diese Theorie geht davon aus, daß der mächtigste Staat oder die mächtigste Staatengruppe im System der Staaten multilaterale Regelwerke, eben die WTO, nahezu vollständig gemäß seiner Interessen ausgestalten kann.[8327] Zwar haben sich die Industrieländer beispielsweise mit dem Schutz geistigen Eigentums und den Ursprungsregeln durchgesetzt: Andere Regeln, etwa bezüglich der Schutzklausel, engen aber ihre wirtschaftspolitischen Spielräume merklicher ein, als dies vorstellbar erschien. Diese richten sich direkt gegen die Schutzinteressen einiger Firmen, welche die Politik explizit darauf gedrängt hatten, hier große Spielräume behalten zu wollen. Und den Entwicklungsländern wurden Spielräume zur Verfolgung ihrer wirtschaftlichen Entwicklung gelassen. Die Sonderregeln für die gelockerte Subventionsdisziplin für Entwicklungsländer entsprechen dezidiert nicht den Interessen der Industrieländer und den Interessen der großen Firmen und internationalen Investoren dieser Länder. Beim TRIMS konnte zwar das 'local content' Verbot festgeschrieben werden. Es ist aber nicht im Ansatz gelungen, die viel weitergehenderen Forderungen der Industrieländer durchzusetzen, sodaß auch heute noch die Regierungen der Entwicklungsländer Joint Ventures durchsetzen und Forderungen an internationale Firmen bezüglich Technologietransfer stellen können. Das hier nicht genauer analysierte Dienstleistungsabkommen GATS ermöglicht eine selbst gesteuerte Abstufung von Verpflichtungen. Die Agrarpolitik ist zwar auf Betreiben der Industrieländer in der WTO legalisiert worden, kann aber immerhin in gesamter Bandbreite in bezug auf größere Subventionssummen vom SCM Abkommen in Frage gestellt werden. Man könnte fast sagen, daß die Unterhändler von USA und EU alles getan haben, um das TRIPS in der WTO zu

---

[8326] Siehe dazu: Abschnitt 'D', Fußnote 168.

[8327] Siehe zu den Annahmen dieser Theorie: Abschnitt 'A', Fußnote 310, Abschnitt 'H', Fußnote 4.

verankern und viele andere Bereiche kaum beachtet haben. Selbst im TRIPS wurden aber gewisse Kompromisse gemacht, so sind weiterhin Zwangslizenzen möglich, wobei diese Option im Industriebereich seit kurzem erstmals von einem Entwicklungsland genutzt wurde. Weiterhin stimmt es zwar, daß ein mächtiges Land versuchen kann Streitbeilegungsentscheidungen zu ignorieren, vor allem wenn der Fall gegenüber einem kleinen Land verloren wurde. Vor diesem Hintergrund aber zu behaupten: "The United States retains full souveragnty in its decisions as do all other WTO members"[8328], ist irreführend, siehe dazu die vielen Beispiele dafür, daß viele Staaten dazu autorisiert wurden, Vergeltung zu üben, welches auch für mächtige Staaten teuer werden kann. Dazu kommt - das ist für einen realistischen Theoretiker wahrscheinlich das Schlimmste - , daß die WTO Regeln mit ihrem partiellen Druck auf Liberalisierung und weiter bestehenden Ausnahmen in bezug auf eine ganze Reihe von Kernschwerpunkten, aus wirtschaftspolitischer Perspektive sachgemäß sind und insofern nicht unbedingt als Ergebnis der Interessendurchsetzung eines oder mehrerer mächtiger Staaten gedeutet werden müssen. Dieses Fazit bleibt, ob es die realistische Theorie will oder nicht, selbst dann bestehen, wenn diese reklamiert, daß genau dieses Ergebnis der überlegenen Macht eines Landes zuzuschreiben ist. Auch dies ist aber falsch, weil sachgerechte Regeln nicht im Interesse beispielsweise der USA, sondern vieler Staaten liegen und es gerade diesen vielen Staaten und ihrem Ringen bei den Verhandlungen zu verdanken ist, daß die USA oder die EU oder andere Länder nicht so viele nicht-sachgerechte und ggf. sogar wohlfahrtsmindernde GATT bzw. WTO Regeln durchsetzen konnten. So wird anhand der Verhandlungen der Uruguay-Runde, die zur Gründung der WTO führten, trotz der exponierten Rolle von Sec. 301 für die Durchsetzung des TRIPS, deutlich, daß etwa die Entwicklungsländer in anderen Abkommensbereichen Gegendruck ausüben konnten. Zugestandenerweise hat das Gewicht der Industrieländer es ebenso erkennbar verhindert, daß eine ganze Reihe von sinnvollen Regelmodifikationen, mit klar positiven Wohlfahrtseffekten auf die Entwicklungsländern - wobei dies die Wohlfahrt der Industrieländer nicht gefährdet hätte - umgesetzt wurden. Diese Interessendurchsetzung durch mächtige Staaten macht aber die realistische Theorie nicht plausibel, weil es nur eine partielle Interessendurchsetzung ist. Schließlich sei daran erinnert, daß es hier als wenig überzeugend erachtet würde, wenn es akzeptiert würde, daß eine Organisation zur Regulierung der internationalen Wirtschaft nicht sachgerechte, sondern interessenbasierte bzw. staatenblockbasierte Regeln verwaltet. Dies wäre offenkundig fragwürdig. Ebenso fragwürdig sind aus der Perspektive dieser Arbeit die Argumente von Autoren, die der Meinung sind, daß eine Rechtfertigung einer Organisation, die die internationale Wirtschaft reguliert, außerhalb der Wirtschaft gesucht werden kann.

[8328] Siehe das folgende Zitat: "The DSU improves on GATT dispute settlement proceedings by expediting decision making and instituting an appeals procedure. It also establishes procedures to ensure consequences for failure to implement panel rulings. One is the acceptance of cross-sector suspension of concessions for countries that choose not to abide by the ruling. Note here, that the procedure presents each member with a choice. A WTO dispute settlement panel cannot force the United States, or any other member, to change its laws. Only the United States determines exactly how it will respond to the recommendations of a WTO panel, if at all. If a U.S. measure is found to be in violation of a WTO provision, the United States may decide on its own to change the law; compensate a foreign country by lowering trade barriers of equivalent amount in the same or another sector; or do nothing and possibly face retaliation by the affected country in the form of increased barriers to U.S. exports. The United States retains full souveragnty in its decisions as do all other WTO members." U.S. Council of Economic Advisors 1999: 24.

9. Ausblick

Die Debatte um den Bericht zur Zukunft der WTO von Sutherland et al. (2005) hat gezeigt, daß es nicht mehr ausreicht, die Debatte um die WTO vor allem auf die Frage nach der richtigen Handelspolitik, getragen von einer neoklassisch liberalen Agenda, zu fokussieren. Im Bericht selbst ist dieser Wechsel nicht zu erkennen, so wird der Kohärenz der Politiken von WTO, IWF und Weltbank ein herausgehobenes Gewicht zugemessen, auf derselben Augenhöhe.[8329] Diese Frage auf eine breitere Argumentationsebene zu stellen war Thema dieser Arbeit. Auch gibt es diverse weitere Entwicklungen, welche die WTO immer mehr vom GATT abrücken. In den Worten von Finger (2002) ist es nicht mehr ausreichend zu wissen: "how to set the sails of the good ship WTO", weil man neue Entwicklungen einschätzen müsse. Nötig sei "knowledge of wind, tide or the sea on which she sails".[8330] Zu diesen Entwicklungen, die unzureichend im Sutherland et al. (2005) beachtet wurden, gehört die Aufweitung der Mitgliederbasis: Mittlerweile ist diese nahezu universell, mit Taiwan, China und Vietnam und, früher oder später zu erwarten, Rußland. Dies ändert auch die Interessenlagen und führt u.a. zum Wunsch WTO Regeln zu verändern und zwar nicht nur im Sinne einer hier propagierten effizienzsteigernden Reform, sondern auch in Richtung einer Schwächung dieser Regeln, im Sinne von Protektionismus bzw. anderen nationalstaatlichen Zielen. Wie dies aus der 'rent seeking' bzw. 'log rolling'-Theorie bekannt ist, ist es durchaus denkbar, Regeln zu schwächen, wenn Interessengruppen sich gegenseitig Ausnahmen zubilligen. Eine solche Schwächung der WTO wäre keine gute Idee. Würde dadurch sogar die Zunahme nationalstaatlichen Einflusses auf die Wirtschaft ausgelöst, in dem Sinne, daß der Zugang zu Waren und Rohstoffen auf den liberal verfaßten Weltmärkten unsicher würde, wäre dies eine Katastrophe, denn dies könnte eine Rückkehr einer territorialen Politik auslösen und eine damit verbundene erheblich höhere Unsicherheit und Spannung im internationalen Staatensystem.[8331] Diese Arbeit macht aus dynamisch ordoliberaler Perspektive Vorschläge wie eine wohlinformierte Politik, die ihr eigenes Denken und ihre Autonomie nicht aufgibt, die Segel der WTO setzen sollte, damit sie in der neuen Wetterlage in Fahrt bleibt, um das Weltgemeinwohl zu befördern.

[8329] Von der WTO selbst wird gefordert aktiv diese Politiken zu vertreten und: "a convincing and persistent institutional voice" zu entwickeln, welches durch die Zeiten tragen könne, in der die "Member are not prepared to defend and promote the principles they subscribe to". Ohne Herv. im Original. Sutherland et al. 2005: 77.

[8330] Finger 2005: 803.

[8331] Dies folgt u.a. aus den Erfahrungen des 19. Jhd. und der dreißiger Jahre des 20. Jhd. "Hohe Zölle machten die Rückkehr zu einer territorialen Politik erforderlich. Der Zugang zu Märkten und Rohmaterialien reichte nicht mehr aus, weil die Möglichkeiten dazu zunehmend beschnitten wurden." Rosecrance 1987: 111. Heute haben viele Staaten eine vollständige Abhängigkeit vom Handel akzeptiert und haben in einem relativ freien Marktsystem die Möglichkeit, dennoch ihre Versorgung zu ermöglichen. Rosecrance 1987: 60. Vergessen wird bei dieser Beobachtung oft, daß es damals nicht nur um hohe Zölle ging, sondern auch um private Akteure, die damals Kartelle, Gebietsaufteilungen, Patentsperren und exklusive Verträge über die Nutzung von Forschungsergebnissen etc. benutzen durften, weil das Wettbewerbsrecht dies damals noch nicht verboten hatte. Darüberhinaus haben Handelsfirmen den Handel mit bestimmten Staaten monopolisiert. Siehe Abschnitt 'B' und Abschnitt 'E', Punkt 13.3. Zusätzlich hat die Politik versucht, Einfluß auf die Wirtschaft zu nehmen. Der Rückfall in ein solches System hätte katastrophale Auswirkungen auf die weltweite Sicherheitslage, weil dann die Staaten versuchen müßten ihre Versorgung in einem vollkommen intransparenten Umfeld sicherzustellen. Dies allein schon reicht aus, um den Stellenwert der WTO, der Wettbewerbspolitik und der politischen Bemühungen, zumindest ein moderat liberales Umfeld zu schaffen und zu erhalten, aufzuzeigen.

10. Kommentar zur Doha Runde

Nach diesen Ausführungen ist es leichter zu verstehen, warum die derzeitige Doha-Runde der WTO nicht zum Abschluß kommt. Dafür gibt es mehrere Gründe. Einer ist sicher, daß aufgrund Chinas mit seinen Exportmöglichkeiten andere Entwicklungsländer mittlerweile vorsichtiger hinsichtlich Zollsenkungen sind, kurz: China tritt als 'the Elephant in the room' in Erscheinung, über den ungern in den Verhandlungen offen gesprochen wird, der aber einen Einfluß auf die Haltung großer Entwicklungsländer bei den Zollsenkungsverhandlungen hat, etwa Mexiko, Brasilien, Indien und etwa Thailand. Dazu kommt, daß, wie hier gezeigt, Länder wie Indien über größere Kapitalgütersektoren verfügen, wodurch eine überstürzte Liberalisierung, ohne vorherige Umstrukturierung zur Rettung ökonomischer Werte, nicht als sinnvoll erscheint. Für die Verhandlungen war es deshalb nicht förderlich, daß die Industrieländer, mit der Rhetorik der neunziger Jahre, eine überstürzte, vollständige Liberalisierung forderten. Probleme wurden dabei in der begleitenden Literatur nicht gesehen und so versucht ein Druckszenario zu etablieren.[8332] Noch gravierender hat sich aber auf die Runde ausgewirkt, daß die Industrieländer, anders wie vor Jahren gedacht, nur sehr beschränkt bereit sind, ihre Agrarpolitik zu ändern. Wie oben erwähnt, hatten sie massive Schwierigkeiten überhaupt ihre Subventionszahlungen gegenüber der WTO offen zu legen. Ein Entgegenkommen der USA gegenüber den afrikanischen Ländern in der Baumwoll-Initiative ist ausgeblieben, wohingegen die EU kompensatorische Entwicklungshilfezahlungen erhöht hat.[8333] Dadurch hat sich die Verhandlungsmasse dieser Runde erheblich reduziert. Ein weiterer Bereich, der für Verhandlungen interessant ist, weil dort eine hohe Wertschöpfung erzielt wird, sind die Dienstleistungen. Auch hier zeigen sich die Staaten, gewarnt durch die Diskussion über vorschnelle Liberalisierungen im Bereich existentieller Daseinsvorsorge und Finanzdienstleistungen, nur zu sehr selektiven Liberalisierungsschritten bereit. Wodurch hätte die Doha Runde doch schnell abgeschlossen werden können?

Durch Feinarbeit an den sonstigen Regeln die WTO und durch ein dadurch geschaffenes neues Klima des Vertrauens zwischen Industrie- und Entwicklungsländern. Dies erfolgte nicht. Ein Entgegenkommen der Industrieländer bei den hier angesprochenen, wichtigen Fragen ist nicht zu erkennen: Weder ein Aussetzen der Drohung mit Ausgleichszahlungen für die nächsten Jahre, weder eine klare, selbstkritische Haltung bezüglich Antidumping mit der Bereitschaft die Regeln zu stärken, noch ein Entgegenkommen und eine neuerliche Überprüfung der Intensität des TRIPS Patentschutzes. Immerhin ist auf der Doha Konferenz im November 2001 ein grundlegender und wichtiger, aber noch unzureichender Schritt bezüglich der AIDS Medikamente Frage unternommen wurde. Dazu kam die in den letzten Stunden dieser Konferenz die Entscheidung fiel, Verhandlungen über die sog. Singapur Themen, Wettbewerbs- und Investitionsregeln nicht zu beginnen.[8334] Bemerkenswert ist weiterhin eine

---

[8332] Siehe zu den Zollverhandlungen: Hermanns 2005c.
[8333] Ebenso will die EU eigene Unterstützungszahlungen und Ausfuhrsubventionen für Baumwolle reduzieren, beim erfolgreichen Abschluß der Doha-Runde. Europäische Kommission 2005.
[8334] Siehe Para. 20, Para. 23 in WTO 2001c: 9-10. Während der Konferenz in Doha machte der EU Handelskommissar Pascal Lamy dieses Zugeständnis. Im Jahre 2004 bestätigt United States Trade Representative Robert Zoellick, daß es auch die Position der USA ist,

Entscheidung über Zahlungsbilanzmaßnahmen, welche die Sonderbehandlung der Entwicklungsländer betont, wobei die Verhandlungen darüber weitergehen.[8335] Und es werden Entwicklungsländern bei den sog. Implementierungsthemen selektiv Verlängerungen eingeräumt, etwa bei 'local content'-Maßnahmen oder es wurden Bedingungen bei Exportsubventionen für eine bestimmte Ländergruppe ein wenig gelockert.[8336] Offen erkennbar ist, daß dies nicht ausreicht. Vor dem Hintergrund der Thesen dieser Arbeit wird deutlich, welche Chancen die Politik der Industrieländer damit vergibt, einen positiven Einfluß auf internationale Wirtschaftsdynamiken auszuüben, *ohne daß dies zu erheblichen Anpassungsproblemen führen würde*. Würde sich die Politik trauen, teilweise und moderat dosiert, gegen Interessengruppen aus der Industrie zu handeln, wobei diesen damit langfristig ein Gefallen getan würde, würde sich auch in einer Zeit ohne Liberalisierungseuphorie genug Verhandlungsmasse ergeben, um eine Verhandlungsrunde mit einem erfreulichem Ergebnis aus dynamisch ordoliberaler Sicht und für die Rechtfertigbarkeit der WTO beenden zu können.

Investitionen und Wettbewerb nicht auf der Agenda der Doha-Runde haben zu wollen. Trebilcock/Howse 2005: 461. In dieser Arbeit wird argumentiert, daß diese Entscheidung sachlich richtig war, siehe: Abschnitt 'D', Punkt 15, Zusammenfassung Abschnitt A bis G.
[8335] Siehe Abschnitt 'J', Punkt 17, Zahlungsbilanzausnahme.
[8336] Zu 'local content' siehe Abschnitt 'J', Punkt 15, TRIMS; zu Exportsubventionen siehe Abschnitt 'J', Punkt 8.3.2, SCM.